حسبي الله ونعم الوكيل

إحكام باب الإعراب

عن لغة الأعراب

بمطبعة باراس وسافورنين في مرسيلية

Imprimerie Carnaud, dirigée par Barras et Savournin,
rue Saint-Ferréol, 27, à Marseille.

مقدمة
من رشيد الدحداح

الحمد لله الذى طبع عموم أجناس اللغات وخصوص أنواع الكلام فى صحائف الذهن والبال * وجعل خلاصة صحاح الكليات ومجمل المحيط من نعمه العظام طرازا على أذيال الاحوال * وابدع العقل مقتبسا وعلّم الانسان ما لم يعلم كى لا يعتاض عن الهدى بالضلال * وأزخر على البسيطة بحور فضل غامرة للخليل والعروض دون ضلال * ووجّه أفعال القلوب نحو العلوم فانتصبت لاعرابها على الحال * وأسبل ذيل الستر ويسّر بعد العسر تتميم ما فيه منافع للناس جازم وأقيال * هو الكريم الواسع النوال * السخىّ الواهب الآمال * مزيل الاقلال * مجيب السؤال * مصدر الافعال * مزكى الاعمال * مقيل المقتال * مبرئ الاتبال * مصحح الاعلال * محصى الاقوال * مسدى النوال * كاتب الآجال * مصوّر الاشكال * عظيم الجلال * قديم الازال * منزّه عن المثال * لا اله غيره ولا معبود سواه سبحانه من قدير متعال * يشترك لسانى بشكره مع لسان الحال * فتسبغه الصمّ وتنهض للابتهال * وأحمده حمدا تنطق به شفاه كل جارحة فى الغدوّ والآصال * فيحسّ به الجماد وتمرع به المحال * حمدا لو كان روحا لبلغ الى ميكال * او بشرا لدانت له الملوك والاقيال * او كوكبا لرجح على الشمس ميزان السعود ووهب المشترى نورا للهلال * او بحرا لربا وطما على الاجدال * او طيبا لعطّر أنف الكون دوام الاجيال * او روضا لعدت الارض جنات تجرى من تحتها الانهار وتسقى منه من ماء زلال * او زهرا لغضّت عنه عيون النرجس وانكسرت شوكة الورد وعاد كالمنثور والمضعف من خبال * او مرضا لغفلت الدنيا به لأنّ متاعها الى حين وهو عدّة للمآل * او جوهرا لحلّت فرائده جيد الدهر وعقد الدهر والمعادن وأغلى محلّ وجرم الحجر وعين الصبر ومرّ الابسال * او كلاما لكان عربيا بديع المقال * او كتابا لاستخلص اللغة مرتبة على احسن منوال *

ورجلٌ خابِرٌ وخبيرٌ وخَبِرٌ وخَبْرٌ — نصّ على الاخيرة بالتحريك وذلك لانّ صاحب القاموس قاسها على لفظة جَحْرٍ فظنّ المؤلّف انّ القياس لفظة جَحَرٍ فقال بالتحريك

الأعْوَرُ الدليلُ السَّيِّئُ الدلالةِ — فقال الأعْوَرُ الذليلُ جدًّا

الشَّنْزَرُ بيتٌ الخ للزَّبِيْنَةِ — فقال الشنزر خيمة مستطيلة تضرب للزانية

المَرْكَزُ موضعُ الرَّجُلِ ومَحَلُّهُ — فقال المركز موضعُ القَدَمِ من الوطي فالظاهرُ انّهُ تصحّفَ عليهِ الرَّجُلُ بالرِّجْلِ ولكي يزيلَ الاشكالَ قال موضع القدم من الوطي

وضَرَسَ صَمَتَ يومًا الى الليلِ — فقال وضرس صامَ يومًا الى الليل

النِّطاسِيُّ العالِمُ — فقالَ النطاسى الخلق لظَنّهِ انّ لامَ العالِمِ مفتوحةً

وَقَطَ السِّعْرُ قَطًّا وقُطُوطًا غلا — فقالَ وقط الشعر طال وعلا

وحَرِيفُكَ مُعامِلُكَ فى حِرْفَتِكَ — فقالَ وحريفك ابن صناعتك فشتّانَ بينَ المعنيين والظاهرُ انّهُ لم يستجْلِ معنى العبارةِ وهوانّ الرجلَ اذا داومَ شِراء حاجاتهِ المختصّةِ باحْدى الصناعات من صانعٍ واحدٍ فهو حَرِيفٌ لذاكَ الصانعِ اى زَبُونٌ لهُ وقد بيّنَ ذلكَ صريحًا فى ز ب ن بقولهِ والزَّبُونُ المشترِى الحريف

الحَلْفُ الخ والمُرْتَدُّ — فقال الحلف المرتد بعد الايمانِ

والحَيالَةُ والحِيالُ الدابَّةُ يحْمِلُها قومٌ من قوم — فقالَ والحيالة والحيال بالفتح الدابة المعارة للتحميل فالظاهرُ انّ الدابَّةَ تصحّفتْ بالدابّةِ واخذَ معنى الاعارةِ من كلمةِ يحْمِلُها قومٌ عن قوم.

الأخْضَلُ والخَضِلُ والخاضِلُ كُلُّ شَيْءٍ نَدٍ — فقالَ الشيء الذى بلله الندى

وذَيْبَلُ ويُقالُ لهُ الدَّيْبَلانِ على التثنيةِ قَصَبَةٌ ببلادِ السندِ — فقالَ الديبلان بالفتح القصب الهندى فالقَصَبَةُ التى هى بمعنى المدينةِ والقريةِ اخذها بمعنى واحدةِ القَصَبِ للنباتِ المعروفِ مَعَ انّ عبارةَ صاحبِ القاموسِ صريحةٌ لانّهُ بعد ذكرها قالَ . منها مُحمّدُ بنُ ابراهيمَ الدَّيْبُلِيُّ المَكّى

الأسْحَمُ حَلَبَةُ السِّنْدِيِّ — فقالَ الاسحم لحية السندى

جمعوا منه إحدى عشرة نسخة بخطوط علماء ونحو ثلاثين كتابا من احسن ما يعتمد عليه في اللغة ووقف على تصحيحه اثنان من شيوخ العلم حتى أحكماه كاصله ثم طبعوه

الرابع أنه لم يعد نظرا على ما حرّره ليصلح ما لعله جرى من الغلط منه سهوا ويؤكد ذلك وجود بعض كلمات لا يمكن التصديق أنه يجهلها لمخالفتها قواعد كتابه بحث المطالب ومصادرها مثلثاته الدرّية ولتضادّ بعض نصوص هذا الكتاب مثل نصّه على اسم جبرائيل في حرف الراء بالضم وفي حرف اللام بالفتح ويدلّ على ذلك ايضا ما نعلمه من أنه لضيق وقته عن المراجعة كان قد أجاز للناس أن ينسخوا ديوانه دون تصحيح لو لم يحثّه على إعادة النظر عليه أحد خلّانه كما ترى ذلك في ديباجة الكتاب المذكور اه

بيان أنواع التغييرات

ذكر ما تصحّف واشتبه عليه من النسخة التي نقل عنها

وخلب عقله سلبه إياه — فقال وخلب عقله ملكه بوعظه وذلك لأن صاحب القاموس قال سلبه إياه وعظه فتصحّف عليه الغض بالوعظ

الطبخ الانضاج اشتواء واقتدارا — فقال الطبخ الانضاج والاستواء مع أن الاستواء الاستقامة والاعتدال لا كما تستعمله العامة بمعنى النضج

وذو القعدة شهر كانوا يقعدون فيه عن الأسفار ج ذوات القعدة — فقال وذو القعدة شهر كانون

القانون الوعاء الذي وصومعة الراهب وناموسه — فقال وصومعة الراهب وقانون الرهبنة فاتّخذ لفظة القاموس بمعنى الفريضة مع أن صاحب القاموس قصد بها بيت الراهب الصغير كقترة الصائد كما هو مفهومها عند العرب وليست بمعنى الفرض والشريعة والقانون والقاعدة سوى في مصطلح النصارى مأخوذة من الرومية واستعملت في كتبنا الدينية بتكاثر كأنها عربية فصيحة حتى برح عن فكر المؤلف أنها ليست كذلك وهكذا قوله الرهبنة ليس من فصيح الكلام فإنه يقتضي أن تكون النون فيها أصلية إذ جيء على وزن مصدر الرباعي مع أن الفعل ثلاثي ولا نون فيه وأن القياس رهبانية

الجمهور جلّ الناس — فقال اجلاء الناس

عن طول باعه * وسعة اطلاعه * ثم لاغرو ان دخل منه بعض الكلام * او تخلّى تأليفه عن شيء من كمال الحُسن والنظام * فالبشريّة قاصرة عن الكمال ومُعظم حِظّها ذميم * وذلك تقدير العزيز الحكيم *

* واما باب الاعراب فالحبر النبيل الفاضل * والعالم الجليل العامل * عبقريّ الفضائل والافضال * عبهريّ المحامد والخلال * من طوّق بفوائده جيد الزمان * وشدت مطوّقات تأليفه على فنن الافنان * المنفرد بحسن الصفات * المطران جرمانوس بن فرحات * ظلّله الله ببرود رحمته ورضوانه * وبوّأه أعلى مرتبة في فسيح جنانه * ونفعنا بأثمار دعائه وغرر بركاته * كما متّعنا بثمار احسانه ودرر كراماته * فهذا الشهم الوقور * والخِضَمّ الغيور * لما كان ديدنه اكتساب الفوائد للناس بصرف نقود الايام * ورأى عدم شمول نفع القاموس للخاصّ والعامّ * اشهد لنا صافي شهدته * وزبد خلاصة زبدته * بمختصر سمّاه باب الاعراب عن لغة الاعراب * آثر فيه الايجاز على الاطناب * احسن ترتيبه فاعجب * واغرب فيه فأغرب ونبّها * وقال للطالب خلّ به مليًّا * فهيّت اعلم الى منهل اعرابه * ودخلت البيت من بابه * فوجدت انه رضي الله عنه وارضاه * وجزا بالسعادة حميد مسعاه * تعمّد ترك كلّما لم يره كثير النقل والتداول * رغبة في تصغير الحجم وتسهيل النسخ والتناول * واكتفى ببعض معاني الفعل وتعدياته * وببعض الجموع والمصادر والاسماء عن بعض * وسدّ الخلّة بالبعض * وكأنه اعتمد على نسخة من القاموس محرّفة ذات اغلاط كما شاهدت عدة نسخ من مختصره * فنقل عنها بعض ما ركب فيه الناسخ طريق غرره * ولدوس النوائب ساحاته * مع تراكم انواع مشاغله كما سيجيء * تخليص تلخيص سيرته * ونشر نشر سريرته * لم تطاوعه الايام وتسعفه الحال * على استكثار النسخ والمراجعة وتصحيح جميع الاخلال * ولما كنت بعض المنتمين لجنابه * المستقين من فيض عبابه * هاج لخدمته شوقي * فبذلت لها طوقي * تتميمًا لقصده نفع جميع الانام * وتأبيدًا لنسخة فضله على اطّراد الايام * وسألتمس ما اسلفت * وكيف تصرّفت * وايمن الله لقد اوقرت المطا * مما نقلت اليه الخطا * وتجشّمت بهذه السيرة * عرق القربة * ولكم طالعت ودقّقت * وراجعت وحقّقت * ووردت مناهل كتب تروي الامج * ومن قرع بابًا ولجّ ولج * واصلحت ما وصل فهمي اليه * وجمعت ما اقدرني الله عليه * بيد اني لم انقل كلمة الا عمّن ينقل عنه * ويكتسب منه * وكابدت ما عدا ذلك تصحيح اغلاط الطبع * وانا مع هذا العناء في انبساط الطبع * آملًا ان ارضي كل مطالع ذي فطنة ثاقبة * والا يصدق بي ما قيل عن العاملة الناصبة * بل يكسبني على هذا شكرًا وافيا * وذكرًا باقيا *

•

وبعد فيقول العبد المفتقر الى رحمة ربه الواهب الفتاح الغني * رشيد بن غالب الدحداح
المارونى * إنه لجلاء أن اللغة مادة العلوم * وواسطة عقد كل منثور ومنظوم * ومن كمائمها
تنبثق مخبآت الأفكار * ومن تحت لثامها تبتسم ثغور المعانى وهي لبيوتها كالإطار * وحالات
العقول تتراءى من خلال حروفها * فتتغالى جواهرها وتزرى زيوفها * وهي مرآة التصورات
إن فسدت عاد الجميل قبيحا * والجليل الصحيح حقيرا رجيحا * فلذا كان من أهم عظائم
المقاصد * وأتم فخام الفوائد * طبع كتاب جامع أشمل نوادر العربية * متحل بلطائف
حركات لها بها أتلى مزية * ليكون قواما لأساطير الكتب * ومزيد نور تكتحل بإشراقه عيون
الألباب * وقواما لجثمان قرائح أولي الذوق السليم * ولدرء نتائجها كي لا تعزى لامرء
بحبة الذوق سليم * فأيقظتني لذلك النفس فما كذبت ولا أبيت * وناجتني خداريات
تصوري فغالبت حسن يقيني وما عنيت ولا ونيت * وعلى ما بي من جمود الفكرة وخمودها *
وخمول الفطنة وخموده * تدثرت مطى الكد * وتمسكت بعرى الجهد * وشحذت كلال العزيمة
بمستبذل عون موزع المواهب السبع * مرتجع المستغيثين ليوم الفزع * من إسعادي منه واعتمادي
عليه * واستنادي به ومعادي اليه * وسرحت سوام النواظر * وروضت جواد الخاطر * في حدائق
الكتب النواضر * وطرائق أنواعها البواهر * وتوسمت واستوضحت ما ينبغي أن اليه أتحول * وأجعله
دستورا عليه المعول * فرأيت أجل ما ألف في اللغة من كتاب * القاموس المحيط ومختصره باب
الإعراب * أما القاموس فللقاضي قضاة اليمن أبي طاهر مجد الدين محمد بن يعقوب بن محمد بن
ابراهيم بن أبي بكر بن إدريس بن فضل الله الصديقي الفيروزابادي الشيرازي الذي أوضح
في خطبته أنه كان ألف في اللغة كتابا يتين سفرا وسماه باللامع المعلم العجاب * الجامع بين
المحكم والعباب * وأنه لما أعجز الطلاب تحصيله * وفات المراجعين تفصيله * سئل تقديم كتاب
وجيز فاختصر منه كتابا محذوف الشواهد * مطروح الزوائد * وسماه بالقاموس المحيط اه
.ولعمري لقد كان الأولى أن يقول بعض الزوائد لأنه لم يزل يحوي منها جما غفيرا * على أنه
أهمل فيه عن الذكر في بابه كلاما كثيرا * تداولته ألسنة العلماء * وأودعته بطون كتبهم الغراء *
فتعرض لذكره شارحوه * وعاب عليه إهمالها متصفحوه * فصدروا عنه * غير راوين منه * ووجدوا
عليه * بعد أن جثوا اليه * وقد ضمنت هذا الكتاب من ذلك عدة فوائد رائعة * عثرت عليها
لدى المطالعة * وسأقدم نبذة تعلن بعض ما ذكرته مما لا يختص بكتب اللغة وطلابها *
وبعض ما أهمله وهو من أخص ما يلزم لأربابها * غير جاحد إشراق شموس فضله * ولا جاهل
عجز مثلي عن انتقاد مثله * ولاجرم أن فصله بتلك الزوائد * تكثير الفوائد * وهي مخبرة

الجموع وغيرها وعلى المذكر والمؤنث وعلى ما يحتمل الوجهين وعلى الكلمات الاجنبيات انها معرّبة وذكرت جملةً من امثال العرب الذائعة بين العلماء ومن اسما مشاهيرهم المعروفين بمدح او ذمّ واشكلت بالحركات كلّ كلمة يحسن ابهامها او التباسها * وهمزة القطع اكتفيت لها بالحركة عن صورة الهمزة نحو اَنْ وإذْ وأُف عوض أنْ وإذْ وأُف * وهكذا اجتزأت بالحركة على الاحرف الشمسيّة عن الشدّة لوضوحها نحو الصُلح والرِبح والسَلامة عوض الصُّلح والرِّبح والسَّلامة * وهمزة الوصل ما وضعت عليها الوصلة إلّا اذا تقدّمها ساكن حرّك لاجلها نحو لمّا أتت الساعة فلْيتمّ الامر وفي ما سوى ذلك فعدم الحركة علامة لوصليّتها لانني ما تركت من همزات القطع بغير حركة إلّا الواضح البيّن * ولم اتعرض لتغيير شيء من الاصل إلّا ما لاح لي انه غير صحيح وذلك ببعض عبارات وكلمات وأحرف وحركات وهاك بيان انواعها بالتفصيل الجلي * لتحكم عليّ ولي *

* تنبيه *

قبل الشروع في بيان ما صحّحته وغيّرته عمّا كان عليه اقول إنني لست في هذا العمل سوى ناقل ما تعب فيه غيري ومدقّق في المقابلة واذا كان المؤلف رحمه الله ذهل من شيء وانتبهت انا له فما ذلك بدليل على عجزه وعلمي فشتان ثم شتان بيني وبينه ومعاذ الله أن أرتكب غرور الدعوى وكم له من التاليف التي يقصر فهمي عن بلوغ بعضها لكن لحصول هذه الاغلاط التي اصلحتها اسباب

الاول لعلّ اكثر ما نراه منها ناتج عن تحريف النسّاخ

الثاني أن الذي ننسبه منها اليه * رضوان الله عليه * هو معذور به لانه قد اشتغل بهذا العمل في فضلة من وقته الذي كان عاكفا فيه على القنوت والتهجّد والتنسّك والاسفار والوعظ والانذار والاعتناء بانشاء الاديرة وترتيب فرائض الرهبان وما اشبه ذلك وابتدأ بهذا الكتاب في دير اليشاع النبي غير عالم في اي بلدة مكثه تكميله كما ذكر في د ي ر ولذلك لم يملك سكينة كافية لزيادة البحث واعمال الفكرة

الثالث انه لم يعتمد على كتاب في اللغة سوى على نسخة واحدة من القاموس بخط الغلط وهذا يظهر من تعظيمه بالخطبة الآتية شأن الظفر بتلك النسخة ومن عدم وجود كلمات عربيّة في كتابه من غيرها ولا يغرب أن نسخ الخط لا تخلو من الاغلاط لاسيّما كتاب كبير الحجم مفتقر للحركات كالقاموس الا ترى انهم لمّا ارادوا طبعه في الهند في مدينة كلكوتة

* على أنني راض بأن أحمل الهوى * وأخلص منه لا علي ولا ليا *

هذا وقد كان الأخ الحبيب * اللبيب الاديب * من هو لي أحد الاخلاء الكملاء * وأوحد نبهاء الخلان * سعدان بن مرعي الدحداح * جلا لمساعيه الطشرعرة النجاح * مكثلا معي في المراجعة والمقابلة لا عن ضجر أشهار ليال طوال * باذلا جدا ووجدا لابتغاء هذه الطائلة ولا جد الظمآن لزلال سلسال * وبعون الله الرحمن * وبتوفيقه وإحسانه * اتى هذا الكتاب اى . إحكام باب الاعراب . جليلا أنيقا فائقا * أثيلا أثيرا رائقا * لا مسهبا مبرما * ولا موجزا مبهما * فمن سار للعلم وقال في ظلاله . قال كل الصيد في جوف الفرا * ومن سرى في طريق الانصاف لوصاله . فعند الصباح يحمد السرى * واني اسأل المطالع الذكي الفهم * الوفي العلم * ان يغتفر نقص طلاوة دبجه * اذ ما رتق الثوب كنسجه * وان يرمق عيبي بالعذل * ويستر زللي بالفضل * ومن الله العفو والتسهيل * واللطف الجميل * واليه بذلك أتوسل * وعليه فيه أتوكل *

فصل

في كيفية ترتيب هذه النسخة

اعلم وفقت أنني عندما عزمت على طبع هذا الكتاب جمعت أولا عدة من كتب اللغة يعتمد عليها * ويلتجأ اليها * وخمس نسخ من باب الاعراب وقابلت إحداهن بالاربع بتكرار وتدقيق وازلت منها تحريف النساخ بغاية الامكان حتى ترجح عندي أنها صارت طبق ما حرره المؤلف * واخترت نسخة من القاموس محكمة الضبط وهي المطبوعة في الهند واخذت أراجع كلمة فكلمة والاحظ كيفية تصنيف المختصر رحمه الله والتقط ما تركه وأعلم ما أتخيل انه أبهم عليه لعدم صحة النسخة التي نقل عنها ثم أعود الى باقي الكتب واحدا واحدا وأجتبي منها ما أجده مهملا من القاموس واجعل كل شيء محله بنوع انه يرى ملتحما مع الاصل غير أنني جعلته ممتازا عنه بكونه بين نصفي دائرة (كما ترى) وتبعت أثر المؤلف في النص على بعض الحركات واستعمال الاحرف التي استعملها علامات لوزن الفعل الثلاثي ولكلمة معروف وكلمة جمع وزدت جج علامة لجمع الجمع لأنه حباه الله عميم الرحمات قد كان أدرجه بجملة الجمع مرة وتركه أخرى * وصرفت وقتا طويلا في المطالعات حتى جمعت المواد التي كانت متروكة منه بتمامها وأكملت لكل فعل مصادره وأنواع معانيه وتعدياته وأسماءه ولكل اسم فعله وأنواع جموعه قياسية كانت او غير قياسية لاسيما جمع التكسير الذي أكثره سماعي ولا سبيل الى معرفته الا من كتاب اللغة ونبهت على المتضاد وعلى الشواذ من

وَتَلْعَى العَسَلُ تَعَقَّدَ ❊ فقال وتلعى العسل لعقه

اللَّوْةُ الشَّوْقَةُ ❊ فقال اللوة الشهوة

وَبَنَى الرَّجُلُ على زوجته (وبها) وابْتَنَى تَزَوَّجَها ❊ فقال وبنى الرجل على زوجته تزوجها عند اهلها وذلك لسبب أَنَّ صاحبَ القاموس قال وبَنَى الرَّجُلُ على أهلهِ تزوّجَها وقصد باهلهِ امرأته

ورجلٌ اذفى مُثْخِنٌ ❊ فقال مثخنٌ بالجراح فلمّا تصحّفت عليه لفظة مُثْخِن مُشْخَص زاد عليها لفظة بالجراح لزيادة الايضاح

❊ ذِكْرُ بعض تغييرات دقيقة ❊

الغِرَارُ القليلُ من النوم (وغيرهِ) ❊ فقال والغرار النوم القليل

والوجهُ المُلَوَّزُ المليحُ ❊ فقال والملوز بالضم وفتح المشدد الوجه المليح

وصَدَعَ بالحقِّ تكلَّمَ به ❊ فقال وصدع تكلم بالحق

لَمَعَ الطائرُ بجناحيه خَفَقَ ❊ فقال لمع الطاير خفق بجناحيه

وطَلَلُ الماء ظَهرُهُ ❊ فقال والطلل ظهر الماء

والصَّمِيمُ خالِصُ كلِّ شيءٍ ❊ فقال والصميم الخالص من كل شيء

واسْتَقْفاهُ بالعصا ضربَ قَفاهُ بها ❊ فقال واستقفاه ضرب قفاه بالعصا

والمَلْي مالت عُنُقُهُ للموت ❊ فقال والملى عنقه مالت للموت

❊ ذِكْرُ بعض ما اختصرتهُ ممّا لا يختصّ بكتب اللغة ❊

في ذهب قلتُ فمُ الذهبِ ومُجْرَى الذهبِ ولسانُ الذهبِ حسبها وضعها لانها القابٌ معروفةٌ عند أكثر النصارى وحذفتُ قولَهُ بعدَهُم والذَّهَبُ ايضاً الكهنة والمسيح والصبر وحلوس المحبة وذلك لئلّا يُلامَ على تفسيرهِ الكلمات العربيةَ بخلاف ما وُضِعَت عليهِ من أهل اللغة اذ ليس له ذلك

فهو سَقِيمٌ ومِسْقَامٌ ج سِقَامٌ ❊ فقالَ ج سقام بالكسر والضم وسببُ ذلكَ أنَّ صاحبَ القاموس قالَ
ج كَكِتَابٍ . وكَغُرابٍ وادَ فظنَّ أنَّ لفظةَ وكغُرابٍ عطفٌ على لفظةِ ككتابٍ ليُقاسَ عليها جمعُ سقيمٍ

وتَصَرَّمَ تَجَلَّدَ وتَقَطَّعَ ❊ فقالَ وتصرم الجلد تقطع

والمَلِكُ عقيمٌ ❊ فقالَ ومَلِكٌ عقيمٌ الخ . انظر بيانَ ذلكَ في ع ق م

وغَشَمَ الحاطِبُ احْتَطَبَ ليلاً فقَطَعَ كلَّ ما قَدَرَ عليهِ بلا نظرٍ وفكرٍ ❊ فقالَ وغشم الواعظ وعظ
بغيرِ فكرٍ ورويه . فالظاهرُ أنَّهُ ظنَّ الحاطِبَ خاطِبًا بالمعجمةِ فبدلَها بالواعظِ

والمَلَكَةُ القُرْصَةُ المضروبةُ باليدِ ❊ فقالَ واللكهة بالفتح القرصة المقرومة باليد

ل آرِن وما بعدَها جَعَلَهُ بالزاي بعدَ ذِكْرِهِ الآزونَ وآرانَ اليابوسيّ

المُزَاعَفَةُ المُخاطَرَةُ ❊ فقالَ المحاصرة

والسِّجِّينُ ايضًا الدائمُ ❊ فقالَ والسِّجِّينُ ايضًا السكين والدائم وذلكَ لأنَّ صاحبَ القاموسِ
فسّرَ السِّجِّينَ على سِكِّينٍ فظنَّها تفسيرًا لها

شَدَنَ الظَّبْيُ ❊ فقالَ شدن الصبيُّ

عَدَنَ بالبلدِ عَدْنًا وعُدونًا أقامَ ومنهُ جنّاتُ عَدْنٍ ❊ فقالَ عدن بالبلد عدنًا وعدونًا اقام وجنات
عدن محركة رياض السماء ولم يذكر لعَدْنٍ تفسيرًا آخَرَ وفي ف س قالَ الفردوس هو المكان
الذي نصبه اللهُ شرقي عدن واسكن آدَمَ فيه . فيكونُ حاصلُ كلامِهِ أنَّ الفِرْدَوْسَ شرقيَّ رياضِ
السماء وليسَ الامرُ كذلكَ

الغَرِينُ (والغِرْيَنُ) الطِّرْيَنُ ❊ فقالَ الغرين بالفتح الطريق

والمَشْوَهُ القبيحُ ❊ فقالَ والمشوه الجميل والقبيح ضدٌّ وذلكَ لأنَّ صاحبَ القاموسِ قالَ
والشَّوهاءُ العابسةُ والجميلةُ ضدٌّ مَعَ أنْ لا ضِدِّيَّةَ بينَ العبوسةِ والجمالِ وكونُ الشوهاء تُفسَّرُ
بالجميلةِ لا يقتضي لزومَ تفسيرِ المَشْوَهِ بالجميلِ فتدبَّرْ

والهاوِي الجَرادُ ❊ فقالَ والهاوي الرَّجلُ الجرادُ . ولمّا ظنَّ راءَ الجرادِ واوًا زادَ لفظةَ الرَّجل

والجَسَدُ الجِنُّ (والملائكةُ) فقال والجسد الجن من باب التهكم لانهم ما عرفوا قيمة ما كانوا فيه من الروحانية . فهذا التاويل لاستحسانٍ بغيرِ محلّهِ لانّ هذا الاسمَ ما جُعِلَ للجنّ فقط بل للملائكةِ ايضًا ولعلّهُ من بابِ تسميةِ الشيء باسمِ ضدِّهِ

والمَعْتوهون الذين يَعْتَوون بذكرِ الله الخ فقال والمعتوهون الوجِلون مَعَ أنّ ذلكَ لم يتقيّد بهم ولا هذه اللفظةُ اسمٌ لهم

الكَفّارةُ ما كُفِّرَ بهِ عن الآثامِ من صِيامٍ وصَلوةٍ وصَدَقةٍ ونحوِهم فقال والكفارة مشددة ما يضعه الكاهن على المعترف من صيام وصلوة وصدقة تنفي عن اثامه . فالعربُ ما خصّصوا هذهِ الكلمةَ لامرِ الكاهنِ فلا يسوغ لنا اذًا تخصيصُها ولا داعٍ لذلكَ فهي تعمُّ ما يكونُ بامرِ الكاهنِ او بدونهِ

النَّبْرةُ رفعُ صوتِ المُغنّي عن خَفْضهِ فقال والنبرة رفع صوت الواعظ وخفضه مَعَ أنّ اهلَ اللغةِ قيّدوها بالمُغنّي لا بالواعظِ وهي اسمٌ لرفعِ الصوتِ بعدَ انخفاضهِ لا لرفعهِ وخفضهِ كما قالَ

ومِنَ النّاسِ مَنْ يَعْبُدُ اللهَ على حرفٍ اي على وجهٍ واحدٍ وهو أنْ يعبدَهُ على السرّاء لا الضرّاء الخ فقال وهذا راهب يعبد الله على حرفٍ اي على حالٍ واحدةٍ في السرّاء والضرّاء

ذكرُ بعضِ الكلماتِ التي نصّ على حركاتِها بخلافِ الصوابِ لالتباسِ قياسِها عليهِ

لا يَخْفَى أنّ صاحبَ القاموسِ يستعملُ غالبًا القياسَ والتشبيهَ عوضَ النصِّ على الحركاتِ ... أن يُعبِّرَ عن حركاتِ مُغْفِرٍ ومِغْفَرٍ قال كمُحْسِنٍ ومِنْبَرٍ عوضَ قولهِ بضمّ الميمِ وكسرِ القافِ او بكسرِ الميمِ وفتحِ القافِ فلوزنِ فَعّالٍ جَعَلَ لفظةَ كَتّانٍ قياسًا وكأنَّ المؤلِّفَ رحمهُ اللهُ كانَ يعتقدُ كسرَ كافِ الكِتّانِ فلذا كلُّ كلمةٍ قِيسَتْ عليهِ نصّ عليها بالكسرِ وفتحِ المُشدَّدِ فمن ذلكَ . الكِذّابُ . السِبّاحُ . الطِبّاخُ . الطِرّادُ . النِجّادُ . الإبّارُ . القِزّازُ . الدِوّاسُ . الهِرّاسُ . الكِتّانُ . الكِذّانُ . وامّا الوِضّاحُ . والصِرّاخُ . والعِقّارُ . فنصّ عليهم بالضمّ وفتحِ المُشدّدِ والمُحّاحُ . والسُوّارُ . والغُسّانُ . نصّ . عليهم بالكسرِ فقط . والنِسّاجُ . والقِدّاحُ . والطِسّاسُ والنِقّاشُ . والطِبّاعُ . والحِمّالُ . والطِبّالُ . والمِطّالُ . والنِبّالُ . والنِجّامُ . نصّ عليهم بالشدّةِ فقط مَعَ أنّ صاحبَ القاموسِ قاسَ الجميعَ على كَتّانٍ

والانتخاب الالهيّ (يُطلَب الشرح عنه في كتبنا الدينيّة) واقتصرت عمّا كان أسهبه فيه التشبيت بسرّ من أسرار الكنيسة السبعة ❊ وحذفت ما زاده على ذلك

والغفران مسامحة العذاب الواجب من أجل الخطيئة المفعولة (والشرح عن ذلك يُطلَب من كتب الديانة) وتركت التطويل الذي كان هنا لأنّه ليس هذا محلّه

آريوس من المبتدعين أصلُهُ قسٌّ من الاسكندريّة ❊ وحذفت الشرح الطويل الذي كان ذكره عن بدعته ومُدّعاه وعن التيام المجمع النيقاويّ ضدّه وعن حرمه الخ

في ر ح م حذفت ما شرحه عن الرحمة الروحيّة والرحمة الجسديّة لكونه سهّى كتابة باب الإعراب عن لغة الأعراب لا كتاب التعليم المسيحيّ

لأرقم أخبث الحيّات الخ ❊ وحذفت قوله واسم الحيّة التي خاطبت حوّا في الفردوس

في ع ز م تركت قولَه وداء العزم الملكة الرذيلة في الانسان الصادرة عن حركة الشهوة والغضب فهذه وأمثالها كلام استحسانيّ لاينبغي أن يُنسَب الى لغة العرب

حذفت ما ذكره عن اختلاف اسم قارون باللغة الروميّة اذ لا فائدة في ذلك والكلام هنا على العربيّة لا على غيرها

في و ص ي قلت وصايا الله عشر ووصايا الكنيسة ستٌّ م ❊ وحذفت من هنا شرح أفرادها لأنّ لكلّ مقام مقالٌ

❊ ذكر بعض ما تعمّد استعماله بخلاف ما استعملته أهل اللغة فأرجعته الى أصله ❊

رَهَبوت خيرٌ من رَحَموت اي لأنْ تُرهَب خيرٌ من أنْ تُرحَم ❊ فقال ورهبوت خيرٌ من رحموت اي الرهبنة خير من الرحمة

وانتدبَ اللهُ لمَنْ خرجَ في سبيله تكفّل به وعفر له وسارع بثوابه ❊ فقال وانتدب الله الراهب تكفّل به الخ

(والدُوّاج) والدوّاج بالضم ثوبٌ مُبطَّن كالبحاف يُلبَس ❊ فقال والدواج بالضم ثوب مبطن كالبحاف تلبسه كبراء الافرنج في الشتاء

ومما نص عليه بالفتح من وزن فعالة المضموم

الخثامة . القلامة . النخامة . الثمامة

ومما نص عليه بالفتح من المصادر والاسماء التي هي على وزن فعال المكسور

العداس . العلاس . الشقاق . الثقالة . القدانة . الحكاية

ومما نص عليه بالفتح من المجموع التي حقها الكسر

العنز عناز . المخض مخاض . القبط قباط . الضعيف ضعاف . الرقاق رقاق . الشكاك البيوت . البغل بغال . التل تلال . الثقيل ثقال . السهم سهام . العضم عضام . العظم عظام . فحم الليل فحام

ومنها نص عليه بالفتح من وزن مفعال المكسور

المنطار . المنحاز . المخلاف . المخراق . المغلاق

ذكر بعض كلمات مختلفة الحركات ونص على جميعها بالفتح

السنوز . الاوز . الجماز . الكاز . البرطيس . خراسان . الخنوس . الكلاع . ضعف ضعفا وضعفا وضعافة وضعافية فقال بفتحهن . ومثله قوله ج ضعاف وضعفاء وضعفة وضعفى بفتحهن . فرس دفاق . الاصطبل . الجبلة السنة المجدبة . الركلة . الغل الطوق من حديد . قوم قل . المقرزم . الكيمياء . البرذون . دعن . الكهنوت . الليسان . اليمني . الاجنبية . الاجوة . الحلوان . القصوى . القضيا . المطلى

ومما أجازه صاحب القاموس على قلة مساواة المؤلف بالكثير وبالافصح

الصلد ويكسر فقال الصلد بالفتح والكسر . وجضيضى ويمد فقال وجضيضى بالمد والقصر . القميص ويؤنث فقال القميص يذكر ويؤنث . الأم وقد تكسر فقال الام بالضم والكسر . الشفا وقد يمد فقال الشفا بالقصر والمد . النشا وقد يمد فقال النشا بالقصر والمد .

ذكر بعض تعريفات ذورية فسرتها كما تراها في أبوابها

في ن ك ر قال المنكر ضد المعروف . وفي ع ر ف قال المعروف ضد المنكر . في ش ك

ومما يقاس على فُعَلة ونص عليه بالفتح لظنه ان القياس فَعلة

سُخرة • نُعَرة • فُزعة • وُكلة • تُكلة • تُخمة • عُلنة • لُعنة • وجعل الجُثمة بضمتين والقُعدة بالتحريك مع أن قياسهما فُعَلة ايضا

ومما يقاس من الجموع على قِرَدة ونص عليه بالتحريك

جِلَدة • نِيَرة • فِدَسة • دِيَكة • ونص على قِرَصة وقِطَطة بالفتح مع أن صاحب القاموس قسهما على قِرَدة ايضا

ومما يقاس على زُنبور ونص عليه بالفتح وضم ما قبل الواو

العُنقود • الزُحلوفة • الغُرنوق • الطُملول • الحُلقوم • الخُرطوم • الزُلقوم • الرُقذون •

ومما يقاس على بِكّيت وقِنديل ونص عليه بالفتح

الجِذيث • القِبّيسة • الحِزبيش • الطِمليل • لاشبين

ومما يقاس على مَسكن ونص عليه بكسر العين لحكمه بأن كاف المسكن مكسورة مع أن كسرها شذوذ وقياسها الفتح

المَفتح • المَطبخ • المَعشر

ذكر ما نص عليه بالفتح من مصدر واسم الثلاثي وحقه الضم

المُشور • الكُزوزة • الطُموس • الغُدوس • السُغوس • القُسوسة • الغُسوق • النُطوق • الجُثولة • الزُوول • الطُفولة • الطُفوليّة • الخُتومة • العُمومة • القُدونة • البُنوّة • القُنوّ •

ذكر ما نص عليه بالفتح من أسماء الحِرَف التي حقها الكسر

البِزازة • الخِبازة • الخِرازة • التِرانة • الطِباسة • الخِياطة • المِطالة • وجعل الجِبارة بالضم مع أنه كسر النِقاشة • والخِراطة • والمِشاطة • والطِباعة • والسِكافة • والجِمالة • والحِبالة • والحِجامة • والطِحانة • والكِهانة • ولم يذكر المِساحة • والقِداحة • والنِبالة • حركة ما

ذلك من طالعه وهاك نقل الحشو الذي ادخله في مادة ج ف ر ومادة ح ر ف في جفر قال *

والجفر موضع بناحية ضرية من نواحي المدينة كان به ضيعة لسعيد بن سليمان وكان يكثر الخروج اليها فقيل له الجفري وبئر بمكة لبني تيم بن مرة وماء لبني نصر ومستنقع ببلاد غطفان وجفر الفرس ماء وقع فيه فرس فبقي أياما ويشرب منها ثم خرج صحيحا وجفر الشحم ماء لبني عبس وجفر البقر ماء لبني ابي بكر بن كلاب وجفر الأملاك بنواحي الحيرة وجفر ضمضم موضع وجفر الهباءة موضع قتل فيه جمل وحذيفة ابنا بدر الفزاريان وجفرة بني خويلد ماء لبني عقيل والجفرة موضع بالبصرة كان بها حرب شديد عام سبعين وقيل لجعفر بن حيان العطاردي الجفري لانه ولد عام الجفرة والجفير موضع بناحية الضرية وكزبير قرية بالبحرين وجيفر بن الجلندي ملك عمان اسلم هو واخوه عبد الله على يد عمرو بن العاص ا ! وجهه رسول الله صلى الله عليه وسلم اليهما وهما على عمان وضميرة بنت جيفر صحابية والجفر ماء لبني تميم والاجفر موضع بين الخزيمية وفيد اه

وفي ح ر قال والحر بن يوسف الثقفي واليه نسب نهر الحر بالموصل وابن قيس وابن مالك صحابيان وواد بنجد وآخر بالجزيرة والحران الحر واخوه أبي والحرة موضع وقعة حنين وموضع بتبوك وبين المدينة والعقيق وقبلي المدينة وببلاد عبس وببلاد فزارة وببلاد بني القين وبالدهناء وبعالية الحجاز وقرب فيد وبجبال طيء وبارض بارق وبنجد قرب ضرية وموضع لبني مرة وقرب خيبر وهي حرة النار وبظاهر المدينة تحت واقم وبها كانت وقعة الحرة ايام يزيد وبالبريك في طريق اليمن وحرة غلاس ولبن ولفلف وشوران والحجارة وحقل وميطان ومعشر وليلى وشباد والرجلاء وقناة مواضع بالمدينة وابو حرة الرقاشي م وحرارة كسحابة أحمد بن علي المحدث الرحال ومحمد بن احمد بن حرارة البوذعي محدث والحران لقب احمد بن محمد المصيصي الشاعر وبلا لام بلد بجزيرة بن عمر منه الحسن بن محمد بن ابي معشر وقد ينسب اليه حرناني بنونين وقريتان بالبحرين كبرى وصغرى وقرية بحلب وبغوطة دمشق ورملة بالبادية وبالضم سكة باصفهان ونهشل بن حري كبري شاعر ونصر بن سيار بن رافع بن حري من تبع التابعين ومالك بن حري تابعي والحريز فرس ميمون بن موسى المرئي وام الحرير مولاة طلحة بن مالك وحرير كزبير شيخ اسحق بن ابراهيم الموصلي وقيس بن عبيد بن حرير صحابي والحريرة كهريرة موضع قرب نخلة وحرين بالضم بلد قرب آمد وحروراء كجلولاء وقد يقصر بلد بالكوفة وهو حروري بين الحرورية وهم نجدة واصحابه ومحرز بن عامر كمعظم صحابي وابن قتادة

قال الشك خلاف اليقين • وفي ى ق ن قال اليقين إزاحة الشك • في ف ص ل قال الفضيلة المزية • وفي م ز و قال المزية الفضيلة • في ل م س قال لمسة مشية بيده • وفي م س قال مسسته لمسته • في ن و م قال النوم النعاس او الرقاد • وفي ر ق د قال الرقاد نوم الليل وفي ن ع س قال النعاس م

ذكر نقل بعض كلمات الى محلها

ضراه يضريه وما بعدها كانت في باب الواو فنقلتها الى باب الياء. كما تراها. وهكذا الضيان وضمى يضمي الى آخره نقلتها من باب الواو الى باب الياء . الطحاء وما بعدها ايضا كانت في باب الواو فنقلتها الى باب الياء. ووضعت الطخوة بمحلها في باب الواو

ذكر تغيير اوزان بعض افعال

ص وخز ا وكانت بسخة ل وخز • ص لبزة ا وكانت ن لبزة • ع ملس ا وكانت ن ملس • ع زمع ا وكانت ن زمع • ل زجل ا وكانت ن زجل • ل رسقم وكانت ص رسقم • ل لبن ا وكانت ن لسن

وبهذا القدر كفاية للدلالة على كيفية تصرفي بهذا الكتاب ولا لزوم لذكر جميع الكلمات المزيدة والمحذوفة والمبدلة والمنقولة والمصححة والمثبتة والمفسرة والمطلقة والمقيدة وما اشبه ذلك لأنه لا يخفى عن نظر المطالع الخبير اه

نبذة

في الكلام على القاموس

قلت آنفا إن الإمام الفيروزابادي ذكر في القاموس كثيرا مما لا ينبغي ذكره وأهمل كثيرا مما يقتضي ووعدت ببيان ذلك فأقول إنني أرغب الناس عن أن أتكلم على تصرفات العلماء. وانا لست منهم لكنني لم أتكلم على سبيل التنديد بل قد اضطررت لهذا البيان لئلا يظن أن هذا الكتاب قليل الفائدة في اللغة لصغره وعدم بلوغه نصف حجم القاموس الذي سبب عظم جرمه أن مؤلفه أفعمه من ذكر فقهاء ومحدثيين وعلماء وشعراء ومشائخ وألقاب وكنى ونساء وبلدان وجزائر ومدن وأسواق وقرى. ومواضع وجبال وأودية ومياه وأفراس وسلاح وحيوانات وأعشاب وأحجار مع تشريع شرع على ما يتعلق بكل منها ويتحقق

ب الصوب الجهة والناحية • ضرب على ما كتب محاه • ضرّب النجّاد الثوب خاطه • العذبة الغصن • الغالب بمعنى الاكثر والاعمّ • استنسبه وجده مناسبًا موافقًا

ت أشمته وصفه بشمته • المقت اشدّ البغض

ث أخبثه أفسده

ج التفرّج على الشئ النظر الى محاسنه • المحجة الطريق المستقيم • اللهجة لغة الانسان التى ينشأ عليها ويعتادها

ح شطح خلع ومزح لهوا • الاصطلاح على الشئ التواطؤ والتوافق عليه • المسلخ والمساحة الانشراح الانفراج والانبساط

د جدًّا • الجريدة الدفتر • الجماد ما ليس بدارك او ما ليس بنام • المجهود الطاقة • درونده الباب معربه ضبته • دوذات ودوذات جمع دوذة • تسعّد ضد تشأم • السوداء احد اخلاط البدن الاربعة • عدد الميت • والعقود فى العدد من عشرين الى تسعين • والاعتقاد الحكم الجازم والتصوّر • عند بمعنى الاعتقاد • وبمعنى الملك • وبمعنى الحكم • وبمعنى الفضل والاحسان • الاعروذة النغمة ج اعاريذ • القعود جمع قاعد • قعد بمعنى مكث • قعد عن الشئ عجز عنه

ذ أخذ بمعنى طفق • التلميذ ج تلاميذ وتلامذ وتتلمذ لفلان

ر الاثير الجليل له اثرة وخصوصيّة يمتاز منها • الاسر القبض على من وقع فى اليد اسيرًا • برّيّة نسبة الى البرّ • أم جابر الهريسة • جوفرة صيّرة جوفرًا • شئ خطر اى ذو خطر • التدبير الترتيب والتنظيم • ذخرة اتّخذه عدّة يستعين به وقت الحاجة اليه ولم يتبرّد سوى بمعنى اتّخذه • ترنّجر الاناء اى صدئ وسهك • الاكبر اسم لكبير القوم وشريفهم ج اكابر • كسرات وكسرات جمع كسرة • ابو المنذر كنية الديك • نظر له رحمه • نظر عليه غضب • نظر فيه تفكّر • نظر بينهم حكم • تفسير المنكر اى كلّ ما نفرت منه النفس وكرهته

ز شهر تموز • الذرابزين وتفسيرها • الدغز كبير القوم والقيّم بامورهم عند السلطان

ه

كان يُوصي بنيه بالاسلام وابن ابي قرقرة تابعيٌّ وخزخاز موضع ببلاد جهينة ومحمد بن خالد الخزوزي كعملّسيّ محدّث اه

والذي تراه من المادّتين المذكورتين في محلّه من هذا الكتاب قد اشتُخلص من بين اجزاء هذا الكتاب وكثيرا ما تعرّض لذكر خواصّ الاشياء ومنافعها ومضارّها فمن ذلك قوله ❊ في ر خ م والرَّخَم طائر م الواحدة بهاء يُطلى بمرارته لسمّ الحيّة وغيرها والتبخير بجثته كمه مخلوطا بخردل سبع مرّات يحلّ المعقود عن النساء ووضع ريشة من اجنحتها بين رجلي المرأة يسهّل ولادها ويُبخّر بزبله لطرد الهوام ويُداف بخلّ خمر ويُطلى به البرص فيغيّره وكبده تُشوى ويُسحق ويُداف بخمر ويُسقى المخبول ثلثة ايّام كلّ يوم ثلث مرّات فيبرئه ❊ وفي هذا المحلّ ايضا قال عن الرخام بعد بيان نوعه ❊ وذرّ سحيق محروقه على الجراحة يقطع دمها وجيّا وشرب مثقال من سحيقه بعسل ثلثة ايّام يُبرئ من الدماميل وما كان منه لوحا لقبر فشرب سحيقه على اسم المعشوق يُسلّي العاشق اه

وقد اعتنى بجمع كثير ممّا ليس تحته كبير معنى ولا يفتقر اليه كاتب او لا فائدة فيه اصلا نحو قوله بأبأ الصبيّ قال بابا ❊ جأجأ الابل دعاها للشرب بجيء جيء ❊ شبرت اسم سوق باطرابلس ❊ شكّان لعلّه اسم بلدة ❊ الخزبج لعبة يقال فيها خراج خراج ❊ دغبج المال سقاها كلّ يوم ❊ واذا تدعو الناقة للحلب تقول إدْعج إدْعج ❊ جه جه زجر للضأن ❊ جدع زجر للمعز ❊ جلجه يقال للمعز اذا استصعبت على حالبها فتسكن او يقال للسخلة ولا يقال للعنز ❊ شطح زجر للعريض من اولاد الضأن ❊ وح وح زجر للبقر ❊ اخ اخ يقال للبعير ليبرك ❊ قلخ قلخ تقال للفحل عند الضراب ❊ أينخ الناقة دعاها الى الضراب فقال لها اينخ اينخ ❊ اجد زجر للابل ❊ عد عد زجر للبغل ❊ الغرّ زجر للبعير ❊ عز عز زجر للعنز ❊ عيز عيز زجر للضأن ❊ عدس زجر للبغل ❊ جحلنجع في قول ابي الهميسع ذكروه ولم يفسّروه ❊ شنظن كلمة عاميّة ذكرها ابن دريد ولم يفسّرها ❊ رفل رفل دعاء للنعجة الى الحلب ❊ الحيه زجر للضأن ❊ حاحيت وحأحأت وعاعيت ذكروا ولم يفسّروا ❊ يهيا من كلام الرعاء ❊ وامثال ذلك كثيرة لا مزيد فائدة من ذكرها ❊ وامّا ما اهمله من الكلمات العربيّة المتداولة بين اهل اللغة فكثير وجمعت منها في هذه النسخة عدّة وسأذكر لك منها مصداقا على ما قلت اكثر ممّا ينفي للطف لو طلبتها في ابوابها من القاموس لما وجدتها وهي هذه

ا ـ تلالشا ❊ اكتلأت العين حذرت امرا فسهرت له ❊ الهداء الوعد والراحة

ب ـ استتبّ الامر تهيّأ واستقام ❊ ذات الجنب مرض م ❊ مخشب ذو خشب ❊ تمذهب اعتقد

ك الاستدراك رفع توهم يتولد من الكلام المتقدم * تفسير الشك كما ستراه * الملكة الكيفية الراسخة في الانسان

ل الاصل لم يذكر من معانيها سوى أنها أسفل الشيء * جهلة جمع جاهل * وحصل على الشيء وحصّله أحرزه وملكه * الاحتمال بمعنى الوهم والجواز * حوامل جمع حامل للمرأة * التشهيل التجهيز والتهيئة * غسل النعل * التعليل إيراد السبب * غمل البلد * قبله وتقبّله أخذه مع الرضا فاكتفى بقوله أخذه ولم يقيّده بالرضا * قتلى وقتلاء جمع قتيل * استقلّ بالشيء استبدّ به * قال به حكم به * واعتقد به * قال به اعترف به * قال عليه افترى * قال فيه اجتهد * وعنه روى وله خاطبه * اطلاق القول على الآراء وعلى الذم أحيانا * اطلاق المثل على الذات * كواهل جمع كاهل * صلة الرحم

م احترم فلانا رعى حرمته * الحكمة لم يذكر أن من معانيها وضع الشيء في موضعه وصواب الامر وسداده * الطلسم نوع من السحر * واستعجمت عليه المسألة خفيت * العدم الفقد وضد الوجود وتفسيره إياه بالفقدان فقط غير كاف لأن الفقدان إنما يكون بعد وجود والعدم اسم لما وجد وفقد ولما لم يوجد بعد * العصمة عدم قدرة المعصية * قاومه ضادّه * قام بالامر تكفّل به * القهرمان * اطلاق الكريم على ما يرضي ويحمد وعلى أحسن كل شيء * الكرامات بمعنى المعجزات * ندمان من الندامة مؤنثه ندمى وندمان من المنادمة مؤنثه ندمانة * أبو نعيم الخبز الحوّارى * تفسير النوم * هلمّ جرّا * تفسير اليوم كما ستراه *

ن لا ينبتون نبات م * آناء الليل ساعاته * البون الفضل والمزية * الذمان القبيح * الديانة * الاسفين حديدة غليظة تقتلع بها الحجارة * طعن في السن كبر وفي الرابعة دخل * الحديث المعنعن المنقول من فلان عن فلان * العيان بالفتح مصدر عان الماء والدمع اذا سالا وبالكسر مصدر عاين * تعيين الشيء تخصيصه * أكننت الشيء صنته نحو درّ مكنون وجارية مكنونة * كان بمعنى ينبغي * تخصيص اللعن بأنه الطرد من رحمة الله والابعاد من درجة الابرار ومقام الصالحين * المتن خلاف الشرح * إمعان النظر التروّي والتثبت * تفسير اليقين كما ستراه ويقن الماء في الحوض

ه المنزه محلات لانبساط المنفردة * الوجد بمعنى الموصد؟

س لابأسَ به وعليه وفيه باختلاف معانيها • البائسُ الصعلوكُ • كلّسَ الحائطَ دهنَهُ بالكِلْس • المنحوسُ المشؤومُ • الوسوسةُ القولُ الخفيُّ لقصدِ الإضلال

ش التشويشُ التخليطُ

ص الشخصُ الذاتُ المخصوصةُ

ض الغرضُ المقصودُ

ط السلطةُ الاسمُ من التسلّط • وتسلطنَ صارَ سلطانًا • ضبطَ الكتابَ اشكلَهُ

ظ بيّظَ النمل بالظاء بيضها

ع بيعاتٌ وبيعاتٌ جمعُ بيعةٍ • الجمعةُ الاسبوعُ من بابِ تسميةِ الكلِّ بالجزء • جميع بمعنى كُلّ وجاءوا جميعًا قاطبةً • الترصيعُ التركيبُ على وجهٍ يورثُ الزينةَ والحليةَ وهو لم يقيّدْها بل قال التركيب • الرفيعُ الرقيقُ للثوبِ وغيرهِ • الرقعةُ البقعةُ من الارضِ • المشعشعُ المتلألئُ المنيرُ • الشفاعةُ السؤالُ في صرفِ الضررِ فلم يظهرْ لها هذا المعنى المتعارفُ • الصقعُ الضربُ بالراحةِ على مقدمِ الرأسِ فهي مقابلةٌ للصفعِ بالفاء ولم يقيّدها سوى بالضربِ وبالضربِ على الرأسِ • الصنعُ ايجادُ الصورةِ في المادّةِ • معنى الصناعةِ وتمييزها عن الحرفةِ • قطعَ اللبنُ حمضَ • قطعَ الدواءُ فسدَ • اقتنعَ اكتفى واجتزا • وضعَ الشيءَ انشأهُ واخترعَهُ • الوضعُ هو كونُ الشيءِ مشارًا اليه بالاشارةِ الحسيّةِ وتخصيصُ اللفظِ بالمعنى وجعلُ اللفظِ دليلًا على المعنى • الموضوعُ ما يبنى عليه الكلامُ

غ الرفغُ الزوجُ • صيغةُ الكلمةِ مثالها وصورتها

ف الخرافةُ طعمُ الحريفِ كالفلفلِ والبصلِ وحبِّ الرشادِ • اعوفُ بمعنى معروفٍ • تفسيرُ المعروفِ اي كلّ ما سكنتْ اليهِ النفسُ واستحسنتهُ • المكاشفةُ إطلاعُ المولى عبدَهُ على ما اخفاهُ عن العامةِ • كيفيةُ الشيءِ حالهُ وهيئتهُ • الالطافُ للنساء

ق المنلقُ الخريطةُ او الكيسُ • الدقُّ مرضٌ م • السحقُ والساحقُ الالطافُ • اشفقَ منهُ خافَ واشفقَ عليهِ اعتنى بهِ • الطريقةُ نوعٌ من المذهبِ • الموسيقةُ علمُ الالحانِ معروفةٌ • المنطقُ علمٌ م

مطلب

في تلخيص حيوة المؤلف

إنّ جبرائيل بن فرحات المنتسب الى عيلة مطر احدى العيلات الوجيهات من الطائفة المارونية في حلب ولد في المدينة المذكورة في العشر الثاني من شهر تشرين الثاني لسنة سبعين وستمائة والف لولود المخلّص ومذ ميطت تمائمه صبا للعلوم وجدّ في طلبها فتعلّم اولاً اللغة السريانية وقواعدها في مكتب المارونيين في حلب ثمّ درس الصرف والنحو لدى الشيخ سليمان الشهير بالنحوي مع جملة تلامذة حاز على جميعهم قصبات السبق وكان استاذه المذكور يشهد له بالحذق والوجاهة في ذلك حتى اخيرًا فاق عليه ثمّ اشتغل في علم المعاني والبيان والبديع والعروض والشعر وفاز بالتحصيل ومهر في جميعهم لانه كان بارع الفهم سريع تداول المعاني جيّد الحفظ جليدًا على الدرس والمطالعة جوّاد القريحة حسن البديهة ثمّ تعلّم اللغة الايطاليانية واتقنها ثمّ تعلّم المنطق واعتنى بالعلوم الفلسفية واللاهوتية وبرع فيها ثمّ اقبل على التاريخ وبالغ في حفظه واستحضاره فكان يحفظ التوراة وانساب العرب ووقائعهم وامثالهم واخبار حوادث الممالك والبلدان واخبار الاباء القديسين وما يتعلّق بالكنيسة الجامعة مذ تأسيسها وما انعقد من المجامع وما حصل من البدع ❊ ومطالعة تآليفه تؤكّد ما كتب عنه من معاصريه وما نقل عنه بالتواتر وكان مع ذلك معينًا لابيه بمصالح التجارة والناس مندهشون من نباهته وعلومه وحسن تصرّفه واذ بلغ العشرين من سنّه بدأ ان يستحقر الدنيا ومقتنياها ❊ ويكره صفوها وغداها ❊ وانعكف نحو التورّع ومطالعة الكتب الدينية والرياضات الروحية واخذ ينمو بالفضائل يومًا بعد يوم حتى حملت الصبا لطائف اخباره ❊ وتعطّرت الربا بعوارف آثاره ❊ وحيث لم يكتف بما كان عليه من الصلاح ففي الثالثة والعشرين من سنّي عمره رغب في ان يهجر بتّة كلّ دنيوي اي الاهل والاحباب والمال والوطن ورفاهية العيش وكلّ فخر زائل واختار الرهبانية طريقًا للكمال المسيحي واعلن هذا العزم للبعض من الشبّان الذين كان صلاحهم مشهورًا ❊ وكانوا يتّخذونه لهم علمًا ودستورا ❊ فرتّبوا رأيهم منهم خمسة عشر شابًا احصنهم

و استعمل العرب الكلمة لا أب لك بغير قصد الشتم • لله أبوك • الإخوة جمع الأخ من النسب والإخوان جمع الأخ من الصداقة • أبناء العلم العلماء • أبناء السبيل المسافرون • أبناء الدنيا البشر • أبناء الحاجة الفقراء • ابن الارض الغريب السائل • استجداه سأله حاجة • ما يجدى عنك هذا ما يغنى • أبو يحيى كنية الموت • الدعوى الاسم من الادعاء ج دعاوى • الذات ما يصلح أن يعلم ويخبر عنه • الذات الحقيقة والنفس • الذات الرضا • ذات يد الرجل ما يملكه • ذات الشفة الكلمة • ذات اليمين وذات الشمال جهة • ذات يوم أحد الأيام • رشوات ورشوات جمع رشوة • تزكى تطهر وتصدق • هذا الامر لا يزكو بفلان لا يليق • السجية الخلق ج سجايا • شهيا يشتهى فهو مشتهى اى مجلب للشهوة • الغاية الغرض والقصد • اللغى جمع لغة • الغيث العدد أسقطه • اللهو صرف الهم بما لا يحسن أن يصرف به • النحو الدوع • النحو المقدار والمثل • الندوة البلل

ى تفسير كلمة ينبغى كما ستراه • آتاه على الامر وافقه • وأتى البناء محكما صار • أتى المرأة جامعها • البكاء بالمد النحيب مع صوت والبكا بالقصر اخراج الدموع فقط • تفسير الاستشداء باخراج الثانى من حكم الأول • جرى الامر وقع وحدث • رقيات ورقيات جمع رقية • رمى فلانا بكذا عابه وقذفه واتهمه • عمى وعميان جمع أعمى • قاضاه حاكمه • قضاء الحاجة كناية عن التغوط • اقتضى الامر لزم • الناى أحد آلات الطرب • وراء بمعنى بعد • الفرق بين الوعد والايعاد • يد الدهر بمعنى ابدا • أيادى سبا

وأمّا ما ألّف وأعرب واستخرج وهذّب واختصر ورتّب من الكتب فكثير بعضه وهو راهب في لبنان وبعضه وهو مطران في حلب • فمدّة كونه راهبًا ألّف باللغة هذا الكتاب الذي سمّاه باب الإعراب عن لغة الأعراب • وختمه بفصل في معاني وحالات العوامل • وبالصرف والنحو بحث المطالب وحثّ الطالب • وبالبديع والجناس بلوغ الأرب في فنّ الأدب • وبالشعر ديوانه المشهور • والمثلثات الدرّيّة وشرحها • وبالوعظ كتاب فصل الخطاب • وبالرياضات الروحيّة مختصر الكمال المسيحي • وبالرتب البيعيّة فرض خميس عيد الجسد باللغة السريانيّة • وجملة صلوات أضافها الى كتاب الرتب وكتاب القدّاس وكتاب خدمة القدّاس • وجمع أخبار الشهداء والقدّيسين في الكتاب المعروف بالسنكساري وأحكم إعرابه • واختصر كتاب سلّم الفضائل • وثلثة أجزاء كتاب أباطيل العالم • وكتاب معاني تواريخ بارونيوس • وأعرب كتاب تفسير أربع بشائر الانجيل الشريف • وكتاب تفسير جميع رسالات القدّيس بولس الرسول • وكتاب تفسير رسالتي القدّيس بطرس هامة الرسل • وكتاب تفسير رؤيا يوحنّا • المؤلّفات من كورنيليوس الحجري ومستخرجات الى العربيّة من القس يوسف الحلبي الماروني الملقّب بالباني تلميذ مدرسة المارونيّين في رومية • وأضاف الى كتاب تفسير الرؤيا مقدّمة طويلة ذات فوائد تناسب المحلّ • وأعرب ايضًا ثلثة أجزاء كتاب الكمال المسيحي للأنبا ألفونسوس رودريكس استخراج القسّ يوسف المذكور • وكتاب شرح الرؤيا للقسّ المشار اليه • وكتاب الدرّ المنتخب المارّ ذكره •

وبمدّة كونه مطرانًا في حلب ألّف رتبة قدّاس رسم الكاس ليوم جمعة الآلام بالسريانيّة والعربيّة • ورتبة تكريس الرماد لأوّل يوم من الصوم • وكتاب ديوان البدع • وكتاب التحفة السنيّة لافادة المعترف والمعترف • واستخرج الانجيل الشريف من اللغة السريانيّة الى العربيّة وجعل منه لكلّ يوم من أيّام السنة • فصلاً يقرأ في القدّاس مطابقًا لمعنى تذكار ذلك اليوم ولكلّ من آحاد وأعياد السنة فصلاً يتلى في الصلوة الفرضيّة صباحًا ومساء • واستخرج من السريانيّة الحسايات والمزميات اي التسبيحات والتضرّعات الموجودات في كتب الصلوة الشحيم والفنقيط والمتعيد والجناز • واستخرج منها ايضًا كتاب القدّاس • واختصر كتاب الجناز بالسريانيّة اي

الفاضلان عبدُ الله قرا ألي وجرمانوس ابن توما حوّا اللذان في ما بعد انتشرت عنهما نفحات فضلٍ وصار عبد الله مطرانًا على قبرس وجرمانوس مطرانًا على بيروت وساروا معًا من حلب الى جبل لبنان حيث يوجدُ كثيرٌ من الاديرةِ والمعابد * والمناسكِ والمساجد * وإذ رأوا أنّ كلًّا من تلك الاديرة منفردٌ على حدتهِ ليس لها قانونٌ واحدٌ يشملها شاءوا ضمّها الى رتبةٍ وطريقةٍ واحدةٍ وجعْلَ رئيسٍ خاصٍ لكلٍّ منها ورئيسٍ عامٍ لجميعها فبادروا لدى حضرةِ ذي الذكرِ السعيدِ البطريركِ اسطفانَ الدويهيِ وذلك في سنة ١٦٩٤ واستماحوهُ الاذنَ والعونَ على التتميمِ فشكرَ سعيَهم ولبّى دعوتَهم وأعطاهم ديرَ القديسةِ مورا الكائنَ في إهدنَ إحدى قرى لبنانَ فاستوطنوهُ وشرعوا في تأسيسِ رهبانيةٍ شريفةٍ تحت لواء القديسِ انطونيوسَ الملقّبِ بالكبيرِ وبابي الرهبانِ وبكوكبِ البريّةِ ثمّ تسلّموا ديرَ القديسِ اليشاعَ النبيِّ المشيدَ في الوادي المقدّسِ في شمالِ لبنانَ وهناك أكملوا ترتيبَ فرائضِ ورسومِ رهبانيتهم اللبنانيةِ ونذروا نذورَها الثلثةَ وفيه رُقيَ الى درجةِ القسوسيةِ كما رُقيَ الى أعلى درجاتِ الفضلِ والتقوى باستعمالِهِ الصومَ والتقشفَ والنسكَ والصلوةَ والسياحةَ والوعظَ والانذارَ والتعليمَ والتآليفَ وما أشبهَ ذلك وفي سنة ١٧١١ قصدَ رومية لزيارةِ ضريحي الرسولينِ المعظّمينِ ولبعضِ مصالحِ رهبانيتهِ التي نالَ لاجلها اكرامًا جزيلًا من قداسةِ الحبرِ الاعظمِ ثمّ رجعَ الى لبنانَ وفي سنة ١٧٢١ استُدعيَ الى حلبَ من سيادةِ مطرانِ طائفةِ الرومِ الكاثوليكيين ليُعرّبَ لهُ كتابَ الدرِّ المنتخبِ ليوحنّا فمِ الذهبِ المستخرَجَ من اللغةِ اليونانيةِ وكانَ هناك يعظُ كلَّ نهارِ أحدٍ في كنيسةِ القديسِ الياس حيث ترى المسيحيينَ ينسلونَ أفواجًا أفواجًا مزدحمينَ لاغتنامِ سمعِ أوامرهِ البارعة * وزواجرهِ الرادعة * ثمّ رجعَ الى ديرهِ ومعَ ما كانَ عليهِ من تجنّبِ الرياسةِ وإباءةِ قبولها جُعِلَ من الرهبانِ رئيسًا عامًّا عليهم مرّتينِ بمدّةِ ترهّبهِ وفي سنة ١٧٢٥ أُقيمَ مطرانًا على حلبَ مدعوًّا بجرمانوسَ ودخلها على ابتهاجٍ واحتفالٍ من أبناء رعيتهِ وغيرهم وطفق يجهدُ بحسنِ رعايةٍ لا تنسى فاعتنى أوّلًا في تهذيبِ وتثقيفِ الكهنةِ ثمّ العامّةِ ورتّبَ فروضًا واخويّاتٍ وعباداتٍ وعاداتٍ حميدةً لم تبرحْ حتّى الآن ولم يكن يتوانى عن دوامِ الوعظِ وتعليمِ الجهلاءِ واسعافِ الفقراء وعيادةِ المرضى وكلِّ عملٍ خيريّ

كتاب صلوات جمعة الآلام * ورتّب كتاب السكسارى ثا حسب الترتيب الرومانى
هذا ما علمنهُ وأمكنني تلخيصهُ من محامد صفاته * وجميل أعماله وخيرياته * ولهُ صحائفُ اخلاقٍ
مهذبة * منها التقى والحجى والفضل يُنتثر * لو شئنا ذِكْرَ جميعها على الاطلاق * لما بلغ بحر وصفها
الاعراق * فهو غرّةٌ زهى بها وجه العصر والجيل * وانّ الزمان بمثلها لبخيل * ولمّا لم يكن من
الموت بدٌّ ولاحيلة * ففى التاسع من تمّوز سنة ١٧٣١ اوردهُ داء الورد وِرْدَ المنيّة * ودُفِنَ في كنيسة
القديس الياس في حلب تحت المذبح وفتح الله لروحه الطاهرة أبواب جنانه * اذ أغلق باب
الحدث على جثمانه * ولا برح موهوبًا رحمةً ورضوانًا * ما جزا الله المحسنين إحسانا

المطران جرمانوس فرحات

GERMANOS FARHAT

Évêque Maronite

فدونك الآن بما قررته وحررته للطالب الراغب من كتاب تقذت فيه العين بالانهار • واجريت منها بتاليفه دموع الكبد كالانهار • سائلاً من كل منصف متصف بحسن الشيم • عري من داء الحسد والجهل واللمم • ان ينتقده انتقاد عادل عاذر • لا عاذل غادر • وان يسحب على ما طغا به القلم • وزلت به القدم • ذيل الصلاح والاصلاح • ورداء الاحسان • عند النسيان •••

•••ومن ذا الذي ترضى سجاياه كلها • كفى المرء نبلا ان تعد معايبه•••

وان يذكر مؤلفه بالرحمة والغفران • والعفو والرضوان • واسأله تعالى استمداد ما يوفقني الى اسد توفيق • واقوم طريق • لانه اكرم مسئول • واعظم مأمول • فهو حسبنا ونعم الوكيل••••

حرف الهمزة

ا

الاباءة محركة القصبة ج اباء بالمد • الاينة كالهينة زنة ومعنى •••

ب

البؤبؤ بالضم إنسان العين ووسط الشيء • ع بدأ الشيء وابدأه وابتدأه فعله اولا وبدأ الله الخلق وابدأهم خلقهم والاسم البدء والبداءة والبديئة بفتحهن والبديئة كالبديهة زنة ومعنى وافعله بدءا بالفتح واول بدء اي اول شيء والبدء بالفتح السيد والعاقل ج ابداء وبدوء بالضم والبديء البديع والبدىء ايضا والبدء بالضم الاول • ع بذأه كرهه واحتقره وذمه والبذيء الرجل الفاحش وفعله ر بذو بذاء وبذاءة • ع برأ الله الخلق برءا وبروءا بفتحهما خلقهم ن ص وبرأ المريض برءا بالضم شفي وابرأه الله اشفاه ل وبرئ من الامر براءة وبروءا بفتحهما تبرأ منه وابرأه منه فهو بريء بفتح فكسر ج بريئون وبراء بالضم والكسر وابرياء وبرآء وهي بريئة ج بريئات (وبريات) وبرايا وانا براء منه اي بريء منه والبراء وابن البراء بفتحهما اول ليلة من الشهر القمري او آخره وبارأه فارقه • ع ل بسأ به تهاون ومرن • ر بطؤ بطأ بالضم وبطاء بالكسر والمد وابطأ ضد اسرع (وبطأ عليه) وابطأ بالشيء اخره (ولم افعله بطأ وبطأى بالقصر اي الدهر) • ن باء اليه رجع ووافق وباء بذنبه اعترف وتباوءا تعادلا وتبوأ المكان حله وبوأه به تبويئا احله والباءة النكاح (والبواء السواء والكفو) • ع ر ل بهأ به بهأ بالكسر والفتح وبهوءا بالضم وابتهأ به انس وبهأ البيت اخلاه وخرقه (وما بهأت له ما فطنت به)••••

حياضها العفاريت. ولما تم ما جمعه ذهني. واستفرغ لساني ما وعته اذني سميته باب الاعراب عن لغة الاعراب. اي مدخل الكشف. عن لغة العرب. ثم اصطلحت على ستة امور في تحصيل المطلوب منه. الاول ان اوزان الفعل الثلاثي المجرد عند التصريفيين ستة وقد وضعت في تمييزها اشارات بالقلم الاحمر لتتميز فيها وزنا من وزن. فاذا رأيت ن فالفعل على وزن نصر ينصر مفتوح العين في الماضي مضمومها في المضارع. واذا رأيت قبله ض معجمة فالفعل على وزن ضرب يضرب مفتوح العين في الماضي مكسورها في المضارع. واذا رأيت قبله ل فالفعل على وزن علم يعلم مكسور العين في الماضي مفتوحها في المضارع. واذا رأيت قبله ع مهملة فالفعل على وزن منع يمنع مفتوح العين في الماضي والمضارع. واذا رأيت قبله س مهملة فالفعل على وزن حسب يحسب مكسور العين فيهما. واذا رأيت قبله ر فالفعل على وزن كرم يكرم مضموم العين فيهما. واذا رأيت فعلا بلا علامة من هذه العلامات فالحقه بالوزن الذي قبله. واذا كانت علامة الفعل متعددة كانت اوزانه متعددة. الثاني اذا ذكرت الكلمة وقلت بالفتح او بالكسر او بالضم. كان المراد فتح اولها او كسرة او ضمة كقولنا الشمس بالفتح. والجمال بالكسر. والنور بالضم. اي بفتح الشين وكسر الجيم وضم النون واذا ذكرت الكلمة وقلت مثلثة يراد به جواز الحركات الثلث على اولها كقولنا سوى مثلثة اي بجواز فتح السين وكسرها وضمها الثالث اذا ذكرت الكلمة وقلت بكسرتين كان المراد به كسر الاول والثاني نحو ابل بكسرتين اي بكسر الهمزة والباء. وكذلك اذا قلت بضمتين مثل عنق واذا قلت محركة او بالتحريك كان المراد به فتح الاول والثاني نحو قمر محركة اي بفتح القاف والميم واذا قلت بفتح فكسر كان المراد به فتح الاول وكسر الثاني وكذلك اذا قلت بضم فكسر او بكسر ففتح او بفتح فكسر وما اشبه ذلك واذا ذكرت كلمة ولم اعين حركة اولها كانت مفتوحة الا المصادر والجموع فالغالب فيها الفتح. الرابع متى ذكرت فعلا واتبعته بقولي مجهولا كان ذلك الفعل مبنيا للمفعول كقولي واتنقع وجهه مجهولا اي بناء انتقع للمفعول. الخامس متى ذكرت المصدر ثلاثيا كان او غير ثلاثي لك ان تشتق منه الاشتقاقات التسعة المعينة عند التصريفيين وهي. الماضي. والمضارع. والامر والنهي. واسم الفاعل. واسم المفعول. واسم الزمان. واسم المكان. واسم الآلة مثال ذلك من الضرب مثلا ضرب يضرب اضرب لا تضرب ضارب مضروب مضرب بالفتح للمكان والزمان مضرب بالكسر للآلة. السادس متى رأيت جيما او جيما بالقلم الاحمر كان المراد بها لفظة معروف ولفظة جمع كقولنا الشمس م اي معروفة ج شموس اي جمعها وختمته بفصل ذكرت فيه معاني عوامل الاعراب كلها انتهى

ج أرطاء (* ع رطأ جامع وارطأت بلغت أن تجامع والرطأ الحمق وهو رطيء ج رطاء) *
ع رفأ السفينة أدناها من الشط والمرفأ موضعها ورفأ الثوب خاط خرقه فهو رفاء بالشد (ورفأ
بينهم أصلح) * وارفأ دنا وأدنى لازم متعد (ورافأ حابا ودارا وترافأوا توافقوا وتواطأوا) وارفأ
اليه لجأ ورفأه ترفئة قال له بالرفاء والبنين أي بالالتيام وجمع الشمل ع رقأ الدمع رقأ
ورقوأ جف وسكن ورقأ العرق ارتفع ورقأ بينهم أفسد وأصلح ضد ورقأ في السلم صعد والمرقأة
بالفتح والكسر السلم * ع رمأ رمأ ورموءا أقام وأرمأ اليه دنا (وأرمأ الخبر ظنه وحققه ضد
ومرمأت الأخبار أباطيلها) * ع رنأ اليه نظره روأ في الأمر تروئة نظر فيه مفكرا ولم يعجل
بجواب والاسم الروية بالشد (والروية) * رئأ كروأ زنة ومعنى والاسم الرئ بالكسر (ورأياه
اتقاه) ****

ز

* زأزأه خوفه وزأزأ الشيء زعزعه فتزأزأ منه خاف منه واختبأ * ع زكأ اليه لجأ واستند (وزكأه
ضربه وزكأ المرأة جامعها) وازدكأ حقه منه أخذه * ع زنأ الظل قلص وزنأ الشيء دنا بعضه من
بعض وزنأ بوله احتقن وزنأ عليه تزنئة ضيق عليه ن زاء الدهر به انقلب ****

س

* سأسأ الحمار زجره ليقف * ع سبأ الخمر سبأ ومسبأ بفتحهما وسباء محركة واستبأها اشتراها
والسباء بالشد بائعها والسباء بالكسر والمد والسبيئة الخمر وتفرقوا أيدي سبا وأيادي سبا
تبددوا (وسبأت النار الجلد لذعته وغيرته وسبأ وتمنع بلدة بلقيس والمسبأ الطريق) * ع سلأ
السمن واستلأه طبخه وذوبه والاسم السلاء بالكسر ج أسلئة * ن ساءه سوءا بالضم والفتح وسوءة
(وسواءة) وسواية ومساءة ومسائية ومساء بفتحهن فعل به ما يكرهه فاستاء والاسم السوء بالضم والسوء
أيضا البرص والنار والسوأى بالفتح والقصر ضد الحسنى وأساءه أفسده وأساء اليه ضد
أحسن والسوءة بالفتح (الفرج و) الفاحشة والخلة القبيحة والسيئة بالشد الخطيئة وساء سواء
بالفتح والمد قبح فهو أسوأ ****

ش

شوشو زجر الحمار ليمضي وتشاشأوا تفرقوا * الشباة بالفتح فراشة القفل (* الشأسي الجاسي
الغليظ) * الشطء بالفتح فرخ الزرع وورقه ج شطوء بالضم ع وشطأ الزرع شطأ (وشطوءا) أخرج
شطأه والشطء أيضا ما يخرج حول أصول الشجر ج أشطاء وشطء النهر شطه ج شطوء بالضم

د

دأدأ (دأدأة) دأدأةً ودئداءً اسرع واحضر ودأدأ الشيء حركه وسكّنه ضدّ والدأداء والديداء والدؤداء بفتحهن آخر الشهر ج دآدئ وتدأدأ تدحرج وتمايل في مشيته والدأدأة صوت تحريك الصبي في السرير والدأداء الفضاء ع درأ الشيء درأ ودرأة بفتحهما دفعه فاندرأ ودرأت النار اضاءت ودرأ الشيء بسطه واندرأ الحريق انتشر وكوكب درّئ بالكسر وكسر المشدد متوقد متلألئ وفعله ن درأ درءًا ودارأته دافعته ولاينته ضدّ (والدرء الميل والعوج في القناة ونحوها) * الدفء بالكسر والدفأ محركة نقيض حدة البرد وفعله ر ل دفؤ وتدفأ واستدفأ وادفأه الثوب ر يدفئه فهو دفآن وهي دفأى بلدة وارض دفيئة ذات دفء (* ع دكأهم دافعهم وزاحمهم وتداكأوا ازدحموا وتدافعوا) * الدنيء بالفتح الخسيس والحقير والماجن ج ادناء وفعله ع ر دنأ دنوءة ودناءة والدنيئة النقيصة * الداء المرض ج ادواء وفعله ع داء يداء دوءًا وداءًا بفتحهما فهو مدئ بالضم وهي مدئة وداء الذئب الجوع ****

ذ

(* الذأدة الجارية المهزولة المليحة) * ع ذرأ الشيء كثر والذرّية مثلثة مشددة النسل وذرأ الارض بذرها ل وذرئ شاب فهو اذرأ واذرأه اغضبه وذعره واولعه بالشيء . (والجأه) وملح ذرآني (بالفتح و) بالتحريك شديد البياض ع ذمأ عليه شق عليه ****

ر

* رأرأ حدقته حركها وقلبها ورأرأ نظره حدده ورأرأ السراب لمع ورأرأت المرأة نظرت في المرآة * ع (ربأهم وربأ لهم صار ربيئة لهم اي طليعة و) ربأ علا وارتفع ورفع واصلح واذهب وجمع وتثاقل (في مشيته) وربأ وارتبأ اشرف ورابأته اتقيته وراقبته والمربأ والمربأة بفتحهما والمرتبأ المرقبة والمرباء بالمد الميناء ع رتأ العقدة رتوءًا شدها ورتأه خنقه ورتأ اقام وانطلق ضده ع رثأ الميت رثأه (ورثأ خلط و ضرب ورثأ غضبه سكن والرثء والرثيئة قلة الفطنة والحمق) * ارجأ الامر اخره (وارجأ الصائد لم يصب شيئا) * الردء بالكسر العون (والعدل الثقيل) وفعله ع ردأ وردأ الحائط واردأه دعمه واردأه اعانه وسكنه وافسده واقره (ورداه بحجر رماه) ر وردؤ رداءة فسد فهو رديء ج ارداء واردأ فعل رديئًا (رزأ الشيء نقصه و) الرزيئة بالفتح والرزء بالضم والمرزئة المصيبة ج ارزاء ورزايا وفعله ر رزؤ رزأ بالضم وارتزأ والمرزئون بشد الياء القوم الذي مات خيارهم (* ع رشأ جامع ورشأت الظبية ولدت و) الرشأ محركة الظبي اذا قوي ومشى

جِبارة والبهمة وأطنا مال الى المنزل . إلى الحوض فشرب . إلى البساط فنام عليه كسلاً)● من
طا في الأرض ذهب وأبعد وما بها طوئيّ بثني فكسر أحده●

ظ

(● الظَّبَاةُ الضبعُ العرجاء● الظَّرُ الماء المتجمد والتراب اليابس بالبرد)● ل ظَمِيَ ظَمأً وظماءة
بفتحهما وظَمَأً محركة (وظماء) عطش أشدّ العطش فهو ظَمِئٌ وظمآن وهي ظمآنة ج ظِماء بالكسر
والمد وظمي اليه اشتاق والمظمأ بالفتح مكان العطش (وظماءة الرجل سوء خلقه ولؤم ضريبته
وقلة إنصافه لمخالطيه● الظوءة الرجل الأحمق)●

ع

●العِبء بالكسر الحِمْلُ والثِقْلُ والمِثْلُ والعَبءُ بالفتح ضياء الشمس ع وعبأ المتاع هيأه وعبا
الجيش وعبأه تعبئة جهزه والعباء والعباءة بفتحهما ومدهما كساء م ج أعبئة ولأعبأ ايضا للأحمق
الوخم وما أعبأ به ما أبالي به●

غ

●الغاغاء صوت النعام وصوت الظباء●

ف

●فأفأ تردّد لسانه بحرف الفاء فهو فأفاء وهي فأفاءة● ل رع فتأ وما فتئ مازال ل وفتئ عنه
نسيه● ع فثأ الغضب سكّنه وأفثأ أعيى وفتر وسكن وأقام● ل ع فجئه فجأ وفجاءة بفتحهما
وفاجأه وافتجأه هجم عليه بغتة (والفجاءة ما فاجأك وفجاجائع)● الفِنداية بالكسر الفأس ج
فناديه● الفراء بالفتح والمد (والفرأ) حمار الوحش ج أفراء وفراء بالكسر ع فشأ وأفشأ استكبر
(وفشأ بالرجل خانه وفزر به)● ل فطئ دخل ظهره وخرج بطنه فهو أفطأ وتفاطأ تقاعس●
ع فقأ عينه قلعها فانفقأت وتفقأت السحابة تفقأت من المطر ومنه تفقأ زيد شحما
(● ع فلأه أفسده● الفنأ الكثرة والفنء الجماعة)● الفيء بالفتح الظل ج أفياء وفيوء والمفياءة
بالفتح مكانه والفيء ايضا الغنيمة والخراج والفيء ايضا والفيئة بالفتح والكسر الرجوع والتحول
ج فيئون وفيآت من فاء والفيئة بالفتح الحين والفِئة بالكسر الجماعة (والطائفة) ج فِئون
وفِئات (ودخل على تفيئة فلان اي أثره)●

وشواطئ وشطأه قهره ‌ء ع شظأ ذابه شظأ وشظوا طلع وشقأ رأسه شقه ‌ء ع ل شنأه شنأ مثلثة وشناءة ومشنأة ومشنوءة بفتحهن أبغضه فهو مشنوء ‌ء ن شاءه شيأ ومشيئة ومشاءة ومشائية أراده والاسم الشيئة بالكسر والشيء بالفتح م ج أشياء وأشياوات وأشاوات وأشاوى وأشايا وأشاوة وتصغيره شيء بياءين أو شوىء قليلا (وأشاءه اليه ألجأه) وشيأ الله وجهه تشيئا قبحه وتشيأ سكن غضبه (ءتلاشا صار الى لا شيء).ء

ص

ءصأصأ منه خاف وذل له (والصئصئ والصئصىء الأصل) ءع ر صبأ صبأ وصبوءا وصبوءة خرج من دين الى آخر ومنه الصابئون والصابئة (وأصبأ الطلق والناب والنجم طلع) ء ل ر صدئ الحديد علاه الصدأ بالفتح والقصر أي الوسخ والدرن وتصدأ له تصدئا أي تعرض له (والصدأة شقرة الى السواد ورجل صدء لطيف الجسم).ء

ض

(الضئضئ والضئضىء والضوضؤ والضوضوء الأصل والمعدن وكثرة النسل وبركته و) الضأضأ والضوضاء أصوات الناس في الحرب ءع ضبأ ضبأ وضبوءا اختبى واستتر وأشرف ولجأ وضبأ منه استحى وأضبأ كتم ء ل ضدئ غضب (ءع ضنء خفي وانضرأت الإبل موتت وانضرأت الشجر يبست) ء ل ضنئت المرأة وأضنأت كثر أولادها فهي ضانئ وضانئة واضطنأ منه استحى وانقبض ءالضوء بالفتح والضواء والضياء بكسرهما النور وفعله ن ضاء ضوءا وضواء وأضاء وأضاءه وضوأه تضوئة أناره واستضاء به استنار (وضوء عن الأمر تضوئة حاد) وتضوأ أقام في ظلمة ليرى بضوء النار أهلها ء الضهياء بالفتح المرأة لا تحيض والتي لا لبن لها والفلاة لا ماء فيها ء

ط

ءطأطأ رأسه طأمنه فتطأطأ (وطأطأ في ماله أسرع إنفاقه وبالغ وطأطأ فرسه نخزه بفخذيه وأرسل يده بالعنان وحركه للحضر والركض) ء ع طرأ عليهم طرأ وطروءا خرج عليهم بغتة ر وطرؤ طراءة وطراء جد ذبل فهو طريء وأطراه بالغ في مدحه (ء الطشأة الزكام و الرجل الفدم العيي والطشأ زكم ع وطشأ المرأة جامعها ء ل طفئت النار طفوءا ذهب لهبها وأطفأتها فانطفأت ء الطلنسا تحول من منزل الى منزل ء الطلنفأ الكثير الكلام ء الطنء بقية الروح والمنزل والبساط والأرض البيضاء والروضة والداء وبقية الماء في الحوض والرماد الهامد والفجور والحظيرة من

لاستواء» ع كَلَأَهُ كَلأً بالفتح وكِلاءةً وكِلاءً بكسرهما مع المدّ حرسهُ واكلأتِ الارض كثر كلأها والكلأ محركةً العشب ل وكلئتِ الارض واستكلأت عشبت فهي ارض كليئة ومكلأة واكلأ العمر انتهاهُ ع وكلأ سفينتهُ أدناها من الشطّ وكلأهُ حبسهُ وكلأ فيهِ نظر اليهِ متأملاً (واكتلأت العين حذرت امرًا فسهرت لهُ واكلأ أسلف وأسلم والكلأة النسيئة والعربون)» الكمء نبات كالقطرب يتربى في قلب الارض يؤكل ج اكمؤ وكمأة واكمأ المكان كثر فيهِ الكمء (وكمئ حفي وتشققت رجله وكمئ عن الاخبار جهلها وغبي عنها)»

ل

اللؤلؤ بالضمّ الدرّ واحدته لؤلؤة وبائعهُ لأآل بشدّ الهمزة ج لآليء بالفتح ولألأتِ النار توقّدت وتلألأ البرق لمع (ولألأ الدمع حدّرهُ واللألاء الفرح التامّ)» اللِباء بالكسر والمدّ أول اللبن ع ولبأها احتلبها والبأهُ اطعمهُ اللباء والبأتِ الولد ولبأتهُ تلبئةً ارضعتهُ اللباء واللبوة بالواو واللبأة بالهمز انثى الاسدِ ج لبآت (ولبؤ) ولبؤ ولبوات (ع لتأهُ في صدرهِ دفعهُ ولتأ مضى ورمى وجامع ونقص وضرب وسلح وحدّد النظر والتيء اللازم لموضعهِ)» ع ل لجأ اليهِ والتجأ لاذ بهِ والجأهُ اضطرهُ والجأ امرهُ الى اللهِ اسندهُ اليهِ والجأهُ عصمهُ وحماهُ واللجأ محركةً والملجأ المعقل والملاذ واللجأة الضفدعة (والتلجئة الاكراه)» ل ع لطئ بالارض لطأ بالفتح ولطوءا بالضمّ لصق بها واللاطئة ما يلبسهُ الراهب في رأسهِ (واللطأ الشيء القليل)» ع لفأهُ اغتابهُ واعطاهُ حقهُ (وقشرهُ وضربهُ) ل ولفئ يلفى والفأهُ ابقاهُ واللفاء بالفتح التراب (والشيء القليل ودون الحق)» ع لكأهُ اعطاهُ حقهُ وضربهُ ولكئ اقام وتلكأ ابطأ وتلكأ عليهِ اعتلّ عليهِ ع لمأ الشيء اخذهُ كلهُ والمأ عليهِ اشتمل عليهِ والمأ بهِ ذهب بهِ والملمأة الشبكة»

م

ع متأ الحبل مدّهُ (ومتأ الرجل ضربهُ)» المروءة بالفتح النخوة والانسانية وفعلهُ ر مرؤ وتمرأ تكلف المروءة ل ع ر ومرؤ الطعام مراءةً بالتحريك هني فهو مريء ن ومرأت الارض مراءةً محركةً حسن هواؤها فهي مريئة والمريء بفتح فكسر مجرى الطعام والشراب اي رأس المعدة ج امرئة ومرؤ والمرء مثلثة الرجل والمرأة بالفتح انثاهُ وهذا امرؤ اي رجل وهذه امرأة بالتنكير دائمًا والمرأة التي رآها يوحنا في جليانهِ ملتحفة بالشمس رمز الى المعمودية والى الكنيسة والى سيدتنا مريم العذراء» ع مسأ مسأ ومسوءا مجن ومسأ بينهم افسد ومسأ ابطأ وخدع ومسأ على الشيء مرن (ومسء الطريق وسطهُ)» ع مطأ المرأة جامعها)» ماقي العين وموقها بالفتح مؤخرها او

ق

(* القَبْقَى بَياض البَيض * ع قَبَأ الطعامَ أكلَهُ القِبَاء بالكسر والضمّ م أو الخيار) * ن ع قرأ الكتابَ قَرْءًا وقِراءةً بالمدّ وقرآنًا بالضمّ واقترأهُ تلاه فهو قارئ ج قُرّاء بالضمّ والشدّ وقارئون وكتاب مَقْرِيء بالهمز ومقروّ بالشدّ ومقريّ كذلك (والقَرّاء الحسن القراءة ج قَرّاءون) والقُرّاء بالضمّ والشدّ والقارئ والمُقتري الناسك المتعبّد ج قُرّاءون بالشدّ وقرارئ وتقرّأ تفقّه ن وقرأ عليه السلام أبلغه السلام وأقرأه السلام كتبه له في مكتوب والقُرْء بالضمّ الحيض والطافة منه ضدّ والقرء أيضًا الوقت والقافية ج أقراء وقروء بالضمّ وأقرأت حاضت وتطفت منه ضدّ وأقرأت الريح هبّت وأقرأ دنا وأخّر وغاب وانصرف واقترأ وتقرّأ تنسّك وأقرأت الحاملُ ولدت والقِرْأة بالكسر الوباء * ل قَضِئت العينُ احمرّت وفسدت وقَضِئَ الحبلُ تقطّع وفيه قضاءة بالفتح والضمّ عيب وفساد * ع ر قَمَأ قماءةً محرّكة وقماءة بالفتح وقمأً بالضمّ والكسر ذلّ وصغر (فهو قميء) ج قماء بالفتح والكسر والمدّ ن وقمأه قمعه وأقمأه صغّره وأذلّه والمقمأة والمقموءة مكان لا تطلع عليه الشمس وماقامأه ماوافقه (وتقمّأ الشيء أخذ خيارة) * ع قنأ الشيء قنوءًا بالضمّ اشتدّت حمرته وقنأه قتله وقنأ لحيته سوّدها ل وقنِئ مات * ص قاء قيئًا وتقيّأ جاشت معدته فأخرج ما فيها (وداواه المقيّئ وتقيّأت المرأة تعرّضت لبعلها والقت نفسها عليه وثوب يقيء الصبغ أي مشبع) *

ك

كأكأ نكص وجبن وتكأكأ تجمّع والمتكأكئ القصير * ن كثأت اللحية طالت وكثرت * ع ل كذأ النبتُ كذءًا بالفتح وكذأً محرّكة أصابه البرد أو العطش فلبّده في الأرض وأرض كادئة بطيئة الإنبات ل وكدئ البقل فسد * كرثأ شعره (وغيره) كثر وتراكم * ع كسأه تبعه وركب كسأه بالفتح وقع على قفاه (وكسأه بالسيف ضربه وكسأ القومَ غلبهم في الخصومة وكسء من الليل قطعة منه) * ع كشأ اللحمَ وأكتشأه شواه حتى يبس وكشأ الشيء قشره فتكشّأ (وكشأه أكله أكل القثاء ونحوها وكشأ المرأة جامعها والكشأة بالضمّ العيب) ل وكشئ من الطعام كشأً بالفتح وكشاء بالتحريك امتلأ فهو كشيء * كافأه مكافأة وكفاء محرّكة جازاه وكافأ فلانًا ماثله وراقبه والاسم الكفاءة والكفاء بفتحهما ومدّهما وهذا (كفيئة وكفيئة وكفوءة وكفوءة و) كفاوة وكفوة بفتحهما مثله ج أكفاء (وكفاء) ع وكفأه صرفه وكبّه وكفأه وأكفأه قلبه وكفأه تبعه وطرده وكفأ القوم انهزموا وأكفأ مال وأمال لازم متعدّ وأكفأ خالف بين إعراب القوافي والكفاء بالكسر والمدّ الستر من أعلى الخباء إلى أسفله وفلان كفيء اللون متغيّره وكافأه دافعه وانكفأ رجع وانكفأ لونه تغيّر والتكافؤ

اللحم نهأ ونهاءة ونهوءة ونهوءا ونباوة لم ينضج فهو نهيء، وأنهأه لم ينضجه وأنهأ الأمر لم يتمه ويبرمه ع ونهأ امتلأ * ن ناء نوءا نهض بجهد وناء بالحمل نهض به مثقلا والنوء بالفتح النجم مال للغروب ج أنواء ونوآن وناء بعد وناوأه فاخره وعاداه * ص نيأ اللحم ينيء وأنيأه لم ينضجه فهو لحم نيء، والاسم النيوءة

و

الوبأ محركة وتمد الطاعون وكل مرض عام ج أوباء بالمد وأوبئة ل ووبئت الأرض ر ووبؤت وباء ووباءة ووبئت مجهولا وأوبأت كثر فيها الوباء فهي وبئة وموبئة بالضم واستوبأ الأرض استوخمها وأوبأ اليه أشار اليه من أمامه ليقبل وأومأ اليه أشار اليه من خلفه ليتأخر * ص وجأه باليد وبالسكين وتوجأه ضربه به ووجأت الركية انقطع ماؤها (ووجأ المرأة جامعها) وأوجأ التيس خصاه فهو موجوء * ص ودأه عابه وحقره والودأ محركة الهلاك وتودأه أهلكه وتودأت عنه الأخبار انقطعت * ع وذأه عابه وحقره وزجره فاتذأ والوذء المكروه من الكلام وما به وذأة لا علة به * ع ورأ من الطعام امتلأ والوراء بالمد خلف وأمام ضد والوراء ايضا ولد الولد * ص وزأ اللحم أيبسه ووزأ الوعاء توزئة شد تعبئته ووزأه ايضا حلفه بكل يمين * (وضيء الثوب اتسخ) * الوضاءة الحسن والنظافة وفعله ر وضؤ فهو وضيء ج أوضياء ووضاء بالضم والشد وتوضأ اغتسل والاسم الوضوء بالضم والميضأة بالكسر الموضع يتوضأ به (والمطهرة) والميضأة ايضا من أسماء المطهر بعد الموت وتوضأ الغلام والجارية أدركا * ل ع وطئه وتوطأه داسه ووطئ المرأة جامعها ر ووطؤ وطاءة صار وطيئا واستوطأه وجده وطيئا والوطأة بالفتح الحالة اللينة وأوطأه فرسه حمله عليها والوطأة ايضا الضغطة والوطأة ايضا والموطأ بالفتح موضع القدم ع ووطأه ووطأه توطئة هيأه وسهله ومهده والوطاء بالفتح والكسر والمد خلاف الغطاء والوطاء ايضا والميطاء بالكسر ما انخفض من الأرض وأوطأه على الأمر وتوطأه وتواطأه وافقه وأوطأ في الشعر كرر القافية لفظا ومعنى والوطئة السابلة واستوطأ استقام وتناهى وتهيأ (ورجل موطأ الأكناف سهل دمث كريم مضياف ورجل موطأ العقب سلطان يتبع) * توكأ عليه واتكأ وأوكأ اعتمد والتكأة ما يتوكأ عليه وأوكأه نصب له متكأ وأوكأه اتكأه اي ألقاه متكئا * ص ومأ اليه وأومأ أشار اليه وأومأ أشار اليه من خلفه ليتأخر والوامئة الداهية

ه

الهتوء بالفتح والهتأ محركة الشق والخرق وفعله ن هتأ ... ذا أضحكك فهو (هأهاء) هأهأ

مقدمهاء ع ملأ الاناء ملأ وملأة بفتحهما وملأة ثلثه فامتلأ وتملأ فهو ملآن وهي ملأى بالقصر وملآنة ج ملاء بالكسر والمد وملئ مجهولا زكم وأملأه الله زكمة فهو مملوء والاسم الملأة والملاء بضمهما والملأ محركة الجماعة والقوم وخلق الانسان والاشراف والظن والملاء بالكسر والملأة بالفتح الاغنياء الواحد ملأ بالفتح وفعله ع ر ملأ ملاءة وملأ بفتحهما والملاءة بالمد الملحفة ج ملاء بالكسر وملأة على الامر ومالأه ساعده والملء بالكسر اسم ما يأخذه الاناء من الامتلاء والامتلاء من الطعام التخمة منه ن مأ السنور مؤا بالفتح صاح•

ن

نأنأ عنه قصر عجزا فتنأنأ والنأناء والنؤنؤ بالضم الجبان • النبأ محركة الخبر ج أنباء ونبأة الخبر ونبأه بالخبر ونبأه به تنبيئا وأنبأه به إنباء أخبره به واستنبأ الخبر بحث عنه ع ونبأ نبأ ونبوأ ارتفع والنبوة بالفتح وترك الهمزة الرفعة ونبأ عليهم طلع ونبأ خرج من أرض الى أرض (ونابأهم ترك جوارهم وتباعد عنهم) والنبئ بلا همز المخبر عن الله ج أنبياء وأنباء ونبيئون والاسم النبوة بالضم وتنبأ ادعى النبوة والنبئ بالهمز الطريق الواضح والنبئ ايضا والنابئ المكان المرتفع المحدودب والنبأة بالفتح الصوت الخفي والانبا بالفتح الاب المرشد عبرانية معربة •

ع نتأ نتأ ونتوأ ارتفع ونتأ عليهم طلع ونتأت القرحة ورمت ونتأت الجارية بلغت ونتأ الشيء خرج عن موضعه • ع نجأه أصابه بالعين وهو نجوء العين (ونجوءها ونجئها) ونجيئها شديد الاصابة بها (ونجأة السائل شهوته) • ع ندأه كرهه والقاه في النار ونداه خوفه والندأة بالفتح (وتضم) قوس قزح وحمرة الغيم ودارة الشمس وهالة القمر ج نداء بالفتح •

ع نزأ بينهم أفسد وفتن ونزأه عن كذا رده عنه (وهو منزوء به مولع) • ع نسأه زجره وساقه وأخره وحبسه وخلطه ونسأه البيع وبعته بنسيئة (وبنسأة) أي صبرت عليه بالثمن والاسم النسيء والنسأة الذين جعله يؤخر وفاة والمنسأة بالكسر والفتح وبالهمز وعدمه العصا والنسء بالفتح الخمر والنس مثلثة المرأة المظنون بحملها والنساء بالفتح طول العمر والنابئ السمين والاسم النسوء بالفتح • ع ر نشأ نشأ ونشوأ ونشأة بفتحهن حيي وتربى وشب ونشأت السحابة ارتفعت والناشئ الغلام والجارية اذا أدركا ج نشء بالفتح والنشء بالفتح ايضا أول النهار وأول كل ساعة قامها (قائم) بالليل وأنشأ يحكي جعل يحكي وأنشأ دارا بدأ ببنائها واستنشأ الاخبار تتبعها والجواري المنشآة بالضم السفن المرفوعة القلوع • ع نكأ القرحة قشرها قبل أن تبرأ ونكأ العدو قهره ونكأه حقه قضاه (وهو زكأة نكأة يقضي ما عليه ولا يمطل) • ل ر نهي

الماء والشراب والأباب بالضم معظم السيل والموج وأبّ الشيء حرّكه • الإتب بالكسر درع
المرأة والقصير من الثياب والسراويل بلا رجلين ج أتاب وأتوب والإتب بالكسر قشر الشعير
وتأتّب اشتغد وتصلّب • الأدب محركة الظرف وحسن التناول وفعله ر أدب أدبا محركة
فهو أديب ج أدباء بالمد وأدّبه تأديبا علّمه الأدب فتأدّب والأدبة بالضم والمأدبة بضم الدال
وفتحها طعام صنع لدعوة أو عرس ص وأدب أدبا محركة عمل مأدبة وأدبه دعاه الى المأدبة ن
وأدب البحر كثر ماؤه والأدبة بالضم العجب • الإرب بالكسر الدهاء والخبث والغائلة
والعقل والدين والفرج والحاجة والإربة بالكسر والضم والأرب محركة والمأربة مثلثة الراء الحاجة
ل وأرب أربا بكسر ففتح وأرابة بالفتح عقل فهو أريب وأرب ذرب واحتاج وأرب الدهر اشتد
وأربت معدته فسدت وأربت يده قطعت وأرب افتقر فاحتاج والأربة العقدة والقلادة والإربة
بالكسر الحيلة والتأريب الإحكام والتوفير والتكميل والتحديد والمتأرب المديون المداجي والمغالط •
الإزب بالكسر الغليظ والداهية واللئيم والذميم والإزيب الطويل والأزب بالفتح الشدة والقحط
ص وأزب الماء جرى ومنه الميزاب أي المرزاب • الإشب بالكسر شعر الفرج وشعر
الإست • ص أشبه خلطه وعابه ولامه ل وأشب الشجر وتأشّب التفّ والأشبة بالضم
الكسب الذى يخالطه الحرام ج أشائب وتأشّبوا اجتمعوا واختلطوا • ن ألب اليه القوم أتوه
من كل جانب ن ض وألب جمع واجتمع لازم متعد وأسرع وألبت السماء دام مطرها والإلب
بالكسر الفتر والألب بالفتح الهوى والعطش والتدبير على العدو من حيث لا يعلم والشم والطرد
الشديد وشدة الحمى والحر وابتداء برء الدمل وفعل الكل ن ألب وريح ألوب باردة ورجل ألوب
سريع نشيط والألبة بالضم الجماعة وألّب تأليبا افسد وحرض والبيّاب بالكسر وشدّ الياء اخو
داود النبي الأكبر • أنّبه تأنيبا لامه ووبخه والأناب بالفتح المسك والمؤتنب من
لا يشتهي الطعام • الأيب والأوبة والأيبة والتأويب والتأييب والتأوّب بفتحهن والإياب
بالكسر الرجوع وفعله ن آب وتأوّب وأوّب تأويبا والأوب ايضا السحاب والسرعة والقصد
والعادة والاستقامة والطريق والجهة وورود الماء ليلا والفعل آب يأوب وآبت الشمس ايابا
وأيوبا غابت وتأوّبه تأويبا وتأيّبه تأييبا أتاه ليلا والتأويب السير جميع النهار ل وأوب
تعب وآب بالمد اسم شهر بعد تموز والمآب المرجع والأوبة بالفتح ضرب من الخيام •
الأهبة بالضم العدة وأهّب للأمر تأهيبا وتأهّب استعد والإهاب بالكسر الجلد ج أهبة بالضم
وأهب بضمتين وبفتحتين • أيوب الصديق من الأنبياء من بلاد حوران من نسل

ل وجئ انحنى والاتئ الاحدب (ع هتأه ضربه وتهتأ تقطع وبلى) • ع هجأ جوعه فجأ وهجوءا ذهب وهجأ بطنه ملأه ل وهجئ التهب جوعه واهجأه اذاه حقه واطعمه • ع هدأ هدءا وهدوءا سكن وهدأ بالمكان اقام وهدأ فلان مات واتانا بعد هدء من الليل بالفتح وبعد هدوء بالضم اى حين هدأ الليل والهدوء بالضم اول الليل وهدأ الصبي واهدأه سكته • ع هذأه قطعه وهذأهم العدو ابادهم وهذأه اسمعه مايكره ل وهذئ من البرد هلك • ع هرأ فى كلامه اكثر الفحش والخطأ وهرأه البرد هرأ وهراءة اشتد عليه البرد جدا وهرأت الريح اشتد بردها وهرأ اللحم واهرأه انضجه جدا فتهرأ ل وهرئ هرأ وهروءا واهرأه قتله • ع ل هزأ منه وهزأ به هزوا بالفتح والضم وتهزأ واستهزأ سخر به والهزأة بالضم من يهزأ منه والهزأة بالفتح من يهزأ بالناس ع وهزأه كسره ل وهزئ فلان مات • الهمء بالكسر الثوب ج اهماء ع وهمأه واهمأه خرقه وابلاه فانهمأ • ص ل ن هنأه الطعام هنأ بالفتح والكسر ساغ ومرئ فهو هنئ ن ص وهنأه واهنأه المعه واعطاه ن وهنأ الطعام هنأ بالفتح والكسر وهنأه بالفتح اصلحه وهنأته العافية اصلحته والهنيئة العافية (والهناء الرغد والراحة) والهناء بالكسر القطران ل وهنئ الشيء تهنأ اتاك بلا مشقة (وهنأه تهنئة وتهنيأ ضد عزاه والهناء بالكسر العطاء) • ن هاء بنفسه الى المعالى رفعها والهوء بالفتح الهمة والرأى الماضى وهاء اليه طلبه وهم به (وهاء بكسر الهمزة اسم فعل بمعنى خذ وتصريفه هاء هائيا هاءوا هائى هائيا هائين وهاء للتلبية بمعنى هاك وتصريفه هاء هاؤما هاؤم هاء بلا ياء هاؤما هاؤن) وها الله بلا مد حرف قسم اى والله • الهيئة بالفتح والكسر حال الشيء وكيفيته ورجل هيئ ظريف كيس وفعله ع ص هاء يهاء ويهئ ع وهاء اليه اشتاق وتهيأ للامر استعد له وهيأه تهيئة اصلحه وتهايأوا توافقوا

ي

اليرناء بالضم الحناء ويرنأ الشيء صبغه باليرناء

حرف الباء

ا

الأب بالفتح والشد الحشيش ن ص وأب للسير أبا وأبيبا وأبابا وأبابة وأتب تأبيبا تهيأ وأب الى وطنه أبابة اشتاق ن وأب أبه قصد قصده وأبت أبابته استقامت طريقته والأباب بالفتح

وبضم العين والباء الاولى عيد عند اليهود يحزنون به لخراب الهيكل من اسبيانوس قيصر • ل تعب ضد استراح واتعبه فهو تعب ومتعب لا متعوب واتعب اناءه ملأه • التغب بالفتح القبح والريبة وبالتحريك الفساد والهلاك والوسخ والدرن والقحط والجوع والعيب وفعله في الكل ل تغب • التلب بالفتح الخسارة (يقال تبا له وتلبا) وفعله ن تلب تلابة وتلبا والتولب الجحش واتلاب الامر بالهمز والشد استقام والحمار اقام صدره • ن تاب الى الله توبا وتوبة ومتابا رجع عن المعصية فهو تائب وتواب وتاب الله عليه وفقه للتوبة وقبله بفضله وهو تواب على عباده ودير التوابين في الديار المصرية ذكره صاحب سلم الفضائل وخبره من الغرائب واستتابه سأله ان يتوب والتابوت صندوق الميت وتابوت العهد كصندوق صنعه موسى النبي بامر الله فيه لوحا الوصايا والمن وعصا هارون وتابوت الله هيكله وكنيسته ومن اسماء مريم العذراء •

ث

ن ثب جلس متمكنا وثب الامر تم (الثابة الشابة) • الثرب بالفتح شحم رقيق يغشى الكرش والامعاء ج ثروب واثرب (وجج) اثارب والثربات محركة الاصابع ص وثربه واثربه لامه وعيره بذنبه والمثرب القليل العطاء والمثرب بالشد المفسد وثرب المريض نزع ثوبه واثرب الكبش زاد شحمه وشاة ثرباء سمينة والثريب الطي • ع ثعب الماء والدم فجره فانثعب وماء ثعب وثعوب بفتحهما سائل والثعب مسيل الوادي ج ثعبان ومثاعب المدينة مسائل مائها والثعبة بالضم الفأرة والثعبان الحية الضخمة الطويلة والثعبان ايضا من اسماء الشيطان • الثعلب بالفتح والثعلبان بالضم وحش م ج ثعالب وثعال والثعلب منفذ الماء من الجرن وطرف الرمح الداخل في السنان والثعلبة العصعص والاست ودير الثعالب ببغداد • الثغب بالفتح الطعن والذبح • الثقب بالفتح الخرق النافذ ج اثقب وثقوب ن وثقب فانثقب وثقبت النار ثقوبا اتقدت وثقب الكوكب اضاء والرائحة هاجت وثقب رأيه نفذ فهو مثقب الرأي وثقبه الشيب تثقيبا ظهر فيه والثقيب الشديد الحمرة وفعله ر ثقب ثقابة والنجم الثاقب المرتفع على النجوم واسم زحل • ص ثلبه لامه وعابه وهي المثلبة وطرده وقلبه وثلمه والثلب بالكسر الجمل المسن ج اثلاب والثلب محركة التقبض والوسخ والاثلب التراب والحجارة ورجل ثلب (وثلب) معيب • ن ثاب ثوبا وثؤوبا وثوب تثويبا رجع وثاب

عيشو بن اسحق لا يعد من الاسرائيليين كان قبل موسى وقيل كان معاصرا له ابتلاه الله ببلوات كثيرة ليظهر فضله ويضرب به المثل بالصبر

ب

الباب م ج ابواب وبيبان بالكسر وابوبة بضم الواو والبواب بالشد حارس الباب والبوابة بالفتح حرفته وباب يبوب صار بوابا وتبوب اتخذ بوابا والباب والبابة في الحساب والحدود الغاية وبابات الكتاب سطوره لا مفرد له وهذا بابته اي يصلح له والبابة الوجه ج بابات (والبابية الاعجوبة) والبابا اسقف رومية لانه اب للآباء اي رأس جميع الرؤساء غربا وشرقا فهو لهم بمنزلة الجد فهو نائب المسيح في كنيسته وخليفة مارى بطرس هامة الرسل مثناه باباوان وجمعه باباوات والنسبة اليه باباوي او بابوي وهو الاصح وتصغيره بويبا وقد يطلق البابا على اسقف الاسكندرية جوازا ويلقب بقاضي المسكونة لانه كان الثاني من اسقف رومية وقدم عليه اسقف القسطنطينية في المجمع الرابع تحكما لا استحقاقا وبابيا تلميذ يوحنا صاحب الرؤيا وهو اول من اخترع مذهب الالفيين وتبعه فيه كثيرون من المتبدعين والمتشيعين * باربا اسم اللص الذي فداه اليهود بالمسيح * برنابا رفيق بولس الرسول في الرسالة * بعلزبوب او بعلزبول اسم صنم كان يعبده الاشوريون * بوليكربوس بالضم اسقف اسمرنا الذي رآه يوحنا في الرؤيا متكيفا مهانا * البيب بالكسر كوة الحوض *

ت

التب والتبب والتباب والتتبيب النقص والخسارة وتبا له بالفتح خسرانا وتببه قال تبا له وتببه اهلكه ن وتب الشيء قطعه (واستتب الامر تهيأ واستقام) والتتبوب بالفتح وضم الباء المشددة المهلكة والتبة بالكسر والشد الحالة الشديدة واتب الله قوته اضعفها وتبت يداه ضلتا وخسرتا والتاب الرجل الكبير * التجاب بالكسر ذوب حجر الفضة واحدته تجابة * الترب والتراب (والترب) والتربة والترباء (والتربا) والتيرب والتيراب والتورب والتوراب والتريب (والتريب) م ولم يجمع منها غير التراب فقط جمعه اتربة وتربان والترباء بالمد الارض ل وترب تربا ومتربا كثر ترابه وخسر وافتقر واترب قل ماله وتربه تتريبا جعل عليه التراب والترائب عظام الصدر وموضع القلادة والترب بالكسر من ولد معك وهو تربي والتربية بالضم حنطة حمراء * التشغب بالضم

بالضمّ المِزْوَدُ ج جُرُبٌ بضمّتين وأجْرِبَةٌ ووعاء الخُصْيَتَيْنِ والسَّفِينَةُ الفارغةُ وجَرَّبَهُ تجرِبَةً اختبرهُ
ورجلٌ مُجَرَّبٌ مُختَبَرٌ او مُتَمَحَّصٌ بمِحْنَةٍ ودراهمُ مُجَرَّبَةٌ موزونةٌ (والمُجَرِّبُ الأسَدُ) والجَوْرَبُ لِفافةُ
الرِّجْلِ ج جَوارِبَةٌ وجَوارِبُ وتَجَوْرَبَهُ لَبِسَهُ والاِجْرِنْباء بالمَدِّ النَّيِّمُ بلا وسادةٍ • جَرْدَبَ
وَضَعَ يدَهُ على الطعام لِئَلّا يأكُلَهُ غيرُهُ او أخذَهُ بيمينِهِ ومَنَعَ بشمالِهِ فهو جَرْدَبانٌ (مُعَرَّبٌ)
والجِرْداب بالكسر وَسَطُ البحرِ والجَرْدَبِيُّ بالفتح الطُّفَيْلِيُّ • جَرْشَبَ هُزِلَ (والجُرْشُبُ
القَصِيرُ) • الجِزْبُ بالكسر النَّصِيبُ وبالضمّ العَبِيدُ والمِجْزَبُ بالكسر الحَسَنُ السِّيرَةِ الظاهِرَةِ
• (الجَسْرَبُ الطويل) • الجَشْبُ بالفتح والجَشِيبُ والمَجْشُوبُ الطعامُ الغليظُ بلا أُدْمٍ
وفِعْلُهُ ن ل جَشُبَ والجَشْبُ والجَشُوبُ المرأةُ الخَشِنَةُ والجَشِيبُ الخَشِنُ البَشِعُ من كلِّ
شيءٍ وفِعْلُهُ ر جَشَبَ والجَشْبُ بالضمّ قُشُورُ الرُّمّانِ • الجُعْبَةُ بالضمّ كِنانةُ النُّشّابِ
ج جِعابٌ ع وجَعَبَهُ قَلَبَهُ وجَمَعَهُ وصَرَعَهُ فانجعبَ والجَعْبُ بالفتح تَلُّ البَعْرِ والجُعْبَى بالقصرِ
نَمْلٌ أحمرُ ج جُعْبَيَاتٌ والجِعِبّاءةُ والجَعْباء بالفتح الاسْتُ والأجْعَبُ الضعيفُ العمل والجُعْبُوبُ
الرَّذْلُ النَّذْلُ • (الجُعْشُبَةُ الحِرْصُ والشَّرَهُ) • الجُعْذُبَةُ بالضمّ نُفّاخاتُ الماء وبَيْتُ
العنكبوتِ • (الجُعْشُبُ الطويلُ الغليظُ • الجُعْنُبُ القصيرُ) • ن ض جَلَبَهُ جَلْبًا
وجَلَبًا مُحَرَّكَةً واجْتَلَبَهُ ساقَهُ من موضعٍ الى آخَرَ فانجلبَ والجَلَبُ مُحَرَّكَةً والجَلِيبةُ والجَلُوبَةُ
ما انجلبَ ج أجلابٌ والجَلَبَةُ مُحَرَّكَةً اختلاطُ الأصواتِ وفِعْلُهُ ن ض جَلَبُوا وأجْلَبُوا ن
وجَلَبَ لأهلِهِ وأجْلَبَ كَسَبَ وطَلَبَ واحتالَ وعبدٌ جَلِيبٌ مَجْلُوبٌ ج جَلْبَى بالقصرِ وجُلَباء
بالمدِّ ورَعْدٌ مُجَلِّبٌ مُصَوِّتٌ وامرأةٌ جَلّابَةٌ وجِلِبّانَةٌ مُصَوِّتَةٌ صَخّابَةٌ سَيِّئَةُ الخُلُقِ وجَلَبَ الدمُ
يَبِسَ والجُرْحُ بَرَأَ ل وجَلِبَ اجتمعَ والجُلْبَةُ بالضمّ قِشْرَةٌ تعلو الجُرْحَ عند البُرْء والحِجارةُ
تراكمَ بعضُها فوقَ بعضٍ والسَّنَةُ الشديدةُ والجُوعُ والجَلْبُ بالفتح الجِنايةُ وفِعْلُهُ ن جَلَبَ والجِلْبُ
بالكسرِ الرَّحْلُ وبالضمّ السَّحابُ لا ماءَ فيهِ وسَوادُ الليلِ والجِلْبابُ بالكسرِ ثوبٌ واسعٌ للمرأةِ
او الثوبُ الذى يُغَطِّى الثيابَ او الخِمارُ وتَجَلْبَبَ لَبِسَ الجِلْبابَ والجُلّابُ بالضمّ والتشديدِ ماء
الوَرْدِ (مُعَرَّبَةٌ) وأجْلَبَهُ أعانَهُ وأجْلَبُوا اجتمعوا • (الجِلْجابُ والجَلَنْجَبُ والجُلاجِبُ الشيخُ
الكبيرُ والضخمُ الأجْلَحُ • الجَلَنْدَبُ الصُّلْبُ الشديدُ) • الجَنْبُ بالفتح والجانِبُ والجَنَبَةُ
مُحَرَّكَةً شِقُّ الإنسانِ ج جُنُوبٌ وجَوانِبُ وجُنُبٌ بضمّتين وجانَبَهُ مُجانَبَةً صارَ الى جَنْبِهِ
وباعَدَهُ ضِدٌّ والجَنْبُ بالفتح الوَقِيعَةُ والشَّتْمُ وجارُ الجَنْبِ اللازِقُ بِكَ وصاحِبُ الجَنْبِ صاحِبُكَ
فى السَّفَرِ والجارُ الجُنُبُ بضمّتين جارُكَ من غيرِ قومِكَ (وذاتُ الجَنْبِ مَرَضٌ م) ن وجَنَبَهُ
جَنَبًا مُحَرَّكَةً قادَهُ جنبًا فهو جَنِيبٌ ومَجْنُوبٌ وهى خَيْلٌ جَنائِبُ وجَنَّبَهُ أبعَدَهُ والجانِبُ والأجْنَبِيُّ

الحَوضُ ثَوبًا امتلأ والثَّوابُ بالفتح العَسَلُ والنَّحلُ والثَّوابُ والمَثوبةُ (والمَثُوبَةُ) الجزاء وأثابهُ اللهُ جازاهُ والتَّثويبُ التَّعويضُ والدُّعاء (الى الصَّلوة والإقامةُ والصَّلوةُ بعد الفريضة وتَثَوَّبَ تنفَّلَ بعد الفريضة) والثَّوبُ اللِّباسُ ج أثوُبٌ (وأَثْوُبٌ) وأثوابٌ وثِيابٌ وبائعهُ ثَوّابٌ والثائبُ الريحُ الشديدةُ تكونُ في أوّلِ المطرِ (والثِّيابُ الأعمالُ) والثَّوبُ الجَسَدُ والذِمَّةُ والنقاوةُ والثَّوبُ الأبيضُ البكارةُ والطهارةُ والنبوّةُ والشهادةُ في سبيلِ اللهِ وثوبُ السيّدةِ شيءٌ تلبسهُ عُبّادُ سيّدتِنا مريمَ العذراء من يدِ الرُّهبانِ الكرمليّين • الثَّيِّبُ بالفتحِ وكسرِ المشدَّدِ المرأةُ فارقت زوجَها •

ج

ع جَلَبَ كسبَ المالَ • الجَبُّ بالفتحِ والاجتبابُ القطعُ واستئصالُ الخُصيةِ والعانةِ وفعلُهُ ن جَبَّ والأجَبُّ بتشديدِ الباء الخَصِيُّ والجُبّةُ بالضمِّ ثوبٌ م ج جُبَبٌ وجِبابٌ والدِّرعُ واسمُ بلدٍ في لبنانَ وما دخلَ في السِّنانِ من الرُّمحِ والجُبُّ بالضمِّ البئرُ البعيدةُ القعرِ ج أجبابٌ وجِبابٌ بالكسرِ وذِئرُ الجُبِّ بالمَوصِلِ والجَبابُ بالفتحِ القحطُ الشديدُ والأجَبُّ الفرجُ وماءٌ جَبجابٌ وجُباجِبٌ كثيرٌ والجَبجَبُ بالفتحِ المستوي من الأرضِ والجُباجِبُ بالضمِّ الطَّبْلُ والتَّجابُّ أن يتناكحَ الرَّجلانِ أُختيهِما وجَبجَبَ في الأرضِ ساحَ • جَبجَبَ العدوَّ أهلكَهُ وجَبجَبَ في الشيءِ تردَّدَ فيه • (الجَحذَبُ القصيرُ • الجَخابةُ بالفتحِ والكسرِ وبالفتحِ مع التشديدِ الأحمقُ والثقيلُ الوخيمُ والجَخَبُ المنهوكُ) • الجُخدَبُ بالضمِّ الخُنفُسُ والجرادُ والخُنفساءُ الضخمُ والأسدُ • الجَدْبُ بالفتحِ المَحْلُ والعَيبُ وفعلُهُ ن ض جَدَبَ والجادِبُ الكاذبُ والجُندَبُ بالضمِّ وبكسرِ الجيمِ وفتحِ الدالِ ضربٌ من الجرادِ وأمُّ جُندَبٍ الداهيةُ والغدرُ والظُّلمُ وأجدبَ القومُ أصابَهُمُ الجدبُ ومكانٌ جَدْبٌ وجَدُوبٌ ومُجدوبٌ وجَديبٌ وأرضٌ جَدبةٌ ذاتُ جدبٍ وفعلُهُ ر جَدُبَ جُدوبةً وفلاةٌ جَدباءُ مُجدِبةٌ • ض جَذَبَهُ واجتذبَهُ مدَّهُ وجذبَ الشيءَ حوّلَهُ من موضعِهِ فانجذبَ وسيرٌ جَذْبٌ سريعٌ وتجاذبا تنازعا واجتذبَهُ سلبَهُ (وجِذابُ المنيّةِ وأخذَ في وادي جَذَباتٍ يُقالُ لمن أخطأَ ولم يُصِبْ) • الجَرَبُ محرَّكةً داءٌ م وفعلُهُ ل جَرِبَ فهو جَرِبٌ وجَرْبانُ بفتحِهما وأجربُ ج جُرُوبٌ بضمّتينِ وجِرابٌ بالكسرِ وأجارِبُ وأجرَبوا وقعَ الجربُ في ماشيتِهِم والجَرَبُ صداءُ السيفِ وداءٌ في باطنِ الجفنِ والجَرباءُ السماءُ ومدارُ الشمسِ والقمرِ والجاريةُ الحسنى والجِرِيبُ مِكيالٌ م ج أجرِبةٌ وجُربانٌ والجَريبُ المزرعةُ والجِرابُ

الماء كدر) • ن حجبه حجبا وحجابا وحجّبه تحجيبا ستره فاحتجب وتحجّب والحاجب بوّاب الملك ج حجبة محرّكة وحجّاب بالضمّ والشدّ والحجاب ما احتجب به ج حجب بضمّتين والحجاب ضوء الشمس وناحيتها وما حال بين شيئين وموت المذنب في بذنبه والحجب محرّكة مجرى النفس (والحجب الاكمة) والحاجبان م او الشعر النابت فوقهما ج حواجب وحاجب الشيء حرفه والمحجوب الضرير والحجبتان محرّكة حرفا الورك وحرفا عظم العانة

• الحدب محرّكة خروج الظهر ودخول الصدر والبطن وفعله ل حدب واحدودب وتحادب فهو احدب وهي حدباء الحدب ايضا تراكم الماء في جريه وشدّة البرد (وحدب الامور شواقّها واحدتها حدباء وحداب السنة المجدبة) وتحدّب به تعلّق وتعطّف وحدبت المرأة على ولدها حنت عليه ولم تتزوّج بعد موت ابيه • الحرب م مؤنث وقد يذكّر ج حروب ودار الحرب بلاد الاعداء في الدين ورجل حرب ومحرب ومحراب شديد الحرب شجاع ورجل حرب بالفتح عدوّ محارب والحربة آلة الحرب ج حراب بالكسر والحربة ايضا فساد الدين والطعنة ويوم الجمعة ج حربات والحربة بالكسر هيئة الحرب ن وحربه حربا سلب ماله فهو محروب وحريب ج حرباء بضم ففتح واحرباء من الحرب وهو السلب ل وحرب الكلب اشتدّ غضبه فهو حرب وحرّب السنان تحريبا حدّده والحربة بالضم وعاء كالجوالق والغرارة والمحراب الغرفة وصدر البيت (والاكمة وعنق الدابة ومقام الامام من المسجد) ومقام الكاهن في البيعة والهيكل ومقام الملك ولاجئة وجبل حوريب بالضم طورسيناء والحرباء بالكسر والمد بسمار الدرع والظهر ودويبة تستقبل الشمس برأسها وللارض الغليظة واحربه دلّه على الكسب والتحريب القاء الفتنة (والتحريش والتحديد والمحرّب والمتحرّب الاسد) • الحرذبة الخفّة والنزق • الحزب بالكسر الورد والطائفة والسلاح وجماعة الناس وجند الرجل واصحابه الذين على رأيه وحازبوا (وتحزّبوا) صاروا احزابا وحزّبهم تحزيبا ن وحزبه الامر نابه وضغطه والاسم الحزابة بالضم وامر حازب وحزيب شديد ج حزب بضم ففتح والحزباب بالكسر الارض الغليظة والديك وحازبته كنت من حزبه • ن حسبه حسبا وحسبانا بالضم وحسبة وحسابة وحسابا بالكسر عدّه والمعدود محسوب وهذا بحسب هذا اي بعدده وقدره والحسب محرّكة ما تعدّه من مفاخر آبائك او المال او الدين او الكرم او الفعال الصالح او الشرف الثابت في الآباء (او البال) والحسب والكرم قد يكونان لمن لا آباء له شرفاء والشرف والمجد لا يكونان الا بهما وفعله حسب حسابة وحسبا محرّكة فهو حسيب وحسبك درهم كفاك (وشيء حساب كاف ومنه عطاء حسابا وحسيبك الله اي انتقم الله منك وكفى بالله حسيبا اي محاسبا

والاجنبُ الذى لا ينقاد والغريب والاسم الجنابة بالفتح وجنبهُ واجتنبهُ وجانبهُ وتجنّبهُ بَعُدَ منهُ والجنب بفتحٍ فكسرٍ من يتجنّب الناس والجَنَبة بالفتح الاعتزال والناحية والمجتنب المحظور والجنابة بالفتح المنيّ وفعلهُ اجنب واستجنب فهو جُنُبٌ والجَناب بالفتح الفناء والناحية وبالضمّ داء الجنب وطوع الجِناب سلس الانقياد والمِجنب بالكسر الستر والهند بين ارض العرب والعجم والجَنَب محرّكة القصير والجَنوب بالفتح ريحٌ تخالف الشمال ج جنائب وفعلهُ جنبت جُنوبًا بالفتح ل وجنب فلق • الجوب بالفتح والاجتياب الخرق والقطع والدلو العظيمة وثوب للمرأة والترس والكانون والاجاب والاجابة الجواب والجَوبة بالفتح الحفرة والمكان الوطيء ج جُوَب بضمّ ففتحٍ ودير الجوبة بلبنان والجوائب الاخبار الطارئة واستجابه استجاز لهُ (وجبت الارض سلكتها واجتاب الثوب لبسهُ والبئر حفرها) • جيب القميص ونحوه طوقهُ ج جيوب •

ح

الحُبّ بالضمّ والكسر المحبّة والحُباب بالضمّ الوداد واحبّهُ ودّهُ فهو محبوب شاذّ وحبّهُ اى احبّهُ شاذّ حُبًّا بالضمّ وبالكسر واحببتهُ واستحببتهُ والحبيب والحِبّ بالكسر المحبوب ج احباب وحِبّان وحُبوب بضمّهما والحبيب المحبّ (والحِبّة الحبيبة) ر وحَبُبت اليهِ صِرت حبيبهُ وحبّذا الامر اى هو حبيب ن وحبّ اليّ هذا الشيء. وحبّبهُ اليّ جعلني احبّهُ وحبابك كذا اى غاية محبّتك والحبيب لقب يوحنا الانجيلي لمحبّة المسيح لهُ طاهرًا واحبّ فلان برأ من مرضهِ واحبّ الزرع صار ذا حبٍّ والحبّة واحدة الحبّ ج حبّات وحُبوب بالضمّ (وشيء محبّب ذو حبّ) والحبّة الحاجة وبالضمّ المحبّة وعجم العنب والحِبّة بالكسر بزور البقل الواحدة حِبّة بالفتح وحبّة القلب سويداؤهُ ومهجتهُ وثمرتهُ وحباب الماء معظمهُ وفقاقيعهُ والحُبّ الجرّة الضخمة ج احباب وحِباب والحِبّ بالكسر المحبّ والقرط من حبّةٍ واحدة والحُباب بالضمّ الحيّة وامّ حُباب الدنيا والحِباب الطلّ والحبحبة والحبحب جري الماء قليلًا والضعف وايقاد النار والبطيخ الشاميّ وهو الجبس ج حباحب والحبحاب الدميم والمحبحب بالكسر السيّء الغذاء والحُباحب بالضمّ ذباب يطير بالليل لهُ شعاع كالسراج ومنهُ نار الحباحب او هو نار الحجارة المتلاطمة والحبّة الخضراء البطم والحبّة السوداء الشونيز والحبّة القطعة من الشيء. والحابّ السهم الواقع حول الغرض ومنهُ لعبة الصبيان ج حوابّ ن وحبّ وقف ولعب بالحابّ والحبب محرّكة تنضّد الاسنان وامّ محبوب الحيّة واستحبّهُ عليهِ آثرهُ (• الحترب القصير • حترب

الضرع وفعله ن ض حلب والمحلب والحلاب بالكسر اناء الحلب والحلب محركة والحليب اللبن المحلوب وناقة حلوبة وحلوب ذات لبن ج حلائب وحلب بضمتين واحلبه الشاة صيّره يحلبها واحلبه اعانه على الحلب واحلب الرجل ولدت له ماشيته اناثا واجلب بالجيم ولدت له ذكورا ومنه قولهم فى المثل ما له حلب ولا جلب والحلبتان الغداة والعشى ن وحلب جلس على ركبتيه وحلب القوم حلبا وحلوبا اجتمعوا ويوم حلاب بالشد فيه ندى وتحلب بالعرق سال وتحلب بدنه سال عرقه وتحلبت عينه وانحلبت هطلت دمعا ودم حليب طرى والحلبة الدفعة من الخيل فى السباق ج حلائب والحلائب الجماعات واولاد العم وحوالب البئر منابع مائها والحلب بضمتين الفهماء (والحلبوب الاسود من الشعر وغيره) والمحلب بالضم الناصر والمحلب العسل واستحلبه استدره وحلب محركة بلد بالشام معربة عن البّ بكسر اللام وتشديد الباء يونانية منقولة عن اسم مجددها البيوس الشهيد من وزراء يوليانوس العاصى واسمها القديم بيريا (حلتب اسم يوصف به البخيل) * الحنب محركة اعوجاج الساقين فهو محنب بالضم والشد وحنب تحنيبا نكس وتحنب تقوس وعليه تحنن واسود حنبوب حالك جدا * (الحنجب اليابس من كل شىء * الحنطبة الشجاعة وجنس من احناش الارض) * الحنزاب بالكسر الحمار المقتدر والديك * الحوب والحوبة بفتحهما الابوان والاخت والبنت معا ولى فيهم حوبة وحيبة قرابة من الام والحوبة رقة فؤاد الام والحاجة والحالة والام وامرأتك او سريتك والدابة ووسط الدار والحوب بالضم الهلاك والبلاء والنفس والمرض والاثم وفعله ن حاب حوبا بالفتح والضم والحوب الحزن والوحشة والفق والمسكنة والنوع والوجع والتحوب التوجع وترك الحوب اى الاثم والحوباء بالمد النفس ج حوباوات وحوبان واحوب صار الى الاثم *

خ

الخب حبل الرمل وبالضم لحاء الشجر وبالكسر هيجان البحر والخداع والخبث والغش وفعله ل خب والخبب محركة ضرب من العدو والسرعة وفعله ن خب خبا وخبيبا والخبخاب رخاوة الشىء المضطرب وفعله تخبخب وثوب اخباب ومخبب وخبائب مقطع والخبيبة شريحة اللحم وخب النبات طال وخب الرجل نزل المنهبط من الارض وخب البحر اضطرب وخب فلان صار خداعا وال[illegible] بالضم مستنقع الماء وخبخب غدر واسترخى بطنه وخبخب بدنه هزل بعد سمن وخبخب الحر سكن * ن خدبه بالسيف ضربه والخدب الغش والكذب

أو كافيا) ورجلٌ حَسْبُكَ كافٍ لك دون غيره والحِسابُ بالكسر الجمعُ الكثيرُ من الناس
والحُسْبانةُ بالضم العذابُ والبلاءُ والشرُّ والعجاجُ والجرادُ ج حُسْبانٌ بالضم والحُسْبانةُ أيضا الوسادةُ
الصغيرةُ والنملةُ الصغيرةُ والصاعقةُ والسحابةُ والحِسْبةُ بالكسر الأجرُ ج حِسَبٌ بكسر ففتح وهو حسنُ
الحِسْبةِ حسنُ التدبير والأحسبُ ذو البهق ولا أبرص ولا أسم الحُسْبةُ بالضم س وحَسِبَ حِسْبانا
بالكسر ظنَّ (وما كان في حِسْباني كذا ولا تَنقلْ في حِسابي) والحَسْبُ والحِسْبةُ بالكسر والتحسيبُ
دفنُ الميت في الحجارة (أو مُكفَّنا) وحسَّبه تحسيبا وأحسبه وسَّده وأطعمه وسقاه وتحسَّب توسَّد
وتوخَّى واستخبر واحتسب عليه أنكر ومنه المُحتسِبُ. وابنَه احتسبه اذا مات كبيرا فإن مات
صغيرا يقال افترطه واحتسب فلانا اختبر ما عنده وأحسبه أرضاه ويوم الحساب يوم النشور
* الحَشِيبُ الثوبُ الغليظُ والحَوْشبُ للأرنب والعِجل والثعلب الذكر واحتشبوا تجمَّعوا
(والحَوْشبةُ الجماعةُ) وأحشبه أغضبه * الحَصْبةُ (بالفتح والتحريك) بثرٌ يخرج في الجسم
وفعله ر ل حُصِبَ فهو محصوبٌ والحَصَبُ محرَّكةً والحَصْبةُ بالفتح الحجارةُ الواحدةُ حَصْبةٌ
بالفتح والحَصَبُ أيضا الحطبُ والحَصْباءُ الحصى وأحدتُها حَصَبةٌ محرَّكةً وأرضٌ حَصِبةٌ
بفتح فكسر ومَحْصَبةٌ كثيرةُ الحصى ن وحصَّبه تحصيبا رماه بالحصباء وحصَّب المكانَ فرشه
بالحصباء. واحتصب عن صاحبه ولَّى والحاصبُ ريحٌ تحمل الترابَ وتناثرُ الثلجِ والبردِ والسحابُ
الذى يرمى ثلجا وبردا (الحَضْرَبةُ الضيقُ والبخلُ * الحِصْلِبُ الترابُ) * الحِضْبُ بالكسر
صوتُ القوسِ ل وحَضِبَت البكرةُ اذا انقلب الحبلُ عنها وأحضب النارَ واحتضبها ألقى عليها حطبا
* حضرب حبله ووتره شدَّه (وكلُّ مملوءٍ محضرَبٌ) * الحَطَبُ م ن وحطب واحتطب جمع
الحطبَ ومكانٌ حطيبٌ ذو حطبٍ وهو حاطبُ ليلٍ مخلِّطٌ في كلامه والمِحْطَبُ المِنجلُ وحطب
به سعى والأحطبُ الشديدُ الهزالِ والمشئومُ وهى حطباءُ بالمد ض وحطب في حبلهم نصرهم
واحتطب المطرُ قلع أصولَ الشجر * ن ض حظب حظوبا سمن وامتلأ بطنه فهو حاظبٌ
والحُنْظُبُ بالضم ذكرُ الجرادِ وذكرُ الخنافسِ والحُنْظوبُ بالضم المرأةُ القليلةُ الخيرِ والحِنْظابُ
بالكسر النكسُ الأخلاقِ (* الحَظَلْبةُ السرعةُ في العدوِ) * الحَقَبُ محرَّكةً حزامُ الدابةِ
ل وحَقِبَ المطرُ احتبس والحِقابُ بالكسر شئٌ تعلِّق به المرأةُ الحَلْيَ وتشدُّه في وسطها ج
حُقُبٌ بضمتين والحِقابُ أيضا بياضُ أصلِ الظفرِ والحقيبةُ ما يُشدُّ في مؤخرِ الرحلِ وفعله
احتقب واحتقبه واستحقبه ادَّخره والحِقْبةُ بالكسر مدةٌ من الدهر لا وقتَ لها والسنةُ ج حِقَبٌ
بكسر ففتح وحُقوبٌ والحُقْبةُ بالضم سكونُ الريحِ والحُقُبُ بالضم وبضمتين الدهرُ والسنةُ أو
السنون ج أحقابٌ وأحقُبٌ * الحَلْبُ والحِلابُ بالكسر والاحتلابُ استخراجُ الحليبِ من

وخُطبةً بالضمّ تكلَّمَ بكلامِ اللهِ للتقوى وهو ضربٌ من الوعظِ والاسمُ الخُطبةُ بالضمّ ورجلٌ خطيبٌ
حسنُ الخُطبةِ بالضمّ والخُطبةُ ايضا لونٌ كدرٌ ما بينَ خضرةٍ وصفرةٍ او غبرةٍ يخالطها خضرةٌ وفعلُه
ل خَطِبَ فهو أخطبُ اللونِ والأخطبُ الصقرُ وفصلُ الخطابِ الحكمُ بالبيّنةِ او باليمينِ والفقهُ
في القضاء او ان يقولَ الخطيبُ امّا بعدُ • (الخضربةُ اضطرابُ الماء وماءٌ خضاربٌ يموجُ بعضُه
في بعضٍ والمخضربُ الفصيحُ البليغُ • الخضعبةُ الضعفُ وتخضعبَ أمرُهم اختلطَ) • الخِلْبُ
بالكسر الظُّفُرُ ن ض وخلبَه بظُفُرِه واستخلبَه جرحَه وخدشَه وقطعَه وشقَّه وخلبَ الفريسةَ اخذها
بمخلبِه اي بظُفُرِه ن وخلبَ عقلَه سلبَه ايّاه وخلبَه خلبًا وخِلابًا وخِلابةً بكسرِهما واختلبَه وخالبَه
خدعَه فهو خالبٌ وخلّابٌ بالشدّ وهي خالبةٌ وخلِبةٌ بفتحٍ فكسرٍ وخلوبٌ وخلّابةٌ والمِخلبُ
بالكسر المنجلُ وظُفُرُ كلِّ سبعٍ من وحشٍ [illegible]رٍ يصيدُ والظُّفُرُ لما لا يصيدُ والخِلْبُ بالكسر شيءٌ
أبيضُ رقيقٌ لازقٌ بالقلبِ والكبدِ وورقُ الكرمِ وفلانٌ خِلْبُ نساءٍ بالفتح يحبّهنّ للفجورِ
ج أخلابُ نساءٍ والخُلَّبُ بالضمّ وفتحِ اللامِ المشدّدِ السحابُ لا مطرَ فيه ومثلُه البرقُ الخُلَّبُ
• الخِنّابُ الطويلُ الأحمقُ والضخمُ الأنفِ والخِنّابتان بالكسر طرفا الأنفِ والخِنّابةُ
بالكسر أرنبةُ الأنفِ والخِنْبُ بالكسر باطنُ الركبةِ وأسافلُ أطرافِ الفخذينِ وأعالي الساقينِ
والفروجُ ما بينَ الأضلاعِ والأصابعِ ج أخنابٌ والخَنَبُ محرّكةً الخُنانُ في الأنفِ وفعلُه ل
خَنِبَ وخُنِبَ فلانٌ وأخنبَ عرجَ وهلكَ وجاريةٌ خَنِبةٌ بفتحٍ فكسرٍ غنجةٌ رخيمةٌ والخنابةُ
الأثرُ القبيحُ والشرُّ والخَنْبةُ الفسادُ وتخنّبَ تكبّرَ وأخنبَ قطعَ وأوهنَ وأهلكَ • (وهو ذو
خنباتٍ بضمّتينِ وبفتحتينِ اي ذو غدرٍ وكذبٍ او يصلحُ مرّةً ويفسدُ أخرى • الخَنْذَبُ السيّءُ
الخُلقِ والخَنْذبانُ الكثيرُ اللحمِ) • الخُنْعُبةُ بالضمّ الفرجةُ ما بينَ الشاربينِ • ن خابَ
خَوْبًا افتقرَ والخَوْبةُ الجوعُ • ض خابَ خيبةً حُرِمَ وخيّبَه اللهُ لم ينلْ مرادَه وخيبةً لزيدٍ
(بالرفعِ والنصبِ) دعاءٌ عليه (وسعيُه في خيابِ بنِ هيّابٍ اي في خسارٍ) وآخابُ ملكُ
اسرائيل في عهدِ ايليا النبيِّ •

د

ع دأبَ في عملِه دأبًا (بالفتحِ والتحريكِ) ودؤوبًا بالضمّ جدَّ وتعبَ فأدأبَ والدأبُ بالفتحِ
والتحريكِ الشأنُ والعادةُ والسوقُ الشديدُ والطردُ والدائبانِ الجديدانِ (ومحمّدُ بنُ دأبٍ
كذّابٌ) • ض دبَّ دبًّا ودبيبًا مشى الهوينا خفيّةً والدِّبّةُ بالكسر الغرابُ وسقمُ الجسمِ وبِلى
الثوبِ ودبّتْ عقاربُه سرتْ نمائمُه وأذاه فهو دبوبٌ والدَّيبوبُ الجامعُ بينَ الرجلِ والامرأةِ

وضربةٌ خدبةٌ وأسِعةُ الجرحِ ودرعٌ خدباء وأسِعةٌ والخدبُ محرّكةً الهوَجُ والطولُ فهو خدِبٌ بفتحٍ فكسرٍ وأخدبُ والخيذبُ بالفتحِ الطريقُ الواضحُ • (خذعبهُ قطعهُ) • الخرابُ ضدُّ العمرانِ ج أخربةٌ وفعلهُ ل خربَ وأخربَ وخرّبَ تخريبًا والخربةُ بفتحٍ فكسرٍ موضعُ الخرابِ ج خرباتٌ وخرائبُ والخربُ محرّكةً العيبُ وعورةُ الإنسانِ والذلّةُ ج خرباتٌ محرّكةً والخِربُ بالكسرِ قيّنةُ الخاربِ والخُربُ بالضمِّ والأخربُ ثقبٌ للأذنِ وثقبٌ للإبرةِ وثقبٌ للاستِ ج أخرابٌ والخُرّبُ ايضًا وعاءُ زادِ الراعي والفسادُ في الدينِ (والخربةُ الغربالُ) ن وخربَ فلانٌ صارَ لصًّا وخربَ الدارَ وأخربها هدمها والخرباءُ بالمدِّ للأذنِ المشقوقةِ الشحمةِ فهو أخربُ والخُرّبانُ بالضمِّ الجبانُ والخرّوبُ بالفتحِ والشدِّ والخُرنوبُ بالضمِّ شجرٌ م والخاريبُ بيوتُ النحلِ (التي فيها العسلُ ونخربُ الشجرةُ ثقبها والحجرُ شقّهُ والخروبُ الثقبُ في كلِّ شيءٍ) • خرشبَ عملهُ لم يحكمهُ • الخرعوبُ والخرعوبةُ الشابّةُ الحسنةُ والغصنُ الحديثُ النباتِ • ل خزبَ ورمَ أو سمنَ والخزبُ محرّكةً حرفُ الشيءِ والخيزبانُ اللحمُ الناعمُ وذكرُ النعامِ ومعدنُ الذهبِ (الخزربةُ اختلاطُ الكلامِ وخطلهُ • الخزلبةُ القطعُ السريعُ) • الخشبُ محرّكةً ما غلظَ من العيدانِ ج خشبٌ محرّكةً ايضًا وبضمّتينِ وخشبٌ وخشبانٌ بضمّهما ص وخشبهُ خلطهُ وانتقاهُ ضدٌّ وخشبَ السيفَ صقلهُ وشحذهُ وصدّأهُ ضدٌّ والخشيبُ السيفُ الصديءُ والصقيلُ والرديُّ والمنتقى ضدٌّ ج خشائبُ ورجلٌ قشبٌ خشبٌ بفتحٍ فكسرٍ لا خيرَ فيهِ والأخشبُ الخشنُ • (الخشربةُ في العملِ أن لا يحكمهُ) • الخِصبُ بالكسرِ كثرةُ العيشِ وسعتهُ وفعلهُ ل ص خصبَ خصبًا بالكسرِ وأخصبَ فهو خصيبٌ ومخصبٌ وأخصبَ فازَ بالخصبِ والخُصبُ بالضمِّ الجانبُ ج أخصابٌ ورجلٌ خصيبٌ رحبُ الجنابِ ودَيرُ الخصيبِ ببابلَ • ص خضبهُ وخضّبهُ تخضيبًا لوّنهُ وكفٌّ خضيبٌ مخضوبٌ والخضابُ بالكسرِ ما يختضبُ بهِ والخضبةُ بالفتحِ المرأةُ الكثيرةُ الاختضابِ ل ص وخضبَ الشجرُ خضوبًا واخضوضبَ اخضرَّ وخضبتِ الأرضُ واخضبتْ طلعَ نباتها والخضبُ الجديدُ من النباتِ يَنطرُ فيخضرُّ • الخطبُ الشأنُ والأمرُ العظيمُ والصغيرُ ضدٌّ ج خطوبٌ ن وخطبَ المرأةَ خطبًا وخِطبةً بالكسرِ واختطبها دعاها الى الزواجِ فهي خطبةٌ بالفتحِ وخِطبتهُ وهو خِطبها بالكسرِ وخطّيبها بالكسرِ وكسرِ الطاءِ المشدّدةِ ج خطّيبونَ والخطّابُ مشدّدةً المتوسّطُ في الخطبةِ واختطبوهُ دعوهُ الى التزوّجِ والخطّيبُ لقبُ يوسفَ عليهِ السلامُ لأنّهُ كانَ خطّيبَ مريمَ العذراءِ سيّدتنا إلّا أنّهُ لم يعرفها قطُّ وخطبَ الخاطبُ على المنبرِ خطابةً بالفتحِ

والذباب ايضاً حدّ السيف وإنسان العين ورجل ذبّ الرياد زوّار للنساء والذبذبة تردّد الشيء المعلّق في الهواء وحماية الجوار والاهل والتحريك واللسان والذكر (والخصية) وما يعلّق بالهودج للزينة (والذبابة البقيّة من الدين) ورجل مذبذب متردّد بين امرين • ل ذرب ذربًا وذرابة حدّ فهو ذرب بفتح فكسر والذربة بالكسر السليطة اللسان والحدّة والذراب بالضمّ السمّ وسيف مذرّب مسموم والذرب محرّكة فساد اللسان وفساد الجرح وسيلان صديده وفساد المعدة وصلاحها ضدّ والمرض الذي لا يبرأ والصدأ والفحش ورماه بالذربين بالشرّ والخلاف والتذريب حمل المرأة طفلها ليروث (والمذرب اللسان والذرَبى والذربيا العيب والذربيّ الداهية • المذكوبة المرأة الصالحة • اذلعبّ انطلق في جدّ وإسراع) والذرنيب الزهر الاصفر • الذعبان بالضمّ جرو الذئب وانذعب الماء سال • الذنب الاثم ج ذنوب و(جج) ذنوبات وفعله اذنب والذنب محرّكة واحد الاذناب والذنابا والذنبى بضمّهما الذنب محرّكة واذناب الناس اسافلهم ن ص وذنبه واستذنبه تلاه والذنوب بالفتح اليوم الطويل الشرّ والدلو والحظّ والنصيب ج اذنبة وذنائب وذناب والذنوب ايضاً القبر ولحم المتن والالية والذناب بالكسر مؤخّر كلّ شيء ج ذنائب وذنبة الوادي وذنبة الدهر وذنابته بالضمّ آخرة والذنابة بالضمّ والذانب التابع وانف النعل والذنابة بالكسر وجه الطريق والقرابة والرحم والمذنب بالكسر المغرفة ومسيل الماء والجدول السائل وضرب فلان بذنبه اقام وثبت وركب ذنب الريح سبق فلم يدرك وركب ذنب البعير رضي لنفسه بحظّ ناقص (وتذنّب الطريق اخذه) • ن ذاب ذوبًا وذوبانًا ضدّ جمد واذابه وذوّبه غيره وذابت الشمس اشتدّ حرّها ودام اكل العسل وذاب حمق بعد عقل والذوب العسل والمذوب ما يذاب فيه والمذوبة المغرفة واذابوا عليهم اغاروا واذابوا امرهم اصلحوه والذاب العيب • ع ذهب ذهابًا وذهوبًا ومذهبًا سار ومرّ فهو ذاهب وذهوب واذهبه ازاله وذهب به مرّ به والمذهب المعتقد والطريقة والاصل (والكيفية وتمذهب اعتقد) والذهب محرّكة التبر مذكّر وقد يؤنّث ج اذهاب وذهوب وذهبان بالضمّ واذهبه وذهّبه تذهيبًا طلاه بالذهب فهو مذهب وذهيب وفم الذهب لقب يوحنا اسقف القسطنطينية لقّبته به امرأة لفصاحته ومجرى الذهب لقب يوحنا الدمشقيّ ولسان الذهب لقب صفرونيوس اسقف اورشليم وذهب وذهب بكسرتين هجم على مال فزال عقله لوجدانه الذهب وفعله ل ذهب والذهب ايضاً مدّ البيض ج ذهاب واذهاب و(جج) اذاهيب • (الاذيب الماء الكثير والفزع والنشاط والذيب بالفتح العيب) •

والدابّة ما دبّ من الحيوان ودابّة الأرض لقب الدجّال لعنه الله وأكذب من دبّ ودرج أى الأحياء والأموات وما بالدار دبّيّ بالضمّ والكسر أحد ومدبّ السيل والنمل مجراه ومن شبّ الى دبّ بضمّهما من الشباب الى الشيخ والدبّابة مشدّدة آلة تتّخذ فى حصار القلاع وانتاجها والدبّة بالضمّ الحال والطريقة وبالكسر الدبيب والدبّ بالضمّ سبع م ج أدباب ودببة بكسر ففتح والأدبّ الكثير الشعر وهى دبّاء والدبدبة صوت وقع الحافر على الأرض الصلبة (والدبداب الطبل والدبادب الرجل الضخم) * الدجوب الوعاء * دحبه دفعه ودحب جاريته جامعها) * دحقبه دفعه من ورائه دفعا عنيفا * الدبذب والدبذبان حمار الوحش والرقيب والطليعة (معرّب) * الدرب باب السكّة والباب الأكبر ج دراب ودروب والدرب بالفتح مدخل بلاد الروم وبالتحريك منفذ بلا ديم ل ودرب دربا ودربة بالضمّ وتدرّب تمرّن ن ودرّبه تدريبا مرّنه والمدرّب المجرّب والمصاب بالبلايا والأسد والدربة والدرابة بالضمّ العادة والداربة العاقلة والحاذقة بصناعتها والتدريب الصبر فى الحرب والدربان (ويكسر) البوّاب (فارسيّة) * الدردبة عدو الخائف والدرداب صوت الطبل وامرأة دردب تذهب وتجىء فى الليل * ع دعب دفع وجامع ومازح والدعابة بالضمّ اللعب وداعبه مازحه ورجل دعب بفتح فكسر وداعب لاعب والدعابة بالضمّ حبّة سوداء تؤكل والليلة المظلمة والطريق الواضح والقصير الذميم والنبيط والمخنّث والأحمق والدعبب بضمّتين المغنى المجيد والغلام الشاب والأدعب الأحمق * (الدلب بالضمّ شجر الصنار و) الدلبة بالضمّ الدولاب كالناعورة يستقى به الماء (معرّبة * الدنحبة الخيانة) * الدهب بالفتح العسكر المنهزم (* الدهلب الثقيل) *

ذ

الذئب بالهمز وعدمه كلب البرّ ج أذؤب وذئاب وذؤبان وأرض مذأبة كثيرة الذئب والمذؤوب من وقع الذئب فى غنمه ر ل وذئب خبث وتذأّب تظاهر كالذئب وتذأّب الشىء تناوله ل وذئب وأذأب فزع من الذئب ع وذأبه جمعه وخوّفه وساقه وحقّره وطرده وذأّب الغلام وأذأبه عمل له ذؤابة والذؤابة الناصية ومن كلّ شىء أعلاه ج ذوائب وذأب فى السير أسرع وداء الذئب الجوع والذأب بالفتح الذمّ والصوت الشديد (واستذأب النقد أى صار كالذئب وهو مثل للأذلّاء اذا علوا) * ن ذبّ عنه دفع ومنع وذبّ فلان لم يستقم فى مكان وذبّ الغدير جفّ وذبّ جسمه هزل وذبّ النبت يبس وذبّ النهار بقى آخره وذبّ فلان تغيّر لونه وشفته ذبابة بالفتح والشدّ عطشانة ذابلة والذباب م والنحل ج (أذبّة و) ذبّان بالكسر وأرض مذبوبة كثيرة الذباب

ج مَرازِبَةٌ • ن ر رَسَبَ فى الماء رُسُوبًا ذهب سِفلًا والرَسوبُ السيفُ القاضبُ فى الضريبةِ والرَسُوبُ ايضًا والراسِبُ الرَجُلُ الحَليمُ (والجَبَلُ الثابتُ) وأَرْسَبُوا غارتْ عُيُونُهم جُوعًا والرُوسَبُ الداهِيَةُ • ن رَضَبَ رِيقَها وتَرَضَّبَهُ رَشَفَهُ والرُضابُ بالضمّ الرِيقُ المَرْشُوفُ (وقِطَعُ الرِيقِ فى الفَمِ) وفُتاتُ المِسْكِ والسُكَّرِ وتَناثُرُ الثَلْجِ والبَرَدِ ولُعابُ العَسَلِ ورَغْوَتُهُ (والمَراضِبُ الأَرْياقُ العَذْبَةُ) • الرَطْبُ ضِدُّ اليابسِ والغُصْنُ الناعِمُ وفِعْلُهُ ر ل رَطُبَ رُطُوبَةً ورَطابَةً فهو رَطِيبٌ والرُطْبُ بالضمّ (وبضمَّتينِ) العُشْبُ الأَخضرُ والرُطَبُ بضمٍّ ففتحٍ ما نَضِجَ من التمرِ ج أَرْطابٌ وأَرْطَبَ النَخْلُ حانَ نُضْجُهُ ورَطَّبَ الثَوْبَ تَرْطِيبًا بَلَّهُ ن ورَطَبَ القومَ أَطْعَمَهُم الرُطَبَ ورَطَبَ الدابَّةَ عَلَفَها حَشِيشًا رَطْبًا (ل ورَطِبَ تَكَلَّمَ بما عَنَّ له من الصَوابِ والخَطَإ) وجاريةٌ رَطْبَةٌ رَخْصَةٌ وغُلامٌ رَطْبٌ فيهِ لِينُ النساءِ (ويا رَطابِ سَبٌّ للمرأةِ) • الرُعْبُ بالضمّ (وبضمَّتينِ) الفَزَعُ ع ورَعَبَهُ ورَعَّبَهُ تَرْعِيبًا وتَرْعابًا خَوَّفَهُ ع فرَعَبَ رُعْبًا بالضمّ وارْتَعَبَ فهو مَرْعُوبٌ ورَعِيبٌ والتِرْعابَةُ بالكسرِ الجبانُ ورَعَبَهُ مَلَأَهُ ورَعَبَتِ الحَمامَةُ رَفَعَتْ صَوتَها وجاريةٌ رُعْبُوبَةٌ ورُعْبُوبٌ بالضمّ ورِعْبِيبٌ بالكسرِ حَسَنَةٌ والراعِبُ رُقْيَةُ السِحْرِ والوَعيدِ وسَجْعُ العَرَبِ وفِعْلُهُ رَعَبَ فهو راعِبٌ ورَعّابٌ والرُعْبُ بالضمّ الوَعْظُ والرَعِيبُ السَمِينُ والرُعْبُوبُ الجَبانُ • ل رَغِبَ فيهِ رَغْبًا ورُغْبَةً وارْتَغَبَ أَرادَهُ ورَغِبَ عنهُ لم يُرِدْهُ ورَغِبَ اليهِ رَغَبًا ورَغَبانًا مُحَرَّكَتَينِ ورُغْبَةً بالضمّ ابْتَهَلَ وتَضَرَّعَ والرَغِيبَةُ الأَمرُ المَرْغُوبُ فيهِ والعَطاءُ الكَثِيرُ ورَغِبَ بنفسِهِ عنهُ رأى لنفسِهِ عليهِ فَضْلًا والرُغْبُ بالضمّ (وبضمَّتينِ) كَثْرَةُ الأَكْلِ والنَهَمُ وفِعْلُهُ ر رَغُبَ فهو رَغِيبٌ والرَغِيبُ ايضًا الواسِعُ الجَوْفِ • الرَقِيبُ هو اللهُ تعالى جَلَّ ثَناؤُهُ والحافِظُ والمُنْتَظِرُ والحارِسُ وحَيَّةٌ خَبِيثَةٌ ج رَقِيباتٌ ورُقُبٌ بضمَّتينِ والرَقِيبُ ايضًا نَسْلُ الرَجُلِ وعَشِيرَتُهُ ومَنازِلُ القَمَرِ كُلٌّ منها رَقِيبٌ لِصاحِبِهِ ن ورَقَبَهُ رِقْبَةً ورِقْبانًا بكسرِهِما ورُقُوبًا بالضمّ ورَقابَةً وتَرَقَّبَهُ وارْتَقَبَهُ وراقَبَهُ انْتَظَرَهُ وحَرَسَهُ ورَقَبَهُ جَعَلَ الحَبْلَ فى رَقَبَتِهِ وارْتَقَبَ أَشْرَفَ والمَرْقَبُ المُشْرِفُ والرَقُوبُ امرأةٌ تُراقِبُ مَوْتَ بَعْلِها والرَقَبَةُ مُحَرَّكَةً العُنُقُ ج رِقابٌ وأَرْقُبٌ ورَقَباتٌ والرَقَبَةُ ايضًا المَمْلُوكُ والأَرْقَبُ الأَسَدُ والغَلِيظُ الرَقَبَةِ ووَرِثَ مالًا عن رِقْبَةٍ بالكسرِ أى لم يَرِثْهُ من آبائِهِ (وأُمُّ الرُقُوبِ الداهِيَةُ والأَرْقَبُ الأَسَدُ والرَقّابَةُ الرَجُلُ الوَغْدُ والرُقْبَةُ للنَمِرِ كالزُبْيَةِ للأَسَدِ) • ل رَكِبَهُ رُكُوبًا ومَرْكَبًا وارْتَكَبَهُ عَلاهُ ورَكِبَ الذَنْبَ وارْتَكَبَهُ فَعَلَهُ وجَمْعُ الراكِبِ رُكّابٌ ورُكْبانٌ ورُكُوبٌ بضمِّهِنَّ والرَكْبُ الرُكْبانُ ج أَرْكُبٌ ورُكُوبٌ والرِكابُ بالكسرِ الرَواحِلُ واحِدَتُها راحِلَةٌ ج رُكُبٌ بضمَّتينِ ورِكاباتٌ ورَكائِبُ والمَرْكَبُ السَفِينَةُ ج مَراكِبُ والرَكُوبُ المَرْكُوبَةُ (والرَكُوبَةُ المُعَيَّنَةُ للرُكُوبِ من الدَوابِّ) ورَكَّبَهُ تَرْكِيبًا وَضَعَ بَعْضَهُ فَوقَ بَعْضٍ فتَرَكَّبَ وتَراكَبَ والرَكِيبُ المُرَكَّبُ فى الشيءِ كالفَصِّ فى الخاتَمِ والرُكْبَةُ بالضمّ م ومَوْصِلُ الذِراعِ ج رُكَبٌ بضمٍّ ففتحٍ والأَرْكَبُ العَظِيمُ الرُكْبَةِ

ر

ع رأب الصدع اصلحه (وشعبه ورأب بينهم اصلح) والرؤبة قطعة يرأب بها اللبن • الربّ باللام خاص بالله وبلا لام يطلق على كل من يملك شيئاً وقد يخفف والاسم (الربابة و) الربوبية بالضم والربوبيّ منسوب الى الربّ ج ارباب وربوب والربّانيّ المتألّه العارف بالله وهي سريانية معرّبة والمربوب المملوك وتربّبه ادّعى انه ربّه اى مالكه ن وربّ وارَبّ جمع وزاد ولزم واقام وربّ الامر اصلحه وربّ الشيء ملكه والصبيّ ربّاه حتى ادرك والربيب المربوب والمعاهد وابن امرأة الرجل من غيره وزوج الام والربابة والرباب بالكسر العهد والربيبة الحاضنة وبنت الزوجة وشاة تربّى في البيت للبنها والربّة الدار وبالكسر (وتضم) الجماعة (او عشرة آلاف) ج اربّة والربّة بالضم كثرة العيش والمربّ الارض الكثيرة النبات والربّى بالضم والقصر الاحسان والنعمة والحاجة والعقدة المحكمة ج رُبَب بالضم والارباب بالكسر الدنوّ والرباب السحاب الابيض واحدته ربابة والرباب ايضا آلة الطرب وبالكسر العشور والاصحاب والرَبَب محركة كثرة الماء (واخذه بربّانه بالضم ويفتح اى اوله او جميعه) وربّ وربّت وربّما وربّتما بعضهن حروف خفض للتقليل يلازمون النكرة ويكونون للتكثير قليلا في موضع التفخيم والربّيّ بالضم عالم اليهود والرابّة امرأة الاب والربّ بالضم خثارة كل عصير والربّان بالضم رئيس الملاحين والراهب سريانية والربرب القطيع من بقر الوحش (والاربّة اهل الميثاق) • ن رتب رتوبا وترتّب ثبت ولم يتحرك وقد رتّبته والترتب بالضم (وضم التاء الثانية وفتحها) الثابت والابد والعبد السوء والتراب والرتبة بالضم والمرتبة المنزلة والرتب محركة الشدة والانتصاب وارتب سأل بعد غنى • ل ن رجب فزع واستحى ن ورجبه رجبا ورجوبا ورجّبه ترجيبا وارجبه هابه وعظّمه والرجبة بالضم الدكّان وترجّب الشجرة وضع حولها شوكا لئلا يصل اليها آكل والارجاب الامعاء لا واحد له والرواجب مفاصل اصول الاصابع وقصب الاصابع واحدتها راجبة ورجبة بالضم • ر ل رحب رحبا بالضم ورحابة وارحب اتّسع فهو رحب ورحيب ورحاب بالضم وارحبه وسّعه وامرأة رحاب واسعة وراحاب الزانية التي اخفت جواسيس اسرائيل في اريحا ومرحبا وسهلا اى صادفت سعة ومرحبا بك ورحّب به ترحيبا دعاه الى الرحب اى السعة ورحبة المكان ساحته ومن الوادي مسيل مائه والرحبة ايضا الارض الواسعة النبات ج رحاب بالكسر ورحب ورحبات محركتين والرحيب الاكول • الردب الطريق الذي لا ينفذ والاردبّ مشددة مكيال مصري وقناة الماء والاردبّة بالشد البالوعة الواسعة • ن رزبه لزمه والارزبّ مشددة فرج المرأة والمرزاب الميزاب والسفينة العظيمة والارزبّة والمرزبّة بالتشديد مطرقة عظيمة من حديد والمرزبان بضم الزاي قائد جيش الفرس

الغرابُ زَبيبًا نعبَ وزعيبُ النخلِ دويُّها وتزعّب نشط وأكثرَ من الأكلِ والشربِ (وتزعّبَ القومُ المالَ اقتسموهُ) والزغبوبُ والأزعبُ القصيرُ ج زُعبٌ بالضمّ شاذٌّ والزاعبُ السائحُ * الزغبُ محرّكةً صغارُ الشعرِ والريشِ وأوّلُ ما يبدو منها وفعلُهُ ل زغبَ (وما أصبتُ منه زغابةً أي شيئًا) والأزغبُ الفرسُ الأبلقُ (والزغبَبُ القصيرُ البخيلُ) وازغبَ الكرمُ جرى فيهِ الماء * (الزغدبُ الهديرُ الشديدُ والزغدبةُ الغضبُ والزغادبُ الضخمُ الوجهِ السمجهُ العظيمُ الشفتينِ) * الزغربةُ الضحكُ وبحرٌ زغربٌ وزغربيٌّ عظيمٌ * أزقبَهُ في الحجرِ أدخلَهُ فزقبَ هو وانزقبَ وتزقّبَ المكاءُ تصويتُهُ و) الزقبُ الطريقُ الضيّقُ * الزكبةُ بالضمّ النطفةُ والمزكوبةُ المرأةُ اللقيطُ وانزكبَ في وهدةِ الفحمِ فيها منغمطًا * (ل زلبَ الصبيُّ بأمّهِ لزمَها ولم يفارقْها و) الزلابيةُ (حلواءُ م (والزلبةُ النبلةُ) وازدلبَ اشتلبَ * (زلدبَ اللقمةَ ابتلعَها * الزلهبُ الخفيفُ اللحيةِ واللحمِ) * ل زنبَ سمنَ والأزنبُ السمينُ والزنيبُ المرأةُ السمينةُ * ن زابَ زوبًا انسلَّ هربًا وزابَ الماءُ جرى والميزابُ المرزابُ * الزهبةُ بالضمّ القطعةُ من المالِ وازدهبهُ احتملَهُ * زيبُ من زعماءِ مديَنَ قتلَهُ جدعونُ قاضي إسرائيلَ *

س

ع سأبَهُ خنقَهُ وسأبَ من الشرابِ روِيَ والسأبُ الزقُّ ج سؤوبٌ * السبّةُ بالفتحِ والشدّ الاستُ ن وسبّهُ (قطعَهُ و) طعنَهُ في استِهِ وسبّهُ شتمَهُ والسبّابةُ الإصبعُ تلي الإبهامَ السُبّةُ بالضمّ العارُ ومن يكثرُ الناسُ سبَّهُ والسِبّةُ بالكسرِ الإصبعُ السبّابةُ ودوامُ الحرِّ والبردِ أيّامًا وحينٌ من الدهرِ أي كلُّ سبعةِ أيّامٍ هي سِبّةٌ بالكسرِ والسِبابُ مشدّدةٌ والسبُّ بالفتحِ من يسبُّ الناسَ والسِبُّ بالكسرِ الحبلُ والخمارُ والعمامةُ والوتدُ ج سبائبُ وسبوبٌ وسبيبُكَ من يسابُّكَ والسببُ محرّكةً الحبلُ يتوصّلُ بهِ الى غيرِهِ ج أسبابٌ وأسبابُ السماءِ مراقيها ونواحيها وأبوابُها وقطعَ اللهُ بهِ السببَ أي الحيوةَ والسبيبُ والسبيبةُ شعرُ ذنبِ الفرسِ والعرفُ والناصيةُ وخصلةُ الشعرِ وتسبسبَ الماءُ سالَ وسبسبَهُ أسالَهُ والسبسبُ المفازةُ والأرضُ المستويةُ البعيدةُ ج سباسبُ وسبسبَ بولَهُ أرسلَهُ والسباسبُ أيّامُ الشعانينِ * ع سحبَهُ جرّهُ على وجهِ الأرضِ فانسحبَ وأكلَ وشربَ شديدًا فهو أسحوبٌ اي أكولٌ والسحابةُ الغيمُ ج سحابٌ وسحبٌ بضمّتينِ وسحائبُ وما أفعلُهُ سحابةَ يومي أي طولَهُ وسحبانُ فصيحٌ يضربُ المثلُ بفصاحتِهِ والسحبةُ بالضمّ الغشاوةُ * (السحتبُ الجريءُ المقدِمُ) * السخبُ محرّكةً الصراخُ والسخابُ بالكسرِ القلادةُ ج سُخُبٌ بضمّتينِ * (السذابُ الفيجنُ وهو بقلٌ م) * السربُ الماشيةُ كلُّها والطريقُ والصدرُ وبالكسرِ

ل ن وركب ضرب ركبته او ضرب جبهته بركبته او ضربه بركبته والركب محركة العانة والفرج والركبان اصلا الفخذين ج اركاب واراكيب وركوب (وركاب السحاب الرياح) والراكبة راس الجبل * الارنب م ج ارانب واران شاذ والارنبة طرف الانف * ل رهب رهبة ورهبا بالضم وبالفتح وبالتحريك ورهبانا بالضم خاف والاسم الرهبى بالقصر ورهبوت خير من رحموت اى لان ترهب خير من ان ترحم وارهبه واسترهبه اخافه وترهبه توعده والمرهوب والراهب الاسد والترهب التعبد والرهبنة عند المسيحيين ترك العالم ولذاته والارتباط بنذر العفة والفقر والطاعة والبادى بها انطونيوس الكبير المصرى القبطى والراهب من دخل الرهبنة ومصدرها الرهبة والرهبانية ج رهبان ورهابين ورهابنة ورهبانون والرهب محركة الكم وارهب اطال كمه * ن راب اللبن روبا خثر ولبن روب ورائب او الذى يخرج زبده وقد روبه وارابه والمروب ما يروب فيه والروبة خميرة اللبن والحاجة وقوام العيش وجزء من الليل والفقر والكسل والتوانى وراب روبا تحير ورابت نفسه فترت ورجل رائب واروب وروبان (وراب) اعيى وكذب وراب عقله اختلط وراب دمه حان هلاكه والترويب الاعياء * الريب والريبة بالكسر صرف الدهر والحاجة والتهمة وقد رابنى واراببى ظننت ذلك به واربته جعلت فيه ريبة واستراب به راى منه ما يريبه وارتاب شك وارتاب به اتهمه (وامر ريّاب مفزع) *

ز

ع زاب القربة وازدابها حملها مجدا وزاب شرب شربا شديدا * الزبب الزغب وكثرة الشعر فى البدن وفعله ص زبّ فهو ازبّ وهى زباء وزببت الشمس وازببت وزببت تزبيبا دنت للغروب وعام ازب مخصب والزباء الاست والداهية الشديدة والزباء ملكة لها قصة والزبّ بالضم ذكر الانسان خاصة ج ازب وازباب والزب ايضا الانف والزبيب يبيس العنب والتين وزبد الماء والسم فى فم الحية وزبدة مكثرى الكلام وفعله زبب والزباب الساقى والزبّاب معددة بائع الزبيب وزبزب غضب (او انهزم فى الحرب والمزب والمزبب الكثير المال * زحب اليه دنا * الزحزب الغليظ القوى الشديد اللحم * المزخلب من ينهزا بالناس * الزدب النصيب ج الازداب) * الزرب والزريبة المدخل وموضع الغنم ج زروب ل وزرب سال والزرباب بالكسر الذهب او ماؤه (معرّب) والزرابى البسط الواحد زربى بالكسر والمزراب الميزاب (وزرنبة السبع مكتنه) * زردبه خنقه * ع زعب الاناء وازدعبه ملاه ن وزعب له من المال زعبة بالضم وزعبا بالكسر دفع له منه قطعة وزعب

* السِّنطابُ مِطْرقةُ الحدّادِ * (السَّوبَةُ السَّفرُ البعيدُ) * السَّهبُ الفلاةُ والفرسُ الواسعُ الجَري والأَخذ وسُهوبُ الفلاةِ نواحيها التي لا تُسلكُ واسْتَهَبَ وأسهبَ أكثرَ في الكلامِ فهو مُسْهِبٌ والمُسْهَبُ مَن لا يَنْهي نفسَهُ عن شيءٍ وأُسْهِبَ مجهولاً سُلِبَ عقلُهُ مِن لَدْغِ الحيّةِ أو تغيَّرَ لونُهُ من العشقِ والفزعِ أو من المرضِ وأَسهبَ الرجلُ واستهبَ أكثرَ في العطاء * السَّيبُ العطاء وشَعْوذَنبِ الفرسِ ص وسابَ سَيْبًا وانسابَ مشى مُسْرِعًا والسِّيبُ بالكسرِ مجرى الماء والتفاحُ (فارسيٌّ) ومنهُ سِيبَوَيْهِ إمامُ النحاةِ أي رائحةُ التفاحِ لأنّهُ كانَ بارِعًا في الحُسنِ والجمالِ يدرسُ على شيخهِ ووجههُ مُبرقعٌ والسائبةُ المهملةُ والسِّيابُ بالكسرِ البَلَحُ ودَيرُ سابا بَينَ حلبَ وانطاكيةَ وسِيقُ سابا [...] كانَ فيهِ مجمعُ النُّسّاكِ *

ش

الشُّؤبوبُ بالضمِّ الدُّفعةُ من المطرِ وحدُّ كلِّ شيءٍ وشِدّةُ حرِّ الشمسِ ج شآبيبُ * الشَّبابُ والشَّبيبةُ الفَتاءُ بالمدِّ وفعلُهُ ض شَبَّ فهو شابٌّ ج شَبابٌ وشُبّانٌ والشَّبابُ أيضًا أوّلُ الشيءِ ون وشَبَّ النارَ شَبًّا وشُبوبًا وشَبَّبَها فشَبَّتْ (وشُبَّتْ) أوقدها فاتّقدتْ والشِّبابُ والشَّبوبُ ما تُشَبُّ بهِ كالحطبِ فهيَ مَشبوبةٌ لا شابّةٌ ض ن وشَبَّ الفرسُ شِبابًا بالكسرِ وشُبوبًا بالضمِّ رفعَ يديهِ (والشَّبوبُ الفرسُ الذي رِجلاهُ تجوزُ يديهِ) وشَبَّ المرأةَ شَعرُها زادها حُسنًا والشَّبوبُ الذي يُحسِّنُ الشيءَ والشَّبُّ الإيقادُ وحجارةُ الزاجِ وارتفاعُ كلِّ شيءٍ والتشبُّبُ والتشبيبُ التغزّلُ في النساءِ وفعلُهُ شَبَّبَ والشِّبابُ بالكسرِ النشاطُ وأشبَبْتُهُ هيّجتُهُ وشَبشَبَ تمَّمَ وأشَبَّ الثورُ كَبِرَ فهو مُشِبٌّ والشَّوشَبُ العقربُ والقملُ * ن ل شَجَبَ شُجوبًا وشَجَبًا هلكَ فهو شاجِبٌ وشَجِبٌ بفتحٍ فكسرٍ والشَّجْبُ الحاجةُ والهمُّ والعَمودُ والطويلُ والشَّجَبُ محرّكةً الحزنُ وثلثُ خشباتٍ يُعلِّقُ بها الراعي دلوَهُ والشِّجابُ بالكسرِ مثلُها توضعُ عليها الثيابُ ن وشَجَبَهُ أهلكَهُ وأحزنَهُ وأشغلَهُ وجذبَهُ ورمى الظبيَ فأصابَهُ وتَشَجَّبَ تحزَّنَ والشَّجوبُ المرأةُ المحزونةُ بالهمِّ * ل ن ر شَحَبَ لونُهُ شُحوبًا وشُحوبةً تغيّرَ من هزالٍ * ل ن شَخَبَ اللبنَ حلبَهُ فانشَخَبَ وانشَخَبَ العِرقُ انفجرَ دمُهُ والشُّنخوبُ رأسُ الجبلِ ج شَناخيبُ * الشَّذَبُ محرّكةً متاعُ البيتِ من القماشِ ونحوِهِ ن ض وشَذَبَ اللحاءَ قشرَهُ وشَذَبَ الشيءَ قطعَهُ والشَّوذَبُ والشاذِبُ الحسنُ الخَلقِ والمُتنحّي عن وطنِهِ والمُؤيَسُ من فلاحِهِ وتَشَذَّبوا تفرّقوا * ل شَرِبَ شَرابًا وشُربًا بالضمِّ (ويُثلَّثُ) ومَشرَبًا جَرِعَ وأشرَبْتُهُ جرّعتُهُ والشَّرْبُ بالفتحِ القومُ يشربونَ والشِّربُ بالكسرِ الماءُ والحظُّ والمَوردُ ووقتُ الشُّربِ والشَّرابُ والشَّريبُ والشَّروبُ ما شُرِبَ وأُشرِبَ سُقيَ

جماعةُ الظِباء والنساء والطريقُ والبالُ والقلبُ والنفسُ والسَرَبُ محرّكةً جُحْرُ الوحشِ والحفيرُ تحتَ الأرضِ وقناةُ الماء والماء السائلُ والسُرْبةُ بالضمّ المذهبُ والطريقةُ وجماعةُ الخيلِ وشَعَرُ الصدرِ ج سُرَبٌ بضمٍّ ففتحٍ والمَسْرُبةُ المرعى ج مَسارِبُ والسرابُ ما تراه نصفَ النهارِ كأنّهُ ماءٌ والساربُ الذاهبُ على وجههِ في الأرضِ ن وسَرَبَ سُروبًا توجّهَ للرعيِ وانسربَ في جُحرهِ وتسرّبَ دخلَ وسرّبَ الماشيةَ تسريبًا أرسلَها شيئًا فشيئًا والمُنْسَرِبُ الطويلُ جدًّا والأُسْرُبُ بالضمّ الآنُكُ • السُرْخوبُ بالضمّ ابنُ آوى والطويلُ • السِرْداب بالكسر بناءٌ تحتَ الأرضِ (مُعرَّبٌ) • المَسْطَبةُ مقعدُ الذكاكينِ (ج مَساطِبُ • السَعابيبُ التي تمتدُّ شِبهُ الخيوطِ من العسلِ والخِطميّ واللعابِ ونحوِهِم وتسعّبَ تمطّطَ وهو مُنسعِبٌ لهُ كذا أي مُسوَّغٌ) • ل ن سَغِبَ سَغْبًا وسَغَبًا محرّكةً وسَغابةً وسُغوبًا ومَسْغَبةً جاعَ مع تعبٍ فهو ساغِبٌ وسَغْبانُ وهي سَغْبى بالقصرِ وأسغبَ دخلَ في المجاعةِ (وهو مُسغَبٌ لهُ كذا أي مُسْغَبٌ أي مُسوَّغٌ) • السَقْبُ (ولدُ الناقةِ ج أسقُبٌ وسُقوبٌ وسُقْبانٌ وسِقابٌ بالضمّ والكسرِ والسَقْبُ أيضًا الطويلُ و) عمودُ الخيمةِ والسَقَبُ محرّكةً القربُ ن سَقِبَتِ الدارُ سُقوبًا وأسقبتْ قرُبتْ وأسقبهُ قرّبهُ والساقِبُ القريبُ والبعيدُ ضِدٌّ • سَقْلَبةُ صرعةٌ (والسَقْلَبُ جيلٌ من الناسِ ج سَقالِبةٌ) • ن سَكَبَ الماءَ سَكْبًا وتَسكابًا صبّهُ (وسكبَ الماءُ سُكوبًا انسكبَ) وماءٌ سَكْبٌ وساكِبٌ وسَكوبٌ وسَيْكَبٌ (وسَكيبٌ) مَسكوبٌ والسَكْبُ والأُسْكوبُ بالضمّ (الطويلُ من الرجالِ والنشيطُ والأمرُ اللازمُ و) الهَطَلانُ الدائمُ والسَكْبُ أيضًا الفرسُ الجوادُ والنحاسُ والرَصاصُ والسَكَبُ محرّكةً شقائقُ النعمانِ والأُسْكوبُ والإسكابُ الإسكافُ والحدّادُ وأسكبةُ البابِ أُسكفّتهُ وسَكابِ بالبناءِ اسمُ فرسٍ جوادٍ ويُعرَبُ (والإسكابةُ والأُسكوبةُ فَلْكةٌ توضَعُ في قِمعِ الدُهنِ ونحوِهِ وقطعةُ خشبٍ تُدخَلُ في خرقِ الزِقِّ) • ن سَلَبَهُ سَلْبًا وسَلَبًا محرّكةً واستلبهُ اختلسهُ والسَليبُ المُستلَبُ العقلِ ج سَلْبى بالفتحِ والقصرِ (وناقةٌ) وامرأةٌ سالِبٌ وسَلوبٌ وسَليبٌ ماتَ ولدُها ج سَلائبُ وقد أسلبتْ فهي مُسلِبٌ وشجرةٌ سليبٌ سُلِبتْ ورقَها وأغصانَها والسَلَبُ محرّكةً ما يُسلَبُ ج أسلابٌ وسَلَبُ الذبيحةِ جلدُها وما في بطنِها وقشرُ القصبةِ والأُسلوبُ الطريقُ وعنقُ الأسدِ وشموخُ الأنفِ والسَلِبُ الأسرعُ في السيرِ وتسلّبتِ المرأةُ أساءتْ الى زوجِها والسِلابُ الثيابُ السودُ ج سُلُبٌ بضمّتينِ • السَلْهَبُ الطويلُ من الرجالِ ج سَلاهبةٌ وكلبٌ والفرسُ العظيمُ • السَنْبةُ الدهرُ والحِقبةُ وسوءُ الخُلقِ وسرعةُ الغضبِ ورجلٌ سَنوبٌ وسَنْبوتٌ مُتغضّبٌ والسَنوبُ الكذّابُ والسِنْباتُ بالكسرِ الكثيرُ الشرِّ وبالفتحِ الاستُ والسِنابُ بالفتحِ الفقرُ الشديدُ • سنحاريبُ ملكُ الأثوريّينَ قتلَ ميخائيلُ الملَكُ من عسكرهِ مائةً وخمسةً وثمانينَ ألفًا لمّا حاصرَ أورشليمَ

الطويلُ الحسنُ الخَلْق • الشِنعابُ الرَجُلُ الطَويلُ) • الشُنغوبُ بالضمِ الغُصْنُ • الشَوبُ والشِيابُ الخَلْطُ وما لهُ شَوبٌ ولا رَوبٌ اي ما لهُ مَرَقٌ ولا لَبَنٌ والشَوبُ ايضاً العسلُ وانشابَ وانْتابَ اختلطَ والشَوبَةُ الخَديعَةُ وشابَ عَنْهُ وشَوَّبَ عنهُ تَشْويباً دافعَ ولم يُبالِغْ وباتَتِ البِكرُ بليلَةِ شَيباء (بالاضافة) اذا افتَضَّها الرَجُلُ والشَوائبُ الاقذارُ والادناسُ والنقائصُ الواحدةُ شائبَةٌ • الشَهَبُ مُحَرَّكَةً والشُهْبَةُ بالضمِ بياضٌ بسوادٍ وفِعْلُهُ ر ل شَهُبَ واشْهَبَّ مُشدَّدةً فهو اشْهَبُ وشاهِبٌ وسَنَةٌ شَهْباءُ لا خُضْرَةَ فيها ولا مَطَرَ والشَهْباءُ لَقَبُ حَلَبَ والشِهابُ بالكسرِ شُعْلَةٌ من نارٍ ساطِعَةٍ والماضي في عَمَلِهِ ج شُهُبٌ بضمَّتَينِ وشُهْبانٌ بالضمِ واشْهُبٌ ويومٌ اشْهَبُ باردٌ والشُهُبُ بضمَّتَينِ النُجومُ الدَراريُّ ولأشْهَبُ للأسَدِ وللأمرِ الصَعْبِ والعَنْبَرِ ع وشَهَبَهُ الحَرُّ والبَرْدُ وشَهَّبَهُ تَشْهيباً لَوَّحَهُ وغَيَّرَ لَوْنَهُ • (الشَهْشَبَةُ اختِلاطُ الأمرِ) • الشَهْرَبَةُ العَجوزُ الكبيرةُ والشَهْرَبُ الشيخُ الكبيرُ • الشَيْبُ والمَشيبُ بياضُ الشَعْرِ فهو اشْيَبُ والشَيْباءُ آخِرُ لَيلَةِ الشَهرِ ويومٌ اشْيَبُ وشَيْبانُ فيهِ بَرْدٌ وغَيمٌ ص وشابَ فَوْدَهُ خالطَهُ الشَيْبُ •

ص

ل صَئِبَ من الشرابِ امتلأ والصُؤابَةُ بَيْضَةُ القَمْلِ والبُرْغوثِ ج (صُؤابٌ ى) صِئْبانٌ وصَئِبَ رأسُهُ كَثُرَ صُؤابُهُ • ن صَبَّهُ أراقَهُ فانصَبَّ واصْطَبَّ وتَصَبَّبَ وصَبَّ انحَدَرَ في الوادي والصُبَّةُ بالضمِ ما انصَبَّ من الطعامِ وغيرِهِ والصُبَّةُ ايضاً سُرْبَةٌ من الخَيلِ والماشيةِ والناسِ والمالُ القليلُ والصُبابَةُ بالضمِ بَقِيَّةُ الماءِ والصَبَبُ مُحَرَّكَةً ما انحَدَرَ من الأرضِ وانحِدارُ النَهرِ والصَبيبُ العُصْفُرُ والجَليدُ والدَمُ والعَرَقُ وعُصارَةُ العَنْدَمِ وصِبْغٌ أحمرُ والماءُ المَصْبوبُ والعَسَلُ الجَيِّدُ والصَبابَةُ بالفتحِ الشَوقُ ورِقَّةُ الهَوى فهو صَبٌّ وهي صَبَّةٌ ومُتَصَبِّبَةٌ فَرَقَةٌ وصَبَّهُ مَحَقَهُ • ل صَحِبَهُ صُحْبَةً وصَحابَةً عاشَرَهُ فهو صاحِبٌ وصَحيبٌ ج أصحابٌ وأصاحيبُ وصُحْبانٌ وصِحابٌ وصَحابَةٌ (وصِحابَةٌ) وصَحْبٌ واستَصْحَبَهُ لازَمَهُ والمُصاحِبُ المُنقادُ بعدَ صُعوبَةٍ والمُصْحِبُ بالضمِ مَن يُحدِّثُ نَفسَهُ ومَن صارَ ابنُهُ رَجُلاً مِثلَهُ ع وصَحَبَ المَذبوحَ سَلَخَهُ واصْطَحَبَهُ صارَ صاحِبَهُ وحَفِظَهُ ومَنَعَهُ • الصَخَبُ مُحَرَّكَةً شِدَّةُ الصَوتِ وفِعْلُهُ ل صَخِبَ فهو صَخّابٌ مُشدَّدةً وصَخوبٌ وصَخْبانٌ بالفتحِ ج صُخْبانٌ بالضمِ وهي صَخِبَةٌ وصَخّابَةٌ مُشدَّدةً وصَخوبَةٌ والصَخْبَةُ خَرَزَةُ الساحِرِ (تُستَعمَلُ للحُبِّ والبُغْضِ) • الصَرَبُ مُحَرَّكَةً اللَبَنُ الحَقينُ الحامِضُ والصِبْغُ الأحمرُ ن وصَرَبَ قَطَعَ وكَسَبَ وحَقَنَ بَوْلَهُ وأصْرَبَ أعطى • المِصْطَبَةُ م ج مَصاطِبُ • الصَعْبُ العَسِرُ والأبيُّ والأسدُ وفِعْلُهُ ر صَعُبَ صُعوبَةً وصُعْبَةً وجَعَلَهُ صَعْباً لازِمٌ مُتعَدٍّ وصَعَّبَهُ تَصْعيباً وتَصَعَّبَهُ جَعَلَهُ صَعْباً • الصَعْبُ العَمودُ

وعطش وحان ان يشرب واشرب اللون اشبعه صبغا والشربة والشروب الكثير الشرب والشربة بالضم حمرة الوجه والشوارب م وعروق مجاري الماء في الحلق الواحد شارب واشربه حب فلان خالطه قلبه وتشرب سرى وتشرب الثوب العرق نشفه واستشرب لونه اشتد (والمشربة الغرفة والعلية والصفة والمشرعة) والمشربة بالكسر اناء الشرب وشرب به واشرب به كذب عليه واشرأب مشددة مهموزة مد عنقه لينظر ن وشرب فيهم * (الشرجب الطويل والفرس الكريم) * الشازب الخشن والضامر اليابس ج شزب بالضم وفتح المشدد وشوازب وفعله ن ر شزب شزبا وشزوبا والشزبة بالضم الفرصة والشوزب الغلامة وشزبه تشزيبا ذبله * الشاسب الشازب * الشصب بالكسر (الشدة و) الجدب ج اشصاب (والشصيب النصيب والحظ) والشصب بالفتح السخط والسلخ واليبس وعيش شاصب شاق وفعله ن شصب شصوبا والشيصبان الشيطان وذكر النمل * الشطب الحسن الخلق والرطيب من الاغصان والشطبة السيف وبالكسر الجارية الحسنة والفرس السبطة اللحم وبالضم فرند السيف ج شطوب وشطب وسيف مشطب مشددة فيه شطب والشطيبة قطعة من اللحم وشطب قطع ومال وعدل عنه وبعد والشطائب الفرق المختلفة والشدائد وانشطب الماء سال * الشعب الجمع والتفريق ضد والاصلاح والافساد ضد والصدع والقبيلة العظيمة والبعد والبعيد والشعب بالكسر الطريق في الجبل وما بين جبلين والشاعبان المنكبان والشعب بضم ففتح الاصابع والشعبة بالضم ما بين القرنين والغصنين والطائفة من الشيء وطرف الغصن ع وشعب ظهر وشعبه اشغله وتشعب وانشعب تفرق وصار ذا شعب اي مات وفارق فراقا لا يرجع وانشعب مات والمشعب الطريق والمثقب وشاعبه باعده والشعوبي خلاف المؤمن او المبتدع واشعب رجل يضرب به المثل في الطمع وشعيب مصغرة يحرون نحو موسى النبي ومشعب الحق طريقه الذي يميزه عن الباطل * (الشعصب العاسي) * الشغب محركة والتشغيب تهييج الشر ل وشغبهم هيج الشر عليهم فهو شغب بفتح فكسر وشاغب ل وشغب عن الطريق مال * شغربه عقل رجله برجله فصرعه * الشقب مهواة ما بين كل جبلين والكهف الصغير يوكر فيه الطير ج شقاب وشقوب * (الشكب العطاء والجزاء) * الشنب محركة عذوبة ماء الاسنان من المحبوب وفعله ل شنب فهو شانب وشنيب واشنب وهي شنباء والشنباء بالمد الرمان الامليسي وشنب يومنا برد فهو شنب بفتح فكسر وشانب والاسم الشنبة بالضم والمشانب الافواه الطيبة الرائحة الواحد مشنب وفم اسكندر العظيم الماكدوني لان رائحة فيه كانت عنبرا دائما * الشنخوب بالضم اعلى الجبل والشنخاب بالكسر فقرة الظهر * (الشنزب الصلب الشديد) * الشنطب

ما كتب اى محاه) ن وضرب فى الارض ضربا وضربانا خرج تاجرا او غازيا وضرب واضرب ذهب واقام ضده وضربه الله انزل به البلية وضربات الله فى مصر عشرة • احالة الماء دماء • والضفادع • والقمل • والهوام • وموت الحيوان • والبثور • والبرد • والجراد • والظلام • وقتل الابكار وهلاك فرعون وجنوده غرقا فى بحر القلزم • وضرب الفحل ضرابا بالكسر نكح خاصا بالبهائم والناقة ضارب وضاربة وضرب الشىء بالشىء وضربه تضريبا خلطه (وضرب النجاد المضربة خاطها) وضرب فى الماء سبح وضرب تحرك ولدغ وطال واضرب اعرض واشار (واضرب الدهر بيننا بعد) واضرب الزمان مضى والضرب المثل والرجل الماضى الندب والضرب ايضا والضريب الصنف من الشىء والضرب (بالتحريك وبالفتح) العسل الابيض والضرب محركة الجربيت من الشعر والضريب النصيب والثلج والجليد واضطرب ماج وتحرك وطال واختل واكتسب وطلب ان يضرب له والضريبة الطبيعة والسيف وحده والمضروب بالسيف ل وضرب لفحة البرد والضارب الليل المظلم ج ضوارب (وهو يضرب المجد يكسبه ويطلبه) واستضرب العسل ابيض والمضاربة نوع من المتاجرة وما يعرف له مضرب عسلة اى لا يعرف له قوم ولا اب والمضرب بالفتح الخيمة ج مضارب من وضربنا على آذانهم منعناهم السمع وجاء مضطرب العنان اى منهزما منفردا واضطرب القوم اصابهم الصقيع والسموم واضرب الخبز نضج • الضاغب الذى يختبى ليفزع احدا والضغيب صوت الارنب والذئب • (ض ضغب به الارض ضرب وضغب بالشىء قبض عليه) • ن ضهب الرجل اخلق وضعف وضهبه تضهيبا شواه على حجارة محماة او لم يبالغ فى نضجه (والمضاهبة المقابحة) •

ط

الطب مثلثة علاج الجسم والنفس وفعله ن ض طب والطب ايضا الرفق والسحر والطب بالكسر الشهوة والارادة والشأن والعادة والطب بالفتح والطبيب الماهر الحاذق فى عمله والطبيب ايضا من يمارس علم الطب ج اطبة واطباء والمتطبب متعاطى علم الطب ايضا ومن احب طب اى تانى فى الامور وتلطف بها ويستطب لوجعه يطلب ما يطببه والطبطبة صوت الماء وطبطب صوت • الطحلب بضم اللام وفتحها (وبكسر الطاء والحاء) خضرة تعلو الماء المزمن وفعله طحلب • الطرب محركة الفرح والحزن ضد والشوق والمطراب والمطرابة الطروب والتطريب الاطراب وفعله ل طرب (والمطرب والمطربة الطريق الضيق) • الطرطب بالضم الثدى الضخم المسترخى • (الطرغب الطويل القبيح الطول) • الطعزبة السخرية •

ج صُقُوبٌ والصَّقَبُ محرّكةً القريبُ والقُرْبُ والبُعْدُ ضِدٌّ وفِعْلُهُ ل صَقِبَ وأَصْقَبَتْ دارُهم دَنَتْ وصاقَبْتُهم واجهتُهم ن وصَقَبَهُ ضَرَبَهُ بجُمْعِ كفِّهِ وصَقَبَ البناء وغيرَهُ رَفَعَهُ وصَقَبَ الشيءَ جَمَعَهُ وصَقَبَ الطائرُ صَوَّتَ والصَّيْقَبانيُّ العَطّارُ * الصِّقْلابُ بالكسرِ الأكولُ والصَّقالِبَةُ طائفةٌ من النصارى وهم اللاء يُتاخِمُونَ بلادَ النمسا والنِّسْبَةُ صَقْلِيٌّ شاذٌّ * الصَّلِيبُ العُودُ المُكرَّمُ الذي صُلِبَ عليهِ سيّدُنا يسوعُ المسيحُ لأجلِ خلاصِ العالمِ ج صُلْبانٌ بالضمِّ والصُّلْبُ بالضمِّ والصَّلِيبُ الشديدُ وفِعْلُهُ ر ل صَلُبَ صَلابَةً وتَصَلَّبَ وصَلَّبْتُهُ تصليبًا شَدَّدْتُهُ والصُّلْبُ بالضمِّ من الكاهلِ الى العَجْبِ ج أَصْلُبٌ وأَصْلابٌ والصُّلْبُ ايضًا القُوَّةُ والصالِبُ المكانُ الغليظُ المُحْجِرُ ض وصَلَبَهُ وصَلَّبَهُ تصليبًا جَعَلَهُ مَصْلُوبًا وصَلَبَ اللحمَ شَواهُ ن ض وصَلَبَ العَظْمَ أَخْرَجَ دَسَمَهُ والصَّلِيبُ والصَّلَبُ محرّكةً دَسَمُ العَظْمِ وصَلَّبَ المسيحيُّ تصليبًا عَمِلَ إشارةَ الصليبِ المقدَّسِ والمَصْلُوبُ المُعَلَّقُ على الصليبِ وحُمَّى صالِبٌ فيها رِعْدَةٌ ودَيْرُ الصَّلِيبِ في دِمَشْقَ وفي المَوْصِلِ وفي لُبْنانَ والصَّلِيبَةُ حِجارةُ المِسَنِّ ومحلَّةٌ بحَلَبَ منها المؤلِّفُ وفيها كنائسُ النصارى * الصَّوْبُ والانْصِيابُ الانْصِبابُ والصَّوْبُ ايضًا والصَّوابُ والإصابةُ ضِدُّ الخَطَأِ والصَّوْبُ ايضًا المجيءُ من علٍ والإراقةُ ومجيءُ المطرِ والإصابةُ الإتيانُ بالصوابِ والاحتياجُ والتفجيعُ والمُصابَةُ والمُصِيبَةُ والمَصُوبَةُ البَلِيَّةُ وضَعْفُ العقلِ والصابُ شَجَرٌ مُرٌّ ج صابٌ واسْتَصابَهُ اسْتَصْوَبَهُ والصَّيِّبُ بالفتحِ وكسرِ الياءِ المشدَّدةِ انْصِبابُ المطرِ (والصَّوْبُ الجِهَةُ والناحيةُ) * الصَّهَبُ محرّكةً والصُّهْبَةُ والصُّهُوبَةُ بالضمِّ حُمْرَةٌ بشُقْرَةٍ والأَصْهَبُ الأسدُ واليومُ الباردُ وشَعْرٌ يخالطُ بياضَهُ حُمْرَةٌ والصَّهْباءُ بالمدِّ الخمرُ الأبيضُ ومَوْتٌ صُهابيٌّ بالضمِّ شديدٌ والصَّيْهَبُ شِدَّةُ الحَرِّ واليومُ الحارُّ والرجلُ الطويلُ والصَّخْرَةُ * ض صابَ صَيْبًا أصابَ *

ض

الضَّبُّ حيوانٌ م ج ضِبابٌ وضِبّانٌ وأرضٌ مَضَبَّةٌ كثيرةُ الضَّبِّ وفِعْلُهُ ل ضَبِبَتِ الأرضُ والضَّبُّ سَيَلانُ الدمِ والرِّيقِ وفِعْلُهُ ض ضَبَّ والضَّبُّ ايضًا السكوتُ والاحتواءُ على الشيءِ والغيظُ والحِقْدُ وداءٌ في الشَّفَةِ واللُّصُوقُ بالأرضِ وفِعْلُهُ ضَبَّ وأَضَبَّ صاحَ وتكلَّمَ واسْتَغارَ وأَخْفَى وأَضَبَّ الشَّعَرُ كَثُرَ وأَضَبَّتِ الأرضُ كَثُرَ نباتُها وأَضَبَّ فلانًا لَزِمَهُ وأَضَبَّ عليهِ أَمْسَكَهُ وأَضَبَّ على المطلوبِ أَشْرَفَ على الخلاصِ وأَضَبَّ اليومُ صارَ ذا ضَبابٍ والضَّبابُ نَدًى كالغيمِ وسحابٌ رقيقٌ والضَّبِيبَةُ عُكَّةٌ صغيرةٌ وضَبِيبُ السيفِ حَدُّهُ * ض ضَرَبَهُ فهو ضارِبٌ وضَرِيبٌ ومَضْرُوبٌ ر وضَرَبَتْ يدُهُ جادَ ضَرْبُها ض وضَرَبَتِ الطيرُ ذَهَبَتْ تبتغي الرِّزْقَ وضَرَبَ على يدِهِ أَمْسَكَ (وضَرَبَ على

الماء والسحاب والعبعب نعمة الشباب والشاب الممتلئ وثوب واسع وموضع الصنم والرجل الطويل والاعب مشددة القفير والغليظ الانف والعبعاب الواسع الحلق والجوف وعب الشمس ضوءها والعبب محركة المياه المتدفقة وعبقب انهزم • (العبرب والعرنرب السماق) • العتبة محركة اسكفة الباب العليا والسفلى والشدة والامر الكريه والعتب الفساد والعتب والعتبان والعتاب والمعتبة والمعاتبة الملامة والعتب والعتبان ايضا ان تثب برجل وترفع الاخرى وفعله ن ض عتب والتعاتب والتعتب والمعاتبة تواصف الموجدة ومخاطبة الادلال والاعتوبة ما تعوتب به والعتبى بالضم والقصر الرضى واستعتبه اعطاه العتبى وطلب منه العتبى ضد والعتوب من لا يؤثر فيه العتاب واعتب رجع عما كان فيه الى غيره واعتب الطريق ترك سهله واخذ فى وعره ن وما عتبت بابه لم اطأ عتبته (وام عتاب وام عتبان الضبع) • العثلب الرخو • عثلب الماء جرعه شديدا وامر معثلب غير محكم وشيخ معثلب ادبر كبرا وتعثلب ساءت حاله وهزل) • العجب بالفتح اصل الذنب ومؤخر كل شيء. والعجب بالضم ام الكبريا والتباهي والزهو ومن تعجبه مجالسة النساء (والعجب انكار ما يرد عليك) ج اعجاب وامر عجيب وعجب بفتح فكسر وعجاب مثلثة العين وعاجب والعجاب بالضم ما تجاوز حد العادة وجمع العجيب عجائب والاسم العجيبة والاعجوبة بالضم وتعجبت منه واستعجبت منه ر وعجبت منه والعجبة حملة على العجب واعجب به سر به والعجباء بالمد التى يتعجب من حسنها وقبحها ضد ورجل تلعجابة ذو اعاجيب والعجيب لقب سمعان العمودي • (العذبي الكريم الاخلاق او من لا عيب فيه) • العذب من الطعام والشراب اللذيذ والعذب ايضا ترك الاكل من شدة العطش فهو عاذب وعذيب والعذوب ايضا والاعذاب المنع والعذب ايضا الكف والترك وفعله ض عذب فى الكل والعذب محركة القذى وخيط الميزان وطرف كل شيء. (والمعاذب مآلي النوائح) واستعذب طلب العذب والعذبة محركة طرف العمامة (والغصن) والطحلب وماء عذب بفتح فكسر مطحلب واعذبه نزع طحلبه واعذب القوم عذب ماؤهم والاعذبان الطعام والنكاح والعذاب النكال ج اعذبة وفعله عذبه تعذيبا والعذيب مصغرا اسم ماء مشهور وعذاب القبر هو البعد من الله وعذاب الحس هو عذاب جهنم • العرب بالضم وبالتحريك خلاف العجم وهم سكان المدن والامصار والاعراب سكان البوادى ج اعاريب (وعرب عرباء صرحاء) والعربى محركة الاصيل فى العربية والمتعرب والمستعرب الدخيل فيها والشعير العربى الابيض الذى له حرفان خلاف الشعير الرومى واعرب افصح وابان ولم يلحن فى كلامه واعرب واستعرب فحش فى كلامه وقبح ورد عن القبيح ضد والتعريب النكاح والتعريض به وتهذيب

ن طَلَبَهُ طَلَبًا مُحَرَّكَةً وتَطَلَّبَهُ واطَّلَبَهُ مُشَدَّدَةَ الطاء حاوَلَ وُجودَهُ واخذَهُ رَغْبةً فهو طالِبٌ ج طُلَّابٌ (وطَلَبٌ و) طُلَّبٌ بالضمّ والشدِّ وطَلَبةٌ مُحَرَّكَةٌ وهو طَلُوبٌ ج طُلُبٌ وهو طَلَّابٌ بالشدِّ ج طَلَّابونَ وهو طَلِيبٌ ج طُلَباء بالضمّ والمدِّ وتَطَلَّبَهُ طَلَبَهُ مُتَمَهِّلًا وطالَبَهُ طِلابَةً بِحَقٍّ والاسْمُ الطَّلَبُ مُحَرَّكَةً والطِّلْبَةُ بالكسرِ واطْلَبَهُ أعْطاهُ ما طَلَبَهُ وأحْوَجَهُ الى الطَّلَبِ ضِدٌّ والطَّلِبَةُ بِنْتٌ فَكَسْرٍ ما طَلَبْتَهُ والطُّلْبَةُ بالضمّ السَّفْرَةُ البَعِيدَةُ ل وطَلُبَ تَباعَدَ (وأمّ طَلْبَةَ العُقابُ) * الطُّنُبُ بضمّتَيْنِ حَبْلٌ طَويلٌ تُشَدُّ بِهِ الخَيْمَةُ والوَتَدُ ج أطْنابٌ وطِنَبَةٌ مُحَرَّكَةٌ والطُّنُبُ ايضًا عِرْقُ الشَّجَرِ وعَصَبُ الجَسَدِ والطَّنَبُ مُحَرَّكَةً اعْوِجاجٌ في الرِّجْلَيْنِ وطُولٌ في الظَّهْرِ فهو أطْنَبُ وطَنَّبَهُ تَطْنِيبًا مَدَّهُ أطْنابَهُ وشَدَّهُ والإطْنابَةُ المِظَلَّةُ والمُطْنِبُ الرِّيحُ اشْتَدَّتْ في غُبارٍ وأطْنَبَ الرَّجُلُ أتَى بالبَلاغَةِ في مَدْحٍ أو ذَمٍّ والمَطْنَبُ بالفتحِ المَنْكِبُ والعاتِقُ (وجَيْشٌ مِطْنابٌ عَظِيمٌ) * ص طابَ طابًا وطِيبًا وطِيبَةً لَذَّ وزَكا وطابَتِ الأرْضُ أعْشَبَتْ والطّابُ الطَّيِّبُ مُشَدَّدَةً والطُّوبَى مَقْصُورَةً الطِّيبُ وتَأْنِيثُ الأطْيَبِ والطُّوبَى ايضًا الغِبْطَةُ والسَّعادَةُ سُرْيانِيَّةٌ مُعَرَّبَةٌ والصَّحِيحُ طُوبَى لَكَ وطُوباكَ لَحْنٌ والطِّيبَى بالكسرِ الجَنَّةُ وطابَهُ وأطابَهُ طَيَّبَهُ والطِّيبُ بالكسرِ عِطْرٌ م وأفْضَلُ كُلِّ شَيْءٍ والأطْيَبانِ الأكْلُ والنِّكاحُ والطائِبُ والأطائِبُ والمَطائِبُ خِيارُ الشَّيْءِ لا واحِدَ لَهُ واسْتَطابَ اسْتَنْجَى وحَلَقَ العانَةَ واسْتَطابَهُ واسْتَطْيَبَهُ وَجَدَهُ طَيِّبًا والطابَةُ الخَمْرُ وأطابَ تَكَلَّمَ طَيِّبًا وأكَلَ طَيِّبًا وتَزَوَّجَ طَيِّبًا وحَلَفَ طَيِّبًا وطِبْتُ بِهِ نَفْسًا طابَتْ بِهِ نَفْسِي والطُّوبُ بالضمّ الآجُرُّ مُشَدَّدَةً وطايَبَهُ مازَحَهُ وطُوبِيّا البارُّ من نَسْلِ نَفتاليمَ كانَ في سَبْيِ بابلَ مَشْهورًا بالرَّحْمةِ *

ظ

الظَّأْبُ الزَّجَلُ والصَّوْتُ (والتَّزَوُّجُ) والجَلَبَةُ والظُّلْمُ وسِلْفُ الرَّجُلِ ج أظْؤُبٌ وظُؤُوبٌ (والمُظاءَبَةُ أن يَتَزَوَّجَ الرَّجُلُ امْرَأةً ويَتَزَوَّجَ آخَرُ أُخْتَها) * الظَّبْظابُ الوَجَعُ والعَيْبُ ودُمَّلٌ في وُجُوهِ المِلاحِ والصِّياحُ والجَلَبَةُ وكَلامُ المُتَوَعِّدِ بِشَرٍّ وظَبْظَبَ حُمَّ * الظَّرِبانُ والظَّرِباءُ دُوَيْبَّةٌ رائِحَتُها مُنْتِنَةٌ اذا لَزِقَتْ بِثَوْبٍ لا تَذْهَبُ نَتانَتُها حتى يَبْلَى ج ظَرابِينُ وظَرابِيُّ شاذٌّ وفَسا بَيْنَهُمُ الظَّرِبانُ تَجافَوْا وتَقاطَعُوا مُتَباغِضِينَ ل وظَرِبَ بِهِ لَصِقَ * الظِّنْبُ بالكسرِ اصْلُ الشَّجَرَةِ والظُّنْبُوبُ بالضمّ حَرْفُ الساقِ من قُدّامٍ وقَرَعَ ظُنْبُوبَ الأمْرِ سَهَّلَهُ *

ع

العَبُّ جَرْعُ الماء وكَرْعُهُ وفِعْلُهُ ن عَبَّ والعُبُّ بالضمّ رُدْنُ الثَّوْبِ والعُبابُ بالضمّ مُعْظَمُ السَّيْلِ وكَثْرَتُهُ ومَوْجُ البَحْرِ وأوَّلُ الشَّيْءِ . واليَعْبُوبُ الفَرَسُ السَّرِيعُ والجَوادُ السَّهْلُ في عَدْوِهِ والجَدْوَلُ الكَثِيرُ

وتقنع بالشيء ورضي به وعصّبه تعصيبا جوّعه واهلكه (والمعصوب الجائع جدا والسيف اللطيف)
والعصبة محركة قوم الرجل والعصبة بالضم والعصابة بالكسر الجماعة نحو الاربعين واعتصبوا صاروا
عصبة واعصوصب الشرّ اشتدّ فانعصب * (العصلوب القويّ العظيم والعصلبة شدة الغضب) *
العضب القطع والشتم والتناول والضرب والطعن والرجوع وفعل الكل ض عضب والعضب ايضا
السيف (وولد البقرة اذا طلع قرنه) والشديد الكلام وفعله ر عضب عضوبا وعضوبة والمعضوب
الضعيف والاعضب من لا ناصر له ومن ليس له اخ او مات اخوه * العطب بالضم
(وبضمتين) القطن وبالفتح لينه ونعومته ن وعطب القطن لان ل وعطب هلك والفرس انكسر
واعطب عليه غضب والعوطب الداهية ولجة البحر * ن عظب عليه عظبا وعظوبا صبر عليه
وعظب جلده يبس ل وعظب سمن والعنظب بالضم والعنظاب بالكسر والعنظوب بالضم
والعنظبان بالفتح الجراد الضخم * العقب الجرى بعد الجرى والولد وولد الولد والعقب
بضمتين العاقبة والعقب بنتح فكسر مؤخر القدم والعاقبة الولد وآخر كل شيء والعاقب من
يخلف من كان قبله بالخير ن وعقبه ضرب عقبه وعقبه واعقبه خلفه والعقبة بالضم النوبة والبدل
والليل والنهار فيما يتعاقبان واثر الجمال القديم والعقبة محركة المرقى الصعب من الجبال ج
عقاب ويعقوب اسرائيل ولد مع عيصو وكان متعلقا بعقبه ويعقوب بن زبدي ويعقوب بن حلفى
رسولان ويعقوب البرذعي مبتدع جدد بدعة ديوسقورس وبرصوم المبتدعين الكافرين بالطبيعتين وسمي
المنتسبون اليه يعقوبية واليعقوب ذكر الحجل واعقب زيد عمرا ركبا بالنوبة وعاقبه وعقبه تعقيبا
جاء بعقبه والمعقبات التسبيحات المترادفة والتعقيب ختام الصلوة والعقبى بالضم والقصر جزاء
الامر واعقبه جازاه واعقب الرجل مات وخلف عقبا وعواقب الانسان اربع * الموت * والدينونة *
والنعيم * والجحيم * وتعقبه اخذه بذنب جناه وتعقب عن الخبر شك فيه فعاد السؤال عنه
والعقاب بالضم طائر م ج عقبان والعقاب ايضا مسيل الماء والراية والمعقب بالكسر خمار المرأة
والقرط والسائق الحاذق واستعقبه طلب عورته وعثرته (والمعقاب المرأة التي تلد ذكرا بعد انثى) *
العقرب م يذكر ويؤنث وبرج في السماء وارض معقربة كثيرة العقرب والمعقرب المعوج والشديد
الخلق والصور المنيع والعقارب جمع عقرب والنمائم والشدائد وانه لتدب عقاربه يعترض اعراض
الناس والعقربة الامة الخدوم وحديدة كالكلاب * العكوب بالضم الازدحام والوقوف وغليان
القدر والعكب والعكوب بالفتح الغبار والعاكب الجمع الكثير والعكاب بالضم الدخان وعكبت
النار تعكيبا دخنت وتعكبته الهموم ركبته والاعتكاب ثوران الغبار * العلب الاثر ومقبض
السيف والارض الصلبة والعلب محركة الصلابة والشدة وتغيير رائحة اللحم والفعل ل ن علب

المنطق من اللحن واعطاء العربون والعروب المرأة يحبها زوجها وتعصاه والعاشقة زوجها والضاحكة ج عرب بضمتين والعرب النشاط والعرب محركة فساد المعدة وفعله ل عربت معدته فسدت والعرب بفتح فكسر والعريب الماء الكثير الصافى والعرب بالفتح بقاء اثر الجرح بعد البرء والتعريب تقبيح قول القائل والرد عليه وزرب المعدة والعروبة يوم الجمعة سريانية معربة والعراب بالفتح والشد كقبل المعتمد سريانية معربة وعرب نشط وورم وتقيح يبقى اثر الجرح وفسدت معدته وفاض النهر فهو عارب ض وعرب اكل والعربة محركة النهر الشديد الجرى وعربات مواب محركة فى طريق بصر من مراحل بنى اسرائيل على حد الاردن تجاه ايريحا وما بها عريب اى احد والعربان والعربون بضمهما والعربون بالتحريك ما عقد به المبايعة وتعرب سكن البرية وعروباء اسم السماء السابعة * (العرتبة الانف) * العرقوب عصب للانسان وعرقوب الدابة فى رجلها بمنزلة الركبة فى يدها والعرقوب ايضا المنحنى من الوادى والسكة فى الجبل وعرقوب بالضم اسم رجل اكذب اهل زمانه (وشر ما اجاءك الى مخة عرقوب يغرب عند طلبك من اللئيم) والعراقيب خياشيم الجبال وعرقبة قطع عرقوبه وتعرقب احتال وعن الامر عدل * العزب محركة والعزيب من لا اهل له وقول العامة اعزب لحن ج اعزاب وهى عزبة وعزب بفتح فكسر والاسم العزبة والعزوبة بضمهما وفعله ن عزب وتعزب ترك الجماع والعزوب الغيبة وفعله ن ض عزب والعزوب ايضا الذهاب والمعزابة والمعزاب من طالت عزوبته والعزيب الرجل الذى يغيب عن اهله (والعزيب من الماشية التى تعزب عن الحى فى المرعى وكان لرجل ابل فباعها واشترى غنما لئلا تعزب فعزبت غنمه فقال انما اشتريت الغنم حذار العازبة فذهبت ذلك مثلا) واعزب بعد وابعد والمعزبة بالكسر الامة وزوجة الرجل والعازب المرعى البعيد والارض التى لا صاحب لها وعوزيب من زعماء مدين قتله جدعون قاضى اسرائيل * (العزلبة النكاح) * العسيب الفرس العظيم الذنب وظاهر القدم وجريدة النخل واليعسوب امير النحل وذكرها والرئيس الكبير العام وغرة الفرس * (العشرب الاسد) * العشب بالضم الكلأ الرطب وارض عاشبة وعشيبة كثيرة العشب واعشبت الارض واعشوشبت انبتت العشب واعشبت الماشية العشب رعته والعشبة محركة الناب الكبيرة والعشيب الرجل القصير ل وعشب يبس ر وعشبت الارض * (العشارب الاسد الشديد الجرى) * العصب محركة اطناب المفاصل وشجر اللبلاب وخيار التوم ل وعصب اللحم كثر عصبه والعصب الطى والكى والشد والغزل والقبض على الشىء والعصوب اتساخ الاسنان من غبار وفعل كلها ض عصب والعصابة بالكسر والعصاب ما عصب به والعصابة ايضا العمامة وتعصب شد العصابة

لا الجسم او من الالفاظ المهملة والداهية والتغريب ان تأتي المرأة ببنين بيض وسود ضد والمغرب بفتح الراء الصبح وأقبح البياض والغربيب بالكسر الذي يسود شيب بلحيته واسود غربيب حالك واغرب عليه مجهولا صنع به صنيعا قبيحا والغريبة رحى اليد والغارب الكاهل ومن الجمل ما بين السنام والعنق ج غوارب وحبلك على غاربك اي اذهبي حيث شئت واصابهم سهم غرب محركة لا يعلم راميه ل وغرب اسود روغرب غمض وخفي والغربية بالضم خبز مبارك تفرقه الروم في كنائسهم تذكارا لآية الخمس خبزات • (الغشلبة انتزاعك الشيء من آخر كالمغتصب له • الغشرب الاسد والغشارب الجريء الماضي) • ص غصبه واغتصبه اخذه ظلما وغصبه على الشيء قهره وغصب الجلد نتف شعره • (الغضلب الطويل المضطرب) • الغضب والغضوب الثور والاسد والشديد الحمرة والغضب محركة والمغضبة ضد الرضى ل وغضب عليه سخط اذا كان حيا وغضب به اذا كان ميتا وهو غضب بفتح فكسر وغضوب وغضبة بالفتح وغضبة بالتحريك وغضبان وهي غضبى بالقصر وغضوب وغضبانة ج غضاب وغضابى بالقصر ويكسرهما واغضبه والغضوب الحية الخبيثة والعبوس من النساء والغضبة الدرقة وجلدة المسن (من الوعول) وجلدة الحوت وجلدة الرأس والغضاب بالكسر والضم قذى العين والجدري وفعله غضب (والغضابي الكدر في معاشرته ومخالقته) • الغلب بالفتح والتحريك والغلبة محركة والمغلبة والمغلب والغلبى بالضم والقصر والغلابية القهر والمغلب بالضم المغلوب مرارا والمحكوم له بالغلبة ضد ل وغلب غلظ عنقه والغلباء بالمد الحديقة المتكاثفة والقبيلة (العزيزة) وتغلب استولى قهرا والاغلب الاسد (والغالب تأتي بمعنى الاكثر الاعم والغلنبي الذي يغلبك ويغلوك) • الغنب الغنيمة الكثيرة • الغيهب والغيهبان الظلمة والشديد السواد والرجل الغافل والبليد واغتهب سار في الظلام والغيهبة الجلبة في القتال ل وغهب عنه غفل ونسيه (واصاب صيدا غهبا غفلة بلا تعمد) • الغيب الشك ج غياب وغيوب والغيبة والغياب والغيبوبة والغيوبة والمغاب والتغيب ص وغاب الشيء في الشيء غيابة بالكسر وغيوبة وغيابا (وغيابا) وغيبة والغيب بالفتح كل ما غاب عنك وقوم غيب بالضم والشد وغياب غائبون والغابة الوهدة وجماعة الناس والاجمة وغابه واغتابه عابه وتكلم فيه سوءا فهي الغيبة وتغيب مني (ولا يجوز تغيبني) •

ف

الفرنب بالكسر الفأرة • فيلبس الرسول وفيلبس الشماس الذي عمد الخصي • فوبي بالضم تلميذة بولس الرسول ارسل معها رسالة الرومانيين •

والعِلْباء عَصَبُ العُنُق والعُلْبَةُ بالضم وِعاء من عُودٍ كبيرٌ ج عُلابٌ بالضم وعُلَبٌ بضم ففتح واعْلَنْبَى الدِيكُ والكَلْبُ بالقصر تهيّأ للشر • العِنَبُ بكسر ففتح والعِنَباء بالمد ثمرٌ م واحدة عِنَبَة وعِنَبُ الكَرْمِ تَعْنِيبًا نَضِجَ والعُنّابُ بالضم والشد ثمرٌ م وثَمَرُ الأراكِ والعُنابُ بالضم والأعْنَبُ العظيم الأنف والعَنّابُ بالفتح والشدِ بائعُ العِنَبِ • (المُعَنْدِبُ الغضبانُ) • العَنْدَلِيبُ الهَزارُ ج عَنادِلُ • (العَنْزَبُ السُمّاقُ) • العَنْكَبُوتُ م مؤنثٌ وقد يُذكَّرُ والذكرُ عَنْكَبٌ والأنثى عَنْكَبَةٌ ج عَنْكَبُوتاتٌ وعَناكِبُ • العَيْبُ والعابُ والمَعابُ والمَعابَةُ والمَعِيبُ الوَصْمَةُ ض وعابَ لازِمٌ متعدٍ فهو مَعِيبٌ ومَعْيُوبٌ ورجلٌ عُيَبَةٌ وعَيّابٌ مُشدَّدةٌ وعَيّابَةٌ كثيرُ العَيْبِ للناسِ والعَيْبَةُ زَنْبِيلٌ من جِلْدٍ ووِعاءُ الثيابِ ج عِيَبٌ بكسر ففتح وعِيابٌ وعَيْباتٌ والعِيابُ بالكسر المِنْدَفُ والعائبُ اللَبَنُ الخاثِرُ •

غ

الغِبُّ بالكسر عاقِبَةُ الشيءِ والغِبُّ ايضًا الزِيارةُ فى كلِّ أُسبوعٍ والحُمّى يومًا بعدَ يومٍ والغَبُّ بالفتح شِدّةُ الشُربِ وفِعلُهُ ض غَبَّ وأغَبَّ القومَ جاءهم يومًا وتركَ يومًا وأغَبَّ اللحمُ وغَبَّ أنتَنَ والغَبْغَبُ بالضم والغَبَبُ اللحمُ المُتَدَلِّى تحتَ الحَنَكِ والغُبّةُ بالضم بُلْغَةٌ من العَيْشِ وغَبَّ عندنا وأغَبَّ باتَ (والمُغِبُّ الأسدُ والتَغْبِيَةُ شهادةُ الزُورِ) • الغَرْبُ والمَغْرِبُ الذهابُ والتَنَحِّى وأوّلُ الشيءِ وحَدُّهُ والحِدّةُ والنَشاطُ والتَمادِى والراوِيَةُ والدَلْوُ العظيمةُ وعِرْقٌ فى العينِ ومَسِيلُهُ وانْهِلالُ الدمعِ والفَيْضَةُ من الخَمْرِ ومن الدمعِ وبَثْرَةٌ فى العينِ ووَرَمٌ فى المَآقِى وكثرةُ الرِيقِ ومَنْقَعُ الرِيقِ ويومُ السَقْىِ والفرسُ الكثيرُ الجَرْىِ ومُقَدَّمُ العينِ ومُؤَخَّرُها والنَوَى والبُعْدُ وغُرابُ الفأسِ حَدُّهُ والغُرْبَةُ بالضم البُعْدُ وفعلُهُ تَغَرَّبَ والاغْتِرابُ والتَغَرُّبُ الغُرْبَةُ والغَرَبُ مُحرَّكةً شجرٌ يكونُ منه القِصاعُ والخَمْرُ والفِضّةُ والجامُ من الفِضّةِ والقَدَحُ من عُودٍ والذَهَبُ وريحُ الماءِ وزُرْقَةٌ عينِ الفرسِ والغُرابُ بالضم طائرٌ م ج أغْرُبٌ وأغْرِبَةٌ وغِرْبانٌ (جج) غَرابِينُ والغُرابُ ايضًا البَرَدُ والثَلْجُ وقَذالُ الرأسِ والغُرابانِ طَرَفا الوَرِكَيْنِ وضُرِّ عليه رِجْلُ الغُرابِ ضاقَ الأمرُ عليه وأغْرِبَةُ العَرَبِ سُودانُهم وهم عَنْتَرَةُ العَبْسِىُّ • وخُفافُ بنُ نُدْبَةَ • وسُلَيكُ بنُ السُلَكَةِ • وتأبَّطَ شرًّا • والشَنْفَرَى الأزدِىُّ • وهِشامُ بنُ عُقْبَةَ • وهَمّامُ بنُ مُطَرِّفٍ • وعُمَيرُ بنُ أبى عُمَيرٍ • والإغْرابُ الإتيانُ بالغَرِيبِ وكثرةُ المالِ والمُبالغةُ فى الضَحِكِ والإغْرابُ والتَغْرِيبُ الإمْعانُ فى البلادِ ومَغْرِبانُ الشمسِ حيثُ تَغْرُبُ ولَقِيتُهُ مُغَيْرِبَها ومُغَيْرِبانَها عندَ غُرُوبِها وتَغَرَّبَ أتَى من الغَرْبِ ن وغَرُبَ غابَ وبَعُدَ واغْتَرَبَ تزوَّجَ من غيرِ أقارِبِهِ ومِلَّتِهِ واستَغْرَبَ وأغْرَبَ بالَغَ فى الضَحِكِ وعَنْقاءُ مُغْرِبٌ بالضم (ومُغْرِبَةٌ ومُغْرِبٍ مضافةً والعَنْقاءُ المُغْرِبُ) طائرٌ معروفُ الاسمِ

والقرضوب الفقير والقرضابة بالكسر الذي لا يدع شيئاً إلّا أكله والقرضب بالكسر ما يبقى في الغربال يرمى به • قرطب العظم قطعه وقرطب عدا وغرب وغضب والقرطبان بالفتح القواد ومن لا غيرة له • (اقرعب انقبض من برد أو غيره والمقرعب المُلقي بيديه إلى الأرض غضبا) • القرنب بالضم اليربوع وولد الفأرة من اليربوع • (القزب النكاح الكثير ر) القزب بالكسر اللقب والقزب بالتحريك الصلابة وفعله ل قزب والقازب التاجر برّا وبحرا • القسب الصلب الشديد ر .تسب قسوبة وقسوبا صلب ض وقسب الماء صوت في جريه وقسبت الشمس دنت من الغروب والقاسب الغرمول • القشب الخلط وسقي السم والإصابة بالمكروه والافتراء والتعيير وإزالة العقل وصقل السيف وفعل الكل ض قشب والقشب ايضا والاقتشاب اكتساب الحمد والقشب بالكسر من لا خير فيه والسم وسيف قشيب مجلو وصدئ، ضد والقشيب ايضا الجديد والخلق ضد والابيض والنظيف وفعله ر قشب قشابة والقشبة بالكسر (الرجل الخسيس و) ولد القرد والقاشب الخياط والعيوف النفس • (وقشبني ريحه آذاني وحسب مقشب غير خالص) • القصب محركة كل نبات ذي انابيب الواحدة قصبة محركة والقصباء بالمد منبت القصب وأقصب المكان نبت فيه القصب وارض قصبة مقصبة ض وقصبه واقتصبه قطعه وقصب الشاة فصل قصبها ن وقصبت الدابة قصبا وقصوبا امتنعت من شرب الماء فهي قصيب وقاصبة وقصبه منعه من شرب الماء قبل أن يروى وقصبه عابه وشتمه والقصب محركة عظام الاصابع ومخارج الانفاس والثياب الناعمة والدر المرصع وخيط الذهب ومجاري الماء والقصب بالضم الظهر والمعى ج أقصاب والقصاب بالشد القاصب الزمار في القصبة والجزار والقصبة محركة القصر والمدينة والقرية وخصلة الشعر وكل عظم ذي مخ وقصب العظم تقصيبا قطعه والقصابة بالشد المزمار والوقاع في الناس والقاصب الرعد وقصب السباق إشارة سباق الخيل • ض قضبه واقتضبه وقضبه تقضيبا قطعه فانقضب وتقضب والقضب كل شجرة بسطت اغصانها ورجل قضاب قطاع للأمور والقضيب الغصن ج قضبان بالضم والكسر والقضيب ايضا السيف اللطيف والقوس من عود والنبات المأكول غضا والقضيب ايضا والقاضب والقضاب بالشد السيف القاطع ج قواضب وقضب الدابة واقتضبها ركبها قبل أن تروض والمقضب والمقضاب المنجل وقضبت الشمس تقضيبا امتد شعاعها (وقضيب رجل من ضبة ومنه قولهم أضيع من قضيب ومنه ايضا قولهم ألهف من قضيب لأنه اشترى قوصرة حشف وكان فيها بدرة فلجلفه بائعها فاسترد ها وكان معه سكين ليقتل به نفسه ان لم يجد البدرة فأخذ قضيب السكين منه فقتل به نفسه تلهفا على البدرة) • ض قطب قطبا

ق

(ع قأب الطعام اكله ل وقئب الماء شرب كل ما في الاناء وقئب من الشراب قأبا وقأبا
تملأ واناء قؤوب وقوبي كثير الاخذ للماء) • ن قب الاسد قبا وقبيبا صوّتت نابه
وقعقعت وقب اللحم قبوبا يبس ن ص وقب النبت قبّا يبس والقب دقة الخصر ن وقب
بطنه ضمر والقب وكالاقتباب القطع وما يدخل في جيب القميص والقب ايضا الرئيس والملك
والخليفة والقب بالضم جمع القباء بالمد الدقيقة الخصر والقبة بالضم م والقابة الرعد وقبقب
الرعد هدر وقبقب حمق والقبقاب الكذاب واجمل الهذار والفرج وحذاء من خشب والمقلة
والكثير الكلام والقبقب البطن والقباب بالكسر والقبب بالضم جمع قبة والقباقب العام المقبل
والرجل الجافي وسرة مقبوبة ومقببة ضامرة وتقبب القبة دخلها والقبان بالفتح والشد ميزان م ج
قبابين وقبة الزمان او قبة الشهادة التي عملها موسى النبي من كتان يغطى بها تابوت العهد
• القتب بالكسر والقتبة المعى والقتب محركة رحل الجمل من خشب ج اقتاب •
(المثائب العطايا) • القحب المسن والذي يأخذه السعال وفعله ن قحب قحبا وقحابا
بالضم وقحب تقحيبا وسعال قاحب شديد والقحبة العجوز والفاسدة الجوف والمرأة الفاجرة (وبه
قحبة اي سعال) • قحطبه صرعه • ر قرب منه ل وقرب اليه قربا وقربانا بالضم والكسر دنا
فهو قريب والمقربة مثلثة الراء والقربة والقربى بالضم القرابة بالفتح وهو قريبي او ذو قرابتي
واقرباؤك واقاربك عشيرتك الادنون والقراب بالكسر غمد السيف والقرب بالضم الخاصرة
ج اقراب ل وقرب اشتكى خاصرته والقربان بالضم ما يتقرب به الى الله تعالى وهو عند
اليهود في العهد القديم كالذبائح وغيرها وعند المسيحيين في العهد الجديد جسد المسيح ودمه
(ج قرابين) وتقرب تناول جسد المسيح والقربان ايضا جليس الملك الخاص واقترب
تقارب وشيء مقارب بالكسر بين الجيد والرديء. واقربت المرأة قرب ولادها فهي مقرب
بالضم ج مقارب وقارب الخطو داناه (وافعل ذلك بقراب اي بقرب وقراب الشيء. وقرابه وقرابته
ما قارب قدره) والقربة بالكسر الظرف ج قربات بالكسر وقرب والقارب السفينة الصغيرة وطالب
الماء ليلا والقرب محركة سير الليل لاجل الماء والقريب السمك المملوح والقرابة بالضم ما يشبهك
والمومن وجاءوا قرابى بالضم والقصر متقاربين والقورب بالفتح الماء القفر والمقرب والقربة بالفتح
الطريق المختصر واقتراب الساعة مجيء الدجال لعنه الله • قرضبه قطعه وقرضب الشيء
فرقه وقرضب عدا واكل شيئا يابسا فهو قرضاب بالكسر والقرضاب الاسد والسيف واللص

الكتاب المقدس * القهب أبيض علته كدورة وفعله ل قهب والقهب الجبل العظيم والاقهبان الفيل والجاموس واقهب عن الطعام أمسك شبعًا * (القهزب التصير)*

ك ث

الكأب والكآبة والكأبة الغم وسوء الحال والانكسار من حزن ل وكئب واكتأب واكأب حزن ووقع في هلكة فهو كئيب ومكتئب والكأباء الحزن واكأبه أحزنه * ن كبه واكبه وكبكبه قلبه وصرعه فاكب لازم متعد واكب عليه وانكب أقبل وكب ثقل وكب الغزل جعله كببا والكبة الدفعة في القتال والزحام واقلات الخيل للحرب وشدة البرد وكبة وكبكبة رماه في الهوة والكبكبة (بفتح الكافين وكسرهما وبالضم) الجماعة والكباب بالضم التراب والطين والثرى وما تجعد من الرمل وضرب من طبيخ اللحم والمكب بالضم والشد الكثير النظر في الارض *

ن كتب كتبا وكتابة واكتتب خط بالقلم والكتاب م والدواة والصحيفة وكتاب الله وكتاب سيبويه والفرض والحكم والكتبة بالضم السير يخرز به كأنه خيط تخيط به والكتبة بالكسر نسخ الكتب ن وكتب القربة خاطها بالسير والكاتب الناسخ والعالم والإكتاب والتكتيب تعليم كتابة الخط واكتب القربة ملأها واكتبها سد فمها والكتاب بالضم والشد الكاتبون والمكتب موضع تعليم الأطفال واكتتب في ديوان السلطان صار جنديا له واكتتب بطنه أمسك والكتيبة الجيش والجماعة من المائة إلى الالف وكتب الكتيبة تكتيبا هيأها وتكتبوا تجمعوا والكتبة بالتحريك الكتاب بالشد وعلماء اليهود والمكتوب الرسالة * الكثب الجمع والإجتماع والصب والدخول وفعله ن ض كثب والكثب محركة القرب وكثب عليه حمل وكر والكثيب التل من الرمل ج اكثبة وكثبان بالضم واكثبه دنا منه والكثاب بالضم الكثيب والكاثبة شعر عنق الفرس ج اكثاب والكثباء بالمد التراب * (الكحب الحصرم والدبر وكحب الكرم ظهر كحبه وكثر حبه والكاحبة النار التي ارتفع لهبها) * الكدب بالفتح والتحريك وبالضم بياض في أظفار الأحداث الواحدة كدبة وكديباء بالفتح والمكدوبة المرأة النقية البياض * ض كذب كذبا بفتح فكسر وكذبا بالكسر وكذبة بالفتح (وكذابا) وكذابا بالكسر والشد فهو كاذب وكذاب وكذوب وكذوبة وكذبان بالفتح ومكذبان ومكذبانة (وتكذاب وكيذبان وكيذبان وكذبذب وكذبذب وكذبة وكذبذبان) وهي الأكذوبة بالضم والكذبى بالقصر (والمكذوب) والمكذوبة والكذبان بالضم (والمكذبة والمكذبة والكاذبة والكذاب) أي الكذب واكذبه وجده كاذبا وحمله على الكذب وبين كذبه والكذوب والكذوبة النفس وكذب الرجل أخبر بالكذب ومسيلمة الكذاب يضرب

وقُطُوبًا وقطّب تقطيبًا كلّح وجهه معبسًا فهو قاطِبٌ وقطوبٌ وقطب الشيء جمعه وقطعه وقطّبه وقطّبه تقطيبًا واقطبه مزجه فهو قطيبٌ ومقطوبٌ وقطبه اغضبه وقطب الجوالق ادخل احدى عروتيه فى الاخرى وقطب القومُ واقطبوا اجتمعوا والقطبُ مثلثة حديدة تدور عليها الرحى ونجمٌ م وسيّد القوم ومدار الشيء ج اقطابٌ وقطوبٌ والقاطبُ والقطوبُ الاسدُ والقطبُ ان تشترى شيئًا وتأخذ ما فضل منه جزافًا بغير وزنٍ وهذا حرامٌ وجاءوا قاطبةً جميعًا • القطرب بالضم اللصّ والفارة والذئب الامعط والجاهل والجبان والسفيه والمصروع والمالنخوليا وصغار الكلاب وطائر الليل وقطرب اسرع وصرع وتقطرب حرك رأسه • القعب القدح الضخم من العود ج اقعب وقعاب وسرّة مقعبة مقعرة والقعبة حقّة للمرأة • (القعنبة عدو سريع بفزع والقعابب الطويل • قعطبه قطعه • القعقبة الجرح) • القعنب الصلب والاسد والثعلب الذكر • القيقب السرج وسير يلزق على القربوس وفلس اللجام والقيقاب مصقلة الثياب • ص قلبه واقلبه حوّله ظهرًا لبطنٍ ن ص وقلبه اصاب فؤاده وقلبه حوّله عن وجهه وقلبه الله اليه اماته والقلب م والفؤاد والعقل وخالص كل شيء ج قلوب والقلب بالضم سوار المرأة والحية البيضاء ج اقلاب والقليب البئر ج اقلبة وقلب بضمتين والقالب المثال يفرغ ذوب المعدن على شبهه وفتح لامه افصح واقلب الشيء حان قلبه وتقلب فى الامور تصرف بها كيف شاء ورجل قلب بالضم وفتح المشدد كثير التقلب والقلب محركة انقلاب الشفة فهو اقلب وشفة قلباء بالمد والقلاب بالضم داء القلب وفعله اقلب وقلب فهو مقلوب (ورجل قلب وقلب محض النسب) • القنب بالضم جراب غرمول الدابة وبظر المرأة وشراع السفينة العظيم والقنيب السحاب (وجماعات الناس) والقنب بالكسر والشد نوع من الكتان والمقنب والقناب مخلب الاسد ن (وقنب فيه دخل) وقنب الزهر خرج من اكمامه وقنبت الشمس قنوبًا غابت وقناب القوس بالكسر وترها (واقنب استخفى من غريم او سلطان) والمقانب بالفتح الذئاب الضارية وقنوبين بالفتح وضم المشدد دير فى لبنان • القوب والتقويب حفر الارض وفلق بيضة الطير والقوب بالضم والقائبة والقابة الفرخ ج اقواب وتخلصت قائبة من قوب اى بيضة من فرخ مثل يضرب لمن انفصل من صاحبه والمتقوب بالشد من تقلى جلده من الجرب والقوبة بالفتح والضم والقوباء بالفتح والضم والمد الذى يظهر فى الجسد كالجرب وقوبه تقويبًا قلعه فتقوّب والقوب بضم ففتح قشور البيض وقابا القوس طرفاه والقاب والقيب المقدار ن وقاب قرب وقرب ضد واقتابه اختاره والقابيون طائفة من اليهود جبابرة ايدهم الله وخلصوا اليهود من اسر انتيوخوس الملك وعدّا شملهم بعد الشتات فعليك بمراجعة اخبارهم فى

الأمد وحديدة الرحى ومِسمار قائم السيف وكل ما رُبط به شيء والكَلَب محرّكة العطش والقيادة ووقوع الحبل عن البكرة والطمع والشدّة والأكل الكثير وصياح مَن عضّه الكَلِب والكَلَب ايضًا جنون الكلاب وجنونها المعتري للانسان من داء الكَلَب وفعله ل كَلِب وكَلِبَ عجب وسغب وكَلِبَ الشتاء اشتدّ بردُه والكُلْبَة بالضمّ الشدّة والضيق والقحط وحانوت الخمّار والشعر الطويل حول فم الكلب والقط وغيرهما وشدّة البرد والكلبتان ما يأخذ به الحدّاد الحديد المحمى والكَلوب والكُلّاب بالضمّ المِهماز ن وكَلَبَه ضربه به والمُكلِّب بالضمّ والشدّ معلّم الكلاب الصيد والمُكلَّب ايضًا بفتح اللام المقيّد والمكالبة المشارّة والكِلاب بالفتح ذهاب العقل من داء الكَلَب وفعله كُلِب مجهولا ولِسان الكلب سيف جليات الجبّار ونهر الكلب في بلاد كسروان عند بيروت والكالِب صاحب الكلب وكالِب بن يوفنا من سبط يهوذا أحد جواسيس ارض الميعاد ودير الكلب في الموصل وأمّ كُلْبة الحمّى ص وكلّب واستكلب نبح كالكلب وكلاليب البازي مخاليبه وشوك الشجر *

(الكَلتَب والكُلْتُب المداهنة في الأمور والكُلتُبان القوّاد * الكُلثُب البخيل * الكَلحبة صوت النار ولهيبها وكلحبه بالسيف ضربه) * ن كَنَب كُنوبًا غلظت يده من العمل ل وقد كَنِبت وأكنبت فهي مَكنَبة واكنب عليه بطنه اشتدّ واكنب لسانه احتبس ص وكنّبه في جرابه أدخله والكانب المُمتلئ شبعًا والكِنّاب بالكسر الغصن الغليظ والكنوبيون يونانيّة الديّر المشترك المعاش * (الكَنتَب والكُناتِب القصير * الكَنْجَبة اختلاط الكلام من الخطأ)

* الكُوب بالضمّ كوز لا عروة له ولا خرطوم ج أكواب ن وكاب به واكتاب شرب والكَوَب محرّكة دقّة العنق وعِظَم الرأس والكُوبة الحسرة على ما فات والكُوبة بالضمّ النرد والشطرنج والطبل الصغير والفِهر وكوّبه تكويبًا دقّه بالفِهر * الكَهَب الجمل المسنّ والكُهبة بالضمّ القهبة اي ابيض علته كدورة وفعله ر ل كَهِب فهو أكهب وكاهب * (الكَهْدَب الثقيل الوخم

* الكَهكَب الباذنجان) *

ل

ألبّ ن ولبّ اقام ومنه لبّيك اى انا مقيم على طاعتك (او معناه إخلاصي لك من حسب لُباب اى خالص) واللَّب بالفتح المقيم واللُّبّ بالضمّ السمّ وخالص كل شيء وقلب الشجر والعقل ج ألباب وفعله لَبِبت بضمّ العين ألبّ بفتحها لَبابة وهذا من غريب أوزان الفعل وأظنّه شاذًا واللَّبَب واللَّبّة بالضمّ النحر وموضع القلادة من الصدر ج ألباب واللَّبَب ما يشدّ في صدر الدابّة وألببتها فهي مُلبّ ومَلبوبة واللَّبلاب نبت ذو عروق يلصق بالجدران

به المثل بالكذب (ومثله الاسود العنبي) والاكذاب سكوت من لا يجيب الصائح والمكذوبة المرأة الضعيفة وما كذب تكذيبا ما جبن وما كذب ان فعل كذا ما لبث وتكذب تكلف الكذب وكذب الامر تكذيبا انكره ✱ الكرب بالفتح والكربة بالضم حزن يؤذي النفس ج كروب ن وكربه الغم فاكترب فهو مكروب وكريب والكرب ايضا القتل وضيق القيد والكرب ايضا والكراب فلاحة الارض سريانية معربة وكرب كروبا دنا وكرب ان يفعل كاد وكربت الشمس دنت للمغيب وكربت النار قرب انطفاؤها والكريب خشبة الخباز التي يرغف بها والكروبيون احدى طغمات الملائكة العظام الواحد كروبيم وكاربة قاربة والكراب بالكسر مجاري الماء في الوادي وما بالدار كراب بالفتح والشد احد والكربة محركة زر عمود البيت (والكريبة الداهية الشديدة وملء ابل مائة او كربها اي نحوها وقرابها) وكربس قيل انه اسقف برغامس الذي راه يوحنا في الرؤيا معرضا عن توبيخ المبتدعين ✱ (تكرتب علينا تقلب ✱ الكرنب والكرنب نوع من السلق احلى من القنبيط) ✱ الكوزب البخيل والمكزوبة من الالوان ما كان بين السواد والبياض ✱ ض ل كسبه كسبا وكسبا بالكسر وتكسب واكتسب طلب الرزق وكسبه جمعه والاسم المكسب (والمكسب) والمكتسب والمكسبة والكسبة بالكسر وهو كسوب وكساب بالشد وابن الكسيب ولد الزنا والكسب بالضم عصارة الدهن والكواسب الجوارح (وكساب) وابو كاسب الذئب ✱ (الكشحبة مشي الخائف المخفي نفسه ✱ الكشب شدة اكل اللحم ونحوه) ✱ الكعب كل مفصل للعظام والعظم المرتفع فوق القدم من جانبيه ج اكعب وكعوب وكعاب بالكسر والكعب ايضا والكعبة الذي يلعب به الصبيان ج كعاب بالكسر وكعبات والعقدة في القصب والشرف والمجد والكعب بالضم الثدي وكعبته تكعيبا ربعته والكعبة بالفتح الغرفة وكل بيت مربع والكعبة بالضم عذرة الجارية والكعوب والتكعب والكعابة والكعوبة نهود ثدي الجارية وفعله ض ن كعب فهي كعاب بالفتح ومكعب بالشد وكاعب واكعب اسرع وثدي مكعب (ومكعب) بالشد ومتكعب كاعب والمكعب بالشد البرد الموشى والثوب المطوي ✱ (الكعنب القصير والكعانب الاسد) ✱ الكوكب والكوكبة النجم وبياض في العين وما طال من النبات والكوكب ايضا سيد القوم وشدة الحر والسيف والماء والحبس والمسمار والرجل المتسلح والجبل والغلام المراهق ومعظم الشيء وزهر الرياض (والقطر) وبريق الحديد وكوكب الحديد كوكبة برق وتوقد ويوم ذو كواكب ذو شدائد وذهبوا تحت كل كوكب تفرقوا وكوكب البرية لقب انطونيوس الكبير اب الرهبان ✱ الكلب كل سبع مفترس وغلب على النابح ج اكلب واكالب وكلاب بالكسر والكلاب ايضا

واللُّهابُ واللَّهَبانُ مُحَرَّكَةً اشتِعالُ النارِ بغيرِ دُخانٍ ولَهَبُ النارِ مُحَرَّكَةً لِسانُها ولَهيبُها حَرُّها وأَلْهَبَها ن ولَهَّبَها فالتَهَبَتْ وتَلَهَّبَتْ واللَّهَبانُ مُحَرَّكَةً شِدَّةُ الحَرِّ واليومُ الحارُّ واللَّهَبانُ ايضًا واللُّهابُ العَطَشُ وفعلُهُ ل لَهِبَ فهو لَهْبانُ عَطْشانُ وهي لَهْبَى بالقَصْرِ ج لِهابٌ واللُّهْبَةُ بالضمِّ بَياضٌ ناصِعٌ واللَّهَبُ مُحَرَّكَةً الغُبارُ واللِّهْبُ بالكسرِ مَهْواةُ ما بينَ جَبَلَيْنِ ووَكْرٌ في الحائطِ وأَلْهَبَ البَرْقُ تَتابَعَ

م

مُؤَّابُ بالضمِّ والشدِّ ابنُ لُوطٍ من ابنتِهِ الكُبْرى وهو ابو المُؤَّابِيِّينَ •

ن

ض نَبَّ نَبًّا ونَبيبًا ونُبابًا بالضمِّ صاحَ عندَ الهِياجِ ونَبَّبَ تَكَبَّرَ وتَعاظَمَ وأُنْبُوبُ القَصَبِ والرُّمْحِ كَعْبُهُ وأُنْبُوبُ الجَبَلِ الطريقةُ فيهِ والطريقُ وأَنابيبُ الرِّئَةِ مَخارِجُ النَّفَسِ منها والنَّبَّةُ الرائحةُ الكريهةُ • انتيبا أُسْقُفُ مدينةِ برغامس من بلادِ آسِيَا ذَكَرَهُ صاحبُ الرُّؤْيا وسَمّاهُ الشهيدَ الأمينَ وانتيباسُ لَقَبُ هيرودسَ الذي قَتَلَ يوحنا المعمدانَ • النَّجيبُ الكريمُ الحَسيبُ ج أَنْجابٌ ونُجَباءُ ونُجُبٌ بضمَّتَيْنِ وناقةٌ نَجيبةٌ ونَجيبٌ ج نَجائِبُ وفعلُهُ ر نَجُبَ نَجابةً ورجلٌ مُنْجِبٌ وامرأةٌ مُنْجِبةٌ ومِنْجابٌ وَلَدَتِ النُّجَباءَ والمُنْتَجَبُ المُختارُ والمِنْجابُ الضعيفُ وحديدةٌ يُحَرَّكُ بها النارُ والنَّجَبُ مُحَرَّكَةً لِحاءُ الشجرِ ونَجَبَهُ وانتَجَبَهُ أَخَذَ قِشْرَهُ والنَّجْبُ بالفتحِ السَّخِيُّ • النَّحْبُ والنَّحيبُ أَشَدُّ البُكاءِ وفعلُهُ ع نَحَبَ وانتَحَبَ والنَّحْبُ ايضًا الخَطَرُ العظيمُ والمُراهَنَةُ وفعلُهُ نُحِبَ والنَّحْبُ ايضًا الهِمَّةُ والبُرْهانُ والحاجةُ والسُّعالُ وفعلُهُ ض نَحَبَ والنَّحْبُ ايضًا الموتُ والأجلُ والنَّفْسُ والنَّذْرُ وفعلُهُ ن نَحَبَ والنَّحْبُ ايضًا السَّيْرُ السريعُ والمُدَّةُ والنومُ والسِّمَنُ والشِّدَّةُ والقِمارُ ونَحَّبَ تَنْحيبًا جَدَّ في السَّيْرِ ونَحَبَهُ السَّفَرُ أَجْهَدَهُ والنُّحْبَةُ بالضمِّ القُرْعَةُ وناحَبَهُ حاكَمَهُ وفاخَرَهُ وراهَنَهُ وانتَحَبَ تَنَفَّسَ شديدًا وتَناحَبوا تَواعَدوا للقِتالِ وغيرِهِ • النُّخْبَةُ بالضمِّ المُختارُ والنُّخْبَةُ المُختارةُ والانتخابُ الإلهيُّ (يُطْلَبُ الشَّرْحُ منهُ بكتبنا الدينيةِ) النَّخْبُ النِّكاحُ وفعلُهُ ع ن نَخَبَ والنَّخْبُ ايضًا الاسْتُ ورجلٌ نَخِبٌ بفتحٍ فكسرٍ ونَخْبٌ بالفتحِ ومُنْتَخَبٌ ومَنْخوبٌ (ونَخَبٌ ونُخَبَةٌ ونُخَبَةٌ ونَخِبٌ ونَخِبٌ ويَنْخوبٌ ونَخيبٌ) جَبانٌ ج نُخُبٌ والمَنْخوبُ المهزولُ والمِنْخابُ مَنْ لا خيرَ فيهِ (واستَنْخَبَتِ المرأةُ طَلَبَتْ أَنْ تُجامَعَ) وأَنْخَبَ جاءَ بولدٍ جَبانٍ وشُجاعٍ ضِدٌّ • النَّدْبَةُ أَثَرُ الجُرْحِ ج نُدوبٌ وأَنْدابٌ ل ونَدِبَ الظَّهْرُ نَدَبًا ونُدوبًا ونُدوبَةً

واللَّبْلَبَةُ الرِقّةُ على الوَلدِ ولَبَّبْتُهُ تلبيبًا أخذتُ بِثيابهِ لِأجُرَّهُ فى الخصومةِ واللَّبّةُ المَرْأةُ اللطيفةُ ن
ولَبَّهُ ضَرَبَ لَبَّتَهُ وتَلَبَّبَ تَشَمَّرَ ورَجُلٌ مَلْبُوبٌ مَوْصُوفٌ بالعقلِ واللبيبُ العاقلُ ج أَلِبّاء بالكسرِ
والشدِّ والمدِّ ولَبابِ لَبابِ مُكَرَّرَةٌ مَضمومةٌ بالبناء على الكسر لا بَأْسَ • اللَّتْبُ واللُّتُوبُ
اللزُومُ واللُّصُوقُ والثباتُ والطَعْنُ والشدُّ واللَّتْبُ ايضًا وكالاِتِّياب لُبْسُ الثوبِ واللَّتْبُ ايضًا
والتَلْتِيبُ شَدُّ الجُلِّ على الفَرَسِ والتَتَبَهُ عليهِ أَوْجَبَهُ (والمُلْتَتِبُ اللازمُ بيتَهُ فِرارًا من الفِتَنِ) والمَلاتِبُ
الجِبابُ الخُلْقانُ • اللَّجَبُ مُحَرَّكةً الجَلَبَةُ والصياحُ واضطرابُ موجِ البحرِ وفعلُهُ ل لَجِبَ وجَيْشٌ
لَجِبٌ بفتحٍ فكسرٍ ذو جَلَبَةٍ • اللَّحْبُ واللاحِبُ الطريقُ الواضحُ ع ولَحَبَهُ والتَحَبَهُ سَلَكَهُ ولَحَبَ
اللحمَ قَطَعَهُ طُولاً ولَحَبَ اللحمَ عن العظمِ قَشَرَهُ ن ولَحَبَ الطريقُ لُحُوبًا وَضَحَ ولَحَبَ الطريقَ لَحْبًا
أبانَهُ (ولَحَبَ المرأةَ جامَعَها) ولَحَبَهُ بالارضِ صَرَعَهُ ل ولَحِبَهُ الكِبَرُ أَنْحَلَهُ • ع ن لَخَبَهُ لَطَمَهُ •
اللُّزُوبُ اللُّصُوقُ والثُبُوتُ والقَحْطُ وصارَ ضَرْبَةَ لازِبٍ اى لازمًا ثابتًا واللِّزْوَبُ بالكسرِ الطريقُ الضيّقُ
واللَّزْبَةُ الشِدّةُ ج لِزَباتٌ ر ولَزِبَ لَزَبًا ولُزُوبًا دَخَلَ بَعْضُهُ فى بعضٍ والمِلْزابُ البخيلُ جدًّا ولَزَبَتْهُ
العقربُ لَسَبَتْهُ • ن لَسَبَتْهُ الحَيّةُ وغيرُها لَدَغَتْهُ ولَسَبَهُ بالسَوطِ ضَرَبَهُ ل ولَسِبَ بهِ لَصِقَ ولَسِبَ
العَسَلَ ونحوَهُ لَعِقَهُ • (اللَّوْشَبُ الذِئْبُ) • ل لَصِبَ اللحمُ بالجِلدِ لَزِقَ هُزالاً ولَصِبَ
السيفُ فى الغِمْدِ عَلِقَ ولَصِبَ الخاتَمُ فى الاصابعِ تَمَكَّنَ (واللَّصِبُ البخيلُ والعَسِرُ الاخلاقِ)
واللَواصِبُ الآبارُ الضيّقةُ وطريقٌ مُلْتَصِبٌ ضَيِّقٌ • ع لَعِبَ لَعْبًا بالفتحِ والكسرِ ولَعِبًا بفتحٍ
فكسرٍ وتَلْعابًا بالفتحِ وتَلَعَّبَ وتَلاعَبَ ضِدُّ جَدَّ وهو لَعِبٌ بفتحٍ فكسرٍ (ولِعْبٌ) واللُّعْبانُ بالضمِّ
ولُعَبَةٌ وتِلْعابٌ بالكسرِ وتِلْعابَةٌ (وتِلْعِيبٌ وتِلِعّانٌ وتِلِعّيبَةٌ وتِلِعّابٌ وتِلِعّابَةٌ) كثيرُ اللعبِ ولاعَبَها وأَلْعَبَها والمرأةُ
اللَّعُوبُ الحسنةُ الدَلِّ واللُّعْبَةُ بالضمِّ التمثالُ وما يُلْعَبُ بهِ كالشِطْرَنْجِ ونحوهِ واللُّعْبَةُ ايضًا الاحمقُ
يُسْخَرُ بهِ ومَلاعِبُ الريحِ مَهابُّها واللُّعابُ بالضمِّ ما سالَ من الفمِ وفعلُهُ ع ل لَعَبَ وأَلْعَبَ
ولُعابُ النحلِ عَسَلُهُ ولُعابُ الشمسِ تَواصُلُ أَشِعَّتِها ورجلٌ لَعِبَةٌ بفتحٍ فكسرٍ يُلْعَبُ بهِ • ع ل ر
لَغَبَ لَغْبًا ولُغُوبًا (ولَغُوبًا) أَعْيا أَشَدَّ الإعياء والغَبَهُ السَيْرُ ولَغَّبَهُ تلغيبًا اعياهُ واللَّغْبُ لحمُ الاسنانِ
والكلامُ الفاسدُ والضعيفُ الاحمقُ ع ولَغَبَ عليهم أَفْسَدَ ولَغَبَ الكلبُ فى الاناءِ وَلَغَ
بهِ واللُّغابَةُ الاحمقُ • اللَّقَبُ مُحَرَّكةً الكُنْيَةُ ج أَلْقابٌ ولَقَّبَهُ فتَلَقَّبَ • اللَّوبُ
بالفتحِ والضمِّ وقد يُهمَزُ واللُّوابُ العطشُ وعَدَمُ الوصولِ الى الماءِ وهو موجودٌ وفعلُهُ ن لابَ لَوْبًا
ولُوبانًا واللُّوباءُ اللوبياءُ والمَلابُ الزعفرانُ ولَوَّبَهُ تلويبًا خَلَطَهُ بهِ والاسطرلابُ م (واللابُ رجلٌ
سَطَّرَ أَسْطُرًا وبَنَى عليها حِسابًا فقيلَ أَسْطُرْلاب ثُمَّ مُزِجا ونُزِعَتِ الاضافةُ فقيلَ الاسطرلابُ مُعَرَّفَةً)
واللُّوبُ بالضمِّ النحلُ واللُّوابُ اللُعابُ واللَّولَبُ م • اللَّهَبُ بالتحريكِ والفتحِ واللَّهيبُ

ونغب الطائر حسى من الماء ولا يقال شرب ونغب الانسان من الماء جرع والنغبة بالضم الجرعة والغلة القبيحة والنغبة بالفتح الجرعة • النقب النقب وقرحة تخرج في الجنب والجرب والنقب والمنقب والمنقبة بالكسر والنقب بالضم الطريق في الجبل ج أنقاب ونقاب والمنقب بالكسر حديدة البيطار ينقب بها سرة الدابة والمنقب بالفتح السرة والنقبة بالضم اللون والصداء والوجه وثوب كالإزار للمرأة والنقبة بالكسر هيئة الانتقاب والنقيبة النفس والعقل والمشورة ونفاذ الرأي والطبيعة والنقيب المزمار ولسان الميزان وشاهد القوم وضمينهم وعريفهم ن ونقب عليهم نقابة بالكسر صار نقيبا والنقاب بالكسر الرجل العلامة وماتنتقب به المرأة وفرخان في نقاب يضرب للمتشابهين ونقب في الارض وانقب ذهب ونقب عن الامر تنقيبا بحث او اخبر به ونقب الخف ايضا رقعه ل ونقب الخف تخرق وانقب البعير رقت اخفافه ونقب في البلاد سار ولقيته نقابا مواجهة من غير ميعاد والمنقبة المفخرة والحائط والانقاب الآذان لا واحد لها وانقب صار حاجبا او نقيبا • ن ل نكب عنه نكبا (ونكبا) ونكوبا ونكب تنكيبا وتنكب عدل ونكبه تنكيبا نحاه لازم متعد ن ونكبه الطريق ونكب به عنه عدل والنكب الطرح والنكباء بالمد ريح انحرفت ووقعت بين ريحين والرياح النكباء بالمد اربع • نكباء الازيب ما وقعت بين الصبا والجنوب • ونكباء الصابية ما وقعت بين الصبا والشمال • ونكباء الجربياء ما وقعت بين الشمال والدبور • ونكباء الهيف ما وقعت بين الجنوب والدبور • والمنكب مجتمع رأس الكتف والعضد والمنكب ناحية كل شيء وعريف القوم او عونهم وفعله ن نكب نكابة بالكسر ونكوبا والمناكب في الريش بعد القوادم ونكب الاناء هراق ما فيه ونكب به طرحه والنكبة بالفتح المصيبة ج نكوب ونكبه الدهر نكبا بلغ منه واصابه بنكبة والانكب من لا قوس معه وانتكب قوسه وتنكبه القاه على منكبيه • النوب نزول الامر والقوة والقرب والنوبة بالضم جيل من السودان والنحل واحده نائب والنوبة بالفتح الفرصة والدولة (والجماعة من الناس) ج نوب بالفتح وجاءت نوبتك م ن وناب عنه نوبا ومنابا قام مقامه وناب الى الله تاب وناوبه عاقبه والمناب طريق الماء وخير نائب كثير وناب لزم الطاعة وجبل نابو عند الاردن قبال اريحا مات فيه موسى النبي • النهب الغنيمة ج نهاب ل ع ن ونهب النهب وانتهبه اخذه والاسم النهبة والنهبى والنهيبى بالقصر والنهب ايضا كل ما انتهب ونهب الكلب الانسان اخذ بعرقوبه • الناب السن خلف الرباعية مؤنث ج انيب وانياب ونيوب (وانابيب) والناب ايضا سيد القوم ل ونبته اصبت نابه ونيبه اثر فيه بنابه •

صار فيه نُدوبٌ فهو نديبٌ ن وندبه الى الامر دعاه وحثّه وندب الميّت بكاه وعدّد محاسنه والاسم النُدبة بالضمّ والمندوب المستحبّ الى الشيء . والنَدْب بالفتح الخفيف في الحاجة والظريف النجيب ج نُدوبٌ ونُدَباء بالمدّ والنَدَب محرّكة الرشق والخطر وانتدب نفسه خاطر بها وانتدب الله لمن خرج في سبيله تكفّل به وغفرله وسارع بثوابه وانتدب لفلان عارضه ونادابُ بن هرون اخي موسى ٭ نيرب سعى ونمّ وخلط الكلام والنيرب الشرّ والنميمة (والنيربي الداهية) ورجل نيربٌ شرّير ٭ النزب محرّكة اللقب (ونيزب الظبي صوّت) ٭ النَسَب محرّكة والنسبة بالكسر والضمّ قرابة الآباء خاصّة واستنسب ذكر نسبه واستنسبه سأله ان ينتسب (ووجده مناسبًا موافقًا) ن ونسب بالمرأة نسبًا ونسيبًا تغزّل بها في الشعر والنسّاب والنسّابة والشديد العالم بالنسب وهذا الشعر انسب من ذاك ارقّ نسيبًا وانسبت الريح اشتدّت والنيسب طريق النمل وشعر منسوب فيه نسيب والمناسبة المشاكلة ٭ ل نشب العظم فيه نشبًا ونشوبًا ونشبة بالضمّ لم ينفذ والنُشّاب بالضمّ والشدّ النبل والنَشّاب بالفتح متّخذ النُشّاب والناشب صاحب النشّاب والنَشَب محرّكة المال الاصيل من الناطق والصامت وانشبت الريح عصفت وانشب الصائد علق الصيد باشراكه وانتشب اختلق ونشبه الامر لزمه وانتشب الحطب جمعه ٭ ل نصبه الهمّ وانصبه اتعبه وهمّ ناصب متعب وعيش ناصب فيه كدّ وجهد والنصب بالفتح والتحريك الداء والبلاء ض ونصبه المرض وانصبه اوجعه فهو نصب بفتح فكسر ونصب الشيء وضعه ورفعه ضدّ فانتصب وتنصّب ونصب لفلان عاداه والنُصْب العلم المنصوب والنَصْب جزء من الاعراب ونواصب الفعل ٭ أنْ ٭ ولَنْ ٭ وإذَنْ ٭ وكَيْ ٭ ونواصب الاسم ٭ إنّ ٭ وأنّ ٭ وكأنّ ٭ ولكنّ ٭ وليتَ ٭ ولعلّ ٭ والنَصْب ايضًا والنصيبة ما عُبد من دون الله والنُصُب بضمّ فضمّ والانصاب معابد الاصنام يذبح فيها لغير الله والنُصْبة بالضمّ السارية وناصبه الشرّ اظهره له والمِنْصَب بالكسر حديد ينصب عليه القِدْر والنصيب والنِصْب بالكسر الحظّ ج انصباء وانصبة والنصيب ايضًا الحوض والشرك المنصوب والنِصاب بالكسر الاصل والمرجع ومغيب الشمس وقبضة السكّين ج نُصُب بضمّتين والنصاب ايضًا مقدار من المال والاناصيب الاعلام وهذا نُصْب عيني بالضمّ والفتح أمامي ٭ ن نضب سال وجرى ونضب الماء نضوبًا غار ونضب فلان مات ونضب الخصب قلّ ونضبت المفازة بعدت ونضب القوس وانضبها جذب وترها لتصوّت ٭ النِطاب بالكسر الرأس وحبل العنق والمِنطبة بالكسر المصفاة والمَنطبة بالفتح الاحمق ن ونطبه ضرب اذنه باصبعه ٭ ع ض نعب الغراب (وغيره) نعبًا ونعيبًا ونعابًا بالضمّ وتنعابًا ونعبانًا صوّت ٭ ع ن ض نعب الوريق ابتلعه

العظيمة ن ووَقَبَ الظلامُ دخل ووَقَبَتِ الشمسُ وَقْبًا ووُقُوبًا غابت ووَقَبَ القمرُ دخل فى الكسوفِ وأَوْقَبَ جاعَ وأَوْقَبَ الشئَ ادخلهُ والاوقابُ قُماشُ البيتِ وجمعُ الوَقْبِ • ص وَكَبَ وُكوبًا ووَكَبًا (ووَكَبانًا) مشى فى دَرَجانٍ والمَوْكِبُ الجماعةُ المتزيّنون وأَوْكَبَ الطائرُ تهيّأ للطيران وأَوْكَبَهُ أغضبهُ وأَوْكَبَ عليه واظبَ والوُكُبُ الانتصابُ والوَكَبُ بالتحريكِ الوَسَخُ والشمعُ المَوْكِبيُّ بالفتحِ المستعملُ فى الزينةِ (والوَكّابُ الكثيرُ الحزنِ) • ص وَأَبَ وَلُوبًا دخل وأسرعَ وواصلَ والوالبةُ فِراخُ الزرعِ ونَسْلُ الماشيةِ • وَنَبَهُ تونيبًا ولَحَهُ • ع وَهَبَهُ وهبًا بالفتحِ والتحريكِ وهِبَةً بالكسرِ أعطاهُ مَجّانًا فهو واهبٌ ووَهّابٌ بالشدِّ ووَهّابةٌ ووهوبٌ (ووَهّابَةٌ) والمَوْهَبَةُ العطيّةُ والسحابةُ والغديرُ الصغيرُ وهَبْنى فعلتُ كذا أي احْسَبْنى وأَوْهَبَ لهُ الشئُ دامَ • وَيْبَهُ ووَيْبَكَ ووَيْبَ لكَ ووَيْبًا لهُ ووَيْبٍ لهُ ووَيْبَ زيدٍ (ووَيْبِ فلانٍ) ومعنى الكلِّ ألزمَهُ اللهُ وَيْلاً ووَيْبًا لهذا اى عَجَبًا والوَيْبَةُ كَيْلٌ يسعُ اثنين وعشرين مُدًّا •

ه

الهَبُّ والهُبوبُ والهَبيبُ ثَوَرانُ الريحِ والهَبُّ ايضًا الانتباهُ من النومِ والنشاطُ والسرعةُ والهِبَّةُ بالكسرِ الحالُ والقطعةُ من الثوبِ ومَضاءُ السيفِ والحِقْبَةُ من الدهرِ وساعةُ السَحَرِ ن وهَبَّهُ هَبًّا وهَبَّةً قطعهُ وهَبْهَبَ السيفُ اهتزَّ وهَبْهَبَ فلانٌ غابَ دهرًا وهَبْهَبَ فى الحربِ انهزمَ وهَبَّ يفعلُ كذا طَفِقَ والهَبْهَبَةُ السرعةُ والزجرُ والانتباهُ والهَبْهَبيُّ الحَسَنُ الخِدمةِ والقَصّابُ والهَبْهابُ الصيّاحُ والسرابُ وتَهَبْهَبَ ترعزعَ وتَهَبَّبَ الثوبُ بَلِيَ فهو هَبائبُ وهَبيبٌ ووادى هُبَيْبٍ بطريقِ الاسكندريةِ كانَ فيهِ مجمعُ النُسّاكِ وهو المسمّى وادى شيهاتَ والهَبيبُ والهَبْهَبُ الريحُ المُثيرةُ للغَبَرةِ ومن اين لِ هَبَبْتَ اى من أينَ جئتَ وأينَ هَبَبْتَ عنّا اى اينَ غِبْتَ عنّا ورأيتهُ هَبّةً اى مرّةً وهَبَّبَهُ تهبيبًا خرّقهُ والهَبْهَبُ الذئبُ الخفيفُ • (الهَبْهَبُ السَوْقُ والسرعةُ والضربُ بالعصا) • الهُدْبُ بالضمِّ شعرُ أجفانِ العينينِ وطَرَفُ الثوبِ الواحدةُ هُدْبَةٌ والأهدبُ الكثيرُ الهُدْبِ ل وهَدِبَتْ عينهُ ل هَدَبًا والهَيْدَبُ السحابُ المتدلّى والمنصبُّ من الدموعِ والعَيِيُّ الثقيلُ ص وهَدَبَهُ قطعهُ وهَدَبَ الشاةَ احتلبها وهَدَبَ الثمرةَ اجتناها والهَدَبُ محرّكةً كلُّ شجرٍ لا يرى ورقُهُ فى الشتاءِ وكلُّ نباتٍ لا ورقَ لهُ ل وهَدِبَ واهدَبَتِ الشجرُ تدلّتْ أغصانُها فهى هَدْباءُ والهَيْدَبُ الضعيفُ المتدلّى الاغصانِ (والهَدِبُ الأسدُ) ورجلٌ هَيْدَبيُّ الكلامِ كثيرهُ • هَذَّبَهُ تهذيبًا قطعهُ ونقّاهُ وأصلحهُ ن وهَذَبَ الشئُ سالَ وهَذَبَ الرجلُ هَذْبًا وهَذابةً وأهذبَ وهَذَّبَ تهذيبًا وهاذبَ أسرعَ (والهَذْبُ الصفاءُ والخلوصُ ورجلٌ مهذّبٌ

و

الوأب الاستحياء والانقباض وفعله ض وأب يئب أبة والموئبات المخزيات وأوأبه فعل به ما
يستحي منه والموئبة الخزي والعار والحياء ل ووئب غضب • ض وتب بالمكان وتبا
ثبت • الوثب الظفر ض وثب وثبا ووثبانا ووثوبا (ووثابا) ووثيبا طفر ووثب قعد والوثاب
بالكسر السرير والفراش والموثبان الملك اذا قعد عن الغزو وتوثب الضيعة استولى عليها ظلما
والثبة بالضم الجماعة • ض وجب وجوبا وجبة بالكسر لزم وأوجبه ووجبه توجيبا وأوجب
لك البيع مواجبة ووجابا واستوجبه استحقه والوجيبة الوظيفة والموجبة الكبيرة من الذنوب
ومن الحسنات التي توجب النار والجنة وأوجب أتى بالموجبة ووجب وجبة سقط ووجبت
الشمس غابت ووجبت العين غارت ووجبه عنه رده ووجب القلب وجبا ووجيبا ووجبانا
خفق وأوجب أكل أكلة واحدة في النهار وأوجب مات والوجاب مشددة الاحمق والجبان
وفعله ر وجب وجوبة والوجبة صوت الساقط والاكلة في كل يومين • (الوذب سوء الحال) •
الورب وجار الوحش ومابين الضلعين والعضو والفتر والورب والوربة الاست والورب ايضا
العقرب ج أوراب والورب بفتح فكسر الفاسد والتوريب أن يوري عن الشيء بغيره ل وورب
فسد والمواربة المداهاة والمحاتلة • ض وزب الماء وزوبا سال ومنه الميزاب ج مآزيب
(والوزاب اللص الحاذق وأوزب في الارض ذهب فيها) • الوشب بالكسر العشب
ض وشبت الارض وأوشبت كثر عشبها والوشب محركة الوسخ وفعله ل وشب • الوشب بالكسر
السفل والاوشاب الاوباش • الوصب محركة المرض ج أوصاب ل وصب وتوصب وأوصب
مرض فهو وصب ج وصابى بالقصر ووصاب وأوصبه الله أمرضه ض ووصب وصوبا وأوصب
دام وثبت ووصب على الامر واظب • الوطب ظرف اللبن ج أوطب ووطاب وأوطاب
(وجج اواطب) والوطب ايضا الرجل الجافي والثدي العظيم وصغرت وطابه مات •
ض وظب عليه وظوبا وواظب دام وداومه ولزمه وتعهده • ل وعبه وأوعبه واستوعبه أخذه
كله وأوعب جمع وأوعب الشيء أدخله كله والوعب الطريق الواسع وبيت وعيب واسع
(وجاء الفرس بركض وعيب بأقصى جهده وهذا أوعب لكذا أحرى لاستيفائه) • الوغب
الغرارة وسقط المتاع والضعيف الجسم واللئيم الرذل الاحمق ج أوغاب ووغاب وهي وغبة بفتح
فكسر ر ووغب وغوبة ضخم • الوقب (نقرة في الصخر يجتمع فيها الماء وكل نقرة في
الجسد كالعين ونحوها و) الاحمق الدنيء والدخول في الوقت والمجيء والاقبال والوقبة الكوة

حرف التاء

ا

ل ن أبت اليوم أبوتا اشتد حرّه فهو أبت بفتح فكسر والمأبوت المحرور (وأبتة الغضب شدّته) ٭ ن أتّه أتًا غلبه بالحجة (وأتّ رأسه شدخه) ٭ أست الدهر قدمه وأست الكلبة الداعية والمكروه وأست المتن الصحراء ٭ الإفت بالكسر الأفك (وبالفتح السريع السير الداهية) ن وأفته عنه صرفه ٭ (الأفت والتأقيت تحديد الأوقات) ٭ ألته حقه نقصه وحبسه وصرفه وحلّفه والألتة بالضم العطية القليلة واليمين الغموس والألت البهتان ٭ ن أمته قدره وحزره وقصده وأجل مأموت مقدّر والأمت التلّ الصغير والانخفاض والارتفاع ضدّ والاختلاف في الشيء ج آمات وأموت بالضم والأمت ايضا الضعف والطريقة الحسنة والعوج والعيب في الفم ولا أمت فيه لا شك فيه ٭ ض أنت أنيتا أن أنينا وأنته حسده فهو مأنوت ٭

ب

البتّ الطيلسان من خز ونحوه ج بتوت وبتات والبتّ القطع وفعله ن ض بتّ والابتات والانبات الانقطاع وطلقها بتًا وبتاتًا بالفتح اي قطعا ولا افعله البتة ولا افعله بتة اي لا رجوع فيه والباتّ المهزول الاحمق والسكران وفعله ض بتّ بتوتا وهو لا يبتّ لا يقطع امرًا والبتات بالفتح الزاد والجهاز وبتّتوه زوّدوه وتبتّت تزوّد وتمتّع وانبتّ انقطع ٭ البحت الصرف وخالص كل شيء وفعله ر بحت بحوتة وباحته الودّ اخلصه له ٭ البخت الجدّ (معرّب) والبخت بالضم والبختيّة الجمال الخراسانية ج بخاتيّ بالضم والفتح والبخيت والمبخوت ذو البخت ٭ البرت بالضم السكّر النبات والفأس والدليل الماهر والبرت بالفتح القطع والبرتيّ السيّء الخلق والبروتي بالضم وبضمة غير مشبعة على الراء الخبز الحاصل عن خبز التقدمة وقت الذبيحة عند الروم يفرّقونه فيؤكل قبل الفطور والبرّيت بالكسر والشدّ الهادي الحاذق ل وبرت تحيّر والبرتة الحذاقة ٭ البشت بالكسر السير والسبق في العدو والبشتان بالكسر م ٭ الباعوث أعياد النصارى وغلب على عيد القيامة سريانية معرّبة ٭ البغت والبغتة (بالفتح والتحريك) الفجأة وفعله ع بغت والمباغتة المفاجأة ٭ بكّته تبكيتا استقبله بما يكره والتبكيت التقريع ٭ ض بلته قطعه ل ن وبلت وانبلت انقطع والبلّيت بالشدّ السكّيت والرجل العاقل اللبيب وفعله ر بلت وأبلته يمينا حلّفه ٭ بنت عنه تبنيا استخبر ن وبنته بكّته وحدّثه بما في

مطهر الاخلاق • الهذربة كثرة الكلام فى سرعة وهلة هذبرباة اى عادته • الهذلبة الخفة والسرعة) • ن هرب هربا محركة ومهربا وهربانا فر واهرب فى وعظه اغرق فيه واهرب جد فى الذهاب مذعورا واهربت الريح سفت التراب واهربه الجاة الى الفرار وما له هارب ولا قارب اى ما له شىء ل وهرب هوم والهرب بالضم ترب البطن • الهردبة الجبان والعجوز • الهرشب العجوز المسنة • الهيذب الليث القوى • الهزربة الخفة والسرعة • الهسب الكفاية كالحسب • الهضب الفرار) • ض هضبت السماء مطرت وهضب الرجل مشى مشية البليد والهضبة الجبل المنبسط على الارض ج (هضب و) هضاب و(جج) اهاضيب • (الهكب بالفتح وبالتحريك الاستهزاء) • الهلب بالضم الشعر وشعر الخنزير الخشن والهلب محركة كثرة الشعر ن وهلب شعره وهلبه تهليبا نتفه فتهلب وانهلب فهو مهلوب وهلبتهم السماء بلتهم بالندى واهلب الفرس جرى متتابعا والهلوب المرأة المتقربة من زوجها والمتجنبة منه ضد والهلاب الريح الباردة مع مطر والعام الكثير المطر وهلبه بلسانه هجاه وهلبة الشتاء ايام معظم برده والاهلب المنقطع الذنب والهلباء بالمد الشعر والاست وليلة هالبة باردة (مطيرة) والاهاليب الفنون واحدها اهلوب والهلب الثلب وضمه لحن • (الهنباء البلهاء والمهنب الفائق الحمق • هنتب فى امره استرخى وتوانى • الهنذب والهنذباء بقلة م) • الهوب البعد (والاحمق المهذار) ووهج النار وتركته فى هوب دابر اى بحيث لا يدرى • الهيبة والمهابة المخافة والاتقاء ل وهابه هيبة ومهابة واختابه خافه والهائب والهيوب والهياب والهيابة (والهيب والهيبان والهيبان) الذى يخاف الناس والمهوب والمهيب والهيوب والهيبان الذى يخافه الناس وتهيبته خفته والمهيب والمهوب الاسد والهاب الحية•

ى

اليباب الارض الخراب • (اليشب حجر م معرب اليشم) • اليلب محركة التروس من جلد والدروع والفولاذ وخالص الحديد والجلد • يوآب بن صوريا بالضم والشد قائد جيش داود الملك قتله سليمان•

ح

ن حَتَّهُ فركَهُ وقشرَهُ فانحتّ وتحاتّ وانحتّ الورقُ سقط فتحاتّ والحتُّ الجوادُ السريعُ وفرخُ النعامِ والكريمُ والعتيقُ والجرادُ الميتُ ج أحتاتٌ وحتّى حرفُ غايةٍ وتعليلٍ تخفضُ وترفعُ وتنصبُ يأتي بيانُهُ في مكانهِ وما في يدي منهُ حتٌّ اي شيءٌ والحتحتةُ السرعةُ • الحرتُ الدلكُ الشديدُ والقطعُ المستديرُ وصوتُ اكلِ الدابّةِ وفعلُهُ ن حرتَ والحرتةُ بالضمِ لذعةُ الخردلِ اذا أخذ بالأنفِ والحرتةُ بالفتحِ للأولِ ل وحرتَ ساء خلقُهُ والحراتُ بالفتحِ صوتُ لهيبِ النارِ • ن حفتهُ أهلكهُ ودقّ عنقَهُ • ض حلتَ رأسهُ حلقَهُ وحلتَ دينَهُ قضاهُ وحلتَ الصوفَ نتفَهُ وحلتَهُ أعطاهُ والحلاتةُ بالفتحِ نتافةُ الصوفِ • الحميتُ المتينُ والزقُّ بلا شعرٍ ويومٌ حميتٌ بفتحٍ فكسرٍ وليلةٌ حميتةٌ شديدةُ الحرِّ وفعلُهُ ر حمتَ وتمرٌ حمتٌ وحاميتٌ وحميتٌ شديدُ الحلاوةِ ل وحمتَ الجوزُ تغيّرَ وفسدَ • الحانوتُ الدكّانُ وغلبَ على دكّانِ الخمّارِ والنسبةُ حانيٌّ وحانوتيٌّ • الحوتُ بالضمِ السمكُ ج أحواتٌ وحوتةٌ وحيتانٌ وبرجٌ في السماءِ والحائتُ الكثيرُ العذلِ وحاوتَهُ راغمَهُ ودافعَهُ وشاورَهُ والحوتانُ بالفتحِ حومانُ الطائرِ والوحشِ حولَ الشيءِ •

خ

الخبتُ المتّسعُ من الارضِ ج أخباتٌ وخبوتٌ وأخبتَ خشعَ وتواضعَ والخبيثُ الشيءُ الحقيرُ والخبيثُ • الختُّ الطعنُ مداركًا وفعلُهُ ن ختَّ والختيتُ الفتورُ في البدنِ والختيتُ الخسيسُ الناقصُ ن وختَّ استحيى وأختَّ حظَّهُ أخسَّ • الخرتُ بالفتحِ والضمِ الثقبُ ن وخرتَ ثقبَ والمخروتُ المشقوقُ الأنفِ والشفةِ والخرّيتُ بالكسرِ وكسرِ المشدّدِ الدليلُ الحاذقُ • ن خفتَ خفوتًا سكنَ وسكتَ وخفتَ خفاتًا ماتَ فجأةً والخفتُ والمخافتةُ والتخافتُ إخفاءُ المنطقِ والخافتُ السحابُ لا ماءَ فيهِ والخفوتُ المرأةُ التي تستحسنُ وحدَها لا بينَ النساءِ • ن خاتَ البازي واختاتَ وانخاتَ انقضَّ على الصيدِ والخواتُ دويُّ صوتِ أجنحةِ العقابِ وصوتُ الرعدِ والخوّاتُ مشدّدةً الذي يأكلُ كلَّ ساعةٍ ولا يكثرُ وخاتَ الرجلُ نقضَ عهدَهُ ونقصتْ غيرتُهُ وخاتَ طردَ واختطفَ وخاوتَ طرفُهُ سارقَ نظرَهُ •

د

الدشتُ بالفتحِ الحزمةُ من الثيابِ ومن الورقِ وصدرُ البيتِ • الدشتُ الصحراءُ • ع دعتهُ دفعَهُ دفعًا عنيفًا • ع دغتهُ خنقَهُ حتى قتلَهُ •

نفسِهِ * البَنْهَكَسْتِي يونانيَّةٌ عِقْدُ العَنْصَرَةِ * ع بَهَتَهُ بهتًا بالفتح والتحريك وبُهتانًا بالضمّ قال عليه ما لم يفعل والبَهِيتَةُ الباطلُ جدًّا والبهيتةُ ايضًا والبُهْتُ بالضمّ الكَذِبُ والبَهْتُ بالفتح الاخذ بغتةً والانقطاعُ والحَيْرَةُ وفعلُهُ ل ن ر س بُهِتَ وهو مبهوتٌ فقط * البَيْتُ م ج أبياتٌ وبُيُوتٌ (جج أبابيتُ وأبياواتٌ) وبُيُوتاتٌ والبيتُ ايضًا الشَرَفُ والشريفُ والتزويجُ والقَصْرُ وعِيالُ الرجلِ والقبرُ وفَرْشُ البيتِ وبيتُ الشاعرِ المنظومُ والبَيُّوتُ بالفتح والشدِّ الماءُ الباردُ وكلُّ امرٍ بَيَّتَ لهُ صاحبُهُ مُهْتَمًّا ض ل وباتَ يفعلُ كذا بَيْتًا وبَياتًا ومَبِيتًا وبَيْتُوتَةً اي يفعلُهُ ليلًا وباتَ أدركهُ الليلُ والخبزُ البائتُ م كلًّا عندَ الاكرادِ وهو مَثَلٌ وأباتَهُ اللهُ أحسنَ بِيتَةٍ (اي إباتَةٍ وبَيَّتَ الامرَ دبَّرَهُ ليلًا) والبِيتَةُ والبِيتُ القُوتُ والمُسْتَبِيتُ الفقيرُ وامرأةٌ مُتَبَيِّتَةٌ أصابتْ بَيْتًا وبَعْلًا وما لهُ بِيتُ ليلةٍ بالكسر قُوتُ ليلتِهِ *

ت

التَّبُّوتُ بالفتح والشدِّ التابوتُ * تَحْتُ نقيضُ فوقَ والتُّحُوتُ بالضمّ الأَرْذالُ السَفَلَةُ * التَّخْتُ م ووعاءُ الثيابِ * التُّوتُ بالضمّ شجرٌ م والتُّوتِيا حجرٌ م *

ث

ن ثَبَتَ ثَباتًا وثُبُوتًا فهو ثابتٌ وثَبِيتٌ وثَبْتٌ بالفتح وأثبتَهُ وثبَّتَهُ والتثبيتُ سِرٌّ من اسرارِ الكنيسةِ السبعةِ والثَبِيتُ الفارسُ الشجاعُ وفعلُهُ ر ثَبُتَ ثَباتةً وثُبُوتةً والثَبِيتُ ايضًا الثابتُ العقلِ والثِباتُ بالكسر رِباطُ البُرْقُعِ ورِباطُ الرَحْلِ والمُثْبَتُ بالضمّ وفتحِ المُشَدَّدِ المشدودُ بالحِزامِ ومَن لا حَراكَ بهِ من المرضِ وداءٌ ثُباتٌ بالضمّ يُعجِزُ عن الحَرَكةِ وثابتَهُ وأثبتَهُ عرفهُ جيّدًا واستثبتَ تأنّى في أمورِهِ والأَثْباتُ الثِقاتُ * ل ثَبِتَتِ اللحمُ أنتنَ وثَبِتَتِ الشَفَةُ استرخت ودَمِيَتْ فهي ثَبِتَةٌ * (ل ثَهِتَ دَعا وصَوَّتَ) *

ج

الجِبْتُ بالكسر الصَنَمُ والكاهنُ والساحرُ والسِحْرُ وكلُّ ما عُبِدَ من دونِ اللهِ * الجَحْتُ جَسُّ الكَبْشِ ليُعرَفَ سِمَنُهُ من هُزالِهِ * (اِجْتَفَتَ المالَ اجترفَهُ أجمعَ) * ص جَلَتَهُ واجْتَلَتَهُ حَرَزَهُ واجْتَلَتَهُ أكلَهُ وشربَهُ أجمعَ والجَلِيتُ الجَلِيدُ وجالُوتُ وجليات جبّارٌ فلسطونيٌّ قتلهُ داودُ المَلِكُ وجليات الجَتّيُّ جبّارٌ قتلهُ حانانُ من بيتِ لحمٍ *

والعيبُ وقولُهم سِتي في سيدتي لحنٌ • السُحتُ بالضمّ المكسبُ الحرامُ ج أسحاتٌ واسحتَ اكتسبَ حرامًا واسحتَ الشيء استأصلهُ واسحتت تجارتُهُ خبثت وحرمت والمسحوتُ الجوفُ من لا يشبعُ والشَرِهُ ع وسحتَ الشحمَ عن اللحمِ قشرهُ ومالهُ ودمُهُ سحتٌ مباحٌ وعامٌ اسحتُ لا رعيَ فيهِ • (السُحلوتُ المرأةُ الماجنةُ) • السَخْتُ الشديدُ والسِختيتُ الغبارُ والمسخوتُ كالملسِ والسِختيانُ بالكسر جلدُ الماعزِ اذا دُبغ (معرَّب) • السِفتُ بالكسر الزِفتُ وطعامٌ لا بركةَ فيهِ وفعلهُ ن سَفَتَ • السِقتُ كالسِفتِ زنةً ومعنى • السَكتُ والسُكاتُ والساكوتةُ السكوتُ والسِكّيتُ بالكسر والشَدِّ والساكوتُ الكثيرُ السكوتِ واسكتَ انقطعَ كلامُهُ والسُكتةُ بالضمّ ما يُسكتُ بهِ الصبيُّ (وبالفتحِ داءٌ) وهو على سُكاتِ كلامٍ اي مشرفٌ على قضائهِ ن وسكتَ ماتَ وانقطعَ كلامُهُ • ن ص سلتَ المِعَى أخرجَ ما فيه بيدهِ وسلتَ الانفَ جدعهُ وسلتَ الشعرَ حلقهُ وسلتَ القصعةَ مسحها باصبعهِ وسلتتِ المرأةُ الخضابَ وانسلتتهُ القتهُ عنها والسُلاتةُ ما يُسلتُ وانسلتَ انسلَّ خفيةً • السَمتُ الطريقُ وهيئةُ اهلِ الخيرِ (وانتهُ وصفهُ بسمتهِ والسَمتُ ايضًا) السيرُ بالظنِّ وقصدُ الشيء وحسنُ المظهرِ وفعلهُ ن ص سَمَتَ ل وسَمِتَ لهم هيّأ لهم وجهَ الكلامِ والرأيِ (والتسميتُ ذكرُ الله تعالى على الشيء والدعاءُ للعاطسِ • السَمَرّوتُ الطويلُ) • السَنتُ بفتحٍ فكسرٍ القليلُ الخيرِ ج سَنتون وارضٌ سَنتةٌ ومُسنتةٌ لم تُنبتْ وعامٌ سَنيتٌ ومُسنتٌ مُجدبٌ وأسنتوا أجدبوا والسنوتُ من يصاحبكَ فيغضبُ من غيرِ سببٍ •

ش

ض شتَّ شتًّا وشتاتًا وشتيتًا وانشتَّ وتشتّتَ افترقَ وشتّتهُ اللهُ فرّقهُ والشتيتُ المُنشتُّ وقومٌ شتّى اي فِرَقًا من قبائلَ وجاءوا شتاتَ شتاتَ اي اشتاتًا متفرقين وشتّانَ ما بينهما اي بَعُدَ ما بينهما • الشَخْتُ الدقيقُ الضامرُ ج شِخاتٌ وفعلهُ ر شَخُتَ شُخوتةً فهو شخْتٌ وشَخِتٌ محرّكةً وشخيتٌ والشِخّيتُ الغبارُ الساطعُ • ل شمِتَ شماتًا وشماتةً فرحَ ببليةِ عدوّهِ واشمتهُ اللهُ بهِ والشماتُ الخائبون لا واحدَ لهُ والتشميتُ الدعاءُ للعاطسِ والتخييبُ والتشمّتُ أن يرجعوا خائبين • شيتُ بنُ آدمَ جاء المسيحُ من نسلهِ •

ص

إليصاباتُ بكسر الهمزةِ واللامِ زوجةُ هرونَ الكاهنِ وزوجةُ زكريّا أبي يوحنّا الصابغِ • الصَتُّ الدفعُ قسرًا والضربُ باليدِ والصِتّيتُ الجَلَبةُ ن وصاتَهُ مُصاتّةً وصِتاتًا نازعهُ والصِتُّ

ذ

ج ذَأتَهُ خَنَقَهُ أشدَّ الخَنق * ع ذَعَتَهُ مَعَكَهُ في التراب * ص ذَمِتَ تغيّر هُزالاً *

ر

الرَّبْتُ ضربُ اليد على جنب الصبيّ قليلاً حتى ينام وفعلُهُ ن رَبَتَ * الرَّتُّ الرئيس ج رُتَّانٌ ورُتُوتٌ بضمّهما والرُّتُوتُ ايضاً الخنازيرُ والرُّتَّةُ العُجمةُ في اللسان ورُتُوتٌ تَعتَعٌ في التاء والمرأةُ الرَّتّي بالقصر اللثغاء * كالارشيمندريتُ يونانيَّةٌ رئيسُ الديارة * راعُوثُ الموابيَّةُ جدَّةُ داوُدَ النبيِّ جدِّ المسيح من نسلها * ن ص رَفَتَهُ كسرهُ ودقَّهُ وانكسرَ واندقَّ لازمٌ متعدٍّ والرُّفاتُ بالضمّ الاشياء المحطَّمةُ * (الرَّاتُ التِّبنُ يَمنيَّةٌ ج رَوَاتٌ)*

ز

(زَأتَهُ غيظاً ملأَهُ) * الزَّتُّ والتزتيتُ التزيينُ * (ع زَرَتَهُ خنقَهُ) * الزَّفْتُ الملءُ والغيظُ والطردُ والسوقُ والدفعُ والمنعُ والازهاقُ والاتعابُ والزِّفْتُ بالكسر القارُ والمُزَفَّتُ المطليُّ بالزفت (وازدفتَ المالَ استوعبَهُ) ن وزفتَ الحديثَ في أذنيهِ أفرغَهُ * الزَّكْتُ الملءُ والمزكوتُ الذي اشتدَّ عليه البولُ * الزَّمِيتُ الوقورُ وفعلُهُ ر زَمُتَ زمانةً وقوراً * الزَّيتُ دهنُ الزيتونِ وغيرِهِ والزيتونُ شجرتُهُ ض وزاتَ الطعامَ جعلَ فيهِ الزيتَ فهو مَزيتٌ ومزيوتٌ وازداتَ ادَّهنَ بالزيت*

س

السَّبْتُ اليومُ السابعُ من أيّام السبعةِ الذي استراحَ اللهُ فيهِ من أعمالِهِ ج أسْبُتٌ وسُبُوتٌ والسَّبْتُ ايضاً الراحةُ والقطعُ والدهرُ وإرسالُ الشعرِ والغلامُ وضربُ العنقِ والرجلُ الكثيرُ النومِ والرجلُ الداهيةُ وقيامُ اليهودِ بأمرِ السبتِ وفعلُ الكلِّ ن ض سَبَتَ وسَبَتَ رأسَهُ سَبْتاً حلقَهُ والسِّبْتُ بالكسرِ كلُّ جلدٍ مدبوغٍ والسُّبْتُ بالضمّ نباتٌ كالخطميّ والمُسْبِتُ اليهوديُّ الداخلُ في السبتِ وفعلُهُ أسْبَتَ والسُّباتُ بالضمّ النومُ والدهرُ وأقمتُ سَبْتاً بالفتحِ برهةً وابنا سُباتٍ الليلُ والنهارُ والمسبوتُ الميّتُ (والسَّبَنْتَى الرجلُ الجريءُ والنَّمِرُ ج سباتتُ والسُّبْتَةُ المِعْزى والسِّبْتانُ الاحمقُ والسَّبْتاءُ الصحراءُ وانسبتَ امتدَّ) * السُّبْرُوتُ القفرُ لا نباتَ فيهِ والشيءُ القليلُ والغلامُ الأمردُ ج سَبارِيتُ وسبارِتُ والسُّبرُوتُ ايضاً والسِّبْرِيتُ والسُّبْرُوتُ الفقيرُ * اسباموتُ بنُ شاوُلَ مَلِكِ اسرائيلَ * السِّتُّ بالكسرِ عددٌ م والسَّتُّ بالفتحِ الكلامُ القبيحُ

والعِميت بالكسر وكسر المشدّد الرقيب الظريف والسكران والجاهل • العَنَت محرّكة الفساد والإثم والهلاك والمشقّة واعنته أوقعه فى العنت والعنت ايضًا لقاء الشدّة والزنا والوهى والانكسار وعنّته تعنيتًا شدّد عليه وألزمه بما يصعب عليه والعانت المرأة العانس وجاءه متعنّتا طالبا زلّته •

غ

ن غتّه بالامر كدّه وغتّه فى الماء غطّه وغتّ الضحك اخفاه وغتّه بالكلام بكّته وغتّ الماء شربه جرعة بعد جرعة وغتّه غمّه وغتّ الشىء اتبع بعضه بعضًا • الغَلْت الإحالة فى الشرى والغلت بالتحريك الغلط فى الحساب وفى القول واغتلته (وتغلّته) اخذه على غفلة • جن غمته الطعام ثقل فى معدته وغمته فى الماء غطّه •

ف

(افتات على الباطل اختلقه وافتات برأيه استبدّ وافتتت مات فجاءة) • الفَتّ الدقّ والكسر بالاصابع والفتيت والفتوت المفتوت وفعله ن فتّ والفتات ما تفتّت والفتّة بالضم بعرة تفتّ وتذكى فيها وبينهم فتافيت اى اسرار لا يعلم بها • الفَخْت ضوء القمر والفخت وثقوب فى السقف والفاختة طائر كالحمامة أبيض ع وفخت الإناء كشفه وفخت رأسه ضربه بالسيف وفخّت الفاختة صوّتت وانفخت السقف انثقب • الفُرات بالضم الماء العذب جدّا والبحر واحد الانهر الاربعة الخارجة من الفردوس ر وفرت الماء فروتة عذب ل وفرت عقله ضعف ن وفرت فجر والفرتنى بالقصر المرأة الفاجرة والفِرْت بالكسر الفتر ومياه (فرتان و) فرات بالضم عذبة • الفَلْتة آخر يوم من كل شهر وكان الامر فلتة اى فجاءة وافلتنى الشىء وتفلّت منى انفلت وافتلت الكلام ارتجله (وافتلت مات فجاءة) والفلتان محرّكة النشيط والصلب الجرى وكساء فلوت لا ينضمّ طرفاه لصغره وتفلّت عليه نازعه وفلتات المجلس هفواته • ن فاته الامر فوتا وفواتا وافتاته ذهب عنه وموت الفوات الفجاءة وهو فوت فمه وفوت يده (وفوت رمحه اى حيث) يراه ولا يصل اليه وافتات الكلام ابتدعه وتفاوت الشيئان تباعدا والفويت كصغيرة المنفرد برأيه والفوت الفرجة بين الاصبعين •

ق

القَتّ والتقتيت والقتقتة النميمة والكذب ن وقتّه قلعه وقلّله وهيّأه وجمعه قليلا قليلا وقتّ اثره قصّه ورجل قتّات وقتوت نمّام او يستمع احاديث الناس من حيث لا يعلمون واقتتّه استأصله

بالكسر العبدُ والصنيّةُ بالضمّ الملحفة وثوبٌ يمنيّ والصِنتيت الصنديد وتصاتّوا تحازبوا والصُنتوت الفردُ الواحدُ * (تصنّتَ اشتهى * الصِنتيتُ الجسيمُ القويُّ والصَنتةُ الغلبةُ وتصنّتَ وتصنّفَ تجلّدَ وتقوّى) * الصَلْتُ الجبينُ النقيّ بياضًا وفعلُهُ صَلُتَ صُلوتةً والصَلْتُ ايضًا المستوي والسكّينُ الكبيرُ والصَلْتُ ايضًا والمُنصلِتُ السيفُ الصقيلُ والصِلْتُ بالكسر اللصّ والصَلَتانُ محرّكةً النشيطُ وانصلتَ مضى وسبقَ * الصَمْتُ والصُموتُ والصُماتُ بالضمّ والاصماتُ والتصميتُ السكوتُ وأصمتهُ وصمّتهُ تصميتًا اسكتهُ لازمٌ متعدٍّ والصُماتُ بالضمّ سرعةُ العطشِ والصامتُ الذهبُ والفضّةُ والناطقُ الماشيةُ والصَموتُ الدرعُ الثقيلُ والسيفُ وشهدةُ العسلِ المُمتلئةُ وضربةٌ صَموتٌ (تمرّ في العظامِ) لاتنبو ولا تنثلمُ وبابٌ وقفلٌ مُصمَتٌ مُبهَمُ الفتحِ وثوبٌ مُصمَتٌ لايخالطهُ غيرُ لونهِ وغنيٌّ مُصمَتٌ مُتلبّدٌ لا ثُقبَ فيهِ ولا تخلخلَ ونحوهُ وما ذقتُ صماتًا ما اكلتُ شيئًا * ص صاتَ وأصاتَ وصوّتَ تصويتًا نادى والصِيتُ بالكسر الذكرُ الحسنُ والمِطرقةُ والصائغُ وانصاتَ اجابَ واقبلَ وانصاتَ المنحني استوى (وانصاتَ بهِ الزمانُ صارَ مشهورًا وما بالدارِ مصواتٌ أحدٌ) *

ض

العَفتُ اللويُّ بالانيابِ والنواجذِ * (ع ضهتهُ وطئهُ وطأً شديدًا) *

ط

(الطستُ الطسُّ أبدلَ من إحدى السينينِ تاءٌ وحُكيَ بالشينِ المعجمةِ) * طابيتا امرأةٌ احياها بطرسُ الرسولُ * طيبيت عبرانيّةٌ اسمُ كانونَ الثاني عندَ اليهودِ *

ظ

ع ظأتهُ بالهمزِ خنقهُ *

ع

ن عتّهُ ردّ عليهِ الكلامَ مرّةً بعدَ مرّةٍ ووبّخهُ وعاتّهُ عِتاتًا خاصمهُ والعُتُعُتُ بالضمّ والفتحِ الجَدي الطويلُ المضطربُ والعَتتُ عِلاطةُ الكلامِ والعتعتةُ الجنونُ وعتّى حتّى * ن ص ل عَرِتَ الرُمحُ اضطربَ ولجّ وعَرِتَ أنفهُ دلكهُ * عَروتُ صنمٌ عبدهُ سليمانُ وبنو اسرائيلَ * ص عَفَتهُ لواهُ وكسرهُ وعفتَ في كلامهِ لم يحسنِ اللفظَ العربيَّ والأعفتُ الاعسرُ والعفيتةُ العصيدةُ * (العِلفوتُ والعَلفوتُ والعلفتانيُّ الاحمقُ يرمي بالكلامِ عن عواهنهِ) * ص عَمتَ الصوفَ لفّهُ مستديرًا ليُمسكَ فيغزلَ وتلكَ اللفافةُ عَميتةٌ ج عُمُتٌ وعُمتٌ بالضمّ (وعميتٌ) وعمّتهُ ضربهُ غيرَ مبالٍ

ل

ن لبت يلت لواها ولبته ضرب صدره وبطنه • اللت الدق والشد والفت والسحق والتلتلة اليمين الغموس • (لحته بالعصا ضربه ولحت العصا قشرها • اللحت العظيم الجسم) • اللصت مثلثة اللص ج لصوت • ص لفته لواه وصرفه عن رأيه ومنه الالتفات والتلفت ولفت لحاء الشجرة قشره واللفت بالكسر شق الشيء وحياء اللبوة والالفت الملتوي القرن والاحمق واللفوت امرأة لها ولد من غير زوجها الحي واللفتاء الحولاء والفت الدابة ضربها بغير تمييز • ن لات الرجل اخبر بغير ما يسأل (عنه) ولات الخبر كتمه ضد • ليت حرف تمن ونصب تنصب الاسم وترفع الخبر نحو ليت الحبيب قادم ويأتي بيانها والليت بالكسر صفحة العنق ص ن ولاته حبسه عن وجهه وصرفه وما لاته شيئا (وما الته) ما نقصه ولات حين مناص اي ليس الحين حين خلاص ويأتي بيانها •

م

المت المد والتوسل بقرابة والماتة الحرمة والوسيلة ومتى الرسول واحد من الانجيليين الاربعة ومتى ايضا بالشد لغة في متى الظرفية وتمتى تمطى وتمتى في الحبل ليقطعه ومتاتيا ابو المكابيين جبار من آل اسرائيل عصا انتيوخوس الملك وعضد اليهود • المحت اليوم الحار وفعله ر محت والمحت ايضا العاقل والذكي ج محوت (ومحتاء) والمحت ايضا الخالص • المرت المفازة بلا نبات والمرت والمروت ارض لا يجف ثراها ولا ينبت مرعاها ج امرات (ومروت) فهي مروتة ورجل مرت لا شعر لحاجبه ص ومرته ملسه باصابعه والمزمريت الداهية • مافيبوشت بن يوناتان بن شاول ملك اسرائيل • (مصت الجارية نكحها) • ن مقته مقتا ومقاتة ابغضه فهو مقيت وممقوت وما امقته اي انه ممقوت وما امقتني له اي ابغضني ماقت (والمقت اشد البغض) • ن مكت بالمكان اقام (لغة في مكث) • ص ملته حركه وزعزعه • ن ل ص مات موتا ضد حيي حيوة فهو ميت (ومييت) ن ومات سكن ونام وبلي (ا) والميت مخففة الذي مات والميت مشددة والمائت القابل الموت ج اموات وموتى وميتون (وميتون وهي ميتة وميتة وميت) والميتة بالكسر والميتوتة بالكسر ايضا النوع من الموت واماتة النفس عند النساك قطع الهوى وهو نوع من القنوت والخطية المميتة الكبيرة المفعولة بتعمد وما اموته اي ما اموت قلبه والموات بالضم الموت والموات بالفتح ما لا روح فيه والارض التي لا مالك لها والموتان بالتحريك خلاف الحيوان (وارض لم تحي بعد) واماتت المرأة مات ولدها

• ن ل قَرِتَ الدمُ قَرَتًا يَبِسَ بعضُهُ فوقَ بعضٍ وقَرِتَ الدمُ تحتَ الجِلدِ اخضَرَّ من الضربِ ل وقَرِتَ تغيَّرَ وجهُهُ من حُزنٍ او غيظٍ والقارِتُ أجودُ المِسكِ والقَرَتُ مُحرَّكةً الجَمَدُ والقَرِيتُ القَرِيسُ • القَلَتُ مُحرَّكةً الهلاكُ وفعلُهُ ل قَلِتَ والمِقلاتُ بالكسرِ مَن لا يعيشُ لها ولدٌ وقد أقلَتَتْ وأقلَتَهُ أهلكَهُ • القَندَلَفتُ خادمُ الكنيسةِ • القُنُوتُ بالضمِّ الطاعةُ والسُّكوتُ والدعاءُ والقيامُ في الصلوةِ والإمساكُ عنِ الكلامِ وأقنَتَ أطالَ القيامَ في الصلوةِ وتواضعَ للهِ • القُوتُ بالضمِّ والقِيتُ بالكسرِ المَعاشُ ن وقاتَهم قَوتًا (وقُوتًا) وقِياتةً فاقتاتوا والقائتُ الاسدُ وكَفافُ العيشِ والمُقِيتُ الحافظُ للشيءِ والشاهدُ لهُ واستقاتَهُ سألَهُ القُوتَ • قاهِتُ جدُّ موسى النبيِّ •

ك

ض كَبَتَهُ صَرَعَهُ وأخزاهُ وصرفَهُ وكسرَهُ وردَّ العدوَّ بغيظِهِ وأذلَّهُ (والمُكتَبِتُ المُمتلِئُ غمًّا) • الكِبرِيتُ م والياقوتُ الاحمرُ والذهبُ وكَبرَتَهُ طلاهُ بالكِبريتِ • الكَتِيتُ صوتُ غليانِ القِدرِ وغليانُ النبيذِ والبخيلُ والمشيُ رُويدًا ض وكَتَّهُ ساءَهُ وأرغمَهُ وكَتَّتِ القدرُ غلَتْ وكَتَّ الكلامَ في أذنِهِ أفرغَهُ والكُتَّةُ بالضمِّ رُذالُ المالِ والكِتَّةُ بالكسرِ خضرةُ الارضِ وكَتكَتَ ضحِكَ متبسِّمًا والكَتِيتةُ القصيدةُ • (الاكحَتُ القصيرُ) • الكَفتُ القصيرُ والكُنَيتُ البُلبُلُ ج كِفتانٌ واكفَتَّ انطلقَ مُسرِعًا وتَقَذَّفَ) • ض كفَتَهُ صرفَهُ عن وجهِهِ فانكفَتَ وكفَتَ الشيءَ اليهِ (وكفَّتَهُ) ضمَّهُ وقبضَهُ (وكفَتَ الطائرُ وغيرُهُ كَفتًا وكِفاتًا وكَفِيتًا وكَفَتانًا أسرعَ في الطيرانِ والعَدوِ ورجلٌ كَفتٌ وكَفِيتٌ سريعٌ خفيفٌ) وكافَتَهُ سابقَهُ والكِفاتُ بالكسرِ الموضعُ الذي يُكفَتُ فيهِ الشيءُ اي يُضَمُّ ويُجمعُ وكفَتَ الشيءَ قلبَهُ ظهرًا لبطنٍ والكَفتُ الموتُ وخبزٌ كَفتٌ بلا أُدمٍ ومات كِفاتًا (ومُكافتةً) فجأةً والانكِفاتُ الانصرافُ والانقباضُ (والكَفَّاتُ الأسدُ والكِفتُ القِدرُ الصغيرةُ) وديرُ كَفتُونَ بالبترونِ وديرُ كَفتِينَ باطرابلسَ • ض كَلَتَهُ في الاناءِ صبَّهُ وكلَتَ الفرسَ ركضَهُ وكلَتَ الشيءَ رماهُ والاكتِلاتُ الشربُ (والكُلتةُ النصيبُ من الطعامِ والنُّبذةُ) • الكُمَيتُ نَصَعَرَةٌ حمرةٌ يخالطُها كُدورةٌ وفعلُهُ ر كَمُتَ كُمتةً وكَماتةً والكُمَيتُ ايضًا الخمرُ الذي يخالطُ حمرتَهُ سوادٌ ن وكَمَتَ الغيظَ أخفاهُ وخيلٌ كُماتٌ لونُها لونُ الكُمَيتِ • (كَنَتَ في خلقِهِ قوِيَ والاكتِناتُ الخضوعُ ل كَنِتَ خشُنَ) • الكُوتِيُّ بالضمِّ القصيرُ • كَيَّتَ الوعاءَ تكييتًا حشاهُ وكَيتَ وكَيتَ اي كذا وكذا •

هـ

الهبيت والمهبوت الجبان الذاهب العقل وفعله ل هبت ض وهبته ضربه وحبطه وطأطأه وحطه والهبتة الضعف • الهت سرد الكلام وتمزيق الثياب والقدح فى الاعراض وانهضام المرتبة ومتابعة المرأة خيط غزلها وتهتهت فى كلامه أسرع • الهبرت الطعن والطبخ البالغ وفعله ن ض هرت والهرات بالشد من لا يكتم سرا او المتكلم بالقبيح (والهرت والهريت والهريت والهرات الاسد) • ض هفت هفتا وهفاتا تطاير لخفته وتكلم بلا روية وهفت الشئ تخفض واتضع ودق والهفت سرعة انزلال المطر والحمق الوافر والمهفوت المتحير والتهافت التساقط والتتابع • الهلت القشر وانهلت بعد وانسلت • ن همت الكلام والضحك واهمته اخفاه • (الهنبتة الاسترخاء والتوانى) • الهوتة بالضم الارض المنخفضة ج هوت وهوت به تهويتا صاح • هيت به صاح ودعاه وهيت لك بالفتح هلم وهات اعطنى •

ى

الياقوت م (معرب) • ايهت اللحم انتن) •

حرف الثاء

ا

ض ن ل أث النبات أثاثة وأثاثا وأثوثا كثر والتف وأثثه وطأه والاثيث الكثير العظيم ج إثاث وأثائث والاثاث متاع البيت • الارث بالكسر الميراث والاصل والامر القديم توارثه الخلف عن السلف والارث ايضا الرماد والتاريث الفتنة وايقاد النار وتأرثت النار اتقدت والاراث بالكسر النار وما أعد للحريق • الانثى بالضم خلاف الذكر ج إناث وأناثى بالضم وامرأة أنثى كاملة والمؤنث خلاف المذكر والمخنث ن وأنثت المرأة إيناثا ولدت انثى فهى مؤنث والانثيان بالضم الخصيتان والاذنان وتأنثت المرأة تلينت (ف) حركاتها (وأنثت له وتأنثت لنت) وسيف مئناث كهام •

ب

ض ن بث الخبر وأبثه (وبثثه) وبثبثه نشره فانبث وبث السر وابثه اظهره وبث الغبار اثاره والمنبث المفشى عليه والبث الحال وأشد الحزن • ع بحث عنه وابتحث وتبحث فتش

والمتماوت الناسك المرائي والمتظاهر بالموت وبالمسكنة ورجل موتان الفؤاد بالفتح أبله والموتة بالضم الغشي والجنون والموت بالضم موت يقع في الماشية واستمات طلب الموت وبالغ في طلب الشيء وسمن بعد الهزال وأمات اللحم بالغ في نضجه ومانيثا الرسول الذي حاز وظيفة الرسالة موضع يوضس الدافع •

ن

ض ل نأت نأتا ونئيتا أن او هو أجهر من الأنين ونأته حسده (والنآت الاسد • النبت نبات الارض ن نبتت الارض وأنبتت أخرجته والمنبت موضعه ونبت ثدي الجارية نبوتا نهد وأنبت الغلام نبتت عانته والتنبيت التربية والغرس والنوابت الاحداث والنبوت بالفتح وضم المشدد ما ينبت من الشجر ونابوت الازرامبلي من آل اسرائيل قتلته ازبال الملكة ظلما واختلست كرمه • النتيت الكبيت ن ونت مجزوة نفخ وتنتتت انتنت • ض ن ل نحته براه وصوغه (ونحت الجارية نكحها ويزد نحت خالص) والنحت والنحات والنحيتة الطبيعة والنحيت الزحير والمشط والدخيل في القوم والنحاتة البراية • ض نصت وأنصت وانتصت سكت والاسم النصتة بالضم وأنصت له سكت مستمعا حديثه وانصته اسكته وانصت للهومال • ع نعته نعتا وانتعته وصفه ر فنعت نعاتة ل ونعت تكلف (النعت) وانعت حسن وجهه ولاق للوصف • ع نغت شعره نغتا جذبه • ض نغت نغتا ونغتانا غضب او نفخ غضبا ونفتت القدر غلت حتى لزق المرق بجوانبها ن ونفت الدقيق نفتا صب عليه الماء حتى تنفخ • ن نقت المخ نقتا استخرجه • ن نكت الارض نكتا حفرها بعود والنكتة بالضم النقطة ج نكات ونكتات والنكتة ايضا صداء المرآة والنكات بالشد الثلاب ونكته القاه على رأسه فانتكت • النواتي الملاحون الواحد نوتي والناث الناس (والنوت التمايل من ضعف) • النهيت والنهات الزئير والزحير وفعله ض نهت اى زأر والنهات بالشد النهاق والاسد والناهت الحلق •

و

ن وبت بالمكان أقام • وشتى زوجة أحشوروش ملك الفرس كان هجرها وأخذ استير اليهودية بوضعها • الوقت والميقات المقدار من الدهر والتوقيت تحديد الاوقات فهو موقت • الوكتة النقطة في الشيء والوكت التأثير والشيء اليسير والملء والقرمطة في المشي والوكيت السعاية والوشاية • الولت محركة النقصان ض ولته حقه وأولته نقصه • (شيء موموت معروف مقدر) • ض وهته ضغطه وأوهت اللحم أنتن والوهتة الوهدة •

ذويه وتجنجث انتفض والجنجاث الشعر الكثير وجنجث البرق لمع • الجدث محركة القبر ج اجدث واجداث واجدث اتخذ له جدثا • الجثى بالضم والقصر اجود الحديد وتجنث انتسب الى غير اصله وتجنث على الشيء ترامى عليه ليغطيه وتجنث الطائر بسط جناحيه وجثم • (الجنبثة نعت سوء للمرأة او هي السوداء • ع جهث استخفه الفزع او الغضب او الطرب) •

ح

(التحبيث التكسر والضعف) • ن حثه عليه واستحثه واحثه وحثحثه حضه فاحث لازم متعد والحث والحثيثى بالكسر والشد والقصر الحض والحثيث السريع وما اكتحل حثاثا بالفتح والكسر ما نام والحث بالضم حطام التبن والتراب اليابس وحثحث حرك وحثحث البرق اضطرب في السحاب • ن ر حدث حدوثا وحداثة نقيض قدم وحدثان الامر بالكسر وحداثته اوله (والحدث والاحداث الابداء) والاحداث امطار اول السنة ورجل حدث السن بفتح فكسر فتي فهو حديث والاسم الحداثة والحدوثة والحديث الجديد والخبر ج احاديث وحدثان بالفتح والضم ورجل حدث بفتح فضم (وحدث وحدث) وحديث بالكسر والشد كثير الحديث والحدث محركة الروث وفعله احدث واحدث زنى وراث والاحدوثة بالضم ما يتحدث به • الحرث الكسب وجمع المال والنكاح والطريق المكدود بالحوافر والزرع وتحريك النار والتفتيش والتفقه وفعل الكل ض ن حرث والمحراث آلة الحراثة وما تحرك به النار (وابو الحارث الاسد) • الحنث بالكسر (الاثم و) الخلف في اليمين وفعله ن حنث والحنث ايضا الميل من باطل الى حق وعكسه وفعله ل حنث وتحنث تعبد واعتزل عن عبادة الاصنام • الحوث عرق في الكبد وحوث بوث ذكر في ب و ث واحاث الارض واستحاثها طلب ما فيها واحاث الشيء حركه وفرقه • حيث ظرف مكان مبني على الضم ويأتي بيانه في مكانه •

خ

الخبيث ضد الطيب وفعله ر خبث خبثا (وخباثة) وخباثية والخبيث ايضا الردي الحب وفعله ن خبث خبثا ويا مخبثان اي يا خبيث وللمرأة يا خباث والاخبثان البول والروث والبخر والسهر (واخبثه افسده) والخبث بالفتح الزنا وفعله ر خبث والخابثة والخبائثة استرقاق قوم لا تحل عبوديتهم واعوذ بك من الخبث بالضم والخبائث اي من الشيطان وجنوده والشجرة

ومَباحِث البَقَر القفر والمكانُ المجهولُ والبَحثُ المَعدنُ والحَيّةُ العظيمةُ والبَحاثةُ التُرابُ والبَحُوثُ (سُورَةُ) التَوبَةِ • ل بَرِثَ تنعّمَ تَنعُّمًا واسعًا • (البَرْغَثُ والبُرْغُثُ الإسْتُ ج بَراغِثُ) • البَوْغِيثُ م • ع بَعَثَهُ ارسَلَهُ فانبَعَثَ وبَعَثَهُ من منامِهِ ايقَظَهُ والبَعْثُ يومُ النُشورِ والجَيْشُ والبَعَثُ بفتحٍ فكسرٍ السَهْرانُ ل . بَعِثَ سَهِرَ والباعُوثُ الباعُوثُ • البُغاثُ مُثَلَّثَةً طائرٌ دُونَ الرَخَمِ أَغبَرُ ج بِغْثانٌ بالكسرِ والبُغاثُ ايضًا شِرارُ الطُيُورِ (والبُغاثُ بأرضِنا يَسْتَنْسِرُ اى مَن جاوَرَنا عَزَّ بنا ولا تُبْغِثُ الاسدَ) والبَغِيثُ الحِنطَةُ التى تُغَشُّ بالشَعِيرِ • (بَثَّتْ أَمرَهُ وطعامَهُ وحديثَهُ خَلَطَهُ) • ن باثَ عنهُ وأباثَ وَابْتاثَ بَحَثَ وباثَ مَتاعَهُ بَدَّدَهُ وَاستَباثَهُ استَخرَجَهُ وتَرَكَهُم حاثِ باثِ وحَوْثَ بَوْثَ (وبِنُونانِ) مُتَفَرِّقِينَ • ع بَهَثَ اليهِ وتَباهَثَ تَلَقّاهُ بالبَشاشَةِ•

ت

التَثُّ مُحَرَّكَةً فَتاةُ الشَبَكِ • التَوْثُ التُوتُ•

ث

الثُلُثُ بضمّتَيْنِ والثَليثُ جُزءٌ من ثَلاثَةٍ والثالُوثُ الاقدسُ الاقانيمُ الثَلاثَةُ للآبِ والابنِ والرُوحِ القُدُسِ ذاتًا واحدةً واللهُ مُوَحَّدُ الذاتِ مُثَلَّثُ الاقانيمِ وغَلِطَ مَن قالَ مُثَلَّثُ الصِفاتِ اى الاقانيمِ لِيَكْمُلَ السَجعةَ لانّ الصِفَةَ غيرُ الاقنومِ وثُلاثَ ومَثْلَثَ مَعدُولٌ من ثَلاثَةٍ ثَلاثَةٍ ن وثَلَثْتُ القومَ أَخَذْتُ ثُلُثَ أموالِهِم ض وثَلَثْتُهُم صِرتُ ثالِثَهُم او كَمَّلْتُهُم بنفسي ثَلاثَةً او ثَلاثِينَ والثالِثَةُ الأَثْفِيّةُ الحَيدُ النادِرُ من الجَبَلِ تُجمَعُ اليهِ صَخرَتانِ فَيُنصَبُ عليها القِدرُ وأَثْلَثُوا صارُوا ثَلاثَةً والمَثْلُوثُ ما أُخِذَ ثُلُثُهُ والمُثَلَّثُ المُستَقطَرُ من ماءِ العِنَبِ يُطبَخُ بسُكَّرٍ حتّى يَذهَبَ ثُلُثاهُ والمُثَلَّثُ ايضًا شيءٌ ذو ثَلاثَةِ زَوايا مُتَساوِيَةٍ فى اصطِلاحِ الهَندَسَةِ ويومُ الثَلاثاءِ بالمَدِّ (ويُضَمُّ) اليومُ الثالِثُ من أَيّامِ السَبتِ الذى خَلَقَ اللهُ فيهِ الارضَ وما يَنبُتُ فيها وقيلَ انّ فيهِ تَقُومُ الساعةُ والمُثَلِّثُ الساعى بأَخيهِ عندَ الوالى ظُلمًا لانّهُ يُؤذى ثَلاثَةً نَفسَهُ واخاهُ والوالى•

ج

(ل جَثِثَ ثَقُلَ عندَ القِيامِ أَو عندَ حَمْلِ شيءٍ ثَقيلٍ وَأَجَاثَهُ الحِمْلُ ع جَاثَ نَقَلَ الأَخبارَ وجَثَثَ فَزِعَ والجَثِيثُ السَيِّءُ الخُلُقِ) • الجَثُّ القَطعُ واستِئصالُ الشَجَرِ والجُثُّ بالضمّ التَلُّ الصَغيرُ ومَيِّتُ الجَرادِ وغِلافُ الثَمَرَةِ والشَمعُ والقَذى الذى يُخالِطُ العَسَلَ المِجَثّاتُ آلةُ الجَثِّ وجُثَّةُ الانسانِ بالضمّ شَخصُهُ والجِثَّةُ بالكسرِ البَلاءُ ن وجَثَّ فَزِعَ وضَرَبَ وجَثَّ النَحلُ رَفَعَ صوتَ

مرة * الرَّفَثُ محرَّكةً الجماعُ والفُحْشُ وفعلُهُ ن ل ر رَفَثَ وأَرْفَثَ * الرِّمْثُ بالكسر الرجلُ الخَلَقُ الثيابِ والضعيفُ المَتْنِ والرَّمْثُ بالفتحِ الإصلاحُ (والمَسْحُ باليدِ) والرَّمَثُ بالتحريكِ شبهُ المركبِ في البحرِ والمرّةُ وحَبْلٌ أرماثٌ بالٍ ل ورَمِثَ أَرْمَمَ اختلطَ * ن راثَ سَلَحَ والرَّوْثَةُ الغائطُ ج رَوْثٌ بالفتحِ وأرواثٌ والرَّوْثُ ايضا قَصَبُ الحنطةِ الذى يَبْقى في الغِرْبالِ * الرَّيْثُ (الابطاءُ) المِقدارُ ورَيْثما مقدارما (والتريبيثُ التليينُ والاعْياءُ) والرَّيِّثُ مشدَّدةً البطيءُ *

ش

تَشَبَّثَ بهِ تعلَّقَ والشَّبَثَةُ الرجلُ المُلازِمُ لِقِرْنِهِ لا يُفارِقُهُ والشَّبَثُ محرَّكةً العنكبوتُ وأُمُّ أربعٍ وأربعينَ ج شِبْثانٌ * الشَّثُّ النحلُ وما تكسَّرَ من رأسِ الجبلِ فيَبقى كهيئةِ الشُّرْفةِ ج شِثاثٌ * الشِّرْثُ النعلُ الخَلَقُ والشَّرَثُ محرَّكةً غِلَظُ ظهرِ الكفِّ وتَشَقُّقُهُ وفعلُهُ ل شَرِثَ وانشَرَثَ (وسيفٌ شَرِثٌ مُحَدَّدٌ) * الشَّرَنْبَثُ الغليظُ الكفَّيْنِ والرجليْنِ والشَّرابِثُ الاسدُ) * الشَّعَثُ محرَّكةً انتشارُ الامرِ والشَّعْثُ بالفتحِ الاخذُ وأكلُ القليلِ وتلبُّدُ الشَّعَرِ والأشعثُ المُغْبَرُّ الرأسِ والوَتِدُ وفلانٌ شَعْثانُ الرأسِ أشعثُ وفعلُهُ ن شَعُثَ * (الغَلْبَثُ الاسدُ وشَنْبَثَ الهوى قلبَهُ عَلِقَ بهِ) *

ض

ض ضَبَثَ بهِ وأَضْبَثَ قبضَ عليهِ بكفِّهِ والمَضابِثُ المَخالِبُ والضُّباثُ بالضمِّ أظفارُ الاسدِ (والضِّباثُ والضَّبِثُ) والضَّبُوثُ الاسدُ * ع ضَغَثَ الحديثَ خلطَهُ وضَغَثَ الثوبَ غسلَهُ ولم يُنَظِّفْهُ والضِّغْثُ بالكسرِ القُبْضةُ من الحشيشِ وأضغاثُ أحلامٍ رؤيا لا يصحُّ تاويلُها *

ط

(ع طَحَثَهُ دفعَهُ بيدِهِ * الطَّرْخَثَةُ الخِفَّةُ والنَّزَقُ * الطُّرْثُوثُ الضعيفُ وحُبْزُ المَلَّةِ * طَلَثَ الماءُ طُلوثًا سالَ وطَلَّثَ على كذا تطليثًا زادَ والطُّلْثَةُ الجاهلُ الضعيفُ العقلِ والبدنِ * طَلْحَثَهُ لَطْخَهُ بامرٍ يكرَهُهُ) * ض طَمَثَ الجاريةَ افتضَّها ن ل وطَمِثَتْ حاضتْ فهى طامِثٌ والطَّمْثُ المسُّ والدَّنَسُ والفسادُ * (الطَّهْثَةُ الضعيفُ العقلِ) *

ع

ل عَبِثَ لَعِبَ ض وعَبَثَ خلطَ * العُثَّةُ بالضمِّ سُوسَةٌ تلحسُ الصوفَ ج عُثٌّ وفعلُهُ ن

الخبيثة الحنظل والمخبثة المفسدة • (الخبثفة اسم للاست) • الخثة بالفتح طين يعجن بزبل ليطين به والاخثاث الاحتشام • (الخرثي اثاث البيت والخرثاء المرأة الضخمة الخاصرتين المسترخية اللحم) • الخنث بفتح فكسر من فيه لين النساء وحركاتهن المهتجة وفعله ل خنث وتخنث وانخنث والخنث بالكسر باطن الشدق عند الاضراس وخنثه تخنيثا هيج حركاته المؤنثة فتخنث ومنه المخنث ويقال له خناثة وخنيثة ص وخنثة هزئ به والخنثى بالضم من له ما للرجال وما للنساء معا ج خناثى بالفتح والقصر وخناث واخناث الثوب مطاويه وامرأة مخناث مهتجة بلينها وتكسرها • (الخنبث الخبيث والخنابث المذموم الخائن) •

د

الدأث (الاكل والثقل و) الدنس والتدنيس وفعله ن دأث والدئث بالكسر الحقد الذى لا ينحل (والدأثاء ويحرك الامة ج دآث وابن دأثاء الاحمق والدءائث الاصول) • الدث المطر الضعيف والضرب المؤلم والدفع والالتواء فى الجسد والدثة بالضم الزكام والفعل ن دث • (الدرعث المسن الثقيل) • الدعث اول المرض والدعث بالكسر الحقد ج ادعاث ودعاث بالكسر ع ودعث التراب بالقدم دقه والادعاث الامعان فى السير (والابقاء والسرقة) وتدعثت صدورهم اخفت الحقد • ص دلث دليثا قارب خطوه واندلث علينا انصب وتدلث تقحم • (الدلث والدلامث السريع • الدلهث والدلاهث والدلهاث الاسد والدلهثة السرعة والتقدم) • ل دمث المكان (وغيره) سهل (ولان) والدماثة سهولة الخلق • (الدكث القصير • الدرثة الهزيمة • ع دهثه دفعه • الدهموث الكريم) • ديثه تديثا ذلله والتدييث القيادة والديوث بالفتح وضم المشدد القواد •

ر

ر ن ربث عن الحاجة وتربث احتبس فهو ربيث ومربوث وتربث امرهم ضعف وابطأ وتربث تلبث وارتبث تفرق • الرث والرثيث البالي والرث والرثة بالكسر السقط من متاع البيت ج رثاث والرثة ايضا ضعفاء الناس والرثاثة والرثوثة سوء الحال وفعل الكل ص رث وارث وارثه (غيره) لازم متعد وجريح رثيث فيه رمق • الرعثة تاج الديك وقرط المرأة وترعثت المرأة وارتعثت تقرطت بالقرط • الرغوث والمرغث كل مرضعة ج رغث محركة ع ورغثها وارتغثها رضعها وارغثته ارضعته ل ورغث فلان كثر عليه السؤال حتى نفد ما عنده ن ورغثه وارتغثه طعنه مرة بعد

بالشدِ النمامُ (والقثيثة والثثاثة الجماعةُ * ع قحثثتُ الشيْ أخذتهُ عن آخرهِ) * ل قرِثَ كَدَّ وكَسِبَ ن وقرثهُ الامرُ احزنهُ جدًّا *

ك

ل كبِثَ اللحمُ أنتن وهو كبيثٌ ومكبوثٌ وكبّثَ السفينةَ تكبيثًا أدناها من الارض ونقل ما فيها الى غيرها * الكثُّ الكثيفُ ورجلٌ كثُّ اللحيةِ كثيفها ن وكثّتْ لحيتهُ كثاثةً وكثوثةً كثرت أصولها وكثفت وقصرت وجعدت فهو كثٌّ وقد أكثَّ * (ع كحثَ لهُ من المالِ غرف لهُ بيديهِ منهُ) * ن ض كرثهُ الغمُّ وأكرثهُ اشتدَّ عليهِ وانكرثَ الحبلُ انقطعَ وما أكترثُ لهُ ما أبالي بهِ وأمرٌ كريثٌ وكارثٌ شديدٌ محزنٌ (والكرّاثُ بقلٌ م * انكلثَ تقدَّم والمِكلثُ الماضي في الأمورِ * الكلبثُ والكلبثُ والكلابثُ البخيلُ المتقبّضُ * الكندثُ الصلبُ الشديدُ * الكنفثُ والكنافثُ القصيرُ) * الكوثُ الخَنْقُ القصيرُ *

ل

ل لبِثَ لبثًا بالفتحِ والضمِّ والتحريكِ ولباثًا ولباثةً ولبيثةً مكثَ فهو لابثٌ ولبثٌ بفتحٍ فكسرٍ وقد ألبثهُ ولبّثهُ تلبيثًا واللُّبثةُ بالضمِّ والتلبيثُ التوقّفُ واستلبثهُ استبطأهُ واللَّبيثةُ الجماعةُ من قبائلَ شتّى * اللثُّ والإلثاثُ الإلحاحُ والإقامةُ ودوامُ المطرِ واللثُّ ايضًا النّدى والثلثلةُ (الضعفُ والتحبّسُ و) التردّدُ في الامرِ وعدمُ إبانةِ الكلامِ والثلثلةُ ايضًا والتلثلثُ التمريغُ (والتمرّغُ) في الترابِ (لطثهُ سرثهُ بعرضِ اليدِ او بعودٍ عريضٍ وصكّهُ ولطثهُ جمعهُ ولطثَ الامرُ فلانًا صعبَ عليهِ والملاطثُ مواضعُ الضربِ والملاطثُ الجوامعُ وتلاطثوا تضاربوا بايديهم واللطّثُ الفسادُ * الالعثُ البطيءُ الثقيلُ وفعلهُ ل لعِثَ * الألفثُ الاحمقُ * اللقثُ والتلقيثُ الخلطُ والاخذُ بسرعةٍ والفعلُ ل لقِثَ * اللكثُ الضربُ) * اللوثُ القوّةُ وشدُّ العمامةِ والجراحاتُ والمطالبةُ بالأحقادِ ولزومُ الدارِ ولوثُ الشيْءِ في الفمِ والبطؤُ واللوثةُ بالضمِّ الهيجُ ومسُّ الجنونِ والإلتياثُ الاختلاطُ والالتفافُ والابطاءُ والقوّةُ والسمنُ والحبسُ والتلويثُ التلطيخُ والخلطُ والمرسُ واللواثةُ بالضمِّ دقيقٌ يُذرُّ على الخوانِ تحتَ العجينِ والألوثُ الثقيلُ اللسانِ ونباتٌ لائثٌ التفَّ بعضهُ ببعضٍ (واللائثُ الاسدُ) * اللهثانُ العطشانُ واللهثُ واللهاثُ العطشُ وفعلهُ ل لهِثَ واللُّهاثُ بالضمِّ حرُّ العطشِ وشدّةُ الموتِ ع ولهثَ لهثًا ولهاثًا بالضمِّ خرجَ لسانهُ عطشًا او تعبًا او إعياءً واللُّهثةُ بالضمِّ التعبُ والعطشُ * الليثُ الاسدُ والرجلُ البليغُ المنطقِ والشجاعُ *

عثّ عثًا والعثّة بالفتح العجوز والمرأة السفيهة والحمقاء والعثاث بالكسر افاعي يأكل بعضها بعضًا والعثعث الفساد وما لان من الوعث والعثاء بالمد الحيّة والعثّ عضّتها وعثعث حرّك وأقام وتمكّن وركن والعثاعث الشدائد * (العذث سهولة الخلق * العرث الانتزاع والدلك * العكث الاجتماع والالتئام وتعنكث اجتمع والعكث بول الفيل) * علثه خلطه وجمعه وعلث الزند لم يور والعليث خبز من حنطة وشعير معًا والعلاثة كل شيئين مختلطين والعلثة بالضم العلقة والعلث بفتح فكسر المنسوب الى غير ابيه * عاثه عن الامر عاقه وصرفه * العيث الافساد وفعله ض عاث والعائث والعيوث والعيّاث مشددة الاسد ل وعيث بفعل كذا طفق *

غ

الغثّ والغثيث المهزول وفعله ض ن غثّ غثاثة وغثوثة وأغثّ ن وغثّ الحديث وأغثّ فسد وغثّ الجرح سال قيحه واستغثّه اخرجه منه والغثيثة فساد في العقل والاحمق والغثة البلغة من العيش ولا يغثّ عليه شيء اى انه راض بكل شيء (والغثاغث الاسد) * ل غرث جاع فهو غرثان ج غرثى بالقصر وغرثى بالضم وغراث بالكسر وهي غرثى بالقصر (ج غراث) وغرثى الوشاح دقيقة الخصر * الغلث محركة شدة القتال والغليث القمح المغشوش والغلث المفترى بالضرب والشتم والغليث ايضا المجنون والمتمايل من امتلاء الاكل والشرب والمتكسر نعاسًا * ل غنث شرب ثم تنفس وغنثت نفسه خبثت والغناث بالضم الحسنوا الآداب في المنادمة * الغوثة والاغاثة الاعانة وغوّث تغويثًا قال وا غوثاه والاسم الغوث بالفتح والغواث بالضم واستغاثني فأغثته اغاثة ومغوثة والاسم الغياث * الغيث المطر والكلأ ينبت بماء السماء وغاث الله البلاد ض وغاث الغيث الارض اصابها المطر وغاث النور اضاء *

ف

(الإنفثاث الانكسار وفثّ جلّته نثرها والمفثّة الكثرة) * ع فحث فحص * الفرث الزبل الذى في الكرش وغثيان الحبلى ض ن وفرث كبده ضربها وهو حيّ فافترثت كبده انتثرت وأفرث الكبد شقّها وألقى ما فيها وفرث أصحابه عرّضهم للائمة ل وفرث شبع وفرث القوم تفرّقوا *

ق

(ض قبث به قبض) * القثّ الجرّ والسوق والقلع والقثاث بالضم المتاع والقثاث بالفتح

التدمُ فيهِ اذا وطَأتهُ والوعث بالفتح ويفتح فكسر الطريق العسِرُ وأوعث وقع فى الوعث وأوعث أشرف لى مالهِ ل ووعثت يدهُ انكسرت والوثثاء بالمدّ المشقة والموعوث الناقص الحسب * الوَلْث العهد الغير الاكيد وبقيّة العجين وبقيّة الماء وفضلة النبيذ والوغد الضعيف وأثر الرمد وان تقول لمملوكك أنت حرٌّ بعد موتي (وشرٌ وألِث دائم ودَيْنٌ وألِث مُثقِل) * الوهث الانهماك فى الشئ والوطء الشديد *

ه

الهَبْنثة الامر الشديد * الهَثهثة الاختلاط والظلم (والإرسال بسرعة والوطء الشديد والهثهاث السريع) والبلد الكثير التراب والكذاب والهث الكذب * الهِرْث بالكسر الثوب الخلق * (الهِلْبوث الاحمق والفَدْم) * الهَلْثة بالضم جماعة قلّت أصواتهم والهُلاث بالضم الاسترخاء * الهَيْث بالكسر إعطاء الشئ اليسير والحركة وإصابة الحاجة من المال والافساد فيهِ والانحناء للإعطاء واستهاث استكثر وافسد *

ي

يافث بن نوح الاصغر ابو سكان القطب الشمالي *

حرف الجيم

ا

(لآبج لآبد) * لآجيج والتأجج اللهيب وفعلهُ أججت النار تأجيجاً فتأججت ن ض وأجّ النعام عدا والأجّة شدّة الحر وفعلهُ أجّ وتأجج وماء أجاج مرٌّ ملح وفعلهُ ن أجّ أجوجاً وتأجج وأجّجتهُ ولأجوج المضيء المنير * الأرج محركة ولأريج ولأريجة نفح ريح الطيب وفعلهُ ل أرج والتأريج لاغراء والفتنة ولأرّاج بالشدّ الكذاب (والتورّج الاسد) والاوارجة كتب الخراجات السلطانية ج أوارجات * الأرولوجيون بضمّتين يونانية كتاب فرض الكاهن عند الروم * الأزج محركة ضرب من الابنية ج آزاج والأزج بفتح فكسر البطر وأزّج البناء تأزيجاً طوّلهُ * الأمج محركة الحر والعطش ل وأمج عطش ض وأمج سار شديداً * الأوج الفضاء العالي *

م

ن مَتَّ (النِّحْيُ رَشَحَ ومَثَّ) اليدَ مَسَحَها ومَثَّ الجرحَ نَطَّتْهُ ومَثْمَثَ الفتيلةَ اَشْبَعَها دُهْنًا ومَثْمَثَ حَرَّكَ وغَطَّ * ن مَرَثَ الشئَ في الماء مَرْسَهُ ومَرَثَ الطِّفْلُ اِصْبَعَهُ لاكَها ومَرَثَ الرَّجُلَ ضربهُ ومَرَثَ الشئَ مَصَّهُ ولَيَّنَهُ ونَقَعَهُ في الماء * المَغْثُ المَرْثُ وحَكُّ العِرْضِ والشَّرُّ والعَبَثُ وفعلهُ ن مَغَثَ وماغَثَهُ خاصَمَهُ والمَغْوثُ المحمومُ * المَكْثُ مُثَلَّثَةً وبالتحريكِ (والمِكِّيثى ويُمَدُّ) والمُكُوثُ والمُكْثانُ بالضمِّ (التَّلَبُّثُ و) الاقامةُ وفعلهُ ن ض مَكَثَ والمَكِيثُ الرزينُ * المَلْثُ تطييبُ النَّفْسِ بالكلامِ والوعدُ بلا وفاء وأوَّلُ سَوادِ الليلِ والمِلْثُ بالكسرِ مَنْ لا يَشْبَعُ من الجماعِ ومالَثَهُ (داهَنَهُ و) لايَنَهُ * ماثَهُ مَوْثًا (ومَوَثًا) ومَوَثانًا بالتحريكِ خلطهُ وذافَهُ فانْماثَ * المَيْثُ المَرْثُ *

ن

ع نَأَثَ عنهُ نَأْثًا ومَنْأَثًا بَعُدَ * النَّبْثُ والانْتِباثُ النَّبْشُ والغَضَبُ والفعلُ ن نَبَثَ وأَنْبَثَ والنَّبَثُ مُحَرَّكَةً الأثَرُ والإنْبِثاثُ التناوُلُ * ض ن نَثَّ الخبرَ أَفْشاهُ ونَثَّ الجرحَ دَهَنَهُ بالنِّثاثِ بالكسرِ وهو الدُّهْنُ ونَثَّ عَرِقَ كثيرًا ونَثَّ الزِّقُّ نَثًّا ونَثِيثًا رَشَحَ ونَثَّ اليدَ مَسَحَها والنُّثاثُ المُغتابونَ والمِنَثَّةُ صوفةٌ يُدْهَنُ بها والنَّثُّ الحائطُ النَّدِيُّ * ن نَجَثَ عنهُ بَحَثَ فهو نَجّاثٌ مُشَدَّدَةً ونَجَثَ القومَ استغواهم واستغاثهم والانْتِجاثُ الاستخراجُ والتَّصَدِّي للشئ والنَّجِيثَةُ ما ظهرَ من قبيحِ المظنونِ بهِ خيرًا والنُّجُثُ بالضمِّ غِلافُ القلبِ وبيتُ الرَّجُلِ ج أَنْجاثٌ * ع نَعَثَهُ أخذهُ وأَنْعَثَ في مالِهِ أَسْرَفَ وتَجَهَّزَ للسَّفَرِ * (النَّعْثُ الشَّرُّ الدائمُ الشديدُ) * ض ن نَفَثَ تَنَفَّخَ اِلّا أَنَّهُ أَقَلُّ من النفخِ ودونَ التَّفْلِ (ونَفَثَ الشيطانِ الشِّعْرُ) والنُّفاثةُ بالضمِّ ما تَنْفُثُهُ من فيكَ ودمٌ نَفِيثٌ يَنْفُثُهُ الجرحُ * ن نَقَثَ فلانًا بكلامِهِ آذاهُ ونَقَثَ الشئَ حفرَ عنهُ وتَنَقَّثَتِ المرأةُ استمالتْها الى مُرادِهِ * النَّكْثُ نقضُ العهدِ (والنِّكْثُ أن يُنْقَضَ أخلاقُ الأكسيةِ لتُغْزَلَ ثانيةً) ن ض ونَكَثَ العهدَ والحَبْلَ نَقَضَهُ فانْتَكَثَ والنَّكِيثَةُ الخُلُقُ والطبيعةُ والقُوَّةُ ونَكَثَ باصبعهِ خطَّ فيها وحبلٌ أَنْكاثٌ منكوثٌ *

و

ض س وَرِثَ أباهُ (ومن أبيهِ) وِرْثًا ووِراثةً وإرْثًا ورِثَةً بالكسرِ وأَوْرَثَهُ أبوهُ ووَرَّثَهُ جعلهُ وارثًا لهُ والوارثُ هو اللهُ الباقي وتوريثُ النارِ تحريكُها لتشتعلَ * الوَعْثُ المكانُ اللَّيِّنُ الذي تغيبُ

وسائل من الماء والمِثجّ بالكسر الواعظ المِثلق والثجيج السيل * (ع ثجثجه جرجرا جرا شديدا الثجّ الجماعة في السفر) * الثفاجة بالفتح الاحمق وفعله ر ثفج * الثلج م ج ثلوج بالضم والثلّاج بائعه والمثلجة موضعه ن وثلجت السماء وأثلجت أتت بالثلج ن ل وثلجت نفسي ثلوجا وثلجا محركة اطمأنت والمثلوج الفؤاد البليد ل وثلج فرح واثلجه افرحه ن وثلجه نقعه وبلّه وأثلج اصاب الثلج وجبل الثلج في لبنان لأن الثلج لا يخلو منه اصلا * (الثمج التخليط والمثمّج الذي يشي الثياب ألوانا) * الثوج جوالق التراب *

ج

ع جأج وقف فزعا وجبنا * ل جرج الخاتم في إصبعه تحوّل لسعته والجرج محركة الارض الغليظة وجرج مشى فيها والجرج ايضا مسالك الطرق والجرجة بالضم الخرج * الجلجة محركة الجمجمة ج جلج بالضم واسم المكان الذي صلب فيه سيدنا يسوع المسيح وقولهم فيه جلجلة بالضم لحن او هي لغة فيه *

ح

ض حبج واحبنج ظهر بغتة ودنا واكتنف وسار شديدا والحبج بالكسر الجمع من الناس واحبنج قرب واشرف * (الحبرج من طير الماء ج حبارج وحباريج) * الحجّ القصد والكفّ والقدوم وكثرة الاختلاف والتردد و(قصد مكة للنسك وعند النصارى هو) زيارة قبر السيد المسيح لتمحيص الذنوب فهو حاجّ (وحاجج) ج حجاج بالضم والشد وحجيج وحجّ (وهي حاجّة ج حواجّ) والحِجّ بالكسر الاسم منه والحِجّة بالكسر المرّة منه وقياسه الفتح والحِجّة ايضا السنة وشحمة الأذن والحَجّة بالفتح لؤلؤة تعلق في الأذن والحُجّة بالضم البرهان واحججته ارسلته ليحجّ وحاجي مشددة وتخفف اسم نبي تنبّأ في عهد يشوع بن يوزاداق الحبر وحجحج اقام ونكص وكفّ وأمسك عمّا اراد (والمحجّة الطريق المستقيم) والحُجج بضمتين الطرق المحفرة والحجاج الجانب ومنبت شعر الحاجب والتحاجّ التخاصم وفعله تحاجّ وحاجّ * الحِدج بالكسر الحمل ومركب للنساء ج حدوج وأحداج والحَدج بالفتح الضرب والتهمة والغبن في البيع (والرمي بالسهم وشدّ الحدج على البعير) وفعله ض حدج * حدرج الشيء احكمه والمحدرج الاملس والحِدرِجان بالكسر القصير (وما بالدار من حدرج احد) * الحرج محركة والحرج بفتح فكسر المكان الضيق الكثير الشجر والحرج محركة وبالكسر الاثم وما يعمل فيه الموتى وفعله ل حرج

ب

(ع بَجَّة صَرفة وبَاَج الرجلُ صاحَ) • ص بَجَّ شقّ والابجّ الواسع مشق العين والبَجّة دَمُ المفصود والبَجْباجُ السمينُ المضطربُ وتَبجبجَ لحمُه (كَثُرَ و) استرخى وبَجاجة الناس رَدِيئهم • (البَحزجَ البَكرُ والقصيرُ والمبحزجُ الماء المُغلَى النهايةَ فى الحرّ • البَذَجُ ولدُ الضأن ج بِذجانٌ) • البُرجُ بالضم الرُكنُ والحِصنُ وبُرجُ السماء والبَرجُ محرّكة أن يكون بياض العين محدقا بالسواد كلّه والحَسَنُ الوجه والبيّنُ المعلومُ ج (بُروجٌ و) أبراجٌ وأبرَجَ بنى بُرجا ل وبَرِجَ اتّسعَ فى الاكل والشرب والبارجُ الملّاحُ الحاذقُ فى البحرِ والبارجةُ السفينةُ الكبيرةُ المُعَدّةُ للحربِ وتبرّجت المرأةُ اظهرتْ زينتَها للرّجلِ (وبِرجانُ لصّ م) • ن بَزَجَ وبازجَ فاخر والتبزيجُ التحسينُ (والبَزيجُ المُكافئُ على الاحسانِ) • ع بَعَجَه شقّه فهو مبعوجٌ وبَعيجٌ وبَعجه الحُبُّ أوقعه فى الحزنِ وانبعجَ السحابُ انفرجَ والباعجةُ متّسعُ الوادى وبعجَ بطنَه لك بالغ فى نُصحِك • (التبغنجُ أشدُّ من التغنّج) • بَلَجَ الصبحُ وانبلجَ وابتلجَ وتبلّجَ وأبلجَ أشرقَ والأبلجُ المتّضحُ والبُلجةُ الضوء و(يُفتحُ ونقاوةٌ) ما بين الحاجبين فهو أبلجُ وأبلجه أوضحه وفرّجه ورجلٌ بَلِجٌ بفتحٍ فكسرٍ طلقُ الوجهِ وأبلوجُ السكرِ بالضمّ م • البِنجُ بالكسرِ الاصلُ والبَنجُ بالفتحِ نبتٌ مرقدٌ وبنّجه تبنيجا أطعمه البنجَ • (البابونجُ زهرة م) • البَهجةُ الحُسنُ ر وبَهُجَ بَهاجةً حَسُنَ فهو بَهيجٌ وهى مِبهاجٌ ل وبَهِجَ فرحَ فهو بَهيجٌ والابتهاجُ السرورُ وتباهجَ الروضُ كثرَ زهرُه وباهجه باداه واستبهجَ استبشرَ • البَهرجُ الباطلُ والرديئُ والمباحُ والبهرجةُ بالشيء العدولُ به عن طريقٍ الى آخرَ • البَوجُ والبوجانُ الاعياء والبوجُ والتبوّجُ والتبويجُ والابتياجُ ظهورُ البرقِ والبوجُ ايضا الصياحُ والبائجةُ الداهيةُ •

ت

ن تَوَجَ اشتَرَ ل وتَرِجَ أشكلَ عليه شيءٌ من علمٍ وغيرِه والاترجُ والاترجةُ ثمرٌ م • (التَلَجُ فرخُ العقابِ واتّلجه فيه ادخله) • التاجُ الاكليلُ ج تيجانٌ وتوّجه ألبسه التاجَ فتتوّجَ •

ث

ع ثأجت الغنمُ ثؤاجا صاحتْ • الثَبَجُ محرّكة ما بين الكاهلِ الى الظهرِ والثبجُ ايضا وسطُ الشيء ومُعظمُه واضطرابُ الكلامِ وتفنينُه وعدمُ بيانِه والثبجةُ محرّكة المتوسطُ بين الجيدِ والرديءِ (والمثبجةُ البومُ) • ن ثَجَّ الماء وانثجّ وتثجثجَ سالَ وثجّه أسالَه والثجّةُ روضةٌ ذاتُ حياضٍ

الكبش الملون وأرض مخرجة بالفتح نبتها في مكان دون مكان وعام مخرج مشددة فيه خصب وجدب والخروج بالضم القرح والخرجة الكثير الخروج والولوج والخارجي بياء ساكنة من يسود بنفسه ومن ينفصل عن طاعة مليكه ويفسد بلاده والنسبة خارجي مشددة الياء والخروج بالضم اسم يوم القيمة وخرجت خوارجه ظهرت نجابته وأخرج أدى خراج السلطان وأخرج ايضا تزوج امرأة ذات خرج محركة اي لونها بين البياض والسواد والاستخراج والاختراج الاستنباط وخرجه في الأدب تخريجا هذبه فهو خريج (بمعنى مفعول) ورجل خراج ولاج بالشد كثير الظرف والاحتيال وخوارج المال إناثه والخوارج المبتدعون في العقيدة • خرفجه أهمله والخرفج والخرافج بالضم والخرفاج والخرفيج بالكسر رغد العيش والخرفيج ايضا الغض الناعم • الخزرج ريح او الجنوب والاسد • (تخزلج في مشيه أسرع) • الخنبج ثوب منسوج من الصوف وهو العباءة • ص خلج مال (وجامع) واشتكى ساقه تعبا • ص خلج جذب وانتزع وحرك وطعن (وغمز وشغل وجامع) وقطع ولك ن ص وخلجت العين خلوجا واختلجت اضطربت ل وخلج اشتكى تعبا من سفر او غيره والخلوج السحاب المتفرق والكثير الماء والخليج النهر والبحر والجفنة والحبل وسفينة صغيرة ج خلج وتخلج المفلوج تمايل في مشيته والاخليج الفرس الجواد والخلج محركة الفساد والمرتعد والمشكوك في نسبه وتخلج اضطرب وتحرك وتخالج في صدري شككت وخالج قلبي أمر نازعني فيه فكر والخلنج اسم شجر ج خلانج • الخنج محركة الفتور وفساد في الدين وفي الخلق وسوء الثناء • (الخنزجة التكبر) •

د

الدبج النقش والديباج (معرب) م ج دبابيج وديابيج والمدبج بالضم وفتح المشدد المزين بالديباج والمدبج ايضا القبيح الخلقة • ص دج دجيجا دب في السير والدجج بضمتين والدجة شدة الظلمة والدجج ايضا الجمال السود وأسود دجدج ودجاجي حالك وليلة ديجوج ودجداجة مظلمة وليل دجوجي مظلم والمدجج المسلح وتدجج تسلح والمدجج ايضا القنفذ وتدجدج ودجدج أظلم والدجاجة مثلثة م للذكر والأنثى والدجاجة ايضا كبة الغزل والعيال والداج الأعوان والتجار وتدججت السماء غيمت • ع دحجه سحبه (ودحج المرأة جامعها) • الدحرجة تتابع في حدور وفعله دحرج والدحروجة ما يدحرج من البنادق • ن درج دروجا مشى ودرج القوم واندرجوا انقرضوا ودرج فلان لم يخلف نسلا ودرج مضى لسبيله ودرج وأدرج طوى ل درج صعد في المراتب ولزم الطريقة في الدين ودرجات الكهنوت مراتبه وهي ثلثة الشماس

والجِرْج بالكسر بَسْطُ الثياب على الحَبْل لتجفّ واحرجته أثمنته واحرجته اليه الجاته وحرجت العين لم يمتد نظرها والحَرْجوج الناقة الشديدة والريح الباردة والتحريج التضييق والحُرجة بالضم الدلو الصغيرة * الحَشْرج كِذان الارض وهو نوع من الحجر يترشح من الماء والحشرجة الغرغرة عند الموت وتردد نهيق الحمار * الحِضْج بالكسر الناحية ن وحضج اوقد وضرب وغرق الشيء في الماء وعدا والمِحْضج ما يحرك به النار والحائد عن الطريق وانحضج التهب غضبا وانبسط والحضاج بالضم المنقوش الظهر * ن ض حلج القطن نزعه من حبه فهو حلاج والقطن حليج ومحلوج وحلج الديك نشر جناحيه نحو الدجاجة وحلج ليلته سارها كلها والمِحلاج خشبة يرقق الخبز بها وآلة حلج القطن والحلاجة حرفته والمِحلج مجوز البكرة والحلج بغشين الكثير الاكل واختلج حقه اخذه * الحَمْلوج الصغير من ولد الظبي ونحوه والتحميج شدة النظر وتغير لون الوجه غضبا وادارة الحدقة فزعا والهزال * حملج الحبل فتله شديدا (والحملاج منفاخ الصائغ) * الحِنْج بالكسر الاصل والحِنَاج بالكسر والشد المخنث واحنج واحتنج مال واحنج سكن واخفى واسرع * (الحُنبج القمل والحنابج صغار النمل) * الحِنْبِج بالكسر الذي لا خير فيه * الحَوْج السلامة حوجا لك اي سلامة واحتاج اليه افتقر اليه واحوجته والحوج بالضم الفقر وتحوج الحاجة طلبها والحاجة الشيء المفتقر اليه ج حاجات وحوائج وحوج به من الطريق تحويجا عوج وما لي فيه حوجاء ولا لوجاء بالفتح حاجة قبيحة او حسنة (وما في صدري حوجاء ولا لوجاء لامرية ولا شك) وكلمته فما رد حوجاء ولا لوجاء اي كلمة قبيحة او حسنة وخذ حويجاء من الارض اي طريقا مخالفا ملتويا واحتاج اليه عوج عليه والحاج الشوك واحتاجت الارض انبتته *

خ

ن خبج ضرب (وحبق وجامع والخبج الاحمق) * الخَبَرْنَج الناعم من الاجسام * الخجخجة مشية متقاربة كمشية المريب) * الخَجُوج الريح الشديدة المر والخج الدفع والشق والالتواء والفعل ن خج والخجخجة الاستخفاء والانقباض (والجماع) ورجل خجاجة احمق لا يعقل * ن خرج خروجا ومخرجا والمخرج بالضم م ج اخراج والخرج بالفتح خلاف الدخل واول نشو السحاب والخراج بالفتح الاتاوة اي مال السلطان ج اخرجة واخراج وسفر الخروج ثاني سفر من اسفار التوراة الخمسة يذكر فيه خروج بني اسرائيل من مصر على يد موسى النبي والخرج محركة

ذ

ع ل ذَأَجَ الماء جرعهُ شديدًا أم شربهُ متمهّلاً ضدٌّ وذأَجَ ذبحَ وخرق وأحمر ذؤوجٌ قانيٌ * ن ذَجَّ (شرِبَ ر) قدِم من سفرٍ * ذَجَّتْهُ الريحُ جرّتهُ من موضعٍ الى آخر * (ع ذَعَجَهُ دفعهُ شديدًا وذَعَجَ جاريتهُ جامعها * ذَلَجَ الماءَ شربهُ * الذِياجُ المُنادَمة) *

ر

الرَّنْجُ والرَّوْبَجُ الدِرْهمُ الصغيرُ الخفيفُ والرَّباجةُ البلادةُ والرابِجُ المُمْتَلِئُ الرَيَّانُ وتَرَبَّجَتْ على ولدها أشبلَتْ * ن رَتَجَ البابَ وأَرْتَجَهُ أغلقهُ ل رَتِجَ الصبيُّ وأُرْتِجَ وارْتُتِجَ استغلقَ عليهِ الكلامُ ورتجتِ الدجاجةُ امتلأ بطنها بيضًا ورَتِجَ البحرُ هاجَ فغمرَ كلَّ شيءٍ ورتجتِ الاسنةُ المُبْتَثُّ بالجَذْبِ ورَتِجَ الثلجُ دامَ ورَتِجَ الخصبُ عمَّ الارضَ والرَّتَجُ مُحرَّكةً والرِتاجُ بالكسرِ البابُ العظيمُ ولهُ بابٌ صغيرٌ والمراتِجُ الطُرُقُ الضيّقةُ وسكَّةٌ رَتَجٌ لا مَنْفَذَ لها * الرَّجُّ التحريكُ (والتحرُّكُ والاستهزازُ والحبسُ وبناءُ البابِ والرَّجْرَجةُ والارتجاجُ والتَرَجْرُجُ الاضطرابُ والارتجاجُ ايضًا الاعياءُ والجماعةُ الكثيرةُ في الحربِ * ن رَدَجَ رَدَجانًا مشى والأرَنْدَجُ جِلْدٌ أسودُ وسوادٌ يُسَوَّدُ بهِ الخُفُّ كالرَّزاجِ * ل رَعِجَ مالُهُ كثُرَ ع ورَعَجَ وأَرْعَجَ أقلقَ ورَعَجَ البرقُ تتابعَ لمعانهُ وارْتَعَجَ ارتعدَ وارْتَعَجَ المالُ كثُرَ * رَمَجَ ترميجًا أفسدَ سطورًا كانَ كتبها وضربَ بالقلمِ عليها والرِماجُ بالفتحِ كعوبُ الرمحِ وأنابيبُهُ * الرانِجُ الجوزُ الهنديُّ * ن راجَ رَواجًا نفقَ وروَّجَهُ نفّقهُ * الرَّهَجُ بالفتحِ والتحريكِ الغبارُ والسحابُ بلا ماءٍ والشغبُ وأَرْهَجَ أثارَ الغبارَ وأرهجتِ السماءُ همَّتْ بالمطرِ ونَوْءٌ مِرْهَجٌ كثيرُ المطرِ * الرَّهْنامَجُ الكتابُ الذي يُسْلَكُ فيهِ الـ[illegible] *

ز

(ع زاجَ بينهم حرَّشَ) * الزِبْرِجُ بالكسرِ الزينةُ من وَشْيٍ والزِبْرِجُ ايضًا الذهبُ والسحابُ الرقيقُ فيهِ حمرةٌ وزَبْرَجَ زَبْرَجَةً زيَّنَ * الزُّجُّ بالضمِّ طرفُ المِرْفَقِ والحديدةُ في أسفلِ الرمحِ ج زِجاجٌ بالكسرِ (وزِجَجَةٌ) والزَّجاجُ بالفتحِ الطعنُ بالزُّجِّ والرميُ والزجاجُ مثلَّثةً م والزَجَّاجُ بالشدِّ عاملهُ والزجاجيُّ بائعهُ والمِزَجُّ الرمحُ القصيرُ والزَّجَجُ محرَّكةً دِقَّةُ الحاجبينِ في طولٍ فهو أَزَجُّ وهي زجّاءُ وزجَّجهُ دقَّقهُ وطوَّلهُ * ن زَرَجَهُ بالرمحِ زجَّهُ والزَرَجونُ شجرُ العنبِ وقضبانها والخمرُ وماءُ المطرِ الصافي * ع زَعَجَهُ وأَزعجهُ أقلقهُ وقلعهُ من مكانهِ فانزعجَ وزَمَجَ طردَ وصاحَ والزَعَجُ محرَّكةً

والقسّ والاسقف فدرجة الشمّاس تعمّ الاناغنسط والايبوذياكن والدياكن ودرجة القس تعمّ الخوري ودرجة الاسقف تعمّ الاسقف والمطران والكاتوليك والبطريرك والبابا فالبابا أبٌ عامٌّ للرؤساء والمسيحيين مطلقًا غربًا وشرقًا ودونه البطرك ودونه الكاتوليك ودونه المطران ودونه الاسقف ودونه الخوري ودونه القس ودونه الدياكن ودونه الايبوذياكن ودونه الاناغنسط فالدرجة خاصّة بالدياكن والقس والاسقف والباقي وظائف لا درجات والدرّاج بالفتح والشدّ النمّام والقنفذ والدرّاج بالضم والشدّ طائر والدَّروج الريح السريعة المرّ والمدرَج المسلك والدُرْج بالضم وعاء للنساء ج أدراج (ودرجة) والدرج بالفتح الذي يكتب فيه والدَرَج محرّكة الطريق ورجع أدراجه اى راح فى الطريق الذى جاء منه وذهب دمه أدراج الرياح اى هدرًا والدِرّاجة بالكسر التى يدرج عليها الصبىّ اذا مشى وآلة من خشب تستتر تحتها الجنود فى افتتاح القلاع والأسوار والدرجة بالتحريك وبالضم وبالفتح السُلّم واستدرجه خدعه وأدناه واستدرج الله الخاطى أمله بانعامه ليتوب اليه وأن يأخذه قليلًا قليلًا (والايباجة) والدرج محرّكة السفير بين اثنين للصلح والدرجات طبقات المراتب ودرجت الريح بالحصى جرت عليه وجرّته • (دربج لان بعد صعوبة والدرابج المختال المتبختر فى مشيه • الدردجة اتفاق الاثنين فى المودّة • اندسج انكبّ على وجهه • الدسّجة الحزمة معرّب ج الدساتج) • الدعج محرّكة والدعجة بالضم شدّة سواد العين مع سعتها والأدعج الأسود والدعجاء الجنون وليلة المحاق والمدعوج المجنون • (دعشج أسرع) • الدغلجة التردّد والظلمة والدحرجة والدغلج الجوالق الملآن والدغلج ايضا الذى يمشى فى غير حاجة والكثير الاكل والشاب الحسن والظلمة والذئب والحمار • الدلج محرّكة والدلجة بالضم والفتح السير من أول الليل وأدلج سار الليل من آخره فادّلج بالشدّ والدالج الذى يأخذ الدلو ويمشى به من رأس البئر الى الحوض ليفرغها فيه وفعله ن دلج دلوجًا وابو مدلج القنفذ والمدلجة بالكسر علبة ينقل الماء فيها • دمج دموجًا واندمج دخل فى الشئ واستحكم فيه والدمج بالكسر الخدن والنظير والمندمج المدور والتدامج التعاون والدامج المظلم والمدماجة العمامة وأدمجه لفّه فى ثوب (والدمّيج النوام اللازم فى منزله) • الدملج بالضم المعضد والدماليج الأرضون الصلاب والمدملج الأملس • (الدناج احكام الامر والدنج العقلاء والداناج العالم معرّب • الدهرجة السير السريع) • الدهمجة اختلاط فى المشى والاسراع والمشى المتقلّل والدهمج الواسع السهل • ن داج دوجًا خدم والداجة تبّاع العسكر (والدوّاج) والدُوّاج بالضم ثوب مبطّن كاللحاف يلبس • ض داج ديجًا وديجانًا مشى قليلًا والديجان الحواشى •

وطعام سليج طيب لذيذ • (السلنج النصل الطويل الدقيق ج سلالج • السلهج الطويل) • ر سمج سماجة قبح فهو سميج بفتح فكسر وسمج بالفتح وسميج ج سماج بالضم • سمهج كلامه كذب فيه وسمهج الدراهم زوجها وسمهج أرسل وأسرع وشدد فى الحلف والسمهاج بالكسر الكذاب • السنج بضمتين العناب والسناج بالكسر أثر دخان السراج فى الحائط والسنج السراج وسنجة الميزان بالفتح وزنته وبالسين أفصح من الصاد وبرد مسنج بالشد مخطط • الساج شجر والطيلسان الاخضر او الاسود ن وساج سوجا وسواجا بالضم وسوجانا سار رويدا والسوجان الذهاب والمجيء • ع سهج الطيب سحقه وسهجت الريح اشتدت فهى سيهج (وسيهوج) وسهوج (وسهوج) والمسهج بالكسر الذى يتكلم فى كل حق وباطل والخصيم • السياج الحائط وما أحيط به على شيء وقد سيج حائطه تسييجا جعل له سياجا •

ش

(ع شأجه الامر احزنه) • الشبج محركة الباب العالى البناء وأشبجه رده • ن ض شج رأسه كسره وشج البحر شقه وشج المفازة قطعها وشج الشراب مزجه ورجل أشج ذو شجة فى جبينه • ل ض شحج البغل والغراب صوت • الشرج محركة (العرى وفرج المرأة و) منفسح الوادى ومجرة السماء ج شراج وشروج والشرج ايضا الشركة والمزج والجمع والكذب والمثل والنوع والشريجة شيء من سعف النخل يحمل فيه على الدواب والتشريج الخياطة المتباعدة والمشارجة المشابهة والشرج الشق • الشطرنج لعبة م • الشمج الخلط والاستعجال والتشريج وفعله ن شمج • الشمرجة قبح الخياطة وخشن الجصانة والتخليط فى الكلام والشمروج الثوب والجمل والشماريج الاباطيل • الشنج محركة الجمل وتقبض الجلد وفعله تشنج وشنجته تشنيجا •

ص

الصنج صوت ضرب الحديد على الحديد وفعله ن صنج • (الصاروج النورة وأخلاطها معرب وصرج الحوض تصريجا) • الصولجان العود المعطف الرأس ج صوالجة ن وصلج الفضة اذابها والصلج محركة الصمم والأصلج الشديد الاملس والأصم والمولج الفضة والخالص النقى والصلج بضمتين الدراهم الصحاح والصالجة سبيكة الفضة المصفاة • (الصلهج الصخرة العظيمة) • الصمجة محركة القنديل (معرب) ج صمج بالضم • الصنج بالضم آلة من النحاس يضرب بعضها ببعض للطرب وآلة بأوتار أيضا والصنج بضمتين القصاع وليلة صناجة مشددة

الثلق والمزعاج المرأة لا تستقر فى مكان • (الزعبج والزعبج الغيم الابيض الرقيق والحسن من كل شىء • الزعلجة سوء الخلق) • الزلج محركة الزلق والزالج الناجى من الغمرات والمزلج بالضم وبفتح اللام المشدد ملاصق قوما ليس منهم والرجل الناقص والدون من كل شىء والبخيل والغير الخالص الحسب والمزلاج بالكسر باب ينفتح باليد والمغلاق باب يفتح بمفتاح والزلوج السريع وعقبة زلوج بعيدة ن وزلج الباب وازلجه أغلقه والزلجان محركة التقدم والزلج بضمتين الصخور الملس (والتزليج مدافعة العيش بالبلغة) وتزلج النبيذ بالغ فى شربه • ن زمج بينهم فتن وزمج عليهم دخل بلا اذن (وزمج القربة ملأها) ل وزمج غضب فهو زمج بفتح فكسر • الزنج بالفتح والكسر والمزنجة والزنوج السودان واحدهم زنجى والزنج محركة شدة العطش والزناج بالكسر المكافاة • (الزنفجة الداهية) • الزوج البعل والزوجة والزوج ايضا خلاف الفرد ويقال للاثنين زوجان او زوج وزوجته امرأة فتزوج والازواج القرناء وتزوجه النوم خالطه والزاج ملح م والزيج خيط البناء والمزاوجة الازدواج • (الزهلجة المداراة) •

س

السبجة كساء أسود وتسبجه لبسه • سبرج الامر عليه عماه • ن سبج الحائط طينه والسبجة الة يطين بها ويوم سجسج لا حر فيه ولا قر والسجسج الارض التى ليست بصلبة ولا سهلة ومابين طلوع الفجر الى طلوع الشمس • ع سحجه قشره فانسحج والمسحج الة يقشر بها الخشب والسحج بالفتح الاسراع • ن سدجه بالشى ظنه به والسداج بالشد الكذاب وتسدج تكذب وانسدج انكب على وجهه والسادج الغير المهندم • السراج م والشمس وضوء مدينة القديسين فى السماء ل وسرج وجهه حسن وسرج كذب ن وسرجت الفرس وأسرجتها شددت عليها السرج والسراج بالشد متخذ السرج والسراجة حرفته والسراج بالشد الكذاب وسريج مصغرة حداد تنسب اليه السيوف السريجية والبرجيجة والسرجوجة الطبيعة وسرجه تسريجا حسنه وسرجيوس والى قبرص امن بدعوة بولس • سردجه اهمله • السرنج شىء من صناعة البلاط كالفسيفساء وضرب من النقش والتصوير الملون فى البلاط • (السرنجة الإباء والامتناع والفتل الشديد وحبل مسرنج) السفتجة هى أن تعطى مالا لاحد وتأخذه من ماله فى بلد آخر خوفا من خطر الطريق (وفعله السفتجة) • الاسفيذاج رماد الرصاص والآنك (معرب) • الاسفنج بالكسر م • ل سلج اللقمة سلجا وسلجانا بلعها والسلجان محركة الحلقوم وتسلج الشراب الح فى شربه والسلاليج الذئب الطلا . السلجم الكعك والسلج بضم ففتح أصداف [illegible]

محركة م وغيبوبة الشمس وانعراجها نحو المغرب واعرج دخل وقت غيبوبة الشمس والاعرج الغراب والعرجاء الضبع والأعيرج مصغرة الحية الصماء التي لا تقبل الرقية والعارج العائب * (العزنج الكلب الضخم) * ن عسج عنقه مدّه في مشيه والعوسجة شجرة ذات شوك ج عوسج والعوسجة التي رآها موسى في طورسيناء لم تحترق والنار فيها كانت رسمًا لمريم العذراء التي استقر فيها كلمة الله متجسدًا وبكارتها ثابتة * العسلوج بالضم ما لان من القضبان وعسلجت الشجرة اخرجت قضبانها لينة * (العشنج المنقبض الوجه السيء الخلق) * ض عفج ضرب والمعفج بالكسر الاحمق لا يضبط الكلام والمعفجة العصا وتعفج في مشيه تعوج * العلج بالكسر الحمار وحمار الوحش والرغيف الغليظ الحرف والرجل من كفار العجم ج علوج واعلاج وعلجة محركة وعالجه زاوله وداواه واستعلج جلده غلظ ورجل علج بفتح فكسر معالج للأمور والعلجن المرأة الماجنة المستهزئة والعلجانة محركة تراب تجمعه الريح في اصل شجرة * (العلهج الاحمق اللئيم والهجين) * ض عمج (وتعمج) سبح في الماء والتوى في الطريق يمنة ويسرة والعمج (والعمّج) الحية * العناجيج جياد الخيل واول الشباب والعناج بالكسر وجع الصلب واعنج اشتكى صلبه واستوثق من اموره (والمعنج المتعرض للأمور * العنبج الاحمق الرخو الثقيل والعنابج الجافي * العنابج الطويل) * العوج محركة انعكاف المنتصب وفعله ل عوج والعوج بكسر ففتح الانحراف عن استقامة الايمان وفعله اعوج وعوجته فتعوج والاعوج السيء الخلق والفاسد الايمان والاعوجيات خيل منسوبة الى اعوج من جياد الخيل والعوجاء القوس وعاج عوجًا ومعاجًا اقام (لازم متعد) ووقف ورجع وعطف راس المطية والعاج عظم آفة بحرية وعظم الفيل وبائعه عواج وعوج بالضم ملك بيسان قتله الاسرائيليون في طريق ارض الميعاد وملكوا بلاده * العوهج النعامة الطويلة العنق والحية * ما اغبج به ما اعبأ به ن وما عجت به لم ارض به (وما عجت بالماء لم اروَ) وما عجت بالدواء لم انتفع *

غ

ل غبج الماء جرعه والغبجة بالضم الجرعة * الغسلج البنج والامربين امرين * الغلج بضمتين القباب الحسن وتغلج بغى وظلم وتغلج الحمار شرب وتلمظ بلسانه والاغلوج الغصن الناعم * ض ل غمج الماء جرعه والغمج بفتح فكسر ما لم يكن عذبًا * الغملج والغملج والغملوج (والغملج والغملاج) والغملاج بالكسر الذي لا يثبت على حالة بل يكون مرة قاريا

مقبوة ن وصنج الشئ صنوجا رده الى اصله وصنجه بالعصا ضربه وصنجة الميزان سنجته •
الصهريج البئر الذى يجتمع الماء فيه • (ليلة صناجة مضيئة) •

ض

(ضبج الفتى بنفسه على الارض من كلال او ضرب) • ض ضج القوم ضجيجا جزعوا وغلبوا واضج القوم صاحوا وجلبوا والضجاج العاج والضجاج بالكسر والمضاجة المشاغبة والمشارة • ن ضرجه شقه فانضرج وضرجه لطخه فتضرج وضرجة الشاة وانضرج اتسع وانضرج ما بينهم تباعدوا وانضرج العقاب انقض على الصيد وتضرج البرق تشقق وتضرج الزهر تفتح وتضرج الخد احمر وتضرجت المرأة اظهرت زينتها للرجل وضرج الكلام تضريجا حسنه وزوجه وضرج الثوب صبغه بالحمرة والاضريج الخز الاحمر والفرس الجواد والصبغ الاحمر (والمضرج الاسد) والمضارج الثياب الخلقان • الضمج محركة هيجان المابون وفعله ل ضمج • ن ضاج وانضاج مال واتسع •

ط

ل طبج حمق والطبج الضرب على الشئ الاجوف وتطبج فى الكلام تفنن وتنوع • (الطازج الطرى معرب تازه والطازج من الحديث الصحيح الجيد) • الطسوج بالفتح والشد الناحية وربع دانق •

ع

العبجة محركة البغيض الاحمق الوغد • ن ض عج عجا وعجيجا وعجعج صاح ورفع صوته وعجت الريح اشتدت فاثارت الغبار فهو معج وعجاج ورياح معاجيج والعجة بالكسر طعام من البيض والعجاج بالفتح الاحمق والغبار والدخان ورعاع الناس ولف عجاجته عليهم اغار عليهم ولبد عجاجته كف عما كان فيه والعجاج ايضا الصياح من كل ذى صوت وعجج البيت من الدخان امتلأ • (العدرج السريع الخفيف وما بها من عدرج احد • العذج الشرب والمعذج الغيور السيء الخلق والكثير اللوم • عذلج السقاء ملأه والمعذلج الممتلى الناعم الحسن وعيش عذلاج ناعم) • ن عرج عروجا ومعرجا ارتقى وعرج اصابه شئ فى رجله فخمع لا خلقة واذا كان خلقة يقال ل عرج وهو اعرج ج عرج بالضم وعرجان وعرج تعريجا مثل واقام والمعرج المنعطف والمعراج والمعرج بالكسر والفتح فى الثانى السلم والمصعد والعرج

أسرع وعدا والفالجة الجماعة والفيوج بضم الياء المشدد السجان • الفيهج الخمر ومكيالها والمصفاة •

ق

القبج الحجل واحدة قبجة • ن قلج اشتفى من البئر • القولنج داء م •

ك

ع كاج ازداد حماقة • (ص كنج من الطعام أكل منه ما يكفيه وامتار منه فأكثر) •
ن كدج شرب من الشراب كفايته • (الكذنج الماوى معرب) • الكرجى محركة المخنث ل وكرج الخبز وأكرج علته خضرة • الكوسج الخفيف اللحية جدا وكوسج صار كوسجا • الكستيج وتسميه العامة كستيكا خيط يشده الذمى فوق ثيابه دون الزنار (معرب) • الكلج محركة وتسميه العامة الكلش الكريم الشجاع والكلج بضمتين الرجال الأشداء والكيلجة المكيال ج كيالجة وكيالج • (الكنافج الكثير من كل شىء والسمين الممتلئ والمكتنز من السنابل) •

ل

ن لبج به الأرض صرعه ولبجه بالعصا ضربه واللبجة بالضم صنارة يصاد بها الذئب ج لبج بضم ففتح • اللجاج واللجاجة الخصومة وفعله ل ض لج فهو لجوج وهى لجوجة واللجلجة والتلجلج التردد فى الكلام واللج واللجة بالضم الجماعة الكثيرة ومعظم الماء ومنه بحر لجى واللج ايضا السيف وجانب الوادى والمكان المحجر واللجة بالفتح الأصوات والجلبة واللجة بالضم (المرآة و) الفضة ولج خاض اللجة والتجت الأصوات اختلطت والملتجة العين الشديدة السواد والأرض الشديدة الخضرة واستلج متاعه وتلججه ادعاه واستلج بيمينه لج فيها زاعما أنه صادق وتلجلج دارة أخذها منه وفى فؤاده لجاجة خفقان من الجوع • ل لحج السيف دخل فى غمده والملاحج المضايق والملحج الملجأ ع ولحج عينه أصابه بها ولحج اليه لحما والحجه اليه والتحجه ألجأه واللحج بالضم زاوية البيت وكفة العين والنصل ج ألحاج ولحوج عليه الخبر لحوجة خلطه فأظهر غيرما فى نفسه • (لذج الماء جرعه ولذج فلانا ألح عليه فى المسألة) •
ل لزج تمطط وتمدد وتفرى ولزج الرأس هدا غير نقى من الوسخ ورجل لزج بفتح فكسر ولزجة لا يبرح • ع لعج فى الصدر خلج ولعج الجلد أحرقه والبدن آلمه ولاعجه الأمر اشتد عليه والتعج تحرق من غم والعج النار أوقدها والتلعجة المرأة الشهوانية • اللفج الذل والفج

ومرةً شاطرًا ومرةً سخيًا ومرةً بخيلًا ومرةً شجاعًا ومرةً جبانًا (وهي غُمْلَجٌ وغَمْلَجٌ وغِمْلِيجةٌ وغُمْلوجةٌ) * الغُنْجُ (والغُنُجُ والغِناجُ) والغُناجُ بالضمّ الشَّكْلُ ل وغَنِجَتِ الجاريةُ وتَغَنَّجَتْ تَشَكَّلَتْ دَلًّا فهي مِغْناجٌ وغَنِجَةٌ والغُنْجُ ايضًا والغِناجُ بالكسر دُهانُ الصَّوْء * ن غاجَ وتَغَوَّجَ تَثَنَّى وتَعَطَّفَ *

ف

الفَجُّ والفُجاجُ بالضمّ الطريقُ الواسعُ بينَ جَبَلَيْنِ وأَفَجَّهُ سلكهُ والفِجُّ بالكسر والفَجاجَةُ بالفتح الغيرُ اليانعِ من الفواكهِ والفِجُّ ايضًا الخِبْسُ ن وفَجَجَ بينَ رِجليهِ وأَفَجَّ فتحَ وهو يمشي مُفاجًا وأَفَجَّ أسرعَ وأَفَجَّ الارضَ شقّها بالفُدّانِ والفَجْفَجُ (والفُجْفُجُ) والفَجْفاجُ الرجلُ الكثيرُ الكلامِ والافجيجُ بالكسر الوادي والفُجّةُ بالضمّ الفُرْجَةُ * ع فَحَجَ تكبّرَ والافحجُ مَنْ تدانتْ رؤوسُ قدميهِ وتباعدتْ عِقباهُ وأَفحجَ ألجمَ وانثنى عنهُ * الفَوْدَجُ الهَوْدَجُ ومَرْكَبُ العَروسِ * ن فَرَجَ اللهُ الغَمَّ وفَرَّجَهُ تفريجًا كشفهُ (والتَفَرُّجُ على الشيء النظرُ الى محاسنِهِ) والفَرْجُ العورةُ والثغرُ وموضعُ المخافةِ ومَنْ لا يَكتُمُ السرَّ والفَرِيجُ المرأةُ تكونُ في ثوبٍ واحدٍ وفُرْجَةُ الحائطِ بالضمّ والافرجُ الذي لايزالُ يَنكشفُ فَرْجُهُ والمُفْرِجُ بكسر الراء الدجاجةُ ذاتُ الفراريجِ والفَرُّوجُ مشدّدةً فَرْخُ الدجاجةِ وتفاريجُ الدرابزينِ والاصابعِ شُقوقُها واحدُها تَفْرِجَةٌ ورجلٌ تِفْرِجَةٌ جبانٌ وأَفرَجوا عن الطريقِ انكشفوا وأَفرَجوا عن المكانِ تركوهُ وفَرَّجَ تفريجًا هَرِمَ والفارِجُ الباردُ والفَرَجُ مُحرَّكةً زوالُ الغَمِّ * الافرنجُ والافرنجةُ بفتح الراء وكسرها فيهما م (مُعرَّبُ افرنك) يفوقون غيرهم ذكاءً وصناعةً * ض فَشَجَ فرّجَ بينَ رِجليهِ ليبولَ * الفَضِيجُ العَرَقُ وتَفَضَّجَ عَرَقًا عَرِقَتْ أُصولُ شَعْرِهِ وتَفَتَّقَ شَحمًا وانفضجتِ القَرْحَةُ انفرجتْ وتَفَضَّجَ الافقُ تبيّنَ والسُرّةُ انفتحتْ وتَفَضَّجَتِ الدَلْوُ سالَ ما فيها وتَفَضَّجَ الامرُ استرخى والبَدَنُ سَمِنَ * الفَلْجُ والافلاجُ الظَفَرُ والفوزُ والاسمُ الفُلْجُ والفُلْجَةُ بالضمّ والتفليجُ التقسيمُ والفِلْجُ بالكسر النِصفُ والفَلَجُ مُحرَّكةً تباعُدُ ما بينَ القدمينِ وما بينَ الاسنانِ فهو أَفلجُ الاسنانِ والفَلَجُ ايضًا النهرُ الصغيرُ والافلجُ المتباعدُ ما بينَ اليدينِ والفالِجُ استرخاءُ أحدِ شِقّي البَدَنِ وفعلهُ ل فُلِجَ فهو مفلوجٌ والفَلِيجةُ شُقّةٌ من شُقَقِ الخِباءِ وأمرٌ مُفَلَّجٌ بالضمّ وفتحِ المشدّدِ غيرُ مستقيمٍ وافلجهُ أظفرهُ وأفلجَ قومٌ بُرهانهُ واظهرهُ وتَفَلَّجَتْ قَدَمُهُ تشقّقتْ * الفَوْجُ الجماعةُ ج فُؤوجٌ وأفواجٌ و(جج) أفاوِجُ وأفاويجُ ن وفاجَ المِسْكُ فاحَ وفاجَ النهارُ بَرَدَ وبيتُ فاجي قريةٌ في القدسِ قُربَ جبلِ الزيتونِ حيثُ أتى السيّدُ المسيحُ منها بالأتانِ وركبَهُ لمّا دخلَ أُورشليمَ يومَ الشعانينِ وأفاجَ

الحق ومَوْجة الشباب اوّله • المَهْجة بالضم الدَّم (أو دم القلب) والروح ع ومَهِج رضِع ومُهِج وجهُهُ حسُن بعد علّة وامتُهِج انتُزعت مُهجته •

ن

ع نأجت الريح نئيجا تحرّكت فهي نؤوج ونأج الى الله تضرّع ونأج البوم نام ونأج الثور عج (والنأج الاسد) • النبّاج الشديد الصوت والنبّاجة الاست والنُباج بالضم من لا خير فيه وكلب نبّاج بالشدّ نبّاح ومنبج بفتح الميم وكسر الباء الموحّدة موضع تُرْب حلب وعجين أنبجان مختمر والمِنْبج بالكسر من يعطي بلسانه لا بفعله والنَبَجة محرّكة الاكمة والنابجة الداهية وانبج خلط في كلامه وتنبّج العظم تورّم • ن نتجت الناقة نتاجا وأُنتجت ولدت وأنتجت الفرس حان نتاجها • ن نثج ما في البطن خرج ص ونثج بطنه شقّه بالسكين والنثج بالكسر الجبان • ص نجّت القرحة نجيجا سال ما فيها ونجنج منع وحرّك ونجنج بالامر همّ به ولم يعزم عليه ن ونجّ اسرع فهو نجوج • النخج المباضعة والسيل وخضخضة الدلو وصوت لاست والفعل ع نضج • النورج آلة درس الحنطة وسكّة الحرّاث والنورجة والنيرجة (النميمة والنيرج) النمام (ونيرج المرأة جامعها) والنيرنج بالكسر كالسحر والنارنج ثمر (معرّب نارنك) • ن نزج رقص • ن ص نسجه حاكه فهو نسّاج بالشدّ وصنعته النساجة وموضعه منسج بالفتح والكسر والمنسج بالكسر ايضا آلته ونسج الكلام لخّصه وزوّره ومنسج الفرس شعر عرفه المتدلّي على عنقه ن ونسج الريح هبّ طولا وعرضا والنسّاج مشدّدة الكذّاب (والنسج السجّادات) • النشج محرّكة (مجرى) الماء ج انشاج ص ونشج الباكي نشيجا غصّ بالبكاء ونشج الحمار ردّد صوته وتنشّجت القدر سمع صوت غليانها • ل نضج الثمر واللحم نضجا بالضم والكسر ادرك فهو نضيج وناضج و(هو) نضيج الرأي محكمه • النعج محركة والنعوج الابيضاض وفعله ن نعج والناعجة الارض السهلة والنعجة انثى الضأن ج نعاج ونعجات ونعاج الرمل بقر الوحش • ن نفج الارنب ثار ونفجت الفروجة خرجت من بيضها ونفجت الريح عصفت والنفّاج مشدّدة والمتنفّج المتكبّر والنفيج بالكسر وكسر المشدّد الاجنبي الذي يصلح بين القوم ج نفج بالضم والنافجة السحابة الممطرة والبنت المخطوبة ووعاء المسك (معرّب) والريح العاصفة والنفيجة القوس وصوت نافج غليظ يابس وتنفّج افتخر باكثر ممّا عنده • النفرج بالكسر الجبان والنفريج المكثار • النموذج مثال الشيء (معرّب) وقولهم انموذج لحن • (ناج نوجا رأى بعلمه و) النوجة الزوبعة • النهج والمنهج والمنهاج بالكسر الطريق

أفلس فهو ملفج بفتح الفاء والالفاج الالتجاء الى غير أهله والمتلفج الذاهب الفؤاد فرقا •
اللمج الاكل باطراف الفم والملامج ما حول الفم واللماج أدنى شىء يؤكل واللمجة بالضم ما يتعلل به قبل الغداء وتلمجه أكله واللميج الكثير الاكل والجماع • ل لهج به أغرى به فثابر عليه واللهجة بالفتح والتحريك اللسان (ولغة الانسان التى ينشأ عليها ويعتادها) ولهوج أمره لم يبرمه ولهوج الشواء لم ينضجه واللهجة ما يتعلل به قبل الاكل كاللمجة • ن لاجه أدارة فى فيه (ولوج بنا الطريق عوج) •

م

المأج الاضطراب (والاحق) والماء الاجاج وفعله ر مأج مؤوجة فهو مائج • ن مشج خلط والطعم وسمج بالعطاء • ن مج الشراب من فيه رماه وانمجت نقطة من القلم ترششت والماج من يسيل لعابه كبرا والمجاج بالضم الريق ترميه من فيك ومجاج النحل العسل ومجاج المزن المطر والمجاج ايضا خبز الذرة والمجاج بالفتح العرجون ومجمج فى خبره لم يبينه ومجمج الكتاب عمى خطه ومجمج بفلان ذهب معه فى الكلام مذهبا غير مستقيم وأمج فى البلاد ذهب وأمج العود جرى فيه الماء والمجج بضمتين السكارى والنحل والمجج بفتحتين استرخاء الشدقين ونضج العنب والمجماج المسترخى وكفل متمجمج مرتج والمج حب الماش والمج بالضم نقط العسل • ن محج الحبل دلكه ليلين ومحج كذب (وجامع) ومسح شيئا عن شىء وقشره وماججه ماطله • ع مخج الدلو نزعها لتمتلئ ماء وتمخج الماء حركه (ومخج المرأة جامعها) • ن مذجه وسعه توسيعا وتمذج البطيخ نضج • المرج موضع ترعى فيه الدواب ن ومرج البحرين وأمرجهما لم يخلط أحدهما بالآخر والمرج محركة الفساد والقلق والاختلاط والاضطراب ل ومرج العهد لم يف به والمرجان بالضم ضرب من الجوهر وصغار اللؤلؤ والمريج العظيم الابيض وسط القرن ج أمرجة • المزج الخلط والفتنة والمزج بالكسر اللوز والعسل ومزاج الشراب ما يمزج به وفعله ن مزج والمزاج ايضا ما تركبت عليه الطبائع فى البدن والموزج الخف معرب من مست ج موازجة ومازجه فاخره • ن مشج خلط ونطفة أمشاج نطفة الرجل المختلطة بنطفة المرأة • ع معج الميل حركه فى المكحلة (ومعج أسرع وجامع) والمعج الفتال والاضطراب والمعجة العنفوان • ن مغج سار • ن مفج حمق • ن ل ملج الصبى رضع باذنى فمه وامتلج اللبن امتصه وأملجه أرضعه والمليج الرضيع والرجل الحليل والأملج الاسمر والبر المقفر والمالج بفتح اللام حديدة يطين بها • الموج اضطراب البحر والانحراف عن

• الهالِجُ الكثيرُ الأحلامِ والهِلْجُ بالضمّ الحُلُمُ وأهالجه أهفاة • الهِلْباجة بالكسر الأحمق الأكول
الجامعُ كلَّ شرٍّ • الهَمَجُ محرّكة ذبابٌ كالبعوض واحدته هَمَجة والهَمَجُ ايضًا الجوعُ وسوءُ التدبير
فى المعاشِ والهَمَجُ أهفاة وأحمق وجهه ذبل • الهَمْرَجة الاختلاط والخِفّة وجلَبة الناس
والباطلُ • الهَوَجُ محرّكة طولٌ فى حمقٍ وطيشٍ والهوجاء الناقة المسرعة والهَوْجُ ايضًا الريحُ
العاصفة جدًّا ج هُوجٌ بالفتح • ص هاجَ هَيْجًا وهَيَجانًا وهِياجًا بالكسر واهتاجَ ثارَ وتَهَيَّجَ
ثارَ وأثارَ لازمٌ متعدٍّ وهاجَ النبتُ يَبِسَ والهائجُ الذكرُ يشتهى الأنثى للنكاحِ والهائجُ الفورة
والغضبُ والهَيْجاء الحربُ والهِياجُ بالكسر القتالُ والهاجة أنثى الضفادعِ ج هاجات والهائجة
ارضٌ يَبِسَ بقلُها واهاجه أيبسه •

ى

ياجوجُ وماجوجُ من أعوانِ الدجّالِ لعنةُ الله يخرجهما من بلادِ التترِ ويهلكهما مدينة القدس
ويقال فيهما أجوجُ ويَمجوجُ • اليارَجُ القلبُ والسوارُ والإيارَجُ (معجونٌ مُسهلٌ م ج
أيارج معرّب تفسيره) الدواء الإلهى •

حرف الحاء

ا

(الإحاحُ مثلثة الستر) • ن أحَّ سَعَلَ والأُحاحُ بالضمّ العطشُ والغيظُ وحزازةُ الغمّ وأحّى بفتح
الحاء المشدّد والعصر تنحنح • ص ازحَ أزوحًا تقبّض وتباطأ وتخلّف وأزحت القدمُ زلّت
وأزحَ العِرقُ اضطرب ونبض • الإشاحُ بالكسر والضمّ الوشاحُ ل وأشحَ غضب فهو أشحان
وهى أشحى • ص أنحَ الجرحُ أنحانًا محرّكة توجّع • ص أنحَ أنحًا (وأنيحًا) وأنوحًا
تثقّل من مرضٍ فهو أنِحٌ بفتحٍ فكسرٍ ج أنّحٌ بضمٍّ ففتحِ المشدّدِ وأنوحٌ • الآحُ بمدّ
الهمزة بياضُ البيض •

ب

البَجَحُ محرّكة الفرح وفعله ل بَجِحَ وبَجّحه تبجيحًا فتبجّح بطر فرحًا • ل ع بَحِحْتَ بَحًّا
وبَحَحًا وبَحاحًا وبُحوحًا وبُحوحة وبَحاحة اذا أخذته بُحّة وخشونة وغلظ فى صوته فهو أبحّ وهى بَحّاء

الواضحُ والنَهَجُ محرّكةً البُهْرُ وتتابُعُ النَفَسِ وفعلُهُ ل ص نَبِجَ وأَنْهَجَ ونَهَجَ ضَجَّ ل ع س ونَهِجَ الثوبُ بَلِيَ ع ونَهَجَ وَضَحَ وأَوْضَحَ لازمٌ متعدٍ ونَهَجَ الطريقَ سلكهُ واستنهجَ الطريقُ وأَنْهَجَ صارَ نهجًا ونَهَجَ سبيلَ فلانٍ سلكَ مسلكَهُ •

و

(الوَأْجُ الجوعُ الشديدُ) • الوَثِيجُ الكثيفُ وفعلُهُ ر وَثُجَ وَثاجةً والثيابُ المَوْثوجةُ الرِخوةُ الغزلِ والنسجِ ووَثُجَ المالُ كَثُرَ • الوَجُّ السُرعةُ والقَطا والنَعامُ • الوَجَحُ محرّكةً المَلْجأُ وفعلُهُ ل وَجَحَ وأَوْجَحَهُ ألجأَهُ والوَجَحةُ محرّكةً المكانُ الغامضُ ج أوجاحٌ • الوَدَجُ محرّكةً والوِداجُ بالكسرِ عِرقٌ في العُنقِ والوَدَجُ ايضًا السببُ والوسيلةُ والوَدَجانِ الأخوانِ والتوديجُ قطعُ الوَدَجِ والاصلاحُ • الأوارِجَةُ دَفاترُ الخَراجِ • الوَشِيجُ شجرُ الرماحِ واشتباكُ القَرابةِ والوَشِيجةُ عِرقُ الشجرةِ وليفٌ مفتولٌ يُشدُّ بهِ • ص وَلَجَ وُلوجًا ولِجَةً واتَّلَجَ دخلَ والوَليجةُ الدخيلةُ ومَنْ تعتمدُ عليهِ من غيرِ أهلكَ والوَلَجةُ محرّكةً الكهفُ يستترُ فيهِ ابنُ السبيلِ ج أولاجٌ والوَلَجُ محرّكةً الطريقُ في الرملِ والتَّوْلَجُ فرخُ العُقابِ (أصلُهُ وَوْلَجٌ) وتَوليجُ المالِ جَعلُهُ في حياتِكَ لابنِكَ • الوَنَجُ من آلاتِ الطَربِ (مُعرَّبٌ) • ص وَهَجَتِ النارُ وَهْجًا ووَهَجانًا اتَّقَدَتْ والاسمُ الوَهَجُ محرّكةً وتَوَهَّجَ الطيبُ فاحَ وتَوَهَّجَ الجوهرُ تلألأَ •

ه

الهَبَجُ محرّكةً الوَرَمُ وتَهَبَّجَ تَوَرَّمَ والمُهَبَّجُ الثقيلُ النَفْسِ والهَوْبَجةُ منتهى الوادي وانخفاضٌ لتسيلَ فيها المياهُ ص وهَبَجَهُ ضربَهُ • الهَبْرَجُ المشيُ بخِفّةٍ والمتباهي والثوبُ المُوَشّى والسمينُ والثورُ والهَبْرَجةُ اختلاطُ المَشْيِ • الهَجْهَجُ الأجيجُ والوادي العميقُ وركبَ هَجاجِ (بكسرِ الجيمِ وتُفتحُ) اي ركبَ رأسَهُ والهَجاجةُ هَبوةُ التُرابِ والاحمقُ وهَجْهَجَ بالسَبُعِ صاحَ بهِ والهَجْهاجُ الرَجُلُ الطويلُ الجافي والاحمقُ والداهيةُ ن وهَجَّ البيتُ هَجًّا وهَجيجًا هَدَمَهُ والهُجُّ بالضمِّ نَيرُ الثورِ واستهجَّ ركبَ رأيَهُ واهتجَّ تمادى • الهَدَجانُ محرّكةً والهُداجُ بالضمِّ مِشيةُ الشيخِ وفعلُهُ ص هَدَجَ والهَوْدَجُ مَركبٌ للنساءِ • ن هَرَجَ الناسُ وقعوا في فتنةٍ والهِرْجُ بالكسرِ الضعيفُ والتهريجُ عَربدةُ السكرانِ وهَرَجَ البابَ تركهُ مفتوحًا وهَرَجَ في الكلامِ أكثرَ وخلطَ فيهِ (ص وهَرَجَ الجاريةَ جامَعَها والهَرْجُ الاحمقُ والضعيفُ من كلِّ شيءٍ) • الهَزَجُ محرّكةً نوعٌ من الاغاني والصوتُ المُطرِبُ وضربٌ من عَروضِ الشِعرِ وهَزِجَ المُغنّي ترنَّمَ ومضى هَزيعٌ من الليلِ هَزيعٌ

ج

الجبح مثلثة خلية العسل ج أجباح وأجبح ن وجبح رمى بالكعب لينظر فيه بخته • ن جح
الشيء جحا بسطه والجح البطيخ والحنظل والجحجح والجحجاح السيد ج جحاجح وجحاجحة
وجحاجيح والجحجح ايضا الذى لا مروة له وبالضم الكبش العظيم وجحجح استقصى وبادر
وكف من الامر وارتد عن خصمه • ع جرحه كلمه والاسم الجرح بالضم ج جروح وأجراح
والجراح بالكسر جمع جراحة فهو وهى جريح ج جرحى بالقصر واجترح اكتسب واجترحه شتمه
واجترح الشاهد أسقط عدالته فجرحت شهادته اى أبطلت ل وجرح أصابه جراحة والجوارح
اناث الخيل واعضاء الانسان واحدها جارحة والجوارح ايضا سباع الوحش والطير الكواسر •
(جرذح عنقه كأنه أطالها) • ع جزح مضى لحاجته وأعطى ولم يشاور احدا وجزحت الظباء
دخلت أجحارها وجزح الشجر ضربه ليحت ورقه • الجلح محركة انحسار الشعر من جانبى
الرأس وفعله ل جلح والمجالحة المجاهرة بالامر والمكاشفة بالعداوة والمكابرة (والمجالح الاسد)
والمجلاح بالكسر السنة المجدبة الشاقة ج مجاليح والاجلح سطح لم يسيج بحجارة والجلحاء
ارض لا تنبت شيئا وجلمح رأسه حلقه • ع جمح الفرس جمحا وجموحا وجماحا اعتز فارسه
وغلبه فهو جموح وجمحت المرأة ذهبت الى اهلها من غير طلاق والجماح بالضم والشد المنهزمون
ج جماميح وجمامح قليلا والجموح من يركب هواه فلا يمكن رده • ن ض جنح جنوحا
واجنح واجتنح مال وجنح الطائر أصاب جناحه وأجنحه أماله وجنوح الليل اقباله والجوانح
الضلوع مما يلى الصدر الواحدة جانحة والجناح م وجناح الانسان يده ج أجنحة وأجنح
والجناح ايضا العضد والابط والجانب ونفس الشيء والكنف والناحية والجهة من الشيء والروشن
والمنظر وركبوا جناحى الطير فارقوا أوطانهم وركب جناحى النعامة جد فى الامر محتفلا ونحن
على جناح السفر اى نريده والجناح بالضم الاثم والجنح بالكسر الجانب والكنف والناحية
وجزء من الليل • الجوح الجنس والاهلاك والاستيصال والجائحة البلية النازلة واجتاحه
استأصله والجاح البشر ن وجاح عدل من المحجة وجيحون أحد الانهر الاربعة الخارجة
من الفردوس •

د

دبح ظهره تدبيحا بسطه ودبح رأسه طأطأه وذل • الدح الدس والدع فى القفا واندح اتسع

وبَخَى وبَخَّةً وتبحبحَ تمكَّنَ في المَقام وتوسَّطَ في الدار وبُحبوحةُ المكانِ وَسَطُهُ وهُم في ابتحاجٍ في سَعَةٍ وخِصبٍ والبَحْبَحِيُّ الواسعُ في النفقةِ والأبَحُّ الدينارُ ج بُحٌّ والبَحْباحُ الذي استوى طولُهُ وعرضُهُ وبَحِّ بالبناء على الكسر كلمةٌ تدلُّ على نفادِ الشيء وفنائهِ والبَحْباحةُ المرأةُ السمجةُ • ع بَدَحَ قطعَ وشقَّ وضربَ وبَدَحَهُ بالامرِ بدهَهُ بهِ وبدحَ بالسِّرِّ باحَ وبدحتِ المرأةُ تشنَّثتْ في مشيها والبُدْحةُ بالضمّ الساحةُ والبِدْحُ بالكسر الفضاءُ الواسعُ والتبادُحُ الترامي ببطيخٍ رخوٍ • البَرْحُ الشِدَّةُ والشرُّ ولقِيَ منهُ بَرْحًا بارحًا مبالغةً في الشدةِ (ولَقِيَ منهُ البَرْحَيْنِ وتُثلَّثُ الباء اي الدواهي والشدائد) والبارحُ الريحُ الحارَّةُ ج بوارِحُ والبارحُ من الصيدِ ما مرَّ من ميامنِكَ الى مياسرِكَ والبارحةُ أقربُ ليلةٍ مضتْ وبُرَحاءُ الامرِ شدَّتُهُ ومنهُ بَرَّحَ تبريحًا وتباريحُ الشوقِ وتباريحُهُ توهُّجُهُ والبَراحُ الامرُ المنكشفُ ل وبَرِحَ من مكانهِ زالَ عنهُ ولابَراحَ لا رَيْبَ وبَرِحَ الخَفاءُ وضحَ ض وبَرِحَ غضبَ وأبرحهُ أعجبَهُ وأكرمهُ وأمرٌ مُبْرِحٌ بالضمّ والشدِّ شديدٌ وبرَّحى بالقصر تقالُ عندَ الخطاءِ ومَرْحَى عندَ الاصابةِ وابنُ بَريحٍ الغرابُ • (البَرْقَحةُ قُبحُ الوجهِ) • ع بَطَحَهُ ألقاهُ على وجههِ فانبطحَ والبَطيحةُ والبَطحاءُ بالمدِّ والأبطحُ مسيلٌ واسعٌ فيهِ حصًى ج أباطحُ وبِطاحٌ وبطائحُ وانبطحَ الوادي اتَّسعَ • البَلَحُ محرَّكةً م والبُلَحُ بضمٍّ ففتحٍ النسرُ اذا هَرِمَ ج بِلحانٌ ع وبَلَحَ الثرى يَبِسَ ن وبَلَحَ بُلوحًا أعيَى وبَلَحَ الماءُ ذهبَ والبُلوحُ البئرُ التي ترشحُ والبالحُ الارضُ لا تُنبتُ شيئًا • بَلْدَحَ ضربَ بنفسهِ الارضَ وبَلْدَحَ وعَدَ ولم يفِ وابلَنْدَحَ المكانُ اتَّسعَ • البُوحُ بالضمّ الاصلُ والذكرُ والفرجُ والنفسُ والجماعُ وبُوحُ اسمُ الشمسِ والباحةُ مُعظمُ الماءِ والساحةُ وأبحتكَ الشيءَ أحللتُهُ لكَ ن وباحَ ظهرَ وباحَ بسرِّهِ بَوْحًا وبُووحًا (وبُؤوحةً) وإباحةً أظهرهُ (فهو بَؤوحٌ بما في صدرهِ وبَيْحانٌ وبَيِّحانٌ) واستباحهم استأصلهم وبَوْحَكَ كلمةُ ترحُّمٍ (والمُبيحُ الاسدُ) •

ت

التَحْتَحةُ الحركةُ وما يتتحتحُ من مكانهِ ما يتحرَّكُ • التَرَحُ محرَّكةً الهمُّ وفعلُهُ ل تَرِحَ والتَرَحُ ايضًا الهبوطُ والتَرِحُ بفتحٍ فكسرٍ القليلُ الخيرِ والتَرْحُ بالفتح الفقرُ والمَتْرَحُ بالفتح العيشُ الشاقُّ والمُتْرِحُ بالضمّ مَنْ لايزالُ يسمعُ ويرى ما لا يُعجبُهُ وتارَحُ بفتح الراءِ ابو إبراهيمَ الخليلِ • التِشْحةُ بالضمّ الجِدُّ والحميَّةُ والاصلُ والجبانةُ والحَرَدُ وخُبثُ النفسِ والحِرصُ • (التُفّاحُ ثمرٌ م) • ن تاحَ لهُ الشيءُ يتوحُ تهيَّأَ • ض تاحَ وأتاحهُ اللهُ قدَّرهُ فأُتيحَ والامرُ المُتاحُ بالضمّ والفتحِ المقدَّرُ وتاحَ في مشيتهِ تمايلَ •

كلامه • الرَّداحُ المرأةُ السمينةُ والجفنةُ العظيمةُ والكتيبةُ الثقيلةُ والشجرةُ الواسعةُ والكبشُ الكبيرُ
الأليةِ والفتنةُ الباطلةُ ج رُدُحٌ والرُّدْحةُ بالضمّ البِتارةُ داخل البيتِ • ع رزح رُزوحًا ورُزاحًا
سقطَ إعياءً ورزحَهُ بالرمحِ طعنهُ والمِرزَحُ بالكسر مساميكُ الكرمِ ع رَشَحَ وأرشحَ عرِقَ ورشحَ
الظبيُ قفزَ ولم يرشحْ لهُ بشيء لم يُعطِهِ والمِرشحةُ من آلاتِ الخيلِ والرَّشيحُ العرَقُ والترشيحُ التربيةُ
وحُسنُ القيامِ على المالِ والراشحُ من حشراتِ الارضِ ج رواشحُ وهو أرشحُ فؤادًا أذكى ويُرشَّحُ
للمُلكِ يُربَّى ويُؤهَّلُ لهُ • ع رَضَحَ النوى كسرهُ فترضَّحَ والاسمُ الرُّضاحُ بالضمّ والمرضوحُ
والرَّضيحُ النوى والمِرضاحُ بالكسرِ الحجرُ يُرضَحُ بهِ وارتضحَ اعتذرَ • الرَّقاحةُ الكسبُ والتجارةُ
وترقّحَ لعيالهِ تكسّبَ • ع رَكَحَ وأركحَ وارتكحَ اعتمدَ واشتدَّ وركحَ اليهِ ركوحًا ركنَ والتجأ
والرُّكحُ بالضمّ رُكنُ الجبلِ وناحيتهُ ج رُكوحٌ وأركاحٌ والرُّكحُ ايضًا والرُّكحةُ بالضمّ ساحةُ الدارِ
والاساسُ ج أركاحٌ والرُّكحةُ ايضًا قلّايةُ الراهبِ وأركحهُ اليهِ أسندهُ والمَلجأُ والتركّحُ التوسّعُ والتصرّفُ
• الرُّمحُ بالضمّ م ج رِماحٌ وأرماحٌ ع ورَمحهُ طعنهُ بالرمحِ والرمّاحُ بالشدِّ حاملُ الرمحِ وحِرفتهُ
الرِماحةُ والرامحُ ايضًا الفقرُ والرامحُ الرمّاحُ والثورُ لهُ قرنانِ ورمحهُ الفرسُ رفسهُ ورمحَ البرقُ لمعَ
والرُّميحُ مُصغَّرًا الذكرُ ورماحُ الجنِّ الطاعونُ ورمحَ العقربُ [illegible] • رنّحَ عليهِ ترنيحًا غُشيَ
عليهِ وترنّحَ تمايلَ سُكرًا فهو مُرنّحٌ والمُرنِّحةُ صدرُ السفينةِ • (الترنّحُ إدارةُ الكلامِ) • الرُّوحُ
بالضمّ ما بهِ حيوةُ الانفسِ يُذكَّرُ ويُؤنّثُ وكلامُ اللهِ كقولهِ تعالى إنّ تعليمي هو روحٌ وحيوةٌ والروحُ
ايضًا الوحيُ وفيضُ النبوّةِ وحكمُ اللهِ وأمرهُ والملَكُ ج أرواحٌ والسبعةُ الارواحُ القائمةُ أمامَ العرشِ
هي السبعةُ الملائكةُ وهم • ميخائيلُ • وجبرائيلُ • ورافائيلُ • واورائيلُ • وسالاتائيلُ •
ويهودائيلُ • وبارائيلُ • والرَّوحُ بالفتحِ الراحةُ والرحمةُ ونسيمُ الريحِ والرَّوحُ محرَّكةً سَعَةٌ
بينَ الرجلينِ فهو أروحُ ومكانٌ رَوحانيٌّ بالفتحِ طيّبُ الرائحةِ والرُّوحانيُّ بالضمّ ما كانَ فيهِ الروحُ
والروحانيُّ ايضًا المنسوبُ الى مَلَكٍ او شيطانٍ ج روحانيّونَ والروحيُّ (باصطلاحِ النصارى) مَن
كانت حيوتُهُ مع اللهِ بمقتضى الروحِ في الصلاحِ والريحُ بالكسرِ م ج أرواحٌ وأرياحٌ ورياحٌ (وريحٌ
جمعُ أراييح) وأراويحُ والريحُ ايضًا الغلبةُ والقوّةُ والرحمةُ والنصرةُ والدولةُ والفيءُ والطيبُ والرائحةُ
وملائكةُ الرياحِ اربعةٌ من الاتقياءِ كلٌّ منهم لهُ التسلّطُ على ثلثِ رياحٍ • الأوّلُ لهُ الصبا • الثاني
لهُ الدبورُ • الثالثُ لهُ الجنوبُ • الرابعُ لهُ الشمالُ • ويومٌ راحٌ شديدُ الريحِ وفعلهُ ل راحَ
ريحًا وراحتهُ الريحُ أصابتهُ وراحَ وأراحَ وجدَ الريحَ وراحَ أصابهُ النجاحُ والريحانُ كلُّ نبتٍ طيّبِ
الرائحةِ والولدُ والرزقُ والريحانةُ الحنوةُ وطاقةُ الريحانِ والراحُ الخمرُ والراحةُ الكفُّ ج راحٌ

والدَّحْداحُ والدَّحادِحُ بالضم والدَّوْدَحُ القصيرُ والدَّحوحُ المرأة العظيمةُ ● ع ل دَرَحَ دَفَعَ ل ودَرِحَ هَرِمَ ● دَرْبَحَ (عَدا من فزعٍ و) حَنَى ظهرَهُ وطأطأ ● الدِّرْدِحُ بالكسر المُولَعُ بالشيء والعجوزُ والشيخُ والدَّرْدَحَةُ المرأةُ المتساويةُ طولاً وعرضًا ج دَرادِحُ ● ع دَلَحَ مَشَى بحِمْلِهِ منقبضَ الخطوِ لثقلِهِ وسحابةٌ دَلوحٌ كثيرةُ الماء (ج دُلُحٌ وسحابٌ دوالحُ) ج دُلُحٌ بالضم وفتحِ المشدَّدِ ودَوالِحُ وتَدالَحاهُ ما بينهما حملاهُ على عُودٍ ● دَمَحَ تدميحًا طأطأ رأسَهُ والدُّمَّحُ المتلَمْلِمُ ● دَمْلَحَهُ دحرجَهُ ● ع دَنَحَ دُنوحًا ذَلَّ والدِّنْحُ بالكسر الظهورُ الالهيُّ اى يومُ الغطاسِ ● الداحُ ما يَلُوحُ للصبيانِ ليتعلَّلوا به ومنهُ الدنيا داحةٌ ومخلوقٌ الطيبِ والوشيِ والدَّوْحَةُ الشجرةُ العظيمةُ ج دَوْحٌ ن وداحتِ الشجرةُ عظُمتْ فهي دائحةٌ ج دوائحُ ودَوَّحَ مالَهُ فرَّقهُ

● ذ ●

ع ذَبَحَ ذَبْحًا وذُباحًا شَقَّ وفَتَقَ ونَحَرَ وخَنَقَ وذَبَحَ الذَّقنُ نَزَلَهُ والمذبوحُ من كانتْ لحيتُهُ تحتَ مُقدَّمِ حَنَكِهِ والذِّبْحُ بالكسر المذبوحُ والذَّبيحُ المذبوحُ ولقبُ إسحقَ بنِ إبراهيمَ الذى فُدِيَ بالكبشِ لمَّا أرادَ أبوهُ ذَبْحَهُ قُربانًا للهِ واذَّبَحَ واذْبَحَ مشدَّدةً اتَّخذَ ذَبيحًا والمَذْبَحُ مكانُ الذبحِ ج مَذابِحُ ومذبحُ الوُقودِ عَمِلَهُ موسى النبيُّ من خشبِ الشِّمشارِ لتُذبَحَ عليهِ الذبائحُ للهِ عن خطايا شعبِ اسرائيلَ ومذبحُ البَخورِ عَمِلَهُ موسى النبيُّ من نحاسٍ ليوضعَ عليهِ للهِ نارًا وبخورًا أبدًا موقعُهُ أمامَ تابوتِ العهدِ ومذبحُ التقدمةِ عند النصارى هو المكانُ الذى يُنتقلُ منهُ الخبزُ والخمرُ باحتفالٍ الى الهيكلِ ليتقدَّسَ هناكَ والمذبحُ المحرابُ والمقصورةُ والذُّباحُ بالضم شُقوقٌ فى باطنِ أصابعِ الرِّجلِ وشَقٌّ وراءَ الأذنِ ووجعٌ فى الحلقِ ● الذَّحُّ الضربُ بالكفِّ والشقُّ والدقُّ (والجماعُ) وذَحْذَحتِ الريحُ الترابَ سَفَتْهُ ● (تَذَقَّحَ لهُ تجرَّمَ وتجنَّى عليهِ مالم يُذْنِبْهُ) ●

● ر ●

الرِّبْحُ بالكسر الكسبُ وفعلُهُ ل رَبِحَ والرَّبَحُ محرَّكةً والرَّباحُ اسمُ ما رَبِحْتَهُ والرُّبَّاحُ بالضم والشدِّ الجَدْيُ والقردُ الذكرُ والرابحُ ولدُ الناقةِ ج رِباحٌ بالكسر والرابحُ أيضًا نصفُ النهارِ وتَرَبَّحَ تحيَّرَ ● ل ض ن رَجَحَ الميزانُ رُجوحًا ورُجحانًا مالَ وأرجحَ لهُ ورجَّحَ لهُ أعطاهُ راجحًا والمرجوحةُ والأرجوحةُ حبلٌ يُعلَّقُ للصبيانِ ليركبوهُ والأراجيحُ الفَلَواتُ وذوو الحِلْمِ وجفانٌ رُجَّحٌ بالضم وفتحِ المشدَّدِ مملوءةٌ ثريدًا ولحمًا وكتائبُ رُجَّحٌ أيضًا ثقيلةٌ ● الرَّحْرَحُ والرَّحْراحُ والرَّحْرَحانُ الواسعُ المنبسطُ والأرْحَحُ بالشدِّ مَن لا أخمصَ لقدمهِ والرَّحَةُ الحيَّةُ ورَحْرَحَ عنهُ سَتَرَ وأسهبَ فى

ضدّ والابعاد فى السير) واكثار الكلام • ل سَجَحَ الخدّ سَجْحًا وسَجاحةً لانَ واعتدلَ والسَّجيحُ اللّينُ السهلُ والسُّجُحُ بالضمّ المَحَجّةُ والسَّجيحةُ (والسُّجُحُ) السُّتْرُ والسُّجاحُ بالضمّ الهواء والاسْجَحُ الحَسَنُ المعتدلُ والسَّجْحةُ والسَّجيحةُ الخُلُقُ وسَجَحَت الحمامةُ سجعت والاسجاحُ حُسْنُ العفوِ وسَجاحِ مَبْنيّةً على الكسر امرأةٌ تظاهرتْ بالنُّبوّةِ كَذِبًا • السَّحُّ والسُّحوحُ والتَّسْحَاحُ والتَّسَحْسُحُ الصَّبُّ والسَّيلانُ المنحدرُ والسَّحُّ ايضًا الضربُ والتناهى فى السِّمَنِ والسَّحْسَحُ عَرْصَةُ الدارِ والسَّحْسَحُ ايضًا والسَّحّاحُ شِدّةُ المطرِ وعينٌ سَحّاحةٌ تَهْمُلُ كثرةَ الدمعِ والسُّحاحُ بالضمّ الهواءُ وفعلُ الكلِّ ن سَحَّ • السَّدْحُ الاضجاعُ على الوجهِ والالقاءُ على الظهرِ ضدٌّ والقتلُ وفعلُهُ ع سَدَحَ فانسدحَ وهو مسدوحٌ وسَديحٌ والسادحةُ السحابةُ الشديدةُ • السَّرْحُ والسُّروحُ الماشيةُ من الاغنامِ والانعامِ اذا سرحتْ للرّعْيِ وكلُّ شجرٍ عظيمٍ وما لا شوكَ فيهِ وكلُّ شجرٍ طالَ والسَّرْحُ ايضًا فِناءُ الدارِ والسَّلْحُ وانفجارُ البولِ والارسالُ وفعلُ الكلِّ ع سَرَحَ وسَرَّحَ المرأةَ تسريحًا طلّقها والاسمُ السَّراحُ بالفتحِ وسَرَّحَ ايضًا سَهَّلَ وسَرَّحَ شعرَهُ حَلَّهُ وارسلَهُ والمنسرحُ المستلقى المُفَرِّجُ رجليهِ والخارجُ من ثيابهِ والمَسْروحُ السَّرابُ والسَّريحةُ الطريقُ الظاهرُ المستطيلُ والمِسْرَحُ بالكسر المُشْطُ والمَسْرَحُ بالفتحِ المرعى والمُنْسَرِحُ الفرسُ السريعُ والسِّرْحانُ والسِّرْحالُ بالكسر الذئبُ والاسدُ ج سراحٍ بالضمّ والكسر وسَراحينُ وذَنَبُ السِّرْحانِ الفجرُ الكاذبُ ل وسَرِحَ خرجَ فى امورِهِ سهلًا • السَّرْدَحُ الارضُ المستويةُ اللّيّنةُ وسَرْدَحَهُ أهملَهُ • السَّطْحُ ظهرُ البيتِ واعلى كلِّ شىءٍ ع وسَطَحَهُ بسطَهُ وصرعَهُ واضجعَهُ والسَّطيحُ والمسطوحُ القتيلُ المنبسطُ والسَّطيحُ ايضًا البطىءُ القيامِ والمَزادةُ والمِسْطَحُ بالكسر عمودُ الخباءِ ومَنْقَعُ الماءِ وكوزُ السفرِ وخشبةٌ على دعائمِ الكرمِ وآلةٌ يُرَقَّقُ بها الخبزُ • السَّفْحُ عَرْضُ الجبلِ واسفلُهُ والحضيضُ منهُ ج سُفوحٌ ع وسَفَحَ الدمَ اراقَهُ (والدمعَ ارسلَهُ سَفْحًا وسُفوحًا) وسَفَحَ الدمعُ سَفْحًا وسُفوحًا (وسَفَحانًا) انصبَّ فهو سافحٌ ج سَوافحُ والتسافحُ والسِّفاحُ والمُسافحةُ الفُجورُ والسَّفوحُ الصُّخورُ اللّيّنةُ والسَّفيحُ الكساءُ الغليظُ والجوالقُ • (السَّفْحةُ الصَّلْعةُ والاسْفَحُ الاصلعُ) • السِّلاحُ والسِّلْحانُ آلةُ الحربِ (ويؤنّثُ) والعصا وتسلّحَ لبسَ السلاحَ والسِّلاحُ ايضًا الرَّوْثُ الرقيقُ وفعلُهُ ع سَلَحَ والسَّلَحُ محرّكةً ماءُ السماءِ فى الغُدرانِ (والسُّلَحُ ولدُ الحجلِ ج سِلْحانٌ) والسِّلِّيحُ بكسر اللام المشدّدِ الرسولُ (مُعَرَّبَةٌ) وسِيلُوحا اسمُ عينٍ جاريةٍ من تحتِ جبلِ صهيونَ قد اغتسلَ بها المولودُ اعمى فابصرَ بامرِ السيّدِ المسيحِ • (السَّلاطِحُ العريضُ والسَّلَنْطَحُ والمُسْلَنْطِحُ الفضاءُ الواسعُ وجاريةٌ سَلْطَحةٌ عريضةٌ واسْلَنْطَحَ وقعَ على وجهِهِ) • ر سَمَحَ سَماحًا وسَماحةً وسُموحًا وسُموحةً (وسَمْحًا وسِماحًا) واسْمَحَ جادَ وكرمَ فهو سَمْحٌ وسَميحٌ ج سُمَحاءُ وسَمابيحُ والتسميحُ السيرُ السهلُ والتثقيفُ والسرعةُ

وراحات والراحة ايضا العرس والساحة وضي الثوب وأراحه ادخله الراحة وأراحه رد له حقه والمراح بالضم مأوى الماشية وأروح الماء واللحم أنتن وأروح مات وتنفس بعد تعب وأروح الصيد اشتم ريح الانسان وتروح النبت طال واستروح واستراح وجد الراحة واستروح اشتم واستروح اليه اشتأنه والارتياح النشاط والرحمة وأراحه الله برحمته أنقذه من البلية والمراوحة أن يعمل هذا مرة وهذا مرة وأن يتقلب من جنب الى جنب ل وراح للجود راحة مال نحوه والمروحة المفازة ومكان الريح والمروحة بالكسر آلة يتروح بها والرائحة النسيم وراح له أشرف له والرواح العشي وراح سار عشاء ن وراح اليهم روحا ورواحا ذهب والرائحة ايضا مطر العشي وما في وجهه رائحة اى دم وتركته على أنقى من الراحة اى بلا شيء والمراح بالفتح مكان الذهاب والاريحي الواسع الخلق وأخذته الاريحية ارتاح الى العطاء اى مال اليه واريحا مدينة في بلاد اليهودية ذات سبعة أسوار فتحها بنو اسرائيل وهدموها بالمعجزة *

ز

ن زحه نحاه عن موضعه وجذبه بعجلة وزحزحه باعله فتزحزح بعد لازم متعد (وهو بزحزح منه اى ببعد) والزحزاح البعيد * ع زرحه شجه ل وزرح تنحى من مكان الى آخر وزارح بن يهودا من تامر كنته * ن زقح القرد صوت * الزلح الباطل والزلحلح الخفيف الجسم والخبز الرقيق (الزلنقح السيء الخلق) * الزمح بالضم وفتح الميم المشدد اللئيم والدميم والاسود القبيح والزامح الدمل * ع زنح مدح ودفع وضايق في المعاملة وتزنح رفع نفسه فوق قدره * الزوح الزوال والتباعد وأزاح الامر قضاه وأزاحه نحاه وأزاغه عن موضعه * ض زاح زيحا وزيوحا وزيحانا وانزاح بعد وذهب وأزاحه نحاه وزيحه زفه سريانية معربة والاسم الزيلح *

س

ع سبح في النهر سبحا وسباحة بالكسر عام فهو سابح وسبوح (ج سبحاء وسباح) ج سباح بالضم والشد وسباحون والسابحات السفن والنجوم والسوابح الخيل وسبحان الله تنزيها له عما يراه البشر وسبحان الله من كذا تعجب منه وأنت أعلم بما في سبحانك اى نفسك وسبح تسبيحا نشد الله ومدحه وسبح ايضا صلى والسبوح بالضم والشد من صفات الله وسبحات وجه الله أنواره والسبحة والمسبحة بالكسر خرزات تعد للتسبيح والسبحة ايضا الدعاء والصلوة والقنوت والسبحة بالكسر ثوب الجلد الذي لبسه آدم لما خرج من الفردوس وكل ثوب من جلد والتسبيح الصلوة والسبح (الفراغ و) التصرف في المعاش والحفر والنوم والسكون والتقلب (والانتشار في الارض

الشفتين المسترخيتين وما تشقق من بلح النخل * الشلخة حياء الكلبة والشلخة بالضم الشقرة والاشلخ الاشقر ع وشلخ الكلب رفع رجليه ليبول واشلخ ابعد ر وشلخ قبح وشلخ الكلب بالفتح دبره وبشذقه ج اشقاح وشاقحة شاتمة * شلحه تشليحا عراه ع وشلح ثوبه نزعه عنه والمشلح مكان في الحمام يتشلح فيه * الشنح بضمتين السكارى وشنح عليه تشنيحا شنع * الشيح بالكسر نبت والشائح والشيحان بالفتح الجد في اموره والغيور ص وشاح شيحا واشاح حذر والشياح بالكسر الحذر والجد وشائح قاتل والمشيح المقبل عليك والمشيح ايضا المانع لما وراء ظهره والتشييح التحذير *

ص

الصبح بالضم الفجر واول النهار ج اصباح والاسم الصباح والاصباح واصبح دخل في الصباح واصبح صار ع وصبحهم فتاهم بالصباح واتاهم صباحا وعم صباحا كلمة دعاء والصبوح الشرب صباحا والصبحة بالضم نوم الغداة ولون يميل الى الشقرة وسواد يميل الى الحمرة فهو اصبح (واتيته ذاصباح وذاصبوح اى بكرة والاصبحي السوط) والاصبح الاسد والمصباح بالكسر السراج واصطبح شرب الصبوح واصطبح اسرج المصباح واستصبح طلب الصباح والصباحة الحسن والجمال وفعله ر صبح فهو صبيح الوجه والصباح شعلة القنديل واصبح اى انتبه والصبح محركة بريق الحديد والحق الصابح البين * الصح بالضم والصحة بالكسر ذهاب المرض والبراءة من كل عيب وفعله ص صح فهو صحيح (وصحاح) ج صحاح واصحاء وصحائح واصحه الله ازال مرضه والصحصح ما استوى من الارض والصحاح الطريق الوعر وصحصح الامر تبين والصحصح من ياتي الاباطيل والصادق المودة * ع صدح صدحا وصداحا بالضم ترنم والصيدح المصوت والصدح محركة المكان الخالي ولاكمة والاسود ج صيدحان بالكسر (والاصدح الاسد) * الصرح القصر وكل بناء عال وبرج بابل والصرح محركة والصريح والصراح بالضم والفتح الخالص من كل شيء وفعله ر صرح فهو صريح ج صرحاء وصرائح وشتمه مصارحة مواجهة وكاس صراح غير ممزوج والتصريح التبيين وانكشاف الحق والصراحية آنية الخمر وقولهم صلاحية لحن وانصرح بان وصرح بما في نفسه تصريحا ابان عنه * الصردح المكان المستوى (وضرب صرادحي شديد بين) * الصرنقح الصياح * الصرنقح الشديد الشكيمة الذي لا يخدع ولا يطمع فيما عنده والطريق * المنطح الصحراء ليس بها رتق ومكان يسوونه لدوس الحصيد فيه) * الصفح الجانب ومنحنى الجبل وصفحتك جنبك والصفح ايضا عرض السيف ج صفاح ع وصفح اعرض وترك

والهرب والمسامحة المساهلة واسمحت قرونته ذلّت نفسه وعود سمح لا عقدة فيه • السُّنح بالضم اليمن والبركة ع وسنح لى رأى سنوحًا وسنحًا بالفتح والضم عرض وسنحه عن رأيه ردّه وسنح لى الشعر تيسّر وسنح عليه اصابه بشرٍ وسنح الظبى سنوحًا ضدّ برح ومن لى بالسانح بعد البارح اى بالمبارك بعد الشوم والسنيح والسانح والسنحنح الذى لا ينام الليل • الساحة الناحية والفضاء بين الدور ج ساح وسوح بالضم وساحات • ص ساح الماء سيحًا وسيحانًا جرى على وجه الارض وساح الظل امتدّ والسياحة بالكسر والسيوح والسيحان الذهاب فى القفار عبادة للبعد عن الناس والقرب من الله والسائح الراهب (او هيئة الصائم الملازم للمساجد و) المتوغّل فى القفر والمسيّح الطريق المبيّن من بين طرقه الصغار والحمار الوحشى والمسياح من يسيح بالشرّ فى الارض وانساح باله اتسع وانساح الثوب (تشقّق) وسيحون بالكسر احد الانهر الاربعة الخارجة من الفردوس وسيحون ايضًا اسم ملك الاموريين قتله بنو اسرائيل فى طريق ارض الميعاد وملكوا بلاده •

ش

الشبح محرّكة الشخص ج اشباح وشبوح والشبحان محرّكة الطويل ع وشبح شقّ وشبح الجلد مدّه بين اوتاد وشبح المصلّى يده مدّها فى الصلوة والشبح ايضًا الباب العالى البناء واشباح المال ما يعرف من المواشى وشبّح تشبيحًا ضعف نظره حتى يرى الشبح شبحين وشبح الشىء ايضًا جعله عريضًا • الشحّ مثلثة البخل والحرص ل ص شححت وشححت (بدو) عليه بخلت فهو شحاح بالفتح وشحيح وشحشح وشحشاح وشحشحان ج شحاح واشحّة واشحّاء بالمدّ والشحشح الفلاة الواسعة والمواظب (على الشىء) والسىء الخلق والخطيب البليغ والشحشحان والشحشح والشحشاح الشجاع والغيور والشحاح الارض التى لا تسيل الا من مطر كثير والشحشح ايضًا والشحشحان الجمار الخفيف والشحشحة تردّد هدير البعير والطيران السريع والحذر والمشاحّة التباخل وعدم فوات الامر والشحشاح المرأة التى تشبه الرجل فى قوتها والاشحج القليل الخير • ع شدح سجن والاشدح الواسع وانشدح استلقى وفرج رجليه • ع شرح كشف وفتح وفهم (والانشراح الانفراج والانبساط) وشرح البكر افتضّها وشرح المسألة وسّعها فى المعنى وابان مضمونها اوضح والشرحة والشريحة والشريح قطعة اللحم والمشروح الشراب والشارح ناطور الزرع وشرّح اللحم تشريحًا قطّعه طولًا • (المشرطح الذاهب فى الارض) • الشرنح والشرنحى القوىّ والطويل ج شرانح وشرانحة • (شطح خلع ومرح لهوًا) • الشفلّح بفتح اللام المشدّد الواسع المنخرين والعظيم

الضيح العسل واللبن الممزوج بالماء وضيّحته سقيته إيّاه وضيّحت اللبن مزجته والضِيح بالكسر الشمس وضوءها وتضيّح اللبن صار ضياحا اى ممزوجا والضاحة البصر والعين وضاحت البلد خلت *

ط

(المطبّح السمين) * الطحّ البسط وطحطح كسر وفرّق وبدّد إهلاكا وضحك والطحة أسقطه ورماه والطحطاح الاسد وانطح انبسط (وما عليه طحطحة اى شيء او شعر) * ع طرحه واطّرحه رماه وأبعده والطِرح بالكسر البسط والطِرح ايضا والطريح المطروح والطَرَح محرّكة والطروح المكان البعيد وطرّح البناء تطريحا طوّله ل وطرّح ساء خلقه وطرّح تنعّم مليّا والطُرحة الطيلسان ومطارحة الكلام مناقشته * (الطرشحة الاسترخاء وضربه حتى طرشحه) * الطرموح الطويل والطامح وطرمح البناء طوّله (والطرمحانية التكبّر) * ع طفح الإناء طفحا وطفوحا امتلأ وارتفع وطفّحه تطفيحا وأطفحه ومنه سكران طافح والطُفاحة الغرفة وإناء طفحان فائض وقصعة طفحاء بالمدّ وطفاح الارض ملؤها والطفح غشى اذهب والطافحة اليابسة * الطلح والطلاح بالكسر شجر عظيم والطلح ايضا البلح والموز ل وطلح جوفه خلا من الطعام والطلحية طوحية الورق (مولّدة) ج طلاحى ع وطلح البعير طلحا وطلاحة أثيا وطلّحه أتعبه فهو طلح وطلح (وطليح) وهى طلحة وطليحة (وطلح) وطالح ج طلّح بالضم وفتح المشدد وطلائح وهو طلّح نساء يتبعهن والطلح محرّكة النعمة والطلاح ضدّ الصلاح وطلّح عليه تطليحا ألحّ * ع طمح بصره اليه ارتفع وطمحت المرأة جمحت فهى طامح وطمح فى الطلب أبعد وكلّ مرتفع طامح وأطمح بصره رفعه والطماح بالكسر الجماح وطمحات الدهر محرّكة شدائده (والطمّاح الشره) * ن ض طاح هلك وذهب وسقط وتاه فى الارض وطوّحه توّهه فتطوّح وطوّح بنفسه رمى بها ههنا وههنا وطوّحته الطوائح قذفته القواذف وطوّحه ضربه بالعصا وبعثه الى ارض لا يرجع منها وطوّح به ألقاه فى الهواء وحمله على ركوب ارض مهلكة والمطاوح المقاذف وتطاوحت به النوى ترامت به وأطاحه أفناه وأذهبه * الطيح خشبة الفدّان وطيّح بثوبه رمى به وطيّحه توّهه وأضاعه وأطاح ماله أهلكه *

ف

ع فتح وافتتح وفتّح تفتيحا ضدّ أغلق والفتح والفتاحة النصر وافتتاح دار الحرب والفتح ايضا أوّل المطر والحكم بين الخصمين والفتح الباب الواسع المفتوح والاستفتاح والافتتاح الاستنصار (والمفتح) والمفتاح م (ج مفاتيح) والمفتح الخزانة والكنز والمخزن وفاتح جامع وتفاتحا تكلّما سرّا والفتّاح الحاكم وفاتحة الشيء أوّله والفتحى بالقصر الريح والفتوح بالفتح أوّل المطر وينتاج ويروى نتاج

وصَفَحَ عنه عفا وصَفَحَهُ بالسيف ضربه بعَرضِهِ وصَفَحَ الشئ، وصَفَّحَهُ تصفيحًا جعله عريضًا وتصفَّحَ في الامر نظر فيه والمُصافحة والتصافح الاخذ باليد والصَّفيحُ السماء ووجه كل عريض والمُصَفَّحُ مُشذَّذة العريض والانف المعتدل القصبة والقلب الذى فيه الايمان والنفاق والوجه الحسن والصَّفوح الكريم والصَّفحُ العفو والصَّفائح الواح الباب والسيوف العريضة والصُّفّاح بالضم والشد حجارة عِراض رِقاق والتصفيح التصفيق والمُصافح الزاني * الصَّقَحُ مُحرَّكة الصَّلَعُ فهو أصقَحُ والصَّقحة مُحرَّكة الصَّلعة * الصَّلاحُ ضدّ الفساد وفعله ع (ر) صَلَحَ فهو صالحٌ بفتح فكسرٍ وصَليحٌ وأصلَحَهُ ضدّ افسده وأصلَحَ اليه أحسن والصُّلحُ (ويُؤنَّث) المسالمة وفعله صالَحَ فتصالَحَ واصطلَحَ والاصلاحة ٢ ج مَصالِحُ واستصلح ضدّ استفسد (ن) وهذا يصلُحُ لك اى يُناسبك (والاصطلاح على الشئ التواطؤ والتوافق عليه) * صَلْفَحَ الدراهم قلّبها والصَّلافِحُ الدراهم لا واحد له * ع ص صَمَحَهُ الحرُّ أذاب دِماغه وصَمَحَهُ ضربه بالسوط والصُّماح بالضم العَرَق المنتن والصُّمان والكيّ وشعمة يُداوى بها شق الرجل والاصمح الشجاع والصَّمَحمَح الرجل القوي * صَمْدَحَ اليومُ اشتدّ حرّه والصَّمَيْدَحُ اليوم الحارّ والصَّمادِحُ خالص كل شئ، والطريق الواضح (والاسد * الصِّنْدَحُ الحجر العريض) * الصَّوح بالفتح والضم حائط الوادى وأسفل الجبل والتصوّح التشقّق ويبس البقل والتصويح التجفيف والصُّواح بالضم البص وعَرَق الخيل والصاحة ارض لا تنبت أبدًا وانصاح الفجر استنار والصُّوحان بالضم اليابس * الصَّيحُ والصَّيحة بالفتح والصِّياح بالكسر (والضم) والصَّيحان مُحرّكة الصوت بكل الطاقة والصيحة ايضا العذاب وتصيَّحَ البقل يبس وصَيَّحَتهُ الشمس جففته (وصيحَ بهم فزِعوا وصيح فيهم هلكوا وذهب من غير صَيحٍ ولا نَفرٍ اى قليل ولا كثير) *

ض ح

ع ضَبَحَتِ الخيلُ صوّتت (غير الصهيل) وعدَتْ والضِّبحُ بالكسر الرماد والضُّباح بالضم صوت الثعلب والمضابحة المشابحة * ضَحضَحَ السراب وتضحضح ترقرق والضِّحُّ بالكسر الشمس وضوءها (وما أصابته الشمس ومنه جاء بالضِّحّ والرِّيح اى بما طلعت عليه الشمس وماجرت عليه الريح) والضَّحضح والضَّحضاح الماء اليسير الى الكعبين وضحضح تبيّن * ع ضَرَحَهُ دفعه ونحّاه وضَرَحَتِ الدابة رفست والضَّريح البعيد والقبر وضَرَحَ للميت حفر له ضريحا والضَّرَح مُحرّكة الرجل الفاسد والضُّراح بالضم اسم مدينة القدّيسين في السماء وضارحة شاتمة وراماه وقاربه واضرح افسد وأبعد والمضرحي (الصقر الطويل الجناح) السيد الكريم والابيض (من كل شئ) والطويل *

بالفتح الشقّ والمكر والبخس في البيع وفعل الكلّ ع فلح والفلح محرّكة شقّ في الشفة السفلى فهو أفلح والفلّاح مشدّدة الأكّار والمكاري والملّاح وأفلح بالشيء عاش به والتفليح الاستهزاء والمكر والفلاحة الحراثة • فلطح القرص عرّضه ورأس مفلطح عريض • فلقح ما في الإناء شربه ورجل فلقحي يضحك في وجوه الناس (وتفلقح اي يستبشر اليهم) • ن فاح المسك فوحًا وفووحًا وفوحانًا وفيحًا وفيحانًا انتشرت رائحته وفاحت القدر غلت وفاحت الشجّة فاضت بالدم وأفاحه أراقه وبحر أفيح وفيّاح بالشدّ واسع والفيحاء الدار الواسعة ولقب أطرابلس الشام • الفيح والفيوح جنس الربيع •

ق

القبح بالضمّ ضدّ الحسن وفعله ر قبح قبحًا بالضمّ والفتح وقباحًا وقبوحًا وقباحة وقبوحة فهو قبيح ج قباح بالكسر وقباحى وهي قبحى بالقصر وقبيحة ج قبائح وقباح بالكسر ن وقبحه الله عن الخير أبعده فهو مقبوح وقبح البيضة كسرها وقبح البثرة أخرج قيحها وأقبح أتى بالقبيح واستقبحه ضدّ استحسنه والقبيح طرف عظم العضد وملتقى الساق والفخذ والمقابحة المشاتمة • القحّ بالضمّ الخالص من كلّ شيء والجافي وفعله ن قحّ قحوحة فهو قحّ والاسم القحاحة والقحوحة وقحاح الامر خالصه ولبّه وأصله والقحقحة ضحك القرد والقحقح عظم الدبر • القدح بالكسر السهم قبل أن يراش وينصل ج قداح بالكسر وأقدح وأقاديح والقدح محرّكة آنية للشرب ج أقداح ومتّخذه قدّاح مشدّدة وحرفته القداحة ل وقدح فيه طعن وقدح القدح خرقه لينصله وقدح واقتدح ضرب بالزند ليخرج نارًا والمقدح بالكسر والقدّاح بالشدّ حديدة الزند والقدّاح والقدّاحة بالشدّ حجرة والمقدحة المغرفة والقادح والقادحة دودة تنخر الشجر وقدح من المرق قدحه واقتدح اغترف غرفة والقدوح والأقدح الذباب والقديح المرق والقدحة بالكسر اسم من اقتداح النار واقتدح الامر دبّره والاسم القدحة بالكسر • قاذحه شاتمه • القرح ويضمّ خراج في البدن والألم (وعضّ السلاح ونحوه) ع وقرح جرح ل وقرح خرجت به القروح والقريح الجريح والمقروح بالفتح من به القروح بالضمّ وروضة قرحاء ذات زهر ابيض والقرحان الخارج والقرحان من لم يحضر الحرب والقرحان الذي فيه القروح ع وقرحه وقارحه واجهه والقارح من الدوابّ الدارك سنّه ج قوارح وقرّح بالضمّ والشدّ ومقاريح والدابّة قارح وقارحة وفعله ل ع قرح قروحًا وقرحًا وأقرح والقراح بالفتح والقريح الخالص لا يشوبه شيء والقراح ايضًا ارض لا ماء فيها ولا شجر ج أقرحة والقراحي بالضمّ ساكن القرية والقارح الاسد وقرحت الناقة قروحًا استبان حملها والقريحة أوّل كلّ شيء من غير سماع وقريحتك

بـلنون قاضي بني اسرائيل خلّصهم من أسر العمّونيين وذبح ابنتهُ وحيدةً قرباناً للهِ لانتصارهِ • فحيح الافعى صوتها وفعلهُ ن ض فحّت والفُحُح بضمّتين الافاعي الهائجة وفحفح المودّة أخلصها والفحفاح الابحّ وفحفح في نومه نفخ وفحّة الفلفل بالضم حرارته • ع فدحه الدَّين أثقله وفوادح الدهر خطوبه والفادحة البليّة النازلة • الفرح محرّكةً السرور والبطر وفعله ل فرح فهو فرح بفتح فكسر وفروح ومفروح وفارح وفرحان ج فراحى وفرحى بالقصر وهي فرحة وفرحى بالقصر وفرحانة وأفرحه وفرّحه تفريحاً والمفراح الكثير الفرح والفرحة بالضم المسرّة وأفرحه أثقله والمفرح بفتح الميم والراء المحتاج المغلوب الفقير ومن لا يُعرف له نسب ولا وداد والفرحانة الكمأة البيضاء • (الفرساخ الارض الواسعة) • الفرشاح (الفرساح و) سحاب لا مطر فيه والمرأة السمجة وفرشح وثب والفرشح بالكسر الذكر • (الفرفح الارض الملساء) • الفركحة التباعد بين الاليتين والفرتاح والمفركح المفوّج الدبر • الفسحة بالضم السعة ر وفسح المكان وأفسح وتفسّح وانفسح اتّسع فهو فسيح وفساح ع وفسح له وسّع ورجل فسيح بفتح فكسر واسع الصدر والفسح والفساحة شبه الجواز ومراح منفسح كثرت مواشيه • ع فشح فرّج ما بين رجليه وفشح عنه عدل (وفشح المرأة جامعها) وفشاح (مبنيّة) الضبع • الفصح والفصاحة البيان وفعله ر فصح فهو فصيح وفصح ج فصحاء وفصاح (وفصح) وهي فصيحة ج فصاح وفصائح وفصح الاعجمي تكلّم بالعربيّة او كان عربيًّا فازداد فصاحة وتفصّح وأفصح تكلّم بالفصاحة ويوم فصح بالكسر ومفصح بلا غيم ولا برد وأفصح اللبن ذهبت رغوته وأفصح البول صفا وأفصح الصبح استبان وأفصح الرجل بيّن وأفصح الشيء وضح والفصح بالكسر عند اليهود عيد تذكار خروجهم من مصر عند أكلهم الخروف وهم مستعدّون للسفر والفصح عند النصارى تذكار قيامة سيّدنا يسوع المسيح من بين الاموات وأفصح عيّد عيد الفصح • ع فضحه كشف مساويه فافتضح والاسم الفضيحة والفضوح والفضوحة بالضم والفضاحة بالفتح والفضاح بالكسر الابيض لا شديدًا وفعله ل فضح والاسم الفضحة بالضم وأفضح الصبح بدا (وفضحك الصبح بان لك وغلبك ضوؤه) • ع فطحه جعله عريضاً والفطح محرّكة عرض الرأس والانف والافطح الثور والمفوّج الافطس • ن تفقّح تفتّح اي تباعد وتناوم والتفقّح التفتّح ع وفقح الجرو فتح عينيه وهو صغير وفقح الشيء سفّه كالدواء وفقّح النبات أزهى وأزهر والفقّاح بالضم والشد زهر كل نبات والمرأة الحسنة الخلق والفقحة حلقة الدبر او واسعها ج فقاح والفقحة ايضاً والفقاحة راحة اليد وهو متفقّح للشرّ متهيّئ وفقّح وفقحيا من ملوك بني اسرائيل • الفلح محرّكة والفلاح الفوز والنجاة والبقاء في الخير والفلح

ك

كبح الدابة واكبحها جذب لجامها لتقف وكبحه ضربه بالسيف وكبحه ردّه عن الحاجة خائبا
واكبح شمخ وكابحه شاتمه والكابح ما يتخطى منه ج كوابح • ع كتح اكل حتى شبع
وكتحته الريح سفت التراب عليه والكتح الكدح • ع كثح عن استه كشف وكثح الشئ
جمعه وفرقه ضد • الكح بالضم الخالص من كل شئ وفعله ن كح والكحكح (والكحكحة) العجوز
الهرمة • ع كدح لنفسه عمل خيرا ام شرا وكدح وجهه خدشه وكدح واكتدح لعياله كسب
وبه كدح اى خدش ج كدوح وتكدح الجلد تخدش وحمار مكدح معضض • الكرح بالكسر
(معرب) قلاية الراهب ج اكراح والكارح حلق للانسان • كرتحه صرعه وتكرتح نزّ مسرعا
• الكرذحة سرعة العدو والكراذح بالضم القصير وتكرذح تدحرج (وكرذحه صرعه) • ع كسحت
الريح الارض قشرت منها التراب واكتسحوهم اخذوا اموالهم كلها وكسح كنس والمكسحة المكنسة
والكساحة بالضم الكناسة والزمانة فى اليدين والرجلين ل وكسح زمن وهو اكسح وكسحان وكسيح
والكسيح العاجز والاكسح الاعرج والمقعد ج كسحان بالضم والكسح بفتح فكسر من تستعينه فلم
يعنك وما اكسحه ما اثقله والكسح الغمز • الكشح ما بين الخاصرة الى الضلع الخلف
وطوى كشحه على الامر اضمره وستره وطوى كشحه عنى قطعنى وهجرنى والكشح ايضا الودع ج
كشوح والكشح محركة مرض ذات الجنب والكاشح مضمر العداوة ن وكشح له بالعداوة وكاشحه
عاداه وكشح القوم فرقهم وكشح الدابة ادخل ذنبها بين رجليها وكشح البيت كنسه (وتكشح
المرأة جانبها) والمكشاح الفلس والمكشاح ايضا والمكشح حد السيف والتكشيح التلقيح والكى
على الكشح وانكشحوا من الماء تفرقوا • الكفيح الكفؤ وزوج المرأة والضجيع والعيف المفاجى
والاكفح الاسود ع وكفحه كشف عنه غطاءه وكفحه ضربه بالعصا وكفح الدابة جذب لجامها
وكفحه واجهه والكفيح الرجل الخجل واكفحته عنى رددته وكافح المرأة قبلها فجاءة • ع كلح
كلوحا وكلاحا بالضم وتكلح واكلح انقبض بعبوس وما اقبح كلحته محركة اى فمه وحواليه والكلاح
بالضم السنة المجدبة والكولح القبيح وتكلح تبسم وتكلح البرق تتابع ودهر كالح شديد شاق •
(الكلمح التراب) • ن كمح الدابة واكمحها كبحها والكمح دنو الكرم من ان يورق والكومح
العليظ الاليتين والعليظ الكلام لكبر اسنانه والكيموح التراب والكمح بالضم الشامخ • (الكنتح
الاحمق • الكنبح والكنبيح الاصل) • ن كاحه كوحا وكاوحه وكوحه واكاحه قاتله
فغلبه وكاحه غطه فى الماء او فى التراب وكوحه اذله ورده وكاوحه شاتمه وجاهره وتكاوحا تمارسا

طبعك والقُرح بالضم أول الشيء. والاقتراح ارتجال الكلام واستنباط الشيء من غير سماع والاقتراح الاختيار والتحكّم والقَريح أول نشو السحابة والخالص وذو القُروح أيوب البار المبتلي وقُرحة الربيع وقُرحة الشتاء بالضم أوله وطريق مقروح مطروق وقَرَح واقترح حفر بئرا وتقرّح له تهيّأ وقوارح وقورح بالضم من بني اسرائيل اهبطه الله الى النار حيًّا لانه اراد ان يختلس الكهنوت من هرون • القُرْدُح والقُرْدُوح القِرْد وقَرْدَح اقرّ بما يُطلب منه وقَرْدَح تذلّل فهو مُقرْدِح اى ذليل والقُرْدُوحة بالضم جوزة الحلق • (اِقرَنْدَح لي تجنّى عليّ والمُقرَنْدِح المستعدّ للشر • القُرْزُحة المرأة القصيرة والدميمة • قَرْشَح وثب وثبًا متقاربا) • القِبْزح بالكسر بزر البصل والتابل والقزّاح بالشد بائع القِزح والتقازيح الابازير وتقزيح الحديث تزيينه ن وقَزَحت القِدرُ قطرت مرقا والقَزْح بول الكلب ع ل وقزح قزحا وقزوحا بال والقِزح بالكسر روث الحيّة وقوس قُزح بضم القاف وفتح الزاي العلامة المتلوّنة في الجو كأنها قوس اشارة منع الطوفان كوعده تعالى الى نوح البار والقُزحة بالضم التلوّن ع وقَزَح ارتفع وبِشفرقازح عال رعال والقازح الذكر الصُلب وتقزّح النبات تشعّب وقوازح الماء نفاخاته ودير قُزحيّا بجبل لبنان على اسم مار انطونيوس الكبير مشهور بطرد الشياطين • ع قَسَح قساحة وقسوحة تصلّب واقسح الرجل كثر انتشار ذكره وقسح الحبل فتله والقَسَح محرّكة اليبس وثوب قاسح غليظ • القُشاح بالضم اليابس وثوب قاشح قاسح (وقُشاح مثبّتة الضبع) • ع قلحه كرهه وقلح الشيء استفّه وقلح عن الطعام امتنع • القَلَح محرّكة والقُلاح صفرة الاسنان وفعله ل قلح والقِلْح بالكسر الثوب الوسخ والقَلْح بالفتح الحمار المسنّ والاقلح الجُعَل وتقلّح تكسّب في الجدب • قلفحه اكله كلّه • القمح الحنطة ل وقمِحه واقتمحه استفّ القمح والقميحة الجوارش والقُمحان بالضم والفتح والقُمحة بالضم الورس والزعفران ورغوة الخمر واقمح رأسه رفعه واقمح نظره غضّه واقمح بانفه شمخ واقمح السنبل نبت فيه القمح وشهرا قماح بالكسر والضم شهرا البرد والقمحي والقمحات رأس الذكر والقِمحاية بالكسر ما فوق نقرة القفا وقمّحه تقميحا أرضاه بالقليل من كثير كان له والقامح كارة الماء لعلّة مرض واقتمح البُرّ صار قمحا واقتمح النبيذ شربه • ع قَنَح رأس العود عطفه وقنح الشارب روى وأكره على الشرب وقنح باب الخباء واقتنحه رفعه على خشبة • ن قاح الجرح وتقوّح صار فيه القيح وقاح البيت وقوّحه كنسه والقاحة الساحة ج قوح • القَيح م اذا كان مخلوطا بدم من وقاح الجرح وقيّح وتقيّح صار فيه القيح •

ولاحهُ أهلكهُ والمِلْواحُ الطويلُ الضامرُ والعظيمُ الألواحِ والسريعُ العطشِ ولاحهُ العطشُ والسفرُ ولوّحهُ غيّرهُ ولحتهُ أبصرتهُ واستلاحَ تظاهرَ والمُلتاحُ المتغيّرُ واللِياحُ (بالفتحِ والكسرِ) الابيضُ وابيضُ لِيّاحٌ ناصعٌ ولوّحهُ أضحاهُ على النارِ ولوّحهُ الشيبُ بيّضهُ *

م

ع متحَ الماءَ نزعهُ ومتحهُ صرعهُ وقلعهُ وقطعهُ وضربهُ ومتحَ الجرادُ وأمتحَ هرزَ في الارضِ ومتحَ النهارُ ارتفعَ وبئرٌ متوحٌ قريبةُ الماءِ باليدِ وعقبةٌ متوحٌ بعيدةٌ وليلٌ مُتاحٌ بالضمِ طويلٌ وامتحهُ انتزعهُ *
ماتوشلحِ بسكونِ الشينِ وفتحِ اللامِ وبالعكسِ ابنُ اخنوخَ عمّرَ أكثرَ من جميعِ البشرِ * ع مجحَ وتمجّحَ تكبّرَ فهو مجّاحٌ بالفتحِ والشدِّ * المحُ الثوبُ البالي وفعلهُ ن ص محَّ محًّا ومُحُوحًا وأمحَّ والمُحّةُ بالضمِ خالصُ كلِّ شيءٍ وصفرةُ البيضِ والمحاحُ بالضمِ الجوعُ والمحّاحُ الكذّابُ والمُرضي بقولهِ لا بفعلهِ والمحمحُ والمحماحُ الخفيفُ النزِقُ والضيّقُ البخيلُ ومحمحَ أخلصَ مودّتهُ وتمحمحتِ المرأةُ دنا وضعُها * ع مدحهُ مدحًا ومِدحةً أثنى عليهِ والأُمدوحةُ ما يُمدحُ بهِ ج مدائحُ وأماديحُ والمُمدَّحُ بالضمِ وفتحِ المشدّدِ الممدوحُ جدًّا وتمدّحَ تكلّفَ المدحَ وافتخرَ وتشبّعَ بما ليسَ عندهُ وامتدحهُ مدحهُ * المذحُ محرّكةً اصطكاكُ الفخذينِ واحتراقُ الأليتينِ وتشقّقُ الخصيةِ والأمذحُ المنتنُ وتمذّحهُ امتصّهُ * ل مرحَ بطِرَ واختالَ ونشطَ وتبختر والاسمُ المِراحُ بالكسرِ وهو مرِحٌ ج مرحونَ وفرسٌ ممرحٌ ومِمراحٌ فيهِ مرحٌ وأمرحهُ الكلأُ صيّرهُ مرحًا والمرحانُ محرّكةً الفرحُ والضعفُ وسيلانُ العينِ وفسادُها وفعلهُ ل مرحَ والمِمراحُ الارضُ السريعةُ النباتِ والعينُ الغزيرةُ الدمعِ والتمريحُ تدهينُ الجلدِ واذهابُ رائحةِ الجرابِ الجديدِ بالماءِ وكرمٌ ممرّحٌ بالضمِ وفتحِ المشدّدِ مثمرٌ او معرّشٌ والمِرحةُ بالكسرِ بيتُ التاجرِ * المزحُ والمِزاحُ والمُزاحةُ بالضمِ المداعبةُ وفعلهُ ع مزحَ والامتزاحُ تعريشُ الكرمِ ومزّحَ العنبُ تمزيحًا لوّنَ ومزّحَ الكرمُ ايضًا أثمرَ والمزحُ السنبلُ * المسحُ والتمسيحُ والتمسّحُ إمرارُ اليدِ على الشيءِ السائلِ لاذهابهِ والمسحُ والتمسيحُ تحسينُ القولِ للمخادعةِ والمسحُ ايضًا المشطُ والقطعُ وأن يخلقَ اللهُ الانسانَ محبوبًا او مبغوضًا كيعقوبَ والعيصِ أخيهِ مثلًا والمسحُ والتمساحُ بالفتحِ الكذبُ والمسحُ ايضًا الضربُ والجماعُ والمسحُ والمساحةُ بالكسرِ الذرعُ والمسحُ ايضًا ثوبُ الشعرِ والطريقُ ج مسوحٌ والمسيحُ الممسوحُ بالبركةِ بأمرِ اللهِ نبيًّا او ملِكًا ومنهُ سيّدُنا يسوعُ المسيحُ الذي هو سيّدُ الأنبياءِ وملِكُ الملوكِ ج مُسحاءُ بضمٍّ ففتحٍ مع المدِّ ومُسحى بالفتحِ والقصرِ والمسيحُ الكذّابُ الدجّالُ لعنهُ اللهُ فانهُ يأتي بخلافِ ما أتى بهِ يسوعُ ابنُ اللهِ ومجيئهُ من علاماتِ اقترابِ الساعةِ يكونُ من نسلِ دانَ يُولدُ في كورزينَ ويتربّى

فى العرّ والكاح والكيح بالكسر عُرض الجبل ج اكياح وكيوح • الكيح محركة الخشونة والغلظ وما كان فيه السيف ما ــ ك واكاحه اهلكه •

ل

اللبح محركة الشجاعة والشيخ المسن وفعله ع لبح والبح • ع لتحه ضرب جسله ووجهه بالعصى فاثر فيه ولتحه فقأ عينه ولتحه اخذ جميع ما عنك (ولتح الجارية جامعها) ل ولتح جاع فهو لتحان وهى لتحى بالقصر ورجل لاتح ولتاح بـ ... م ولتحة ولتح عاقل داهية • اللحج محركة لحمة بباطن العين والحرف الذى ينبت عليه شعر الحاجب • الح فى السؤال لج والح السحاب دام مطره والحت المطى كلت وعقر ظهرها القتب وتلاحوا وتلاححوا لم يبرحوا من مكانهم ولححت عينه لصقت بوسخها ومكان لاح بالشد وملحح ضيق وهو ابن عمى لحا اى لاصق النسب وان كان من بعد يقال هو (ابن عم الكلالة و) ابن عم كلالة وخبزة ملححة يابسة • (ع لدحه ضربه بيده ولطخه) • التلزح تحلب فيك من اكل رمانة او اجاصة) • ع لطحه ضربه بباطن كفه ولطحه ضرب ظهره بشئ. لين واللطح حك الجاف حتى لا يبقى له اثر • ع لفحت النار بحرها لفحا ولفحانا احرقت (ولفحه بالسيف ضربه) واللفاح بالضم والشد نبت يشبه الباذنجان • ع لقحت الناقة لقحا بالفتح والتحريك قبلت اللقاح وهو ماء الفحل فهى لاقح ج لواقح وهى لقوح ج لقح بالضم واللقاح بالفتح القبيلة التى لا تطيع ملكا واللقاح بالكسر الابل مفردها لقوح بالفتح واللقوح الناقة الحلوب واللقحة اللقوح ج لقاح واللقحة بالضم العقاب والغراب والمرأة المرضعة واللقح محركة الحبل والملقح الفحل ج ملاقح والملقوحة النوق الحوامل ج ملاقح وتلقحت الناقة ارت انها لاقح اى حامل وتلقح فلى تجنى وتلقح اشار بيديه فى التكلم والقحت الرياح الشجر فيجتها لتورق فهى لواقح وملاقح وحرب لاقح هائجة (ورجل ملقح مجرب) • ع لكحه وكزه • ع لمح اليه والمح اختلس النظر ولمح البرق والنجم لمحا ولمحانا وتلماحا لمعا فهو لامح ولموح ولماح بالشد واللمحة جعله يلمح والملامح المشابه ومحاسن الوجه (ومساويه) مفردة لمحة والتمح بصره ذهب به • اللوح كل صفيحة عريضة لاتكون ورقا ج الواح و(جج) الاويح ولوحا الوصايا الذان اخذهما موسى النبى من الله فى طور سيناء قد كتبا باصبع الله فى الاول ثلاث وصايا وفى الآخر سبع واللوح ايضا الكتف والهواء واللوح بالضم النظرة واللمحة واللوح ايضا واللواح واللووح واللوحان محركة والالتياح العطش وفعل الكل ن لاح ولاح البرق اومض ولاح النجم تلألأ ولاح الرجل خاف وحذر ولاح بسيفه ولوح لمع

ذلك واستملحه عدّه مليحا وملحا وامتلح خلط الحق بالكذب ن وملّح الشاعر اتى بشىء مليح والمماحكة المواكلة والمواضعة وقول العامة لى ملح ما لح لحن • ع ض منحه اعطاه والاسم المنحة بالكسر وامتنح اخذ العطاء وانتبح ماالارزقه ومانحت العين اتصلت دموعها ومنه المانح اى المطر المدرار • المتح مشى البطة والاستياك والسواك والشفاعة والمنح والامتياح الاعطاء وفعله ض ماح ومايحه خالطه والماحة الساحة والماح صفرة البيض او بياضه والميح بالكسر تمر لا يشتد نواه وتمايح تمايل واستمحه سألته العطاء او الشفاعة وامتاحت الشمس دنت من الغروب •

ن

ع ض نبح الكلب (والظبى) والتيس نبحا ونبيحا ونباحا بالضم والفتح وتنباحا صاح وانبحته واستنبحته كلفته لذلك والنبوح ضجة القوم والجماعة الكثيرة والنباح بالفتح والشد الشديد الصوت والنباح بالضم صوت الاسد • النتح والنتوح العرق وخروجه من الجلد والنتح الدسم ض ونتح الندى من الثرى ونتح العرق خرج والنتوح صموغ الاشجار والمنتحة بالكسر الاست • النجاح بالفتح والنجح بالضم الظفر بالشىء ع ونجحت الحاجة وانجحت وانجحها الله وانجح زيد صار ذا نجح فهو منجح ج مناجيح ومناجح وتنجح الحاجة واستنجحها تنجزها والنجيح الصواب من الرأى ونجح امره تسهل وتيسر فهو ناجح وتناجحت احلامه تتابعت بصدق والنجاحة الصبر ونفس نجيحة صابرة وانجح بك غلبك وانجحت به غلبته • ض نح نحيحا ونحنح وتنحنح تردد صوته فى جوفه والنحاحة الصبر والسخاء والبخل ضد (والنحانحة البخلاء) وما انا بنحيح النفس من كذا اى ما انا بطيب النفس عنه • الندح بالفتح والضم الكثرة والسعة والندح ايضا والندحة والمندوحة والمتندح ما اتسع من الارض ج انداح ولا مندوحة لك لا سعة والندح بالكسر الثقل والشىء تراه من بعيد ع وندحه وسعه وتندحت الغنم تبددت • ع ض نزح نزحا ونزوحا بعد ونزح البئر وانزحها استخرج ماءها حتى نفد فنزحت فهى نازح ونزوح والنزح محركة الماء الكدر والنزيح البعيد والمنزحة بالكسر الدلو وحبلها وهو بمنتزح ببعد ونزح به بالبناء للمجهول بعد من دياره غيبة بعيدة وقوم منازيح بعيدون ونزح القوم نزحت آبارهم • ع نسح التراب اذراه بالمنساح اى بالمذراة ل ونسح طمع • ع نشح نشحا ونشوحا شرب دون الرى او شرب حتى امتلأ ضد والنشوح الماء القليل (والنشح السكارى) وسقاء نشاح نضاح • ع نصحه ونصح له نصحا ونصاحة ونصاحية م فهو ناصح ونصيح ج نصح ونصاح بالضم والشد (والاسم النصيحة)

في كفرناحوم ويملك في مدينة اورشليم ثلث سنين ونصف ثم يهبط به الله الى جهنم حيًّا مع نبيه الكذّاب وقال قوم يكون مخرجه من بابل ويدّعي الالوهية ويعتصب الناس الى دعوته ويختم شيعته في جباههم ويديهم اليمنى ويضطهد النصارى في مدة تملكه اضطهادًا يفوق كل اضطهاد جرى في العالم وان شئت الوقوف على حقيقة وقائعه اقرأ كتاب العنوان العجيب في رؤيا الحبيب ويقال فيه المِسّيح بكسر الميم والسين المشدد والمسيح ايضا الممسوح بالدهن ومنه المَسحة بالفتح وهي سرّ من اسرار الكنيسة السبعة والمسيح ايضا الكثير السياحة والقطعة من الفضة والدرهم والعَرَق الدارّ والصديق والوجه الممسوح خلقة والمسيح ايضا نعت لكل نبيّ او ملك من بني اسرائيل والماسح الكثير الجماع والكذّاب والمسحاء بالمد الارض المستوية ذات حصى صغار والارض الحمراء والمرأة لا اخمص لها ولا ثدي والعوراء والمدوّرة العين والكذّابة وتماسحا تصادقا او تبايعا باليد والتمسّح المارد الخبيث (والمداهن) والتمساح ضرب من الحوت يوجد في نيل مصر يسكن البحر والبرّ والمسيحة ذؤابة الشعر والقوس ج مسائح وعليه مسحة من جمال او مسحة من هزال اي شيء منه والممسوح الذهاب في الارض (والمساح والمساحة الفسحة بين طرفي الزمان او المكان ج مسايح) وامتسح السيف استله وهو يتمسّح به يتبرك به لفضله وفلان يتمسّح اي لا شيء معه

• المشح محرّكة اصطكاك الربلتين واحتراق باطن الركبة وامشحت السنة اجدبت وامشحت السماء تقشّع السحاب عنها وقولهم في بزّ المسحة مشحة بالمعجمة لحن • ع مصح مصوحا ذهب وانقطع ومصح الثوب اخلق ومصح النبات ولّى لون زهره ومصح الظلّ قصر ومصح بالشيء ذهب به ومصح الله مرضك اذهبه والامصح الظلّ الناقص الرقيق والمصاحات جلود فصلان الجمال المحشوّة • ع مضحه وامضحه شانه ومضح عنه ذبّ عنه ومضحت الشمس انتشر شعاعها • (المضرح والمضرحي الصقر) • ع مطحه ضربه بيده ومطح المرأة جامعها)

• الملح بالكسر م مؤنث ويذكّر قليلا والملح الرضاع والعلم (والعلماء) والحسن والشحم والسِّمن والحرمة والملح والملحة الذمام والملح والمليح ضد العذب ع وملحه اصابه وملح الولد ارضعه وملح السمك طرح فيه الملح وملح الماشية اطعمها الملح واملح الماء صار ملحا واملح القدر كثّر ملحها والملّاحة مشدّدة والمملحة مكان الملح والملّاح بائعه والملّاح ايضا النوتيّ وصنعته الملاحة بالكسر والملاح بالكسر ريح تسوق السفينة وسكان الرمح ومهبّ ريح الجنوب والسترة والملحة لجّة البحر والملحة بالضم المهابة والبركة وبياض يخالطه سواد ومنه كبش املح وملحان بالكسر الكانون الثاني والملحاء الكتيبة العظيمة وسمك مليح ومملوح مملّح وخبز مليح ماؤه ملح وعمود الملح زوجة لوط لانها عند هربها من سدوم وعامورا التفتت الى ورائها فصارت عمود ملح لان الملك كان نهاها عن

و

الوتح بالفتح والتحريك والوتح القليل من كل شيء. وفعله ص وتح ووتحه ر فوتح وتاحة ووتوحة واوتح فلان قل ماله واوتحه جهله وبلغ منه وما اغنى عني وتحة محركة شيئا • الوجاح مثلثة (البتر و) الجلد والحجر لاملتين والموجح والوجيح الضيق من الثياب والوجاح ايضا الملجأ وباب موجوح مردود واوجح ظهر واوجح البول زيدا ضيّق عليه واوجحه اليه الجاه واوجح البيت ستره •
الوحوحة النفخ في اليد من البرد وفعله وحوح والوحوح القوي والوحوح والوحواح الكلب المصوّت والوح فقير يضرب المثل بفقره (يقال افقر من وح) والوح ايضا الوتد • الوذح محركة الانقياد واوذح اقر بالباطل واذعن وخضع وانقاد • الوذح محركة ما تعلق باصواف الغنم من البعر والبول الواحد وذحة ج وذح بالضم وفعله ل وذحت والوذاح المرأة الفاجرة تتبع العبيد وعبد اوذح لئيم • الوشاح بالضم والكسر قلادة منظومة من لؤلؤ وجوهر او سير من جلد عريض مرصع بالجواهر تشده المرأة من تحت خاصرتها الى عاتقها ج وشح بالضم واوشحة ووشائح وتوشحت واتشحت لبست الوشاح ووشحتها توشيحا البستها الوشاح والوشاح ايضا الثوب والسيف وتوشح لبس ثوبه وتقلد بسيفه وهي غرثى الوشاح بالقصر هيفاء • الوضح محركة بياض الصبح والوضح ايضا القمر والبرص وغرة الفرس وتحجيلها والوضح ايضا الشيب والدرهم الصحيح ومحجة الطريق واللبن والحلي الفضة ج اوضاح ص وضح مرضوحا وضحة بالكسر (والتحريك) بان فهو واضح ووضاح بالغد واتضح واوضح وتوضح بان ووضحه واوضحه ابانه والوضاح بالشد الابيض الحسن البياض والوضاح ايضا النهار واستوضح الشيء وضع يده على عينيه لينظر هل يراه واستوضحه امرا سأله ان يوضحه له والواضحة الاسنان تبدو عند الضحك وتوضح بالضم وكسر الضاد اسم موضع والوضحة محركة الاتان • الوطح ما تعلق بالاظلاف وبمخالب الطير من الطين ص ووطحه دفعه بيله ضعيفا وتواطحوا تقاتلوا وتواطحت المواشي ازدحمت على الماء • ر ل ص وقح الحافر وقاحة ووقوحة وقحة بالكسر (والتحريك) ووقحا واستوقح صلب فهو واقح ووقح الرجل واوقح قل حياؤه • ص وكح برجله وطئ شديدا واوكح اعيا واوكح العطية قطعها واوكح من الامر كف عنه وسأله فاستوكح اي لم يعط • ص ولح الدابة حملها فوق طاقتها والوليحة الغرارة والجلة ج وليح وولائح • الوحة ماتوترة الشمس • واحه وافله • ويح كلمة تقال لمن وقع في بلية وهو لا يستحقها فهي كلمة ترحم وويل تقال لمن وقع في بلية وهو يستحقها فهي كلمة شماتة (او اصلها وي كلمة رحمة نوصلت بحاء مرة وبلام مرة وبباء مرة وبسين مرة وبهاء مرة وبضاد مرة) •

ونصح خلص ونصح الثوب خاطه ونصح شرب حتى روى ونصح الغيث البلد سقاه مليًا ورجل ناصح الجيب لاغش فيه والناصح العسل الخالص والناصح والنصاح بالشد الخياط والنصاح بالكسر الخيط والسلك ج نصح ونصاحة بالضم والمنصحة والمنصح بالكسر الجهط والمتنصح المترفع وارض منصوحة متصلة النبات والنصاحات بالفتح الجلود وحبال يصاد بها القرود والتوبة النصوح الصادقة وهى أن لا يعمل فى المستقبل ما عمله فى الماضى • ض نضح البيت رشه ونضح عطشه رواه او شرب دون الرى ضد ونضحه رماه ونضح الشجر آن خروج ورقه ونضح الزرع ان وجد حب القمح فيه ونضح وناضح ذب عنه ودفع ع ونضحت القربة نضحا وتنضاحا رشحت ونضحت العين فارت بالدمع وانضح عرضه لطخه • ع ض نطحه ضربه بقرنه وانتطحت الكباش تناطحت والنطيحة والنطيح من مات بالنطاح والنطيح والناطح ما يأتيك من امامك من الطير والوحش والناطح ايضا الشدة ج نواطح والناطح ايضا الشرطان والقرن وما له ناطح ولا خابط اى لا شاة ولا جمل • ع نفح الطيب نفحا ونفاحا بالضم ونفحانا فاح ونفحت الريح هبت ونفحه بدينار اعطاه اياه ونفح لمة الشعر حركها والنفحة الدفعة من الريح ومن العذاب ونافحة كافحة وخاصمة والنفوح التى يخرج حليبها بغير حلب (والنفاح النفاع المنعم على الخلق وزوج المرأة والمنفحة والبنفحة شىء اصفر يستخرج من بطن الجدى الراضع فيعصر فى صوفة بالحليب فيغلظ كالجبن) • ع نقح العظم وانتقحه استخرج مخه ونقح الشىء قشره وتنقيح الشعر وانتقاحه تهذيبه وناقحه خاصمه والنقح سحاب الصيف لاماء فيه • النكاح م والنكاح ايضا عقد الزواج ل ض ونكح ونكحت فهى ناكح وناكحة اى ذات زوج واستنكحها نكحها وانكحها زوجها والاسم النكح بالضم والكسر ورجل نكحة (ونكح) كثير النكاح ونكح النعاس عينه غلبها ونكح المطر الارض داومها والنكح بالفتح البضع والمناكح النساء • ن ناحت المرأة زوجها وناحت عليه نوحا ونواحا ونياحا ونياحة ومناحا ندبته بالبكاء والاسم النياحة ونساء نوح بالفتح وانواح ونوح بالضم والشد ونوائح ونائحات وكن فى مناحة فلان واستناح ناح واستناح الذئب عوى واستناح الرجل بكى واستبكى واستنلح وتنيح استراح سريانية معربة وناوح قابل والتناوح التقابل ونوح الحمامة سجعها وتنوح الشىء تحرك وهو متدل ونوح النبار ابن لامك نذير الطوفان صنع السفينة ونجا فيها هو وبنوه ومنوح او منواح ابو شمشون الجبار من سبط دان • النيح اشتداد العظم بعد رطوبته والنيح ايضا تمايل الغصن وعظم نيح بالشد شديد ونيح الله عظمه شدده ورضحه ضد وما نيحته بخير ما اعطيته شيأ وتنيح استراح •

ت

التَّخُّ عصارة السمسم والعجين الحامض وفعله ن تَخَّ تُخوخة وأتخه حمضه والتختاخ كالالكن والاسم التختخة واصبح تاخًا لا يشتهي الطعام • (التَّرْخ الشرط اللين في الجلد بغير مبالغة في التشريط) • ن تَنَخَ بالمكان تنوخًا اقام ل وتَنِخَ اتخم وانتخه الدسم اتخمه • ص تاخه ضربه بالمتيخة وهي جريدة النخل او العرجون وتاخت إصبعه في الورم والرخو غاصت •

ج

ن جَخَّ تحوّل من مكان الى آخر ومنه زجر الكلب بجخ اي تحوّل وجخ اضطجع وجخجخ كتم ما في نفسه وتجخجخ الليل تراكم ظلامه والجخ الوخم الثقيل وجخ بمعنى نخ • (ع جَفَخَ فخر وتكبر فهو جفاخ وجافخه فاخره) • الجلواخ الوادي الممتلئ ماء وفعله ن جلخ وجلخ الشيء ملأه (وجالخه بالشيء صرعه وجلخ جاريته جامعها واجلخ اجلخاخًا ضعف وفتر فلا ينبعث) • الجمخ الكبر والفخر فهو جامخ ج جُمّخ وجامخه فاخره • الجنبخ النملة الضخمة الواحدة جنبخة • (الجندخ الجراد الضخم) • الجوخة الحفرة والجوخ والجيخ قماش من صوف يجلب من البلاد الافرنجية وجوخه صرعه وتجوخت القرحة انفجرت •

خ

خَنُوخ وأخنوخ وأهنوخ بالمهملة ابن يرد رفعه الله اليه حيًا قبل الطوفان ثم يأتي امام الدجال لعنه الله فيقتل منه مع ايليا النبي في مدينة القدس لانهما يعاندانه واخنوخ ايضًا ابن قاين وهو البكر في اولاده • الخوخة كوة تبضيء البيت والدبر وثمر م ج خوخ والخوخاء الاحمق ج خوخاؤن (والخوليخية الداهية) •

د

ذَنَخَ تدنيخًا قبب ظهره وطاطا رأسه • الدَّخ (بالفتح ويضم) الدخان ودخدخ ذلل وكف وقارب الخطو واعيا واسرع ورجل دخدخ (ودخادخ) قصير وتدخدخ انقبض ودخدخ الدخان كله • دربخت الحمامة لطاوعت ذكرها ودربخ الرجل طاطا رأسه وبسط ظهره • الدلخ السمن وفعله ل دلخ فهو دلخ بالفتح فكسر ودلوخ ورجل دالخ منصب • ع دَمَخَ ارتفع ودمخ رأسه شدخه وليل دامخ لا حار ولا بارد • دنخ تدنيخًا خضع وذل وطاطا رأسه

ي

يوخ بالضم اسم الشمس •

حرف الخاء

ا

أبخه تأبيخا وبخه وعذله • أخ كلمة تأوه ولاخ مشددة (القذر) لغة فى لاخ مخففة واخ
بالكسر صوت إناخة الجمل واخ ايضا اسم فعل بمعنى المزح • ن أرخ الكتاب وأرخه تأريخا
حدد وقته والاسم الأرخة والأرخ ذكر البقر والأرخى الفتى من البقر والإراخ بقر الوحش •
إئتلخ الامر عليهم اختلط وائتلخ العشب طال وائتلخ ما فى البطن تحرك وائتلخ اللبن خثر •
انطيوخس ملك اليونانيين بعد الاسكندر بانى أنطاكية وانطيوخس ابنه استعبد اليهود وأماته
الله ميتة شنيعة •

ب

ن بخ الامر عظم وفخم وبخ بخ مسكنين ومنونين مطلقا ومشددين ومخففين كلمة تقال عند
الرضى والاعجاب بالشئ او عند الفخر والمدح وضم أولهما لحن والمخبخ قال بخ بخ وبخبخ
الحر سكن وبخبخ البعير هدر وتخبخ الرجل تبرد من الحر وهزل جدا وبخ فى نومه وبخبخ غط
وبخ من غضبه سكن والبخ الرجل السيد • البذيخ الرجل العظيم الشان ج بذخاء وفعله
س رع بذخ وتبذخ تكبر وتعظم • البذخ محركة الكبر ل وبذخ وتبذخ تكبر وعلا وشرف
باذخ عال وجبال بواذخ رفيعة • (بذلخ بذلخة وبذلاخا فهو مبذلخ وبذلاخ وهو الذى
يقول ولايفعل) • البرخ النماء والزيادة والرخيص من الاسعار والبرخ ايضا القهر وفعله ن
برخ والبوخ المكسور الظهر والتبريخ الخضوع وباروخ النبى ابن نريا تلميذ ارميا النبى وكاتبه
• البربخ مجرى الماء والبالوعة من الخزف • البرزخ الحاجز بين الشيئين والمدة بين
ساعة الموت والقيمة وما بين الشك واليقين من الايمان (ج برازخ) • البزخ خروج
الصدر ودخول الظهر فهو أبزخ وهى بزخاء وتبازخ عن الامر تقاعس والبزخ الجوف وفعله
ن بزخ • (بزنخ تكبر) • البطخ اللعق ن بطخ لعق والبطيخ م (وبالطبخ الماء الاحمق)
ل بلخ وتبلخ تكبر فهو بلخ والبلخ والبلاخ شجر السنديان والبلخاء الحمقاء • ن باخ النار
والغضب سكن وباخ الرجل أعيا وباخ اللحم بوخا تغير وهم فى بوخ اى فى اختلاط والبوخ
النار المفاتنها •

س

السبيخة ما ألف من القطن بعد الندف للغزل والتسبيخ التخفيف والتسكين ولقط القطن وسكون العرق من الألم والبرم الشديد والسبخة محركة (ومسكنة) والمسبخة ارض ذات (نز و) ملح ج سباخ وأسبخت الارض صارت سبخة والسبخة ايضا الطحلب ن وسبخ تباعد وتسبخ الحر سكن * السخاخ الارض الحرة اللينة والسخاخ ايضا الرخاء ن وسخ أمعن فى الحفر وفى السير وسخت الجراد فرزت فى الارض * السربخ الارض الواسعة والسربخة الخفة والنزق والمشى فى الظهيرة ومهمه سرباخ بالكسر واسع والمسربخ البعيد * (إنسدخ انبسط * السربخ الارض الواسعة والسربخة الخفة والنزق) * ع سلخ كشط ونزع والسلوخ المسلوخ وانسلخ الشهر مضى وسلخ شهره أمضاه وسلخ النبات اخضر وسلخ الله الليل من النهار استله وسلخ الشهر ومنسلخه آخره والسلخ ايضا الجلد والسالخ الحرب القوى واسم الحية السوداء والأسلخ الاصلع والشديد الحمرة والسليخة نوع من العطر . السليخة ايضا الولد ودهن البان والمسلاخ جلد الحية والإهاب والسلخ محركة ما على المقزل من الغزل واسلنخ اضطجع * (السنخ الاصل ومنبت السن والسنوخ الرسوخ والسنخ التغيير والسناخة والسنخة الريح المنتنة والوسخ) * ن ساخت قوائمه غاصت وساخ الشى رسب وساخت الارض به سوخا وسووخا انخسفت (وفيه سواخية طين كثير) * ض ساخ سيخا وسيخانا رسخ وارتطم *

ش

ن شخ شخا بال وشخ فى نومه غط والشخشخة صوت السلاح وصوت القرطاس تحت القلم *
الشدخ كسر الشى الرطب ن وشدخه فانشدخ وتشدخ والشادخة الغرة المتدلية فهو اشدخ وهى شدخاء بالمد والمشدخ مقطع العنق والشدخة من النبات الرخصة والأشدخ الاسد والشدخ محركة الولد السقط الغير التمام وأمر شادخ منحرف من القصد * الشرخ الاصل والعرق وحرف الشى وأول الشباب وولد الرجل والشارخ الشاب ج شرخ والشرخ ايضا ترب الرجل والمثل وهما شرخان اى مثلان ج شروخ * الشلخ الاصل وولد الرجل ونطفة الرجل وفرج المرأة ن وشلخه بالسيف هبره * ن شمخ الجبل طال وعلا وشمخ بأنفه تكبر فهو شامخ الانف ج شمخ ومفازة شموخ بعيدة * الشمراخ والشمروخ خشبة يعرش الكرم عليها ورأس الجبال واعالى السحاب وغرة الفرس اذا سالت * الشناخ بالكسر أنف الجبل * الشنذخ والشنداخ الطويل المكتنز والاسد والفرس الوقاد وطعام العمارة ام السفر وشنذخ عمل الطعام المذكور *

وَاقام فى بيتهِ * ن داخَ ذَلَّ وداخ البلادَ قهرها واستولى على اهلها ودَوَّخهُ اَذَلَّهُ وليلٌ داثخٌ مظلمٌ *

ذ

الذَّوْذخ العِنِّينُ والذَّمْذاخ المُنَقِّب من كلّ شئ . والذَّمْذَخانُ الفصيحُ فى العربيّة * الذِّيخ بالكسر الذِّئب والجَرِيء والفرسُ الحصانُ والكِبْرُ والحُمْرَةُ وذَكَرُ الضِّباعِ وأُنْثاهُ ذِيخَةٌ ج ذُيُوخٌ وأَذْياخٌ وذَيَّخَ ذَلَّلَ وأَذاخَ بالمكانِ أَطاف بهِ *

ر

الرَّبيخ القَتَبُ الضخم ل ورَبَخَت المرأةُ رِباخًا غُشِيَ عليها عند الجماع فهى رَبُوخٌ ورَبَخَ وقع فى الشدائدِ وتربّخ استرخى * ن رَتَخَ العجينُ رَقَّ ورَتَخَ بالمكانِ اَقامَ ورَتَخَ عنهُ تخلّف وجلدٌ اَرْتَخُ يابسٌ * الرَّخاخُ الرَّخاء والعيش الواسع وكالارض الرِّخْوَة ج رُخاخِيّ والرُّخُّ اسمُ طائرٍ ومن قطع الشِّطْرَنْجِ (ج رِخَخَة) والرَّخاخ ايضًا المُبالَغة فى الشئ . والارتخاخ الاسترخاء واضطراب الرأي وطينٌ رَخْرَخٌ رقيقٌ ن ورَخَّهُ وَطِئَهُ ورَخَّ الشرابَ مزجهُ * ن رَدَخَهُ ردعهُ * ن رَزَخَهُ بالرُّمحِ طعنهُ * ن رَسَخَ رُسُوخًا ثبتَ ورسَخ الغديرُ نشَّ ماؤهُ فجفّ وأَرْسَخَهُ أَثْبَتَهُ * ن رَضَخَ فى الارض رسخ * ع ض رَضَخَ الحَصى كسرها ورضخ لهُ اعطاهُ قليلًا ورضخت التُّيُوس تناطحت والمِرْضاخ حجرٌ يُكسَرُ بها النَّوى والرَّضْخُ خبرٌ تسمعهُ ولا تستيقنهُ وراضخ اَعطى كارهًا * الرَّفُوخ الدَّواهي وعيشٌ رافغٌ واسعٌ * الرَّمْخ الشجر المجتمع ن ورَمَخَ الرجلُ لانَ وذَلَّ ورمخت الدابّةُ احدثت فى الكِبْرِ * ن رَنَخَ فتر ورنّخهُ ترنيخًا ذَلّلهُ وترنّخ بهِ تشبّث * ض راخَ استرخى وراخ تباعد ما بينَ فخذيهِ *

ز

ن زَخَّهُ اَوقعهُ فى وهدةٍ وزخَّ وثبَ والمِزَخَّة بالكسر المرأةُ وبالفتح فَرْجُها وزخّها جامعها وزخَّ الخمرَ زخًّا وزخيخًا رقَّ * الزَّلْخ المَزَلَّة تَزِلُّ منها الاقدام لمَلاستها ض وزلخهُ بالرّمحِ طعنهُ ل وزلخ سمنَ والزُّلَخَةُ وجعٌ فى الظهرِ وزلّخهُ تزليخًا مَلَّسَهُ * ع زمخ تكبّر والزامخ الشامخ والليل الزامخ الطويل وعَقَبَةٌ زَمُوخٌ بعيدةٌ * ل زَنِخَ الدُّهنُ تغيّرَ فهو زنخٌ وزنخ الشخلُ نصّ من الرِّضاع والتزنّخ التكبّر والتباهي فى الكلام * ض زاخَ زَيْخًا وزَيَخانًا جارَ وظلم وتنحّى وازاخهُ نحّاهُ *

الطعام المطبوخ والجص والآجر (والطبخ ملائكة العذاب الواحد طابخ) والطابخ الحمى والطباخ بالفتح (وبضم) الاحكام والقوة والسمن والطبيخ بالكسر وكسر المشدد البطيخ والطابخة الهاجرة وطبائخ الحر سمائمه وطبخ تطبيخا ترعرع وكبر والاطبخ الاحمق والمطبخ بالشد اخذ طبيخا * الطخ رمى الشيء وابعاده (والجماع) والطخوخ سوء المعاشرة والطوخ بالضم العلم الكبير معرب والطخطاخ السيء الخلق وصوت الحلق والغيم والانضمام والطخاطخ بالضم الظلمة والطخطخة تسوية الشيء وانضمامه * طرخان اسم للرئيس الشريف (معربة) ج طراخنة (والطرخون نبات معرب) * الطرثخة الخفة والنزق * الطلخ افساد الكتابة واللطخ بالدنس وفعله ن طلخ والطلخ (اطلخاخا تفرق والطلخ) دمعه سال * ن طمخ بانفه تكبر * ل طمخ بشم واتخم وطمخه تطميخا اتخمه * ن طاهمه طوخا لطخه بالقبيح * ص طاخ تلطخ بالقبيح وطاخ تكبر وانهمك في الباطل والطيخة (الاحمق و) الفتنة وطيخه الح عليه بالعذاب حتى مات وطيخه طلاه بالقطران *

ف

الفتخة خاتم كبير تضعه النساء في اباهيم ارجلهن والحلقة من فضة ج فتخ وفتوخ وفتخات والفتخ استرخاء المفاصل وعرض الكف وعرض القدم وطولهما والفتخ ايضا الخرس الذي لا صوت له ن وفتخ اصابعه عرضها وارخاها وفتوخ الاسد مفاصل مخالبه وافتخ اعيا وانبهر والافتخ الفاتر الطرف * الفخ المصيدة ج فخاخ وفخوخ والفخ والفخة استرخاء الرجلين ص وفخ النائم فخا وفخيخا واخفخ غط وفخت الرائحة فاحت والفخة المرأة القذرة والنوم على القفا ونوم الغداة وفخفخ فاخر بالباطل * ع فدخ رأسه بالحجر شدخه * الفرخ ولد الطائر والفرخ ايضا ما صغر من الحيوان ومن النبات ج افرخ وافراخ (وفراخ) وفروخ وافرخة وفرخان والفرخ ايضا الرجل الذليل المطرود ومقدم الدماغ ن وفرخ الطير صار لها فرخ واستفرخ الطائر اتخذ له مفرخا اي موضعا للفراخ وفرخ الرجل تفريخا فزع ورهب وفرخ القوم ايضا صاروا كالفراخ ضعفاء وفرخ الزرع نبت افراخه ل وفرخ زال فزعه واطمأن وافرخ الامر استبان وافرخ القوم بيضهم اي اظهروا سرهم وافرخ روعك سكن جاشك والفرخة السنان العريض * الفرسخ ربع البريد وثلثة اميال ج فراسخ والفرسخ ايضا الفترة بين السكون والحركة والشيء الدائم والتفرسخ انفراج الهم وانكسار الحمى * الفرشخة السعة والفرشخ السكون * الفرصخ بالكسر العقرب وامرأة فرصاخة عظيمة الثدي.

الشيخ والشيخون من طعن في سنه من الخمسين الى الثمانين ج شيوخ بالضم والكسر واشياخ وشيخة وشيخة وشيخان ومشيخة (ومشيخة ومشيوخاء ومشيخاء) ومشايخ وفعله ص شاخ شيخا محركة وشيوخة (وشيوخية) وشيخوخة وشيخوخية وشيخ تشييخا وتشيخ شاخ وشيخ المرأة زوجها والاربعة والعشرون شيخا الذين رآهم يوحنا في الرؤيا هم الاسباط الاثنا عشر والرسل الاثنا عشر او الانبياء الكبار الاثناعشر وهم * موسى * ويشوع * وصمويل * وناثان * وداود * واشعيا * وارميا * وحزقيال * ودانيال * واليا * واليشع * وعزرا * او الانبياء الصغار الاثناعشر وهم * يوشع * ويوال * وعاموص * وعوبوديا * ويونان * وميخا * وناحوم * وحبقوق وصوفونيا * وحجي * وزكريا * وملاخيا * وشيخه دعاه شيخا تبجيلا وشاخ عليه عابه وشاخ به فضحه والشاخة المعتدل *

ص

الصبخة السبخة * الصخ الضرب بشيء صلب على مثله والصخ والصخيخ صوت الصخرة وفعل الكل ن صخ * الصرخة الصيحة الشديدة والصراخ الصوت والصارخ المغيث والمستغيث ضد والمصرخ بالضم وفتح الراء وكسرها المغيث والمعين والصارخة الاغاثة وصوت الاستغاثة والصارخ الديك والصراخ الطاوس والصرخة أذان المؤذن * الاصلخ الاصم جدا والجمل الاجرب وجرب صالخ سالخ وداهية صلوخ مهلكة * الصماخ والاصموخ خرق الاذن والصماخ ايضا الاذن والماء القليل ن وصمخه أصاب صماخه وصمخ عينه أصابها بكليه وصمخت الشمس وجهه اصابته والصماخة الفطنة * الصملاخ داخل خرق الاذن والصملاخ والصملوخ وسخ الاذن والصمالخ اللبن الخاثر * الصنخة الدرن * الصاخة ورم في العظم والصاخة الداهية ج صاخات وأصاخ له استمع ن وصاخ ساخ *

ض

الضخ الدمع (وامتداد البول ونضح الماء) والمضخة آلة يشخب بها الماء تستعمل في غرف العوام تزوقيا * ن ضمخ جسده بالطيب ضمخا وضمخه تضميخا لطخه بالطيب الكثير وانضمخ واضطمخ وتضمخ تلطخ بالطيب والضمخة المرأة السمينة * الضاخة الداهية *

ط

الطبخ الانضاج اشتواء واقتدارا ن ع وطبخ فانطبخ واطبخ بشد الطاء والمطبخ موضع الطبخ والمطبخ قدر الطبخ والطباخ فاعل الطبخ والطباخة حرفة الطبخ والطباخة ما فار من رغوة القدر والطبيخ

والتلبخ التطييب ٭ لتخه لطخه وشقه وقشره وتلتخ تلطخ واللتخان الجائع ٭ ن لخلخ
اتى بكلام ملتبس مستعجم ولخت عينه كثر دمعها ولخه لطمه ولخ الخبر استقصاه (وسكران ملتخ
طافح والتخ الامر اختلط والتخ العشب التف) واللخلخانية العجمة فى المنطق فهو لخلخانى (وامرأة
لخة قذرة منتنة) ٭ ع لطخه لوثه فتلطخ ولطخ بشر مجهولا رمى به (والالطخ القذر للاكل)
واللطوخ ما يلطخ به ٭ ع لفخه على رأسه لطمه وقولهم لبخه لحن ٭ لامخه لاطمه
ولامخ لغة فى لامك قتل قاين جده ٭ ن لاخه خلطه والتاخ العجين اختمر ٭

م

ع ن متخه وامتخه انتزعه من موضعه (ومتخ المرأة جامعها) ومتخ قطع وضرب وابعد وارتفع
ومتخ الجراد غرز فى الارض والمتيخة العصا والمطرق الدقيق ٭ المخ ما داخل العظم والدماغ
وشحمة العين وخالص كل شىء ج مخاخ ومخخة ومخخ العظم تمخيخا وانتخه وتمخخه اخرج مخه
وعظم مخيخ فيه مخ وامخ العظم صار فيه مخ وامخ العود جرى فيه الماء وامخ الزرع جرى فيه
الدقيق والمخ بالضم اللين ٭ المذخ العظمة والمعونة ع مذخه اعانه والمادخ والمديخ (والبديخ)
والمتمادخ العظيم العزيز ورجل (مذوخ و) متمادخ عجول فى عمله والتمادخ والامتداخ البغى
والتمادخ ايضا التثاقل والتقاعس من الشىء وتمدخ تكبر ٭ المرخ حطب
م ع ومرخ مزح ويطر ومرخ جسده دهنه بالمروخ وهو الدهن وغيره وامرخ العجين رققه
والمرنيخ اسم نجم والمارخ الجارى والمجرى ٭ مردخاى اليهودى عم استير الملكة من سبط
بنيامين ٭ ع مسخه حول صورته الى اخرى اقبح فهو ممسوخ ومسيخ والمسيخ لقب بختنصر
ملك الكلدانيين لان الله مسخه الى صورة خنزير ثلث سنين ثم اعاده فتاب وآمن وخلص
والمسيخ المشوه الخلقة ومن لا ملاحة له والضعيف وفاكهة لا طعم لها والماسخى القواس وامسخ
الورم زال وامتسخ السيف استله ٭ ع مضخه وامتضخه مسخه ومضخ الشىء انتزعه واخذه وامضخ
الولد انفصل عن ابيه ٭ (ع مضخ لطخ الجسد بالطيب) ٭ ع مطخ العسل لعقه
ومطخ الماء نزعه بالدلو ومطخ عرضه دنسه (والمطاخ للاحمق والمتكبر) ٭ ع ملخ ملخا سار
شديدا وتردد فى باطل وملخ الشىء جذبه وملخ تثنى وتكسر (وملخ جامع) وملخ الطعام زنخ وملخ
العير لعب وملخ التيس شرب بوله والمليخ البطىء وما لا طعم له وامتلخه انتزعه وامتلخ سيفه
استله وامتلخ اللجام اخرجه من رأس الدابة وماتخه لاعبه ومالاخيا من انبياء بنى اسرائيل ٭
ن ماخ الغضب سكن ٭ ص ماخ تبختر فى المشى وميخا النبى ابن يملا تنبأ فى عهد آحاب
ملك اسرائيل ٭

* (الفَرْفَخةُ اللين بعد الصعوبة والسكون بعد النِفار) * الفَسْخُ الضعفُ والجهلُ والطرحُ وإفسادُ الرأي والنقضُ والتفريقُ وفعلُ الكُلّ ن فَسَخَ وانفسخ العزمُ والبيعُ والنكاحُ انتقض والفَسِيخُ مَنْ لا يظفرُ بحاجته ع وفَسَخَ يَدَهُ أزالَ المفصلَ عن موضعه ل وفَسِخَ فسد وتفسّخ شعرُ الميتِ سقطَ عنهُ * ع فَشَخَهُ ضربَ رأسَهُ بيدِهِ وصفعهُ وظلمهُ وفَشَخَ كَذَبَ في اللعبِ والتفشيخُ إرخاءُ المفاصلِ * ع فَضَخَ عنهُ تغابى وفَضَخَ يَدَهُ فسخها (وفَضِخَ غَبِنَ في البيع) ورَجُلٌ فَضِيخٌ (وفَضِيخَةٌ وفاضِخَةٌ) غيرُ مُصيبِ الرأيِ (ج فَواضِخُ) * ع فَضَخَهُ كسرهُ وشدخهُ وفقأَ عينَهُ وأفضخَ العُنقودُ حانَ عصيرُهُ والفَضِيخُ عصيرُ العنبِ والمِفْضَخَةُ الدلوُ الواسعةُ وانفضخت القرحةُ انفتحت واتّسعت وانفضخ زيدٌ بَكى شديدًا ن وفَضَخَ الماءَ دَفَقَهُ * (ع فَلَخَهُ فَلْخًا وفِلاخًا ضربهُ) * الفَيْلَخُ الرحى (وفلَّخهُ تفليخًا ضربهُ) * الفَنْخُ القهرُ والغلبةُ وتفتيتُ العظمِ والمِفْنَخُ مَنْ يُذِلُّ أعداءهُ ويكسرُ رأسهم كثيرًا) والفَنِيخُ الرِخْوُ الضعيفُ * (الفَنْفَخَةُ الإعياءُ والتأخرُ عن الامرِ والتفحيجُ بينَ الرجلَينِ) * ن فاخت الريحُ فَوْخانًا صوّتت وفاخ الرجلُ خرجَ منهُ ريحٌ * الفَيْخَةُ السكرجةُ واتّساعُ مخرجِ البولِ وشدةُ الحرِّ والتفافُ النباتِ وكثرتهُ ض وفاخت الريحُ صوّتت وفاخَ من فلانٍ صدَّ عنهُ *

ق

ع قَلَخَ الفحلُ قَلْخًا وقَلِيخًا هدرَ وقَلَخَ ضربَ يابسًا على يابسٍ وقَلَخَ الشجرةَ قلعها والقُلَّخُ الحمارُ المُسِنُّ والفحلُ الهائجُ والقصبُ الأجوفُ * (أقمخَ بأنفهِ تكبّرَ وشمخ) * قاخَ جوفهُ فسدَ من داءٍ وليلةٌ قاخٌ سوداءُ) *

ك

ص كَخْ في نومهِ كَخِيخًا غطَّ وكَخْ كخ بالفتحِ والكسرِ وسكونِ الخاءِ مخففةً وبتشديدها منونةً زجرٌ للصبيِّ عند تناولهِ شيئًا قذرًا * الكارِخُ الذي يَسُوقُ الماء * (الكَفْخانُ الذيّوثُ) * ع كَفَخَهُ بالعصا ضربهُ وكَلَخَهُ ضربهُ على رأسهِ * ع كَمَخَ بأنفهِ تكبرَ وكَمَخَ الدابّةَ باللجامِ كبحها والكامِخُ الكَبُوساتُ من الخوامِضِ ج كَوامِخُ والكُماخُ الكِبْرُ والتعظُّمُ * الكُوخُ والكاخُ بيتٌ مُسَنَّمٌ من قصبٍ ج أكواخٌ وكُوخانٌ وكِيخانٌ وكُوخَةٌ *

ل

ع لَبَخَ ضربَ وأخذَ وقتلَ واحتالَ ليأخذَ وشتمَ واللَّبُوخُ كثرةُ لحمِ الجسدِ واللَّبِيخَةُ نافجةُ المِسكِ

(الوَشْخ الردىّ الضعيف والوَشْخَة ماعُمِلَ من الخُوص) * الوَضَخ مُحرّكة الوَسَخ * الوِضاخ المُباراة في السير واُوْضِخَت البئر قلّ ماؤها * (تواضَخ القومُ الشيَ تداولوهُ بينهم) * الوَليخة الارض الوَرِيخَة والوَليخة ايضًا اللَّبَن الخاثِرُ والوحل * (الوَمخة العَذْلَة المُحرقة والوَلخة) * وَتَخ ووَتَح ووَتَس ووَتَه ووَتَل ووَتَب بمعنى لا سابغ لها في العربيّة *

ه

(الهَبَيْخَة الجارية والمرضعة والهَبَيَّخ الاحمق المسترخي ومَن لاخيرفيه والنهر الكبير) * هَخ حكاية صوت المتنخّم * هَيْخ الهريسة أكثر من دُهْنها *

ي

ن يَفَخَة وافخه أصاب يافوخه واليافوخ حيث التقى عظم مُقدّم الرأس ومُؤخّره واليافوخ مُعظم الليل ج يوافيخ * يواخين مَلِكٌ يهودا *

حرف الذال

ا

الأبَد الدهر ج آباد وأبود والابد ايضًا الدائم والقديم الأزَليّ (والولد أتت عليه سَنَة) ولا آتيه أبَدَ الأبديّة وأبدَ الأبدين وأبدَ الآبدين وأبدَ الأبد وأبدَ الأبيد وأبدَ الآباد وأبدَ الدهر وأبيد الأبيد بمعنى والأوابد الوحوش والدواهي والقوافي الشُرَّد ل وأبِدَ غضب وتوحّش والابد بكسرتين الأمَة والأتان المتوحّشة والإبدان الأمة والفرس وتأبّد توحّش وتأبّد المنزل أقفر والرجل طالت غربته وتأبّد قلّ أربه في النساء وتأبّد بالمكان أبودًا اقام والتأبيد التخليد * (الإتاذ حبل يُضبط به رِجْل البقرة اذا حُلِبَت) * الإجاذ بالكسر التصير وبناء مُوجَد مُحكَم * الأحَد الواحد ويوم الأحد اليوم الأوّل الذي خلق الله فيه النور وفيه قام المسيح من القبر وفيه حلّ الروح القدس على الرسل ج آحاد وأحدان والله الأحد وصف له خاصّ وإحدى الأحد وأحد الأحدين (وواحد الأحدين) وواحد الآحاد الرَجُل الذي لا مثيل له وإحدى الأحد الامر المتفاقم جدًّا وأتى بإحدى الأحد اي بالامر المنكر العظيم ل وأحِد عَهِد وأُحُد اسم جبل (بالمدينة) واستأحد وتوحّد انفرد وجاءوا أُحادَ أُحادَ اي واحدًا واحدًا (وما استأحد به لم يَفْقَه) وأحَدَ العشرة تأحيدًا صيّرها أحد عشر * الإدّ والإدّة العجب والامر الفظيع والداهية والمنكر ج اداد وإدد والإدّ والأدّ الغلبة والقوّة

ن

النبخ جُدَرِيُّ الغنم (وغيره) والنبخاء الارض المرتفعة ج نباخى والنابخة المتكبر فى كلامه ص ونبخ العجين نبوخا حمض وفسد فهو نباخ والنبخة (ويضم النكة و) الكبريتة • ص نتخه نزعه وقلعه ونتخ البازى اللحم خطفه ونتخ الثوب نسجه والمنتاخ المنقاش • ع نجخ فخر ونجخ النوء هاج والنجاخ صوت الساعل فهو ناجخ والناجخ والنجوخ صوت البحر والتناجخ التفاخر واضطراب الماء • النخ السير العنيف والمطر الكثيف والبساط الطويل والنخ المخ والنخة الرقيق والبقر العمل والخمر والجمالون والخبر الذى لا يعلم حقه من باطله ونخنخه نحاه • ع ندخ صدم والاندخ الاحمق القليل الكلام والمندخ بالكسر من لا يبالى بما قيل له من الفحش وتندخ تشبع بما ليس عنده • (النودخ الجبان) • ع نسخه ازاله وغيره وابطله ونسخ الشئ مسخه ونسخ الكتاب وانتسخه واستنسخه كتبه عن معارضه والنسخة المنقول عنه والتناسخ والمناسخة فى الميراث موت ورثة بعد ورثة واصل الميراث قائم لم يقسم وتناسخ الازمنة تداولها وانقراض جيل بعد جيل والتناسخ الاعتقاد (بتنقل الارواح فى الاجسام و) بان العالم ازلى والتناسخية المعتقدون كذا وامامهم افلاطون وهذا مذهب فلاسفة اليونان • ع نضخه رشه ونضخ الماء اشتد فورانه من ينبوعه والنضخ اثر الطيب فى الثوب وانتضخ الماء ترشش • هو نطخ شر اى صاحب شر) • ن نفخ بفمه اخرج منه الريح ونفخ ضرط والنفيخ الموكل بنفخ النار (والمنفاخ آلته) والنفخ الفخر والكبر والنفاخة ما يطفو فوق الماء من الفقاقيع ج نفاخات والنفاخة ايضا كمة فى بطن السمكة تحملها فى الماء والمنفوخ الكبير البطن والسمين • النقاخ الماء البارد والعذب الصافى والخالص والنوم فى العافية والامن ع ونقخ ضرب ونقخ دماغه كسره وانتقخ المخ استخرجه • النوخة الاقامة والمناخ بالضم مبرك الجمال واناخ الجمل وتنوخه ابركه واستناخ الجمل وتنوخ برك ولا يقال ناخ •

و

وبخه توبيخا لامه وعذله وانبه وهدده • (وتخه بالعصا ضربه بها و) الوتخة محركة الوحل (وما اغنى وتخة شيأ والميتخة العصا • الوخة البلة من الماء والوليخة الارض ذات الوحل • الوخ الالم والقصد والوخواخ العنين والضعيف والكسلان • الوريخة الارض المبتلة وفعله توريخت ل وورخ العجين وتورخ ارتخى واورخته ارخيته وورخ الكتاب ارخه • ل وسخ الثوب وسخا بالتحريك واستوسخ وتوسخ واتسخ علاه الدرن واوسخه ووسخه توسيخا •

أبعدهُ وكفّهُ والبُدّةُ الغاية وطيرٌ أبابيدُ وتبابيدُ متفرّقةٌ وما لهُ بهِ بُدّةٌ بالضمّ والفتح طاقةٌ والأبدُّ الحائكُ وتبدّدوا الشيء اقتسموهُ بِدَدًا اى حِصَصًا ونَدْ بَدْ بَخ بَخ زِنَةً ومعنى واستبدّ تفرّد والبداد المبارزة والبُدّة والبَدَد الحاجة * البَرْد م ن ر بَرُدَ برودةً وماءٌ باردٌ وبَرِدٌ وبَرودٌ وبُرادٌ ومَبْرودٌ ن وبَرَدَهُ بَرْدًا وبرّدهُ تبريدًا جعلهُ باردًا وأبردهُ أتى بهِ باردًا وأبرد لهُ سقاهُ باردًا والبَرْد النومُ والريقُ والبَرَدُ حبُّ الغمام والبُرْدُ ثوبٌ مخطّطٌ ج أبرادٌ وأبرُدٌ وبُرودٌ والبرّادةُ إناءٌ يُبرّد الماء والإبردةُ بَرْدٌ فى الجوفِ والبَرْدةُ (يحرّك) التخمةُ وتبرّد فى الماء (استنقع) والأبردانِ الغداةُ والعشيّ والبَرْدانِ الظلّ والفيء وأبرد دخل فى آخر النهار وعيشٌ باردٌ هنيءٌ وبَرَدَ ماتَ وخفيَ ووجبَ ولزِمَ وبَرَدَ الحديدَ بالمِبْرَدِ سحلهُ والمِبْرَدُ آلتهُ وبَرَدَ العينَ كحلَها وبرد الخبزَ صبّ عليهِ الماء فهو خبزٌ بَرودٌ ومبرودٌ وبَرَدَ السيفُ نبا وبرد زيدٌ بَرْدًا وبُرودًا ضعُفَ وفتَرَ وأبردهُ أضعفهُ والبُرادةُ السُحالةُ والبَرْديّ نباتٌ م والبَريدُ اثنا عشرَ ميلًا والبَريدُ الرسولُ وخيلُ البَريدِ والبَريد ايضًا الرُسُلُ الراكبةُ خيلَ البريدِ وبَرَدَهُ وأبردهُ أرسلهُ والبَرْداءُ بالمدِّ الحُمّى بالبردِ وثوبٌ بَرودٌ مالهُ زغَبٌ * البَرْجَدُ كساءٌ غليظٌ * البِرِنْدُ فِرِنْدُ السيفِ (والمُبَرْنَدةُ المرأةُ الكثيرةُ اللحم) * البُعْدُ بالضمّ م والموتُ والفعلُ ر ل بَعُدَ بُعْدًا وبَعِدَ بَعَدًا فهو بعيدٌ (وباعِدٌ) وبُعادٌ ج بُعَداءُ وبُعُدٌ وبُعْدانٌ (وبَعَدٌ باعِدٌ مبالغةٌ) وبُعْدًا لهُ أبعدهُ اللهُ والبُعْدُ والبِعادُ اللعنُ وأبعدهُ اللهُ نحّاهُ عن الخير ولعنهُ وبعّدهُ تبعيدًا أبعدهُ وباعدهُ ومنزلٌ بَعَدٌ بعيدٌ (وإنّهُ لغيرُ أبعدَ وبُعْدٍ لاخيرَ فيه وإنّهُ لذو بُعْدٍ وبُعْدةٍ اى رأيٍ وحزمٍ وما عندهُ أبعدُ وبُعْدٌ اى طائلٌ) وبَعْدُ ضدّ قبلُ واستبعد تباعد واستبعدهُ عدّهُ بعيدًا وجئتُ بُعَيْدَكما اى بعدكما وأمّا بعدُ اى بعد دعائى لكَ وتُسمّى فصلَ الخطابِ والأباعدُ ضدّ الاقاربِ * بغدادُ بمهملتين ومعجمتين وبتقديمِ كلٍّ منهما (وبغدانُ وبغدينُ ومغدانُ ومدينةُ السلام) بابلُ وتبغدد انتسب الى بغداد اوتشبّهَ باهلها (فهو بغداديٌّ ج بغادِدةٌ) * البَلَدُ والبلدةُ كلُّ قطعةٍ من الارضِ عامرةٍ والترابُ والبلدُ ايضًا القبرُ والمقبرةُ والدارُ والأثرُ ج أبلادٌ والبلدُ ايضًا الصدرُ وراحةُ اليدِ وقطعةٌ من رصاصٍ يقيسُ بها الملّاحُ الماءَ ولارضُ والبَلَدُ والبَلْدةُ نقاوةُ ما بين الحاجبينِ وفعلهُ ل بَلِدَ والبلدُ ايضًا مُستَقَرُّ الشيء وثُغرةُ النحرِ واسمُ جنسٍ من الاماكنِ مثلَ العراقِ والشامِ وإفريقيّةَ وخراسانَ وسوريّةَ وما اشبهَ ذلك فإنّ كلًّا منها يسمّى البلدَ (ج بلادٌ وبُلدانٌ) والبلدةُ جزءٌ من البلدِ مثل البصرةِ من العراقِ ودمشقَ من الشامِ وأصفهانَ من خراسانَ ن وبَلَدَ بالمكانِ بُلودًا اقامَ ولزِمَ وبَلَدَ المكانَ اتّخذهُ لهُ بلدًا وأبلدهُ إيّاهُ ألزمهُ والتبلّدُ ضدّ التجلّدِ وفعلهُ ر ل بلُدَ فهو بليدٌ وأبلدُ والتبلّدُ التحيّرُ والتلهّفُ والسقوطُ على الارضِ والتسلّطُ على بلدِ الغيرِ والمبلودُ المعتوهُ والأبلدُ العظيمُ الخَلْقِ والبَلَنْدى العريضُ (والمُبْلَنْدي البليدُ لاينشّطهُ تحريكٌ)

ن وأدَ الشيءَ مَلَّهُ وآدَ ذهبَ ن ص ل وأدَّتهُ الداهيةُ دهَتهُ والتآدُدُ التعدُّدُ * ارفخشدُ ملكُ
الماديّين وارفخشدُ بكرُ سامِ بن نوحٍ جاء المسيحُ من نسلهِ * ارمجدونُ اسمُ بقعةٍ في القدسِ
فيها يُقتَلُ الدجّالُ الملعونُ وتُباعُهُ * ارْدَشيرُ من ملوكِ المجوسِ * الاسدُ مُحرَّكةً م ج
آسادٌ وأُسودٌ وأُسْدٌ وأُسْدانٌ (وآسُدٌ ومَأْسَدَةٌ) والأَسَدةُ أنثاهُ والمَأْسَدةُ (ايضًا) مكانُ الأُسودِ والاسدُ
المسيحُ وشِبْلُ الاسدِ لقبُ يهوذا ابنِ يعقوبَ إسرائيلَ ل وأَسِدَ دُهِشَ من رؤيةِ الاسدِ وصارَ
كالاسدِ ضِدٌّ وأَسِدَ غضِبَ وسَفِهَ ص وأَسَدَ أفسدَ (بينَ القومِ) والأُسدةُ الحظيرةُ واسْتأْسَدَ صارَ
كالاسدِ واستأسدَ النبتُ طالَ وآسَدَ الكلبَ أغراهُ والاسادةُ بالكسرِ والضمِّ الوسادةُ * الأَصْدةُ
والأَصيدةُ قميصٌ قصيرٌ والأَصيدُ فِناءُ الدارِ والأَصيدةُ الحظيرةُ ن وآصَدَ البابَ وأوصَدَهُ أغلقَهُ *
أَمَدَ اللهُ مُلْكَهُ تأبيدًا أَثبتَهُ * ل أَفِدَ عَجِلَ وأبطأَ ضِدٌّ وأَفِدَ أزِفَ ودنا فهو أفِدٌ والأَفَدُ الاجلُ
والامدُ والأَفَدةُ التأخيرُ (وخرجَ مُوفِدًا اى في آخرِ الوقتِ) * ن أَكَدَ الحنطةَ درسها وأَكَّدَهُ
تأكيدًا وكَّدَهُ والأكيدُ الوثيقُ * الداذُ وميداذُ كانا يتنبّيانِ في عهدِ موسى النبيِّ * الأَمَدُ
الغايةُ والمنتهى والغضبُ ل أَمِدَ عليهِ غضِبَ والآمِدُ السفينةُ المشحونةُ والأَمَدةُ البقيّةُ وأمَدٌ مأمودٌ
مُنتهى اليهِ * ل أَوِدَ أَوَدًا اعوجَّ فهو أَوِدٌ وهي أَوْداءُ بالمدِّ وأوَّدتهُ فتأوَّدَ عطفتهُ فانعطفَ
وآدَهُ الامرُ أَوْدًا أجهدَهُ ن وآدَ مالَ ورجعَ وتأوَّدَهُ الامرُ ثقُلَ عليهِ * ص آدَ أَيْدًا اشتدَّ وقويَ
والآدُ والأَيْدُ التصلّبُ والقوّةُ وأيَّدتهُ تأييدًا قوّيتهُ فهو مؤيَّدٌ والإيادُ المعقِلُ والسترُ والكَنَفُ والهواءُ
والملجأُ والجبلُ الحصينُ والخِباءُ والترابُ حولَ الحوضِ وجناحا العسكرِ والمؤيِدُ الامرُ العظيمُ والداهيةُ
ج مَوائدُ وتأيَّدَ تقوّى *

ب

ن بَجَدَ بُجودًا وبَجَّدَ تبجيدًا أقامَ والبَجْدةُ الاصلُ والصحراءُ وباطنُ الامرِ وهو ابنُ بَجْدتِها
يقالُ للعالمِ بالشيءِ وللدليلِ الهادي وعندهُ بَجْدةُ ذلكَ اى علمُهُ والبِجادُ الثوبُ
المخطَّطُ * بَدَّدَهُ تبديدًا فرَّقَهُ فتبدَّدَ وبَدَّدَ زيدٌ أعيَى ونعسَ وهو قاعدٌ لا يرقدُ وجاءتِ
الخيلُ بَدادِ بَدادِ بالفتحِ وبالبناءِ على الكسرِ والفتحِ (وبَدَدَ بَدَدَ وبَدَدًا بَدَدًا) مُتفرِّقةً ن
وبَدَّ رجليهِ فرّقهما وذهبوا تباديدَ وأباديدَ متبدِّدينَ والأَبَدُّ المتباعدُ اليدينِ والفخذَينِ والعظيمُ
الخَلْقِ وفعلهُ ل بَدَّ والبَدُّ التعبُ والبِدُّ والبَديدُ النظيرُ والبُدُّ البعوضُ والصنمُ (معرَّبٌ) ج أبدادٌ
والبُدُّ ايضًا بيتُ الصنمِ والبِدُّ والبِدادُ (بالكسرِ والفتحِ والبِدّةُ) النصيبُ ولا بُدَّ بالضمِّ لا محالةَ
والبَديدُ المخرَجُ والمفازةُ الواسعةُ والبِدادُ لِبدُ الدابّةِ وبادَّهُ مُبادّةً وبِدادًا بادَّهُ معارضةً ن وبَدَّهُ

ج

ع جحده حقه جحدا وجحودا انكره مع علمه وجحد دينه كفر به وجحدته وجدته بخيلا ل وجحد
النبت لم يطل وجحد نكد والجحد بالضم والفتح والتحريك قلة الخير وفعله (ل) جحد فهو جحد
(وجحد واجحد والجحادى الضخم من كل شيء ويهاء القربة المملوءة لبنا والغرارة المملوءة حنطة) •
الجد ابو الاب وابو الام ج اجداد وجدود وجدودة والجد ايضا البخت والحظ والحظوة والرزق
والعظمة والجد والجدة (والجدة) شاطئ النهر والجدة (والجديد والجدد) وجه الارض والجد
والجدي الرجل العظيم الحظ والجد ايضا وكف البيت من المطر والقطع وثوب جديد ومجدود
اى مقطوع (ج جدد) وفعل الكل ن جد جدا والجد جانب كل شيء والبئر والبئر القديمة
والماء القليل فى الفلاة والجد الاجتهاد وضد الهزل وفعله ض ن جد جدا والجد ايضا العجلة
والتحقيق والمحقق والجدة ام الاب وام الام والجدة الطريقة والعلامة والجدة قلادة الكلب وضد
البلى وفعله ض جد فهو جديد واجده وجدده واستجده صيره جديدا فتجدد والجدان الخلقان وكل
منعقد كالخيط والغصن والجدان بائع الخمر ومعتصره والجديدان والاجدان الليل والنهار (ومرضت
جداء يقال فى شيء وضح بعد التباسه) الجدود النعجة قل لبنها وتجدد الضرع ذهب لبنه والجدد
محركة دمل الدابة والارض الغليظة وعالم جد عالم بالغ الغاية فى علمه (فهو عالم جدا) وما عليه
جدة بالكسر والضم ما عليه خرقة تستره والجديد الموت والجادة معظم الطريق ج جواد •
الجرد فضاء لا نبات فيه فهو جرد واجرد وارض جرداء وجردة وفعله جرد وسنة جارود وجردة ذات
قحط ن (وجرده) وجرده قشره وجرد الجلد نزع شعره وجرد اعطى كارها وجرد زيدا وجرده تجريدا
عراه من ثيابه وتجرد وانجرد تعرى وجرد القطن حلجه وثوب جرد خلق ورجل اجرد قصير
الشعر قليله وانجرد صار اجرد وفعله ل جرد وجرد السيف تجريدا استله وجرد الكتاب ايضا لم
يضبطه ولبس الجرود اى الخلقان والمتجرد بفتح الراء المشدد التجرد وبكسرها الجسيم وتجرد العصير
سكن غليانه وتجردت السنبلة خرجت من لفائفها وتجرد زيد لامره جد فيه وخمر جرداء صافية
وانجرد الثوب بلى ورث والجرد الفرج والذكر والترس وبقية المال (والجرد عيب م فى الدواب)
والجارود المشئوم والجريدة (الدفتر و) سعفة من النخل طويلة والجريدة ايضا قوم خيالة لا رجالة
فيهم والجريدة ايضا بقية المال والصلب ويوم جريد واجرد تام والاجرد فرمول الدواب وعام اجرد
فيه قحط ج جرادين وما رأيته مذ اجردان او جريدان مذ يومين او شهرين والجراد م (للذكر
والانثى) وارض مجرودة كثيرة الجراد ل وجرد الزرع اصابه الجراد وما ادرى اى جراد عاره

وبلذة الوجه فيانه وبلداذ الشوحانى صديق ايوب البار * البلند اصل الحناء * البلمند
اسم دير شامخ فى نواحى اطرابلس الشام * البند العلم الكبير فى السلطنة واسم البيذق
اذا صار فرزانا * (البوذ البحر * البواهذ الدواهى) * ص باد بودا وبيدا
وبيادا (وبوادا وبيودا) وبيذودة ذهب وانقطع وبادت الشمس غربت والبيداء الفلاة ج بيد
(والقياس بيداوات) والبيدانة الاتان الوحشية ج بيدانات وبيد (وبائد) تاتى بمعنى غير
وبمعنى على وبمعنى من اجل وطعام بيذ ردى *

ت

الترپودى يونانية كتاب صلوة الصوم الكبير * ترموذ بالفتح اسم ابنة فرعون التى تناولت
موسى النبى من الماء وجعلته ابنها * (التبقذة وتفتح الكزبرة والكرويا * التقرد الكرويا
او الابزار كلها) * التالد والتلد بالفتح والضم والتحريك والتلاد والتليد (والاتلاد والمتلد) ما
ولد عندك من مالك فعله ن ص تلد تلودا واتلد والمتلد الذى خلق ونبت فى مكانه
(وخلق متلد اى قديم) والتلد من خلق اعجميا وتربى عربيا ن ل وتلد اقام والتلد فرخ
العقاب وتلد تليدا جمع ومنع * التيذ الرفق يقال تيذك ياهذا اى اتئد وارفق وتيذك
زيدا امهله وتادى او تئدا مشددة لقب يهودا الرسول * التلمود كتاب عند اليهود يزعمون انه
تفسير التوراة مملو خرافات وافتراء على الله وعلى السيد المسيح *

ث

الثاد الثرى والندى والقر وفعله ل ثئد والثاداء الامة والحمقاء (وما انا ابن ثاداء وتسكن اى
بعاجز) والثاد الامر القبيح والنبات الغض ومكان غير موافق * ن ثرد الخبز واثرده فته فى
المرق والاسم الثريدة والثريد والثرودة ويجوز بالتاء المثناة وثرد الثوب صبغه والثرد المطر الضعيف
والثرد تشقق الشفتين * (ثرمد اللحم اساء عمله * الثعد الرطب والغض من البقل وما
له ثعد ولا معد اى قليل ولا كثير) * الثفافيد بطائن الثياب وثفد ثوبه تثفيدا بطنه *
ص ثلذ الفيل ثلذا سلح * الثمد ويحرك والثماد الماء القليل واثتمد ورد الثمد والمثمود (الماء
الذى نفذ من الزحام عليه الا اقله والرجل الذى سئل فافنى ما عنده عطاء و) الذى هارت
قوته وقارب الموت من كثرة الجماع والاثمد مثلثة الهمزة والميم حجر للكحل ن وثمد سمين وثمود
سدوم التى احرقت بغضب الله *

بيث) ● الجُنْدُ العسكرُ والأعوانُ والمدينةُ (ج جُنودٌ وأجْنادٌ) والجَنَدُ الارضُ الغليظةُ وطينٌ يجمدُ كالحجارةِ يُذيبونهُ ويغتسلون بهِ في الحَمّامِ تسمّيهِ عامّةُ البيلونَ ● الجَيِّدُ ضِدُّ الرديءِ. ج جِيادٌ وجِياداتٌ وجَيائدُ ن وجادَ جُودةً صارَ جَيِّدًا وأجادَهُ وأجْوَدَهُ صَيَّرَهُ جَيِّدًا وجادَ وأجادَ أتى بالجَيِّدِ فهو مِجْوادٌ (واستجادَهُ وَجَدَهُ او طلبَهُ جَيِّدًا والجَوادُ السخيُّ والسخيّةُ ج أجوادٌ وأجاوِدُ وجُودٌ وجُوداء وجَوْدٌ وجُودةٌ وقدجادَ جُودةً) واستجادهُ طلبَ جُودةً فأجادَهُ دِرْهمًا اى أعطاهُ إيّاهُ والجَوادُ الفرسُ البَيِّنُ الجُودةِ ج جِيادٌ وجادَ الفرسُ (في عَدْوِهِ) جُودةً وأَجْوَدَ واستجادَ الفرسَ طلبَهُ جَوادًا وأجادَ وأجْوَدَ صارَ ذا جَوادٍ والجَوْدُ بالفتحِ المطرُ الغزيرُ وجادتِ العينُ جَوْدًا وجُؤُودًا كثُرَ دمعُها وجادَ بنفسهِ قاربَ أنْ يموتَ وحتفٌ مُجِيدٌ حاضرٌ والجُوادُ العطشُ والجُودةُ العَطْشةُ والنُّعاسُ ل وجِيدَ يُجادُ عطِشَ فهو مَجُودٌ وجِيدَ أشرفَ على الهلاكِ وجادهُ الهوى شاقَهُ وغلبَهُ وجادَهُ غلبَهُ بالجُودِ (وإنّي لَأُجادُ اليكَ أشتاقُ وأُساقُ) والجُودُ الجُوعُ (ولم يُسمَعْ إلّا في بيتٍ للهُذَليِّ) والجاديّ الزعفرانُ وشاعرٌ مِجْوادٌ مُجِيدٌ ووقعوا في أَبِي جادٍ اى في باطلٍ وجادُ بْنُ يعقوبَ اسرائيلَ وجادُ النبيّ لأم داودَ لأنّهُ عَدَّ شعبَ اسرائيلَ ● الجَهْدُ بالفتحِ والضمِّ (والمَجْهودُ) الطاقةُ والمَشَقّةُ واجْهَدْ جَهْدَكَ ابْلُغْ غايتَكَ ع وجَهَدَ واجتهدَ جَدَّ وأجْهَدَ دابّتَهُ بلغَ جَهْدَها وجَهَدَ بهِ امتحنَهُ وجَهَدَهُ المرضُ أنهكَهُ وجَهَدَ الطعامَ وأجهدَهُ اشتهاهُ ل وجُهِدَ عيشُهُ نَكِدَ واشتدَّ وجَهْدُ البَلاءِ اختيارُ الموتِ لكثرةِ العيالِ مَعَ الفقرِ والجِهادُ والمُجاهَدةُ القِتالُ مَعَ العَدُوِّ وهو (عندنا) خاصٌّ بقتالِ الرُّهبانِ مَعَ الشياطينِ وبقتالِ الشُّهَداءِ مَعَ الكُفّارِ وأجهدَ الشيبُ كَثُرَ وأسْرعَ وأجْهَدَ الحقُّ ظهرَ وأجهدَ مالَهُ فرّقَهُ فأفناهُ وأجْهَدَ العَدُوُّ جَدَّ في العَداوةِ وجُهاداكَ أنْ تفعلَ اى قُصاراكَ وغايتُكَ والتَّجاهُدُ والاجتهادُ بذلُ الوُسْعِ ● الجِيدُ بالكسرِ العُنُقُ او حولُ العُنُقِ او مُقَدَّمُ العُنُقِ ج أجْيادٌ وجُيودٌ والجَيَدُ طولُ الجِيدِ ودِقّتُها فهو أجْيَدُ وهي جَيْداءُ وجَيْدانةٌ والجِيدُ ايضًا البُذْرَةُ الصغيرةُ.

ح

ص حَتَدَ بالمكانِ أقامَ وعينٌ حَتِدٌ لا ينقطعُ دمعُها والمَحْتِدُ الاصلُ والطبعُ والحَتِدُ الخالصُ الاصلِ من كلِّ شيءٍ وفعلهُ ل حَتِدَ والحُتْدُ جوهرُ الشيءِ. وأصلهُ واحتدتهُ احترتهُ لفعلهِ ● الحَدُّ الحاجزُ بينَ شيئينِ والحَدُّ منتهى الشيءِ. والحَدُّ ايضًا حِدّةُ الشيءِ. والبأسُ وسَوْرةُ الخمرِ والدفعُ والمنعُ والحَدُّ ايضًا تأديبُ المذنبِ وحالةُ الغضبِ والحَدُّ والحِدّةُ النَّزَقُ والحَدُّ ايضًا تمييزُ شيءٍ من شيءٍ وداري حَديدةُ دارِهِ ومُحادّتُها حَدُّها والحديدُ م ج حَدائدُ وحديداتٌ والحَدّادُ صانعُ الحديدِ والسَّجّانُ والبَوّابُ والبحرُ والرجلُ الحَديدُ الغضوبُ ومنهُ لَبّاسُ الحديدِ لقبُ برصومَ المُبتدعِ

اى اىّ الناس ذهب به • الجرمَذ النشيطُ واجرمَذ اشتدّ وأسرع (وطال واستمرّ واجرمّذت السنةُ اشتدّت وصَعُبت) • الجَسَدُ جسمُ الانسانِ والجَسَدُ الجنّ (والملائكة) والجَسَدُ و الجِساد بالكسر الزعفرانُ والجسد ايضًا اسمُ عجلِ بنى اسرائيل والجَسِدُ والجاسِدُ والجَسيدُ الدمُ اليابسُ ل وجَسِدَ به الدمُ لصِقَ وثوبٌ (مُجْسَدٌ و) مُجَسَّدٌ مصبوغٌ بالزعفرانِ وتجسَّدَ المَلَكُ تلبّسَ بجسدٍ بشريّ والتجسُّدُ كلمةُ اللهِ الأقنومُ الثانى سيّدنا يسوعُ المسيحُ والمُجْسَدُ القميصُ (يلى الجسدَ) وصوتٌ مُجَسَّدٌ مرقومٌ على نغماتٍ والجُسادُ بالضمّ وجعُ البطنِ • الجَعْدُ الشعرُ المتكمّشُ والشعرُ القصيرُ وفعلُهُ ر جَعُدَ جُعودةً وجَعادةً وتجعّدَ وجَعَّدَهُ تجعيدًا فهوجَعْدٌ وهى جَعْدَةٌ وتجعّدَ تقبّضَ ورجلٌ جَعْدُ اليدينِ كريمٌ وبخيلٌ ضِدٌّ و رجلٌ جعدُ القفا لئيمُ الحَسَبِ وجعدُ الاصابعِ قصيرُها وابو جَعادةَ كنيةُ الذئبِ ووجهٌ جَعْدٌ مستديرٌ قليلُ الملاحةِ • الجِلْدُ بالكسرِ والتحريكِ م ج أجلادٌ وجلودٌ وأجلادُ الانسانِ آلاتُ جسمهِ وأجلادُهُ شخصُهُ وعظمٌ مُجَلَّدٌ لم يبقَ عليهِ الّا الجلدُ وجَلَّدَ الذبيحةَ تجليدًا نزعَ جلدَها ض وجَلَدَهُ ضربهُ بالسوطِ وجلَدَهُ على الامرِ أكرهَهُ (وجَلَدَ جاريتَهُ جامعَها) وجُلِدَت الحيّةُ لدغتْ والجَلَدَةُ البوُّ المحشوُّ والارضُ الصلبةُ (والجَلَدَةُ الشاةُ يموتُ ولدُها حينَ تضعُ) والشِدّةُ والقوّةُ ر وجَلُدَ جَلادةً وجُلودةً اشتدَّ فهو جَلْدٌ وجَليدٌ ج أجلادٌ وتجلَّدَ تكلّفَ الجَلادةَ والمِجْلَدُ آلةٌ من جلدٍ يُجْلَدُ بها ج مَجالِدُ والجلّادُ الضاربُ بالسوطِ وتجالَدوا تضاربوا بالسيوفِ والجَليدُ جَمَدُ الماءِ من البردِ ل وجُلِدَت الارضُ أصابَها الجَليدُ فهى مجلودةٌ وأُجْلِدَ القومُ أصابَهم الجليدُ وأجلدَ كَذَبَ والجَلْدُ الذكرُ وأجلَدَهُ اليهِ ألجأهُ والمُجَلِّدُ من يُجَلِّدُ الكتبَ والجَلَنْدى والجَلَنْدَدُ الفاجرُ • (جَلَبَدَةُ الخيلِ أصواتُها • الجَلَخْمَدُ الغليظُ • الجُرنْخِذُ المستلقى ورجلٌ جَلَخْذى لاغناء عنهُ) • الجَلْعَدُ الصلبُ والجَلْعَدَةُ السرعةُ فى الهربِ وجلعادُ اسمُ ارضٍ فى نواحى القدسِ منذ عهدِ بنى اسرائيلَ وتسمّى رابيةَ الشاهدِ • الجَلْمَدُ والجُلْمودُ الصخرُ والجلمدُ ايضًا الرجلُ الشديدُ وارضٌ جَلْمَدَةٌ مُحْجِرَةٌ وألقى عليهِ جَلابيدَهُ اى ثِقَلَهُ • ن ر جمدَ الماءُ ونظيرُهُ جَمْدًا وجُمودًا ضدُّ ذابَ فهو جامدٌ (وجَمَدٌ) ج جُمْدٌ مُحرّكةً وجَمُدَ بالضمّ وتجمّدَ حاولَ أنْ يجمدَ والجَمَدُ الثلجُ والجَمَدُ ايضًا الماءُ الجامدُ والجَمادُ الارضُ (وماليسَ بذاركٍ او ماليسَ بنامٍ) والسنةُ لم يصبها مطرٌ والبطىءُ ورجلٌ جمادُ الكفِّ بخيلٌ ر وجَمُدَ بَخِلَ وعينٌ جامدةٌ لاتدمعُ وهو جامدُ العينِ وجُمودُ العينِ والجَمَدُ ما ارتفعَ من الارضِ ج أجمادٌ (وجِمادٌ) والجوامدُ حدودُ الأرضينَ (وجُمادى من أسماءِ الشهورِ معرفةٌ مؤنّثةٌ ج جُماديات) وجَمَدَهُ قطعهُ وسيفٌ جَمّادٌ صارمٌ والمالُ الجامدُ والذائبُ المالُ الناطقُ والصامتُ ر وجَمُدَ حقّى وجبَ وأجمدتُهُ أوجبتُهُ والمُجْمِدُ البخيلُ المتشدّدُ (والقليلُ الخيرِ وهو مُجامِدى اى جارى بيتَ

الحِقْدُ وجمعُ الحِقْدِ أحقادٌ وحُقودٌ وحقائدُ وأحقدَهُ صَيَّرَهُ حاقِدًا ل وحَقِدَ المطرُ واحتقدَ احتبسَ • (احقَلَدَ الشيءُ الخُلُقِ الثقيلُ الروحِ) • ص حَكَدَ الى أصلِهِ رجعَ وأحكَدَ وحاكَدَ اعتمدَ والمَحْكِدُ المَلْجَأُ • الحَمْدُ الشكرُ لغةً والرضا والجزاءُ وقضاءُ الحقِّ وفعلُهُ ل حَمِدَ حَمْدًا ومَحْمَدًا ومَحْمَدَةً فهو حَمُودٌ وحَمِيدٌ وهي حَمِيدَةٌ وأحمدَ صارَ أمرُهُ الى الحمدِ وأحمدَ فعلَ أمرًا محمودًا وأحمدَهُ رَضِيَ منهُ فعلَهُ والتحميدُ حَمْدُ اللهِ مرّةً بعدَ مرّةٍ وحُماداكَ بالضمِّ غايتكَ وحَمْدَةُ النارِ بالتحريكِ صوتُ التهابِها وهو يتحمّدُ عليَّ يمتنُّ عليَّ ل وحَمِدَ غَضِبَ والعَوْدُ أحمدُ أكثرُ حَمْدًا أي إنَّ العَوْدَ الى الشيءِ محمودٌ أكثرَ فأفعلُ التفضيلِ هُنا بمعنى مفعولٍ وهذا خِلافُ قياسِهِ لأنّهُ يكونُ بمعنى فاعلٍ (قالَهُ خِداشُ بنُ حابسٍ لمـ ... رَبابَ فردّهُ أبواها فاضطربَ زمانًا ثمَّ أقبلَ نحوَها متغنّيًا بأبياتٍ فسمعتْ وبعثتْ اليهِ ليغدوَ طالبًا ثمَّ قالتْ لأبيها زوِّجني خِداشًا فأمتنعَ خِداشٌ وسلّمَ عليهم وقالَ العَوْدُ أحمدُ • الحَمْرَدَةُ القِرْزِينُ في أسفلِ الحوضِ) • ص حادَ حَيْدًا وحَيَدانًا ومَحِيدًا وحُيُودًا وحَيْدَةً وحَيْدُودَةً مالَ والحَيْدُ ما تشخّصَ من نواحي الشيءِ وشاخصُ الجبلِ (كأنّهُ جناحٌ) وعقربُ الساعةِ العمليّةِ والضِّلَعُ المعوجُّ كثيرًا وعُقدةُ قرنِ الوعلِ (وكلُّ نتوءٍ في قرنٍ أو جبلٍ) ج حُيُودٌ وأحيادٌ والحَيْدُ أيضًا المِثلُ والنظيرُ والحَيَدُ محرّكةً الطعامُ والحَيَدَى بالقصرِ مِشيةُ المتكبرِ وحمارٌ حَيَدى نشيطٌ وحائلٌ جانبَهُ (وما تركتُ حَيادًا أي شيئًا) •

خ

الخَدُّ م والطريقُ والجماعةُ والخَدُّ والخُدَّةُ الحفرةُ المستطيلةُ والأُخدودُ والخُدودُ الهودجُ ج أَخِدَّةٌ وخِدادٌ وخِدّانٌ والخَدُّ ايضًا التأثيرُ في الشيءِ والأُخدودُ أثرُ ضربةِ السوطِ ج أخاديدُ وخَدَّدَ لحمُهُ وتخدّدَ هُزِلَ ونقصَ وتخدّدَ تشنّجَ والخِدادُ سِمةٌ في الخدِّ (وخادَّةٌ حنقَ عليهِ فعارضَهُ في عملِهِ) • الخَرِيدُ والخَرِيدَةُ والخَرُودُ البكرُ لم تُمَسَّ والمرأةُ الحَيِيَّةُ الطويلةُ السكوتِ المتستّرةُ ج خرائدُ (وخُرُدٌ) وخُرَّدٌ والفعلُ ل خَرِدَتْ وتخرّدتْ وصوتٌ خَرِيدٌ ليِّنٌ عليهِ أثرُ الحياءِ والخَرَدُ والإخرادُ طولُ السكوتِ وفعلُهُ أخرَدَ والخَرِيدَةُ ايضًا اللؤلؤةُ لم تُثقبْ وأخرَدَ استحيى وأخرَدَ مالَ الى اللهوِ وأخرَدَ سكتَ من ذُلٍّ لا من حياءٍ • (المُخرنْمِدُ المقيمُ والمُطرِقُ الساكتُ) • ض خَضَدَ العودَ كسرَهُ كسرًا لا يبينُ فانخضدَ وتخضّدَ وخَضَدَهُ قطعَهُ وخضدَ الشجرَ قطعَ شوكَهُ وخضدَ زيدٌ أكلَ شيئًا رَطْبًا كالقثّاءِ ونظيرِها والخَضَدُ ذبولُ الثمارِ والخَضَدُ والخُضادُ وجعٌ في العضوِ دونَ الكسرِ والخَضَدُ ايضًا كلُّ ما قُطِعَ او تكسّرَ من عودٍ رطبٍ والمخضودُ العاجزُ عن النهوضِ والأخضدُ المنثني • ن ل خَفَدَ خَفْدًا بالفتحِ والتحريكِ وخَفَدانًا أسرعَ في مشيتِهِ والخَفَيْدَدُ السريعُ ج خَفادِدُ وخَفادِيدُ وخَفَيْدَداتٌ

ن وحدّ السكّين وحدّدها شحذها ص فحدّت حدّة واحتدّت فهي حادّة وحديد وحديدة وحداد
ج حديدات وحدائد وحداد ص وحدّ عليه حدًّا واحتدّ واستحدّ غضب وحادّه غاضبه وخالفه
وحدّد الزرع تحديدًا تأخّر خروجه والمحدود المحروم والممنوع عن كل شيء ، وثياب الحداد ثياب
الحزن والحادّ المرأة تاركة ثياب الزينة لحزنها وفعله ن ص حدّت حدًّا وحدادًا والتعصيب الحديد
الحكم القويّ في اثبات الحقّ وحدّد له قصده وحداديك آمرك وحداديك أن تفعل كذا
قصاراك وما لي عنه محدّ ومحتد اي بدّ والحدحد القصير ، ص حرده قصده وحرده
وحرّده تحريدًا منعه ورجل حرد وحارد وحرد وحريد ومتحرّد معتزل متنحٍّ ج حراد وحرداء وفعله
ص حرد ص ل وحرد غضب فهو حارد وحرد وحردان والحرد مبعر البعير وحاردت السنة قلّ
ماؤها والحرد ثقل الدرع على لابسه وفعله ل حرد والحردي والحردية زنار يشدّ به حائط الحظيرة
والكوخ والخص والمحرّد الكوخ وحرّد الحبل تحريدًا فتله وحرّد الشيء ايضًا عوّجه والحريد السمك
المقدّد واحرده افرده ولاحرد البخيل اللئيم والحرود حروف الجبل واحرد النجم انقض والمحرد
مفصل العنق وتحرّد لاديم سقط شعره ، الحرقدة عقدة الحنجور والحرقد أصل اللسان ،
الحرمد الطين الاسود ، ن ص حسده (الشيء وعليه) حسدًا وحسودًا وحسادة (وحسيدة
وحسدة) تمنى ان تتحوّل اليه نعمته وفضيلته وان تسلبا منه وهذا أشرّ ويسمى الحسد الشيطاني
فهو حاسد وحسود ج حسّد وحسّاد وحسدة وجمع حسود حسد وحسدني الله إن كنت أحسد
اي عاقبني على الحسد ، ص ن حشد جمع وحشد الزرع نبت كله وحشد القوم جاءوا
للمعاونة او دعوا فأجابوا وحشد القوم واحشدوا واحتشدوا تحاشدوا واجتمعوا لامر واحد والحشد
بالفتح والتحريك الجماعة والحشد من يبذل جهده والمحشود المطاع المخدوم ، ن ص حصد
الزرع حصدًا وحصادًا بالكسر والفتح واحتصده قطعه بالمنجل فهو حاصد ج حصدة وحصّاد
والحصادة حرفته (والحصادة أوانه) والحصد والحصيد والحصيدة الزرع المحصود وأحصد واستحصد
حان أن يحصد واحصد الحبل فتله والحصيدة أسافل الزرع والمزرعة المحصود زرعها والحصد
والمحصد الذي جفّ وهو قائم والحصد ايضًا استحكام الصناعة في الاوتار والدروع والحبال فهو
أحصد ومحصد ومستحصد ودرع حصداء ضيقة الحلق وشجرة حصداء كثيرة الورق وحصد ملت
واستحصد غضب والمحصد المنجل ، ص حفد حفدًا وحفدانًا خفّ في العمل وحفد واحتفد
اسرع وخدم والحفد الخدم والاعوان الواحد حافد وحفدة الرجل بناته واولاد اولاده واصهاره
وصنّاع الوشي واحفله حمله على الاسراع والرجل المحفود المخدوم ، ص ل حقد عليه حقدًا
بالكسر والفتح (والتحريك) وحقيدة أمسك عداوته في قلبه مترقبًا فرصتها والحقود الكثير

السماء تغيّمت (والرّبد الفِرِنْد) والرابدُ الخازنُ * ن رَنَدَ المتاعَ وأرْنَدَهُ نضدهُ فهو رَنِيدٌ ومرنودٌ والرّنَدُ الجماعةُ المقيمةُ وأرْنَدوا أقاموا (والرّنَدُ ضعفةُ الناس) ل ورَنِدَ وارتفدَ كدِرَ والمُرْنَدُ الرجلُ الكريمُ (وللاسد) * رَجّدَ ترجيدًا (ورجد) ارتعش وأرْجَدَ أرْعدَ والرَّجّادُ نقّالُ السُّنبلِ الى البيدرِ وفعلهُ ن رَجَدَ رِجادًا * الرَّخْوَدَةُ اللّينُ والنُّعومةُ والخِصْبُ وسَعَةُ العيشِ (وهو رِخْوَدٌ)

* ن رَدَّهُ رَدًّا ومَرَدًّا صرفهُ والاسم الرِّدادُ بالفتحِ والكسرِ ورَدَّهُ عليهِ لم يقبلهُ ورَدَّهُ عن غلطهِ والمردودةُ السِّكّينُ الموسى والمرأةُ المطلّقةُ والرَّدُّ الحُبْسةُ في اللسانِ عند النطقِ والرِّدُّ عِمادُ الشيء والرَّدَّةُ القبحُ والرِّدّةُ الاسمُ من الارتدادِ والرِّدّةُ ايضًا تقاعُسٌ في الذقنِ وصَدى الجبلِ عند الصوتِ والتَّرْدادُ التَّرديدُ والمُرْتدُّ الحائرُ البائرُ والارتدادُ الرجوعُ وهذا أرَدُّ أنفعُ ولا رادّةَ فيهِ ولا مَرَدّةَ لا فائدةَ والمَرَدُّ والمردودُ الشَّبَقُ والغضبانُ والطويلُ العُزوبةِ والرُّدُدُ القِباحُ من الناسِ والرَّديدُ السَّحابُ أُرِيقَ ماؤهُ واستردّهُ طلبَ رجوعهُ وردّهُ (ورَدّادُ اسمُ مُجبّرٍ م يَنتسبُ اليهِ فيقالُ لكلّ مُجبّرٍ رَدّادٌ) *

ن ل رشَدَ رُشْدًا بالفتحِ والكسرِ ورَشادًا واسترشدَ اهتدى واسترشدَ طلبَ الرُّشدَ وأرشدهُ اللهُ أهداهُ والرُّشدُ الاستقامةُ على طريقِ الحقِّ والرَّشيدُ من صفاتِ اللهِ الهادي والرَّشيدُ المُتنصّبُ من اللهِ بالنعمةِ الخاصّةِ والرَّشيديّةُ طعامٌ يُسمّى بالفارسيّةِ رِشْتَهْ والمَراشِدُ مَقاصِدُ الطريقِ وولدُ الرِّشدةِ (ويكسر) ضدُّ ولدِ الزِّنيةِ وأمُّ راشدٍ كنيةُ الفارةِ والرَّشادةُ حَجَرٌ يملأُ الكفَّ ج رَشادٌ * ن رَصَدَهُ رَصْدًا ورَصَدًا رَقَبَهُ والراصدُ الاسدُ والرَّصيدُ السَّبعُ المُتهيّئُ للوثوبِ وأرصدتُ لهُ أعددتُ وأرصدتُ لهُ ايضًا كافأتُهُ بالخيرِ او بالشرِّ والمِرصادُ الطريقُ او المكانُ يرصدُ فيهِ العدوَّ الرَّصْدةُ بالضمِّ الزُّبيةُ (وحلقةٌ في حمائلِ السيفِ) والرَّصْدةُ الدَّفعةُ من المطرِ والرَّصَدُ الراصدونَ ج أرصادٌ والرَّصَدُ ايضًا المطرُ * (رَضَدَ المتاعَ رَنَدَهُ) * الرَّعدُ صوتُ السَّحابِ وفعلهُ ل ن رعدَ وابنُ الرعدِ لقبُ يوحنّا الانجيليّ وصَلّى تحتَ الراعدةِ مَثَلٌ يُضرَبُ لمِهْدارٍ لا خيرَ عندهُ ورَعَدَ زيدٌ وبَرَقَ تهدّدَ ورَعدتِ المرأةُ تحسّنتْ وتزيّنتْ وأرْعَدَ أوْعَدَ وتهدّدَ وأُرْعِدَ أصابهُ رَعْدٌ وارتعدَ اضطربَ والاسمُ الرِّعدةُ بالكسرِ والفتحِ والرِّعديدُ والرِّعديدةُ الجبانُ والكثيرُ الكلامِ (والمرأةُ الرَّخصةُ وذواتُ الرواعدِ الداهيةُ) * الرَّغيدةُ حليبٌ يُغلى ويُذرُّ عليهِ دقيقٌ وعيشٌ رَغَدٌ واسعٌ طيّبٌ والفعلُ ل ر رغدَ فهو رَغِدٌ ج رَغَدٌ مذكّرًا ومؤنّثًا وأرغدوا أخصبوا * الرِّفدُ العطاءُ والصلةُ والقَدَحُ الضخمُ وفعلهُ ض رَفَدَ رَفْدًا والإرفادُ الإعانةُ والإعطاءُ والرِّفادةُ من ملابسِ الخيلِ والرِّفادةُ ايضًا خرقةٌ يُضمَدُ بها الجُرحُ والرَّفِدانِ دِجلةُ والفراتُ والارتفادُ الكسبُ والاسترفادُ الاستعانةُ والترافدُ التعاونُ والترفيدُ التسويةُ والتعظيمُ والروافدُ خشبُ السقفِ الواحدُ رافدةٌ * الرُّقدُ والرُّقادُ والرُّقودُ النومُ والرُّقادُ خاصٌّ بنومِ الليلِ ورجلٌ يَرْقودٌ يرقدُ كثيرًا والمَرْقَدُ الطريقُ البيّنُ والمَرْقَدُ المضطجعُ وأرْقَدَهُ

والخفدد طائر الخفاش • الخلد والخلود البقاء والدوام والخلد ايضا الجنة والخلد ايضا الفارة العمياء ج مناجذ من غير لفظه كالمرأة جمعها نساء والخلد ايضا (والخلد) السوار والقرط ج خلدة والخلد البال والقلب والنفس ن وخلد خلودا دام وخلد خلدا ابطأ عنه الشيب وخلد بالمكان وخلد تخليدا اقام وخلد اليه واخلد مال والمخلدون ذووا الاساور والاقراط والذين لا يهرمون ابدا • ن ل خمدت النار خمدا وخمودا سكن لهيبها ولم يطفأ جمرها وخمد المريض اغمي عليه وخمدت الحمى سكن فورانها واخمد سكن وسكت • الخود المرأة الحسنة الشابة ج خودات وخود وتخود الغصن تثنى وخود تخويدا سار سريعا وخود ايضا من الطعام اخذ منه شيئا •

د

•(دادد يدادد دأددة لها ولعب) • الدد اللهو واللعب وفعله ن دد ددا والدد ايضا الحين من الدهر ودبرماري يعقوب ددة في نواحي اطرابلس • الدرد ذهاب الاسنان وفعله ن درد ودردي الزيت والخمر ما يبقى اسفله (ودرونة الباب مغربية طبقة) • الدودة م ج دود وديدان (ودودات ودودات) ل وداد الطعام دودا واداد ودود وديد صار فيه الدود والدواد صغار الدود وما يخرج من الانسان والدواد ايضا الرجل السريع وداود النبي بواو واحدة لا يهمز والدوداة الجلبة والارجوحة ودود لعب بها (ودويد بن زيد عاش اربعمائة وخمسين سنة وادرك الاسلام وهو لا يعقل)•

ذ

الذود السوق والطرد والدفع وفعله ن ذاد فهو ذائد ج ذود وذواد وذادة (والذود مؤنث الجماعة من الابل) والمذود اللسان ومعلف الدابة ومذود الثور قرنه والمذود والمذواد الرجل الحامي الحقيقة (والمذاد المرتع واذدته اعنته على ذياد اهله)•

ر

• الرند الترب المساويك في عمرك والعتيق والرند بالفتح والضم والرندة بالفتح والضم والرودة المرأة الشابة الحسنة والرأدة والرودة اصل اللحي وارتاد اهتز طربا وارتادت الريح اضطربت وارتاد زيد قلم وارتعد وارتاد الغصن تفيأ وتذيل وارتاد العنق التوى ورائد الضحى ورأد الضحى ارتفاعه ورأد الارض خلاؤها • ن ربد ربودا اقام وحبس والمربد المحبس والربدة لون الى الغبرة وقد اربد واربأد فهو اربد والاربد حية خبيثة والاربد والمتربد الاسد وتربد تغير وتربدت

الغالب ل وزهد الراهب زهادة وزهدا فهجر العالم وخرج عنه حبا بالله ع وزهله وازهله زجرة وحرصه والزهد محركة الزكوة والزهيد القليل والزهيد والزاهد الضيق الخلق والزهيد ايضا الوادى الضيق وازهله ملأه قليلا والتزهيد ضد الترغيب والتزهيد ايضا التبجيل وتزاهدوه احتقروه والزاهد فاعل الزهد ج زهاد • الزود الزاد والمزود وعاء الزاد وزودته الزاد فتزود ورقاب المزاود لقب العجم وازداد واستزاد طلب الزاد • الزيد بالفتح والكسر وبالتحريك والمزيد والزيدان الزيادة على (وعن) الشئ (وهى ان ينضم الى ما عليه الشئ فى نفسه شئ آخر) ن وزاده الله خيرا وزيله فزاد وازداد واستزاده استقصره واستزاده طلب منه الزيادة والتزيد والتزايد الغلاء والكذب والمزادة راوية الماء من جلد ج مزاد ومزائد والزيادات والزوائد جمع زائد (وذو الزوائد الاسد) واليزيدية شيعة يترضون عن الشيطان والبادى بها أوريجانس المبتدع •

س

الاسآد الاغذاذ فى السير وسير الليل بلا تعريس او السير الليل والنهار وفعله اسأد ل وسئد شرب وسئد جرحه انتقض فهو سئد ع وسأده سأدا وسأدا خنقه وبها سؤدة بقية من الشباب والمسأد ظرف السمن • السبد والاسباد والتسبيد حلق الشعر والسبد الذئب والداهية والسبد القليل من الشعر وما له سبد ولا لبد اى لا قليل ولا كثير والسبد العانة والشؤم والتسبيد ترك الادهان والطيب وتمشيط الرأس وبله والاسباد ثياب سود جمع سبد والسبندى الجرئ والنمر ج سبانيد وسباندة والسبندى اصحاب اللهو والبطالة • سبرد رأسه حلقه • ن سجد خضع وانتصب ضد واسجد طأطأ رأسه وانحنى والمسجد م (وتفتح جيمه والمفعل من باب نصر بفتح العين اسما كان او مصدرا الا احرفا كمسجد ومطلع ومغرق ومسقط ومفرق ومجزر ومسكن ومرفق ومنبت ومنسك الزموها كسر العين والفتح جائز وان لم تسمعه وما كان من باب جلس فالموضع بالكسر والمصدر بالفتح نزل منزلا بالفتح اى نزولا وهذا منزله بالكسر اى داره) ج مساجد و(جج) مساجدات والمسجد ايضا جبهة الانسان وارفع موضع فى السماء ل وسجدت رجله انتفخت فهو اسجد والاسجاد الجزية والاسجاد اليهود وعين ساجدة فاترة والساجدة الشجرة التى امالها ثمرها والسجود الركوع وفعله ن سجد فهو ساجد ج سجد • (السخدذ الشديد المارد) • السخد الهار والسخد ماء اصفر يخرج مع المولود والسخدود الرجل الجلد (والمسخد الخاثر النفس والمصفر الثقيل الورم) • السداد صواب القول والعمل وسدده قومه ووفقه للسداد وفعله عن سد ن وسد الثلمة اصلحها ووثقها واستد استقام واسد أصاب السداد والسدد

أنامه وأرقد بالمكان أقام به والرقدان الطفر والإرقاد الاسراع والراقود دن يطلى داخله بالقار ورقدة الحر نحو من عشرة أيام * الركود السكون والثبات ن وركد الميزان استوى * الرمد هيجان العين وفعله ل رمد وارمد بالشد فهو أرمد ومرمد وأرمد الله عينه دعاء عليه والرماد بالفتح م والأرمد ما كان في لون الرماد والرمداء بالمد النعامة والرمد البعوض ورماد أرمد ورمدد كثير دقيق جدا وأرمد افتقر والنخل وأرمدوا هلكت مواشيهم والماء الرمد المنتن ص ورمدت الغنم هلكت من البرد * الرند شجر طيب الرائحة والعود والآس * ع رهدة سحقة ناعما والرهادة النعمة والرهيدة المرأة الشابة والرهودية الرفق وأمر مرهود لم يحكم * الرود والرياد والارتياد الطلب والرود ايضا الذهاب والمجيء (والمراودة والرواد والريد والإرادة المشيئة والرائد يد الرحى والمرسل في الطلب الكلأ) والمراد مكان الرود وامرأة (رادة و) رواده ورائدة طوافة في بيوت جاراتها والفعل ن رادت رودانا والمرود الميل ومحور البكرة من حديد وامش على رود على مهل ورويد تصغيره وقد أرود إروادا ومرودا ورويدا ورويدية رفق وتمهل ورويدا مهلا (ورويدك عمروا أمهله وإنما تدخله الكاف اذا كان بمعنى أفعل يقال رويدكني ولها يقال رويدكيني ورويدكماني ورويدكموني ورويدكنني) وريح رود ورائدة لينة (والروند دواء م) * الريد حرف الجبل ج ريود وريح ريدة ورادة وريدانة لينة *

ز

ع زأده أفزعه والمزؤود المذعور والزؤد الفزع * الزبد رغوة الماء وغيره وأزبد البحر صار له زبد والزبد زبد اللبن ن وزبده أطعمه إياه وزبد القطن منفشه ليخرج زبده ص وزبد له من ماله أعطاه قليلا وزبد شدقه تزبيدا صار عليه الزبد والزباد طيب م وتزبده ابتلعه وأخذ صفوته وتزبد اليمين أسرع ليحلف * (الزبرجد جوهر م) * ل زرد اللقمة وازدردها بلعها والمزرد الحلق ن وزرده خنقه وزرد الدرع نظمها والزردان فرج المرأة والزرد الدرع المزرودة والزراد صانعها * ع زغد البعير هدر شديدا وزغد زيدا عصر حلقه ونهر زغاد زخار وأزغده أرعبه (والمزغد الغضبان) والزغد العيش * (زفدة ملأه) * الزند (مؤنثة) من طرف الكوع الى الكف ام الى رأس الاصابع ج زنود والزند ما تقدح به النار ج زناد وأزند وأزناد (وتقول لمن أنجدك وأعانك ورت بك زنادي) والمزند البخيل وولد الزنية والثوب القليل العرض وزند تزنيدا كذب وعاقب فوق حقه وأزند زاد وأورى زنده قدح ل وزند عطش وتزند ضاق من الجواب وغضب * ع ل ر زهد ضد رغب والزهادة اهمال أمور الدنيا والزهد اهمال أمور الدين هذا في

والسناد اختلاف الردفين في الشعر اي ان يكون قبل القافية كسرة تخالفها في القافية الثانية ضمة وساند الشاعر اتى بالسناد وساندَهُ عاضدهُ وكافأهُ وسندان الحدّاد م والسندان الرجل العظيم الشديد والسندانة الأتان والسند بلاد (او ناس) م الواحد سندي ج سند والسنودس والسينودس يونانية المجمع • السود والسؤدد السيادة والسائد السيّد ج سادة وسيائد واسود ولد غلامًا سيّدًا او اسود جيدُ واسودّ اسودادًا صار اسود والاسود خلاف الابيض والاسود الحيّة العظيمة والعصفور وخيار القوم (ج اساود) والاسودان الحيّة والعقرب واستادوهم قتلوا سيّدهم والسواد الشخص والمال الكثير وقرى البلاد والعدد الكثير والعامّة من الناس والسواد والسوداء والسويداء حبّة القلب (والسوداء ايضًا احد اخلاط البدن الاربعة) والسواد داء في الانسان فهو مسؤود بالهمز والسيّد بالشد العظيم الشريف ج اسياد وسادات والسيّدة لقب مريم العذراء والدة الاله وسيّدة السماء والارض والسيّد الاسد والذئب والحبّة السوداء الشونيز وتسوّد تزوّج (وامّ سويد الاست) والسودة المرأة والتسويد الجرأة وقتل السادة واسود العين انسانها وساودهُ (غالبهُ في السؤدد او في السواد و) كابدهُ وساود الاسد طردهُ ن وساد سيادة صار سيّدًا • السهد الارق ل سهد سهر والسهد القليل النوم وسهّدتهُ فهو مسهّد (وما رأيت منه سهدة امرًا يعتمد عليه وشيء سهد مهد حسن وهو ذو سهدة يقظة وهو اسهد رأيًا منك)

ش

الشدّة والاشتداد والشدّ العدو الشديد والشدّ ايضًا ارتفاع النار والتقوية والايثاق والفعل ن شدّ واشتدّ عدا والمتشدّد البخيل وبلغ اشدّهُ اي قوّته وهو من ثماني عشرة سنة الى ثلثين سنة والشديد الشجاع والبخيل والاسد (واشدّ مخفّفة اشهد) • ن شرد شرودًا وشرادًا بالضمّ والكسر نفر فهو شارد وشرود ج شرد وشرّد والتشريد الطرد والتفريق واشردهُ طردهُ • الشكد الاعطاء والشكد العطاء والشكر ن وشكد واشكد اعطى • الشهادة خبر قاطع وفعلهُ ل ر شهد ل وشهدهُ شهودًا حضرهُ فهو شاهد ج شهود وشهّد وشهد لهُ بكذا ادّى الشهادة فهو شاهد ج شهد و(جج) شهود واشهاد واستشهدهُ سألهُ ان يشهد والشهيد بالفتح ويكسر الشاهد والامين في الشهادة ومن لا يغيب من علمه شيء والقتيل في سبيل الله لانّهُ شهد لدين الحق او لانّهُ يشهد وجه الله في الملكوت السماوي او لانّهُ يستشهد يوم القيامة على قاتله او على ناكري دين الحق او لانّهُ مشهود لهُ من الله وملائكته (بالجنّة او لسقوطه على الشاهدة اي الارض او لانّهُ حيّ عند ربّه حاضر) ج شهداء والاسم الشهادة وشهادة يسوع روح النبوّة والشهداء الذين قتلوا لاثبات دين

والسَداد الاستقامة وسِداد القارورة صِمامها وسِداد من عَوَزٍ عيشٌ يَسُدُّ الحاجة والسَدّ الجَبَل والحاجز المصنوع من البشر والسُدّ الحاجز المصنوع من الله والسَدّ ايضًا السَحاب الاسود ج سُدود والسُدّ ايضًا الظِلّ وجَرادٌ سُدٌّ كثيرٌ والسِدّ الكلام الصحيح والسُدّ العيب ج أسِدَّة والقياس سُدود والسُدّة باب الدار ج سُدَد والسُدَد العيون المفتحة لا تبصر فهى مِن سادَّة والسادَّة ذؤابة الانسان واستدّت الثغرة انسدّت • السَرْد والسِراد خَرْز الاديم والثَقْب ومنه السَرّاد والمِسْرَد مِزْيال التراب والسَرْد ايضًا نسج الدِرْع والسَرْد ايضًا الحَلَق واسم لكلّ دِرْع وجودة سياق الحديث والفعل ن سَرَدَ ل وسَرِدَ الصوم سَرْدًا تابعه والسَرَنْدَى السريع فى أموره والشديد وهى سَرَنْداة واسْرَنْداه اعلاه وابن المِسْرَد ابن الأمة • السَرْمَد الدائم والسَرْمَدِىّ الله تعالى والسَرْمَد ايضًا اللَيْل الطويل • ع سَعَدَ يومنا سَعْدًا وسُعودًا يَمُنَ واستسعدَ به عَدَّه سعيدًا والسَعادة خِلاف الشقاوة وفعله ل سَعِدَ سَعادةً فهو سَعيد ومَسْعود (وتَسَعَّدَ ضِدّ تشاءَم) وأسعده الله فهو مَسْعود ايضًا لا مُسْعَد وأسعده الله أعانه ولبّيك وسَعْدَيك اى إسعادًا بعد إسعاد وسُعود النجم عشرة اطلبها فى تصانيف الفلكية وقولهم فى المَثَل أَسَعْدٌ أم سُعَيْد اى هل هو مِمّا يُحَبّ او مِمّا يُكْرَه (واصله ان ابنى ضَبّة بن أُدّ خرجا فرجع سَعْد وفُقِد سُعَيْد فصار يُتَشاءم به) والسَعْدانة الحمامة ووِعاء قضيب البعير وعُقْدة كِفَّتَى الميزان والساعدان الذراعان وجَناحا الطير والسَواعد مَجارى الماء الى البحر والى النهر ومَجارى المُخّ فى العظم وساعِدة اسم للأسد والسَعيد النهر ونوع من بُرود اليَمَن والسَعْدان أفضل عُشْب ترعاه المواشى ومنه المَثَل مَرْعًى ولا كالسَعْدان واحده سَعْدانة والسَعْدان ايضًا الإسعاد وسُبْحانه وسَعْدانه اى أُسَبِّحه وأُطيعه والساعدة الخشبة تُمْسِك البَكَرة • ص ل سَفِدَ الذكَر على الأنثى علاها ليواقعها والسَفّود حديدة يُشْوَى بها وتسفيد اللحم نظمه فى السَفّود ليُشْوَى والإسْفَنْد الخمر • (السَقْدَد الفرس المُضْمَر واسْقَدَّه وسَقَّده ضَمَّره • السَلْغَد والسِلْغَدّ الاحمق والرِخْو من الرجال والغَضبان والذئب والاشقر من الخيل والأكول والشَروب وهى بهاء) • ن سَمَدَ سُمودًا رفع رأسه تكبّرًا وتيهًا وسَمَدَ جَدَّ فى السير وسَمَدَ فى العمل واطّبه وسَمَدَ قام مُتَحيِّرًا وسَمَدَ الشَعْر نَتَفَه وهو لكَ سَمْدًا اى سَرْمَدًا والسَميد الطحين الحُوّارَى واسْمَدَّ اسمدادًا انتفخ غضبًا • (السَمَرْود الطويل) • اسْمَغَدّ اسمغدادًا امتلأ غضبًا ومثله اسمغدّ بالمعجمة • السَمَنْد الفَرَس الجَمَرِىّ (فارسية) • السَمَهْد اليابس الصُلْب • السَنَد ما علا من سَفْح الجبل وقابلك منه والسَنَد ايضًا مُعتمد الانسان ج أسناد ن وسَنَدَ اليه سُنودًا وتساند استند عليه واعتمد وسَنَدَ فى الجبل وأسْنَد صَعِدَ وأسندته دَعَمْته واصعدته والمُسْنَد من الحديث ما أُسْنِد الى قائله ج مَسانِد والمُسْنَد والسَنيد الدهر وولد الزِنْية والمُتَسانِدون الجيوش تحت رايات شتى

ارتقى (وصعّد فى الجبل وعليه تصعيداً رقى وقديتعدّى بالى لتضمينه معنى قصد وتوجّه) واصعد فى الوادى وصعّد تصعيداً انحدر وتصعّدنى الشئ وتصاعدنى شقّ علىّ والاصطعاد الصعود والصعود ضدّ الهبوط ج صُعُد وصعائد وخميس الصعود يوم صعد فيه مخلّصنا الى السماء وهو اليوم الاربعون بعد قيامته من بين الاموات والصعود والصعوداء العقبة الشاقّة وبنات صعدة حُمُر الوحش والصعدة القناة المستوية والاتان والآلة للصعود ومنه فصاعداً اى مما فوق ذلك والصعداء التنفّس الطويل والمشقّة والصعيد التراب ووجه الارض ج صُعُد وصعدات والصعيد ايضاً الطريق والقبر وبلاد بمصر وعذاب صعد شديد والتصعيد الاذابة على النار وشراب مصعّد معمول بالنار والمصعاد مرقاة الاشجار من حبل • ص ف د صفده واصفده وصفّده تصفيداً شدّه واوثقه بالصفاد وهو القيد ج اصفاد والصفد العطاء والوثاق وصفد بلد بالشام • (الاصفعند الخمر) • الصلد ويكسر الصلب الاملس ص وصلدت الدابّة ضربت بيديها الارض فى عدوها وصلد فى الجبل صعد وصلدت انيابه صوّتت فهى صالدة وصوالد وصلدت الارض واصلدت صلبت وصلد الزند صلوداً صوّت ولم يقدح ر وصلد وصلّد تصليداً بخل والصلود والصليد المنفرد والصلود البذر البطيئة العلى والصاعد فى الجبل فزعاً والصلد الارض الغليظة الصلبة والصليد البريق (والاصلد البخيل) • الصلخد الصلب القوى واصلخدّ انتصب قائماً • صلحاد رجل من بنى اسرائيل مات عن بنات ولاجلهنّ سنّ الله ميراث الاناث • الصمد القصد والضرب والذهب وتأثير الشمس فى الوجه والصمد السيّد والدائم والرفيع وغير المجوّف ومن لا يعطش ولا يجوع فى الحرب ومن ليس له حرفة يعيش منها والصمد ايضاً من صفات الله والصماد سداد القارورة والفعل ص صمد والصماد ايضاً الجلاد والضراب وما يلفّه الانسان على رأسه من خرقة او منديل دون العمامة والصمدة صخرة راسية فى الارض والصمدة ايضاً منديل مصقول بلباب الحنطة تضعه كهنة الافرنج تحت اوانى القربان المقدّس والمصمد المقصود والشئ الصلب وفعله ر صمد فهو صامد • (الصمخدد والصمخديد الخالص واصمخدّ انتفخ غضباً • الصماريد الارضون الصلاب والغنم السمان المهازيل جدّ • الاصمعداد الانطلاق السريع والمصمعد الاسد • الصمعد الصلب الشديد والمصمعدّ المنتفخ من شحم او مرض • الصندد و) الصنديد السيّد الشجاع والحليم والكريم والشريف وحرف الجبل والريح والبرد الشديد والمطر العظيم القطر والغالب ج صناديد والصناديد الدواهى وجماعة العسكر (ويوم حامى الصناديد شديد الحرّ) • ع صهدته الشمس احرقته والصيهد والصهدان (السراب الجارى و) شدّة الحرّ والصيهود الفلاة التى لا وصول لمائها (وعزّ صيهود منيع) والصهود الجسيم • ص ل صادة واصطادة اقتنصه

المسيح كثيرون قال الخجري في كتابه العنوان العجيب إنه ليمكننا أن نعيّد كل يوم لثلثين ألف شهيد قتلوا في مثل ذلك اليوم لاثبات دين المسيح والشاهد النبي والرسول واللسان والملك ويوم قيامة السيد المسيح من بين الاموات والنجم الذى ظهر لملوك الفرس في ميلاد يسوع المخلص والمشهود يوم الاحد الذى تشهد له النصارى لما يعيّدونه لأن فيه قام المسيح من بين الاموات حيًّا والمشهود ايضا يوم القيمة ويوم صعود المسيح الى السماء وقد شاهدته وشهدت له حواريّه والشهيد الأول السيد المسيح لأنه قتل لاثبات الحق وهو خلاص العالم وأول الشهداء لقب اسطفانوس رئيس الشمامسة لأنه أول من قتل لاجل دين المسيح وهيكل الشهادة قدس الاقداس في تابوت العهد وراية الشاهد ايضا جلعاد في بلاد اليهودية (وأشهد بكذا اى أحلف وشاهَدَه عاينه وصلوة الشاهد صلوة المغرب والشهد العسل ويضمّ والشهدة أخصّ ج شهاد وأشهد أن لا اله الا الله اى أعلم وأبيّن) وأشهد أحضره وأشهد فلان وشهد بلغ وأدرك وأشهدت الجارية حاضت وأدركت واستشهد طلب شهادته واستشهد قتل في سبيل الله والمشهد والمشهدة محضر الناس ودير المشهد موضعان غربيّ حلب ٭ ص شاد الحائط طلاه بالشيد وهو الجصّ ونحوه والمشيد المطليّ بالشيد والإشادة رفع الصوت بالشيء وتعريف الضالة والاهلاك وشاد هلك ٭

ص

ع صخدته الشمس احرقته وصخر صيخود صلب والصيخد عين الشمس واصخد دخل في الحرّ والمصخدة الهاجرة ج مصاخد ٭ ن صدّ صدودًا أعرض وصدّه عن كذا واصدّه منعه وفعله ض صدّ صدًّا ن وصدّ صديدًا ضجّ ودارة صدد داري قبالتها وقربها والصديد ماء الجرح والتصدية التصفيق والصدد والتصدّي التعرّض والصدّاد (الحيّة اودويبّة او) سامّ أبرص ج صدائد والصداد ستر المرأة والصدّ الجبل والصدّ ايضا ناحية الوادي والصدود جمع الصدّ واصدّ الجرح قيّح ٭ الصرد الخالص من كل شيء ومرتفع الجبل ومسمار سنان الرمح ومعظم الجيش (فارسي معرّب) والصرد ايضا البرد والصراد الضعيف والتوى على البرد وفعله ل صرد وصرد الفرس تقرّح ظهره موضع السرج وصرد السهم أخطأ واصاب حتى نفذ ضدّ وصرّده الرامي تصريدًا وأصرده انفذه وسهم صارد ومصراد نافذ وسنبه مصرد مخطئ والصرد طائر ضخم الرأس يصطاد العصافير ج صردان والصردان ايضا عرقان تحت اللسان والصراد الغيم الرقيق لا ماء فيه والتصريد التقليل والمصطرد الحنق الشديد الغيظ ٭ (الصرخد اسم للخمر) ٭ ل صعد في السلّم صعودًا

والطريدة ما طردته من صيدٍ وغيرهِ والطريقة الضيقة وشقة من حريرٍ مستطيلة وخرقة مبتلّة يمسح بها التنّور والطرّاد السفينة الصغيرة المزيّنة والمكان والسطح المتسعان واسم الذى يطوّل على الناس فى قراءةٍ حتى يملّوا والمطردة منجّة الطريق وطردتهم جزتهم والمطردة امرٌ يطرده وفرسان الطراد يطارد بعضهم بعضًا واستطردة تتبّعه واطّرد الامر تبع بعضه بعضًا واطّرد الامر استقام وجرى • الطّود الجبل ج اطواد (وطِودة) وابن الطود صخرٌ يقع من الجبل والطاد الثقيل والجمل الهائج (والمطادة المفازة البعيدة) ن وطاد ثبت وطوّد وتطوّد طاف وانطاد ذهب فى الهواء صاعدًا وبناء منطادٌ مرتفعٌ •

ع

العبد الانسان حرًّا كان او رقيقًا والعبد ايضًا والعبد المملوك ج عبدون وعبيد واعبد (وعِبّاد وعبدان) وعبدان بالضم والفتح ومعبدة ومعابد وعبد بضمّتين وعبد و(جج) أعابد والعبدية والعبودية والعبودة (والعبادة) الطاعة للّه والاسترقاق للاسياد (وعبّده اتّخذه عبدًا) والعبد الغضب والجرب والخدامة وملامة النفس والحرص والانكار وفعل الكل ل عبد ودير عبدون موضعان ببغداد وعبدون بن هلال قاضى بنى اسرائيل وعبوديا من انبياء اسرائيل وقيل انه كان قائد جيش آحاب ملك اسرائيل وقد بعث ليلتقى بايليا النبيّ من الكرمل وامّ عبيد الفلاة الخالية والعبابيد والعباديد الفِرق من الناس لا واحد له وذهبت الخيل عباديد متفرّقة فى كل وجهٍ والعباديد ايضًا الآكام والطرق البعيدة والعباد قبائل شتّى مجتمعون فى دين السيد المسيح واعبدنى وتعبّدنى اتّخذنى عبدًا والمعبّد المذلّل والمكرّم ضدّ والموتّد واعبدوا اجتمعوا وتعبّد تنسّك والعبّاد الناسك (وما عبد ان فعل مالبث واعبد به ابدع وعبود رجل نوّام يضرب به المثل يقال انه نام فى محتطبه سبع سنين) ومعبد اسم رجل مشهور بصوت الغناء • العتيد الحاضر المهيّا والعتد المعدّ وفعله ر عتد عتادة وعتادًا والعتيدة حقّة فيها طيب العروس والعتود (الحولىّ) من أولاد المعز ج اعتدة وتعتّد تانّق • (العجد الزبيب والعجد الغربان الواحد عجدة والمنعجد الغضوب) • العجرد السريع والغليظ والعجرد والعجارد الذكر • العدّ الاحصاء والاسم العدد والعديد وسفر العدد رابع اسفار التوراة لانّ فيه عدد قبائل بنى اسرائيل وفعله ن عدّ عدًّا والعِدّ والعديد الكثرة والعدد المعدود والعديد ايضًا الندّ والقِرن والعديدة الحصّة وعِدّة انفار جماعة وعِدّة المرأة ايضًا ايّام حيضها وايّام احدادها على زوجها بعد ترمّلها وعدّان الشئ بالفتح والكسر زمانه وعهده واوّله وافضله واعلاه فيّاه وعدّده عدّ مناقبه وعدّده جعله عُدّة للدهر اى ذخيرة واستعدّ له تهيّأ (وعدّد الميت ذكر ماكان عليه من الكرم ومحاسن الاخلاق) وتمعدد الغلام شبّ والعُديدى مصغّرة اسم رجلٍ

وخرج يتصيّدُ اي يَصْطادُ والصَّيدانُ النحاسُ والذهبُ والصَّيدانةُ الغولُ والمرأةُ السيّئةُ الخُلقِ والكثيرةُ الكلامِ والصَّيدُ والمِصيَدةُ ما يُصادُ بهِ والاصيدُ المائلُ العنقِ وفعلهُ ل صَيِدَ والصَّيودُ الصَّيادُ والصادُ النحاسُ او النحاسُ الروميُّ ج أصيادٌ و(جج) أصائدُ وأصادةُ آذاةٌ والأصيدُ الملكُ والمتكبّرُ والأصيَدُ والصيّادُ الاسدُ ودير صيدنايا في دمشقَ تسكنهُ النساء الراهباتُ وصيدونُ بنُ كنعانَ بنِ حامَ باني مدينةِ صيداء ٭

ص

ص ضادّهُ خاصمَهُ والضُّودُ والضُّودةُ الزكامُ وفعلهُ ل ضَئِدَ فهو مضئودٌ ٭ (الضَّبدُ الغضبُ والغيظُ وضبّدهُ تضبيدًا ذكّرهُ بما يُغضبهُ) ٭ الضدُّ (والضديدُ) المثلُ والمخالفُ ضِدٌّ وفعلهُ ن ضدّ ضدًّا وضَدَّهُ عنهُ صرفهُ ومنعهُ برفقٍ وأضدَّ غضبَ وضادّهُ خالفهُ ٭ ع ضَفَدَهُ عصرَ حلقهُ ٭ ص ضَفَدَهُ ضربهُ بباطنِ كفّهِ والضفادي الضفادعُ ٭ (الضَّفَنْدُ الرِخوُ البطينُ والضفنددُ الضخمُ الاحمقُ) ٭ ن ص ضَمَدَ الجرحَ وضمّدهُ تضميدًا شدّهُ بالضِمادِ (والضِمادةُ) وهي العصابةُ فتضمّدَ ن وضَمَدَهُ بالعصا ضربهُ على رأسهِ ل وضَمِدَ يبسَ والضَمَدُ الرطبُ واليابسُ ضِدٌّ والضَمَدُ الصاحبُ الوفيُّ والضَمَدُ الحقدُ وفعلهُ ضَمِدَ ٭ (الضوادي ما يُتعلّلُ بهِ من الكلامِ) ٭ ع ضَهَدَهُ واضطهدهُ قهرهُ وأضهدَ بهِ جارَ عليهِ (والمضطهَدُ الاسدُ) والاضطهادُ قهرُ الكفّارِ المؤمنينَ كما كانَ يفعلُ الوثنيّونَ بالمسيحيّينَ حينَ يعاقبونهم لاجلِ دينِ المسيحِ والاضطهاداتُ التي أصابتِ المسيحيّينَ عشرةٌ وقد استمرّتْ مائتينِ وخمسينَ سنةً او ثلثمائةِ سنةٍ وهو الاصحُّ بدأوها من نيرونَ وانتهاؤها الى ظهورِ قسطنطينَ العظيمِ وهي اضطهادُ نيرونَ ٭ ودومطيانوس ٭ وطرابيانوس ٭ وانطونينوس ٭ وسِبارس ٭ ومكسيمنس ٭ وداكيوس ٭ والريانس ٭ واريليانس ٭ وديوكلتيانس ٭ ثمَّ ثارَ بعدهم اضطهادُ المبتدعينَ كالاريوسيّةِ وغيرهم واضطهادُ يوليانس العاصي سنةً ونصفها والاضطهادُ الاعظمُ اضطهادُ الدجّالِ لعنهُ اللهُ فإنّهُ يدومُ ثلثَ سنينَ ونصفَ سنةٍ ويكونُ أعظمَ من جميعِ الاضطهاداتِ التي تقدّمَ ذكرها حتى كأنّهُ الحقيقةُ وذاكَ الرسمُ والشهداءُ الذينَ يُقتلونَ في اضطهادِ الدجّالِ لعنهُ اللهُ يكونونَ أعظمَ قدرًا عندَ اللهِ من الشهداءِ الذينَ قُتلوا في اضطهادِ غيرهِ

ط

الطَّرْدُ الإبعادُ والطَّرَدُ مزاولةُ الصيدِ ن وطردتهُ نفيتهُ وأبعدتهُ والطريدُ العرجونُ والطريدُ والطَرّادُ والمِطرَدُ اليومُ الطويلُ والطريدُ ايضًا من يُولَدُ بعدكَ وأنتَ ايضًا طريدهُ والطريدانِ الليلُ والنهارُ

واعتقد تمذهب (والاعتقاد هو الحكم الجازم المقابل للتشكيك وقيل هو التصوّر مع الحكم)
والعقيد والمعاقد المعاهد وتحللت عقدُه سكن غضبه والمِعقاد القلادة في عنق الصبي وعنقود الكرم
(وعنقادة) م والعنقود ايضا فرج المرأة ووادي العنقود أرض الميعاد التي اجتسّها بنوا إسرائيل
وأتوا منها بعنقود محمول بين اثنين * العَكَدة العصعص والقوّة (وجذر الذنب) والعَكَدة
أصل اللسان وأصل القلب وريش ينقط به الخبز وعكد الشيء وسطه ص وعكدني الامر أمكنني
وعكد اليه واعكد لجأ والمعكد الملجأ والمعكود المقيم والمكين والمحبوس ل وعكد به لزق واستعكد
الطائر لجأ خوفا من الجوارح * (عكرد سمن وقوي) * العَلْد عصب العنق والصلابة
والاشتداد وفعله ل علد والعلندى الغليظ وفعله اعلندى ج علاند وعلود لزم مكانه فلم يقدر أحد
على تحريكه واعلوّد الرجل غلظ واشتد ورزن فهو علوّد * (العلكد العجوز الداهية والقصيرة
البجيمة الحقيرة القليلة الخير والعلكد الصلب الشديد) * العلماد ما يكتب عليه الغزل ج
علامدة وعلاميد * العمود م ج أعمدة وعمد وعُمُد والعمود والعميد السيد والعمود ايضا خطبة
متن السيف والعمود والعماد والعمدة رسيل العسكر وعمود البطن الظهر وعرق يسقي الكبد وعظم
الأذن والعمود الحزين وعمود الشجر ساقه وعمودا اطرابيانوس وانطونينوس من عجائب الدنيا
رأيتهما في رومية فوق أحدهما تمثال مار بطرس وفوق الآخر تمثال مار بولس ارتفاع
الواحد مائة وعشرون قدما تحوطه باعات بستة رجال من صخرة واحدة صمّاء مجوّفان وداخلهما
درج منهما يصعد فيه الى اعلاهما منقوش على ظاهرهما جميع وقائع الطرابيانوس وانطونينوس
القيصرين وعمود كنيسة مار بطرس في رومية ايضا ارتفاعه مائة قدم مربّعا مركوزا على أربعة
أسد من النحاس الصفر يذهل الناظرين وسمعان العمودي أثنان أحدهما في حلب والآخر في
انطاكية نسك كل منهما على عمود رفيع أكثر من اربعين سنة يتلقيان الحر والبرد بجسدهما
والعماد الأبنية الرفيعة جمع عمادة وطويل العماد منزله معلم لزائريه ن وعمّده وأعمده أقامه بعماد فانعمد
وعمد للشيء وتعمّد قصده وعمده أضناه وأسقطه وضربه بالعمود وأحزنه ل وعمد غضب وعمد الثرى
بلّه المطر وعمدت اليتاة ورمّا من الركوب وفلان عمد الثرى كثير الجود والمعمود والعميد من أضناه
العشق والعمدة ما يعتمد عليه من المتكى والمتكل والمعمودية أول سر من أسرار البيعة وهي
اصطباغ الانسان بالماء ثلث مرات باسم الثالوث الاقدس لتمحى بها خطية آدم الاصلية ويصير
لله ابنا بالذخيرة وبدونها لا يمكن الخلاص للانسان أصلا فرضها الله في العهد الجديد عوضا
عن الختانة في العهد العتيق ص عمّده وعمّده تعميدا واعتمد صبغه فهو معمد ومعمود ومعتمد
وفاعله عامد ومعمّد ومعمدان والاسم العماد والمعمدان لقب يوحنا الحصور لانه عمّد السيد المسيح

عظيم المخبر دنيء المنظر يضرب به المثل لمن شهر ذكره وزرى منظره بقولهم تسمع بالمعيدي خير من أن تراه والعداد العطاء ومس الجنون والمعاودة ووقت الموت • العرد الصلب الشديد والحمار والذكر المنتشر ومعرز العنق ن وعرد الزرع والناب وغيره طلع وعرد الحجر رماه بعيدا والعرادة الجرادة والحالة والعريد البعيد والعادة والعرداء الجبل والشجاع والعرند (والعرد) الصلب ل وعرد وعرّد حرب وعرّد السهم نفذ وعرّد عن الطريق تعريدا عرّج منه وعرّد النجم ايضا ارتفع ومال للغروب والعارد المطروح نبذا • العربدة سوء الخلق والعربيد والمعربد من يؤذي نديمه في سكره • (العرقدة شدة الفتل • عرد الجارية جامعها) • ص عسد سار وعسد الحبل فتله شديدا • العسجد الذهب وكل جوهر كريم • (العسقد الطويل الاحمق • ص عشده جمعه) • ص عصده واعصده لواه وعصده على الامر اكرهه ل ن وعصد مات والعصد المني والعصيدة م والعصيد المأبون وتعصدوا صاحوا واقتتلوا • العضد مثلثة والعضد بفتح فكسر والعضد بفتح فضم وبضمتين ما بين المرفق الى الكتف والعضد ايضا الناحية والناصر والمعين فهو عضدي ن وعضده اعانه ونصره واصاب عضده والمعضد الفاس والدملج والمعضدة كيس الدراهم والعاضد الماشي الى جانب دابته يداريها والاعضد الدقيق العضد والعضاد القصير من الانسان والعضاد الدملج والمعضاد ساطور القصاب ورمى فاعضد اي ذهب ما رماه يمينا وشمالا واعتضده جعله في عضده واعتضدته استعنت به واستعضد الشجرة سندها واستعضد الثمرة اجتناها وتعاضدوا تعاونوا • عطارد اسم احد الكواكب السيارة • ص عفد عفدا وعفدانا ضم رجليه ووثب من غير عدو والعفد الصمام واعتفد اغلق بابه على نفسه حتى مات جوعا او عطشا ولا يسأل احدا • ص عقد الحبل والبيع والعهد شده وعقد الحاسب حسب (والعقود في العدد من عشرين الى تسعين) والعقد الضمان والعهد ل وعقد لسانه انعقد او صار فيه عقدة فهو اعقد وعقد والعقد تشبث حياء الكلبة بذكر الكلب والعقدة اصل اللسان والعقد القلادة ج عقود وهو مني معقد الازار اي قريب المنزلة والعاقد الظبي الذي يثني عنقه فيجعله على عجزه والعقدة الولاية على البلاد والضيعة والعقار الذي صار ملكا وموضع العقد (وهو ما عقد عليه) ج عقد والعقدة ايضا المكان الكثير الشجر وقضيب الكلب وعقدة كل ارض مخصبة وعقدة النكاح وعقله وعقدة خطبته والاعقد الكلب الملتوي الذنب والبناء المعقود الذي له عقود اي حنايا كالابواب زينة والعقيد م من عسل وعقله تعقيدا واعقله غلاه حتى انعقد اي غلظ وعقد البناء ايضا جعل له عقودا والمعقد الساحر والمعقد الكلام الغامض واعتقد المال والعقار اقتناه وتعاقدوا تعاهدوا وما له معقود اي ما له عقد رأي والعقيدة والمعتقد الرأي

بالفتح والكسر والعهاد أول المطر والعهد ايضا الزمان (والتاريخ) والوفاء وتوحيد الله والعهد والعهدان الضمان وقبة العهد التي صنعها موسى للعهد بين الله وشعب اسرائيل وتسمى تابوت العهد كان فيها لوحا الوصايا وعصا هارون وجرة المن ل وعهد اليه اوصاه وتعهده وتعاهده واعتهده تفقده وجدد العهد والعهدة كتاب الحلف وكتاب الشراء وضعف الخط والعقل والعهدة ايضا الرجعة واستعهد من صاحبه اشترط عليه وكتب عليه عهدة والعهيد من يتعهد الولايات والمعهد مكان العهد ج معاهد •

غ

الغدة كل عقدة في الجسد وكل قطعة صلبة بين العصب ج غدد والغدة ايضا طاعون الجمال والفعل ن غد واغد فهو مغدود وغاد ومغد ج غداد والغدة ايضا القطعة من المواشي ج غداد (وغدائد) والغدائد والغداد الانصباء واغد عليه غضب ورجل وامرأة مغداد كثير الغضب وغدد تغديدا اخذ نصيبه • ل غرد وغرد تغريدا واغرد وتغرد رفع صوته وطرب به فهو غرد (وغرد) ومغرد وغريد (والاغرودة النغمة ج اغاريد) • الغرقد العوسج ونبات البيض • (سم تعلد متعق غير ملبث لصاحبه) • الغمد والغمدان جفن السيف ج اغماد وغمود وفعله ن ض غمد غمدا واغمد وغمدت الركية ذهب ماؤها (ل) وغمدت الركية كثر ماؤها او قل (ضد) وتغمده الله برحمته غمره بها وتغمده ستره وتغمد الاناء ملأه واغتمد الليل دخل فيه واغمد الاشياء ادخل بعضها في بعض والغامدة والغامد السفينة المشحونة والغامدة ايضا الآبد • ل غيدت عنقه مالت ولانت اعطافه والغيداء المتثنية لينا وقد تغايدت تمايلت والاغيد المتثني والوسنان المائل العنق وغيدان الشباب اوله والغادة المرأة الناعمة اللينة والشجرة الغضة •

ف

ع فأد الخبز خبزه وفأد اللحم شواه وفأده اصاب فؤاده والمفأد والمفآد السفود يشوى به ويحرك التنور ج مفائد والمفتاد التنور والمفؤود الخبز والفئيد النار (والمشوي) والفئيد والمفؤود الجبان وافتأدوا اوقدوا نارا والفؤود التحرق والفؤاد ما يتعلق بالمريء من كبد ورية وقلب ج افئدة ل وفئد شكا فؤاده فهو مفؤود • الفديد رفع الصوت او شدته وفعله ض فد والفداد الجافي الصوت والشديد الوطء والمتكبر ج فدادون والفدادون اصحاب الصنائع الغليظة كالفلاحين والحدادين ونظيرهم والفدادة الضفدع والجبان والفدفد الفلاة والمكان الصلب وفد فديدا عدا وفدد تفديدا

في نهر الاردن ومعمودية يوحنا كانت للتوبة لا لمحو الخطية الاصلية فهي مقدمة معمودية السيد المسيح ومعمودية اليهود كانت الوضوء للتطهير مما يستحرمونه واستقاموا على عمود رأيهم اى على وجه يعتمدون عليه وفعلته عمدًا اى بجدّ ويقين واعتمد ليلته اى ركب يسرى فيها واهل العماد اهل الابنية الرفيعة • العمرّود الطويل (والشرس الخلق القوي والذئب الخبيث)

• العنجد بالفتح والضم (والعنجد) الزبيب الاسود (وعنجد العنب صار عنجدًا والمعنجد المعضوب) • ن ل ر عند عن الطريق مال وعند العرق واعند سال وعند خالف الحق الواضح فهو عنيد وعاند والمعاندة المفارقة والمجانبة والملازمة ضد والمعاندة والعناد المعارضة بالخلاف وعند مثلثة ظرف لا يدخله من حروف الجر سوى من و(يأتي بمعنى الاعتقاد تقول عندى كذا اى اعتقادى كذا وبمعنى الملك نحو عندى مال اى املك مالًا وبمعنى الحكم نحو عندى زيد افضل من عمرو اى في حكمى وبمعنى الفضل والاحسان نحو وان اتممت عشرًا فمن عندك وقد يغرى بها نحو) عندك زيدًا اى خذه وسوف يأتى بيانها والعند مثلثة ايضا الناحية والعند محركة الجانب. واعتنده خالفه بالوفاق وبالخلاف ضد ومالى عنه عندد بد والعندد الحيلة والتدبير • (العنكد الصلب الاحمق) • العود والعودة والمعاد الرجوع والعود ايضا الصرف والرد والعود العياد والعيادة زيارة المريض والعود ايضا المسن من الجمال والشاء ج عيدة وعودة والعود ايضا الطريق القديم والعود الخشب ج عيدان واعواد والعود ايضا من آلات الطرب والضارب بها عوّاد والعود ايضا ضرب من البخور والعود المبارك صليب السيد المسيح وام العود القبّة ن وعاد (من اخوات كان) بمعنى صار (نحو عاد الشاب شيخًا) والعادى الشيء القديم والعيد ما اعتادك من شيء وكل يوم فيه تذكار سيرة اهل الفضل والقداسة لانه يعيد علينا اخبارهم ج اعياد والمعاد الآخرة وزيارة قبر السيد المسيح والجنة والمرجع والمصير (وعودًا على بدء وعودة على بدئه اى لم يقطع ذهابه حتى وصله برجوعه) ولك العود والعودة اى الرجوع والرد والعائدة المعروف والصلة والعطف والمنفعة (ج عوائد) وهذا اعود انفع والعادة الديدن ج (عاد وعيد و) عادات وتعوّده وعاوده واعتاده واعاده واستعاده جعله من عادته اى ديدنه وعوّده اياه جعله يعتاده والمعاود المواظب واستعاده طلب اعادته واعاده رده الى مكانه والمعيد الاسد والعالم الحاذق (والمتعيّد الظلوم والغضبان والمتجنى وذو الاعواد جد لاكثم بن صيفى من اعز اهل زمانه ولم يكن يأتيه خائف الا امن وذليل الا اعز وجائع الا اشبع) • العهد الوصية والتقدم الى المرء في الشيء والموثق واليمين والفعل عاهد والعهد ايضا الذى يكتب للولاة والحفاظ ورعاية الحرمة والامان والذمة والالتقاء والمعرفة العبدية والعبد ايضا والمعهد المنزل المعهود به الشيء والعهد والعهدة

الحادّة والتفنّد التندّم • الفَوْدُ شعرُ الرأس مما يلي الاذنين والجوالق والجماعة والخلط والموت وفعلهُ ن من فاد والفَوْد والفَيْد ذهابُ المال او ثباتهُ ضدٌّ والاسم الفائدة والفائدة نوعٌ من المكاتب المحرّمة ج فوائد وأفادهُ واستفادهُ وتفيّلهُ أخذ منهُ الفائدة وأفدتهُ أعطيتهُ الفائدة وافدتهُ أهلكتهُ والفواد بلا همز الفؤاد بالهمز ورجل متلافٌ مفيدٌ يفيدُ ويتلفُ • الفَهْدُ م ج فُهودٌ وأفهُدٌ والفَهْدُ ايضًا مسمار السرج والفهدة الاست والعظمُ خلفَ الأذن ل وفهِد نام وتغافل عمّا يلزمهُ فهو فهدٌ • ص فادَ وتفيّدَ تبختر وفادَ مات وفادَ المالُ ثبتَ او ذهبَ ضدٌّ وفادَ الزعفرانَ دافهُ وفادَ عدلَ عن شيءٍ يحذرهُ والفَيْد الزعفرانُ المدوفُ والفيّاد ذكرُ البوم والفيّاد ايضًا المتبختر والفائدةُ ما ربحتهُ من علمٍ او مالٍ ج فوائد وأفدتُ المالَ استفدتهُ واعطيتهُ ضدٌّ وهما يتفايدانِ يُفيدُ كلٌّ صاحبهُ •

ق

القتادُ شجرٌ شوكهُ كالابر ج أقتادٌ (وأقتُدٌ) وقُتودٌ • (القَتْرَدُ والقِنْرِدُ والقَتْرَدُ قماشُ البيت) • القَدُّ القطعُ والقدُّ والاقتدادُ الشقّ طولاً وقد انقدّ وتقدّدَ والقدُّ ايضًا السوطُ وجلدُ السخلة (ومنهُ قولهم ما يجعل قدّك الى اديمك اي اي شيءٍ يضيفُ صغيرك الى كبيرك يُضرب للمتعدّي طورهُ ولمن يقيسُ الحقير بالخطير) والقدُّ وقامةُ الرجل ج (أقُدّ وأقِدّة و) قِدادٌ وقُدودٌ والقدّ ايضًا اختراقُ الآفاق وقطعُ الكلام والقدُّ سمكُ البحر والقِدُّ اناء من جلدٍ والسوطُ وسيرٌ يُقدُّ من جلدٍ غيرِ مدبوغٍ الواحدةُ قِدّةٌ والقِدّةُ ايضًا الطريقةُ والفرقةُ من الناس ج قِدَدٌ والقداد القنفذ واليربوع والقديد اللحمُ المقدّدُ اي اليابسُ والقديدُ الثوبُ الخَلَقُ والقديديّون تُبّاعُ العسكر من الصنّاع والتجّار وتقدّدَ يبسَ وتقدّدَ الثوبُ تقطّعَ واقتدّ الامورَ دبّرها وميّزها واستقدّ استمرّ وقد مخففة اسمُ فعلٍ بمعنى يكفي نحو قد زيدًا درهمٌ اي يكفيهِ وتكونُ قد حرفًا سيأتي بيانها في مكانها • ل قرِدَ الشعرُ وتقرّدَ تجعّدَ وقرِدَ الجلدُ تشقّبَ وقرِدَ الرجلُ وأقرَدَ سكتَ عيًّا وقرِدت أسنانهُ صغرتْ ص وقرَدَ جمعَ وكسبَ والقرِدُ السحابُ المتلبّدُ والفرسُ الغيرُ المروّضِ والقرَدُ لجلجةُ اللسان والقُرادُ حلمةُ الثدي ورأسُ الذكرِ ودُوَيبّةٌ م ج قِردانٌ وقرّدهُ تقريدًا انتزعَ قِردانهُ وقرّدهُ ذلّلهُ وقرّدَ ايضًا ذلَّ وخضعَ والقَرْدُ العنقُ (معرّبة) والقصيرُ والقِرْدُ وحشٌ م ج أقرادٌ وقُرودٌ وقِرَدةٌ (وقِرَدٌ وقِرِدَةٌ) وصاحبهُ قرّادٌ والقَرْدَدُ ما ارتفعَ من الارض ج قرادِدُ وقراديدُ والقَرْدَدُ ايضًا اعلا الظهر وشدّةُ الشتاء والقرديدةُ الخطُّ الذي وسطَ الظهرِ واعلا الجبلِ وأقرَدَ سكتَ وسكنَ وذلَّ وتماوتَ والقَرَدُ ما نُسِلَ من الصوفِ والوبرِ (وعثرتْ على الغزلِ باخرةٍ فلم تتركْ بنجدٍ قردةً مثلٌ لمن تركَ الحاجةَ

مشى كِبرًا وبَطرًا وفدّد البائع صاح في شرائه وفدفد عدا هاربًا • الفَرْد نصف الزوج والمتحد ج
فِرادٌ والفرد ايضًا من لا نظير له كالسيّد المسيح والدبَر ج أفرادٌ وفُرادى والفرد ايضًا احد جانبي
اللحية وشيء فاردٌ (وفرَدٌ) وفرَدٌ محرّكة وبفتحٍ فكسرٍ وفرُدٌ بفتحٍ فضمٍّ وبضمّتين وفردانٌ وفريدٌ وفَرودٌ
منفردٌ وشجرةٌ فاردةٌ متنحّيةٌ وشاةٌ فاردةٌ ومِفرادٌ وفَرودٌ منفردةٌ عن القطيع وافراد النجوم المبذورة
في السماء وتفرّد تفقّه واعتزل عن الناس وخلا للقيام بما لله ومنه الرهبان المنفردون عن اهل
العالم في المغاير والوديان يأكلون الحشيش ويلبسون الحشيش وينامون على الحشيش رضي
الله عنهم اجمعين وانفرد بالامر (وفرِد مثلّثة الراء وأفرد) واستفرد تفرّد به وجاءوا فرادًا بالضمّ
والكسر وفُرادى (وفُراد وفَراد) وفَرْدى واحدًا بعد واحدٍ والواحد فَرْدٌ وفَرِدٌ وفريدٌ وفردانٌ واستفرده
انفرد به واستفرده استخرجه من الجماعة والفريد الشذر يفصل بين اللؤلؤ والذهب ج فرائد
والفريد والفريدة الجوهرة النفيسة والفريد ايضًا الدرّ ينظم ويفصل بغيره وذهبٌ مفرّدٌ مفصّل
بالفريد والفارد أجود السكّر وأبيضه • (فرثد وجهه كثر لحمه وامتلأ) • فرشد باعد بين
رجليه • الفِرْصِد والفِرْصيد والفِرْصاد عجم العنب والزبيب والفرصاد ايضًا التوت او حمله
والفرصاد ايضًا صبغ أحمر • الفَرْقَد (والفُرْقود) ولد البقرة الوحشيّة والنجم يهتدى به فهما
فرقدان • الفِرِنْد والإفرند السيف وجوهره ووشيه والفرند ايضًا حبّ الرمّان والفرند كالابزار
ج فرانِد • الفُرْهُد ولد الاسد والغلام الحسن والفُرْهود ولد الوعل والفراهيد صغار الغنم •
ن ض ر فسد فسادًا وفسودًا ضدّ صلح فهو فاسدٌ وفسيدٌ ج فسدى والفساد اخذ المال ظلمًا
والجدب وفسّده تفسيدًا افسده • ض فصد فصدًا وفصادًا وافتصد شقّ العرق فهو مفصودٌ
وفصيدٌ والاسم الفصاد والفصادة وأفصد الشجر وانفصد انشقّت عيون ورقه والمنفصد (والمتفصّد)
السائل الجاري والفصيد والفصدة دم يوضع في الامعاء ويجفّف ثم يؤكل • ض فقده فقدًا
وفقدانًا وفقودًا عدمه فهو فقيدٌ ومفقودٌ وافقده الله اياه والفاقد المرأة مات زوجها والتي تزوّجت
بعد موت زوجها وافتقده وتفقّده طلبه عند غيبته ومات غير فقيدٍ (وغير مفقودٍ) اي غير مأسوفٍ
عليه • الفَلْهَد (والفَلْهَذ والفُلْهود) الغلام المراهق • الفِنْد بالكسر والفتح الجبل العظيم
والغصن والنوع والفَنَد والإفناد الخَرَف وضعف العقل والخطأ في القول والرأي والكذب وفنّده
تفنيدًا وأفنده كذّبه وعجّزه وخطّأ رأيه (وفِنْد مولى عائشة بنت سعد بن ابي وقّاص وارسلته
يأتيها بنار فوجد قومًا يخرجون الى مصر فتبعهم واقام بها سنة ثم قدم فأخذ نارًا وجاء يعدو فعثر
وتبدّد الجمر فقال تعست العجلة فقيل أبطأ من فِنْدٍ وأفناد الليل أركانه) والافناد ان تصلّي
الناس في البيعة من غير كاهن والافناد ايضًا كفران النعمة والفِنْداوة والفِنْدأية بالهمز الفَدَوْم

فتلهُ فهو قليدٌ ومقلودٌ وقلّدتهُ الحمّى اخذتهُ كلّ يوم وقلّد الحديدة لواها على الشيء . والاقليد والمِقلاد والمِقلد المفتاح سريانيّة معرّبة ج مقاليد وذو المقاليد لقب بطرس هامة الرسل لانّ الله سلّمهُ مقاليد الملكوت اي الرياسة المطلقة في كنيسته والمِقلاد الخزانة وضاقت مقاليدهُ (ومقالدهُ) اي أموره والمِقلد الوعاء والمِخلاة والمكيال والعصا المعوجّة الرأس والقَلَد قضيب الدابّة والقعب واعطيته قلد أمري فوّضته والقلادة ما جُعل في العنق وتقلّدها لبسها والمُقلَّد موضع القلادة من العنق والتقليد جعل البرهان وهو الاقتداء واقلد البحر عليهم غرّقهم والاقلاد الغرق وتقليد الولاة توليتهم ◆ (اقلعدّ مضى على وجهه في البلاد واقلعدّ الشعر اشتدّت جعودته) ◆ القمحدوة ما كان مرتفعًا فوق القفا واعلى مؤخّر الرأس ج قماحد ◆ القمد التمنّع والاقامة في خير او شرّ والقمد الطول وغلظ العنق فهو اقمد وهي قمداء والذكر القُمُد الكثير الانتشار ورجل قُمُدّ (وقُمُدّ) وقُماد وقُمدود وقُمادى واقمدّ ذكره انتشر ◆ المتمعدد من تكلّمه بجهدك ولا يلين لك ◆ القمهد اللئيم لا اصل القبيح الوجه واقمهدّ الفرخ ارتعد عند الزقّ ◆ القند والقندة والقنديد (معرّب عصير قصب السكّر اذا جُمد و) الورس والخمر والعنبر والكافور والمسك وحال الرجل ◆ القنفذ م ج قنافذ ◆ القَود والقيادة والمقادة والاقتياد والتقويد نقيض السوق فهو من امام والقَود ايضًا الخيل المقادة لا تركب ن وقاد الدابّة واقتادها فانقادت فهو قائد وقائد الجيش امامه ومدبّره ج قوّاد وقادة وقود واقاده اعطاه خيلًا يقودها والقَود قتل القاتل والمقياد المقود اي الرسن واعطاه مقادته انقاد له وفرس قؤود واقود ذلول منقاد والقيد والقاد القدر والاقود البخيل بالزاد والجبل الطويل والقَود القصاص وطول العنق وانقاد خضع وذلّ وانقاد لي الطريق وضح والقوّاد الوسيط بين الزاني والزانية وصنعته القيادة ◆ القهد النقيّ اللون والابيض الاكدر والخروف الذي لا قرون له وولد الغزال واللطيف من البقر والنرجس قبل تفتّحه ◆ (القهمد اللئيم الاصل الدنيّ والذميم الوجه) ◆ القيد م ج اقياد وقيود والقيد ايضًا ما بين الذبر والفرج وجماع اليدين والرجلين وقيد الاوابد الفرس والمقيّد موضع القيد وموضع الخلخال ج مقاييد والمقياد المقود وتقييد الكتاب شكله وقيد الاسنان لحمها ومقيّدة الحمار الحرّة ◆

◆ ك ◆

الكأداء الشدّة والظلمة والحزن وتكأّد الشيء تكلّفه وكابده وتكاءدني الامر شقّ عليّ ◆ الكبد بالفتح والكسر والكبد م ويذكّر قليلًا ج اكباد وكبود ن ض وكبده ضرب كبده فصله والكبد الجوف كلّه ووسط الشيء والجنب والكبد كبر البطن والهواء والمشقّة والشدّة والكبد ايضًا والكبداء وسط السماء

مكنة وطلبها فائتة واصلهُ ان تترك المرأة الغزل وهى تجد متغزلة حتى اذا فاتها تتبّعت
القرد فى الثمامات) • القرمد الجصّ والقرمد والقرميد الخزف المطبوخ والآجرّ والقرمود ذكر
الوعل وقرمد الكتاب قرمطهُ وبناء مقرمد مشرف عالٍ • (القرهد التارّ الناعم الرخص •
القزد القصد • القسود الغليظ الرقبة القوىّ • القسبند الطويل العظيم العنق) • القشدة
الزبدة الرقيقة على اللبن وقشدهُ كشطهُ • القصد استقامة الطريق والاعتماد والأمّ وفعلهُ ن
قصد ض (فعلهُ) وقصد لهُ وقصد اليهِ أمّهُ والقصد والاقتصاد ضدّ الافراط (والاقتصاد
التوسّط بين الاسراف والتقتير) والمقتصد الرجل المتوسّط الجسم والقصد ايضا والتقصيد الكسر
وفعلهُ انقصد وتقصّد والقصد ايضا العدل والتفسير وفعلهُ ن قصد والقصد العوسج والجوع ر وقصد
قصادة سمن والقصدة القطعة مما يكسر ج قصد ورمح قصد وقصيد واقصاد متكسّر والقصيد من الشعر
م (وليس للاثلثة ابيات قصائدا اوستة عشر قصائدا) ج قصائد وقصدان والقصيد والقصيدة العصا
واقصد السهم اصاب فقتل واقصدهُ طعنهُ فاصابهُ واقصدت الحيّة لدغت فقتلت مكانها والقاصد
القريب والمقصد من يمرض ويموت سريعا (والمقصدة المرأة العظيمة التامّة تعجب كلّ احد والتى
الى القصر) • القعود والمقعد الجلوس بعد القيام لا بعد المنام (والقعود ايضا جمع قاعد) ن
وقعد بهِ اقعدهُ والقعدة مقدار ما يأخذهُ القاعد من المكان والقعدة ايضا آخر ولدك وذو القعدة
شهر (كانوا يقعدون فيهِ عن الاسفار ج ذوات القعدة) والقعدة الخوارج والمبتدعون والقعدىّ من
يذهب مذهبهم والقعدة ايضا الذين لا يمضون الى الحرب والعذرة والطنفسة وابنة اقعدى وقومى
للامة (وبهِ قعاد واقعاد واقعاد داء يقعدهُ فهو مقعد) والمقعدات الضفادع وقعد جلس وقام ضدّ
(وتأتى بمعنى مكث سواء كان قائما او قاعدا) وقعد للحرب هيّأ لها العساكر والقاعدة المرأة المتأخرة
عن الزواج والقواعد كلما يحمل عليها شىء واحدها قاعدة (وقعد عن الشىء عجز عنهُ) ورجل
قعدىّ بالضمّ والكسر عاجز والقعدة كثير القعود وقعيدة النسب القريب من الجدّ الاكبر والقعيد
الاب (ومنهُ قعيدك لتفعلنّ اى بابيك) والمقاعد الحافظ للمفرد وغيرهِ (وللمذكر والمؤنث)
وتقعّدهُ قام بامرهِ (وتقعّد عن الامر لم يطلبهُ) وقعدك الله نشدتك الله والمقعد الشعر الذى فيهِ
زحاف والثدى الناهد والقعدة الحمار ج قعدان والقعدة ايضا السرج والرحل واقعدهُ خدمهُ والقاعدة
فى العلم حكم كلّىّ ينطبق على جميع جزئياتهِ لتعرف احكامها منهُ والقعيدة المرأة المستأجرة للزنا
• ض قفدهُ صفع قفاهُ والاقفد المسترخى العنق ومن يمشى على صدور قدميهِ والكزّ اليدين
والرجلين والتصير الاصابع وفعلهُ ل قفد • (القعقدد القصير • القفند الشديد الرأس
العظيمة) • ن قلد الماء جمعهُ فى القلد اى الحوض وقلد الشىء على الشىء لواهُ وقلد الحبل

والالباد الترقيع واللبود القراد والتبد الورق تلبد واللابد (والملبد وابو لبد بالضم والكسر) الاسد ن لتك بيك لكزه • اللحد شق القبر ج الحاد ع ولحد القبر والحده عمل له لحدا ولحد الميت والحده دفنه في اللحد ولحد اليه والتحد والحد مال وعدل ومارى وجادل ولحد ترك الاقرار والحزم ولحد والحد اشرك بالله وكفر وظلم واحتكر الطعام ولحد به ازدرى وتجنى عليه فهو لاحد وملحد والملتحد الملتجا والملحد لقب آريوس المبتدع لعنه الله • اللديد صفحة العنق وجانب كل شيء ج الدة وتلدد تلفت وتحير وتلبث وما له عنه ملتد اى بد ن لده خصمه فهو لاد ولدود ولده حبسه والالد واليلندد الخصم الذى لا يزيغ ج لد ولداد واللديدة الروضة المزهرة ولد يلد بارض اليهودية قيل ان فيها بقعة ارمجدون التى فيها يكون مقتل الدجال لعنه الله • اللغد لحمة في الحلق وفي الاذن ج الغاد ولغاديد واللغدة من حاجته حبسه • ل لكد عليه الوسخ لصق به ن ولكه ضربه بيده ودفعه والالكد اللئيم لايفارق قومه وتلكلكه احتمله وتلكد الشيء لزم بعضه بعضا • اللمد التواضع بالذل واللمدان الذليل ن ولمده لطمه • اللونجفردية طائفة من الاريوسية اضطهدوا المسيحيين في بلاد ايطاليا • الالود من لا يميل الى عدل ولا ينقاد لامر ج الواد وفعله ل لود والالود ايضا من لا يطيع • ع لهده الحمل اثقله ولهد دابته اثقلها واجهدها ولهد الشيء اكله ولحسه ولهده دفعه لذله والهد ظلم وجار وازدرى واللهيدة العصيدة الرخوة واللهاد الثواقي • (ماتركت له لياذا اى شيئا) •

م

ن ماد النبات اهتز وجرى الماء فيه فتروى وتنعم ولان (ورجل) وغصن ماد ويمؤود لين ريان (وهي يموده ونموده) وامتاد خيرا كسبه (والماد الناعم من كل شيء) • ن متد بالمكان متودا اقام • ن متد بين الحجارة استتر ونظر الى العدو من خلالها • المجد نيل الشرف والكرم وفعله ن (ر) مجد مجدا ومجادة فهو ماجد ومجيد ومجده عظمه واثنى عليه وتماجد ذكر مجده والمجيد الرفيع العالي والكريم والشريف الفعال والمجد السموي شرف القديسين في السماء ومجد الآب هو تجسد الكلمة والماجد الكثير المجد والحسن الخلق السمح (وتماجدوا تفاخروا واظهروا مجدهم) • المد السيل وارتفاع النهار وكثرة الماء وطموح البصر والبسط والمد والامداد الامهال والمطل والجذب والفعل ن مد ومدد وماد فامتد وتمدد والمديد الطويل ج مدد والمداد الحبر ودهن السراج والمثال والطريقة والمدمد النهر والجبل والمد مكيال م ج امداد ومددة والمدة الغاية من الزمان والمكان والبرهة من الدهر والمدة القيح والامدود العادة والامدة

وتكبدت (الشمس) السماء وكبّدتها تكبيدًا صارت في كبدها وتكبّد الامر قصده وسود الأكباد الاعداء والكبداء رحى اليد وكابده قاساه وفلان تضرب اليه أكباد الركاب اي يرحل اليه في طلب العلم وغيره * الكتد مجتمع الكتفين ج أكتاد وكتود * الكدّ الشدة والالحاح والاشارة بالاصابع ومشط الرأس والهاوون ن وكدّه واكدّه واستكدّه طلب منه الكدّ وكدّ الشيء نزعه بيده ورأيتهم اكاديد اي فرقًا متفرقين والكدكدة الافراط في الضحك وكدكده طرده طردًا شديدًا * الكرد لطائفة م ج أكراد والكرد السوق وطرد العدو وكارده طارده ودافعه * (كرند في عدوه جدّ فيه * كرمد في آثارهم عدا) * ن ر كسد كسادًا وكسودًا لم ينفق فهو كاسد وكسيد وسوق كاسد وأكسدت سوقهم والكسيد الدون * ض كشده بأسنانه قطعه والكاشد الكادّ على عياله ج كشد * (الكعد الجوالق وبهاء طبق القارورة) * الكاغد الورق معربة * الكلد جمع الشيء بعضه فوق بعض (والكلد النمر والإكام والاراضي الغليظة واحدها بهاء وابو كلدة كنية الضبعان والكلندى كالاكمة والمكلندد الشديد الغليظ واكلندى وتكلّد غلظ واشتدّ) * الكمدة والكمد محركة (وبالفتح) تغيّر اللون والحزن الشديد ومرض القلب منه وفعله ل كمد فهو كامد وكمد وكميد واكمده فهو مكمود واكمد الثوب اخلق والكماد خرقة تسخن وتوضع على الجوف الموجوع (والكمدة الذكر * وجه كنابد قبيح) * الكنود كفران النعمة والكنود الكافر واللوام لربه والبخيل العاصي ومن يأكل وحده ن وكند قطع * الكود المنع ن وكاد يفعل (وكيد) كودًا ومكادًا ومكادة قارب (ولم يفعل مجردة تنبئ من نفي الفعل ومقرونة بالجحد تنبئ عن وقوعه) وكاد اراد ويكود بنفسه يجود واكوأدّ شاخ وارتعش والكودة ما جمعته من تراب ج اكواد وكوّد التراب تكويدًا جمعه كتلًا * ع كهد كهدًا وكهدانًا اسرع وكهدته اسرعته وكهد تعب والكوهد المرتعش كبرًا والكهداء الامة واكهد تعب واتعب * الكيد المكر والكيد والمكيدة الخبث والكيد ايضًا الحيلة والحرب واخراج الزند النار والقيء ض وكاد قاء وكاد حاد وكادت المرأة حاضت وكاد يفعل قارب وفيه تكايد تشدّد واكتاد من الكيد *

ل

ن ل لبد لبودًا ولبدًا والبد اقام ولزق واللبد من لا يفارق منزله ولا يطلب معاشًا وتلبّد الصوف ونحوه تداخل ولزق بعضه ببعض فهو لباد وملبّد ولبد ولبدة بالكسر والضم ج البادًا ولبود واللبّاد عامله واللبد بساط من لباد وما تحت السرج واللبدة الصوف والبد الفرس سرجه والبد رأسه طأطأه عند الدخول والبد الشيء بالشيء الصقه واللبادة ما يلبس من اللبود ومال لبد ولابد كثير والتلبيد

ن

النَّاذُ الداهيةُ والحسدُ ع ونَاذَهُ حسدَهُ • نابوزردان قائدُ جيشِ بُختنصّرَ الملكِ أحرقَ هيكلَ سُليمانَ • (ل نَبِذَ سَكَنَ وركَدَ) • النَّجْدُ ما ارتفعَ من الارضِ ج أَنْجُدٌ وأَنْجادٌ ونُجودٌ ونُجُدٌ وأَنْجِدَةٌ والنَّجْدُ ايضًا الطريقُ الواضحُ والدليلُ الماهرُ وأرضٌ لا شجرَ فيها والغَلَبَةُ والنَّجْدُ والنَّجِيدُ الشُّجاعُ وفعلُهُ ر نَجُدَ نَجادَةً ونَجْدَةً والنَّجْدُ ايضًا الكَرْبُ وفعلُهُ نُجِدَ مجهولاً كُرِبَ فهو مَنْجودٌ ونَجِيدٌ ر ونَجِدَ العَرَقُ سالَ والنَّجَدُ العَرَقُ والبَلادَةُ والإعياءُ وهو طَلّاعُ أَنْجِدَةٍ وطَلّاعُ نِجادٍ اي ضابطٌ للامورِ غلّابٌ وأَنْجَدَ اتى أرضَ نَجْدٍ وأَنْجَدَ عَرِقَ وأعانَ وارتفعَ وأَنْجَدَتِ السماءُ أصحَتْ وأَنْجَدَ الدعوةَ أجابَها والنَّجُودُ المرأةُ العاقلةُ النبيلةُ ج نُجُدٌ والنَّجْدَةُ القتالُ والشَّجاعةُ والشِّدَّةُ والهَوْلُ والفزعُ والنَّجِيدُ الاسدُ والمَنْجُودُ الهالكُ والنِّجادُ حمائلُ السيفِ والناجُودُ الخمرُ وإناؤُها والزَّعْفَرانُ والدمُ والمِنْجَدَةُ عصا تَسُوقُ الدوابَّ وعصًا يحشونَ بها أَرْحِلَةَ الدوابِّ والمِنْجَدُ حَلْيُ الذهبِ مع اللؤلؤِ (ج مَناجِدُ) والمُنَجَّدُ المُجرَّبُ والمُناجِدُ المُعينُ والمُقاتِلُ وجمعُ الخُلْدِ والتنجيدُ التزيينُ والعَدْوُ والتَّنَجُّدُ الارتفاعُ ن ونَجَدَ البيتَ نَجْدًا كَساهُ من بُسُطٍ وفُرُشٍ ووَسائدَ والنَّجْدُ كِسْوَةُ البيتِ ج نُجودٌ والنَّجّادُ صانعُ الفُرُشِ والوَسائدِ ونَجَدَهُ أعانَهُ واسْتَنْجَدَ استعانَ واستنجدَ قَوِيَ بعدَ ضعفٍ واستنجدَ عليهِ اجْتَرأَ ونَجَدَ الامرُ نُجودًا وَضَحَ • (ناخذة عامدة) • النَّدُّ طيبٌ م والعنبرُ والتلُّ المرتفعُ والنِّدُّ المِثْلُ ج أَندادٌ والنَّديدُ النِّدُّ ايضًا ج نَدائِدُ ونَدَّدَ بهِ صرَّحَ بعُيوبِهِ وأسمعَهُ القبيحَ (وليسَ لهُ نادٌّ اي رزقٌ) وذهبوا أناديدَ وتناديدَ متفرِّقينَ في كلِّ وجهٍ والتَّنادُّ التفرُّقُ والتنافرُ ومنهُ يومُ التَّنادِّ اي يومُ البعثِ وفعلُهُ ض نَدَّ نَدًّا ونَديدًا ونُدودًا ونِدادًا (ونادَدْتُهُ خالفتُهُ) • النَّرْدُ لُعْبَةٌ م (مُعرَّبٌ) • ن نَشَدَ الضالَّةَ نَشْدًا ونِشْدَةً ونِشْدانًا طلبَها وعرَّفَها ونَشَدْتُ فلانًا عرَّفتُهُ ونَشَدَ باللهِ استحلفَ ونَشَدْتُ فلانًا قلتُ نَشَدْتُكَ اللهَ اي سألتُكَ باللهِ وناشدَهُ حلَّفَهُ وأَنْشَدَ الضالَّةَ عرَّفَها وسألَ عنها ضدٌّ وأَنْشَدَ الشِّعْرَ قرأَهُ وأنشدَ بـ هجاهم والنِّشْدَةُ الصوتُ والنَّشيدُ رفعُ الصوتِ والنَّشيدُ والأُنْشودَةُ الشِّعْرُ ج أناشيدُ واستنشدَ الشِّعْرَ طلبَ إنشادَهُ وتَنَشَّدَ الاخبارَ طلبَها ليعلمَها • ض نَضَدَ مَتاعَهُ ونَضَّدَهُ تنضيدًا جعلَ بعضَهُ فوقَ بعضٍ فهو مَنْضودٌ ونَضيدٌ ومُنَضَّدٌ والنَّضَدُ المُنَضَّدُ والشَّرَفُ والشريفُ وأَنْضادُ القومِ عَدَدُهم وتراكُمُ السحابِ وتراكُمُ الجبالِ بعضِها فوقَ بعضٍ والنَّضيدَةُ الوِسادَةُ والفِراشُ وانتضدَ بالمكانِ أقامَ • ل نَفِدَ نَفادًا ونَفَدًا فَنِيَ وذهبَ وأَنْفَدَهُ واستنفدَهُ وانتفدَهُ أفناهُ ونَفِدَ القومُ فَنِيَ مالُهم وزادُهم ونَفِدَتِ الرَّكِيَّةُ ذهبَ ماؤُها ونافَدَهُ حاكمَهُ وخاصمَهُ وانتفدَهُ استوفاهُ وقعدَ مُنْتَبِذًا اي مُتَنَحِّيًا وفيهِ مُنْتَفَدٌ من غيرِهِ اي سَعَةٌ • النَّقْدُ والتَّنْقادُ والانتقادُ

مذى العزل (والامذان) والمذان الماء الملح والامداد تأخير الاجل والاعطاء والاعانة والنجدة (وان تعطى الكاتب مدة بالقلم) والمادة الزيادة المتصلة والمادة المماطلة والاستمداد طلب المدد ومدمد هرب • ن ر مرد مرودا ومرادة عتا وتجبّر فهو مارد ومريد ج مردة ومرداء ن ومرده قطعه ومزّق عرضه ومرد على الشيء تمرّن عليه واستمر ومرد الثدى مرسه ومرد الخبز لينه والامرد الشاب لم تنبت لحيته وفعله ل مرد مردا ومرودة والمرداء ارض لا نبات فيها والشجرة لا ورق عليها وتمريد البناء تسويته وبناء ممرد مطوّل عالٍ والمارد المرتفع العاتي والمارد من اسماء شياطين الهواء • المسد الفتل ومواظبة السير والمسد الحبل من ليف وغيره ومحور البكرة من حديد ج مساد وامساد • المصد الرضاع (والجماع) والمص وشدة البرد والحر ضد والهضبة العالية ج امصدة ومصدان والمعاد اعلى الجبال • المعد الحقد • ع معده اختلسه ومعده وامتعده جذبه بسرعة ومعده اصاب معدته ومعد لحمه انتهسه ومعد الشيء فسد والمعدة بفتح فكسر او بالكسر والسكون م ج معد (ومعد) ومعد ذربت معدته ن ومعد بالشيء معدا ومعودا ذهب والمعد الجنب والبطن واللحم تحت الكتف • (ع مغد الفصيل امه رضعها ومغد الشيء مصه ومغد البدن سمن والنبات وغيره طال ومغد الرجل عاش في ناعم عيش ومغد جاريته جامعها وامغد اكثر من الشرب) • ن مكد مكدا ومكودا اقام (والمكد المشط) • ن ملده مده وملد الاديم تمليدا مرنه والملد والاملود والاملد والاملدان والاملد الرجل الناعم اللين والغصن الرطب وامرأة املود واملودانية وملدانية واملودة وملداء لينة ناعمة • المهد الموضع المهيأ للصبي والمهد والمهاد الارض والمهد ايضا مغارة بيت لحم حيث ولد السيد المسيح ج مهود والمهدة سهولة الارض واستواؤها ج مهدة وامهاد ع ومهده ومهّده تمهيدا بسطه ومهد وامتهد كسب وعمل والمهاد الفراش ج امهدة ومهد وتمهيد الامر تسويته واصلاحه ومهد العذر تمهيدا بسطه وماء ممهد لا حار ولا بارد وتمهد تمكن • ض ماد ميدا وميدانا تحرك وماد السراب اضطرب وماد الرجل تبختر وماد اصابه غثيان ودوار من سكر او من ركوب بحر ومادت الحنطة اصابها ندى فتغيرت والمائدة الطعام والميدة والمائدة خوان عليه الطعام والمائدة الدائرة من الارض ومائدة القدس صنعها موسى النبي تقدم عليها القرابين لله والمائدة في البيعة الهيكل الذي يقدس عليه الكاهن الاسرار الالهية بعد نقلها من المذبح وميداء الشيء مبلغه وقياسه وهذا ميداؤه اي بعده وهو بميدائه اي بحذائه والميدان بالفتح والكسر م ج ميادين والمتداد المستقطى والمستقطى •

ج وجدان ويكون مصدر وجد ووجد من العدم مجهولًا صار موجودًا وقد أوجده الله • الواحد هو الله عز وجل لا ثاني ولا شريك له والواحد ايضًا أول عدد الحساب ج واحدون والواحد ايضًا المتقدم في الناس ج وحدان وأحدان والواحد ايضًا بمعنى الأحد وفعله ل ر وحد والمضارع فيهما يحد وهو من النوادر والمصدر وحادة ووحودة ووحودًا ووحدًا ووحدة وحدة ن ووحد وحادة وتوحد بقي مفردًا ووحد الله توحيدًا أقر أنه واحد أحد لا شريك له هذا اعتقاد النصارى والموحد المقر بالوحدانية والوحدانية توحيد الله والتوحيد الايمان بالله الأوحد والأوحد المفرد الذي لا مثل له ووحده توحيدًا جعله واحدًا وثناه تثنية جعله اثنين وثلثه تثليثًا جعله ثلثة وهلم جرًا الى العشرة والوحيد والمتوحد المنفرد ومنه الرهبان المتوحدون اي المنفردون عن الناس في الصحارى والجبال لعبادة الله وللابن الوحيد لقب يسوع المسيح لأنه وحيد الله الآب بالطبيعة الالهية ووحيد مريم أمه بالطبيعة الانسانية او لأنه وحيد الجنس بالأقنوم الثاني المتجسد وتوحيد التثليث اي أن الاقانيم الثلثة اله واحد لأنهم ذات واحدة وطبيعة واحدة والبحث فيه يطلب من علماء اللاهوت أيدهم الله وأبدهم وأوحده الله تركه وحده وأوحده للاعداء تركه لهم وأوحده جعله وحيد زمانه ودخلوا موحد موحد وأحاد أحاد اي واحدًا واحدًا كما يقرره علماء النحو ورأيته وحده اي منفردًا وهذا على حدته اي على وحدته والواحد الرجل لا يعرف له أصل ولا نسب وفعله من ذات حدته اي من ذات نفسه ورأيه ولست فيه بأوحد اي لا أخصه وحده وهو ابن احداها اي كريم الآباء والأمهات وتوحد الله بعصمته اي لم يكله الى غيره (والاتحاد الاقتران) • الوخد والوخدان السير السريع وفعله ص وخد فهو واخد ووخاد ووخود • الود والوداد مثلثتين والودادة والمودة بالفتح والكسر (والمودة) الحب وفعله ل ن ود والود بالتثليث والوديد المحب والود ايضًا والودود والمود الكثير الحب والودود المحبوب ج أوداء وأوداد (ووديد وأود) والود الوتد وتودده اجتلب وده وتودد اليه تحبب والمودة الكتاب • الورد م ج ورود والورد ايضًا زهر كل شجرة والفرس بين الاحمر والاشقر ج ورد ووراد وأوراد وفعله ر ورد والورد والوارد الجرىء والورد الزعفران والورد والمتورد الاسد وابو الورد من اسماء الذكر والوردية نوع من العبادة عند المسيحيين يقدمونها لسيدتنا مريم العذراء أنشأها القديس عبد الاحد والورد الحمى والورد والتورد والاستيراد قصد الماء فهو وارد (ووراد) ج وراد (وواردين) والورد ايضًا قطيع الطير والجيش والنصيب من الماء والوارد والواردة القوم يردون الماء وواردة ورد معه ص وورد الماء تصله والموردة والواردة الطريق والوريدان عرقان في العنق ج أوردة وورود ووقع في وردة اي مهلكة وواردة واستورده أحضره وتورد طلب ورد الماء وتورد البلدة دخلها متأنيًا وتوردت الشجرة ازهرت

تمييز الدراهم (والنقد ايضا خلاف النسيئة وان يضرب الطائر بمنقاده اى بمنقاره) ونقد العويس مهرها والنقد ايضا نقر الجوزة بالاصبع والدرهم الوازن واختلاس النظر ولدغ الحية والنقد البطىء الشباب القليل اللحم والنقد (جنس من الغنم قبيح الشكل و) العويس النجر والصبى المهزول فهو انقد والانقد القنفذ ولانقد والانقدان السلحفاة وانقد بات الليل كله ساهرا وانقد الشجر اورق وانتقد الدراهم قبضها وانتقد الولد شب وناقده ناقشه • ل نكد عيشهم اشتد وعسر وتكبت البئر قل ماؤها ص ونكده حاجته منعه اياها ورجل نكد وانكد شوم وعسر ج انكاد ومناكيد والنكد قلة العطاء وعطاء منكود قليل جدا وناكده عاسره واحزنه • نمرود بن كوش بن كنعان من نسل حام بن نوح كان جبارا وهو اول ملك تملك فى الدنيا وشرع فى بناء برج بابل وتنمرد عتا • ن ناد نودا ونوادا ونودانا تمايل من النعاس وتنود الغصن تحرك ونودان اليهود اهتزازهم عند قراءتهم • ع نهد ثدى الجارية ن ونهدت نهودا كعب ثديها فهى منهد وناهد وناهدة ونهد الرجل نهض ونهد الهدية وانهدها عظمها والنهد الشىء المرتفع والكريم والفرس الحسن وفعله ر نهد نهودة والنهد نفقة الرفقة فى السفر وتناهدوا وزعوا عليهم النفقة بالسوية (وانهد الاناء ملأه او قارب ملأه وحوض او اناء نهدان ملآن لم يفض بعد والناهد الاسد) والمناهدة المحاربة والمخاصمة بالاصابع والنهيدة العصيدة والنهيد الزبد الرقيق •

و

ص وأد ولده دفنه وهو حى فهو وئيد وموؤود والوئيد الصوت العالى جدا واتأد رزن وتأنى فهو متئد (والموائد الدواهى وتوأدت عليه الارض غيبته وذهبت به) • الوبد شدة العيش وسوء الحال والوبد ايضا كثرة العيال وقلة المال والغضب والحر والعيب وبلى الثوب والفعل ل وبد وبد الرجل ساء حاله فهو وبد والوبد الرجل الجائع والشديد الاصابة بالعين والمستوبد الخامل بالمكان والشىء الحامل • الوتد محركة (وبالفتح والوتد) الرزة من خشب ولحمة مقدم الاذن ج اوتاد واوتاد الارض جبالها واوتاد البلاد رؤساؤها واوتاد الفم اسنانه ص ووتد الوتد وتدا وتدة واوتده رزه فى الارض وثبته والميتدة مدقة الوتد وتوتد الذكر انتشر • ض وجد المطلوب وجدا مثلثة وجدة (ووجدا ووجودا ووجدانا واجدانا) الفاه ومضارعه يجد بكسر الجيم على القياس وبضمها على خلاف القياس وهذا من نوادر العربية ووجد استغنى ن ض ووجد عليه وجدا وجدة غضب والوجد حالة الحزن وفعله ن وجد والوجد ايضا حالة الحب وفعله ر وجد وجدا والوجد مثلثة الغنى ج وجاد واوجده اغناه واكرهه وقواه وتوجده شكاه والوجيد المستوى من الارض

يسوع المسيح ابن الله القائل من قوله انت ابني وانا اليوم ولدتك وولّدتها توليدًا فولدت فهي مُولِّد ج مواليد ومواليد والمولد والميلاد وقت الولادة والمولدة والوليدة المولودة في غير قبيلتها ومثلها المولَّدة ايضًا المحدثة والمولِّدة القابلة والوُلُودية الصغر والجفاء وقلة الرفق التوليد التربية •

الوَمَد الحرّ الشديد مع سكون الريح والوَمَد والوَمَدة شدة حر الليل وليلة وَمِدة ووَمْدة ومِدة ومَدهارّة والوَمَد ايضًا الغضب والفعل ل وَمِد •

الوَهْدة والوهاد الارض المنخفضة ج أوهُد ووِهاد ووُهدان والوَهْدة ايضًا لهوّة في الارض وأوهَد يوم الاثنين ج اواهِد ن ووَهْد الفراش مَهَّدَهُ

باب الهاء

الهُجود والتهجّد النوم والهجود المصلّي ليلاً ج هُجود وهُجّد وتهجّد نام واستيقظ ضدّ والمُهجِد نام وأنام والمُهجَد الرجل وجدته نائمًا وهجّده تهجيدًا ايقظه ونوّمه ضدّ • الهَدّ والهُدود الهدم والكسر والهَدّ ايضًا الهزم والرجل الكريم والصوت الغليظ والرجل الضعيف والفعل من هَدّ والهادّ صوت دوي البحر والهادّة الرعد والاهدّ الجبان ومررت برجل هَدّك من رجلٍ اي حسبك يثنى ويجمع ويذكر ويؤنث والهَدود الارض السهلة والعقبة الشاقة والحدور والهُدهُد كل طير يقرقر والحمام الهدّار ج هداهد والهُدهُد أصوات الشياطين وهُدّدة خوّفه وهَدهَد هدر وهدهد الطائر قرقر وهدهد الصبي حرّكه لينام وهدهد الشيء أحدره من علو وهداديك اي مهلاً (وإنه لَهَدّ الرجل اي لنعم الرجل) والهُدهاد صاحب مسائل القاضي • ص هَرَدة مزّقه وخرّقه وهَرَد اللحم بالغ في إنضاجه والهَرْد السير السريع والطعن في العرض والهُرْد النعامة والهَيْردان اللص وهيرودس ثلثة تملكوا على الارض اليهودية بعد المقابيين هيرودس الاشقلاني الذى قتل الاطفال بيت لحم وهيرودس رئيس الربع ابن الاشقلاني ولقبه انتيباس هذا قتل يوحنا الصابغ وهيرودس بن ارسطو بولس الذى قتل يعقوب الرسول وهيروديا بنت ارسطو بولس اخي هيرودس المذكور من ابيه اراد أن يتزوجها واخوه فيلبّس حيّ فلما منعه عن ذلك يوحنا الصابغ قطع رأسه بمكيدة وشيعة الهيروديسيين عند اليهود كانوا يزعمون أن هيرودس الاشقلاني هو المسيح لانه كان آدوميًا وابطل مُلك يهوذا وتملّك عوضه • (الهِسْد الاسد والشجاع ج هِساد) • هَكَد عليه تهكيدًا شدّد والهَكيدون دار مأوى الغرباء ارمنية معرّبة معناها دار المحبة • الهُمود (الموت و) إخماد النار وتقطّع الثوب والهُمود ايضًا ارض لا حيوة ولا نبات ولا مطر فيها والاهماد الاقامة والسرعة ضدّ والاهماد ايضًا السكون والتسكين والسكوت على ما يكره والهامد البالي والنبات اليابس والفعل أهمَد والهميد المال المكتوب في ديوان السلطان المسمّى عرفًا المال الاميري • الهِنْد إقليم معروف والنسبة

وتورّد احمرّ والوارد السابق والشجاع والشعر الطويل • الوِساد المتكأ والوسادة مثلثة المِخدّة ج وُسُد ووسائد وتوسّد أخذ الوسادة ووسّده توسيدًا أعطاه إياها وأوسد في السير أغذّ وتوسّد العِلمَ اتّكأ عليه • الوصيد فناء الدار والعتبة والحظيرة والكهف الذى نام فيه الشهداء السبعة الفتيان فى افسس لمّا هربوا من داكيوس الملك المضطهد والوصد النسج والوصّاد النسّاج وفعله ص وَصَدَ وأوصد المكان واستوصده اتّخذه حظيرة وأوصد الكلب أغراه وأوصد الباب أطبقه وأغلقه ووصد ثبت وأقام والتوصيد التحذير • ص وطد الشىء وطدًا ووطّده أثبته فهو وطيد وموطود ووطّده ثقّله فتوطّد ووطّده اليه ضمّه ووطّد له منزلة توطيدًا مهّدها ووطد الارض ردمها ووطد الشىء دام وثبت ورسا وسار جيدًا ووطد وطأ والميطدة خشبة توضع فى البنيان ليتمكّن والوطائد أثافى القدر وقواعد البنيان والمتواطد الدائم الثابت • ص وعد (ه الامر) بالخير عِدة ووعدًا وموعدًا وموعدة (وموعودًا وموعودة) وأوعد بالشر إيعادًا (ويقال أوعد الخير والشر) والميعاد وقت الوعد ومكانه وارض الميعاد بلاد اليهودية ورّثها الله الى الاسرائيليين كما وعد بها جدّهم ابراهيم وتسمى ارض الموعد ويكنّى بها عن السماء وتواعدوا فى الخير واتّعدوا فى الشر والوعد فى الخير والوعيد فى الشر وسحاب واعد يعد بالمطر والتوعّد والوعيد التهدد والايعاد والاتّعاد التهديد • الوغد الاحمق الرذل الدنىء والضعيف الجسم وفعله ر وغد وغادة والوغد ايضا الصبى والخادم والعبد والمواغدة المجاراة (والوغد ايضا ثمر الباذنجان) • ص وفد عليه ووفد اليه وفدًا ووفودًا ووفادة (وإفادة) قدم وورد وأوفده اليه وعليه أورده فهو وافد ج وفود ووفد وأوفاد ووفد بالضم والايفاد والتوفّد الاشراف والإيفاد والتوفيد الارسال والايفاد ايضا الاسراع والارتفاع والوفد ذروة الجبل والمستوفد المستوفز وهم على أوفاد اى على سفر • الوقد والوقود بالضم والفتح والوقدان والتوقّد والاستيقاد اضطرام النار ص وقد النار واستوقدها وأوقدها وتوقّدها أضرمها والوقود والوقاد والوقيد الحطب والموقد (والوقاد) المضىء والظريف (الماضى) والقلب الحار النشيط والوقدة أشدّ الحر • ص وكد وكودًا أقام وقصد وأصاب ووكد العقد وأكّده أوثقه والوكائد سيور يشدّ بها الواحد وكاد وإكاد والوكد السعى والجهد وما زال ذلك وكدى اى فعلى والوكد الهمّ والقصد والتوكيد التثبيت وهو أفصح من التأكيد وتوكّد وتأكّد بمعنى والمتوكّد المستعدّ للامر • الولد محرّكة (وبالضم والكسر والفتح واحد وجمع) م ج (اى قد يجمع على) اولاد وولدة (وإلدة) وولد والوليد المولود والصبى والعبد والوليدة الامة ج ولائد وولدان وامّ الوليد الدجاجة وأمر لا ينادى وليده مثل (فى الخير والشر) اى حادث عظيم يشغل عن زجر الوليد (اذا مدّ يده الى أعز الاشياء) والفعل ص ولدت ولادًا وولادة ولدة (وإلادة) ومولدًا فهى والد ووالدة ووالدة الاله سيدتنا مريم العذراء التى ولدت

أَخذةَ بالفتح والكسر (وبرفع الذال ونصبها) سار بسيرته وتخلّق بخلائقه وتخذ لغة في أخذ • ن أذّهُ أذًّا قطعهُ • إذْ ظرف زمانٍ مبنيٌّ على السكون بمعنى حين ويأتي بيانهُ في مكانهِ •

ب

البَذّ والبَذيذة الغلبة والبِذّة والبَذيذة النصيب والبَذّ والبَذيذ المِثْل ن وبَذّ بذاذةً وبَذاذًا وبُذوذةً ساءت حالهُ ورجلٌ باذُّ الهيئة وبَذّ الهيئة رثّ المنظر وباذّتهُ بادرتهُ وابْذَعَرّتْ حتّى اخذتهُ والبَذيذة التقشّف • (البُسَّذ المرجان معرَّب) • ن باذَ بَوْذًا تعدّى على الناس وافتقر وتواضع •

ت

(التِلْميذ م ج تلاميذ وتلامذ وتَلْمَذَ لفلانٍ صار تلميذًا لهُ) •

ج

(الجائذ العبّاب من الشراب وفعلهُ ع جاذَ) • الجَبْذ والاجتباذ الجذب وفعلهُ ن جَبَذ وجباذِ المنيّة • (الجَحْوذة العَدْو) • الجَذّ الاسراع والاستئصال والكسر والقطع والاسم الجذاذ مثلّثة وفعلهُ ن جَذّ والجُذاذ والجَذاذة فضل الشيء على الشيء والجُذاذة حجارة الذهب والجُذّان حجارة رِخْوة الواحدة جُذّانة وانجذّ انقطع • الجُرَذ الفأر الكبير ج جِرْذان و(الجُرْذانة ضربٌ من التمر ج) جراذين وأرض جَرِذة كثيرة الجرذان وأجرذهُ أخرجهُ وأفردهُ وأجرذ اليه اضطرّ • الجَلَذ الارض الغليظة والجَلْذيّ (والجُلاذيّ الصانع و) خادم البيعة والراهب ج جلاذيّ والاجلوّاذ السرعة في السير وذهاب المطر • (الجُوذيّ الكساء) • الجَهْبَذ النقّاد الخبير ج جهابذة •

ح

(حَبَّذهُ تحبيذًا قال لهُ حبّذا) • الحَذّ الحَذذ والحَذَذ عيبٌ في وزن الشعر والحذّاء قصيدة فيها عيب والتي لا عيب فيها حذّ • (الحَماذيّ شدّة الحرّ) • ض حَنَذ الشاة حَنْذًا شواها فهي حَنيذ واللحم الحنيذ الذي يقطر ماؤهُ بعد الشيّ والحنيذ والمحنوذ الفرس المكدود وقد بلّه العرق وحَنَذت الشمس المسافر أحرقتهُ والحَنيذ الماء المسخّن وحِناذ الشمس والحَنْذة الحرّ الشديد والحِنْذيان الكثير الشرّ والحِنْذيذ الكثير العرق والاحناذ تكثير مزاج الشراب وتقليلهُ ضدّ

هندىٌّ ج هنودٌ واهانِدُ وهنادِكُ والسيفُ الهِنْدَوانيُّ منسوبٌ اليها وهنّد تهنيدًا قصّر فى الامر وهنّد ايضًا صاح صياحَ البومةِ وهنّد شتم وشتم ولم يُرادِدْ وهنّد السيفَ شحذهُ وما هنّد ما تأخّر وهنّدتهُ المرأةُ اورثتهُ عِشقًا ٭ الهَوْدُ التوبةُ والرجوعُ الى الحقّ وفعلهُ ن هادَ وهادَ وتهوّدَ صار يهوديًّا وهوّدهُ جعلهُ يهوديًّا والهُودُ اليهودُ ج يُهدانُ وهُودُ ايضًا لغةٌ فى يهودا بن يعقوب وهاودهُ لاينهُ والتهويدُ محاكاةُ الشياطينِ والتطريبُ والسكرُ واللهوُ والمشىُ الرُّوَيْدُ والتهويدُ والتهوادُ السكونُ فى المنطقِ والصوتُ اللَّيِّنُ والتهويدُ الابطاء فى السيرِ والمهاودةُ المواعدةُ والمصالحةُ والمماثلةُ والمعاودةُ والفعلُ هاودَ واهوَدُ يومُ الاثنينِ واسمُ قاضٍ لبنى إسرائيلَ جبّارٍ مطلوقِ الذراعينِ خلّصهم من اسرِ الموابيّين ويهودا بنُ يعقوبَ اشرفُ اسباطِ اسرائيلَ كان الملكُ لهُ دونَ إخوتهِ حتى جاء السيّدُ المسيحُ من نسلهِ ويهودا اخُ تادى الرسولِ ويهودا بنُ سابا من التلاميذِ السابعينَ ويهودا قاضى اسرائيلَ افتتحَ اورشليمَ ويهودا المقابىُّ من جبابرةِ اليهودِ خلّص شعبَ اسرائيلَ من اسرِ انطيوخسَ الملكِ ويهوديتُ امرأةٌ متّقيةٌ قتلت اليفانا قائدَ جيشِ بختنصّرَ بحيلةٍ وخلّصت اليهودَ واليهوديُّ مَن كانَ منسوبًا الى يهودا بنِ يعقوبَ او منسوبًا الى قبيلةِ اليهودِ واليهوديُّ مَن كانَ دخيلًا فى اليهودِ واليهوديُّ المؤمنُ باللهِ وشريعتهِ ٭ ص هادهُ الشىءُ هيدًا وهادًا وهيّلهُ افزعهُ واحزنهُ وحرّكهُ واصلحهُ وهادهُ ازالهُ وصرفهُ وازعجهُ وزجرهُ وما لهُ هَيْدٌ وهادٌ اى ما لهُ حركةٌ وهيّدُ اسرعَ والهيّدُ المضطربُ ٭

ى

اليدُ بالتشديدِ لغةٌ فى اليدِ مخفّفةً ٭ يَوّدُ ابو اخنوخ ٭

حرفُ الذال

ا

ن اخذَ اخذًا وتأخاذًا تناولَ والاخذُ السيرةُ والوقيعةُ والعقوبةُ (واخذ بمعنى طفق) والاخذُ بضمّتينِ الرمدُ والغدرانُ جمعُ إخاذٍ وإخاذةٍ والأخذُ جنونُ الدوابِّ والرمدُ والفعلُ ل أخِذَ والأخذةُ والتأخيذُ السحرُ وخرزةٌ يستعملها السحرةُ والأخيذُ الاسيرُ والشيخُ الغريبُ والأخيذُ والإخاذُ ما تطمعُ فى أخذهِ من الارضينَ ر والمأخذُ اللبنُ أخوذةٌ حمض والمستأخذُ المطأطئُ رأسهُ وجعًا والمستكينُ الخاضعُ والمؤاخذةُ على الذنبِ الملامةُ والعتبُ وفعلهُ ن آخذَ لا واخذَ يقالُ آخذهُ بذنبهِ لا واخذهُ واخذ

والذنب ج شِقذان والشِقذان الحشرات كلها والشُقذاء العقاب الجائع (وماله شُقذ ولا نَقذ اى شىء) وما به شَقذ ولا نَقذ ما به عيب ولا خلل وأشقذته طردته ص ل وشَقذ ذهب مطرودا والمشاقذة المعاداة • ص شَمَذ أزاره شَمذا وشِماذا وشُموذا رفعه والشامذ العقرب (والشَيمذان) والشِيذمان الذئب • الشَمهذ الحديد والشَمهذة التحديد وفعله شَمهذ • شَوذته فتشوّذ عممته فتعمم والشِيذة العمة والمِشواذ العمامة ج مَشاوذ ومَشاويذ والمِشواذ الملك والسيد وخير الاشواذ خير الخلق وتشوّذت الشمس مالت للمغيب واخذ بها غيم رقيق •

ط

(الطَبرزذ السكر معرّب) • الطَرمذة الصَلف والتفاخر وفعله طَرمذ والمطرمذ يقول ولا يفعل وطرمذ عليه تصالف وافتخر • الطَفذ القبر ص وطَفذة قبره •

ع

(عَنذى به اغرى وامرأة عِنذيان سيئة الخلق والعانِذة أصل الذقن والأذن) • العَوذ والعياذ والمَعاذ والمَعاذة لاستعاذة كالالتجاء والعُوذة والمَعاذة والتعويذ الرُقية وعُوذة رُقاه والعَوذ والعياذ الملجأ والعُوذ والعُواذ الكراهة والعُواذ ايضا رذال الناس ومَعاذ الله اى اعوذ بالله (مَعاذا) اى التجئ بملجأ الله والمعوّذ موضع القلادة من العنق وعُوذ بالله اى اعوذ بالله • (العَيذان السيء الخلق) •

غ

ن ص غَذ الجرح واغذ سال وورم والغَذيذة المِدّة والغاذ مدمع العين والجِس والغَذة والغاذية يافوخ الصبي واغذ بالغ في السير ن وغذ وثب • (الغَليذ الغليظ) • الغانِذ الحلق ومخرج الصوت • (الغَيذان الذى يغش فيصيب والمُغاذ المغتاظ) •

ف

الفَخِذ (والفَخذ ويكسر) مؤنث م ج افخاذ ص وفَخذه اصاب فخذه وفَخّذهم تفخيذا خذلهم وفرّقهم وتفخّذ تأخر واستفخذ استخذى وفخذ الرجل قومه لأدنون (ودعا العشيرة فَخِذا فَخِذا) • الفَذ الفرد ج افذاذ وفُذوذ والفذ ايضا الفرد واستفذ به استبد • (الفَلطذ الزجر عن الشيء) • الفَلذ العطاء بلا تأخير والفِلذة القطعة من الكبد ومن الذهب والفضة ومن اللحم ايضا ج افلاذ وافلاذ الارض كنوزها والفالوذ الفولاذ وهو الحديد المسقى بالطبخ والفالوذ

واشحنذ اضطجع فى الشمس ليعرق ٭ الحوذ الحوط والاحواذ السوق السريع وبيع الزرع قبل بيان صلاحه والحاذ الظهر والخفيف الحاذ القليل المال والعيال والاحوذى الحاذق المجاذب لا يقهره شئ واحوذ ثوبه جمعه والحواذ البعد واستحوذ عليه غلب واستولى ٭

خ

ن خذ الجرح خذيذا سال صديده ٭ (الخرداذى الخمر) ٭ الخنذيذ الطويل والخنذوة رأس الجبل والخنذيذ ايضا الخصى وغير الخصى ضد والشاعر المفلق والشجاع والسخى والواعظ الفصيح البليغ والسيد الحليم والخنذيذ والخنذيان الطليق اللسان والريح العاصفة ٭ الخوذة ما يلبسه الفارس فى رأسه من الحديد وقاية ج خوذ والمخاوذة المخالفة والموافقة ضد والتخاوذ التعاهد وخوذان الناس خدمهم والخواذ مجئ الحمى فى وقت غير معلوم ٭

ر

الربذة خرقة يجلو بها الصائغ الحلى والربذة ايضا الشدة والربذة من لا خير فيه وخرقة الحائض والربذة ايضا كل شئ قذر ج ربذ ورباذ والربذ خفة اليد وفعله ل ربذ والربذ الخفيف المشى والربذانى المهذار واربذه قطعه ٭ الرذاذ المطر الضعيف والذى كالغبار ن ورذت السماء وأرذت امطرت الرذاذ والارض مرذوذة بالرذاذ ويوم مرذ ٭ الروذة الذهاب والمجئ ٭ (الزمرذ الزبرجد ٭ بنات زاذان الحمير ٭

س

السباذج حجر مسن معرب ولا تجتمع السين والذال فى كلمة عربية ٭ السميذ السميد) ٭

ش

(الشبوذة الشعوذة ٭ الشجذة المطرة الضعيفة والمشجاذ المقلاع وأشجذه الشئ اشتد عليه وآذاه) ع شحذ السكين واشحذها أحدها وشحذ الجوع المعدة أضرمها وشحذ الرجل وشحشذه طرده والشحذان الجائع والخفيف السعى والشحذ الغضب والالحاح فى السؤال فهو شحاذ اى ملح والمشحذ المسن ٭ (أشخذ الكلب أغراه) ٭ ن ض شذ الرجل شذا وشذوذا خرج من قومه وشذذه واشذه وشذاذة اهرجه واشذ جاء بقول شاذ واشذه نحاه وأقصاه ٭ (الشربذ الغليظ) ٭ الشعوذة صناعة كالسحر وليست سحرا فهو مشعوذ (ومشعوذ) وفعله شعوذ والشعوذى رسول للامراء على البريد ٭ ض شغبذ شعوذ زنة ومعنى والمشغبذ المشعوذ ٭ الشقذان والشقيذ القليل النوم والشقذ العياب بالعين وفعله ل شقذ والشقذان ايضا الحرباء

ن

ن نبذ الشيء نبذًا وانبذه وانتبذه طرحه امامه او وراءه فهو منبوذ ونبيذ والمنبوذ ولد الزنا والنبيذ غليان العصير وفعله ن نبذ فاذا تم يقال تنبذ ونبذ تنبيذًا والعامة تخص النبيذ بالخمر وليس بصحيح والمنبوذ ايضا الصبي تلقيه امه في الطريق والنبذ ايضا والنبذان ضربان العرق والنبذ ايضا الشيء اليسير ج انباذ ونبذ وانتبذ جلس ناحية والنبذة بالفتح والضم الناحية والشيء اليسير والمنبذة الوسادة والانباذ الاوباش * النواجذ اقصى الاضراس وهي اربعة وقد تطلق على الاضراس كلها واحدها ناجذ والنجذ العض بها والكلام الشديد وعض على ناجذه بلغ اشده ن نجذه الح عليه * النواخذة (ملاك او) وكلاء السفن (معربة) الواحد ناخذة (اشتقوا منها الفعل وقالوا تنخذ) * ن نذ نذيذا بال (والنذيذ ما خرج من الانف او الفم) * النفاذ جواز الشيء والخلوص منه وفعله ن نفذ وانفذ الامر قضاه وانفذ القوم صار منهم وانفذهم فرقهم ونفذهم جازهم وطريق نافذ سالك والنافذ الماضي في اموره والنفيذ المطاع والمنفذ السعة وتنافذوا الى القاضي انتهوا اليه فاذا ادلوا بحججهم يقال تنافدوا بالمهملة * النقذ (والانقاذ) التخليص والسلامة وفعله ن نقذ ل ونقذ نقذًا نجا واستنقذه نجاه *

و

الموبذان والموبذ فقيه الفرس وحاكم المجوس ج موابذة * الوجذ الحوض واوجذه اليه اضطره واوجذه عليه اكرهه * (الوذوذة السرعة ورجل وذواذ سريع المشي * ع وزذ في حاجته ابطأ) * الوقذ شدة الضرب ن وقذ الشاة قتلها بالعصا فهي وقيذ وموقوذ والوقيذ الصريع والبطيء والوقيذ والموقوذ المريض المشرف على الموت ووقذه صرعه وسكنه وغلبه ووقذه واوقذه تركه عليلاً *

ه

الهبذ العدو والاسراع في المشي والهبذ والاهتباذ والاهباذ الطيران والفعل ض هبذ * الهذ والهذذ والهذاذ والاهتذاذ القراءة والهذ ايضا قطع كل شيء وفعله ن هذ والهذوذ والهذاذ القطاع والهذهذ من يقول لكل من يراه هذا من هذابي ج هذاهذ * الهرابذة خدام بيت النار للهند وعظماء الهند وعلماؤهم الواحد هربذ * الهروذة اسم عجلة النار التي صعد عليها ايليا النبي الى ... * الهذاني الكثير الكلام * (الهنبذة الامر الشديد ج هنابذ) *

ايضا نوع من الحلواء والتفليذ التقطيع وافتلذ المال اخذ منه فلذة اى قطعة • الفانيذ نوع من الحلواء (معرب) •

ق

القذة ريش السهم ج قذذ ن وقذ السهم الصق له ريشا والقذة ايضا (والقذذ) البرغوث ج قذان والقذة ايضا جانب (الحياء و) اذن الانسان والقذ الرمى بالحجر والمقذ السكين والقذاذة ما قطع من الذهب (وغيره) والمقذذ المزين والمقص الشعر وكل ما كان متساويا لطيفا والمقذوذة الاذن المدورة وتقذقذ فى الجبل صعد والقذان شيب الفودين • (القشمذين السماء يمانية) • القنفذ م ج قنافذ وقنفذ الليل النمام •

ك

الكذان حجارة رخوة (كالمدر) ر وكذ خشن • (الكاغذ الكاغد) • الكلواذ تابوت التوراة وام كلواذ الداهية • (الكنابذ الجهم الضخم الوجه القبيح) •

ل

اللجذ اكل الدابة الحشيش باطراف اسنتها واللجذ ايضا الاخذ اليسير وكثرة السؤال واللحس والفعل ن ل لجذ والجاذ الغراء • اللذة نقيض الالم ج لذات ن ولذه (ولذ به) لذاذا ولذاذة والتذ (ه و) به واستلذه رآه لذيذا ولذ صار لذيذا لازم متعد واللذ النوم واللذيذ واللذة الخمر ج لذ ولذاذ واللذلاذ الخفيف فى عمله وفعله لذلذ واللذلاذ ايضا الذئب • ن لمذ لمح اللوذ بالشئ • واللواذ مثلثة واللياذ والملاوذة الاستناذ والاحتصان واللوذ ايضا الاحاطة والفعل ن لاذ والملاذ والملوذة الحصن والملاوذة واللواذ المراوغة والحلاف واللاذة ثوب من حرير احمر ج لاذ (والملاوذ المآزر) •

م

مذمذ كذب والمذمذ والمذيذ الكذاب (والمذماذ الصياح) والمذمذى الظريف • الملاذ المتملق والمصنع الذى لا تصح مودته والملذ الكذب والطعن بالرمح وفعله ن ملذ والملذ اختلاط الظلام (وامتلذت منه كذا اخذت منه عطية) • مذ ومنذ يكونان اسمين ويكونان حرفى جر وسيأتى الكلام فيهما ان اراد الله • الماذ الحسن الخلق الفكه النفس والماذى العسل الابيض وخالص الحديد والدرع اللينة والسلاح كله والماذية الخمر •

الاصل والإزار (يذكر ويؤنث) والمئزر والإزر الملحفة ج آزرة وأزر (وأزر) وفعله اتزر وتأزر والإزار ايضا
الستر والعفاف والمرأة المصونة والمؤازرة المساواة والمعاونة • الأسر الشد والعصب (والقبض
على من وقع في اليد اسيرا) والأسر احتباس البول والأسر الزجاج والإسار بالكسر (لغة في اليسار)
ضد اليمين والأسير الاخيذ والمقيد والمسجون ج أسراء وأسارى (وأسارى) وأسرى والأسرة اقارب
الرجل الادنون وتأسر عليه اعتل وأبطأ • ل أشر بطر ومرح فهو أشر وأشر وأشران ج أشرون وأشارين
وأشارى ن وأشر المنجل وأشرها رقق حدها والمئشر المرقق وأشر الخشب شقه وآلته المئشار والأشر
والآشرة شوكة ساق الجرادة • الأصر العطف والكسر والحبس والفعل ض أصر والأصر
مثلثة العهد والاثم والثقل والحلف بالنذر وبالطلاق وثقب الاذن ج آصار وإصران والآصرة
الرحم والقرابة (والمنة) ج أواصر والإصار وتد الطنب والحشيش والأصير الشعر والهدب الملتفان
الكثيفان والمواصر الجار وأتصر النبت كثر وطال • ض ن أطر الشيء أطرا عطفه والأطر
منحنى القوس والسحاب والإطار المنطقة والأطير الذنب والضيق والكلام والشر والأطرة حرف
الذكر وما احاط بالظفر من اللحم والإطار قضبان الكرم الملتوية وحرف الشفة وطارة المنخل وكل
ما احاط بشيء وتأطر الرمح تثنى وتأطرت المرأة اقامت في بيتها • ن أفر أفرا وأفورا عدا
ووثب وأفر الحر اشتد والأفرة (وتفتح وتحرك) البلية والجماعة وأول الصيف والشدة والاختلاط
• الأكرة لغة في الكرة والحفرة و(الآكر حفرها ومنه) الأكار الحراث ج أكرة • الأمر
والإمار (والإيمار) ضد النهي والأمر الحادثة ج أمور وفعله ن أمر وآمر فأتمر والاسم الإمرة
والأمير الملك والاسم الإمارة بالكسر ويفتح ج أمراء (والأمارة بالفتح العلامة) والأمير قائد
الأعمى والجار والمشاور والمؤتمر المسلط والموسوم وأولوا الامر الرؤساء والعلماء ل وأمر علينا أمورا
بالتثليث وتأمر تسلط وتولى وأمر الامر اشتد وأمر الشيء كثر فهو أمر كثير (ورجل إمر وإمرة
ويثقلان ضعيف الرأي يوافق كل احد على ما يريد من امره كله) والأمرة الحجارة والعلامة والرابية
ج أمر والأمارة والأمار الموعد والوقت (والعلم وأمر إمر منكر عجيب) وما فيها (أمور) تأمور وتؤمور
أحد والائتمار والمؤامرة المشاورة والهم بالشيء والتأمور الوعاء والنفس والقلب وحبة القلب ودمه
والدم والزعفران والولد والوزير وصومعة الراهب وناموسه والماء ومربض الأسد والخمر والإبريق
والحقة والتأموري والتأمري والتؤموري للانسان • الأوار حر النار والشمس والعطش والدخان
واللهب ج أور (وارض أورة شديدة الحر واستأور فزع والآر العار وآر يؤور ويئير جامع) وأور
الكلدانيين تخوم بلادهم منها ابراهيم عليه السلام وأوريا من نقباء بني اسرائيل فسق داود بزوجته
وسعى في قتله واخذ زوجته فجاء منها سليمان الحكيم • الأهرة الحالة الحسنة والهيئة ومتاع البيت

حرف الرا

ا

ن ص أبر الزرع ابرا وابارا وأبره تأبيرا اصلحه وأبرت العقرب لدغت بابرتها اى بطرف
ذنبها وأبره اغتابه واهلكه ولابرة م ج إبر وابار وصانعه أبار وبائعه إبري بكسر فسكون ولابرة
ايضا طرف ذراع اليد ج إبرات ولابرة ايضا النميمة ولابار البرغوث واتبر البئر حفرها •
ابروطوريون يونانية اى دار الولاية • لاثر بقية الشيء ج آثار وأثور ولاثر ايضا الخبر
وخرج في أثره (وإثره) اى بعده وتأثره اى تبع أثره وأثر فيه تأثيرا ترك فيه أثرا ولآثار لاعلام
ص وأثر الحديث اثارة نقله والأثر أثر الجرح ورونق الوجه واستأثر لنفسه اختار لها
لاحسن (ولاسم الأثرة بالتحريك والأثرة بالضم والكسر والأثرى ل وأثر على اصحابه فعل
ذلك ولاثرة والمأثرة والمأثرة المكرمة المتوارثة والبقية من العلم تؤثر ولاثير الجليل له أثرة
وخصوصية يمتاز منها) وآثره أكرمه ولاثر فرند السيف ل وأثر يفعل كذا طفق وأثر له تفرغ ن
وأثر اختار واستأثر بالشيء (استبد به و) خصه لذاته وأثور اسم مملكة من نسل حام ابتنى
مدينة نينوى ومنه جبل لاثوريين • لاجر ولاجارة مثلثة الجزاء على العمل ج أجور
وآجار والأجر ايضا الذكر الحسن (وأجاره الله من العذاب انقذه) ن ص وأجر ابنه وآجره
ايجارا أكراه والأجرة الكراء ن وآجرت المرأة اباحت نفسها للزنا بالأجرة ولاجير المكرا واستأجره
استكراه والإجار والانجار السطح ج أجاجير وأجاجرة وأناجير ومنه عشب لاجاجير وآجر لغة في هاجر
• أخيور العموني مدح قوة بني اسرائيل أمام اليفانا قائد جيش بختنصر الملك فطرده •
الأخر ضد التقدم وفعله تأخر واستأخر وأخر تأخيرا وأخرته لازم متعد ومؤخر العين طرفها والآخر
خلاف الأول والآخر بفتح الخاء بمعنى غير ج آخرون وأخر والانثى أخرى (وأخراة) ج أخريات
وأخر ايضا ودار الآخرة والأخرى البقاء وجاء فلان أخرة (وبأخرة) وأخيرا وأخرا (وأخريا وأخريا
وإخريا وآخريا) اى جاء آخر كل شيء ولا أفعله أخرى (الليالي او أخرى المنون) اى ابدا
وجاء في أخرياتهم في أواخرهم وآخار من سبط يهودا كان سرق ذهبا في افتتاح ايريحا ورجمه
شعب اسرائيل بأمر الله وتقتل فيه عاخان ايضا • ل أدر انفتق في إحدى خصيتيه فهو مأدور
والأدرة الفتق • آذار شهر قبل نيسان • لاز السوق والطرد (والجماع) وايقاد النار
وفعله ن أز ولازيز الغليان وأزيز صوت • لازر لاحاطة والقوة والضعف ضد والظهر ولازر

والبخور ما يتبخر به (والمبخور المحمور وبخور مريم نبات م) والمبخرة وعاء البخور والمجمرة للبخور والبخور ايضا صلوات القديسين • (البخترة والتبختر مشية حسنة والبختري الحسن المشي والجسم والبختير المختال) • بختنصر (او بختنصر) ملك الكلدانيين مسخه الله وحشا ثم اعاده بشرا سويا ثم آمن • بخشره بذده فتبخثر (والبخثرة الكدر في ماء او ثوب) • بادره مبادرة وبدارا وابتدره عاجله ن وبدر الى الامر عجل واستبق والبادرة فلتات اللسان عند الغضب وحد السيف والبدر والبادر القمر الممتلئ والبدر ايضا السيد والغلام المبادر والطبق والبدرة كيس فيه الف دينار والبيدر كدس الزرع والموضع يدرس فيه وابدر طلع له البدر والبدري الغيث قبل الشتاء • البذر مازرع من البذار وهو المحبوب ج بذور وبذار ن وبذره زرعه والبذر والتبذير زرع الارض والبذر ايضا النسل والتفريق وتفرقوا شذر بذر (ويكسر اولهما) اى في كل وجه والبذور والبذير النمام ومن لا يكتم سرا ورجل تبذار وبيذار كثير الكلام (والبذري الباطل) وبذر ماله تبذيرا فرقه اسرافا وتبذر ماء تغير واصفر وابذروا تفرقوا • (ابذعروا تفرقوا وفروا) • ابذقروا تبددوا وتفرقوا) • البر الصلة والجنة والخير والاحسان والصدق والبر والتبرر الطاعة واسم الكل برة والمبرة ضد العصيان (وبرورة نسبة الى البر) والبر اسم الله والصادق والبر والبار الكثير البر ج ابرار وبررة والبر ايضا الصدق في اليمين ن ص وقد برت يمينه برا بالفتح والكسر وبرورا وابر يمينه امضاها على الصدق والبر ضد البحر والبر الحنطة ج ابرار وابر ركب البر وابر كثر ولده والبرية الصحراء والبربرة صوت المعز وكثرة الكلام والجلبة والصياح وفعله بربر فهو بربار والبربر طائفة متوحشون ج برابرة والبرة اسم البقعة التى قتل فيها قاين هابيل والمبر الضابط والمبربر الاسد • البراني الظاهر • البزر كل حب يبذر للنبات ج بزور والبزر ايضا التابل ج ابزار وابازير والبزر ايضا الولد والبيزر والمبزر مدقة القصار والبيذار الذكر وحامل البازي وللاكار والبيزارة العصا العظيمة والبزراء المرأة الكثيرة الولد والمبزور المولود • ن بسر العجل وعبس وقهر وبسر القرحة نكاها وبسر الحاجة وابسرها طلبها في غير اوانها وبسر الذين تقاضاه قبل حينه والبسر الماء البارد والشيء الغض والشاب والشابة والتمر قبل ارطابه واول طلوع الشمس والباسور علة م ج بواسير وابسر المركب وقف في البحر والبيسري النوتي المشاجر للحرب وابتسره اخذه طريا وتبسرت رجله خدرت وابتسر لونه مجهولا تغير والمبسرات رياح المطر (والبسور الاسد) وتبسر النهار برد ووجوه باسرة متقطبة • البشر الانسان (ذكرا او انثى واحدا او جمعا) وابو البشر آدم وامهم حوى والبشر ايضا ظاهر جلد الانسان ج بشرة و(جج) ابشار وبشرات وبشره تبشيرا م (والبشارة في المعنى العرفي الخبر الصدق السار

ج أفور وأفورات • آيار شهر قبل حزيران والأور والأوور والآيار النحاس الرومي والآيار الهواء
والأبر م ج أبور وآيار (وآبر) والأبر ايضا ريح الصبا والإبر القطن ونحاتة الفضة •

ب

البئر م مؤنث ج آبار وأبآر وأبؤر (وآبر وبئار) ع وبأر وابتأر حفر بئرا وبأره خبأه وابتأر الخير عمله
مستورا والبؤرة الحفرة والبئرة والبورة الذخيرة وبئر سبع حدود ارض اليهودية • البتر القطع
وسيف باتر وبتار قاطع والأبتر المقطوع الذنب وفعله ن بتر والأبتر والبتراء الحية الخبيثة والأبتر
ايضا الخاسر وأبتر أعطى ومنع ضد والأبتر ايضا من لاخير فيه والبتراء ايضا المائدة التي لا يبدأ
فيها بالبسملة الشريفة فإنه لا خير فيها وانبتر انقطع والبترة الأتان وابيتار الحبر ابن ابيمالك
قتله شاول ملك اسرائيل لانه اعطى داود النبي خبزا • البثر القليل والكثير ضد والبثر
دمل صغير وفعله ر ل ن بثر وجهه بثرا وبثورا فهو بثر وبثير والباثر الحاسد والمبثور الحسود
والغنى جدا • البجرة السرة والعقدة في البطن وفي الوجه وفي العنق وذكر عجره وبجره اى
عيوبه (وأمره كله) والأبجر الذي خرجت سرته وفعله ل بجر والأبجر حبل السفينة والأبجر
ملك الرها كان معاصرا للسيد المسيح وراسله في حيوته وآمن على يد تادى الرسول والبجر
الشر والامر العظيم (والعجب ج أباجر جج أباجير) والبجرى والبجرية الداهية ج بجارى
وتبجر النبيذ ألح في شربه • البحر م ج أبحر وبحور وبحار والبحر ايضا الماء الكثير والكريم
وأقصى الرحم وشق الأذن وبحيرة تصغير بحرة وبحيرة ايضا لقب سركيس الراهب من رهبان
نجران كان مبتدعا نسطوريا منفيا من بلاده له حكاية يعرفها العارف والباحر الاحمق والكذاب
والفضولي ودم الرحم والبحرة البلدة (والروضة العظيمة) ومستنقع الماء ل وبحر تحير فزعا واشتد
عطشه والبحير من به داء السل والباحور القمر (ولقيته صحرة بحرة وبنونان بلا حجاب) والبحران
المريض أشبونة ج بحارين وماء البحران عند اليهود ماء يلعنه الكاهن ويسقيه المرأة المتهمة بريبة
الزنا فإن كانت بريئة نجت والأفهلكث ومعناها ماء الفحص سريانية معربة وأبحر ركب
البحر (وأبحر اخذه السل) وأبحر صادف انسانا بلا قصد وأبحر الماء ملح واستبحر انبسط
واستبحر الشاعر اتسع له القول (وتبحر في المال كثر ماله وتبحر في العلم تعمق واتسع) والبحار
والبحري الملاح والباحور والباحوراء شدة الحر في تموز • البحتر القصير والعليظ • بحثره
بعثه وفرقه فتبحثر وبحثره استخرجه وكشفه • (البحذري المخزئم الذي لايشب) •
البخر م وفعله ع بخر والبخر نتن الفم فهو أبخر وفعله ل بخر والبخر ايضا كل رائحة ساطعة

التبحير واعيا ع وبقرة نقّه ووسّعه وبقر الهدهد نظر موضع الماء في الارض والبُقيرة برد يلبس بلا كُمّين وتبيقر توسّع وبيقر هلك وافسد ومشى متكبرًا واعيا وشكّ ومات وخرج حيث لا يدري وطأطأ رأسه وحرص على جمع المال وهاجر والبيقر الهالك والمبقرة الطريق (والباقر الاسد والبقاري الكذب والداهية) والبيقرة كثرة الماشية والمتاع • البُكرة والبكر الغدوة والاسم الابكار والبكرة (وتحرك) م ج بُكَر وبكرات والبكرة ايضًا الجماعة ن وبكر اليه وبكر (عليه و) فيه بكورًا وبكّر تبكيرًا وابتكر وابكر وباكر اتاه بكرة وابكر الى الشيء بادر اليه في اي وقت كان ر ل وبكر قوي على البكور وابكره وبكّره جعله يبكّر ن وبكر وابكر وتبكّر تقدّم ل وبكر عجل والباكور اول المطر والبكور والبكيرة والمبكار المعجّل للادراك من كل شيء ج بُكور والبكر العذراء ج ابكار والمصدر البكارة وابتكرها ازال بكارتها والبكر ايضًا لقب سيدتنا مريم والدة الاله فانها بكر قبل وبعد والبكر ايضًا المرأة اذا ولدت بطنًا واحدًا والبكر اول كل شيء وكل فعلة لم يتقدمها مثلها فهي بكر والبكر ايضًا اول ولد للابوين والعربة البكر القاطعة والخل البكر الحاذق والحريف والبكارة عند اليهود قديمًا الكهنوت لانه كان يختص بالولد البكر واخبرنا كتاب الله عن عيسو انه باع اخاه يعقوب بكارته اي كهنوته ولهذا رذل والبكر (بالفتح و) بالضم ولد الناقة ج ابكر وبكران وبكارة بالفتح والكسر وصدقني سن بكره اي اخبرني بما في نفسه • بلشاصر بن بختنصر شرب مع جواريه بآنية القدس فاهلكه الله • بلطشاصر لقب دانيال النبي عند الكلدانيين • البلور والبلّور م والرجل الشجاع • (البلهور المكان الواسع • المبنور المختبر من الناس) • البندر مرسى سفن التجار والبندار التاجر ج بنادرة • البنصر الاصبع بين الوسطى والخنصر مؤنثة • ابنير بن نير قائد جيش شاول ملك بني اسرائيل • البور الارض قبل ان تصلح للزرع والبور والابتيار الاختبار والهلاك وابارة الله اهلكه ن وبار السوق بورًا وبوارًا كسد فهو بائر ج بوار والبور الرجل الفاسد ومن لا خير فيه لا يثنى ولا يجمع والبور ايضًا والبائر والبائرة ما بار من الارض فلم يعمر والبوار الهلاك والبوري والبورية والبورياء والبارية الحصير والطريق ورجل حائر بائر لا يرتشد والبورانية اسم طعام منسوب الى بوران زوجة المأمون وبارة جرّبه • (البهترة القصيرة وبالفتح الكذب) • البهر ما اتسع من الارض والبلد وانقطاع النفس من الاعياء وفعله انبهر وبُهر مجهولًا فهو مبهور وبهير والبهر والبهور الاضاءة والبهر الغلبة والبعد والعجب والكرب والقذف والبهتان وما فوق الوسع وبهرًا لك تعسًا ع وبهر القمر غلب ضوءه الكواكب وبهر فلان برع ولا بهر الظهر وعرق في الاكحل وارض لا يركبها الماء والبهار نبت طيب الريح والحسن المنير والبهار الصنم والخطاف والقطن المحلوج والقبان

الذي ليس عند المخبَر به علمه وفي الاصل هي خبر يغيّر بشرة الوجه سارًّا كان او محزنًا) والتبشير والبشارة والبشرى بمعنى والبشارة ايضًا ما يُعطاهُ المبشِّر واستبشر تبشّر والبَشَر الجمال وهو أبشر أجمل والبِشر البشاشة في الوجه والبشّار الذكيّ من الناس والبشير المبشّر والجميل وبشير السلام جبرائيل لانّه بشّر سيّدتنا مريم بيسوع كلمة الله الذي ألقى في العالم السلام والمبشّرون رسل المسيح لانّهم بشّروا العالم بالخلاص والذين كتبوا الانجيل وهم متّى ومرقس ولوقا ويوحنّا والتباشير البشارة واوائل الصبح وأبشر فرح وأبشر بخير افرح بالخير وباشر الامر وليَه بنفسه وباشر المرأة جامعها • البَصَر حسّ العين ج أبصار وبصر القلب نظره وخاطره ر ل وبصر بصرًا وبصارة • ار تبصيرًا وأبصره وتبصّره والبصير المبصر ج بُصَراء والبصير العالم والبصيرة الفطنة والحجّة ودم البكر عند افتضاضها والترس والعبرة يعتبر بها والشهيد ولمح باصر اي ذو بصر والبُصر والتبصير التقطيع والبُصر الجانب والقطن والقشر والجلد والباصور اللحم والتبصّر التأمّل والتعرّف واستبصر استبان وبصّره تبصيرًا عرفه واوضحه ومنه البصّار اي المنجّم وبصر اللحم ايضًا قطعه والجرو فتح عينيه • البَطَر الاشر والنشاط وقلّة احتمال النعمة والطغيان بالنعمة وكراهة الشيء من غير ان يستحقّ الكراهة والفعل ل بطر ن ض وبطره شقّه والبطير والبيطر (والبيطر) والبيطار معالج الدوابّ وفعله بيطر وأبطره أدهشه وبطّره تبطيرًا جعله بطرًا وابطره قطع عليه معاشه وذهب دمه بطرًا هدرًا (والبيطر الخيّاط والبطرير الصخّاب الطويل اللسان والمتمادي في الغيّ) • البَظْر والبظارة والبنظر حرف الرحم ج بظور وبظّرت الجارية تبظيرًا ختنتها والتبظير للجارية كالختان للغلام والابظر الاغلف وهي بظراء غير مختونة والبظرة مجبس الخاتم والبظرة لحمة وسط الشفة العليا (وذهب دمه بظرًا اي هدرًا) ويا ابن البظراء شتم للامة • البَعْر م ج أبعار وفعله ع بعر والبعير الجمل ج أبعرة وأباعر وأباعير وبعران (وبعران) والبعر ايضًا الفقر والبعرة راس الذكر وأبعر المعى وبعّره تبعيرًا اخرج ما فيه من البعر • بعثر نظر وفتّش وفرّق وبدّد وقلب بعضًا على بعض واستخرج وكشف وهدم الحوض والبعثرة الغثيان واللون الوسخ • (بعذره بعذارة حرّكه ونفضه • بعكره بالسيف ضربه) • البَغْر الدفعة الشديدة من المطر وتفرّقوا شغر بغر محرّكتين وبكسر فتحٍ اي في كلّ وجه والبغر الماء الخبيث • البغبور الحجر الذي يذبح عليه ذبائح للاصنام • البَقْر الاحمق الضعيف الثقيل الوخم الوسخ • البقرة م للمذكّر والمؤنّث ج بقر (وبقرات وبقر) وأبقار وبقار وأبقور وبواقر (واما باقر) وبقير وبيقور وباقور وباقورة (فاسماء الجمع) والبقّار بالشدّ صاحب البقر والبقّار ايضًا الحدّاد ن بقر الانسان بقرًا بالفتح والكسر خفّف نظره من

والبَخورُ ما يُتَبخَّرُ بهِ (والمُبَخَّرُ المَبخورُ وبَخورُ مَريَمَ نباتٌ م) والمِبخَرةُ وعاء البَخورِ والمِجمَرةُ للبَخورِ
والبَخورُ ايضًا صَلَواتُ القِدِّيسين * (البَختَرَةُ والتَبختُرُ مِشيَةٌ حَسَنةٌ والبَختَرِيُّ الحَسَنُ المَشيِ
والجِسمِ والبِختيرُ المُختالُ) * بُختُنَصَّرُ (او بُختَنَصَّرُ) مَلِكُ الكلدانيّين مَسَخهُ اللهُ
وحشًا ثم أعادهُ بَشَرًا سَوِيًّا ثم آمَنَ * بَخثَرَهُ بَدَّدَهُ فتبخثَرَ (والبَخثَرةُ الكَدَرُ في ماء او ثوب) *
بادَرَهُ مُبادَرَةً وبِدارًا وابتدرهُ عاجَلهُ ن وبَدَرَ الى الامرِ عَجِلَ واستبقَ والبادِرَةُ فَلَتاتُ اللِسانِ
عند الغضبِ وحَدُّ السيفِ والبَدرُ والبادِرُ القمرُ المُمتلئُ والبَدرُ ايضًا السَيِّدُ والغُلامُ المُبادِرُ والطَبَقُ
والبَدرَةُ كيسٌ فيهِ الفُ دينارٍ والبَيدَرُ كُدسُ الزرعِ والموضِعُ يُدرَسُ فيهِ وأبدَرَ طلعَ لهُ البَدرُ
والبَدرِيُّ الغَيثُ قبلَ الشتاء * البَذرُ ما زُرِعَ من البذارِ وهو الحُبوبُ ج بُذورٌ وبِذارٌ ن
وبَذَرَهُ زرعهُ والبَذرُ والتبذيرُ زرعُ الارضِ والبَذرُ ايضًا النسلُ والتفريقُ وتفرّقوا شَذَرَ بَذَرَ (ويُكسَرُ
أوّلهما) اي في كلّ وجهٍ والبَذورُ والبِذّيرُ النَمّامُ ومَن لا يَكتُمُ سِرًّا ورجلٌ تِبذارٌ وبَيذارٌ كثيرُ الكلامِ
(والبَذرِيُّ الباطِلُ) وبَذَّرَ مالَهُ تبذيرًا فرَّقهُ إسرافًا وتَبَذَّرَ الماءُ تغيَّرَ واصفرَّ وابذَرُّوا تفرّقوا *
(ابذَعَرّوا تفرّقوا وفرّوا * ابذَقَرّوا تبدّدوا وتفرّقوا) * البِرُّ الصِلَةُ والجَنَّةُ والخيرُ والاحسانُ
والصِدقُ والبِرُّ والتَبَرُّرُ الطاعةُ واسمُ الكلِّ بَرَّةُ والمَبَرَّةُ ضدُّ العِصيانِ (وبِرِّيَّةٌ نسبةٌ الى البِرِّ) والبَرُّ
اسمُ اللهِ والصادقُ والبَرُّ والبارُّ الكثيرُ البِرِّ ج أبرارٌ وبَرَرَةٌ والبِرُّ ايضًا الصِدقُ في اليمينِ ن ض
وقد بَرَّت يمينُهُ بِرًّا بالفتحِ والكسرِ وبُرورًا وأبَرَّ يمينَهُ أمضاها على الصدقِ والبَرُّ ضدُّ البحرِ والبُرُّ
الحِنطةُ ج أبرارٌ وأبَرَّ ركبَ البَرَّ وأبَرَّ كَثُرَ ولدُهُ والبَرِّيَّةُ الصحراءُ والبَربَرَةُ صوتُ المِعزِ وكثرةُ الكلامِ
والجَلَبَةُ والصِياحُ وفعلهُ بَربَرَ فهو بَربارٌ والبَربَرُ طائفةٌ متوحشون ج بَرابِرَةٌ والبَرَّةُ اسمُ البُقعةِ التي قَتَلَ
فيها قايينُ هابيلَ والمُبِرُّ الضابطُ والمُبَربِرُ الاسدُ والبَرّانيُّ الظاهرُ * البِزرُ كلُّ حَبٍّ يُبذَرُ
للنباتِ ج بُزورٌ والبِزرُ ايضًا التَوابِلُ ج أبزارٌ وأبازيرُ والبِزرُ ايضًا الولدُ والبَيزَرُ والمِبزَرُ مِدَقَّةُ القَصّارِ
والبَيزارُ الذَكَرُ وحامِلُ البازي والأكّارُ والبَيزارَةُ العصا العظيمةُ والبَزراءُ المرأةُ الكثيرةُ الولدِ والمَبزورُ
المولودُ * ن بَسَرَ العَجِلُ وعَبَسَ وقَهَرَ وبَسَرَ القَرحةَ نكأها وبَسَرَ الحاجةَ وأبسَرَها طلبها في غيرِ
أوانِها وبَسَرَ الدَينَ تقاضاهُ قبلَ حِينهِ والبُسرُ الماءُ البارِدُ والغَضُّ الغَضُّ والشابُّ والشابّةُ والتمرُ
قبلَ إرطابِهِ وأوّلُ طُلوعِ الشمسِ والباسورُ عِلّةٌ م ج بَواسيرُ وأبسَرَ المَركبُ وقَفَ في البحرِ والبَيسَرِيُّ
التُرسُ المُستأجَرُ للحربِ وابتسرهُ أخذهُ طَرِيًّا وتَبَسَّرَت رِجلُهُ خَدِرَت وابتُسِرَ لونُهُ مجهولًا تغيَّرَ
والمُبَسِّراتُ رياحُ المطرِ (والبَسورُ الاسدُ) وتَبَسَّرَ النَهارُ بَرَدَ ووجهُهُ باسِرَةٌ متقطّبةٌ * البَشَرُ الانسانُ
(ذكرًا او أنثى واحدًا او جمعًا) وأبو البَشَرِ آدمُ وأمُّهم حَوّى والبَشَرُ ايضًا ظاهرُ جلدِ الانسانِ ج
بَشَرَةٌ و(جج) أبشارٌ وبَشَراتٌ وبَشَّرَهُ تبشيرًا م (والبِشارةُ في المعنى العُرفيِّ الخبرُ الصِدقُ السارُّ

ج أُقُرٌ وأَقرات • آيَارُ شهرٌ قبلَ حزيرانَ والأُورُ والأُوَيْرُ والأيَارُ النحاسُ الرُوميُّ والايارُ الهواءُ والأيْرُ م ج أُيورٌ وآيارٌ (وآيُرٌ) والأَيْرُ ايضًا ريحُ الصَبا والإيرُ القطنُ ونُعاثةُ الفِضّةِ •

ب

البِئْرُ م مُؤنثٌ ج آبارٌ وأَبْآرٌ وأَبْؤُرٌ (وآبُرٌ وبِئارٌ) ع وبَأَرَ وابْتَأَرَ حفر بِئْرًا وبَأَرَهُ خبأهُ وابتأَرَ الخيرَ عمِلهُ مستورًا والبُؤْرةُ الحُفْرةُ والبِئْرةُ والبُؤْرةُ الذخيرةُ وبِئْرُ سبع حدود ارض اليهوديّةِ • البَتْرُ القطعُ وسيفٌ باتِرٌ وبَتّارٌ قاطعٌ والأَبْتَرُ المقطوعُ الذَنَبِ وفعلهُ ن بَتَرَ والأَبْتَرُ والبَتْراءُ الحيّةُ الخبيثةُ والأَبْتَرُ ايضًا الخاسرُ وأَبْتَرَ أَعْطَى ومنعَ ضِدٌّ والأَبْتَرُ ايضًا مَنْ لاخيرَ فيهِ والبَتْراءُ ايضًا المائدةُ التى لا يُبْدَأُ فيها بالبَسْمَلةِ الشريفةِ فانَّهُ لا خيرَ فيها وانبترَ انقطعَ والبَتْرةُ الأَتانُ وابيتارُ الحبرُ ابنُ ابيمالِكَ قتلهُ شاوُلُ مَلِكُ اسرائيلَ لانّهُ أَعطَى داوُدَ النبيَّ خُبْزًا • البَثْرُ القليلُ والكثيرُ ضِدٌّ والبَثْرُ دُمّلٌ صغيرٌ وفعلهُ ر ل ن بَثِرَ وجهُهُ بَثْرًا وبُثُورًا فهو بَثِرٌ وبَثيرٌ والباثِرُ الحاسِدُ والمَبْثُورُ المحسودُ والغنيُّ جدًّا • البُجْرةُ السُرّةُ والعقدةُ فى البطنِ وفى الوجهِ وفى العنقِ وذكرَ عُجَرَهُ وبُجَرَهُ اى عُيُوبَهُ (وأَمْرَهُ كلَّهُ) والأَبْجَرُ الذى خرجتْ سُرّتُهُ وفعلهُ ل بَجِرَ والأَبْجَرُ حبلُ السفينةِ والأَبْجَرُ مَلِكُ الرُها كانَ مُعاصِرًا للسيّدِ المسيحِ وراسَلَهُ فى حَيوتهِ وآمَنَ على يدِ تادِي الرسولِ والبُجْرُ الشرُّ والامرُ العظيمُ (والعَجَبُ ج أَباجِرُ جج أَباجيرُ) والبُجْرِيُّ والبُجْرِيّةُ الداهيةُ ج بَجارِيُّ وتَبَجَّرَ النبيذَ الحَّ فى شربهِ • البَحْرُ م ج أَبْحُرٌ وبُحُورٌ وبِحارٌ والبَحْرُ ايضًا الماءُ الكثيرُ والكريمُ وأَقصَى الرحِمِ وشقُّ الأُذنِ وبُحَيْرَةٌ تصغيرُ بَحْرةٍ وبُحَيْرةٌ ايضًا لقبُ سركيسَ الراهبِ من رُهْبانِ نَجْرانَ كانَ مبتدعًا نسطوريًّا منفيًّا من بلادهِ لهُ حكايةٌ يعرفُها العارفُ والباحِرُ الاحمقُ والكَذّابُ والفُضوليُّ ودمُ الرحِمِ والبَحْرةُ البلدةُ (والرَوْضةُ العظيمةُ) ومستنقعُ الماءِ ل وبَحِرَ تحيّرَ فزعًا واشتدَّ عطشُهُ والبَحيرُ مَنْ بهِ داءُ السِلِّ والباحُورُ القمرُ (ولَقِيتُهُ صَحْرةَ بَحْرةَ ونَحْرانِ بلا حِجابٍ) وبُحْرانُ المريضِ أُسبوعُهُ ج بَحارينُ وماءُ البُحْرانِ عندَ اليهودِ ماءٌ يلعنهُ الكاهنُ ويسقيهِ المرأةَ المتهومةَ بريبةِ الزِنا فإِنْ كانت بريئةً نجتْ والّا هَلَكَتْ ومعناها ماءُ الفحصِ سريانيّةٌ مُعَرَّبةٌ وأَبْحَرَ ركِبَ البَحْرَ (وأَبْحَرَ اخذهُ السِلُّ) وأَبْحَرَ صادفَ انسانًا بلا قصدٍ وأَبْحَرَ الماءُ مَلُحَ واستبحرَ انبسطَ واستبحرَ الشاعرُ اتّسعَ لهُ القولُ (وتَبَحَّرَ فى المالِ كثُرَ مالُهُ وتبحّرَ فى العِلمِ تعمّقَ واتّسعَ) والبَحّارُ والبَحْرِيُّ المَلّاحُ والباحُورُ والباحُوراءُ شدّةُ الحرِّ فى تموزَ • البُحْتُرُ القصيرُ والغليظُ • بَحْثَرَهُ بعثهُ وفرّقهُ فتبحثرَ وبَحْثَرةٌ استخرجهُ وكشفهُ • (البُحْتُرِيُّ المُقْرَقَمُ الذى لايشبُّ) • البَخَرُ م وفعلهُ ع بَخَرَ والبَخَرُ نتنُ الفمِ فهو أَبْخَرُ وفعلهُ ل بَخِرَ والبَخَرُ ايضًا كلُّ رائحةٍ ساطعةٍ

الاصل والإزارُ (يُذكَّر ويؤنَّث) والمِئزَرُ والإزْرُ المِلْحَفَةُ ج آزِرَةٌ وأُزُرٌ (وأُزْرٌ) وفعلُهُ ائتزَرَ وتأزَّرَ والإزارُ ايضًا
السترُ والعفافُ والمرأةُ المصونةُ والمؤازرةُ المساواةُ والمعاونةُ • الأَسْرُ الشدُّ والعصبُ (والقبضُ
على مَن وَقَعَ في اليدِ أسيرًا) والأُسْرُ احتباسُ البولِ والأَسْرُ الزجاجُ والايسارُ بالكسرِ (لغةٌ في اليسارِ)
ضدُّ اليمينِ والأسيرُ الاخيذُ والمقيَّدُ والمسجونُ ج أُسَراءُ وأُسارَى (وأَسارَى) وأَسْرَى والأُسْرَةُ اقاربُ
الرجلِ الأدنَوْنَ وتأسَّرَ عليه اعتَلَّ وأبطأ • ل أَشِرَ بطرَ ومرحَ فهو أَشِرٌ وأَشُرٌ وأَشْرانُ ج أَشِرُونَ وأَشُرُونَ
وأَشارَى ن وأَشَرَ المِنجلَ وأَشَرَها رقَّقَ حدَّها والمِئْشَرُ المِرْقَقُ وأَشَرَ الخشبَ شقَّهُ وآلَتُهُ المِئْشارُ والأَشَرُ
والآشِرَةُ شوكُ ساقِ الجرادةِ • الأَصْرُ العطفُ والكسرُ والحبسُ والفعلُ ض أَصَرَ والاصرُ
مثلَّثةً العهدُ والاثمُ والثقلُ والحلفُ بالنذرِ وبالطلاقِ وثقبُ الأذنِ ج آصارٌ وإصرانٌ والآصِرَةُ
الرحِمُ والقرابةُ (والمِنَّةُ) ج أواصِرُ والإصارُ وتدُ الطنبِ والحشيشُ والأَصِيرُ الشعرُ والهدبُ المتقاربُ
الكثيفانِ والمُؤاصِرُ الجارُ وائتصَرَ النبتُ كثُرَ وطالَ • ض ن أَطَرَ الشيءَ أَطْرًا عطفَهُ والأَطَرُ
منحنى القوسِ والسحابُ والإطارُ المِنطقةُ والأطيرُ الذنبُ والضيقُ والكلامُ والشرُّ والأُطْرَةُ حرفُ
الذكرِ وما أحاطَ بالظفرِ من اللحمِ والإطارُ قضبانُ الكرمِ الملتويةُ وحرفُ الشفةِ وطُرَّةُ المُنخُلِ وكلُّ
ما أحاطَ بشيءٍ. وتأطَّرَ الرمحُ تثنَّى وتأطَّرَتِ المرأةُ أقامَتْ في بيتها • ن أَفَرَ أَفْرًا وأُفُورًا عدا
ووثبَ وأَفِرَ الحرُّ اشتدَّ والأَفْرَةُ (وتُفتَحُ وتُحرَّكُ) البليَّةُ والجماعةُ وأوَّلُ الصيفِ والشدَّةُ والاختلاطُ
• الأُكْرَةُ لغةٌ في الكُرَةِ والحفرةِ و(التأكُّرُ حفرُها ومنه) الأكّارُ الحرّاثُ ج أَكَرَةٌ • الأَمْرُ
والإمارُ (والإيمارُ) ضدُّ النهيِ والأمرُ الحادثةُ ج أُمورٌ وفعلُهُ ن أَمَرَ وآمَرَ فتأمَّرَ والاسمُ الإمْرَةُ
والأميرُ الملكُ والاسمُ الإمارةُ بالكسرِ وتُفتَحُ ج أُمَراءُ (والأَمارةُ بالفتحِ العلامةُ) والأميرُ قائدُ
الأعمى والجارُ والمُشاوِرُ والمؤمَّرُ المسلَّطُ والموسومُ وأولوا الامرِ الرؤساءُ والعلماءُ ل وأَمِرَ علينا أمرًا
بالتثليثِ وتأمَّرَ تسلَّطَ وتولَّى وأَمِرَ الامرُ اشتدَّ وأَمِرَ الشيءُ كثُرَ فهو أَمِرٌ كثيرٌ (ورجلٌ إمَّرٌ وإمَّرَةٌ
ويُفتحانِ ضعيفُ الرأيِ يوافقُ كلَّ أحدٍ على ما يريدُ من أمرِهِ كلِّهِ) والأَمَرَةُ الحجارةُ والعلامةُ والرابيةُ
ج أَمَرٌ والأمارةُ والأمارُ الموعدُ والوقتُ (والعَلَمُ وأمرٌ إِمْرٌ منكرٌ عجيبٌ) وما فيها (أَمَرٌ) تأمورٌ وتؤمورٌ
أحدٌ والائتمارُ والمؤامرةُ المشاورةُ والهمُّ بالشيءِ. والتأمورُ الوعاءُ والنفسُ والقلبُ وحبَّةُ القلبِ ودمُهُ
والدمُ والزعفرانُ والولدُ والوزيرُ وصومعةُ الراهبِ وناموسُهُ والماءُ ومربضُ الأسدِ والخمرُ والإبريقُ
والحقَّةُ والتامورِيُّ والتأمرِيُّ والتؤمرِيُّ الانسانُ • الأُوارُ حرُّ النارِ والشمسِ والعطشِ والدخانِ
واللهبُ ج أُورٌ (وارضٌ أَوِرَةٌ شديدةُ الحرِّ واستأوَرَ فزعَ والآرُ العارُ وآرَ يَؤُورُ ويَئيرُ جامعَ) وأورُ
الكلدانيينَ تُخومُ بلادِهم منها إبراهيمُ عليهِ السلامُ وأوريّا من نقباءِ بني إسرائيلَ فسقَ داودُ بزوجتِهِ
وسعى في قتلِهِ وأخذَ زوجتَهُ فجاءَ منها سليمانُ الحكيمُ • الأَهَرَةُ الحالةُ الحسنةُ والهيئةُ ومتاعُ البيتِ

حرف الرا

ا

ن ص أبر الزرع أبرًا وإبارًا وأبّرهُ تأبيرًا اصلحهُ وأبرت العقربُ لدغت بإبرتها اى بطرف ذنبها وأبرهُ اغتابهُ وأهلكهُ والإبرة م ج إبَر وإبار وصانعهُ أبّار وبائعهُ إبَرِيّ بكسر فسكون والإبرة ايضًا طرفُ ذراع اليد ج إبَرات والإبرة ايضًا النميمة والأبّار البرغوث وانتبر البئر حفرها • ابروطوريون يونانيّة اى دار الولاية • الأثر بقيّة الشيء ج آثار وأُثور والأثر ايضًا الخبر وخرج فى أثرهِ (وإثرهِ) اى بعدهُ وتأثّرهُ اى تبع أثرهُ وأثّر فيه تأثيرًا ترك فيهِ أثرًا والآثار الأعلام ن وأثر الحديث إثارةً نقلهُ والأُثر أثر الجرح ورونق الوجه واستأثر لنفسه اختار لها الاحسن (والاسم الأثَرة بالتحريك والأُثرة بالضم والكسر والأُثرى ل وأثر على أصحابهِ فعل ذلك والأثرة والمأثرة والمأثُرة المكرمة المتوارثة والبقيّة من العلم تُؤثَر والأثير الجليل له أثرة وخصوصيّة يمتاز منها) وآثرهُ أكرمهُ والأثر فرِندُ السيف ل وأثِر يفعل كذا طفِق وأثِر لهُ تفرّغ ن وأثَر اختار واستأثر بالشيء (استبدّ بهِ) خصّهُ لذاته وأثور اسم مَلِك من نسل حام ابتنى مدينة نينوى ومنهُ جبل الأثوريّين • الأجر والإجارة مثلّثة الجزاء على العمل ج أجور وآجار والأجر ايضًا الذكر الحسن (وأجارهُ الله من العذاب أنقذهُ) ن ض وأجر ابنهُ وآجرهُ إيجارًا أكراهُ والأجرة الكراء ن وآجرت المرأة اباحت نفسها للزنا بالأجرة والأجير المكرا واستأجرهُ استكراهُ والإجار والإنجار السطح ج أجاجير وأجاجرة وأناجير ومنهُ عُشب الأجاجير والآجر لغة فى هاجر • أخيور العموني مدح قوّة بنى اسرائيل امام اليفانا قائد جيش بختنصّر الملك فطردهُ • الأخر ضدّ القدم وفعلهُ تأخّر واستأخر وأخّر تأخيرًا وأخّرتهُ لازم متعدٍ ومؤخّر العين طرفها والآخِر خلاف الأوّل والآخَر بفتح الخاء بمعنى غير ج آخَرون وأُخَر والانثى أُخرى (وأخراة) ج أُخريات وأُخَر ايضًا ودار الآخرة والأُخرى البقاء وجاء فلانٌ أَخَرةً (وبأَخَرة) وأخيرًا وأُخُرًا (وأُخْرِيًّا وأَخَرِيًّا وإخريًّا وآخِريًّا) اى جاء آخر كلّ شيء • ولا أفعلهُ أُخرى (الليالى او أُخرى المنون) اى أبدًا وجاء فى أُخرياتهم فى أواخرهم وآخار من سبط يهوذا كان سرق ذهبًا فى افتتاح اريحا ورجمهُ شعب اسرائيل بأمر الله ويقال فيه عاخان ايضًا • ل أدِر انفتق فى إحدى خصيتيه فهو مأدور والأُدرة الفتق • اذار شهر قبل نيسان • الأرّ السوق والطرد (والجماع) وإيقاد النار وفعلهُ ن أرّ والأرّة النار وأرّ صوّت • الأزر الاحاطة والقوّة والضعف ضدّ والظهر والإزر

ن

ص نَبَذَ الشيءَ نَبْذًا ونَبَّذَهُ وانتبذه طرحه أمامه او وراءه فهو منبوذٌ ونبيذٌ والمَنْبوذ ولد الزنا والنبيذ غليانُ العصيرِ وفعلُهُ ن نبذ فاذا تمّ يُقالُ تنبَّذَ ونبَّذ تنبيذًا والعامّة تخصّ النبيذ بالخمر وليس بصحيحٍ والمنبوذ ايضًا الصبيّ تلقيه أمّه في الطريق والنبذ ايضًا والنَبَذانُ ضربانُ العِرْقِ والنَبْذ ايضًا الشيء اليسيرُ ج أنباذٌ ونَبَذٌ وانتبذ جلسَ ناحيةً والنَبْذة بالفتحِ والضمِّ الناحيةُ والشيءُ اليسيرُ والمِنْبَذةُ الوسادةُ والأنباذُ الأوباشُ • النواجذ أقصى الأضراسِ وهي اربعةٌ وقد تطلقُ على الاضراسِ كلِّها واحدُها ناجذٌ والنَجْذُ العضّ بها والكلامُ الشديدُ وعضّ على ناجذِهِ بلغ أشُدَّه ن نجذهُ ألحّ عليهِ • النواخذة (مُلّاكُ او) وكلاء السُفُنِ (مُعَرَّبَة) الواحدُ ناخذةٌ (اشتقّوا منها الفعلَ وقالوا تنخّذ) • ن نذَّ نذيذًا بالَ (والنَذيذُ ماخرجَ من الأنفِ او الفمِ) • النفاذُ جوازُ الشيءِ والخلوصُ منهُ وفعلُهُ ن نفذ وأنفذَ الامرَ قضاهُ وأنفذ القومَ صارَ منهم وأنفذهم فرقهم ونفذهم جازهم وطريقٌ نافذٌ سالكٌ والنافذُ الماضي في أمورِهِ والنفيذُ المطاعُ والمَنْفَذُ السعةُ وتنافذوا الى القاضي انتهوا اليهِ فاذا أوضحوا حججهم يُقالُ تنافذوا بالمهملةِ • النَقْذُ (والانقاذُ) التخليصُ والسلامةُ وفعلُهُ ن نقذ ل ونقِذ نقذًا نجا واستنقذهُ نجّاهُ •

و

المُوبَذانُ والمُوبَذُ فقيهُ الفُرسِ وحاكمُ المجوسِ ج موابذةٌ • الوَجْذُ الحوضُ وأوجذهُ اليهِ اضطرّهُ وأوجذهُ عليهِ أكرههُ • (الوَذْوَذةُ السرعةُ ورجلٌ وَذْواذٌ سريعُ المشيِ • ع وَرَذَ في حاجتهِ أبطأ) • الوَقْذُ شدةُ الضربِ ن وقذَ الشاةَ قتلها بالعصا فهي وَقيذٌ وموقوذٌ والوقيذُ الصريعُ والبطيءُ والوقيذُ والموقوذُ المريضُ المشرفُ على الموتِ ووقذهُ صرعهُ وسكّنهُ وغلبهُ ووقذهُ وأوقذهُ تركهُ عليلاً •

ه

الهَبْذُ العَدْوُ والاسراعُ في المشيِ والهَبَذُ والاهتباذُ والاهباذُ الطَيَرانُ والفعلُ ص هبذ • الهذّ والهذذُ والهذاذُ والاهتذاذُ القراءةُ والهذّ ايضًا قطعُ كلِّ شيءٍ وفعلُهُ ن هذّ والهَذوذُ والهذّاذُ القطّاعُ والهذَاعذُ من يقولُ لكلِّ من يراهُ هذا من خدّامي ج هذاعذ • الهرابذةُ خدّامُ بيتِ النارِ للهندِ وعظماءُ الهندِ وعلماؤهم الواحد هِرْبِذٌ • المهروذةُ اسمُ عجلةِ النارِ التي صعدَ عليها ايليا النبيّ الى السماءِ • الهَذَانيّ الكثيرُ الكلامِ • (الهَبَنْذاةُ الامرُ الشديدُ ج هَبابِذُ) •

ايضاً نوعٌ من الحلواء والتغليذُ التطبيعُ وافتلذ المالَ اخذ منه فِلذةً اى قطعةً • الفانيذ نوعٌ من الحلواء (مُعرَّب) •

ق

القُذَّةُ ريشُ السهمِ ج قُذَذٌ وقَذَّ السهمَ ألصقَ له ريشاً والمَقذَّةُ ايضاً (والقُذَذُ) البَرَغيثُ ج قِذَّانٌ والقُذَّةُ ايضاً جانبُ (الحياء) اذنُ الانسان والقذُّ الرميُ بالحجر والمِقذُّ السكينُ والقُذاذة ما قُطع من الذهب (وغيره) والمُقذَّذُ المُزيَّنُ والمقصَّصُ الشعرُ وكلُّ ما كان متساوياً لطيفاً والمُقذوذة الأذنُ المدوَّرةُ وتقذقذ في الجبل صَعِدَ والقذّانُ شيبُ الفَودَين • (القُنفُذَين السماء يمانية) • القُنفُذ م ج قنافذ وتنفذ الليل النمّام •

ك

الكُذَّانُ حجارةٌ رخوةٌ (كالمَدَر) ر وكذّ خشُن • (الكاغذ الكاغد) • الكِلواذ تابوت التوراة وأمّ كِلواذ الداهية • (الكنابذ الجهم الضخم الوجه القبيح) •

ل

اللَّجذ أكلُ الدابّة الحشيشَ بأطراف ألسنتها واللَّجذ ايضاً الاخذ اليسير وكثرةُ السؤال واللحس والفعل ن ل لجذ والإلجاذ الغِراء • اللذّة نقيض الألم ج لذّاتٌ ن ولذّة (ولذّ به) لذاذا ولذاذة والتذّ (ه و) به واستلذّه رآه لذيذاً ولذّ صار لذيذاً لازمٌ متعدٍّ واللذُّ النوم واللذيذ واللذّة الخمر ج لُذّ ولِذاذ واللُّذلاذ الخفيفُ في عمله وفعله تلذلذ واللذلاذ ايضاً الذئب • ن لمذ لمح • اللَّوذ بالشيء واللِّواذ مثلّثة واللياذ والمَلاوذة الاستناد والاحتصان واللَّوذ ايضاً الاحاطة والفعل ن لاذ والمَلاذ والمَلوذة الحِصن والمَلاوذة واللِّواذ المراوغة والخلاف واللاذة ثوب من حرير احمر ج لاذ (والملاوذ المآزر) •

م

مَذْمَذَ كذبَ والمذميذ والمذيذ الكذّاب (والمذماذ الصيّاح) والمذمذيّ الظريف • المَلاذ المتملّق والمتصنّع الذي لا تصحّ مودّته والمَلْذ الكذب والطعن بالرمح وفعله ن مَلَذ والمَلْذ اختلاط الظلام (وامتلذت منه كذا اخذت منه عطيّة) • مذ ومنذ يكونان اسمين ويكونان حرفي جرّ وسيأتي الكلام فيهما إن أراد الله • الماذ الحسن الخلق الفكه النفس والماذيّ العسل الابيض وخالص الحديد والدرع الليّنة والسلاح كله والماذية الخمر •

والذئب ج شِنْذانٌ والشِّقْذانُ الحَشَرات كلُّها والشَّقْذاء العُقاب الجائع (وماله شَقَذٌ ولا نَقَذٌ اى شيءٌ) وما به شَقَذٌ ولا نَقَذٌ ما به عيبٌ ولا خللٌ وأَشْقَذْتُه طردتُه ص ل وشَقَذَ ذهب مطرودًا والمُشاقَذَةُ المُعاداةُ • ص شَمَذَ أزارَهُ شَمْذًا وشِماذًا وشُموذًا رفعه والشامِذُ العقربُ (والشَّيْمَذانُ والشِّيذَمانُ الذئبُ • الشَّمْهَذُ الحديدُ والشَّمْهَذَةُ التحديدُ وفعلُهُ شَمْهَذَ • شَوَّذَتْهُ فتشوَّذَ عَمَّمْتُهُ فتعمَّمَ والشِّيذَةُ العِمَّةُ والمِشْوَذُ العِمامَةُ ج مَشاوِذُ ومَشاوِيذُ والمِشْوَذُ المَلِكُ والمُشَيَّذُ وحَدُّ لاشواذ خيرُ الخَلْقِ وتشوَّذَتِ الشمسُ مالت للمغيب وأخذق بها غيمٌ رقيقٌ •

ط

(الطَّبَرْزَذُ السُّكَّرُ مُعَرَّبٌ) • الطَّرْمَذَةُ الصَّلَفُ والتفاخرُ وفعلُهُ طَرْمَذَ والمُطَرْمِذُ يقولُ ولا يفعلُ وطَرْمَذَ عليهِ تصالَفَ وافتخرَ • الطَّفْذُ القبرُ ص وطَفَذَهُ قبرَهُ •

ع

(عَنْذَى بهِ أغرى وامرأةٌ عِنْذِيانٌ سيِّئةُ الخُلُقِ والعانِذَةُ أصلُ الذقنِ والأذنِ) • العَوْذُ والعِياذُ والمَعاذُ والمَعاذَةُ الاستعاذةُ الالتجاء والعُوذَةُ والمَعاذَةُ والتعويذُ الرُّقْيَةُ وعُوذَةٌ رقاهُ والعَوْذُ والعِياذُ المَلْجَأُ والعُوَّذُ والعُواذُ الكراهةُ والعُواذُ ايضًا ذالُ الخاسِ ومَعاذَ اللهِ اى أعوذُ باللهِ (مَعاذًا اى التجئُ بمَلْجَأ اللهِ والمُعَوَّذُ موضعُ القلادةِ من العُنُقِ وعَوَّذَ باللهِ اى أعوذُ باللهِ • (العَيْذانُ السيّءُ الخُلُقِ) •

غ

ن ص غَذَّ الجُرْحُ وأغَذَّ سالَ وورِمَ والغَذِيذَةُ المِدَّةُ والغاذُّ مدمعُ العينِ والحِصُّ والعاذَّةُ والعاذِيَةُ يافوخُ الصبيِّ وأغَذَّ بالغَ في السيرِ ن وغَذَّ وثَبَ • (الغَلِيذُ الغليظُ) • العانِذُ الحَلْقُ ومخرجُ الصوتِ • (الغَيْذانُ الذي يظنُّ فيُصيبُ والمُغاذُ المغتاظُ) •

ف

الفَخِذُ (والفَخْذُ ويُكسَر) مؤنّثٌ م ج أفخاذٌ ص وفَخَذَهُ أصابَ فخِذَهُ وفَخَّذَهم تفخيذًا خذلهم وفرَّقهم وتَفَخَّذَ تأخَّرَ واستفخذَ استخذى وفَخِذُ الرجلِ قومُهُ الأدنَوْنَ (ودعا العشيرةَ فَخِذًا فَخِذًا) • الفَذُّ الفردُ ج أفذاذٌ وفُذوذٌ والفَذُّ ايضًا الطردُ واستفذَّ بهِ استبدَّ • (الفَطْذُ الزجرُ عن الشيءِ) • الفَلْذُ العطاءُ بلا تأخيرٍ والفِلْذَةُ القطعةُ من الكَبِدِ ومن الذهبِ والفضّةِ ومن اللحمِ ايضًا ج أفلاذٌ وأفلاذُ الارضِ كنوزُها والفالوذُ الفولاذُ وهو الحديدُ المسقّى بالطبخِ والفالوذُ

واشخنذ اصطجع فى الشمس ليعرق • الخوذ الحوط والاخواذ السوق السريع وبيع الزرع قبل بيان صلاحه والحاذ الظهر والخفيف الحاذ القليل المال والعيال والاحوذى الحاذق المجاهد لا يتهره شىء واحوذ ثوبه جمعه والحواذ البعد واستحوذ عليه غلب واستولى •

خ

ن خذ الجرح خذيذا سال صديده • (الخرذاذى الخمر) • الخنذيذ الطويل والخنذوة رأس الجبل والخنذيذ ايضا الخصى وغير الخصى ضد والشاعر المفلق والشجاع والسخى والواعظ الفصيح البليغ والسيد الحليم والخنذيذ والخنذيان الطليق اللسان والريح العاصفة • الخوذة ما يلبسه الفارس فى رأسه من الحديد وقاية ج خوذ والمخاوذة المخالفة والموافقة ضد والتخاوذ التعاهد وخوذان الناس خدمهم والخواذ مجىء الحمى فى وقت غير معلوم •

ر

الربذة خرقة يجلو بها الصائغ الحلى والربذة ايضا الشدة والربذة من لا خير فيه وخرقة الحائض والربذة ايضا كل شىء قذر ج ربذ ورباذ والربذ خفة اليد وفعله ل ربذ والربذ الخفيف المشى والربذانى المهدار وأربذه قطعه • الرذاذ المطر الضعيف والذى كالغبار ن ورذت السماء وأرذت امطرت بالرذاذ والارض مرذوذة بالرذاذ ويوم مرذذ • الروذة الذهاب والمجىء • (الزمرذ الزبرجد • بنات زاذان الخبيز •

س

السبذاذج خبز بسمن معرب ولا تجتمع السين والذال فى كلمة عربية • السميذ السميد) •

ش

(الشبوذة الشعوذة • الشجذة المطرة الضعيفة والمشجاذ المقلاع وأشجذه الشىء اشتد عليه وآذاه) ع شحذ السكين واشحذها احدها وشحذ الجوع المعدة اضرمها وشحذ الرجل وشحذه طرده والشحذان الجائع والخفيف السعى والشحذ الغضب والالحاح فى السؤال فهو شحاذ اى ملح والشحذ المسن • (أشحذ الكلب أغراه) • ن ض شذ الرجل شذا وشذوذا خرج عن قومه وشذه وأشذه وشذذه اخرجه واشذ جاء بقول شاذ واشذه نحاه واقصاه • (الشفرنبذ الغليظ) • الشعوذة صناعة كالسحر وليست سحرا فهو مشعوذ (ومشعوذ) وفعله شعوذ والشعوذى رسول للامراء على البريد • ض شغبذ شغوذ زنة ومعنى والمشغبذ المشعوذ • الشقذان والشقيذ القليل النوم والشقذان والشقذ الصياب بالعين وفعله ل شقذ والشقذان ايضا الحرباء

ن

ض نَبَذَ الشيءَ نَبْذًا وأَنْبَذَهُ وانتبذهُ طرحهُ أمامَهُ او وراءهُ فهو مَنْبوذٌ ونبيذٌ والمَنْبوذُ ولدُ الزنا والنبيذُ غَلَيانُ العصيرِ وفعلُهُ ن نَبَذَ فاذا تمَّ يُقالُ تَنَبَّذَ ونَبَّذَ تنبيذًا والعامَّةُ تَخُصُّ النَبيذَ بالخمرِ وليسَ بصحيحٍ والمنبوذُ ايضًا الصبيُّ تلقيهِ أُمُّهُ في الطريقِ والنَبْذُ ايضًا والنَبَذانُ ضَرَبانُ العِرْقِ والنَبْذُ ايضًا الشيءُ اليسيرُ ج أَنْباذٌ ونَبَذَ وانتبذَ جلسَ ناحيةً والنُبْذَةُ بالفتحِ والضمِّ الناحيةُ والشيءُ اليسيرُ والمِنْبَذَةُ الوسادةُ والأنباذُ الأَوْباشُ • النواجِذُ أقصى الأضراسِ وهي اربعةٌ وقد تُطلَقُ على الاضراسِ كُلِّها واحدُها ناجِذٌ والنَجْذُ العضُّ بها والكلامُ الشديدُ وعضَّ على ناجذِهِ بلغَ أشُدَّهُ ن نَجَذَهُ ألحَّ عليهِ • النواخِذةُ (مُلَّاكُ او) وكلاءُ السُفُنِ (مُعَرَّبَة) الواحدُ ناخُذَةٌ (اشتقوا منها الفعلَ وقالوا تَنَخَّذَ) • ن نَذَّ تَذْيذًا بالَ (والنَذيذُ ما خرجَ من الأنفِ او الفمِ) • النَفاذُ جوازُ الشيءِ والخلوصُ منهُ وفعلُهُ ن نَفَذَ وأَنْفَذَ الأمرَ قضاهُ وأنفذَ القومَ صارَ منهم وأنفذهم خرقَهم ونَفَذَهم جازَهم وطريقٌ نافذٌ سالكٌ والنافذُ الماضي في أمورِهِ والنَفيذُ المُطاعُ والمُتَنَفَّذُ السَعَةُ وتنافذوا الى القاضي انتهوا اليهِ فاذا أوضحوا حُجَجَهم يُقالُ تنافدوا بالمهملةِ • النَقْذُ (والانقاذُ) التخليصُ والسلامةُ وفعلُهُ ن نَقَذَ ل ونَقِذَ نَقَذًا نَجا واستنقذَهُ نجّاهُ •

و

المُوبَذانُ والمُوبَذُ فقيهُ الفُرسِ وحاكمُ المَجوسِ ج موابِذَةٌ • الوَجْذُ الحوضُ وأَوْجَذَهُ اليهِ اضطرَّهُ وأوجذهُ عليهِ أكرهَهُ • (الوَذْوَذَةُ السُرعةُ ورجلٌ وَذْواذٌ سريعُ المشيِ • ع وَرَذَ في حاجتِهِ أبطأ) • الوَقْذُ شدَّةُ الضربِ ن ووَقَذَ الشاةَ قتلَها بالعصا فهي وَقيذٌ ومَوْقوذٌ والوَقيذُ الصريعُ والبطيءُ والوَقيذُ والمَوقوذُ المريضُ المشرفُ على الموتِ ووَقَذَهُ صرعهُ وسكّنهُ وغلبهُ ووَقَذَهُ وأوقذهُ تركهُ عليلًا •

ه

الهَبْذُ العَدْوُ والاسراعُ في المشيِ والهَبْذُ والاهتباذُ والإهباذُ الطيرانُ والفعلُ ض هَبَذَ • الهَذُّ والهَذَذُ والهَذاذُ والاهتذاذُ القراءةُ والهَذُّ ايضًا قطعُ كلِّ شيءٍ وفعلُهُ ن هَذَّ والهَذوذُ والهَذّاذُ القطّاعُ والهَذْهَذُ مَنْ يقولُ لكلِّ مَنْ يراهُ هذا من هُذَابي ج هَذاهِذُ • الهَرابِذَةُ خُدّامُ بيتِ النارِ للهندِ وعظماءُ الهندِ وعلماؤهم الواحدُ هِرْبِذٌ • المِهْرَوذَةُ اسمُ عَجَلةِ النارِ التي صعدَ عليها ايليا النبيُّ الى السماء • الهَمَذانيُّ الكثيرُ الكلامِ • (الهُنَبِذَةُ الامرُ الشديدُ ج هَنابِذُ) •

ايضًا نوعٌ من الحَلواء. والتفليذُ التقطيعُ وافتلذَ المالَ اخذ منهُ فِلذةً اى قِطعةً • الفانيذ نوعٌ من الحَلواء (مُعرَّب) •

ق

القُذّةُ ريشُ السهمِ ج قُذَذٌ ن وقذَّ السهمَ ألصقَ لهُ ريشًا والقُذّةُ ايضًا (والقُذَذُ) البَرغوثُ ج قِذانٌ والقُذّةُ ايضًا جانبٌ (الحياء و) أُذُنٌ للانسانِ والقذُّ الرميُ بالحجرِ والمِقذُّ البيكينِ والقُذاذةُ ما قُطِعَ من الذهبِ (وغيرهِ) والمِقذَذُ المِزبَنُ والمِقَصُّ الشعرِ وكلُّ ما كان متساويًا لطيفًا والمُقذَّوذةُ الأُذُنُ المدوَّرةُ وتقذقذَ فى الجبلِ صَعَّدَ والقُذّانُ شيبُ الفَوْدَيْنِ • (القشمذينُ السماء يمانيّةٌ) • القُنفُذُ م ج قنافِذُ وقُنفذُ الليلِ النَّمّامُ •

ك

الكَذّانُ حجارةٌ رِخوةٌ (كالمَدَرِ) ر وكذَّ خشُنَ • (الكاغذ الكاغد) • الكِلْواذُ تابوتُ التوراةِ وأُمُّ كِلْواذِ الداهيةُ • (الكنابِذُ الجَهْمُ الضخمُ الوجهِ القبيحُ) •

ل

اللَّجذُ أكلُ الدابّةِ الحشيشَ باطرافِ ألسِنَتِها واللَّجذُ ايضًا الأخذُ اليسيرُ وكثرةُ السؤالِ واللحسُ والفعلُ ن ل لجذ والإلجاذُ الإغراء • اللَّذّةُ نقيضُ الألمِ ج لَذّاتٌ ن ولَذّةٌ (ولَذَّ بهِ) لَذاذًا ولَذاذةً والتذَّ (ه و) بهِ واستلذّهُ رآهُ لذيذًا ولَذَّ صار لذيذًا لازمٌ متعدٍّ واللَّذُّ النومُ واللذيذُ واللَّذّةُ الخمرُ ج لُذٌّ ولِذاذٌ واللَّذلاذُ الخفيفُ فى عملهِ وفعلهُ لَذلَذَ واللَّذلاذُ ايضًا الذئبُ • ن لمذ لمج • اللَّوذُ بالشيء. واللِّواذُ مثلّثةً واللِّياذُ والمَلاوذةُ الاستنادُ والاحتصانُ واللَّوذُ ايضًا الاحاطةُ والفعلُ ن لاذَ والمَلاذُ والمَلْوذةُ الحِصنُ والمُلاوذةُ واللِّواذُ المُراوغةُ والخِلافُ واللاذةُ ثوبٌ من حريرٍ اخضرُ ج لاذٌ (والمَلاوذُ المآزرُ) •

م

مَذمَذَ كذبَ والمِذميذُ والمَذيذُ الكذّابُ (والمَذماذُ الصيّاحُ) والمَذمَذيُّ الظريفُ • المَلّاذُ المتصلِّفُ والمتصنّعُ الذى لا تصحُّ مودّتُهُ والمَلذُ الكذبُ والطعنُ بالرمحِ وفعلهُ ن مَلَذَ والمَلذُ اختلاطُ الظلامِ (وامتلذتُ منهُ كذا أخذتُ منهُ عطيّةً) • مُذْ ومُنذُ يكونانِ اسمينِ ويكونانِ حرفَي جرٍّ وسيأتى الكلامُ فيهما إن أرادَ اللهُ • الماذُ الحسَنُ الخُلقِ الفَكِهُ النفسِ والماذيُّ العسلُ الابيضُ وخالصُ الحديدِ والدرعُ الليّنةُ والسلاحُ كلّهُ والماذيّةُ الخمرُ •

الاصل والإزار (يذكر ويؤنث) والمئزر والإزر الملحفة ج آزرة وأزر (وأزر) وفعله ائتزر وتأزر والإزار ايضا الستر والعفاف والمرأة المصونة والموازرة المساواة والمعاونة • الأسر الشد والعصب (والقبض على من وقع فى اليد أسيرا) والأسر احتباس البول والأسر الزجاج والاسار بالكسر (لغة فى اليسار) ضد اليمين والأسير الاخيذ والمقيد والمسجون ج أسراء وأسارى (وأسارى) وأسرى والأسرة اقارب الرجل الأدنون وتأسر عليه اعتل وأبطأ • ل أشر بطر ومرح فهو أشر وأشر وأشران ج أشرون وأشرون وأشارى ن وأشر المنجل وأشرها رقق حدها والمؤشر المرقق وأشر الخشب شقه وآلته المئشار والأشر والأشرة شوكة ساق الجرادة • الأصر العطف والكسر والحبس والفعل ض أصر والاصر مثلثة العهد والاثم والثقل والحلف بالنذر وبالطلاق وثقب الأذن ج آصار وإصران والآصرة الرحم والقرابة (والمنة) ج أواصر والإصار وتد الطنب والحشيش والأصير الشعر والهدب الملتفان الكثيفان والمواصر الجار وائتصر النبت كثر وطال • ض ن أطر الشىء أطرا عطفه والأطر منحنى القوس والسحاب والإطار المنطقة والأطير الذنب والضيق والكلام والشر والأطرة حرف الذكر وما أحاط بالظفر من اللحم والإطار قضبان الكرم الملتوية وحرف الشفة وطارة المنخل وكل ما أحاط بشىء. وتأطر الرمح تثنى وتأطرت المرأة اقامت فى بيتها • ن أفر أفرا وأفورا عدا ووثب وأفر الحر اشتد والأفرة (وتفتح وتحرك) البلية والجماعة وأول الصيف والشدة والاختلاط • الأكرة لغة فى الكرة والحفرة و(التأكر حفرها ومنه) الأكار الحراث ج أكرة • الأمر والإمار (والإيمار) ضد النهى والأمر الحادثة ج أمور وفعله ن أمر وآمر فائتمر والاسم الإمرة والأمير الملك والاسم الإمارة بالكسر ويفتح ج أمراء (والأمارة بالفتح العلامة) والأمير قائد الأعمى والجار والمشاور والمؤمر المسلط والموسوم وأولوا الامر الرؤساء والعلماء ل وأمر علينا أمورا [illegible] وتأمر تسلط وتولى وأمر الامر اشتد وأمر الشىء كثر فهو أمر كثير (ورجل إمر وإمرة [illegible] ضعيف الرأى يوافق كل احد على ما يريد من أمره كله) والأمرة الحجارة والعلامة والرابية ج أمر والأمارة والأمار الموعد والوقت (والعلم وأمر إمر منكر عجيب) وما فيها (أمرو) تأمور وتؤمور احد والائتمار والمؤامرة المشاورة والهم بالشىء. والتأمور الوعاء والنفس والقلب وحبة القلب ودمه والدم والزعفران والولد والوزير وصومعة الراهب وناموسه والماء ومربض الأسد والخمر والإبريق والحقة والتأموري والتأمري والتؤمري الانسان • الأوار حر النار والشمس والعطش والدخان واللهب ج أور (وارض أورة شديدة الحر واستأور فزع والآر العار وآر يئور وينير جامع) وأور الكلدانيين تخوم بلادهم منها إبراهيم عليه السلام وأوريا من نقباء بنى إسرائيل فسق داود بزوجته وسعى فى قتله واخذ زوجته فجاء منها سليمان الحكيم • الأهرة الحالة الحسنة والهيئة ومتاع البيت

حرف الرا

ا

ن ص أبر الزرع أبرًا وإبارًا وأبرة تأبيرًا اصلحه وأبرت العقرب لدغت بإبرتها اى بطرف ذنبها وأبره اغتابه وأهلكه والإبرة م ج إبر وإبار وصانعه أبار وبائعه إبري بكسر فسكون والإبرة ايضا طرف ذراع اليد ج إبران والإبرة ايضا النميمة والأبار البرغوث وانتبر البئر حفرها •
ابروطوريون يونانية اى دار الولاية • الأثر بقية الشيء ج آثار وأثور والأثر ايضا الخبر وخرج فى أثره (وإثره) اى بعده وتأثره اى تبع أثره وأثر فيه تأثيرًا ترك فيه أثرًا والآثار الأعلام ص وأثر الحديث إثارة نقله والأثر أثر الجرح ورونق الوجه واستأثر لنفسه اختار لها الاحسن (والاسم الأثرة بالتحريك والأثرة بالضم والكسر والأثرى ل وأثر على أصحابه فعل ذلك والأثرة والمأثرة والمأثرة المكرمة المتوارثة والبقية من العلم تؤثر والأثير الجليل له أثرة وخصوصية يمتاز منها) وآثره أكرمه والأثر فرند السيف ل وأثر يفعل كذا طفق وأثر له تفرغ ن وأثر اختار واستأثر بالشيء (استبد به و) خصه لذاته وأثور اسم ملك من نسل حام ابتنى مدينة نينوى ومنه جبل الأثوريين • الأجر والاجارة مثلثة الجزاء على العمل ج أجور وآجار والأجر ايضا الذكر الحسن (وأجاره الله من العذاب أنقذه) ن ص وأجر ابنه وأجره إيجارًا أكراه والأجرة الكراء ن وآجرت المرأة أباحت نفسها للزنا بالأجرة والأجير المكرا واستأجره استكراه والإجار والانجار السطح ج أجاجير وأجاجرة وأناجير ومنه عشب الاجاجير وآجر لغة فى هاجر
• أخيور العموني مدح قوة بني اسرائيل امام اليفانا قائد جيش بختنصر الملك فطرده ٦ الآخر ضد القدم وفعله تأخر واستأخر وأخر تأخيرًا وأخرته لازم متعد ومؤخر العين ما يليها والآخر خلاف الأول والآخر بفتح الخاء بمعنى غير ج آخرون وأخر والأنثى أخرى (وأخراة) ج أخريات وأخر ايضا ودار الآخرة والأخرى البقاء وجاء فلان أخرة (وبأخرة) وأخيرًا وأخرا (وأخريا وأخريا وإخريا وآخريا) اى جاء آخر كل شيء ولا أفعله أخرى (الليالي او أخرى المنون) اى أبدا وجاء فى أخرياتهم فى أواخرهم وآخار من سبط يهودا كان سرق ذهبا فى افتتاح اريحا ورجمه شعب اسرائيل بامر الله ويقال فيه عاخان ايضا • ل أدر انفتق فى إحدى خصيتيه فهو مأدور والأدرة الفتق • اذار شهر قبل نيسان • الأر السوق والطرد (والجماع) وإيقاد النار وفعله ن أر والإرة النار وأرمثت • الأزر الاحاطة والقوة والضعف ضد والظهر والإزر

والبَخورُ ما يُتَبَخَّرُ به (والمُبَخورُ المَحْمورُ وبَخورُ مَرْيَمَ نباتٌ م) والمِبْخَرَةُ وعاء البَخورِ والمِجمَرَةُ للبَخورِ والبَخورُ ايضًا صَلَواتُ القِدِّيسينَ • (البَخْتَرَةُ والتَبَخْتُرُ مِشْيَةٌ حَسَنَةٌ والبَخْتَرِيُّ الحَسَنُ المَشْيِ والجِسْمِ والبِخْتيرُ المُختالُ) • بُخْتُنَصَّرُ (او بُخْتُنَصَّرُ) مَلِكُ الكِلدانِيِّينَ مَسَخَهُ اللهُ وحشًا ثمّ أعادَهُ بَشَرًا سَوِيًّا ثمّ آمَنَ • بَخْشَرَةُ بَذَّدَهُ فتبخشر (والبَخْشَرَةُ الكدرُ في ماء او ثوب) • بادَرَهُ مُبادَرَةً وبِدارًا وابتدرَهُ عاجَلَهُ ن وبَدَرَ الى الامرِ عَجِلَ واستبقَ والبادِرَةُ فَلَتاتُ اللسانِ عند الغضبِ وحَدُّ السيفِ والبَدْرُ والبادِرُ القمرُ المُمتلئُ والبَدْرُ ايضًا السيّدُ والغُلامُ المُبادِرُ والطَبَقُ والبَدْرَةُ كيسٌ فيه الفُ دينارٍ والبَيْدَرُ كُدْسُ الزرعِ والموضعُ يُدْرَسُ فيه وأَبْدَرَ طلعَ له البَدْرُ والبَدْرِيُّ الغيثُ قبلَ الشتاء • البَذْرُ ما زُرِعَ من البِذارِ وهو الحُبُوبُ ج بُذورٌ وبِذارٌ ن وبَذَرَهُ زرعَهُ والبَذْرُ والتبذيرُ زرعُ الارضِ والبَذْرُ ايضًا النسلُ والتفريقُ وتفرّقوا شَذَرَ بَذَرَ (ويكسر أوّلهما) اى في كلِّ وجهٍ والبَذورُ والبَذيرُ النمّامُ ومَن لا يكتمُ سِرًّا ورجلٌ تِبْذارٌ ومِبْذارٌ كثيرُ الكلامِ (والبَذْرَى الباطلُ) وبَذَّرَ مالَهُ تبذيرًا فرَّقَهُ إسرافًا وتَبَذَّرَ الماء تغيّرَ واصفرّ وانْبَذَروا تفرّقوا • (اِبْذَعَرُّوا تفرّقوا وفرّوا • اِبْذَقَرُّوا تبدّدوا وتفرّقوا) • البِرُّ الصِلَةُ والجَنَّةُ والخيرُ والاحسانُ والصِدْقُ والبِرُّ والتبرُّرُ الطاعةُ واسْمُ الكلِّ بَرَّةُ والمَبَرَّةُ ضِدُّ العِصْيانِ (وبَرّةُ نسبةٌ الى البِرِّ) والبَرُّ اسْمُ اللهِ والصادِقُ والبَرُّ والبارُّ الكثيرُ البِرِّ ج أبرارٌ وبَرَرَةٌ والبِرُّ ايضًا الصِدْقُ في اليمينِ ن ص وقد بَرَّتْ يمينُهُ بِرًّا بالفتحِ والكسرِ وبُرُورًا وأَبَرَّ يمينَهُ أمضاها على الصدقِ والبَرُّ ضِدُّ البحرِ والبُرُّ الحِنطَةُ ج أبرارٌ وأَبَرَّ ركبَ البَرَّ وأَبَرَّ كثرَ ولدُهُ والبَرِّيَّةُ الصحراءُ والبَرْبَرَةُ صوتُ المَعْزِ وكثرةُ الكلامِ والجَلَبَةُ والصياحُ وفِعْلُهُ بَرْبَرَ فهو بَرْبارٌ والبَرْبَرُ طائفةٌ متوحّشونَ ج بَرابِرَةٌ والبَرَّةُ اسْمُ البُقعةِ التى قتلَ فيها قايينُ هابيلَ والمُبِرُّ الغالبُ والمُبَرْبِرُ الاسدُ والبَرّانيُّ الظاهرُ • البَزْرُ كلُّ حَبٍّ يُبْذَرُ للنباتِ ج بُزورٌ والبَزْرُ ايضًا التَوابِلُ ج أبزارٌ وأبازيرُ والبَزْرُ ايضًا الولدُ والبَيْزَرُ والمِبْزَرُ مِدَقَّةُ القصّارِ والبَيْذارُ الذَكَرُ وحامِلُ البازِي وللأَكّارِ والبَيْزارَةُ العصا العظيمةُ والبَزْراء المرأةُ الكثيرةُ الولدِ والمَبْزورُ المولودُ • ن بَسَرَ عَجِلَ وعبسَ وقهرَ وبَسَرَ القرحةَ نكأَها وبَسَرَ الحاجةَ وأَبْسَرَها طلبَها في غيرِ أوانِها وبَسَرَ الدَيْنَ تقاضاهُ قبلَ حينِهِ والبُسْرُ الماء الباردُ والشَيْءُ الغَضُّ والشابُّ والشابَّةُ والتمرُ قبلَ إرطابِهِ وأوّلُ طلوعِ الشمسِ والباسورُ عِلّةٌ م ج بَواسيرُ وأبْسَرَ المركبُ وقفَ في البحرِ والبَيْسَرِيُّ الترسُ المُستأجَرُ للحربِ وابتسرَهُ أخذَهُ طَرِيًّا وتَبَسَّرَتْ رِجْلُهُ خَدِرَتْ وابْتُسِرَ لونُهُ مجهولًا تغيّرَ والمُبْسِراتُ رياحُ المطرِ (والبَسورُ الأسدُ) وتَبَسَّرَ النهارُ بردَ ووجوهٌ باسِرَةٌ متقطّبةٌ • البَشَرُ الانسانُ (ذكرًا او أنثى واحدًا او جمعًا) وأبو البَشَرِ آدمُ وأُمّهم حوّى والبَشَرُ ايضًا ظاهرُ جلدِ الانسانِ ج بَشَرَةٌ و(جج) أبشارٌ وبَشَراتٌ وبَشَّرَهُ تبشيرًا م (والبِشارَةُ في المعنى العُرفيّ الخبرُ الصِدْقُ السارُّ

ج أُمُرٌ وأُمُراتٌ • أَيَارُ شهرٌ قبلَ حَزِيرانَ والأَيْرُ والأُيُورُ والأَيَارُ النُّحاسُ الرُّوميُّ والأَيارُ الهواء
والأَيْرُ م ج أُيُورٌ وآيارٌ (وآيُرٌ) والأَيْرُ ايضًا ريحُ الصَّبا والإِيرُ القطنُ ونُحاتةُ الفِضَّةِ •

ب

البِئْرُ م مُؤنَّثٌ ج آبُرٌ وأَبْآرٌ وآبارٌ وأَبْؤُرٌ (وآبُرٌ وبِئارٌ) ع وبَأَرَ وابْتَأَرَ حفرَ بِئرًا وبَأَرَهُ خبأَهُ وابْتَأَرَ الخيرَ عمِلَهُ
مستورًا والبُؤْرَةُ الحُفْرةُ والبِئْرةُ والبُؤْرَةُ الذخيرةُ وبِئْرُ سَبْعٍ حدودُ ارضِ اليهوديَّةِ • البَتْرُ القطعُ
وسيفٌ باتِرٌ وبَتَّارٌ قاطعٌ والأَبْتَرُ المقطوعُ الذَّنَبِ وفعلُهُ ن بَتَرَ والأَبْتَرُ والبُتْراءُ الحيَّةُ الخبيثةُ والأَبْتَرُ
ايضًا الخاسرُ وأَبْتَرَ أَعطَى ومنعَ ضِدٌّ والأَبْتَرُ ايضًا مَنْ لاخيرَ فيهِ والبَتْراءُ ايضًا المائدةُ التي لايُبْدَأُ
فيها بالبَسْمَلةِ الشريفةِ فانَّهُ لاخيرَ فيها وانبتَرَ انقطعَ والبَتْرةُ الأَتانُ وابيثارُ الحَبرُ ابنُ ابيمالِكَ
قتلهُ شاوُلُ مَلِكُ اسرائيلَ لأَنَّهُ أَعطى داوُدَ النبيَّ خبزًا • البَثْرُ القليلُ والكثيرُ ضِدٌّ والبَثْرُ
دَمْلٌ صغيرٌ وفعلُهُ ر ل ن بَثَرَ وجهُهُ بَثْرًا وبُثُورًا فهو بَثِرٌ وبَثِيرٌ والباثِرُ الحاسِدُ والمَبْثُورُ المحسودُ
والغنيُّ جدًّا • البُجْرَةُ السُّرَّةُ والعقدةُ في البطنِ وفي الوجهِ وفي العنقِ وذُكِرَ عُجَرَهُ وبُجَرَهُ اي
عُيُوبَهُ (وأَمْرَهُ كُلَّهُ) والأَبْجَرُ الذي خرجتْ سُرَّتُهُ وفعلُهُ ل بَجِرَ والأَبْجَرُ حبلُ السفينةِ والأَبْجَرُ
مَلِكُ الرُّها كانَ معاصرًا للسيِّدِ المسيحِ وراسلَهُ في حَيوتهِ وآمنَ على يدِ تادي الرسولِ والبُجْرُ
الشرُّ والامرُ العظيمُ (والعَجَبُ ج أَباجِرُ جج أَباجِيرُ والبُجْرِيُّ والبُجْرِيَّةُ الداهيةُ ج) بَجارِيُّ
وتَبَجَّرَ النبيذَ الحَّ في شربهِ • البَحْرُ م ج أَبْحُرٌ وبُحُورٌ وبِحارٌ والبَحْرُ ايضًا الماءُ الكثيرُ والكريمُ
وأَقصى الرَّحِمِ وشقُّ الأُذُنِ وبُحَيْرَةٌ تصغيرُ بَحْرةٍ وبُحَيْرَةٌ ايضًا لقبُ سركيسَ الراهبِ من رُهبانِ
نَجرانَ كانَ مبتدعًا نسطوريًّا منفيًّا من بلادهِ لهُ حكايةٌ يعرفها العارفُ والباحِرُ الاحمقُ والكذّابُ
والفضوليُّ ودمُ الرَّحِمِ والبَحْرَةُ البلدةُ (والرَّوضةُ العظيمةُ) ومستنقعُ الماءِ ل وبَحِرَ تحيَّرَ فزعًا واشتدَّ
عطشُهُ والبَحِيرُ مَنْ بهِ داءُ السِّلِّ والباحُورُ القمرُ (ولَقِيتُهُ صَحْرَةَ بَحْرَةَ ويُنَوَّنانِ بلا حجابٍ) والبُحْرانُ
المريضِ أُسْبُوعُهُ ج بَحارِينُ وماءُ البُحْرانِ عندَ اليهودِ ماءٌ يلعنهُ الكاهنُ ويسقيهِ المرأةَ المتهومةَ بريبةِ
الزِّنا فإِنْ كانت بريئةً نجتْ والأَهْلَكَتْ ومعناها ماءُ الفحصِ سريانيّةٌ معرَّبةٌ وأَبْحَرَ ركبَ
البحرَ (وأَبْحَرَ أَخذهُ السِّلُّ) وأَبْحَرَ صادفَ انسانًا بلا قصدٍ وأَبْحَرَ الماءُ مَلُحَ واستبحرَ انبسطَ
واستبحرَ الشاعرُ اتَّسعَ لهُ القولُ (وتبحَّرَ في المالِ كَثُرَ مالُهُ وتبحَّرَ في العلمِ تعمَّقَ واتَّسعَ) والبَحّارُ
والبَحْرِيُّ المَلّاحُ والباحُورُ والباحُوراءُ شِدَّةُ الحَرِّ في تموزَ • البُحْتُرُ القصيرُ والغليظُ • بَحْثَرَهُ
بحثَهُ وفرَّقَهُ فتَبَحْثَرَ وبَحْثَرَهُ استخرجهُ وكشفَهُ • (البَخْتَرِيُّ المَعْرَقُ الذي لايشيبُ) •
البَخَرُ م وفعلُهُ ع بَخَرَ والبَخَرُ نَتْنُ الفمِ فهو أَبْخَرُ وفعلُهُ ل بَخِرَ والبَخْرُ ايضًا كُلُّ رائحةٍ ساطعةٍ

التبجير واعيا ع وبقرة شقه ووسّعه وبقر الهدهد نظر موضع الماء في الارض والبقيرة برد يلبس بلا كمين وتبيقر توسّع وبيقر هلك وافسد ومشى متكبرا واعيا وشك ومات وخرج حيث لا يدري وطأطأ رأسه وحرص على جمع المال وهاجر والبيقر الصائك والمبقرة الطريق (والباقر الاسد والبقاري الكذب والداهية) والبيقرة كثرة الماشية والمتاع • البكرة والبكر الغدوة والاسم الابكار والبكرة (وتحرّك) م ج بكر وبكرات والبكرة ايضا الجماعة ن وبكر اليه وبكر (عليه و) فيه بكورا وبكر تبكيرا وابتكر وابكر وباكر اتاه بكرة وابكر الى الشيء بادر اليه في اي وقت كان ر ل وبكر قوي على البكور وابكره وبكّره جعله يبتكر ن وبكر وابكر وتبكّر تقدم ل وبكر عجل والباكور اول الشر والبكور والبكيرة والمبكار المعجل لادراك من كل شيء ج بكور والبكر العذراء ج ابكار والمصدر البكارة وابتكرها ازال بكارتها والبكر ايضا لقب سيدتنا مريم والدة الاله فانها بكر قبل وبعد والبكر ايضا المرأة اذا ولدت بطنا واحدا والبكر اول كل شيء وكل فعلة لم يتقدمها مثلها فهي بكر والبكر ايضا اول ولد للابوين والضربة البكر القاطعة والفحل البكر الحاذق والجريف والبكارة عند اليهود قديما الكهنوت لانه كان يختص بالولد البكر واخبرنا كتاب الله من عيصو انه باع اخاه يعقوب بكارته اي كهنوته ولهذا رذل والبكر (بالفتح و) بالضم ولد الناقة ج ابكر وبكران وبكارة بالفتح والكسر وصدقني سن بكره اي اخبرني بما في نفسه • بلشاصر بن بختنصر شرب مع جواريه بآنية القدس فاهلكه الله • بلطشاصر لقب دانيال النبي عند الكلدانيين • البلّور والبلّور م والرجل الشجاع • (البلهور المكان الواسع • المبتور المختبر من الناس) • البندر مرسى سفن التجار والبندار التاجر ج بنادرة • البنصر الاصبع بين الوسطى والخنصر مؤنثة • ابنير بن نير قائد جيش شاول ملك بني اسرائيل • البور الارض قبل ان تصلح للزرع والبور والابتيار الاختبار والهلاك واباره الله اهلكه ن وبار السوق بورا وبوارا كسد فهو بائر ج بوار والبور الرجل الفاسد ومن لا خير فيه لا يثنى ولا يجمع والبور ايضا والبائر والبائرة ما باز من الارض فلم يعمر والبوار الهلاك والبوري والبورية والبورياء والبارية الحصير والطريق ورجل حائر بائر لا يرتشد والبورانية اسم طعام منسوب الى بوران زوجة المأمون وبارة جرية • (البهترة القصيرة وبالفتح الكذب) • البهر ما اتسع من الارض والبلد وانقطاع النفس من الاعياء وفعله انبهر وبهر مجهولا فهو مبهور وبهير والبهر والبهور الاضاءة والبهر الغلبة والبعد والنصب والكرب والقذف والبهتان وما فوق الوسع وبهرا لك تعسا ع وبهر القمر غلب ضوء الكواكب وبهر فلان برع والابهر الظهر وعرق للاكحل وارض لا يركبها الماء والبهار نبت طيب الريح والحسن المنير والبهار الصنم والخطاف والقطن المحلوج والقبان

الذي ليس عند المُخبَر به عِلْمهُ وفي الاصل هي خبرٌ يغيّر بشرة الوجه سارًّا كان او مُحزِنًا) والتبشيرُ والبِشارة والبُشرى بمعنًى والبشارة ايضًا ما يُعطاهُ المُبشِّر واستبشر تبشّر والبَشَر الجمال وهو أبشرُ أجمَلُ والبِشْر البشاشة في الوجه والبشّار الذي من الناس والبشير المبشِّر والجميل وبشيرُ السلام جبرائيل لانهُ بشّر سيّدتنا مريم بيسوع كلمة الله الذي ألقى في العالم السلام والمبشّرون رسل المسيح لانهم بشّروا العالم بالخلاص والذين كتبوا الانجيل وهم متّى ومرقس ولوقا ويوحنّا والتباشيرُ البشارة واوائل الصبح وأبشر فرح وأبشر بخيرٍ افرح بالخير وباشر الامر وَلِيَهُ بنفسه وباشر المرأة جامعها * البَصَر حسّ العين ج أبصار وبَصَرُ القلب نظرهُ وخاطرهُ ر ل وبصر بَصَرًا وبصارةً صار مُبصِرًا وأبصرهُ وتبصّرهُ والبصير المُبصِر ج بُصَراء والبصير العالِم والبصيرة الفِطنة والحُجّة ودم البِكر عند افتضاضها والتُّرس والعبرة يُعتبَر بها والشهيد ولَمحٌ باصِرٌ اي ذو بَصَرٍ والبُصْر والتبصير التقطيع والبُصْر الجانب والقُطن والقِشر والجلد والباصور اللحم والتبصّر التأمُّل والتعرّف واستبصر استبان وبصّرهُ تبصيرًا عرّفهُ وأوضحهُ ومنهُ البصّار اي المنجّم وبصّر اللحمَ ايضًا قطعهُ والجرو فتح عينيهِ * البَطَر الأَشَر والنشاط وقلّة احتمال النِعمة والطُغيان بالنِعمة وكراهة الشيء من غير ان يستحقّ الكراهة والفعل ل بطِر ن ض وبطرهُ شقّهُ والبطير والبيطر (والبيطَر) والبيطار معالج الدوابّ وفعلهُ بَيْطَرَ وابطرهُ ادهشهُ وبطّرهُ تبطيرًا جعلهُ بطِرًا وأبطرهُ قطع عليه معاشهُ وذهب دمهُ بِطرًا هدرًا (والبيطر الخيّاط والبِطْرير الصخّاب الطويل اللسان والمتمادي في الغيّ) * البَظْر والبظارة والبُنظُر حَشَفة الرحم ج بُظور وبظّرت الجارية تبظيرًا ختنتها والتبظير للجارية كالختان للغلام والأبظر الاقلف وهي بظراء غير مختونة والبُظارة مَحبِس الخاتم والبُظارة لحمة وسط الشفة العليا (وذهب دمهُ بِظرًا اي هدرًا) ويا ابن البظراء شتم للأَمَة * البَعَر م ج أبعار وفعلهُ ع بَعَر والبعير الجمل ج أبعِرة وأباعر وأباعير وبُعران (وبِعران) والبَعْر ايضًا الفقر والبعرة رأس الذكر وأبعر المِعى وبعّرهُ تبعيرًا أخرج ما فيه من البَعَر * بَعثَر نظر وفتّش وفرّق وبدّد وقلّب بعضًا على بعض واستخرج وكشف وهدم الحوض والبعثرة الغثيان واللون الوسخ * (بعذرهُ بعذارة حرّكهُ ونفضهُ * بعكرهُ بالسيف ضربهُ) * البَغْر الدفعة الشديدة من المطر وتفرّقوا شَغَرَ بَغَرَ محرّكتين وبكسر ثلثيهما اي في كل وجهٍ والبَغْر الماء الخبيث * البَغبور الحجر الذي يُذبح عليه ذبائح للاصنام * البَغثَر الاحمق الضعيف الثقيل الوخم الوسخ * البَقَرة م للمذكّر والمؤنث ج بقر (وبقرات وبُقُر) وأبقار وبُقّار وأباقر وبواقر (وأمّا باقر) وبقير وبيقور وباقور وباقورة (فاسماء للجمع) والبقّار بالشدّ صاحب البقر والبقّار ايضًا الحدّاد ن بقر الانسان بَقرًا بالفتح والكسر حَمُق نظرهُ من

انبجر ارتدع من فزع وتحيّر ونفر وجفل وضعف عن الامر وانبجر القوم فى سببٍ ترادّوا وانبجر الماء سال والثبجارة حفرة يحفرها ماء الميزاب) * الثبر والتثبير الحبس والثبر المنع والصرف عن الامر واللعن والطرد والحفرة والفعل ن ثبر (والثبور الهلاك والويل والاهلاك وثابر واظب وتثابرا تواثبا وهو على ثبار امرٍ اى على اشراف من قضائه) والمثبر الموضع تلد فيه المرأة ل وثبرت القرحة انتفخت * الثجرة الوهدة واعلى الحشا ووسطه والتثجير التوسيع والتعريض وانثجر انفجر وانثجر الماء فاض * الثرة والثرارة والثرثارة العين الغزيرة (ج ثرور وثرار) والثرة والثارة المرأة الكثيرة الكلام والفعل ن ثر والثرثار المهذار والصيّاح * ثفجرة ضبة والمثفجر الماء السائل والمثفجر وسط البحر * الثعر كثرة الثآليل والثعرور الرجل القصير ورأس الذكر ن وثغر الانف تشقق * الثغر الفم والاسنان او مقدم الاسنان والبلاد على حد ارض العدو الحربى ج ثغور ع وثغر ثلم وثغر الثلمة سدّها ضد وثغرة كسر ثغره والثغرة الحفرة وحفرة فى النحر فوق المنكب واثغر الغلام القى ثغره ونبت ثغره ضد وامسوا ثغورا اى متفرقين * الثفر بالفتح والضم حياء السباع والطير او مكان مخرج قضيبها والمثفار المأبون واثفره ساقه من خلفه (واثفرته بيقة سوء اى الزقتها بابيته) * الثمر حمل الشجر الواحدة ثمرة (وثمرة) ج ثمار و (جج ثمر وجججج) اثمار والثمر ايضا والثمار انواع المواشى والثمر ايضا انواع المال والثمرة الشجرة وجلدة الرأس والنسل والولد ن وثمر الشجر واثمر صار فيه الثمر والثامر الشجر خرج ثمره والمثمر الذى نضج ثمره والثمراء الارض الكثيرة الثمر وثمر الرجل تموّل وثمر النبات تثميرا نفض نوره وعقد ثمره واثمر الرجل كثر ماله والثامر اللوبياء وابن ثمير الليل المقمر (وماثفيى لك بثمرة اى مالك فى نفسى حلاوة) * الثنجارة الحفرة يحفرها ماء الميزاب * الثور الهيجان والوثب والثور والثوران ظهور الدم والفعل ن ثار واثاره وثوّره واستثاره هيّره والثور ايضا (برج فى السماء و) ذكر البقر ج اثوار وثيار وثورة وثيرة (وثيرة) وثيران والثور ايضا السيد والطحلب والاحمق والثير غطاء العين وثاورة واثبه (وثورة من مال ورجال كثرة) *

ج

ع جار جارا وجؤارا رفع صوته بالدعاء وجار تضرع واستغاث وجار الثور صاح وجار النبت طال والجئير غشيان النفس والغصص وفعله ل جئر والجؤار القئ * الجبر خلاف الكسر والملك والعبد ضد والتجبر التزام الانسان بفعل الخير او الشر شاء ام ابى وهذه بدعة فى الدين نشت قديما واقتدى بها من المحدثين لوتاروس اللعين والجبر ايضا الرجل الشجاع والغلام

والبهيرة السيدة الشريفة وابهرجاء بشيء عجيب واستغنى بعد فقر واحتر وتلون في اخلاقه وابهر تزوج بهيرة اي شريفة وابتهر قال فجرت وهو لم يفجر وكذب وابتهر ابتهل وباهر فاخر والباهرات السفن والباهر عرق متصل باليافوخ (والبهور الاسد) وبهرة الليل والحلقة وسطهما * البهزر العاقل والشريف *

ت

ع تأر انتهر واتأر (؛ واتار) اليه بصره رفعه (واحده واتأره بالعصا ضربه والتأرة المرة ج تئر) والتورور الجندي بلا كرى * التبر الذهب والفضة قبل ان يصاغا وتراب الذهب والفضة وكسارة الزجاج والجوهر والتبر والتتبير الكسر والاهلاك وفعله ص تبر والمتبور الهالك ل وتبر هلك (والتبرية كالنخالة تكون في وسط الشعر) * الترجيل م منهم مخرج ياجوج وماجوج اعوان الدجال لعنه الله * التاجر م وبائع الخمر ج تجار (وتجار) وتجر وتجر والتاجر الحاذق بالامر والفعل ن تجر تجرا وتجارة * ن ص تر العظم ترا وترورا واتر بان وانقطع وتر عن بلده بعد والتر السريع الركض من البرازين والتر الاصل وخيط البناء والترة المراة الرعناء والترترة كثرة الكلام والتراتر الشدائد وترتر السكران حركه واشتم رائحته * تشرين شهران بعد ايلول * (ع تغر صاح وجرح تغار لا يرقأ والتغر اشتعال الحرب) * التغران العليان وفعله ع ل تغر وتغر السحاب تغورا انفجر والتيغار الاجانة ع وتغر العرق انفجر * التغرة بالكسر والضم وسط الشفة العليا والتافر والتغران الرجل الوسخ * التفتر الدفتر * التمر البلح الناضج واحده تمرة ج تمرات وتمور وتمران وتمرهم تميرا اطعمهم التمر واتمروا كثر تمرهم والتمير التيبيس وتقطيع اللحم صغارا وما بالدار تومري احد وتمور ذكرى ا م ر وتامار كنة يهودا بن يعقوب كان زنا بها فولدت له فارص وزارح وايتامار بن هارون الكاهن * التنور م وصانعه تنار والتنور ايضا وجه الارض ومعاز جهنم * التور الجريان وفعله ن تار والتور ايضا الرسول بين القوم واناء للشرب والتارة الحين والمرة ج تارات واتاره اعاده واترت النظر رفعته والتائر المداوم على العمل والتاورينا يونانية النظر العقلي والمناظر الالهية * التيهور الرجل المتكبر وموج البحر ج تياهير وتياهر والتاهور السحاب * التيار موج البحر والتايه المتكبر والتير التيه *

ث

الثأر الدم والمطالبة بالدم ج (اثآر و) آثار وثارات ع وثأر طلب دمه وقتل قاتله والمثؤور من اخذ منه الثأر واثأر ادرك ثأره والثائر الذي لا يهدأ عن اخذ ثاره (ولا ثأرت فلانا يداه لا نفعتاه *

والجوذر بالفتح (والجوذر والجوذر وتفتح الذال) والجيذر ولد البقرة الوحشية وانجذر انقطع
والجيذرة (سمكة) كالزنجي الاسود تسكن ماء البحر • الجذمور اصل الشيء. واتاه واخذه بجذموره
بجميعه (ورجل جذامر قطاع للعهد) • الجر والاجترار والاجدرار والاستجرار الجذب وفعله
ن جر والجرة م ج جر وجرار والجر ايضا الوهدة وجحر الضبع والثعلب وحبل اداة الفدان
(والزبيل) والسوق الرويد والجر ان تفوت المرأة التسعة اشهر في ولادتها (وان تفوت الناقة
السنة والفرس الاحد عشر شهرا) واجتر البعير واجر افاض ما اكله ثم اعاد اكله ثانية والاسم
الجرة (والجرة ايضا هيئة الجر) والجرة وعاء يبذر فيه البذار والجرة خبزة الملة والجري السمك
الحيات والجرية (والجريثة) حوصلة الطير والجرير زمام الدابة والمجرة في السماء م والجريرة
الذنب والجناية وفعله ن جر جرا وفعلت من جراك وجرائك بالشد والتخفيف فيهما (ومن
جريرتك اي) من اجلك والجرجار صوت الرعد والجرجارة الرحى والجرجور الكثير الشرب
والجرجر النورج من حديد والفول والزيتون الناضج والاجران الجن والانس (والجاورور نهر
السيل والجرجر والجرجير بقلة م) وجيش جرار ثقيل السير لكثرته والجرارة العقرب واجرة دينه
اخره والجرجرة والتجرجر صب الماء في الحلق وانجر انجذب وجارة مائلة (واجرة رسنه تركه يصنع
ما شاء واجر اغانيه تابعها) واستجررت له انقدت له • الجزر ضد المد وفعله ض جزر
والجزر ايضا القطع والبحر وقطاف العسل والجزور البعير والشاة المذبوحة ج جزائر وجزر وجزرات
واجزر الشيخ حان موته والجزار والجزير الذباح والاسم الجزارة والفعل جزر والموضع مجزر والجزارة
يدا المذبوح ورجلاه وعنقه وهي كرى الجزار والجزيرة كل ارض انحدرت بها المياه والنسبة جزري
والجزيرة ايضا كل ارض ينجزر عنها المد والجزير من يختاره اهل القرية ليتلقى على من ينزل بهم
من قبل السلطان • الجسر بالفتح ويكسر الذي يعبر عليه ج اجسر وجسور والجسر ايضا
والجسور الشجاع الطويل (ج جسر وجسر) ن وجسر الرجل جسورا وجسارة جرؤ ونفذ ومضى
وجسره تجسيرا شجعه واجتسرت السفينة هاجمت البحر وتجاسر تطاول واجترأ وتحرك اليه
بالعصا • ن جفر الدابة وجفرها تجفيرا اطلقها لترعى والجفر المواشي التي ترعى ليلا
والجشر ايضا والجشير الرجل الغريب والجشر ايضا خشونة الحلق وغلظ الصوت وفعله ل جشر فهو
اجشر وهي جشراء ن وجشر الصبح جشورا طلع والجاشرية نصف النهار والجشير جراب الزاد
والكنانة والجوالق والجشار صاحب مرج الخيل وخيل مجشرة مرعية (وجشر الاناء تجشيرا فرغه
• الجعظر العد شرة كانه متحصب يقال مالك مجعظرا) • الجعر ما يبس في الدبر من
الروث والمجعر والجاعرة الدبر ج جعور ورجل مجعار يابس الطبيعة ع وجعر وانجعر تحرى

ن وجبر العظمَ والفقيرَ جَبْرًا وجُبورًا وجِبارةً وجبَّرهُ تجبيرًا احسن اليهِ واغناهُ بعد فقرٍ فاجتبرَ واستجبرَ والعظمُ اجتبرَ وتجبَّرَ ر فجَبُرَ جَبْرًا وجُبورًا وجبرهُ على الامرِ واجبرهُ اكرههُ وتجبَّرَ تكبَّرَ وتجبَّرَ الشجرُ اخضرَّ واورقَ وتجبَّرَ المريضُ صلُحَ حالُهُ وتجبَّرَ الرجلُ عادَ اليهِ ما ذهبَ عنهُ والجبّارُ من اسماءِ اللهِ لتكبُّرِهِ والجبّارُ ايضًا (والجِبِّيرُ) كلُّ عاتٍ وقاسٍ ومعتدٍ والعظيمُ القويُّ والشجرةُ العظيمةُ الشامخةُ والمتكبِّرُ الذي لايرى لاحدٍ عليهِ حقًّا والاسمُ الجَبَرُوتُ بلا همزٍ والجَبَرُوتا والجِبْرِياءُ والجِبْرِيَةُ (والجِبْرِيَّةُ والجَبَرُوتَى والجَبْرِيَةُ والجَبَرُوَّةُ والتَّجْبارُ والجَبُّورةُ والجُبُورةُ والجَبْرُوتُ) والجَبَرِيَّةُ والجَبَرُوَّةُ ج جَبابِرَةٌ وفعلُهُ ر جَبُرَ وتجبَّرَ وجبرائيلُ مَلَكُ السلامِ وزعيمُ الملائكةِ معناهُ رجلُ اللهِ عِبرانيَّةٌ او سريانيَّةٌ وفيهِ لغاتٌ جَبْرِيلُ بلا همزٍ وجَبْرايِيلُ بيائَيْنِ وجَبْرِينُ (وجَبْرَئِلُ وجَبْرَئِيلُ والكلُّ بالفتحِ والكسرِ) والجُبارُ الباطلُ وكلُّ شيءٍ أُفسِدَ او أُهلِكَ والسيلُ (والبَرِيءُ من الشيءِ. ويقالُ انا منهُ خَلاوةٌ وجُبارٌ) وجُبارٌ ايضًا يومُ الثلثاءِ وجابِرُ بنُ حَبَّةَ وابو جابرٍ كُنْيَةُ الخبزِ (وأمُّ جابرٍ الهَرِيسَةُ) وجُوبارٌ مَسيلُ النهرِ الصغيرِ والمُجَبِّرُ الذي يُجَبِّرُ العظامَ والمتجبِّرُ الاسدُ واجبَرَةٌ نسبةٌ الى الجَبْرِ والجِبارةُ اسمٌ لتجبيرِ العظامِ والجِبارةُ (والجَبِيرةُ) العيدانُ التي يُجبَرُ بها العظامُ • النَّجْرُ والنَّجْرانُ كلُّ شيءٍ يحتفرهُ الهوامُّ والسباعُ لانفسِها وتقديمُ الحاءِ على الجيمِ لحنٌ من العوامِّ ج جِحَرَةٌ واجحارٌ ع وجحَرَ الضبُّ دخلَ جُحْرَهُ فانجحرَ وتجحَّرَ وجحَرَتِ الشمسُ ارتفعتْ وجحَرَتِ العينُ غارتْ واجتحرَ اتخذَ لهُ جُحْرًا والمَجْحَرُ الغارُ العميقُ والجَحْرةُ السنةُ المجدبةُ واجحرتهُ الجائتةُ والمَجْحَرُ الملجأُ والمكمنُ وقولُ العامةِ النَّجْرُ للاستِ غلطٌ (والجَحْرَمَةُ سوءُ الخلقِ) • الجَحْدَرُ القصيرُ وجَحْدَرَهُ صرعهُ ودحرجهُ • (الجُحاشِرُ الضخمُ الحادرُ الجسمِ العبْلُ المفاصلِ) • البَخَرُ تغيُّرُ رائحةِ اللحمِ والبَخَرُ ايضًا نتانةُ الفَرْجِ فهي بَخْراءُ والبَخِرُ الجبانُ والفاسدُ العقلِ والعاجزُ والسريعُ الجوعِ والبَخْراءُ العينُ الضيِّقةُ والباخِرُ الوادي الواسعُ (وتبخَّرَ الحوضُ تقلَّعَ طينُهُ وذهبَ ماؤهُ) • الجَدْرُ والجِدارُ (والجِدارُ) الحائطُ ج جُدُرٌ وجُدْرانٌ (وجُدُرٌ) والجُدَرِيُّ بالضمِّ والفتحِ داءٌ م وفعلُهُ ن جَدَرَ وجُدِرَ مجهولًا وجُدِّرَ تجديرًا فهو مجدورٌ ومُجدَّرٌ والجَدْرُ نباتٌ والجَدَرُ كالغُدَّةِ في البدنِ وورمُ الحلقِ وفعلُهُ ن جَدَرَ جُدورًا والجديرُ مكانٌ بُنيَ حواليهِ جِدارٌ والجديرُ ايضًا الخليقُ ج جَديرونَ وجُدَراءُ وفعلُهُ ر جَدُرَ جَدارةً وإنَّهُ لمَجْدورٌ أن يفعلَ وجدَّرَهُ جعلهُ جديرًا والجَديرةُ الحظيرةُ والطبيعةُ ن ر وجدرَ النبتُ واجدرَ وجدَّرَ تجديرًا طلعتْ رؤوسُهُ واجدرَ الرجلُ توارى بالجدارِ واجتدرَ بنى الجدارَ وجدَّرَ الجدارَ تجديرًا شيَّدَهُ (والمِجْدارُ ما يُنصَبُ في الزرعِ مزجرةً للسباعِ) وجَنْدَرَ الكتابَ اعادَ القلمَ على مادرسَ منهُ والجَيْدارُ والجَيْذَرِيُّ القصيرُ • الجَذْرُ القطعُ والاصلُ والحسابُ والاستيصالُ (ومَغرِزُ العنقِ ج جُذورٌ)

واستجار طلب أن يُجار وأجارهُ أنقذهُ وأعاذهُ وأجارهُ خفرهُ (وأجار المتاع جعلهُ في الوعاء وجوّرهُ صرعهُ ونسبهُ الى الجَوْر وجوّر البناء قلبهُ) وتجوّر سقط واضطجع وتهدّم وانخفض ومنهُ الجوّرة والمجوّز المتّقر (ويومٌ بيوم الحفض المجوّر مثل عند الشماتة بنكبة من يُصيبهُ ما كان يفعلهُ بغيرهِ) *

الجَهْرةُ الظاهر والجَهرةُ العيانُ ع وجَهَر علن وجهر الكلام وأجهرهُ أعلن بهِ فهو رجلٌ مُجهرٌ ومِجهارٌ اى عادتهُ الاجهار وجهر الصوت وأجهرهُ أعلاهُ وجهرهُ واجتهرهُ راعهُ جمالهُ (وفتنهُ) وعظم في عينيهِ ونظرهُ بلا حجاب (وجهر واجتهر الجيش استكثرهم والارض سلكها والشيء حزرهُ) وجهر الشيء كشفهُ وجهرهُ عظّمهُ ل وجَهِرت العين لم تُبصر في الشمس فهو أجهر ر وجَهُر فخم وجهر الصوت ارتفع وكلامٌ جَهيرٌ ومُجهرٌ وجهوريٌّ عالٍ والجُهرُ هيئة الرجل وحسن منظرهِ (والجَهْرُ الرابية الغليظة والسنة والقطعة من الدهر) والجهيرُ الجميلُ والخليق للمعروف ج جُهراء والأجهرُ الحسنُ المنظرِ والتامُّ الجسم والأحولُ الحسنُ الحَولة فهي جهراء والجهراء الأرض المستوية والعين الجاحظة (والجهراء ايضًا الجماعة ومن الحيّ أفاضلهم والجوهرُ كل حجرٍ يُستخرج منهُ شيءٌ يُنتفع بهِ وجوهرهُ صيّرهُ جوهرًا وجوهر الشيء ما وُضعت عليهِ جبلّتهُ والجوهر الجوهريّ المُقدِم) ن وجَهرةً وجاهرةً غالبهُ بالجهر والجهيرُ الحسنُ القدّ والخدّ والاسم الجهورةُ والجَهارةُ * جَيْرِ مبنيًّا على الكسر (ويُنوّن وجيرٌ يمينٌ) بمعنى حقًّا وبمعنى نعم والجير الجصّ والقماءة (والجيّار الصاروج) وحوضٌ مُجيّرٌ مُقيّر أو مُجصّص *

ح

الحِبرُ نفس الدواة والمحبرة (والمحبرة) موضع الحبر وبائعهُ حِبريّ والحبرُ بالكسر والفتح العالمُ والصالحُ ج أحبار وحُبور والحبرُ ايضًا الأثر وأثر النعمة والحسن والوشي والمِثلُ والنظير والحبرُ الاعظمُ لقب بابا رومية لانهُ اعظم أحبار النصارى ورؤسائها شرقًا وغربًا والحبرُ ايضًا البطريرك والأسقف ورئيس كهنة اليهود وسفر الأحبار ثالث أسفار التوراة لانهُ يتضمّن الكلام في أحبار اليهود وأول أحبار اليهود هرون اخو موسى صار حبرًا من الله بواسطة موسى وآخرهم قيافا اللعين الذي قضى بالموت على السيد المسيح مصلوبًا والحَبَرُ والحبورُ والحَبرةُ والحَبرُ السرور وأحبرهُ سرّهُ والحَبرُ والحَبرةُ النعمة والحَبَرُ الأثر وفعلهُ ص حبر والحبر والحبيرُ الناعمُ الجديدُ والحبيرُ السحابُ المنهمرُ والبُرْدُ الموشّى والثوبُ الجديدُ ج حُبُر والحَبرةُ سماع أنغام تراتيل السماء (وكلّ نغمة حسنة) والحُبارى طائرٌ م ج حُباريات والحُبرور (والحِبرير والحُبربر والحَبور) والحُبور فرخهُ ج (حَبابير و) حَباريرُ والمُحبرُ من قرصت البراغيث جلدهُ وبقي فيهِ أثرها ونار الحُبيرِ نار الحُباحِب (وما أصبت منهُ حَبَنبرًا

والجعرى (والجعراء) الاست والجاعرة حلقة الدبر والجعرة شعير ابيض عظيم الحب وجيعر وجعار (وأم جعار) وأم جعور الضبع (وتيبسى جعار اوعيثى جعار مثل يضرب فى ابطال الشئ والتكذيب به وروى جعار يضرب فى فرار الجبان وخضوعه) وابوجعران الجعل وأم جعران الرخمة والجعرى لعبة للصبيان وهى أن يحمل الصبى بين اثنين على ايديهما * الجعبر القصير والحائط الغير المنحوت وجعبرة صرعه * (جعثر المتاع جمعه * الجعذر القصير الجعذرى الاكول) * جعظر فر وولى مدبرا والجعظرى الفظ الاكول والجعظارة التليل العقل * الجعفر النهر الصغير والكبير ضد * الجفر ولد الشاه ابن اربعة اشهر ج أجفار وجفار (وجفرة) والجفرة جوف الصدر والجفير جعبة النشاب ومنه الجفر اى كتاب الرموز وأجفر غاب وانقطع عن الجماع واجفره صاحبه قطعه وترك زيارته ن وجفر اتسع وجفر من مرضه تخلص منه والجوفر الجوهر والجيفر الاسد وطعام مجفر (ومجفرة) يقطع عن الجماع وفعلته من جفرك (وجفرك وجفرتك) من اجلك وفلان منهدم الجفر لا عقل له * الجكيرة (تصغير الجكرة) الحاجة ل جكر واجكر الح (فى البيع * الجلبار قراب السيف أو حلة * الجلنار زهرة الرمان معرب كلنار) * الجمرة م ج جمر (والجمرة ايضا الف فارس والقبيلة التى بها ثلثمائة فارس) والحصاة والجمرة التى رآها اشعيا النبى كناية عن جسد المسيح وجمره تجميرا جمعه ن وجمر القوم واجمروا واستجمروا تجمعوا والمجمر والمجمرة المبخرة والجمار بالفتح الجماعة (وجاءوا جمارى ويثنون باجمعهم والجمير مجتمع القوم والجميرة الضفيرة وابناجمير الليل والنهار) واجمر اسرع فى السير واجمر الفرس وثب فى القيد واجمر ثوبه بخره واجمر النار هيأها واجمر الهلال استتر واختفى واستجمر استنجى والجمار الشئ يستنجى به وجمرة نحاه * (الجمثورة التراب المجموع * الجمخور الاجوف وكل قصب اجوف من قصب العظام جمخور * جمزر نكص وهرب) * الجمهور جل الناس ومعظم كل شئ وجمهره جمعه وجمهر عليه الخبر اخفى عنه المراد منه (والجمهوري النبيذ القديم) وتجمهر علينا تطاول * (الجنثور مداس الحنطة والشعير * الجنثبر الجمل الضخم والقصير وفرخ الحبارى * الجنافير القبور العادية جمع جنفور) * الجور نقيض العدل وضد القصد فهو جائر ج جورة وجارة وجائرون والجار المجاور (والذى اجرته من أن يظلم) والشريك وزوج المرأة (وهى جارته) والجار ايضا فرج المرأة والجار والجارة الاست والجار ايضا المقاسم والحليف والناصر ج جيران (وجيرة) واجوار والورد الجورى منسوب الى جور مدينة فى خراسان والجوار الذمام فهو جارك اى فى ذمامك وفعله اجار والجار ايضا المجير والمستجير

وسيلان العين بالدمع وفعله (ض) حذر والاسم الحذورة (والحذورة) والحاذورة والحذر ايضا الحول في العين فهو احذر وهي حذراء وعين حذرة حادة النظر والحاذر والحيذر والحيذرة كالاسد والحاذر ايضا الغلام الحسن والحاذور الهلاك والحيذار الحصى الصلبة والحذرة قرحة في العين والحناذر الحاد البصر والحنذر والحنذور والحنذورة والجنذير الحدقة (وهو على حنذور عينه وحنذورتها اي يستثقله فلا يقدر النظر اليه بغضا وجعلته على جنذيرة عيني وحنذورتها اي نصب عيني) واحذر تورم وانهبط والمنحدر موضع الحذر وتحذر تنزل • (الحذبار الناقة العابرة والسنة الجذبة وللاكمة ج حذابير) • الحذر بالكسر والتحريك والاحتذار والمحذورة للاحتراز وفعله ل حذر والحذر والحاذورة والحذور والحذريان المتيقظ الشديد الحذر ج حذرون وحذارى (وهو ابن احذار اي حزم وحذر) والمحذورة الفزع والداهية والحرب وحذار حذار بالبناء على الكسر احذر وانا حذيرك منه احذركه والحذرية عرف الديك ج حذارى والحذرى الباطل وابو حذر الجرباء • الحذفور بالضم والفتح والحذفار الجانب والحذفور ايضا الشريف (والجمع الكثير) وحذفره ملأه واخذه بحذفوره (وبحذفاره) وبحذافيره باسره واشدد حذافيرك تهيأ • (الحذمير القصير واخذه بحذاميره باسره ولم يدع منه شيئا) • الحر والحرور والحرارة ضد البرد ج حرور واحارر وفعله س ض حر والحرة الارض ذات حجارة سود ج حر وحرار وحرات والحر خلاف العبد وخيار كل شيء ج احرار وحرار والاسم الحرورية والحرية والحرورة والحر ايضا الفعل الحسن والصقر وفرخ الحمام وولد الظبية والحية والحر فرج المرأة (لغة في المخففة اصلها حرح ج احراح وحرون) والحرة العذاب الموجع والظلمة الكثيفة ووهج النار والحرة الكريمة وخلاف الامة ج حرائر والحرة ايضا السحابة المطرة وباتت بليلة حرة عجز بعلها عن اقتضاضها والليلة الحرة اول ليلة في الشهر ن وحر عطش فهو حران وهي حرى والحرير والمحرور من تداخلته حرارة الغيظ (او غيره والحريرة دقيق يطبخ بلبن او دسم) والحر والحريرم والحرور الريح الحارة ليلا والحرور ايضا حر الشمس والحر الدائم والنار وتحرير الكتاب وغيره تقويمه وضبطه وتحرير الرقبة عتق الاسير واستحر اشتد والحار العمل الشاق وشغر المنخرين واحر النهار صار حارا • الحزر التقدير والخرص وفعله ن ض حزر والحزرة خيار المواشي ج حزرات والحازر اللبن الحامض والنبيذ الحامض والوجه العابس وفعله ن حزر والحازر ايضا دقيق الشعير وحزيران شهر قبل تموز والحزور الغلام القوي والرجل القوي والضعيف ضد والمحزور المتعقب • حزفره ملأه وحزفر المتاع شده وحزفروا استعدوا • الحزمرة الحزم والافراز • ن ض حسره حسرا كشفه ن وحسر الشيء حسورا انكشف ض وحسر البصر حسورا كل فهو حسير ومحسور

ولاحبربرًا شيئًا وما على رأسهِ حبربرةٌ شعرةٌ) ل وحبرت الارض وأحبرت كثر نباتها وحبِر الجرحُ
نُقِض او برئ منهُ والحابور مجلس الفسّاق ومنهُ حابورة اليهودِ وهي متعبّدهم في مجامعهم ج
حابورات وحوابير وتحبير الشعرِ والخطِّ والثوبِ (وغيرهم) تزيينهُ وتحسينهُ وحبرون اسمُ قريةٍ
في ارض اليهوديةِ • الحبتر والحبيتر الثعلب والقصير • الحبكرُ حبُّ الغمام اي البرَد
• الحبوكر والحبوكرى وأُمّ حبوكرٍ وأُمّ حبوكرى وأُمّ حبوكران الداهية ج حباكر وحبكرة جمعهُ
وتحبكر تحيّر والحبوكرى الصبيُّ الصغير • الحتر احكامُ الشيء والحتر والاحتار الشدّ وتحديدُ
النظرِ وقلّة النفقةِ والاكل والاعطاء والاطعام والفعل ن ض حتر والحِتار الكِفاف من كلّ شيء
والاستدارة وحلقة الدبرِ والقيد ما بين الدبرِ والفرجِ والخطّ بين الخصيتين والحترة والحتيرة
وليمة فراغ البنيانِ والحترة ايضًا موضع قصّ الشاربِ (والمحتر المقتِر وما حترت اليوم شيئًا ماذقت)
• ل حثر الجلد بثر وحثرت العين تكوّمت أجفانها وحثر الشيء غلظ والحثر العكر وحامض
العنبِ والحثورة رأس الذكرِ • (الحثفرة ثفل الدهن وغيرهِ وسقط المواشي واخذت بحثافيرِ
الامرِ اي بآخرهِ والحثفرة حثورة وقذى يبقى في أسفل الجرّة) • الحجر مثلثة والحجران
بالضمّ والكسر المنع والحرام وحضن الانسانِ والحجر ايضًا قطعة مربّعة يعلّقها كاهن الرومِ من عن
يمينهِ وقت التقدمةِ الالهيةِ كأنها تمنع عنهُ أباطيل العالمِ (والحجر نقاء الرملِ ومحجر العينِ)
والحجرة الناحية ج حجرات وحواجر والحِجر العقل وأنثى الخيلِ وقولهم حجرًا لهن ج حجور
وحجورة وأحجار والحجر ايضًا القرابة وجهة الثوبِ ما بين يديك وفرجُ الانسانِ ونشأ في
حجرهِ بالفتح والكسر اي في سترهِ وحفظهِ والحجر الصخرة ج أحجار وأحجر وحجارة (وحجار)
وأرض حجرة وحجيرة ومستحجرة كثيرة الحجرِ والحجر ايضًا الفضّة والذهب والحجر الكريم الجوهر
ومن أسرارِ أهل الكيمياء والحاجر الارض المرتفعة ووسطها منخفض والحجريّ بالضمّ ويكسر
الحقّ والحرمة والحجريّ لقب اسطفانوس أول الشهداء لانهُ قُتل مرجومًا بالحجارةِ ورُمي بحجر
الارض اي بداهيةٍ والمحجر (والمحجِر) الحديقة ومحجر العينِ ما دار بها (ومحجر الثريةِ ماحولها
من الاحياء ج محاجر) والحجرة (الغرفة و) الحظيرة (ج حجرات وحجرات وحجرات) واستحجر
الطين وتحجّر صار حجرًا واتّخذ له حجرة والحنجور م والحنجور والحنجرة الحلقوم ج حناجر
وحجّر القمرُ تحجيرًا صار له هالة وتحجّر عليهِ ضيّق عليهِ واستحجر اجترأ واحتجر اللوح وضعهُ في
حجرهِ واحتجر بهِ التجأ واستعاذ • الحدر والحدور النزول من علوٍ الى سفلٍ والحدر والتحدير
الاسراع والحدر والانحدار وورم الجلدِ من الضربِ والحدر ايضًا فتل هدب الثوبِ والاحاطة
بالشيء (وامشاء الدواء البطن) والفعل ن ر حدر والحدر والحدور والحادور مكان ينحدر منهُ

أخضر (ووقع في الحظر الرطب اي في ما لا طاقة له به وهو نكد الحظيرة قليل الخير والمحظور المحرم) * الحفرة والحفيرة والمحتفر م ج حفائر وحفرات وفعله ض حفر حفرًا واحتفر وحفر عليه فتش وحفر الشيء واحتفره نقّاه (والمرأة جامعها) والحفر (البئر الموسّعة و) التراب المخرج من الحفيرة (ج أحفار جج أحافير) وأحفر الصبي سقطت ثناياه والحفير القبر والحافر للدابة م ج حوافر والحفرة أول الملتقى ورجعت على حافرتي اي طريقي الذي جئت فيه والحافرة الخلقة الأولى وردّ آخر الشيء على أوله والنقد عند الحافرة اي عند أول كلمة ووقع الحافر على الحافر المماثلة والمشابهة * (الحفيتر القصير) * الحاقورة السماء الرابعة والحقر والحقرية والحقارة مثلثة والمحقرة الذلة وفعله ض ر حقر والحقير الذليل الضعيف واللئيم لا أصل وحقر الكلام تحقيرًا صغّره وتحاقر تصاغر * الحكر الظلم وسوء المعاشرة وفعله ض حكر وحكر الشيء واحتكره احتبسه منتظرًا لغلائه ومنه قول الروح القدس كل محتكر ملعون والاسم الحكر والحكرة وفاعله حكر ومحتكر ل وحكر بالشيء استبدّ به ولجّ فيه * الحمار م ج أحمرة وحمر وحمير وحمور وحمرات (ومحموراء) والحمارة الأتان والحمار والحمارة الصخرة العظيمة وحجر عريض يوضع فوق لحد الميت ج حمائر (وهو أكفر من حمار هو ابن مالك او مويلع كان مسلمًا اربعين سنة فخرج بنوه عشرة للصيد فأصابتهم صاعقة فهلكوا فكفر وقال لا أعبد من فعل ببني هذا فأهلكه الله تعالى وأخرب واديه فضرب بكفره المثل وذو الحمار الأسود العنسي الكذاب المتنبي كان له حمار أسود معلّم يقول له اسجد لربك فيسجد له ويقول له ابرك فيبرك) والحمر والحومر التمر الهندي والأحمر ما لونه الحمرة ومن لا سلاح معه (جمعهما حمر وحمران) والأحمر ايضا الأبيض ضد والذهب والزعفران واللحم والخمر والخلوق والموت الأحمر القتل والحمراء السنة الشديدة وشدة الظهيرة واليحمور حمار الوحش وبنوا حمور بالشد والتخفيف طائفة اشترى منهم ابونا ابراهيم المغارة المضاعفة وقبر فيها سارة زوجته وهذه كانت عربون الله لنسله ليورثهم أرض الميعاد والحمّارة أصحاب الحمير ن وحمر السير قشره وحمر الشاة سلخها وحمر رأسه حلقه ل وحمر الرجل تحرّق غضبًا وحمر القيظ اشتدّ وحمرت الدابة تبلّدت والحمرة داء كالطاعون يعدي وأحمر ولدت له ولد أحمر وأحمر دابته بالغ في علفها فأضرّ بها (فحمرت) وحمّره تحميرًا قال له يا حمار وتحمّر خلقه واحمرّ واحمارّ اشتدت حمرته ودير الحميرة في نواحي أطرابلس * حمطر القربة ملأها (والقوس وترها) ودير حمطورة في جبل لبنان ويقال فيه حماطورا وحنطورة وعينطورا * ن خنر الشيء ثناه والخنبرة منذفة يندف بها النساء القطن * (الحنبتر الشدة) * الحنترة الضيق وفعله حنتر * (الحنترة الضيق ورجل حنتر وحنتري أحمق) * حنجرة ذبحه وحنجرت

وحَسَرَ الغصنَ قشرهُ وحَسَرَ البيتَ كنسهُ ل وحَسِرَ عليهِ حَسْرَةً و[illegible]ا تلهّفَ فهو حَسِيرٌ ض ل وحَسِرَ واستحسرَ أَعْيا فهو حسيرٌ ج حَسْرَى والمَحْسَرُ الوجهُ والطبيعةُ والمِحْسَرَةُ المِكْنَسَةُ والحاسِرُ الخالي من الدِرْعِ وتحسَّرَ تلهّفَ وتحسّرَ الطائرُ سقطَ ريشهُ وحسَّرهُ تحسيرًا حقّرهُ وآذاهُ • الحَشْرُ الجمعُ والتدقيقُ ومنهُ يومُ الحَشْرِ اي يومُ الدينونةِ حيثُ يجمعُ اللهُ البشرَ ويدينهم بالتدقيقِ ج حَشَرَةٌ وفعلهُ ن ض حَشَرَ والمَحْشَرُ يومُ الدينونةِ ومكانُ الحشرِ والجَلاءُ والحَشَرَاتُ والحَشَرَةُ الهوامُّ والدوابُّ الصغارُ والحَشَرَةُ ايضًا قشرةُ الحَبِّ والحُشْرُ النُخالةُ والحَشُورَةُ الدابّةُ الضيّقةُ الخِلْقةِ (والعجوزُ المتطرّفةُ)

• الحَصْرُ والإحصارُ التضييقُ والحبسُ وفعلهُ ن ض حَصَرَ والحُصْرُ احتباسُ البطنِ وفعلهُ حُصِرَ مجهولًا وأُحْصِرَ فهو محصورٌ والحَصَرُ ضيقُ الصدرِ والبخلُ والعيُّ في المنطقِ والعجزُ عن القراءةِ فهو حَصِيرٌ وحَصُورٌ والفعلُ ل حَصِرَ والحصيرُ البارِيّةُ والمَلِكُ والسجنُ والمجلسُ والطريقُ والماءُ والصفُّ ووجهُ الارضِ ج أَحْصِرَةٌ وحُصُرٌ والحصيرُ ايضًا فِرِنْدُ السيفِ والثوبُ المُوَشَّى بالذهبِ والبخيلُ والضيّقُ الصدرِ والحَصُورُ الذي يتجنّبُ النساءَ اختيارًا ولا يشتهيهنّ ولا يقربهنّ كالرُّهبانِ والحَصُورُ ايضًا لقبُ يوحنّا الصابغِ لانّهُ حَصَرَ فيهِ جميعَ المناقبِ الحميدةِ فهو مَلَكٌ ونبيٌّ ومُشترِعٌ ورسولٌ وكاهنٌ ومُعْترِفٌ وشهيدٌ وبَتُولٌ وبِكْرٌ وناسكٌ ومُتَوَحِّدٌ والحَصُورُ ايضًا المحبوبُ (والبخيلُ) والهَيُوبُ والمُتابي وكاتمُ السرِّ وأَحْصَرَهُ البولُ حَصَرَهُ (والمُحْتَصِرُ الاسدُ) ومُحاصَرةُ العدوِّ م ن وحَصَرَهُ القومُ اطافوا بهِ ل وحَصِرَ بخِلَ وامتنعَ عن اتيانِ النساءِ وكتمَ السرَّ

• ل ن حَضَرَ حُضُورًا وحَضَارةً واحتضرَ وتحضّرَ ضدُّ غابَ وحَضَرَهُ وتحضّرهُ اي وُجِدَ عندَهُ وأحضرَ الشيءَ وكانَ بحضرتِهِ مثلّثةً وهو حاضرٌ ج حُضَّرٌ وحُضُورٌ وحَسَنُ الحِضْرَةِ اذا حَضَرَ بخيرٍ والحَضَرُ والحَضْرَةُ والحاضرةُ والحِضارةُ خِلافُ البادِيةِ اي سُكّانُ المُدُنِ والقُرى والحِضارةُ الاقامةُ في المُدُنِ والحُضْرُ والإحضارُ عَدْوُ الفرسِ فهو مِحْضِيرٌ والحَضِرُ (والحَضْرُ) الذي يتحيّنُ طعامَ الناسِ حتّى يحضرهُ والحَضْرُ الفقيهُ والفصيحُ والمَحْضَرُ خطٌّ يُكتبُ في واقعةٍ خطوطُ الشهودِ في آخرهِ بصحّةِ ما تضمّنهُ صدرُهُ والمَحْضَرُ ايضًا القومُ الحضورُ والسجلُّ والمشهدُ والحَضِيرةُ الجماعةُ ومُقدّمةُ الجيشِ والمحاضرةُ المجالدةُ والمجادلةُ امامَ السلطانِ في الدعاوى والتحضّرُ التطفيلُ والحاضرُ خِلافُ البادي والحاضرةُ خِلافُ البادِيةِ معناهما انّ المَدَنيَّ غيرُ البَدَويّ والحاضرةُ ايضًا أُذنُ الفيلِ ومكانٌ مَحْضُورٌ تحضرهُ الجنُّ والحاضرُ الحيُّ العظيمُ

• حَضاجِرُ اسمٌ للضبعِ (مؤنّثُ معرفةٌ لاينصرفُ لانّهُ اسمٌ لواحدٍ على بنيةِ الجمعِ) وحَضْجَرَهُ ملأهُ

• (حَطْمَرَهُ ملأهُ وحطمرَ القوسَ وترها والمُحْطَمِرُ الغضبانُ)

• ن حَظَرَ الشيءَ منعهُ وحظرَ منعَ والحظيرةُ المحيطُ بالشيءِ من خشبٍ او قصبٍ والحِظارُ الحائطُ وحظيرةُ القدسِ مدينةُ القدّيسينَ في السماءِ والحظيرةُ ايضًا قلّايةُ الراهبِ والحِظارُ ذُبابُ

وفعلهُ ر خَبِرَ والخَبْرُ الزرعُ والخَبْراء مَنْبِتُهُ ج خَبارَى (وخَبارِي) وخَبْراوات (والخَبارُ ما لان من الارض واسترخى والجَراثيمُ وجِحَرَةُ الجُرْذانِ ومَن تَجنَّبَ الخَبارَ أَمِنَ العِثارَ مَثَلٌ) ل وخَبِرَتِ الارضُ كثُرَ نَباتُها والمُخابَرَةُ المشاركةُ فى الزراعةِ على النِصفِ والخَبيرُ الأكّارُ والعالِمُ بالله والوَبَرُ والنَباتُ وتَخَبَّرُوا اشتَرَوا شاةً وذَبَحوها واقتسَموها بينهم والاسمُ الخُبْرَةُ والخُبْرَةُ طعامُ المُسافِرِ يحملُهُ معهُ وكُلّما تشتريهِ لأهلِكَ من الطعامِ والخَيْبَرِيُّ الحَيّةُ السَوداءُ الخَبيثةُ ن وخَبَرَهُ خَبْرًا واخْتَبَرَهُ جَرَّبَهُ واستَخبَرَهُ وتَخَبَّرَهُ سألَهُ الخَبَرَ وخَبَّرَهُ تخبيرًا أخبَرَهُ (والخَبُورُ الاسدُ ولأَخْبُرَنَّ خُبْرَكَ لأَعلَمَنَّ عِلمَكَ ووَجَدتُ الناسَ اخْبُرْ تَقْلِهْ اى وَجَدتُهم مَقُولاً فيهم هذا اى ما مِن أحدٍ إلّا وهو مَسخوطُ الفعلِ عندَ الخِبْرَةِ) • الخَتْرُ والخُتورُ الغَدْرُ والخَديعةُ وفعلُهُ ض ن خَتَرَ فهو خاتِرٌ وخَتّارٌ وخَتيرٌ وخَتورٌ (وخِتّيرٌ) والخَتَرُ الخَدَرُ عندَ شُرْبِ سُمٍّ وتَخَتَّرَ تغيَّرَ واسترخى وكَسِلَ وخَمَّ ن وخَتَرَتْ نفسُهُ خَبُثَتْ وفَسَدَتْ • (الخَتْعَرَةُ الاضمحلالُ و) الخَيْتَعُورُ الدُنيا والذِئبُ والغُولُ والداهيةُ والشَيطانُ والاسدُ ونَسجُ العنكبوتِ (والسَيّئُ الخُلُقِ والسَرابُ وكُلُّ ما لايدومُ على حالةٍ ويضمحِلُّ والنَوى البعيدةُ) • ل رض ن خَثَرَ اللبنُ خَثْرًا وخُثُورًا وخَثارةً وخُثورةً وخَثَرانًا غَلُظَ واخْثَرَهُ وخَثَّرَهُ تخثيرًا وخُثارَتُهُ بقيّتُهُ الخاثِرَةُ وخَثِرَتْ نفسُهُ غَثَتْ ل وخَثِرَ استَحيى والخاثِرَةُ الفِرقةُ من الناسِ (وما يَدري أيُخْثِرُ ام يُذيبُ يُضرَبُ للمُتحيِّرِ المُتردِّدِ) • الخاجِرُ صوتُ الماءِ على سَفحِ الجبلِ (والخَجِرُ الشديدُ الأكلِ الجَبانُ ج خَجِرُونَ) • الخِدْرُ (والأخدورُ) سِترٌ يُمَدُّ للجاريةِ فى ناحيةِ البيتِ ج خُدورٌ وأخدارٌ (جج أخاديرُ) والخِدرُ ايضًا أجَمةُ الاسدِ ومنهُ أسدٌ خادِرٌ والخَدْرُ والإخدارُ والتخديرُ إلزامُ البنتِ الخِدرَ فهى مَخدورةٌ (ومُخْدَرَةٌ) ومُخَدَّرَةٌ والإخدارُ الاقامةُ بالمكانِ والخَدَرُ تَشنُّجٌ يَغشى الأعضاءَ وفعلُهُ ل خَدِرَ فهو خَدِرٌ وأخدَرُ والخَدَرُ ايضًا فُتورُ العينِ والليلُ والمطرُ والخَدِرُ (والخُدَرُ والخُدارِيُّ) والأخدَرُ الليلُ المُظلِمُ والمكانُ المُظلِمُ والخَدَرُ ايضًا اشتدادُ الحَرِّ والبَردِ والخُدْرَةُ الظُلمةُ الشديدةُ والخُدَرِيُّ الحِمارُ الاسودُ وتَخَدَّرَ واختَدَرَ استَتَرَ ن وخَدَرَ الاسدُ استَتَرَ فى أجمتِهِ فهو مَخدورٌ ومُخْدِرٌ • الخاذِرُ المستترُ من سُلطانٍ او غريمٍ • (الخَذَفْرَةُ القِطعةُ من الثوبِ والخَذَنْفَرَةُ المرأةُ الخَفْخافةُ الصوتِ كأنّهُ يخرجُ من مَنخِرَيها) • الخَريرُ صوتُ الماءِ والريحِ وحفيفُ العُقابِ والفعلُ ن ض خَرَّ والخَريرُ ايضًا والخَرْخَرَةُ غَطيطُ النائمِ والخَرُّ والخُرورُ السقوطُ من عُلوٍ الى سُفلٍ وفعلُهُ خَرَّ والخَرُّ ايضًا الشَقُّ والهُجومُ بغتةً والموتُ والخُرُّ بالضمِّ فَمُ الرَحى وأصلُ الأُذُنِ والخِرِّيانُ الجَبانُ والخَرْخارُ الماءُ الجاري والخَرُورُ الكثيرُ البولِ والخَرْخَرَةُ صوتُ النَمِرِ وصوتُ السِنَّورِ وتَخَرْخَرَ بطنُهُ اضطرَبَ واخَرَّهُ أسقطَهُ • الخَزَرُ كَسْرُ بَصَرِ العينِ خِلقةً او ضيقُها وصِغَرُها او النظرُ بأحدِ شِقَّي العينِ او حَوَلٌ وفعلُهُ ل خَزِرَ فهو أخزَرُ

العينَ غارتْ • (الحَنزَقْرَةُ القصيرُ الذميمُ والحيّةُ ج حنزقْرات) • الحَنطَرِيرَةُ السحابةُ
وتَحنطَرَ تردَّدَ واستدارَ • الحَوْرُ والمحارُ والمحارةُ والحُؤُورُ الرجوعُ والحَوْرُ ايضًا النقصانُ والتحيّرُ
والقَعْرُ والعُمْقُ والفعلُ ن حارَ والحَوَرُ ايضًا شجرٌ م واحدتهُ حَوَرَةٌ والحَوَرُ ايضًا جِلْدُ الشاةِ
المدبوغ وهو بعيدُ الحَوْرِ اى عاقلٌ والحَوْرُ الهلاكُ والنقصُ وحُورٌ تلميذُ موسى النبيّ كان يدعم
يدَهُ مع يوشعَ يومَ وقعةِ عماليقَ والحَوَرُ شدّةُ بياضِ (بياضِ) العينِ وسوادِ سوادِها فهو أحْوَرُ وهي
حوراءُ ج حُورٌ وفعلهُ ل حَوِرَ والحَوَرُ ايضًا اسودادُ العينِ كلّها وهذا خاصٌّ بالظباءِ واحْوَرَّ صارَ أحْوَرَ
والحَوَرُ ايضًا الاديمُ المصبوغُ بحمرةٍ والبقرُ ج أحوارٌ والاسفيذاجُ والأحورُ الكوكبُ المشتري والعقلُ
والأحوريُّ الابيضُ الناعمُ ومنهُ النساءُ الحَوَرِيّاتُ والحواريّون تلاميذُ سيّدِنا يسوعَ المسيحِ الواحدُ
حواريٌّ منتسبًا الى العقلِ ام الى نقاوةِ الطهارةِ ام الى الانصارِ لأنّ الحواريَّ الناصرُ الى الانبياء
والحُوّارى لُبابُ الدقيقِ الابيضِ واسمُ ترابٍ ابيضَ يُبَيَّضُ بهِ والمحارةُ جوفُ الأذنِ والصدفةُ
وموضعُ انثناءِ الكتفِ والهودجُ والخطُّ والناحيةُ والاحورارُ الابيضاضُ والحُوارُ ولدُ الناقةِ ساعةَ
تلدهُ ج أحْوِرَةٌ وحيرانٌ (وحُورانٌ) والمحاورةُ والمحْوَرَةُ (والمحُورَةُ) والحوارُ الجوابُ والمحاورةُ
ايضًا مراجعةُ النطقِ وتحاوروا تراجعوا الكلامَ والمِحْوَرُ حديدةٌ تدورُ فيها البكرةُ والمكواةُ وخشبةٌ
يُبسَطُ بها العجينُ والحَوِيرُ العداوةُ وما أصبتُ حَوْرًا شيئًا والحائرُ المهزولُ والحَوْرانُ جِلدُ الفيلِ
وحُورٌ في محارةٍ بالضمّ (والفتحِ) نقصانٌ في نقصانٍ (مثلٌ لمن هو في إدبارٍ او لمن لا يُفلِحُ •
وما هو الّا حائرةٌ من الحوائرِ اى لاخيرَ فيهِ • وما يَحُورُ وما يَبُورُ ما ينمو وما يزكو) وقلقتْ محاورهُ
اضطربَ امرهُ وما أحارَ جوابًا ما ردَّ وحَوَّرَهُ اللهُ تحويرًا خيّبهُ واحْوَرَّ احورارًا ابيضَّ وصارَ أحْوَرَ
واستحارهُ استنطقهُ وانّهُ في حُورٍ وبُورٍ اى بلا صنعةٍ ولا مهنةٍ وانّهُ في ضلالٍ وحَوَّرتُ الثوبَ غسلتهُ
وبيّضتهُ • ل حارَ حَيْرَةً وحَيْرًا وحَيَرانًا وتحيّرَ واستحارَ نظرَ الى الشيءِ ولم يهتدِ لسبيلهِ فهو
حَيْرانُ وحائرٌ وهي حَيْرَى ج حَيارَى وحارَ الماءُ تردّدَ والحائرُ مجتمعُ الماءِ والحائرُ والحَيْرُ البستانُ
ج حِيرانٌ ولا آتيهِ حِيريَّ الدهرِ (مشدّدةَ الآخِرِ وتُكسَرُ الحاءُ وحيريَّ دهرٍ وتُنصَبُ وحِيرَ دهرٍ)
وحاريَّ دهرٍ اى مدّةَ الدهرِ وحَيَّرَها ربّما وتحيّرَ الماءُ دارَ واجتمعَ وتحيّرَ الشبابُ تمَّ والمتحيّرةُ
الكواكبُ السيّارةُ والحَيْرُ الحظيرةُ والحِمَى واصبحتِ الارضُ حَيْرَةً اى مخضرّةً والحارةُ المحلّةُ •

خ

الخَبَرُ النبأُ ج أخبارٌ و(جج) أخابيرُ ورجلٌ خابرٌ وخبيرٌ وخَبِرٌ وخُبْرٌ عالمٌ بالخبرِ والخَبَرَةُ مَخْبُرَةٌ انباهُ
بما عندهُ والخُبْرُ والخِبْرَةُ بكسرهما ويضمّان والمَخْبُرَةُ (والمَخْبَرَةُ) والاختبارُ والتخبّرُ العلمُ بالشيءِ •

خفرة وخفير ومخفار ج خفائر وخفرة ن ض وخفر به خفرا وخفره تخفيرا اجاره ومنعه وآمنه والاسم الخفرة والخفارة مثلثة والخفير المجير والمجار والخفارة مثلثة اجرة الخفارة ن وخفره اخذ منه اجرة الخفارة وخفر به خفرا وخفورا نقض عهده وخفره واخفره غدره (ضد) واخفره بعث معه خفيرا وتخفر اشتد حياؤه وتخفر به استجار • الخمر مؤنثا ومذكرا والخمرة ما اسكر من عصير العنب والخمر ايضا والاخمار الستر والكتم والاستحياء والخمر والتخمير ترك العجين والطين حتى يجود والفعل ض ن خمر فهو خمير وقد اختمر اى جاد وبلغ والخمر الغمر ل وخمر واخمر توارى وتغير عما كان عليه والخمر جماعة الناس والخمرة والخمير والخميرة ما خمر به والخمرة ايضا عكر النبيذ وحصيرة صغيرة وطيب تطلى به المرأة وجهها وما خامرك ماخالطك والخمرة محركة ومثلثة الرائحة الطيبة وألم الخمر والخمرة والخمار صداع الخمر والخمر والخمار بائع الخمر واختمار الخمر ادراكها وغليانها وخمار المرأة م والخمارة كل شيء يستر به ج اخمرة وخمر بضم وبضمتين (وماشم خمارك اى ماغيرك من حالك وما اصابك والخمرة منه كاللحفة من اللحاف والعوان) وتخمرت واختمرت لبست الخمار والتخمير التغطية وجاءنا على خمرة (وخمر) اى سر وغفلة وخفية واخمر حقد واخمره الشيء ملكه اياه واخمره اغفله واضمره والمخامرة المخاتلة فى البيع والمقاربة والمخالطة والاستتار واستخمره استعبده (وما هو بخل ولاخمر اى لاخير منه ولاشر • الخمشتر الرجل اللئيم) • الخنتار والخنتور الجوع الشديد • الخنبر (والخنبز والخنفر الخنثر) الشيء الحقير يبقى من متاع القوم اذا رحلوا (والخنابر الدواهي وقماش البيت) • الخنجر ويكسر السكين الكبيرة (ورجل خنجري اللحية قبيحها) • الخانر الصديق المصافي ج خنور والخنور (والخنور) كل شجرة رخوة خوارة وام خنور (وخنور) الضبع والبقرة والداهية والنعمة ضد والاست (ومصر والبصرة والخنور والخنور الدنيا) • الخنزرة (الغلظ و) الفاس العظيمة للحجارة والخنزير وحش م ج خنازير • (الخنسر اللئيم والداهية والخناسير الهلاك وصعاق الناس والخنسيرة اهل الخيانة • الخنشفير الداهية) • الخنصر ويفتح الصاد الاصبع الصغرى والوسطى مؤنث • (الخنطير العجوز الكبيرة المسترخية الجفون ولحم الوجه) • الخوار صوت البقر والغنم والخور خليج البحر ومصب الماء فى البحر والخور النساء الكثيرات الريبة لفسادهن لا واحد له والخوري الكاهن الذى يخدم قرية يونانية معربة معناها مدبر القرية والخور والخئور والتخوير الضعف والخائر الضعيف والقداح من الزناد والخوارة الاست واستخاره واخاره استعطفه واستنطفه واخاره صرفه وعطفه • الخير م (وهو ضد الشر ومايرغب فيه الكل كالعقل والعدل والجنة) ج خيور والخير المواشى (والخيل والمال والعافية والاجر والسعة فى النعمة والخير) والخير الكثير

والخَيْزُرانُ والخَيزُورُ شجرٌ هنديٌّ كأنّه العُروقُ والخَيزُرانُ ايضًا القصبُ وكلُّ عودٍ لَدْنٍ والرماحُ
ومِجدافُ السفينة وسُكّانها والخازِرُ الرجلُ الداهيةُ ن وخَزَرَ تداهَى وهربَ وتَخازَرَ ضيَّقَ جفنَهُ
ليُحدِّدَ النظرَ • ل ص خَسِرَ خَسْرًا مُثلّثة وخُسرانًا (وخَسَرًا وخَسَرًا) وخَسارةً وخَسارًا ضلَّ فهو
خاسِرٌ وخَسِيرٌ وخَسِرَ التاجرُ في تجارتهِ غُبِنَ والخُسرُ والإخسارُ والخُسرانُ النقصُ والخَيْسَرى والخَسارُ
والخَسارةُ الضلالُ والهلاكُ والغَدْرُ واللؤْمُ والخُسْرُوانيُّ ضربٌ من الثياب وخَسَّرهُ تخسيرًا أهلكهُ
والخَناسيرُ أهلُ الخِيانةِ وضِعافُ الناسِ والخَنْسِيرُ اللئيمُ • الخُشارُ والخُشارةُ الرديءُ من
كلّ شيءٍ. وفعلُهُ ن خَشَرَ والخاشِرُ سَفِلةُ الناسِ ص وخَشْرَشَرةٌ ل وخَشِرَ هربَ جُبْنًا • الخَصْرُ
وسَطُ الانسان وأخمَصُ القدم ج خُصورٌ والخَصَرُ البَرْدُ والمَخصَرُ الدقيقُ الخصرِ والخاصِرةُ الشاكلةُ
والمِخْصَرةُ عصًا يُتوكّأُ عليها ويمسكها المَلِكُ بيدهِ اي قضيبُ المُلك واختصرَ الكلامَ أوجزَهُ واختصرَ
وتخصّرَ وضعَ يدَهُ على خاصرتهِ واختصرَ الطريقَ سلكَ أقربَهُ وخاصرَهُ مسكَ بيدهِ في المشي او أخذ
كلٌّ في طريقٍ حتى يلتقيا في مكانٍ والخِصارُ للإزار • الخُضرةُ لونٌ م ج خُضَرٌ وخَضِرَ ل وخَضِرَ الزرعُ
واخضرَّ واخضوضرَ فهو أخضرُ وخَضورٌ وخَضيرٌ والخَضيرُ الغصنُ والزرعُ والمكانُ الكثيرُ الخُضرة والخَضِرُ
النعومةُ وسَعَفُ النخلِ والخضيرُ الشابُّ مات ولا خُضرَ لأَسْوَدَ ضِدٌّ والخضراءُ السماءُ والبقلةُ والكتيبةُ
العظيمةُ وسُودُ الحمامِ والمُخاضرةُ بيعُ الثمار قبلَ بيانِ صلاحها وذهبَ دمُهُ خِضْرًا مِضْرًا بكسرهما
(وبفتحٍ فكسرٍ) هَدرًا والخَضِرُ (والخَضْرُ) لقبُ الياس النبيّ ولقبُ جرجس الشهيد وهم في
خُضرِ المناكبِ اي في خِصبٍ عظيمٍ والأخاضِرُ الذهبُ واللحمُ والخمرُ (وأخذَهُ خِضرًا مِضرًا وخَضِرًا
مَضِرًا اي بلا ثمنٍ او غضًّا طريًّا وهو لك خَضِرًا مَضِرًا اي هنيئًا مريًّا وعيشٌ أخضرُ اي ناعمٌ)
واختضرَ الجاريةَ افتضّها قبلَ البلوغ وهذا مما يُختضَرُ واختضرَ العشبَ حصدَهُ أخضرَ واخضرَّ الليلُ
اسودَّ • الخاطِرُ الهاجسُ ج خَواطِرُ والخاطِرُ المتبختِرُ ن ص وخطرَ ببالهِ (وعلى بالهِ) خُطورًا
تذكّرَهُ بعد نسيانٍ ص وخطرتِ الدابّةُ بذنبها خَطْرًا وخَطَرانًا حرّكَتْهُ يمينًا وشمالًا فهي خطّارةٌ
وخطرَ بسيفهِ رفعهُ ووضعهُ وخطرَ بيديهِ حرّكهما في مِشيتِهِ وخطرَ الرمحُ اهتزَّ فهو خطّارٌ والخَطَرُ الغصنُ ج
أخطارٌ والخَطَرُ الشرفُ ودُفعةُ المطرِ والخَطَرُ أشرافُ الرجالِ الواحدُ خَطيرٌ والخطرُ ايضًا الإشرافُ على
الهلاكِ والقَدْرُ (ج خِطارٌ جج خُطُرٌ وشيءٌ خَطِرٌ أي ذو خَطَرٍ) والخَطّارُ المِقلاعُ والأسدُ والمنجنيقُ
والمِدفعُ والعطّارُ والطعّانُ بالرمح وتخاطروا تراهنوا والخَطَرةُ قارَنَهُ في القدرِ والخطيرُ الرفيعُ وفعلهُ ر
خَطُرَ خُطورةً والخطيرُ ايضًا الزمامُ والقارُ والحبلُ ولُعابُ الشمسِ وظلمةُ الليلِ والوعيدُ والنشاطُ
وخاطرَ نفسَهُ أشفاها على خطرِ هُلْكٍ او نَيلِ مُلكٍ ولقيتُهُ خَطرةً اي أحيانًا وتخطّرَهُ تخطّاهُ
وجازَهُ • (الخَيْعَرَةُ خِفّةٌ وطيشٌ) • الخَفَرُ والخَفارةُ والتخفُّرُ الحياءُ وفعلهُ ل خَفِرَتْ فهي

دَخَرَ فهو داخِرٌ ودَخُورٌ • دَخْذَرَةٌ دحرجة • (دَخْمَرَ القِرْنَةَ مَلأها • الدَخْدارُ ثوبٌ أبيض او أسود مُعَرَّبٌ والدَخْدارُ ايضًا الذهبُ ودَخْذَرَ القَرْدُ ذَقَنَهُ) • ع ل دَخَرَ دُخُورًا ودَخَرًا صَغُرَ وذَلَّ وأدْخَرَهُ أذَلَّهُ • دَخْمَرَ الشيءَ سَتَرَهُ وغَطَّاهُ • الدَرُّ النفسُ الناطقةُ والدَرُّ والدِرَّةُ اللَبَنُ وفعلُهُ ن ض دَرَّ واسْتَدَرَّ اللبنَ احتلبَهُ والدِرَّةُ كالاسم من الدَرِّ ولله دَرُّهُ اى لله عَمَلُهُ ولا دَرَّ دَرُّهُ لا زَكا عَمَلُهُ ن ودَرَّ النباتُ ألْتَفَّ ودَرَّتِ الناقةُ جادتْ بلَبَنِها ض ودَرَّتِ الفرسُ دَرِيرًا عدتْ ودَرَّ العَرَقُ سالَ ودَرَّتِ السماءُ بالمطرِ دَرًّا ودُرُورًا هطلَتْ فهي مِدْرارٌ ودَرَّ الشيءُ لانَ ودَرَّ السراجُ أضاءَ فهو دارٌّ ودَريرٌ ودَرَّ وجهُهُ حَسُنَ بعدَ عِلَّةٍ والدِرَّةُ السَوْطُ والدَمُ وسَيَلانُ اللَبَنِ والدُرَّةُ اللؤلؤةُ العظيمةُ ج دُرٌّ ودُرَرٌ ودُرّاتٌ وكوكبٌ دُرِّيٌّ بالتثليثِ مُضِيءٌ والدَرّارَةُ المِغْزَلُ وأدَرَّتِ المِغْزَلَ فتلتْهُ شديدًا وأدَرَّ الشيءَ حَرَّكَهُ وأدَرَّتِ الريحُ السحابَ جلبَتْهُ والدَوْدَرَّى الذى يذهبُ ويجيءُ بغيرِ حاجةٍ (والدُرْدُرُ مَغارِزُ أسنانِ الصبيِّ قبلَ نباتِها وبعدَ سُقُوطِها وأعْيَيْتَنِي بأُشُرٍ فكيفَ بدُرْدُرٍ اى لم يَقْبَلِ النُصْحَ شابًّا فكيفَ وقد بَدَتْ دَرادِرُهُ كِبَرًا) وتَدَرْدَرَتِ اللحمةُ اضطربَتْ والدَرْدارُ صوتُ الطبلِ واسْمُ شجرةٍ • (الدَزْرُ الدَفْعُ) • الدَسْرُ الطعنُ والدفعُ (والجماعُ) والدِسارُ المسمارُ ن ودَسَرَ السفينةَ أصلحَها بالدِسارِ والدَسْرُ السُفُنُ (تَدْسُرُ الماءَ بصُدُورِها) الواحدةُ دَسْراءُ والدَوْسَرُ الاسدُ والشيءُ القديمُ والزُوانُ • الدَسْتُورُ النُسْخَةُ المعمولةُ أولًا ثم يُنْقَلُ عنها (مُعَرَّبَةٌ) ج دَساتِيرُ • الدَسْكَرَةُ القريةُ والصومعةُ والارضُ المستويةُ وبُيُوتُ الخمرِ واللَهْوِ والقَصْرُ حَوْلَهُ بُيُوتٌ ج دَساكِرُ • الدَعَرُ الفَسادُ ل ودَعِرَ العُودُ دَعَرًا ادَّخَنَ ولم يَتَّقِدْ فهو دَعِرٌ ودَعِرٌ ودَعِرَ الزَنْدُ لم يُورِ فهو أدْعَرُ والدَعَرُ والدَعارَةُ بالفتحِ والكسرِ الفِسْقُ والخُبْثُ والدَعِرُ الحَطَبُ المُطْفَأُ قبلَ تمامِ حريقِهِ والدُعَرُ دُودٌ يأكُلُ الخشبَ والمُدَعَّرُ كُلُّ لونٍ قبيحٍ وتَدَعَّرَ وجهُهُ تبقَّعَ بُقَعًا سَمِجَةً وعُودٌ داعِرٌ نَخِرٌ • (الدَعْثَرُ الاحمقُ والدَعْثَرَةُ الهدمُ والكسرُ • الدَعْسَرَةُ الخِفَّةُ والسُرعةُ) • دَعَرَ دفعَ ودَعَرَتِ المرأةُ لَهاةَ الصبيِّ دَعْرًا رفعَتْها بإصبعِها ودَعَرَتِ الصبيَّ ارضعَتْهُ ولم تُشْبِعْهُ والدَعَرُ الاقتحامُ وسُوءُ الخُلُقِ ودَعَرَهُ ضَغَطَهُ حتَّى ماتَ واقتحمَ عليهِ بغتةً فى بيتهِ والدَعْرَةُ أخذُ الشيءِ اختلاسًا • (الدَعْثَرُ الاحمقُ • الدَعْفَرُ الاسدُ الضخمُ) • الدَغْمَرَةُ الخلطُ والعيبُ والشراسةُ (وسُوءُ الخُلُقِ) والدَهامِرُ الأنداسُ • الدَفْرُ الدفعُ فى الصدرِ والدَفَرُ الذُلُّ والنَتْنُ وفعلُهُ ل دَفِرَ فهو دَفِرٌ وأدْفَرُ وهى دَفِرَةٌ ودَفْراءُ والدَفارِ كالأَمَةِ والدَفَرُ وأُمُّ دَفْرٍ الدُنيا والداهيةُ • الدَفْتَرُ م ج دَفاتِرُ • الدَقَرُ والدَقَرَةُ والدَقِيرَةُ الروضةُ الحسناءُ العميمةُ النباتِ والدَقْرانُ خشبٌ يُعَرَّشُ عليهِ الكرمُ الواحدةُ دَقْرانَةٌ ل ودَقِرَ امتلأَ طعامًا ودَقِرَ المكانُ صارَ روضةً ودَقِرَ الرجلُ قاءَ والدِقْوارَةُ النميمةُ والمخالفةُ وعادةُ السُوءِ والداهيةُ والدِقْرارُ التُبّانُ والدَقْرُورُ السراويلُ والدَقْرُورَةُ

الخيرِ ج أخيارٌ وخِيارٌ والخِيَرُ الكَرَمُ والشرفُ والاصلُ والهَيْئةُ ص وخارَ صارَ ذا خَيْرٍ وخارَهُ على غيرِهِ خِيَرَةً وخَيْرًا وخَيَّرَهُ تخييرًا فضَّلَهُ عليهِ وخارَ الشيءَ وتخيَّرَهُ واختارَهُ انتقاهُ وانتخبهُ والاسمُ الخِيَرَةُ وخارَ اللهُ لكَ فيهِ جعلَ لكَ فيهِ الخَيْرَ وهو أخيرُ منكَ وخَيْرٌ منكَ أفضلُ وأنتَ بالخِيارِ اي اخترْ ما شئتَ (والخِيارُ شِبْهُ القِثّاء) وخِيارُ المالِ أفضلُهُ وخَيَّرَهُ فوَّضَ اليهِ الخِيارَ واستخارَ طلبَ الخِيارَ *

د

الدُبْرُ بالضمِّ وبضمَّتين نقيضُ القُبُلِ وعَقِبُ كلِّ شيءٍ ومؤخَّرُهُ والاستُ والظَهْرُ وزاويةُ البيتِ والدَبْرُ النحلُ والزنابيرُ ج أدْبُرٌ ودُبورٌ والدَبْرُ ايضًا أولادُ الجرادِ وخَلْفُ الشيءِ والموتُ والجبلُ والصخرةُ في البحرِ يعلوها الماءُ وينزلُ عنها والدَبْرُ ايضًا المواشي وجعلَ كلامَهُ دَبْرَ أُذُنِهِ اي لم يصغَ اليهِ والدَبْرَةُ نقيضُ الدَوْلةِ والعاقبةُ والهزيمةُ والدِبْرَةُ خلافُ القِبْلةِ وما لهُ قِبْلةٌ ولا دِبْرةٌ اي لم يهتدِ والدَبَرةُ قَرْحةُ الدابّةِ ج دَبَرٌ وأدبارٌ وفعلُهُ ل دَبِرَ وأدْبَرَ (وهانَ على الأملسِ ما لاقى الدَبِرُ يضربُ في سوءِ اهتمامِ الرجلِ بشأنِ صاحبهِ) ن ودَبَرَ وأدْبَرَ ولّى منهزمًا ودَبَرَ بهِ ذهبَ بهِ ودَبَرَ الرجلُ شاخَ والدَبُورُ ريحٌ تقابلُ الصَبا ودَبَرَتْ هَبَّتْ ودبورا امرأةٌ نبيّةٌ كانت تقضي في شعبِ اسرائيل وعُرِفَ قبيلةٌ من دبيرهِ ولّى معصيتَهُ من طاعتهِ ودَبَرَ ودابَرَ ماتَ ودَبَرَ تغافلَ عن حاجةِ صديقِهِ (والدَبَريُّ رأيٌ يسنحُ أخيرًا عندَ فوتِ الحاجةِ) والدابرُ التابعُ وآخِرُ كلِّ شيءٍ ورفرفُ البناءِ والدابرةُ الهزيمةُ والمشؤومةُ وعرقوبُ الانسانِ والمدبورُ المجروحُ والكثيرُ المالِ والدَبَرانُ منزلٌ للقمرِ ورجلٌ أدابرُ لا يقبلُ قولَ أحدٍ ودُبارٌ بالضمِّ والكسرِ يومُ الأربعاءِ والمدابرةُ المعاداةُ والدِبارُ السواقي والوقائعُ والهزائمُ والدَبارُ الهلاكُ والتدبيرُ النظرُ في عاقبةِ الأمرِ (والترتيبُ والتنظيمُ) واستدبرَ ضدُّ استقبلَ واستدبرَ الأمرَ رأى في عاقبتهِ ما لم يرَهُ في أوّلهِ وولّوا الأدبارَ انهزموا * الدَثْرُ المواشي الكثيرةُ والدَثَرُ الوسخُ ن ودَثَرَ دُثورًا واندثرَ دَرَسَ ودَثَرَتِ النفسُ نبيثَتْ سريعًا ودَثَرَ القلبُ مُحِيَ منهُ الذِكْرُ والدَثورُ الرجلُ البطيءُ النوّامُ والداثرُ الهالكُ والغافلُ وتدثّرَ بالثوبِ اشتملَ بهِ وتدثّرَ قرينَهُ وثبَ عليهِ فركبَهُ والمتدثِّرُ المأبونُ والدِثارُ ما يُلبَسُ فوقَ الثيابِ ودَثَرَ الشجرُ أورقَ ودَثَرَ الرسمُ وتداثرَ قَدُمَ ودَثَرَ الثوبُ اتّسخَ والسيفُ صَدِئَ فهو دَثِرٌ * الدَجْرُ مثلّثةً اللوبياءُ وخشبةٌ يُشَدُّ عليها حديدةُ الفدّانِ والدَجَرُ الحَيْرةُ والهَرْجُ والسُكْرُ والفعلُ ل دَجِرَ فهو دَجِرٌ ودَجْرانُ ج دَجارى والدَيْجورُ الترابُ والظلامُ واللونُ الأغبرُ الضاربُ الى السوادِ والمظلمُ والدَجْرانُ خشبُ التعريشِ * الدَحْرُ والدُحورُ الطردُ والإبعادُ والدفعُ والفعلُ ع

ذ

ل ذئر أنف واجترأ وغضب وذئر الشيء كرهه وانصرف عنه وذئر بالامر اعتاده وذئرت المرأة
اشتطت على زوجها فهي ذائر واذأره جرّأه واذأره اليه الجأه • الذبر والتذبير الكتابة
وفعله ن ض ذبر والذبر ايضا القراءة الخفية والسريعة والعلم بالشيء والفقه والصحيفة ج ذبار ض
ذبر ذبارة نظر فاحسن وذبر الخبر فهمه ل وذبر غضب والذابر متقن العلم • ع ذخره ذخرا
واذخره اختاره واتخذه (عدة يستعين به وقت الحاجة اليه) والذخيرة ما اذخرته ج اذخار
وذخائر والمذاخر ما في البطن من الامعاء وغيرها • الذر صغار النمل الواحدة ذرة والذر
ايضا الملح والذرور ما يذر في العين من كحل ونحوه والذرية ويكسر نسل الرجل ج ذريات
وذراري ن وذرت الشمس طلعت وذر البقل نبت وذرته الارض انبتته • الذعر الخوف
وفعله ذعر مجهولا فهو مذعور والذعر والاذعار التخويف وفعله ع ذعر والذعر الدهش والذعور المرأة
المستريبة والكلام القبيح والمتذعر المذعور اي المتخوف • الذفر والذفرة رائحة الابط المنتن
والنتن مطلقا وفعله ل ذفر فهو ذفر واذفر ومسك اذفر وذفر جيد جدا والذفرى العظم خلف
الاذن • الذكر والتذكار الحفظ للشيء (في الذهن والتلفظ بالشيء) والذكر (والذكرة)
الصيت والذكر الشرف (والثناء والقرآن والتوراة) والدعاء والرجل الشجاع الابي والمطر الشديد
والقول المتين والصك (واذكره) واذكره واستذكره تذكره واذكره وذكره تذكيرا والاسم الذكرى
والذكرى ايضا العبرة والتوبة والذكر ايضا التذكر والذكر خلاف الانثى ج ذكور وذكورة
وذكار وذكارة وذكران (وذكرة) وذكر الانسان م ج ذكور ومذاكير والذكر ايضا ايبس الحديد
واجوده ن وذكر فلانة ذكرا خطبها او تعرض لخطبتها وذكر حقه حفظه وامرأة متذكرة ومذكرة (وذكرة)
متشبهة بالذكور والذكرة قطعة من الفولاذ في رأس الفأس وغيره وهو اذكر منه احد والاسم الذكرة
والتذكير خلاف التأنيث والتذكير ايضا الوعظ والمذكر اليوم الصعب والطريق المخوف وفلاة مذكار
ذات اهوال والتذكرة ورقة تستذكر بها الحاجة والاستذكار الدراسة والحفظ • الذمر (والذمر
والذمر) والذمير الشجاع والذمارة الشجاعة والذمر والذمير الظريف اللبيب المعوان والذمر والذمائر
الداهية والذمر الملامة والحض والتهدد وزئير الاسد وتذمر لام نفسه على فائت وتغضب وتذمر
عليه تنكر وتذمرة اوعده والذمير الرجل الحسن (والذيمري الرجل الحديد القلق ويقال
للامر اذا اشتد بلغ المذمر) • الذور التراب والذورة لحمة قدام حوصلة الطائر يعمل فيها
الماء (ج ذور) ن وذارة ذورا ذعره • ل ذهر فوه اسودت اسنانه • ل ذاره كرهه وذير
فوه تذييرا اسودت اسنانه •

الخصومة ج دقارير • الدمور والدمار والدمارة والتدمير الاهلاك وفعله ن دمر ودمّر تدميرا
ودمر دمورا دخل بغير اذن وهجم هجوم الشر وتدمر اسم مدينة بناها سليمان ومعناها
الاعجوبة لانها اعجوبة فى حسن بنائها والتدمرى اللئيم وما به تدمرى اى احد ودامرت
الليل كابدته سهرا • الدينار م (معرب) ج دنانير ودنّر وجهه تدنيرا تلألأ • الدار
(مؤنث وقد يذكر) مسكن يشتمل على بيوت وقصور والدار والدارة العرصة والفناء ج أدور
(وأدؤر وآدر) وديار وديارة وديارات وديران ودوران (ودورات) وأدوار وأدورة والدار ايضا
البلد والقبيلة والدار الداخلة فى هيكل سليمان موقف الكهنة اللاويين متصلا بقدس الاقداس
هذه يدنسها الدجال لعنه الله عند ظهوره والدار الخارجة موقف العامة وهذه كان يسمح للكفار
ان يدخلوها خلافا للاولى والدارة كل ارض واسعة بين جبال والدارة والدائرة ما احاط بالشئ
ج دارات ودور والدارة ايضا هالة القمر ن ودار دورا ودورانا ومدارا واستدار ودرته واستدرته
ودوّرته تدويرا فهو مدوّر وداورة دار معه والدهر دوّار اى دائر والدوار بالضم والفتح
دوران يأخذ فى الرأس يطرح صاحبه والدائرة الحلقة (والشعر المستدير على قرن الانسان او
موضع الذوابة) والهزيمة والدوّارة ما تحت الانف والدارى العطار ودارين بلدة ينسب اليها
المسك الاذفر والدارى ايضا الملاح الذى يدبر شراع السفينة والدارى الذى يلازم داره والمداورة
المعالجة وما به دارى وديّار ودورى ودبور احد وداورة حايده ودوّره تدويرا جعله مدوّرا ودارا
ملك الفرس اذن ببناء هيكل الله فى اورشليم • الدهر من اسماء الله جل علاؤه والدهر
ايضا الزمان الطويل والابد والف سنة ج ادهر ودهور والدهر ايضا البلية والهمة والغاية والعادة
والغلبة والدهارير اول الدهر فى الزمان الماضى والزمان السالف جمع لا مفرد له ع ودهرهم امر
نزل بهم مكروه فهم مدهورون والدهرى القائل ببقاء الدهر وهذه بدعة فى الدين اخترعها فلاسفة
اليونان ودهورة جمعه ودهورة القاه فى مهواة عميقة ودهور الحائط دفعه فسقط وتدهور الليل ادبر
والدهرى الرجل المسن ولا آتيه دهر الداهرين اى ابدا • (تدهكر تدحرج) • الدير
مسكن الرهبان المشتركى المعاش المتنادين لرأس واحد فى قانون يعمهم على التساوى لانتظام
سلوكهم ومرافقتهم واشهره ما كان مبنيا فى برية ج اديار وديورة وديارات واديرة (وصاحبه ديّار
وديرانى ويقال لمن رأس اصحابه رأس الدير) والبرارى المشتهرة بالديورة شرقا وغربا كثيرات
وقد ابتدأت فى تأليف هذا الكتاب وانا مقيم فى دير اليشع النبى فى طور لبنان ولا ادرى اين
يكون انتهاؤه ان حكم الله بانتهائه •

وفيه مقام استفهم • ع زغوة صبغ • الزغبرة م على الثوب من النقش (والزغبر الجميع من كل شيء) • ص زفر زفرا وزفيرا تنفس مستطيلا وزفر الشيء وازدفره حمله وزفرت النار زفيرا صوتت والزفرة التنفس والمزفر المتنفس وزفرة الشيء وسطه والزفر الحمل على الظهر والقربة وجهاز المسافر والزافرة الجماعة والزفر الذي يدعم به الشجر والزفر الشجاع والبحر والنهر الكبير والذي يحمل الاثقال والزافرة ركن البنيان وعشيرة الرجل والسيد الكبير والزفير اول صوت الحمار والشهيق آخره • ن زكرة وزكره تزكيرا ملاه فتزكر والزكرة زق الخمر وتزكر البطن عظم وصبي زكرية شديدة الحمرة وزكرياء بالمد والقصر ابن براشيا تنبأ في عهد داود الملك وهذا الذي قتله اليهود بين الهيكل والمذبح وقيل زكريا الكاهن ابو يوحنا الصابغ • ن ص زمر زمرا وزميرا وزمر تزميرا غنى في القصب (ونحوه) فهو زمار وهي زامرة والزمارة فعله والزمر والزمارة والمزمار آلته والمزمور ما يتغنى به في الزمر ج مزامير والمزامير ايضا ما كان يترنم به داود النبي من زبوره ولاصح ان يسمى زبورا لا مزامير والمزامير ايضا جمع مزمار والزمارة الزانية (والنعامة) والزمار صوت النعام وفعله ص زمر وزمر بالحديث تزميرا اذاعه ل وزمر توانى فهو زمر والزمير الغلام الحسن والزمرة الجماعة من قبائل شتى ج زمر وزمري من ملوك بني اسرائيل وزمري ايضا من سبط شمعون زنا فغضب الله على اليهود بسببه قتله فنحاس بن هارون مع زانيته فزكاه الله • الزمجرة الزمارة والصخب والصياح والصوت وصوت الاسد وفعله زمجر • زمخر الصوت وازمخر اشتد وزمخر النمر غضب فصاح والزمخر المزمار والزمخرة الزانية والزمخري الطويل الاجوف • زمزر الوعاء حركه بعد الملء ليتطابقه • الزمهرير شدة البرد والقمر وازمهرت الكواكب لمعت وازمهرت العين احمرت غضبا وازمهر الوجه عبس وازمهر اليوم اشتد برده والزمهر الغضبان والضاحك جدا • الزنار ما يشده الرجل في وسطه (ج زنانير) وفعله زنر تزنيرا فهو مزنر والزنانير الحصى الصغار وذباب صغار • الزنبور والزنبار الذباب والزنبور ايضا الخفيف السريع الجواب والتين الشتوي ج زنابير وارض مزنبرة كثيرة الزنابير والزنبر الاسد وتزنبر تكبر • الزنترة الضيق والعسر وتزنتر تبختر • (الزنجير و) الزنجيرة البياض الذي على الاظفار (وتزنجر الاناء اي صدئ وسهك • الزنجفر صبغ م) • زنخر نفخ بمنخره • الزنقير قلامة الظفر وقشرة النواة (وما رزاته زنقيرا شيا) • زنهر بعينيه اشتد نظره • ن زاره زورا وزيارة وزوارا ومزارا قصده شوقا اليه فهو زائر وزوير ج زائرون وزوار وزور والزور وسط الصدر والسيد والخيال الذي يرى في النوم وقوة العزيمة والزور الكذب والشرك بالله وما يعبد من دون الله وكل شريعة ليست من

ر

المِرْيَرُ الماء يخرج من فم الصبي والذائب من المخ ورَيَّرَ القومُ تَرْيِيرًا أخصبوا والرائرةُ شحمةُ الرُكبة •

ز

الزأرُ والزئيرُ والتزآرُ صوتُ الاسد وفعلهُ ص ع ل زأرَ وازْأرَّ فهو زائرٌ وزَئِرٌ ومِزْأرٌ وزأرَ الفحلُ ردّد صوتَهُ في جوفه • الزَبْرُ القويُّ الشديدُ والعقلُ والحجارةُ (والرميُ بها وطَيُّ البئر بها) والكلامُ والصبرُ والكتابةُ والانتهارُ والمنعُ والنهيُ والفعلُ ن ص زَبَرَ والزِبْرُ المكتوبُ ج زُبورٌ والمِزْبَرُ القلمُ والزَبورُ الكتابُ (بمعنى المزبورِ) ج زُبُرٌ والزَبورُ ايضًا مزاميرُ داودَ النبيِّ والزُبْرَةُ الكاهلُ والأزْبَرُ والمُزْبَرانيُّ العظيمُ الكاهلِ والزُبْرَةُ ايضًا القطعةُ من الحديدِ ج زُبَرٌ بضمٍّ ففتحٍ وبضمّتين والزِبْرُ الداهيةُ والأزبَرُ المؤذي والزِبْرُ ايضًا طورُسيناء والزبيرُ ايضًا المكتوبُ وزَئْبَرُ الثوب وزِئْبِرُهُ ما يخرج زئبرهُ وهو دِرازتُهُ فهو مُزَوْبَرٌ ومُزَأْبَرٌ وازْبأرَّ الكلبُ والشعرُ انتفشا وازبأرَّ الرجلُ تهيّأ للشرّ • الزَبَنْتَرُ الداهيةُ والرَجُلُ القصيرُ (ومَرَّ يتزبتر علينا اى متكبّرًا) • الزِبَعْرَى السيّءُ الخُلُقِ والغليظُ و) أُنثى التماسيح • (الزِبَعْرَى لغةٌ في المهملة او هي الصوابُ) • ن زَجَرَهُ منعهُ وزَجَرَهُ وازْدَجَرَهُ نهاهُ فانْزَجَرَ وازْدَجَرَ وزَجَرَ الطائرَ تفاءلَ بهِ متطيّرًا فنهرَهُ وزَجَرَ الدابّةَ ساقها والزَجْرُ نوعٌ من السِحْرِ والكهانةِ (وسمكٌ عظامٌ) ج زُجورٌ • الزَحيرُ والزُحارُ والزُحارةُ الصوتُ والأنينُ واستطلاقُ البطنِ بشدّةٍ ومَغْصُ الجوفِ يُحْدِثُ الدمَ وفعلهُ ع ص زَحَرَ وزَحَرَتْ به أمّهُ وتَزَحَّرَتْ عنهُ ولدَتْهُ والزَحْرانُ البخيلُ وفعلهُ زُحِرَ مجهولًا وزاحَرَهُ عاداهُ • (زَحْمَرَ القِرْبَةَ ملأها) • ع زَخَرَ البحرُ زَخْرًا وزُخورًا وتَزَخَّرَ طما وعلا وزَخَرَ الشيءَ ملأهُ وزَخَرَتِ الحربُ والقِدْرُ اضطربا واشتدّا وزخرَ النباتُ طالَ وزاخرَهُ فاخرَهُ والزاخرُ الشريفُ العالي والجذلانُ ونباتٌ زَخاريٌّ رَيّانٌ والبحرُ الزَخّارُ الطامي وزَخَرِيّا من أنبياء بني اسرائيلَ ولغةٌ في زكريّا • الزِرُّ ج أزرارٌ وزُرورٌ والزِرُّ ايضًا عظمٌ تحتَ القلبِ وطرفُ الوَرِكِ وحدُّ السيفِ والزَرُّ شدُّ الأزرارِ والطردُ والطعنُ والنتفُ والعضُّ وتضييقُ العينِ ن وزرَّ مثلهُ زادَ ل وزَرِرَ اغتذى والزِرِّيرُ الزكيُّ والزُرْزورُ المركبُ الضيّقُ وطائرٌ وزرزرَ صوّتَ وزَرْزَرَ بالمكانِ ثبتَ وتَزَرْزَرَ تحرّكَ والزِرَّةُ أثرُ العضّةِ والزِرْزارُ البِطْريقُ ج زَرازِرَةٌ والزِرارةُ ما رُمِيَتْ به في حائطٍ فلَزِقَ • ل زَعِرَ الشعرُ والريشُ قلَّ وتفرّقَ فهو زَعِرٌ وأزْعَرُ ورجلٌ زَيْعَرٌ قليلُ المالِ والزَعْرورُ السيّءُ الخُلُقِ (وثمرُ شجرٍ م) والزَعارّةُ (وتُخفَّفُ الراءُ) الشراسةُ (ع والزَعْرُ الجماعُ) والأزعرُ الموضعُ القليلُ النباتِ • الزَعْفَرانُ م وزعفرانُ الحديدِ صَداؤهُ ج زَعافِرُ وزَعْفَرَهُ صبغهُ بالزعفرانِ والمُزَعْفَرُ الاسدُ وديرُ الزعفرانِ في ماردين تسكنهُ المِلّةُ اليعقوبيّة

والمساجرة المخالفة * (المشجهر الابيض واشجهر النبات طال وانبسط) * السحر
(ويحرّك ويضمّ) الرئة ج سحور وانتفخ سحره عدا طوره وجاوز قدره والسحر والسحري
والسحرية قبل الصبح والسحر ايضا طرف كل شيء ج اسحار والسحرة السحر واسحر سار سحرة
والسحر الثلب ع وسحر (وسحّر) خدع ل وسحر بكر والمسحور المفسد من الطعام والسحير المشتكي
بطنه واستحر الديك صاح في السحر والسحر (كلما لطف مأخذه ودق وعلم) م فهو ساحر
وسحّار ج سحراء وسحرة وفعله ع سحر * اسحنطر الرجل وقع على وجهه * اسحنفر
اسرع واستقام طريقه واسحنفر الواعظ اتسع في كلامه والمسحنفر (البلد الواسع والطريق المستقيم و)
الرجل الحاذق * ل سخر منه (وبه) سخرا بالفتح والتحريك (وسخرة وسخرا ومسخرا)
ومسخرة واستسخر هزئ والاسم السخرية والسخري (ويكسر) ع وسخره سخريا كلفه ما لا يريد
وقهره فهو سخرة لي (وسخري وسخري) ورجل سخرة يسخر من الناس وسخرة يسخر منه
الناس وسخرت السفينة طابت لها الريح وسخره تسخيرا وتسخره ذلله وتكلفه عملا بلا اجرة
وايساخر بن يعقوب اسرائيل * السادر المتحير وفعله ل سدر سدرا وسدارة والسادر ايضا
من لا يهتم ولا يبالي (ماصنع) والسدر البحر والاسدران عرقان في العينين وجاء يضرب اسدريه
اي منكبيه اي جاء فارغا ن وسدر شعره سدله فانسدر وانسدر بعد وانحدر وسدرة المنتهى
السماء السابعة اي مدينة القديسين * السر في بيعة الله اشارة ظاهرة تدل على شيء
مقدس وواضعه الله وحده ج اسرار وتسمى اسرار البيعة وهي سبعة * المعمودية * والاعتراف *
والقربان المقدس * والتثبيت * والمسحة * والكهنوت * والزيجة * فالانسان يحوز بها نعمة
الله سرا والاسرار الالهية هي جسد المسيح ودمه والسر ايضا ما يكتم ج اسرار وسرائر والسر ايضا
الجماع والذكر وفرج المرأة ومستهل الشهر والاصل وجوف كل شيء ولبه وخالص النسب والسر
ايضا خط الكف ج اسرار وسرر (جج) اسارير ن وسره سرورا ومسرة وسرا (وسرى وتسرة) افرحه
فهو سرور والاسم السرور وسر الصبي قطع سرته م ج سرات وسرر ص وسر اشتكى سرته وسرة الوادي
وسرارته افضل مواضعه والسرية الامة المعدة للمباضعة وقد تسرر بها وتسرى جانبها والسرير م ج
اسرة وسرر والسرير ايضا مستقر الرأس في العنق والسرير ايضا الملك والنعمة والنعش والمضطجع
والمسرة والسرور اطراف الرياحين وسرة حياة بها والمسرة الطومار والسراء السرور والسرار آخر ليلة من
الشهر واسره كتمه واظهره ضد واسر اليه الحديث افضاه اليه وسرة الحوض مستقر مائه والسرسور
الرجل العالم الفطن ونصل المغزل والحبيب والخص للاصحاب واستسر استتر وسرسر السكين حددها
والاسر الدخيل وسيسرا بالكسر والشد قائد جيش ملك الكنعانيين قتلته امرأة عبرانية اسمها يايل *

انه و يجلس العين والقوة والرأى والعقل والباطل والزور ميل فى العين او فى غيرها فهو أزور ج زور والأزور من ينظر بمؤخر عينه والزيار ما يكون صالحا لغيره وعضمة ج أزورة والزوراء اناء من فضة والقوس ودجلة وبغداد والارض البعيدة والزارة الحوصلة والزير الكتان والدن والعادة والرجل يحب محادثة النساء ومجالستهن ج أزيار وزيرة والزير ايضا الدقيق من أوتار العود والزير الغضبان وازارة حملة على الزيارة وتزور زين الكذب وتزوير الشهادة ابطلها واستزارة سأله أن يزوره وتزاور عنه عدل وتزاور وازور وازوار انحرف * الزهرة يحرك م ج زهور وزهر وأزهار و(جمع) أزاهير وزهرة الدنيا بهجتها والزهرة البياض والحسن واسم نجم والفعل ل ر زهر فهو أزهر ع وزهر السراج والقمر والوجه زهورا وأزهر تلألأ وزهرت النار أضاءت وأزهرتها أضوأتها والأزهر القمر واسم يوم الجمعة والثور الوحشى والأسد والأبيض واللبن ساعة يحلب والأزهران القمران وأحمر زاهر شديد الحمرة وأزهر بالشئ احتفظ به والزهراء المرأة الجميلة جدا والزهر بالكسر الوطر والمزهر العود يضرب به (للطرب * الزير الدن) *

س

السؤر البقية والفضلة واسأرة ع وسأرة أبقاه والسائر الباقى لا الجميع كما يتوهم يقال جاء سائر القوم اى باقيهم لا جميعهم (وقد يستعمل له) ل وسئر بقى * السبر والاستبار امتحان غور الجرح والسبر ايضا الاصل واللون والجمال والهيئة الحسنة والسبر العداوة والسبة والسابرى ثوب رقيق جيد والدرع الدقيق النسج وسابور ملك الفرس والسبروت القفر والارض لا نبات فيها والسبار والمسبار آلة يختبر الجرح بها والمسبر الذاهب ليلا * السباذرة أصحاب اللهو والبطالة * السبطر الرجل الماضى الشهم واسبطر اضطجع ومثلها اسبكر * (السبعطرى الطويل جدا) * الستر التغطية ج ستور وأستار والسترة الخوف والحياء والعقل والستارة والسترة والمستر ما يستتر به ج ستائر وستارات وستر والستير والمستور العفيف والاستار فى العدد اربعة وفى الزنة) اربعة مثاقيل ونصف وتستر واستتر تغطى والستار من اسماء الله والستار صلاة النوم سريانية معربة واستير امرأة من سبط بنيامين تزوجها أحشورش ملك الفرس وخلصت قومها من غضبه * الاستيخارة يونانية معربة ثوب يلبسه الاسقف والشماس فى خدمة الاسرار الالهية * ن سجر التنور أحماه وسجر الماء فى حلقه صبه والسجور الحطب والمسجور الموقد والخابز هند والمسجور البحر الطامى واللؤلؤ المنظوم والسجير الخليل الصفى ج سجراء والسجورى الخفيف الاحمق وعين سجراء يخالط بياضها حمرة وشعر منسجر ومتسجر ومسوجر مسترسل

جهنم • السقطرى (مقصورة وممدودة) والاسقطرى جزيرة ببحر الهند من بلاد الزنج ينسب
اليها الصبر • ل سكر سكرا بالفتح (والتحريك) والضم وبضمتين (وسكرانا) نقيض صحا
فهو سكر وسكران وهي سكرى وسكرة وسكرانة ج سكارى (وسكارى) وسكرى والسكر كل ما يسكر
من خمر وغيره والسكير والمسكير (والسكر) والسكور الكثير السكر والسكر (الملء و) سد النهر (وبالكسر
الاسم منه وما سد به النهر) ج سكور ن وسكرت الريح سكورا وسكرانا سكنت وليلة ساكرة ساكنة
والسكر (معرب شكر) م وسكرة الموت شدته وغشيته وسكره تسكيرا خنقه وسكر ايضا بصره حبسه من
النظر والمسكر المخمور • سكندر او إسكندر بن فيلبس الكدوني اول ملوك اليونان تغلب
على داريوس الملك واخذ الملك منه والاسكندرية مدينة بناها الاسكندر اسقفها ثالث اسقف
رومية في المرتبة • السنكسار او السنكساري دفتر تكتب فيه اخبار القديسين اهل الفضل
وتقرأ على الملا في الكنائس • سلمناصر لقب سنحاريب ملك الاثوريين • السمرة
لون بين البياض والسواد وفعله ر ل سمر سمرة فهو اسمر وهي سمراء والاسمران الماء والتراب
والسمراء الحنطة ن وسمر سمرا وسمورا لم ينم فهو سامر ج سمار وسامرة والسمر الليل وحديث
الليل وظل القمر والسمر والسمير الدهر والسمر ايضا الظلمة والسامر مجلس السمار والسمير المسامر
ولا افعله ما سمر السمير اي ما اختلف الليل والنهار ن ض وسمر العين فقأها وسمر الشيء
شده بالمسمار والمسمار م ج مسامير والسامرة مدينة تصاقب القدس تسمى سكانها السمرة
يعبدون الله والصنم معا لا يقبلون من كتب الله غير اسفار موسى الخمسة فقط ويرذلون كتب
الانبياء كلها والسامري لقب يوربعام بن ناباط الافراتي كان مولى لسليمان بن داود ثم عصى
واختلس ملك اسرائيل من يد رحبعام بن سليمان بعد موت ابيه وسكن سامرة وصنع عجلين
من ذهب ليسجد لها بنوا اسرائيل واضل شعب الله ضلالة كبرى • السمندور الملك والسمادير
شيء يتراءى لعين الانسان من ضعف بصره • السمسار المتوسط بين البائع والمشتري ج
سماسرة والسمسار ايضا السفير بين المحبين والمصدر سمسرة • (السمقر اليوم الحديد الحر
• السمهذر السمين والذكر والبلاد الواسع والارض البعيدة المضلة) • السمهري من اسماء
الرمح والرمح الصلب واسمهر صلب واشتد واعتدل وقام واسمهر الليل تراكم ظلامه • السنبر
العالم بالشيء المتقن له • سنذر اسرع والسندري (الجريء والشديد والاسد والازرق من
الاسنة والابيض من النصال والمستعجل من الرجال و) الطويل والضخم العينين والجيد والرديء
ضد • (السنور شراسة الخلق و) السنور والسنار القط والسيد واصل الذنب ج سنانير والسنور
درع من جلد • السنمار القمر ورجل لا ينام بالليل واللص (وغلام لاحيحة بني الطمة فلما

السطر الصف من الكتاب وغيره ج أسطر وسطور وأسطار و(جج) أساطير والسطر ايضا الخط والكتابة والقطع بالسيف ومنه الساطر والساطور للقصاب يقطع به واستطره وسطره تسطيرا كتبه والاساطير الاحاديث لا نظام لها الواحد إسطير وإسطار وسطر تسطيرا ألف وسطر علينا ايضا أتى بالاساطير والمسيطر الرقيب الحافظ والمتسلط وفعله ن سطر وسوطر وتسيطر والمسطار الخمر الحديثة والغبار المرتفع واسطر في رأيه اخطأ • السعر الذي يقوم عليه الثمن ج أسعار وأسعر وسعر الشيء تسعيرا ثمنه ع وسعر النار وأسعرها وسعرها تسعيرا أوقدها والسعر والسعار ايضا الحر والسعر ايضا الجنون والجوع والسعر المجنون ج سعرى والسعير (مؤنثة) والساعورة النار ولهيبها والمسعر والمسعار ما يوقد به النار وموقد نار الحرب والساعور التنور والنار ورئيس البيمارستان بالطب والسعرارة الضبح وشعاع الشمس الداخل من كوة البيت (والمسعور الحريص على الاكل وان ملئ بطنه والاسعر القليل اللحم الظاهر العصب الشاحب) واستعرت النار وتسعرت اضطرمت واستعر الشر انتشر • (السعبر والسعبرة البئر الكثيرة الماء وماء سعبر كثير وسعر سعبر رخيص وسعابر الطعام ما يخرج منه من زوان ونحوه • السعتر نبت م والسعتري الشاطر والكريم الشجاع وبالصاد أعلى) • ع سفرة نفاة وسفاريوس قيل انه أسقف لاذقية آسيا الذي رآه يوحنا في الرؤيا فاترا • السفر الكنس والمسفرة المكنسة والسفارة الكناسة والكشط والتفريق والفعل ض سفر والسفر ايضا الاثر ج سفور وسافر توغل في القفار فهو سفر وهم سفر وأسفار وسفار اي ذووا سفر والمسفر الكثير السفر والاسم السفارة والسفرة طعام المسافر ومنه سفرة الجلد ض وسفر الصبح وأسفر اضاء فهو سفير وسفرت المرأة كشفت عن وجهها فهي سافر ن ض وسفر بين القوم سفرا وسفارة (وسفارة) أصلح فهو سفير والسفيرة قلادة من ذهب او فضة وأسفر دخل في الصبح وأسفرت الحرب اشتدت وسفره تسفيرا أرسله الى السفر وأسفر النار ألهبها والسفر الكتاب الكبير والجزء من التوراة وأسفارها خمسة • التكوين • والخروج • والاحبار • والعدد • والتثنية • والسافر الكاتب ج سفرة والسفرة ايضا ملائكة يحصون أعمال الناس وسفر الحيوة هو الذي يكتب فيه المنتخبون الى الحيوة الابدية والسفر المختوم كتاب الله والمسيح وقضاء الله يوم الدين وخطية آدم وعلم الله السابق وكتاب الابوكاليبسيس وسفر الموت الذي يكتب فيه الهالكون والسفر قطع المسافر الطريق ج أسفار وفعله سافر وسافر فلان مات وسافرت الرياح كنس بعضها بعضا فهي سوافر • السفسير (فارسية) السمسار والخادم والتابع والقائم بمصالح الامور والرجل الظريف والعبقري الحاذق بصناعته والقهرمان والعالم بالاصوات ج سفاسير وسفاسرة • السقر الصقر وحر الشمس والقيادة بالفحش والدبس والسقار الكافر ومن يلعن غير المستحقين والساقور الحر ومكواة الدواب وسقر معرفة (مؤنثة)

الشَّجَرُ ويكسر فيفتح والشجراء (والشِيَر بالياء) ما قام على ساقٍ من النبات (دقّ اوجلّ قاوم الشتاء اوعجز عنه) الواحدة شجرة وارض شجرة ومشجرة وشجراء كثيرة الشجر ووادٍ أشجر ومشجر كثير الشجر وأشجرت الارض أنبتت الشجر وشجر الرجل وضع يدهُ تحت ذقنه واتّكأ على المرفق وشجرة معرفة الخير والشر التي كانت في الفردوس ونهى الله آدم من أكلها وبها كان الخلق والموت قيل إنها كانت شجرة التفاح وشجرة الحياة كانت في الفردوس ايضًا وحرسها الله لئلا يأكل منها آدم فيحيى وشاجرهُ نازعهُ واشتجروا وتشاجروا تخالفوا ن وشجر الفمَ. شجرًا ربطهُ وشجرهُ عن الامر كفّهُ ونحّاهُ ومنعهُ ودفعهُ وشجر فاهُ فتحهُ وشجر البيت والشجر أقام لهُ عمودًا يسندهُ وشجرهُ مادّة وطرحهُ والشجر الذقن ج أشجار وشجار وشجور والشجار عود يوضع في فم الجدي لئلا يرضع (وخشبة توضع خلف الباب) والشجير السيف والصاحب والرديء ولاشجار تنالى النوم وانشجر فيها والمشجر المنقش بهيئة الشجر • الشَّحْر فتح الفم وبطن الوادي ومجرى الماء • (الشحسار الطويل) • الشَّخِير صوت من الحلق او الانف وصهيل الفرس والفعل ض شخر والشخير ما انحتّ من الجبل بالاقدام وشخر الشباب أوّلهُ وشخر الاشت شقها • الشَّذْر قطع من الذهب واللؤلؤ الصغار الواحدة شذرة وتفرّقوا شذر مذر محرّكتين ويكسر فيفتح ذهبوا في كل وجهٍ والشوذر الملحفة وتشذّر تهيّأ للقتال وتشذّر تغضّب ونشط وتهدّد وتشذّر الفرس ركبهُ من ورائه (والمتشذر الاسد) • الشَّرّ نقيض الخير ج شرور وفعلهُ ن ض شرّ شرًّا وشرارةً وشرورًا فهو شرّير ج أشرار د يدون وهو شرّ منك وهي شرّة وشرّى والشرّ المكروه والشرّ ابليس والحمى والفقر والشرير بالتخفيف جانب البحر وشِرّة الشباب نشاطهُ والشرار والشرر ما يتطاير من النار الواحدة شرارة ن وشرّة شرًّا عابهُ وشرّ اللحم (شرًّا) قدّدهُ ولاشرارة القديد وأشرّهُ نسبهُ الى الشرّ والشراشر النفس ولاثقال والمحبة وشرشرة الذنب حركتهُ وشرشرهُ قطعهُ وعضّهُ وشرشر السكّين احدّها وشرّرهُ تشريرًا شهّرهُ في الناس وشرشر الهواء قطر دسمهُ • ن شزرهُ وشزر اليه نظر اليه بأحد شقّي عينيه او بمؤخّر عينه غضبًا او اعراضًا وشزرهُ طعنهُ واصابهُ بالعين ن ض وشزر الحبل واستشزرهُ فتلهُ ثم ردّهُ الى باطنه ليمكن والشزرة الشدّة وتشزّر غضب وتهيّأ للقتال وهزل شزرٌ غير متساوٍ وعين شزراء حمراء ولاسم الشزرة • الشَّطْر الخياطة المتباعدة ونطح الثور والطعن والظفر ن وشطرتهُ الشوكة شطرًا شاكتهُ وشطر بصرهُ عند الموت شخص (والشطر والشوطر والشاطر الظبي اذا قوي ج أشطار والشاطرة من حبائل السباع) • الشَّطْر نصف الشيء وجزؤهُ ج أشطر وشطور والشطر ايضًا الجهة والناحية ن وشطر شطرهُ قصد قصدهُ وشطر الشيء تشطيرًا نصّفهُ وفلان حلب الدهر أشطرهُ اي مرّ به خيرهُ وشرّهُ وشطر بنيهِ شطورًا كأنه ينظر اليك والى

فرغ قال له لقد احكمته قال إني لأعرف حجرا لو نزع لتقوّض من عند آخره فسأله من الحجر فأراه موضعه فدفعه أحيحة من الأطم فخرّ ميتا فضرب به المثل لمن يجزي الاحسان بالإساءة) *
سَوْرَةُ الخمر وسُوارها حِدّتها والسُّورة أثر المجد وعلامته وشدّة البرد وسطوة السلطان واعتداؤه ن وسار الشرابُ في رأسه سَوْرًا وسُؤورًا دار وسار الرجلُ ثار وساوره وَأَثبه والسُّور حائط المدينة ج أسوار وسِيران والسُّورة (المنزلة و) القِطعة من الكتاب كالفصل والسُّورة ايضا الشرف والبناء الشامخ والعلامة والساق من الحائط ج سُوَر وسُوَر والسِّوار بالكسر والضم وللأسوار للمرأة م ج أسوِرة وأساوِر وأساوِرة وسُور (وسُؤُور) والأُسوار بالضم والكسر قائد جيش الفرس والثابت على ظهر الفرس ج أساوِرة وأساوِر والسَّوّار الاسد وتسوّر الحائط تسلّقه وسُورِيَة اسم لإقليمين الاول في بلاد العراق وهو سُورِيَة الأولى والثاني في بلاد الشام وهو سُورِيَة الثانية واليهما ينتسب السُّريانيون وسُوري اسم سُورِية الأولى * (سَهْجَر عَدا عَدْو فزع) * السَّمَهْدَر (والسَّهْدَر البلد) البعيد *
سَهِر ل لم ينم (ليلا) فهو ساهِر وسَهّار وسَهْران وليلٌ ساهِر فيه سَهَر والساهِرة الارض والعين الجارية والفلاة واسم للارض التي يجددها الله بعد القيمة واسم جهنم واسم أرض الشام والأَسْهَران الانف والذكر وعِرقان يجري فيهما المنيّ الى الذكر والساهور القمر والساهور والساهِرة غلاف القمر حيث يختفي آخر الشهر ودارة القمر ايضا وظلّ الساهِرة وجه الارض * السَّيْر والمَسير والتَّسيار والمَسيرة والسَّيْرورة الذهاب وفعله ص سار والاسم السِّيرة (والسِّيرة الضرب من السَّير والسَّيْرة الكثير السَّير) والسِّيرة السُّنّة والطريقة والهيئة والميرة والسَّيْر الذي يُقَدّ من الجلد ج سُيُور والسَّيّارة جمع القافلة والسِّيراء الذهب الخالص وحجاب القلب وتسيّر جلده تقشّر واستار اتار (وسيّر المثل جعله سائرا وتسيّر بسيرته اتّبع بسُنّته) *

ش

الشِّبْر م مذكّر ج أشبار والشَّبْر كيل الثوب بالشِّبر والشَّبر والإشبار الإعطاء والشَّبْر ايضا حقّ النكاح والعمر والقدّ والشَّبَر العطيّة والخير والشَّبَر ايضا خبز تقدمة القربان المقدّس وللانجيل والمَشْبورة الشبيهة والشَّبُّور البوق والنهر تنصبّ اليه المياه ل وشبِر بطِر وشبّر تشبيرا قدّر وشبّره ايضا فتشبّر عظّمه فتعظّم * (الشَّبْكَرة العشا معرّب بَنوا القطلة من شبكور وهو الأعمى) * الشَّتْر القطع وفعله ص شتر والشَّتَر الانقطاع وانقلاب الجفن وانشقاقه واسترخاء أسفله وفعله شتِر ل وشُتِر وانشتر والشَّتَر ايضا انشقاق الشفة السفلى وشتّر به سبّه ن وشَتَرة جرحه والشِّتِّير كثير الشتم والعيوب والشُّتْرة ما بين الاصبعين * (الشَّيْتَعور والشَّيْتَفور بالمعجمة الشعير) * الشَّثْر صوف الجبل ج شُثور) *

• الأشقر ما يعلو بياضه حمرة وفعله ل ر شقر شقرًا وشقرة والأشقر الدم المسودّ والشقِر شقائق النعمان الواحدة شقرة ج شقرات وشقران وشقارى والشقور الحاجة (والشقراء فرس شيطان بن لاطم قتلت وقتل صاحبها فقيل أشأم من الشقراء) والشقر الديك والكذب والشقارى الكذب

• الشكر عرفان الاحسان ونشره عن الجميل المصنوع والشكر من الله المجازاة والثناء الجميل يقال فيه ن شكره وشكر له شكرًا وشكورًا وشكرانًا وشكر الله وشكر لله والشكور الكثير الشكر والدابّة تسمن من علف قليل والشكر الحِر والنكاح ل وشكرت الدابة سمنت وشكر فلان جاد بعد بخل وأشكر الضرع واشتكر امتلأ لبنًا واشتكرت السماء جادت بالمطر واشتكر الحرّ والبرد اشتدّ واشتكر في جريه اجتهد والشكير صغار النبت بين كباره والنبات الرخص بين العاسي وما ينبت في أصول الشجر الكبار وفعله ن شكر وأشكر والشكير ايضًا لحاء الشجر ج شُكُر والشكير ايضًا الكرم يغرس من قضبانه والفعل أشكر وشكّر واشتكر والشاكري الاجير والمستخدم (معرّب) والشكائر النواصي وشاكرته الحديث فاتحته به • ن شمر وشمّر تشميرًا وانشمر وتشمّر مرّ جادًّا أو مختالًا وتشمّر للامر تهيّأ ورجل شمّر وشِمّير (وشِمّري وشِمِّري وشُمَّري) وشِمْري ومشمّر ماضٍ في أموره والشمر والتشمير تقليص الشيء وشمّر ثوبه تشميرًا رفعه والشمر السخيّ والبصير والشمرة مشية الرجل الن: ر والشمار حشيشة الرازيانج والشمور خمر الملس والشمرية المرأة المجدّة السريعة • شمجر مدا عدو الفزعان وشمجار قاضي بني إسرائيل خلّص اليهود من أسر الفلسطانيين • الشمخر المتكبر وفعله شمخر • الشمكتر الرجل المنحوس الطالع (معرّب) • شمصر عليه ضيّق

• الشنار أقبح العيب والعار والأمر المشهور بالشنعة وشنّر عليه تشنيرًا أعابه وفضحه والشنير الكثير العيوب والشرّ (والشنرة مشية الرجل الصالح وشناري السنّور) • الشنترة الاصبع ج شناتر والشنترة ايضًا ما بين الاصبعين وشنتر ثوبه مزّقه • (الشنذارة والشنذيرة الرجل الغيور الفاحش • الشنزرة الغلظ والخشونة • الشنبير السيّء الخلق البذيّ الفاحش بيّن الشنفرة والشنفيرة • الشنهبر العجوز الكبيرة) • شنصر شتم وغلّظ والشنصير الحصن • شنظر شتم والشنظير الرجل الفاحش والصخرة التي تسقط من ركن الجبل والشنظيرة حرف الجبل • ن شار العسل شورًا وشيارًا وشيارة ومشارًا (ومشارة) وأشاره واشتاره استخرجه من خليّته والمشار الخلية والمشوار الآلة يشور العسل بها والشورة الشيء المنظوم والمشوار ايضًا وتر المندف والشورة والشارة والشور والشيار والشوار الحسن والجمال والهيئة واللباس (والسمن) والزينة وشار الخيل شورًا وشوارًا روّضها أو ركبها ليعرضها على مشتريها وشار فلان لبس لباسًا حسنًا وشار أمره تبيّن والشوار مثلّثة متاع البيت (وذكر الرجل وخصياه واسته) وشوّر به فعل به فعلًا

آخر معًا والشاطر الخبيث المتفنن في الشر وفعله ن ر شطر شطارة وشطر عن اهله شطورًا وشطورة
وشطارة نزح عنهم مراغمًا وقد اعياهم خبثًا فهو شاطر والشطير الغريب وشاطرته مالي ناصفته
وهم مشاطرونا اي دارهم تتصل بدارنا والمشطور الخبز المطلي بالادام • ن ر شعر به شعرًا
(وشعرًا و) شعرة مثلثة وشعورًا وشعورة وشعرى (وشعرى) ومشعورًا (ومشعورة ومشعوراء احس و) علم
به وفطن له وعقله وليت شعري (فلانًا وله وعنه ماصنع) اي ليتني شعرت واشعره (الامر و) بالامر
اعلمه به والشعر القول المنظوم ج اشعار وشعر الشعر قاله فهو شاعر ج شعراء والشاعر المفلق خنذيذ
ومن دونه شاعر ثم شويعر ثم شعرور ثم متشاعر والشعر بالفتح (ويحرك) م ج شعور واشعار وشعار
الواحدة شعرة والاشعر والشعراني الكثير الشعر الطويله ل وشعر كثر شعره والشعرة (والشعراء) والشعرانة
شعر العانة والشعر ايضًا العانة والقطعة من الشعر واشعر الجنين وشعر تشعيرًا وتشعر نبت عليه الشعر
والشعرة الفروة وذباب ازرق والشعرة ايضًا الارض الكثيرة الشجر والداهية العظيمة ج شعر والشعر
النبات والشجر والزعفران والشعار جل الفرس وعلامة الحرب والرعد والشجر والموت والقميص ج
اشعرة وشعر (واشعره البسه الشعار واستشعره لبسه) واشعر الهم قلبي لزق به والشعيرة قبعة النصل
من فضة او حديد والاشعر ما استدار بالحافر من منتهى الجلد والاشعر والمشعر جانب الفرج والاشعر
ايضًا لحم يخرج تحت الظفر ج شعر والشعير (يذكر ويؤنث) نبت م والشعير الصاحب والشعرى
العبور والشعرى الغميصاء اختا سهيل • (الشغصور الجوز البري) • الشغبر ابن آوى
ع شغر الكلب رفع رجله ليبول وشغرت الارض خلت من الناصر والضابط فهي شاغرة وشغر البلد
بعد من الناصر والسلطان وبلدة شاغرة لا تمتنع من الغارة كتلوها واشغر المنهل بعد من المحجة
واشغرت الرفقة انفردت من السابلة واشغر عليه السحاب بعد وشاغره تزوج اخته وازوجه اخته بلا
صداق والاسم الشغار والشغر البعد والشاغورة موضع في كنيسة دير صيدنايا واسم ارض عند ارز لبنان
وتفرقوا شغر بغر اي في كل وجه واشغر في الفلاة ابعد واشغر علينا تطاول واتسع واشغر الامر اختلط
وتشغر تمادى في القبيح • (الشغفر المرأة الحسناء) • الشفر اصل منبت الشعر في الجفن
(ويفتح) والشفر والشفير ناحية كل شيء والشفر ايضًا والشافر والشفرة حرف الفرج والشفيرة المرأة
الشهوانية جدًا ل وشفرت المرأة مالت بها الشهوة وما بالدار شفر بالفتح والضم (وشفرة) احد
والمشفر شفة الجمل ج مشافر والمشفر ايضًا الشدة والشفير والشفر ناحية الوادي من اعلاه وشفر المال
تشفيرًا قل وشفرت الشمس دنت للغروب والشفرة السكين العظيم وجانب النصل وحد السيف
وسكين الاسكاف (وعيش مشفر ضيق قليل) واذن شفارية عظيمة وشفر نقص • الشفترة التفرق
واشفتر العود تكسر واشفتر الشيء تفرق والسراج اتسع نوره والمشفتر المقشعر والشفنتر الذاهب الشعر

صخر (وصخر) وصخور وصخرات والصاخر صوت الحديد وصخرة صخرة • الصدر أول كل شيء
وأثلاه وكل ما واجهك والصدر والمصدر الرجوع وفعله ن ض صدر وأصدر فصدر وصدّره وأصدره
أرجعه وصدر الانسان م مذكر والأصدر العظيم الصدر والاسد والذئب وتصدّر نصب صدره في الجلوس
وتصدّر ايضا جلس في صدر المجلس وصدور الوادي أعاليه ومقادمه واجده صدارة وصديرة وما
له صادر ولا وارد اي ما له شيء والأصدران عرقان تحت الصدغين وجاء يضرب أصدريه اي
فارغا (وتصدّر اسم جمادى الأولى) والصدار ثوب قصير يغشي الصدر بلا كمين غير مشقوق
وصادره على كذا طالبه به وهي المصادرة على المطلوب • الصرّة البرد وشدته واشد الصياح
والصرّة شدة الكرب والحر والجماعة وتقطب الوجه وخرزة السحر والصرّة ما تربط به الدراهم ورنة
صر وصرصر كذلك وصرّ الفرس والحمار باذنه وأصرّ بها نصبها للاستماع والصرار ما يشد به ج
أصرّة والصرورة السنبلة قبل أن يخرج قمحها ج صرر وفعله صرّ وأصرّ بعد وأسرع والإصرار العزم
على الشيء وفعله أصرّ (وهو مني صرّي وأصرّي وصِرّي وأصرّي وصُرّي وصُرّى لي عزيمة)
وصخرة صرّاء صمّاء ورجل صرور وصارور وصارورة (وصرارة وصروري وصاروراء) لم يتزوج يطلق
على الواحد والجمع والصارّة الحاجة والعطش ج صرائر وصوارّ والمصارّ الأمعاء والصراري الملاح
ج صراريون والصرصور والصرصر بالضم والفتح فيهما م والجمل البختي وصرار الليل طويئر
فيه والصرصر الديك والصريرة الدراهم المضروبة وصارّته على كذا أكرهته وصرير الايك صوت
تعويجه • الصطر السطر وتصيطر تسيطر والمصطار المسطار • الصعر والتصعّر ميل في الوجه
وفعله ل صعر فهو أصعر وصعّر خده تصعيرا وصاعره وأصعره أماله عن النظر الى الناس تهاونا وأحمر
صيعري قاني والصعر صغر الرأس والصعرور بالضم أول لبأ الحلب والفلفل والصمغ ج صعارير وضربه
فاصعرّ (واصعنرر) استدار من الوجع وتقبض والصعرورة دحروجة الجعل من الزبل •
(الصعبور الصغير الرأس • الصعتر السعتر وصعتر الشيء زينه والصعاتر الصعاب الشداد
د) الصعتري الشاطر والكريم الشجاع • صعفرت العنق التوت واصعنفرت الحمير انذعرت
فتفرقت وصعفرها الخوف فرقها • الصعفر بيض السمك • الصغر والصغارة خلاف
العظم (او الأولى في الجرم والثانية في القدر) وفعله ر ل صغر صغارة وصغرا بكسر ففتح وبالتحريك
وصغرانا فهو صغير وصغار وصغران ج صغار وصغراء والأصغر الصغير ج أصاغر والأصاغرة وصغّره
تصغيرا وأصغره جعله صغيرا والصغيرة من الذنوب الهفوة ج صغائر والصاغر الراضي بالذل ج صغرة
وفعله ر صغر صغرا وصغرا وصغارة وصغرانا وصغرا وأصغره أذله وتصاغرت اليه نفسه ذلت وصغرت
الشمس مالت للغروب والأصغران القلب واللسان واستصغره عده صغيرا وتصاغر تحاقر وصغرع

يَشتهي منهُ وأَشارَ اليهِ أَومى وأَشارَ عليهِ بكذا أَوعزَ اليهِ بتدبيرهِ والاسمُ الشُّورَى والمَشُورةُ واستشارةُ طلبَ منهُ المَشُورةَ والشُّوراتُ الخَضْفرُ والمَشُورةُ الانجيليَّةُ ثلاثُ الفقرُ الاختياريُّ والطاعةُ وحِفظُ البكارةِ بالعِفَّةِ وهي سيرةُ الكمالِ الخاصَّةُ بالرُّهبانِ والمُشيرةُ الاصبعُ السبَّابةُ وآشيرُ بْنُ يعقوبَ اسرائيل ● الشُّهرةُ ظهورُ الشيءِ. وفعلهُ ع شَهَرَهُ واشتهرَهُ فاشتَهرَ والشَّهيرةُ والمَشهورُ المَعروفُ والنَّبيهُ والشَّهرُ العالِمُ والهلالُ والقمرُ والشَّهرُ ايضًا م ج أَشهُرٌ وشُهورٌ وشاهرَهُ استأجرَهُ للشَّهرِ واشتَهرتِ المرأةُ دخلتْ في شهرِ ولادتها وشَهَرَ سيفَهُ انتضاهُ أَمامَ الناسِ ● شَهْبَرَ أَجهشَ للبكاءِ. ورجلٌ شَهبَرٌ او لايوصَفُ بهِ الرَّجلُ وامرأةٌ شَهبَرةٌ مُسِنَّةٌ قويَّةٌ ● الشَّهدارةُ الفاحشُ النَّمَّامُ المفسدُ ما بينَ الناسِ ● شِيارُ اسمٌ ليومِ السبتِ (ج أَشيِرٌ وشُيُورٌ وشِيُورٌ) ●

ص

ن صَبَرَ عنهُ أَمسكَ وصبرَ على القتلِ تجلَّدَ ويمينُ الصبرِ التي تَلزَمُ الحالفَ والصبرُ نقيضُ الجبانةِ وفعلهُ ض صَبَرَ فهوَ صابرٌ وصبيرٌ وصَبُورٌ وتصبَّرَ عليهِ واصطبرَ (واصْبَرَ) اطالَ أَناتَهُ وأَصبرهُ وصبَّرهُ أَمرَهُ بالصَّبرِ ن وصَبَرَ بهِ صَبْرًا وصَبارةً كفلهُ واصْبِرْني بصيغةِ الامرِ أَعطِني كفيلاً والصَّبيرُ الكفيلُ ومقدَّمُ القومِ والجبلُ ج صُبَراء والصَّبيرُ ايضًا السَّحابُ المُتراكِمُ والسَّحابُ المُبيَضُّ ج صُبُرٌ والصَّبيرُ ايضًا شيءٌ يُبسَطُ تحتَ الطعامِ والصُّبرُ بالكسرِ والضمِّ ناحيةُ الشيءِ وحرفهُ ج أَصبارٌ (وملأَ الكأسَ الى أَصبارِها اي رأسِها وأَخذهُ بأَصبارهِ اي بجميعهِ) والصُّبرةُ ما تأخذهُ من القوتِ بلا كيلٍ ولا وزنٍ والصُّبُرُ (وبضمَّتينِ) أَرضٌ ذاتُ حصًى والصُّبارةُ مثلَّثةً الحجارةُ والقطعةُ من الحديدِ والصُّبَرةُ والصَّبارَّةُ ايضًا شدَّةُ البردِ وأُمُّ صَبَّارٍ وأُمُّ صَبُّورٍ الحربُ (والحَرُّ) والداهيةُ والصَّبرُ (ولايسكَّنُ) م ر م والصِّبارُ الحُزمُ والسِّدادُ والصُّبَّارُ بالضمِّ والفتحِ والتخفيفِ التمرُ الهنديُّ والاصطبارُ الاقتصاصُ والصَّبورُ الحليمُ (ج صُبُرٌ) وما أَصبرَهُم على النارِ ما أَجرأَهُم عليها وشهرُ الصَّبرِ شهرُ الصومِ والصَّبرةُ ما تلبَّدَ في الحوضِ من البولِ والزبلِ ووسطُ الشتاءِ ● الصَّحراءُ الارضُ المستويةُ والفضاءُ الواسعُ لا نباتَ فيهِ ج صَحارَى (وصَحارٍ) وصَحراواتٌ وأَصحَرُوا نزلُوا في الصَّحراءِ (والصحراءُ ايضًا الاتانُ التي تمازجُ بياضَها غُبرةٌ) وأَصحرَ المكانُ اتَّسعَ والميتةُ صَحرةٌ بَحرةٌ (نُحرةً وصَحرةً بَحرةً نَحرةً ويعمُّ الكلَّ) اي بلاحجابٍ (وأَبرزَ لهُ الامرَ صحارًا جاهرةً بهِ جهارًا) والأَصحرُ لونٌ غُبرةٌ في حُمرةٍ خفيَّةٍ والصَّحيرةُ الحليبُ يُغلَى ثمَّ يُصبُّ عليهِ السمنُ والصَّحيرُ صوتُ الحميرِ والصُّحارُ عَرَقُ الخيلِ ع وصَحَرهُ طبخهُ وصَحَرتهُ الشمسُ آلمتْ دماغهُ والأَصحرُ الاسدُ (وصُحَرُ بالضمِّ ويُصرفُ أُختُ لُقمانَ عُوقبتْ على الاحسانِ فقيلَ ما لي الَّا ذنبُ صُحَر) ● الصَّخرةُ الحجرُ العظيمُ (ويُحرَّكُ) ج

اللبن واصمقر اشتدت حموضته واصمقرت الشمس اتقدت ويوم مصمقرّ حارّ) * الصنّار الذئب (معرب وتخفيف النون اكثر) ورأس المغزل والصنّارة الاذن ج صنانير والصنّور البخيل والسيء الخلق * الصنبور (النخلة دقّت من اسفلها وقلّ حملها وقد صنبرت والنخلة المنفردة و) الرجل الفرد والذليل بلا اهل ولا ناصر واللئيم وثقب الحوض يخرج منه الماء والصبيّ الصغير والداهية والريح الباردة والحارّة ضدّ والصنوبر شجر وهو الارز وثمره والصنّبر الريح الباردة وثاني ايام العجوز والصنبر الدقيق الضعيف * (الصنبعر السيء الخلق) * الصنافر الصغير من كل شيء وولد صنافرة لا يعرف له اب * الصورة الشكل ج صُوَر بضم ففتح وبالضم (وصِوَر) وفعله صوّر تصويرا والصيّر الحسن الصورة والصورة ايضا النوع والصفة ن وصار صوّت وصار الشيء صورا امالَه واصاره فانصار ل وصوِر مال فهو اصور ن وصار الشيء قطعه وفصله والصور وسط النهر والصور القرن ينفخ فيه ويوق الدينونة والصوار بالكسر والضم والصوّار والصيّار القطيع من البقر والرائحة الطيّبة ج اصورة (وصيران) وصرته فتصوّر اي سقط وصارة المسك نافجته والصواران صماغا الفم * الصهر القرابة ج صهراء واصهار والصهر ايضا القبر وزوج ابنة الرجل وزوج اخته والختن ج اصهار ن وصهرة هاتنه واصهر بهم واصهر اليهم صار فيهم صهرا ع وصهرته الشمس آلمت رأسه والصهارة الشيء المذاب وصهر رأسه دهنه بالصهارة وصهر الشيء اذابه فانصهر فهو صهير والصهر الحار والاصطهار الاذابة وصهر اذاب والصهّار شاوي اللحم ومذيب الشحم ج صُهور والصهري الصهريج والصاهور غلاف القمر * ص صار الامر الى كذا صيرا ومصيرا وصيرورة انتهى اليه وصيّره اليه واصاره والمصير الموضع تصير اليه المياه وصارة النفس حصوة والصير والصيور والصيرورة منتهى الامر وعاقبته والصير ايضا الناحية من الامر وطرفه وشقّ الباب وحاخام اليهود والصيرة والصيارة حظيرة الغنم ج صير والصيّور العقل والكلأ اليابس للأكل وأم صيّور الامر الملتبس والصيارة الضجّ والصيار صوته *

ض

ص ضبر (الفرس و) المقيّد ضبرا وضبرانا وثب والتضبير جمع الاشياء والاضبارة حزمة الكتب ج اضابير واسد ضبارم وضبارمة مشتوثق والضبار بالكسر والضم الكتب جمع لا واحد له والضبر خشب يغشى بجلد يستعمله الرجال في افتتاح القلاع ج ضبور والضبر الابط ج اضبار والضبير الشديد والضبارة الحزمة والضبور (والضيبر والمضبر) الاسد * (الضبطر الشديد الضخم والضيطر الاسد الماضي * الضبغطرى الرجل الطويل والشديد الاحمق والضبع وانشاد ومانتصب

نفسه انصاقت ✱ الصُفْرَة لون م والصُفْرة ايضًا السواد جدًّا وفعلهُ اصفرّ واصفارّ فهو اصفرُ والصَفْرة
الجَوعة والصُفور والمصفور الجائع والاصفران الزعفران والذهب او الورس والزبيب والصفراء
الذهب والقوس من عودٍ (واحد اخلاط البدن الاربعة) وصفّرهُ تصفيرًا صبغه بصفرةٍ والصُفارة ما
يَبس من النبات والصِفر العقل والعقد والورع ولبّ القلب والجوع (وداء في البطن يُصفّر الوجه)
والصُفار الماء الاصفر في البطن والقُراد والصُفر النحاس الرومي يُرى كانه مُطلى بذهبٍ وصانعه
الصَفّار والصُفر ايضًا الذهب والصفر مثلثة (والصِفِر والصُفُر) الخالي ج اصفار واناء اصفار خالٍ
وآنية صُفْر خالية وفعله ل صَفِرَ صَفَرًا وصُفورًا فهو صَفِرٌ وصَفِرت وطابهُ مات واصفر افتقر واصفر
البيت وصفّرهُ تصفيرًا اخلاه والصَفَريّة حشيشة الخريف تنبت في اوّله كأنها الهيتون والصفرية
ايضًا اوّل الازمنة والصافر (اللصّ وطير جبان وكلّ ذي صوتٍ من الطير و) الطير التي لا تصيد
وما بها صافرٌ اي ما بها احد والصفّارة الاست وقصبة يُصفّر بها للدواب لتشرب ص وصفّر
بالحمار دعاهُ ليشرب وبنوا الاصفر اختلف فيهم فذهب جماعة الى انهم سكان بلاد مسكوبيا وذهب
آخرون الى انهم سكان بلاد النمسا والعرب تقول انهم ملوك الروم (وآل ابي صُفرة من المشهورين
بالبسالة والحماسة والسماحة) والصَفاريت الفقراء والصَفَر الاست الضرّاط وصافورة او صَفّورة
او صَفّوراء او صَفّورياء زوجة موسى النبي بنت يثرون وصُوفار صديق ايوب المبتلى ✱ الصَقْر ما
يَصطاد من البزاة والشواهين ج اصقُر وصُقور (وصُقورة وصُقُر) وصِقار وصِقارة وصقرٌ صاقرٌ حديد
النظر وتصقّر صاد بالصقر والصَقْر ايضًا اللبن الحامض والدبس وعسل التمر وشدّة حرارة الشمس
والماء الآجن والقيادة والصَقْر ايضًا لعن من لا يستحق ج صُقور وصِقار وفعله ن صَقَر وصَقَر
اسم جهنّم والصاقورة باطن قحف الراس والسماء الثالثة والصاقور شاقوف الحجارة الكبير في
الجبل واللسان والصقّار اللعّان والنمّام والكافر والدبّاس والصاقرة الداهية النازلة وصقرهُ بالعصا
ضربه وصقر الحجر كسره بالصاقور واصقر النار اوقدها وقد اصطقرت واصقرت لازم متعدٍ واصقرت
الشمس اتقدت وجاء بالصُقَر والبُقَر اي بالكذب الصريح ✱ الصَقْعَر بالضمّ الماء البارد والماء
المرّ والماء الآجن وصقعر في اذنه صاح قويًا ✱ ن صَمَرَ صَمْرًا وصُمورًا واصمر بخل ومنع وصمر
الماء جرى منحدرًا الى السهل والصَمْر الصَبِر والصَمَر النتن ورائحة المسك الطريّ والصَمير
الرجل اليابس اللحم على العظم والصُمارى (وبالفتح والصُمارِيّ) الاست والصامورة اللبن
الحامض جدًّا وفعله ص ل صَمَر واصمر والصِمْير مغيب الشمس واصمر دخل في المغيب ✱
الصَمْغرة قوة الراس والصمغري الشديد اللئيم والذي لا يؤثر فيه سحر ولا رقية ✱ (صَنْفَر

• ع طَحَرَت العينُ رمتْ بقذاها وطَحَرَ الحَجَّامُ قطعَ قُلْفَةَ الصبيّ في الختانِ والطَحِيرُ والطُحارُ
الزحيرُ وفعلُهُ ص طَحَرَ • طَحْمَرَ وثَبَ وطَحْمَرَ القوسَ وَتَرَها وما في رأسِهِ طَحْمَرَةٌ اي شعرةٌ
• الطَخرورُ الغريبُ والطاخِرُ الغيمُ الاسودُ والطَخَرُ الغيمُ الرقيقُ • الطَرُّ الشلُّ والسَوقُ
الشديدُ وتحديدُ السكّينِ وطُلوعُ النباتِ ونبتُ الشاربِ والفعلُ ن ص طَرَّ وطَرَّ شارِبُهُ نبتَ فهو
طارٌّ وطَرِيرٌ والطَرُّ ايضًا الشقُّ والقطعُ والخلسُ واللطمُ والسقوطُ والفعلُ ايضًا طَرَّ والطُرُّ ايضًا الوبرُ
وشعرُ الحمارِ والطُرَّةُ الخاصرةُ والطُرَّةُ طرفُ الثوبِ او طرفُ كلِّ شيءٍ وحرفُهُ وشفيرُ النهرِ والناصيةُ
وشعرٌ مقصوصٌ في مُقَدَّمِ ناصيةِ الجاريةِ ج طُرَرٌ وطِرارٌ وأَطَرَّ أَذَلَّ وقطعَ وأَغرى والطُرطورُ (الدقيقُ
الطويلُ و) القَلَنْسُوَةُ (تكونُ كذلكَ) تلبسها العبيدُ والقُنْتُورُ شيءٌ يلبسهُ بعضُ النساءِ في رؤوسِهِنَّ
والوَغْدُ الضعيفُ والمِطَرَّةُ بالعَصَمِ العادةُ والطَرْطِيرُ نشادرُ النبيذِ • (الطَرْمِذارُ الصَلِفُ •
الطَزُّ الدفعُ باللَكْزِ والطَزُّ البيتُ الصَيْفيُّ مُعَرَّبٌ • الطَيْزَرُ الكثيرُ من المياهِ) • ن طَغَرَ
القاضي الرجلَ أَجبرَهُ على الحكمِ (والطَغْرُ النكاحُ • ع طَغَرَ عليهم دَغَرَ) • ن طَفَرَ
طَفْرَةً وثَبَ الى فوقُ • ص طَمَرَ طُمُورًا وطَمْرًا وطِمارًا وثبَ الى تحتُ وطَمَرَ دفنَ وخبأَ
والطُمورُ الذهابُ في الارضِ والمَطْمورةُ الحفيرةُ تحتَ الارضِ وطَمَرْتُها ملأتُها وطَمَرَ الجرحُ انتفخَ
وطامِرُ بنُ طامِرٍ البرغوثُ والبعيدُ المجهولُ والطِمْرُ الثوبُ الخَلِقُ البالي ج أَطْمارٌ والطِمْرُ ايضًا مَن لا
يَمْلِكُ شيئًا والفرسُ الجوادُ والطِمْرُ والطِمِرُّ والطِمْرِيرُ الفرسُ الجوادُ والمِطْمارُ خيطُ البناءِ والرجلُ
اللابسُ للأطمارِ والطامورُ والطُومارُ الصحيفةُ ج طَوامِيرُ وطَمَّرَ تطميرًا طَوى وأَرْخى السِتْرَ وطَمْرةُ
الشبابِ أوَّلُهُ والمُطَمِّراتُ المُهْلِكاتُ (وانتَ في طَمْرَتِكَ الذي كنتَ اي غِرَّتِكَ وجهلِكَ وهو على
مِطْمارِ ابيهِ اي يُشبِهُهُ خَلْقًا وخُلُقًا واقِمِ المِطْمَرَ يا مُحَدِّثُ قَوِّمِ الحديثَ وصَحِّحِ الفاظَهُ •
اطْمَخَرَّ شربَ حتى امتلأَ والطِماخِرُ العظيمُ الجوفِ والمُطْمَخِرُّ الاناءُ المُمتلئُ) • الطَنْجِيرُ
(مُعَرَّبٌ) الفظُّ الغليظُ والوغدُ اللئيمُ • الطَوْرُ التارةُ ج أطوارٌ والطَوْرُ (والطُورُ) والطَوارُ ما كانَ
على حَذْوِ الشيءِ أو بإزائهِ وما كانَ الحدُّ بينَ الشيئينِ والحَومانُ حولَ الشيءِ والطُورِيُّ الوحشيُّ
وما بها طُورِيٌّ وطُورانيٌّ اي أحدٌ والطُورُ الجبلُ وفناءُ الدارِ وطُورُسِيناءَ الجبلُ الذي عليهِ ناجى
اللهَ موسى وأَخذَ منهُ الشريعةَ وعليهِ ظهرَ اللهُ لبني اسرائيلَ بالرعودِ والبروقِ والزلازلِ والمهاولِ
وطُورُ لُبنانَ ما بينَ بَعْلَبَكَّ وأَطْرابُلُسَ ممتدًّا مسافةَ اربعةِ ايامٍ وأَرْزُ لبنانَ في بعضٍ من جهاتِهِ
وطُورُ تابُورَ في أرضِ اليهوديّةِ وعليهِ تجلّى السيّدُ المسيحُ تجاهَ البعضِ من تلاميذِهِ وطُورُ الزيتونِ
بالقدسِ ومنهُ صَعِدَ المسيحُ الى السماءِ أمامَ تلاميذِهِ ولَقِيَ منهُ الأَطْوَرَيْنِ اي الداهيةَ وبلغَ في
العلمِ أَطْوَرَيْهِ أَوَّلَهُ وآخِرَهُ • الطُهْرُ والطهارةُ نقيضُ النجاسةِ والطهارةُ عندَ النصارى صيانةُ الفرجِ

فى الزرع يفزع به الطير) * ل ضجر منه وبه وتضجر تبرم فهو ضجر وفيه ضجرة واضطجرته
فانا مضجر ج مضاجر ومضاجير ومكان ضجر ضيق * (ضخر القربة ملأها فاضخرت) * الضر
بالفتح والضم ضد النفع وفعله ن ضره وضر به وأضره وضاره والضر ايضا الضرر وسوء الحال والضر ايضا
النقصان والضراء (المرض و) الزمانة والشدة ونقص المال والموت والضرير الذاهب البصر ج أضراء
والضرير المريض والذى يعوزه الضر فهو مضرور والضرير ايضا الغيرة وحرف الوادى والنفس والجسم
ولاضطرار الاحتياج الى الشئ. واضطره اليه أحوجه (والجأه) فاضطر ولاسم الضرة وضارة هالفه والضرورة
والضرارة والضارور والضاروراء الحاجة والضرر الضيق وحرف الكهف والمضر الدانى (وأضر اليه دنا)
والضرتان الزوجتان لرجل واحد كل منهما ضرة للأخرى ج ضرائر والاسم الضر بالكسر والضرة والمضرة
شدة الحال والاذية والخلف وأصل الثدى وباطن الكف والضرع وباطن القدم ج ضرائر وأضر أسرع
وأضره على الامر أكرهه * الضيطار التاجر فى مكانه والضوطار من يدخل السوق بغير رأس
مال فيحتال للكسب * (الضغدرة الدجاجة ج ضغادر) * ض ضفر وثب وضفر الشعر
نسج بعضه فى بعض فهى ضفيرة ومضفورة ج ضفائر وضفر الحبل فتله وضفر عدا وسعى والضفيرة
البناء بحجارة بلا كلس ولا طين وتضافروا على الامر تظاهروا وضفير البحر شطه * (الضفطار الضخم
الهيم القبيح الخلقة) * الضمر بالضم الهزال وفعله ن ر ضمر ضمورا واضطمر والضمر الهضيم البطن
اللطيف الجسم والضمير العنب الذابل والسر وداخل الخاطر ج ضمائر وأضمره أخفاه والمضمر
موضع الضمير ومفعول الضمير وأضمرته الارض غيبته بسفر او بموت وضمر الخيل تضميرا علفها
القوت بعد سمن والمضمار (الموضع يضمر) فيه الخيل وغاية الفرس فى السباق وتضمر وجهه هزل
والاضمار الاستقصاء والضمار تسويف الوعد وخلاف العيان والدين بلا أجل * (الضمخر
المتكبر والضخم السمين * الضمزر الارض الصلبة والمرأة الغليظة والاسد) * الضور الجوع
الشديد والضور السحابة السوداء * الضهر المتحفاة وأعلى الجبل والضاهر الوادى *
ن ض ضار ضورا وضيرا ضره والتضور التلوى من وجع الضرب ومن الجوع وصياح الذئب
عند الجوع والضورة الذليل الفقير *

ط

ن طبر تقفز واختبأ والطبر ركن القصر والطبر شبه الفأس يستعمل فى الحرب والطبرى ثلث
الدرهم * الطباشير تراب أبيض كالحوارى وقيل إنه رماد القصب الهندى * (الطثرة
خشونة اللبن والحمأة والطحلب والماء الغليظ وسعة العيش وصوف الغنم وسمنها والطيثار الاسد)

ل ظهر فهو ظهير واعطاه عن ظهر يد اى بلا مكافاة وفلان خفيف الظهر قليل العيال وثقيل الظهر كثير العيال وهو على ظهر اى معدّ للسفر والظهر العون والظهر متاع البيت والظاهر خلاف الباطن والظاهر من اسماء الله تعالى والظاهرة العين الجاحظة واتخذ الشيء ظهريا جعله وراء ظهره والجمل الظهري المعدّ للحاجة وظهر بحاجتي واظهر بها جعلها وراء ظهره اى لم يعتبرها ع وظهر ظهورا تبيّن وقد اظهرته عليه اعنته واظهر عليه غلبه وهو بين ظهريهم وبين اظهرهم اى فى وسطهم ولقيته بين الظهرين اى بين اليومين والظهر ساعة الزوال بعد نصف النهار والظهرة السلحفاة والظهيرة حدّ انتصاف النهار فى القيظ واظهروا دخلوا فى الظهيرة وتظاهروا تدابروا وتعاونوا ضدّ والظهير المعين واستظهر به استعان واستظهر الكتاب حفظه من ظهر قلبه والظهارة نقيض البطانة وظاهر بينهما طابق والمظهر المصعد واوثقه الظهارية كتفه وهو يأكل على ظهر يديه اى انفق عليه (وكل ظهر يكتب بالظاء الا ضهر الجبل فبالضاد) *

ع

ن عبر الرؤيا عبرا وعبارة وعبّرها تعبيرا فسّرها وعبّر عمّا فى نفسه اعرب وابان وعبّر عنه اعرب والاسم العبرة والعبارة وعبرة الوادى بالكسر وبفتح شاطئه وناحيته وعبره عبرا وعبورا قطعه وعبر القوم ماتوا وعبر الماء جازه وعبر الكتاب عبرا نظر فيه ولم يرفع صوته بقراءته وعبّر المتاع والدراهم نظر كم وزنها وما هى والمعبر ما عبر به النهر والمعبر الشطّ المهيّأ للعبور ومنه سمّيت اليهود عبرانيين نسبة الى جدّهم ابراهيم الذى عبر الفراة وجاز من بين النهرين الى ارض الميعاد وهى ارض القدس او ينتسبون الى عابر وهو ابن ارفخشاد بن سام بن نوح الواحد عبرى او عبرانى ورجل عبر اسفار مثلثة العين قوى فى سيره وعبّر الذهب تعبيرا وزنه دينارا دينارا اولم يبالغ فى وزنه والعبرة العجب واعتبر تعجّب والعبرة الدمعة اوتردّد البكاء خفية او الحزن بلا بكاء ج عبرات وعبر واستعبر جرت عبرته وحزن فهو عبران وعبر وهى عبرى وعابر وعبرة ج عبارى وعين عبرى والمرأة العبراء الثكلى والسحائب التى تسير شديدا والعقاب ونبات عبر الكذب والباطل والعبر الاعتبار والعبير الزعفران او اخلاط من الطيب والعبور الاقلف ج عبر والعوبر جرو الفهد وعبّر به الامر تعبيرا اشتدّ عليه وعبّرت به اهلكته ولغة عابرة جائزة * العبوثران والعبيثران نبات م والعبيثران الامر الشديد والشرّ والمكروه * (العبنظر الغليظ) * العبقرى الكامل (والجليل النفيس) من كل شيء والسيّد والذى ليس فوقه شيء والشديد والعبقرة المرأة الجميلة وتلألؤ السراب * العبهر الممتلئ الجسم والعظيم والنرجس والياسمين وزهر آخر فارسى يسمّى

وحفظ البكارة وتجنب الآثام كلها والفعل ن ر طهر فهو طاهر وطهر وطهير ج أطهار وطهارى وطهرون وطهرت المرأة انقطع حيضها وطهره تطهيرا غسله بالماء (والاسم الطهرة ٠ والمطهرة بالكسر والفتح اناء يتطهر به) والمطهر والطاهر مكان تطهر فيه النفس بعد الموت من بعض نقائص ام لتتمم ما يلزمها من الكفارات عما كانت خطئت فيه وتابت عنه بالاعتراف الصحيح ولا بد لكل مسيحي صالح من ان يدخله الا الكاملين والطاهرة لقب سيدتنا مريم العذراء لانها لم تتدنس بخطية اصلية او فعلية او فكرية من صغيرة وكبيرة ع وطهره ابعده والتطهر التنزه والكف عن الاثم ٠ الطيران والطير والطيرورة حركة ذي الجناح في الهواء والطائر والطير م ج طير ايضا وطيور واطيار وطير الطائر تطييرا واطاره نفره وتطاير واستطار تفرق ن وطار السحاب في السماء عمها وفلان ساكن الطائر وقور والطائر الدماغ والحظ وعمل الانسان الذي تقلده ورزق الانسان والطيرة (والطيرة) والطورة ما يتشاءم به الانسان من الفال الردي ٠ وفعله تطير به وتطير منه واستطار الفجر انتشر واستطار الحائط انصدع واستطار السيف سله مسرعا والانطيار الانشقاق وطار طائره غضب واطار المال قسمه وفيه طيرة وطيرورة خفة وطيش ٠

ظ

الظئر المرضعة والعاطفة على ولد غيرها ج اظؤر واظآر وظؤور وظؤورة وظؤار وفعله ع ظأرت ظأرا وظئارا واظأرها جعلها ظئرا فظأرت واظأرت وهي الظؤرة وظأرت اتخذت ولدا ترضعه والمظائر لولده اتخذ له ظئرا وظأرني على الامر راودني او اكرهني والظئر دعامة القصر ٠ الظر الحجر المدور المحدد ج ظرار والظرر ايضا علم يهتدى به والظررة الحجر يقدح به والمظرة حجر له حد ٠ الظفر بالضم والكسر (وبضمتين) والاظفور م ج اظفار و(جج) اظافير والاظفر من كانت اظفاره طويلة عريضة ص وظفرة واظفرة غرز ظفره في وجهه والظفر والاظفار نوع من الطيب وظفر به ثوبه طيبه به والظفر والظفرة جلدة رقيقة تغشى العين وفعله ل ظفر فهي ظفرة وظفر مجهولا فهو مظفور وما بالدار ظفر اي احد والظفر الفوز بالمطلوب وفعله ل ظفره وظفر به وظفر عليه والمظفر والظفير الذي لا يحاول شيئا الا ظفر به وظفره تظفيرا دعا له بالظفر وما ظفرتك عيني ما رأتك والظفار المنقاش وراته بظفره اي بنفسه ٠ الظهر خلاف البطن مذكر ج اظهر وظهور وظهران والظهر ايضا الدواب والقدر للطبخ والمواشي الكثيرة والفخر بالشيء ٠ وطريق البر والظهر ايضا ظاهر كلام الله والبطن تأويله والظهر ايضا التفسير اليقيني والباطن التفسير الغير اليقيني وهو باقي اقسام التفسير والظهر ايضا الحديث والخبر وما غاب عنك والفعل ع ظهر والظهر الشكاية من الظهر وفعله

الشاة الغريبة ورجل أعرّ أجرب والمعرّة الاثم والاذى والغرامة والدية والخيانة وقتال العسكر دون إذن القائد وتلوّن الوجه غضبًا ص وعرّ فرخ النعام عرارًا صاح والعرّ الغلام والعرّة الكريهة (والمعترّ الفقير وطالب الاحسان وفعله ن عرّ عرًّا واعترّ والعرير الغريب والعرّة الشدّة والخلّة) القبيحة والعرار القوّة والشدّة والرفعة والسؤدد والنساء يلدن الذكور وسوء الخلق والعراعر الشريف والسيّد (ج عراعر) وعرعر عينه اقتلعها والعرعرة جلدة الرأس والتحريك والعرعر ما بين المنخرين والعارورة الرجل المشؤوم والعرّاء الجارية العذراء والعرّى المعيبة من النساء • ص عزره عزرًا لامه وعزّره تعزيرًا ضربه دون الحدّ وعزّره ايضًا فخّمه وعظّمه ضدّ وعزّره ايضًا وقرّره أعانه وقوّاه ونصره والعزر المنع والنكاح والاجبار على الامر والتوقيف على علم الفرائض والدين والاحكام والعيزار الغلام الخفيف الروح والكركي (والعزوّر السيّئ الخلق والديّوث والعذورة الاكمة) والعازار والعازر الذي أحياه السيّد المسيح والعازر بن هرون الكاهن والعازر المقابي جبّار من اليهود قتل فيلاً فسقط الفيل عليه وقتله وعازرياس بن حنانياس كنية رافائيل الملك وعزرا الكاهن من الانبياء جدّد التورية بعد أن دثرت • العسر بالضمّ (وبضمّتين) وبالتحريك والمعسورة ضدّ اليسر والعسرة والمعسرة (والمعسرة والعسرى) خلاف الميسرة وفعله ل ر عسر عسرًا وعسارة فهو عسر وعسير وأعسر وحاجة عسر وعسير متعسّرة وتعسّر على الامر وتعاسر واستعسر اشتدّ وتعرقل وأعسر افتقر ن ص وعسر الغريم وأعسره طلب منه على عسر وأعسرت المرأة عسر عليها ولادها ن وعسر الزمان اشتدّ وعسر عليه خالفه وتعسّر القول التبس وفلان أعسر يسر يعمل بيديه جميعًا والاعسر من يعمل بيده الشمال وهي عسراء وفعله عسر عسرًا وجاءوا عساريات وعسارى اى بعضهم في أثر بعض وذهبوا عساريات اى متفرّقين في كلّ وجه • العسبر النمر والعسبور ولد الكلب من الذئبة والعسبار ولد الضبع من الذئب • (المتعسقر الجلد الصبور) • عسجر (نظر نظرًا شديدًا وعسجر اللحم ملّحه والعسجر الملح • العسكر الجمع والكثير من كلّ شيء (فارسي) والعسكرة الشدّة والجدب وعسكر الليل تراكم ظلامه وعسكر القوم تجمّعوا وعسكروا وقعوا في شدّة والمعسكر موضع حلول العسكر • العشرة أوّل العقود من العدد ص وعشر أخذ واحدًا من عشرة او زاد واحدًا على تسعة وعشر القوم صار عاشرهم والعشاريّ ما كان طوله عشرة والعشرون عشرتان وعشّرته تعشيرًا جعلته عشرين والعشير والمعشار والعشر جزء من عشرة ج عشور وأعشار والعشير ايضًا القريب والصديق ج عشراء والعشير والمعاشر الزوج وعشرهم عشرًا وعشورًا وعشّرهم تعشيرًا أخذ عشر أموالهم والعشّار قابض العشر ولاثم العشّر وجاءوا عشار عشار ومعشر معشر اى عشرة عشرة والعشار الدابّة الحامل فهي عشراء ج عشراوات وفعله ن عشرت وأعشرت وقلب أعشار

طرة الشاة والعبهرة والعبهر المرأة الجامعة للحسن فى الجسم والخلق * العتر اضطراب الرمح والعتر والعتور انتشار الذكر والعتر ايضا الذبح والفعل ض عتر والعتار الذكر والعتر بالكسر والضم الاصل والعتر الشدة والقوة والعتار الشجاع والعترة قلادة تعجن بالمسك والافاويه ونسل الرجل ورهطه وعشيرته الادنون والعتارة القطعة من المسك * ض ن ل ر عثر عثرا (وعثارا) وعثيرا وتعثر كبا وعثر جده تعس والعاثور الارض المهلكة والعاثور والعثار الشر والعاثور ايضا ما اعد ليقع فيه احد والبئر والعثور الاطلاع واعثره اطلعه ن وعثر كذب وعثر العرق ضرب والعثير التراب والعجاج والعثير ايضا والعيثر الاثر الخفى والعثر العقاب والكذب والعثر الذى لا يكون فى طلب دنيا ولا آخرة واعثر به عند السلطان قدح فيه * عثمر العنب امتص ماءه وابقى قشره * ل عجر غلظ وسمن وبطنه ضخم فهو اعجر وعجرة وبجرة عيوبه واحزانه وما ابدى وما اخفى والعجر ثنى العنق والفرار خوفا وقفز الحمار والمنع والالحاح والفعل ض عجر والاعتجار استدارة العمامة ولبس للمرأة والمعجر ثوب يمنى ونسج الليف والعجير العاجز عن الجماع والعجاجير خطوط الرمل من الريح الواحد عجرور والعجرت المرأة ولدت ولدا بعد يأسها من الولد وعنجر شفته مدها وقلبها * العذر الجرأة والمطر الكثير بشدة ل وعدر المكان واعتذر كثر ماؤه والعادر الكذاب والعذار الملاح والعدار دابة بحرية تنكح الناس من ادبارهم ومنه قولهم فلان الوط من عدار وعذر المطر اشتد واعتذر المكان ابتل من المطر * العذر م ج اعذار وفعله ض عذره عذرا (وعذرا) وعذرى ومعذرة (ومعذرة) واعذره والاسم المعذرة مثلثة الذال واعذر ابدى العذر وثبت له العذر واعذر قصر فى عذره وبالغ فيه ضد واعذر كثرت ذنوبه وعيوبه واعذر الفرس الجمه واعذر الغلام وعذره ختنه واعذر عمل طعام الختان وعذر تعذيرا وعاذر لم يثبت له عذر وعذر الغلام ايضا نبت عذاره والعذار جانبا اللحية وطعام البناء والختان وتعذر تأخر وتعذر الامر واعتذر لم يستقم واعتذر احتج لنفسه فهو معذر وعاذر والخد المعذر الذى نبت فيه العذار والعذر النجح والغلبة والعذرة الناصية وقلفة الصبى والبظر والختان والبكارة وافتضاض الجارية ومفتضها ابو عذرها والعلامة والعذراء البكر ج عذارى وعذارى وعذراوات والعذراء ايضا لقب سيدتنا مريم العذراء لانها ثبتت عذراء قبل الولادة وبعدها والعذراء ايضا الذرة لم تثقب والعاذر عرق الاستحاضة والعاذر والعاذرة والعذرة الروث والعذرة فناء الدار والمجلس والمعاذير الحجج والستور الواحد معذار واعتذر شكا واعتذرت المياه انقطعت واعذر اشرف على الهلاك من الحرب والمعذر من ليس له عذر وبالتخفيف من له عذر * (العذافر الاسد وتعذفر تغضب * بلد عذمهر رحب واسع) * العر والعرة الجرب وبالضم قروح فى اعناق فصلان الجمال وفعله ن ض عر فهو معرور والعرة

(العفرز السابق السريع والكثير الجلبة في الباطل) • العقرة بالفتح وتضم العقم وقولهم عقرة علط وفعله عقرت مجهولاً عقارة بالفتح (والضم) ص وعقرت عقرًا بالفتح والضم وعقارًا فهي عاقر ج عقر ورجل عاقر وعقير لا يولد له ولد والعقرة خرزة تحملها المرأة لئلا تلد ر وعقر الامر عقرًا لم ينتج عاقبة والعاقر المرأة لا نظير لها والعقر الجرح واثر قرحة في الدواب ص وقد عقر الدابة وعقرها تعقيرًا فهي عقير ومعقور ج عقرى والعقيرة ما جرحته من الصيد وصوت المغني والباكي والقاري والعقيرة ايضًا الشريف اذا قتل والساق اذا قطع واعتقر الظهر من الرحل اصابه قرحة (ورحل معقار ومعقر ومعقر وعاقور غير واق يعقر الظهر) والعقرى الحائض والعقر دية الفرج المغصوب وصداق المرأة ومعظم النار ووسط الدار واحسن ابيات القصيدة واستجلاء الجارية لينظر ابكر ام غير بكر والعقر الفرجة ما بين كل شيئين والعقر والعقار المنزل والعقر والسحاب الابيض وغيم يغشى عين الشمس والعقر ايضًا البناء المرتفع وكل ابيض وبيضة العقر اول بيضة تبيضها الدجاجة او بيضة الديك يبيضها بالسنة مرة والذى لا ولد له واستعقر الذئب عوى والعقار والعقرى الضيعة والعقار ايضًا الصبغ الاحمر ومتاع البيت والشيء الذى يزين به والعقار الخمر والعقار (والعقير) ما يتداوى به من اصول النبات ج عقاقير ل وعقر دهش من الروع فهو عقير وتعقر الغيث دام وتعقر النبات طال والمعاقرة المنافرة • العنقفير الداهية والمرأة السليطة والعقرب والناقة المسنة جدًا وعقفرته الدواهي صرعته فاهلكته • ص عكر على الشيء عكرًا وعكورًا واعتكر كر عليه وانصرف اليه واعتكروا اختلطوا في الحرب واعتكر الليل اشتد سواده واعتكر المطر اشتد واعتكرت الريح جاءت بالتراب واعتكر الشباب دام وتعاكروا تشاجروا في الخصومة والعكر صداء السيف ودردي كل شيء ل وعكر النبيذ وعكره تعكيرًا واعكره جعله عكرًا والعكرة اصل اللسان ج عكر والعكر الاصل • العكبرشي تجيء به النحل على افخاذها واعضادها فتجعله في الشهد مكان العسل والعكبر ايضًا ذكر اليربوع (والعكبرة المرأة الجافية في خلقها) • العمر بالضم والفتح وبضمتين الحيوة ج اعمار والعمر المسجد والكنيسة والعمر بالفتح الدين ومنه قيل لعمري اي لديني فاللام هنا حرف قسم والعمر ايضًا لحم ما بين الاسنان ولحم اللثة ج عمور وعمر الله وعمرك الله ولعمر الله قسم بالله والعمر ايضًا السيف وكل مستطيل ل ن ص وعمر عمرًا وعمارة بقي زمانًا ن وعمره الله وعمره تعميرًا ابقاه وعمر نفسه حدد له عمرها والعمرى ما يكون لك في طول عمرك (او عمره وعمرته) واعمرته جعلت له العمرى وعمر الله منزلك عمارة واعمره جعله آهلاً وعمر الرجل بيته عمارة وعمورًا لزمه ولم يفارقه واعمره بيته واستعمره اياه جعله ملازمًا لمنزله لا يفارقه والعمرين بالفتح على صيغة المثنى التمساح لانه يسكن البر والبحر وعمرى من ملوك بني اسرائيل اشترى

متقطّع والعِشرة والعِشار المخالطة وعاشره خالطه وتعاشروا تخالطوا وعشيرة الرجل اقاربه الادنون
والعشيرة القبيلة ج عشائر والمعشر الجماعة (العظيمة) واهل الرجل والخليقة الناطقة والاعشر
الاحمق (وعاشِرة علم للضبع ج عاشِرات) * العصر مثلثة وبضمتين الدهر ج أعصار وعصور
وأعصر (وعُصُر) والعصر اليوم والليلة وقيل احمرار الشمس عند المغيب والغداة والحبس والرهط
والعشيرة والمطر والمنع والعطية والفعل ض عصر والعَصَر محركة وبالضم الملجأ والنجاة والعصر ايضا
الغبار واعصر دخل في وقت العصر وعصرت المرأة بلغت شبابها او ادركت او دخلت في الحيض
فهي مُعصِر ج معاصر ومعاصير وعصر العنب ونحوه واعتصره احتلبه فهو معصور وعصير وعصارته
وعُصارة وعصيرة ما تحلّب منه والمعصرة موضع عصره والمِعصار وعاء يعصر فيه والمعصر آلته والعاصر
حجر يعصر العنب بثقله ج عواصر والاعصار الريح التي تثير السحاب او التي فيها نار او التي
تهب من الارض كالعمود نحو السماء او التي فيها الغبار واعتصر وتعصّر غصّ بالطعام ثم شرب
الماء ليسيغه واعتصر غرم مالا او بخل اومنع او التجأ واعتصر اخذ والعصارة والمعتصر الجواد
عند العطاء والهرم والعصار الفساء وجاء على عُصْر من الدهر اى على حين * العُصفر نبت
حبه القرطم وعصفره لونه صبغه بالعصفر فتعصفر والعصفور طائر م والجراد الذكر واصل منبت
الناصية ومسمار السفينة والملك والسيد والكتاب وتعصفرت العنق التوت * العصمور بالمهملة
والمعجمة دولاب (او) دلو الماء * العِطر الطيب ج عطور والعاطر محب العطر ج عُطر
والعطّار بائعه والعِطارة حرفته ورجل عَطِر ومِعطار ومِعطير وامرأة عطرة ومعطارة ومعطير ومعطار كثيرة
العطر وتعطرت الجارية اتخذت العطر وتعطرت اقامت عند أبويها ولم تتزوّج * ل عَطِر الشيء
كرهه واعطرة الشرب ثقل في جوفه والعِطارة الامتلاء من الشرب فهو عطور ج عُطُر * العفر
بالتحريك ويسكّن التراب ج أعفار ض وعفره في التراب وعفّره تعفيرا مرّغه فيه فانعفر وتعفّر وعفره
ايضا وعفّره دسّه في التراب وعفره ضرب به الارض والظبي الاعفر ما يعلو بياضه حمرة والعفراء الارض
البيضاء والعِفر الشجاع والغليظ الشديد ج أعفار وعِفار واليعفور الظبي بلون التراب والخشف وجزء
من الليل ورجل عِفر وعفرية وعفريت بكسرهن (وتثلّث الثالثة وعفرات وعفر وعفري) وعفارية
وعفرنية قوي شديد وخبيث منكر والاسم العفارة والعفريت والعفرين النافذ في الامور مع حزم
ودهاء وفعله تعفّر وهي عِفريتة واسد عِفر وعفرية وعفريت شديد وليث عِفرين كالاسد والعِفرين
الرجل الكامل الضابط القوي وعِفرية الديك ريش عنقه وشعر قفا الانسان وناصية الدابة والعِفر
ذكر الخنازير والعفر الجبين او الشبر والعَفار حطب الزناد ولحم عفير وخبز عفير يجفف في الشمس
على الرمل والعفيرة دحروجة الجعل والعفرة اخلاط الناس والعفرناة الغول واعتفره ساوره *

وفعلهُ أعارَ وعاوَرَ واستعارهُ طلب إعارتهُ واعتوروا الشيء وتعوّروهُ وتعاوروهُ تداولوهُ ن وعارهُ أخذهُ وذهب بهِ وأتلفهُ وعاورَ الكيلَ وعوّرهُ بـيرهُ قدّرهُ والمُعارُ الفرسُ المُضمَّرُ واستعورَ انفردَ والعوِرُ الرديءُ • ع عَهَرَ المرأةَ عَهرًا (ويكسر ويُحرَّك) وعِهارةً وعُهورًا وعُهورةً وعاهرها أتاها ليفجر بها وعَهَرَ تبعَ الشرَّ وزنى او سرقَ والعاهِرُ والعيهرةُ المرأةُ الفاجرةُ وفعلهُ عيهرتْ وتعيهرتْ والعيهرُ والعيهرانُ الغولُ ج غياهرُ • العَيْرُ الحمارُ ج أعيارٌ وعِيارٌ وعُيورٌ وعُيورةٌ (ومَعْيوراء وجمع) عيارات والعَيْرُ ايضًا ما تحتَ العين او جفنها او إنسانها او لحظها والعيرُ ايضًا باطنُ الأذنِ والجبلُ والسيدُ والملِكُ والطبلُ ومتنُ الصلبِ والعِيرُ القافلةُ مؤنثةٌ ودوابُّ الميرةِ لا واحدَ لهُ وهو عُيَيْرُ وحدِهِ اى مُعجبٌ برأيهِ أو يأكلُ وحدَهُ ض وعارَ الفرسُ والرجلُ ذهبَ وجاء والاسمُ العِيارةُ والعيّارُ الكثيرُ الذهابِ والمجيءِ والذكيُّ والكثيرُ التطوافِ والاسدُ والعارُ كلُّ شيء لزم بهِ عيبٌ وعيّرهُ تعييرًا نسبهُ الى العارِ (وعيّرهُ الامرَ لا بالامرِ) والعَيرانةُ الناقةُ النشطةُ والمِعيارُ الدابّةُ التي تحيدُ براكبها عن الطريقِ وعيّرَ الدنانيرَ وزنها واحدًا بعدَ واحدٍ والمِعيارُ العيبُ ج معائر •

﴿ غ ﴾

ن غَبَرَ غُبورًا مكثَ وذهبَ ضدٌّ فهو غابرٌ ج غُبَّرٌ والغُبْرُ ايضًا بقيةُ الشيء او بقيةُ دمِ الحيضِ ج أغبارٌ وتغبّرَ من المرأةِ استفادَ منها ولدًا وتغبّرَ اللبنَ حلبَ بقيّتهُ والغَبَرُ الترابُ والغُبارُ العَجاجُ والغَبَرةُ محرّكةً وبالضمّ الغُبارُ واغبرَّ اليومُ اغبرارًا اشتدّ غبارهُ وغبّرهُ تغبيرًا لطخهُ بالغبارِ والغُبْرةُ لونهُ والأغبرُ الذئبُ والغبراءُ الارضُ وأنثى الحَجَلِ وأرضٌ كثيرةُ الشجرِ والوطأةُ والسنةُ المجدبةُ وبنوا غبراء الفقراءُ والغرباءُ والغُبيراءُ شرابُ الذرةِ والغِبْرُ الحقدُ والغَبَرُ فسادُ الجرحِ وفعلهُ ل غبرَ فهو غبِرٌ وأغبرَ في طلبهِ جدَّ وأغبرتِ السماءُ وقعَ مطرها وأغبرَ الرجلُ وغبّرَ تغبيرًا أثارَ الغبارَ والمغبّرونَ الذينَ يُغبّرونَ بذكرِ اللهِ اى يُهلّلونَ ويُرجّعونَ الناسَ في الدارِ الغابرةِ اى الباقيةِ • الغباشيرُ حدُّ الضوء ما بينَ الليلِ والنهارِ • الغثرةُ سفلةُ الناسِ (والغثراء الغبراء والغثارُ الضبعُ والأغثرُ ما كثرَ صوفهُ من الأكسيةِ والغيثرةُ الجماعةُ المختلطةُ والوعيدُ والتهدّدُ والغثوثرُ الاسدُ) والغَثرةُ الغضبُ والسعةُ والغنثرةُ شربُ الماء بلا عطشٍ وكثرةُ الشعرِ والذبابُ الازرقُ والغنثرُ الاحمقُ • غثمرَ مالهُ أفسدهُ (والمغثمرُ الثوبُ الرديءُ النسجِ) والمغثمرُ حاطمُ الحقوقِ • الغدرُ ضدُّ الوفاء وفعلهُ ن ض ل غدرهُ وغدرَ بهِ غدرًا وغدرانًا وهي غدورٌ وغدّارٌ وغدّارةٌ وهو غادرٌ وغدّارٌ وغدّيرٌ وغدورٌ ويقالُ لهُ يا مُغدرُ وللبًا يا غدارِ وأغدرهُ وغادرهُ تركهُ والغديرُ الماء الذي يُغادرهُ السيلُ ج (غُدُرٌ و) غُدرانٌ والغديرُ ايضًا

جبل سامرة من رجل اسمه سامير وعمر فيه مدينة وسمّاها سامرة باسم بائعها ووضع فيه كرسي ملوك بني اسرائيل كما وضع في أورشليم كرسي ملوك يهودا وعمران أبو موسى النبي والمَعْمَر المنزل الكثير الماء والكلأ واعمر عليه أغناه والعِمارة البنيان والعُمارة أجرة البنيان والعَمارة والعَمرة ما يوضع على الرأس من عمامة وغيرها واعتمر العمارة لبسها والعُمرة ايضا الزيارة واعتمر الرجل تزوج امرأته عند أهلها والاسم العُمرة والعَمرة الزوجة والمعتمر الزائر والقاصد للشيء والعَمارة أصغر من القبيلة والعمار زهور يزيّن بها المجلس ن وعمر ربّه عبده والعومرة الجلبة والعميران عظمان صغيران في اللسان واليعمور الجدي ج يعامير والعميرة كوارة النحل والعمرتان اللحمتان المتدليتان على اللهاة وأبو عمرة كنية للافلاس والجوع وأم عامر الضبع والعامر جرو الضبع والعمّار الكثير الصلوة والصوم والثابت الايمان والطيّب الثناء والحليم الوقور في كلامه والذي يؤدّب أهل بيته وبنيه على أدب شريعة الله ولا يزال يخاف الله والقائم بأمر الله ونهيه الى أن يموت والتعمير جودة النبت وغزاره وأبو عمير كنية الذكر وجلد عميرة الاستمناء والعمر ما تستتر به المرأة وجهها او أن تدخل رأسها في كمّها صيانة وحياء والبيت المعمور الكنيسة المنتصرة التي في السماء والعمارية شكل هودج يجلس به • العميذر الغلام الناعم البدن (الكثير المال) • العنبر طيب م ويؤنث والعنبر ايضا الزعفران والورس والترس من جلد التمساح وفلان عنبري البلد مثل في البداية والعنبرة الخالص النسب الاصيل • العنتر الذباب والعنترة صوته والعنترة ايضا الشجاعة (وعنترة بن معوية العبسي م) وعنتره بالرمح طعنه • العنصر بفتح الصاد المهملة وضمها الداهية والهمة والحاجة والاصل والحسب والطبيعة والهيولى ج عناصر والعنصرة عيد حلول الروح القدس على الرسل مأخوذ من عيد العنصرة عند اليهود وهو عيد تذكار قبولهم الشريعة من الله في طور سيناء على يد موسى النبي وهذا معنى العنصرة عندهم • العنقر (والعنقور) أصل القصب او أول نبته والبردي وأصل الوجل والعنقرة أنثى الباشق • العور ذهاب نور احدى العينين وفعله ل عور او عار يعار واعورّ واعوارّ فهو أعور ج عور وعوران وعيران وعارة وعورة وأعورة صغيره أعير والاعور الغراب والرديء والجبان والبليد الذي لا يدلّ ولا يندلّ ومن لا خير فيه والدليل السيء الدلالة والكتاب البالي ومن ليس له أخ من ابويه ومن لم يصب ما طلب ج أعاور والعائر الرمد والقذى (وكلما أعلّ العين ومن السهام مالا يدرى راميه وعليه من المال عائرة عينين اى كثرة تملأ بصره والعوار مثلثة العيب) والخرق والشق في الثوب والعوراء الكلمة او الفعلة القبيحة والعين الحولاء والعورة السوءة وكل أمر يستحيى منه والشق في الجبل ومشرق الشمس ومغربها والخلل والعارية بالشد والتخفيف والعارة ما تداولوه بينهم ج عواري بشد الياء (وتخفيفها)

والعاجِرُ جِلْدٌ جَيِّدُ الدباغ وعيشٌ غَجِرٌ مُغْجِرٌ ناعِمٌ واغتجر مجهولاً مات شابًّا • الغضنفرُ الاسدُ والغليظُ الجُثّةِ • (الغضافِرُ الاسدُ والغضفرُ الجافى الغليظ) • ن غَطَرَ بيديه خطر بهما • ض غَفَرَ ستر وغفر المتاعَ فى الوعاء أدخله وغفر الشيبَ خضبه وغفر اللّٰهُ له ذَنْبَهُ غَفْرًا وغِفْرَةً ومَغْفِرَةً (وغُفُورًا) وغُفْرانًا وغَفِيرًا وغَفِيرَةً عفى عنه واستغفرهُ من ذنبهِ (واستغفرهُ إيّاهُ) غفر له واستغفرهُ طلب منه المغفرةَ والغفورُ والغفّارُ من اسماء اللّٰه تعالى ن غَفَرَ الامرَ اصلحه والغُفْرانُ شيءٌ كأنَّهُ لوحٌ عمِلَهُ موسى من ذهبٍ فى قُبّةِ الزمانِ فوقَ تابوتِ العهدِ والغُفْرانُ ايضًا هو مسامحةُ العذابِ الواجبِ من المفعولةِ (والشرحُ عن ذلك يُطلبُ فى كُتُبِ الديانةِ) وعامُ الغُفْرانِ كانَ عندَ اليهودِ بعد سبعٍ واربعينَ سنةً وعامُ الغُفْرانِ عندَ النصارى يكونُ فى كلِّ خمسٍ وعشرينَ سنةً والمِغْفَرُ زَرَدٌ من الدرعِ يُلبَسُ فى الرأسِ والغِفارةُ السحابةُ فوقَ السحابةِ ورأسُ الجبلِ والغِفارةُ وشاحٌ يلبسهُ الاحبارُ فى وقتِ خدمةِ التقدمةِ والصلوةِ والغَفْرُ البطنُ وزِئْبِرُ الثوبِ و... كالغِفارِ والغُفْرُ ولدُ البقرةِ والغَفَرُ شعرُ العنقِ واللحيينِ والقفا وجاءوا جمًّا غَفيرًا (وجمّاء غفيرًا وجمّاء الغفيرِ والجمّاءَ الغفيرَ وجمّاء الغفيرى وجمّ الغفيرةِ وجمّاء الغفيرةِ وجمّاء غفيرةٌ وبجمّاء الغفيرِ والغفيرةِ) وجمّ الغفيرِ والجمّاء الغفيرةَ والجمّ الغفيرَ اى جميعًا ن وغَفَرَ المريضُ انتكس وغَفَرَ الجرحُ انتقض وما فيهِ غَفيرةٌ اى لا يغفرُ لاحدٍ ذنبًا (وهذا الجنا لا أن يَكُدَّ المِغْفَرَ مثلٌ يُضرَبُ فى تفضيلِ الشيءِ يُقالُ ذلك لمن ينالُ الخيرَ الكثيرَ) • الغَمْرُ والغَميرُ الماءُ الكثيرُ ج غِمارٌ وغُمورٌ والغَمْرُ ايضًا الكريمُ الواسعُ الخُلُقِ ومُعظَمُ البحرِ والفرسُ الجوادُ والثوبُ الطويلُ ولفيفُ الناسِ وجمعُهم والغِمْرُ مثلّثةً (وتُحرَّكُ) مَن لم يُجرِّبِ الامورَ والغِمْرُ بالكسرِ والفتحِ الحِقْدُ ج غُمورٌ ل وغَمِرَ صدرُهُ حَقَدَ وفلانٌ غَمْرُ الخُلُقِ كريمٌ سخيٌّ ج غِمارٌ وغُمورٌ ن وغَمَرَ الماءُ غَمارةً وغُمورةً كَثُرَ وغَمَرَهُ الماءُ غَمْرًا واغتمرهُ غطّاهُ وانغمرَ والغُمْرةُ الزعفرانُ واغتمرتْ به وتغمّرتْ تطيّبتْ والاسمُ الغُمْرةُ والغَمَرُ زَنَخُ اللحمِ ودَسَمُهُ والمُغتمِرُ السكرانُ والمغمورُ الخاملُ والغامِرُ الخرابُ والارضُ البائرةُ وغَمْرةُ الشيءِ شدّتُهُ ومُزدحمُهُ ج غَمَراتٌ وغِمارٌ والمُغامِرُ المُلقي بنفسهِ فى الشدّةِ واغتمرَ اظلمَ بصرُهُ من الجوعِ والغُمْرةُ ثوبٌ أسودُ يلبسهُ الاماءُ والعبيدُ وغمّرَ بهِ تغميرًا دفعهُ وأرماهُ • (الغَمَيْذَرُ المخلِّطُ فى كلامهِ وفعالهِ ومَن لا يفهمُ شيئًا) • الغَنافِرُ المُغفَّلُ والضبعانُ الكثيرُ الشعرِ • تغنثرَ بالماءِ شربهُ بلا شهوةٍ و) الغَنْثَرةُ صِغَرُ الرأسِ وكثرةُ الشعرِ ويا غَنْثَرُ اى يا جاهلُ او يا أحمقُ او يا ثقيلُ او يا لئيمُ • الغُنْدَرُ الغلامُ السمينُ ويا غُنْدَرُ اى يا ثقيلُ ويا مليحُ • الغَوْرُ القعرُ من كلِّ شيءٍ وأرضٌ ما بينَ حَوْرانَ والقُدْسِ والغَوْرُ والاغارةُ والتغويرُ والتغوّرُ إتيانُ الغَوْرِ والدخولُ فى الشيءِ والغَوْرُ ايضًا والتغويرُ ذهابُ الماءِ فى الارضِ ن وغارَ الماءُ فهو غائرٌ والمَغارُ والمَغارةُ (بفتحهما ويُضمّانِ) والغارُ الكهفُ (ج

السيف والغديرة ذؤابة الشعر ج غدائر واغتدر جعل له غديرة من الشعر ص وغدر شرب من ما
الغدير ل وغدر شرب من ماء السماء وغدر الليل أظلم وغدرت الغنم شبعت من المرتع والغدر
كل موضع صعب لا تكاد الدابة تنفذ فيه ورجل ثابت الغدر ثابت في القتال والجدل
والغندرة الشر والغندار السيء الظن والمذراء الظلمة • الغيذار الحمار والغيذرة الشر وكثرة
الكلام وفعله غيذر • غذمره باعه جزافا وغذمر الكلام أخفاه والغذمرة الغضب واختلاط
الكلام ج غذامير والمغذمر من يتداخل في أمور كثيرة يأخذ ويعطي ويبطل الحقوق ويهبها
ويحكم على قومه بما شاء • ن غره غرا وغرورا وغرة خدعه فهو مغرور (وغرير) وغره أطمعه
بالباطل فاغتر (والغرور هو تزيين الخطأ بما يوهم أنه صواب) والغرور الدنيا (وما يتغرغر به من
الأدوية وما غرك او يخص بالشيطان) والغرور للأ بايل الواحد غار وانا غريرك منه اى أحذرك
منه وغرر بنفسه عرضها للهلكة وتغرغر بالماء رده في فمه والغرة بياض في جبهة الفرس فهو أغر وهي
غراء والغرة ايضا الابيض من كل شيء واليوم الشديد الحر والهاجرة والظهيرة والأغر الكريم
الافعال والذي أخذت اللحية جميع وجهه الا قليلا والأغر ايضا الشريف ج غران ص وغر وجهه
غرة وغرارة صار ذا غرة وابيض والغرة العبد والأمة وليلة استهلال القمر وطلعة الهلال وبياض
الأسنان وخيار المتاع وشريف القوم وسرعة (بسوق) الكرم ووجه الرجل والضوء البادي والصبح
المسفر والغرير الخلق الحسن والكفيل (ج غران والغر والغرير ايضا الشاب الجاهل والغير المجرب
ج أغراء وأغرة والأنثى غر وغرة وفعله ل غرر والغار الغافل واغتر غفل والاسم الغرة والغرار حد
الرمح وحد السيف والقليل من النوم (وغيره) والنقصان من فروض الصلوة والفعل ن غر والغرارة
الجوالق وغرز ذوابة رعاها وغرز الماء جف والغر الشق في الارض والنهر الدقيق وحد السيف
والغرغر الدجاج الهندي والبري والغرغرة صوت معه بحة وصوت القدر اذا غلت وصوت رأس
القارورة وصوت الانف اذا كسر وغرر تغريرا جاد بنفسه عند الموت والغرار النفاخات فوق الماء
واستغر اغتر واستغره أتاه على غفلة ص وغر تصابى • الغزير الكثير من كل شيء وفعله ر غزر
غزارة وغزرا بالضم والفتح والمغازر والمستغزر من يهب شيئا ليرد عليه أكثر مما أعطى • الغشر
التشديد على الغريم وتغشر الامر التبس وتغشر الغزل التوى وتغشر الغدير وقع فيه العيدان •
الغشمرة ركوب الانسان رأسه في الحق والباطل لا يبالي بما صنع والغشمرة ايضا الظلم وتغشمره
أخذه قهرا • الغضارة الطين الاخضر والنعمة والسعة والخصب والغضراء الارض الطيبة الخضراء
ل وغضر أخصب بعد فقر ن وغضره الله غضرا باركه فهو مغضور اى مبارك والغضارة من العيش
السعة ص وغضر عنه وتغضر انصرف وعدل وغضره حبسه ومنعه وغضر الشيء قطعه وغضر عليه عطف

الوادي مُتَّسَعُهُ الذي يسيلُ فيه الماء والفُجْرُ والفُجُورُ إتيانُ المعصيةِ والزنا وفعلُهُ فَجَرَ فهو فَجُورٌ وفاجُورٌ وفاجِرٌ ج فُجُرٌ بضمّتين وفُجّارٌ وفَجَرَةٌ والفَجْرُ العطاء والكرمُ والمالُ الكثيرُ والفاجِرُ المُتموِّلُ وفعلُهُ تَفَجَّرَ وانْفَجَرَ والفَجارِ الفُجُورُ ويافَجارِ للمؤنّث اى يافاجِرَةُ وأفْجَرَهُ وجدهُ فاجرًا وفَجَرَ فسقَ وكَذَبَ (وكَذَّبَ) وعَصَى وخالفَ وكَفَرَ وفَجَرَ من مرضهِ بَرَأَ وفَجَرَ بصرُهُ كَلَّ وفَجَرَ أَمْرُهُ فسدَ وفَجَرَ الفارسُ مالَ عن سرجهِ وفَجَرَ عن الحقِّ عدلَ والمُفْتَجَرُ الكلام (المُخْتَرَقُهُ من غيرِ أنْ) يسمعَهُ او يتعلّمَهُ من احدٍ (افْتَجَرَ الكلامَ والرأيَ اذا اتى به من قصدِ نفسهِ ولم يتابعْهُ عليهِ احدٌ) • الفَخْرُ والفَخارُ والفَخارَةُ والافْتِخارُ التمدُّحُ بالخِصالِ وفعلُهُ ع فَخَرَ فهو فاخِرٌ وفَخُورٌ وفَخَرَهُ عليهِ وأَفْخَرَهُ فضَّلهُ والفَخِيرُ المُفاخِرُ والمغلوبُ في الفخرِ والفاخِرُ الجيّدُ من كلِّ شيءٍ واسْتَفْخَرَ الشيءَ اشتراهُ فاخرًا والفَخّارُ الخَزَفُ الواحدةُ فَخّارَةٌ ل وفَخَرَ أَنِفَ واشمأزَّ وحَقْلُ الفَخّارِ مقبرةُ الغرباء في القدسِ اشتراها اليهودُ بالثلاثين الفضّةِ التي كانوا اشتروا بها المسيحَ من يوحنّا الدافعِ ليصلبوهُ • (ص فَذَرَ الفحلُ فَذْرًا وفُذُورًا فَتَرَ عن الضِرابِ فهو فاذِرٌ وطعامٌ مُفْذِرٌ ومَفْذَرَةٌ يَقطعُ عن الجِماعِ و) فَذَرَ اللحمُ فَذْرًا وفُذُورًا بَرَدَ بعدَ طبخهِ والفُذُورُ والفادِرُ الصخرةُ الصمّاءُ العظيمةُ والفَدِرُ الاحمقُ (والعُودُ السريعُ الانكسارِ والفُدْرُ الفِضّةُ والغلامُ السمينُ او قاربَ الاحتلامَ) • الفَرُّ والفِرارُ والمَفَرُّ الهربُ (والمَفِرُّ) والرَوَغانُ وفعلُهُ ص فَرَّ فهو فَرُورٌ وفَرُورٌ وفَرُورَةٌ وفَرّارٌ وفَرٌّ وفَرَّ الدابّةَ فَرًّا وفِرارًا كشفَ عن اسنانها لينظرَ عُمْرَها وفَرَّ عن الامرِ بحثَ عنه وعينُهُ فِرارُهُ مثلّثةً مثلٌ يُضرَبُ لمن يدلُّ ظاهرُهُ على باطنهِ وافْتَرَّ ضحِكَ ضحكًا حسنًا وافترَّ البرقُ تلألأَ والفَرِيرُ والفُرُورُ والفُرارُ (والفُرْفُورُ والفُرْفُرُ والفَرافِرُ) ولدُ النعجةِ ونحوها ج فُرارٌ والفَرِيرُ ايضًا الفمُ (وفُرَّةُ الحرِّ وأفرَّتُهُ وقد تُفتحُ الهمزةُ شدّتُهُ وأوّلُهُ وهي الاختلاطُ والشدّةُ ايضًا) وهو فُرُّ القومِ اى من خيارهم وفَرْفَرَهُ فَرْفَرَةً صاحَ به وفَرْفَرَ بكلامهِ خلّطَ وفَرْفَرَ الشيءَ كسرَهُ وقطعَهُ وحرّكَهُ ونفضَهُ ومزّقَهُ وفَرْفَرَ اسرعَ وطاشَ وخفَّ والفَرْفارُ الطيّاشُ والهودجُ والفُرْفُورُ والفُرْفُرُ العصفورُ وطيرُ القَزِّ والفُرْفُورُ والفُرافِرُ الغلامُ الشابُّ والفُرافِرُ ايضًا الاحمقُ وافْتَرَّ رأسَهُ بالسيفِ أفراهُ وفرسٌ مِفَرٌّ جيّدُ الفِرارِ • ن فَزَرَ الثوبَ شقّهُ فتفزّرَ وانْفَزَرَ وفَزَرَهُ بالعصا ضربَهُ على ظهرهِ وفَزِرَ فلانٌ خرجَ على ظهرهِ او صدرهِ فُزْرَةٌ (اى حُدْبَةٌ عظيمةٌ) فهو أفْزَرُ ومفزورٌ والفِزْرُ الشقوقُ والفَزْراءُ المرأةُ قاربتِ الإدراكَ والفِزْرُ الاصلُ وداءٌ يكونُ فوقَ عانةِ الانسانِ يسمّى الفتقَ والفِزْرُ ايضًا الجَدْيُ (ولقبُ سعدِ بنِ زيدِ مناةَ ومنهُ لاآتيكَ مِعْزَى الفِزْرِ اى حتى تجتمعَ تلكَ وهي لا تجتمعُ ابدًا) والفَزارَةُ أنثى النمرِ والفازِرُ نملٌ اسودُ فيه حُمْرَةٌ والطريقُ الواسعُ • الفَسْرُ والتفسيرُ الابانةُ وكشفُ المغطّى (والعبارةُ عن الشيءِ بلفظٍ اسهلَ من لفظِ الاصلِ) ونظرُ الطبيبِ الى البولِ يَستدلُّ به على المرضِ وفعلُهُ ص ن فَسَرَ وفَسَّرَ تفسيرًا (وقيلَ التفسيرُ ما يتعلّقُ بالروايةِ والتأويلُ

مغاير) وغارت الشمس غيارًا وغؤورًا غربت والغارُ ايضًا كالبيت في الجبل وكل منخفض من الارض وحجر الوحش ج اغوار وغيران والغار ايضًا ما وراء تغر الفم وداخل الفم والجمع الكثير من الناس وورق الكرم واسم شجر والغاران الفم والفرج والمغارة المضاعفة مقبرة في ارض اليهودية اشتراها ابونا ابراهيم له ولبنيه ودفن فيها سارة زوجته وكانت غزبون مورث ارض الميعاد واغار عجّل في المشي وذهب في الارض وغار على القوم غارةً واغارةً واستغار وقع عليهم بخيله والمغوار الكثير الغارات وغارهم الله بخير اخصبهم وغار النهار اشتد حرّه واستغور الله سأله الغيرة وهي الغوث وفعله غار لهم غيارًا والغائرة القائلة ونصف النهار وغوّر دخل في الغائرة ونام وسار في الغائرة واستغار الجرح تورّم والغورة الشمس والقائلة والتغوير الهزيمة والطرد والغارة السرّة • الغيرة المِيرة وغير تأتي بمعنى سِوى وبمعنى الّا تقول جاء رجل غيرك اي سواك وقام القوم غير زيدٍ اي الّا زيدًا وتغيّر عن حاله تحوّل وغيّره حوّله وبدّله والاسم الغِيَر وغِيَر الدهر حوادثه المغيّرة وارض مغيرة ومغيورة مسقيّة ص وغارة نفعاه والاسم الغِيرة ج غِيَر ل وغار على امرأته (وهي عليه تغار) غيرةً وغيرًا (وغارًا) وغيارًا فهو غيران وغيور ومغيار ج غيارى (وغيارى وغُيُر) ومغايير وهي غيرى وغيور ج غيارى (وغُيُر) والغيور لقب سمعان الرسول القانوني ص وغارهم الله بالمطر سقاهم وغارهم بخير اعطاهم وغار فلانًا نفعه واغار زوجته تزوّج عليها فغارت وغايره بالبيع عارضه وبادله واغتار امتار والغيار البدال والعلامة التي يتميّز بها الذمّي •

ف

الفأر م ج فيران وفِئرة الواحدة فأرة للذكر والانثى (والفُؤَر للذكر فقط) والفأرة ايضًا نافجة المسك والفأر المسك وارض فئرة ومفأرة كثيرة الفأر ع وفأر حفر ودفن وخبأ • ن ص فتر فتورًا وفتارًا سكن بعد حدّة ولان بعد شدّة وفتّره تفتيرًا سكّنه ولينه ن وفتر الماء سكن حرّه فهو فاتر وفاتور وفتر الشيء كالّه بفتره والفتر ما بين طرف الابهام وطرف السبابة وفتر جسمه لانت مفاصله وضعف والفتر والفتور الضعف وطرف فاتر كليل النظر والفترة سفرة ينخل عليها الدقيق والفترة ما بين كل نبيّين وافتر طرفه انكسر وافتره الداء اضعفه والتفتر الدفتر • (الفتكر والفتكر والفتكرين بتثليث الفاء والفتكرين الداهية او الامر العجب العظيم) • الفاثور الطست والخوان من الرخام او من المعدين وقرص الشمس والباطية وناجود الخمر والجاسوس والمنزلة والنشاط والصدر والجفنة • الفجر ضوء الصبح وفعله الفجر وتفجّر منه الليل وانفجر عنه وافجروا دخلوا في الفجر وتفجّر الماء وانفجر سال ن وفجره وفجّره تفجيرًا والاسم الفجرة وفجرة

القوى والمهر الذى حان ركوبه والفقرة القرب وجيب القميص والفقرة الهدف واجود بيت فى القصيدة والفاصلة من آيات كتاب الله ج فقرات * الفكر (ويفتح) والفكرة والفكرى اعمال النظر فى الشى ج افكار ن وفكر فيه وفكر وافكر وتفكر فهو فكير وفكر كثير الفكر وما لى فيه فكر حاجة * فنخر نفخ فى فنخره (والفنخيرة الرجل الكثير الافتخار والفنخر والفناخر العظيم الجثة * الفنديد الصخرة العظيمة تنقلع من عرض الجبل) * الفنزر بيت يتخذ على خشبة طولها نحو ستين ذراعا للربيئة * الفنقورة والفنقور ثقب الدبر * ن فار فورا وفؤورا وفورانا جاش وفار العرق هاج ونبع وضرب وفار المسك فورا وفورانا انتشرت رائحته والفائر المنتشر العصب وفورة الجبل قنته والفور الحدة والفار عصب الانسان والفوارة ما يفور من حرارة القدر والفوارة منبع الماء المرتفع والفور الظباء الواحدة فائر وعيد الفور عند اليهود عيد استير التى خلصتهم من عصب اخشورش ملك الفرس حين افتى بقتلهم والفياران حديدتان تكتنفان لسان الميزان وانه لفيور اى لحديد * الفهر حجر يملأ الكف وحجر السحق (ويؤنث) ج افهار وفهور والفهر مدراس اليهود وايام اعيادهم وافهر حضر عيد اليهود او اتى مدراسهم وافهر خلا مع زوجته بحيث يسمع حديثه معها (والفهر والفهر المجامعة لمراة والانزال بغيرها) *

ق

القبر مدفن الانسان ج قبور والمقبرة مثلثة الباء موضع القبر ج مقابر وقبور الشهوة من مراحل بنى اسرائيل حيث اطعمهم الله فيه السلوى ثم امات منهم كثيرين بغضبه لانهم تذمروا على الله ن ض وقبره قبرا ومقبرا دفنه واقبره جعل له قبرا واقبر القوم اعطاهم قتيلهم ليقبروه والقبور الغامض من الارض والقبراة راس الذكر والمقبور لقب الدجال لعنه الله والقبار القوم المجتمعون لجر ما فى الشباك من الصيد ودير قبريان فى جبل لبنان والقنبراء والقنبر طائر * (القبتر والقباتر القصير * القبثر والقباثر الخسيس الخامل * القبنجر العظيم البطن) * القبشور المراة التى لا تحيض * (القبطرية ثياب كتان بيض * القبعثر العظيم الخلق) * القتر والقتير الرمقة من العيش وفعله ن ض قتر قترا وقتورا فهو قاتر وقتور وقتر عليهم واقتر ضيق فى النفقة (والقتور البخيل) والقتر والقترة والقترة الغبرة والقتار ريح البخور وريح القدر والشواء وريح العظم المحرق ن ض ل وقترت رائحته سطعت والقتر الناحية والجانب ج اقتار وتقتر تغضب وتنفس وتهيأ وحاول المخادعة وتقتر عنه تنحى والتقاتر المقاتلة

ما يتعلق بالدراية والتفسير بيان مراد المتكلم والتأويل بيان احد محتملات اللفظ واكثر استعمال التفسير في الالفاظ واكثر استعمال التأويل في المعاني) وقد ذهب جماعة الى ان التفسير والتأويل بمعنى واحد والفرق بينهما ظاهر فالتفسير هو كشف المراد عن المشكل من كتاب الله وهذا كان خاصًّا به والتأويل هو ردّ احد المحتملين الى ما يطابق الظاهر وتفسير كتاب الله قسمان يقيني وهو الذى لا يتأوّل ظاهره وروحيّ ويقال فيه سِرّيّ وتحته انواع رمزيّ وهو ما دلّ بأمور ماضية على حقائق مستقبلة ومَعْنَى وهو ان يستنتج من الآية الشريفة معنى غير المعنى المفهوم من ظاهرها بدلائل ظاهرة وزمنيّ وهو ان تدلّ وقائع شريعة موسى على وقائع شريعة السيّد المسيح بالمطابقة وأبديّ وهو توجّه غرض الآية الشريفة الى الحيوة الابديّة وأدبيّ وهو ان توجّه الآية الشريفة الى تهذيب النفس وهذا خاصّ بالواعظ • الفشار كلام الهذيان وفعله ن فشر وفشّر تفشيرًا وليست بعربيّة • (الفيشور الحمار النشيط) • الفطر الشقّ ج فطور والفطر بالضمّ (وبضمّتين) ضرب من الكمأة والفطر العنب اذا بدأ ينشو ن ض وفطر الشيء شقّه فانفطر والفطير خلاف الخمير والفطير ايضًا كلّ ما أُعجل عن ادراكه والخبز الفطير اكله اليهود يوم خروجهم من مصر لانهم اسرعوا بالخروج قبل ادراكه ولهذا صار اكله عندهم سُنّة سبعة ايام في السنة لتذكرة خروجهم وفطر العجين خبزه قبل ان يختمر وفطر الجلد لم يستوف الدباغ ن وفطر الله الخلق خلقهم والفطرة الخلقة التى خُلق عليها المولود فى رحم امّه وفطر الامر ابتدأ بإنشائه وفطر الصائم وافطر اكل والفطور ما يفطر عليه الصائم والفطرة ايضًا قبول الدين بالمعموديّة (وسيف فطار فيه تشقّق لا يقطع) والفطاريّ من لا خير فيه ولا شرّ وافطر الصائم حان له ان يفطر وفيطوفار قائد جيش فرعون اشترى يوسف الحسن فى مصر وعشقته زوجته • بعل فغور اسم صنم كان يعبده المديانيّون وابن فاغور او باعور بلعام العرّاف • ع ن فغر فاه وافغره فتحه وفغر فوه وانفغر انفتح لازم متعدٍ والفغر الورد اذا فتح والمفغرة اصغر من الكهف والفغرة فم الوادى • الفقر ويضمّ ضدّ الغنى والفرق بين الفقير والمسكين انّ الفقير من يجد كفاف قوت عياله والمسكين من لا شيء له او انّ الفقير المحتاج والمسكين من اذلّه الفقر او غيره من الاحوال او انّ الفقير الزمن الذى لا حرفة له او انّ حرفته غير نافقة والمسكين السائل الذى حرفته لا تقوم بحاجته او انّ المسكين احسن حالًا من الفقير او هما متساويان وفعله ر فقر فهو فقير ج فقراء وهى فقيرة ج فقائر وافتقر وافقره الله صار فقيرًا وسدّ الله مفاقره اغناه والفقرة والفقارة عظام الصلب ج فقر وفقار وفقرات وفقرات والفقير والمفقور الكسير الفقار (والفيقر) والفاقرة الداهية والفقر ثقب الخرز للنظم والنهر ج فقور وفعله ن ض فقر فهو فقير ومفقور والفقر الجانب ج فقر والمفقر

نصف الليل ج قسور وقساور والقسورة ايضا رامي الصيد والشاب القوي ن وقسره (على الامر) واقتسره قهره والقوسرة المرأة وقسور النبت كثر * القسطري (والقسطر والقسطار الجسيم والجهبذ و) نقاد الدراهم (ج قساطرة) وفعله قسطر * ن ص قشره وقشره تقشيرا فانقشر وتقشر والقشر غشاء الشيء وكل ملبوس ج قشور والاقشر ما انقشر جلده او انفه من الحر الشديد الحمرة وحية قشراء سلخ جلدها والقاشور المشؤوم ن وقد قشرهم اي شأمهم (وقشوره بالعصا ضربه والقشرة المقرى الصغيرة والمقتشر العريان والمقشر الملح في السؤال) والقشيرة غشاء القز * اقشعر جلده اخذته قشعريرة اي رعدة * القصر والقصر خلاف الطول وفعله ر قصر فهو قصير ج قصراء وقصار ص وقصره جعله قصيرا وتقاصر وتقوصر اظهر القصر والقصر خلاف المد والظلام والحبس (والحطب الجزل) والمنزل وكل بيت مشيد من حجر ن وقصره على الامر رده اليه وقصره عنه قصورا رده (ومنعه) واقصر وتقاصر عجز وقصر الوجع (والغضب) سكن وقصر عنه تركه عجزا وامرأة مقصورة (وقصورة وقصيرة) محبوسة في البيت والمقصورة حبس المرأة والدار الواسعة المحصنة واقتصر عليه لم يتجاوزه والقصارة والقصرى بالقصر والضم (والكسر والقصر والقصرة) النخالة وخشن التبن وقشرة القمح والقصر (زبرة الحديد والقطعة من الخشب واصول الشجر واعناق الناس والابل و) يبس في العنق وفعله ل قصر فهو اقصر وهي قصراء والتقصار والتقصارة القلادة ج تقاصير ن وقصر الطعام قصورا غلا ورخص ضد (والقصار الكسل والمقصر والمقصر والمقصرة العشي وقصرنا واقصرنا دخلنا فيه وهو ابن عمي قصرة ويضم ومقصورة وقصيرة اي داني النسب) ومقاصير الطبق نواحيها والقصار مبيض الثياب وحرفته القصارة والتقصير الخسلة وتقوصر دخل بعضه في بعض والقوصرة المرأة وقيصر لقب الملوك الرومانيين معربة جيسر وهو الشق لان اول من لقب به من القياصرة كان جوفه مشقوقا (ج قياصرة) وقصرك ان تفعل كذا (وقصارك) بالفتح ويضم وقصيراك وقصاراك اي جهدك وغايتك وفلان قصير النسب اي ابوه معروف اذا ذكره الابن كفاه من الانتهاء الى الجد والقصارة ما يبقى في السنبل من الحب بعد درسه وقصيرة من طويلة (اي تمرة من نخلة) مثل يضرب في اختصار الكلام وامرأة قاصرة الطرف لا تمد نظرها الى غير بعلها * ن قطر الماء والدمع قطرا وقطورا وقطرانا نقط وقطره تقطيرا والقطر ما تقطر الواحدة قطرة ج قطار وارض مقطورة ممطورة واقطر الشيء حان استقطاره والقطارة المتقطر والشيء القليل من الماء والقطران بالكسر والفتح وبفتح فكسر عصارة الارز ونحوه والمقطرن المطلي بالقطران والقطر النحاس الذائب والقطر الناحية ج اقطار والقطر ايضا عود يتبخر به وتقطر تهيأ للقتال ورمى نفسه من علو ن وقطر الابل واقطرها

والخِداعُ والقَتْرُ القَدْرُ والقَبِرُ المتكبِّرُ والعَتِيرُ الشيبُ ن وقَتَرَ الشئَ ضمَّ بعضَهُ الى بعضٍ (والقُتْرَةُ
ناموسُ الصائدِ وقد اقْتَرَ فيها) وابنُ قِتْرَةَ حَيَّةٌ خبيثةٌ ولقبُ دانَ ابنِ يعقوبَ لانَّ الدجَّالَ لعنهُ اللهُ
يأتي من نسلهِ وأبو قِتْرَةَ لقبُ إبليسَ (او قِتْرَةُ عَلَمٌ للشيطانِ) وأَقْتَرَ افتقرَ والقَتُورُ البَخُورُ
واقْتَرَ تبخَّرَ بهِ ۞ القَشْرَةُ قماشُ البيتِ ۞ القَحْرُ الشيخُ الهَرِمُ (والبعيرُ المُسِنُّ ۞ قَحْثَرَةٌ
من يلعَ بَذَذةٌ ۞ قَحطَرَ القوسَ وَتَرَها والمرأةَ جامَعَها) ۞ القَحْزُ ضربُ اليابسِ على اليابسِ
وفعلُهُ ع قَحَزَ ۞ القَدَرُ قضاءُ اللهِ والحُكْمُ والقَدَرُ ايضًا والمِقدارُ مبلغُ الشئِ والطاقةُ ج أَقدارٌ
(والمَقْدُورُ الامرُ المحتومُ ج مَقادِيرُ) وفعلُهُ ن ض قَدَرَ (اللهُ لهُ وعليهِ قَدْرًا د) قَدْرًا وقَدَرَ الرزقَ
قَسَمَهُ والقَدْرُ الغِنى والقَدْرُ ايضًا والقُدْرَةُ والمَقْدُرَةُ (مثلَّثةَ الدالِ) والمِقدارُ (والقَدارةُ بالفتحِ والقُدُورُ
والقُدُورَةُ والقِدْرانُ والاقتِدارُ والقَدارُ بالفتحِ والكسرِ القوَّةُ وفعلُ الكلِّ ض ن ل قَدَرَ فهو قادرٌ وقديرٌ
والتقديرُ التضييقُ والطبخُ وفعلُهُ ض ن قَدَرَ والتقديرُ ايضًا التعظيمُ والتدبيرُ وقياسُ الشئِ
بالشئِ والقَدَرُ قِصَرُ العُنُقِ وفعلُهُ ل قَدِرَ فهو أَقْدَرُ والقِدْرُ م مؤنَّثٌ (ويُذكَّرُ) ج قُدُورٌ والقَدِيرُ
والقادِرُ طعامُ القِدْرِ والقَدارُ والمُقْتَدِرُ والقادِرُ الطبَّاخُ (والمُقتدِرُ ايضًا الوسَطُ من كلِّ شئٍ) وبنوا
قَدْراءَ للاغنياءِ والقَدَرَةُ القارورةُ (وقادَرْتُهُ قايستُهُ وفعلتُ مثلَ فعلِهِ والتقديرُ التروِيَةُ والتفكيرُ في
تسويةِ أمرٍ وتقدَّرَ تهيَّأ ودارٌ مُقادِرَةٌ ضيِّقةٌ) والقَدَرِيَّةُ جاحدوا القَدَرِ ووادي قدرونَ ما بينَ أورشليمَ
وجبلِ الزيتونِ ۞ (القَيْذَحُورُ السيِّئُ الخُلُقِ واقذَحَرَّ تهيَّأَ للشرِّ والسبابِ والقتالِ)
۞ القَذَرُ النجاسةُ وفعلُهُ ل ن ر قَذِرَ قَذارةً صارَ دَنِسًا فهو قَذِرٌ (وقَذْرٌ) والقاذُورُ والقاذُورَةُ
الذي لا يخالطُ الناسَ لسوءِ خُلُقِهِ والقاذُورةُ السيِّئُ الخُلُقِ والزنا والمُتَقَذِّرُ الشئَ فلا يأكلُهُ ۞
القُرُّ بَرْدُ الشتاءِ و(القُرُّ بالضمِّ ايضًا ويُثَلَّثُ) الضفدعُ والقِرُّ ما أصابكَ من البردِ وفعلُهُ ن قُرَّ
فهو مَقْرُورٌ ويومٌ مَقْرُورٌ باردٌ وليلةٌ قَرَّةٌ وقَرَّتِ الحيَّةُ قَرِيرًا صوَّتتْ ل ض وقَرَّتْ عينُهُ قُرُورًا
(بَرَدَتْ و) انقطعَ بكاؤُها او رأَتْ ما كانت متشوِّقةً اليهِ ض وقَرَّتِ الدجاجةُ قَرًّا وقَرِيرًا قطعتْ
صوتَها وقَرُّ الكلامِ في أُذُنِهِ قَرًّا أفرغَهُ وسارَّهُ وقَرُّ الماءِ صَبُّهُ ل ض وقَرَّ بالمكانِ قَرارًا وقُرُورًا
واستقرَّ ثبتَ وسكنَ والقَرُورُ الماءُ الباردُ وأَقَرَّهُ وقَرَّرَهُ أثبتَهُ والقَرارُ والقَرارةُ المستقرُّ المطمئنُّ من الارضِ وأَقَرَّ
اللهُ عينَهُ أفرحَهُ فهي عينٌ قَرِيرَةٌ والقارُورَةُ حدقةُ العينِ وزجاجةُ الشرابِ ج قواريرُ والإقرارُ الاذعانُ
للحقِّ وفعلُهُ قَرَّرَ تقريرًا والقُرُّ الهودجُ للرجالِ (والقَرَّتانِ الغداةُ والعشيُّ) والقَرْقَرَةُ الضحكُ المُفرطُ
وهديرُ البعيرِ وصوتُ الحمامِ والقَرْقارَةُ الكثيرةُ الكلامِ والقُرْقُورُ السفينةُ (العظيمةُ) والقَرْقَرُ الظهرُ
ولباسُ المرأةِ وظاهرُ البلدةِ والقراريُّ الخيَّاطُ والقصَّابُ او كلُّ صانعٍ والحضريُّ الذي لم يسافرْ
قطُّ والقُرَّةُ الجبَّةُ الصغيرةُ وأقرَّهُ في مكانِهِ فاستقرَّ ۞ القَسْوَرُ والقَسْوَرَةُ الاسدُ ومشكلُهُ والقَسْوَرَةُ

* ن قارَ مشى على أطراف قدميهِ (لئلّا يُسمَع صوتُها) وقوَّر الشيءَ واقتوره خرقهُ من وسطهِ مستديرًا والقارةُ الحجارةُ السوداء ج قاراتٌ وقورٌ وقيرانٌ وقارٌ والقارُ القيرُ والقوارةُ ما قُوّر من الشيءِ والشيءُ المقوَّر ضدٌّ والقوراء الواسعةُ والاقورارُ الهزالُ والتغيُّر والقورُ القطنُ الجديدُ (ولقيتُ منهُ الأقورينَ والأقوريّاتِ أي الدواهي) والقورُ العورُ وافتارَ احتاجَ وتقوّرَ الليلُ انهدمَ (وانقارَ وقعَ وانقارَ بهِ مالٌ ويومُ ذي قارٍ أوّلُ يومٍ انتصرتْ بهِ العربُ من العجمِ وهذا أقيرُ منهُ أشدُّ منهُ مرارةً) وقارونُ كانَ من المتموّلينَ اسمهُ كريسيوس يُضرَبُ المثَلُ بثروتهِ قتلهُ قورشُ ملكُ الفرسِ بحريقِ النارِ وأخذَ مالهُ * (القهرُ الغلبةُ وفعلهُ ع قهرَ والقهّارُ من صفاتِ اللهِ تعالى والقاهرةُ لقبُ مصرَ والبادرةُ من كلِّ شيءٍ * القهقرى الرجوعُ الى خلفٍ وفعلهُ قهقرَ وتقهقرَ (والقهقورُ بناءٌ من حجارةٍ يبنيهِ الصبيانُ والقهقرُ التيسُ والمسنُّ والقهقارُ الحجرُ الصلبُ والقهقرُ الطعامُ الكثيرُ المنضودُ في الأوعيةِ) * القيرُ شيءٌ أسودُ يُطلى بهِ السفنُ كالزفتِ والقيروانُ القافلةُ (معرَّبٌ) *

ك

ر كبُرَ كِبَرًا وكُبْرًا وكبارةً نقيضُ صغرَ فهو كبيرٌ وكُبّارٌ ويخفَّفُ ج كبارٌ وكُبّارونَ والكابرُ الكبيرُ وكبَّرَ تكبيرًا قالَ اللهُ أكبرُ وكبَّرهُ ايضًا جعلهُ كبيرًا واستكبرهُ عظَّمَ عنهُ ل وكبِرَ كِبَرًا طعنَ في السنِّ ن وكبَرَهُ بسنّهِ زادَ عليهِ في السنِّ ر ل وكبَرهم كانَ أكبرَهم قدرًا وهو كُبْرُهم وكِبْرتُهم وإكبرّتُهم وكُبُرّهم وكُبُرّتُهم أكبرُهم) والكِبْرُ بالكسرِ ويضمُّ معظمُ الشيءِ والشرفُ والإثمُ الكبيرُ (والأكبرُ اسمٌ لعظيمِ القومِ وشريفهم ج أكابرُ) والكِبْرُ والكبرياءُ التجبُّرُ وفعلهُ تكبَّرَ واستكبرَ وتكابرَ والكُبَرُ جمعُ الكُبرى (والكبيرةُ الفاحشةُ ج كبائرُ) وأكبرتِ المرأةُ حاضتْ (وأكبرَ الصبيُّ تغوَّطَ) وأكبرَ الرجلُ خرجَ منيُّهُ والكَبُورُ عيدُ الغفرانِ عندَ اليهودِ * الكَتَرُ الحسبُ والقدرُ ووسطُ كلِّ شيءٍ ن وكتَرَ مشى مشيةَ السكرانِ والكَتْرُ بناءٌ مسنَّمٌ مستطيلٌ كالقبوِ وبناءٌ كالقبّةِ ويُسمّى التكنةَ والكتيرُ اسمٌ للتوريةِ عندَ اليهودِ يقسمونَ بهِ * الكاتدرا روميّةٌ معرَّبةٌ وهي الكرسيُّ المنتصبُ وراءَ مائدةِ القدسِ يجلسُ عليهِ الأسقفُ وقتَ القدّاسِ وهذا كرسيُّ رياستهِ لا يجلسُ عليهِ غيرهُ ولو كانَ بطركًا * الكثرةُ بالفتحِ ويكسرُ والكُثرُ معظمُ الشيءِ وفعلهُ ر كثُرَ كثرًا فهو كثيرٌ وكثيرٌ وكُثارٌ (وكاثرٌ وكيثرٌ) وكاثروهم غلبوهم في الكثرةِ واستكثرَ منهُ أرادَ منهُ كثيرًا والكوثرُ الكثيرُ والرجلُ السخيُّ والسيّدُ والنهرُ (ونهرٌ في الجنّةِ واسمُ النهرِ الذي أبصرهُ يوحنّا الحبيبُ في رؤياهُ وسمّاهُ نهرَ ماءِ الحيوةِ * كدُرَ مثلّثةَ الدالِ كدارةً وكدرًا وكدورًا وكدورةً (وكدرةً) وتكدّرَ نقيضُ صفا فهو أكدرُ وكدِرٌ (وكدْرٌ) وكديرٌ والكُدرةُ في اللونِ والكدورةُ في الماءِ والعينِ والكدَرةُ مخلبُ الماءِ والسحابُ الرقيقُ والقطعةُ المحصودةُ

نظمَ بعضها الى بعض على نسق فهى مَقْطورَةٌ والمِقْطَرَةُ خشبةٌ تُوضَعُ فى أرْجلِ المسجونينَ وقَطَرَ
قُطُورًا ذهبَ وأسْرَعَ وقَطَرَ ثوبَهُ خاطهُ وقَطَرَهُ صرعهُ (وما أدرى مَنْ قَطَرَهُ ومَنْ قَطَرَ بهِ اى أخذهُ)
والقاطِرُ دَمُ الأخوَيْنِ وكُلُّ شئٍ يسيلُ * (اِقْطَعَرَّ واقْطَرَّ انقطعَ نَفَسُهُ من بُهْرٍ) * القِطْمِيرُ
القشرةُ الرقيقةُ التى بينَ النواةِ والتمرةِ * قَعْرُ الشئِ أقصاهُ ج قُعُورٌ وفعلُهُ ر قَعَرَ فَمَهُ فهو
مِقْعارٌ وإناءٌ قَعْرانُ فى قَعْرِهِ شئٌ (ع) وقَعَرَهُ صرعهُ وقَعَرَ الشجرةَ قطعها من أصلها فسقطتْ فانْقَعَرَتْ
(وما فى هذا القَعْرِ مِثْلُهُ اى البَلَدِ) والقَعَرُ العقلُ والقَعْرَةُ الوَهْدَةُ * (القَعْبَرِىُّ الشديدُ والبخيلُ
السئُ الخُلُقِ * القَعْثَرَةُ اقتلاعُكَ الشئَ من أصلهِ * القَعْسَرِىُّ الضخمُ الشديدُ
والقَعْسَرَةُ التَقَوِّى على الشئِ والصلابةُ والشدّةُ والقَعْسَرُ القديمُ * اِقْعَنْصَرَ تقاصرَ الى
الارضِ * قَعْطَرَهُ صرعهُ وأوثقَهُ وملأهُ) * القَفْرُ والقَفْرَةُ والمِقْفارُ الخَلاءُ ج قُفُورٌ وقِفارٌ وأقفرَ المكانُ
خلا وأقْفَرَ الرجلُ خلا من أهلهِ وجاعَ (والقَفِرُ القليلُ القَفَرِ اى الشَعَرِ والذئبُ المنسوبُ الى القَفْرِ)
والقَفِيرُ الزَبِيلُ والطعامُ بلا إدامٍ ن وقَفَرَ الأثرَ وتَقَفَّرَهُ اقتفاهُ * قوليبترا اسْمُ مَلِكَةٍ بمصرَ
وثنيةٍ قتلتْ أخاها لأنهُ ما شاءَ أنْ يواقعها * (القُفاخِرِىُّ والقُفاخِرُ الضخمُ الجثةِ والقِنْفَخْرُ
الفائقُ فى نوعهِ والقُفاخِرةُ الحسنةُ الخُلُقِ * القَفَنْدَرُ القبيحُ المنظرِ) * القُمْرَةُ لونٌ الى
الخضرةِ او بياضٌ فيهِ كُدْرَةٌ فهو أقمرُ وهى قمراءُ والقَمَرُ م والقَمْراءُ ضوءهُ وليلةٌ مُقْمِرَةٌ وقمراءُ فيها قمرٌ
ووجهٌ أقمرُ مشبهٌ بالقمرِ وأقمرَ ارتقبَ طلوعَ القمرِ (وتَقَمَّرَ الاسدُ طلبَ الصيدَ فى القمرِ وتَقَمَّرَ المرأةَ
تزوّجها وأقمرَ الثمرُ تأخّرَ إيناعهُ حتى يُدركهُ البَرْدُ) ل وقَمِرَ الرجلُ تحيّرَ بصرهُ من بياضِ الثلجِ والأقمرُ
الابيضُ وقامَرَهُ راهنهُ ن وقَمَرَهُ غلبهُ فى الرهنِ وهو قَمِيرُهُ ومُقامِرُهُ وفعلهُ ص قَمَرَ وتَقَمَّرَ تزوّجَ وقمرُ
المُقَنَّعِ كانَ يُظهرهُ المُقَنَّعُ الساحرُ بسحرهِ (فى الجوّ والقُمْرِيَّةُ ضربٌ من الحمامِ ج قَمارِىُّ وقُمْرٌ
* القَمَنْدَرُ الطويلُ) * القِمَطْرُ والقِمَطْرَى وعاءُ الكُتُبِ والقِمَطْرَةُ خشبةٌ توضعُ فى
أرجلِ المسجونينَ ويومٌ قُماطِرٌ وقَمْطَرِيرٌ شديدٌ واقْمَطَرَّ اشتدَّ (وقَمْطَرَ الجاريةَ جامعها * القَنْوَرُ
الضخمُ الرأسِ والشرسُ الصعبُ من كُلِّ شئٍ والقِنَّوْرُ العبدُ والطويلُ و) المُقَنْوِرُ المُعْتَمُّ بعمامةٍ
جافيةٍ (والضخمُ السمجُ) * القُنْبُرَةُ ريشٌ قائمٌ فى رأسِ الدجاجةِ فهى قُنْبُرانيّةٌ * (القَنْتَرُ
والقِنْثَرُ القصيرُ * القَنْجُورُ الصغيرُ الرأسِ الضعيفُ العقلِ * القَنْجَرُ الواسعُ المنخرينِ
والفمِ الشديدُ الصوتِ والقُناجِرُ العظيمُ الجثةِ * القِنْدَفِيرُ العجوزُ مُعرّبٌ) * القِنْسْرُ الشيخُ
الهَرِمُ وقَنْسَرَتْهُ الشدائدُ شيّبتهُ وتَقَنْسَرَ شاخَ * (القُناصِرُ الشديدُ * القِنْصَعْرُ القصيرُ
العنقِ والظهرِ المُكتّلُ) * القَنْطَرَةُ جسرٌ وقوسٌ من البنيانِ (ج قناطرُ) وقَنْطَرَ تركَ المُدُنَ
وسكنَ القُرَى (وقَنْطَرَ الجاريةَ نكحها) والقِنْطارُ وزنٌ معروفٌ والمُقَنْطَرُ المُكَمَّلُ (والقِنْطِيرُ الداهيةُ)

وكِنّارُ الروحِ القدسِ لقبُ أفرامَ السُّريانيّ عليه السلامُ • (الكنثرُ والكنابرُ المجتمعُ الخلقِ وخِفّةُ الرجلِ ووجهٌ مُكنثَرٌ غليظٌ وكنثرةُ الحمارِ نُخرتُهُ وتَكَنثَرَ ضخمَ وانتفشَ) • الكُندُرُ ضربٌ من العلكِ يُتبخَّرُ به يُستعملُ في البيعِ والرجلُ الغليظُ والكُنَيدِرُ الغليظُ (وانه لذو كُنديرةٍ غِلظٍ وضخامةٍ) • الكنهورُ السحابُ المتراكمُ كالجبالِ (والضخمُ من الرجالِ) • الكُورُ الرحلُ وفرنُ الحدّادِ ج أكوارٌ وكِيرانٌ (وأكورٌ) والكُورُ ايضًا موضعُ الدنانيرِ والكُورُ قطيعُ البقرِ وكوّرَ العمامةَ تكويرًا أدارها والكُورُ ايضًا الطبيعةُ وحفرُ الارضِ والاسراعُ (والزيادةُ والمُكوريُّ اللئيمُ والقصيرُ العريضُ والروثةُ العظيمةُ) والكُورةُ المدينةُ والصُقعُ ج كُوَرٌ وكُوارةُ النحلِ م وقد تُشدَّدُ (ج كوائرُ وجمعُ المشدّدةِ كُوّاراتٌ) والكارُ سُفنٌ يوسقُ بها الطعامُ وكوّرهُ صرعهُ فتكوّرَ وكوّرَ المتاعَ (واكتارهُ) جمعهُ وشدّهُ ومنهُ الكارةُ والتكويرُ ادخالُ الشيءِ في الشيءِ ودخولُ الليلِ على النهارِ وذيرٌ كوّرةٌ بعلبَ كأن تسكنهُ الراهباتُ • الكهرُ القهرُ والانتهارُ والضحكُ والاستقبالُ بوجهٍ عبوسٍ واللهوُ وارتفاعُ النهارِ وشدّةُ الحرِّ وفعلُ الكلِّ ع كهرَ والكهوَرُ والكهنورةُ الذي ينتهرُ الناسَ • الكِيرُ منفاخُ الحدّادِ والكُورُ فرنُهُ وجمعُ كِيرٍ أكيارٌ (وكِيَرةٌ) وكِيرانٌ والكِيرُ ايضًا يونانيّةٌ معناها السيّدُ •

م

المَترةُ المكرُ والعداوةُ والنميمةُ وفعلهُ ل مَترَ (ومَترَ الجرحُ انتقضَ) ع ومارَ بينهم أفسدَ (وامتارَ عليه احتقدَ) • ن مَترَ مترًا قطعَ وجامعَ ومَترَ الحبلَ مدّهُ وامتترَ امتدَّ (والتماترُ التجاذبُ والتساقطُ) • المَجرُ الربا والعقلُ والكثرةُ والجيشُ العظيمُ والقمارُ والعطشُ والمَجرُ وماجرَ رابى ن ومَجرَ الغنمَ اشترى ما في بطونها قبلَ أن تلدَ ومَجرَ الحنطةَ اشتراها وهي في سُنبلها • ن مخرتِ السفينةُ مخرًا ومخورًا استقبلتِ الريحَ ومخرَ السابحُ شقَّ الماءَ بيديهِ والمخرةُ الخِيرةُ والمُخرُ العظمُ استخرجَ مُخّهُ (ع ومَخرَ الارضَ أرسلَ فيها الماءَ لتجودَ) والماخورُ بيتُ الزانيةِ (مُعرّبٌ) وبيتُ القوّادِ ج مواخرُ ومواخيرُ والمَخمرةُ الفساءُ • المَدرُ الطينُ اليابسُ والمدنُ والحضرُ ن ومَدرَ المكانَ طيّنهُ وبنو مَدراءَ أهلُ المدنِ والأمدرُ الخاريُّ في ثيابهِ عجزًا والأمدرُ الاقلفُ ومدّرَ تمديرًا سلحَ (ومادرٌ لقبُ مخارقٍ لئيمٌ من بني هلالٍ سقى ابلهُ فبقي في الحوضِ قليلٌ فسلحَ فيهِ) • ل مَذِرتِ البيضةُ فسدتْ فهي مَذِرةٌ ومَذِرتْ معدتُهُ فسدتْ والمَذِرةُ القذرةُ ومذّرهُ تمذيرًا فرّقهُ والأمذرُ المتردّدُ الى الكنيفِ كثيرًا • ن مرَّ مرًّا ومرورًا واستمرَّ جازَ وذهبَ ومرَّ بهِ وامترَّ بهِ جازَ وأمرّهُ عليهِ سلكهُ فيهِ واستمرَّ ثبتَ على طريقةٍ واحدةٍ واستمرَّ عليهِ قويَ عليهِ والمَرّةُ الفعلةُ الواحدةُ ج (مَرٌّ ومِرَرٌ د) مِرارٌ ومُرورٌ (ولقيتهُ ذاتَ مرّةٍ

من الزرع وانكذر أسرع وانقض وانكدرت النجوم تناثرت والكنذر والكنادر الغليظ •
ن كرّ عليه كرًّا وكرورًا عطف وكرّ عنه رجع فهو كرّار ومكرّ وكرّره تكريرًا وتكرارًا وكركره أعاده مرّة
بعد أخرى والكرير بحّة تعتري من الغبار وفعله ن ص كرّ والكرّ موضع يجتمع فيه الماء ليصفو ج كرار
والكرّ مكيال والكساء والكرّة المرّة والغداة والعشيّ وكركر ضحك وانهزم وكركر الشيء جمعه ومنه
بيت الكرار وكركره عنه دفعه وكركر الرحى أدارها والكركر التقص وتكركر الماء رجع الى الوراء
وتكركر في أمره تردّد • ص كبر وأكبره فهو كابر ج كبّر (وهي كابرة ج كوابر وكبّر) والكبير
المكسور ج كسرى (وكسارى) والكسار والكسارة ما تكسّر من الشيء وكسر طرفه غضّه وكسر
الطائر جناحيه كسرًا وكسورًا ضمّهما يريد الوقوع وعقاب كاسر منقضّ وكسر متاعه باعه شيئًا
فشيئًا والكسر العضو وجانب البيت والناحية ج أكسار وكسور ومنه جاري مكاسري وكسرى
ويفتح لقب ملك الفرس (معرّب خسرو اى واسع الملك) ج أكاسرة وكساسرة وأكاسر (وكسور
والقياس كسرون) والنسبة اليه كسريّ وكسرويّ والكسر النزر القليل (ومن الحساب ما لا يبلغ
سهمًا تامًّا) والاكسير الكيمياء والكاسر العقاب (والكسرة القطعة من الشيء المكسور ج كسر وكسرات
وكسرات) • ص كشر عن أسنانه كشرًا أبانها والاسم الكشرة والكشر التبسّم والكشر الخبز اليابس
وجاري مكاشري اى بحذائي ل وكشر هرب • كشمر أنفه رفعه (وأجهش للبكاء والكشامر
القبيح من الناس • الكصير التصيير) • ل كعر بطنه امتلأ وسمن فهو أكعر والكعرة العقدة •
كعتر في مشيه تمايل كالسكران وكعتر أسرع في مشيه • الكفر والكفور والكفران ضدّ الايمان
ن وكفر نعمة الله وبها كفورًا وكفرانًا جحدها وسترها وكافره حقّه جحده والكافر الجاحد لانعام الله ج
كفّار (والكفّار والكفور الكافر ج كفر) وكفرة ص وكفر عليه غطّاه وكفر الشيء ستره والكافر الليل
والبحر والوادي والنهر الكبير والسحاب والزارع والدرع والظلمة والمكفّر الموثق في الحديد
والكفر القبر والتراب والقرية والكفر القير والكفر العقاب والكافور طيب م والكفّارة ما كفّر به من
الآثام من صيام وصلوة وصدقة ونحوهم والتكفير في المعاصي أفعال التوبة تغفرها الآثام وخضوع
الانسان لغيره والتكفير ايضًا تتويج الملك في المملكة ن وكفّر للملك سجد له وكفّر من اثمه
تكفيرًا أعطى الكفّارة وأدّاها • المكفهرّ المتعبّس والذى لونه يميل الى الغبرة • الكليروس
والاكليروس يونانية أرباب الكهنوت • الكمرة رأس الذكر ج كمر • (الكمترة مشية فيها
تقارب وه ذو القصير والكمترة والكماتر الضخم والقصير والصلب الشديد وكمتره ملأه • الكمثرة
اجتماع الشيء وتداخل بعضه في بعض والكماثر القصير) • الكمنتير يونانية معناها مقبرة الرهبان
• (الكمهدر الكمرة) الكنارة شقّة الكتّان والكنّارات الدفوف والطبول والطنابير الواحد كنّار

والمكوز المصبوغ بالمغرة والتمكيز احتكار الحبوب • الميمر سريانية المقالة من الكتاب ووطا
بمثرى ارض كان يسكنها ابراهيم الخليل مقابل سادوم • ن مار تردد ومار الدم جرى
وأماره أجراه والمور الموج والاضطراب والجريان على وجه الارض والتحرك والشيء اللين ونتف
الصوف والمور الغبار تثيره الرياح وفعله مار مورًا وأمارت الريح التراب نسفته وامرأة مارية
بيضاء ومار الوبر نتفه والتمور التردد وامتار السيف استله ومارون اسم قديس ناسك عليه السلام
تنتسب اليه طائفة من النصارى المستقيمي الايمان يسمون المارونيين يسكنون بلاد لبنان وكذب
من انكره وكان من المشاقين ودير مارون بالبترون ودير ماران ببلاد حماة ومار او ماري
سريانية معناها السيد • المهر صداق الزوجة ج مهور ع ن ومهر الزوجة وأمهرها جعل لها
مهرًا والمهيرة الغالية المهر والماهر الحاذق والسابح المجيد ج مهرة ع ومهر في الشيء مهرًا ومهورًا
(ومهارًا) ومهارة حذق والمهر ولد الفرس ج أمهار ومهارة (ومهار والانثى مهرة) والمهرة أم
المهر والابل المهرية منسوبة الى مهرة حي ج مهاري ومهار ومهارى وتمهر حذق • الميرة
جلب الطعام وفعله مار ميرًا وأمار وامتار والممتار جالب الميرة وأمار أوداجه قطعها وأمار الشيء
اذابه والزعفران داقه بالماء ومار الدواء داقه ومار الصوف نفشه والميرون دهن البلسم المكرس
من الاسقف او من رأس الاساقفة على احدى الروايتين •

ن

ن نبر الشيء رفعه ومنه منبر الوعظ ونبره زجره وانتهره ونبر الغلام انتفخ والنبار الفصيح المنطق
والصياح والنبرة الهمزة وكل شيء مرتفع ورفع صوت المغني من خفضه والنبر القليل الحياء والنبر
القراد والقصير اللئيم ج انبار (ونبار) والنبر ايضا بيت التاجر وحانوته ج أنبار والنبر ايضا
كدس الزرع ونبر الخطيب ارتقى المنبر • النتر الجذب بعنف وشق الثوب بالاصابع
والاضراس والضعف وتغليظ الكلام وفعل الكل ن نتر واستنتر بوله استخرج بقيته من الذكر
• ن ص نثر الشيء نثرًا ونثارًا ذراه متفرقًا فانتثر وتناثر والنثارة ما تناثر منه وتناثروا مرضوا
فماتوا (والنثران) والمنثر والنثر الكثير الكلام والنثرة الخيشوم والعطسة خاصة بالدواب وفعله (ص)
نثر نثيرًا واستنثر الماء استنشقه ثم استخرجه وانتثر الرجل اخرج نفسه من انفه والنثر خلاف
النظم • النجر والنجار بالكسر والضم الاصل والنجر ايضا نحت الخشب وصانعه نجار
وحرفته النجارة والنجر ايضا الحر والقصد والمجامعة وفعله ن نجر والنجارة ما نحت من
الخشب والنجران خشبة فيها رجل الباب والعطشان والنوجر خشبة المحراث والنجيرة سقيفة

وذاتَ المِرارِ اى مِرارًا كثيرةً) والمُرُّ جِنسُ الحُلْوِ وفعلهُ ن ر مَرَّ مَرارةً ولَقِيَ منهُ الأَمَرَّينَ (بكسرِ الراء وفتحها والمُرَّتَينِ) اى الشرَّ والتعبَ والمَرارةُ م والمِرَّةُ مِزاجٌ من أَمزجةِ البَدَنِ والعقلُ والاحكامُ والقوّةُ والمَرِيرةُ الحبلُ وعِزّةُ النفسِ والعزيمةُ والمَرِيرُ أرضٌ لا شيءَ فيها ج مَرائرُ والأَمَرُّ المَصارِينُ والمَرْمَرُ ضربٌ من الرخامِ والأَمَرّانِ الفقرُ والهرمُ وأبو مُرّةَ كنيةُ ابليسَ والمُرّانُ الرماحُ والمَرْمارُ الرُّمّانُ والناعمُ المرتجُّ ومَرْمَرَ غضبَ ومَرْمَرَ الماءَ أمرَّهُ على وجهِ الارضِ ومَرَّرَهُ جعلهُ مُرًّا وتَمَرْمَرَ اهتزَّ وترجرجَ (ومُرامِرُ بنُ مُرّةَ أوّلُ مَن وضعَ الخطَّ العربيَّ والمُرامِرُ ايضًا الباطلُ وفي يومٍ نحسٍ مُستمِرّ اى قويٌّ في نحوستِهِ او دائمُ الشرِّ او مُرٌّ وهو بعيدُ المُستمَرِّ قويٌّ في الخصومةِ لا يسأمُ المِراسَ)

• المِزْرُ المَزْقُ والرجلُ الظريفُ والمِزْرُ الاحمقُ ونبيذُ الذُّرةِ والشعيرِ والاصلُ والمَزِيرُ الشديدُ القلبِ وفعلهُ ر مَزُرَ ن ومَزَرَهُ غاظهُ ر ومَزَرَ الخمرَ نعبَ • ن مَسَرَهُ سلّهُ واستخرجهُ من ضيقٍ (ومَسَرَ الناسَ غمزَ بهم وسعى او أغراهم) • المَشْرةُ الاغصانُ الرَّطبةُ قبلَ أن تشتدَّ وفعلهُ ل مَشِرَ وتَمَشَّرَ وتَمَشَّرُوا لبسوا الثيابَ والمِشْرةُ الكِسوةُ والمَشْرُ البطرُ ومَشَّرَهُ تمشيرًا كساهُ • ن مَصَرَ الشاةَ وتَمَصَّرَها وامتصرَها حلبها والتمصيرُ قطعُ العطيّةِ قليلاً (قليلاً) والمِصْرُ والماصِرُ الحاجزُ بينَ الشيئينِ والمِصْرُ ايضًا الوعاءُ والكورةُ والطينُ الاحمرُ وثوبٌ مُمَصَّرٌ مصبوغٌ بالمِصْرِ ومِصْرُ المدينةُ المعروفةُ يجوزُ صرفُها وتذكيرُها والمِصْرُ المِعَى ج أمصِرةٌ ومُصرانٌ و(جج) مَصارِينُ • المَضَّارُ الخمرُ الحامضُ • ن ل ر مَضَرَ اللبنُ او النبيذُ حَمُضَ فهو مَضِيرٌ وماضِرٌ والمَضِيرةُ طبيخُ اللبنِ • المَطَرُ م ج أمطارٌ ن ومَطَرَتْهم السماءُ مَطْرًا أصابتْهم بالمطرِ ومَطَرَ الرجلُ مُطورًا وتَمَطَّرَ سافرَ ومَطَرَ الفرسُ أسرعَ وأمطرَهم اللهُ صبَّ عليهم عذابَهُ والمَطَرُ المُتَماطِرُ يَمطُرُ ساعةً ويكفُّ أخرى (والمَمْطَرُ والمِمْطَرُ) والمِمْطَرةُ ثوبٌ واسعٌ يُتَوقّى به من المطرِ والمُستَمطِرُ الرجلُ المُؤمِّلُ خيرًا والمَطْرةُ القِربةُ والمَطَرُ سنبولُ الذرةِ وأمطرَ عرقَ جبينُهُ وأمطرَ المُرقَى سكتَ وأمطَروا أصابَهم المطرُ والمَطْرةُ (والمَطِيرةُ والمُطْرُ) العادةُ والمَطْرانُ بالضمِّ رئيسُ الكهنةِ يستولي على أساقفةٍ • ل مَعِرَ الظفرُ قلعَ ومَعِرَ الشعرُ والريشُ وأمعرَ قلَّ فهو مَعِرٌ وأمعرُ ومَعِرَتِ الناصيةُ ذهبَ شعرُها كلّهُ فهي مَعْراءُ وأمعرَ افتقرَ وأمعرَتِ الارضُ قلَّ نباتُها وأمعرَهُ سلبَهُ مالَهُ والمَعِرُ البخيلُ القليلُ الخيرِ ومَعَّرَ وجهَهُ غيّرَهُ غيظًا فتمعّرَ والمُتمعِّرُ المتقطِّبُ غضبًا • المَغْرةُ طينٌ أحمرُ والمُمَغَّرُ المصبوغُ بالمَغرةِ والمُغْرةُ لونٌ قليلُ الحمرةِ فهو كالشُّقرةِ والأمغرُ الاحمرُ الشعرِ والجلدِ والذي في وجهِهِ حُمرةٌ في بياضٍ ع ومَغَرَ ذهبَ وأسرعَ والمَغْرةُ المَطرةُ الصالحةُ او الخفيفةُ • ن مَقَرَ عنقَهُ ضربَها بالعصا حتى تكسرَ العظمُ ومَقَرَ السمكةَ وأمقرَها نقعَها في الخلِّ وشيءٌ مَقِرٌ حامضٌ او مُرٌّ والمَقْرُ الصبرُ والسمُّ • المَكْرُ الخديعةُ فهو ماكرٌ ومكّارٌ ومَكُورٌ والمَكْرُ ايضًا المَغرةُ وصوتُ الأسدِ والمَكْوَرِيُّ اللئيمُ ن ومَكَرَ أرضَهُ سقاها

بطريركًا على القسطنطينية وكان في عصر الاربعمائة والثلاثين للمسيح في زمن كالستينوس البابا
والملك تاودوسيوس الصغير هذا ذهب الى أنّ في المسيح أقنومين وقال أنّ سيّدتنا مريم العذراء
ليست بوالدة الاله وجحد بكارتها ونكر انبثاق الروح القدس من الابن فالتأم عليه في افسوس
المجمع التيبليّ الثالث وحرموه ونفوه الى ما بين النهرين وخلّف هناك • النشر الرائحة
الطيّبة والنشر ايضًا والنشور والانتشار احياء الميت ويوم النشور يوم البعث ويكون في مثل
اليوم الذي قام فيه يسوع المسيح من بين الاموات والنشر الحيوة وايراق الشجر وخلاف
الطيّ والنشر ايضًا والتنشير قطع الخشب والمنشار آلته والنشارة ما تساقط من النشر والنشر ايضًا
جماعة لا رأس لهم واذاعة الخبر والفعل ن ض نشر ونشرت الريح هبّت يوم غيم والنشرة
الرقية وانتشر انبسط وانتشر النهار طال وامتدّ وانتشر الخبر ذاع وانتشرت المواشي تفرّقت عن غفلة
الراعي وانتشر ذكر الرجل انتصب والمنشار مذراة الحنطة والنواشر عصب الذراع الواحدة ناشرة والنشير
المبزر والمنشور كتاب السلطان (الغير المختوم) ج مناشير • ن نصر المظلوم نصرًا ونصورًا
أعانه ونصره منه نجّاه فهو ناصر (ونصر) ونصير ج (نصّار ونصر و) أنصار والنصرة المعونة
والاستنصار السؤال والنواصر مجاري الماء في الاودية الواحد ناصر والانصر الاقلف وبختنصّر
بتشديد الصاد ملك الكلدانيين سبا اليهود الى بابل ومسخه الله خنزيرًا ثلث سنين ثم اعاده
فآمن وتاب وخلص والناصرة مدينة في الارض اليهودية بشّرت بها سيّدتنا مريم العذراء بسيّدنا
يسوع المسيح والنصارى المسيحيّون نسبة الى ناصرة على غير القياس الواحد نصرانيّ ج انصار
ونصارى او نسبة الى النصران مصدر نصر فالنسبة قياسيّة وهو الاقرب (او جمع نصران كالندامى
جمع ندمان او جمع نصرى كمهرى ومهارى) والنصرانيّة (والنصرانة واحدة النصارى والنصرانيّة ايضًا)
دين النصارى وتنصّر صار نصرانيًا وانتصر منه انتقم والنصيريّة طائفة يتظاهرون بالاسلاميّة ولهم
اعتقاد يخفونه عن الناس يعتقدون بالتناسخ وعندهم اذا تمّم احدهم فروض التناسخ
صارت روحه كوكبًا في السماء ويقولون أنّ هذه الكواكب الظاهرة هي انفس من مات منهم
ولهم خرافات غير هذه يضحك منها • النضر والنضور والنضارة والنضرة النعمة والعيش
والغنى والحسن وفعل الكل ن ر ل نضر فهو ناضر ونضير والناضر الشديد الخضرة والمبالغة في
كل لون (نحو اخضر ناضر واصفر ناضر) والنضر والنضير والنضار والانضر الذهب او الفضّة ج
نضار والنضار التبر الخالص وخشب يصنع منه الاواني والناضر الطحلب ونضر الرجل زوجته
• الناطر والناطور حافظ الكرم ج نطراء ونواطير (ونطّار ونطرة) والاسم النطارة والنطر والنطّار
الخيال المنصوب بين الزرع وذنب الناطور بالطرابلس • ل ض نطرة ونطر السبع نطرًا

من خشبٍ وناجِرُ علَمٌ لأشهرِ الصيفِ والأنجرُ مِرساةُ السفينةِ (مُعرَّب) ج أناجِرُ والمِنجارُ قصبةٌ يلعبُ بها الرُعيانُ • النَحرُ الصدرُ وموضعُ القِلادةِ من العُنقِ ج نُحُورٌ ع ونَحَرَهُ نَحرًا وتَنحارًا أصابَ نَحرَهُ ونَحَرَ الذبيحةَ ذبحَها فهي نَحِيرٌ ج نَحرَى (ونُحَراء) ونَحائرُ وانتحرَ قتلَ نفسَهُ وتَناحَرُوا تشاجَرُوا ونَحرُ النهارِ والشهرِ أوّلُهُ ج نُحُورٌ والنَحِيرةُ أوّلُ يومٍ من الشهرِ او آخِرُ ليلةٍ منهُ ج ناحِراتٌ ونَواحِرُ والنِحرُ والنِحرِيرُ الحاذقُ الماهرُ العاقلُ المُجرِّبُ البصيرُ بكلِّ شيءٍ وتَناحَرُوا عن الطريقِ عدلوا عنهُ وناحُورُ من نسلِ سامَ جدُّ إبراهيمَ الخليلِ وناحورُ ايضًا جدُّ السُريانِ وهو أخو إبراهيمَ • ن ض نَخَرَ مدَّ صوتَهُ في خياشيمهِ والمَنخَرُ بفتحِ الميمِ والخاءِ ويكسرِهما (وضمِّهما والمُنخُر) والمَنخُورُ (ثَقبُ) الأنفِ ونُخرةُ الأنفِ خرقُهُ واللحمةُ بينَ خَرقَي الأنفِ والنَخِرُ والناخِرُ العظمُ البالي وفعلُهُ ل نَخِرَ والنِخوارُ الشريفُ والمتكبِّرُ والضعيفُ ج نَخاوِرةٌ والناخِرُ الخِنزيرُ ج نُخَّرٌ وما بها ناخِرٌ اي أحدٌ • ن نَدَرَ الشيءُ نُدُورًا سقطَ من جوفِ شيءٍ ونَدُرَ الرجلُ صارَ حكيمًا حَزُومًا فهو نادِرةٌ ونَدَرَ جَرِبَ وماتَ ونَدَرَ النباتُ خرجَ ورقُهُ والأندرُ البيدرُ ج أنادِرُ والأندريُّ الحبلُ الغليظُ ونَوادِرُ الكلامِ ما شذَّ وخرجَ منهُ وأندرَ عنهُ من مالِهِ كذا أخرجَهُ وعيَّنهُ وأندرَهُ أسقطَهُ والنَدرةُ القطعةُ من ذهبِ المَعدِنِ ونادرةُ الزمانِ وحيدُ العصرِ ج نُدَّرٌ ونَوادِرُ وأندراوسُ أحدُ الاثني عشرَ رسلِ المسيحِ وهو أخو بطرسَ أوّلُ مَن دُعيَ الى الرسالةِ وكانَ مُبشِّرًا في بلادِ التركِ وماتَ مصلوبًا • النَذرُ ديةُ الجرحِ ج نُذُورٌ والنَذرُ جلدةُ المُقلةِ والنَذرُ ما كانَ وعدًا للهِ ومنهُ نَذرُ الرهبنةِ وهو ثلثةٌ • العفّةُ • والطاعةُ • والفقرُ الاختياريُّ • وبدونهِ الرهبنةُ بطالةٌ ويكونُ مُضمَرًا ومُظهَرًا وفعلُهُ ن ض نَذَرَ نَذرًا ونُذُورًا والنَذِيرُ المنذورُ للهِ من والديهِ وابنُ قندلفتِ الكنيسةِ والنَذِيرُ ايضًا طليعةُ الجيشِ ل ونَذِرَ بالشيءِ علِمَهُ فحَذِرَهُ وأنذرَهُ بهِ إنذارًا أعلمَهُ فهو نذيرٌ والمُنذِرُ الرسولُ والنبيُّ والشيبُ (والمتناذِرُ الاسدُ وابو المُنذِرِ كُنيةُ الديكِ لأنهُ يُنذِرُ النُوّامَ) • النَزرُ والنَزِيرُ والمَنزُورُ القليلُ والنَزرُ ايضًا الإلحاحُ والاستعجالُ والامرُ والاحتقارُ والاستقلالُ وفعلُهُ ن نَزَرَ ر ونَزُرَ الشيءُ نَزارةً ونَزرًا ونُزُورةً ونُزُورًا قلَّ وأنزرَ العطاءَ قلَّلَهُ وتَنَزَّرَ تقلَّلَ والنَزِيرُ عندَ اليهودِ كالراهبِ عندَ النصارى والنزيريونَ شيعةٌ عندَ اليهودِ كانوا ينكرونَ أسفارَ موسى الخمسةَ ويحرّمونَ الذبائحَ ويمتنعونَ من أكلِ الحيوانِ كأنهُ نجسٌ • النَسرُ طائرٌ م ج أنسُرٌ ونُسُورٌ ولحمةٌ في باطنِ حافرِ الدابةِ والنَسرُ الكَشطُ ونتفُ الطائرِ اللحمَ وفعلُهُ ن ض نَسَرَ والمِنسَرُ مِنقارُ الطائرِ وأوّلُ الجيشِ وتَنَسَّرَ الجرحُ انتقضَ وتَنَسَّرَ الشيءُ بَلِيَ شيئًا فشيئًا والناسُورُ عِرقُ البلسُورِ واستنسَرَ صارَ كالنَسرِ قوّةً ونَسَرَ فلانًا اغتابَهُ • المَنستِيرُ مسكنُ الرهبانِ • نَسطُورُ رجلٌ مبتدعٌ لعنهُ اللهُ أصلُهُ من مدينةِ مَرعَشَ وتربّى في أنطاكيةَ وأُقيمَ

لانت وبينهما مناقرة ونقار (وناقرة ونقرة) اى مراجعة فى الكلام والنقران هو ان تلصق لسانك
بحنكك ثم تصوت تصويتا مضطربا كما تفعل النساء فى افراجهن والنقر صوت نقر الابهام
على الوسطى وانتقره اختاره ونقر عن الشيء تـ نقيرا وتنقره بحث (عنه) وما انقر عنه ما
كف ولا اقلع ل ونقر غضب والناقرة الحجة والمصيبة والمنقر المعول والنقر ذهاب المال والنقارة
قدر ما ينقر الطائر • النكر والنكارة (والنكراء) الدهاء والفطنة فهو (نكر ونكر و) نكر ج
انكار والنكر الامر الشديد والنكرة خلاف المعرفة والدم والقيح الذى يخرجه الزحير ر ونكر الامر
صعب وتناكر تجاهل وتناكروا تعادوا ل ونكره (نكرا و) نكرا ونكورا ونكيرا وانكره واستنكره
وتناكره جهله والمنكر ضد المعروف (وهو كلما نفرت منه النفس وكرهته) والنكراء الداهية
والتنكر التغير (من حال تسرك الى حال تكرهها) والجحد والنكير الحصين والمناكرة المقاتلة
• النمرة النكتة من اى لون كان والنمر والنمر الوحش المعروف ج انمر وانمار ونمر بضم
وبضمتين ونمار (ونمارة) ونمور والنمير والنمر الماء العذب المعين والنامرة والخامورة مصيدة
تصاد بها الوحوش والناموس الذم ل ن ونمر وتنمر غضب جدا وتوحش والانمر ما فيه نكتة
بيضاء واخرى سوداء وانمر صادف ماء نميرا اى عذبا (ونمر السحاب صارت على لون
النمر وفى المثل ارنيها نمرة اركها مطرة يضرب لما يتيقن وقوعه اذا لاحت مخائله) وتنمر تنكر •
النور الضوء وشعاعه ج انوار ونيران وفعله نار نورا وانار واستنار ونور وتنور والنور ايضا بهاء ذات
الله الغير المخلوق والنورى لقب اغناتيوس الشهيد والمنار والمنارة المسرجة والمئذنة ج مناور
ومنائر ونور الصبح تنويرا ظهر نوره وحامل النور لقب الشيطان قبل ان يسقط واستنار به استمد
نوره والمنار العلم والحاجز بين الشيئين والطريق والنار م (وقد تذكر) ج انوار ونيران ونور ونيرة
ونيار والنار والنورة السمة والراى والنار ايضا النور المصنع الذى تعمله فرق النصارى عند قبر
السيد المسيح يسمونه نورا وهو نار وسبت النور اليوم الذى يصنع فيه النور الكاذب والصحيح فيه
ان يسمى السبت العظيم لان فيه خلص المسيح الآباء من الجحيم والنار الجديدة الضوء الذى
تقدحه النصارى بالزناد ليلة احد قيامة السيد المسيح وعنه ضل المبتدعون حيث قالوا فيه انه
نور وهو نار والنور والنورة والنوار الزهر الابيض واما الاصفر فيسمى زهرا ج انوار ونور الشجر وانار
اخرج نوره ونور الزرع ادرك وانور وانار حسن وظهر والمكان اضاء والنورة الكلس وانتار وتنور
تطلى بالنورة والنور دخان الشحم والنور والنوار المراة النفور من ريبة الزنا ج نور (والاصل
نور فكرهوا الضمة على الواو) ونارت المراة نورا ونوارا بالكسر (والفتح) نفرت ونارها ونورها
واستنارها نفرها ونارو وتنوروا انهزموا وتنور النار ابصرها من بعيد واستنار عليه ظفر به وناوره

ومَنْظَرًا ونظرانًا ومَنظَرةً وتَنظارًا تأمّلهُ بعينهِ ونظرَ لهم رَثى لهم وأعانَهم ونظرَ بينهم حكمَ والناظرُ العينُ والنقطةُ السوداء فيها والبصرُ نفسُهُ ونصبةُ الأنفِ والمَنظرُ (والمَنظرَةُ) ما يُعجبُكَ النظرُ اليهِ (او يَسوءُكَ) والمَنظريُّ والمَنظرانيُّ الحَسَنُ المَنظرِ والنَظورُ والناظورةُ والنَظيرةُ سيّدُ القومِ الذى يُنظَرُ اليهِ للواحدِ والجمعِ مذكرًا ومؤنثًا (وتشديدُ الناظرِ بريءٌ من التهمةِ ينظرُ بملءِ عينيهِ) والنظرُ التفكّرُ فى الشىءِ لتدبيرِهِ والنظرُ ايضًا الكهانةُ والحكمُ والإعانةُ وفعلهُ ن نظرَ والنَظورُ المتيقظُ الى ما يُهمّهُ وتناظَروا تقابلا وأنظِرني اِصغَ اليَّ ونظرةٌ وأنظرةٌ وتَنظِرةٌ تأنٍّ عليهِ والتنظّرُ والانتظارُ توقّعُ ما تَنتظِرُهُ وأنظرَهُ أخّرهُ (ونظرَ يختلفُ معناهُ باختلافِ ما يتعدّى بهِ تقولُ نظرَ لهُ رَحِمَهُ واليهِ رآهُ وعليهِ غضبَ وفيهِ تفكّرَ وبينهم حكمَ ونظرَهُ انتظرَهُ) والنظيرُ والمناظرُ والنِظرُ المِثلُ ج نُظراءُ والنظرةُ العينُ والهيبةُ وسوءُ الهيئةِ والرحمةُ والمَنظورةُ المَعيبةُ والداهيةُ والنَظّارةُ القومُ ينظرونَ الى الشىءِ وآلةٌ يُنظَرُ بها البعيدُ قريبًا وبالعكسِ والمِنظارُ المِرآةُ والنظائرُ الافاضلُ والاماثلُ والنَظورةُ والنَظيرةُ طليعةُ الجيشِ وناظورةٌ مائلةٌ والنِظارُ الفِراسةُ • النُعَرةُ (والنُعَرَةُ) الخيشومُ ع ص ونعرَ نعيرًا ونُعارًا صاحَ بخيشومهِ ونَعَرَ فى البلادِ ذهبَ والنَعيرُ الصُراخُ وامرأةٌ نَعّارةٌ صيّاحةٌ فاحشةٌ والناعورُ جناحُ الرَحى والناعورةُ دولابٌ يُستقى بهِ الماءُ والنُعَرةُ الخُيَلاءُ والكِبرُ وذبابٌ أزرقُ يلسعُ الدوابَّ والنَعّارُ العاصى والمُتبنُ والصَيّاحُ ع ونَعَرَ خالفَ وأبى ونعرَ القومُ هاجوا والنَعِرُ مَن لا يثبتُ فى مكانٍ • ل ص ع نَغَرَ غلى جوفُهُ نَغَرًا ونَغَرانًا وتنغّرَ غلا (غضبًا) ن ونَغَرَ غضبَ ونَغِرَتِ القِدرُ فارت ونغّرَ الصبيَّ دغدغهُ والنُغَرُ البُلبُلُ وفراخُ العصافيرِ ج نِغرانٌ وأنغرتِ البيضةُ فسدت وجرحٌ نَغّارٌ يسيلُ منهُ الدمُ والنَغِرُ حينَ الماءِ المِلحِ • ن ص نَفَرَتِ الدابّةُ نُفورًا ونِفارًا تباعدت جزعًا فهى نافرٌ ونفورٌ ونفرَ الظبيُ نَفْرًا ونَفَرانًا واستنفرَ شرَدَ ونفّرتهُ واستنفرتُهُ (وأنفرتُهُ) وأنفروا نُصِروا ص ونَفَروا للامرِ نِفارًا ونُفورًا ونَفيرًا وتنافَروا ذهبوا والنَفَرُ والنَفيرُ الناسُ كلُّهم وما دونَ العشرةِ ج أنفارٌ والنَفرةُ والنُفارةُ والنُفورةُ الحُكمُ والنفيرُ القومُ المتنافرونَ للحربِ وآلةٌ يُصوَّتُ بها للحربِ والنُفارةُ ما يأخذُهُ الحاكمُ فى حكمهِ ن ص ونَفَرتِ العينُ هاجت وورمت والنُفرةُ شىءٌ يُعلَّقُ على الصبىِّ لخوفِ النظرةِ والنفاريرُ العصافيرُ (ونفّرَ عنهُ لقّبهُ بلقبٍ مكروهٍ كأنّهُ عندهم تنفيرٌ للجنِّ والعينِ) وتنافَروا تحاكما والنافورُ سريانيةٌ سِرُّ القُربانِ المقدسِ او الصلواتُ التى تُتلى عليهِ وغطاءُ أوانى القُدّاسِ • ن نَقَرَهُ ضربهُ وعابهُ والاسمُ النُقرى ونقرَ فى الناقورِ نفخَ فى الصافورِ ونقرَ فى الحجرِ كتبَ ونقرَ الطائرُ لقطَ والمِنقارُ (حديدةٌ) كالفأسِ ومِنسَرُ الطائرِ ومُقدَّمُ الخُفِّ والنَقيرُ ما نُقِرَ فى حجرٍ او خشبٍ وأصلُ النخلِ والحقيرُ جدًّا والمِنقرُ البئرُ الصغيرةُ والنُقرةُ الوهدةُ ج نُقَرٌ ونِقارٌ والنُقرةُ ايضًا التى فى قفا رأسِ الانسانِ والقطعةُ المذابةُ من الذهبِ والفضةِ وغطاءُ العينِ وثقبُ

وتوذّر تورّط • الوذرة ختانة المرأة ج وذر وفعله ن وذر ص ووذرة قطعه وجرحه والوذرتان الشفتان والوذرة المرأة الكريهة الرائحة والعليظة الشفة ذرهُ دعهُ (يذره تركًا ولا تقل وذرًا واصله وذره يذره لكن ما نطقوا بماضيه ولا بمصدره) • الورة والورك الورك والور ايضًا النصب والورورى الضعيف البصر وتورور في كلامه أسرع • الوزر الجبل وكل معقل والوزر الاثم والثقل ج أوزار ص ووزر الوزر حمل الحمل الثقيل ص ل ن ووزر وزرًا بالكسر والفتح ووزرة اثم فهو موزور والوزير معين الملك برأيه وقد استوزره فتوزر له والاسم الوزارة (ويفتح) ج أوزار ووزراء وأوزره أعانه والموازر المعين وأوزره أحرزه • ن وشر الخشبة نشرها والميشار المنشار • الوصر العهد والوصر ايضًا والوصيرة والوصرة كتاب السجلات • الوضر وسخ الدسم ورائحة الطعام الفاسد ج أوضار وفعله ل وضر فهو وضر وهي وضرى • الوطر الحاجة المهمة ج أوطار • ل وطر سمن فهو وطر • الوغر والواعر والوعير والاوعر ضد السهل ج أوعر ووعور وأوعار وفعله ر ع وعر (المكان وعرًا و) وعرًا ووعورة ووعارة ووعورًا وتوعر صار وعرًا وأوعر الرجل وقع في وعر وقل ماله ومشيه وتوعر الامر تعسر وتوعر الرجل تشدد وتوعر في الكلام تحير ر ووعر الشيء وعارة ووعورة قل ص ووعره عن صاحبه حبسه عنه • الوغرة شدة حر الهاجرة وفعله ل وغر والوغرة ويحرك الحقد والعداوة وتوقد الغيظ وفعله ص ل وغر وغرًا والتوغير الاغراء بالحقد والوغيرة اللبن المطبوخ وأوغر الماء سخنه وأوغر العامل الخراج استوفاه والايغار ضمان الخراج وتوغر تلهب غيظًا • الوفر الغنى والكثير من كل شيء ج وفور وفعله ر ص وفر وفارة ووفرًا ووفورًا وفرة ووفره توفيرًا أكثره ووفره عطاءه رده عليه وهو راض والوافر الواسع والوفراء الملأى والمزادة من جلد والوفرة شعر الرأس يسيل على الاذنين ج وفار والوافرة ألية الكبش والدنيا والحيوة واستوفر حقه استوفاه ووفر عرضه لم يشتمه • الوقر ثقل في الاذن وفعله ص ل وقر وقرًا والوقر الحمل الثقيل ج أوقار وأوقر الدابة حملها ورجل موقر ذو ثقل والوقار الرزانة وفعله ر وقر وقارة ووقارًا ص ووقر قرة وتوقر واتقر رزن والتيقور الوقور وهو وقار ووقور ووقر وقرًا ووقورة جلس والتوقير التبجيل وتسكين الدابة والوقر الصدع في الساق ووقر العظم مجهولًا صدع فهو موقور ووقير والوقير القطيع من صغار الغنم والوقيّ راعيها والقرة العيال والثقل والشيخ الكبير والموقر العاقل المجرب • الوكر والوكرة عش الطائر ج أوكر وأوكار ووكور ووكر وفعله ص وكر وكرًا ووكورًا ووكر أنفه ضربه بجمع كفه ووكر الصبي وثب ووكر الاناء ووكره توكيرًا وأوكره ملأه وتوكر الصبي امتلأ بطنه والوكرة والوكيرة طعام يعمل لفراغ البنيان وفعله وكر • (ونشرته تنويشرا تليته) • الوهر توقد وقع الشمس على الارض (حتى يرى له اضطرابًا كالبخار) وتوهر

شاتمة والنورية ما يأخذه الاسقف من رعيته بمنزلة العشور وذير النورية بالمرابلس (ونورة امرأة سحّارة) • النهر ويحرّك م ج أنهار ونُهر ونُهور وأنهرع ونهر الرجل وانتهره زجره واستنهر النهر أخذ لمجراه موضعًا والمنهرة المزبلة والنهر السعة ونهر نهر واسع وأنهره وسّعه وأنهر العِرق لم ينقطع دمه وأنهر الرجل لم يصب خيرًا وأنهر النهر والدم جرى وسال والنهبور الكثير والنهيرة حيلة تعلمها أساقفة المبتدعين من الملة اليعقوبية في فتح أبواب هياكلهم بغير مفاتيح كأنها أعجوبة يمتدحون بها والنهار ضياء ما بين طلوع الفجر الى غروب الشمس او من طلوعها الى غروبها ج أنهر وقيل لا جمع له والناهر العنب الابيض • النهابر والنهابير المهالك والنهابر من اسماء جهنم • نهتر علينا كذب • النهسر ولد الذئب من الضبع ونهسر اللحم قطعه والطعام أكله • النير آلة الحياكة من قصب وخيوط وآلة الفلاحة ج أنيار ونار الثوب نيرًا ونيّره جعل له نيرًا والنير ايضا هدب الثوب ولحمته وجانب الطريق •

و

ض وأره أفزعه وذعره والوائر المذعور والإرة والوأرة النار ج إرات وإرون (ووأر) وأور • الوبر صوف الجمال ونحوها ج أوبار وأوبر الجمل صار له صوف وبنات أوبر الكمأة ووبّر الرجل توبيرًا توحّش واختفى فزعًا والوبرة والوبر من أيام العجوز والوبرة حيوان كالسنّور ج وبور ووبار • الوتر وتفتح الفرد والوتر والوتيرة المكر والظلم وفعله ض وتره يتره وترًا وترة ووتر الرجل أفزعه وختله والتواتر التتابع وجاءوا تترى (وتنوّن واصله وترى) اى متواترين والمواترة الفترة بين المتتابعين ومواترة الصوم أن تصوم يومًا وتفطر يومًا والوتيرة الطريقة والفترة في الامر والتواني والحبس والابطاء والوتيرة ايضا الحجاب بين المنخرين والجلدة بين الاصبعين والقبر والارض البيضاء والوردة والوترة حرف المنخر والعرق في باطن رأس الذكر وعرق تحت اللسان وحيار كل شيء ووتر القوس م ج أوتار وأوتر القوس جعل لها وترًا ووترها توتيرًا شدّ وترها وتوتر العصب اشتد • ض وثره وطّاه ر ووثر صار موطئًا فهو وثير وهي وثيرة والوثار الوطء والوثير والوثر والميثرة ثوب يجلل به الثياب ج مواثر ومياثر والوثر لباس كالسراويل لا ساقين له • الوجر الكهف والوجار بالكسر والفتح جحر الوحش ج أوجرة (ووجر) وتوجر الدواء والماء ابتلعه كارهًا ن ووجرته وجرًا أسعطته ما يكره والميجار الصولجان • الوحر الحقد والغيظ والغش ن ل ض ووحر صدره استعمر الحقد فهو وحر • وذره توذيرًا أهلكه وأغراه ووذر رسوله بعثه ووذر الشر نحّاه ووذر الرجل أغواه ووذر ماله بذّره وأسرف فيه فتوذر

هرًّا وهريرًا كرهه ص وهرّ الكلبُ هريرًا وأهرّ صوّت دون النباحِ ل وهرّ ساء خلقه والهِرُّ السِّنَّوْرُ
ج هِرَرَةٌ والهَرّارُ سُرْيانيّةٌ وهو ما يضعه الشمّاس على كتفه عند خدمته في البيعة ن وهرّ بطنه
انطلق حتى مات والهرّارانِ الكانونانِ والهَرْهارُ الضحّاك بالملأ والهُرْهار ايضا والهِرّ (الهرماس)
للاسد والهُرْهُورُ ما تناثر من حبّ العنبِ والهَرْهَرَةُ صوت جري الماء الكثيرِ وهرهر الشيء حرّكه
والهَرْهَرَةُ أصوات الحربِ وصوت الضأنِ والضحك الباطلِ • ص هزره بالعصا ضربه بها ضربًا
شديدًا بطنًا وظهرًا وهزره طرده ونفاه فهو مهزور وهزير وهزر له من العطاء أكثر وهزِر ضحك وأسرع
في حاجته وأغلى في بيعه والهِزْرُ المغبون كالاحمق والهَزارُ طائر رخيم الصوتِ • (الهِزَبْر
والهُزَبْرُ والهُزابِرُ الاسد والغليظ الضخم والشديد الصلب ج هزابر والهِزْبَرُ الكيّس الحادّ الرأس
وهزبره قطعه • الهَزْمَرَةُ الحركة الشديدة وهزمره عنّفه به وتعتعه • الهُنَيْرَةُ تصغير
الهَنْرَة وهم قرابات الأعمام والأخوال • الهَشْرُ خفّة الشيء ورقّته والهَيْشَرُ الرخو الضعيف
والهُشَيْرَةُ تصغير الهَشَرَة البطر كأنّه أبدل الهمزة هاء والاصل الأشرة من الأشرِ) • الهَصْرُ
الجذب والإمالة والكسر والدفع والإدناء وعطف الغصنِ وكسره وفعله ض هصر واهتصر فانهصر
والهَصُورُ والهَيْصَرُ والهَصّارُ (والهَيْصارُ والهَيْصُورُ والمِهْصَرُ والهَصَرَةُ والهَصُورَةُ والهَصْوَرُ والمِهْصِيرُ
والهَصِيرُ والهَصْرُ) والهاصِرُ والمِهْصارُ والمُهْتَصِرُ الاسد • ص هطر الكلب قتله ضربًا بالعصا
وهطر الفقير للغنيّ تذلّل له في السؤالِ • الهَيْعَرَةُ (الغول و) المرأة الفاجرة التي لا
تستقرّ في مكانٍ (والخفّة والطيش والهَيْعَرُونُ الداهية والعجوز المسنّة) • الهَكَرُ بالفتح
والتحريكِ (والكسر العجب او أشدّه وفعله ص ل وما فيه مَهْكَرٌ ومَهْكَرَةٌ اي مَعْجَبٌ ومَعْجَبَةٌ
والهُكْرُ ويحرّك) شدّة (العجبِ و) النعاس والنومِ وفعله ل هكِر وتهكّر تعجّب وتحيّر •
ن ص همره صبّه فهمر وانهمر وهمر له من مالِه أعطاه والهَمّارُ والهامِرُ والمِهْمارُ واليَهْمُورُ السحاب
السيّال والرجل المِهْذار والهَمَرَةُ الدفعة من المطر والدَمْدَمَةُ بغضبٍ ص وهمره هدمه وانهمر
الماء انسكب وسال • الهَنْبَرُ (والهِنْبِرُ والهُنْبُرُ) الثور والفرس والحبّة الرديئة والضبع (والهَنْبَرَةُ
الأتان والهِنْبِرُ الجحش) • ن هاره عن الشيء صرفه وهاره على الشيء حمله عليه وهار القوم
كبّ بعضهم على بعضٍ وهاره غشّه وهاره وهوّره صرعه وجبل هُوَّر من مراحل بني إسرائيل
مات فيه هارون الكاهن وهار البناء هدمه فهو هائر وهارٍ وهار البناء وتهوّر وتهيّر وانهار انهدم
وتهوّر الرجل تورّط وهار الليل ذهب والتَّيْهُورُ الارض الواسعة المهلكة والهار الرجل الضعيف
والهُوَرَةُ المهلكة • الهَيْرَةُ الارض السهلة والهَيْرُ السراب (ومنه المثل أكذب من اليَهْيَرِ)
واللجاجة والكذب والسمّ والهَيْرُ ريح الشمالِ •

الليل والشتاء ذهب وتوخرة فى الكلام اضطرة اليه وهو متحير والمستوجر المستيقن ص (ووخرة) ووخرة أوقعه فيما لا مخرج منه *

ه

الهبرة قطعة اللحم لا عظم فيها وسيف هبار قاطع والهبر مشاقة الكتان وحب العنب والهبارية ما طار من زغب القطن والريش والهوبر الفهد والسوسن والهبير الفرج وأهبر سمن وأذن مهوبرة عليها وبر والهبران الكانونان والهبور العنكبوت والهبور الذر (والهبيرة الضبع) وأم هبيرة أنثى الضفادع وأبو هبيرة ذكرها والهبر فى القراءة أن تقف على رأس الجملة وهو مكروه * (الهبتر القصير) * ص هتره هترا مزق عرضه والهتر الكذب والداهية والامر العجيب والخطأ فى الكلام والهتر الخرف وفعله أهتر فهو مهتر (شاذ) والتهتار (والتهتر) الحمق والجهل والمستهتر بالشىء (المولع به) الذى لا يبالى بما فعل فيه وتهاترا ادعى كل على صاحبه باطلا وهاتره شاتمه والتهاتر الشهادات التى يكذب بعضها بعضا الواحدة تهتر * ن هجره هجرا وهجرانا قاطعه وصرمه وهجر الشىء وأهجره تركه والهجرة بالكسر والضم الخروج من أرض الى أخرى وفعله هاجر والمهجر (والهجر والهاجر) الجيد من كل شىء والفاضل على غيره والهجر والهاجرى الحسن الكريم الجيد والهجر ايضا الخطام والهجر الكلام القبيح والهجر الجمل الفائق بالجودة وأهجر فى منطقه وأهجر به استهزأ ورماه بهاجرات اى بفضائح ن هجر فى نومه وفى مرضه هجرا هذى وهذا هجيراه (والهجيراء والهجيراوة وهجرياه) وهجيرته وأهجورته دأبه وشأنه والهجير والهجيرة والهاجرة نصف النهار عند زوال الشمس وهجرنا تهجيرا وأهجرنا وتهجرنا سرنا فى الهاجرة والتهجير التبكير الى الصلوة والهجار الوتر والهجير الحوض الواسع ج هجر بضمتين والهجار الطوق والتاج (وحبل يشد فى رسغ رجل البعير ثم يشد الى حقوه وهجره هجرا وهجورا شده به) وهاجر أم إسماعيل والهجرة السنة التامة والهجر اعتزال المتزوجين من الجماع الى مدة * الهدر إذهاب الشىء باطلا وفعله ن ص هدر هدرا يقال هدر دمه وأهدره والهدر والهادر الساقط الذى ليس هو بشىء ص وهدر البعير هدرا وهديرا صوت وهدر الحمام هدرا وتهدارا صاح وهدر الشراب غلا وهدر العشب هدورا وهديرا طال جدا وكثر واهدودر المطر انصب * ل هذر فى كلامه كثر فى الخطأ والباطل والهذر سقط الكلام ن وهذر فى منطقه هذرا وتهذارا وأهذر هذى فهو هذر وهذرة (وهذرة وهذرة وهذريان) وهذار وهيذار وهيذارة ومهذار ومهذارة (ومهذر) وهى هذرة ومهذار ويوم هاذر شديد الحر وفعله هذر * ن ص هرة

ب

البازُ (والبازيُّ) من جوارحِ الطيورِ ج أَبْؤُزٌ وبُؤُوزٌ وبِيزانٌ * (ع بَحَزَهُ وكَزَهُ * ع بَخَزَ عينَهُ فقأها) * ن بَرَزَ وتبرَّزَ ظهرَ بعدَ الخفاء. وبارزَ الخصمَ برزَ اليهِ وأَبرزَ الكتابَ نشرَهُ فهو مُبرَزٌ ومَبْرُوزٌ ورجلٌ بَرْزٌ وبَرْزِيٌّ عفيفٌ يُوثَقُ بعقلهِ ورأيهِ وفعلُهُ ر بَرُزَ وبَرَّزَ تبريزًا فاقَ أصحابَهُ فضلًا وشجاعةً وذهبٌ إبريزٌ وإبْرِزِيٌّ خالصٌ وأبرزَ عزمَ على السفرِ وأبرزَ الشيءَ. واستبرزَهُ أخرجَهُ والبِرازُ الرَّوثُ وامرأةٌ بارزةٌ تُخاطِبُ الرجالَ وهي عفيفةٌ (والبَرْزَةُ العَقَبَةُ من الجَبَلِ) * البَزُّ الثيابُ وجهازُ البيتِ وبائعُهُ بَزَّازٌ وحِرفتُهُ البِزازةُ (والبِزَّةُ السلاحُ) والبَزُّ ايضًا والابتزازُ أخذُ الشيءِ قهرًا وخفاءً وفعلُهُ ن بَزَّ وابتزَّ والبَزْباز الغلامُ الخفيفُ في السفرِ (والبَزْبَزُ والبُزابِزُ الكثيرُ الحركةِ والقويُّ الشديدُ) وقصبةٌ من حديدٍ على فمِ كِيرِ الحدَّادِ والفَرْجُ والبَزْبَزَةُ شِدَّةُ السَّوْقِ والفرارُ وكثرةُ الحركةِ ومعالجةُ الشيءِ وإصلاحُهُ وفعلُهُ بَزْبَزَ وبَزْبَزَهُ تعتعَهُ وبَزْبَزَ الشيءَ. وابتزَّهُ سلبَهُ (ورمى بهِ ولم يَزِدْهُ) والبَزُّ للحيوانِ كالثَّدْيِ للانسانِ ج بِزازٌ وأَبْزازٌ (ولعلَّها من كلامِ العوامِّ لأنَّ تسميةَ هذا العضوِ بالبَزِّ لم أرَها بكتبِ أهلِ اللغةِ على أنَّ بعضَهم عَدَّدَ أسماءَهُ المختلفةَ فقالَ * ثُنْدُوَةُ الرجلِ * وثَدْيُ المرأةِ * وخِلْفُ الناقةِ * وضَرْعُ الشاةِ والبقرةِ * وطُبْيُ الكلبةِ * ولم يَزِدْ على ذلكَ) والبِزَّةُ الهيئةُ * باعازُ جَدُّ داوُدَ النبيِّ وباعازُ اسمُ أحدِ العمودَينِ اللذينِ أقامَهما سليمانُ في الهيكلِ * (البَعْزُ الضربُ بالرِّجْلِ وبالعصا والجِدَّةُ و) الباعِزُ المُقيمُ على الفُجورِ * (بَلَأَزَ الرجلُ فرَّ وعَدا وأكلَ حتى شبعَ والبَلَأْزُ الشيطانُ والقصيرُ والبِلِنْزُ الغلامُ الغليظُ الصُّلْبُ * البِلِزُّ القصيرُ وابتلزَهُ منهُ أخذَهُ وهي المُبالَزَةُ) * ع بَهَزَهُ بَهْزًا عَنَّفَهُ وضربَهُ بيدِهِ (وبرِجْلِهِ او بكلتا اليدَينِ) في صدرِهِ * البازُ البازيُّ ج أبوازٌ وبِيزانٌ ومَرَّ ذِكرُهُ (وجمعُ البازيِّ بُزاةٌ) والخازِبازِ مَبنيًّا على الكسرِ والخِزْبازُ ذُبابُ الرياضِ او حكايةُ أصواتِهِ (والسِّنَّوْرُ) * بازَ بَيْزًا وبُيُوزًا بادَ والبائزُ العابسُ *

ت

(ع تازَ الجُرحَ التأمَ) * التارِزُ اليابسُ والميّتُ وفعلُهُ ص ل تَرَزَ والتَّرْزُ الجوعُ ل وتَرِزَ الماءُ جَمَدَ وأَتْرَزَهُ صَلَّبَهُ وأيبسَهُ * (تَمُّوزُ اسمُ شهرٍ بعدَ حزيرانَ) * التُّوزُ الطبيعةُ والخُلُقُ والاصلُ والأُتُوزُ الكريمُ الاصلِ ن وتازَ غَلُظَ * ص تازَ تَيَزانًا ماتَ (والتَّيَّازُ الغليظُ القصيرُ الشديدُ والزَّرَّاعُ) *

ج

ل جَئِزَ (جَأْزًا) غَصَّ بالماءِ * الجِبْزُ الغليظُ والبخيلُ والضعيفُ واللئيمُ وفعلُهُ ن جَبَزَ والجَبِيزُ

ي

يابِرُ الجلعاديُّ قاضِي بني اسرائيل • اليَرُّ الشِدَّةُ والصلابَةُ فهو يَرٌّ وهي يَرَّاء واليَرَّة النارُ • اليَسْرُ ويُحرَّكُ اللِّينُ والانقيادُ وفعلُهُ ض يَسَرَ وياسَرَهُ لايَنَهُ واليَسَرُ والياسِرُ السَهْلُ وقد أيسَرَتِ المرأةُ ويَسَّرَتْ سَهُلَتْ ولادَتُها واليُسْرُ بضمٍّ وبضمَّتينِ واليَسارُ واليَسارَةُ والمَيْسَرَةُ مثلَّثةَ السينِ السهولةُ والغِنَى وأيسَرَ (الرجلُ إيسارًا) ر ويَسُرَ صارَ ذا غِنًى فهو مُوسِرٌ (ومَيَاسِيرُ) ج مياسيرُ واليُسْرُ ضدُّ العُسْرِ وتَيَسَّرَ واستَيْسَرَ تَسَهَّلَ والمَيْسُورُ مَصْدَرُ يَسَرَ واليَسِيرُ القليلُ والهَيِّنُ واليَسارُ بالفتحِ والكسرِ نقيضُ اليمينِ ج يُسُرٌ بضمٍّ وبضمَّتينِ واليُسْرَى واليَسْرَةُ والمَيْسَرَةُ خِلافُ اليُمْنَى واليَمْنَةِ والمَيْمَنَةِ والمَيْسِرُ لعِبُ القمارِ وفعلُهُ ض يَسَرَ (والتياسُرُ التساهُلُ وضدُّ التيامُنِ والمُياسَرَةُ الأخذُ من جهةِ اليَسارِ وياسَرَهُ ساهَلَهُ وتيسَّرَ تسهَّلَ واستَيْسَرَ لهُ الامرُ تهيَّأَ) • اليَسْتَعُورُ الباطلُ • اليَعْرُ واليَعْرَةُ الجَدْيُ المربوطُ ض ل ويَعَرَتِ الغَنَمُ إيعارًا صَوَّتَتْ (واليُعارُ صوتُ الغَنَمِ والمِعْزَى) • اليَهْرُ الموضعُ الواسعُ واللَّجاجُ واستَيْهَرَ الرجلُ ذهبَ عقلُهُ واستَيْهَرَ استيقنَ •

حرف الزاي

ا

ن أَبَزَ الظبيُ أَبْزًا وأُبُوزًا وثَبَ وأَبَزَ الانسانُ استراحَ في عَدْوِهِ ثمَّ مضى وأَبَزَ بصاحبِهِ بَغَى عليهِ (ونَجِيبةٌ أَبُوزٌ تَصْبِرُ صبرًا عجيبًا • اِستأجَزَ على الوِسادةِ تحنَّى عليها ولم يتَّكِئْ) • آحازُ مَلِكُ يهودا • أَخَزْيا بنُ آخابَ مَلِكُ إسرائيلَ وأَخَزْيا بنُ يورامَ مَلِكُ يهودا • الأَرْزُ بالفتحِ والضمِّ شجرٌ قديمٌ في جبالِ لُبنانَ والأَرُزُّ بفتحٍ فضمٍّ وبضمَّتينِ معَ تشديدِ الزاي وبالضمِّ وبضمَّتينِ معَ التخفيفِ ورُزٌّ وآرُزٌ وأَرُزٌ حَبٌّ م ض وأَرَزَتِ الليلةُ بَرَدَتْ والأَرْزَةُ واحدةُ الأَرْزِ والليلةُ الباردةُ والشجرةُ الثابتةُ والأَرِيزُ (الصقيعُ و) سَيِّدُ القومِ واليومُ الباردُ والمَأْرِزُ المَلْجأُ • ن ض أَزَّتِ القِدْرُ أَزًّا وأَزِيزًا (وأَزازًا) وائتَزَّتْ وتَأَزَّزَتْ اشتدَّ غَلَيانُها وأَزَّ النارَ أوقدَها وأَزَّ الشيءَ حرَّكَهُ شديدًا والأَزُّ الامتلاءُ والضِيقُ والجمعُ الكثيرُ (والأَزِيزُ البَرْدُ والبارِدُ وشِدَّةُ السَيْرِ) وأَزَّ العِرْقُ أَزًّا ضرَبَ وأَزَّ الماءَ صَبَّهُ وأَغلاهُ (والمرأةَ جامَعَها والناقةَ حلَبَها شديدًا وائتَزَّ استعجَلَ) • الأَفْزُ الوَثْبُ • ل الزَّقْلِيقُ ض والزَّةُ الزَّمَنُ • البِغازُ صَديقُ أَيُّوبَ الصِدِّيقِ • الأَوْزُ بالفتحِ (حِسابٌ والأَوْزُ القصيرُ الغليظُ و) طائرٌ م (ج إِوَزُّونَ) •

والجائزة (العطيّة والتحفة واللطف و) الشربة الواحدة من الماء والجواز العطش والجيزة الناحية ج جِيَز (وجِيز) والجيز (والجيزة) جانب الوادى والقبر والمجيز القيّم بأمور اليتيم والعبد المتاجر لسيّده • جهاز الميّت والعروس والمسافر بالكسر والفتح ما يحتاجون اليه ج أجهزة و(جهِز) أجهزات وفعله تجهّز وجهّزه تجهيزا ع وجهز على الجريح وأجهز أثبت قتله وأتمّه وموت مجهز وجهيز سريع وتجهّز للامر تهيّأ (وجهيزة علم للذئب اوعرسه او الضبع او الدبّة وامرأة حمقاء أم شبيب يقال أحمق من جهيزة او المراد عرس الذئب لأنها تدع ولدها وترضع ولد الضبع) •

ح

ص ن حجزه حجزا (وحِجّيزى) وحجازة كفّه ومنعه فانحجز وحجز بينهما فصل والحجزة بالفتح والتحريك الظالمون الذين يمنعون بعضا من بعض الواحد حاجز والحجزة معقد (الإزار وموضع) التكّة من السراويل والحجز بالكسر والضمّ الاصل والعشيرة والناحية والحجاز مكّة والمدينة والطائف وكلّ ما يليها واحتجز بإزاره شدّه على وسطه وحاجزة مانعة • الحرز الحوزة والموضع الحصين فهو حِرز حريز وفعله ر حرز واحرز الخطر وحرزه حرسه (والإحراز الصيانة والإدخار لوقت الحاجة) ل وحرز كثر ورعه وتصوّنه واحرز الاجر حازه واحترز منه وتحرّز توقّى (والمحارزة المفاكهة التى تشبه السباب) • الحزمزة الذكاء واحزمّز وتحزمز صار ذكيّا (وحزمزة لعنه) • الحزّ والاحتزاز القطع وفعله ن حزّ واحتزّ والحزّ ايضا الفرض فى الشئ والحين والوقت و(الزيادة على) الشرف والكرم (والحزّ والمحزّ الرجل الغليظ الكلام) ض وحزّ على كرم فلان وشرفه زاد عليه والحزّة الحجزة والعنق والحزاز (والمحازّة) الاستقصاء والحزازة وجع فى القلب من غيظ ونحوه وفعله حزّ والحزاز بالكسر والضمّ والحزيز الرجل الشديد السوق والكثير العمل والحزاز ايضا فساد المعدة والحزحزة ألم فى القلب وحزحز القائد جنوده فى الحرب رتّبهم وفى أسنانه تحزيز اى أشر وحززها أشّرها • ص حفزه دفعه من خلفه وحفزه بالرمح طعنه وحفزه ازعجه (وحفز المرأة جامعها) والحفز الأمد والأجل واحتفز وتحفّز قعد غير مستو وتهيّأ للوثوب وتهيّأ للشرّ واحتفز اجتهد وحوفز الصبى وضعه على أطراف رجليه ثم رفعه واحتفز استوى جالسا على وركيه • ن حلز الاديم والعود قشرهما والحلز السّيّء الخلق والبخيل والقصير والبوم (والحلزة أنثى الكلّ) وقلب حالز ضيق وكبد حلزة قرحة وتحلّز القلب توجّع وتحلّز للامر تشمّر له (واحتلز حقّه أخذه) وتحالزنا بالكلام قال لى وقلت له والحلزون نوع من الاصداف • ص حمز الشراب اللسان

الخبز الفطير او اليابس وفعله ر جبز . (وجبز له من ماله جبزة قطع له من ماله قطعة والجابزة القراز والسعي) . جحزى ام جيازى تلميذ اليشع النبي نكث بمعلمه فضربه الله بالبرص . ن جرز أكل شديدًا وجرز قتل ونخس وقطع والجروز الاكول ر وجرز شره في أكله وارض جرز بالفتح والضم وبضمتين لا تنبت ج اجراز واجرزوا أمحلوا وارض جارزة يابسة مرملة والجرزة الهلاك والجرزة الحزمة من الحشيش والجرز عمود من حديد ج اجراز (وجرزة) والجرز السنة الجدبة والجرز (الجسم و) صدر الانسان والجراز السيف القاطع والجارز (الشديد السعال و) المرأة العاقر (والمجارزة مفاكهة تشبه السباب والتجارز التشاتم والاساءة بالقول والفعال) . جرمز واجرمز انقبض واجتمع بعضه الى بعض ونكص وفر (والجرامز قوائم الوحش وجسله وبدن الانسان واخذه بجراميزه اى اجمع وتجرمز عليهم سقط) وتجرمز الليل واجرمز ذهب والجرموز الركية والبيت الصغير (والذكر من اولاد الذئب) . ن جز الشعر والحشيش جزًا وجزة واجتزه قطعه فهو مجزوز وجزيز والجزز والجزاز والجزازة بضمهما ما جز منه فهي جزة ج جزز وجزائز والجزوز والجزوزة الجزة والشاة المجزوزة واجز القوم حان جزاز غنمهم واجز الشيخ حان موته وجزة جذعون كانت علامة انتصاره على الاعداء والجزاز بالفتح والكسر الحصاد واشتجز الزرع استحصده . (الجعز كالجاز الى آخره) . الجعفز السرعة في المشي) . الجلز والتجليز الطي واللي والمد والنزع وفعله ض جلز والجلواز بالكسر الشرطي والثؤثور ج جلاوزة ورجل مجلوز اللحم والرأي محكمه (والجلوزة الخفة في الذهاب والمجيء) . الجلبز الصلب الشديد . الجلحز والجلحاز العتيق البخيل . الجلفريز العجوز المتشنجة والداهية والثقيل والجلفز والجلافز الصلب الشديد . الجلهزة اغضاؤك عن الشيء وانت عالم به) . ض جمز جمزًا عدا عدوًا متوسطًا والجماز الوثاب والجمازة دراعة من الصوف ن وجمز به جمزًا استهزأ والجميز الذكي الفؤاد (والجميز والجميزى التين الذكر) . ض جنزه ستره وجمعه والجنازة بالكسر والفتح الميت ومن يشيعه وكل شيء يغم القوم ثقله والمريض وزق الخمر وجنز الميت تجنيزًا وضعه في نعشه وصلى عليه . ن جاز الموضع جوزًا (وجؤوزًا) وجوازًا ومجازًا وجاز به وجاوزه سار فيه وتركه خلفه والمجتاز السالك والجواز صك المسافر لئلا يعارضه معارض واجاز له سوغ واجاز به وجوزه انفذه واجاز له البيع امضاه واجاز الموضع خلفه وتجوز فيه اغمض منه وتجاوز عن ذنبه لم يؤاخذه والمجاز الطريق النافذ وتجاوز عنه اغضى وتجاوز فيه افرط والجوز وسط الشيء ومعظمه وثمر (معرب كوز ج جوزان) م والجوزاء برج في السماء وجوز الامر سوغه وامضاه فهو جائز وجاز في كلامه تكلم بالمجاز وهو على خلاف الحقيقة والجوزة

أصول دينهم عن كل ملة ويتعاطون الرموز والألغاز ويتظاهرون بدين الملة المتغلبة عليهم وابتداء بدعتهم كان في مصر من رجل اسمه احمد الحاكم بامر الله ويعتقدون بالتناسخ الى ان يظهر حمزة بن علي بن احمد على زعمهم ولهم امور أُخر ليس هنا موضع ذكرها الواحد درزيّ بالتحريك وبالضم ويسمّون طائفتهم الموحّدين ولا يرضون بلقب الدروز لامرما ويسمّون عالمهم العاقل وخلافه الجاهل فلا يظهرون له معتقدهم ولو كان من ملّتهم • (الدرابزين معرّبة صفّ من أوتاد ونحوها منذبح أعلاها وأسفلها في خشب أو غيره • الدغز الدفع والجماع ع دغز • الدلز الصلب الشديد والدلامز الشيطان والقوي الماضي ودلّمز دلّمزة ضخم اللقمة ولصوص دلامزة خبثاء منكرون • الدمذموز الشديد الاكل) • الدهليز ما بين الباب والدار ج دهاليز وأبناء الدهاليز اللقيطون •

ر

الربيز بالفتح الظريف الكيّس والكبير في فنه والفعل ر ربز (و ربز القربة ملأها) وارتبز تم وكمل • الرجز بالكسر والضم القذر وعبادة الأوثان والعذاب والشرك بالله والأرجوزة كالقصيدة ج أراجيز ن ورجز وارتجز أنشد الأرجوزة وترجّز الرعد صوّت وترجّز السحاب تحرّك • ن ص رزّت الجرادة وأرزّت غرزت ذنبها في الارض (للتبيض) ورزّ الرجل طعنه والرزّة حديدة في الباب يدخل فيها القفل ورزّ الشيء في الشيء أثبته ورزّت السماء صوّتت من المطر والرزّ الأرز وقد مرّ والرزّ والرزيز ما سماعك بالصوت من بعيد والرزّ ايضا صوت الرعد وهدير الفحل ورزز القرطاس صقله وارتزّ البخيل بخل والارزيز الرعدة (والطعن وبرد صغار كالثلج والطويل الصوت) والرزاز الرصاص ورزرزه حرّكه ورزرز الجمل سوّاه • (الرطز الضعيف من الشعر وغيره والرطازات الخرافات) • رعز الجارية جامعها ونحوه المعاتب و) وارعز انقبض والمرعز (والمرعزي ويمدّ إذا خفف وقد تفتح الميم في الكل) الزغب الذي تحت شعر العنز • (استرغزه استضعفه واستلانه) • ص رفزه ضربه ورفز العرق ضرب ونبض • ن رقز رقص ورقز • ن ص ركز الرمح غرزه في الارض وركز العرق وارتكز اختلج والمركز وسط الدائرة (وموضع الرجل ومحلّه) والركز الصوت الخفي والحسّ والعالم العاقل السخيّ الكريم والركزة ثبات العقل والركزة ايضا والركيزة ما ركزه الله في المعادن من الجواهر ج ركاز والركاز قطع الفضة والذهب من المعدن واركز وجد المعدن واركز المعدن صار فيه الركاز والركيز المنصوب في المركز • الرمز بالفتح والضم والتحريك

لذعة والحمازة الشدّة فهو حميز الفؤاد وفعله ر حمز واحمز الاعمال اشدّها ورمّانة حامزة فيها اثر حموضة والحمزة الاسد (وانّه لحموز لما حمزه ضابط لما ضمّه) * الحوز والحيازة والاحتياز الجمع وضمّ الشيء والحوز ايضا السوق الليّن والشديد ضدّ والملك (والنكاح) والحوزة الناحية وبيضة الملك والطبيعة (وفرج المرأة والمحاوزة المخالطة والوطء) والاحوزي الاسود والحوزيّ الذي لا يخالط احدا وانحاز عنه عدل وانحاز القوم تركوا مركزهم الى آخر وحوّاز القلوب (ويروى حوّازٌ) ما يغويها حتى ترتكب مالا تحبّ وفعله حاز وتحوّز تلوّى وتنحّى والحويزاء ما ادّخرته من صاحبك والحوّاز الجعلان الكبار * الحيز السوق الشديد والرويد ضدّ وفعله ض حاز وتحيّزت الحيّة تلوّت *

خ

الخبزم والخبز ضرب البعير بيده الارض والسوق الشديد والضرب ض وخبز الخبز خبزا صنعه والخبّاز صانعه والخبازة حرفته والخبزة الطلمة وانخبز انخفض والخبيز الخبز (والخبّازى ويخفّف والخبّاز والخبّازة والخبّيز نبت م) وخبز الوجوه عند اليهود ان يضع الكاهن على مائدة القدس اثنى عشر رغيفا فطيرا فتأكلهم الكهنة في كلّ سبت ثمّ يضع غيرهم وتسمّى خبز الوجوه لوضعه بازاء وجه الكهنة * ض ن خرز الخفّ خاطه وهي الخرزة والخرازة حرفته ل وخرز احكم امره والخرزة الجوهرة وكلّ ما ينظم ج خرز * (الخربز البطّيخ) * الخزّ من الثياب ج خزوز والخزّ ايضا وضع الشوك فوق الحائط لئلّا يتسلّق عليه والخزّ والاختزاز الطعن والفعل ن خزّ والخزيز العوسج اليابس جدّا (والخزز ذكر الارانب ج خزّان واخزّة) * تخزبز تعظّم وتغبّس) * ل ن خنز اللحم خنوزا انتن فهو خنز وخنز والخنزوان القرد وذكر الخنازير والخنزوان (والخنزوانة والخنزوانية والخنزوة) الكبر والخنزوز الضبع ويا خناز شتم للامة اى يا منتنة * الخوز المعاداة والخوز طائفة من النصارى يوصفون بالخشن *

د

(ع دخز جامع والدخز الصلب الشديد) * الدرز نعيم الدنيا ولذّاتها ل ودرز من الدنيا تمكّن من لذّاتها ن ودرز الثوب دروزا ودرزا خاطه وبنات الدروز القمل والصئبان واولاد درزة السفلة والخيّاطون والحائكون والدروز طائفة لهم اعتقاد يخصّهم ويخفون

ض

ع ضاز ضأزا وضأزا حار وضأزه حقه نقصه وقسمه (ضأزى ويثلث لغة فى) ضيزى اى ناقصة * ع ضغز عينه فقأها * (الضوز البخيل والاسد * اضرفز الى كذا دب اليه مستترا * الاضز السئ الخلق العسر والمضز العضبان والضيق البذق * ع الضغز الوطء الشديد * الضيغز الاسد والسئ الخلق من السباع) * ن ضغز دفع وعدا ووثب (وجامع) وضرب بيده او برجله وضغز اللجام ادخله فى فم الفرس والضغيزة اللقمة الكبيرة (والضفاز النمام) * ن ض ضمز سكت فهو ضامز وضموز وضمز على ماله شئ (والضموز الاسد) والضامز العياب للناس * ن ضاز التمرة لاكها فى فيه وضازه حقه نقصه وقسمه ضيزى تقدم ذكرها *

ط

الطنز (ركن الجبل و) الجمل ذو السنامين و(طنزها جانبها والطنز) ملء كل شئ * (الطخز كناية عن الجماع والطخز الكذب) * الطرز الهيئة والطراز علم الثوب (معرب) وطرزه تطريزا علمه فتطرز والطراز ايضا منسج الثياب الجيدة (والنمط) ل وطرز حسن خلقه وملبوسه فلم يلبس الا فاخرا * (الطغز الدفع والجماع) * الطنز السخرية ن وطنز به سخر فهو طناز *

ع

العجز مثلثة وبفتح فضم مؤخر الشئ (ويؤنث) ج اعجاز ض ل وعجز عجزا بالفتح ومعجزا ومعجزة بكسر الجيم فيهما وفتحها وعجزانا وعجوزا ضعف وكل فهو عاجز ج عواجز ن ر وعجزت المرأة عجوزا وعجزت تعجيزا صارت عجوزا وايام العجوز سبعة وهى * صن * وصنبر * ووبر * والآمر * والمؤتمر * والمعلل * ومطفى الجمر (ومكفى الظعن *) ل وعجزت المرأة عجزا عظمت عجيزتها اى عجزها والعجوز الابرة * والارض * والارنب * والاسد * والالف مفردا * ب (والبئر) * والبر * والبحر * والبطل * والبقرة * ت والتاجر * والترس * والتوبة * ث والثور * ج والجائع * والجعبة * والجفنة * والجوع * وجهنم * ح والحرب * والحربة * والحمى * خ والخلافة * والخمر * والخيمة * د ودارة الشمس * والداهية * ودرع المرأة * والدنيا * ذ والذئب * (والذئبة) * ر والراية * والرخم * والرغثة * (والرمكة * ورملة) *

الاشارة والايماء بالشفتين والعينين والحاجبين وباليد وباللسان وفعله ض ن رَمَزَ والرمازة المرأة الزانية والجيش العظيم وارتمز الجيش اضطرب وماج والرميز الكثير الحركة والرجل المعظم والعاقل والرزين والاصيل ر ورمز فؤاده حاق فهو رميز والراموز البحر والاصل والنموذج وارتمز القوم وترمزوا تحركوا في مجالسهم لقيام اوخصومة وترمز تهيئًا وترمز ضرط شديدًا ن ورمز الظبي رمزانا نقز (ورمز القربة ملأها وفلانًا بكذا اغراه به والترامز القوي الشديد والرمّيز العصا الرنز الارز) • ن رازه روزا جربه وراز ما عنده طلبه وراز امورة اصلحها والراز رئيس البنائين ج رازة وحرفته الريازة والمرازان الثديان •

ز

(الزبازاة والزبازاء القصيرة والزبازية الشر بين القوم) • الزريز الخفيف النظيف العاقل المحكم الرأي • الزلز (والزلز) الاثاث (والطريق الذي جئت منه) ل وزلز قلق والزلزة المرأة الدائرة في بيوت جاراتها (وجمعوا زلزاءهم اي امرهم • الزيزاء والزيزاء والزيزى والزازية ما غلظ من الارض والزيزاءة والزيزاة الاكمة الصغيرة والريش او المرافة ج الزيازي والزيازية العجلة) •

ش

(ل شئز شأزا وشؤزة غلظ وارتفع واشتد فهو شئز وشأز وشئز الرجل قلق وشئز ذعر فهو مشئوز ومشؤز واشتأز نفر ع وشأزها جامعها • الشحز النكاح ل وشجز خاف وفزع) • ع شخز شخزا اضطرب وعدا وطعن وشخز عينه فقأها • (الشرز الغلظ والقطع والشدة والصعوبة والشديد القوة ورماه الله بشرزة بهلكة و) الشيراز اللبن المستخرج ماؤه والتشريز السبّ والتعذيب والشراز معذبوا الناس والمشارزة (المنازعة و) سوء الخلق (والمشرز المشدود بعضه الى بعض المضموم طرفاه • الشزازة اليبس الشديد وشيء شز وشزيز • الشعيزة المسلة والشعز التطاول والاغراء بين القوم) • ض شفزه رفسه بصدر قدمه • الشكز النخس بالاصبع والايذاء باللسان (والطعن والجماع والشكاز من اذا حدث المرأة انزل قبل ان يخالطها والمعربد عند الشراب) والشكاز الاستمناء وفعله ن شكز وشكز مربد • الشمز نفور النفس مما تكرهه وتشمز وجهه تقبض واشمأز انقبض واقشعر وذعر واشمأز الشيء كرهه (وهي الشمازيزة والمشمئز النافر الكاره والمذعور • الاشوز المتكبر وشيز به شوزا شغف به والمشوز القلق) • الشيز والشيزى خشب الابنوس وخشب الجوز •

زنج و) حدّ الفأس واعتنزه أماله ومعتنز اللحية كالتيس (والعنيز والمعنوز المعاب بداهية وعما كركبتي العنز مثل يضرب للمتباريين في الشرف لأن ركبتيها اذا ارادت ان تربض وقعتا معا ولقي يوم العنز يضرب لمن يلقى ما يهلكه) • العوز حب العنب الواحدة عوزة والعوزة الحاجة ل وعوز الشيء لم يوجد وعوز الرجل واعوز افتقر وعوز الامر اشتد (واذا لم تجد شيئا قل عازني) والمعوز والمعوزة ثوب الخلق ج معاوز واعوزه الشيء احتاج اليه واعوزه الدهر احوجه وعازا الذى مات لأنه سند تابوت الرب لئلا يسقط •

غ

ص غرزه بالابرة نخسه ل وغرز اطاع السلطان بعد العصيان والغروز قضبان الكرم اذا غرزت ن وغرزت الناقة قل لبنها فهي غارز وغرزت الجرادة ذنبها في الارض لتبيض فهي غارز وغارزة والغريزة الطبيعة والمزم غرز فلان اى امره ونهيه واشدد يديك بغرزه اى تمسك به • ن غز فلان بفلان غززا واغتز به اختصه من بين اصحابه والغز جنس من الترك واغزت الشجرة كثر شوكها (والبغوة عسر حملها وغازرته بادرته وتعازرناه تنازعناه والعزاز البررة بالقرابات والاولاد والجيران) • ص غمزه بيده نخسه وغمز بالعين والجفن والحاجب اشار وغمز به سعى به شرا (وغمز داؤه او عيبه ظهر) وغمزت الدابة مالت من رجلها وغمز الكبش ذبحه اعتباطا والغمازة الجارية الحسنة (الغمز الاعضاء) والمغموز المتهم واغمز في فلان عابه • (عازه عوزا قصده والاعوز البار باهله) •

ف

ل ع فخز وتفخز تكبر والفخز الفضل والافضال • الفرز والافراز عزل شيء من شيء وفعله ض فرز والافراز (والتفريز) الحزم والفرزة القطعة مما عزل والفرزة النوبة والفرصة وكلام فلوز بين فاصل وفارزة فاصلة وقاطعة وفرزان الشطرنج (معرب) م وثوب مفروز له اطراف وافريز الحائط (معرب) ما اشرف خارجا من البناء • ن فز عني عدل وانفرد وفز الظبي فزع ض وفز الرجل فزازة وفزوزة نفر وفزه من موضعه ازعجه وفز الجرح فزيزا سال واستفزه استخفه واخرجه من داره وازعجه وافززته ازعجته والفز الرجل الخفيف وولد البقرة الوحشية ج افزاز • الفلز (والفلز والفلز) ذوب النحاس وخبث الحديد ومعادن الارض (والرجل الغليظ والضريبة تجرب عليها السيوف) ج فلزات •

س والسفينة • والسماء • (والسمن) • والسموم • والسنة • ش (وشجر م) • والشمس •
والشيخ • والشيخة • ص والصحيفة • والصنجة • والصومعة • ض والضبع • ط والطريق •
(وضرب من الطيب • وطعام يتخذ من نبات بحري) • ع والعاجز • والعافية • وعانة الوحش •
والعقرب • ف والفرس • والفضة • ق والقبلة • والقدر • والقربة • والقوس • والقيمة • ك
والكتيبة • (والكعبة) • والكلب • م والمرأة (شابة كانت او شيخة) • والمسافر • والمسك •
(ومسمار في قبضة السيف) • والملك • (ومناصب القدر) • ن والنار • والناقة • والنخلة
ونصل السيف • و والولاية • ى واليد اليمنى • وجمع المرأة العجوز عجائز وعجز والعجزة
بالكسر والضم آخر ولد الرجل واعجزه الشيء فاته واعجزه وعجزه تعجيزا صيره عاجزا والمعجزة
ما أعجز به الخصم كآيات الانبياء والعجز مقبض السيف والعجيز العاجز عن الجماع واعجاز
النخل أصولها والعاجز الطريق (وبنات المعجز السهام وركب في الطلب اعجاز الإبل
اي ركب الذل والمشقة والصبر وبذل الجهد في طلبه) • ض عرزه انتزعه انتزاعا
عنيفا وعرزه لامه وعرز الشيء اشتد وتعرز عليه استصعب والتعريز الاخفاء والتعريض
وتعارز وعارز (وعرز) واعرز افسد والمعارزة المعاندة والمجانبة والمخالفة والمعاصبة •
(اعونشز الرجل كاد يموت من البرد) • ض عز عزا وعزة وعزازة وتعزز صار
عزيزا وعز قوي بعد ذلة وعزه وعززه اكرمه وعز الشيء قل فهو عزيز ج عزازة واعزة واعزاء
وعز الماء سال وعز علي ان تفعل كذا اي حق واعززت بما اصابك اي عظم علي والعزاز
الارض الصلبة واعزه احبه واعتز بفلان عد نفسه عزيزة به واستعز عليه المرض اشتد واستعز
الله به اماته ولعزما اي لشدما (تأتي لقصد التكثير والتعظيم يقولون تحبني فيقول لعزما)
وعز غلب والعزيز الملك ولقب ملك مصر وخص به يوسف عليه السلام • ض عشز
على عصاه عشزانا توكأ (ومشى مشية المقطوع الرجل والعشوز والعشوز الخشن من الطريق
والارض والكثير من اللحم • العشمز الاسد والشديد من كل شيء والبخيل وبهاء الانثى
والعجوز الداهية القبيحة • العفز والمعافزة ملاعبة الرجل اهله والعفازة الاكمة وبالضم جوزة
القطن • العكز النبض وفعله ل والعكز السيء الخلق والبخيل المشوم و) ن عكز على عكازته
وتعكز توكأ وعكز الرمح ركزه وتعكز بالشيء اهتدى به والعكاز العصا يتوكأ عليها ج عكاكيز
• ل علز قلق وهلع فلا ينام الليل والعلزة الحجزة • العنز انثى المعز ج اعنز وعنوز وعناز
والعنز ايضا العقاب للانثى (والاكمة السوداء وسمكة كبيرة لا يكاد يحملها بغل وانثى
الحباري والنسور) ن وعنز منه واعتنز واستعنز عدل والعنزة (رميح بين العصا والرمح فيه

الراعى وكارز الى المكان بادر واختبأ فيه وكارز عنه هرب وكارزه عاجزه • الكزازة والكزوزة اليبس والانقباض وفعله ن كز فهو كز وهم كز ووجه كز قبيح والكز اليدين البخيل والكزاز التشنج من شدة البرد والرعدة من البرد وقد كز فهو مكزوز وذهب كز صلب واكتنز تقبض • (ع كعز جمع الشىء باصابعه) • ص كلزه جمعه والكوالبز التحاربون بالسلاح لاجل الماء اذا كان شحاحًا الواحد كالوز • ن كمز الشىء باصابعه كمزا جمعه مستديرا • الكنز المال المدفون وفعله ض كنز والكنز ايضا الفضة والذهب والموضع يكنز فيه وكنز الرمح ركزه واكتنز اجتمع وامتلأ وسمن والكناز (الناقة او) الجارية الكثيرة اللحم ج (كنز و) كناز ايضا • الكوز م ج كيزان واكواز (وكوزة) والكوز الجمع وتكوزوا اجتمعوا ورجل مكوز الرأس طويله •

ل

ض لبزه لبزا ضرب ظهره بيده (واللبز الاكل الشديد واللقم والنبز) • ن ض لتزه لتزا لكزه ووكزه ودفعه • ع لحز لحزا الح ل ولحز لحزا بخل وضاق خلقه (والملاحز المضائق) وتلحز (تأخر و) تحلب فمه من اكل رمانة حامضة وتلحز ثيابه شمرها لقتال او سفر • ن لزه لزا ولززا والزه شده والصقه واللز (الطعن و) لزوم الشىء بالشىء ولازته لاصقته والملزاز بالكسر خشبة يلز بها (الباب) وتلزلز تحرك • (ع لعزها جامعها ولعزت الناقة فصيلها لطمته) • اللغز (ميلك بالشىء عن وجهه و) بالضم وبضمتين وبالتحريك (واللغز واللغيزاء واللغيزى) والالغوزة ما يعمى به المعنى من الكلم ج (اى جمع الاربع الاول) الغاز والغز كلامه عمى فيه مراده والالغاز الطرق المشتبهة على سالكها (واللغز واللغز واللغز جحر الضب ونحوه واللغاز الوقاع فى الناس وابن الغز نكاح يضرب به المثل) • ن لقزه ضربه بجمع كفه فى صدره • ن لكزه لكزا وكزه (واللكز البخيل وشن ولكيز اخوان كانا مع امهما فى سفر فمرة لما ارادت الرحيل فدت لكيزا ودعت شنا ليحملها فحملها وهو غضبان حتى اذا كانوا فى الثنية رمى بها عن ظهر بعيرها فماتت وقال يحمل شن ويفدى لكيز يضرب فى وضع الشىء غير موضعه) • اللمز العيب والاشارة بالعين وفعله ن ض لمز ولمزه ضربه ودفعه ولمزه عابه فى وجهه فهو لماز (ولمزة) • اللوز ثمر م واللواز بائعه والوجه الملوز المليح ن ولاز اليه لجأ والملاذ الملجأ ولاز الشىء اكله وذير لوزة بكسروان • ع لهزهم خالطهم ولهز الفصيل ضرع امه ضربه عند الرضاع واللهوز الرجل خالطه الشيب • ض لاز لجأ والميز والملاز الملجأ •

الفَوْزُ النَّجاةُ والظَفَرُ والهلاكُ ضِدٌّ ن وفازَ ماتَ وفازَ بهِ ظَفِرَ وفازَ منهُ نَجا وأفازَهُ اللهُ بهِ أظفَرَهُ والمَفازةُ المَنجاةُ والمَهلَكةُ ضِدٌّ والمَفازةُ الفَلاةُ لا ماءَ فيها وفازَ الطريقُ ظَهَرَ وبانَ وفازَ الرجلُ مَضَى * الاِئْتِفازُ الانفرادُ *

ق

(القِبْزُ القصيرُ البخيلُ) * ع قَحَزَ وثبَ وقلِقَ وقَحَزَ الرجلُ قُحوزًا سقطَ كالميِّتِ والقاحِزاتُ الشدائدُ (وقَحَزَ بالرَّجُلِ صرعهُ وقَحَّزَهُ بالعصا ضربهُ وتقحيزُ الكلامِ وتَقَحُّزُهُ تغليظهُ والتقحيزُ التنزيهُ * قَحْفَزَ لهُ الكلامَ غلَّظهُ وقَحْفَزَ في المشي أسرعَ وقَحْفَزَ الحقيبةَ حشاها حشوًا نعمًا * القُحْفُليزُ الفرجُ * القَحْلَزَةُ مِشْيةُ القصيرِ والتغليظُ في الكلامِ * القَخْزَةُ ضربُ شيءٍ يابسٍ بمثلهِ * القَرْزُ القَرْصُ والأكمةُ والقُرْزَةُ القبضةُ) * القِرْمِزُ صِبْغٌ أحمرُ من عُصارةِ دودٍ والقُرْمِيزُ الضعيفُ * القَزُّ الوثبُ والتهيُّؤ للوثبِ وفعلهُ ن ض قَزَّ والقَزُّ أيضًا الإبريسمُ وقَزِزَتِ النفسُ من الشيءِ اشمأزَّتْ منهُ والقَزُّ والتَقَزُّزُ التباعُدُ من الدنسِ والقازوزةُ الطاسُ والقازُّ الشيطانُ والقَزَزُ الظريفُ المتوقّي للعيوبِ والمُتَقَزِّزُ من المعاصي والمعائبِ والقَزّازُ الثعبانُ العظيمُ والقَزّازُ بائعُ القَزِّ * ض قَفَزَ قَفْزًا وقَفَزانًا وقِفازًا وقُفوزًا وثبَ وقَفَزَتْ والقَفيزُ اسمُ مكيالٍ يسعُ ثمانيةَ مكاكيلَ (ومن الارضِ قَدْرُ مائةٍ واربعٍ واربعينَ ذراعًا) ج أقفِزةٌ وقُفْزانٌ والقُفّازُ ما يُلبَسُ في اليدِ للبَرْدِ ووتدٌ يجلسُ عليهِ البازي وتَقَفَّزَتِ المرأةُ نقشتْ يديها ورجليها والقوافِزُ الضفادعُ * القَلْزُ (ضربٌ من الشُّربِ والضَّربُ والرميُ والنشاطُ والقَلْزُ والتَقَلُّزُ) الوثوبُ والعرجُ وفعلهُ ن ض قَلَزَ * (القَلْحَزَةُ مِشْيةُ القصيرِ والقِلْحَزُ السمينُ التائهُ الذي قولُهُ أكثرُ من فعلهِ * عجوزٌ قَلْمَزةٌ لئيمةٌ قصيرةٌ) * القَمْزُ بالفتحِ الجمعُ والاخذُ بأطرافِ الاصابعِ وفعلهُ ن قَمَزَ * (القُمْهُزِيَّةُ القصيرةُ جدًّا) * القِنْزُ الراقودُ الصغيرُ واقتنزَ شربَ بالراقودِ والقَنْزُ الخَرْقُ ن وقَنْزَةٌ قصعةٌ * (القَوْزُ الكثيبُ المشرفُ ج أقوازٌ والتَقَوُّزُ التَقَلُّزُ والتهوّي والتهدُّمُ وتَقَوُّضُ البيتِ) * ع قَهَزَ وثبَ والقِهْزُ القَزُّ * (القَهْمَزَةُ الوثبُ والقصيرُ والقصيرةُ) *

ك

ض كَرَزَ كُروزًا دخلَ واستخفَى وكَرَزَ اليهِ مالَ والتجأ وكَرْزٌ سُريانيةٌ وعظٌ فهو كارزٌ وكاروزٌ والاسمُ الكَرازةُ والكَرّازُ (والكِرازُ) الكوزُ ج كِرْزانٌ والكَرّازُ الكبشُ والتيسُ الكبيرُ يلحقُ

واضطراب الوتر عند الرمي (ونزّ نزيزًا مدا وصوّت وأنزّ تصلّب وتشدّد) والنزيزة تحريك الرأس ونززه عن كذا نزّهه * النشز والنشاز والنشز المكان المرتفع ج نشوز وأنشاز وفعله ن ض نشز ونشزت نفسه جاشت ونشزت المرأة نشوزًا استعصت على زوجها وأبغضته (ونشز بعلها عليها ضربها وجفاها) وقلب ناشز ارتفع من مكانه رعبًا وأنشز عظام الميت نظم بعضها الى بعض وأنشز الشيء رفعه * (نغز بينهم أغرى) * ض نفز الظبي نفزانًا وثب * النقز الماء الصافي العذب والنقز اللقب ورذال المال والنقاز داء كالطاعون وأنقز اصابه ذلك وأنقزه عدوه قتله بغتة والتنقيز الترقيص * ن ل نكزت البئر فني ماؤها فهي ناكز ونكوز ج نواكز ن ونكز الماء نكوزًا غار ونكزته الحية لسعته ونكز ضرب ودفع ونكز نكص * ع نهزه ضربه ودفعه ونهز الشيء قرب فهو ناهز ونهز رأسه حركه ونهزت الدابة نهضت بصدرها للسير ونهز بالدلو حركها في البئر لتمتلئ والنهزة الفرصة وانتهزها اغتنمها وانتهز في الضحك أفرط وناهزه داناه والنهاز الحمار (والناهز كبير القوم والقيم بأمورهم عند السلطان * التنويز التقليل) *

و

الوجز (السريع الحركة والعطاء وهي بهاء والوجز) والموجز والواجز والوجيز الكلام (والامر والشيء) المختصر القليل وفعله (ن) ر وجز وجزًا ووجازة ووجوزًا وأوجز الكلام قلّ وأوجز في كلامه قلّله لازم متعدٍ وتوجز الشيء تنجّزه وتوجّزه التمسه * الوخز الطعن لا يكون نافذًا والقليل من كل شيء وفعله ض وخز ووخزه الشيب شاب شيئًا فشيئًا * الوز طائر كالإوز والوزواز الرجل الطياش الخفيف والوزوز الموت وخشبة عريضة يجرّ بها تراب الارض المرتفعة الى المنخفضة والوزوزة الخفة والوثب * الوشز ضيق العيش والأوشاز الأعوان (والشدائد) * ن وغز عليه في كذا وأوغز اليه أمر او نهى * الوفز بالفتح والتحريك العجلة وأوفزه أعجله واستوفز في قعدته قعد غير مطمئن وتوفز للشر تهيّأ * الوكز الدفع والطعن والضرب بجمع الكف والمل والركز والعدو والفعل ض وكز وتوكز توكّأ وتملأ * الوهز الرجل القصير والغليظ الرقبة والدفع والحث وقتل القملة والفعل ن وهز *

ه

ض هبز هبوزًا وهبزانًا مات فجأة * (الهبرزي الأسوار من أساورة الفرس والدينار الجديد والجميل الوسيم من كل شيء والاسد والنخف الجيد والذهب الخالص وأم الهبرزي الحمى)

م

ع محز اعلم ان محز * ولهز * ومرز * ونحز * ويهز * ونهز * ومهز * ونكز * ولكز * ووكز * وكلز * ووهز * ولقز * ولعز * (ولتز * ولمز * وبحز * ويفز * وحفز * وذمز * ورفز * ورقز * وشخز * وشفز * وشكز * وطعز * ووخز * ونبز * وفرز * وقمز * ونخز * وخفز) اخوات بمعنى واحد وهو الضرب والدفع * المرز القرص غير موجع فاذا اوجع فقرص والعيب والضرب باليد وفعله ن مرز وامترز عرضه ناله وامترز (عرضه نال منه و) شريكه عزل عنه ماله ومارزه مارسه * ن مزه مصه والمزة المصة والخمر اللذيذة والمز الخمر فيها حموضة والمز القدر والفضل وله مز عليك اى فضل ل ومزز فضل ومزمزه حركه فتمزمز ومازرت بينهما باعدت والمزيز القليل والصعب وشراب ورمان مز بين الحامض والحلو وتمزمز للقيام نهض * (المشلوز المشمشة الحلوة المخ * المطز النكاح) * المعز بالفتح والتحريك والمعيز (والامعوز) والمعاز والمعزى ويمد خلاف الضان والماعز واحد المعز ج مواعز والماعز الرجل الشهم والمعاز صاحب المعز والمعزى البخيل والمعز الصلابة وارض معزاء ومكان امعز صلب وما امعزه رجلا ما اصلبه * ن ملز به (واملز) وتملز ذهب به وملز عنه تاخر وملزه تمليزا خلصه فتملز وامتلزه انتزعه وانملز منه افلت (والملاز الذئب) * ع مهزه دفعه * ض مازه ميزا واماره وميزه عزله وفرزه فامتاز وانماز وتميز واستماز وماز الشيء فضل بعضه على بعض وماز الرجل انتقل من مكان الى مكان واستماز تنحى وتميز غيظا تقطع *

ن

ض نبزه نبزا (لمزه و) لقبه والنبز محركة اللقب (ورجل نبزة يلقب الناس كثيرا والنبز بفتح فكسر اللئيم فى حسبه وخلقه والتنابز التعاير والتداعى * ل) ن نجز (انقضى وفنى ونجز الوعد حضر ونجز الكلام انقطع ونجز) حاجته وانجزها قضاها والناجز والنجيز الحاضر وناجزه قاتله واستنجز حاجته وتنجزها استنجحها وانجز على الجريح اتم قتله وانجز الوعد وفاه (والمناجزة قبل المناجزة اى المسلة قبل المعالجة فى القتال يضرب فى حزم من عجل الفرار ممن لا قوام له به ولمن يطلب الصلح بعد القتال) * ع نحزه دفعه ونخسه والمنحاز الهاون ونحزه دقه به والنحيزة الطبيعة والطريقة والنحاز بالضم والكسر الاصل * ع نخزه بحديدة ضربه بها ونخزه بكلمة اوجعه بها * النرز الاستخفاء من فزع والنيروز اول يوم من السنة (معرب نوروز) * النز ما يتحلب من الارض والنز ايضا الكثير الذكى الفؤاد والظريف السخى والكثير التحرك والفعل ض ن نز نزيزا والنزة الشهوة

الصنم (وهو لا يدالس ولا يؤالس لا يخادع ولا يخون) * إليماس كان ساحرا في جزيرة قبرس أعماه بولس الرسول لانه كان يضادّ تعليمه * أمس مثلثة الآخر مع البناء واعرابها لحن وهو اليوم الذي قبل يومك الذي انت فيه نكرته معرفة ومعرفته نكرة ج آمس وأموس وآماس * الانس والانسان ابن آدم الواحد إنسي وأنسي ج أناسي وآناس (وأناسية) وناس وهي ركيكة والمرأة إنسان لا إنسانة (فبالها عامية وسمع في شعر كأنه مولد لقد كستني في الهوى . ملابس الصب الغزل * إنسانة فتانة بدر الدجى منها خجل * والاناس الناس) والانسان ايضا الانملة والمثال يرى في سواد العين ج أناسي وإنسك وابن إنسك صفيّك وزوجتك والانيس الديك والمؤانس والانيسة والمأنوسة النار والانس بالضم (وبالتحريك) والانسة ضدّ الوحشة وفعله ر ع س أنس به (والانس الجماعة الكثيرة) وآنسه ضدّ أوحشه وآنس الشيء أبصره وعلمه وأحسّ به وآنس الصوت سمعه ويونس مثلثة النون يونان النبي واستأنس ذهب توحّشه واستأذن ر عمر واستأنس الوحش أحسّ بالانسان وما بالدار أنيس أحد والمتأنّس الاسد (والمؤنسات السلاح كله) وتأنّس صار إنسانا * الأوس الاعطاء والتعويض والذئب والآس (شجر م الواحدة آسة و) العسل والقبر والصاحب وآثار الدار (وكل أثر خفي) * ل أيس إياسا قنط (وآيسته وأيّسته) والأيس القهر والإيسان الانسان ج أياسين والتأييس الاستقلال (والتأثير في الشيء) والتليين *

ب

البأس العذاب والشدة وفعله ر بؤس فهو بئس والبئس ايضا الشجاع (ولا بأس به اي لا كمال شدة به ولا بأس عليك اي لا خوف عليك ولا بأس فيه لا حرج وقال بعضهم تستعمل فيما لا يؤجر عليه ولا يأثم به) ل ونس بؤسا وبأسا وبئسا اشتدّت حاجته والبأساء والأبؤس الداهية وعذاب بئيس (وبيئس) شديد والمبتئس الحزين (والبائس الصعلوك) وبئس فعل ماض جامد ضدّ نعم (وبنات بئس الدواهي) * ن ض بجس الماء والجرح شقه ن وبجسه بجوسا شقه وماء منبجس منفجر وبجّسه تبجيسا وتبجّسا فجّره فانبجس وتبجّس والانبجاس النبوع في العين العذبة الجارية * (جاء يتبحطس اي جاء فارغا) * البخس النقص والظلم وفعله ع بخس وبخس عينه فقأها والبخس ايضا المكس والاباخس الاصابع وأصولها (وتخسيبها حمقاء وهي باخس او بخسة يضرب لمن يتباله وفيه دهاء) * البرس القطن وحذاقة الدليل ل وبرس على هريمه تشدّد والبرساء الانسان * بربسة طلبه (والبربلس

• ل هوز وتهوزز هلك (والهـزز الغمز الشديد والضرب) • هزمز اللقمة لاكها فى فيه وهزمز الكلام اخفاه عن صاحبه (والهزمز) والهزمزان الكبير من ملوك العجم • ن هزه (وهز به) حركه وهز الكوكب انقض والهزيز دوى الريح والهزة النشاط والارتياح والهزيز صوت الرعد وماء هـزاهز (وهزهاز زهزهز) كثير جار وسيف هزهاز صاف لماع وهززه حركه فاهتز وتهزز والهزهزة والهزاهز تحريك البلايا والحروب وهزهزه ذلله وحركه وتهزهز اليه قلبى مال واهتز عرش الله ارتاح واستبشر بانتقال الاولياء اليه • الهمز الضغط والنخس والغمز والدفع والضرب (والعض) والكسر والفعل ن ص همز والهامز والهمزة الغماز والهمزة اول حروف الهجاء والمهمز والمهماز حديدة فى خف الراكب ينخس بها دابته (ج مهامز ومهاميز) • الهنبزة الاذية • الهنداز الحد والقياس (معرب) ومنه المهندز اى المقدر الابنية وغيرها • الهوز الخلق (والناس) وهوز تهويزا مات •

ى

يهوحاز ملك اسرائيل وياهوحاز بن يوسف ملك يهودا •

حرف السين

ا

ى ابس وتبع وردع وابس به ذلل وقهر وابسه حبسه وحقره والابس المكان الخشن وذكر السلاحف • ابوكالبسيس يونانية كتاب رؤيا يوحنا الحبيب معناها الرؤيا والجليان • ارتودكسي يونانية الرجل المستقيم الرأي فى ايمانه • الاريس (والاريس والاريسى) الاكار ج اريسون (واريسون واراريس) واراريسة واراريس وفعله ض ارس ارسا وارس تاريسا وارسه استخدمه والاريس الامير (والارس الاصل الطيب) • آريوس من المبتدعين اصله قس من الاسكندرية • الاس مثلثة والاساس والاسس اصل البناء والاس ايضا اصل كل شيء ج اساس (واسس واسآس) والاس الافساد وبناء الدار وفعله ن اس والاس قلب الانسان واثر كل شيء والتأسيس رفع قواعد البناء • افسس بفتح فكسر مدينة تسمى الآن برصا • الالس اختلاط العقل وفعله ألس مجهولا فهو مألوس والالس ايضا الخيانة والغش والكذب والسرقة واخطاء الرأي والجنون وفعله ن ألس واليلس النبى بالكسر والفتح انحدر نارا من السماء ومنع المطر ثلث سنين ونصف وقتل انبياء باعال

ج

الجبس الفاسق والردئ والجبان ج أجباس وجبوس (والأجبس الضعيف) والجبس ضرب من البطيخ • (ع) جحس فيه دخل وجاحسه زاحمه (وفلانا قتله) • الجادسة الارض لم تعمر ولم تحرث ج جوادس والجادس الدارس من الآثار • الجرجس البعوض والشمع (والطين) الذى يختم به والصحيفة • الجرس الصوت والحس باللسان وفعله ن ض جرس والجرس الاصل (والتجرس التكلم والتجريس التحكيم والتجربة والتسميع فى القوم والجارس الاكول) والجرس الذى يضرب به لاوقات الصلوة واجرس الجرس صوت وجرسون بن موسى النبي • الجس والاجتساس المس باليد وفعله ن جس واجتس والجس ايضا والتجسس تفحص الاخبار ومنه الجاسوس وجسه بعينه احد النظر اليه (والجساس الاسد. وافواهها مجاسها يضرب فى الشواهد الظاهرة المعربة عن البواطن لان الابل اذا احسنت الاكل اكتفى الناظر بذلك فى معرفة سمنها من ان يجسها) • الجعس الروث • الجعموس قطعة من الروث الشديد • (ل جفس جفسا وجفاسة اتخم والجفس والجفيس الضعيف القدم) • ض جلس جلوسا ومجلسا قعد وجلسك وجليسك من يجالسك وهم جلاسك وجلساؤك والجلس الغليظ من العسل والخمر والجبل العالى والجلس ايضا اهل المجلس والغدير والوقت والجلس الرجل الغبي والجلسى ما حول الحدقة • الجاموس م (معرب) ج جواميس والجمسة النار • الجنس اعم من النوع كالحيوان تحته الناطق وغيره ج اجناس وجنوس والجنس جمود السيال والمجانس المشاكل • الجوس والاجتياس التردد خلال الدور والبيوت والطوف فيها وفعله جاس (والجواس الاسد) •

ح

الحبس والمحبس المنع وفعله ض حبس والحبس ايضا الشجاعة والجبل العظيم والحبس حجارة مبنية فى مجارى المياه ليحبسها وثوب يطرح على ظهر الفراش للنوم عليه والحبس ايضا الماء الراكد وسوار من فضة وكل شئ. وقفته لله نذرا وكل شجر سبلت ثمرة للناس والحبسة تعذر الكلام عند ارادته والحبيس والمحبوس المنفرد عن الناس فى مكان يعبد الله فيه متفرغا والبادى فى هذه الطريقة الانبا بولا ج حبسى والمحبوس المسجون • الحدس الظن والتخمين والتوهم وفعله ن ض حدس والحدس ايضا القصد وسرعة المشى (والوطء والمضى على طريقة

البئر العميقة) • البرجاس غرض منصوب على رأس رمح • (البردِس الرجل الخبيث والمتكبر) • المُبَيْطِس الذي يكتوي للناس الدواب ويأخذ عليها جُعلًا • البرنيس والبرنيس الرجل الصبور) • البركسيس او الابركسيس تاريخ أعمال الرسل • البُرنُس قلنسوة طويلة (او كل ثوب رأسه منه) والبرنساء كالانسان ج برانس وهذه سريانية معربة مركبة أصلها بارناشا بالمعجمة • البسيسة دقيق ملتوت بسمن والبسُّ والبسّة (بالفتح والكسر) البئر الاعلى ن وبسّ الماء أجراه وفرّقه وبسّ طلب وجبذ (ولاطلبنّه من حَسّي وبَسّي جهدي وطاقتي) وبس بمعنى حَسْب وبسّ بسّ مثلثة دعاء للناقة لتدرّ فهي البسوس. والبَسْبَس السَّبسب والقفر وبسّ الجبال بسًّا فتّتها وبُسّت فُتّتت • بطمس اسم الجزيرة التي نُفي اليها يوحنا الحبيب ورأى فيها الرؤيا • بعشا ملك اسرائيل • بَعْنَس الرجل ذلّ بخدمة او غيرها • البقس خشب الشمشار • ن بَكَس الخصم قهره • البَلِس والمُبْلِس الساكت غمًّا في نفسه والبِلاس نسيج من الشعر وصانعه بَلّاس ج بُلُس وأبلس الرجل قلّ خيره وأبلس تحيّر وابليس علم جنس للشيطان (ج أباليس وأبالسة) والبَلَس التين وبولس رسول المسيح أصله من مدينة طرسوس من نبلاء الرومانيين آمن بالدعوة المسيحيّة في السنة السادسة والثلاثين وقطع رأسه نيرون قيصر برومية في السنة التاسعة والستين لاجل ندائه بدعوة ايمان السيد المسيح • بلقيس ملكة سبا • (بَلْهَس أسرع في مشيه) • البنديكستي والبنديكستين يونانية عيد العنصرة • البوس التقبيل (فارسي معرّب) وفعله ن باس وباس خشن • البهنس الجرأة (وفعله ع) وتبهنس تبختر (والبيهس الاسد والشجاع وبلا لام رجل يضرب به المثل في ادراك الثأر) • ض باس يبيس بيسًا تكبّر على الناس وآذاهم •

ت

الترس م ج أتراس (وترسة) وتِراس وتروس وصانعه تَرّاس وحرفته التراسة والتترّس (والتّترّس) التستّر به والمِتْرَس خشبة توضع خلف الباب (فارسية اى لا تخف معها) • التعس الهلاك والعثار والسقوط (على الوجه) والشرّ والبعد والانحطاط والفعل ع ل تَعِس فهو تاعس وتعِس وتعسه الله وأتعسه (واذا خاطبت قلت ع تعَست واذا حكيت قلت ل تعِس) • التوس الطبيعة والخيم (وتوسًا له وخوسًا دعاء عليه) • التيس ذكر المعز والوعول (والظباء) ج تيوس وأتياس (وتيسة ومتيوساء) والتيّاس صاحبه وتيّس فرسه تتييسًا راضه وذلّله •

خ

ن خبس الشيء بكفه اخذه وخبسه حقه ظلمه والخبوس الظلوم والخباسة الغنيمة (والمخبس
والخابس والخبوس والخباس للاسد) • الخنذريس الخمر • الخرس طعام الولادة
والخروس البكر في اول حملها والقليلة الدر والفعل ن خرس (والخرس الدن ج خروس) ل
(وخرس شرب به) وخرس لسانه انعقد عن الكلام فهو اخرس ج خرس والاسم الخرس
والخرسان المنعقد اللسان ج خرسان واخرسه الله اصابه الخرس وجبل اخرس لا صدى له
والخرساء السحابة ليس فيها رعد والداهية وخراسان بلاد العجم • ن خس نصيبه خسا جعله
خسيسا اى دنيا حقيرا وخس الرجل صار خسيسا والخساسة القليل من المال واخس فعل
فعلا خسيسا واستخسه عده خسيسا والمستخس الدون والقبيح الوجه • ن خفس خفسا
واخفس استهزأ وهدم وقل وتخفس اضطجع وانخفس الماء تغير والخفيس الشراب الكثير
المزاج • الخليس الذى خالط بياضه حمرة ومنه نساء خلس الواحدة خلساء والخلاسي
الولد بين والدين ابيض واسود والاختلاس الاختلاط والسلب اختلسه استلبه والاسم
الخلسة • الخلابس الحديث الرقيق والكذب والخلابس الباطل والخلابيس الشيء لا
نظام له والخلبيس اللئيم النذل وخلبسه قلبه وذهب به • الخمسة العدد المعروف ن
وخمستهم اخذت خمس اموالهم ض وخمستهم صرت خامسهم ويوم الخميس م وهو اليوم الذى
خلق الله فيه الطير والسمك والوحوش والبهائم والحشرات وفيه عرج المسيح الى السماء ج
اخمسة واخمساء والخميس الجيش لانه من خمس فرق وهى • المقدمة • والقلب • والميمنة •
والميسرة • والساقة • ويضرب اخماسا لاسداس اى يسعى فى المكر والخديعة (يضرب لمن يظهر
شيئا ويريد غيره وضرب بمعنى بين) والخمس (بالضم و) بضمتين جزء من خمسة وجاءوا
اخماس ومخمس اى خمسة خمسة واخمسوا صاروا خمسة وخمسه تخميسا جعله خمسة اركان
• الخنابس (الكريه المنظر والاسد ج بالفتح والقديم الثابت و) الليل الشديد الظلام •
ن ض خنس عنه خنسا وخنوسا وانخنس تاخر واخنسه اخره وخنس به عابه والخناس الشيطان
والخنس الكواكب السيارة والاخنس القراد والاخنس ايضا والخنوس الاسد والخنساء البقرة
الوحشية والخنس الظباء وانخنس تخلف • خنفس عن القوم كرههم وعدل عنهم والخنافس
الاسد وبالفتح جمعه والخنفساء والخنفسة (والخنفسة والخنفس والخنفس) م ج خنافس ودير
الخنافس قربى الدجلة • ن خاس به خوسا غدر به وخانه وخاست الجيفة انتنت

مُسْتَمِرَّةٍ) وتَحَدَّسَ الاخبارَ ارادَ أنْ يعلَمَها (وبَلَغْتُ بهِ الحِدادَ اى الغايةَ التى يَجْرى اليها) • ن حَرَسَهُ حَرْسًا وحِراسةً فهو حارِسٌ ج حَرَسٌ وأَحْراسٌ وحُرّاسٌ والمَلَكُ الحارِسُ ما اقامَهُ اللهُ من الملائكةِ لِحراسةِ خلائقِهِ والحَرْسُ الدهرُ ج أَحْراسٌ س وحَرِسَ واحترسَ سَرَقَ ل وحَرِسَ عاشَ زمانًا طويلًا (والحَرِيسةُ المسروقةُ ج حَرائِسُ) والأَحْرَسُ القديمُ وتَحَرَّسَ منهُ واحترسَ تحفَّظَ . ومُحْتَرِسٌ من (مِثْلِهِ وهو حارِسٌ مَثَلٌ لمَنْ) يَعِيبُ الخبيثَ وهو أَخبثُ منهُ • الحَسُّ الحيلةُ والقتلُ والاستيصالُ ونفضُ التُرابِ عن الدابّةِ بالمِحَسَّةِ والفعلُ ن حَسَّ والحِسُّ الحركةُ والإشعارُ بالشئ . والصوتُ ووجعُ النُفَساء بعدَ الوِلادةِ والحِسُّ ايضًا والحَسِيسُ أنْ تسمعَ صوتَ مَنْ لا تراهُ وفعلُ الكُلِّ ض حَسَّ وحَسَّ البَرْدُ الزرعَ أَحْرَقَهُ والحاسُوسُ الجاسُوسُ او أنَّ الحاسُوسَ فى الخيرِ والجاسُوسَ فى الشرِّ والمِحَسَّةُ الدُبُرُ والحَواسُّ الظاهرةُ • السَمْعُ • والبَصَرُ • والشَمُّ • والذَوْقُ • واللَمْسُ • والحَواسُّ الباطنةُ • الذِكْرُ • والفِكْرُ • والتصوُّرُ • والفَهْمُ • والإرادةُ • وحَواسُّ الارضِ • البَرْدُ • والبَرَدُ • والريحُ • والجَرادُ • والمَواشى • وواحِدُ الحَواسِّ حاسَّةٌ ل وحَسِسْتُ بهِ وحَسِيتُ شَعَرْتُ وأَحْسَسْتُ (وأَحْسَيْتُ) وأَحَسْتُ ظننتُ ووجدتُ وأَبصرتُ وعلمتُ والتَحَسُّسُ تطلُّبُ أخبارِ القومِ واستماعُ حديثِهِم وحَسْحَسَ توجَّعَ وتَحَسْحَسَ تحرَّكَ • ض حَلَسَ أَكَلَ والحَيْفَسِىُّ الأكُولُ وتَحَيْفَسَ (تحرَّكَ) على مَضْجَعِهِ وتَحَلْحَلَ والحَيْفَساءُ (والحَنْفَساءُ) والحَفَابِىُّ مَنْ يغضبُ ويرضى من غيرِ شئ . • الحِلْسُ كِساءٌ يُوضَعُ على ظهرِ الدابّةِ والبِساطُ ج أَحْلاسٌ وحُلُوسٌ وأُمُّ حِلْسٍ الأتانُ ض وحَلَسَتِ السماءُ دامَ مطرُها والحَلْسُ العهدُ والميثاقُ والأَحْلَسُ الذى يُخالِطُ سَوادَ شَعرِهِ شُقْرةٌ وأَحْلَسَتِ السماءُ مطرتْ والإحْلاسُ الافلاسُ وأَحْلَسَ النبتُ غطّى الارضَ وأَحْلَسَ الرَجُلُ لازَمَهُ الخوفُ وأَحْلَسَ الدابّةَ أَلْبَسَها الحِلْسَ • حَلْبَسَ ذَهَبَ (والحَلْبَسُ والحُلابِسُ الشجاعُ والأسدُ • ل حَمِسَ اشتدَّ وصَلُبَ فى الدِينِ والقتالِ فهو حَمِسٌ وأَحْمَسُ ج حُمْسٌ والحَماسةُ الشجاعةُ والأَحْمَسُ والحَمِيسُ الشجاعُ ن وحَمَسَ اللحمَ قَلاهُ وحَمَّسَهُ وأَحْمَسَهُ أغضبَهُ والحَمِيسُ التَنُّورُ (والحَمِيسةُ القَلِيَّةُ) والحُمْسةُ الحُرْمةُ والحُمَسُ السُلَحْفاةُ ج حُمَسٌ والحَمْسُ الصوتُ واحتمسَ الديكانِ هاجا فى القتالِ • (الحَمارِسُ الشديدُ والاسدُ والجَرِئُ المِقْدامُ • الحَماقِيسُ الشدائدُ والدَواهى) • الحِنْدِسُ الليلُ المظلمُ والظُلمةُ ج حَنادِسُ وتَحَنْدَسَ الليلُ أَظْلَمَ • (الحَنَسُ الوَرِعُونَ المُتَّقُونَ) • الحَوْسُ طلبُ الشئ . والتردُّدُ وسحبُ الذيلِ والكشطُ وفعلُهُ حاسَ والأَحْوَسُ الجَرِئُ . والذِئبُ والتَحَوُّسُ التوجُّعُ للشئ . (والاقامةُ مع إرادةِ السَفَرِ) • الحَيْسُ الخلطُ وفعلُهُ حاسَ ل وحاسَ أفسدَ والحَيِّسُ الفاسدُ ن وحاسَ الحبلَ فتلَهُ (وحِيسَ حَيْسُهُم دَنا هلاكُهُم) •

منهم ج دُنُس واندسّ اندفن * الدَعْسُ حَشْوُ الوعاء وشِدّة الوطء والاثر والدعس ايضاً والتدعيس الطعن والفعل ع والمِدْعاس والمِدْعَس الرمح والطريق السالك والطعّان والمداعسة المطاعنة * (الدَعْبُوس الاحمق * أمر مُدْعَمَس ومُدْغَمَس ومُدْخَمَس ومُدَنْقَس ومُنَهْقَس مستورٌ * دَغْطَسَ الرجل ضيّع مالَهُ) * الدِفْنِسُ الراعي الكسلان ينام ويترك الرعيّة وحدها ترعى (والبخيل والاحمق والمرأة الثقيلة والدِفْنِس الحمقاء) * الذكس تراكُبُ الشيءِ بعضهُ فوق بعضٍ وفعله ن دَكَسَ والدَكاسُ النعاس (والدَوْكَس الاسد) ودير الدواكسِ في بلادِ القدس * الدَلَسُ والدُلْسة الظلمة وأدلَسَتِ الارض اخضرّت والتدليسُ كِتمانُ عيبِ السلعةِ على المشتري والكتمانُ مطلقًا ولا يُدالِسُ ولا يُوالِسُ لا يظلمُ ولا يخون * الدِلْمِسُ والدَلامِسُ الظلمةُ الشديدةُ وادْلَمَسَ الليلُ اشتدّت ظلمتهُ (والدَلْمِس الداهية * الدَلَهْمَسُ الجريءُ الماضي والاسد والأمر العسِرُ المبيّن والليلُ الشديدُ الظلام) * ن ض دَمَسَ الظلامُ دُمُوسًا اشتدّ وليلٌ دامِسٌ وأدْمُوسٌ مظلمٌ ن ودَمَسَهُ في الارضِ ودَمَّسَهُ تدميسًا دَفَنَهُ حيًّا او ميتًا ودَمَسَ الموضعُ دَرَسَ ودَمَسَ بينهم اصلَحَ ودَمَسَ على الخبرِ كتمهُ (ودَمَسَ المرأة جامَعَها وهو دَمُوسٌ ج دُمُسٌ) والدِيماسُ الكِنُّ والسرداب وحمّامُ المُغْتَسَلِ ج (دَيابيسُ و) دَمامِيسُ والدَمْسُ الشخصُ والدَمِيسُ ما غُطِّيَ والدامُوسُ الغُثْرَةُ والمُداهَسَةُ المُواراةُ * الدِمَقْسُ الابْرِيسَمُ والقزُّ والديباجُ * الدَنَسُ الوسخُ ل ودَنِسَ الثوبُ (وغيرُه) دَنَسًا ودَنَاسَةً اتّسخ فهو دَنِسٌ ج أدْناسٌ ومَدانِيسُ ودَنَّسَ عِرْضَهُ تدنيسًا فعلَ به ما يَشِينُهُ * دَنْكَسَ في بيتهِ اختفى ولم يبرزْ لحاجةِ القومِ وهو عيبٌ * الدَوْسُ الوطء بالرِجْلِ (والجماعُ) بمبالغةٍ والذلُّ وفعلهُ داسَ وداسَ السيفَ صقلهُ والمِداسُ الذي في الرِجْلِ والدَوّاسُ الشجاعُ وكلُّ ماهرٍ وداسَ الزرعَ درسَهُ والدائسُ الأندرُ * الدَهْسُ النبتُ الاخضرُ والمكانُ السهلُ والدَهْسَةُ (والدَهاسةُ) سُهولةُ الخُلقِ (وهو دَهْلَسٌ وهي دَهساء والدَهُوسُ الاسدُ) * الدَهْمَسَةُ السِرارُ والاخفاء والمساوَرَةُ (والبطشُ) وأمرٌ مُدَهْمَسٌ مستورٌ * الدَيْسُ الثدي (عراقيّة) *

ر

الرَأْسُ هامةُ الانسانِ والرأْسُ والرَئِيسُ والرئيّسُ أعلا كلِّ شيءٍ وسيّدُ القوم ج أرْؤُسٌ ورُؤُوسٌ (ورأسٌ مَرْأسٌ مِصَكٌّ للرؤوسِ) والفعلُ ر رَؤُسَ رِئاسةً ورأسُ المالِ أصلُهُ والاعضاء الرئيسة * القلبُ * والدماغ * والكبد * والأُنْثيانِ ع ورَأسَهُ أصابَ رأسَهُ ورأَسَهُ صيّرهُ رأسًا والرَأْسُ

وخاسَ الشيءُ كسدَ وخاسَ بالعهدِ أخلفَ وخوسى بالعبرِ صديقُ داودَ النبيّ كانَ يُفسدُ على أبيشالومَ كلَّ ما يُدبّرهُ في قتلِ داودَ أبيهِ * الخيسُ الشجرُ الملتفُّ والخيسُ والخيسةُ موضعُ الاسدِ ج أخياسٌ وخيسٌ والخَيْسُ الغمُّ والخطأُ والضلالُ والكذبُ ص وخاسَ العهدَ خَيْسًا وخَيَسانًا غدرَ ونكثَ وخَيَّسَهُ تخييسًا ذلّلهُ والمُخَيَّسُ السجنُ واخيسُ ملكُ بني جاتَ الذي تبالهَ أمامهُ داودُ النبيُّ لينجوَ منهُ *

د

الدِّبْسُ عسلُ التمرِ والعنبِ والنحلِ والدِّبُوسُ م ج دبابيسُ وأدبسَتِ الارضُ ودَبَّسَتْ تدبيسًا أنبتتْ والأدبسُ الاسودُ اللونِ وأدبسَ الشيءُ اسودَّ * ع دَحَسَ بينهم وأدحسَ أفسدَ ودحسَ الشيءَ وأدحسهُ ملأهُ ودحسَ برجلهِ دحصَ ودحسَ الحديثَ غيّبهُ ودحسَ الشرَّ أدخلهُ خفيةً والدَّحَسُ الزرعُ المتبليُّ وفعلهُ دَحَسَ وداحِسٌ اسمُ فرسٍ والداحِسُ والداحوسُ قرحةٌ تظهرُ بينَ الظفرِ واللحمِ ودَحَسَتْ إصبعهُ فهي مدحوسةٌ * الدَّخْمَسُ (والدَّخْمَسُ والدِّخْمِسُ) الاسودُ وزِقُّ الخلِّ وليلٌ دَخْمَسٌ مظلمٌ والدَّخامِسُ الليالي المظلمةُ (والشجاعُ والدَّخْمَسانُ الاحمقُ) * الدَّخِيسُ العددُ الجمُّ والدَّخْسُ اندساسُ شيءٍ في الترابِ والدواخِسُ الاثافيُّ * (الدَّخامِسُ الاسودُ الضخمُ والدَّخْمَسةُ الخبُّ ويُدَخْمِسُ عليكَ اي لا يُبيّنُ لكَ ما يُريدُ وأمرٌ مُدَخْمَسٌ مستورٌ) * الدَّرْدَبِيسُ الداهيةُ (والشيخُ والعجوزُ) * ن دَرَسَ الرسمُ دُرُوسًا عفا ودرستهُ الرياحُ أعفتهُ لازمٌ متعدٍّ ودَرَسَتِ المرأةُ دُرُوسًا حاضتْ فهي دارسٌ ن ص ودَرَسَ الكتابَ دَرْسًا ودراسةً وأدرسهُ ودرّسهُ تدريسًا قرأهُ والمَدْرَسةُ مكانُ الدَّرْسِ ن ودَرَسَ الحنطةَ دَرْسًا ودِراسًا داسَها بالنَّوْرَجِ ودَرَسَ الجاريةَ افتضَّها وأبو أدراسٍ فرجُ المرأةِ وأبو إدريسٍ الذكرُ والمَدْرُوسُ المجنونُ والدُّرْسةُ الرياضةُ والدَّرْسُ الطريقُ الخفيُّ والدَّرْسُ ايضًا والدَّرِيسُ والمَدْرُوسُ الثوبُ الخَلَقُ ج أدراسٌ ودِرْسانٌ وادريسُ اخنوخُ النبيُّ والمِدْرَسُ كتابُ الدَّرْسِ والمِدْراسُ (المكانُ يُدْرَسُ فيهِ ومنهُ) مَدْرَسَةُ اليهودِ والمُدارِسُ المتلطِّخُ بالذنوبِ واندرسَ الأثرُ والخبرُ انطمسَ (والدِّرْواسُ الشجاعُ والدِّرْياسُ الأسدُ) واندراوسُ أخو بطرسَ الرسولِ أوّلُ تلميذٍ تتلمذَ للمسيحِ * (الدِّرْفِلَسُ الأسدُ العظيمُ) * دَرْمَسَ سكتَ ودَرْمَسَ الشيءَ سترهُ (والدَّرْوَمَسُ الحيّةُ * الدِّرْبِلِسُ الأسدُ * الدَّرامِسُ الشدائدُ) * الدَّسُّ الاخفاءُ ودفنُ الشيءِ تحتَ الشيءِ وفعلهُ ن دَسَّ والدَّسِيسُ من تبعثهُ خفيةً ليأتيكَ بالاخبارِ ومَنْ يدسُّ نفسهُ معَ الصالحينَ وليسَ

الاكول) * رغمس بالشر غرض به وأمر مرغمس مستور * ص رأس رئسا وريسانا مشى متبختر وراس الشىء ضبطه وراس القوم اعتلا عليهم *

س

ل سجس الماء تغير وكدر فهو سجس وسجيس والتسجيس التكدير * السدس بالضم وبضمتين (والسديس) جزء من ستة ج اسداس بالفتح والضم والسداسى ما كان قدره ستة والسدوس بالضم والفتح الطيلسان الاخضر ن وسدسهم أخذ سدس اموالهم ض وسدسهم كان سادسهم * السرس والسريس العنين والذى لا يولد له ولد والضعيف والحريص على ما فى يديه ج سراس (وسرساء) والفعل ل سرس وسرس ساء خلقه وثقل بعد جهل *
السلس خيط الخرز المنظوم والسلس الشىء السهل اللين (والاسم السلس) والسلاسة والسلاس ذهاب العقل والمسلوس المجنون وفعله سلس مجهولا وفلان سلس البول لا يمسكه * سنبس اسرع فهو سنبيس * السندس رقيق الديباج وثمينه (معرب) السنودس المجمع يونانية معربة * السوس الطبيعة والاصل (وشجرم) ودود يأكل الصوف ل وساس الصوف سوسا وسوس تسويسا دود ن وساس الرعية سياسة حافظ على رعايتها امرا ونهيا فهو سائس وابو ساسان كنية كسرى وبنو ساسان المكدون *

ش

ع شخس شخسا اضطرب واختلف وشخس الحمار تثاوب واشخس فى المنطق تجهم (واشخس فلانا اغتابه وتشاخست اسنانه اختلفت ومال بعضها وسقط بعض فرما) وتشاخس ما بينهم فسد وتشاخس رأسه انقسم فرقتين من الضربة * الشراسة والشرس سوء الخلق وشدة الخلاف وفعله ن شرس فهو اشرس وشرس وشريس والاشرس والشريس الجرىء والاسد وشرس الجلد مرسه وشرسه مغده بالكلام * الشلس الناحل الضعيف وشس شسوسا يبس * الشكس محاق القمر (والشكس) والشكس الصعب الخلق وجمعه كمفرده وفعله ر شكس والشكس البخيل * الشمس م مؤنثة ج شموس والشماس (معرب) الخادم فى البيعة وله مراتب (يعلم تفصيلها من كتبنا الدينية) ج شمامسة والشماسية وظيفته وتشمس صار شماسا ض ن ل وشمس يومنا واشمس صار ذا شمس (وشمس الفرس شموسا وشماسا منع ظهره فهو شامس وشموس ج شمس وشمس) والشموس الخمر والواهب ن وشمس له اظهر له العداوة وتشمس عبد الشمس وشمسه تشميسا بسطه فى

بائع الرؤوس ولا يقال الرّوّاس ولا الرواسيّ والرأس ايضا الوالى ومُدبّر الرعيّة ورأس الدير
وارتأس (وترأّس) صار رئيسًا (والمرتئس الكثير الترأُّس والمرتّس الاسد والمرؤوس الرعيّة
ورئاس الأمر أوّله) والرئيس لقب ارسطو وابن سينا وتوما اللاهوتيّ • ن ربسه ضربه
بيده والربيس الشجاع والعنقود والمضروب والكثير المال والربّيس إمام اليهود وأربسه أرغمه
وأربس امره ضعف وارتبس اختلط (وأمّ الربيس الافعى والربسة المرأة القبيحة الوسخة) •
ن رجست السماء رعدت شديدًا ورجس الماء وأرجسه قدّر عمقه والمرجاس آلة يقدّر بها
عمق الماء وسحاب راجس معدّ للمطر والرجّاس البحر والرجس بالكسر والتحريك (والرجس)
القذر والاثم والشكّ والغضب (والعقاب وكلّما استُقذر من العمل والعمل المؤدّى الى
العذاب) ل ر ورجس رجاسة عمل عملًا قبيحًا ن ص ورجسه عن الامر عاقه والمرجاس
حجر يرمى فى البئر ليُعلم انكان فيه ماء راميه وارتجس البناء رجف وارتجست السماء
رعدت • أرخص السعر أرخصه • ن ردس الحائط هدمه والمرداس الغلس ن ص وردس
الشئ بالحجر كسره والمرداس الرأس والمرادسة المراماة • الرسّ ابتداء الشئ ورسيس
الحمّى ابتداؤها والرسّ ايضا الاصلاح والافساد ضدّ والرسّ ايضا الحفر والدسّ ودفن
الميت والفعل ن رسّ والرسّة السارية المستوية والرسّة القلنسوة وارتسّ الخبر انتشر وفشا
(والرسيس الشئ الثابت والفطن العاقل) • الرطس الضرب بباطن الكفّ وفعله
ن رطس وارطست عليه الحجارة تطابق بعضها فوق بعض • (الرعس الارتعاش
والانتفاض والمشى الضعيف اعياء والرعلس الرمح اللدن المهزّة والمرعس الخسيس يلتقط
الطعام من المزابل) • الرغس النعمة والخير والبركة والنماء ج أرغاس والمرغوس المبارك
والمرأة الولود وأرغسه الله ع ورغسه بارك فيه والمرغس بكسر المعجمة وفتحها الذى ينعّم نفسه
والعيش الواسع • ن ص رفس رفسًا ورفاسًا ركض والرفسة الصدمة بالرجل فى الصدر
• مرقس أحد المبشرين الاربعة تلميذ بطرس الرسول كتب بشارته فى رومية باللغة
اللاتينيّة نقلاً عن معلّمه وصار اسقفًا فى الاسكندرية واستشهد فيها • الركس ردّ الشئ
مقلوبًا وقلب أوّله على آخره والفعل ن ركس وأركسه ردّه الى كفره وارتكس انتكس
ووقع • (الرماحس الشجاع الجرئ والاسد) • الرمس كتمان الخبر او الدفن
وفعله ن رمس والرمس ايضا والمرمس والراموس القبر ج أرماس ورموس والروامس
والرامسات الرياح الدوارس للآثار • ن رأس رأسًا مشى متبخترًا (وراس أكل كثيرًا
وجوّد) • ن رهس رهسًا وطئ شديدًا وارتهس القوم ازدحموا وترهّس تحرّك (والرهوس

* (الطِّمْرِسُ الكذَّابُ واللئيمُ الدنيء والطُّمْرُوسُ خبزُ المَلَّةِ والخروفُ والطُّمْرُسَةُ الانقباض والنكوص) * الطُّمُوسُ الدروسُ والإمحاء وفعلُه ن ض طَمَسَ وطَمَسَ الشيء استأصلَه وأطمسَ على أموالهم أهلكها ن وطَمَسَ الرجلُ تباعَدَ والطامسُ البعيدُ ج طوامسُ ورجلٌ طامسُ القلبِ مَيِّتُه والطَّمِيسُ والمَطْمُوسُ الأعمى وفعلُه ض طَمَسَ وانطمسَ وتطمَّسَ انمحى ودرس * الطِّنْسُ الظلمةُ الشديدة * (طِنْفِسٌ ساء خُلُقُه بعدَ حُسْنٍ و) الطِّنْفِسَةُ مثلّثة الطاء والفاء (ويكسر الطاء وفتح الفاء وبالعكس) البساطُ ج طنافسُ والطِّنْفِسُ السمجُ القبيحُ * الطُّوسُ القمرُ (والوطء) وحُسْنُ الوجهِ بعدَ عِلَّةٍ والطُّوسُ ليلةُ محاقِ القمرِ والطاسُ إناءٌ يُشرَبُ فيهِ والطاووسُ طائرٌ م ج أطواسٌ وطواويسُ وتصغيرُه طُوَيْسٌ (بعد حذفِ الزيادات) والطاووسُ ايضا الرجلُ الجميلُ والفِضَّةُ وتطوَّستِ المرأةُ تزيّنتْ (وطُوَيْسٌ مُخَنَّثٌ يُكْنى بابي عبدِ النعيم يُضرَبُ بهِ المثلُ بالشؤمِ يُقالُ أشأمُ من طُوَيْسٍ وكانَ يقولُ إنّ أُمّي كانتْ تمشي بالنمائمِ بينَ نساءِ الانصارِ ثمّ ولدتْني في الليلةِ التي ماتَ فيها رسولُ اللهِ وفطمتْني يومَ ماتَ ابوبكرٍ وبلغتُ الحُلُمَ يومَ ماتَ عُمَرُ وتزوّجتُ يومَ قُتِلَ عُثمانُ ووُلِدَ لي يومَ قُتِلَ عليٌّ فمَن مِثْلي) * الطَّيْسُ العددُ الكثيرُ والنملُ والهوامُّ والبحرُ والكثيرُ من كلِّ شيءٍ وفعلُه طاسَ (يَطِيسُ) *

ع

ض عَبَسَ وجهَهُ عَبْسًا وعُبُوسًا وعَبَّسَ تعبيسًا كَلَحَ والعابسُ والعَبُوسُ والعَبّاسُ الاسدُ ويومٌ عَبُوسٌ كريهٌ ل وعَبِسَ الوسخُ بيبسٍ يبِسَ * العَتْرَسُ والعَتْرِيسُ الرجلُ الجسيمُ والاسدُ والعَتْرَسُ والعُتْرُسانُ الديكُ والعِتْرِيسُ الجبّارُ الغضبانُ والعَنْتَرِيسُ الداهيةُ والعَتْرَسَةُ الاخذُ بالشدّةِ والعُنفِ * العَجْسُ مثلّثةً مَقبِضُ القوسِ ض وعَجَسَه عن حاجتهِ حبسَه عنها والعُجْسَةُ الساعةُ من الليلِ والعَجُوسُ المطرُ المنهمرُ وتعجَّسَ أمرَهُ تتبّعَهُ وتعجَّسَ الرجلُ خرجَ سَحَرًا وتَعَجَّسَ تأخّرَ * (العَدَبَّسُ الشديدُ المُوثَقُ الخَلْقِ ج عَدابِسُ والشرسُ الخُلُقِ والضخمُ العليظ) * ض عَدَسَ (خدمَ و) في الارضِ عَدْسًا وعَدَسانًا وعِداسًا وعُدُوسًا ذهبَ والعَدْسُ (الحَدْثُ وشدّةُ الوطء والكدْحُ) والعَدُوسُ الجاريةُ والعَدَسُ حَبٌّ م واحدتُه عَدَسَةٌ وبَثْرَةٌ تخرجُ بالبدنِ فتقتلُ وقد عُدِسَ فهو مَعْدُوسٌ وعَدَسْ زجرٌ للبغالِ و) اسمٌ للبغلِ * العِرْبِسُ المستوي من الارضِ * العَرَنْدَسُ الاسدُ والناقةُ الشديدةُ والسيلُ الكثيرُ (وعَرْدَسَهُ صرعَهُ) * العَرُوسُ الرجلُ والمرأةُ الحديثُ زواجُهما وهم عُرُسٌ وهنّ عرائسُ (ولا عِطرَ بعدَ عَروسٍ أسماءُ العُذْرِيّةُ اسمُ زوجِها عَروسٌ وماتَ عنها فتزوّجها رجلٌ أعسرُ أبخرُ بخيلٌ دميمٌ فلمّا أرادَ أن

الشمس * الشوس والتشاوس النظر بمؤخر العين تكبرًا وتغيظًا وفعلهُ ل شاس فهو
أشوس ج شوس *

ض

(ل ضبست نفسهُ لبست وخبثت والضبس والضبيس الشكس العسر والداهية والخب وهو ضبس
شر وضبيسة صاحبهُ والضبيس الثقيل البدن والروح والجبان والاحمق والضبس الالحاح على الغريم)
ض ضرس الشيء ضرسًا عضهُ باضراسهِ وضرس صمت يومًا الى الليل (وضرس الزمان
اشتد) والضرس يلي السن مذكر ج ضروس واضراس ل وضرست اسنانهُ كلت من
اكل الحامض والضرس المتغضب جوعًا والصعب الخلق والضريس الجائع جدًا وفقار
الظهر ج ضرائس واضرسهُ اقلقهُ واضرسهُ اسكتهُ بالكلام (والمضترس الاسد * الضغرس
الرجل النهم الحريص) * ض ضمس الشيء مضغهُ خفيًا * (الضنوس اكل الطعام) *
ع ضنهسهُ عضهُ بمقدم فيهِ *

ط

(الطبرس والطبترس الكذاب * الطبس الاسود من كل شيء وبالكسر الذئب والتطبيس
التطيين * طحس الجارية جامعها * الطخس الاصل وهو طخس شر اي نهاية
فيه) * الطرس الصحيفة او التي محيت ثم كتبت ج اطراس وطروس ض وطرسهُ
محاهُ والتطريس الكتابة واعادتها على المكتوب قبلًا (والتطرس عن الشيء التكرم عنهُ
والتجنب * طرسنهُ اوثقهُ) * طرفس نظرة حدّدهُ وطرفس الليل اظلم والطرفسان
الظلمة * الطرمساء الظلمة والغبار والطرموس خبز الملة وطرمس انقبض (وتعبس) ونكص
وهرب وطرمس الكتابة محاها * الطس والطسة بالفتح والكسر الطست ج طسوس
(وطساس وطسيس) وطسات وصانعهُ الطسلس وحرفتهُ الطساسة ن وطسهُ غمسهُ وابكمهُ وطسهُ
في الماء غطسهُ والطسان العجاج الثائر * (ع طعس الجارية جامعها * ض طغس
كطعس وطغس طغوسًا مات و) الطغاسة والطغس القذر والنجاسة وهو طغس قذر نجس *
ض طلس الكتاب وطلسهُ تطليسًا محاهُ والطلس الصحيفة الممحوة والثوب الوسخ والذئب
الامعط والطلس الطيلسان (الاسود) والطيلس والطيلسان (مثلثة اللام معرب) الثوب ليس لهُ
بطانة او كان من قطن والاعجمي ج طيالسة والطلاسة خرقة يمسح بها اللوح والاطلس الديباج
والثوب الخلق والذئب المغبر اللون وكل لون اغبر والاطلس ايضًا الاسود الحبشي والسارق
ض وطلس بصرهُ ذهب والطليس الاعمى وانطلس اثرهُ اختفى * طلمس وجههُ قطبهُ

الذى لا يهتدى اليه وفعلهُ ن غَمَسَ والغَمِيسُ الليلُ المظلمُ جدًا ج غُمُسٌ (وغَمَسٌ) ر ل وغَمَسَ يومُنا غماسةً وغُموسًا (وغَمْسًا) وغَمَسًا اشتدَّ واسودَّ والغَمُوسُ الجاهلُ ن وغَمَسَ الشىءَ واغمسهُ اخفاهُ والغَمْسُ التجاهلُ وحلفَ على الغَمِيسةِ والغُمَيْسِيَّةِ اى على يمينٍ غيرِ حقٍ وتَغامَسَ تغافلَ وتعامى * العَمَلَّسُ الذئبُ الخبيثُ وكلبُ الصيدِ * (العَنْبَسُ والعُنابِسُ الاسدُ) * ل ن ض عَنَسَتِ الجاريةُ عُنوسًا وعِناسًا طالَ مكثُها فى بيتِ أبيها بعد إدراكِها فهى عانِسٌ ج عَوانِسُ وعُنَّسٌ (وعُنُسٌ) وعُنوسٌ وكذلكَ الرجلُ فهو عانِسٌ ايضا والعِناسُ المِرآةُ والعَنْسُ إدامةُ النظرِ فى المِرآةِ * (العَنْقَفِيسُ اللئيمُ القصيرُ) * العَوْسُ والعَوْسانُ الطوافُ بالليلِ وفعلهُ عاسَ والعَوَسُ دخولُ الشدقينِ عندَ الضحكِ فهو أعْوَسُ وهى عوساءُ وعاسَ على عيالهِ كدَحَ * العَيَسُ جمالٌ يُخالِطُ بياضَها شُقْرةٌ فهو أعْيَسُ وهى عَيْساءُ وعِيسَى مقلوبُ يسوعَ وفى قلبهِ واعلالهِ كلامٌ ذكرتُهُ فى كتابى بحثِ المطالبِ ج عِيسَونَ والنسبةُ عِيسِيٌّ وعِيسَوِيٌّ وغلطَ مَنْ قالَ عيساوِيٌّ وعِيسو بنُ اسحاقَ باعَ أخاهُ بكارتَهُ *

غ

الغَبَسُ والغُبْسةُ الظلمةُ وبياضٌ فيهِ كُدرةٌ فهو أغْبَسُ ج غُبْسٌ وفعلهُ ن غَبَسَ وغَبِسَ وأغْبَسَ أظلمَ * ض غَرَسَ الشجرَ وأغرسهُ نصبهُ فى الارضِ والغَرْسُ المغروسُ ج أغراسٌ وغِراسٌ والغِرْسُ شىءٌ كالمُخاطِ يخرجُ مَعَ المولودِ والغُرابُ والغِرْسُ ايضا أوانٍ ما تعرسهُ * ن غَسَّ مضى وغَسَّهُ غطَّهُ فى الماءِ فانغسَّ والغَسُّ الضعيفُ واللئيمُ * أغُسْطُسُ من القياصرةِ فى أيامهِ وُلِدَ المسيحُ * الغِطْرِيسُ والغِطْرِيسُ الظالمُ المتكبرُ ج غَطارِسُ وغَطارِيسُ والغَطْرَسةُ الاعجابُ والتطاولُ والتكبرُ وغَطْرَسَهُ أغضبَهُ وتَغَطْرَسَ فى مِشيتِهِ تبختَرَ متكبِّرًا وبخلَ * ض غَطَسَ فى الماءِ انغمسَ والغَطُوسُ المِقدامُ فى الأهوالِ والحروبِ والغِطاسُ عيدُ الظهورِ للالهىّ * الغَلَسُ ظلمةُ آخرِ الليلِ وأغلَسُوا وغلَّسُوا دخلوا فى الغَلَسِ * ض غَمَسَهُ فى الماءِ غطَّهُ وغَمَسَ النجمُ غابَ واليمينُ الغَمُوسُ الكاذبةُ تعمُّدًا والغَمِيسُ ايضا الامرُ الشديدُ والطعنةُ النافذةُ والغَمِيسُ الليلُ المظلمُ والشىءُ الخفىُّ والأجمةُ والتغميسُ تقليلُ الشربِ واغتمسَ بلغَ حشاها كلَّها بغيرِ نقشٍ * الغَيْسانُ الجميلُ فى قَدِّهِ ووجههِ وغَيْسانُ الشبابِ أوّلهُ وليسَ من غَيْسانِهِ اى من ضربهِ *

ف

الفَأْسُ م مؤنثٌ ج أفؤسٌ وفُؤوسٌ وفَأْسُ الرأسِ العظمةُ المشرفةُ على القفاءِ وفَأَسَ ضربَ بالفأسِ وفَأَسَ شقَّ وأكلَ * الفَجْسُ التكبرُ والقهرُ وأفجسَ افتخرَ بالباطلِ وابتدعَ *

يطعن بها قالت لو اذنت لى رثيت ابن عمى فقال افعلى فرثته وعرضت بما بالزوج من العيوب
فلما رحل بها قال ضمى اليك عطرك وقد نظر الى قشوة عطرها مطروحة فقالت لا عطر بعد
عروس * وتزوج رجل امرأة فرآها تفلة فقال اين عطرك فقالت خبأته فقال لا مخبأ لعطر
بعد عروس يضرب لمن لا يوخر عنه نفيس) والعرس بالكسر امرأة الرجل (ورجلها) واللبوة ج
أعراس وابن عرس دويبة م ج بنات عرس ن وعرس عنى عدل والعرس للاقامة
فى الفرح والعرس (والمعرس) بيت داخل بيت للدفاء فى الشتاء والعرس بالضم وبضمتين
(يذكر ويؤنث) طعام الوليمة والنكاح ج أعراس وعرسات ل وعرس بطر (والعرس الاسد)
والعريس مأوى الاسد وأعرس تزوج وأعرس القوم وعرسوا تعريسا نزلوا فى آخر الليل للاستراحة
واسم الموضع معرس (ومعرس) واعترسوا عنه تفرقوا * (عرطس تنحى عن القوم وذل عن
منازلهم ومنازعتهم) * عركس الشئ جمع بعضه فوق بعض * عرمس بدنه صلب
* العرناس (طائر كالحمامة لا تشعر به حتى يطير من تحت قدمك وأنف الجبل و) ما
تلف عليه المرأة القطن لتغزله * ن عس عسا وعسيسا واعتس طاف بالليل فهو عاس ج
عسس وعسيس وعس خبرة ابطأ والعسوس والعساس والعسعس والعسعاس الذئب والعسوس
ايضا المرأة التى لا تبالى من ان تدنو من الرجال والرجل القليل الخير والعس ذكر الرجل
وعسعس الليل أظلم وعسعس الذئب طاف بالليل وعسعس الامر عماه وأبهمه وعسعس
الشئ حركه واعتس اكتسب والعساعس القنافذ * العضرس (حمار الوحش و) البرد
(والبرد) والماء العذب والثلج * ن ص عطس عطسا وعطاسا أتته العطسة وعطس الصبح
ظهر وعطس فلان مات والعاطوس ما يعطس منه والمعطس بفتح الطاء وكسرها الانف والعاطس
والعطاس الصبح (والعطوس الموت وعطست به اللجم اى مات) وهو عطسة فلان اى
يشبهه * العيطموس المرأة الجميلة الحسناء العاقر ج عطاميس (وعطامس) * عفرسه
صرعه وغلبه والعفرس والعفريس (والعفراس والعفروس) والعفرنس الاسد * العفس الحبس
ودلك الاديم والضرب بالرجل والضغط وفعله ض عفس وانعفس فى التراب انعفر وعافسه عالجه
* (العفنقس العسر الاخلاق واللئيم وما عفقسه اى اى شئ. أساء خلقه بعد أن كان حسنه)
* العكس قلب الكلام ورد آخر الشئ الى أوله وفعله ض عكس * عكمس الليل أظلم
والعكموس الحمار وليل عكامس مظلم * (العلندس الصلب الشديد والاسد الشديد) *
العلس القراد والعدس والنمل ض وعلس أكل وشرب وما علسنا علوسا ما ذقنا شيئا (وعلس
الداء اشتد والمعلس المجرب) * العملس والعمس والعموس (الحرب الشديد و) الامر

بْنَ اليعازَرَ الكاهن الذى قتلَ الزانى والزانيةَ بطعنةٍ واحدةٍ متباشرين وكَفَّ بذلك غضبَ اللّهِ عن شعبِ إسرائيلَ * الفَنَسُ الفقرُ الشديدُ والفانوسُ النمّامُ ومنهُ فانوسُ الشمعةِ * الفِنطِيسُ (الذكَرُ و) اللئيمُ المولدِ والعريضُ الأنفِ (والانفُ) المتسعُ المنخرِ (ج فناطيسُ) والفِنطيسةُ خطمُ الخنزيرِ والفِنطاسُ حوضُ السفينةِ يجتمعُ اليهِ ما يرشحُ فيها من الماءِ * الفِهرِسُ دفترُ فصولِ الكتابِ معرَّبُ فِهرِشت فارسيّةٌ وفهرَسَ كتابَهُ جعلَ لهُ فِهرِسًا *

ق

القَبَرْسُ أجوَدُ النحاسِ * القَبَسُ شعلةُ نارٍ تؤخذُ من (مُعظَمٍ) النارِ وفعلُهُ ض قبَسَ واقتبَسَ. واقتبسَ العلمَ استفادهُ والقابوسُ الجميلُ الوجهِ وابو قُبَيسٍ اسمُ جبلٍ والقِبسُ الاصلُ واقبسَهُ أعلمَهُ واقبسَهُ أعطاهُ قبسًا واقتبسَ طلبَ نارًا والاقبَسُ المختونُ خلقةً وذَيرُ مُقبسٍ فى كسروان * (القَداحِسُ الشجاعُ والسيّءُ الخُلقِ والاسدُ) * القُدسُ بالضمّ (وبضمّتين) الطُهرُ (اسمٌ ومَصدرٌ) واسمُ أورَشليمَ لأنّها تقدّستْ اى تطهّرتْ بظهورِ السيّدِ المسيحِ فيها وروحُ القُدسِ الأقنومُ الثالثُ من الاقانيمِ الثلثةِ الالهيّةِ والقُدّاسُ خدمةُ الأسرارِ الالهيّةِ والقَدَسُ السطلُ والقادسُ السفينةُ العظيمةُ وبَرّيّةُ قادسٍ مرحلةٌ من مراحلِ بني إسرائيلَ فيها ماتتْ مريمُ اختُ موسى والقُدّوسُ بالضمّ ويُفتحُ من أسماءِ اللّهِ تعالى وصفاتِهِ اى الطاهرُ (وكلُّ فَعّولٍ مفتوحٌ غيرَ قُدّوسٍ وسُبّوحٍ وذُرّوحٍ وفُرّوجٍ فبالضمّ ويُفتحنَ) والتقديسُ التطهيرُ وقدّسَ تقديسًا قالَ قُدّوسٌ وخدمَ القُدّاسَ والارضُ المقدّسةُ البلادُ اليهوديّةُ وبيتُ المَقدِسِ والمُقدَّسِ أورَشليمُ والمُقتبِسُ الراهبُ وقُدُسُ الأقداسِ اسمُ مكانٍ فى هيكلِ سُليمانَ كانَ يدخلُهُ عظيمُ الأحبارِ مرّةً واحدةً فى السنةِ والقُدسُ للربِّ صفيحةٌ من ذهبٍ ينوطُها عظيمُ أحبارِ اليهودِ فوقَ جبهتِهِ والتقديسُ مَن ماتَ طاهرًا فاضلاً وكانَ مؤمنًا * القُدموسُ القديمُ والمَلِكُ العظيمُ ج قداميسُ * القَرَبوسُ حِنوُ السرجِ (ج قرابيسُ) * قَردَسَهُ أوثقَهُ (والقَردَسةُ الصلابةُ والشدّةُ) * القَرَسُ والقارِسُ والقريسُ البردُ الشديدُ والقَرِسُ الجامدُ وفعلُهُ ض قرَسَ ل ص وقرُسَ البردُ اشتدَّ والقِرقِسُ صغارُ البعوضِ والقارسُ والقريسُ القديمُ وأقرسَهُ البردُ وقرّسَهُ تقريسًا أبردَهُ * القِرطاسُ مثلّثةً والقُرطُسُ (والقِرطِسُ) الكاغدُ والصحيفةُ من كلِّ شيءٍ والغرضُ لرشقِ السهامِ (ج قراطيسُ) ورمى فقرطسَ أصابَ القرطاسَ وتقرطسَ هلكَ * القَرنَسُ أنفُ الجبلِ وقرنسَ المِغزلِ وقرنسَ الديكُ فرّ * القَسُّ مثلّثةً تتبُّعُ الأثرِ والنميمةُ وفعلُهُ ن قَسَّ

الفدس أخذك الشئ عن يدك بلسانك (وفيك) وفعله ع فدس * الفدس العنكبوت ج فدسة والفيدس الجوزة الكبيرة والفدسى من لا يعرف له نسب * (الفدوكس الاسد والرجل الشديد) * الفردوس سريانية معربة (وقد يؤنث) وهو المكان الذى نصبه الله شرقى عدن واسكن آدم فيه لما براه واخرجه منه لما عصاه والفردوس ايضا البستان والوادى المخصب ودير الفراديس فى جبل لبنان وفردسه صرعه * الفرس م للذكر والانثى ويقال فرسة ج افراس وفروس وراكبه فارس ج فوارس (شاذ) والفارس والفروس والفراس (والمفترس) الاسد من وفرس الاسد صيده دقه فهى فريسة (وكل قتل فرس) والفريس القتيل ج فرسى والفريسيون عبرانية معربة اى المتميزون بالعلم والتقوى من اليهود كالفلاسفة عند اليونانيين الواحد فريسى وابو فراس كنية الاسد وبلاد فارس بلاد العجم والفرس سكانها والفرس البرق وعلم الفراسة علم الهيئة والفراسة (والفروسة) والفروسية الحذاقة بركوب الخيل (وامرها) وفعله ر فرس وافرس الراعى غفل فاخذ الذئب منه غنمة وتفرس تثبت ونظر وافترسه اصطاده والفريس حلقة من خشب فى طرف الحبل والافراس التى رآها يوحنا فى رؤياه اربعة * الاول ابيض رمزا على الرسل المبشرين * الثانى احمر رمزا على الاضطهادات العشرة * الثالث اسود رمزا على المبتدعين * الرابع اصفر رمزا على الدجال * والفرسن خف البعير مؤنثة والفرناس الاسد ورئيس الفلاحين ج فرانسة وفرنسة المرأة حسن تدبيرها لامور بيتها * فرطوسة الخنزير وفرطيسته خرطومه وقصبته والفرطيسة ارنبة الانف * الفسفاس الكثير الحماقة والسيف الكهام والفسيس الضعيف العقل والبدن ج فسس والفسيفساء الوان من الخرز تركب فى حيطان البيوت من داخل * الفطسة العطسة وانف الخنزير وشفة [illegible] والفطس تطامن قصبة الانف والانف العريض وفعله ل فطس فهو افطس وهى فطساء والاسم [illegible] وفطس فطوسا مات وفطس الحديد عرضه * الفاعوس الحية (والداهية والكراز الذى يشرب منه) و(الفاعوسة) الفرج وانفعس انفرج * ص فقس فقوسا مات وفقس الطائر بيضته كسرها وفقسه عن الامر وقفه والفقوس البطيخ الشامى اى الجبس والمفقاس العود المنحنى فى الفخ وانفقس انقلب * الفلحس من يوقت طعام الناس ليأتيه وتفلحس تطفل (وفلحس رجل رئيس من شيبان كان اذا اعطى سهمه من الغنيمة سأل سهما لامرأته ثم لناقته فقالوا اسأل من فلحس) * الفلس م ج افلس وفلوس وافلس لم يبق منه فلوس والاسم الفلس وفلسه القاضى تفليسا حكم بافلاسه * الفلطيسة خطم الخنزير وتفلطس انف الانسان اتسع * الفلنقس من كان ابوه عبدا رقيقا وامه حرة (وبالعكس) * فنجلس

قاسَهم سَبَقَهم) والقَوْسُ صومعةُ الراهبِ (وبيتُ الصائدِ) والاَقوسُ الزمانُ الصعبُ والمِقْوَسُ وثاء القَوْسِ (ل قَوِسَ قَوَسًا) وقَوَّسَ تقويسًا وتَقَوَّسَ انحنى والمُتَقَوِّسُ والمُسْتَقْوِسُ حاملُ القَوْسِ والذى حاجِبُهُ كالقَوْسِ * ص قاسَهُ بغيرِهِ وقاسَهُ عليهِ قَيْسًا وقِياسًا واقْتاسَهُ قَدَّرَهُ على مِثالِهِ فانقاسَ والمِقْياسُ المِقدارُ وشاوُلُ بنُ قَيْسَ اَوَّلُ مُلوكِ اِسرائيلَ وتَقَيَّسَ بهِ تشبَّهَ وتَقَيَّسَ منهُ تمسَّكَ والقَيْسُ التبختُرُ والشِدَّةُ والجوعُ وذَكَرُ الرجلِ وقايَسَهُ عارَضَهُ فى القِياسِ *

ك

الكَأسُ مُؤنثة مَهمُوزَة الاِناء (يُشرَبُ فيهِ او) ما دامَ الشرابُ فيهِ واِذا فَرَغَ كانَ قدحًا (والكَأسُ ايضًا الشَرابُ) ج أَكْؤُسٌ وكُؤُوسٌ وكاساتٌ وكِياسٌ * ص كَبَسَ البئرَ طَمَّها بالتُرابِ وكَبَسَ دارَهُ هجمَ عليهِ فيها واختفاهُ والكِبْسُ الرأسُ وبيتٌ من طينٍ ولاصلُ والسَنَةُ الكَبِيسَةُ التى تَسْتَرِقُ فى كُلِّ ثَلاثِ سِنِينَ شمسيَّةٍ يومًا من شهرِ شُباطَ فيكونُ ثمانيةً وعشرينَ يومًا والكابُوسُ ما يقعُ على الانسانِ بالليلِ وهو نائمٌ فلا يمكنهُ التحرُّكُ وجاء كابِسًا اى منفوذًا فى غيرِ وتَنَقِّرٍ * ص كَنَسَ كَنْسًا وكِداسًا (وكُداسانًا) عَطَسَ وقد يختصُّ بالبهائمِ والكادِسُ العُطاسُ والكَدْسَةُ العَطْسَةُ (وكَدَسَ بهِ صَرَعَهُ) والكُدْسُ الحَبُّ المجموعُ * الكَرْبَسَةُ مشىُ المُقَيَّدِ * الكُرْدُوسَةُ قِطعَةٌ عظيمةٌ من الخيلِ وكَرْدَسَ الخيلَ جعلَها جيشًا والكَرْدَسَةُ مشىُ المُقَيَّدِ وتكرْدَسَ انقبضَ واجتمعَ * الكِرْسُ (أَبياتٌ من الناسِ مجتمعةٌ ج أَكْرَاسٌ جج اَكارِسُ وأَكاريسُ و) بيتُ المِعْزَى وأَكْرَسَ المِعْزَى أَدخلَها الكِرْسَ (والكِرْسُ ايضًا البَعَرُ والبَوْلُ المُتَلَبِّدُ بعضهُ على بعضٍ) والكُرْسِيُّ بالضمِ والكسرِ السريرُ والعِلْمُ ج كَراسِيُّ والكُرَّاسَةُ جزءٌ من الكتابِ ج (كُرَّاسٌ و) كَراريسُ والقِلادَةُ المُكَرَّسَةُ اَنْ يُفْصَلَ بينَ خَرَزِها الصغارِ بخرزٍ كبارٍ والتكريسُ يونانيةٌ مُعَرَّبَةٌ تخصيصُ الامتعةِ والاواني والمنازلِ لخدمةِ اللهِ وكَرَّسَ البناءَ تكريسًا أَسَّسَهُ وانْكَرَسَ عليهِ انكبَّ * الكَرْفَسَةُ مشىُ المُقَيَّدِ وتكرفَسَ الرجلُ انضمَّ بعضهُ فى بعضٍ (والكَرَفْسُ بقلٌ م والكُرْفُسُ القُطْنُ) * كَرْكَسَهُ قَيَّدَهُ والمُكَرْكَسُ ابنُ الاَمَةِ * (الكَسُّ الدقُّ الشديدُ والكُسُّ للحِرِ ليسَ من كلامهم اِنَّما هو مُوَلَّدٌ والتَكَسُّسُ التَكَلُّفُ و) الكَسِيسُ نبيذُ التمرِ وكُسارُ الخبزِ * الكَعْسُ عِظامُ الاصابعِ ج كِعاسٌ والكُعْسُومُ الحِمارُ * الكِفْلاسُ قِماطُ الصَبِيِّ وانْكَفَسَ الرجلُ تَلَوَّى * الكِلْسُ م والكَلَّاسُ صانعهُ (وكَلَّسَ الحائطَ دَهَنَهُ بهِ) وكَلَّسَ على خصمهِ تكليسًا حَمَلَ وكَلَّسَ عنهُ فَرَّ منهُ (والاِنْكِليسُ لاَنْقَلِيسُ) * كَلْهَسَ الشىءَ خافَهُ وكَلْهَسَ على عملِهِ

والقَسّ والقِسّيس (مُعرَّب) خادمُ الاسرارِ الالهيّةِ وهو دون الخوري في الرتبةِ والاسمُ القُسُوسَة والقِسِّيسَةُ وغلطَ مَن قالَ قُسوسيّةٌ ج قُسُوسٌ وقِسِّيسُونَ وقَساوِسَةٌ (كَثُرَتِ السيناتُ فأبدلُوا من إحداهنّ واوًا) وقَسَّهُ آذاهُ بكلامٍ قبيحٍ و(قُسُّ بن ساعِدَةَ الإياديّ بليغٌ حكيمٌ) •

القَسْقاسُ (السريعُ و)الدليلُ والبَرْدُ والجوعُ والليلُ ولاسدُ وقَسْقَسَةٌ حَرَكَةٌ وقَسْقَسَ أسرَعَ وتَسَقْسَقَ الصوتَ تَسمَّعَهُ • القِسطاسُ بالضمّ والكسرِ الميزانُ القويمُ العادلُ (وميزانُ العَدْلِ روميٌّ مُعرَّبٌ) • القَعَسُ خروجُ الصَّدرِ ودخولُ الظهرِ ضدُّ الحَدَبِ فهو أقعَسُ وهي قَعْساءُ والأقعَسُ الليلُ الطويلُ وتَقاعَسَ تأخَّرَ واقعَنْسَسَ تأخَّرَ ورجعَ الى خلفٍ والمُتَقَعْنِسُ الشديدُ ج مَقاعِسُ ومَقاعِيسُ وتَقَعْوَسَ البيتُ تَهَدَّمَ والشيخُ كَبِرَ • ن قَفَسَ قَفْسًا وقُفُوسًا ماتَ وقَفَسَ الشيءَ أخذَهُ بشدّةٍ وغصبٍ والأقفَسُ (المُقرِفُ و)الطويلُ المنحني (من كلّ شيءٍ) والقَفْساءُ المَعِدَةُ والبطنُ والمرأةُ الرديئةُ وتَقَفَّسَ وثبَ •

المُقَوقِسُ لقبُ كلِّ ملكٍ قبطيٍّ في لاسكندريّةِ وآخرُهم جرجسُ بنُ مينا سَلَّمَ لاسلامِ الديارَ المصريّةَ عِنادًا للرومِ ثمّ أسلَمَ • القَلْسُ حبلُ موساةِ السفينةِ وكلُّ حبلٍ ضخمٍ فيهما ج قُلُوسٌ والتَّقلُّسُ الرقصُ مع الغِناءِ وشُربُ الخمرِ وهيجانُ النفسِ وامتلاءٌ (وقَذْفُ الكأسِ و)البحرِ والفعلُ ض قَلَسَ وبحرٌ قَلَّاسٌ زخّارٌ (والانقَلِيسُ سمكةٌ كالحيّةِ) والقَلَنْسُوَةُ والقَلَنْسِيَةُ (اذا فتحتَ ضممتَ السينَ واذا ضممتَ كسرتَها) بُرنُسُ الراهبِ (وغيرِه تُلْبَسُ في الرأسِ) ج قَلانِسُ وقَلانِيسُ (وقَلاسِيُّ وقَلاسٌ وقَلَنْسٌ واصلهُ قَلَنْسُوٌ فرفضوا الواوَ لانّهُ ليسَ اسمٌ آخِرُهُ حرفُ علّةٍ قبلَها ضمّةٌ فصارَ آخِرُهُ ياءً مكسورًا ما قبلَها فكانَ كقاضٍ) وقَلْسَيْتُهُ وقَلْنَسْتُهُ ألبَسْتُهُ القَلَنْسُوَةَ فتَقَلْسَى وتَقَلْنَسَ والتَّقليسُ الغِناءُ والضربُ بالدُّفِّ واستقبالُ الولاةِ بالملاهي وأنْ يضعَ الرجلُ يديهِ على صدرِهِ ويخضعَ • (القُلْقُلاسُ اصلُ نباتٍ يُؤكَلُ مطبوخًا)

• القَمْسُ ولانقِماسُ الغَوصُ في الماءِ (لازمٌ متعدٍّ) وفعلُهُ ن ض قَمَسَ وقَمَسَ الجنينُ اضطربَ في البطنِ والقاموسُ البحرُ المحيطُ والقَومَسُ الاميرُ ومُعظَمُ الماءِ والقُمُّسُ الرجلُ الشريفُ ورئيسُ الديرِ ج قَمامِسَةٌ وانقَمَسَ النجمُ غابَ • (قَنْدَسَ تابَ بعدَ مَعصيةٍ وقَنْدَسَ في لارضِ ذهبَ على وجهِهِ هاربًا فيها) • القَنَسُ الاصلُ والقِنْسُ والقَونَسُ أعلى الرأسِ ج قَنَوِسُ والقَونَسُ ايضًا أعلى الخُوذةِ وجادّةُ الطريقِ وأقنَسُ الدِّفلى الشيءُ وهو خسيسٌ • (القِنْعاسُ الرجلُ الشديدُ المنيعُ ج قَناعِيسُ والقُناعِسُ العظيمُ الخَلْقِ ج بالفتحِ كجُوالِقٍ وجَوالِقَ) • القَوسُ م مؤنّثٌ (وقد يُذَكَّرُ) ج قِسِيٌّ (وقُسِيٌّ) وأقواسٌ وقِياسٌ والقَوسُ ايضًا الذراعُ يُقاسُ بهِ (وبُرجٌ في السماءِ والسَّبْقُ

ن ص لَمَسَهُ مَسَّهُ بيدِهِ (واللَّمْسُ لصوقُ بإحساسٍ) ولَمَسَ المرأةَ جامَعَها والمَلْمُوسَةُ المرأةُ الزانيةُ الفاجرةُ والمَلْمُوسُ الدَّعِيُّ والمَلْمُوسَةُ الطريقُ والتَمَسَ طَلَبَ وتَلَمَّسَ تَطَلَّبَ (مرَّةً بعدَ أُخرى) والمُلامَسَةُ المُجامَعَةُ والمُماسَّةُ واللَّمِيسُ المرأةُ اللَّيِّنَةُ المَلْمَسِ * اللَّوْسُ الذَّوْقُ وإدارةُ الشيءِ في الفمِ باللسانِ وفعلُهُ لاسَ يَلُوسُ واللُّواسَةُ اللُّقْمَةُ * ع لَهَسَ الصَّبِيُّ الثديَ لَطَعَهُ ولَهَسَ لَحَسَ والمُلاهَسَةُ المُزاحَمَةُ على الطعامِ والمُبادَرَةُ الى الشيءِ * لَيْسَ فعلٌ لنفي الحالِ من أخواتِ كانَ الناقصةِ ترفعُ الاسمَ وتنصبُ الخبرَ نحوَ ليسَ زيدٌ قائمًا واللَّيَسُ الشجاعةُ والغَفْلَةُ والأَلْيَسُ الأسدُ والدَّيُّوثُ والحَسَنُ الخُلُقِ وتَلايَسَ حَسَّنَ خُلُقَهُ وتَلايَسَ عنهُ أغمضَ والمُلايِسُ البَطِيءُ *

م

ع مَأَسَ عليهِ غَضِبَ ومَأَسَ بينَهُم أفسدَ ومَأَسَ الجلدَ عَرَكَهُ (ل) ومَتَسَ الجرحُ اتَّسَعَ والمائِسُ النَّمّامُ * (ص مَتَسَهُ مَتْسًا اذا أرادَهُ لِيَنتَزِعَهُ نبتًا كانَ او غيرَهُ * مَجُوسُ رجلٌ صغيرُ الأذنينِ وضعَ دِينًا ودعا اليهِ مُعَرَّبُ مِنْجِ كُوش و) المَجُوسِيُّ (التابعُ لهُ اى) عابدُ النارِ ج مَجُوسٌ ومَجَّسَهُ تمجيسًا صَيَّرَهُ مَجُوسِيًّا فتمجَّسَ والمُلُوكُ المَجُوسُ الذينَ سجدوا للمسيحِ ثلثةٌ وأسماؤُهُم * كسبارُ * وملكونُ * وبلدسارُ * كانوا من حُكَماءِ بلادِ الفُرْسِ وكُلٌّ منهم قدَّمَ للمسيحِ ثلثَ هدايا ذهبًا ولُبانًا ومُرًّا وكانوا ملوكًا حقًّا وقيلَ كانوا حُكَماءَ * ع مَحَسَ الجلدَ دلكَهُ ودبغَهُ والأَمْحَسُ الدَّبّاغُ * (المِدْقَسُ الإبْرِيسَمُ) * المَرَسَةُ الحبلُ ج مَرَسٌ و(جج) أمراسٌ ن. ومَرِسَ الحبلُ انقلبَ عن البَكَرَةِ ومَرَسَ الصَّبِيُّ إصبعَهُ رضعَها ومَرَسَ يدَهُ بالمِنديلِ مسحَها ومَرَسَ النقيعَ مرثَهُ في الماءِ والمَرْمَرِيسُ الداهيةُ والمارَسْتانُ دارُ المَرْضَى (مُعَرَّبٌ) ومارَسَهُ عالَجَهُ وواظَبَهُ فتَمَرَّسَ وامْتَرَسَ (وتَمارَسُوا تضارَبُوا) * مَرْقُسُ أحدُ الانجيليينَ الاربعةِ استشهدَ في الاسكندريةِ * (ل) مَسِسْتُهُ (أَمَسُّهُ) مَسًّا ومَسِيسًا (ومِسِّيسَى ص ومَسَسْتُهُ اى) لَمَسْتُهُ ومَسَّةً بالفتحِ والكسرِ بمعنى واحدةٍ مَسَسْتُهُ والمَسُّ الجنونُ (مُسَّ) فهو مَمْسُوسٌ وحاجةٌ ماسَّةٌ مُهِمَّةٌ وقد مَسَّتْ اليهِ الحاجةُ والمَسُوسُ من يَمَسُّ الغُلَّةَ فيشفيها والماءُ العَذْبُ وغيرُ العذبِ ضِدٌّ والمَسْمَسَةُ التباسُ الأمرِ * ع مَعَسَهُ دلكَهُ دلكًا شديدًا (ومَعَسَ جاريتَهُ جامَعَها) ومَعَسَهُ أهانَهُ * ع مَغَسَهُ طعنَهُ وجسَّهُ * ن مَقَسَهُ في الماءِ غطَّهُ ومَقَسَ القربةَ مَلأَها ومَقَسَ الشيءَ كسرَهُ ومَقَسَ الماءُ جرى * ض مَكَسَ في البيعِ جارَ والمَكْسُ النقصُ والظلمُ فهو مَكّاسٌ وتماكسا في البيعِ تَشاحّا * المَلْسُ

جذ فيه منكبًا عليه * الكموس العبوس والكيتموس الخلط * كناس الظبي ما يستتر
فيه من الشجر وفعله ض كنس وتكنس فهو كانس (ج كنس وكنس) وجمع الكناس كنس
وتكنس الرجل دخل الخيمة وتكنست المرأة دخلت الهودج والجوارى الكنس المستترات
والنجوم والظباء والكناسة القمامة (ج كنانس) والكنيسة (معربة) المكان المختص لخدمة الله وأسراره
وجماعة المؤمنين ورأس البيعة الاكبر والايمان والكنيسة المجاهدة جماعة القديسين فى الارض
الذين يجاهدون فى سبيل الله وصدق إيمانه والكنيسة المنتصرة مدينة القديسين التى فى السماء ج
كنائس ن وكنس الدار سفرها بالمكنسة اى المسفرة * الكوس الطبل وزاوية النجار يقيس بها
والكوس الوكس فى البيع وفعله كاس يكوس وكاست الدابة مشت على ثلاث قوائم وكوسه تكويسا
قلبه واكتاسه عن حاجته حبسه عنها (وتكوس تنكس * الكهمس الاسد والقبيح الوجه) *
الكيس الظريف ج كيسى وفعله كاس يكيس كياسة وكيسا فهو أكوس وهى كوسى
(وكيسى) والكيس وعاء الدراهم ج أكياس وكيسة والكيس ايضا الشيئة وتكيس تظرف وكيسه
جعله كيسا ظريفا *

ل

ل لبس الثوب لبسا واللباس واللبوس واللبس والملبس والملبس ما يلبس واللبس قشرة رقيقة
فوق عظم الرأس واللبسة الشبهة والملبس الزوجة والزوج والجماع ولباس التقوى الايمان
والحياء وستر العورة واللبوس الدرع (والمبيس الثوب الخلق من كثرة اللبس والمثل والنظير)
س ولبس عليه الامر خلطه والتبسه غطاه وأمر ملتبس مشتبه والتلبيس التخليط والتدليس ولابسه
خالطه (وفى رأيه لبس اى اختلاط) * ل لحس القصعة بلسانه لحسا وملحسا ولحسة واللاحوس
المشئوم واللحاسة (اللبوة واللاحسة) السنة المجدبة واللحوس ذباب النحل ونظيره ع ولحس الدود
الصوف لحسا ولحس الجراد الخضرة أكلها والتحس منه حقه أخذه * ن لدس لدسا
لحس ولدس ضرب بيده والمس خفه تلديسا رقعه (والملديس السمين ج الداس) * ن لس
لسا أكل ولحس * ن لطس لطسا ضرب الشئ العريض بمثله ولطس لطم والملطس
آلة غليظة يكسر بها الحجارة * (اللعس العض وفعله ع و) اللعس سواد مستحسن فى الشفة فعله
ل لعس فهو ألعس وهى لعساء ج لعس وجارية لعساء فى لونها سواد مشرب بحمرة (وما ذقت لعوسا
شيئا * الملعوس اللص الخبيث) * ن ض لغسه عابه واللغبس من يلقب الناس
ويسخر منهم والفطن بالشئ. ل ولقست نفسه الى شئ نازعته اليه والتلاقس التساب *

المتقذر والمتأنق في الكلام وفي الامور كلها * النعاس م (وهو فترة الحواس واول النوم)
وفعله ع نعس فهو ناعس ونعسان وتناعس تناوم وانعس كسل * النفس (مؤنثة)
الروح الناطقة التي خلقها الله على صورته ومثاله والروح ايضًا ونفس كل حيوان دمه ج
انفس ونفوس ونافس عاين وعلمت ما في نفسي ونفسك اي عندي وعندك وجاءني
نفسه اي عينه وذاته والنفس ايضًا العظمة والعزة والهمة والانفة والعيب والارادة والعقوبة
والنفس واحد الانفاس والسعة والفسحة في الامر (والجرعة والري) وطولة الكلام ونفس
تنفيسًا فرج والنافس والنفيس والمنفوس الثمين وفعله ر نفس نفاسة ونفاسًا والنفيس
المال الكثير ل ونفس به بخل ونفس الشيء عليه نفاسة لم يكن اهلًا له والنفاس ولادة
المرأة فاذا ولدت فهي نفساء (ونفساء ونفساء) ج نفاس بالكسر (والضم) ونفس بالضم
وبضمتين ونوافس ونفساوات وفعله ل نفست والولد منفوس وانفسه اعجبه وانفسه
فيه رغبه وتنفس الصبح تبلج ونافس فيه وتنافس رغب * النقرس داء المفاصل
والهلاك والنقرس ايضًا والنقريس الدليل الحاذق والطبيب الماهر * الناقوس ما
يضرب به في الكنائس لاوقات الصلوات وفعله ن نقس والنقس العيب والسخرية
والحرب والنقس المداد ج انقاس وانقس ونقس ونقس دواته تنقيسًا حبرها (ونقسه
لقبه) والناقس الحامض والانقس ابن الامة * ن نكسه تنكيسًا قلبه على رأسه
والانكيس في ضرب الرمل ما كان ضد القلاح والنكس والنكاس عود المرض ثانيًا وفعله
نكس مجهولًا فهو منكوس وتعسًا له ونكسًا شتم والناكس المطاطئ رأسه ج نواكيس
وانتكس وقع على رأسه * الناموس ما فرضه الله تعالى على عباده واسم الرجل
المطلع على سرك والبشير بسر الخير ومنه سمي جبرائيل الملك بالناموس لانه كان صاحب
سر البشارة لسيدتنا مريم العذراء عليها افضل السلام والناموس ايضًا الرجل الحاذق
والنمام وشرك الصائد (وقترته) ومربض الاسد ل ونمس السمن نمسًا فسد والانمس الاكدر
وانمس افسد (ونامسه ساره وانمس استتر) * ن نوس الشيء نوسًا ونوسانًا تردد
وهو معلق والناس جمع إنسان وأناسه حركه ونوس بالمكان اقام والنوئيتي سريانية كتاب
جناز الموتى * ع ل نهس اللحم اخذه بمقدم اسنانه ونهسه نتفه والمنهوس الرجل
القليل اللحم والنهاس الاسد * (نيسان رابع الاشهر)

والامِلاسُ الظلامُ ن ومَلَسَ خصيةَ الكبشِ سَلَّها بعُروقها والمَلاسَةُ والمُلُوسَةُ ضدُّ الخُشونةِ وفعلُهُ
ر ن مَلُسَ والاَمْلَسُ الصحيحُ الظهرِ والمَلِيساءُ نصفُ النهارِ والشتاءِ والامِلِيسَةُ الفلاةُ لا نباتَ
فيها والرُّمّانُ الامِلِيسيُّ الضعيفُ النَّوَى وَاَمْلَسَ وتَمَلَّسَ اَفْلَتَ * المامُوسَةُ الحَمْقاءُ الخَرْقاءُ
والنارُ * (المَنْسُ النشاطُ والمَنْسَةُ المُسِنَّةُ من كلِّ شيءٍ) * مَاسَ مَوْسًا حلقَ شعرَهُ والمُوسَى
مؤنثةً ما يُحلَقُ بها ومُوسَى النبيُّ اَوَّلُ الانبياء اَخرجَ بني إسرائيلَ من مصرَ ورجلٌ ماسٌ
لا يُؤثِّرُ فيهِ العِتابُ وَاَلْمَاسُ ضربٌ من الجواهرِ وقولُهم اَلْمَاسُ لحنٌ * مَاسَ مَيْسًا
ومَيَسانًا تبختَرَ فهو مائسٌ ومَيُوسٌ ومَيّاسٌ ومَاسَ مَجَنَ والمَيّاسُ الاسدُ والذئبُ والمَيْسُونُ
الغلامُ الحَسَنُ *

ن

النِبْراسُ المِصباحُ والسِنانُ * ض نَبَسَ نَبْسًا ونُبْسَةً تكلَّمَ (فاَسْرَعَ وتحرَّكَ وهو اَنْبَسُ
الوجهِ عابسُهُ) * النَجَسُ بفتحٍ فكسرٍ وبالتحريكِ (وبالفتحِ وبالكسرِ وبفتحٍ فضمٍّ)
ضدُّ الطاهرِ وفعلُهُ ل ر نَجِسَ وَاَنْجَسَهُ ونَجَّسَهُ فتنجَّسَ وداءٌ ناجِسٌ ونَجِيسٌ لاشفاءَ لهُ وتَنَجَّسَ
اتَّقَى النجاسةَ وليستِ النجاسةُ الَّا الاثمَ فقط لانَّ اللهَ لم يخلقْ شيئًا نَجِسًا * النَحْسُ
ضدُّ السعدِ وفعلُهُ ل ر نَحِسَ فهو نَحِسٌ واَيّامٌ نَحِسَةٌ (ونَحِيسَةٌ) والنَحْسانِ زُحَلُ والمِرِّيخُ
وعامٌ ناحِسٌ ونَحِيسٌ مجدبٌ والمَناحِسُ المَشائِمُ (والمَنْحُوسُ المَشْؤُومُ على غيرِ القياسِ)
والنُحاسُ ايضًا الامرُ المظلمُ والنحاسُ مُثَلَّثَةَ الصُفْرُ والنارُ والطبيعةُ ع نَحَسَهُ جفاهُ وعَنَّتَهُ
وتَنَحَّسَ تركَ اَكلَ اللحمِ * ن ج نَخَسَ الدابَّةَ غرزَ مُؤخَّرَها بالمِنْخَسِ والنَخّاسُ
بيّاعُ الدوابِّ وبيّاعُ الرقيقِ والاسمُ النِخاسَةُ بالكسرِ والفتحِ وابنُ نِخْسَةٍ ابنُ زِنْيَةٍ *
النَدْسُ الطعنُ والنَدْسُ والنَدِسُ السريعُ السمعِ والفهمِ وفعلُهُ ل نَدِسَ والمَنْدُوسَةُ الخُنْفُساءُ
ن ونَدَسَهُ عن الطريقِ نَحّاهُ * النِرْتِكْسُ يونانيّةٌ الرواقُ اَمامَ بابِ الكنيسةِ * النَسُّ
والنَسِيسُ والنَسُوسُ السَوْقُ والزجرُ وفعلُهُ ن ض نَسَّ والنَسُّ ايضًا الذهابُ وورودُ الماءِ
والمِنَسَّةُ العصا ومَنَسّا بنُ يوسفَ الحُسْنِ ومَنَسّا بنُ حَزْقِيّا ملكُ يهودا تابَ بعدَ معصيةٍ
والنَسِيسُ غايةُ جُهْدِ الانسانِ والخليقةُ وبقيّةُ الروحِ والنَسْنَسَةُ الطبيعةُ والنَسانِسُ قومُ ياجوجَ
وماجوجَ وقطعَ اللهُ نَسْناسَهُ اي اَثرَهُ ونَسْنَسَ ضعفَ * النسطاسُ روميّةٌ العالِمُ بالطبِّ
* النِطْسُ بالفتحِ وبفتحٍ فكسرٍ (اَو) فضمٍّ العالِمُ وفعلُهُ ل نَطِسَ والنطاسيُّ بالكسرِ
وبالفتحِ العالِمُ والنَطِيسُ المُتَطَبِّبُ والناطِسُ الجاسوسُ والنُطُسُ الاَطبّاءُ الحُذّاقُ والنَطِسُ

كتبا كثيرة وسعى فى ترجمة التورية على يد سبعين حبرا من اليهود ولقب بالسبعينى وجرنس ايضا اسم صنم افنوس ٭ ن هنسه دقه وكسره ص وهس الرجل حدث نفسه وهس كلمة زجر والهسيس الكلام الخفى والهساس السهار والقصاب والهسهسة تسلسل الماء ومشى الليل والصوت الخفى والفعل فتهسهس ٭ (التهطرس التمايل فى المشى والتبختر فيه ٭ الهطلس والهطلس اللص القاطع والذئب وتهطلس اللص احتال فى الطلب ٭ الهقلس السيء الخلق والذئب والثعلب ج هقالس ٭ الهكارس الضفادع ٭ الهكلس الشديد) ٭ الهلس الدقة والضمور ومرض السل والفعل هلس مجهولا فهو مهلوس ص وهلسه المرض انحله واهلس ضحك متبسما ومهتلس العقل مسلوبه (وهالسه سارّه) ٭ الهمس الصوت الخفى والعصر والكسر ومضغ الطعام والفم منضم وسير الليل وهمس الصوت فى التكلم وفعل الكل ن همس والمهامسة المسارّة (والهموس والهملس الاسد) ٭ هنبس لاخبار تجسسها ٭ الهندبس (الاسد الجرىء و) الرجل المجرب النقاد والمهنبس المهندز ولاسم الهندسة ٭ الهوس الدق والكسر والطوف بالليل ولافساد وشدة لاكل والفعل هاس يهوس وهاس الذئب فى الغنم عاث فيها والهوس نوع من الجنون. فهو مهوس والهواس الشجاع والهويس الفكر ٭ الهيس آلة القدان والسير وهاسهم داسهم والاهيس الشجاع وهيس هيس كلمة تقولها النوتية عند لاغراء بالعمل ٭

ي

اليأس القنوط اى ضد الرجاء وقطع لامل وفعله ع ص يئس (ييئس وييأس) ٭ ص س يبس جف فهو يابس ويبس ويبيس واليبس ما كان جافا طبعا واليبس اسم الطريق الذى فتحه موسى النبى فى بحر القلزم ويشوع بن نون فى نهر الاردن وايبس الشىء ويبسه جففه وجبل يابوس فى القدس صلب عليه السيد المسيح ٭ ص يسّ يسا سار ويسى ابو داود النبى ٭ يوسيا ملك يهودا ٭ يوداس او يوضس كان تلميذ المسيح واخيرا اسلمه الى اليهود ليصلبوه ثم خنق نفسه يأسا ٭

و

الوَجْسُ والوَجَسانُ فَزَعُ القلبِ والصوتُ الخفيُّ وفعلهُ ض وَجَسَ والواجِسُ الهاجسُ وأوْجَسَ فى نفسهِ أحسَّ وأضمَرَ وتَوَجَّسَ تسمَّعَ الصوتَ الخفِيَّ ٭ الوَدِيسُ النباتُ الجافُّ ض وَدَسَ اليهِ بكلامٍ بَدَأَ بهِ ولم يَتَبَيَّنْهُ ٭ الوَرْسُ نباتٌ صِبْغُهُ أصفرُ ووَرَّسَ الثوبَ توريسًا صبغهُ بهِ ل ووَرِسَتِ الصخرةُ فى الماءِ ركبها الطُّحْلُبُ وأوْرَسَ الشجرُ أورَقَ ٭ (الوَسُّ العِوَضُ و) الوَسْواسُ الشيطانُ وصوتُ الحَلْيِ والوَسْوَسَةُ حديثُ النفسِ وهاجسُ ابليسَ (والقولُ الخفيُّ لقصدِ الاضلالِ) وفعلهُ وَسْوَسَ لهُ واليهِ ٭ ض وَطَسَهُ وَطْسًا ضربهُ بالخُفِّ ووَطَسَهُ كسرهُ والوَطِيسُ التنّورُ الحامِي (والوَطْسَةُ شِدَّةُ الامرِ والوَطْواسُ الراعي وتَواطَسَ الموجُ تلاطَمَ) ٭ الوَعْسُ (الوطءُ والاثرُ والوَعَسُ) والوَعْساءُ الرملُ السَّهْلُ اللَّيِّنُ يغوصُ فيهِ الشئُ ومكانٌ أوْعَسُ ج وُعْسٌ وأواعِسُ وأوْعَسَ مَشَى فى الوَعْسِ ٭ الوَقْسُ الفاحشةُ والجَرَبُ ٭ الوَكْسُ النقصانُ (والتَّنقيصُ لازمٌ متعدٍّ) وفعلهُ ض وَكَسَ والواكِسُ ايضًا مَنزِلُ القمرِ الذى يُخسَفُ فيهِ وأوْكَسَ مالُهُ ذهبَ والتوكيسُ (التوبيخُ و) النقصُ والأوْكَسُ الخسيسُ ٭ الوَلْسُ الخيانةُ والخديعةُ وفعلهُ ض وَلَسَ والمُوالَسَةُ الخِداعُ والخُبْثُ (والوَلّاسُ الذِّئبُ) ٭ الوَمْسُ احتكاكُ الشئِ بالشئِ وفعلهُ ض وَمَسَ والمُومِسَةُ الفاجرةُ ج مُومِساتٌ ومَوامِيسُ ٭ الوَهْسُ (شِدَّةُ السيرِ والبِرُّ والتطاوُلُ والاحتيالُ والنميمةُ (والوطءُ) والدَّقُّ والكسرُ وفعلُ الكُلِّ ض وَهَسَ (والوَهْواسُ الاسدُ) ٭ وَيْسٌ كلمةٌ تستعمَلُ فى موضعِ الرأفةِ والوَيْسُ الفقرُ (وما يُريدُهُ الانسانُ منهُ) ٭

ﻫ

(التَّهَبْرُسُ التَّبَخْتُرُ) ٭ الهِجْرِسُ القِرْدُ والذئبُ والثعلبُ واللئيمُ والهَجارِسُ شدائدُ الأيّامِ ٭ ن هَجَسَ الشئُ فى صدرِهِ خطرَ ببالهِ والهَجْسُ الوسواسُ ن وهَجَسَهُ رَدَّهُ عن الامرِ فانهَجَسَ وخبزٌ مُنهَجِسٌ فطيرٌ ٭ (الهِجْنِسُ الثقيلُ) ٭ هَدَسَةُ بالفتحِ لقبُ استيرَ الاسرائيليّةِ ٭ الهَرْسُ الاكلُ والدَّقُّ العنيفُ ومنهُ الهريسةُ وفعلهُ ن هَرَسَ والمِهْراسُ الهاوُونُ والأكولُ والثقيلُ الجسيمُ والهَرّاسُ (والهَرِسُ والهِرْماسُ) الاسدُ الأكولُ ل وهَرِسَ الرجلُ اشتدَّ أكلُهُ ٭ الهِرْمِلسُ والهِرْمِيسُ (والهِرْماسُ) الاسدُ الضاري والهَرْمَسَةُ العَبُوسَةُ وهِرْمِسُ النَّاسِ وفعلهُ هَرْمَسَ وهِرْمِسُ من ملوكِ مصرَ جمعَ

ج

الجأش بالهمز وبغيره اضطراب القلب عند الفزع والنفس ج جؤوش ع وجاشت نفسه ارتاعت من حزن او فزع وجاش اليه اقبل * ص جبش الشعر حلقه * الجحش ولد الحمار والمهر ايضا ج جحاش وجحشان وهى جحشة والجحش ايضا الجفاء والغلاظة والجهاد وفعله ع جحش والجحيش الناحية والمتنحى من الناس وجاحشه دافعه * ن ص جرش الشئ لم ينعم دقه فهو جريش وجرش الجلد نقمه بالدلك وجرش رأسه حكه بالمشط والجرش صوت جلد الحية (اذا حكته برأسها واتيته بعد جرش من الليل بالتثليث والتحريك اى ما بين اوله الى ثلثه) والجريش الرجل النجيب والملح الفاسدة واجترش لعياله كسب واجترشه احتلسه * ن جشه واجشه دقه وكسره وجشه بالعصا ضربه بها وجشه بالمكان كبسه وجش الباكى استخرج دمعه وجش الحنطة جرشها فهى جشيش (والجش) والمجشة الرحى والجش والجشان القفر والجش الجبل ج جشاش والجشة صوت غليظ من الخياشيم فيه بحة والاجش الغليظ الصوت * ص جلش حلب باطراف الاصابع * ن جمش رأسه حلقه والجموش السنة التى تحرق النبات والجمش الصوت الخفى والجمش ايضا والتجميش المغازلة والملاعبة وفعله جمش وجمش تجميشا (ولا يسمع فلان اذنا جمشا اى ادنى صوت اى لايقبل نصحا او معناه نتصامم عنك وعنا لا يلزمه) * ص جنش المكان اجدب والجنش آخر السحر * الجوش وسط الانسان والليل (وسير الليل كله) والجوش صدر الانسان وتجوش الليل مضى منه قطعة * ل ع جهش الصبى جهشا وجهوشا وجهشانا واجهش التجا الى امه يبكى وجهش من الشئ جهشانا خاف وهرب منه واجهش تهيأ للبكاء * ض جاش البحر وغيره جيشا وجيوشا وجيشانا غلا واضطرب وجاشت العين فاضت عبرتها وجاشت النفس تهيأت للغثيان وللحزن والفزع والجائشة النفس والجيش الجند (او السائرون الى الحرب) *

ح

(الحبربش المعقود) * الحبش والحبشة والاحبش قبيلة (من) السودان ج حبشان واحابش والحبشة بلاد الحبشان والحباش (والاحبوش والاحبوشة) الجماعة (من الناس ليسوا من قبيلة ج احابيش) والحبشى الشديد السواد ن وحبش له حبشا وحباشة وحبش تحبيشا جمع له شيئا * الحتروش الصغير الجسم والغلام النشيط وتحترشوا اجتمعوا * ن حتش القوم

حرف الشين

ا

ن أبَش أبشًا جمع والأباشة جماعة الناس • الأتيشة الرجل الجائع الضعيف المتهوّر • أخشورش من ملوك الفرس • الأرش دية الجرح (والرشوة) ولاختلاف بين المتخاصمين ولاغراء ولاعطاء والفعل ن أرش • الأش الخبز اليابس والتهيّؤ للشرّ وفعله ن أشّ والأشاشة الهشاشة وفعله ض أشّ •

ب

ع بَبَشة صرعة عفلة ولم يمانع • بَرْخَش ضجّ وصخب وافتتن • البَرَش والبُرْشة أن يكون في رأسه شعرات تخالف لون شعره فهو أبرش وبريش وارض برشاء نباتها مختلف اللون وسنة برشاء كثيرة النبات والبرشاء الناس سريانية مركبة من بار وناشا اى ابن الانسان والأبرشيّة يونانية أمّ المدن • المُبَرْطِش الدلّال بين البائع والمشتري وفعله برطش • البَرْغَش البعوض وابرغش برأ من مرضه • أبو براقش طائر صغير اذا هيّج انتفش فتغيّر لونه ألوانًا شتى وابو براقش ايضًا كنية من يخلط في كلامه والبَرْقَشة خلط الكلام وفعله برقش وتبرقش تزيّن بألوان مختلفة • البَشّ والبَشاشة طلاقة الوجه واللطف في المسألة وفرح الصديق بصديقه والفعل س بشّ فهو أبشّ وبشوش وبشيش وتبشبش به آنسه • ن ض بطش به وابطشه أخذه بالعنف والسطوة والبَطْش العنف والبأس ن وبطش من الحمّى أفاق (والمباطشة المعالجة) • البَعْشة ما يدخل من الكوّة من الهباء وطش باغش ضعيف • البَوْش الجماعة المختلطة من قبائل شتى والبَوْش ايضًا بنوا لاب وصبيح النلس وفعله باش يبوش وبوّشوا وتبوّشوا اختلطوا (والبوشيّ الفقير المعيل) • ع بَهَش عنه بحث وبهش اليه مال وبهش الشيءَ تناوله ولم يأخذه وبهش تهيّأ للبكاء والضحك ضدّ وبهش القوم اجتمعوا • بَيَّش الله وجهه بيّضه وحسّنه •

ت

ل تَوِش حلقه توشًا بالفتح والتحريك ساء ونزق فهو توش وتارش • ن تَمَشه جمعه.

خ

ن خَبَشَ الاشياء جمعها من حواليه وتناولها * ض خَدَشَ الجلد خمشه والاسم الخَدْشُ ج خُدُوشٌ والخَدُوشُ (الذباب و) البرغوث والمخادش الهر * خَرْبَشَ الكتاب افسد كتابته * ض خَرَشَهُ خدشه وخرش واخترش طلب الرزق والكسب والخُراشة النُّحاتة (وما عنه خُراشة اى حق صغير) والخَرْشُ رُذال المتاع ج خُرُوش والخِرْشاء جلد الحيّة وقشر البيضة والبلغم وتَخارشت الكلاب تهارشت (ورجل خَرِش وخَرُوش لا ينام * المَخْرَفش بالفتح المخلّط) * خَرْمَشَ الكتاب أفسده * الخِشْلاش (ويثلّث الجوالق والقصب والجانب و) الرجل النجيب والحيّة (ومثلّثة حشرات الارض والعصافير ونحوها وبالفتح الرديء، واخشّشت فلانا شنأته ومللته) والخُشُّ التلّ والخُشَيْش (والخَشَش) الغزال الصغير والخَشْخَشَة صوت السلاح ن وخَشَّ في الشيء وانخشّ (وتَخَشْخَش) دخل فيه (وغاب وتخشخش صوّت والخَشْخاش م مُنوِّم مُخدِّر) * الخُفّاش الوطواط ج خفافيش والخَفَش صِغَر العين وضعف البصر والأخفش ضدّ الاعشى اى أن يبصر بالليل دون النهار والفعل ل خَفِشَ (وخفّشه تخفيشا خذله وفلانا صرعه ووطئه) * ن ض خَمَشَ وجهه خدشه وخمشة ضربه ولطمه والخَمُوش البعوض * (الخَوْش الخاصرة والطعن والنكاح و) خاش الوعاء يخوشه حشاه وخاش ماش بالبناء على الفتح والكسر قماش البيت وسقط متاعه وتخوّش هزل * الخَيْش نسج من مشاقة الكتان ج أخياش وخيوش *

د

الدَّبْش (القشر والأكل و) محرّكة أثاث البيت وسقط متاعه * (الدَّشّ السَّير) * الدَّغَش الظلمة ع ودَغَش وادّغش دخل في الظلام ودغش عليهم هجم والمداغشة المزاحمة والحوَمان حول الماء عطشا * دَغْمَش في المشي أسرع * الدَّمَش الهيجان والثوران من حرارة وفعله ن دَمَش * دَنْقَش بينهم أفسد * ل دَوِشَت عينه فسدت من داء أصابها فهو أدوش وهي دوشاء والدَّوَش ظلمة البصر * ل دَهِشَ تحيّر وذهب عقله من وله (او ذهل فهو دَهِشٌ ودُهِشَ مجهولا) فهو مدهوش وأدهشه حيّره * (الدَّهْلَشَة الخديعة ومغازلة الرجل المرأة) * الدِّيش الديك *

ر

الرَّبَش بياض في ظفر الصبيّ (ورجل أربش مختلف اللون) وأربش الشجر أورق * (ترتعش تحرّك وارتخش اضطرب) * الرَّشّ والتَّرْشاش نفض الماء (والدم والدمع

احتشدوا وحتش النظر اليه ادامه • (الجربش و) الجربشة كالافعى (او الخشناء فى صوت مشيها) والجربيش الخشن • الحرش كالاثر والجماعة ج حراش والحرشة الخشونة وفعله ن حرش فهو أحرش والتحريش كالاغراء بين القوم وبين الكلاب (وحرش فلانا خدشه واحترش لعياله اكتسب) • ن حش النار أوقدها وحش الجنين مات فى بطن امه وحشت اليد واحشت شلت وحش الفرس أسرع وحش الحشيش قطعه وحش فلانا اصلح أموره والمحش والمحشة بالكسر شئ تحرك به النار والمحش ايضا والحش مثلثة الكنيف ج حشوش وحشون والحش الولد الميت فى بطن امه (والمحشة الدبر ج محاش) والحشيش الكلأ اليابس والحشاش والحشاشة بقية الروح فى المريض (وحشاشا كل شئ جانباه) والحشة القبة العظيمة ج حشش واحشت المرأة يبس الولد فى بطنها واحتش الحشيش طلبه وجمعه وتحششوا تفرقوا وتحركوا واستحش عطش واستحش الغصن طال • ن حفش الشئ قشره واستخرجه وجمعه والحفش وعاء المغازل والسقط والبيت الصغير جدا والشئ البالي (والسنام والفرج والدرج) والجوالق الكبير ج أحفاش (وأحفاش البيت قماشه ورذال متاعه ومن الارض صبابيها وقنافذها) وحفشت المرأة زوجها احبته وحفشت السماء جاءت بمطر شديد ساعة • ن حكش حكشا جمع وتقبض • ن حمشه وحمشه تحميشا جمعه وحمشه واحمشه أغضبه وحمش القوم ساقهم بغضب ل وحمش حمشا وحمشة غضب وحمش الشر اشتد والأحمش الدقيق الساقين وقد حمش والحميش الشحم واحمش النار قواها • حنبش رقص ووثب وغشي عليه ومشى ولعب وحدث وضحك • الحنش الذباب والحية الذكر وحشرات الارض ج أحناش والمحنوش ملدوغ الحنش ض وحنشه من الشئ واحنشه طرده عنه وحنش الصيد صاده واحنشه أعجله • (الجنبش والجنفيش الافعى) • حاش الصيد يحوشه واحاشه واحوشه جاءه من حواليه ليسوقه الى الشرك والحوش ساحة الدار (عراقية) ج احواش والحلش سريانية كتاب جناز المسيح والحواشة ما يستحيى منه والقرابة والحاجة وما يكون فيه إثم والمجانبة هجرا والحيشة الحرمة والحشمة وحاش لفلان اى تنزيها له ولا يقال حاش لك بل حاشاك وحاشا لك والحوشي الكلام الغامض والليل المظلم وحوشى كالركاني ويقال فيه خوسى صديق داود النبي كان يخادع ابيشالوم ليدفع شره عن داود ابيه والمحاش اثاث البيت والتحويش التجميع واحتوشوا على فلان وتحاوشوه جعلوه وسطهم وتحوش تنحى واستحيى وانحاش عنه نفر وانحاش تغيظ • حاش يحيش فزع وحاشه افزعه لازم متعد وحاش انكمش واسرع وتحيشت نفسه نفرت وفزعت والحيشان الكثير الفزع والمذعور •

الطَشّ والطَشيش المطرُ الضعيف ن ص وطشّت السماء وأَطشّت أمطرت الطشّ والطشّةُ الصغيرُ من الصبيانِ * الطَغمشة ضعف البصرِ * الطَفْش النكاح وفعلهُ ن طفش والطفش ايضًا الشيْء القذِرُ * ديرُ طاميش في بلادِ كسروان * الطَوْش خِفّة العقلِ وفعلهُ طاشَ يطوش (وطوّش تطويشًا تطَلّ غريمهُ * ع طهشَ طهشًا أفسد عملهُ) * طاشَ السهمُ يطيشُ مالَ من الغرضِ وطاش عقلهُ ذهب وطاش طيشًا نزق وخفّ فهو طائش وطيّاش *

ع

العَبْش الصلاحُ في كلّ شيْء والغباوة وفعلهُ ن عَبَش وفيهِ عَبْشة بالفتحِ (والتحريك) غفلة * العَرْش عرش اللهِ الذي رآهُ اشعيا وحزقيال ويوحنا الحبيبُ ولا تسأل ما هو لأنهُ غيرُ مُدرَكٍ بالعيانِ والكلام فيهِ كثيرٌ في كتابِ العنوانِ العجيبِ والعرش ايضًا الكنيسةُ وأورشليم ومريمُ العذراء لأنها حوت اللهَ داخلها وسريرُ الملِكِ وركن الشيْء والسقفُ والخيمةُ والعزّ ج عُروش (وعُرش وعِرَشة) وأعراش والعَرْش ايضًا رئيسُ القوم والجنازة والمُلك وعُشّ الطائرِ والمِظلّة من قصبٍ وخشبٍ وثُلّ عرشهُ أماتهُ وأذهب عزّهُ ومُلكهُ والعُرش عظمان تحت اللسانِ والعرش الهودجُ ومِظلّة الكرمِ ن ص وعَرَشَ وأعرَشَ بَنى عريشًا وعَرِش الرجلُ (ل وعرِش) بطرَ وعرّشَ الكرمَ رفع دواليَهُ على (العريشِ اي) الخشبِ وعَرَش وعرّش بالمكانِ أقامَ وعَرّش عَنِي عدلَ وعرّش البيتَ سقّفهُ وتعرّش بالامرِ تعلّقَ بهِ واعترشت الداليةُ ركبت العريش * ن عَشّ بدنُ الرجلِ عشاشةً وعشوشةً (وعشيشًا) نحِلَ وضمُر والعَشّ الجمعُ والكسبُ والضربُ (والطلبُ وإقلالُ العطاء) والعطاء القليلُ والعُشّ موضعُ الطائرِ من القشِّ واعتشهُ صدّهُ من حاجتهِ وأعشّ اللهُ بدنَهُ أنحلهُ وعشّش الطائرُ (واعتشّ) اتّخذ لهُ عُشًّا * العَطَش م وفعلهُ ل عَطِشَ فهو عطِشٌ (وعطِشٌ) وعطشانُ (الآنَ) وعاطِشٌ (غدًا) ج عطشى وعَطاشى وعِطاش وهي عطِشةٌ وعطشى وعطشانةٌ ج عطِشاتٌ (وعِطاش) وعطشاناتٌ والعطشانُ المشتاقُ (والعُطاش داء لا يروى صاحبهُ) والمَعطَشة الارض التي لا ماء فيها ج معاطيش وأعطش عطِشت مواشيهِ وأعطشهُ أظماهُ * ص عَفَشَهُ جمعهُ وعُفاشة الناسِ أراذلهم * (عَقَش العودَ عطفهُ والمالَ جمعهُ) * ل عَكِش الشعرُ وتعكّش تلبّدَ وتجعّد وعكِش النباتُ كثُرَ والتفّ والعَكِش (من الشعرِ الجعدُ و) الرجلُ لا خيرَ فيهِ ص وعكش (عليهم عطفَ وحملَ و) الشيْء جمعهُ وعكّشهُ شدّ وثاقهُ (وتعكّش تقبّض والشيْء تقبّض) * العَمَش

والمطرُ القليلُ) ج رِشاشٌ والرشاشُ ما ترشّشَ من ماءٍ وغيرهِ والفعلُ ن رشَّ ورشّتِ السماء وأرشّتْ مطرتْ والرشرشةُ الرخاوةُ * ل ع رعِشَ رعْشًا ورعَشًا أخذتْهُ الرِعْدةُ وأرعشهُ أخافهُ والرعِشُ والرعشيشُ الجبانُ والمقدامُ في الحربِ ضدٌّ وارتعشَ ارتعدَ والرعشنُ المرتعشُ * رعّشَ نفسهُ ترعيشًا نعّمها * الرفشُ بالفتحِ والضمِ (والمرفشةُ) الجرفةُ والدقُّ والتنعّمُ في الاكلِ والشربِ والفعلُ ن رفشَ ورفشَ في الشيء رفوشًا اتّسعَ ل ورفشتْ أذنهُ عظمتْ واتّسعتْ فهو أرفشُ وارفشَ انهمكَ في الاكلِ والنكاحِ وترفيشُ اللحيةِ تسريحُها حتّى تصيرَ كالرفشِ * الرقشاء الحيّةُ المنقّطةُ ورقّشَ كلامهُ ترقيشًا زيّنهُ وزخرفهُ وترقّشَ تزيّنَ * الرمشُ اللمسُ باليدِ والتناولُ بأطرافِ الاصابعِ وفعلهُ ن ض رمشَ والرمشُ الرَبَشُ وحمرةٌ في الجفونِ مَعَ سيلِ الدمعِ فهو أرمشُ وهي رمشاء والمِرماشُ مَن يُحرّكُ عينيهِ عندَ النظرِ كثيرًا وارضٌ رمشاء مخصبةٌ ومجدبةٌ ضدٌّ وأرمشَ الشجرُ أورقَ * راشهُ المرضُ يَرُوشهُ أضعفهُ (والروشُ الاكلُ الكثيرُ والقليلُ ضدٌّ) * الرواهشُ عروقُ ظاهرِ الكفِّ والرهيشُ الترابُ الدقيقُ المنهالُ والضعيفُ القليلُ اللحمِ والارتهاشُ الارتعاشُ (وارتهشوا وقعتِ الحربُ بينهم) * ريشُ (وراشُ) الطيرِ م ج أرياشٌ ورياشٌ والريشُ والرياشُ اللباسُ الفاخرُ والريشُ ايضًا الخِصْبُ وحُسْنُ المعاشِ وراشَ السهمَ وريّشهُ ألزقَ عليهِ الريشَ وراشَ الصديقَ أطعمهُ وكساهُ وأصلحَ حالهُ والرائشُ السفيرُ بينَ الراشي والمرتشي والرائشُ السهمُ المريشُ والريّشُ كثرةُ الشعرِ في الاذنينِ والوجهِ فهو أريشُ *

ش

شمشونُ الجبّارُ من سِبْطِ دانَ قاضي بني إسرائيلَ خلّصهم من أسرِ الفلسطيّين * الشواشُ والتشويشُ الاختلاطُ بينَ القومِ (والتشويشُ ايضًا التخليطُ وتشوّشَ عليهِ الامرُ تخلّطَ وقد جاء في شعرِ للطغرائي وهو * باللهِ يا ريحُ إنْ وافيتِ ثانيةً * من صُدْغهِ فاقيمي فيهِ واستتري * وإنْ قدرتِ على تشويشِ طرّتهِ * فشوّشيها ولا تُبْلي ولا تذري) *

ط

الطبشُ الناسُ * (ل طَخِشتْ عينهُ طخشًا وطخشانًا أظلمتْ) * الطرشُ الصممُ وفعلهُ ل طرِشَ والاسمُ الطرشةُ فهو أطرشُ والطروشُ ج طُرشٌ * طرمشَ الليلُ أظلمَ *

يبسط فينام فوقه ج فُرُش والفراش ايضا الزوجة وعش الطائر وقعر الفم (وهو حسن الفرشة اى الهيئة) وما افرش عنه ما اقلع وافرشه اغتابه وافرش السيف رققه وارهفه وافرش المكان كثر فيه الفراش وفرّش الدار تفريشا بلّطها وفرّش الطائر على الشيء تفريشا وتفرّش رفرف عليه وافترشه وطئه وبسطه وافترش (فلانا غلبه وصرعه وافترش المال اغتصبه و)ترجمة استباحة بالوقيعة وافترش الشيء انبسط • ن فشّ الزق اخرج ما فيه من الريح وفشّ الرجل تجشأ والفش النميمة ولاحمق والفنفاش والفنوش المفتخر بالباطل وفنفش الرجل ضعف رأيه وافرط فى الكذب • ن فقش البيضة كسرها بيده • (الفنجش الواسع • فنخشه غلبه) • فنش فى لامر تفنيشا استرخى • ض فاش الحمار الاتان علاها وفاش الرجل افتخر وتكبّر فهو فيّاش وفائش وفيشون نهر جيحون والفيّاش المفتخر بالباطل والسيد المفضال ضد •

ق

(القرنشوش قماش البيت • الاقتحاش التفتيش وهذا احد ما جاء على الافتعال متعديا وهو نادر) • ن ض قرشه قطعه وقرشه ضمّ بعضه الى بعض والقرواش الطفيلى وقورش من ملوك الفرس امر ببنيان هيكل الله فى اورشليم بعد هدمه من بختنصر وردّ اليه اوانيه واقترش وقع فيه مغتابا والتقريش التحريك ولاغراء ولاكتساب والقريش ضرب من الجبن وتقرّشوا تجمّعوا وتقرّش فلان تنزّه من الدنس وتقرّشه اخذه شيئا فشيئا قرمشه افسده وقرمش الشيء جمعه • ن قشّ الرجل وقشقش اكل كل ما قدر عليه على المائدة من ههنا وههنا وقشّ الشيء جمعه وقشّ اكل ما على المزابل وقشّ اكل كسر الصدقة وقشّ النبات يبس والقش يبيس النبات والدلو الكبيرة والقشة القردة والقشيش والقشاشة قصالة الموائد من الكسر وغيرها والقشيش صوت جلد الحية واقشّ برأ من الجدرى • ع قعش البناء قعشا هدمه فتقعوّش وقعش الشيخ كبر (وقعوشه صرعه وانقعش الحائط انهدم) • القفش (معرّب ضرب من الاكل شديد وكثرة النكاح و)الخف القصير ن وقلش نشط وقفش الشيء اخذه وقفقفه جمعه (وقفشه بالعصا او بالسيف ضربه والقفش اللصوص) • القماش اثاث البيت ج قمش واقمشة والقماش ايضا رذال الناس (والاشياء) • قنفشه جمعه سريعا والقنفشة التقبّض والمقنفش القبيح الهيئة واللباس •

ضَعْفُ العين مع سَيَلانِ الدمعِ ل وتَعَمَّشَ الكلامُ فيهِ نَجَعَ والعُمْشوشُ العُنقودُ أُكِلَ بعضُهُ واستعمشَهُ استحمقَهُ (والتعامُشُ عن الشيء التغافُلُ منهُ) • ن عَنَشَهُ أَزعجَهُ وطردَهُ والأعنشُ مَن لهُ سِتُّ أصابعَ وعانشَهُ عانقَهُ • العَيْشُ الحَيوةُ وفعلُهُ عاشَ يَعيشُ عَيْشًا ومَعاشًا ومَعيشًا ومَعيشةً وعِيشةً وعَيْشوشةً وأعاشَهُ (وعيَّشَهُ) والعَيْشُ ايضًا الطعامُ والخبزُ والمَعيشةُ ما يُعاشُ بهِ من المأكلِ والمشربِ والحيوةُ ج معايشُ والعائشُ الذي حالُهُ حسنةٌ •

غ

الغَبَشُ والغُبْشةُ بقيّةُ الليلِ وظلمةُ آخرِهِ وفعلُهُ ل غَبِشَ ج أَغباشٌ والغابشُ الغاشُّ الخادعُ (وتغبَّشَهُ ظلمَهُ) وليلٌ أَغبشُ مظلمٌ (وابو غُبْشانَ ويُعتمُ خُزاعيٌّ كان يلي سِدانةَ الكعبةِ قبلَ قُرَيشٍ فأسكرَهُ قُصَيٌّ واشترى منهُ المفاتيحَ بزِقِّ خمرٍ ثمّ أفاقَ وندمَ جدًّا فضُرِبَتْ بهِ الأمثالُ في الحُمْقِ والندمِ وخسارةِ الصَفْقةِ) • ن غَشَّهُ أظهرَ لهُ خلافَ ما أضمرَ وخدعَهُ والاسمُ منهُ الغِشُّ والغِشُّ ايضًا الغِلُّ والحِقدُ والغُشُّ بالضمِّ الغاشُّ ج غُشُّونَ والمغشوشُ الغيرُ الخالصِ واستغشَّهُ ظنَّ بهِ الغِشَّ • ض غَطَشَ الليلُ وأغطشَ أظلمَ وغَطَشَ غَطْشًا وغَطَشانًا مشى رُوَيدًا من كِبَرٍ او مرضٍ وتغاطَشَ تغافلَ (وغطِّشْ لي شيئًا اى افتحْ لي وجهًا وجئ. لي وجهَ العملِ والرأيِ والكلامِ) • ل غَمِشَ بصرُهُ أظلمَ من جوعٍ او عطشٍ •

ف

ض فَتَشَ وفتَّشَ عن الشيء تفتيشًا طلبَهُ بحثٍ وجرصٍ • (فَجَشَهُ شَدَخَهُ والشيءَ وسَّعَهُ) • الفاحشةُ الزِنا وأقبحُ الذنوبِ والفَحْشاءُ كلُّ ما نَهى اللهُ عنهُ والبخلُ والفاحشُ البخيلُ والفعلُ ر فَحُشَ فُحْشًا والفُحْشُ العلاظةُ في الجوابِ والفاحشُ والفحّاشُ مَن يقولُ الفُحْشَ (والفاحشُ ايضًا كلُّ شيءٍ جاوزَ الحدَّ • ع فَحَشَ الامرَ ضيَّعَهُ • فَدَشَ رأسَهُ شدخَهُ) • ن فرشَهُ فَرْشًا وفِراشًا بسطَهُ والكريمُ المُفارِشُ مَن يتزوَّجُ أصيلةً حسيبةً والفَرْشُ المفروشُ في البيتِ والفضاءُ الواسعُ والمواشي التي تصلحُ للذبحِ والكذبُ وفعلُهُ فرَّشَ والفَراشةُ ذُبابٌ يحترقُ ذاتَهُ في السراجِ ج فَراشٌ والفَراشةُ ايضًا التي تدخلُ في القُفْلِ فتمكّنُهُ والرجلُ الخفيفُ (والماءُ القليلُ) والفَراشُ ما يبسَ من الطينِ بعدَ الماءِ وهو الذي يسمّونهُ البيلونَ في حلبَ والفَراشُ ايضًا عِرقانِ أخضرانِ تحتَ اللسانِ والفِراشُ ما

العظم المهكن معفه (ج مشاش) وبطن الارض وحبل الركية والمش الخشونة والمشاش النفس والطبيعة والاصل وملاءم السفر الخفيف ومشش العظم استخرج مخه وانتش المنعوط استنجى (والمشمشة السرعة وعمل انمش لك شيء اى حصل والمشمش ويفتح ثمر م) * ن ملش الشيء فتشه * ماش الكرم موشا طلب باقي قطوفه والملش قماش البيت (وحب م) * ع مهشت المرأة وجهها حلقته بالموسى ومهش احرق (وخدش) وانمهش احترق * ماش الصوف (ميشا) خلطه بالشعر (وماش الخبر كتم بعضه وماشوا الارض ميشة مروا بها) *

ن

ن ع ناش وتناوش تناول ونأش اخذ وبطش ونهض (وتأخر والنووش القوي وانتاشني المهلبي) * النبش كشف الشيء عن الشيء وفعله ن نبش ونبشه ابرزه * ض نتش الشوكة استخرجها بالمنتاش اى المنقاش ونتش اللحم جذبه وقرصه ونتشه نتفه ودفعه برجله وضربه وعابه سرا (والنتاش السفل) * النجش السوم بثمن كثير (وهو ان تواطئ رجلا اذا اراد بيعا ان تمدحه او ان يريد الانسان ان يبيع بياعة فتساومه بها بثمن كثير لينظر اليك ناظر فيقع فيها او ان ينفر الناس عن الشيء الى غيره) وفعله ن نجش ونجش الصيد اثاره ونجش الشيء بحث حتى اخرجه ونجش جمع واسرع والنجاشي بالفتح والكسر (وبتشديد الياء وتخفيفها) ملك الحبشة والمنجش الشلاب والكاشف عيوب الناس والنجيش الصياد * النحاشة الخبز المحترق * ع نحش (حث وساق شديدا وحرك واذى ونشر واخذ نقاوة الشيء وخدش ونحش ونحش) هزل ونحف فهو منحوش * ض ندش (ندشا ويحرك بحث و) القطن ندفه * ض نش الغدير نشيشا اخذ في النضوب والنشيش صوت غليان الماء ونحوه ونشنشت القدر غلت والنشنشة حل السراويل وخلع الثوب والدفع والتحريك شديدا والطرد * النطش (شدة) الجبلة وهي تلبيس الخلقة والانطوش منزل الرهبان في المدن يونانية معربة * ع نعشه الله وانعشه رفعه (وفلانا جبره بعد فقر) ونعش الميت ذكره ذكرا حسنا والنعش مركبة الملك يحمل عليها اذا مرض وسرير الميت وانتعش العاثر انتهض من عثرته * النغش والنغشان الاضطراب والنغش ايضا (والتنغش) والانتغاش تحرك الشيء في مكانه والفعل ع نغش (وهو ينغش اليد اى يميل) * ن نفش الشيء (ونفشه) باصابعه نشره فانتفش والنفش الصوف المنتفش وتنفش الطائر نفض ريشه قائما وكذلك الهرة * النقش (والتنقيش الجماع و) تلوين الشيء بالوان مختلفة وحرفته النقاشة وصانعه

ك

(ع كاشَ الطعامَ أكلهُ) • الكَبْشُ الحَمَلُ (اذا أثنى او اذا خرجت رباعيَتهُ) ج أكْبُش وكِباشٌ وأكباشٌ والكَبْشُ ايضًا سيّدُ القومِ وكَبْشُ إسحق الذى فُدِىَ بهِ من الذبحِ على جبلِ الاموريّين وهو قريبٌ من الموضعِ الذى صُلِبَ فيهِ السيّدُ المسيحُ الذى صارَ فِداءً عن جميعِ البشرِ • ص كَدَشَهُ خدشهُ ودفعهُ بعُنفٍ وقطعهُ وساقهُ وطردهُ وكَدَشَ لعيالهِ كدحَ وكسبَ • (الكَرْبَشَةُ أخذُ الشيء وربطهُ والتكَرْبُش التشنّجُ) • الكِرْشُ بالكسرِ وبفتحٍ فكسرٍ للحيوانِ بمنزلةِ المَعِدةِ للانسانِ مؤنّثةٌ والكرشُ ايضًا عِيالُ الرجلِ ل وكَرِشَ الجلدُ تقبّضَ والكَرْشاءُ العظيمةُ البطنِ وتكرّشَ قطّبَ وجهَهُ (وتكرّشوا تجمّعوا) • كشيشُ الافعى صوتُ جلدِها وصوتُ غَلَيانِ الخمرِ والفعلُ ص كشَّ وكشّتِ البقرةُ صاحتْ والكُشّةُ شعرُ الرأسِ وكشكشَ هربَ • الكِشْمِشُ صغارُ العنبِ • (تكَعْمَشَ الطائرُ نشبَ فى الشبكةِ وتكعمشَ فى الشيء فرِقَ) • ن كَمَشَهُ بالسيفِ قطعَ أوصالَهُ وكَمَشَهُ تكميشًا أعجلَهُ وتكمّشَ وانكمشَ أسرعَ وتكمّشَ الجلدُ تقبّضَ والكَمْشةُ القبضةُ وكاموشُ اسمُ صنمٍ كانَ يعبدُهُ بنوا موابَ • الكَناشاتُ الاصولُ التى تتشعّبُ منها الفروعُ والكُنّاشُ جماعةُ الناسِ سُريانيّةٌ مُعرّبةٌ • (كاشَ فزعَ وكاشَ جاريتَهُ جامعَها و)الكُوشانُ طعامٌ من أرزٍ وسمكٍ وكُوشُ بنُ حامَ بنِ نوحٍ •

ل

اللَّشُّ (الطَرْدُ و)السَّياقُ والمَلْشُ واللَّشْلَشَةُ اضطرابُ الجوفِ (والتردّدُ عندَ الفزعِ وهو جبانٌ لَشْلاشٌ مضطربُ الاحشاءِ) •

م

(ع ماشَهُ عنهُ بكذا دفعهُ) • ص مَتَشَهُ فرّقَهُ بأصابعهِ • ع مَحَشَ الجلدَ سلخهُ ومحشَ أكلَ كثيرًا (وجامعَ كثيرًا) فهو ماحِشٌ وامتحشَ احترقَ • (التمحّشُ كثرةُ الحركةِ) • المَدَشُ ظلمةُ العينِ من جوعٍ اوحرٍّ ورخاوةُ عصبِ اليدِ والأمْدَشُ المهزولُ والقليلُ العقلِ • المَرْدَقُوشُ المَرْزَنْجُوشُ مُعرّبُ مَرْدَةْكُوش) • ن مَرَشَ مَرْشًا خدشَ وحكَّ بأطرافِ الاصابعِ ومَرَشَهُ آذاهُ بالكلامِ والمَرْشاءُ الارضُ الكثيرةُ العُشبِ والأمْرَشُ السريعُ وامترشَ اختلسَ واكتسبَ • ن مَشَّ يدَهُ مسحَها لتنظفَ ومَشَّ العظامَ مَصَّ أطرافَها والمَشوشُ ما تُمسَحُ بهِ اليدُ والمُشاشةُ (رأسُ

٥

ص نَبَشَ جمع وكتب وضرب ضربًا موجعًا ونَبَشَتْهُ أصَبْتُهُ (واحْتَبَشَ منهُ عطاءً أصابَهُ) ٭ ص (ن) هَرَشَ الدهرُ اشتدَّ ل وهَرِشَ ساء خُلُقُهُ والتَّهْرِيشُ الاغراء بين الكلاب ومنهُ المُهارَشَةُ وتَهارَشَتِ الكلابُ تحاربتْ ٭ ن ص هَشَّ الورقَ خبطهُ بالعصا ليَتحاتَّ والهَشاشَةُ والهَشاشُ الطلاقةُ والخِفَّةُ والنشاطُ والفعلُ ص هَشَّ والهَشُّ ضِدُّ اليابسِ ص وهَشَّ الخبزُ هُشُوشَةً صار هَشًّا وهَشْهَشَهُ حَرَّكَهُ وهَشْهَشَهُ فرَّحَهُ ونَشَّطَهُ (والهَشِيشُ مَن يفرحُ اذا سُئلَ والهَشْهاشُ الحَسَنُ الخُلُقِ السَّخِيُّ) ٭ ن هَمَشَ عضَّ (وجَمَعَ) ل ص وهَمِشَ اكثرَ الكلامَ والهامِشُ حاشيةُ الكتابِ (مُوَلَّدَةٌ واهْتَمَشُوا اختلطوا والمُهامَشَةُ المُعاجَلَةُ) ٭ الهَوْشَةُ الفِتنةُ والهَيْجُ والاضطرابُ والهَواشاتُ الاموالُ الحرامُ (والمَهاوِشُ ما غُصِبَ وسُرِقَ) والتَّهاوِشُ (جَمْعُ تَهْواشٍ) المالُ الحرامُ ل وهَوِشَ اضطربَ وهاجَ ٭ هاشَ يَهِيشُ افشى وتحرَّكَ واهتاجَ واكثرَ الكلامَ والهَيْشَةُ الفِتنةُ ٭

ى

يُوآشُ مَلِكُ يهودا وهو الذي كان بَقِيَ من نسل داود الذي استأصلهُ عثليا ٭ ياهُوآشُ مَلِكُ بني إسرئيل ٭

حرف الصاد

ا

(ل أَبِصَ أَرِنَ ونَشِطَ وفرسٌ أَبُوصٌ نشيطٌ سبّاقٌ ٭ الإِجّاصُ ثَمَرٌ دخيلٌ لأنّ الجيمَ والصادَ لا يجتمعان في كلمةٍ الواحدةِ بهاءٍ) ٭ ن أَصَّهُ كسرهُ ص وأَصَّ الشيءُ برقَ وأَصَّ بعضُهم بعضًا زحمَ (والأَصُوصُ اللِّصُّ ج أُصُصٌ والأَصُّ مُثَلَّثَةً الاصلُ ج أُصاصٌ) والأَصِيصُ الرِّعْدَةُ والخوفُ وكُساراتُ الآنيةِ ونصفُ الجَرَّةِ يُزْرَعُ فيهِ الرَّيحانُ وآلةٌ للبولِ وأَصَّصَ البناءَ وثَّقَهُ ٭ اموصيا ملكُ يهودا ٭

ب

البَخَصُ لحمُ أُصولِ الاصابعِ مِمّا يَلِي الراحةَ ع وبَخَصَ عينَهُ قلعَها (والتَّبْخِيصُ التحديقُ في النظرِ وشُخُوصُ البَصَرِ) ٭ بَرْبَصَ الارضَ سقاها فَرَوّاها ٭ البَرَصُ نوعٌ من الجُذامِ وفعلُهُ ل بَرِصَ وأَبْرَصَهُ اللهُ بلاهُ بالبَرَصِ والأَبْرَصُ القمرُ ٭ ص بَصَّ بَصِيصًا برقَ ولمعَ (وبَصَّ لي

نَقَشَ ن ونَقَشَ الشوكةَ وانتقشها استخرجها بالمِنقاش وهو آلةٌ لها ونقش عن الشيء كشف وانتقش (أدامَ الجماعَ و) استقصى عن غريمهِ ومنهُ المُناقشةُ اي الاستقصاء في الحساب *
ن ص نَكَشَ البئرَ وانتكشها أخرجَ ما فيها من الطين والنكّاشُ والمِنكشُ المُنقِّبُ عن الامور (ونَكَشَ الشيءَ أفناهُ ونَكِشَ منهُ فَرغَ) * النَّمَشُ نُقَطٌ في الجلدِ تُخالِفُ لونهُ وفعلهُ ل نَمِشَ والنَّمْشُ ايضًا الكذبُ (والنَّمْشُ والإنماشُ النميمةُ) * نَاشَ يَنوشُ تناوَلَ وطلبَ ومَشَى ونهضَ سُرعةً والتناوُشُ والانتياشُ التناوُلُ (والرجوعُ والتَّنَوُّشُ القَوِيُّ) وانتاشَهُ أخرجهُ وتَنَوَّشَ يَدَهُ مسحها بالمنديلِ وأَنُوشُ ولدُ شيثَ بن آدمَ وهو وحدهُ كانَ يدعو اللهَ في عصرهِ وبطيئةً * ع نَهَشَهُ لسعهُ وعضّهُ والنَّهْشُ العضُّ بالاضراسِ والنَّهْسُ بالمهملةِ العضُّ باطرافِ الاسنانِ ونَهَشَهُ الدهرُ جعلهُ مُحتاجًا والنَّهاوِشُ المَظالِمُ والاجحافُ بالناسِ والمُنتَهِشَةُ الخامشةُ وجهَها في المصيبةِ *

و

الوَبَشُ سَفِلةُ الناسِ ج أَوباشٌ وأَوْبَشَ أسرعَ * (الوَتَشُ القليلُ ورُذالُ القومِ) * الوَحْشُ والوَحِيشُ حيوانُ البَرِّ ج وُحُوشٌ ووُحْشانٌ الواحدُ وحشيٌّ وحمارُ وحشٍ و(حمارٌ) وحشيٌّ وأرضٌ مُوحِشةٌ كثيرةُ الوحشِ والوحشُ البحريُّ لقبُ الدجّالِ لعنهُ اللهُ والوحشُ البرّيُّ لقبُ نبيّهِ الكذّابِ وبلدٌ وحشٌ قفرٌ والوحشةُ الهَمُّ (والخوفُ) والخلوةُ والارضُ المقفرةُ والوحشانُ المُغتمُّ (ج وحاشي) وأوحشَ وتوحّشَ ذهبَ عنهُ الانسُ وأوحشَ الرجلُ جاعَ واستوحشَ وجدَ الوحشةَ * الوَخْشُ الرديءُ من كلِّ شيءٍ ورذالُ الناسِ (وسقاطُهم للواحدِ والجمعِ والمذكّرِ والمؤنّثِ وقد يقالُ في الجمعِ أوخاشٌ ووِخاشٌ) والفعلُ ر وَخُشَ وَخاشةً ووُخوشةً وأوخشهُ خلطهُ * (الوَدْشُ الفسادُ) * ص وَرَشَ على القومِ ورَشًا دخلَ عليهم وهم ياكلونَ من غيرِ أن يُدعى (وورَشَ الطعامَ تناولهُ وأكلَ شديدًا والتوريشُ التحريشُ) والوَرِشُ النشيطُ الخفيفُ وفعلهُ ل وَرِشَ والوَرَشانُ ضربٌ من الحمامِ مؤنثهُ وَرَشانةٌ ج وِرشانٌ ووراشينُ * الوَشْوَشةُ الخِفّةُ وهمسُ الكلامِ وتوشوشوا تحادثوا بصوتٍ خفيٍّ * (ص وَطَشَ ووطّشَ أبانَ طرفَ الحديثِ ودفعَ وضربَ وما وَطَشَ لنا لم يُعطِنا شيئًا ووطّشَ لهُ توطيشًا هيّأَ لهُ وجهَ الكلامِ والرأيِ والعملِ وضربوهُ فما وطّشَ اليهم لم يدفعْ عن نفسهِ * الوَقْشُ والوَقْشةُ ويُحرّكانِ الحركةُ والحِسُّ وصغارُ الحطبِ ص ووَقَشَ الرسمُ دَرَسَ والأوقاشُ الاوباشُ) * تنبيهٌ * اعلمْ أنَّ كلَّ واوٍ مضمومةٍ همزُها جائزٌ اذا وقعتْ في صدرِ الكلمةِ كقولكَ في تصغيرِ وَحْشٍ أُحَيْشٌ وقِسْ عليهِ *

الشيء وخصخص بان وظهر والحصحصة تحريك الشيء في الشيء حتى يستمكن وحصحص التراب فرّقه يمينًا وشمالًا * الحفص ولد الاسد والضبع وأم حفصة الدجاجة ص وحفصه جمعه * ن حمص حمصًا وحموصًا سكن ورمه وحمص القذاة اخرجها (من عينه برفق) وانحمص انقبض وتحمص اللحم جفّ وانقبض (وحبّ محمّص مقلوّ والاحمص اللص والمحماصة اللصّة الحاذقة والحِمَّص والحِمِّص حبّ م) * الحوص الخياطة وفعله حاص وحاص حوله حام والحواص المسلّة من عود والحياصة (والاصل الحواصة) سير يشدّ به السرج والحوص ضيق مؤخر العين وفعله ل حوص فهو احوص والاحتياص (الحزم و) الاحتفاظ * حاص عنه حيصًا وحيصة وحيوصًا ومحيصًا ومحاصًا وحيصانًا وانحاص (حاد و) عدل وتنحّى والمحيص المحيد والميل (والمهرب) *

خ

ن خبصه خلطه ومنه الخبيصة وتخبّص واختبص صنع الخبيصة * ن خرص الشيء اصابته ل وخرص جاع وبرد والخُرص بالضم (ويكسر) الغصن والحلقة من ذهب او فضة ج خرصان والخِرّيص الجمل الشديد والخرصة وليمة النفساء والخرص مثلثة الرمح (وتخرّص على افترى واخترص اختلق وخارصه عارضه وبادله) والخورُوص مكان وقوف الاكليروس في الكنيسة * ن خصّه بالشيء خصًّا وخصوصًا وخصوصيّة ويفتح وخصّيصى ويمدّ وخصّيّة وتخصّة فضّله وخصّه بالود اختاره (والخاص المنفرد واختص فلان بكذا انفرد به) والخاص والخاصة ضد العامة والخصاص والخصاصة (والخصاصاء) الفقر والخلل بالشيء والفعل س خصّ والخصاص والخصاصة ايضًا خرق في الباب والخصاصة ما يبقى في الكرم بعد قطافه ج خصاص والخُص البيت من قصب ج خصاص وخصوص والخص ايضًا حانوت الخمّار والخمر الجيّد والخص الناقص وخصّصه (ضد) عمّه (لان التخصيص هو جعل الشيء لشيء معين دون غيره) واختصّه بالشيء خصّه به فاختص وتخصّص (لازم متعدّ) * ن خلص خلوصًا وخالصة صار خالصًا اي نقيًّا وخلص اليه خلوصًا وصل والخالص الشيء الابيض والخِلص الخدن الصديق ج خلصاء والخلاصة بالضم والكسر السمن الخالص (واللباب وخالص كل شيء) والخلاص الذهب المسبوك بالنار والمخلص لله تارك الرياء وخلّصه تخليصًا نجّاه فتخلّص والمخلّص من القاب السيد المسيح لانه خلّصنا من الكفر والهلاك ومن الخطيئة الاصلية وأم الخلاص لقب سيدتنا مريم العذراء والدة المخلّص وخالصه صافاه

ببصيرٍ أعطاني وبَصّ الماء رَشَحَ والبَصّاصةُ العينُ لأنها تَبِصّ وبَصْبَصَتِ الارضُ ظهر منها أوّل ما يظهر) والبَصْباصُ الماء القليلُ والخبزُ وبَصْبَصَ الكلبُ حرّك ذَنَبَهُ وبَصْبَصَ الجروُ فتح عينَهُ • ع بَغَصَ بَدَنُهُ نَحِفَ وبَغَصَ اضطربَ والبُغْصُوصُ (والبَغْصُوصُ) عظمُ الوَرِكِ وتَبَغْصَصَ اضطربَ • (البَلْخَصُ الغليظُ وتَبَلْخَصَ غَلُظَ) • ن بَلَصَهُ (وبَلَّصَهُ تبليصًا) أخذ مالَهُ ولم يدعْ عندَهُ شيئًا وديرُ البَلاصِ بصعيدِ مصرَ • (بَلْهَصَ عَدا من الفزعِ وأسرعَ وتَبَلْهَصَ خرجَ من ثيابِهِ) • باصَ يَبُوصُ سبقَ واستعجلَ وهربَ (واستترَ وتعبَ) وأَلَحَّ وباصَ اللونُ تغيّرَ وباصَ تعبَ والبَوْصُ اللونُ • (البَهْصُ العطشُ وأَبْهَصَني مَنَعَني) • البَيْصُ الشدّةُ والضيقُ ووقعَ في حِيصَ بِيصَ (وحَيْصِ بَيْصِ وحَيْصَ بَيْصَ وحِيصٍ بِيصٍ) وحاصٍ باصٍ اى في اختلاطٍ وقلقٍ لا مَحيصَ عنهُ •

ت

التَّخْرِيصَةُ بَنِيقَةُ الثوبِ (مُعَرَّبَةٌ) • ر تَرُصَ تَراصَةً استوى واعتدلَ (واشتدَّ) فهو تَرِيصٌ وميزانٌ تَرِيصٌ مُسْتَوٍ عادلٌ وأَتْرَصَهُ سوّاهُ •

ج

(ع جَأَصَ الماءَ شَرِبَهُ) • الجِصُّ ويُكْسَرُ م (مُعَرَّبُ كَجٍّ) وبلدٌ من يَجِصُّ في الرباطِ اى يَتَأَوَّهُ ميتًا والجَصِيصُ التأوّهُ وجَصَّصَ البِناءَ طلاهُ بالجِصِّ وجَصَّ الجروُ فتحَ عينَهُ (وجَصَّ على العدوِّ حَمَلَ • الاجْبَصُ الكسلانُ والفَدْمُ لا يضرُّ ولا ينفعُ والمرعوبُ والجَنِيصُ الميتُ وجَنَصَ ماتَ وهربَ وجَنَّصَ البصرَ حَدَّدَهُ وفتحهُ فزعًا) •

ح

الحِرْصُ الجَشَعُ والشَّرَهُ وفِعْلُهُ من ل حرِصَ فهو حَرِيصٌ (ج حُرّاصٌ وحُرَصاءُ) والحَرْصُ الشقُّ وثوبٌ حَرِيصٌ مشقوقٌ واحْتَرَصَ حَرَصَ وجَهَدَ • (التَّحَرْفُصُ التَّقَبُّضُ) • الحُرْقُوصُ كالقرادِ يلصقُ بالناسِ (ج حَراقِيصُ) • ن حَصَّ الشعرَ حلقَهُ والأحَصُّ القليلُ شعرِ الرأسِ واليومُ الذى سَماؤُهُ صافٍ من الغيمِ والحَصّاءُ السنةُ التى لا خيرَ فيها والمرأةُ المشؤومةُ والريحُ التى لا غبارَ فيها والحِصَّةُ النصيبُ ج حِصَصٌ والحُصُّ الوَرْسُ والزعفرانُ ج حُصُوصٌ والحَصُّ ايضًا اللؤلؤُ والحُصاصُ الضراطُ والعَدْوُ والهربُ والحُصاصةُ ما يبقى في الكرمِ بعدَ قِطافِهِ والحَصْحَصُ التُّرابُ والحجارةُ وأَحْصَصْتُهُ أعطيتُهُ حِصَّتَهُ (وحَصَّني منهُ كذا اى صارتْ حِصَّتي منهُ) وحَصْحَصَ

والرَّبَصَةُ الرُّبْثَةُ والتَّرَبُّصُ وأقامت المرأةُ رُبْصَتَها في بيتِ زوجِها وهي الوقتُ الذي جُعِلَ لزوجِها اذا عُنِّنَ عنها فإنْ أتاها والّا فُرِّقَ بينهما) * الرُّخْصُ ضِدُّ الغلاءِ وفعلُهُ ر رَخُصَ والرَّخْصُ الشيءُ الناعمُ وفعلُهُ رَخُصَ رَخاصةً ورُخُوصةً ج رِخاصٌ (شاذٌّ والرُّخْصةُ) والرُّخْصةُ تخفيفُ ما ثَقُلَ من فرائضِ اللهِ والرَّخيصُ الثوبُ الناعمُ والموتُ فُجاءةً وأرْخَصَهُ جعلَهُ رَخيصًا ووجدَهُ رَخيصًا واسْتَرْخَصَهُ اشتراهُ رَخيصًا (ورآهُ رخيصًا وارْتَخَصَهُ عَدَّهُ رخيصًا) ورَخَّصَ لهُ في ذلكَ ترخيصًا أباحَ لهُ الرُّخْصةَ * ن رَصَّهُ ورَصَّصَهُ ألزَقَ بعضَهُ ببعضٍ وشيءٌ مُرَصَّصٌ مَطْلِيٌّ بالرَّصاصِ (وهو مَعْدِنٌ م) ورَصَّصَ البناءَ شَدَّدَهُ ورَصَّصَ بالمكانِ ثَبَتَ (والرَّصاصةُ البخيلُ) * ع رَعَصَ نَفَضَ وهَزَّ وجذبَ ورَعَصَ وأرْعَصَ حَرَّكَ وارْتَعَصَ (تلوّى وانتفضَ وارتعصَ) السعرُ غلا وارْتَعَصَ البرقُ لَمَعَ * الرَّفْصةُ النَّوْبةُ وارْتَفَصَ السعرُ غلا (وترافَصوا الماءَ تناوبوهُ) * ن رَقَصَ لَعِبَ فهو رَقّاصٌ ورَقَصَ السرابُ اضطربَ ورَقَصَ الخمرُ غلا (والرَّقّاصةُ كالأرضِ لا تُنْبِتُ وإنْ مُطِرَتْ) * رَمَصَ اللهُ مُصيبتَهُ جَبَرَها ورَمَصَ بينهم أصلحَ ورَمَصَتِ السباعُ وَلَدَتْ ورَمَصَ فلانٌ كسبَ و) الرَّمَصُ وسخٌ أبيضُ يجتمعُ في آماقِ العينينِ وفعلُهُ ل رَمِصَتْ عينُهُ فهو أرْمَصُ وهي رَمْصاءُ * (رَاصَ عَقَلَ بعدَ رُعونةٍ) * ع رَهَصَ عَصَرَ شديدًا ورَهَصَهُ لامَهُ وأرْهَصَهُ اللهُ جعلَهُ مَعْدِنًا للخيرِ (ولم يكنْ ذنبُهُ عن إرْهاصٍ اي إصرارٍ وإرصادٍ ورواهِصُ غريمةٌ راصدةٌ والمَراهِصُ المَراتبُ ولم يَسْمَعْ بواحدِها) *

ش

(الشَّبَصُ الخُشونةُ وتداخُلُ شوكِ الشجرِ بعضِهِ في بعضٍ وتَشَبَّصَ الشجرُ اشتبكَ) * الشَّخْصُ سَوادُ الشيءِ تراهُ من بُعْدٍ (والذاتُ المخصوصةُ) ج أشْخُصٌ وشُخُوصٌ وأشْخاصٌ ع وشَخَصَ شُخوصًا ارتفعَ وشَخَصَ بَصَرُهُ رَفَعَهُ ناظرًا (وفَتَحَ عينَهُ وجعلَ لا يَطْرِفُ) وشَخَصَ سارَ من بلدٍ الى بلدٍ وشَخَصَ النجمُ ارتفعَ وشُخِصَ (بهِ) مجهولًا أتاهُ أمرٌ أقلقَهُ وأزعجَهُ والشَّخيصُ الجسيمُ والسيِّدُ وأشْخَصَهُ أزعجَهُ وأشْخَصَ بهِ اغتابَهُ * الشَّرْصُ الجذبُ والشِّدَّةُ والغِلْظةُ ن وشَرَصَهُ (بكلامِهِ) سَبَقَهُ (بهِ والشَّرِيصةُ الوَجْنةُ ج شَرائصُ) * الشِّصُّ مِنارةُ صيدِ السمكِ واللصُّ ج شُصوصٌ ص وشَصَّتِ المعيشةُ شُصوصًا وشَصاصًا اشتدّتْ وشَصَّهُ عنهُ وأشَصَّهُ منعَهُ وما أدري أينَ شَصَّ أينَ ذهبَ وأشَصَّ أبعدَ * (الشِّقْصُ السهمُ والنصيبُ والشَّقيصُ الشريكُ والفرسُ الجوادُ والقليلُ من الكثيرِ) * ن شَنَصَ الدابّةَ طردَها طردًا عنيفًا فهي شَنوصٌ * ن ل شَنِصَ بهِ شَنوصًا تعلّقَ بهِ * شاصَ الشيءَ يَشوصُهُ شَوصًا

والمخلصة لتنفد استخصة * الخمصة الجوعة والمخمصة المجاعة وفعله ن خمص خمصا ومخمصة ورجل خمصان الحشى بالضم والتحريك وخميص الحشى ضامر البطن وهى خمصانة وخميصة ج خمائص والخماص (والخمص) الجياع والخميصة ثوب اسود قصير والاخمص باطن القدم الذى لم يصب الارض * الخنوص ولد الخنزير (والصغير من كل شىء) ج خنانيص * ل خوصت عينه خوصا غارت فهو اخوص والخوصاء الريح الحارة والظهيرة الحارة والخوص ورق النخل وخوص التاج زينه بالذهب وخوصه الشيب علاه وخاوص وتخاوص غض بصره وهو ينظر من طرف خفى او كانه يقوم سهما معوجا * خاص (النوال) خيصا قل والاخيص من كانت احدى عينيه كبيرة والاخرى صغيرة (وهى خيصاء) *

د

(دئص اشر وبطر * دخرص الامر بينه والدخرص الداخل فى الامور والعالم * الدربصة السكوت فرقا) * الدرص (ويكسر) ولد القنفذ والارنب والفارة والهرة (ونحوها والدرص جنين الاتان وضل دريص نفقه يضرب لمن يتعى بامره ويعد حجة لخصمه فينسى عند الحاجة ج درصة وادراص ودرصان ودروص وادرص وام ادراص الداهية) * الدعص كثيب الرمل ج دعص وادعاص (ودعصة) ن ودعصه وادعصه قتله والدعصاء الارض السهلة الحرة وادعص الحر اشتد وتدعص اللحم والميت تهرى وفسد * الدعص الامتلاء من الاكل ومن الغضب والدعصان الغضبان (وادعصه ملاه غيظا والداغصة العظم المدور المتحرك فى راس الركبة والماء الصافى الرقيق ج دواغص) * الدكصا النجد والسبى يونانية معربة * الدلص البريق وماء الذهب والدلاص الدرع اللينة وفعله ن دلصت دلاصة ج دلاص ايضا واندلص من يدى سقط (والتدليص التمليس) * ن دمصت الدجاجة باضت والدوامص بيضة الحديد (والدمص دقة شعر الحاجب من اصله وكثافته من قدم وقلة شعر الراس وفعله ل دمص فيهما فهو ادمص وهى دمصاء * الدمقص والدمقاص القز) * ن داص (راغ وحاد و) الشىء تحت اليد تحرك والدائص اللص ج داصة واندلص الشىء انسل من اليد وداص ذل بعد عز *

ر

(ربص بفلان ربصا وتربص انتظر به خيرا او شرا يحل به ويقال ربصنى امر وانا مربوص

ايضا الامر الصعب والشدة والنفس والقوة والحركة واعوص على خصمه (عياصا وعوصا) احتج عليه بحجة يعسر المخرج منها وعوص الشعر جعله عويصا واعتاص الامر عليه اشتد وعوص اسم ارض في بلاد حوران منها ايوب الصديق * العيص الشجر الكثير الملتف ج عيصان واعياص وعيصو بن اسحق بن ابراهيم وبالسين افصح (والمعياص كل متشدد عليك فيما تريده منه) *

غ

الغصة م ج غصص وفعله ل ص غص غصصا وغصا فهو غاص وغصان ومنزل غاص (بالقوم) ممتلئ واغتص علينا الارض ضيقها * ص ل غمصه واغتمصه احتقره وغمصه عابه وتهاون به وغمص النعمة لم يشكرها والمغموص عليه المطعون في دينه وفلان غموص الخنجر كذاب واليمين الغموص الغموس ل وغمصت عينه سال وسخها فهو اغمص (ولا تغمص علي لا تكذب * ل غمص غمصا ضاق صدره) * غاص يغوص غوصا ومغاصا وغياصة نزل تحت الماء فهو غواص وغاص على الامر علمه *

ف

(فترصه قطعه) * ع فحص عنه وتفحص وافتحص بحث وفحص التراب قلبه وفحص فلان اسرع والافحوص مقعد الطير في التراب * ن فرصه قطعه وخرقه وشقه والفرصة النوبة وافترصها انتهزها والفريصة لحمة تحت الابط تختلج والفرصة خرقة الحائض (والمفارصة المناوبة) وفارص بن يهودا بن يعقوب من تامار كنته التي كان زنى بها * فص الخاتم مثلثة م ج فصوص والفص ايضا مفصل العظم وحدقة العين وسن الثوم ص وفص شيئا من شيء فصله وانتزعه وفص الجرح سال وفص الصبي بكى والفصفصة العجلة في الكلام وانفص منه انفصل وافتصه فصله * (الفرافص الاسد القوي والرجل الشديد البطش * ص فقص البيضة كسرها وفضخها فهي فقيصة وفقيصة ومفقوصة * فلصه تفليصا خلصه فافلص وتفلص وانفلص وافتلصته من يده اخذته * المفاوصة من الحديث البيان والتفاوص التباين من البين لا من البيان) * فاص يفيص ذهب وما عنه مفيص اي محيد (وما فصت ما برحت والافاصة البيان) *

ق

ص قبصه تناوله باطراف اصابعه والقبصة بالفتح والضم الذي تناولته وقبص التكة ادخلها

وعنه عن مكانه وشاصه دلكه بيده وتشوص الجنين ارتكض في بطن امه (والشوصاء العين التي كأنها تنظر من موقها * الشياص شراسة الخلق وشيصهم عذبهم بالاذى وبينهم مشايصة مذافرة) *

ص

الصيص الحصن المنيع ج صياصي *

ع

العرصة ساحة الدار ج عراص وعرصات (واعراص) ل وعرص البرق اضطرب وكثر لمعانه ش وعرصت السماء دام برقها والمعراص الهلال واعترص لعب ومرح واعترص جلده اختلج وتعرص اقام * العص كالاصل ن وعص صلب واشتد والعصعص (والعصص والعصعص والعصص والعصص) والعصعوص عجب الذنب (والعصعص النكد القليل الخير والملزز الخلق والعصعص الضعيف) وعصص على غريمه الح * ص عفصه قلعه وعفص يده لواها (وعفص جاريته جامعها) وعفص القارورة واعفصها شد عليها العفاص وهو جلد يغطى به فمها والعفاص ايضا وعاء النفقة والعفوصة المرارة مع القبض فهو عفص (والمعفاص الجارية السيئة في سوء الخلق واعتفص منه حقه اخذه والعفص شجرة تحمل سنة بلوطا وسنة عفصا) * ص عقص الشعر ضفره وفتله والعقصة والعقيصة الضفيرة ج عقص وعقاص وعقائص والعقاص القرنفل (وعقصة القرن عقدته والمعقاص الجارية اسوأ من المعفاص والشاة المعوجة القرن والعيقص والعقيص البخيل * ص عكصه رده والعكص سوء الخلق فهو عكص وتعكص به على ضن * العلوص البشم والتخمة والعلاص المصارعة * العلفصة العنف في الرأي والامر والقسر * العلمص ما يتعجب منه * العلهاص صمام القارورة وعلهصها عالج استخراجه منها وعلهص العين استخرجها من الرأس وفلانا عالجه علاجا شديدا) * العمص المولع باكل الحامض وعاموص النبي ابو اشعيا النبي وعماوص او عمواص قرية قرب القدس ظهر المسيح في طريقها لاثنين من تلاميذه بعد قيامته * (العنصية والعنصاة والعنصوة مثلثة القليل المتفرق من كل شيء والقطعة من ابل اوغنم ج عناص وما بقي من ماله الا عناص ذهب معظمه * العنفص المرأة الدميمة والقليلة الحياء والخبيثة والسيء الخلق والتعنفص الصلف والخفة والخيلاء والزهو) * ل غوص الكلام وعاص عياصا صعب رغوص الشيء اشتد والعويص من المعاني ما صعب بيانه فهو اعوص والعويص

ومن البطن حركته والانقياص انهيال التراب والمنقاص المنقعر من أصله *

ك

(ع كاصه ذلله وقهره والشيء أكثر من أكله او من شربه * الكباص والكباصة من الابل والخمر ونحوها القوي على العمل) * كيرياليصون يارب ارحم يونانية معربة * ع كحص برجله فحص وكحص الكتاب تكحيصا درس والطلال كواحص دوارس * الكصيص (والكص الاجتماع و) الرعدة والتحرك والالتواء والصوت الخفي والانقباض والاضطراب والفعل من كص (وتكاصوا واكتصوا تزاحموا واجتمعوا) * كاص يكيص كيصا وكيصانا وكيوصا عجز من الشيء (وكاص طعامه أكله وحده وكايص الشيء مارسه) والكيص الضيق الخلق والبخيل جدا والكيصى الذي لا يهمه الا نفسه *

ل

ع لحص الامر استقصى خبره وبينه شيئا فشيئا (واللحصان العدو السريع) والملحص الملجأ والالتحاص الالتجاء والاضطرار والتحصت الابرة انسد ثقبها * اللحصة لحمة باطن المقلة ج لحاص (ل ولحصت عينه ورم ما حولها فهي لحصاء والرجل ألحص) والتلحيص التبيين والشرح والتخليص * اللص مثلثة السارق ج لصوص وألصاص (وهي لصة ج لصات ولصائص) وفعله ن لص لصا ولصاصا (ولصوصة) ولصوصية والتلص التزق وأطلعه حركه * (اللعص العسر والنهم وتلعص فلان علينا تعسر) * ل لقص صاق ولقصت نفسه غثت وخبثت واللقص الضيق والكثير الكلام السريع الشر ع ولقص جلده أحرقه والتقصه أخذه) * ن لمص الشيء أخذه بطرف إصبعه فلعقه ولمصه قرصه واللموص الكذاب * اللوص (والملاوصة) اللمح من خلال الباب (ونحوه) وفعله لاص يلوص ولاص حاد واللواص العسل الصافي ولوصه أكله ولاوص نظر كأنه يحتال ليأخذ شيئا وتلوص تلوى * لاص يليص حاد ولاصه أزاغه عن موضعه وحركه لينتزعه *

م

ع محص الذهب بالنار أخلصه من الغش ومحص البرق والسراب لمع ومحص ينبي هرب والامتحاص من يقبل اعتذار الصادق والكاذب وأمحص صار بارزا وأمحصت الشمس ظهرت من الكسوف والتمحيص الاختبار * ن مص مصه شربه شربا رقيقا ويامصان

فى السراويل والقُبَضة الجرادة والقُبَيضة التراب المجموع وقَبِصَ نفر ونشط والقِبْص كالاصل
ولاقبص الكبير الهامة وهامة قبصاء ضخمة وانقبص عرمول الدابة انقبض * ع قحص
مرّ سريعًا وقحص البيت كنسه واقحصه وقحّصه تقحيصًا ابعده عن الشئ * القرص م
ولسع البراغيث وبسط العجين والفعل ن قرص وقوارص الكلام الذى يؤلم سمعه والقارص
البق ونحوه واللبن الحامض والقُرصة رغيف الخبز ج قِرَصة واقراص وقرص وقُرص الشمس
عينها (والقُراص البابونج) واحمر قرّاص قانٍ وتقريص العجين تقطيعه مستديرًا * القرفصى
مثلثة القاف والفاء مقصورة (والقرفصاء والقُرفصاء) ان يجلس الرجل على أليتيه ويتأبط
ساقيه بكفيه * (قرفص بالجوز دعاه والقرفوص الجرو * القرمص والقرماص حفرة واسعة
الجوف ضيقة الرأس ج قرامص وقرمص دخل فى القرماص) * ن قصّ أثره قصًا
وقصصًا واقتصّه تتبعه وقصّ الخبر ابانه والقِصّة الخبر المقصوص والمكتوب ج قِصاص وقِصص
والقُصّة ايضا الخرقة وقصّ الشعر والظفر قطع منهما بالمقص اى المقراض وقُصاص الشعر
مثلثة آخر قصه والقَصَص الصدر ج قِصاص والقصقص والقصيص منبت شعر الصدر
والصوت ورجل قصقص وقصاقص وقصقصة قصير غليظ وحية قصاقص خبيثة والقُصّة شعر
الناصية (ج قُصَص) والقِصاص القود اى اخذ الشئ بالشئ واقصّ واقتصّ اخذ القِصاص
وأدى القصاص واقصّه الموت دنا منه واستقصّه طالبه بالقصة وبالقصاص * ع قعصه واقعصه
قتله مكانه ومات قعصًا اصابته ضربة او رمية فمات مكانه وانقعص (مات و) الشئ انثنى
* القفص للطير م ج اقفاص ن وقفص الشئ ضمّ بعضه الى بعض والقفص ايضا آلة
ينقل عليها الزرع والقفص ايضا الخفة والنشاط وفساد المعدة من شرب الماء (والتشنج
من البرد) والفعل ل قفص وتقفّص تجمّع * ص قلص قلوصًا وثب وقلص
الماء ارتفع فهو قالص وقليص وقلّص الظل انقبض وقلص الثوب انكمش والقلوص
الناقة الشابة الصبور على السير ج قلائص وقُلُص و(جج) قلاص وقلّص قميصه تقليصًا
شمّره وتقلّص انضمّ * ن ص قمص الفرس (وغيره) قمصًا وقماصًا بالضم والكسر
وثب (وما بالعير من قماص يضرب لضعيف لا حراك به ولمن ذلّ بعد عزّ) وقمص
البحر بالسفينة حركها والقماص ويضم الوثب (والقلق) والقميص ويؤنث م ج قُمُص
واقمصة وقمصان والقميص ايضا المشيمة وغلاف القلب وقمّصه تقميصًا البسه القميص *
القنص كالاصل ص وقنصه واقتنصه وتقنّصه اصطاده فهو قانص وقنيص وقنّاص والقنص
والقنيص الصيد وقانصة الطير م ج قوانص * (قيص السن سقوطها

ناص ينوص مناصا (ونويصا) ونياصة ونوصا ونوصانا تحرك وناص عنه نوصا تنحى وتأخر والمناص الملجأ وأناصه أراده *

و

(ص وأص به الارض ضرب به والوئيصة الجماعة .ما أدرى أى الوئيصة هو أى أى الناس وتواءصوا تجمعوا وتزاحموا على الماء) * ص وبص البرق وبصا ووبيصا لمع ووبص الجرو فتح عينيه والوابصة والوبيصة النار (والوبّاص البرّاق اللون والقمر) والوبص النشاط * ص وخصه سحبه (والوخص البثرة تخرج فى وجه الجارية المليحة وبهاء البرد * ص ودص اليه بكلام ودصا ألقى اليه كلاما لم يستتمه وليس بالعالى * الوص إحكام العمل و) الوصوص والوصواص خرق فى الستر صغير ينظر فيه ووصوص نظر فيه ووصوص الجرو فتح عينه * الوقص العيب والنقص والوقص قصر العنق وفعله ل وقص فهو أوقص والوقص ايضا كسارة العيدان تلقى فى النار * ص وهص الشىء الرخو كسره (والوهص شدة الوطء والرمى العنيف ومنه) وهص الله آدم من الجرذوس أخرجه بعد خلقه وعصيانه *

ه

(الهبص والاحباص النشاط والعجلة وفعله ل هبص فهو هبص وأنهبص للضحك واهتبص بالغ فيه * ... نتفه وقبة وشدخه فهو هبيص ومهصوص والهصهص والهصابص القوى من الناس والأسد وهبيص النار بصيصها * (الهلبعص القصير) * ن همصه صرعه وقتله (ودمص لحمه أكله * الهنبص الضعيف الحقير الردىء والهنبصة أخفى الضحك) *

حرف الضاد

ا

الاباضى المصروف بدينين يضمر الواحد ويظهر الآخر ج إباضية نسبة الى عبد الله بن اباض التميمى واتبع هذه البدعة والأبض ضد الغذ والأبض الدهر ج آباض * الارض م مؤنثة اسم جمع ج أرضات وأروض وأرضون وآراض واراضى (على غير القياس) والارض ايضا كل ما

ويا مَصّانَة شتمٌ اى يا ماصّ فرجِ أمّهِ والمصيصةُ القصعةُ والممصوصُ الدقيقُ الجسمِ (والمَمصمصةُ المَضمضةُ بطرفِ اللسانِ) * المَعْصُ وجعُ العصبِ من كثرةِ المشي ل ومَعِصَ التوى مفصلهُ واشتكى يدَهُ او رجلَهُ ومَعِصَ في مِشيَتِهِ خَجِلَ وتمعّصَ بطنُهُ أوجعَهُ * المَغْصُ ويحرّكُ وجعٌ في البطنِ وفعلُهُ مُغِصَ مجهولاً فهو مَمغوصٌ * ل مَلِصَ سقطَ لملاستِهِ وحبلٌ مَلِصٌ يزلق الكفّ عنهُ وتملّصَ تخلّصَ وانملصَ أفلتَ * مَهّصَ ثوبَهُ تمهيصًا نظّفَهُ وبيّضهُ وتمهّصَ في الماء انغمسَ *

ن

ن نَبَصَ تكلّمَ والنبصاء القوسُ ص ونبصَ الطائرُ صوّتَ ضعيفًا * النَّحْصُ سفحُ الجبلِ (والنحوصُ من الأُتُنِ ما لا ولدَ لها ولا لبنَ) * ع (ن) نَحَصَ نحفَ وانتحصَ لحمُهُ ذهبَ * ن نَدَصَتْ عينُهُ نُدوصًا خرجتْ كعينِ الخنيقِ والمِنداصُ المرأةُ الطيّاشةُ المتظاهرةُ بالشرِّ والرجلُ الشرّيرُ ونَدَصَ الدُّمّلةَ أخرجَ ما فيها بالعصرِ * ن نَشَصَتِ المرأةُ عصتْ وأبغضتْ زوجها ونَشَصَتِ النفسُ جاشتْ ونَشَصَ الشيءَ استخرجهُ (وفلانًا طعنهُ والسحابُ ارتفعَ) * ن نَصَّ الحديثَ اليهِ حدّثهُ بهِ ونصَّ الشيءَ حرّكهُ (والمتاعَ جعلَ بعضَهُ فوقَ بعضٍ) والمِنَصّةُ ما تجلسُ عليهِ العروسُ كالكرسيِّ (ونصّها عليها أقعدها فانتصّتْ) ض ونَصَّ الشواءُ نصيصًا صوّتَ على النارِ ونصّتِ القِدْرُ غلتْ والنصُّ الاسنادُ الى الرئيسِ الاكبرِ والنُّصّةُ الخُصلةُ من الشعرِ ونَصْنَصَ عزيمتَهُ ونصنصهُ ناقشهُ ونَصْنَصَهُ حرّكهُ وقلقلهُ * ع نَغَصَ الجرادُ الارضَ أكلَ نباتها وانتغصَ غضبَ وحردَ * ل نَغِصَ لم يتمّ مرادُهُ وأنغصَ اللهُ عليهِ العيشَ ونغّصهُ كدّرهُ فتنغّصتْ معيشتُهُ اى تكدّرتْ * النُّفْصةُ دفعةٌ من الدمِ ونافصهُ قالَ لهُ بُلْ وانا أبولُ فننظرُ أيّنا أبعدُ بولاً والمِنفاصُ المرأةُ البوّالةُ على الفراشِ وأنفصَ بالضحكِ أكثرَ منهُ * النَّقْصُ والنُّقصانُ (والنُّقصانُ) الخسرانُ في الحظِّ والنُّقصانُ (ايضًا) المقدارُ الذاهبُ من المنقوصِ وفعلُهُ ن نَقَصَ لازمٌ متعدٍّ ودخلَ عليهِ نَقْصٌ في عقلهِ ودينهِ ولا يُقالُ نُقصانٌ والنقيصةُ الوقيعةُ في الناسِ والخصلةُ الدنيئةُ الرديئةُ ر ونقصَ الماءُ عذبَ فهو نقيصٌ وأنقصهُ وانتقصهُ ونقّصهُ تنقيصًا ن ونَقَصهُ فانتقصَ وانتقصهُ وقعَ فيهِ * ن نَكَصَ عن الامرِ نكصًا ونكوصًا أحجمَ عنهُ متهيّبًا وهذا خاصٌّ بالرجوعِ عن الخيرِ * النَّمَصُ رقّةُ الشعرِ كأنّهُ زغبٌ والنَّماصُ خيطُ الابرةِ (والنِّماصُ الشهرُ ج نُمُصٌ وأنمصَهُ وأنمصَ النبتُ طلعَ) *

(وبَيْضٌ) وباضَ بالمكانِ أقامَ وباضَ السحابُ أمطرَ وبَيَّضَهُ ضدُّ سَوَّدَهُ وبَيَّضَهُ ايضًا مَلأَهُ وفَرَّغَهُ ضدٌّ وابْيَضَّ وابْياضَّ صارَ أبْيَضَ *

ج

الجَرَضُ الريقُ وأجْرَضَهُ بريقِهِ أغَصَّهُ بهِ (وحالَ الجَرِيضُ دُونَ القَرِيضِ يُضرَبُ لامرٍ يَعوقُ دُونَهُ مانِعٌ وجَرَّضَهُ خَنَقَهُ) والجِرْيَضُ والجِرْيَاضُ (والجِرْآضُ) المغمومُ ج جَرَاضَى * (الجُرَافِضُ والجِرَامِضُ * والجَلَاهِضُ الثَّقِيلُ الوَخِمُ) * الجَهِيضُ (والجَهَضُ) الولدُ السقْطُ ع وجَهَضَهُ عن الامرِ وأجْهَضَهُ نَحَّاهُ وجاهَضَهُ مانَعَهُ وعاجَلَهُ * ض جاضَ عنهُ حادَ وعدلَ *

ح

ن حَبَضَ العِرْقُ تحرَّكَ أشدَّ من النَّبْضِ والحَبْضُ القُوَّةُ وبقيَّةُ الحيوةِ ض وحَبَضَ ماتَ وحَبَضَ السهمُ وقعَ بينَ يدَي الرامي والحَبْضُ ايضًا الصوتُ الضعيفُ والحُبَاضُ الضَّعْفُ ن وحَبَضَ حقُّهُ بطلَ ض وحَبَضَ القلبُ خفقَ ثمَّ سكنَ * الحَرَضُ الفسادُ في العقلِ وفي الدِّينِ وفي البَدَنِ وفعلُهُ ن حَرَضَ والحَرِضُ والحارِضُ المريضُ والمُعْيِي والمشرِفُ على الهلاكِ ومَنْ لاخيرَ عندَهُ (او لا يُرْجَى خيرُهُ ولا يُخافُ شرُّهُ) ج أحراضٌ وحُرْضانٌ (وحَرَضَةٌ) والحَرِضُ ايضًا مَنْ أذابَهُ العشقُ والحُزْنُ والحَرِيضُ الساقطُ الذي لا يمكنُهُ النهوضُ وفعلُهُ ل حَرِضَ وحَرُضَ فسدتْ مَعِدَتُهُ ن ض وحَرَضَ حُرُوضًا وحَرَضًا مَرِضَ وسَقِمَ وحَرَّضَ نفسَهُ تحريضًا أفسدَها ر وحَرُضَ طالَ غَمُّهُ وسُقْمُهُ ل وحَرِضَ رَذُلَ وفسدَ فهو حارِضٌ اى فاسدٌ متروكٌ والاسمُ الحَراضةُ والحُرُوضةُ ج حُرُضٌ والمَحْرُوضُ المرذولُ والمِحْرَضَةُ وعاءُ الأُشْنانِ والحُرَّاضُ الجَصُّ والإحْرِيضُ العُصْفُرُ وأحْرَضَهُ أفسدَهُ وحَرَّضَهُ تحريضًا حثَّهُ وأغراهُ * ن حَضَّهُ حَضًّا بالفتحِ والضمِّ وحِضِّيضَى (وحُضَّيْضَى) وحَضْحَضَهُ حثَّهُ وأحماهُ والاسمُ الحُضُّ والحُضَيْضُ (الحَجَرُ و) القَرارُ في الارضِ ج أحِضَّةٌ وحُضُضٌ والحُضُوضاءُ الحُضُوضاءُ * ن حَفَضَهُ من يدِهِ طرحَهُ وحَفَضَ العودَ حناهُ والحَفَضُ حاملُ الرايةِ ج حِفاضٌ وأحفاضٌ * الحَمَضَةُ الشهوةُ للشيءِ وفعلُهُ ن حَمَضَ والحُمُوضةُ طَعْمٌ م وفعلُهُ ر ع ل حَمِضَ حَمْضًا وحُمُوضةً فهو حامِضٌ وحَمَّضَهُ تحميضًا وأحْمَضَهُ جعلَهُ حامِضًا ن وحَمَضَ عنهُ كرِهَهُ وحَمَضَ بهِ اشتهاهُ * الحَوْضُ بِرْكةُ الماءِ ج حِياضٌ وأحواضٌ وحاضَ الماءَ حَوْضًا جمعَهُ * ض حاضَتِ المرأةُ حَيْضًا ومَحِيضًا ومَحاضًا سالَ دَمُها فهي حائضٌ ج حوائضُ (وحُيَّضٌ) والمُسْتَحاضةُ نازفةُ الدَّمِ *

سَفَل والرِغْدة والزكام والمأروض المزكوم وفعلهُ أُرِضَ مجهولاً (وهو ابنُ أرضٍ غريبٌ) والمأروض ايضًا الخشبُ أكلتهُ الأرَضة وهي دودةٌ معروفةٌ ر وأرِضَت الأرضُ راقت للعين حُسْنًا فهي أرِضٌ أريضةٌ (زكيّةٌ خليقةٌ للخير) والأرْضة بالكسر والضمّ الكلأ الكثير وأرضت الأرضُ كثُر كلأها والارض الجديدةُ التي تتجدَّدُ بعد الغيبة (وهو آرضُهم به أجدرُهم) وأرِضَ تأريضًا نوى الصوم وأرّضَ الكلامَ هذّبهُ وأرّضَ ايضًا أصلحَ • الإضُّ الاصلُ والإضاضُ الملجأ ن وأضّني لامرٌ يطني وأضّهُ كسرهُ وأضَّ اليهِ اضطرّ • ل أمِضَ لم ينجعْ فيهِ العِتابُ • ر أنِضت الامعاء خلقتْ فزعًا ص وأنِضَ اللحمُ أنيضًا تغيّرَ • ص آضَ أيضًا عادَ الى الشيء وآضَ الشيءُ غيرَ صيرورتَهُ (وآضَ كذا تحوّلَ وصارَ وفعلَ ذلكَ أيضًا اذا فعلهُ معاودًا) •

ب

البَرْضُ والبُراضُ القليلُ ج بِراضٌ وبُروضٌ وأبراضٌ ن وبَرَضَ الماء وابتَرَضَ خرجَ قليلاً والبَرّاضُ مَنْ يُتلِفُ مالَهُ كلَّهُ أكلاً والبارِضُ أوّلُ النبتِ اذا خرجَ وتبرَّضَ (تبلّغَ بالقليل و) الشيءَ أخذَهُ قليلاً قليلاً • البَضُّ الرخصُ الجسمِ الرقيقُ الجلدِ وهي بَضّةٌ والبَضيضةُ المطرُ القليلُ ض وبَضَّ الماء بَضًّا وبُضوضًا وبَضيضًا سالَ قليلاً قليلاً والبَضَضُ الماء القليلُ وبَضَّ أوتارَهُ حرّكها لتتهيّأ للضربِ وتبضّضَ تنغّمَ • بَعْضُ كلِّ شيءٍ جزءٌ منهُ ج أبعاضٌ وقيلَ لا يدخلهُ أداةُ التعريفِ لايقالُ البَعْضُ والبَعوضةُ البَقّةُ ج بَعوضٌ وليلةٌ مَبْعوضةٌ ذاتُ بَعوضٍ وارضٌ بَعِضةٌ كثيرةُ البَعوضِ وأبعضوا صارَ في أرضهم البَعوضُ وبعّضهُ تبعيضًا جزّأهُ فتبعّضَ • البُغضُ ضدُّ الحبِّ والبِغضة والبَغضاء شدّةُ البُغضِ وفعلهُ ر (ن) ل بغضَ بَغاضةً فهو بَغيضٌ وأبغضهُ مقتهُ • ع تَهَضني لامرُ ثقلَ عليَّ وبالظاء أفصحُ من الضادِ • الأبيضُ ضدُّ الاسودِ ج بِيضٌ والأبيضُ ايضًا السيفُ والفضّةُ والمُنخلُ والنَّقيُّ العِرضِ والأبيضانِ الخبزُ والماء وما رأيتهُ مُنذُ أبيضانِ اى شهرانِ او يومانِ والموتُ الابيضُ الموتُ فجأةً والبيضاء لقبُ مدينةِ حلبَ بيّضَ اللهُ قناها وثغرَها والبيضاء ايضًا الحِنطةُ (ومن أسماء الشمسِ وأمُّ بيضاء القِدرُ) والبَياضُ اللبنُ والبَياضُ والبَياضةُ لونُ الأبيضِ وبَيضةُ الطائرِ وبيضةُ الرجلِ وبيضةُ الحيوانِ م ج بُيوضٌ وبَيضاتٌ (وكلُّ بيضٍ يُكتبُ بالضادِ إلّا بيظَ النملِ فإنّهُ بالظاء) والبَيضةُ ايضًا الحديدُ والساحةُ وبيضةُ البلدِ الذليلُ (يُقالُ هو أذلُّ من بيضةِ البلدِ اى من بيضةِ النعامِ التى تتركُها وهو بيضةُ البلدِ واحدُها المُجتمَعُ اليهِ) والمقبولُ قولُهُ ضدٌّ وبيضةُ العُقرِ بيضةُ الديكِ (يبيضها مرّةً واحدةً ثمّ لا يَعودُ) والبِيضانُ ضدُّ السُودانِ وباضتِ الدجاجةُ تبيضُ فهي بائضٌ وبَيوضٌ ج بِيضٌ

عدا والرَكْض العَدْو وتحريك الجناح والهرب والحركة ورَكَض الفرس عدا فهو راكِض ومَرْكوض وارتكض الجنين اضطرب * الرَمَض شدّة وقع الحَرّ ورمِض يومنا اشتدّ حَرّه والرَمضاء الارض الشديدة الحرارة وأرمض الغنم رعاها في الحَرّ ورَمِض الصائم اشتدّ حَرّ جوفه وأرمضه اوجعه واحرقه وترمّضت نفسه جاشت وارتمضت كبدُهُ فسدت (وارتمض من كذا اشتدّ عليه واقلقه) وشهر رمضان م ج رمضانات ورمضانون وأرمضة وأرامض شاذّ ورمّضت الغنم تويّتته) * الرَوضة مستنقع الماء في العُشب ج رَوض (ورِيضان) ورياض وروّضه (ترويضا وراضه رياضة ورياضا) ذلّله ومنه رياضة العابد اي انفراده مدّة ليهذّب نفسه وسيرته وفعله راض يروض فهو رائض ج راضة ورُوّاض وارتاض تروّض اي تهذّب واستراض الوادي استنقع فيه الماء واستراض المكان اتّسع واستراضت النفس طابت وراوضه داراه *

ض

الضَوضي الجلبة واصوات الناس (لغة في المهموزة) والمُضَوضي المصوّت *

ع

(العِرياض والعُرابض الغليظ والعِربَض الاسد) العَروض (مؤنّثة) ميزان الشعر أوّل من وضعه الخليل شيخ سيبويه ج أعاريض والعَروض ايضا الناحية والطريق في عُرض الجبل وفحوى الكلام والشيء الكثير والغنم والسحاب والطعام ص ل وعَرَض له ظهر وعَرَض (الشيءَ عليه و) له أراه إيّاه ن وعَرَض له الشيطان ظهر له (وعَرَض القوم على السيف قتلهم وعلى السَوط ضربهم وعَرَض الشيءُ بدا والحوض والقِربة ملأهما وعرض ببِلعته عارض بها) وعَرَض عَرْضَه وبَعثه نحا نحوه والعارض صفحة الخدّ والسحاب المعترض والجبل وصفحة العنق وجانب الوجه وما يستقبلك من الشيء والخشبة التي يدور فيها الباب وناحية الوجه وما يبدو عند الضحك والبيان واللَسَن والصرامة (ج عوارض) ر وعَرُض صار عريضا والعَرَض بالفتح المتاع والجبل ومرقاة الجبل والسَعة وطلاق الطول والوادي والجنون وفعله عُرِض مجهولا والعِرْض بالكسر الجسد والرائحة جيّدة كانت او رديئة والنفس وموضوع المدح والذمّ وعِرض الرجل مايحميه ويصونه من نفسه وحسبه ومن شرف آبائه ومن صلاحه ومما يفتخر به والخليقة المحمودة والجيش والوادي المخصب والبلد وناحيته ومن يعترض الناس بالباطل وهي عِرضة والعِرض ايضا الجانب والناحية ووسط البحر والنهر وجانبا العنق وهو من عُرض الناس اي من العامّة ونظر اليه من عُرْض (وعُرُض) من جانب ويضربون الناس عن عُرُض لايبالون بمن يضربون والعَرَض ما يَعرِض للانسان من الحوادث

خ

الخضاض الاحمق والمداد والغزال وقيد الاسير والخضض الخرز الصغار وخضخضها زيّنها به والخضخضة تحريك الماء والاستمناء أعاذنا الله منه وتخضخض الماء تحرّك • الخفض الدعة وسعة العيش والفعل ر خفض والخفض فى الاعراب الجرّ وغضّ الصوت والفعل من خفض والخافض من أسماء الله تعالى وخفض بالمكان أقام به والخفض للجارية كالختانة للغلام واخفض له جناح الاستكانة اى تواضع له وخفض القول تخفيضا ليّنه وخفّض الامر سهّله وهوّنه واختفض انحطّ واختفضت الجارية اختتنت • خاض الماء خوضا وخياضا وخوضة واختاضه دخله وخاض الوقائع اقتحمها والمخاضة مجاز الناس فى الماء (ج مخاض ومخاوض) والخوض الباطل والخوضة اللؤلؤة وتخوّض تكلّف وتخاوضوا فى الحديث تفاوضوا •

د

(الدآض السمن والامتلاء) • ع دحص عن الامر بحث ودحضت رجله زلقت ودحضت الشمس زالت ن ودحض الحجّة دحوضا وادحضها ابطلها ودفعها •

ر

الربض الحضن والسور والحظيرة والناحية والامعاء والكفاية من كلّ شئ ج ارباض والربض جماعة البقر والربض وسط الشئ وأساس البناء والزوجة والربضة الجثّة والرجل لا يبرح وجماعة الناس ص وربضت المواشى ربضا وربضة وربوضا بركت فى مربضها اى مجثمها وأربضها ادخلها المربض والرابضة الرجل الحقير والربوض السلسلة الضخمة والدرع الواسعة والرابضان الترك والحبش ن ص وربضه أوى اليه وأربضت الشمس اشتدّ حرّها (وأربض أهله قام بنفقتهم والرباض الاسد) • ع رحضه وأرحضه غسله فهو رحيض ومرحوض والمرحاض المغتسل والكنيف والرحضاء العرق بعد الحمّى وفعله رحض مجهولا وارتحض اغتسل • الرضّ الدقّ والجرش وفعله ن رضّ فهو رضيض ومرضوض والرضراض الحصى الصغار والرجل لا يبرح وأرض أبطأ وثقل وعدا شديدا جدّ ورضرضه كسره • ن ص رفضه رفضا (ورفضا) تركه ورفض الراعى الرعيّة تركها ترعى وحدها وهو ينظر اليها والرفيض العرق والروافض الجنود تركوا قائدهم والرافضى تارك الحق وارفضّ الدمع (وترفّض) ترشّش (والشئ تفرّق والرفض من الماء القليل ورجل قبضة رفضة يتمسّك بالشئ ثم يدعه وترفّض تكسّر) • ن ركض

ن غضّ طرفه غضًّا (وغضاضًا) وغضاضًا وغضاضةً خفضه واحتمل المكروه والغضيض والغضّ الطريّ الناعم وفعله (ع ل) غضّ (غضاضةً وغضوضةً) والغضيض ايضا الطرف الفاتر والناقص الذليل ج أغضّة والغضاض بالفتح والضمّ (العرنين او ما والاه من الوجه او ما بين العرنين و) قصاص الشعر والغضاضة الذلّة والمنقصة وغضض أكل الغضّ وصار غضًّا • الغامض والغمض ما اطمأنّ من الارض ج غوامض وغموض وأغماض وفعله ن غمض غموضًا ر وغمض غموضةً وغماضةً والغامض الخامل الذكر الذليل والحسب المجهول والكلام الغير الواضح ض وغمض في البيع وأغمض تساهل وغمض ذهب وسار ودار غامضة منحرفة عن الشارع وما اكتحلت غماضًا ويكسر (وغمضًا وتغماضًا وتغميضًا واغماضًا) ما نمت والغميضة العيب والمغمضات الذنوب المرتكبة بتعمّد وغمّض الكلام تغميضًا جعل فيه مظنّة وما اغتمضت عيني ما نمت والاغتماض بلوغ الشيء بلا مشقّة وأغمض طرفه غمّضه • غاض الماء غيضًا ومغاضًا وانغاض قلّ ونقص والغيض السقط الذى لم يتمّ خلقه والغيضة الأجمة ج غياض وأغياض وغيّض دمعه تغييضًا نقصه •

ف

(ع فضخه شدخه وأكثر ما يستعمل في الشيء الرطب كالقثّاء والبطّيخ) • الفرض التوقيت والفروض ايضا والتفريض الحزّ في الشيء والفعل من فرض والفرض ايضا ما أوجبه الله على عباده وما سنّته الانبياء والرسل والمجامع المقدّسة وأحبار الكنيسة الجامعة وفرض الكاهن ما يلتزم به من الصلوة والخدمة والطاعة والفرض ايضا الترس والثوب والعطيّة والهبة والوصايا العشر المنزلة والفراض الليلس وفوّهة النهر والفارض الناقة المسنّة والرجل الضخم ج فرّض والفارض ايضا القديم والموزّع الصدقات والجبّة المفروضة والفرياض الواسع والفرضة مكسر من ماء النهر يستقى منه ومينا البحر وموضع الحبر من الدواة ن وفرض له فرضًا وافترض جعل له فريضة (والمفارض والمفريض) والفرضيّ العارف بالفرائض اى الشرائع • الفضّة م ج فضض (والفضّة ايضا وتفتح الصخرة الشاهقة ج فضض وفضاض) ن وفضّ (خاتم الكتاب فكّه و) الشيء فرّقه والفضاض المتناثر عند الكسر والفضض والفضيض كلّ متفرّق ومنتشر والفضيض ايضا الماء العذب ودرع فضفاض واسعة وافتضّ الجارية اقتضّها والفضفضة سعة الثوب وسعة العيش • فوّض الامر اليه تفويضًا ردّه اليه وفوّضت المرأة زوجها بلا مهر والفوضى الجماعة المتساوون لا رئيس لهم وأمرهم فوضى ايضا وفوضوضاء (ويقصر) يتصرّف كلّ منهم بما للآخر والمفاوضة الاشتراك في كلّ شيء والمساواة وتفاوضوا في الامر تخاطبوا فيه • (ع فهضه

(والامراض) وحطام الدنيا والغنيمة والطمع وما لا يدوم ومصاب الشيء. فجأة (وعلى غِرّة) وما يلوم بعيره والخطيئة العَرَضية خلاف الخطيئة الكبيرة ومشى العِرَضْنة اى ببغي ونشاط ونظر اليه عِرَضْنة بمؤخر عينه والعِراض الناحية والعُراض العريض والعَراضة الهدية والعراضة أن يعرض القائد الجند واحدًا واحدًا والعُرضيّ من لا يثبت على السرج والعُرضة الهمة وفلان عُرضة (لذاك مُقرن له قوي عليه وعُرضة) للناس يقعون فيه (وجعلته عُرضة لكذا نصبته اليه) والعُرضة ايضا المانع والاعتراض في خير وشرّ اى المنع وأعرض ذهب عرضا وطولا وأعرض عنه صدّ عنه وأعرض الشيء، وعرّضه تعريضا جعله عريضا وأعرض الشيء، ظهر (وعرضته انا شاذ ككبته فاكبّ) والتعريض خلاف التصريح وعرّض الشيء، تعريضا جعله عرَضا اى هدفا واعترض عن زوجته اصابة شيء، يمنعه عنها واعترض الشيء، حال دونه واعترضه وقع فيه وفلان عريض البطان اى متموّل وتعرّض له تصدّى له وعارضه عدل عنه وعارضه سار حياله وعارض الكتاب قابله وعارضه اتى بمثل ما اتى ذاك وعارض الرجل المرأة طالبها بالزنا وابن المعارضة ابن الزنية (والعِرّيض من يتعرّض للناس بالشرّ) * ل ع عضّه عضا وعضيضا مسكه بأسنانه وعضّ بصاحبه لزمه والعضيض القرين وعضّة الزمان (والحرب) والحزن شدّ عليه (او هي بالظاء وعضّ الاسنان بالضاد) والعضوض الزمان الشديد والملك الظالم المفسد ج عضاض والعضّ العجين من شعير وحنطة معا والحشيش اليابس والعِضّ السيّء الخلق والقرن والمقتدر والقهرمان والبخيل والرجل الداهية ج عضوض والعِضّ ايضا الباب العسر فتحه وأعضّه حمله على العضّ * ص عَلْعَض الوتد حرّكه ليتزعه (والعِلْوَض ابن آوى) * عَوْضُ بالفتح وتثليث بناء الآخر بمعنى قطّ في المستقبل نحو لا افارقك عوض وبمعنى ابدا في الماضي نحو ما رأيت مثله عوض والعوض ايضا الدهر وعوض الشيء، بدله وخلفه وفعله عاض منه عوضا وعوضا وعياضا وتعوّض اخذ العوض واعتاضه طالبه بالعوض واعتاض عنه تعوّض *

غ

الغرض الهدف للسهام ج اغراض (والغرض ايضا المقصود) ل وغرِض ملّ واشتاق وخاف والغَرِيض المغنّي الجيد وماء المطر والغريض والاغريض الابيض الطريّ والطلع ض وغرض الاناء واغرضه ملأه ونقصه ضدّ وغرض السخل فطمه وغرض الشيء، اجتناه طريا والغرض والغُرضة الحزام للرحل ج غُروض واغراض والغرض ايضا التثنّي والكفّ وغروض الثوب مواضع ثنيه والغارض الانف الطويل واغرض عجن واللحم الغريض الطريّ وتغرّض الغصن انكسر ولم ينفصل *

م

المَحْضُ (تخليصُ الشيء مما فيه عيبٌ و) اللبنُ الخالصُ ج مِحاضٌ والماحِضُ مشتهيهِ ع ومَحَضَهُ والمَحَضَهُ سَقاهُ المَحْضَ وامْتَحَضَهُ شربَهُ وفلانٌ مَمْحُوضُ النسبِ خالِصُهُ وفضةٌ مَحْضٌ ومَحْضَةٌ ومَمْحُوضَةٌ خالصةٌ وأَمْحَضَهُ الودَّ أَخلَصَهُ لهُ والأُمْحُوضَةُ النصيحةُ الخالصةُ والفعلُ في الكلِّ و مَحَضَ مَحُوضَةً • ع ن ض مَخَضَ اللبنَ أَخذَ زُبْدَهُ فهو مَخِيضٌ ومَمْخُوضٌ ومَخَضَ الشيءَ حرَّكَهُ شديدًا ومَخَضَ الدلوَ في البئرِ هزَّها ل ع ومَخِضَتِ المرأةُ مَخاضًا بالفتحِ والكسرِ وتَمَخَّضَتْ أَخذَها الطَّلْقُ لتلدَ فهي ماخِضٌ ج مَواخِضُ ومُخَّضٌ وابنُ مَخاضٍ وبنتُ مَخاضٍ الفصيلُ ج. عليهِ سَنَةٌ ج بناتُ مَخاضٍ في الكلِّ و تَمَخَّضَ الدهرُ أتى بالفتنةِ • المَرَضُ انحرافُ المزاجِ بعدَ اعتدالهِ وفعلُهُ ل مَرِضَ مَرَضًا (ومَرْضًا) فهو مَرِضٌ ومَريضٌ ومارِضٌ ج مِراضٌ ومَرْضَى ومَراضَى والمَرَضُ بالفتحِ والتحريكِ الشكُّ والنفاقُ والفُتورُ والظُّلمةُ والنُّقصانُ وأَمْرَضَهُ جعلَهُ مريضًا والتَّمريضُ (التوهينُ وحُسْنُ مُداراةِ المريضِ (ضِدٌّ) وتدريةُ المحبوبِ وفعلُهُ مَرَّضَ تمريضًا وشمسٌ مريضةٌ وريحٌ (وأرضٌ) مريضةٌ ضعيفةٌ وتَمارَضَ ضعُفَ في أمرهِ والمِمْراضُ الكثيرُ المرضِ • ن مَضَّهُ الشيءُ مَضًّا ومَضَضًا وأَمَضَّهُ أَحزنَ قلبَهُ فأوجعَهُ ومَضَّهُ الحامِضُ أحرقَ فمَهُ ض ن ومَضَّ الكحلُ عينَهُ وأَمَضَّها آلمَها ل ومَضِضَ تألَّمَ وأَمَضَّهُ جلدَهُ أحكَّهُ والمَضَضُ الوجعُ وفعلُهُ س مَضِضَ مَضَضًا ومَضيضًا ومَضاضةً والمِضُّ أبلغُ من المَضِّ ومِضِّ (بالكسرِ) ومُثلَّثةً بناءَ الآخرِ (ومِضٌّ مُنوَّنةً) بمعنى لا يُقالُ أرأيتَ فلانًا تقولُ في جوابهِ مِضِّ اي لا و(رجلٌ) مِضُّ الضربِ بالفتحِ مؤلمُهُ والمُضاضُ الخالصُ والمَضْمَضَةُ تحريكُ الماءِ في الفمِ وغسلُ الإناءِ • ل مَعِضَ (من الامرِ) غضبَ وشقَّ عليهِ فهو ماعِضٌ وأَمْعَضَهُ (ومَعَّضَهُ) أغضبَهُ فامْتَعَضَ والامْتِعاضُ الاحراقُ •

ن

ن نَبَضَ الماءُ نُبوضًا غارَ او سالَ ضِدٌّ ض ونَبَضَ العِرْقُ نَبْضًا ونَبَضانًا اضطربَ ونَبَضَ القوسَ وأَنْبَضَها حرَّكَ وَتَرَها لِتُرِنَّ ونَبَضَ البرقُ لمعَ خفيًّا والمِنْبَضُ آلةُ النَّدْفِ (وما بهِ حَبَضٌ ولا نَبَضٌ حَراكٌ وفؤادٌ نَبِضٌ ونَبِضٌ شَهْمٌ) • ر نَحُضَ لحمُهُ نَحاضةً كثُرَ فهو نَحِيضٌ والنَّحِيضُ الذاهبُ اللحمِ والكثيرُهُ ضِدٌّ (ونَحِضٌ) وانْتَحَضَ قلَّ لحمُهُ ع ونَحَضَ لحمَهُ نَحْوضًا نقصَ وانْتَحَضَ العظمَ أخذَ لحمَهُ • ض نَضَّ الماءُ نَضًّا ونَضيضًا رشحَ ونَضَّتِ التربةُ انشقَّتْ ن شدةِ الماءِ والنَّضيضُ الماءُ القليلُ والمطرُ القليلُ ج أَنِضَّةٌ ونَضائضُ والنُّضاضةُ (من الشيءِ بَقِيَّتُهُ و) آخِرُ ولدِ الرجلِ والامرُ الناضُّ الممكنُ وفعلُهُ ن نَضَّ وهو يَتَنَضْنَضُ

كسرة وشدخة) * فاض الماء يفيض فيضًا وفيوضًا (وفيوضًا) وفيضوضة وفيضانًا سال كثرة وفاض صدرة بالسر باح به وفاض الرجل فيضًا وفيوضًا مات وفاض الخبر شاع وفاض الشيء كثر والفيض الموت (ونيل مصر) وامرهم فيضيضى مثل فوضوضى وافاض الماء على نفسه افرغه وافاضوا فى الحديث اندفعوا يتحدثون وافاض البعير جرته دفعها الى فيه ليمضغها ثانية والمفاضة الدرع الواسعة واستفاض الخبر انتشر فهو مستفيض او مستفاض فيه *

ق

ض قبضه تناوله بيده وقبض عليه امسكه وقبض عنه امتنع عن امساكه (فهو قابض وقباض وقباضة) وقبضه ضد بسطه وقبض مجهولا مات والقبض المقبوض والقبضة (والقبضة) ملء الكف والراعى الحسن التدبير وقبضه الدراهم تقبيضًا اعطاه فى قبضته اى فى كفه وقبضه ايضًا جمعه وانقبض انضم وسار واسرع وضد انبسط وتقبض عنه اشمأز منه وتقبض اليه وثب *

ض قرضه قطعه وقرض الشعر قاله وقرض (رباطه) مات او قارب الموت وقرض عن المكان عدل والقريض جرة البعير والشعر والمقراض المقص والقراضة ما يسقط من المقراض (وهو واحد المقاريض) والقرض ويكسر ما تعطيه لتسترده والمقارض اوعية الخمر والجرار الكبار الواحدة مقرض واقرضه (اعطاه القرض واقترض) منه اخذ منه القرض واقرض عرضه اغتابه والمقارضة المضاربة فى المعاملة (والتقريض المدح والذم ضد) * ن قض اللؤلؤة ثقبها وقض الشيء دقه والقضة بكارة الجارية وافتضها ازاح بكارتها والقضة ايضًا ارض ذات حصى والقضة الحصى الصغار والجص والقضة والقضض الحصى المنقى والقضة ايضًا كبة الغزل والقضة العيث وانقض الجدار تهدم وانقض الطائر وتقضقض وتقضى هوى ليقع وانقضت الخيل عليهم انتشرت واقض الامور تتبعها واقض الفراش خشن وعلاه التراب وجاءوا قضهم وقضيضهم اى جميعهم والقض الحصى الصغار والقضيض الحصى الكبار والقضاض صخر يركب بعضه بعضًا الواحد قضة واستقض المضجع وجده خشنا (والتقضقض التفرق والقضقاض كالاسد) * قاض البناء وقوضه هدمه وتقوض وانقاض انهدم وقاض هذا بذا قوضًا بدله به * القيض قشرة البيضة اليابسة والشق والانشقاق وفعله قاض يقيض وتقيض الجدار وانقاض انهدم واقتاضه استأصله وقيضه الله له اتاحه له وسببه له وتقيض تسبب وتقدر وقايضه عاوضه وبادله *

ل

اللضلاض الحاذق فى الدلالة *

ى نواحى الفيم واومضت المرأة سارقت النظر واومض اشار إشارة خفية * الومضة الومدة *

ن

ن فضه واقتفضه كسره ودقه فهو فضيض (ومنضوض) وانهض انكسر * (فلص الشىء انتزعه) * حاضه يهيضه واهتاضه كسره بعد جبره والهيضة معاودة الهم والحزن والمرض بعد المرض (وبه هيضة اى قياء وقيام جميعا وتهيض) وانهاض انكسر *

حرف الطاء

ا

الإبط (وتكسر الباء) باطن المنكب ج آباط وتأبطه وضعه تحت إبطه ن وأبطه اقبطه وانتبط (اطمأن و) استوى * الاربط الرجل العاثر * ض أط الرجل وغيره صوت وأن تعبا او حنينا وأط له رق وحن والأطاط الصياح والأطيط الجوع وصوت الجوف جوعا وصوت ثقل الرحال * لاقط مثلثة (ويحرك والاقط والاقط والإقط) زبدة المخيض ج أقطان ض واقطه صرعه وخلطه والاقيط (والمأقوط) الثقيل الوخم * لانغسطس من خدام الكنيسة يونانية معربة *

ب

(تبأط تبأطا اضطجع وامسى زهبى البال وتبأط عنه رهب * ل بثبطت شفته ورمت) * برقط ولى متلفتا وبرقط كلامه طرحه بلا نظام وبرقط الشىء فرقه وتبرقط وقع على قفاه * البارقليط والفارقليط من صفات الروح القدس اى المعزى سريانية معربة * ن بسطه نشره فانبسط وتبسط وبسط يده مدها وبسط العذر قبله وبسط فلانا افرحه وبسط المكان وسع القوم وبسطه الله فضله على آخر والباسط من اسماء الله ومن اسماء الملائكة والبساط بالكسر م ج بسط والبساط بالفتح الارض المستوية والبسيطة الارض الواسعة والبسيطة ايضا والبسيط الدنيا ر وبسط مزح بلسانه فهو بسيط ومنبسط والبسيط الوجه البشوش والبسيط اليدين الكريم ج بسط وانبسط النهار امتد وطال والبسطة الفضيلة والكمال (وفى العلم التوسع) والكلام المنبسط المتسع والبسيط خلاف المركب (وبسطت يده عليه اى سلط عليه) * البصط كالبسط فى جميع معانيه واشتقاقاته * ن بط الجرح شقه والبطة الدبة واناء كالقارورة وضرب من طير الاوز

المعروف يتطلّبهُ والنضنضة صوت الشواء وحيّةٌ نضناضةٌ ونضناضٌ اذا لسعت قتلت مكانها ونضنضت الحيّةُ لسانها حرّكتهُ والنضّ الدرهمُ والدينارُ وانضّ الحاجةَ انجزها واستنضّ حقّهُ منهُ استوفاهُ * ن نغض نغضًا ونغوضًا ونغضانًا ونغضًا تحرّك واضطرب وانغضهُ حرّكهُ والنغض من يرجف برأسهِ اذا مشى * ن نفض الثوب حرّكهُ ليذهب غبارهُ فانتفض (ونفضتِ المرأةُ كثر ولدُها فهي نفوضٌ) ونفض القومُ ذهب زادُهم ونفض الزرعُ اخرج سنبلهُ ونفض الكرمُ تفتّحت عناقيدُهُ ونفض الصبغُ ذهب والمنفضُ المنسفُ (والنفاضةُ نُفاثة السواك وما سقط من المنفوض) والنفضُ ما سقط من الورق والنافضُ حمّى الرعدةِ مذكّرٌ وفعلهُ نُفض فهو منفوضٌ والنفضةُ رِعدة الحمّى وانفضوا فنقروا وفني زادهم واستنفض ذكرهُ وانتفضهُ نظّفهُ من اثر البول والنفضةُ الجواسيسُ للارض ونفاضةُ المزاودِ المتساقطُ من فتاتها * ن نقض الحبلَ نقضًا وانتقضهُ حلّ إبرامهُ ومثلهُ نقض البناءِ والعهدَ (وغيرهُ) فهو منقوضٌ ومنتقضٌ والنقضُ صوت الطيرِ وصوت العقربِ والضفدعِ ونقّض اصابعهُ فرقعها والنقضُ المنتقضُ من البنيانِ ونقض الجلدُ والوترُ والمحملُ والضلعُ صوّت وانقض اصابعهُ ضرب بها لتصوّت وانقض بالدابّةِ الصقَ لسانهُ بالحنكِ ثم صوّت بها لتمشيَ وانقض العلكُ صوّتهُ في الفمِ والنقضُ المهزولُ والنقيضةُ ان يناقضَ الشعرَ شاعرًا آخرَ والمناقضةُ في القولِ التخالفُ والتضادّ والنقضُ ايضًا الثوبُ المنحلُ ج انقاضٌ ونقوضٌ * ن ناض (ذهب في البلادِ و)الوتدَ ونحوهُ عالجهُ لينتزعهُ وناض الماءُ اخرجهُ وناض البرقُ تلألأ ونوّض الثوبَ صبغهُ * ع نهض نهضًا ونهوضًا قام ونهض النبتُ استوى والناهضُ فرخُ الطائرِ والناهضةُ عشيرةُ الرجلِ وخدّامهُ وانهضهُ اقامهُ (واستنهضهُ لكذا امرهُ بالنهوضِ لهُ) وناهضهُ قاومهُ * (النبض ضربانُ العرقِ كالنبضِ) *

و

ض وخضهُ (طعنهُ فهو وخيضٌ ووخضهُ) الشيبُ وخطهُ * (ض ورض خرج غائطهُ رقيقٌ والتوريضُ أن يرتادَ الارضَ وأن ينويَ الصومَ * الوضّ الاضطرار) * ض وفض وفضًا واوفض واستوفض عدا واسرع والوفضةُ خريطةُ الراعي وكنانةُ السهمِ ج وفاضٌ والوفضةُ ايضًا ما بين الشاربين تحت الانفِ والقيتهُ على وفاضٍ على عجلةٍ والاوفاضُ اخلاطُ الناسِ من قبائلَ شتّى والوفضُ الذي يقطعُ عليهِ اللحمُ (ج اوفاضٌ) واستوفضهُ طردهُ واستعجلهُ وغرّبهُ ونفاهُ * ض ومض البرقُ ومضًا ووميضًا وومضانًا واومض لمع خفيفًا

ح

ل حَبِطَ البعيرُ أخذه داءٌ في جوفه فهو حَبِطٌ (ج حَباطَى) والاسم الحُباط ل ص وحبط عمله (حَبْطًا وحُبوطًا) بطل وحَبَطَ دمُ القتيل هُدِرَ وأحبطه الله أبطله وأحبط عنه أعرض والحَبَنْطاة المرأة القصيرة الدميمة والحَبَنْطَى الممتلئ غيظًا واحْبَنْطَى بطنُه انتفخ (والمحبوبط الجهول السريع الغضب) * ن حَطَّ الشيءَ حطًّا (واحتطّه احتطاطًا) وضعه وحطّه حُطوطًا أرخصه وحطّه أحدره من علوٍ الى سفلٍ والحِطّة طلب المغفرة وفعله استحطّ واستحطّه من ثمنه استنقصه وحُطَّ وجهه خرج به الحَطاط اى الدُمَّل وانحطّ هبط (والحُطاط الرائحة الخبيثة والحَطيطة ما يُحطّ من الثمن والحِطّان التيس) * الحِطْمِط الصغير من كل شيء * الحَفَظ خفّة الجسم وكثرة الحركة) * ن حَلَطَ وأحلط واحتلط حلف ولجّ وغضب واحتلط أقام (وأحلط اغتضب) * ض حَمَطَه قشره والحَماطة حُرقة في الحلق وشجر شبيه بالتين أحبّ شجر الى الحيّات والتين الجبلي او الأسود الصغير او الجُمَّيز ج حماط والحَماطة ايضا سواد القلب ودمه وصميمه وتبن الذرة والحُمْطوط دُوَيبّة تكون في العشب ج حماطيط والتحميط الضرب الخفيف ومنه المثل اذا ضربت فلا تُحمّط) * الحِنْطة م ج حِنَط والحَنّاط بائعها والحِناطة حرفته والحائط صاحبها وأحمر حانط قانئ والحانط والمستحنط الميّال نحو العداوة يقال إنه مستحنط عليّ ص وحنط الزرع حنوطا وأحنط حان حصاده والحَنوط والحِناط طيب يُخلط للميت وفعله (ن) حنط وأحنط فتحنّط والأحنط العظيم اللحية الكثّها (وأحنط مات) واستحنط استقتل وهانت عليه نفسه * حاطه حَوْطًا وحِيطة وحياطة وحَوَّطه وتحوّطه حفظه وصانه وتعهّده وحاط الحمار حمولته جمعه والحَيْطة والحائط الجدار ج حيطان وحياط وحوّط بنى حائطا والحُوّاطة والمُحاط ما يكون حول المواشي لصيانتها وأحاط بالقوم وتحوّطهم استدار بهم وأحاط بالشيء بلغه وأحصى أقصى علمه (وحاوط فلانا داوره في أمر يريده منه وهو يأباه) *

خ

ض خَبَطَه ضربه شديدا وخبط البعير ضرب بيده الارض وخبط الليل سار فيه على غير هدى وخبّطه الشيطان صرعه واختبط المعروف طلبه وخبطه بمعروف أعطاه وخبط فلان قام وخبط نفسه طرحها لينام والمِخْبَط آلة الخبط والخِباط الغبار والخُباط نوع من الجنون وفعله خُبِط والخَبْنَطة القليل من كل شيء والمتسع من الارض * ن ض خَرَطَ الشجر انتزع ورقه

والبطبطة صوت البط وعوضه فى الماء وضعف الرأى. والبطيط الكذب والتبطيط كالاعياء * ع بعطه ذبحه وبعط فى الجهل وابعط بالغ فيه وغلا وابعط ابعد وهرب وتكلّف فى الطاقة وكابط التقصير * البقط قماش البيت. ن وبقط المتاع جمعه وحزمه وبقط بستانه اعطاه الشريك على الثلث او الربع وبقط فى الجبل تبقيطا صعد وبقط ايضا أسرع وبقطه بكّته وبقط الشئ فرّقه وتبقط الخبز اكله قليلا قليلا * البلاط الحجارة تفرش فى ساحة الدار وبلّط الارض تبليطا فرشها بالبلاط وبلط اذنه ايضا ضربها بطرف السبابة وبلّط ايضا اعيا من المشى والتبليط قطعة من حجر او نحو يوضع تحت اواني القدس فوق الهيكل عند الافرنج والسريان وبلاط الملك مجلسه وزعماؤه والبلطة البرهة من الدهر والمفلس والفجاءة وابلط افتقر وابلط الحّ فى المسألة وابلط الظبى فرّ وابلط السابح جدّ فى سباحته وابلطوا وتبالطوا تجالدوا بالسيوف وبيلاطس والى اورشليم من قبل قيصر قضى بموت المسيح وكان من المنافقين (والبلّوط شجر م) * البلنط شئ كالرخام الّا انّه دونه فى الهشاشة واللين * البينط النسّاج) * باط يبوط افتقر بعد غنى وذلّ بعد عزّ والبوطة بوتقة الصائغ

ث

(الثأطة الحمأة والطين ودويبة لساعة ج ثأط وفى المثل ثأطة مدّت بماء يضرب للاحمق يزداد تعبا والثأطاء الحمقاء والثواط الزكام وثئط وثئط اللحم انتن) * ن ثبطه من الامر وثبّطه تثبيطا عوّقه وبطأ به عنه ن وثبطه على الامر اوقفه عليه فتثبّط اى توقّف ل وثبط حمق وضعف وثقل فهو ثبط ج اثباط * ن ص ثرطه عابه وازرى عليه * (الثرط والثرمط الطين الرقيق وترمطت الارض صارت ذات ثرمط * الثط السلخ * ل ثعط اللحم انتن فهو ثعط وثعط الجلد تشقق وتقطع) * ن ثلط الصبى (وغيره) سلح رقيقا * (ثلمط الطين استرخى والثلمط والثلموط الطين الرقيق * الثنط الطين الرقيق او العجين افرط فى الرقة * الثنط الشق) *

ج

(الجبلوط كلمة شتم للنساء * الجحرط والجحرط العجوز الهرمة) * ل جرط بالطعام جرطا غصّ * ض جلط كذب وحلف وحلق رأسه وجلط سيفه سلّه واجتلطه اختلسه وجالطه كايده (والجلطة الجرعة الخاثرة من الرائب) * الجلفاط الذى يسدّ ثقوب السفن الجدد بالقير والخرق وفعله جلفط * ن جلمط رأسه حلقه *

د

دَحْلَطَ في كلامهِ خلطَ • دَيْرُ دِلْماطَ في جبلِ لبنانَ •

ذ

(ع ذَأَطَهُ ذبحهُ وخنقهُ وذأطَ الاناءَ ملأهُ والاناءُ امتلأ • ذَحْلَطَ خلطَ في كلامهِ • الذَرَغْبِطُ الرجلُ الشهوانُ الى كلِّ شيءٍ • الأَذْأَطُ المعوجُّ الفكِّ • ع ذَعَطَهُ ذبحهُ وموتٌ ذَعُوطٌ وذاعِطٌ سريعٌ • ص ذَمَطَهُ ذبحهُ • ذاطَهُ ذَوْطًا خنقهُ) •

ر

ن ص رَبَطَهُ شدَّهُ فهو مربوطٌ وربيطٌ والرباطُ ما يُربَطُ بهِ ج رُبُطٌ والرِباطُ ايضًا الفؤادُ والمواظبةُ والرِباطُ ايضًا والمُرابَطةُ مُلازمةُ الحراسةِ عندَ ثغرِ العدوِّ والرَبيطُ الراهبُ الملازمُ لديرهِ يمنعُ نفسهُ عن شهواتِ الدنيا حُبًّا باللهِ ن ورَبَطَ جأشُهُ اشتدَّ قلبُهُ وربطَ اللهُ على قلبهِ ألهمهُ الصبرَ وقوّاهُ • الرَطِيطُ الجَلَبةُ والصَخَبُ (والاحمقُ) ج رِطاطٌ ورطائطُ وفعلُهُ ن رَطَّ وأَرَطَّ (وأَرِطِّي فانَّ خيرَكِ في الرَطِيطِ مَثَلٌ للاحمقِ يُرزَقُ فاذا تعاقلَ حُرِمَ) • اِرْقَطَّ الشيءُ وارْقاطَّ تنقَّطَ ببياضهِ بسوادٍ وسوادهُ ببياضٍ فهو أرقطُ وهي رَقْطاءُ والاسمُ الرُقْطةُ والأرقطُ النمِرُ والرَقْطاءُ الفتنةُ والدجاجةُ المنقَّطةُ والحيَّةُ الملوَّنةُ وترقَّطَ ثوبُهُ ترشَّشَ بالمدادِ • ص رَمَطَهُ عابَهُ وطعنَ عليهِ • (راطَ الوحشيُّ بالأكَمةِ يَرُوطُ ويَرِيطُ كأنَّهُ يلوذُ بها) • الرَهْطُ بالفتحِ ويُحرَّكُ عشيرةُ الرجلِ وقبيلتهُ ج أرهُطٌ وأرهاطٌ وأراهيطُ (والرِهاطُ متاعُ البيتِ والرَهْطُ والترهيطُ عِظَمُ اللَقمِ وشدَّةُ الاكلِ) • الرَيْطةُ المُلاءةُ المنسوجةُ غيرُ موصولةٍ والرَيْطةُ ايضًا والرائطةُ كلُّ ثوبٍ ليِّنٍ رقيقٍ ج رَيْطٌ ورِياطٌ •

ز

ص زَبَطَ البطُّ زَبْطًا وزَبيطًا صاحَ • (الزَخْلُوطُ الرجلُ الخسيسُ • ص زَرَطَ اللقمةَ ابتلعها) • الزُطُّ قومٌ من الهندِ (معرَّبُ جَتْ الواحدُ زُطِّيٌّ) والأزَطُّ الكوسجُ ن وَزَطَّ الذبابُ صوَّتَ • ع زَعَطَ الحمارُ نهقَ (وزعطهُ خنقهُ) • الزَلِيطةُ العصيدةُ الحلوةُ (والزَلْطُ المشيُ السريعُ • الزِناطُ الزحامُ وقد تزانطوا) • زاطَ زَيْطًا وزِياطًا صاحَ والزِياطُ المنازعةُ •

جذبًا وخرّط العودَ قشرَهُ وصانعُهُ خرّاطٌ وحرفتُهُ الخِراطةُ وخرَطَ الدلوَ أنزلها فى البئرِ وخرَطَ
ضرطَ وهو خاصٌّ بالدوابِّ وخرَطَ البازيَ أرسلَهُ على الصيدِ وخرَطَ عبدَهُ أذِنَ لهُ بالاذاءِ
والخَرُوطُ الدابّةُ الجموحُ والمرأةُ الفاجرةُ (ج خُرُطٌ) وانخرطَ فى جهلٍ انغمسَ فيهِ فهو خَرُوطٌ
ن وخرَطَ علينا وانخرطَ قبُحَ بنا وانخرطَ أسرعَ وانخرطَ جسمُهُ دقَّ ونحلَ واخترطَ السيفَ استلَّهُ
واستخرطَ اشتدَّ بكاؤهُ والخِرْطُ ديكُ الجبلِ والمخروطُ القليلُ اللحيةِ والوجهُ الطويلُ واخروّطَ
بهم الطريقُ طالَ وامتدَّ واخروّطَ فى السيرِ أسرعَ واخروّطتِ اللحيةُ طالتْ والخَريطةُ وعاءٌ
من جلدٍ والخِراطُ الحيّةُ التى تسلخُ جلدَها كلَّ عامٍ (ج مَخاريطُ) • الخطُّ الطريقةُ
المستطيلةُ المستويةُ والخطُّ الطريقُ فى السهلِ ج خُطوطٌ وأخطاطٌ والخطُّ ايضًا الكتابةُ والاكلُ
(القليلُ) والسِّيفُ والخَطّيُّ الرمحُ والخطُّ ايضًا مينا السفنِ والخُطُّ الطريقُ الشارعُ والخِطُّ
الارضُ لم يصبها مطرٌ والخُطّةُ القصّةُ والامرُ والجهلُ والنقطةُ والحرفُ من الكتابةِ ن وخطَّ
كتبَ بالقلمِ وخطَّ عارضُهُ نبتتْ لحيتُهُ وخطَّ الشيءَ واختطَّ صارَ فيهِ خطوطٌ اى طرائقُ
كالبُرْدِ • ن خلطَهُ (وخلّطَهُ) مزجَهُ فاختلطَ وخالطَهُ مازجَهُ والخِلطُ الاحمقُ والشيءُ
المخلوطُ ج أخلاطٌ ورجلٌ خِلطٌ مِلطٌ معلولُ النسبِ وامرأةٌ خِلطةٌ مختلطةٌ بالناسِ وأخلاطُ
الانسانِ أمزجتُهُ الاربعةُ والخليطُ الشريكُ والطريقُ والزوجُ وابنُ العمِّ والذين أمرُهم واحدٌ
(والمخالِطُ) ج خُلطاءُ (وخُلُطٌ) وأخلاطُ الناسِ الاوباشُ والمِخلاطُ (والمِخلطُ) مَن يخالطُ الامورَ
والخُلُطُ (والخِلطُ والخُلَطُ) المختلِطُ بالناسِ ومَن يلقي نِساءهُ بين الناسِ والخِلاطةُ الحمقُ
فهو خِلطٌ أحمقُ وخالطَهُ الداءُ خامرَهُ (وخالطَ الامرأةَ جامعَها واختلطَ الليلُ بالترابِ والحابلُ
بالنابلِ والمرعيُّ بالهملِ والخاثرُ بالزُّبادِ أمثالٌ تُضربُ فى استبهامِ الامرِ وارتباكهِ) واختلطَ
عقلُهُ فسدَ • ض خمطَ اللحمَ شواهُ فلم ينضجْهُ والخميطُ الجَدْيُ المشويُّ والخَمّاطُ الشوّاءُ
والخَمطةُ رائحةُ زهرِ العنبِ ورائحةُ حمضِ الخمرِ ن ل وخمطَ الشيءُ خمْطًا وخموطًا وخماطًا
طابَ ريحُهُ وفسدَ ريحُهُ ضدٌّ والخمطُ الحامضُ والمرُّ من كلِّ شيءٍ ض وخمطَ تكبّرَ وغضبَ
وخمطَ البحرُ تلاطمَ فهو خمِطٌ والمتخمِّطُ الرجلُ الغلّابُ الغضوبُ • الخُوطُ (الغصنُ)
الناعمُ والقضيبُ المعتدلُ ج خيطانٌ والخُوطُ ايضًا الرجلُ الخفيفُ الجميلُ وجاريةٌ خُوطانةٌ
وخُوطانيّةٌ طويلةٌ ناعمةٌ كالغصنِ • الخيطُ م ج أخياطٌ وخيوطٌ وخيوطةٌ والخيطُ ايضًا
نخاعُ الرقبةِ والخِياطةُ ومشيُ الحيّةِ وخاطَ الثوبَ وخيّطَهُ فهو خيّاطٌ وخائطٌ وحرفتُهُ الخياطةُ
والثوبُ مَخيطٌ ومخيوطٌ والخِياطُ والمِخيطُ الابرةُ والخيطُ الابيضُ بياضُ الصبحِ والخيطُ الاسودُ
سوادُ الليلِ وخيّطَ الشيبُ فى رأسهِ تخييطًا ظهرَ •

الخطأ فى الكتاب والسُقاطة والسُقاط ما يَسقط من الشيء. وسُقط فى يده واُسقِط ذلّ واخطأ وندم وتحيّر والسَقيط والسَقيطة الناقص العقل والسَقيط ايضًا البَرَد والجليد والنَدى وما أسقط كلمةً ما أخطأ وأسقطه طالبه على أن يُخطئ او يبوح بما عنده والسَقطة العثرة والزلة ج سِقاط وسَقطات ٭ السَلَط والسَليط الشديد واللسان الطويل (والطويل اللسان) وهى سَليطة وسَلطانة (وسِلِطانة) وفعله ر ل سَلُط سَلاطة وسُلوطة والسَليط الزيت وكلّ دهن والفصيح والقوىّ والسُلطان الحجّة وقدرة الملك يذكّر ويؤنّث والسُلطان ايضًا الشدّة من كلّ شيء. والمسالِط أسنان المفاتيح والتسليط التغليب والقهر والقدرة فهو مُسلَّط ومتسلّط (والاسم السَلطة ومنه السُلطان ج سَلاطين وتسلطن تسلطنًا وسَلطنة صار سُلطانًا والسِلطة السهم الدقيق الطويل ج سِلط وسِلاط ٭ رَجُل مُسمَرِط الرأس مُطوّله ٭ ن) ص سَمَط الجَدى نتف صوفه فى الماء الحارّ فهو (مَسموط و) سَميط وسَمَط الشيء علّقه وسَمَط السكّين أحدّها وسَمَط الرجل وأسمط (وسَمَّط) سكت والسِمط خيط النظم والقلادة ج سُموط والسِمط ايضا الطيلسان والسَمط بالضمّ ثوب من صوف والسَميط الفطير والآجُرّ يُبنى به وسمّط غريمه تسميطًا أرسله والمُسمَّط الشِعر المخمّس والسِماط ما يُمدّ للطعام وتسمّط تعلّق ٭ السَنوط والسَنوطىّ والسِناط بالكسر والضمّ الكوسج لا لحية له أصلًا ج (سُنُط و) أسناط وفعله رسنط ٭ السَوط الخلط والمقرعة ج سِياط وأسواط والسَوط ايضًا النصيب والشدّة والضرب بالسوط والفعل فى الكلّ ساط يسوط والمِسوط والمِسواط آلة فى الكلّ واستوط أمرهم اضطرب واختلط والسُوَيطاء مرقة كثر ماؤها فهى سائطة ٭

ش

الشَبوط بالفتح ويُضمّ ضرب من السمك وشَباط شهر سُباط ٭ ع شَحَط شَحطًا وشَحَطًا وشُحوطًا (ومَشحطًا) بَعُد فهو شَحِط وشَحَط بالسير بالغ فيه وشَحَط بالسَوم تباعد عن الحقّ والثمن وشَحَط الاناء ملأه وشَحَط سلح وشحطته العقرب لدغته والمِشحط عود يُسنَد به الكرم وشحّطه تشحيطًا ضرّجه بالدم فتشحّط وأشحطه أبعده ٭ الشَرط والشَريطة إلزام الشيء والتزامه فى البيع ج شُروط والشَرَط العلامة ج أشراط والشَرط ايضًا أوّل الشيء. والرذل والشريف ضدّ ج أشراط (والشَرَطان نجمان) والشُرطة الذى صار عليه الشَرط والشُرَط أعوان الوالى الواحد شُرطىّ بالضمّ وبضمّ ففتح ل وشرط وقع فى أمر عظيم والشَريط الخيط المفتول ومنه شريط النحاس ن وشرط الحجّام الجلد شقّه بالمِبضع واشترط عليه شرطًا وتشرّط فى عمله تأنّق (وشارطه شرط

س

السَبَطُ ويُحرَّكُ (والسَبِطُ نقيضُ الجَعْدِ وفعلهُ ر ل سَبُطَ سَبْطًا وسُبُوطًا وسُبُوطةً وسَباطةً والسَبِطُ) الطويلُ ورجلٌ سَبِطُ اليدين سخيٌّ وسَبِطُ الجسمِ حَسَنٌ (ومطرٌ سَبْطٌ سَحٌّ وسَباطتهُ كثرتهُ وسَحُّهُ) والسِبْطُ ولدُ الولدِ والقبيلةُ من اليهودِ ج أَسْباطٌ وأسباطُ إسرائيلَ أولادُ يعقوبَ أبِ الآباء وهم اثنا عشرَ سِبْطًا وأَسْبَطَ سكتَ فَرَقًا وأَسْبَطَ بالارضِ لصقَ وأَسْبَطَ في نومهِ غاصَ وأَسْبَطَ من الامرِ تعانى وانسبطَ وقعَ فلم يقدرْ على الحِراكِ والسَبَطانةُ قناةٌ جَوْفاءُ يُرْمى بها الطيرُ بالبندقِ والساباطُ سقيفةٌ بين دارينِ تحتَها طريقٌ ج سَوابيطُ (وساباطاتٌ) وسُباطُ الحُمّى وفعلهُ سُبِطَ مجهولًا وسُباطُ اسمُ شهرٍ قبلَ آذارَ والسُباطةُ الكُناسةُ • ع سَحَطَهُ سَحْطًا ومَسْحَطًا ذبحهُ سريعًا وسَحَطَهُ الطعامُ أَغَصَّهُ وسَحَطَ الشرابَ مزجهُ فهو مَسْحُوطٌ اى ممزوجٌ (وانسحطَ من يدهِ انملصَ فسقطَ) • السُخْطُ بالضمِّ وبضمّتين وبفتحتينِ والمَسْخَطُ ضدُّ الرضى وفعلهُ ل سَخِطَ وتسخَّطَ والمَسْخُوطُ المكروهُ وتسخَّطهُ تكرَّههُ وأَسْخَطَهُ أغضبهُ • سَخَرْيُوطُ واسخرْيُوطُ قريةٌ في ارضِ اليهوديّةِ من سبطِ افرامَ منها يَهُوذَس الذي سَلَّمَ المسيحَ لليهودِ (السَرْبَطَةُ من البِطّيخِ ونحوهِ الدقيقةُ وقد سُرْبِطَتْ طولًا) • ن ل سَرِطَهُ سَرْطًا وسَرَطانًا واسترطهُ وتسرَّطهُ ابتلعهُ بسهولةٍ فانسرطَ والمِسْرَطُ بالكسرِ والفتحِ البُلْعومُ والسِرْواطُ الأكولُ والسُرْطُمُ المتكلّمُ البليغُ والسَرَطانُ دابّةٌ نهريّةٌ م والسِراطُ (يذكَّرُ ويؤنَّثُ) الطريقُ الواضحُ ولغةٌ في الصِراطِ (والصادُ أعلى للمضارعةِ والسينُ الاصلُ) • تَسَرْمَطَ الشعرُ قلَّ وخفَّ • ع سَعَطَهُ وأَسْعَطَهُ إيّاهُ أدخلهُ في أنفهِ والسَعُوطُ ذلكَ الدواءُ والمِسْعَطُ (والمُسْعُطُ) آلةُ السَعُوطِ والسَعيطُ دُرْدِيُّ الخمرِ والريحُ الطيّبةُ • السَفَطُ وعاءٌ كالقُفّةِ ج أَسْفاطٌ والسَفَطُ ايضًا قشرُ السمكِ والسَفيطُ السخيُّ والنذلُ ضدٌّ وفعلهُ ر سَفُطَ والسَفاطةُ متاعُ البيتِ ورجلٌ مُسَفَّطُ الرأسِ مُصَلَّعٌ كالسَفَطِ • لاسْفَنْطُ الخمرةُ الجيّدةُ • ن سَقَطَ سُقُوطًا ومَسْقَطًا وأساقطَ وقعَ فهو سَقُوطٌ (وساقطٌ والموضعُ مَسْقَطٌ ومَسْقِطٌ وسَقَطَ القومُ اليَّ نزلوا وهذا مَسْقَطةٌ له من أعينِ الناسِ) ومَسْقِطُ الرأسِ المولدُ وسَقَطَ الحَرُّ وقعَ وأقبلَ وأقلعَ وأدبرَ ضدٌّ وسَقَطَ في كلامهِ أخطأَ وتساقطَ سَقَطَ متواترًا وساقطهُ (مساقطةً وسِقاطًا) كرَّرَ إسقاطهُ لهُ والسِقْطُ مثلّثةً الولدُ لغيرِ تمامٍ وقد أسقطتهُ أمُّهُ والمِسْقاطُ الأمُّ المعتادةُ تُسْقِطُ جنينَها والسِقْطُ ايضًا شررُ الزنادِ والسَقْطُ الثلجُ والندى والرجلُ الرذلُ والسَقَطُ ما لا خيرَ فيهِ ج أَسْقاطٌ والسَقَطُ ايضًا الفضيحةُ والمتاعُ الرديءُ وبائعهُ (السَقّاطُ و) السَقَطيُّ ومنهُ السَقَطيّةُ سوقُ الشوّايين والطبّاخين والسَقَطُ ايضًا الخطأُ في الحسابِ والقولِ والسِقاطُ

والسمين الرخو * العنوط المرأة ذات زوجين والعناط الزحام (والعنط الجيق والعنط النشاط) * الاذوط الاحمق والضويطة العجين المسترخي (والتضويط الجمع) * ضاط في مشيه ضيطًا حرّك منكبيه وجسده فهو ضيّاط *

ط

الطارط خفيف شعر الحاجبين وشعر العينين وفعله ل طرط فهو أطرط وهي طرطاء (والطرط الحمق فهو ...) ليبس كان كاتب بولس الرسول * الطوط الحيّة والشيطن والطاط الطويل والطيّ... والشديد الخصومة والشجاع وفعله طاط يطوط وطاط طوطًا اهتاج والطيط الاحمق وطيطس من الملوك القياصرة خرب بيت المقدس بعد المسيح نحو من سبعين سنة وانتقم من اليهود العتاة نقمة لا تروى نظيرها في الكون نقمة مثلها وباع كل ثلاثين يهوديًا بنقد مع انه كان مشهورًا بالرحمة جدًا والطيطوى ضرب من القطا *

ع

ض عبط الذبيحة نحرها لغير علة فهو عبيط ج عبط وعباط وعبط فلان غاب واعتبط عبط وكذب والعبيط دم ينطلط بزعفران ومنه قول البشير من المسيح وكان عرقه كعبيط الدم او انه كان كالدم الطري وغلط من قال غبيط بالمعجمة او بالشدّ (وعبط الفرس اجراه حتى عرق وعبط الشيء شقه صحيحًا فعبط هو لازم متعدٍ وعبطت الدواهي الرجل نالته من غير استحقاق والعوبطة الداهية ولجة البحر) * ن عرطه واعترطه اغتابه وام عريط (وام العريط) لقب للعقرب * (العزط النكاح * عشمطه خلطه * العطلطة الكلام بلا نظام وكلام معطّل مخلط * ض عشطه اجتذبه منتزعًا) * العضرط والعضرط العجان ولاستث والعنفص والضط من الذكر الى الدبر والعضرط (والعضارط والعضروط) الاجير واللئيم ج عضارط وعضاريط (وعضارطة) * ن عطّ الثوب وعطّطه شقه بلا بينونة فتعطّط والعطّ الانقلاب في القول والعتّ الانقلاب بالفعل والعطوط المغلوب وانعطّ العود تثنّى من غير كسر والعطعطة الخلاعة وأصوات الحرب (وتتابع الاصوات واختلاطها في الحرب وغيرها وعطّه صرعه وغلبه والعطاط الشجاع والاسد) * العفط الضراط بالشفتين وفعله ن عفط وما له عافطة ولا نافطة اي لا نعجة ولا عنز ص وعفطت العنز عفطًا وعفيطًا ضرطت (والعفاط الالكن) * العفلط والعفليط والعفلط الاحمق وعفلطه خلطه * العفنط اللئيم السيئ الخلق * العلبط و) العلابط الضخم واللبن الخاثر وثقل الشخص * العلاط (صفحة العنق وحبل يجعل في عنق البعير) خيط الشمس

كلّ منهما على صاحبهِ ومَشارِيطُ الشيء أوائلهُ واخذ للامر مَشاريطهُ أهبتهُ) * ن من شطَّ (شطًّا و) شطوطًا بعُدَ وشطَّ عليهِ شطيطًا واشطَّ جارَ والشَطَطُ تجاوُز الحدّ والبُعد من الحقّ وشطَّ شطوطًا واشتطَّ ظلمَ والشطُّ شاطئ النهرِ ج شطوطٌ وشُطّانٌ والشَطاطُ بالفتح (والكسر) حُسنُ القوامِ واعتدالهُ (فهو شاطٌّ وهي شَطَّةٌ وشاطّةٌ) والشَطاطُ ايضًا والشِطُّ البُعدُ * الشَمَطُ سوادُ الرأسِ يخالطهُ بياضٌ وفعلهُ ل شَمِطَ (واشمَطَّ واشمَطَ واشماطَّ واشمأطَّ) فهو أشمطُ وهي شمطاءُ ج شُمْطٌ وشُمطانٌ ض وشَمَطَهُ وأشمَطَهُ خلطهُ فهو شَميطٌ (ومشموطٌ وشَمَطَ الإناءَ ملأهُ) والشَميطُ الصبحُ والشَّمُوطُ للغزلِ م ج شماميطُ وثوبٌ شماطيطُ خَلَقٌ وجاءت الخيلُ شماطيطَ متفرّقةً * (الشِناطُ المرأةُ الحسنةُ ج شَناطاتٌ وشَنائطُ) * الشَوطُ الجَرْيُ مرّةً الى غايةٍ ج أشواطٌ وشَوطٌ طالَ سفرهُ وشوّطَ القِدرَ غلاهُ واللحمَ شواهُ وشوّطَ الصقيعُ الزرعَ أحرقهُ وتَشوّطَ الفرسُ أعياهُ طَرْدًا (وشَوطُ بَراحٍ ابنُ آوَى) * شاطَ يَشيطُ شَيطًا (وشَيطُوطةً) وشِياطةً احترقَ وشاطَ فلانٌ هلكَ والشَيطانُ الملكُ الذي سقطَ من السماءِ لعتوّهِ وتكبّرهِ ج شياطينُ سُريانيّةٌ مُعرَّبةٌ معناها المائلُ والمنحرفُ وشاطَ في الامرِ عجِلَ وشاطَ دمُهُ ذهبَ وشاطَ القِدرُ لصِقَ بأسفلها شيءٌ محترقٌ وأشاطَهُ أحرقهُ وأهلكهُ واستشاطَ عليهِ التهبَ غضبًا واستشاطَ بالغَ في الضحكِ وتشيّطَ احترقَ ونحلَ من شدّةِ الجماعِ *

ص

الصِراطُ السِراطُ (وجسرٌ ممدودٌ على متنِ جهنّمَ) * الصَعُوطُ السَعوطُ * الصَلَطَةُ حشيشٌ يؤكَل بالخلِّ والزيتِ وحوفيٌّ (مُعرَّبةٌ) * الصَوطُ صوتُ الماءِ اذا نشبَ من منفذٍ ضيّقٍ *

ض

ن ضَبَطَهُ ضبطًا وضَباطةً حفِظَهُ والأضبطُ من يعملُ بيديهِ معًا وهي ضبطاءُ وتضبّطَهُ أخذهُ قهرًا والأضبطُ ايضًا الاسدُ ر وضَبُطت السماءُ مطرتْ (ض وضَبَطَ الكتابَ أشكلَهُ) * الضَرَطُ خِفّةُ اللحيةِ (ورقّةُ الحاجبِ) فهو أضرطُ (وهي ضرطاءُ) والضُراطُ م وفعلهُ ن ضَرَطَ ضرطًا وضريطًا وضُراطًا فهو ضَرّاطٌ وضَروطٌ والاسمُ الضَرطةُ وأضرطَهُ (وضرّطَهُ عمِلَ بهِ ما) ضرطَ منهُ * (الضَرَغبطُ الرجلُ الشهوانُ الى كلّ شيءٍ) * اضرَغطَّ انتفخَ غضبًا * ضَرَفَطَهُ شدّهُ وأوثقهُ * الضَعْطَطُ الرجلُ الشديدُ * ع ضَغَطَهُ ذبحهُ) * ن ضَغَطَهُ عصرهُ وزحمهُ وغمزهُ والضاغطُ الرقيبُ والامينُ والقبرُ والضَغطةُ الضيقُ والإكراهُ والشدّةُ والضَغيطُ الضعيفُ الرأي ج ضَغطى * ر ضَفُطَ جهلَ وضعفَ رأيهُ ولعبَ بالدفِّ والضَفيطُ الجاهلُ ج ضَفطى والضَفّاطُ الجمّالُ والمُكاري

الظفر والفسطاط مصر العتيقة والفسطاط السرادق • فلسطون اسم كورة في الشام واعرابها ملحق باعراب جمع المذكر السالم يقال هذه فلسطون ورأيت فلسطين ومررت بفلسطين وبعضهم يلزمها الياء في الكل والاول اصح والنسبة اليها فلسطي لا فلسطيني • (فلط عن سيفه دهش عنه والفلط الفجأة وأفلطني أفلتني وفاجأني • فلقط في الكلام والمشي اسرع) • الفنقيط كتاب فيه صلوات القديسين سريانية معربة • (الفوط ثياب تجلب من الهند او مآزر مخططة الواحدة فوطة) •

ق

ن قبط الشيء قبطا جمعه بيده والقبط اهل مصر من النصارى المبدعين يعتقدون بالطبيعة الواحدة مقتدين بديسقوروس بطركهم ورفيقه برصوم القبطي المبتدع ج قباطي وقباطى (وتقبيط الوجه تقطيبه) • القحط (الضرب الشديد و) احتباس المطر وفعله ع ل قحط قحطا (وقحطا) وقحوطا وقد أقحط الناس وعام قحيط وزمن قاحط شديد ج قواحط • القرط شعلة النار والضرع وخزام المرأة وما يعلق في اذنها ج اقراط وقراط وقروط (وقرطة) وقرط الجارية تقريطا ألبسها القرط فهي مقرطة وقرط الفرس ايضا ألجمها والقراط المصباح والقيراط والقراط وزن م ج قراريط وقاريط • القرمطة دقة الكتابة (ومقاربة الخطو) والقرامطة شيعة يتظاهرون بالاسلامية وليسوا باسلام بل لهم معتقد يخصهم كالنصيرية ينتسبون الى مبتدع اسمه كرميتا من بلاد الفرس ظهر في البصرة وأضل قوما منهم وصار بين شيعته وبين الاسلام وقائع كثيرة وفتحوا مكة والآن صيرتهم أيدي سبا • القسط العدل وفعله ن ض قسط والقسط ايضا الحصة والنصيب ومكيال م والمقدار والرزق والميزان القويم والكوز والقسط بالضم ضرب من العود يتبخر به ل وقسطت عظامه قسوطا اعوجت وقسطت ركبته وعنقه يبست فهو أقسط وهي قسطاء ج قسط والقسط بالفتح العدول عن الحق وفعله ض قسط قسوطا وقسط الشيء وقسطه تقسيطا فرقه والقسطان والقسطاني قوس قزح وقسطنطين بن هيلانة من الملوك القياصرة وهو اول الملوك المسيحيين كان شهما بارا قديسا فتح فتوحات عظيمة وعنده انتهت الدولة اليونانية وتأيدت الكنيسة المسيحية والقسطنطينية دار ملك الروم بناها قسطنطين المذكور والتقسيط التقتير والاقتساط الاقتسام وتقسطوا الشيء بينهم اقتسموه بالسوية • القشط الكشط والكشف والضرب بالعصا والفعل ن قشط وانقشطت السماء وتقشطت انقشعت • القط والاقتطاط القطع وفعله ن قط والقطط (القصير) الجعد من الشعر وفعله ل ن قطط وقط قططا (ورجل قط الشعر وقططه) ج

والشر والخصومة وفعله ن علط ص وعلطه بشر ذكره بسوء واعلوط البعير تعلق بعنقه فركب واعلوط فلانا اخذه وحبسه ولزمه واعلوط تقحم الامور بلا روية (والعلطة سواد تخطه المرأة فى وجهها زينة * علطة خلطة) * العمروط اللص ج عمارطة وعماريط والعمروط ايضا الخبيث والمارد (والصعلوك ولص معمرط ومتعمرط يأخذ كلما وجد) * ن غمط مرضه عابه وثلبه وغمط نعمة الله لم يشكرها (لغة فى العين * عنشط غضب والعنشط والعنشط الطويل السيء الخلق) * العنطيان اول الشباب (والعنط طول العنق او الطول عامة * العنفط اللئيم السيء الخلق) * عاطت المرأة تعيط وتعوط عيطا وعياطا وتعوطت وتعيطت واعتاطت لم تحمل سنين وهى غير عاقر فهى عائط ج عوط وعيط (وعيط وعوطط وعوطط وعيطات) والاعيط الطويل الرأس والعنق وعيط تعيطا اجلب وصاح (وان كرر فقل عطعط والعيط طول العنق فهو اعيط وهى عيطاء) *

غ

الغبطة حسن الحال والمسرة (والحسد) وفعله اغتبط ص (ل) وغبطه غبطا حسده (وتمنى نعمة على ان لا تتحول عن صاحبها) فهو غابط ج غبط واغبطت السماء دام مطرها وارض مغبطة غطا النبات وجهها والغبيط الهودج ج غبط والغبيط ايضا مسيل الماء القوى والارض الواسعة المستوية والاغتباط الانتباغ بحسن الحال والترفه ص وغبط الكبش حبسه ليعرف هزاله من سمنه * ن ص غطه فى الماء غطسه ص وغط النائم غطيطا شخر وغطغط البحر غلت امواجه وغطغط الرجل تغلب عليه النوم والغطط طائفة من الآريوسية كانوا وثنيين * الغلط الذهول عن وجه الصواب وفعله ل غلط او ان الغلط فى المنطق والغلت فى الحساب والغلوطة والاغلوطة والمغلطة الكلام يغلط فيه والمغلاط الكثير الغلط وغلطه تغليطا قال له غلطت وغالطه اوهمه بالغلط * ص ن غمط النعمة حقرها ولم يشكرها وغمطه حقره وغمط الذبيحة ذبحها واغمط دام ولازم وغمطه بالكلام غلبه وتغمط عليه التراب غطاه به * الغوطة الوهدة وارض فى دمشق والغائط الروث وتغوط احدث والغوط الارض السهلة الواسعة ج غوط واغواط وغيطان وغياط وغاط يغيط ويغوط دخل وغاب *

ف

ن فرط (فروطا سبق وتقدم وفرطا) فى الامر قصر به وضيعه وفرط رسوله قدمه وارسله والفرط علم يهتدى به ج افرط وافراط وافراط الصباح اوائله وفرط فى الشيء تفريطا وفرطه اضاعه وفرطه ايضا عجز وقصر وفرطه ايضا تركه وتقدمه ومدحه وافرط اساع وتجاوز الحد واعجل بالامر وبادر وتفارطته الهموم اصابته وتسابقت اليه والفرطة المرة الواحدة من الخروج عن الحد * الفسيط قلامة

(وَالْتَمَطَ بِحَقِّي ذهبَ بهِ) * لُوطٌ بنُ هاران اخي ابراهيم الخليل كان من نسله بنوا مواب وبنوا عمون ابنى بنتيهِ واللِّواطُ نكاحُ الغلمانِ أعاذنا اللهُ منهُ وفعلهُ لاطَ يلوطُ ولاوطَ وتَلَوَّطَ فهو لُوطِيٌّ نسبةً الى قوم لوطٍ اى اهلِ بلادِ سادومَ وعامورا الذين ابتدعوا هذا الفعل الفظيع واستحقّوا عليهِ أنْ يحرقَهُمُ اللهُ بنارٍ وكبريتٍ ولاطَ الحوضَ طيّنهُ ولاطَ الشيءَ أخفاهُ (وفلانًا بفلانٍ ألحقَهُ بهِ) ولاطَهُ اللهُ لَيْطًا لعنهُ والشيطانُ اللَّيْطانُ الملعونُ واستلاطهُ والتاطَهُ ادّعاهُ ولدًا لهُ ولاطَ بقلبي لصقَ بهِ حُبًّا واللِّيطةُ قشرُ القصبِ والقصبةِ والقوسِ ج لِيطٌ ولِياطٌ (والَّياطُ واللِّيطُ السجيّةُ وقشرُ كلِّ شيءٍ) واللِّياطُ الكِلْسُ والجِصُّ (والسلحُ) ولَيْطَهُ لصقهُ * ع لَهَطَهُ ضربهُ بالكفِّ مفتوحةً ولَهَطَ الثوبَ خاطهُ *

م

(* امتلأ فمايجد مَتْطًا ومَيْطًا مزيدًا) * ن ع مَخَطَ السيفَ وامتخطهُ سلّهُ والمخاطُ م والمِخْطُ الثوبُ القصيرُ والرمادُ ومَخَطَ الولدُ أشبهَ أباهُ وأمخطَ السهمَ أنفذهُ وتمخّطَ اضطربَ في مشيهِ والمِخْطُ السيّدُ الكريمُ ج أمخاطٌ * المِرْطُ كِساءٌ من صوفٍ او خزٍّ ج مُرُوطٌ ن ومَرَطَ الشعرَ مَرْطًا نتفهُ والمُراطةُ النتفُ الساقطُ ومَرَطَ أسرعَ وجمعَ وراثَ والأمرطُ الخفيفُ (الجسدِ و) الشعرِ ج مُرْطٌ وفعلهُ ل مَرِطَ والأمرطُ ايضًا الذئبُ كالامعطِ واللصُّ ج أمراطٌ وامترطهُ اختلسهُ وجمعهُ وتمرّطَ الشعرُ وامّرطَ تساقطَ * ن مَسَطَ المِعَى خرطَ ما فيهِ باصبعهِ وكذلكَ الثوبَ المبلّلَ والزقَّ والماسطُ الماءُ الكدِرُ والطينُ ومَسَطهُ ضربهُ بالسوطِ * المُشطُ مثلّثةٌ (والمُشُطُ والمِشْطُ والمَشَطُ) م ج أمشاطٌ ومِشاطٌ والمُشطُ بالضمِّ المِنْسَجُ وظاهرُ القدمِ وامتشطَ الشعرَ أصلحهُ بالمشطِ والماشطةُ التي تزيّنُ شعورَ النساءِ وحِرفتُها المِشاطةُ ل ومَشِطَتْ يدهُ خشنتْ من العملِ والمَمْشوطُ الرجلُ الدقيقُ الطويلُ * ن مَطَّهُ مدّهُ ومطَّ حاجبَهُ وخدَّهُ جذبهُ تكبّرًا ومطَّ أصابعهُ مدّها مخاطِبًا ومَطَّطَ شتمَ وتمطّطَ في كلامهِ لوّنهُ عبثًا (ومَطْمَطَ في الخطِّ وغيرهِ توانى) * ع مَعَطَ الشعرَ نتفهُ ومَعَطَ بحقّهِ مطلهُ (والمرأةَ جامعَها) ل ومَعِطَ الذئبُ خبُثَ او قلّ شعرهُ فهو أمعطُ ومَعِطٌ (وكنيتهُ ابو مُعْطَةَ) والأمعطُ مَنْ لا شَعَرَ على جسدهِ وارضٌ معطاءُ لا نباتَ فيها وتمعّطَ وامّعطَ انتهكَ من مرضٍ وامتعطَ النهارُ ارتفعَ وامتعطَ الشعرُ وانمعطَ تساقطَ * ن مَغَطَ المِعَى جذبهُ ليستطيلهُ ومَغَطَ الشيءَ اللّيّنَ مدّهُ فامتغطَ وتمغّطَ تمطّى وامتغطَ السيفَ سلّهُ وامتغطَ النهارُ ارتفعَ * ن ض مَقَطَ عنقهُ كسرها ومقطهُ اغاظهُ ومقطَ الكرةَ ضربَ بها الارضَ ثمّ أخذها ومقّطهُ بالايمانِ حلّفهُ بها ومقطَ الحبلَ فتلهُ شديدًا والماقطُ الساحرُ وحبلُ الدلوِ ج مُقُطٌ ن

أقطاطٌ وقطوطٌ (وقططون وقطاطٌ) ض وقطّ السعرُ (قطّا و) قطوطًا غلا فهو قاطٌّ وقطٌّ ومقطوطٌ وقطّ وقطِ (وقطْ وقطّ) بمعنى الدهرِ يأتي بيانها في مكانها والقِطّ النصيبُ والصكّ (ج قطوطٌ) والسنّورُ ج قِطاطٌ وقِطَطَةٌ والقِطْقِطُ صغارُ البَرَدِ وقطقطتِ السماءُ أمطرتْهُ وجاءتِ الخيلُ قطائطَ قطيعًا قطيعًا والقِطاطُ المثالُ الدستورُ وجعودةُ الشعرِ وأعلى حافةِ الكهفِ وحرفُ الجبلِ ج أقِطّةٌ *

ع قعطَ العمامةَ شدّها وقعطَ الشيءَ كشفَ عنهُ والقَعْطُ والتقعيطُ التضييقُ (والجُبْنُ والغضبُ وشدّةُ الصياحِ وشدّةُ السَّوقِ) ل وقعِطَ ذلَّ وهانَ وأقعطَهُ أهانهُ وأقعطَ في كلامهِ أفحشَ واقتعطَ لبسَ العمامةَ والمِقعَطةُ العمامةُ * قفلطَهُ من يدهِ اختطفهُ * القَليطُ المفتوقُ الخصيةِ *

ن ض قمطَ الصبيَّ في المهدِ شدّهُ بالقِماطِ اي الملبَنةِ والقَمْطُ السِفادُ (والجماعُ) والذوقُ والاخذُ وفعلهُ ن قمطَ * (القُنّبيطُ نباتٌ م) * ن ض س ر قنطَ قنوطًا ل وقنِطَ قنطًا وقناطةً يئسَ فهو قنِطٌ وقنّطهُ تقنيطًا آيسهُ *

ك

ن كشطَ الشيءَ قشطَهُ وكشطَ عن الشيءِ كشفَ وانكشطَ الخوفُ ذهبَ * ن كلطَ كالاعرجِ عدا *

ل

(ع لأطهُ أمرَهُ بأمرٍ فألحّ عليهِ وبسهمٍ أصابهُ وبالعصا ضربهُ ولأطَ فرّ مستعجِلًا) * ن لبطَ بهِ الارضَ ضربَ ولَبَطتِ الدابةُ ضربتْ بقوائمها ولُبِطَ بهِ مجهولًا صُرِعَ فهو ملبوطٌ وتلبّطَ تحيّرَ وعدا واضطجعَ وتمرّغَ وتوجّهَ والتبطَ اضطربَ (والألباطُ الجلودُ) * ض لطّ عليهِ وألطّ سترَ ولطّ الخبرَ كتمهُ ولطّ البابَ أغلقهُ ولطّ حقّهُ عنهُ وألطّهُ جحدهُ والتطّ بالمسكِ تلطّخَ والتطتِ المرأةُ استترتْ والمِلطاطُ ساحلُ البحرِ * ع لعطتِ المواشي النباتَ لحستهُ والملعطُ المرعى حولَ البيوتِ ولعطَهُ كواهُ ولعطَ أسرعَ ولعطَهُ أصابهُ بالعينِ فهو ملعوطٌ * اللغطُ ويحرّكُ الجلبةُ وأصواتٌ مبهمةٌ لا تُفهَمُ ج ألغاطٌ وفعلهُ ع لغطَ واللغطُ فِناءُ البابِ * ن لقطَهُ أخذهُ فهو لقيطٌ ولقطَ الثوبَ رقعهُ واللاقطُ (الرفّاءُ و) العبدُ اذا أُعتِقَ والماقطُ الذي لم يُعتَقْ واللُقاطةُ الساقطُ لا قيمةَ لهُ واللَقَطُ (السُّنبلُ) الساقطُ من أيدي الحصّادينَ واللِقاطُ تحويشهُ وفعلهُ التقطَ ويا مَلقطانُ يا أحمقُ وهي مَلقطانةٌ واللقيطُ المولودُ المنبوذُ على الطرقِ لريبةٍ وغيرها والملقاطُ القلمُ والمنقاشُ والعنكبوتُ و(الملقطُ) آلةُ اللقطِ والتقطَهُ وجدهُ من غيرِ تفتيشٍ عليهِ وتلاقطهُ التقطهُ من هَهنا وههنا والألقاطُ الاوباشُ من الناسِ * ن لمطَ اضطربَ ولمطهُ طعنهُ

الفؤادُ والمفازةُ البعيدةُ وعِرقٌ يعلّقُ بهِ القلبُ ج نُوطٌ (وأنوِطَةٌ وأنواطٌ) والنَّوطُ الشيءُ المعلّقُ ج أنواطٌ ونِياطٌ والنَّوطَةُ الحوصلَةُ والحقدُ وهذا (مِنّي) مَناطُ الثريّا اي بعيدٌ والنَّوطُ المعلّقُ والدخيلُ في قومٍ * (ع نهطَهُ بالرمحِ طعنهُ) * النَّيْطُ الموتُ والجنازةُ والأجلُ ونـاطَ نَيْطاً وانتـاطَ بَعُدَ *

و

ض ل ر ن وَبَطَ وَبْطاً ووَباطَةً ووَبَطاً ووُبُوطاً ضَعُفَ والوابِطُ الخسيسُ والجبانُ ض ووَبَطَهُ حقرهُ (وعن حاجتهِ حبسهُ ووَبَطَ حظّهُ اخسّهُ) ووَبَطَ الجرحَ فتحهُ وأوْبَطَهُ جَرَحهُ شديـداً *

ض وَخَطَهُ الشيبُ خالطهُ فهو مَوْخُوطٌ والوَخْطُ الاسراعُ والدخولُ وخفقُ النعالِ والبيعُ بينَ ربحٍ وخسرٍ وفعلُ الكلّ وَخَطَ * الأوخارسطيّا ذبيحةُ الشكرِ وهي كنايةٌ عن جسدِ السيّدِ المسيحِ في تـقدمةِ القُدّاسِ يونانيّةٌ مُعرّبةٌ * الوَرْطَةُ الإستُ (وكلّ غامضٍ والوَحْلُ والبئرُ) والهَلَكَةُ والوحلُ وماعسُرَ النجاةُ منهُ والارضُ التي لا طريقَ فيها ج وِراطٌ وأوْرَطَهُ ووَرّطَهُ توريطاً ألقاهُ في الوَرْطَةِ فتَورّطَ واستَوْرَطَ * الوَسْطُ المعتدلُ من الشيءِ والواسِطُ البابُ ض ووَسَطَهُم (وَسْطاً وسِطَةً) وتَوسّطَهُم جلسَ وَسْطَهُم والوَسِيطُ المُتَوسِّطُ بينَ المتخاصمينَ للصلحِ ووَسَطُ الشيءِ وأوْسَطُهُ ما بينَ طرَفيْهِ والوَسْطُ ظرفُ أوانٍ والوَسَطُ ظرفُ مكانٍ كالدارِ وبسكونِ السينِ ظرفُ مكانٍ لما كانَ لهُ أجزاءٌ (متباينةٌ) وهي بمعنى بينَ يُقالُ جلستُ وَسْطَ القومِ اي بينَهُم (وكُلّ موضعٍ صلُحَ فيهِ بينَ فبالتسكينِ وإلّا فبالتحريكِ) والاصبعُ الوُسْطَى م ووَسَّطَهُ توسيطاً قطعهُ نصفينِ او جعلهُ في الوَسَطِ * الوَطْوَاطُ الضعيفُ الجبانُ والطائرُ الخُفّاشُ والكثيرُ الصياحِ ج وَطاوِيطُ والوَطْوَطَةُ الضعفُ والوَطْوَاطِيُّ الكثيرُ الكلامِ * (ض وَقَطَهُ ضربهُ شديداً والوَقِيطُ مَنْ طارَ نومُهُ وكُلّ مُثقَلٍ ضربًا او حزنـاً) * ض وَهَطَهُ كسرهُ ووطَأهُ وطعنهُ ووَهَطَ فلانٌ ضَعُفَ وأوْهَطَهُ أضعفهُ والوَهْطَةُ الوهدةُ ج وَهَطٌ ووِهاطٌ ووَهَطَ الفِراشَ مهدهُ وأوْهَطَهُ أوقعهُ في مكروهٍ او قتلهُ *

ه

ن ض هَبَطَ هُبوطاً نـزلَ ن وهَبَطَهُ وأهْبَطَهُ أنـزلهُ والهَبِيطُ والمَهْبُوطُ المريضُ الناحلُ جدًا وفعلهُ هَبَطَ وهَبَطَ الثمنُ نقصَ وانهَبَطَ انحطَّ والهَبُوطُ من الأرضِ المكانُ الحَدُورُ والهَبْطَةُ الوَهْدَةُ *

ن هَرَطَ عِرضَهُ (وفيهِ) مَزّقهُ وهَرَطَ في الكلامِ سفهَ والهِرْطُ لحمٌ كالمُخاطِ هُزالًا والاحمقُ الجبانُ (ج هِرَطٌ) وفعلهُ ر هَرُطَ (وتَهارَطا تشاتَما * هَرْنَطَ عِرضَهُ وقعَ فيهِ * الهَطْهَطُ الهَلْكَى

ومَقَطَ مُقوطًا غَزِلَ شديدًا (والمَقِيطُ الذى يُولَدُ لستّةِ أشهرٍ او لسبعة) • المَلَطُ الخبيثُ
المستحِلُّ السرقةَ ج أمْلاطٌ ومُلُوطٌ وفعلُهُ ر ن ملطَ مُلُوطًا والمِلاطُ طينُ البُنيانِ وفعلُهُ
ن مَلَطَ ومَلَطَ شَعَرَهُ حلقهُ وابنُ مِلاطٍ لقبُ الهلالِ والأمْلَطُ مَن لا شَعَرَ على جسدهِ وفعلُهُ ل
مَلِطَ مَلَطًا ومُلْطَةً والمَلِيطُ الجنينُ قبلَ أنْ يشعرَ ومَلَطَتْهُ أُمُّهُ ولدتْهُ لغيرِ تمامٍ وتَمَلَّطَهُ اختلسهُ
وتَمَلَّطَ تملّسَ ومالِطَةُ جزيرةٌ عاصيةٌ متعاصيةٌ قربَ صَقِلِّيَةَ سُكّانُها لُصوصُ البحرِ • ماطَ مَيْطًا
مَيْطًا تنحّى وبَعُدَ وماطَ وأماطَ نحّى وأبْعَدَ (وماطَ جارَ وزَجَرَ) والمِياطُ الرَّفْعُ والزجرُ
والمَيْلُ والادبارُ ضِدٌّ والمِياطُ ايضًا أشدُّ الشوقِ فى الصدرِ (والهِياطُ أشدُّ السَّوْقِ
فى الوِرْدِ) •

ن

ض ن نَبَطَ الماءُ نَبْطًا ونُبُوطًا نبعَ والنَّبَطُ قبيلةٌ من الناسِ فى لونِهم شُقْرَةٌ أحمرُ الواحدُ نَبَطِىٌّ
مُحَرَّكَةً او (نُباطِىٌّ) مُثلّثةً وتَنَبَّطَ انتسبَ اليهم ونَبَطَ الفقيهُ واستنبطَ استخرجَ الفقهَ
الباطِنَ بفهمهِ واجتهادهِ ونَبَطَ البئرَ وأنْبَطَها واستنبطَها استخرجَ ماءَها • ض نَحَطَ نَحِيطًا
تنفّسَ بزفيرٍ ونَحَطَ سعلَ شديدًا فهو ناحِطٌ والنُّحاطُ والنَّحْطُ والنَّحِيطُ تردُّدُ البُكاءِ فى الصدرِ
وتنفّسُ القَصّارِينَ وقتَ التعبِ ونَحَطَهُ زجرهُ عندَ المسألةِ ونَحَطَ الفرسُ نَحْطًا ونَحِيطًا تنفّسَ إعياءً
(نَخَطَ اليهم طرا عليهم ونَخَطَ بهِ نَخِيطًا شتمهُ ونَخَطَ علىّ تكبّرَ والنَّخْطُ الناسُ يُقالُ ما
أدرى أىُّ النَّخْطِ هو) • ل نَبِطَ نشاطًا وتَنَشَّطَ طابتْ نفسهُ للعملِ فهو ناشِطٌ ونَشِيطٌ
وأنْشَطَهُ ونَشَّطَهُ تنشيطًا صيّرهُ ناشِطًا فهو مُنْشِطٌ ونَشِيطٌ ن ونَشَطَ من المكانِ وتَنَشَّطَ خرجَ منهُ ونَشَطَ
الدلوَ جذبَها بلا بكرةٍ ن ض ونَشَطَتِ الحيّةُ وأنْشَطَتْ عضّتْ بنابِها ن ونَشَطَ الحبلَ (ونَشَّطَهُ)
عقدَهُ (وأنْشَطَهُ حلّهُ) ونَشَطَ الشئَ اختلسهُ وأوثقهُ والأُنشوطةُ عقدةٌ يَسْهُلُ انحلالُها وانْتَشَطَ
السمكةَ قشرَها (وتَنَشَّطَ المفازةَ جازَها) • ن نَطَّ شَدَّ ومَدَّ والنَّطِيطُ (الفرارُ و) البعيدُ
والنَّطّاطُ المهذارُ وفعلُهُ ض نَطَّ ونَطَّ سافرَ ونَطَّتِ الارضُ بعدتْ • النَّبْطَةُ (وتُكْسَرُ والنَّبَطَةُ)
الدُّمَّلُ والجُدَرِىُّ ل ونَفِطَتْ كَفُّهُ نَفْطًا (ونَفَطًا) ونَفِيطًا قرحتْ فهى نَفِيطَةٌ ومَنْفُوطَةٌ
ونافِطَةٌ وأنْفَطَها العملُ قرّحها ض ونَفَطَ وتَنَفَّطَ احترقَ غضبًا ونَفَطَتِ القِدْرُ غلتْ ونَفَطَ ضرطَ
شديدًا (والنِّفْطُ وقد يُفتحُ م) • ن نَقَطَ الحروفَ ونَقَّطَهُ تنقيطًا أعجمَهُ والاسمُ النُّقْطَةُ
ج نُقَطٌ ونِقاطٌ • النَّمَطُ ضربٌ من البسطِ والطريقةُ والنوعُ وثوبُ صوفٍ يُطرَحُ على
الهودجِ ج أنْماطٌ ونِماطٌ • ناطَهُ نَوْطًا علّقهُ فانْتاطَ وناطَتِ الدارُ بعدتْ والنِّياطُ

الشريفَ (وغيرَه) استظهرهُ غيبًا وحَفِظَ المالَ رعاهُ فهو حَفيظٌ وحافظٌ ج حُفّاظٌ وحَفَظَةٌ والحَفيظُ والحافظُ من أسماء الله تعالى والموكّل بالشيء. والحافظُ الطريقُ البيّنُ والمَلَكُ الحارسُ ج حَفَظَةٌ وحافِظُونَ والحِفْظَةُ الحَمِيَّةُ والغضبُ وأحْفَظَهُ أغضبهُ فاحْتَفَظَ والمُحافَظَةُ المواظبةُ ومنعُ المحارمِ ولاسمُ الحَفِيظَةُ واحْتَفَظَهُ لنفسهِ خصّها بهِ والتحَفُّظُ التحرُّزُ والحِفْظُ قِلّةُ الغفلةِ • (حَمَظَهُ عصرَهُ) •

د

(ع دَأَظَهُ مَلأهُ ودَأَظَ فلانٌ سَمِنَ وفلانًا غاظَهُ فهو مَدْءُوظٌ • الدَّظُّ الشكُّ والطَّرْدُ • ض دَلَظَهُ ضربهُ او دفعهُ في صدرهِ ودَلَظَ في سيرهِ أسرعَ والدِلاظُ المُدافعةُ) •

ر

ع رَعَظَ السهمَ وأرْعَظَهُ وضعَ لهُ النصلَ فهو رَعِظٌ ج أرْعاظٌ ورَعِظَ السهمُ كسرَ رُعْظَهُ ضِدٌّ •

ش

ن شَظَّهُ الامرُ شَقَّ عليهِ وشَظَّ القومَ وشَظَّظَهُم فرَّقهم وشَظَّ الرجلُ أنعظَ والشَظُّ بقيّةُ النهارِ وطاروا شَظاظًا تفرّقوا (وشِظاظُ لِصٌّ يُضرَبُ بهِ المَثَلُ) • ن شَمَظَهُ منعهُ وماطلهُ وأخذهُ شيئًا فشيئًا • شِناظُ الجبلِ أعلاهُ ج شُناظٌ بالفتحِ والشِنْظِيانُ المرأةُ السيّئةُ الخُلُقِ • الشُواظُ بالفتحِ والضمّ لهيبُ النارِ وحَرُّ الشمسِ والصِياحُ والشِدّةُ وشاوَظَهُ شاتمهُ • الشَيْظانُ الشَكِسُ الخُلُقِ والشَظِيَّةُ الشوكةُ من القصبِ وشاظت في يدي دخلت (وتشايَظا تسابّا) •

ع

عَظْعَظَ السهمُ ارتعشَ في مُضِيّهِ وعَظْعَظَ الجبانُ فرَّ ورجعَ وحادَ وعَظْعَظَ في الجبلِ صَعِدَ والعِظاظُ المَشَقّةُ والشِدّةُ في الحربِ (وعَظَّتْهُ الحربُ كعَضَّتْهُ) • ض عَكَظَهُ حبسهُ وعركهُ وقهرهُ والعُكاظُ اسمُ سُوقٍ (بناحيةِ مكّةَ كانوا يجتمعونَ بها كلَّ سَنَةٍ ويقيمونَ شهرًا يتبايعونَ ويتناشدونَ الأشعارَ ويتفاخرونَ فلمّا جاء الاسلامُ بَطَلَ ذلكَ) وتَعَكَّظَ أمرُهُ تعسَّرَ وتَعَكَّظَ بَعُدَ وعاكَظَهُ ماطلهُ وجادلهُ وحاجّهُ والعَكِيظُ القصيرُ • العُنْظُوانُ الشِرّيرُ والساحرُ والعِنْظِيانُ الرجلُ الفاحشُ السفيهُ وأوّلُ الشبابِ •

غ

الغَلْظَةُ مُثلّثةً والغِلاظَةُ (والغِلَظُ) ضِدُّ الرقّةِ وفعلهُ ر ض غَلُظَ فهو غَليظٌ (وغُلاظٌ) ج غِلاظٌ والغَلْظُ

(فلمطه أخذه او جمعه) • ن فلط البطن استرخى فهو هالِط • من النلس) • ص خبط ظلم واختلس ما للغير ولم يبالِ وخبط المال واختبطه أخذه غصبًا • (تهابطوا اجتمعوا واصلحوا أمرهم وما زال يهيط هيطًا وفى هيطٍ وميطٍ صجاجٍ وشرٍ وجلبة وفى هياطٍ ومياطٍ دنوٍ وتباعدٍ) •

ى

يوشافاط ملكٌ يهوذا ووادى يوشافاط فى بلاد القدس فيه يدين اللهُ الخلائق يوم النشور كما قال يوال النبيّ •

حرف الظاء

ا

إستيفظ استوثق •

ب

ن بظّ المغنى حرّك أوتاره ليهيّئها للضرب والبظيظ السمين الناعم وأبظّ سمن • (باظ الرجلُ بوظًا سمن بعد هزالٍ) • ع بهظه الامر ثقل وشقّ عليه وأبهظ فلانًا أخذ بذقنه (وأمرٌ باهظٌ شاقٌ) • البيظ ماء الفحل وماء المرأة ورحمها وبيظ النمل بيضها ولا تستعمل إلّا بالظاء وباظ يبيظ كباظ يبوظ) •

ج

ع جحظت عينه خرجت مقلتها فهو جاحظ والتجحيظ تحديد النظر • ن جظه طرده (وصرعه وجظ المرأة جامعها) وجظ هذا وأجظ تكبّر • ع جعظه وأجعظه دفعه وأجعظ هرب والجعظ (العظيم فى نفسه السيّء الخلق) الذى يتسخط عند الطعام وفعله جعظ • الجنبظ القتيل المنتفخ وحبل السفينة • اجلوّظ استمرّ واستقام • (الجلماظ الشهوان لكلِّ شيء) • الجنعاظة الذى يتسخط عند الطعام والاحمق • الجواظ الضجر وقلة الصبر والجوّاظ المختال والمهذار والجموح والفجور والعاجز والمتكبّر وفعل الكلّ جاظ يجوظ •

ح

الحظ النصيب من الخير أحاظ وحِظاظ وحظوظ وحظّ (وأحظ وحِظاء وحظوظة) ورجل حظّ وحظيظ (وحظىّ) ومحظوظ صاحب حظ وأحظ صار ذا حظ • ل حفظه حرسه وحفظ الانجيل

الارضَ الخشنةَ واغلظ لهُ في القول خشَّنَ وبينهما غِلظةٌ ومُغالَظةٌ عداوةٌ واستغلظهُ تركهُ لانهُ غليظٌ * ص غنظهُ الامرُ شقَّ عليهِ والغنظُ الكربُ والهمُّ * الغيظُ الغضبُ وحِدَّتهُ والشدَّةُ وفعلهُ غاظَ يغيظُ فاغتاظَ وغيَّظهُ فتغيَّظَ واغاظهُ وغايظهُ وتغيَّظتِ الهاجرةُ اشتدَّ حرُّها *

ف

الفظُّ الغليظُ الجانبِ السيِّء الخُلقِ الخشِنُ الكلامِ والاسمُ الفظاظةُ (والفَظاظُ) وفعلهُ ن فظَّ * فاظَ فوظًا وفاظَ فيظًا ماتَ وحانَ فيظُهُ موتُهُ *

ق

قرَّظَ الانسانَ تقريظًا مدحهُ حيًّا او في وجههِ (والقَرَظُ ورقُ السَّلَمِ وثمرُ السَّنْطِ يُعتصَرُ منهُ الاقاقيا والقارظُ مجتنيهِ والقارظانِ رجلانِ من عَنَزةَ خرجا في طلبهِ فلم يرجعا فقيلَ لا افعلُ هذا حتى يَؤُوبَ القارظانِ) * القيظُ صميمُ الصيفِ ج اقياظٌ وقُيوظٌ وقاظَ يومُنا يَقيظُ اشتدَّ حرُّهُ وقاظَ القومُ بالمكانِ قيظًا وقيَّظوا وتقيَّظوا اقاموا فيهِ فالمكانُ مَقيظٌ (ومَقِيظٌ) وقيَّظهُ كفاهُ *

ك

ن كرَظَ في عرصهِ قدحَ فيهِ * الكِظَّةُ الشراهةُ والتخمةُ من الامتلاءِ وفعلهُ اكتظَّ ن وكظَّهُ الامرُ كظاظًا وكظاظةً شقَّ عليهِ وبهظهُ فهو كظيظٌ ومَكظوظٌ والكِظاظُ الشدَّةُ والتعبُ والملازمةُ والمُمارسةُ واكتظَّ الاناءُ بالماءِ ضاقَ بهِ لكثرتهِ * ن ص كَنظهُ الامرُ شقَّ عليهِ وغمَّهُ والكُنظةُ الضغطةُ *

ل

ع لحظهُ (واليهِ) لحظًا ولحظانًا نظرَ اليهِ بمؤخرِ عينهِ والملاحظةُ المراقبةُ واللحاظُ مؤخرُ العينِ واللَّحظُ باطنُ العينِ ج لِحاظٌ واللَّحيظُ النظيرُ والعيبةُ * اللَّظُّ الرجلُ العسرُ المتشدِّدُ واللزومُ واللظُّ ايضًا والالظاظُ الالحاحُ والفعلُ ن لظَّ والظَّ لازمَ ودامَ واقامَ * ص ل لفظهُ ولفظَ بهِ رماهُ فهو ملفوظٌ ولفيظٌ ولفظَ بالكلامِ وتلفَّظَ بهِ نطقَ ولفظَ فلانٌ ماتَ واللافظةُ التي تزقُّ فرخها والرحى والدنيا واللُّفاظةُ مايُرمَى من الفمِ وبقيَّةُ الشيء * اللُّماظةُ بقيَّةُ الطعامِ في الفمِ ن ولمظها تتبَّعَ لسانهُ فيها ولمظَ اخرجَ لسانهُ فمسحَ شفتيهِ ولمَّظَ وتلمَّظَ ذاقَ الاكلَ

وفصل الربيع م ج أربعاء وأربعة ورباع والربيع المطر فى الربيع (وما ينبت من العشب
فى الربيع) والنهر الصغير والربيعة خريطة الرابى وبيضة الحديد والربع بالضم وبضمتين
والربيع جزء من أربعة ج ربع والرباع بالكسر والفتح الحال الحسنة والاستقامة والطريقة يقال
هم على رباعتهم اى على حالتهم الحسنة التى كانوا عليها والربعة جونة العطار وصندوق
المصاحف ورباع معدول عن أربعة والرباعية السن التى بين الاضراس والثنايا ج
رباعيات والرباعية ايضا الناقة فى السنة الرابعة وأربع القوم دخلوا فى الربيع واقاموا فى
المربع والتربيع جعل الشىء مربعا وارتبع المكان سكنه فى الربيع والمكان مرتبع وارتبعت
الماشية وتربعت أكلت الربيع فسمنت وتربع فى جلوسه جلس متمكنا والرابع بعد الثالث
وربع الشىء تربيعا جعل له أربع زوايا (واليربوع دابة م ج يرابيع والربع من المواشى
يذكر فى س ل ع) * ع رتع رتعا ورتوعا ورتاعا أكل وشرب فى خصب وسعة ورغد والرتعة
الاتساع فى الخصب وفلان يرتع اى لا يعدم شيئا يريده والمرتع مكان الرتع (ورأيت
أرتاعا من الناس اى كثرة) * ن رثع رثعا شره وبخل وطمع فهو أرثع ورثع * ض
رجع رجوعا ومرجعا (ومرجعة شاذان لان المصادر من وزن ضرب انما تكون بالفتح)
ورجعانا ورجعى انصرف ورجعه رجعا ومرجعا بفتح الجيم (وكسرها) وأرجعه صرفه ورده عنه
ورجع فى كلامه أفاد والرجعة مذهب للالفيين ويأتى بيانه ويوم الرجعة يوم عود المطلق
الى مطلقته وعام الرجعة عند اليهود سنة الغفران تأتى فى كل خمسين سنة كان يرجع فيها
كل منهم الى ميراثه ولو باعه والمرجوع والرجع والرجعة والرجعان جواب الرسالة والراجع
المرأة يموت زوجها وترجع الى أهلها والرجع المطر بعد المطر ونبات الربيع والذى يمسك
الماء والرجع ايضا والرجيع الغدير ج رجعان والرجيع الروث وجرة الغنم يجترها ثانية
والكلام المردود وكل طعام أعيد الى النار والبخيل وأرجع راث وأرجع ورجع ترجيعا قال
انا لله وانا اليه راجعون والترجيع ترديد الصوت فى الحلق * ع ردعه عنه كفه ورده
فارتدع والردع الزعفران والدم والطيب وردعه لطخه به فهو مردوع وردع مجهولا تغير لونه
والمردع من يمضى فى حاجة فيرجع خائبا والنوق الكسلان وارتدع بالطيب تلطخ به *
ل رسعت أجفانه فسدت فهو أرسع ومرسوع * ع رصعه ضربه بيده ورصع أقام ورصع
الحب وارتصعه دقه بين حجرين والرصيعة الحلقة والرصيع زر عروة المصحف والترصيع
التركيب (على وجه يورث الزينة والتحلية) والتقدير والنسج والنشاط وتاج مرصع محلى
بالجواهر وارتصع البرق لمع * ل ض رضع أمه رضعا (ويحرك) ورضاعا ورضاعة (وتكسران

ز

الزوبعة الريح اذا التفت بعصف منيف واسم للشيطان المارد (وتزبع تغيظ وعربد وساء خلقه * ع زدغ المرأة جامعها والمزدغ السريع الماضي في الامر) * ع زرع وازدرع طرح البذر في الارض والزرع المني والولد والبذر المزروع ج زروع والمزرعة بتثليث الراء موضع الزرع والمزدرع (والزريعة) المزروع والزريع الذي ينبت في الارض البائرة مما يتناثر ايام الحصاد من الحب وازرع الزرع طال وازرع الفلاح امكنه الزرع * الزعازع الشدائد من الدهر وريح زعزع وزعزعان (وزعزاع) وزعازع تزعزع الاشياء اي تحركها وتزعزع تحرك * ع زقع الحمار زقعا ضرط شديدا وزقع الديك صاح * الزلع شق في القدم وفي ظاهر الكف ل وزلع جرحه فسد ع وزلعه وازدلعه استلبه غفلة وتزلع تشقق وتكسر وازلعه اطمعه (والزيلع ضرب من الودع) * الزمع الرعدة تأخذ الانسان والدهشة والخوف والفعل ل زمع والازمع من كان له اصبع زائدة والازمع الامر المنكر ج ازامع والزميع الشجاع والسديد الرأي ج زمعاء (والزماع والزماع والزمع المضاء في الامر والعزوم عليه) وازمع على الامر اعتمد وثبت فهو مزمع ولا تكون بمعنى العتيد اصلا *

س

السبعة عدد م قال بعض الفضلاء ان الله منح الناس بالعدد السباعي انعاما كثيرة فانك ترى الكواكب السيارة سبعا * والسموات سبعا * وايام الجمعة سبعا * ومواهب الروح القدس سبعا * والفضائل الالهية والمتقدمة سبعا * ورؤساء الملائكة سبعا * وسرج منارة موسى سبعا * وقرون الخروف سبعا * وعيونه سبعا * وارواح الله المرسلة سبعا * وكنائس آسيا سبعا والضربات سبعا * والجامات سبعا * والبوقات سبعا * والخبزات سبعا * واصول الفضائل سبعا * والسباعي الذي عدده سبعة والسبع لقب وادي بوشافاط الذي يكون فيه الحشر وبئر سبع اسم مكان بين قادس وصور وهو اول ارض الميعاد وسمي بذلك لان ابراهيم عاهد هناك ابيمالك ملك تلك الديار على سبع نعاج والسبعان السبع السموات والسبع الارضين (قال الفرزدق

* وكيف اخاف الناس والله قابض * على الناس والسبعين في راحة اليد) *

والاسبوع والسبوع الايام السبعة ج اسابيع وعيد الاسابيع عند اليهود في ايام الحصاد يقدمون في كل اسبوع قربانا والسبعون بعد الستين والاثنان والسبعون مبشرا

امتصّ ثديها) فهو راضعٌ ورضيعٌ ج رُضَّعٌ ورُضعٌ ر(ع) ورَضُعَ لؤُمَ فهو رَضَاعٌ ج رُضَّاعٌ (والاسم
الرَضْعُ . والرَضَعُ) والراضعُ اللئيمُ (الذى رَضَعَ اللؤمَ) من ثدى أمّهِ والراعي البخيلُ باللبنِ
والشحّاذُ والرضيعُ الأخ من الرضاعةِ وأرضعتِ المرأة أخذتْ ولدًا ترضعُهُ فهي مُرْضِعٌ (فإنْ وصفتَها
بإرضاعِ الولدِ قلتَ مُرْضِعَةٌ) وأرضعَ ولدَهُ اتّخذَ لهُ مُرْضِعًا * الرَعْرَعُ الحَسَنُ الشبابِ
والرَعْراعُ الجبانُ والرَعْراعةُ مَنْ لا عقلَ لهُ وتَرَعْرَعَ الصبيُّ انتشأ * ع رَفَعَهُ وارتَفَعَهُ
(ورَفَّعَهُ) ضدُّ وضعهُ فارتفعَ (ورفعتُهُ أنا لازمٌ متعدٍّ) ورفعوا الزرعَ حملوهُ الى البيدرِ وفُرُشٌ
مرفوعةٌ بعضها فوقَ بعضٍ وبرقٌ رافعٌ ساطعٌ والرِفاعةُ بالكسرِ العُظّامةُ (ويُضمّ وبِشدّةِ الصوتِ
ويُثلّثُ) والرِفعةُ الكرامةُ والرفيعُ المكرّمُ وفعلُهُ ر رَفُعَ (رِفاعةً صارَ رفيعَ الصوتِ ورَفُعَ رِفعةً)
شرُفَ وعلا قدرًا ع ورفعَهُ الى الحاكمِ شكاهُ وترافعا تشاكيا واستَرفعتِ المائدةُ نفدَ ما عليها
وحانَ أنْ تُرفَعَ ومنهُ مُرْتَفَعُ النصارى وهو آخرُ عهدهم بأكلِ اللحمِ (والرفيعُ الرقيقُ للثوبِ
وشبهِهِ) * الرُقعةُ قرطاسٌ مكتوبٌ وما يُرقَعُ بهِ الثوبُ (والبُقعةُ من الأرضِ) ج رِقاعٌ وفعلُهُ
ع رَقَعَ ورَقَّعَ ترقيعًا (ورَقَعَ أسرعَ ورَقَعَ الفارسَ طعنهُ) ورَقَعَهُ هجاهُ والرَقيعُ والمَرْقَعانُ الأحمقُ
وهي رَقْعاءُ ومَرْقَعانةٌ والرَقيعُ السماءُ الأولى والرَقْعُ السماءُ السابعةُ وزوجُ المرأةِ (يُقالُ لا حَظِيَ
رَقْعُكِ اى لا رزقكِ اللهُ زوجًا اوهي تصحيفٌ والصوابُ بالفاءِ والغينِ) والرَقاعةُ الحماقةُ
وأرقعَ حَمُقَ واسترقعَ الثوبُ وأرقعَ حانَ ترقيعُهُ (والترقّعُ التكسّبُ وما ارتقعَ ما اكترثَ)
* ع رَكَعَ الشيخُ انحنى كِبَرًا وركعَ كبا على وجههِ وركعَ افتقرَ (وركعَ المُصلّي صلّى
والرَكعةُ الهُوّةُ) والراكعُ المنخفضُ الرأسِ * ع رَمَعَ بيدهِ أومأَ ورَمَعَ أنفُهُ رَمَعانًا تحرّكَ
ورَمَعَ رأسَهُ نفضهُ واليَرْمَعُ حجارةٌ رِخوةٌ تتفتّتُ باليدِ (ويُقالُ للمهمومِ المنكسرِ تركتُهُ يَفُتُّ
اليَرْمَعَ) وترمّعَ تحرّكَ غضبًا * ع رَنَعَ لونُهُ رُنوعًا تغيّرَ وذبلَ ورَنَعَ حمُرَ ولعبَ والمَرْنَعةُ
السَعةُ والروضةُ (والترنيعُ تحريكُ الرأسِ) * الرَوْعُ والارتياعُ (والتروّعُ) الفزعُ وفعلُهُ
راعَ يَروعُ وارتاعَ وروّعَهُ أفزعَهُ وراعَهُ أعجبَهُ (وراعَ لازمٌ متعدٍّ والرَوْعةُ الفزعةُ والمسحةُ من الجمالِ
وهذهِ شربةٌ راعَ بها فؤادي اى بردَ بها غُلّةَ رَوْعي وأفرخْ رَوعُكَ عن الامرِ اى اسكنْ وأمِنْ)
والرُوعُ القلبُ والذهنُ والعقلُ وموضعُ الفزعِ من القلبِ والأرْوَعُ والرائعُ الفائقُ بحسنِهِ
ومنظرِهِ وشجاعتِهِ ج أرواعٌ ورُوعٌ (والاسمُ الرَوَعُ) وتروّعَ تفزّعَ * راعَ يَريعُ نما وزادَ ورجعَ
وراعتِ الحنطةُ زكتْ والرِيعُ الصومعةُ وبرجُ الحمامِ والتلُّ والرَيْعُ نموُّ الشيءِ والفزعُ ورَيْعُ
الشيءِ ورَيْعانُهُ أوّلُهُ (وأفضلُهُ) وبياضُ الضحى وتريّعَ توقّفَ وتحيّرَ وتريّعوا اجتمعوا (وليسَ
لهُ رَيْعٌ اى مرجوعٌ) *

وفعلهُ ل سَلِعَ وتَسَلَّعَ فهو أَسْلَعُ ج سُلْعٌ (والسَّوْلَعُ الصَّبِرُ المُرُّ والسِلْعُ المِثْلُ ج أَسْلاعٌ) والسَّلَعُ البَرَصُ والسِلْعَةُ متاعُ التجارةِ ج سِلَعٌ والسِلْعَةُ ايضًا كالغُدَّةِ في الجسدِ فهو مَسْلُوعٌ والمَسْلُوعَةُ المَنْجَّةُ والمِسْلَعُ الدليلُ الهادي * (السَّلَفَعُ الجريءُ الشجاعُ الواسعُ الصدرِ والسَّلْفَعَةُ الصَّخّابَةُ السَّيِّئَةُ الخُلُقِ * السَّلْقَعُ المكانُ الحَزْنُ او إِتباعٌ لبَلْقَعٍ) * السَّمَيْدَعُ السيّدُ الكريمُ الشريفُ السخيُّ والشجاعُ والذِئبُ والنجيبُ والسَيْفُ * السَّمْعُ الأُذْنُ وحِسُّها والسَّمْعُ ايضًا والسَّماعُ الذِكْرُ المسموعُ ج أَسْماعٌ و(أَسْمُعٌ جج) أَسامِعُ وفعلهُ ل سَمِعَ سَمْعًا بالفتحِ والكسرِ (او بالفتحِ للمصدرِ وبالكسرِ الاسمُ) وسَماعًا وسَماعَةً (وسَماعِيَةً) وتَسَمَّعَ واسْتَمَعَ (والسَّمْعَةُ فَعْلَةٌ من الاستماعِ وبالكسرِ هَيْئَتُهُ) وأُذُنٌ سمعةٌ بالفتحِ والتحريكِ وبفتحٍ فكسرٍ وسَمِيعَةٌ وسامِعَةٌ وسَمّاعَةٌ وسَمُوعٌ ج (اي جمعُ الأخيرةِ) سُمُعٌ والمِسْمَعُ الاذنُ السامِعَةُ ج مَسامِعُ والمَسْمَعُ بالفتحِ الموضعُ يُسْمَعُ منهُ وسِمْعانُ بطرسُ رئيسُ الحواريّينَ وسِمعانُ القانَوِيُّ أحدُ الاثنَي عَشَرَ رسولاً وسِمعانُ الشيخُ أدخلَ المسيحَ وهو طفلٌ الى الهيكلِ وسِمعانُ القيروانيُّ حملَ صليبَ المسيحِ ودَيرُ سِمعانَ العموديّ في حلبَ وانطاكيةَ والسَّمِيعُ المُسْمِعُ والسامِعُ وأُمُّ السَّمْعِ الدماغُ والسَّمَعْمَعُ الصغيرُ الرأسِ (والداهيةُ والذِئبُ والرجلُ الطويلُ الدقيقُ) والمرأةُ المُوَلْوِلَةُ في أثَرِكَ والسِّمْعُ الذِكْرُ الجميلُ (وولدُ الذِئبِ من الضَبُعِ وسَماعِ اي اسْمَعْ وفعلتُهُ تَسْمِعَتَكَ وتَسْمِعَةً لكَ اي لتَسْمَعَهُ وما فعلَهُ رياءً ولا سُمْعَةً ويُضَمُّ ويُحَرَّكُ وهو مائِرَةٌ بذِكرهِ ليُرى ويُسْمَعَ وهو بينَ سَمْعِ الارضِ وبَصَرِها اذا لم يَدْرِ أينَ توجَّهَ) وأَسْمَعَهُ شتمهُ والتسميعُ التشنيعُ والمُسْمِعَةُ المغنّيةُ واسْتَمَعَ لهُ واليهِ أَصْغَى وتَسامَعَ بهِ الناسُ اشتهرَ * (السَّمَلَّعُ الذِئبُ) * السَّنَعُ الجمالُ والسَّنِيعُ الجميلُ جدًّا وهي سَنِيعَةٌ وفعلهُ ن ع ر سَنَعَ سَناعَةً وسُنُوعًا والسِّنْعُ الرُّسْغُ ج أَسْناعٌ وأَسْنَعَ طالَ وحَسُنَ وأَسْنَعَ أولدَ أولادًا حِسانًا * الساعةُ ستّونَ دقيقةً والوقتُ الحاضرُ ج ساعاتٌ وساعٌ والساعةُ ايضًا يومُ القيمةِ ومجيءُ المسيحِ للدينونةِ وساعةٌ سَوْعاءُ شديدةٌ وأساعَهُ أهملَهُ وضيَّعَهُ وأَسْوَعَ الرجلُ أَنْعَظَ وأَسْوَعَ انتقلَ من ساعةٍ الى ساعةٍ او تأخَّرَ ساعةً ويَسُوعُ اسمُ المسيحِ سَمّاهُ بهِ جبرائيلُ المَلَكُ لمّا بشّرَ مريمَ أُمَّهُ بهِ معناهُ المُخَلِّصُ لانّهُ خلّصَ البشرَ من الكفرِ والهلاكِ وساعَ يَسُوعُ هلكَ (وبَعْدَ سَوْعٍ من الليلِ وسُواعٍ بعدَ هَدْءٍ) * ساعَ الماءُ يَسِيعُ سَيْعًا وسُيُوعًا جرى واضطربَ والسَّيْعُ الماءُ الجاري والسِّياعُ الطينُ بالتبنِ يُطَيَّنُ بهِ وآلةُ التطيينِ مِسْيَعَةٌ والتسييعُ التطيينُ والتدهينُ بالشحمِ *

انتخبهم المسيح والاثنان والسبعون الذين ترجموا التوراة الى اللغة اليونانية فى عهد بطليموس الملك الحكيم وكانوا من حكماء اليهود كان أنفذهم العازر الحبر الى الملك المذكور فى مصر وانتخبهم من كل سبط ستة فنقلوا التوراة من اللغة العبرانية الى اللغة اليونانية وكل منهم معتزل عن رفيقه فى مكان يخصه كما قال يوستينوس وايريناوس واقليموس الاسكندرى فلما فرغوا كانت نسخ جميعهم متفقة لفظًا ومعنى كأنها نسخة واحدة واليهم ينسب الترجام السبعينى وشذ إثبات النون والسابع العدد الواقع بعد السادس والسُّبْع والسَّبِيع جزء من سبعة ص ع وسبعهم كان سابعهم وأخذ سبع أموالهم وأسبعوا صاروا سبعة وسبعه تسبيعًا جعله سبعة والمسبع المولود لسبعة أشهر وولد الزنا والدعى وسبعه شتمه ووقع فيه وعقه وسبعه وأسبعه سرقه وسبع الذئب الغنم افترسها والسبع بفتح الباء وضمها وسكونها كل حيوان مفترس ج أسبع وسباع والسبعة اللبوة وأسبع عبده أهمله ● السَّجْع (والأسجوعة) الكلام له قوافٍ ج أسجاع وأساجيع وفعله ع سجع فهو ساجع وسجعت الحمامة ترنمت فهى ساجعة وسجوع ج سواجع وسُجَّع والساجع الوجه الحسن وسجع ذلك المسجع قصد ذلك المقصد ● السَّدْعة النكبة الشديدة وفعله سُدِع مجهولًا ع وسدعه ذبحه. وبسطه ● السُّرْعة نقيض البطء وفعله ر سرع سرعة (وسِرْعًا وسَرَعًا) والسريع السرع الوحا الوحا ولسرعان ما صنعت اى ما أسرع ما فعلت هذا وسرعان الناس أوائل المتسابقين ووتر القوس والسرع كل قضيب لين رطب والمِسراع السريع وأساريع الأسنان ساقها وأسرع فى السير جد والمسارعة والتسارع المبادرة ● (السَّرْقَع النبيذ الحامض) ● ع سطع الغبار سطوعًا ارتفع وسطع البرق والشعاع لمع وسطع الصبح تنفس وسطعت الرائحة سطعًا امتدت (وسطع بيديه سطعًا صفق والاسم السطع وهو أن تضرب بيدك على يدك او يد آخر وسمعت لوقعه سطعًا اى صوت ضربة او رمية وإنما حرك لأنه حكاية لا نعت ولا مصدر والحكايات يخالف بينها وبين النعوت أحيانًا) ل وسطع عنقه طال فهو أسطع والمسطع الفصيح ● ع سفعه لطمه ووسمه وسفعته ريح السموم لفحته وسفعه بناصيته جذبه بها والمسفوع من اصابته عين والسفع الثوب والأثفية من حديد وسواد يضرب الى حمرة فهو أسفع والسفعة المزبلة والأسفع الصقر والثور والثوب الاسود وتسفع اصطلى ● السَّقْع الصقع ع وسقع الديك صاح والمسقع الفصيح وما أدرى أين سقع أين ذهب ● ع ل سكع مشى مشيًا متعسفًا (لا يدرى أين يذهب) وسكع (وتسكع) تحير والساكع الرجل الغريب وما أدرى أين سكع أين ذهب وتسكع تعسف وتمادى فى الباطل ● السَّلْع الشق فى القدم ج سلوع

(وشَعَّ والمُشَعْشِعُ المُتَلألِئُ المُنيرُ) ن وشَعَّ الشيءُ تفرّقَ وانتشرَ والشَّعُّ بيتُ العنكبوتِ والشَعشعانُ الطويلُ وأشعّتِ الشمسُ نشرتْ شُعاعَها وشَعْشَعَ الشرابَ مزجَهُ * الشَّفْعُ الزَّوْجُ وفعلُهُ ع شَفَعَ ونَظَرٌ شافِعٌ ينظرُ الواحدَ اثنينِ والشافِعُ التَّيْسُ (والشاءُ يتبعُها سَخْلُها) والخالُ في الخدِّ والشَّفاعةُ الوَسيلةُ (والسؤالُ في صَرْفِ الضَّرَرِ) والشَّفيعُ صاحبُ الشَّفاعةِ وفعلُهُ ل شَفَعَ شَفاعةً والشُّفْعةُ هي أنْ يتقدّمَ الشريكُ أمِ الجارُ في نصيبِ شريكِهِ (أو جارِهِ) على غيرِهِ فيَشْفَعَهُ الى نصيبِهِ اي يزيدَهُ والشُّفْعةُ ايضًا الجُنونُ والمَشْفوعُ المَجْنونُ وشَفَّعْتُهُ فيهِ تشفيعًا قبلتُ شَفاعتَهُ وشُفْعَتَهُ * ع شَقَعَهُ (بعينِهِ) عانَهُ * ل شَكِعَ كثرَ أنينُهُ وشَكِعَ غضبَ وتوجّعَ وأشكَعَهُ أغضبَهُ وأضجرَهُ (والشَّكِعُ البخيلُ اللئيمُ والوَجِعُ) * الشَّمَعُ بالفتحِ والتحريكِ م (والصوابُ تحريكُهُ وتسكينُ الميمِ مُوَلَّدٌ) الواحدةُ شَمَعَةٌ ع وشَمَعَ شَمْعًا وشُموعًا وشَمْعَةً لعبَ وفرحَ ن وشَمَعَ شُموعًا تفرّقَ والشَّموعُ المرأةُ اللَّعوبُ وشَمْعونُ الصَّفا بالفتحِ والضمِّ رئيسُ الحواريّينَ وشمعونُ بنُ يعقوبَ وشِمْعي بنُ بارا من سبطِ بنيامينَ شتمَ داوُدَ الملكَ وشمعيّا النبيُّ جلفَ يدَ يوربعامَ الملكِ لمّا أشارَ بها ليقتلوهُ وهذا هو النبيُّ الذي خالفَ أمرَ ربِّهِ فقتلَهُ الاسدُ وأشمعَ السراجُ سطعَ ضوؤُهُ وشمّعَهُ تشميعًا ألعبَهُ وشمّعَ الثوبَ ايضًا غمسَهُ في الشمعِ * الشَّناعةُ الفظاعةُ وفعلُهُ ر شَنُعَ وشنّعَ تشنيعًا وأشنعَ فهو شَنيعٌ (وشَنِعٌ وأشنعُ) والاسمُ الشُّنْعةُ ع وشَنَعَهُ شتمَهُ وحقّرهُ وفضحَهُ والشَّنوعُ القبيحُ ويومٌ أشنعُ كريهٌ وتشنّعَ تهيّأَ للقتالِ (والفرسَ ركبَهُ والسلاحَ لبسَهُ والعارةَ بثّها والثوبَ تلفّزَ والتشنيعُ تكثيرُ الشناعةِ والتشهيرُ) * ر شَوِعَ رأسُهُ شَوَعًا شابَ (وأشعانّ وصلُبَ شعرُهُ حتى كأنّهُ شوكٌ) فهو أشوعُ (وهي شوعاءُ) ج شُوعٌ (وهذا شَوعُ هذا وشِيعُ هذا وُلِدَ بعدَهُ ولم يولَدْ بينهما شيءٌ) ويشوعُ بنُ نونَ قائدُ بني اسرائيلَ بعدَ موسى النبيِّ وقد أدخلَهم أرضَ الميعادِ ويشوعُ بنُ سيراخَ بالمهملةِ من حكماءِ اليهودِ ويشوعُ بنُ يوزاداقَ سعى في تجديدِ بناءِ الهيكلِ وقد مدحَهُ ابنُ سيراخَ) * شاعَ الخبرُ يَشيعُ شَيْعًا وشُيوعًا (ومَشاعةً وشَيْعوعةً) وشَيَعانًا ذاعَ وفشا (وسهمٌ شائعٌ وشاعٌ ومُشاعٌ غيرُ مقسومٍ) وشيّعتُهُ وذّعتُهُ وأذعتُهُ وشيعةُ الرجلِ أتباعُهُ وأنصارُهُ ج أشياعٌ وشِيَعٌ وأهلُ الشيعةِ المبتدعونَ في الدينِ (والشيعةُ الفرقةُ على حدةٍ يقعُ على الواحدِ والاثنينِ والجمعِ والمذكّرِ والمؤنّثِ وقد غلبَ هذا الاسمُ على كلِّ مَنْ يتولّى عليًّا وأهلَ بيتِهِ) وشيّعَهُ خرجَ معهُ ليبلغَهُ منزلَهُ وشيّعَهُ أحرقَهُ وشجّعَهُ وشيّعَ النارَ ألقى عليها حطبًا (والمِشْيَعُ الحقودُ المملوءُ لؤمًا والمُشيَّعُ الشجاعُ والعَجولُ وشايعَهُ على أمرٍ تابعَهُ وهما متشايعانِ في دارٍ ومتشاعانِ شريكانِ) *

ش

(الشَّبْذَعُ العقربُ واللسانُ والداهيةُ ج شَبَاذِعُ) • الشِّبْعُ (والشِّبَعُ) ضِدُّ الجوعِ وفعلهُ ل شَبِعَ (خبزًا ولحمًا وشَبِعَ منهما) فهو شَبْعانُ وهي شَبْعَى وشَبْعانةٌ وقد أَشْبَعْتُهُ والشِّبْعُ (والشِّبَعُ) اسمُ ما أَشبعكَ والشَّبِيعُ الكثيرُ الشِّبْعِ (والتَّشَبُّعُ أَنْ يُرِيَ أَنَّهُ شَبْعانُ وليسَ كذلكَ) ر وشَبُعَ عقلهُ كَثُرَ فهو شَبِيعُ العقلِ وشَبَعُ بنُ بكرى عصى داودَ الملكَ فقتلَهُ • بَتْشَبَاعُ زوجةُ أُوريَّا هتَّم بها داودُ المَلِكُ ثُمَّ تزوَّجها فولدتْ لهُ سليمانَ • الشُّجاعُ مُثلَّثةً والشَّجِيعُ (والشَّجِعُ والشُّجُعُ والأَشْجَعُ) الشديدُ القلبِ عندَ البَأْسِ ج شِجَعَةٌ مُثلَّثةً وبالتحريكِ وشِجاعٌ وشُجْعانٌ بالضمِّ وبالكسرِ وشُجَعاءُ وهي شُجاعةٌ مُثلَّثةً (وشَجِعَةٌ) وشَجِيعَةٌ وشَجْعاءُ ج شَجائعُ وشُجُعٌ وفعلهُ ر شَجُعَ والشُّجاعُ بالضمِّ والكسرِ الحيَّةُ ج شُجْعانٌ بالكسرِ والضمِّ والأَشْجَعُ الاعوجُ والاسدُ والدهرُ والبينُ والأَشاجِعُ أُصولُ ظاهرِ الاصابعِ الواحدُ أَشْجَعُ ع وشَجَعَهُ غلبهُ بالشجاعةِ والشُّجَعَةُ العاجزُ وشَجَّعَهُ تشجيعًا قوَّى قلبهُ فتشجَّعَ • الشَّرْجَعُ (الطويلُ و) النعشُ والجنازةُ والسريرُ • الشَّرِيعَةُ ما شَرَعَ اللهُ لعبادهِ من حلالٍ وحرامٍ وشريعةُ الطبيعةِ من آدمَ الى موسى • وشريعةُ العدلِ من موسى الى السيّدِ المسيحِ • وشريعةُ الفضلِ من المسيحِ الى مجيءِ الدجّالِ • وحينئذٍ تقومُ الساعةُ وتبطلُ الشرائعُ والشريعةُ ايضًا المستقيمُ من المذاهبِ والشِّرْعُ (والشَّرْعُ مثلُ الشيءِ و) الشَّرَكُ للصيدِ والوَتَرُ ج شِرَعٌ (وشِرَعٌ ايضًا جمعُ شِراعٍ) والشِّراعُ قلعُ السفينةِ الكبيرُ (ج أَشْرِعَةٌ وشُرُعٌ) ع وشَرَعَ الشريعةَ واشترعها سنَّها والابنُ الشرعيُّ خلافُ الابنِ الطبيعيِّ وشَرَعَ الدارَ بناها على الطريقِ فهي دارٌ شارِعَةٌ ومنزلٌ شارِعٌ والشارِعُ الطريقُ ج شَوارِعُ ن وشَرَعَتِ الدابَّةُ شَرْعًا وشُروعًا قصدتِ الماءَ وشَرَعَ في الامرِ خاضَ فيهِ وشَرَعَ الشيءَ رفعهُ جدًّا وشَرَعَتِ الرماحُ تسدَّدتْ فهي شارِعَةٌ وشَوارِعُ وشُرَّعٌ والناسُ في هذا شَرْعٌ بالفتحِ ويُحرَّكُ اي سواءٌ وشَرْعُكَ حَسْبُكَ والشارِعُ العالِمُ العلَّامةُ والشَّرْعَةُ السقيفةُ ج أَشْراعٌ (وأَشْرَعَ بابًا الى الطريقِ فتحهُ وأَشْرَعَ الطريقَ وشَرَّعَهُ بيَّنهُ) وتثنيةُ الاشتراعِ السفرُ الخامسُ من التوراةِ • الشِّسْعُ (واحدُ) حبالِ النعلِ (ج شُسُوعٌ وأَشْساعٌ وهي التي تُشَدُّ الى زمامِها والشِّسْعُ ايضًا طَرَفُ المكانِ ومَضيقٌ من الارضِ والبقيَّةُ من المالِ) ع وشَسَعَ (المنزلُ شَسْعًا و) شُسُوعًا بَعُدَ فهو شاسِعٌ (وشُسُوعٌ ج شُسَّعٌ وشَسَعَ النعلَ شَسْعًا وأَشْسَعَها وشَسَّعَها جعلَ لها شِسْعًا ل) وشَسِعَ النعلُ انقطعَ شسعهُ والشاسِعُ الرجلُ المنقطعُ • الشَّعاعُ التفريقُ وحسكُ السنبلِ وذهبوا شَعاعًا اي متفرّقين وطارَ فؤادهُ شَعاعًا تفرّقتْ همومهُ وشُعاعُ الشمسِ ما تراهُ عندَ طلوعِها ج أَشِعَّةٌ وشُعاعٌ

* ل صَمِعَ في كلامهِ أخطأ وصَمِعَ جهِلَ وصَمَّعَ على رأيهِ تصميعًا صَمَّمَ والأصمعُ (الصغيرُ الأذنِ والسيفُ القاطعُ و) المرتقي أشرفَ المواضعِ والقلبُ الذكيُّ والصَّوْمَعَةُ مسكنُ الراهبِ المنفردِ في البَرِّيَّةِ وهي بناءٌ مستطيلٌ كالمنارةِ والصَّوْمَعَةُ ايضًا برنسُ الراهبِ * (الصَّنْبَعَةُ انقباضُ البخيلِ عند المسألةِ) * ع صَنَعَ اليدِ معروفًا صُنْعًا وصَنَعَ بهِ (وبهِ) قبيحًا صَنِيعًا فعلَ وصَنَعَ الشيءَ صَنْعًا بالفتحِ والضمِّ عملهُ (والصُّنْعُ إيجادُ الصورةِ في المادةِ) والصِّناعةُ حرفةُ الصانعِ والصَّنْعَةُ عملُ الصانعِ (والفرقُ بينَ الصِّناعةِ والحِرْفةِ أنَّ الصِّناعةَ ما يَقتضي لهُ آلةً كالصِّياغةِ والنِّجارةِ والحِرْفةُ ما لا يَحتاجُ آلةً كالعِطارةِ والتِّجارةِ) والصَّنيعُ والصَّنيعةُ الاحسانُ ج صَنائعُ واصْطَنَعْتُهُ رَبَّيْتُهُ وخَرَّجْتُهُ فهو صَنيعي (وصَنيعتي) ورجلٌ صِنْعُ اليدينِ بالكسرِ (والتحريكِ وصَنيعُ اليدينِ وصَناعُهما وأصناعُ الايدي) حاذقٌ في الصَّنْعةِ (ج صنعى الأيدي بضمةٍ وبضمتينِ وبفتحتينِ وبكسرةٍ) وكذلكَ امرأةٌ صَناعُ اليدينِ (وامرأتانِ صَناعانِ ونسوةٌ صُنُعٌ) والصِّنْعُ السَّفُّودُ والخَيّاطُ والشِّواءُ والثوبُ والعمامةُ (ج أصناعٌ) والمَصْنَعُ حوضُ الماءِ والمَصْنَعةُ الوليمةُ والمَصانعُ المَباني من القصورِ والحُصونِ والتَّصَنُّعُ تكلُّفُ حسنِ السمتِ والتزيُّنُ والمُصانعةُ الرشوةُ والمداراةُ واصْطَنَعَهُ اتَّخذهُ واختارهُ * الصاعُ (يذكرُ ويؤنثُ) والصُّواعُ بالكسرِ والضمِّ والصَّوْعُ المِكيالُ ج أَصْوُعٌ (وأَصْؤُعٌ) وأَصْواعٌ وصُوعٌ وصِيعانٌ والصاعُ الصَّوْلَجانُ والمكانُ يُلعَبُ فيهِ ن وصاعَ الشيءَ كالهُ بالصاعِ وصاعهُ فرَّقهُ وأفزعهُ وصَوَّعَتِ الريحُ النباتَ فَيَّجَتْهُ وصَوَّعَ الشيءَ حدَّدَ رأسهُ ودوَّرهُ وتصوَّعَ النبتُ هاجَ وتصوَّعَ الشعرُ تقبَّضَ وانتشرَ وانصاعَ انفتلَ راجعًا مسرعًا *

ض

الضَّبْعُ العضدُ والإبطُ وما بينَ العضدِ والإبطِ (ج أضباعٌ) ع وضَبَعَهُ مدَّ اليدِ ضَبْعَهُ وضَبَعَ جارَ وظلمَ وضَبَعوا الشيءَ تقاسموهُ والضَّبُعُ وتسكَّنُ مؤنثةٌ سبعٌ م ج (أضبُعٌ و)ضِباعٌ وضُبُعٌ بضمتينِ وبالضمِّ (ومَضْبَعةٌ) ويقالُ فيهِ (للذكرِ) ضِبْعانٌ و(للأنثى) ضِبْعانةٌ ج ضَباعينُ وضِبْعاناتٌ والضَّبُعُ السنةُ المُجدِبةُ وهو في ضِبْعِ فلانٍ مثلثةً في ناحيتهِ وضَبَّعَ تضبيعًا جَبُنَ ت ضَجَعَ ضَجْعًا وضُجوعًا واضَّجَعَ واضْطَجَعَ واجَّجَعَ (واضْتَجَعَ) وضعَ جنبهُ بالارضِ والمَضْجَعُ والمُضْطَجَعُ مكانُ الضجعِ والضَّجوعُ المرأةُ المخالفةُ لزوجِها والأضجعُ الرجلُ المخالفُ لزوجتهِ والضِّجعةُ (بالكسرِ الكسلُ وهيئةُ الاضطجاعِ وبالتحريكِ اسمُ الجنسِ وبالفتحِ الرقدةُ و)بالضمِّ ضعفُ الرأيِ والمرضُ والضُّجوعُ الضعيفُ الرأيِ وضَجيعُكَ الذي يُضاجعُكَ

ص

الاصبعُ بالفتح وتثليثِ الباء وبالضم وتثليثِ الباء وبالكسر وتثليثِ الباء (والأصبوعُ وقد يُذكَّر) ج اصابعُ واصابيعُ ع وصَبَعَ به اغتابهُ وصَبَعَ عليه دلّ عليه باصبعه والصُّبوعُ للمتكبّر • (ع صَتَعَهُ صرعهُ والتصتُّعُ التردُّدُ في الامر مجيئاً وذهاباً) • الصَّدْعُ الشقُّ في شيء صلب (والفرقة من الشيء • والرَّجُلُ الخفيفُ اللحم ونباتُ الارض والخلسُ عليهم صَدْعٌ واحدٌ اي مجتمعون بالعداوة والصِّدْعُ الجماعةُ من الناس) وأصْدَعُ بكلام الله أجهرُ وأصدعُ أحكمُ بالحق ع وصَدَعَهُ شقّهُ نصفين او شقّهُ ولم يفترق وصَدَعَ بالحق تكلّمَ به و(بالامر) أصابَ به وجاهرَ به ن وصَدَعَ اليه صُدُوعاً مالَ وصَدَعَهُ عنهُ صرفهُ (وصَدَعَ الفلاةَ قطعها) والصبحُ الصادعُ المشرقُ وواعظٌ مِصْدَعٌ بليغٌ والصَّديعُ الصبحُ والرقعةُ الجديدةُ في الثوب البالي والشُّقةُ من الشيء (ج صُدُعٌ) والصُّداعُ وجعُ الرأس وفعلهُ صُدِعَ مجهولاً فهو مَصْدُوعٌ وتصدَّعَ تفرّقَ وانشقَّ وانصدعَ الصبحُ انفجر • ع صَرَعَهُ صَرْعاً ومَصْرَعاً طرحهُ (والصِّرْعَةُ للنوع ومنهُ المَثَلُ سوءُ الاستمساك خيرٌ من حسن الصِّرْعة) والصُّرَعَةُ مَنْ يصرعهُ الناسُ والصُّرَعَةُ مَنْ يصرعُ الناسَ والصريعُ المصروعُ ج صَرْعَى والصَّرْعُ داءٌ كالجنون والصَّرْعَةُ الحالةُ والصَّرْعانِ الليلُ والنهارُ (او الغداةُ والعشيُّ ويقال آتيتهُ صَرْعَي النهارِ اي غدوةً وعشيّةً) والصِّرْعُ المِثْلُ والضربُ والفنُّ من الشيء ج أَصْرُعٌ وصُرُوعٌ والصَّرُوعُ الكثيرُ الصِّراعِ للناسِ ج صُرُعٌ وهو ذو صِرْعَيْنِ ذو لونين) والمِصْراعانِ مِغلقانِ للباب وشطرا بيتِ الشعر • (المِصْطَعُ البليغُ الفصيحُ) • صَعْصَعَ الشيءَ فرّقهُ وحرّكهُ وتصعصعَ جبُنَ وذلَّ وخضعَ وصعصعَ بهم الدهرُ شتّتهم • ع صَفَعَهُ ضربَ قفاهُ بكفّه مفتوحةً ورجلٌ مُصَفْعانيٌّ يُصْفَعُ من الناس • ع صَقَعَ الديكُ صَقْعاً وصَقِيعاً وصُقاعاً صاحَ وصقعَ (فلاناً) بكّى (وسَمَهُ به) وذهبَ (وعدلَ من طريق الخير والصَّقْعُ الضربُ بالراحة على مُقدَّم الرأس) وصَقَعَتْهُ الصاقعةُ اي صعقتهُ الصاعقةُ والصَّقيعُ بردٌ يحرقُ النباتَ كأنهُ ثلجٌ وفعلهُ صُقِعَ والأصقعُ والصُّقْعُ الناحيةُ والمِصْقَعُ البليغُ والعالي الصوتِ والواعظُ الذي لا يُرْتَجُ عليه في وعظه والصَّقْعاءُ الشمسُ والصَّوْقَعَةُ العمامةُ (ووسطُ الرأس وموضعُ الحرب ومنهُ صاقعٌ اي أتكذبُ يا كذّابُ وصقعَ لفلانٍ حلفَ لهُ على شيء) • الصَّلَعُ انحسارُ شعرِ مقدَّمِ الرأس وفعلهُ ل صَلِعَ فهو أصلعُ وهي صلعاءُ ج صُلْعٌ وصُلْعانٌ والصَّلَعَةُ ويُضمّ موضعُ الصَّلَعِ والصَّلْعاءُ ارضٌ لا نباتَ فيها وصَلَعَ الشمسُ خروجها وانصلعتِ الشمسُ بزغتْ • صَلْمَعَهُ قلعهُ وصَلْمَعَ رأسَهُ حلقهُ (وصَلْمَعَ الشيءَ مَلَّسَهُ وفلانٌ افلسَ وهو صَلْمَعَةُ بنُ قَلْمَعَة اي لا يُعرفُ) وصلمانائعُ من ملوكِ مَدْيَنَ قتلهُ الاسرائيليون

المأكل والمشرب وغير ذلك من الاخلاق والطبع الختم ومنه طبع الكتاب ع وطبع عليه
ختم وطبع السيف والدرهم عملهما وطبع الدلو ملأها وطبع الفخار سوّاه آنية وطبع قفاه
ضربه والطبع ايضا المثال والصيغة والطبع بالكسر ويحرّك النهر والصداء والدنس والوسخ
والعيب والطبعان طين الختم والطبّاع صانع السيوف وحرفته الطباعة وطبع على الشيء
مجبولا جبل عليه والطبّوع دويبة كالقراد وتطبّع بطباعه تخلّق باخلاقه * (طوسع
هرب مسرعا * الطزع والطزيع من لا غيرة له ولا غناء عنده * ع طسع نكح
وطسع في البلاد ذهب) * ن طمغ نحس * ن طلع الكوكب والشمس طلوعا
ومطلعا (ومطلِعا) واطّلع ظهر والمطلع (والمطلِع) موضع الظهور وطلع على الامر طلوعا (واطّلعه
وتطلّعه) علمه واطلعه عليه اظهره عليه ع ن وطلع علينا واطّلع اتانا وطلع عنه غاب ضدّ ع ل
وطلع الجبل علاه وطلع البلاد قصدها وحيّا الله طلعته رؤيته ووجهه والطالع الهلال ورجل
طلّاع الثنايا مجرّب للامور ومختبرها جيّد الرأي والطلع المقدار يقال عدده طلع الف
درهم وطلع النخل اوّل حمله واطلع النخل طلع طلعه والطلع المكان المشرف والناحية
(والاسم من الاطّلاع) واطلعته طلع امري كشفت له سرّي وطليعة الجيش من يتقدّمه ليطّلع
على العدوّ ج طلائع واطلعه على سرّه كشفه له واطّلع على الشيء عرفه بالمنة وطالعه
اطّلع عليه وتطلّع استشرف واستطلع سرّه طلبه واستطلعه ذهب به وطلّع الكيل تطليعا ملأه
(وطلاع الشيء ملؤه ج طلّع) * ل طمع فيه وطمع به طمعا وطماعا وطماعية حرص عليه
فهو طامع وطمع (وطمِع) ج طمعون وطمعاء وطماعى واطماع ر وطمّع كثر طمعه والمطمع ما
يطمع فيه * طاع يطوع ويطيع ويطاع وانطاع انقاد (وقيل الطاعة فعل المأمورات ولو
ندبا وترك المنهيات ولو كرها) وفلان طوع يديك اى منقاد لك وهو طوع العنان
سلس والمطواع والطيّع والطاع والطائع المطيع ج طوّع وطوّعه صيّره طائعا والطاعة الانقياد له
والطواعية الطاعة وطاوعه مكّنه منه وتابعه ووافقه واستطاع واسطاع اطاع *

ظ

ع ظلع في مشيه غمز والظالع المائل (والمتّهم) وظلعت الارض ضاقت باهلها *

ف

ع فجعه وفجّعه تفجيعا اوجعه بشيء يكرم عليه واعدمه اياه وفجع بماله مجهولا عدمه

والضاجِعُ مُنحنى الوادي والاحمق (ج ضواجع) وضجع النجمُ مال الى المغيب فهو ضاجع والضاجع والضجعة بالضم ويضم ففتح الكسلان والذي يلازم بيتهُ لعجزهِ واضجعهُ وضع جنبهُ بالارض واضجع الشيء اخفضهُ وضجّع بالامر تضجيعًا وتضجّع فيهِ قصّر عنهُ (الضوجع النمر) * الضَرْعُ ثدي الغنم والبقر (ونحوهما) ج ضُروعٌ وامرأة ضرعاء وضريعٌ كبيرة الثدي (والضريعُ نبات في الماء الآجن لهُ عروق لا تصل الى الارض او شيء في جهنم أمرّ من الصبر وأنتن من الجيفة وأحرّ من النار ونبات منتن يرمي بهِ البحر ويبيس كل شجرة والخمر الرقيقة) ع ل وضرع اليهِ ضرعًا وضراعةً خضع وذلّ فهو ضارعٌ وضروعٌ وضرِعٌ (وضرعةٌ) ر وضرع ضعف فهو ضرعٌ ج ضرعٌ ايضًا والضارعُ الصغير والضرعُ الضعيفُ ع وضرعت الشمس غابت والضِرْعُ المِثل وضارعهُ ماثلهُ وشابههُ واضرعهُ اذلّهُ (والحمّى اضرعتني للنوم يُضرب في الذل عند الحاجة) وتضرّع الى اللهِ ابتهل اليهِ متذللاً وتضرّع الظلّ قلص * ضعضعهُ هدمهُ الى الارض وتضعضع خضع وذلّ وافتقر (والضعضاع الضعيف من كل شيء والرجل بلا رأي) * الضفدَع بالفتح والضم (والضِفدِع) دابةٌ نهرية م ج ضفادع وضفادي وضفدع الماء صار فيهِ ضفدع * الضِلَعُ (والضِلْعُ) م مؤنثة ج اضلعٌ وضلوعٌ واضلاعٌ والضِلاعُ ايضًا الحزة من البطيخ ع وضلع مال وحاد ل وضلع الشيء اعوج والضلعُ الاعوجاج خلقةً وضلعت الدابة عرجت فهي ضالعٌ والضالعُ الجائر والضلعُ ايضًا والضلاعة القوّة واحتمال الثقيل وفعلهُ ر ضلع فهو ضليعٌ ج ضلعٌ واضلعهُ امالهُ وفلانٌ مُضلعٌ لهذا الامرِ ومضطلعٌ اي قويٌّ عليهِ وتضليعُ الثوب تخطيطهُ فهو ثوبٌ مُضلَّعٌ * ضاعهُ ضوعًا حركهُ واقلقهُ وافزعهُ (وشاقهُ) وضاع الطائر فرخهُ زقّهُ وضاع المسك وتضوّع انتشرت رائحتهُ وضاعت الريح الغصن امالتهُ وتضوّع الصبيّ تضوّر من البكاء فانضاع وانضاع الفرخ بسط جناحيهِ الى امهِ لتزقهُ (والضُوَعُ والضوع ذكر البوم او طائر اسود كالغراب ج اضواع وضيعان والضواع صوتهُ) * ضاع الشيء يضيع ضيعًا ويكسر وضيعةً وضياعًا هلك فهو ضائعٌ ج ضياعٌ ومات فلانٌ ضياعًا وضيعةً غير مفتقد والضيعة القرية والعقار من الملك وكالارض المغلة ج ضيعٌ وضياعٌ وضيعات والضيعة ايضًا حرفة الرجل وصناعتهُ وتجارتهُ واضاع الشيء وضيّعهُ اهملهُ واهلكهُ فهو مضياع المال وتضيّع المسك تضوّعت رائحتهُ *

ط

الطبعُ والطبيعةُ والطباعُ السجيةُ جُبل عليها الانسان والطِباعُ والطابعُ ما تركّب فينا من

ق

القبع والقبعة ما يلبسه الراهب فى رأسه ع وقبع القنفذ أدخل رأسه فى جلده وقبع الخنزير قبعا (وقباعا) نخر وقبع الرجل انبهر وقبع الزق ثنى فمه الى داخل فشرب منه واذا ثناه الى خارج يقال قمع والقباع الرجل الاحمق * ع قدعه واقدعه كفه وكبحه ل وقدعت عينه ضعفت والقدوع الذليل والمنصب الى الشيء وماء قدع ملح ورجل قدع كثير البكاء والقدعة الدراعة القصيرة والمقدعة العصا (والتقادع التتابع فى الشيء والتهافت والتكاث والتطاعن وتقدع له بالشر استعد) * ع قذعه واقذعه رماه بالفحش وبالكلام القبيح والقذع الخنا والفحش والقذر (وقاذعه فاحشه وشاتمه * القرثع المرأة الجرئة القليلة الحياء وتقرثع اجتمع) * قرذع ذل * قرضع انقبض واستخفى وقرصع الكتاب قرمطه واقرنصع تزمل فى ثيابه (وقرصع لئيم يضرب به المثل وذكر الرجل) * ع قرع الباب دقه وقرع رأسه بالعصا ضربه وقرع سنه حرقه ندما والمقروع والمقارع السيد ل وقرع ذهب شعر رأسه فهو أقرع وهى قرعاء ج قرع وقرعان والاسم القرعة والسيف الاقرع الجيد الحديد ومكان أقرع لا نبات فيه والقرعاء ساحة الدار والطريق والقارعة القيامة وقوارع اللسان مثالبه والمقرعة السوط وأقرع الى الحق رجع وذل وامتنع ضده وأقرع وانقرع كف وأقرعه كفه وأقرعوا واقترعوا وتقارعوا ضربوا القرعة وهى آلة للمساهمة والمقارعة المساهمة وأقرع المسافر دنا من منزله وأقرع الدابة كبحها وأقرع الشر دام والتقريع التعنيف وقارعة الطريق أعلاه وقرعه تقريعا أقلقه وعنفه والاقتراع الاختيار وايقاد النار ومقارعة الابطال منازلتهم والبيض المقروع المتنبم والقريع والمقروع المختار (والقرع حمل اليقطين واحدته بهاء) * ع قزع قزوعا أسرع وأبطأ ضده والقزع قطع من السحاب الواحدة قزعة والقزع ايضا ماينتاثر من الصوف وأن يترك فى رأس الصبى مواضع شعر غير محلوقة والقزعة ولد الزنية وكبش أقزع تناتف صوفه فى الربيع والقزيعة الخصلة من الشعر تكون فى وسط رأس الصبى وقزع الرسول تقزيعا أرسله فى بشارة وقزع رأسه ايضا حلقه وأبقا فيه بقايا من شعره * القشع الفرو الخلق والاحمق والكناسة والقشاعة النطع وبيت من جلد ج قشوع والقشاعة ايضا الزنبيل والجورباء والجلد اليابس ع وقشع الريح السحاب وأقشعه كشفته فانقشع وانقشع وتقشع والقشعة بالفتح والكسر القطعة من السحاب الباقية بعد انقشاعه والعجوز والجلد اليابس والقشع الرجل الذى لا يثبت على أمر وأقشعوا (وتقشعوا) تفرقوا (وقشعهم

والفاجعةُ البليّةُ والداهيةُ والفجيعةُ الرزيّةُ وامرأةٌ فاجعٌ ذاتُ رزيّةٍ وتفجّعَ للمصيبةِ توجّعَ

• الفَدَعُ اعوجاجُ رسغِ اليدِ او الرِجلِ والمشيُ على ظهرِ القدمِ فهو أفدَعُ وهي فَدعاءُ

• فَرعُ كلِّ شيءٍ أعلاهُ (ومن القومِ شريفُهم) والفَرعُ الشعَرُ الطويلُ ج فُروعٌ (والفرعُ ايضًا مجرى الماءِ الى الشِعبِ ج فِراعٌ) والأفرعُ ضدُّ الاصلعِ (ج فُرعٌ) وهي فرعاءُ والفَرعةُ ايضًا القملةُ ع وفرَعَ صَعِدَ (ونزلَ ضدٌّ) وافترعَ البكرَ وفرَعها افتضّها ن وفرَعَ القومَ فُروعًا وفَرعًا علاهم شرفًا وجمالًا وفرعَ الفرسَ كبحَهُ باللجامِ وفرّعَ بينهم حجزَ وكفَّ واصلحَ والفارعُ البارعُ الجمالِ والمرتفعُ والمستفِلُ ضدٌّ والفَرَعةُ أعوانُ السلطانِ الواحدُ فارِعٌ وفِرعَونُ لقبُ كلِّ ملكٍ من ملوكِ مصرَ والفراعنةُ المصريّونَ وافرعَ بهم نزلَ فيهم وأفرعَ في الحديثِ واستفرعَ أخذَ فيهِ وأفرعَ في الجبلِ انحدرَ عنهُ وفرّعَ تفريعًا انحدرَ وصعِدَ ضدٌّ وفرّعَ من هذا الاصلِ مسائلَ جعلها فُروعَهُ فتفرّعتْ والفُروعُ بناتُ الأصولِ وتفرّعتِ الاغصانُ كثرتْ وفُرَيعٌ تصغيرُ فِرعَونَ والأفرعُ المُوَسوَسُ • فرقعَ (عدا شديدًا و) أصابعَهُ صوّتها فتفرقعتْ وافرنقعتْ والفِرقاعُ الضُرطُ والفَرقعةُ الاستُ وفرقعَ عن الشيءِ كشفَ ونحّى •

الفَزَعُ الذُعرُ والفَرَقُ ج أفزاعٌ وفعلُهُ ل ع فزِعَ فزَعًا بالتحريكِ وبالفتحِ وبالكسرِ والفزعُ ايضًا الاستغاثةُ والاغاثةُ ضدٌّ ل وفزِعَ اليهِ لجأ واستغاثَ بهِ ع وفزَعَهم وأفزعَهم أغاثهم ونصرَهم ل ع وفزِعَ من نومهِ هبَّ وأفزعتُهُ نبّهتُهُ والمَفزَعُ الملجأُ والفُزعةُ بالضمِّ مَن يُفزَعُ منهُ وبالفتحِ (بعدَ الضمِّ اى الفُزَعَةُ) مَن يَفزَعُ من الناسِ وأفزعَهُ وفزّعَهُ تفزيعًا أخافَهُ وأفزعَهم أغاثهم والمُفزَّعُ الشجاعُ والجبانُ ضدٌّ • ع فَصَعَ الشيءَ دلكَهُ باصبعهِ ليلينَ فينفتحَ عمّا فيهِ والفُصعةُ القُلفةُ الواسعةُ فهو أفصعُ وافتصعَ حقّهُ أخذهُ قهرًا والفَصعانُ المكشوفُ الرأسِ أبدًا حرارةً والتهابًا • الفَظيعُ الامرُ المتجاوزُ الحدَّ في الشناعةِ وفعلُهُ ر فظُعَ وأفظعَ وأفظعَهُ وتفظّعَهُ استفظعَهُ والفظيعُ الماءُ العذبُ الزلالُ ل وفظِعَ بالامرِ ضاقَ بهِ ذرعًا • الفَقفَعُ الجِذيُّ والرَجلُ الخفيفُ والفَقفَقيُّ والفَقفَعانيُّ الجبانُ والراعي والقصّابُ وتفقفعَ أسرعَ ع فقَعَ سرقَ وضرطَ (ع ن) وفقعَ الغلامُ ترعرعَ وفقعَ فلانٌ ماتَ من الحرِّ وابيضُ فاقعٌ ناصعُ اللونِ وهكذا كلُّ لونٍ والفَقيعُ الاحمرُ والفاقعةُ الداهيةُ والافتقاعُ سوءُ الحالِ وفقرٌ مُفقِعٌ شديدٌ والفَقاقيعُ نُفّاخاتُ الماءِ وانفقعَ انشقَّ والأفقعُ الشديدُ البياضِ •

ل فكِعَ فكَعًا وفكوعًا أطرقَ من حزنٍ او غضبٍ • ع فلَعَهُ شقّهُ وقطعهُ فانفلعَ وتفلّعَ والفَلعُ ويُكسرُ الشقُّ في القدمِ ج فُلوعٌ • الفَنَعُ الخيرُ والكرمُ والفضلُ وحسنُ الذِكرِ وذكاءُ رائحةِ المسكِ والفعلُ ن فنَعَ (ل وفنِعَ كثُرَ مالُهُ فهو فنِعٌ وفنيعٌ) •

والاقفع مَن تعوّجت اصابع قدميه والمُقفع مَن تعوّجت اصابع يديه وانقفع امتنع وتقفّع تقبّض والقفع آلة من خشب يتستر بها من يفتح الحصون والقلاع والقفع الضيق والنصب وفعله ن قفع • ع قلعه (وقلّعه) واقتلعه انتزعه من اصله فانقلع وتقلّع والمقلوع الحاكم المعزول وفعله قُلِع مجهولاً والقلعة الحصن على الجبل ج قِلاع وقُلوع والقلعة صخرة تنقلع من الجبل وتنفرد عنه ج قلاع وقلع والقلعة ايضاً القطعة العظيمة من السحاب ج قلع والقلع الذم ل وقلِع قلعاً وقلعة لم يفهم الكلام لبلادته ولم تثبت قدمه فى الارض فهو قلِع وقلع (وقُلعة وقُلعة وقُلَعة وقلّاع) والقلّاع الكذّاب (والقوّاد) والشرطى والنمّام والقلع والقلاعة شراع السفينة والقلع الرجل القوى المشى والقلعة المال العارية والضعيف عند الصراع والدنيا دار قُلعة اى منزل ارتحال والقُلّاع الطين اليابس المتشقق وداء فى الفم والقلاعة الصخرة العظيمة فى وسط سهل متّسع واقلع عن الامر تحوّل عنه واقلع السفينة رفع شراعها واقتلعه استلبه والمِقلاع آلة يضرب بها الرامى بالحجارة • قلمع رأسه (ضربه وقيل) حلقه (والقلمعة السفلة) • المِقمعة صولجان من حديد يضرب فى رأس الفيل بمنزلة اللجام للفرس (ج مقامع) ع وقمعه واقمعه قهره وذلّله وضرب رأسه ومنعه عن مراده وقمع فى الشىء دخل فيه وقمع البرد النبات احرقه وقمع الشراب واقتمعه شربه (وقمع الزق مر فى ق ب ع واقمع سمعه لفلان انصت) والقمع مجرى النفس الى الرئة وعظم فى الحنجرة ل وقمِعت عينه فسدت فهو مقموع واقمع ج قمع (وقمع عرقوب الفرس غلظ) والاقمع العظيم الانف وقمِعت عينه وقع فيها القذى والقمع بالفتح والكسر (والقِمَع) ما يوضع فى فم الاناء ويصب فيه الماء ونحوه والقمع مثل النخمة وفعله ن قمع فهو مقموع وقمع الثمرة ما لاقها وتقمّع تحيّر وانقمع استخفى فى بيته واقتمع الشىء اختاره • القُنبعة قلنسوة الراهب (وكالبرنس يلبسه الصبيان والقنبعة ايضا المرأة القصيرة) ج قنابع وقنبع فى بيته اختفى • (القندع الديّوث) • القنزع والقنزعة (بضم القاف والزاى وفتحهما وكسرهما) الشعر حوالى الرأس والخصلة من الشعر تترك فى وسط رأس الصبى وتاج الديك ج قنازع (وقنزعات) وقنزع الديك هرب من خصمه • القنوع التذلّل فى السؤال وفعله ع قنع فهو قانع وقنيع والقناعة الرضى بالقسم وفعله ل قنِع فهو قنِع وقانع وقنوع وقنيع والقنع والقنعان القناعة والشاهد المقنع من ترضى شهادته والقناع ما تغطى به المرأة رأسها (ج قُنُع والمقانع) والمِقنعة ما تربط به رأسها والقناع ايضا غشاء القلب والسلاح والقانع الخارج من مكان الى مكان والقنوع الهبوط والصعود ضد والقنع السلاح

قرنهم) وهو اقشع منه اشرف • القصعة الصحفة ج قصعات وقصع وقصاع ع وقصع ابتلع وقصع الماء جرعه وقصع القملة قتلها بظفره وقصعه حقره وقصع هامته ضربها ببسط كفه والقصيع الشاب الذميم الخلقة وفعله ر ل قصع قصاعة وقصعا والقصعة علفة الصبي ج قصع والقاصعاء حجر الضب ج قواصع وتقصع الزرع نبت وتقصع في ثوبه تلفف به • القضاعة كلبة الماء والفهد وغبار اصل الحائط ع وقضعه قهره وانقضع عنه بعد وتقضع تقطع وتفرق • ع قطعه قطعا ومقطعا (وتبتطاعا) بتره وقطع النهر قطعا وقطوعا عبره وشقه وقطعه بالحجة بكته وقطع لسانه باحسانه اليه اسكته وانقطع ماء الركية وانقطع وقطع قطاعا ذهب واقطع الطير قطوعا جاز من بلاد البرد الى الحر فهي قواطع اي ذواهب ورواجع وقطع محبته قطعا وقطيعة هجره ل ر وقطع قطاعة عجز عن الكلام (رقطع لسانه ذهبت سلاطته واللبن حمض والدواء فسد والمقطاع من لا يثبت على مؤاخاة) وقطاع الطريق اللصوص وقطيع المواشي م ج اقطاع وقطعان (وقطاع واقاطيع على غير القياس والقطيع ايضا النظير والمثل ج قطعاء) والقطع (باصطلاحنا) يختص باهل الاكليروس وهو ان الاسقف يمنع الكاهن من معاطات خدمته وفعله ع قطع والقطيعة الهجران والقطع ما يقطع من الشجر وآخر ظلمة الليل والبساط ج قطوع واقطاع ومقطع الحق ما يقطع به الباطل والمقطع آلة القطع والقطعة الجزء من الشيء والقطاعة اللقمة وما سقط من القطع والاقطع المقطوع اليد ج قطعان والاقطع ايضا الاصم والقطاع الدراهم واقطعه قطيعة ولاه بعضا من ارض الخراج واقطعوا انقطع عنهم الغيث واقطعه اجازه النهر واقطع فلان انقطعت حجته والمقطع (والمنقطع) من لا يريد النساء واقطع الرجل تركت من اهله وتقطيع الرجل قده وقامته والتقطيع مغص في البطن وقطع الخيل تقطيعا سبقها وقطعه ايضا جزاه وقطع الله عذابه ايضا لونه ومقطعات الشعر قصاره وانقطع به مجهولا عجز من سفره ومنقطع الشيء موضع انتهائه وفلان منقطع القرين لا نظير له وقاطع ضد واصل واقتطع من ماله قطعة اخذ منه شيئا والقطيع العاجز والقطاعة انقطاع النصارى عن اكل اللحم فهو قاطع • القعقاع والقعقعاني من تصوت عظامه عند المشي والقعقاع ايضا الحمى النافض والطريق الشاق والقعقعة صوت السلاح وصوت صريف الاسنان وتحريك الشيء اليابس الصلب وصوت الرعد وتقعقع اضطرب وتحرك (وقعقاع بن شور يضرب به المثل بحسن المجاورة والمجالسة كان يجعل لمن جاوره او جالسه نصيبا من ماله ويعينه على عدوه ويشفع له في حاجته) • القلفعة شيء كالزنبيل يوضع فيه السمسم المطحون ليسيل دهنه ج قلافع

التصيرُ) • ع كَنَعَ كُنوعًا انقبض وانضمّ وكنع المسك بالثوب لزق به وكنع الامر دنوتُ الوصول اليه وكنِع فلانٌ لانَ وخضع وكنع النجم مالَ للغروبِ وكنع عن الامر جبن (وكنع بالله تعالى حلف) ل وكنِعَ تشنّج والكنيعُ المكسورُ اليدِ والعادلُ عن الطريقِ الى غيره وكنعانُ بنُ سامَ واليه ينتسبُ الكنعانيّون الذين تكلّم بهم الاسرائيليّون عند مجازهم ارض الميعاد والاكنع الاشلّ والناقص من الامور ج كُنْعٌ واكنعَ ذلّ وخضعَ واكتنعَ عليه تعطّف وتكنّعَ الاسيرُ في قيده تقبّض • الكوعُ والكاعُ طرفُ الزندِ مما يلي الابهامَ (وكوّعه بالسيف ضربه) • ل ض كاعَ عنه كيعًا (وكيعوعةً) جبن فهو كائعٌ وكاعٌ ج كاعةٌ •

ل

(الالثغ من يرجع لسانه الى الثاء والعين) • ع لذعتهُ النارُ لفحتهُ ولذعهُ الحبُّ آلمهُ واللوذعُ واللوذعيّ الظريفُ الذهنِ الحديدُ الفؤادِ الفصيحُ والتذعَ توجّعَ وتلذّعَ التفتَ يمينًا وشمالاً • ع لسعتهُ العقربُ والحيّةُ فهو ملسوعٌ ولسيعٌ غير انّ اللسعَ خاصّ بذوات الابرِ (التي تضرب بمؤخّرها) واللذع لغيرها (بالفمِ) • اليسعُ النبيُّ واليشاعُ بن يوشافاط تلميذ إيليا النبيّ • ع لطعَ اسمهُ محاهُ وانبتهُ جيدًا ولطعَ عينهُ لطمها ولطعَ الغرضَ اصابهُ ولطعَ إصبعهُ لحسَ ما عليها والالطعُ الحنكُ ج الطاعُ • اللعاعُ الخصبُ والدنيا واوّلُ النبتِ واللعلعُ السرابُ (والذئبُ) واللعلاعُ الجبانُ ولعلعَ غنّى وهو لا يعرفُ الالحانَ وتلعلعَ تضوّرَ جوعًا واضطربَ وتلعلعَ السرابُ لمعَ وتلعلعَ الرجلُ ضعفَ • اللفاعُ كلّما تلتفّ به المرأةُ من ملحفةٍ وغيرها ولفعتهُ تلفيعًا فتلفّعَ ع ولفعَ الشيبُ رأسهُ ولفّعهُ تلفيعًا شملهُ وتلفّعَ تلحّفَ وتلهّبَ والتفعَ لونهُ مجهولاً تغيّرَ • اللقاعُ الكساءُ الغليظُ ع ولقعتِ الحيّةُ (لقعانًا) لدغتْ والتقعَ لونهُ مجهولاً تغيّرَ (واللقاعةُ الاحمقُ والملتبّ للناس) • اللكعُ اللئيمُ والعبدُ والاحمقُ والوسخُ ويا لكعُ ويا ملكعانُ شتمٌ ن ولكعَ فلانٌ لكعًا ولكاعةً لؤمَ فهو الكعُ (ولكوعٌ ولكيعٌ) وامرأةٌ لكاعِ لئيمةٌ ويا لكاعِ شتمٌ لها ع ولكعَ لكعًا اكلَ وشربَ ولكعَ الرضيعُ نهزَ ثديهُ في الرضاعِ ولكعهُ لسعهُ • ع لمعَ البرقُ لمعًا ولمعانًا والتمعَ اضاءَ ولمعَ بالشيءِ ذهبَ بهِ ولمعَ بيدهِ اشارَ ولمعَ الطائرُ بجناحيهِ خفقَ ولمعَ من البابِ برزَ منهُ واللماعةُ واللامعةُ يافوخُ الصبيّ ما دامَ ليّنًا واليلمعُ البرقُ الخلّبُ والسرابُ والكذّابُ والالمعُ والالمعيّ واليلمعيّ الذكيّ المتوقّدُ الفؤادِ والالمعيّ واليلمعيّ الكذّابُ واللمعةُ ما يبرقُ من الشيءِ والبلغةُ من العيشِ والمعَ بالشيءِ والتمعهُ وتلمّعهُ اختلسهُ • اللوعةُ حرقةٌ في القلبِ تكونُ من حبٍّ او همٍّ او مرضٍ ولاعهُ

ج أقناع واقنع رأسه رفعه ونصبه واقنع لم يلتفت يمينا ولا شمالا واقنعه ارضاه واحوجه
ضد (واقتنع اكتفى واجتزى) وقنع رأسه تقنيعا ضربه بالسوط وتقنعت المرأة ايضا البسها
القناع والمقنع من فى رأسه هودة من حديد والمقنع ايضا لقب رجل فارسى مشعبذ يظهر
للناس القمر بدرا فى غير وقته احتيالا حتى استمال بهذا كثيرين وكان من مذهب التناسخ
ثم القى نفسه اخيرا فى النار ومات محترقا لئلا يقع فى يد أعدائه وتقنعت المرأة لبست
القناع • القاع الارض السهلة بين الجبال ج قيع وقيعة وقيعان والقاعة ساحة الدار
وقاع (الكلب قوعانا ظلع د) الرجل خنس ونكص (والفحل قوعا وقياعا نزا • قهقع
الذئب قبقاعا ضحك) • قاع الخنزير يقيع صوت •

ك

ج كبع الدراهم نقدها وكبع قطع ومنع وكبع كبوعا ذل وخضع • ع كتع به ذهب وكتع انتصب
وانقبض جدا وكتع هرب وحلف وكتع الحمار كتوعا عدا ولا اكتع الملتوى الاصابع والكتعاء لامة
وحول اكتع وكتيع تام والكتعة والكتيعة الدلو الصغيرة وكاتعه الله قاتله • ع كثعت الشفة
كثعا وكثوعا احمرت ولثة كاثعة كثر دمها فهو اكثع وهى مكثعة • ج كدعه دفعه والكذعة
الذليل • كربعه صرعه • كرتع وقع فيما لا يعنيه (والكرتع الصحيح) • الكرسوع
طرف الزند الذى يلى الخنصر (والكرسعة والكرسوعة الجماعة منا) وكرسع عدا • ع ل كرع
فى الماء كرعا وكروعا تناوله بفيه من غير واسطة والكرع ماء السحاب والدنىء من الناس وكراع
الغنم والبقر قدمها (يذكر ويؤنث) ج اكرع واكارع ل وكرع الرجل سفل وكرعت
السماء مطرت وكرعت المرأة اشتهت الرجل وكرعت الجارية علاها الشبق
والكريع من يشرب الماء بيديه • ع كسعه ضرب دبره بيده والمكسع من لم يتزوج
(وعامر بن الحارث الكسعى يضرب به المثل بالندامة لانه اتخذ قوسا وأسهما وكمن فى قترة
فمر قطيع فرمى عيرا فاخطأه السهم وصدم الجبل فاورى نارا فظن انه قد اخطأ فرمى
تكرارا وهو يظن خطأه فعمد الى قوسه فكسرها ولما اصبح نظر فاذا الحمر مطرحة مصرعة وأسهمه
بالدم مضرجة فندم فقطع ابهامه • الكشع العضير) • ن ص كع كعوعا جبن وضعف
فهو كع وكاع (وكعكع) واكعته خوفته فتكعكع • ل كلع رأسه اتسخ وكلعت رجله تشققت
والكولع الوسخ والكلع الرجل الحائق (الهيئة) اللئيم والكلاع البأس والشدة والكلاق الشجاع
• الكمع الضجيع وفعله ن كمع ع وكمع فى الاناء كرع وكامعه ضاجعه ومضمضة اليد • (الكتع

منعة وهو في عز ومنعة (محركة ويسكن) اى في شرف لا يوصل اليه والمنع هو أن يمنع الاسقف المذنب من الكنيسة والمنع ايضا السرطان ج منوع والمنعى من يأكله والامتناع والمنعى الكف عن الشيء والمتنبع الاسد القوي ر ومنع قوي واشتد فهو منيع ومانعه قاومه ومنعة * موعة الشباب اوله * ماع الشيء السيال جرى وماع السمن وانماع ذاب والميعة والمائعة طيب تطيب به اليهود اموانها وميعة الشباب والنهار اولهما وتميع تسيل *

ن

س ع ر نبع الماء نبعا ونبوعا خرج من العين والينبوع عين الماء وساقيته (ج ينابيع) والنبع شجر يتخذ منه السهام والنباعة الاست وتنبع الماء نبع قليلا قليلا * ن ض نتع الدم من الجرح والماء من العين والعرق من البدن خرج قليلا قليلا وانتتع عرق وقاء * ع نجع الطعام نجوعا مرئ ونجع فيه الوعظ والنصح وانجع اثر فيه وطعام منجع مستبن وماء نجوع عذب والنجعة طلب المرعى والمعاش وفعله انتجع والنجيع الدم الضارب الى السواد وانجع افلح وانتجعه اتاه طالبا معروفه والمنتجع المنزل حيث المرعى والمعاش * ع نخعه اخلص له الود والنصح (ونخع بحقي اقر ونخع الشاة سلخها ووجأها في نحرها ليخرج دم القلب) والناخع العالم العلامة والنخاعة المادة تخرج من الصدر والانف والنخاع مثلثة الخيط الابيض الذي في جوف فقار الظهر منحدرا من الدماغ متشعبا في الجسم وتنخع وانتخع القى نخاعته وانتخع السحاب امطر وانتخع الرجل سافر * ض نزعه من مكانه وانتزعه قلعه ونزع الى اهله نزاعة ونزاعا ونزوعا ونازع اشتاق ونزع عن الامر نزوعا انتهى عنه ونزع في القوس مدها بجذبه وهو في النزع في مفارقة الحيوة بالموت الطبيعي والنزيع والنازع الغريب ج نزاع والنزيع البعيد والشعر المقطوف الثمر والنزيعة المرأة التى تزوجت من غير ملتها ج نزائع والانزع المنحسر شعر جانبي جبهته وفعله انزع والنزاعة الخصومة وانتزع كف وامتنع (واقتلع لازم متعد) ونازعه خاصمه وحادثه والتنازع التخاصم والتناول * النسع سير يشد به الرحل ج نسع (ونسع) وانساع ونسوع والنسع ايضا المفصل بين الكف والساعد واسم ريح الشمال فهي ريح نسع ع ونسعت الاسنان نسعا ونسوعا انحسرت اللثة عنها والنسع العنق الطويل * ع نشعه نشعا ومنشعا انتزعه بعنف ونشعه الكلام لقنه اياه ونشع فلان نشوعا دنا من الموت ثم نجا منه ونشع نشعا شهق * الناصع الخالص من كل شيء وفعله ع نصع نصاعة ونصوعا ونصع الامر نصوعا وضح ونصع لونه اشتد بياضه ونصع بالحق وانصع اقر به

الحبُّ أمرضهُ فهو لاعٌ ج لاعُونَ ولاعَةٌ والْوَاعُ ورجلٌ هاعٌ لاعٌ وهائعٌ لائعٌ جبانٌ اوسَيِّءُ الخُلُقِ وفعلهُ لاعَ (يَلاعُ ويَلُوعُ لَوْعَةً و) لَوْعًا ولُوُوعًا والالتياعُ الاحتراقُ من الهمِّ ولاعتهُ الشمسُ غيَّرت لونهُ * ولاعَ يَلِيعُ ضجرَ * اللَّهِيعَةُ (واللَّهاعَةُ) الغفلةُ والكسلُ والفترةُ فى البيعِ وفعلهُ ن لَهَعَ لَهاعَةً *

م

ع مَتَعَ النهارُ مُتُوعًا ارتفعَ وأضحى ومَتَعَ الحبلُ اشتدَّ ومَتَعَ النخرُ احمرَّ ومَتَعَ الرجلُ جادَ وظرفَ ومَتَعَ بالشيءِ مَتْعًا ومُتْعةً ذهبَ بهِ والماتِعُ الجيِّدُ والطويلُ والميزانُ العدلُ والمَتاعُ الاثاثُ والاداةُ وكلُّ شيءٍ (يُتَمَتَّعُ بهِ) من الحوائجِ ج أمتِعَةٌ والمُتْعَةُ بالضمِّ والكسرِ (أنْ يتزوَّجَ) المرأةَ (ويتمتَّعَ بها أيامًا ثمَّ يخلِّيَ سبيلَها) ومَتَّعَ بمالهِ وتَمَتَّعَ واستمتعَ عاشَ بهِ هنيًّا والاسمُ المُتْعَةُ ايضًا والمَتاعُ والمُتْعَةُ الدلوُ والرِّشا والزادُ القليلُ * المَجِعُ الاحمقُ الثقيلُ والجاهلُ وفعلهُ ر مَجُعَ مَجْعًا والماجعةُ الزانيةُ ع ومَجَعَ مَجاعَةً مجنَ وتَماجُعًا تماجنَا * (ع مَذَعَ لهُ مَذْعًا ومَذْعَةً حدَّثهُ ببعضِ الخبرِ وكتمَ بعضًا ومَذَعَ يمينًا حلفَ والمَذَّاعُ الكذَّابُ ومَنْ لا وفاءَ لهُ ومَنْ لا يكتمُ السرَّ ومَن يدورُ ولا يثبتُ) * المَرِيعُ والمِمْراعُ المكانُ الخصيبُ ج أمْرُعٌ وأمراعٌ وفعلهُ ر ل ع مرعَ مَراعَةً وأمْرَعَ وارضٌ أمْرُوعَةٌ خصيبةٌ ع ومَرَعَ رأسَهُ وأمْرَعَهُ دهنهُ بالدُّهنِ والمُرْعَةُ والمِراعُ الشحمُ وانْمَرَعَ سافرَ وتَمَرَّعَ أسرعَ ع مَزَعَ الفرسُ ونحوهُ أسرعَ ومزعَ القطنَ نفشهُ باصابعهِ والمُزْعَةُ بالضمِّ والكسرِ القطعةُ من اللحمِ والجرعةُ من الماءِ والمِزْعَةُ القطنُ وتَمَزَّعَ تفرَّقَ وتمزَّقَ * المِسْعُ اسمُ ريحِ الشمالِ * ع مَشَعَ (خَلَسَ و) القطنَ نفشهُ باصابعهِ وتَمَشَّعَ الرجلُ استنجى بالحجارةِ خاصَّةً وامتشعهُ اختلسهُ وامتشعَ سيفهُ سلَّهُ مسرعًا * ع مَصَعَ البرقُ لمعَ ومَصَعَتِ الدابَّةُ بذنبها حرَّكتهُ ومَصَعَتِ المرأةُ ولدَتْ ومَصَعَ بسلحهِ أسالهُ على فخذيهِ من عجلةٍ ومَصَعَ فؤادهُ اضطربَ من فرقٍ فهو مَصْنُوعٌ وانْمَصَعَ سافرَ والماصِعُ الماءُ المِلْحُ والماءُ الكَدِرُ والصافي ضدٌّ * ع مَطَعَ الشيءَ مَطْعًا ومُطُوعًا أكلهُ بمقدَّمِ أسنانهِ (ومَطَعَ فى الارضِ ذهبَ) * مَعَ بفتحِ العينِ وسكونها كلمةٌ للمصاحبةِ نحو جئتُ مَعَهُ وتأتي بيانُها فى مكانها والمَعْمَعِيُّ الرجلُ لا يكونُ إلاَّ مَعَ الغالبِ والمَعْمَعانُ شدَّةُ الحرِّ ويومٌ مَعْمَعانيٌّ حرُّهُ شديدٌ والمَعْمَعَةُ القتالُ والعجلةُ فى العملِ وسيرُ الحرِّ وتراكمُ المطرِ والمَعامِعُ الحروبُ والفتنُ * امْتُقِعَ لونهُ مجهولًا تغيَّرَ من حزنٍ او فزعٍ (ومُقِعَ بشيءٍ رُمِيَ بهِ). * المَلِيعُ الارضُ الواسعةُ المستويةُ ج مُلُعٌ والمَلاعُ المفازةُ لا نباتَ فيها ع ومَلَعَ الشاةَ سلخها وامتلعهُ اختلسهُ * ع مَنَعَهُ (ومَنَّعَهُ) ضدُّ أعطاهُ فهو مانِعٌ ومَنَّاعٌ ومَنُوعٌ ج (الأوَّل)

ووَدُعَ وَداعةً سكن واستقرّ فهو وَديعٌ (ووادعٌ) والوَديعةُ والوَديعُ العهدُ فى حفظِ الامانات ج وَدائعُ والدَّعةُ الخفضُ والسَّعةُ فى العيشِ والمِيدَعُ والمِيدَعةُ الثوبُ الملبوسُ ج مَوادِعُ ودَعْهُ اتركْهُ لا ماضِىَ لهُ ع ووَدَعَ الثوبَ صانهُ فهو مَوْدُوعٌ وأَوْدَعْتُهُ مالاً دفعتُهُ اليهِ وَديعةً وأَوْدَعْتُهُ قَبِلْتُهُ منهُ وَديعةً ضِدٌّ ورجلٌ مُتَّدِعٌ صاحبُ دَعةٍ وفرسٌ وَديعٌ ومَوْدُوعٌ ذو دَعةٍ والوَدْعُ القبرُ وتربتُهُ ودارُ المُسْتَوْدَعِ اسمُ المكانِ الذى جعلَ اللّهُ فيهِ آدمَ وحوّاء بعدَ أنْ اخرجَهما من الفِردَوسِ او الفِردَوسُ عينُهُ وأَوْدَعَهم صالحَهم وتَوادَعا تصالحا وتَوادُعُ الحبرُ رمّ هيكلَ سليمانَ * (ض وَذَعَ الماءُ سالَ) * الوَرَعُ التقوى وفعلُهُ س وَرِعَ والوَرَعُ ايضًا الجبانُ والضعيفُ الفقيرُ وفعلُهُ ر وَرُعَ وَراعةً ووَراعًا (ووَرْعةً ووَرْعًا ووُرْعًا) ووُرُوعًا ويُضمّ والرِّعةُ حسنُ الهيئةِ وسوءُها ضِدٌّ والرِّعةُ ايضًا الشأنُ والفعلُ وَرُعَ وَراعةً ووُرْعًا ووُرُوعًا س ووَرِعَ كَفَّ فهو وَرِعٌ ووَرَّعَهُ تورِيعًا كفَّهُ وتَوَرَّعَ تهيَّبَ وجزعَ * ع وَزَعَهُ كفَّهُ فاتَّزعَ وأَوْزَعَهُ بهِ أَغراهُ فهو مُوزَعٌ والاسمُ الوزوعُ والوازِعُ الوالى المانعُ من محارمِ اللهِ ج وَزَعةٌ والوازِعُ ايضًا الكلبُ والزاجرُ ومُدبِّرُ أُمورِ الجيشِ وأَوْزَعَنِى اللّهُ أَلهمَنى واستَوْزَعَ اللّهَ شُكْرَهُ (استلهمَهُ) والتوزيعُ التفريقُ وتَوَزَّعُوهُ اقتسموهُ * الواسعُ والوَسيعُ ضِدُّ الضيِّقِ وفعلُهُ ع وَسِعَ سَعةً (وسِعةً) وما أَسَعَهُ ما أَطيقُهُ والواسعُ من أَسماءِ اللهِ والوُسْعُ مثلّثةً والسَّعةُ الطاقةُ وفعلُهُ ر وَسُعَ وَساعةً وسَعةً وأَوْسَعَ صارَ ذا سَعةٍ وأَوْسَعَ اللّهُ عليهِ أَغناهُ فهو مُوسِعٌ وتَوَسَّعُوا تفسَّحوا ووَسَّعَهُ توسيعًا ضِدُّ ضيَّقهُ فاتَّسَعَ واستَوْسَعَ * الوَشيعُ (والوَشيعةُ) سياجُ البستانِ من الشوكِ والحصيرةُ وعَلَمُ الثوبِ وخشبةُ الحائكِ والقصبةُ التى يلفُّ عليها الحائكُ اللُّحمةَ والطريقةَ فى البُرْدِ ع ووَشَعَهُ خلطَهُ ووَشَعَ فى الجبلِ صعدَ والوُشْعُ بيتُ العنكبوتِ ويُوشَعُ او هُوشَاعُ اسمُ نبىٍّ تنبّأَ فى أَيّامِ عُوزِيّا ويُوثامَ وآحازَ وحزقيّا من ملوكِ يهودا ويُوشَعُ ايضًا لقبُ يشوعَ بنِ نونَ قائدِ شعبِ إسرائيلَ الى أرضِ الميعادِ ويُوشَعُ ايضًا من ملوكِ إسرائيلَ وأَوْشَعَتِ الاشجارُ أَورقَتْ وأَزهرتْ وأُوشَعْنا بالقصرِ عبرانيّةٌ مُعرَّبةٌ كلمةُ دعاءٍ كالسعادةِ والنجاحِ والفرحِ كانوا يستعملونها فى أَفراحِهم وتَوْشيعُ الثوبِ أَعلامُهُ ووَشَّعَ القطنَ توشيعًا لفَّهُ بعدَ ندفِهِ ووَشَّعَ الغزلَ ايضًا لفَّهُ من إبهامِهِ الى خنصرِهِ ووَشَّعَ الحبلَ مدَّهُ من يمينِهِ الى شمالِهِ ووَشَّعَهُ الشيبُ أيضًا ملأهُ * ع ض وَضَعَهُ وَضْعًا ومَوْضِعًا بكسرِ الضادِ وفتحِها ومَوْضوعًا حطَّهُ (ووَضَعَ الشىءَ أنشأهُ واخترعَهُ والوَضْعُ هوكونُ الشىءِ مُشارًا اليهِ بالاشارةِ الحسّيّةِ وتخصيصُ اللفظِ بالمعنى وجعلُ اللفظِ دليلاً على المعنى) ووَضَعَ عنهُ حطَّ قَدْرَهُ ووَضَعَ عن عزيمتِهِ نقصَ ووَضَعَ فلانٌ نفسَهُ وَضْعًا ووُضوعًا وضَعةً (وضِعةً) أَذلَّها فاتَّضَعَ والواضعةُ المرأةُ الفاجرةُ ووَضَعَتِ

وأداه والنصع مثلثة كل جلد أبيض والنصيع والناصع الصافي والمنصع مكان البول (او الحاجة ج مناصع) وانصع استعد للشر وأظهر ما في نفسه * النطع بالكسر والفتح (والتحريك والنطع) بساط من جلد ج أنطاع ونطوع وبياض ناطع خالص ونطع لونه مجهولاً تغير وتنطع في الكلام تعمق وتأنق وتنطع في عمله تحذق * النع الرجل الضعيف والنعنع الطويل والنعنعة الحوصلة والنعاعة الذبابة العض الناعم ج نعاع وتنعنع تباعد واضطرب وتمايل (والنعنع والنعنع والنعناع بقل م) * النفع الفائدة وفعله انتفع والاسم المنفعة والنفاع (والنفيعة) ع نفعه فهو نفوع ونفاع (ج نفع والنفعة الفضة ج نفعات * النقع رفع الصوت والقتل والفعل ع نقع ونقع ريقه جمعه في فمه والنقع ايضا الغبار ج نقاع (ونقوع) والنقع ايضا والنقعاء القاع ج نقاع وسم ناقع بالغ ودم ناقع طري وماء ناقع عذب والنقاع المفتخر بما ليس فيه من المحامد والنقوع والنقيع الماء العذب البارد ونقعه في الماء وانقعه بله فهو نقوع ونقيع والنقاعة الماء الذي ينقع فيه والمنقعة مجمع البحر والموضع الذي يركض الماء فيه والنقيع البئر وشراب من زبيب والحوض ينقع فيه والنقيع ايضا الصراخ والنقيعة طعام القادم من سفر وطعام الرجل ليلة يملك ونقع الموت كثر ونقعه سمه بالسم ونقع الصوت واستنقع ارتفع واستنقع الشيء ابتل وانقع الماء اصفر وتغير وانقعه الماء أرواه وانقع الميت دفنه وانقع البيت زخرفه وانقع الجارية اقتضها وانتقع لونه وانتقع تغير واستنقع الماء في الغدير اجتمع واستنقعت روحه خرجت * ع نكعه عن كلامه ردّه عنه ونكعه وانكعه دفعه ونكعه بقدمه ضربه بها على دبره ونكعه بحقه طالبه به وأعطاه إياه جبذ وما نكع ما زال وانكع أعيى * النوع أخص من الجنس فهو كل صنف من الشيء وناع ينوع (نوعا) طلب وناع العقاب انقض وناع تمايل جوعا والنوع العطش والنوعة الفاكهة الرطبة والمنواع المنوال ونوعته الريح حركته وتنوع صار أنواعا وتنوع الغصن تحرك * ناع ينيع مال *

و

الوجع المرض ج وجاع وأوجاع وفعله ل ص وجع ومضارعه يوجع وييجع وياجع ويجع (وييجع) فهو وجع ج وجعون ووجعى ووجاعى (وهن وجاعى ووجعات) ويوجع رأسه متعد ويوجعه رأسه لازم وفعله ع وجع والجعة نبيذ الشعير وأوجعه آلمه وتوجع تشكى وتوجع له رثى * الودعة بالفتح ويحرك خرزة بيضاء طويلة تخرج من البحر شقها كشق النواة ج ودعات وذات الودع سفينة نوح ع وودع المسافر وودعه توديعا شيعه والاسم الوداع ر

والهَبَنْقَعُ الاحمقُ المحبُّ لمحادثةِ النساء ۞ الهَبْلَعُ والهِبْلَعُ والهِبْلاعُ الأكولُ العظيمُ اللَّقْمِ ۞ ع هَبَعَ اليهم اقبلَ مسرعًا) ۞ الهِجْرَعُ بالكسرِ والفتحِ الاحمقُ والمجنونُ والاعرجُ والكلبُ السلوقيُّ ۞ (الهِجْزَعُ الجبانُ) ۞ ع هَجَعَ هُجُوعًا نامَ ليلًا فهم هُجَّعٌ وهُجُوعٌ والهَجِيعُ جُزْءٌ من الليلِ والهِجْعُ بالكسرِ وبضمٍّ فكسرٍ الغافلُ الاحمقُ وهَجَعَ جوعُهُ سكنَ ۞ (الهِزْبَعُ الخفيفُ من اللصوصِ والذئبِ ۞ الهَرْجَعُ الاعرجُ) ۞ الهَيْزَعُ الجبانُ والاحمقُ والريحُ السريعةُ الهبوبِ الكثيرةُ الغبارِ والهُزَعَةُ النملةُ ع هَرِعَ هَرَعًا وهُراعًا مشى مضطربًا مسرعًا وأُهْرِعَ أسرعَ والمُهَرَّوعُ المجنونُ (والمِهْرَعُ والمِهْواعُ الاسدُ ۞ الهَزْمَعُ السريعُ البكاء) ۞ هَزِيعٌ من الليلِ ثُلُثُهُ او ربعُهُ والهِزْبِعُ الاحمقُ وهَزَعَهُ تهزيعًا كسرَهُ فانْهَزَعَ واهْتَزَعَ أسرعَ واهْتَزَعَ الشيءُ اهتزَّ ع وهَزَعَ أسرعَ والأهْزَعُ آخِرُ سهمٍ في الكنانةِ والهِزْعاةُ الذي لا يحبُّ النساء وتَهَزَّعَ تعبَّسَ (والهِزَاعُ والمِهْزَعُ الاسدُ) ۞ ع هَطَعَ هَطْعًا وهُطُوعًا أسرعَ مقبلًا خائفًا والهَطِيعُ الطريقُ وأَهْطَعَ مَدَّ عنقَهُ والمُهْطِعُ مَنْ ينظرُ في ذُلٍّ وخضوعٍ والمنطلقُ ساكتًا نحوَ مَنْ دعاهُ ۞ ع هَقَعَهُ كواهُ والهُقَعَةُ الكثيرُ الاتِّكاء والاهتقاعُ بينَ القومِ واهْتَقَعَهُ أقعدَهُ عن بلوغِ الشرفِ واهْتَقَعَكَ الشيءُ عاودكَ واهْتُقِعَ لونُهُ مجهولًا تغيَّرَ وتَهَقَّعَ تكبَّرَ وجاء بامرٍ قبيحٍ وانْهَقَعَ جاعَ ۞ ع هَكَعَ البقرُ تحتَ الشجرِ هُكُوعًا سكنَ واطمأنَّ وهَكَعَ الليلُ أرخى سدولَهُ وهَكَعَ بفلانٍ نزلَ بهِ عشيَّةً وهَكَعَ عظمُهُ انكسرَ بعدَ ما انجبرَ وهَكِعَ جزعَ وخشعَ والهُكاعُ النومُ بعدَ التعبِ والسعالُ وشهوةُ الجماعِ والفعلُ ن هَكَعَ ۞ (الهِلابِعُ اللئيمُ الجسيمُ والعريضُ والذئبُ) ۞ الهَلَعُ شدَّةُ الجزعِ والهَلُوعُ الكثيرُ الخوفِ من الشرِّ والشحيحُ والصجورُ والفعلُ ع هَلِعَ ۞ (الهَمَيْسَعُ القويُّ والطويلُ) ۞ ع ن هَمَعَتْ عينُهُ هَمْعًا وهُمُوعًا وهَمَعانًا (وتَهْماعًا) أسالتِ الدمعَ فهي دموعٌ هَوامِعُ وهَمَعَ السحابُ أسالَ مطرًا وسحابٌ هَمِعٌ ماطرٌ واهْتُمِعَ لونُهُ مجهولًا تغيَّرَ ۞ ع هَنَعَهُ عَطَفَهُ وثناهُ وهَنِعَ لهُ خضعَ فهم هُنْعٌ اى خُضَّعٌ والهَنَعُ الانحناء في القامةِ فهو أهْنَعُ والأهْنَعُ مَنْ كانَ ابوهُ عبدًا رقيقًا ۞ هاعَ هُوعًا بالفتحِ والضمِّ نصلَ جدًّا وهاعَ خفَّ وحزنَ وهاعَ يهاعُ ويَهُوعُ وتَهَوَّعَ تقيَّأ والاسمُ الهُوعُ والهُواعُ ‧ والهَيْعُوعَةُ الصياحُ في الحربِ وهُوعَتُهُ قيئاتُهُ ۞ الهَيْعَةُ (والهائعةُ) الصوتُ المخيفُ من العدوِّ وهاعَ لاعَ وهائعٌ لائعٌ جبانٌ ضعيفٌ وهاعَ الرصاصُ ذابَ وهاعَ وتَهَوَّعَ وهاعَ هَيْعًا وهُيُوعًا وهَيَعانًا جاعَ وجبنَ والهاعُ أشدُّ البخلِ وفعلُهُ هاعَ يَهاعُ وليلٌ هائعٌ مظلمٌ وهِعْتُ منهُ ضجرتُ وانْهاعَ الشيءُ انبسطَ وتَهَيَّعَ أسرعَ الى الشرِّ والمَهْيَعُ الطريقُ الواسعُ الواضحُ ج مَهايِعُ ۞

للمرأة وضعا بالضم والفتح ولدت ووضع فى تجارته مجهولا (ضعة وضعة ووضيعة) وأوضع خسر فيها فهو موضوع فيها اى خاسر والاحاديث الموضوعة المختلقة والموضوع الذات القائم فيه الصفة (وما يبتنى عليه الكلام) وفى حسبه ضعة بالفتح ويكسر خسة وانحطاط وفعله ر وضع ضعة ووضاعة واتضع ووضعه توضيعا جعله خسيسا والوضيع الخسيس ومن لا قدر له والوضيعة خراج السلطان وعشور الله والوضيعة ايضا الدعى وفعله وضع والوضيعة الجند يلازمون الثغور وحدود العدو ج وضائع وتواضع واتضع تذلل وتخاشع والمواضعة المراهنة والموافقة *
الوع والوعوع ابن آوى والوع ايضا الخطيب البليغ والمفازة والثعلب والديدبان والوعوعة صوت الكلاب ووعوعة زعزعة * الوفعة والوفاع خرقة تقتبس فيها النار والوفعة ايضا سدادة القارورة والوفيعة السلة وخرقة يمسح بها القلم وغلام وفع يافع ج وفعان * ض ع وقع وقوعا سقط ووقع عليه القول وجب ووقع الحق ثبت ووقعت الدابة ربضت ووقع الطائر على شجر او أرض استقر فهم طيور وقوع ووقع والوقع الحفا وفعله ل وقع ووقع اشتكى قدمه من الحفا والوقعة الصدمة فى الحرب والاسم الواقعة ووقائع العرب أيام حروبهم والواقعة البلية الشديدة والقيمة والميقعة خشبة القصار والمطرقة والمسن والحافر الموجوع ن ووقعت السكين حددتها بالميقعة فهى وقيع اى محددة والوقيعة غيبة الناس ع ووقعته كويته ورجل وقاع بالناس يغتابهم وفعله وقع ورجل واقعة شجاع ووقع فى يده مجهولا ذل وخضع له واوقع بهم ووقع بهم بالغ فى قتالهم وقتلهم والايقاع اتقان الحان الغناء وفعله اوقع ووقع توقيعا والتوقيع ما يوقع فى الكتاب والموقع المنصاب من البلايا والمذلل والسكين المحددة وتوقع الامر واستوقعه انتظره وواقعه حاربه وواقع المرأة باضعها * ر وكع لؤم واشتد وقلب وكيع شديد ع ووكعت العقرب لدغت ووكعت الحية لسعت ووكعت الدجاجة خضعت للديك ووكعه بالامر بكته به والوكعاء الحمقاء والميكعة بكة الحراثة ج ميكع واوكع الديك الدجاجة علاها والاوكع الاحمق واوكع الامر اشتد * ل ولع به ولعا وولوعا بالفتح واولع به ع وولع به ولعانا استخف به فهو مولع به والوالع الكذاب ج ولعة وفعله ولع والع واولعه به اغراه به وولع به ذهب به والولوع ضرب من المجنون *

* ه *

(ء هبع هبوعا وهبعانا مشى ومد عنقه او الهبوع مشى الحمر خاصة * الهبقع القصير

ث

(ع ثَدَغَ رأسَهُ شدخهُ) * الثَغثَغةُ عَضُّ الصبيِّ قبلَ أنْ يثغرَ والثَغثَغانيُّ الذي في كلامهِ تخليطٌ * (ع ثَلَغَ رأسَهُ شدخهُ وشمهُ فانثلغَ) * ن ثَمَغَ البياضَ خلطهُ بالسوادِ وثمغ رأسَهُ حنّاهُ ودهنهُ بالدهنِ وثمغَ الثوبَ صبغهُ بالاحمرِ شديدًا *

د

ن ع ص دَبَغَ الجلدَ دَبغًا ودِباغًا ودِباغةً ليّنهُ بصناعتهِ والدباغُ (والدِبْغُ) والدِبْغةُ ما يُدْبَغُ بهِ والدَبّاغُ صانعهُ والدِباغةُ حرفتهُ (والمَدْبَغةُ موضعهُ ويُضَمّ باؤهُ) وجلدٌ دَبيغٌ مَدْبوغٌ * الدَغدَغةُ حركةٌ توثّرُ لانفعالٍ تحتَ الابطِ وفي باطنِ القدمِ ونحوهِ والزَغزَغةُ * الدِماغُ مخُّ الرأسِ وأمّ الرأسِ ج أدمِغةٌ ع ن ودَمَغهُ شجّ دِماغَهُ فهو دَميغٌ ومَدْموغٌ ودَمَغتهُ الشمسُ آلمتْ دِماغَهُ والدَميغُ والمَدْموغُ والمُدْمَغُ الاحمقُ (والثالثةُ من لحنِ العوامِ وأدْمَغهُ الى كذا أحوجَهُ * الدَنِغةُ سَفلةُ الناسِ ورُذالُهم واحدهم دَنِغٌ) * داغَهُ الحَرُّ أفسدهُ وداغَ الطعامُ رخصَ ودواغُ لآدوميّ قتلَ كهنةَ اللهِ بامرِ شاولَ ملكِ إسرائيلَ لانّهم أعطوا داودَ النبيّ خبزًا وسيفًا وداغونُ اسمُ صنمٍ كانَ يعبدهُ أهلُ فلسطينَ *

ر

ن رَبَغَ عاشَ عيشًا ناعمًا وعيشٌ رابغٌ ناعمٌ وربيعٌ رابغٌ مخصبٌ والرَبَغُ سَعةُ العيشِ والرَبَغُ الماجنُ السفيهُ والرَباغةُ الكثرةُ فهو أرْبَغُ اى كثيرٌ * الرَدْغةُ الماءُ والطينُ معًا جمعهُ (رِدَغٌ ورَدَغٌ و) رِداغٌ ومكانٌ رَدِغٌ والرَديغُ الاحمقُ والمُرْدَغةُ الروضةُ البهيّةُ (ج مَرادِغُ) * رَزَغَهُ آذاهُ واحتقرهُ وعابهُ وطعنَ فيهِ واستضعفهُ والمُرْزَغةُ المودعةُ (والمُرازَغةُ المراوعةُ والرَزَغةُ الوحلُ ج رَزَغٌ ورِزاغٌ والمُرْتَزِغُ المُرْتَطِمُ بهِ) * الرُسْغُ (والرُسُغُ) ما بينَ الساعدِ والكفِّ وما بينَ الساقِ والقدمِ ج أرساغٌ وأرْسُغٌ والرِساغُ حبلٌ يُشَدُّ في رِجْلِ الدابّةِ يمنعها عن الذهابِ وعيشٌ رَسيغٌ واسعٌ والترسيغُ التوسيعُ ورَسَّغَ كلامَهُ ترسيغًا لفّقهُ * الرَصْغُ الرسغُ * الرَغْوَغةُ رفاهيةُ العيشِ والانغماسُ في اللذاتِ * الرُفْغُ الناحيةُ ج أرْفُغٌ والرَفْغُ أيضًا الارضُ السهلةُ ج رِفاغٌ والرُفْغُ أيضًا المكانُ الجدبُ ووسخُ الظفرِ وأصلُ الفخذِ ج أرفاغٌ ورُفوغٌ والرُفْغُ أيضًا (الزوجُ و) السفلةُ من الناسِ ج أرفاغٌ والرُفْغُ الابطُ * ع رَمَغَهُ عركهُ بيدهِ ليلينَ ورَمّغَ كلامَهُ ترميغًا لفّقهُ * راغَ يَروغُ رَوْغًا ورَوَغانًا مالَ وحادَ عن

ي

اليَدْع الزعفران وخشب البقم والحنّاء ويدّعه تيديعًا صبغه باليدع • اليَراع القصب الواحدة يراعة واليراع ايضًا ذباب يطير بالليل كانّه نار والبعوض واليراع ايضًا الجبان واليراعة كالاحمق والنعامة وكالأجمة ن ويرع يراعة فزع ورعب • يَعْ زجر للصبي عن يتناول الشيء مثل كخ • اليَفَع واليفاع التلّ ع ويفع الجبل والتلّ صعده ويفع الغلام وايفع ناهز عشر سنين او عشرين فهو يافع ج يفعة ويفعان واليافعات الجبال الشوامخ • ع ص ينع الثمر ينعًا وينوعًا وأينع حان قطافه واليانع الثمر الناضج واليانع ايضًا كالاحمر من كل شيء •

حرف الغين

ب

البَبَغاء بتخفيف الباء الثانية وتشديدها (قليلًا) مفتوحة طائر اخضر يتعلّم النطق • البَذْغ (كسر) الجوز واللوز والبذغ الضارئ في ثيابه وفعله ر بذغ والبذغ الزحف بالاست على الارض فهو بذغ وفعله ن بذغ • (البَزْغ اللعاب وبزغ تنعّم) • ن بزغت الشمس بزغًا وبزوغًا شرقت وبزغ الحاجم بالمبزغ شرط بالمبضع وابتزغ الربيع جاء اوّله • البَشْغ المطر الضعيف وفعله ر بشغ وابيشاغ السوناميّة سريّة داود الملك عند شيخوختهِ ولم يواقعها • ن بَغ الدم هاج والبُغ الجمل الصغير والناقة بُغة والبغبغة الغطيط في النوم والدوس • ن بلغ المكان بلوغًا وصل اليه وبلغ الغلام ادرك وجارية بالغة مُدرَكة وشيء بالغ جيّد وفعله بلغ مَبلغًا وامر الله بالغ اي نافذ والبلغ (ويكسر والبِلغ) والبلاغي بالفتح والضمّ والبليغ الفصيح وفعله ر بلغ بلاغة والبلاغ الكفاية وبالغ اجتهد والبلاغات الوشايات والبُلغة القوام من العيش والبلاغ والابلاغ والتبليغ كالايصال وتبلّغ بكذا اكتفى وتبلّغت به العلّة ن وبلغت به اشتدّت وبالغ في امري لم يقصّر • البَوْغاء رذال الناس وحمقاؤهم ورائحة الطيب وتبوّغ دبي هاج • (البَهْوغ النوم) • البَيْغ ثوران الدم وباغ يبيغ هلك وتبيّغ الدم تبوّغ •

ت

تَغْتَغ كلامه ردّده ولم يبيّنه •

يدهُ بالماء غمسها بـ ع وصَبَغ اليهِ بعينهِ أشارَ اليهِ بأنّهُ يريدهُ والصِّبغةُ الدينُ والملّةُ (والختانةُ) والصِّبغةُ المعموديّةُ المطهّرةُ وفعلها ن صَبَغ واصْطَبَغ اعتمدَ والصابغُ لقبُ يوحنّا بن زكريّا لأنّهُ كان يَصْبَغُ صِبْغةَ التوبةِ او لأنّهُ صَبَغ السيّدَ المسيحَ وشيعةُ المصبغين عند اليهودِ كانوا يتصبغونَ كلَّ يومٍ معتقدينَ بأنَّ الانسانَ لا يستطيعُ أنْ يعيشَ طاهرًا ما لم يغطسْ كلَّ يومٍ بالماء وأصْبَغَ اللهُ النعمةَ أسبغها والصَّبّاغُ الكذّابُ وصابغُ الصباغِ والأصْبَغ الخاريُّ في ثيابهِ اذا ضُربَ * الصُّدْغُ ما بينَ العينِ والأذنِ والسالفُ المرخيُّ ج أصداغٌ والمِصْدَغةُ المِخدّةُ ع وصَدَغهُ في الامرِ رَدَّهُ عنهُ والأصْدَغانِ عرقانِ تحتَ الصُّدْغَين ر وصَدُغ ضعفَ فهو صَديغٌ * (صَغَّ أكلَ كثيرًا وصَغصَغَ شعَرهُ رَجَّلهُ) * الصَّمْغُ غِراءُ الشجرِ ج صُموغٌ والصامغانِ والصماغانِ والصِّمْغانِ جانبا الفمِ وأصْمَغَ شدقهُ كثرَ بصاقهُ والصَّمْغانُ مَن يَصْمغ بهِ وأذناهُ وعيناهُ وأنفهُ وصَمَغَ الشاةِ أوّلُ حليبها وصَمَّغَ الشيءَ تصميغًا جعلَ فيهِ الصَّمغ * صاغَ الماءُ يَصُوغُ رسبَ في الارضِ وصاغَ اللهُ فلانًا خلقهُ خلقةً حسنةً وصاغَ الفِضّةَ والذهبَ ونحوهُ صيّرهُ مهندمًا فانصاغَ وفاعلهُ صَوّاغٌ وصَيّاغٌ وصائغٌ وحرفتهُ الصِياغةُ وفلانٌ من صيغةٍ كريمةٍ اي من أصلٍ كريمٍ وصيغةُ الكلمةِ حروفها وحركاتها (ومثالها وصورتها) وهما صَوْغانِ سِيّانِ وهذا صَوْغُ أخيهِ وصَوْغةُ أختهِ وُلِدَ معهُ او بعدهُ وصاغَ لهُ الشرابُ ساغَ والصَّيّغُ الكذّابُ *

ض

ضَغضَغَ اللحمَ في فيهِ لم يُحكِمْ مضغهُ وضَغضَغَ في كلامهِ لم يُبيّنْ (والضَّغيغةُ الروضةُ والعيشُ الناعمُ الغضُّ) *

غ

الغوغاء والغاغةُ أخلاطُ الناسِ والبعوضُ والجرادُ وأغاغُ ملكُ العمالقةِ قتلهُ صموئيلُ النبيُّ بامرِ اللهِ ولاجلهِ رُذِلَ شاولُ ملكُ إسرائيلَ لأنّهُ لم يتمّمْ أمرَ اللهِ في قتلهِ *

ف

(ع فَتَغهُ وطئهُ * ع فَثَغهُ شدخهُ) * ع فَدَغ رأسهُ شدخهُ وانفدغَ لانَ بعد يبسٍ والفَدَغُ التواءٌ في القدمِ فهو أفدغُ وهي فدغاء * ع ل ن فَرَغ منهُ فُروغًا وفراغًا خلا فهو فَرِغٌ وفارغٌ وفَرَغَ (لهُ و) اليهِ قصدهُ وفَرَغَ فُروغًا ماتَ والفِراغُ العِدْلُ والحوضُ والاناء والقدحُ الضخم ج أفرغةٌ ل وفَرِغَ الماءُ انصبَّ والفَراغةُ الخوفُ والقلقُ والفُراغةُ بالضمّ نطفةُ الرجلِ والفَرْغُ الاناء

الشيء. والاسم الرواغ والرَّواغ بالشدّ الثعلب وأراغ وارتاغ أراد وطلب والمراوغة المصارعة * الرَّيغ الغبار والتراب *

ز

الزَّغْزَغ الدلو الصغير والزغزغ الخفيف النزق والزغزغة السخرية * ن زلغت الشمس زلغًا طلعت وزلغت النار ارتفعت وازدلغ الجلد انكمش من النار (والصواب بالعين المهملة فى الكل) * زاغ زوغًا مال وزاغ فى المنطق زوغانًا تاه وانحرف * زاغ زيغًا وزيغانًا وزيغوغة مال وعدل عن الحق وزاغ البصر كلّ وزاغت الشمس مالت والزيغ الشك والجور عن الحق وهم زاغة وزائغون وازاغه اماله وزيّغه تزييغًا قوم زيّغه وتزايغ تمايل وتزيّغت المرأة تزيّنت *

س

ن سبغ الثوب سبوغًا طال الى الارض وسبغت النعمة اتسعت ودرع (ومطرة ونعمة) سابغة تامة طويلة واسبغ الله النعمة أتمّها والسبغة السعة والرفاهية * السَّرْغ قضيب الكرم ج سروغ * سغسغ الوتد حرّكه وسغسغه فى التراب دسّه فيه وسغسغه دحرجه * (ع سلغت البقرة والشاة سلوغًا خرج نابها فهى سالغ وولد البقرة اول سنة عجل ثم تبيع ثم جذع ثم ثنىّ ثم رباع ثم سديس ثم سالغ سنة وسالغ سنتين الى ما زاد وولد الشاة اول سنة حمل او جدى ثم جذع ثم ثنىّ ثم رباع ثم سديس ثم سالغ و) الأسلغ الابرص واللئيم والطبيخ النىء * ساغ الشراب سوغًا وسواغًا (وسوغانًا) سهل مدخله وساغه شربه بسهولة لازم متعدٍ فهو شراب سائغ وسوّغه تسويغًا جوّزه وهذا سوغ هذا ولد بعده وأسوغ أخاه ولد معه فى بطن واحد وسوّغ له كذا أعطاه إياه * ساغ الشراب يسيغه شربه بسهولة *

ش

(ص شدغه وطئه وذلّله والمشادغ المهالك * الشّرْغ ويفتح ويحرّك الضفدع * الشرنوغ الضفدع * شغ القوم تفرقوا * شلغ رأسه ثلغه) *

ص

(ع) ص ن صبغه صبغًا (وصبغًا) لوّنه والصبغ والصبغة (والصبغ) والصباغ ما يصبغ به وصبغ

ونَزَغَ بينهم افسدَ ووسوسَ وأغرى * ع نَسَغَهُ نزَعَهُ ونَسَغَهُ بكذا رماهُ بهِ ونَسَغَتْ اسنانُهُ استرختْ والنَّشَغُ الماء الذى يقطرُ من الغصنِ اذا قُطِعَ فى الربيعِ والنَّسِيغُ العَرَقُ الجارى * نَشَغَ الماء سالَ ونَشَغَهُ طعنهُ ونَشَغَهُ لقَّنَهُ الكلامَ ونَشَغَ الماء شربهُ بيلعٍ ونشغَ نهقَ تشوُّقًا او اسفًا وأنشغَ تنحّى (ونُشِغَ بالشىء أُولِعَ) * النَّغْنَغُ الاحمق (والفَرْخُ) واللحمةُ فى الحلقِ * النَّغَفَةُ خيارُ القومِ وأعلا الجبلِ * النُّهْبُوغُ السفينةُ الطويلةُ (السريعةُ الجرى) *

و

ض وَتِغَهُ عابَهُ وطعنَ عليهِ * الوَتَغُ الاثمُ والهلاكُ والملامةُ وقلّةُ العقلِ وسُوء القولِ والجهلُ المفرطُ والوجعُ وفعلُ الكُلِّ ل وَتِغَ والوَتِغَةُ المرأةُ المستهلكةُ بزنائها وفعلهُ وَتِغَتْ وأوْتَغَهُ اللهُ اهلكهُ وأوتغهُ حبسهُ وأوجعهُ وأَوْتَغَ افسدَ دِينَهُ بإثمهِ * الوَزَغَةُ سامٌ أبرصَ ج وَزَغٌ وأوْزاغٌ ووِزْغانٌ ووِزاغٌ (وإزاغٌ) والوَزَغُ الرعشةُ * (الوَشْغُ القليلُ وأَوْشَغَ العطيّةَ قلّلها وتَوَشَّغَ بالسُّوء تلطّخ) * ض س ل وَلَغَ الكلبُ فى الاناء وَلْغًا ووُلوغًا ووَلَغانًا شربَ ما فيهِ بطرفِ لسانهِ والمِيلَغُ والمِيلَغَةُ الاناء يَلغُ فيهِ الكلبُ وأَوْلَغَ الكلبَ سقاهُ (ورجلٌ مُسْتَوْلِغٌ لا يبالى ذمًّا ولا عارًا) *

هـ

ع هَبَغَ نامَ * (الهَبَيَّغُ الاحمقُ) * ع هَدَغَهُ فدغهُ وانهدغَ لانَ * ع هَقَغَ هُقوغًا ضعفَ * ع هَمَغَهُ فدغهُ (والهَمَيَّغُ الموتُ المُعَجَّلُ) * هَنَبَغَ جاعَ وهَنْبَغَ العجاجُ ثارَ جدًّا والهُنباغُ الجوعُ الشديدُ (والترابُ الناعمُ والأسدُ) * الهَيْنَغُ المرأةُ الفاجرةُ (والمُظهِرةُ بِرَّها لكلِّ أحدٍ وما نفعها ما زَلِها) * الأَفْيَغُ العامُ المخصبُ والعيشُ الرغدُ والأفيغانِ الاكلُ والشربُ *

حرف الفاء

ا

الأُثْفِيَّةُ بالضمّ ويُكسرُ الحجرُ يوضعُ عليهِ القِدْرُ للطبخِ ج أثافيُّ (ويُخفّفُ) والأثفيّةُ ايضًا جماعةُ الناسِ (والعددُ الكثيرُ وثالثةُ الأثافي القطعةُ من الجبلِ يُجعَلُ الى جنبها اثنتانِ) ورماهُ بثالثةِ الأثافي اى بالشرِّ كلِّهِ ض وأَثَفَهُ تبعهُ وطردهُ ن وأَثَفَهُ طلبهُ وأَثَّفَ القِدْرَ تأثيفًا جعلها على الأثافي وتأثّفهُ لزمهُ وأَلِفَهُ وألحَّ عليهِ واتّبعهُ * (الأَذانُ * والأذانُ الذكرُ) * الأُرْفَةُ الحدُّ بينَ الارضينِ ج أُرَفٌ وأرَّفَ الارضَ تأريفًا حدّدها والأُرْفةُ أيضًا العقدةُ وأَرَّفَ الحبلَ أيضًا

وذهب دمه فِرغًا هدرًا والفارغ والأفرغ الخاوى الخالى وأفرغه وفرّغه تفريغًا ن وفرّغه صبّه وأراقه وأخلاه وحلقة مُفرغة ليس لها أوّل ولا آخر واستفرغ تقيّأ واستفرغ مجهوده بذل طاقته وتفرّغ من شغله تخلّى منه • الفشغة قطنة فى جوف القصبة وشجر اللبلاب والأفشغ من كانت أسنانه متفرقة وانفشغ ظهر وتفشّغ لبس أحسن ثيابه وتفشّغ فيه الشيب انتشر وكثر وتفشّغه علاه وركبه (والمرأة افترعها) والفشاغ الكسل وفعله ن فشغ • ع فضغ العود هشمه • (الفغة تضوّع الرائحة وقد فغّتنى الرائحة) • ع فلغ رأسه شدخه • الفوغ كبر الفم فهو أفوغ وفاغت الرائحة فاحت وفوغته اى رائحته •

ل

(ع لتغه ضربه ولدغه) • اللثغ واللثغة تحوّل اللسان من حرف الى حرف وفعله ل لثغ فهو ألثغ ن ولثغه جعله ألثغ • ع لدغته العقرب والحيّة لدغًا وتلداغًا لحسته فهو ملدوغ ولديغ ولدغه وقع فيه وطعن عليه فهو ملدغ • ع لصغ الجلد لصوغًا يبس على العظم هزالًا • (اللغلغة الجلجلة والعجمة فى الكلام) • لاغه لوغًا أداره فى فيه ثم لفظه • الألْيغ الاحمق ولاغ ليغًا حمق (ولغته الشئ ألِيغه راودته عنه) •

م

مرغ الدابّة فى التراب تمريغًا قلّبها به وتمرّغ فى الرذائل تلطّخ بها وتمرّغ تقلّب متأوّهًا متلوّيًا من وجع وتمرّغ فى الامر تردّد فيه وتمرّغ بالادهان تطيّب بها والمرغة الروضة والأمرغ المتمرّغ فى الرذائل وأمرغ الرجل كثر خطأه فى كلامه والمرغ اللعاب وأمرغ سال لعابه • (امتسغ وانتسغ تنحّى) • المشغ المغرة ومشّغه تمشيغًا صبغه بالمشغ ومشغ عرضه ايضًا عابه ولطخه • ع ن مضغه لاكه بسنّه والمضاغ والمضاغة الشئ الممضوغ والمضغة القطعة من اللحم وغيره ج مضغ (والمضّاغ الاحمق) والمضيغة كل لحم على عظم • مغمغ اللحم لم يبالغ فى مضغه ومغمغ فى كلامه لم يبيّنه ومغمغ الكلب فى الاناء ولغ فيه ومغمغ الشئ خلطه • المَلْغ الرجل النذل الاحمق ج أملاغ ومالغه مازحه بالسفاهة • ماغت الهرّة مواغًا صوّتت •

ن

ع ن نبغ ظهر ونبغ الماء نبع ونبغ فى الدنيا اتّسع (ونبغ قال الشعر وأجاده) والنوابغ الخوارج والنابغة الرجل العظيم الشأن والنباغ غبار الرحى والنباغة الطحين • ع نخعه باصبعه نخسه ونزغه لدغه وساءه ونزغه بالرمح طعنه به وناذغ الصبى هازله • ع نزغه اغتابه

والطعامُ الطيّبُ والشيءُ الطريفُ تُخصُّ بهِ صاحبكَ ل وتَرِفَ تنعّمَ وأترفتهُ النعمةُ أطغتهُ وأترفَ أصرَّ على البغي والمترَفُ المتنعّمُ ومَن يصنعُ هواهُ والجبّارُ وتترّفَ تنعّمَ واستترفَ طغى * التُّرفُ وسخُ الظُّفرِ ج تِرفةٌ والتُّرفةُ المرأةُ المحقورةُ والتُّفتافُ مَن يتسمّعُ أحاديثَ النساءِ ج تَفاتِفُ (وتَفتَفونَ) وأتيتُكَ بتِفّانهِ في حينهِ * ل تَلِفَ الشيءُ هلكَ وأتلفهُ أفناهُ وذهبتْ نفسهُ تلفًا هَدرًا والمَتلفُ والمِتلافُ المسرفُ في الشيء * التَّنوفةُ (والتَّنوفيَّةُ) الفلاةُ الواسعةُ لا ماءَ فيها ولا أنيسَ ج تنائفُ وتُنُفٌ * توف بصرهُ يَتوفُ تاهَ وما فيهِ تُوفةٌ عيبٌ *

ث

ر ل ثَقِفَ ثَقْفًا (وثَقَفًا) وثَقافةً صارَ حاذقًا فطنًا فهو (ثَقْفٌ وثَقِفٌ وثَقيفٌ و) ثَقُفَ وثَقيفٌ وخلٌّ ثَقيفٌ (وثِقّيفٌ) حامضٌ جدًّا ل وثَقِفهُ صادفهُ وأخذهُ وأدركهُ وامرأةٌ ثَقافٌ فطنةٌ وثقّفهُ تثقيفًا سوّاهُ وهذّبهُ *

ج

(ع جأَفهُ وجأّفهُ صرعهُ وذعرهُ وأفزعهُ والشجرةَ قلعَها والمجؤوفُ الجائعُ والمذعورُ) * ع جَحَفهُ صرعهُ وذعرهُ وأفزعهُ ورفسهُ وجحفَ معهُ مالَ وجحفَ الكرةَ خطفَها والجحفُ اللعبُ في الكرةِ والجُحافُ الموتُ وموتٌ جُحافٌ أخّاذٌ وأجحفَ بهِ ذهبَ بهِ وأجحفتْ بهِ الشقةُ أحوجتهُ جدًّا واجتحفهُ استلبهُ واجتحفَ ماءَ البئرِ نزحهُ وجاحفهُ زاحمهُ والجِحافُ القتالُ * ن ص ل جَخِفَ جَخْفًا وجَخيفًا افتخرَ بأكثرَ ممّا عندهُ وجَخَفَ نامَ وتهدّدَ والجخيفُ أشدُّ (الغطيطِ ف) النومُ والطيشُ والنفسُ والروحُ والجيشُ الكثيرُ ج جُخوفٌ * ص جَذَفهُ قطعهُ ن وجذفَ الطائرُ جَذوفًا طارَ وهو مقصوصُ الجناحِ ومِجدافا الطائرِ جناحاهُ ومنهُ مِجدافُ السفينةِ الذي يحرّكها لتجريَ وجذفتِ السماءُ أثلجتْ والجَذفُ القبرُ والأجذفُ القصيرُ والجَذفةُ القطعةُ وأجذفوا أجلبوا والتجذيفُ الكفرُ بالنعمةِ واستقلالُ عطاءِ اللهِ والافتراءُ عليهِ * ص جذفهُ قطعهُ وجذفَ الطائرُ واجذوذفَ وانجذفَ أسرعَ ومِجذفُ السفينةِ ومِجذافُها م * ن جَرَفهُ جرفًا وجرّفهُ ذهبَ بهِ وأخذهُ كلّهُ وجرفَ الطينَ بالمِجرفةِ وتجرّفهُ مجنهُ وسوّاهُ والجارفُ الطاعونُ والجُرفُ المالُ والخصبُ (وسيلٌ جُرافٌ جُحافٌ) ورجلٌ جُرافٌ وجاروفٌ أكولٌ جدًّا والجاروفُ المشؤومُ والجُرفُ باطنُ الشدقِ والجُرفُ المكانُ المرتفعُ الذي أكلهُ السيلُ جوانبهُ والجُرفُ أيضًا عرضُ الجبلِ الأملسِ ج أجرافٌ وجُروفٌ

متاع والمؤلف الجد • ل أزِفَ الترحّل أزفًا وأزوفًا دنا وأزِفَ الجرحُ اندمل وأزِفَ الشيء
قلّ والأزفة القيامة والأزف الضيق فهو متأزّف الخلق ضيّقه والمأزفة القذر (والعذرة ج مآزف)
• الأسف أشدّ الحزن وفعله ل أسِفَ وأسِفَ عليه غضب وأساف من المنشدين فى هيكل
سليمان والأسيف الحزين (والأجير) والعبد الرقيق والشيخ الفاني والرقيق القلب والنحيل
الجسم وتأسّف عليه تلهّف • الإشفى الإسكاف (ج أشافيّ) • الأصف الكبر
وآصاف أسف المنشد • ن ض أفّ وتأفّف تضجّر وتأفّف قال أفّ وهى كلمة تكرّه
وتضجّر كثيرة منوّنة وغير منوّنة (مخفّفة ومشدّدة) قبلها كيف شئت والأفّ قلامة الظفر ووسخه
ووسخ الأذن والأفّة الجبان والفقير الحال والرجل القذر والأفوف الضجر والشيء القليل والحين
والأوان • إكاف الحمار بالكسر والضمّ برذعته وأكّفه تأكيفًا شدّ عليه الأكاف والأكّاف
صانعه • الألف أوّل حروف الهجاء قال الله أنا الألف والياء اى الأوّل والآخر والألف
أيضًا الرجل العزب والألف من العدد عشر مئات (مذكّر ولو أنّث باعتبار الدراهم) ج ألوف
وآلاف ص وآلفه أعطاه ألفًا والألفيّون شيعة يعتقدون بأنّ أولياء الله سوف يملكون فى الدنيا
بعد هلاك الدجّال لعنه الله ألف سنة يلتذّون فيها بالملذّات البشريّة ثمّ تقوم الساعة وهذه بدعة
فى الدين والبادى بها بابيا تلميذ يوحنّا الرسول والإلف بالكسر والأليف الصديق المؤانس
ج آلاف (وجمع الأليف ألائف) والاسم الألفة والألوف الكثير الألفة ج ألف وفعله ل
ألف ألفًا بالكسر والفتح (وهو آلف) وهى إلفة (وآلفة) ج آلاف وإلفات (وآلفات)
وأوالف وألّف بينهم تأليفًا أوقع الألفة وتألّفه داراه واستماله وتآلفوا وائتلفوا اجتمعوا وألّف
الكتاب جمع مسائله • الأنف م ج أنوف وآناف وآنف والأنف السيّد وأوّل كلّ شيء
وطرف الباب وجانب اللحية ص وأنف أنفى وروضة أنف لم ترع فهى مخصبة وأمر
مستأنف لم يسبق وآتيك من ذى أنف اى فيما يستقبل والمئناف السائر فى أوّل
الليل ل وأنف منه أنفًا وأنفة استنكف وآنفه وأنّفه تأنيفًا حمله على الأنفة
والاستئناف (والائتناف) الابتداء والمؤتنف الذى لم يؤكل منه شيء وجعل أنفه فى
قفاه اى أعرض عن الحقّ وأقبل على الباطل وهو يتتبّع أنفه اى يتشمّم الروائح فيتبعها
• الآفة عرض يفسد ما أصابه والعاهة •

ت

التحفة (والتحفة) البرّ واللطف والطرفة ج تحف وفعله أتحف • الترفة النعمة

وحرفُ التهجّي م ج حُروفٌ والحرفُ ايضًا الناقةُ المهزولةُ الضامرةُ والحرفُ عندَ النحاةِ
ما (جاء لمعنًى و) ليسَ باسمٍ ولا فعلٍ ومِنَ الناسِ مَنْ يعبدُ اللهَ على حرفٍ اى على
وجهٍ واحدٍ وهو انْ يعبدَهُ على السرّاء لا الضرّاء (او على شكٍّ وغيرِ طُمأنينةٍ على أمرِهِ اى
لا يدخلُ فى الدينِ متمكّنًا والحُرْفُ حبُّ الرشادِ والحُرافةُ طعمُ الحِرّيفِ كالبصلِ والفُلفلِ
وحبِّ الرشادِ وغيرهم) ص وحرَفَ الشيءَ عن وجههِ نحّاهُ وحرَفَ عينَهُ كحلَها والحِرْفةُ
الصناعةُ (والفَرْقُ بَيْنَهُما مَرَّ فى ص ن ع) وفعلهُ حَرَفَ واحترَفَ وحُرِيشَتُكَ مُعامِلُكَ فى
حِرْفتِكَ واحرَفَ صلحتْ حالُهُ ومالُهُ وكدَّ لعيالِهِ والتحريفُ التغييرُ وحرّفَ القلمَ تحريفًا
قطعهُ مُحرَّفًا وحرّفَ الشيءَ ايضًا جعلَ لهُ حَرْفًا وحارَفَهُ بسوءٍ جازاهُ بهِ والمِحرافُ مِيلُ الجراحةِ
واحرَورَفَ مالَ وعدلَ • الحُسافةُ الغيظُ والعداوةُ وفعلهُ ن حسَفَ والحُسافةُ ايضًا
سُحالةُ الفضّةِ وحسَفَ السحابُ حَسْفًا جرى وحسَفتِ الحيّةُ صوّتتْ وحُسِفَ مجهولاً رُذِلَ
• الحَشَفُ (الخبزُ اليابسُ و) بالتحريكِ أرْدأُ التمرِ والحَشَفةُ رأسُ الذكرِ والخميرةُ
اليابسةُ والصخرةُ النابتةُ فى البحرِ (ج حِشافٌ) والحَشيفُ الثوبُ الخَلَقُ وحشّفَ تحشيفًا
نظرَ من خلالِ هدبِ جفونهِ • ن حَصَفَ حَصْفًا واحصَفَ أبعدَ وأقصى ل وحَصِفَ
جَرِبَ ر وحَصُفَ عقلُهُ استحكمَ فهو حَصيفٌ واحصَفَ الامرَ أحكمهُ واستحصَفَ استحكمَ واشتدَّ
(والحِصْفُ الحيّةُ • الحَنطَفُ الضخمُ البطنِ) • ص حَفَّ رأسُهُ حُفوفًا قشرهُ
وحفَّ سمعُهُ ذهبَ كلُّهُ وحفّتِ الارضُ يبسَ بقلُها والحفيفُ صوتُ جريِ الفرسِ وصوتُ
الحيّةِ من جلدِها وصوتُ جناحيِ الطيرِ وحفّتِ المرأةُ وجهَها حِفافًا وحفًّا وحفّفتهُ نقّتْ
شعرانَهُ بخيطينِ فتحفّفتْ والحِفّةُ بالكسرِ الكرامةُ والحَفّةُ والحافّةُ الطرَفُ (والحَفّانُ الخدَمُ
والمَلآنُ من الأواني) والحَفُّ المِنسجُ والحِفافُ الجانبُ (والأثرُ وقد جاء على حِفافيهِ
وحَفّيهِ وحِفّهِ أثرهِ) ج أحِفّةٌ والمِحَفّةُ مركبٌ كالهودجِ ن وحفَّ بالشيءِ واحتفَّ بهِ أحاطَ
بهِ فهم حافّونَ ومُحتَفّونَ محدقونَ بهِ وأحفَّ الثوبَ وحفّفهُ نسجهُ وحفَّ تعبَ وحفَّ مالُهُ قلَّ
• الحِقْفُ تلُّ الرملِ ج أحقافٌ وحِقافٌ وحُقوفٌ و(جج) حقائفُ (وحِقَفَةٌ) والحِقْفُ ايضًا
أصلُ الجبلِ واحقَوقَفَ الظهرُ اعوجَّ • (الحُكوفُ الاسترخاءُ فى العملِ) • ض
حلَفَ حَلْفًا (وحَلِفًا) ومَحلوفًا ومَحلوفةً أقسمَ والاسمُ الأُحلوفةُ والحِلْفُ بالكسرِ العهدُ والصداقةُ
والحِلْفُ أيضًا والحليفُ الصديقُ ج أحلافٌ وبئرُ الحَلِفِ فى س ب ع والمُحالِفُ
الحليفُ وفلانٌ حليفُ اللسانِ حديدهُ وأحلَفَ الغلامُ جاوزَ الحُلُمَ وحلّفهُ تحليفًا استحلفَهُ
وحالفَهُ عاهدَهُ وتحالفوا تعاهدوا • الحُنْتوفُ مَنْ ينتفُ لحيتَهُ عندَ هيجانِ غضبهِ

الحمارُ والبِرْذَونُ والسيلُ * الجزافُ والجزافةُ مثلثتين والمجازفةُ البخسُ فى البيعِ والشراء فهو بيعٌ جزيفٌ وجزافٌ مثلثةً وفعلُهُ ن جزفَ والمِجزفةُ شبكةُ السمكِ والجزّافُ صيّادُهُ واجتزفهُ اشتراهُ جُذافًا * ع جعفَ الشجرةَ واجتعفها اقتلعها فانجعفتْ وسيلٌ جاعفٌ وجُعافٌ جُرافٌ * الجفُّ والجفّةُ جماعةُ الناسِ وجاءوا جفّةً واحدةً جميعًا والجفُّ الشيخُ الكبيرُ والخاوى جوفهُ كالجوزةِ والمعِدةِ والدلوِ وجفّفهُ يبّسهُ فهو جفافٌ وجفيفٌ ض وجفَّ يبسَ والجفجفُ الارضُ المرتفعةُ والوهدةُ ضدٌّ والريحُ الشديدةُ والقاعُ المستديرُ والمهذارُ وتجفجفَ الطائرُ انتفشَ وجفجفَ جمعَ الماشيةَ وردّها بالعجلةِ حتّى ركبَ بعضها بعضًا * ن جلفهُ قشرهُ فهو جليفٌ ومجلوفٌ وجلفهُ جرفهُ وجلفهُ واجتلفهُ استأصلهُ والجالفةُ والجليفةُ السنةُ تميتُ المواشيَ والجلْفُ والجليفُ الرجلُ الجافى الغليظُ وفعلهُ ل جلِفَ جلفًا وجلافةً والجلفُ ايضًا حرفُ الرغيفِ والطرفُ والوعاء والجلفةُ الكسرةُ من الخبزِ اليابسِ وحرفُ القلمِ وبُراءتهُ والمجلّفُ الذى أُخِذَ من جوانبهِ والخبزُ المجلوفُ المحروقُ * الجنفُ والجنوفُ الميلُ (عن الحقِّ والخطأ والإثمِ) والجورُ وفعلهُ ل جنِفَ واجتنفَ فهو اجنفُ ل ض وجنفَ عن طريقهِ جنفًا وجنوفًا عدلَ والأجنفُ المنحنى الظهرِ * الجوفُ البطنُ والمطمئنُّ من الارضِ وجوفُ الليلِ ثلثهُ الاخيرُ والأجوفانِ البطنُ والفرجُ والأجوفُ الواسعُ الجوفِ وجوّفهُ أخرجَ ما فى جوفهِ فهو مجوّفٌ وتجوّفهُ دخلَ جوفهُ واستجوفَ الشئُ اتسعَ * (اجتهفَ الشئَ أخذهُ أخذًا كثيرًا) * الجيفةُ جثةُ الميتِ المنتنةُ ج جِيَفٌ وأجيافٌ والجيّافُ نبّاشُ القبورِ وجافتِ الجيفةُ وتجيّفتْ واجتافتْ أنتنتْ *

ح

(الحنبوفُ الكادُّ على عيالهِ) * الحتفُ الموتُ وماتَ حتفَ أنفهِ اى على فراشهِ من غيرِ قتلٍ ج حتوفٌ * (الحترفةُ الخشونةُ والحمرةُ فى العينِ وحترفهُ من موضعهِ زعزعهُ وتحترفَ من يدي تبدّدَ) * الحجفةُ الترسُ ج حجفٌ واحتجفهُ استخلصهُ وانحجفَ تصرّعَ وأحجفَ عارضَ وقاتلَ ونقصَ * ض حذفهُ أسقطهُ وحذفهُ بالعطيّةِ أوصلهُ إيّاها وحذفَ السلامَ خففهُ وحذّفهُ تحذيفًا هيّأهُ وصنعهُ والحذّافةُ الاستُ * الحرشفُ فلوسُ السمكِ والضعفاء والشيوخُ والحرشفُ الارضُ الغليظةُ * الحرفُ من كلِّ شئٍ طرفهُ وحدّهُ (وشفيرهُ ومن الجبلِ أعلاهُ المحدّدُ ج حرفٌ ولا نظيرَ لهُ سوى طللٍ وطلَلٍ)

والخصيف الرماد والخصافة الحذاقة والخصيف الحاذق والخصّاف الكذّاب والاسكاف
والنعل ص خَصَفَ وأخصف أسرع • ص خَضَفَ خضفًا وخضافًا ضرط فهو خيضفٌ
وخضوفٌ • خطرفَ أسرع في مشيه فجعل الخطوتين واحدة فهو خطريفٌ (والمتخطرفُ
الرجل الواسع الخلق الرحب الذراع) • ل خطفَ الشيء واختطفه استلبه وخطفَ
البرقُ البصرَ شدهه وأدهشه والخاطف الذئب ل (ص) وخطف في مشيه خطفانًا أسرع
الخفّ قدم البعير وقدم النعام ج أخفاف والخفّ ايضًا الواحدة من الحذاء وهما خفّان
والخفّاف الاسكاف (ورجع بخفّي حنين مثل يضرب لمن جاء من سفره خائبًا خاسرًا
وله روايات مختلفة ليس هنا موضع ذكرها) ص ن وخفّ الشيء خفًّا وخفّة ضد ثقل
فهو خفّ وخفيف وخفّان اسم مكان أُسوده قويّة ص وخفّ القوم ارتحلوا والتخفيف ضد
التثقيل واستخفّ به تهاون به واستجهله (والخفخفة صوت الضباع والكلاب عند الاكل
والخفخوف الضبع وامرأة خفخافة كأنّ صوتها يخرج من منخريها) ومخلوع الخفّ عند
اليهود لقب من لا يريد أن يقيم نسلًا لاخيه اذا مات بغير نسل • خلف (والخلف)
نقيض قدّام والخلف ايضًا الرديء من القول والاستقاء وحدّ الفأس ورأسه ومن لا خير
فيه والفأس العظيمة والنسل والمربد والظهر والخلف بالكسر المختلف والعوج ونبات
الصيف وحلمة ضرع الناقة (او هو لها كالضرع للشاة) ج أخلاف وذا خلفين اسم للفأس
والخلف الولد الصالح وبسكون اللام الولد الفاسد والاخلف الاعسر والاحول والاحمق
وأخلف كذب والاسم الخلف بالضم غير أنّ الكذب في الماضي والخلف في المستقبل
وأخلف وعد ولم ينجز والخلفة (اسم من الاختلاف او مصدر الاختلاف اي) التردد
واعتقاب الليل والنهار وزرع الحبوب وثمر يخرج بعد ثمر وورق بعد ورق والحصرم
الجديد ووقت بعد وقت ونبت بعد نبت وكل لونين اجتمعا ج أخلاف وخلفة والفعل
ن خلف والخلفة العيب والخلافة الحماقة والمخلاف الكورة والكثير الاخلاف فهو خالفة
والخوالف النساء والخالفة الاحمق والخالف النبيذ الفاسد ومن يقعد بعدك والخليف
الطريق ج خُلُف والخليفة السلطان الاعظم ج خلائف وخلفاء وخلفه خلافة كان خليفته
وبقي بعده وخلف فم الصائم خلوفًا وخلوفة وأخلف أنتن وخلف الطعام وأخلف تغيّر
طعمه وريحه وخلف جبن ورذل وخلفه أخذه من خلفه وخلف الله عليك اي كان لك
خليفة من فقدته وخالفه صار خلفه وصار في مكانه وخلف في أهله بخلافة صار عليهم
خليفة وأخلف النبيذ فسد وتخلّف عن أصحابه تأخّر واستخلفه جعله خليفته او أخذ

• الحَنَفُ الاستقامةُ والاعوجاجُ فى الرِّجْلِ ضدٌّ والمشىُ على ظهرِ القدمِ وركوبُ إبهامِ الرِّجْلِ على الاصبعِ والفعلُ ل ر حَنِفَ فهو أَحْنَفُ وهى حَنْفاءُ ض وحَنَفَ مالَ وحجرُ والحَنْفاءُ القوسُ والموسى والأَمَةُ والحِرْباءُ والسُّلَحْفاةُ وتَحَنَّفَ اليهِ مالَ اليهِ • الحَوْفُ شَىْءٌ كالهودجِ والحافانِ عِرْقانِ تحتَ اللسانِ وحافَةُ الشىْءِ جانبُهُ (ج حافاتٌ) والحافَةُ ايضًا الحاجةُ والشِدَّةُ والفعلُ حافَ يحوفُ • الحَيْفُ الجورُ والظلمُ والحائفُ الجائرُ ج حافَةٌ وحُيَّفٌ والحِيفَةُ الناحيةُ ج حِيَفٌ •

خ

الخَدْفُ (سرعةُ المشىِ وتقاربُ الخطوِ و) سُكّانُ السفينةِ ض وخَدَفَ تنعّمَ وخَذَفَتِ السماءُ أثلجتْ واختَذَفَهُ اختطفَهُ واختلسَهُ • الخُذْرُوفُ السريعُ فى جريهِ والبرقُ فى السحابِ والفعلُ خَذْرَفَ • الخَذْفُ أنْ تضعَ حصاةً بينَ السبابتينِ وتضربَ بها وفعلُهُ ض خَذَفَ • (الخَرْشَفَةُ الحركةُ واختلاطُ الكلامِ و) الخُرْشافُ الارضُ المُضَرَّسَةُ • ن خَرَفَ الثمارَ خَرْفًا وخِرافًا ومَخْرَفًا واخترفَها جناها والمَخْرَفَةُ البستانُ والخَرُوفُ ولدُ الضأنِ ج أَخْرِفَةٌ وخِرْفانٌ وخَرُوفُ الفصحِ عندَ اليهودِ يأكلونَهُ كلَّ سنةٍ وهم كأنّهم مستعدّونَ الى السفرِ لأنّهُ تذكارُ خروجهم من مصرَ وهذا كانَ رسمَ المسيحِ الذى بهِ نجا العالمونَ من الهلاكِ وبهِ سُمّىَ المسيحُ حَمَلَ اللهِ والخريفُ ما بينَ الصيفِ والشتاءِ ومطرُ الخريفِ والساقيةُ والعامُ ن ل ر وخَرِفَ فسدَ عقلُهُ فهو خَرِفٌ وأَخْرَفَهُ أفسدَهُ ل وخَرِفَ داومَ أكلَ الخِرْفانِ وأخرفوا دخلوا فى الخريفِ والخُرافَةُ حديثُ الخُرافِ المُضحِكُ • (الخَرْنَفُ القطنُ والخُرْنُوفُ حِرُ المرأةِ وخَرْنَفَهُ بالسيفِ ضربَهُ) • الخَزَفُ كلُّ ما عُمِلَ من طينٍ وشُوِىَ (ض وخَزَفَ فى مشيهِ خطرَ بيدهِ) • ض خَسَفَ المكانُ خُسوفًا غابَ فى الارضِ وخَسَفَ القمرُ ذهبَ نورُهُ وخَسَفَ عينَهُ فقأَها فهى خَسِيفَةٌ [illegible] وخَسَفَ الشىْءُ خَسْفًا نقصَ والخَسْفُ النقيصةُ وسامَهُ خَسْفًا حَمَّلَهُ ما لا يطيقُ وأذلَّهُ والخاسفُ المهزولُ وأخسفتِ العينُ وانخسفتْ عميتْ • ض ن خَشَفَ خَشْفًا وخَشَفَةً صوّتَ وحرَّكَ وخشفَ أحسَّ وأسرعَ ن وخَشَفَ خُشوفًا وخَشَفانًا ذهبَ وخَشَفَ فيهِ دخلَ وخَشَفَ الماءُ جمدَ وخَشَفَ البردُ اشتدَّ ل وخَشِفَ جَرِبَ فهو أَخْشَفُ ج خُشُوفٌ والخِشْفُ مثلّثةً ولدُ الظبىِ ج خِشَفَةٌ ن وخَشَفَ خَشْفًا ذَلَّ والخَشِيفُ الزعفرانُ اليابسُ والخُشَّفُ الذبابُ الاخضرُ • الخُصْفُ النعلُ والخَصَفَةُ الثوبُ الغليظُ ج خَصَفٌ (وخِصافٌ)

والذعفُ السمُّ الناقعُ (ج ذُعُفٌ) ع وذعَفَهُ سمَّهُ وموتٌ ذُعافٌ (ومُذْعِفٌ) سريعٌ والذعفانُ الموتُ ل ع وذُعِفَ ماتَ وأَذْعَفَهُ قتلهُ (سريعًا) وانذعفَ انبهرَ • ن ذَفَّ على الجريحِ ذَفًّا وذِفافًا (وذَفَفًا) كمَّلَ قتلهُ وذَفَّ في الامرِ اسرعَ وطاعونٌ ذَفِيفٌ قتّالٌ وفعلهُ ض ذَفَّ والذِفافُ والذُفافُ السمُّ القاتلُ (والماء القليلُ) وذَفْذَفَ تبختر واستذفَّ أَمْرُنا تهيَّأَ • (الذَلَفُ صِغَرُ الانفِ وفعلهُ ل ذَلِفَ وأَنِفَ ورجلٌ أَذْلَفُ وهي ذَلْفاء ج ذُلْفٌ) •

ر

الرؤوفُ من اسماء اللهِ تعالى والرجلُ الرحيمُ والرأفةُ أشدُّ الرحمةِ وفعلهُ ر ل ع رأفَ رأفًا ورؤوفًا ورأفةً ورآفةً ورآفًا فهو رؤوفٌ ورأُفٌ ورئفٌ (ورؤُفٌ ورائفٌ) • ن رَجَفَ رَجْفًا ورَجَفانًا ورُجُوفًا ورَجيفًا حرَّكَ وتحرَّكَ لازمٌ متعدٍّ ورجفَ اضطربَ ورجفتِ الارضُ وارتجفت تزلزلت ورجفَ الرعدُ ترددت هدهدتهُ والرجفةُ الزلزلةُ والرجّافُ البحرُ ويومُ القيامةِ والراجفُ الحمّى النافضُ والمرجفونَ المفتنونَ (والإرجافُ الإخبارُ الكاذبُ) • ن ل ر رخفَ العجينُ رَخْفًا (ورَخَفًا) ورخافةً ورخوفةً استرخى فأرخفَ والرخيفةُ العجينُ المسترخي والرخافُ حجارةٌ خِفافٌ رخوةٌ كأنها خزفٌ • الرِدْفُ والرديفُ الراكبُ (خلفَ الراكبِ) وكلُّ مَنْ تبعَ شيئًا فهو رِدْفٌ لهُ والرِدْفانِ الليلُ والنهارُ والرِدْفُ ايضًا جليسُ الملكِ عن يمينهِ يخلفهُ اذا غابَ والرِدافةُ كالخلافةِ في المُلْكِ ل ن وردفهُ وأردفهُ تبعهُ وأردفتهُ أتبعتهُ وترادفا تعاونا وتتابعا وارتدفهُ ردِفهُ خلفهُ • ض رَزَفَ الجملُ رَزِيفًا وأرزفَ نُجِّيَ ورزفَ للامرِ دنا ورزفَ اليهِ وأرزفَ تقدَّمَ وأرزفَ أرجفَ واستوحشَ وأسرعَ فزعًا • ن ض رَسَفَ رَسْفًا ورَسيفًا ورَسَفانًا مشى مشيَ المقيَّدِ وارتسفَ ارتفعَ • ن ض ل رَشَفَ الماءَ رَشْفًا وارتشفهُ وترشَّفهُ مصَّهُ • ن رَصَفَ الحجارةَ رَصْفًا ضمَّ بعضها الى بعضٍ على سطحِ الارضِ والمرصافةُ المطرقةُ والرصافةُ الشتانةُ وعملٌ رصيفٌ متقنٌ وفعلهُ ر رَصُفَ والرصيفُ الطريقُ المرصوفُ والقرينُ في العملِ والرصَفُ الماءُ المنحدرُ من الجبالِ على الصخرِ (والمرتصفُ الاسدُ) • الرَضْفُ الحجارةُ المحماةُ يشوى ام يخبزُ عليها الواحدةُ رَضْفةٌ ن ورضفَ سلخَ ورضفَ الوسادةَ ثناها • ن ر ل رعفَ رَعْفًا ورُعافًا خرجَ من أنفهِ الدمُ واسمُ ذلكَ الدمِ الرُعافُ ل ورعفَ الدمُ سالَ والراعفُ طرفُ الانفِ وارتعفَ البابَ دخلهُ وأرعفهُ أعجلهُ ع ورعفَ الفرسُ واسترعفَ سبقَ • الرَغيفُ م ج أرغفةٌ ورُغُفٌ ورُغْفانٌ وفعلهُ ع رَغَفَ وأرغفَ نظرةً حدَّدَها • ن ض رَفَّ أكلَ كثيرًا ورفَّ اليهِ أحسنَ ض ورفَّ لونهُ رفًّا ورفيفًا وارتفَّ برقَ وتلألأَ ورفَّ

موضعَ وأخلفَهُ جعلهُ مكانهُ واخلفهُ ردّهُ الى خلفهِ وتخلّفَ صار خليفةً والخِلافُ (المخالفة وكمّ القميص و) شجرُ البانِ واخلفَ اللهُ عليك ردَّ عليك ما ذهبَ واخلفَ الغلامُ أدركَ وخلّفهُ تخليفًا تركهُ وراءَ ظهرهِ واختلفَ ضدّ اتّفقَ وخالفهُ جاء ضدّهُ والخِلافةُ السلطنةُ (وخالفَ صاحبهُ بامرهِ فاذا غابَ دخلَ على زوجتهِ وهو يُخالِفُ فلانةَ اى يأتيها اذا غابَ زوجُها والمخلفة الطريقُ والمنزلُ ورجلٌ خُلفُفٌ أحمقُ) * خافَ يخافُ خوفًا وخيفًا ومخافةً وخيفةً فزعَ وهم خُوّفٌ وخيَّفٌ وخوفةٌ وأخافهُ أفزعهُ والخوفُ القتلُ والخافةُ ثوبٌ من جلدٍ يلبسهُ قاطفُ العسلِ لئلّا يلدغهُ النحلُ (ورجلٌ خافٌ شديدُ الخوفِ وطريقٌ مخوفٌ يُخافُ فيهِ والمخيفُ الأسدُ وتخوّفَ خافَ) * الخيفُ الناحيةُ وجلدةُ الضرعِ ووعاءُ قضيبِ الجملِ وكلُّ هبوطٍ وارتفاعٍ فى سفحِ الجبلِ والخيفةُ السكّينُ وبيتُ الأسدِ والخيَفُ أن تكونَ إحدى عينَي الفرسِ زرقاء والأخرى من لونٍ آخرَ فهو أخيفُ ج أخيافٌ والإخوةُ أخيافٌ أمّهم واحدةٌ والآباءُ شتّى *

د

الدَّشْفةُ القيادةُ وفعلهُ ن دَسَفَ والدَّسّافُ القوّادُ ج دساسيفُ * ع دَعَفَ دَعْفًا أخذَ كثيرًا * ن دَفَّ الشيءَ دَفًّا نسفهُ واستأصلهُ والدفُّ والدفّةُ صفحةُ الشيء (ودفّتا الطبلِ ما على رأسهِ) والدَّفيفُ الدبيبُ ودفَّ الطائرُ وأدفَّ ودفدفَ واستدفَّ حرّكَ جناحيهِ ورجلاهُ فى الأرضِ والدافّةُ الجيشُ ودفّفَ ودفدفَ أسرعَ واستدفَّ الأمرُ استقامَ (وأدفّتْ عليهِ الامورُ تتابعتْ وخذْ ما استدفَّ لكَ اى ما أمكنَ وتسهّلَ) * ض دَلَفَ الشيخُ دَلْفًا (وتحرّكَ) ودليفًا ودلفانًا مشى مشيَ المقيّدِ والدالفُ الماشي بالحملِ الثقيلِ ج دُلّفٌ ودُلُفٌ والدِّلفُ الشجاعُ واندلفَ انصبَّ وتدلّفَ اليهِ دنا منهُ وأدلفَ لهُ القولَ ملّطهُ * الدَّنَفُ المرضُ الملازمُ وفعلهُ ل دَنِفَ فهو دَنِفٌ ومُدنِفٌ بفتحِ النونِ وكسرِها وأدنفتِ الشمسُ وأدنفتْ دنتْ للغروبِ وأدنفهُ المرضُ أنهكهُ * دافَ الشيءَ دَوفًا خلطهُ ودافهُ بلّهُ بالماءِ ونحوهِ ومرّتهُ فهو (مَدوفٌ و) مدووفٌ ومسكٌ مدووفٌ مسحوقٌ (ولا نظيرَ لهُ سوى مصوونٍ) *

ذ

ع ذَأَفَ ذأفًا ماتَ سريعةً والذُّؤافُ الموتُ (والذّأفانُ والذُّؤفانُ والذِّئفانُ والذَّيفانُ والذِّيفانُ والذُّوفانُ والذِّيفانُ والذُّؤافُ السمُّ الناقعُ * ض ذَرَفَ الدمعُ ذرفًا وذرفانًا وذروفًا (وذريفًا وتذرافًا) سالَ وذرّفَ دمعهُ وأذرفهُ أسالهُ وذرّفَ على الموتِ أشرفَ عليهِ * الذَّعافُ

(الزقفة اللقمة وازدقفه وتزقفه استلبه بسرعة) ٭ الزلف القربة وموضع الماء والصحفة والاجانة والصدفة والارض العليطة ج زلف (والمزلفة القرية بين البر والريف ج مزالف) والزلفة والزلف والزلفى المنزلة والقربة ج زلف وزلفات بالضم وبضمتين وزلفى سرية يعقوب اسرائيل والزلف الساعات الآخذة من الليل ومن النهار والزلف الروضة وزلف في حديثه تزليفا زاد والمزالف المراقي وازدلف اليه اقترب منه وتزلفوا تقدموا وتفرقوا ٭ ل زنف (وتزنف) غضب ٭ زاف فلان مشى مسترخي الاعضاء والزوفى نبات في جبال القدس كان اليهود يرشون به من دم قرابينهم على المتدنسين ليتطهروا وموت زواف سريع ٭ ل زهف خف ع وزهف زهوفا ذل وزهف الموت وازدهف دنا وزهف كذب وهلك وازهف القى شرا وازهفه بما طلب اسعفه به وازهف الخبر زاد فيه وازدهف احتمل وانحرف واستعجل واستخف وتقحم في تردده وتزيد في الكلام وازدهف الشيء ذهب به واهلكه وازدهف في قوله تشدد ورفع صوته وازدهفه ابطل قوله ٭ زاف يزيف زيفا وزيفانا تبختر في مشيته وزافت الدراهم زيوفا ارتدت لغش فيها ودرهم زائف مغشوش ج زياف وازياف وزاف الدراهم وزيفها غشها والزيف الدرج والشرف (الواحدة بهاء والزياف الاسد) ٭

س

ل ع سأفت يده سأفا تشققت (وتسأفت) ماحول الاظفار فهي سئفة وسأفت شفته تقشرت ٭ السجف والسجاف الستر ج سجوف واسجاف واسجف الستر ارسله واسجف الليل اظلم واسجف البيت ستره بالسجاف والسجفة ساعة من الليل ٭ ع سحف الشعر سحفا كشطه عن الجلد وسحف الشيء احرقه وسحفت الريح السحاب ذهبت به وسحف راسه حلقه والسحوف صوت الرحى والسحاف السل وهو مسحوف اي مسلول ٭ السخف رقة العيش والسخف بالضم والفتح (والسخفة) والسخافة رقة العقل والفعل ر سخف ورجل سخيف نزق خفيف ٭ السدفة وتضم الظلمة والضوء ضد (والسدف الصبح واقباله) والسدفة سواد الليل والاسدف الاسود والسدافة الحجاب واسدف نام واسدف الليل اظلم واسدف الفجر اضاء واسدف الستر رفعه واسدفت عيناه اظلمت من جوع واسدف السراج اسرجه ٭ ل سرف اغفل وجهل واخطا والسريف السطر من الكرم والاسرف الآنك (معرب اسرب) واسرافيل واسرافين لغتان في سارافين والاسراف التبذير الزائد وما انفق في غير طاعة الله ٭ (السرعوف كل ناعم

به القوم أحدقوا به ورف الطائر ورفرف بسط جناحيه والرف م ج رفوف ورف البقر والغنم التطيع ن ض ورفت عينه اختلجت ورف البرق لمع والرف ايضا الاحسان والبر والثوب الناعم ورفته الخضى اخذته كل يوم والرف التبن والرفرف ثوب يطرح على ظهر الفراش والرفرف ما انحنى من اغصان الشجر والفاضل من اطراف الفرش والبسط والروشن والوسادة والشجر المتدلي والرياض والبسط والسرادق والرقيق من ثياب الديباج والرفراف ذكر النعام * ارقف من البرد ارعد * الرانفة ألية الكف وطرف الارنبة وطرف الكم وأسفل الألية ج روانف * ع رهف السيف وأرهفه رققه وحدده ر ورهف رهافة ورهفا دق ولطف * راف يروف روفا سكن وراف رحم (اصحه لى راف) * الريف الارض المخصبة والترفه بالعيش وارض ذات خضرة ومياه وراف يريف وأريف وتريف أتى الريف وأريفت الارض اخصبت *

ز

ع زحف اليه زحفا وزحوفا وزحفانا مشى اليه وزحف الصبي دب والزحف الجيش وتزحف اليه وازدحف مشى والزحفة من يزحف على الارض وأزحف فلان بلغ ما يطلبه والزحاف عيب في وزن الشعر * الزحلوفة تل مملس تزحف الصبيان عليه من فوقه الى اسفله وزحلفه دحرجه ودفعه فتزحلف وزحلف في كلامه أسرع * الزخرف الذهب وزخرف الشيء حسنه وكمله وزخرف كلامه برقشه بالكذب والزخارف السفن * ع زخف زخفا وزخيفا فخر وتكبر وتزخف تحسن وتزين وازدخف الليل أظلم * (زدف الليل أظلم) * ن زرف اليه تقدم وزرف في كلامه زاد ل ن وزرف الجرح انتقض والزرافة جماعة الناس وضرب من النوق ج زرافى والزرافة الكذاب وزرف الشيء تزريفا نقاه ونحاه * ع زعفه وازعفه وازدعفه قتله مكانه وسم زعاف قاتل وأزعف على الجريح كمل قتله والزعوف المهالك * الزعنفة الرذل والقصير والداهية ج زعانف والزعانف ايضا أجنحة السمك وكل طائفة ليس أصلهم واحدا * الزغف سحاب أريق ماؤه ع وزغف في حديثه زغفا زاد وكذب والزغفة الدرع الحسنة المحكمة فهي درع زغف ودروع زغف (ايضا وزغف) وأزغاف وزغوف (والمزغف النهم الرغيب وازدغف أخذ كثيرا) * ن زف العروس زفا وزفافا وأزفها وازدفها أهداها الى زوجها وزف البرق لمع ض وزف الطائر زفا وزفوفا وزفيفا وأزف أسرع وزفت الريح هبت والزفة المرة والزفة الزمرة والزفزف والزفزاف والزفزافة الريح الشديدة الهبوب والزف صغار ريش النعام والمزفة محفة العروس * زلحفه زحلفه ونحاه وتزلحف تزحلف *

بعدَ أكلِ حَبِهِ والعودُ المجرَّدُ من الورقِ (ج سِيَفٌ ايضًا) * السَّوفُ الشمُّ والصبرُ وفعلهُ ساف والمَساف والمَسافةُ (والسِيفَةُ) البُعدُ وسافتِ المواشي تَسوف وتَسلف هلكتْ والسَّوافُ موتُ المواشي والساف كلُّ عرقٍ من الحائطِ والآتي لانهُ يَسوف اى يشمُّ وسَوفَ حرفُ استقبالٍ وسيأتي بيانهُ في مكانهِ إنْ شاء اللهُ وبحرُ سُوفٍ البحرُ القلزمُ وسَوَّفهُ تسويفًا مطلهُ وسَوَّفتهُ أمري ملَّكتهُ إياهُ واستافهُ اشتمَّهُ والمُسَوِّف مَنْ يصنعُ ما يشاء ولا يردُّهُ أحدٌ (والفَيْلَسوفُ يونانيَّةٌ اى محبُّ الحكمةِ والاسمُ الفَلسفةُ وساوفهُ سارَّهُ والمرأةَ جامَعَها) *
السَّهَفُ اضطرابُ القتيلِ وفعلهُ ن سَهَفَ ل وسَهِفَ عطشَ جدًّا فهو ساهِفٌ ومَسْهوفٌ وطعامٌ مُسْهِفٌ يسقي الماءَ وساهِفُ الوجهِ متغيِّرهُ والسُّهافُ العُطاشُ * السَّيفُ م ج أسيافٌ وسيوفٌ وأسْيُفٌ وسافهُ يَسيفهُ ضربهُ بالسيفِ وسايفوا وتَسايفوا (واستافوا) تضاربوا بالسيوفِ والسائفُ والسَّيّافُ ذو السَّيفِ ج سَيّافةٌ وهم أسيافٌ أحزابٌ وسافتْ يدهُ تَسيفُ انبرتْ والسَّيفُ ايضًا شعرُ ذَنبِ الفرسِ والسِّيفُ بالكسرِ ساحلُ البحرِ وساحلُ الوادي *

ش

الشَّافةُ للأصلِ واستأصلَ اللهُ شأفتهُ أذهبهُ وأزالهُ من أصلهِ * (الشَّدنفُ الشخصُ ج شَدانفُ والشَّدَفُ ايضًا المَرَحُ والشَّرَفُ والظلمةُ والشَّدِفُ الطويلُ والسريعُ الوثبةِ ن وشَدَفهُ قطعهُ والأشدفُ الاعسرُ ومَنْ في خدّهِ مَيلٌ وهي شَدفاءُ وأشدفَ الليلُ أظلمَ) * الشُّرسوفُ غضروفُ الأضلاعِ (ج شراسيفُ) * الشَّرَفُ العُلوُّ والمكانُ العالي والمجدُ وعلوُّ الحسبِ والنُبلُ من المساحةِ والدنوُّ على الخطرِ (من خيرٍ او شرٍ) والفعلُ ر شَرُفَ فهو شريفٌ (اليومَ وشارفٌ عن قليلٍ اى سيصيرُ شريفًا) ج شُرفاءُ وأشرافٌ وشُرُفٌ والشريفُ كلُّ نبيٍّ ورسولٍ وأسقفٍ ولقبٌ للانجيلِ ومدينةُ القدسِ لأنها تشرَّفتْ بظهورِ اللهِ فيها متجسِّدًا والشوارفُ خابيةُ الخمرِ والشاروفُ المكنسةُ ن وشَرَفهُ شرفًا ارتقى عليهِ في الشرفِ وشرَّفَ الحائطَ جعلَ لهُ شُرفةً اى مكانًا رفيعًا وأشرفَ من علوٍ وشارفَ الطَّلْعَ والمُشْرَفُ مكانهُ ومنكبٌ أشرفُ عالٍ وأُذنٌ شَرفاءُ طويلةٌ وشُرفةُ القصرِ م ج شُرَفٌ واسمُ ذلكَ الجزءِ شَرَفٌ وشُرفةُ المواشي ايضًا خيارُها ر وشَرُفَ ارتقى في الدينِ او في الدنيا فهو شريفٌ ومشارفُ الأرضِ أعاليها والسيوفُ المَشرفيَّةُ الثمينةُ الرفيعةُ ل وشَرِفَ المنكبُ ارتفعَ وأشرفَ المريضُ على الموتِ قاربَ وأشرفَ عليهِ حاذرَ عليهِ وتَشرَّفَ صارَ شريفًا (واستشرفهُ حقَّهُ ظلمهُ)

خفيفُ اللحم • السَّرْنُوفُ الباشقُ والسَّرْنافُ الطويلُ) • السَّعَفُ جريدُ النخلِ وورقُهُ وجهازُ العروسِ ج سُعُوفٌ والأَسْعَفُ الفرسُ الابيضُ (الناصيةِ) والسُّعُوفُ أمتعةُ البيتِ (وطبائعُ الناسِ) والسَّعْفُ الرجلُ النذلُ والسَّعْفَةُ قروحٌ في رأسِ الصبيّ ووجههِ وفعلُهُ سُعِفَ مجهولاً فهو مَسْعُوفٌ ع وسَعَفَ بحاجتهِ وأَسْعَفَ قضاها لهُ وأَسْعَفَ دنا وساعفَهُ مُساعفةً • السَّيْفُ من أسماء إبليسَ وحزامُ الرَّحْلِ ن وسَفَّ الطائرُ مرَّ على وجهِ الارضِ وسَفَّ الخوصَ والسَّفَّةُ نسيجهُ والسُّفَّةُ ظفيرةُ الخوصِ وشيءٌ من القرامِلِ لشعرِ المرأةِ س وسَفِفْتُ الدواءَ سَفًّا أخذتُهُ بفمي غيرَ ملتوتٍ فهو سَفُوفٌ والسِّفُّ بالكسرِ والضمّ الارقمُ والحيّةُ التي تطيرُ وسَفَاسِفُ الشَّعَرِ رديئهُ وغبارُ الدقيقِ وأَسَفَّ طلبَ الامورَ الدنيئةَ وهربَ من صاحبهِ وأَسَفَّ الطائرُ والسحابُ دنا من الارضِ وأَسَفَّ النظرَ حدَّدهُ وسَفْسَفَ الشيءَ عملهُ ولم يبالغْ في إحكامهِ • السَّقْفُ للبيتِ م ج سُقُوفٌ وسُقُفٌ ع وسَقَفَ البيتَ وسَقَّفَهُ تسقيفًا جعلَ لهُ سَقْفًا والسَّقْفُ أيضًا السماءُ والأُسْقُفُ دونَ المطرانِ في الوظيفةِ ودرجتُهُ غايةُ درجاتِ الكهنوتِ ويجوزُ تشديدُ فائهِ ج أساقفةٌ وأساقِفُ وسُقِّفَ تسقيفًا صُيِّرَ أُسْقُفًا فتسقَّفَ والسَّقِيفَةُ م (وهي الصُّفَّةُ) واللوحُ من شجرٍ او حجرٍ والأَسْقَفُ أيضًا الرجلُ الطويلُ • الإِسْكافُ (والأُسْكُفُ) والأُسْكُوفُ والسَّكّافُ الخفّافُ (ا) و الإسكافُ النجّارُ والحدّادُ والنجّارُ (وكلّ صانعٍ سوى الخفّافِ فانّهُ الأُسْكُفُ) والإِسكافُ أيضًا الحاذِقُ بالامرِ وحِرفتُهُ السِّكافةُ والأُسْكُفَّةُ عتبةُ البابِ التي يُوطَأُ عليها والساكِفُ العتبةُ التي يدورُ البابُ فيها فوقًا (وأُسْكُفُّ العينينِ منابتُ أهدابِهِما وجفنُهُما الاسفلُ) وأَسْكَفَ صارَ إسكافًا • ن سَلَفَ الشيءُ سَلَفًا مضى وفاتَ وسَلَفَ فلانٌ سَلَفًا وسُلُوفًا تقدّمَ والسَّلَفُ نوعٌ من القرضِ لتاخذَ فيهِ متاعًا وغيرهُ وفعلُهُ أَسْلَفَ والسَّلَفُ أيضًا ما قدّمتَهُ من عملٍ صالحٍ وطالحٍ ومَن تقدّمكَ من آبائكَ ج سُلّافٌ وأَسْلافٌ والسَّلْفُ الجرابُ ج (أَسْلُفٌ و) سُلُوفٌ والسُّلْفَةُ اللُّمْجَةُ وجلدُ الغنمِ المدبوغُ (ج سُلَفٌ والسُّلَفُ ولدُ الحجلِ ج سِلْفانٌ والسَّلُوفُ السريعُ من الخيلِ ج سُلُفٌ) والسُّلافةُ والسُّلافُ الخمرُ والسالِفةُ (الماضيةُ أمامَ الغابرةِ و) ناحيةُ مقدّمِ العنقِ عندَ الأذنِ والسِّلْفُ (والسَّلِفُ الجلدُ و) زوجُ أختِ الزوجةِ وتسالفا تزوّجا أختينِ فهما سِلْفانِ ج أَسْلافٌ والسِّلْفتانِ المرأتانِ تزوّجتا أخوينِ وتسلّفَ منهُ اقترضَ وسالفَهُ سايرهُ وساواهُ (في الامرِ والسَّلُوفُ المرأةُ بلغتْ خمسًا واربعينَ سنةً) • السُّلْحَفاءُ والسُّلَحْفَى (والسُّلَحْفِيَةُ والسُّلَحْفاةُ) والسِّلَحْفاةُ دابّةٌ م ج سَلاحِفُ • السَّنِيفُ حاشيةُ البساطِ وأَسْنَفَتِ الريحُ اشتدَّ هبوبُها حتى أثارتِ الغبارَ وأَسْنَفَ أمرَهُ أحكمهُ وأَسْنَفَ البرقُ لمعَ قريبًا منّا والسِّنْفُ قشرُ الباقلّا

عنهُ وتَصَدَّفَ أعرضَ وصَدَّفَهُ وأصْدَفَهُ صرفهُ ن ص وصَدَفَ صَدْفًا وصُدوفًا انصرفَ ومالَ وصادَفَهُ وجدهُ ولقِيَهُ * ص صَرَفَهُ ردَّهُ ن وصَرَفَتِ الكلبةُ صُرُوفًا وصِرافًا اشتهتِ الفحلَ فهي صارِفٌ وصَرَفَ الشرابَ لم يمزجْهُ فهو مَصْرُوفٌ وصَرَفَتِ البكرةُ والسنُّ صَرِيفًا صوَّتت وصَرَفَ الصبيانَ أطلقهم من المكتبِ والصَّرْفُ النوبةُ والعدلُ في الفرضِ والوزنِ والكيلِ والكسبُ وصَرْفُ الدهرِ حَدَثانهُ ونوائبهُ والصَّرَفانِ ونِكْسَرُ الليلُ والنهارُ والصَّرِيفُ الفِضَّةُ الخالصةُ واللبنُ الطريُّ والصَّرَفانُ الموتُ والنحاسُ والرصاصُ والصِّرْفُ بالكسرِ الخالصُ من الخمرِ والصَّيْرَفِيُّ (والصَّيْرَفُ) المحتالُ في أمورهِ والصيرفيُّ ايضًا والصَّرَّافُ نَقَّادُ الدراهمِ ج صَيارِفَةٌ (والهاء للنسبةِ وقد جاء في الشعرِ صياريفُ) ن وصَرَفَ الدراهمَ غيَّرَ أشكالَها وصَرَّفَ الدراهمَ والبياعاتِ تصريفًا أنفقها وصَرَّفَ الكلامَ ايضًا اشتقَّ بعضهُ من بعضٍ وصَرَّفَتْهُ في الشيءِ ايضًا أطلقتهُ لهُ وتَصَرَّفَ اضطربَ وتَصَرَّفَ في طلبِ المكسبِ تقلَّبَ فيهِ والاسمُ الذي لا يَنْصَرِفُ الذي لا يدخلهُ جرٌّ ولا تنوينٌ وموانعُ الصَّرْفِ تسعٌ تذكرها النحاةُ وقد جمعها ابنُ الحاجبِ في ابياتٍ فقالَ *

** موانعُ الصرفِ تسعٌ كلَّما اجتمعتْ * ثنتانِ منها فما للصرفِ تصويبُ **

** عدلٌ ووصفٌ وتأنيثٌ ومعرفةٌ * وعُجمةٌ ثُمَّ جمعٌ ثُمَّ تركيبُ **

** والنونُ زائدةٌ من قبلها ألِفٌ * ووزنُ فعلٍ وهذا القولُ تقريبُ **

والاسمُ المُنْصَرِفُ ما دخلهُ الجرُّ والتنوينُ وانْصَرَفَتِ المكارهُ زالتْ (واسْتَصْرَفْتُ اللهَ المكارهَ سألتهُ صَرْفَها) وتَصْرِيفُ الرياحِ تحويلُها من وجهٍ الى وجهٍ * الصَّعْقَةُ الرعدةُ وفعلهُ صُعِفَ مجهولًا فهو مَصْعُوفٌ * ن صَفَّ الشيءَ وصَفَّفَهُ نظمهُ سطرًا فهو صَفٌّ ج صُفُوفٌ والصَّفُّ ايضًا القومُ المُصْطَفُّونَ وصُفُوفُ الملائكةِ مراتبهم وطبقاتهم وهم مُصْطَفُّونَ يسبحونَ اللهَ والمَصَفُّ موضعُ الصَّفِّ ج مَصافُّ وصُفَّةُ الدارِ مصطبتهُ (ج صُفَفٌ) وأهلُ الصُّفَّةِ الضيوفُ والصَّفْصَفُ الارضُ المستويةُ وحرفُ الجبلِ واصْطَفُّوا صاروا صُفوفًا * الصَّلَفُ التكلُّمُ بما يكرهُهُ صاحبُكَ وأنْ تتمدَّحَ بما ليسَ عندكَ وأنْ تتجاوزَ قدرَ الظرفِ والفعلُ ن صَلِفَ وتَصَلَّفَ فهو صَلِفٌ (ج صَلافَى وصُلَفاء وصَلِفُونَ) وصَلِفَتِ المرأةُ مُقِتَتْ من زوجها وتصلَّفَ تملَّقَ وأصْلَفَ قلَّ خيرُهُ (وأصْلَفَهُ أبغضهُ) وسحابٌ صَلِفٌ كثيرُ الرعدِ قليلُ المطرِ * الصِّنْفُ بالكسرِ والفتحِ النوعُ ج أصنافٌ وصُنُوفٌ وصِنْفُ الشيءِ بالكسرِ صِفَتُهُ وصِنْفَةُ الثوبِ حاشيتهُ وجانبهُ وصَنَّفَهُ تصنيفًا جعلهُ أصنافًا وميَّزهُ ومنهُ تصنيفُ العُلَماءِ كتبَهم

واستشرف الشيء رفع بصره اليه وبسط كفه فوق حاجبه لينظره واستشرف انتصب وشرف البناء تشريفا جعل له شرفة وشرفه جعله شريفا • الشرناف والشريناف ورق الزرع اذا طال وكثر حتى يخاف فساده وشرنفه او شرينفه قطع شرنافه • الشاسف اليابس ضمرا او هزالا وفعله ن ص ر شسف شسوفا وشسافة • ن شطف ذهب وتباعد وشطف ثوبه غسله ورمية شاطف زلت عن المقتل • الشظف والشظاف الضيق والشدة وضيق العيش (ج شظاف) وفعله ل شظف فهو شظف ن وشظفه شظفا منعه وشظف الكبش خصاه وشظف شظافا بعد والشظف الخبز اليابس (ج شظفة والشظف السيء الخلق والشديد القتال) • الشغف رأس القلب ل وشغف به هام به حبا ع وشغفه حبه دخل قلبه فهو مشغوف به والشغاف الجنون فهو مشغوف اى مجنون وفعله ن شغف (والشغفة رأس الجبل ج شغف وشغوف وشغاف وشغافات) • الشغاف غلاف القلب وسويداؤه ل وشغف به شغف به فهو مشغوف به والمشغوف المجنون • الشف ويكسر الثوب الرقيق ج شفوف ض وشف الثوب شفوفا وشفيفا رق فبان ما تحته والشف ايضا الفضل والنقصان ضد والفعل ض شف ن وشف جسمه شفوفا نحل وشفه الهم أضناه والشفيف شدة البرد وشدة الحر ضد وشف شفيفا وشففا قل وثوب شفشاف لم يحكم نسجه واشتف الاناء شرب شفافته اى بقية ما فيه واستشفه نظر ما وراءه • الشقف (الخزف و) كسارة الخزف • الشلافة المرأة الزانية ن وشلفته استغوته بحبها • (الشنخف والشنخيف الرجل الضخم وفيه شنخفة كبر وزهو • الشنظوف فرع كل شيء) • الشنف شبه القرط يعلق فى رأس الاذن والقرط يعلق فى أسفلها ج شنوف ن وشنف اليه شنفا نظر اليه كأنه معترض او متعجب او كاره (والشانف المعرض) ل وشنف له أبغضه وشنف فطن • شافه شوفا تبينه والمشوف المتبين وشافت الجارية تزينت وتشوف تزين والشوف المجرفة والشياف أدوية للعين وأشاف (عليه أشرف و) منه خاف واشتاف تطاول واشتاف البرق شامه وتشوف من السطح تطرف وأشرف •

ص

الصحفة القصعة والصحيفة الكتاب ج صحائف وصحف والصحيفة ايضا وجه الارض والمصحف مثلثة الكتاب والتصحيف الخطأ فى الكتابة وقد تصحف عليه • (ع صحف حفر الارض بالمصحفة وهى المسحاة ج مصاحف) • الصدف غلاف الدر الواحدة صدفة ج أصداف ض وصدف

الكريمُ الاصيلُ ج طُرُوفٌ والمُسْتَطْرَفُ النباتُ فى اكمامه والمُسْتَطْرَفُ ايضًا والطارِفُ والطَّرِيفُ والمُطْرَفُ الحديثُ من المالِ والطَّرِفُ الرغيبُ العينِ (الذى لا يَرَى شيئًا إلّا أَحَبَّ أن يكونَ لهُ) والطَّرْفَةُ (نجمٌ م و) نقطةٌ حمراء تحدثُ فى العينِ من لطمةٍ وغيرِها والمَطْرُوفةُ المرأةُ الطَّمّاحةُ بنظرِها الى الرجالِ ص وطَرَفَهُ عنهُ صرفهُ وردّهُ وطَرَفَ بصَرَهُ اطبقَ جفنيهِ وطَرَفَ بعينهِ حرَّكَ جفنيها وطَرَفَ عينهُ لطمها فدمعتْ فهى مَطْرُوفةٌ والطُّرْفَةُ (الاسمُ منها ومن الطَّرِيفِ والمُطْرَفِ وهو) المالُ الطارِفُ (اى المُسْتَحْدَثُ) والطَّرَفُ الناحيةُ ج أَطْرافٌ وأَطْرافُ الانسانِ يداهُ ورجلاهُ ورأسُهُ وأَطْرافُ الارضِ اشرافُها وعلماؤُها وأَطْرافُكَ أبواكَ وإخوتُكَ وأقارِبُكَ وفلانٌ لا يُؤدَّبُ طَرَفيهِ اى لسانَهُ وذكرَهُ وأَطْرافُ الشعرِ أعاليها ونواحيها والطَّرِفُ مَنْ لا يثبتُ على صاحبٍ والطِّرافُ بيتٌ من جلدٍ ج طُرُفٌ والمُطْرَفُ الرداءُ من الخَزِّ ج مَطارِفُ والطَّرِيفُ الحديثُ والاسمُ الطُّرْفَةُ وطَرَّفَ تطريفًا أشرفَ على طَرَفِ الشئِ. واسْتَطْرَفَهُ وجدهُ طريفًا واستحدثهُ •

الطَّفِيفُ القليلُ ن وطَفُّ المكيالِ طَفافُهُ مِلْأهُ الى حَرْفِ مسحِ رأسهِ (وطَفُّ الاناء وطَفافُهُ وطُفافُهُ وطَفَفُهُ ما ملأ أصبارَهُ وطَفافُهُ وطُفافَتُهُ أعلاهُ) والطِّفافُ بالفتحِ والكسرِ سوادُ الليلِ والطَّفُّ الجانبُ والشاطئُ وطَفَّهُ بيدهِ او رجلهِ رفعهُ وطَفَّ الشئُ دنا وخذْ ما طَفَّ لكَ اى ما أمكنكَ والطَّفُّ الطاقةُ فى الجبلِ والطَّفْطَفَةُ الخاصرةُ وكلُّ لحمٍ رخصٍ مضطربٍ ج طَفاطِفُ وطَفَّ بهِ الفرسُ وثبَ والطَّفطافُ أطرافُ الشجرِ (وأَطَفَّ عليهِ أشرفَ عليهِ واشتملَ عليهِ والكيلَ أبلغهُ طَفافهُ وأَطَفَّ لهُ أرادَ ختلَهُ وطَفْطَفَ الطائرُ بسطَ جناحيهِ)

• الطَّنْفُ بالفتحِ والضمِّ والتحريكِ (وبضمّتين الحَيْدُ من الجبلِ ج أَطْنافٌ وطُنُوفٌ و) إفريزُ الحائطِ وما أشرفَ خارجًا عن البناء فوقَ بابِ الدارِ والطَّنَفُ التهمةُ (والطَّنِفُ المُتَّهَمُ ومَنْ لا يأكلُ إلّا قليلًا) وفعلهُ ل طَنِفَ طَنَفًا وطَنافَةً وطُنُوفَةً وطَنَّفَ جدارَهُ تطنيفًا جعلَ عليهِ شوكًا وطَنَّفَ نفسَهُ ايضًا أدناها الى الطمعِ •

طافَ حولَ الشئِ وطافَ بهِ طَوْفًا وطَوافًا (وطَوَفانًا) واستطافَ وتطوَّفَ دارَ حولَهُ والمَطافُ موضعهُ والطَّوْفُ ظروفٌ منتفخةٌ يُركَبُ عليها فى الماء والطَّوْفُ ايضًا الروثُ وفعلهُ طافَ والطائفُ العسسُ والطائفُ ايضًا اسمُ بيتِ سيّدتنا مريمَ العذراء الذى نقلتهُ الملائكةُ من الناصرةِ الى بلادِ ايطاليا والطائفةُ من الشئِ. القطعةُ منهُ ونسبةُ الرجلِ والطائفةُ ايضًا السفينةُ لأنّها تطوفُ فوقَ الماء والطُّوفانُ كانَ فى عهدِ نوحٍ والمطرُ الكثيرُ والموتُ العامُّ السريعُ والسيلُ الطامى وأطافَ بهِ ألمَّ بهِ وقاربهُ والطَّوّافُ الخادمُ باجتهادٍ • (الطَّهْفَةُ القطعةُ من كلِّ شئٍ. وأَطْهَفَ لهُ من مالهِ طَهْفَةً أعطاهُ قطعةً والطُّهافَةُ الذؤابةُ) • الطَّيْفُ الخيالُ فى النومِ والغضبُ والجنونُ وفعلهُ طافَ وطافَ الخيالُ طَيْفًا ومَطافًا جاء فى النومِ •

* الصوف م وصاف الكبش صوفا وصئوفا واصوف ل وصوف كثر صوفه فهو صاف (وصاف واصوف وصائف) وصوف وصوفاني وصاف عني وجهه عدل ومال واصاف الله عني شره اماله (والصوفانة بقلة زغباء قصيرة) * الصيف القيظ (او بعد الربيع) ج اصياف وصيوف صائف شديد الحر وصاف بالمكان واصطاف اقام به صيفا والموضع مصطاف والصيفي المطر بين الربيع والـ ـب (والولد على الكبر) *

ض

الضعف بالفتح ويضم ويحرك ضد القوة وفعله ر ن ضعف ضعفا (وضعفا) وضعافة وضعافية فهو ضعيف وضعوف وضعفان ج ضعاف وضعفاء وضعفة وضعفى وضعافى (وهي ضعيفة وضعوف) وضعف الشيء مثله الزائد عليه واضعفه وضعفه تضعيفا وضاعفه جعله مثلين او امثالا والضعف سطر الكتاب وعضو الجسد ج اضعاف والضعيف كالاعمى والضعف بالفتح بلادة العقل وفساد الراي (وبالضم هزال البدن) واضعفه جعله ضعيفا فهو مضعوف شاذ ع وضعفهم كثرهم (فصار له ولاصحابه الضعف عليهم) واستضعفه وجده ضعيفا (وتضاعف صار ضعف ما كان) * الضفف كثرة العيال والازدحام على الطعام وعلى الماء والضيق والشدة والحاجة والعجلة والضعف ونقص المكيال ونحوه ورجل اضف الحال رقيقه وضفة النهر جانبه وجانب الوادي وساحل البحر والضفافة من لا عقل له ن وضفه جمعه * الضيف م (للواحد والجمع) ج اضياف وضيوف وضيفان (وهي ضيف وضيفة وضافت تضيف حاضت وهي ضيفة حائض) والضيفن من يجيء مع الضيف متطفلا وضفته واضفته ضيفا وضيافة وتضيفته نزلت عليه ضيفا واضفته وضيفته املته الى منزلي فضاف اي مال واضفته الجاته اليه واضفت منه حذرت واضفت اسرعت واشرفت والمضيفة (ويضم) الهم والحزن والمضاف الملزق بالقوم (والدعي والمستضيف المستغيث والاضافة في اللغة نسبة الشيء الى الشيء او ضم شيء الى شيء) ومنه الاضافة النحوية (لان الاول منضم الى الثاني ليكتسب منه التعريف او التخصيص) *

ط

(الطخف الهم يغشي القلب واللبن الحامض والطخاف والطخاف السحاب الرقيق) * الطرف العين (لا يثنى و)لا يجمع (واللطم باليد وكوكبان يتقدمان الجبهة) وطرف الشيء منتهاه والطرف بالفتح والكسر الكريم كالاباء والجدود ج اطراف والطرف بالكسر الفرس

الساحرُ والطبيبُ والعُرْفُ موجُ البحرِ وشعرُ عُنقِ الفرسِ ج (عُرُفٌ و) أعرافٌ والعُرفاءُ الضبعُ والأعرفُ الفرسُ والحيّةُ ج عُرْفٌ والمُعترِفُ بالشيء الدالُّ عليه والعُرْفةُ الحدُّ بين الشيئين ج عُرَفٌ والأعرافُ الحاجزُ بين الجنّةِ وجهنّمَ وأعالي الرياحِ والعريفُ كبيرُ المكتبِ ومن يعرِفُ أصحابَهُ ج عُرفاءُ رض وعَرُفَ عَرافةً صار عريفًا ن وعَرَفَ عِرافةً سَحَرَ والعريفُ ايضًا رئيسُ القومِ او ثاني الرئيسِ كالنقيبِ والعِرفةُ المعرفةُ والعِرْفُ بالكسرِ الصبرُ وفعلُهُ ض عَرَفَ واعترفَ (والمَعْرَفةُ موضعُ العُرْفِ من الفرسِ) وامرأةٌ حسنةُ المعارفِ اي الوجهِ وما يظهرُ منها واحدُهُ مَعْرَفٌ وفلانٌ من المعارفِ اي من المعروفين وحيّا اللهُ المعارفَ اي الوجوهَ وأعرفَ الفرسُ طال عُرْفُهُ والتعريفُ الإعلامُ وضدُّ التنكيرِ واعرورفَ (تهيّأ للشرِّ و) البحرُ هاجَ وارتفعَ ض وعَرَفَ لهُ واعترفَ بهِ أقرَّ والاعترافُ سرٌّ من أسرارِ البيعةِ السبعةِ ويُسمّى سرَّ التوبةِ ايضًا وهو ضروريٌّ للخلاصِ بعدَ قبولِ سرِّ المعموديّةِ وحقيقتُهُ أن يُقرَّ الخاطئُ بذنبِهِ اختيارًا لكاهنٍ معهُ سلطانُ الحلِّ والربطِ واستعرفَهُ الكاهنُ طلبَ إقرارَهُ وعرّفَهُ تعريفًا استعرفَهُ واعترفَ أقرَّ بذنبِهِ واستعرفَ اليهِ اعترفَ لهُ واعترفَهُ سألَهُ عن خبرٍ واعترفَ الشيءَ عرفَهُ واعترفَ انقادَ وذلَّ وتعرّفتُهُ تطلّبتُهُ حتى عرفتُهُ وتعارفوا عرفَ بعضُهم بعضًا (وعرفانُ مغنّيةٌ مشهورةٌ) • ض عَزَفَتْ نفسي عنهُ عُزوفًا ملّتهُ وانصرفتْ عنهُ والعَزْفُ حديثُ الشياطينِ وصوتُ الريحِ والرعدِ والمعازفُ آلاتُ الطربِ والملاهي الواحدُ مِعزَفٌ ومِعزَفةٌ والعازفُ اللاعبُ بها والمغنّي وعَزَفَ أقامَ في الاكلِ والشربِ • ض عَسَفَ عن الطريقِ واعتسفَ وتعسّفَ مالَ عنهُ ومشى على غيرِ هدايةٍ وعَسَفَ السلطانُ واعتسفَ ظلمَ فهو عَسوفٌ وعَسَفَ فلانًا واعتسفَهُ استخدمَهُ والعَسيفُ الاجيرُ والرقيقُ واعتسفَ وأعسفَ سارَ بالليلِ على غيرِ هدايةٍ وعسّفَهُ تعسيفًا أتعبَهُ وتعسّفَهُ ظلمَهُ (والعَسوفُ الظَّلومُ وانعسفَ انعطفَ • العَشْلفةُ نقيضُ البكاءِ او أن يريدَ البكاءَ فلا يقدرُ وعَشْلَفَ في الخيرِ همَّ بهِ ولم يفعلْ) • ن عَصَفَ الزرعَ حصدَهُ قبلَ إدراكِهِ وعَصَفَ مالَ فهو عاصفٌ ض وعَصَفَتِ الريحُ عَصْفًا وعُصوفًا وأعصفتْ اشتدَّ هبوبُها فهي عاصفةٌ وعاصفٌ وعَصوفٌ ومُعصِفٌ ومُعصِفةٌ ويومٌ عاصفٌ شديدُ الريحِ وأعصفَ هلكَ ض عَطَفَ مالَ وعَطَفَ عليهِ وتعطّفَ أشفقَ وعَطَفَ الشيءَ ثناهُ وعَطَفَ عليهِ حملَ وكرَّ عليهِ (ضدٌّ) والعِطافُ والمِعطفُ الرداءُ والسيفُ والعاطفُ والعطوفُ والعطافُ للإزارِ ج عُطُفٌ بالضمِّ وعِطفُ الطريقِ ومُنفتَحُ قارعتِهِ وفلانٌ ينظرُ في عِطفَيْهِ اي معجبٌ وعِطفُ الانسانِ جانبُهُ وثنى عنّي عِطفَهُ أعرضَ والعِطفُ بالكسرِ الابطُ والعَطفُ بالفتحِ الانصرافُ وحروفُ العطفِ تسعةٌ على الاصحِّ تذكرُها النحاةُ . انعطفَ انثنى ومُنعطَفُ الوادي بفتحِ الطاء

ظ

الظَّرْفُ الوعاء (ج ظُرُوفٌ والكِياسة) ر وظَرُفَ ظَرْفًا وظَرافةً صار ظَرِيفًا اى كَيِّسًا حَسَنًا فى خَلقِهِ وخُلُقِهِ ج ظُرَفاء وظُرُفٌ وظِرافٌ وظَرِيفون وظُرُوفٌ (ولا يُوصَفُ بهِ إِلَّا الفِتْيانُ والفَتَياتُ) وتَظَرَّفَ تَكَلَّفَهُ والظُّرافُ الظَّرِيفُ ج ظُرَفاء وفلانٌ نَقِيُّ الظَّرْفِ طاهرٌ أَمينٌ وأَظْرَفَ وَلَدَ بنين ظُرَفاء *

الظَّفَّ والظَّفَفُ العيش النكد والغلاء الدائم * الظِّلْفُ للبقر والغنم كالقدم للانسان ج ظُلُوفٌ وأَظْلافٌ وفلانٌ وجدَ ظِلْفَهُ اى وجدَ مُرادَهُ والظِّلْفُ ايضًا الحاجةُ وشِدَّةُ المعيشة والظَّلِيفُ الذليلُ والرقيقُ الحالِ والمكانُ الخشنُ والامرُ الشاقُّ والشِدَّةُ وأَصْلُ الرقبةِ وذهب دَمُهُ ظَلَفًا هَدَرًا ص وظَلَفَ نفسَهُ عن كذا منعها من أنْ تفعلَهُ او تأتيَهُ وكفَّها عنهُ ن ص وظَلَفَ أَثَرَهُ أَخفاهُ لئلّا يُتْبَعَ وظَلَفَ القومُ اتَّبعَ أَثَرَهم والظَّلْفُ الباطلُ والمُباحُ وفعلهُ ن ظَلَفَ *

ع

العِتْرِيفُ والعُتْرُوفُ الخبيثُ الفاجرُ الغاشمُ * (العَتْفُ النَتْفُ ومضى عِتْفٌ من الليلِ قطعةٌ) * العَجْرَفَةُ الجفوةُ فى الكلامِ وفعلُهُ عَجْرَفَ وتَعَجْرَفَ عليهم حَمَّلَهم ما لا يطيقونهُ وتَعَجْرَفَ تكبَّرَ وفيهِ تَعَجْرُفٌ وعَجْرَفَةٌ وعَجْرَفِيَّةٌ قِلَّةُ مُبالاةٍ * ل ر عَجِفَ جسمُهُ عَجَفًا هُزِلَ بعدَ سِمَنٍ فهو أَعْجَفُ وهى عَجْفاء ج عِجافٌ (شاذٌّ بَنَوْهُ على سِمانٍ لأنّهم قد يَبْنُونَ الشَّيْءَ على ضِدِّهِ كقولهم عَدُوَّةٌ بالهاء لمكان صَدِيقةٍ وفَعُولٌ بمعنى فاعلٍ لا يدخلهُ الهاء) والعَجْفاء الارضُ لا خيرَ فيها ص وعَجَفَ نفسَهُ عن الطعامِ عَجْفًا وعُجُوفًا كفَّها عنهُ وهى تشتهيهِ لكى يتصدَّقَ بهِ (او ليُشْبِعَ مُؤاكِلَهُ) وعَجَفَ نفسَهُ على المريضِ صبَّرها عليهِ وعَجَفَ نفسَهُ وأَعْجَفَها على فلانٍ احتملهُ ولم يُؤاخِذْهُ وأَعْجَفَ الدابَّةَ هَزَلَها وأَعْجَفَ عن فلانٍ تجافاهُ ن ص وعَجَفَ نفسَهُ حَمَّلَها وأَعْجَفُوا هُزِلَتْ مواشيهم *

ض عَدَفَ عَدْفًا أكلَ وما ذُقنا عُدافًا (ولا عَدُوفًا ولا عَدُوفةً) ولا عَدْفًا شيئًا والعدفُ القذى *

ض عَذَفَ عَذْفًا أكلَ وسُمٌّ عُذافٌ قاتلٌ * ض عَرَفَهُ مَعْرِفةً وعِرْفانًا (وعِرْفةً وعِرِفّانًا) عَلِمَهُ فهو عارِفٌ وعَرِيفٌ وعَرُوفةٌ (والعَرِيفُ تأتى بمعنى مَعْرُوفٍ نحو العينُ الجَهْزاء الخارجةُ الحَدَقةِ وهى بالراء اعرفُ اى مَعْرُوفةٌ أكثر) وعَرَفَ فلانًا جازاهُ والعَرْفُ الريحُ الطَيِّبةُ (والمنتنةُ وأكثر استعمالهِ فى الطَيِّبةِ ولا يُعْجِزُ مَسْكُ السُّوءِ عن عَرْفِ السُّوءِ يُضْرَبُ للئيمِ لا ينفكُّ عن قبيحِ فعلهِ شُبِّهَ بجلدٍ لم يَصْلُحْ للدباغِ) والعَرْفةُ الريحُ والمَعْرُوفُ ضدُّ المُنكَرِ (وهو كُلُّ ما سَكَنَتْ اليهِ النفسُ واستحسنتهُ) والمَعْرِفةُ خِلافُ النَّكِرةِ عند النحاةِ والعُرْفُ ضدُّ النُكْرِ والعُرْفُ ايضًا والعارفةُ والمَعْرُوفُ الجُودُ والسخاء ج عَوارِفُ والعُرْفُ ايضًا اسمُ الذى تجودُ بهِ والعارِفُ والعَرُوفُ الصابرُ والعَرّافُ

وبضمتين (وغرافات) وغرف والغرفة ايضا الخصلة من الشعر والسماء السابعة والغراف دولاب يستقى به الماء والنهر الكثير الماء وانغرف انقطع * الغسف الظلمة وفعله اغسف * الغضروف كل عظم رخص يؤكل كرؤس الاضلاع ونحوها * ض غضف (العود كسره و)الكلب اذنه ارخاها فهو اغضف ج غضف والغضف استرخاء في الاذن ل وغضفت الاذن استرخت والغاضف العيش الناعم واغضف الليل اظلم وتغضف الشيء تدلى وتغضف مال وتثنى وتكسر وتغضفت الدنيا علينا اقبلت بخيرها (والاغضف من السهام الغليظ والريش ومن الليالي المظلم ومن العيش الناعم ومن الاسد المسترخي الاجفان كبرا او غضبا) * الغطريف السيد الشريف والسخي والغطريف ايضا والغطراف الشاب ج غطارفة والغطاريف (والغطروف) الشاب الظريف وتغطرف تكبر واختال في مشيته والغطرفة الخيلاء * الغضف سعة العيش وكثرة شعر الحاجب والفعل ن غضف * الغفة البلغة من العيش (والفأر وما يتناوله البعير بفيه على عجلة) وجاء على غفانه على حينه وابانه * الغلاف غشاء الشيء ج غلف بضم وبضمتين (وغلف) وفعله ن غلف وغلف تغليفا وقلب اغلف لا يعي ولا يفهم وعيش اغلف واسع وشيء اغلف موضوع في غلاف وسنة غلفاء مخصبة والغلفة الغرلة ورجل اغلف لم يختتن * غافت الشجرة غيفانا وتغيفت مالت اغصانها يمينا وشمالا والاغيف كالاغيد (ومن العيش الناعم) *

ف

الفلسفة الحكمة والفيلسوف الحكيم (ج فلاسفة) ولقب ارسطاليس وتفلسف تحكم وتحذق بالشيء * الفوف البياض الذي في اظفار الاحداث (والقشرة التي تكون على حبة القلب) وضرب من برود اليمن ج افواف وبرد مفوف رقيق فيه خطوط بيض وسود * الفيف والفيفاة والفيفاء المفازة لا ماء فيها ج افياف وفيوف وفياف *

ق

القحف عظم الدماغ والجمجمة اذا انكسرت ج اقحاف وقحوف وقحفة والقحف ايضا القدح واناء صغير من خشب والقطعة من القصعة اذا انكسرت واقتحف الاناء شرب ما فيه واقتحفه اخرج ما فيه (والقحافة ما اقتحفته) والقاحف المطر يجيء بغتة يقتحف كل شيء فهو مطر وسيل قحاف * ن قذف الماء نزحه وصبه * ض قذف المرأة الحرة رماها بزنية ن وقذف قاء ض وقذف الشيء رمى به والمقذف والمقذاف مجذاف السفينة والقذاف

وكسرها تَعَطَّفاه وتعطّف بالعِطاف ارتدى بالرداء واستعطفه استماله وسأله أن يتعطّف عليه
• ن عَفَّ عَفًّا وعَفافًا وعَفافةً وعِفَّةً واستعفّ وتعفّف كفّ عمّا لا يحلّ ولا يجمل فهو
عَفٌّ وعَفيفٌ ج أَعِفّاء وهى عَفَّةٌ وعَفيفةٌ ج عَفائفُ وعَفيفاتٌ (وتَعَفَّفَ تكلّفها) وعَفَّ
الراهبُ كفَّ اختيارًا عمّا يحلّ له استعماله وهذا خاصّ بدين النصرانيّة وهو الكمال المسيحيّ
وجاء على عِفّانه اى إبّانه وحينه والعِفاف الدواء والعُفّة العجوز وعَفعَفَ الكلبُ ذنبَه حرّكه
• ض عَقَفَه عطفه ولواه والأعقف المسكين والبدويّ الجافي والاعوج والعَقفاء السِكّين المعوجّة
وانعقف (وتعقّف) اعوجّ • ن ض عَكَفَه عَكْفًا حبسه ن وعَكَفَ عليه عُكوفًا واظبه وعَكَفَ
القومُ حوله استداروا به وعَكَفَ فى البيعة واعتكف أقام بها متعبّدًا فهو عاكفٌ ج عُكوفٌ
وعاكِفون واعتكف أصلح وتأخّر وتحبّس وتعكّف الشعرُ تجعّد فهو عَكِفٌ • العَلَفُ
طعامُ الدابّة ج عُلوفةٌ وأعلافٌ وعِلافٌ والمِعْلَفُ موضعه والعَلّاف بائعه وفعله ض عَلَفَ
عَلْفًا وأعلف والعِلَّوفُ الكثيرُ الاكل (والعَلوفة ما تأكله الدابّة ج عَلَفٌ وعُلُفٌ) والعَليفة
والعَلوفة الدابّة تَعْلِفُها ولا ترعاها وشاةٌ مَعْلوفةٌ (ومُعَلَّفةٌ) مسمّنةٌ • (العُنجُفُ والعُنجوفُ
اليابس هزالًا والقصير) • العُنفُ مثلّثةٌ ضدّ الرِفق وفعله ر عَنُفَ (عليه وبه واعنفته)
وعَنَّفَته تعنيفًا غلّظت له القولَ فهو قولٌ عَنيفٌ وعُنفُوانُ الشئ (وعُنفُوَته) أوّلُه وبهجته
والعَنَفة فراشُ الرحى واعتنفه أخذه بعُنفٍ (وابتدأه واستأنفه) واعتنفه جهله واعتنف
الطعامَ كرهه • العَوْفُ ذَكَرُ الانسان والحالُ والضيفُ (والشأن والجَدّ) والحظّ والديك
والاسد والذئب والذى يكدّ لعياله والعائف السهل وعاف الطائر استدار بالشئ وحام عليه
(وأُمّ عَوْفٍ الجرادة) • عافَ الشئَ يعافه ويَعيفه عَيْفًا وعَيَفانًا وعِيافةً وعِيافًا
كرهه والعائف المتكهّن بزجر الطير كالسحر والاسم العِيافة والعَيَفان المتكرّه طبعًا •

غ

الغُدافُ النسرُ ج غِدفانٌ والغُدافُ ايضًا الشَعَرُ الاسود الطويل والغراب والغادِفُ الملّاح
والغاذوف والمِغْدَفُ المجدافُ وأغدفت المرأةُ قناعها أرسلته على وجهها وأغدف الليلُ
أرخى سدوله وأغدف الصائدُ الشبكةَ أسبلها على الصيد • الغَرَفُ كلّ شجرٍ للحطب
ن وغَرَفه قطعه وغَرَفَ الناصيةَ جزّها ن ض وغَرَفَ الماءَ واغترفه أخذه بيده والغُرْفة والغِرافة
ما تغرفه (ج غِرافٌ والغَرْفة بالفتح للمرّة وبالكسر هيئة الغَرْف والنعل ج غِرَفٌ والمِغْرَفة
ما يُغرَف به) والغَريف الأجمة والغَريفة النعل (الخَلَق) والغُرْفة العِلّيّة ج غُرُفاتٌ بالضمّ

وقلفَ السفينةَ وقلّفها تقليفًا سدّدَ خللها بالليفِ والقارِ والاسمُ القِلافةُ واقتُلِفَ الظفرُ انقلعَ وتلّ القلفِ اسمُ مكانٍ اختتنَ فيهِ اليهودُ بعدَ أنْ قطعوا الاردنَّ * القُناف بالضمّ والكسرِ الكبيرُ الانفِ والضخمُ اللحيةِ والرجلُ الجافي والقَنفاء الكَمرةُ الكبيرةُ جدًّا والقَنيف (جماعاتُ الناسِ والرجلُ) القليلُ الاكلِ واقنفَ استرخت أذنهُ والعنزُ القنفاء التي أذنها غليظةٌ مسترخيةٌ * قوّفَ الاذنِ ثقبها وما يليهِ والقائفُ مَن يعرفُ الآثارَ ج قافةٌ وقيافا رئيسُ كهنةِ اليهودِ حكمَ على المسيحِ بالصلبِ وقافَ أثرهُ واقتافهُ تبعهُ وتقوّفهُ في المجلسِ قطعَ عليهِ كلامهُ وقالَ لهُ قُلْ كذا وكذا *

ك

الكتفُ بالفتحِ (والتحريكِ) وبفتحٍ فكسرٍ (مؤنثةٌ) م ج (كِتَفَةٌ و) أكتافٌ والكتْفُ بالفتحِ والكُتافُ وجعٌ يأخذُ الكتِفَ فهو أكتفُ وهي كتفاء ج كُتُفٌ وفعلهُ ن كتِفَ والكتَفانُ الجرادُ ض ل وكتفَ مشى رُوَيدًا ض وكتفهُ شدَّ يديهِ الى خلفٍ بالكِتافِ وهو حبلٌ يُشدُّ بهِ وكتِفَ مشى وحرّكَ كتفيهِ وكتِفَ الامرَ كرهَهُ وكتفَ رفقَ في الامرِ والكتيبةُ الجماعةُ وكلبتا الحدّادِ وكتّفَ اللحمَ تكتيفًا قطعهُ صغارًا * ر كثُفَ كثافةً واستكثفَ غلظَ فهو كثيفٌ وتكاثفَ تراكمَ وغلظَ وعسكرٌ كثيفٌ متراكمٌ * (الكُحُوفُ الاعضاء) * الكُرسُفُ والكُرسوفُ القطنُ (والكرسفيُّ نوعٌ من العسلِ) وتكرسفَ تداخلَ بعضهُ في بعضٍ * ن ض كرَفَ الحمارُ واكترفَ شمَّ بولَ الاتانِ ثمَّ رفعَ رأسهُ وقلبَ (جحفلتهُ ولا يُقالُ في الحمارِ) شفتهُ وحمارٌ مِكرافٌ معتادهُ وكرّفتهُ شمّمتهُ وأكرفتِ البيضةُ فسدتْ * الكُرنيفةُ الانفُ الضخمُ والمكرنفُ ذو الانفِ الضخمِ وكرنفهُ بالعصا ضربهُ * ض كسفهُ قطعهُ وعرقبهُ وكسفتِ الشمسُ كسوفًا وانكسفتْ احتجبَ ضوءها والكسوفُ خاصٌّ بالشمسِ كما الخسوفُ خاصٌّ بالقمرِ وكسفتْ حالهُ ساءتْ وكسفَ طرفهُ نكّسهُ ورجلٌ كاسفُ الوجهِ عابسٌ (وفي المثلِ أكسفًا وإمساكًا يُضربُ للمتعبسِ البخيلِ) ويومٌ كاسفٌ عظيمُ الهولِ شديدُ الشرِّ (والكِسفةُ القطعةُ من الشيءِ ج كِسَفٌ وكِسْفٌ جج أكسافٌ وكسوفٌ) * ن كشفَ كشفًا أظهرَ وكشفَ الغطاءَ وكشّفهُ تكشيفًا رفعهُ عن شيءٍ يغطيهِ والاكشفُ المنهزمُ ومن لاترسَ معهُ في الحربِ وكشفتهُ الكواشفُ فضحتهُ ل وكشِفَ انهزمَ وأكشفَ ضحكَ فانقلبتْ شفتهُ وتكشّفَ وانكشفَ ظهرَ وتكشّفَ البرقُ ملأ السماءَ وكاشفهُ بالعداوةِ باداهُ بها (والمكاشفةُ اطّلاعُ المولى عبدهُ على ما أخفاهُ عن العامّةِ) * الكفُّ (مؤنثةٌ) اليدُ ج أكفٌّ وكفوفٌ وكُفٌّ والكفُّ ايضًا النعمةُ وجاء الناسُ كافّةً اي كلّهم ولا يُقالُ

الميزانُ والمركبُ والمنجنيقُ والمدفعُ والقُذْفةُ ما أشرفَ من رؤوسِ الجبالِ ج قُذافٌ وقُذَفٌ
بضمٍّ ففتحٍ وبضمَّتينِ (وقُذُفاتٌ) والقُذْفُ والقُذْفةُ الجانبُ • القِرْفُ والقِرافةُ لِحاءُ
الشجرِ والقِرْفةُ م وقشرةُ كلِّ شجرٍ والقِرْفةُ ايضًا التهمةُ والهُجنةُ والكسبُ والطلبةُ والأقْرَفُ
الأحمرُ الشانيُّ ض وقَرَفَ عليهِم بغى وقَرَفَهُ عابَهُ واتَّهمهُ وقَرَفَ لعيالهِ كسبَ وقَرَفَ كذبَ
واقْتَرَفَهُ وقعَ فيهِ واتَّهمهُ واقترفَ اكتسبَ وقارَفَهُ قارَبَهُ • القَرْقَفُ الخمرُ وقَرْقَفَ أرعدَ
• القَشَفُ والتَقَشُّفُ رثاثةُ الهيئةِ وسوءُ الحالِ وضيقُ العيشِ ومعلشُ الرجبانِ الدَنِيُّ
وفعلُهُ ل ر قَشِفَ قَشَفًا وقَشافةً فهو قَشِفٌ بالفتحِ (ويُحرَّكُ) وبفتحٍ فكسرٍ وتَقَشَّفَ
• ض قَصَفَهُ قَصْفًا كسرَهُ ن وقَصَفَ الرعدُ (وغيرُهُ قَصيفًا) اشتدَّ صوتُهُ فهو رعدٌ قاصِفٌ
والقاصِفونَ المزدحمونَ والقَصيفُ هشيمُ الشجرِ وانْقَصَفَ العودُ انكسرَ بنصفينِ فهو قَصيفٌ
وقَصَفَ قُصوفًا أقامَ في الاكلِ والشربِ والقَصْفةُ القطعةُ من المُنْقَصِفِ ج قَصَفٌ وقَصْفانٌ
والتَقَصُّفُ التكسُّرُ واللهوُ واللعبُ على الطعامِ وتَقَصَّفوا اجتمعوا وانْقَصَفوا عنهُ تركوهُ •
ن قَضَفَ قَضافةً وقَضَفًا (وقَضِفَ) هزِلَ ونحفَ فهو قَضيفٌ ج قُضْفانٌ • ض قَطَفَ العنبَ
(وقَطَّفَهُ) جناهُ وقَطَفَهُ خدشَهُ والقُطوفُ الخدوشُ والقِطْفُ العنقودُ والقَطْفُ الأثرُ
والقِطافُ بالفتحِ والكسرِ أوانُ قطفِ العنبِ والقَطيفةُ ثوبٌ مُخمَلٌ ج قَطائفُ وقُطُفٌ
(والقَطائفُ حلواءُ م) وقِطافٍ كأَمَةٍ وأقطفَ الكرمُ دنا قِطافُهُ • التَقَعُّفُ سقوطُ الحائطِ
والجبالِ وفعلُهُ انْقَعَفَ (وتَقَعَّفَ واقْتَعَفَ) وانْقَعَفَ الشيءُ زالَ عن موضعهِ • ن
قَفَّ العشبُ قُفوفًا يبسَ وقَفَّ الثوبُ جفَّ بعدَ غسلهِ وقَفَّ شعرُهُ قامَ فزعًا وقَفَّ الصيرفيُّ
سرقَ الدراهمَ بينَ أصابعهِ فهو قَفّافٌ وهذا قَفّانُهُ حينُهُ وأوانُهُ وهو قَفّانٌ اي أمينٌ
والقِفَّةُ مثلثةً قشعريرةُ الحمَّى والقُفَّةُ من الخوصِ م والقَفَّةُ ايضًا القارةُ والقُفُّ (ويُفتحُ) ما
ارتفعَ من الأرضِ والرجلُ القصيرُ والدميمُ والشجرةُ الباليةُ وقَفَّ الرجلُ انضمَّ حتى صارَ
كالقُفَّةِ والقُفُّ بالضمِّ القصيرُ وظهرُ الشيءِ والأوباشُ من الناسِ والعيمُ كأنَّهُ جبلٌ والقُفُّ
ايضًا جبلٌ من حجارةٍ متراكمةٍ بعضُها فوقَ بعضٍ ج قِفافٌ وأقْفافٌ وأقَفَّتِ الدجاجةُ
انقطعَ بيضُها (او جمعتْ بيضَها) وقَفْقَفَ ارتعدَ من البردِ (وغيرهِ) واضطربَ واصطكَّتْ
أسنانُهُ وتَقَفْقَفَ النبتُ يبسَ • القُلْفُ قشرُ الرمّانِ والأقْلَفُ مَنْ لم يختتنْ والقُلْفةُ
جلدةُ الذكرِ ل قَلِفَ فهو أقْلَفُ ج قُلْفٌ ن وقَلَفَها الخاتنُ قَلْفًا قطعَها وعيشٌ أقْلَفُ ناعمٌ
رغدٌ وعامٌ أقْلَفُ وسنةٌ قَلْفاءُ مخصبةٌ والقَلَفةُ حرفُ الشاربِ ض وقَلَفَ الشجرةَ قشرَ منها
لحاءَها ن وقَلَفَ الدَنَّ قَلْفًا وقِلافةً فضَّ عنهُ طينَهُ فهو قَليفٌ ومَقْلوفٌ وقَلَفَ الشيءَ قلبَهُ

صارَ فيه كهوفٌ * كافَ كيْفًا قطعَ وكيْفَ اسمُ استفهامٍ مبهمٌ والكِيفةُ رقعةُ الثوبِ من قدّامُ والخِيفةُ رقعتُهُ من خلفٍ وكيّفَهُ استفهمهُ وانكافَ انقطعَ وتكيّفَهُ تنقّصهُ (وكيفيّةُ الشيء حالُهُ وقيّتُهُ) *

ل

(ع لافَ الطعامَ أكلهُ أكلًا جيّدًا) * ص لجفَ ضربَ واللجفُ محبسُ السيلِ ج ألجافٌ واللِجافُ أسكفّةُ البابِ والصخرةُ البارزةُ من الجبلِ * ع لحفهُ غطّاهُ باللحافِ وهو غطاءُ النومِ فالتحفَ بهِ واللِحافُ ايضًا الزوجةُ واللِحافُ ايضًا والمِلحفةُ (والمِلحفُ) ثوبٌ يُلبسُ فوقَ الثيابِ (ج لُحُفٌ وملاحفُ) واللِحفُ أصلُ الجبلِ والستارُ وشقُّ الاستِ (واللِحفةُ حالةُ المُلتحفِ) وألحفَ الرجلُ وألحفَ بهِ أضرَّهُ وألحفَ شاربَهُ استأصلهُ وألحفَ مشى في لِحفِ الجبلِ ولاحفَهُ لازمهُ وتلحّفَ اتخذَ لهُ لحافًا * ن لصفَ الحجارةَ لصفًا رصفها (وألصفَ) وتلصّفَ أبرقَ واللاصفُ كالإثمدِ * ن لطفَ لطفًا رفقَ (ودنا) ولطفَ اللهُ اليكَ بلّغكَ مرادكَ بلطفٍ ولطفَ لطفًا ولطافةً صغُرَ ودقَّ ولطفَ الكلامُ خفيَ وغمضَ معناهُ ولطفُ اللهِ توفيقهُ واللطيفُ من أسماءِ اللهِ تعالى والدقيقُ (واللطيفةُ الهديّةُ واللطفانُ الملاطفُ واللواطفُ من الاضلاعِ ما دنا من صدركَ وألطفَ الشيءَ بجنبهِ ألصقهُ والملاطفةُ المبارّةُ والإلطافُ للنساءِ كجلدِ عُميرةَ للرجالِ) وتلطّفَ وتلاطفَ ترفّقَ وألطفهُ أحسنَ اليهِ ولاطفهُ * اللعيفُ حارسُ ثيابِ اللصوصِ ولا يسرقُ معهم (وخاصّةُ الرجلِ ودخلله) ج لعفاءُ واللعيفةُ الصيدةُ والفُ أسرعَ واقبحَ في معاملتهِ والغفَ جارَ (ولاقفهُ صادفهُ والمرأةَ قبّلها) واللغفةُ اللقمةُ * ن لفّهُ وألفّهُ ضدُّ نشرهُ ولفَّ حقّهُ لم يعطهِ إيّاهُ ولفَّ الشيءَ بالشيءِ ضمّهُ فيهِ واللِفافةُ ما يُلفُّ بهِ على الشيءِ ج لفائفُ واللفُّ القومُ المجتمعونَ ج لفوفٌ ض ولفَّ لفًّا جمعَ من ههنا وههنا واللفُّ ايضًا الروضةُ والبستانُ الملتفّ الاشجارِ وجاءوا بلفّهم ولفيفهم اى أخلاطهم واللفُّ مثلّثةُ الاشجارُ الملتفّةُ واللفيفُ القومُ المجتمعونَ من كلِّ قبيلةٍ والملفُّ ما يُلتفُّ بهِ والألفُّ البطيءُ الكلامِ لثقلِ لسانهِ والمقرونُ الحاجبينِ والرجلُ الثقيلُ والموضعُ الكثيرُ الاهلِ ج لفٌّ (واللفّاءُ الروضةُ الملتفّةُ الاغصانِ ج لفٌّ) ايضًا ورجلٌ لفلفٌ ولفلافٌ ضعيفٌ والتفَّ في ثوبهِ تلفّفَ بهِ * ل لقفهُ لقفًا ولقفانًا تناولهُ بسرعةٍ وتلقّفَ الطعامَ ابتلعهُ ورجلٌ (ثقفٌ لقفٌ و) ثقِفٌ لقِفٌ وثقيفٌ لقيفٌ حاذقٌ (والتلقيفُ والتلقّفُ إبلاعٌ وبلعُ الطعامِ) * لافَ الطعامَ لوفًا أكلهُ ومضغهُ والمؤافُ صانعُ البسطِ (واللوفُ نباتٌ م لهُ بصلةٌ) * ل لهفَ وتلهّفَ عليهِ حزنَ ولهفَ

جاءت الكافة لانه لايدخلها ال ولايقال جاء كافة الناس لانها لا تضاف ايضا ن وكف الثوب كفا خاط حاشيته وكف الاناء ملأه وكف رجله عصبها بخرقة وعيبة مكفوفة مستورة وكف بصره عمي فهو كفيف وكفه عنه وكفكفه دفعه وكف اندفع وانصرف لازم متعد وكفاف الرزق ما اغنى عن الناس وكفاف الشئ مثله وكفة القميص ما استدار حول الذيل وكف الشئ ايضا حرفه وحاشيته وطرته ج كفف (جمع كفاف) وكفة الميزان ويفتح م وكفة الصائد شركه (ويضم) ج كفاف وكفف واستكفوا حوله احاطوا به ينظرون اليه واستكف الشعر اجتمع واستكف الشحاذ طلب بكفه واستكف المتصدق مد يده بالصدقة وتكفكف انكف وانكف عن الموضع تركه ● الكلف شئ يعلو الوجه كالسمسم فهو اكلف وهي كلفاء ج كلف والكلف ايضا لون بين السواد والحمرة والحمرة الكدرة ايضا والكلف السواد في الصفرة والكلفاء الخمر والكلفة لون الاكلف وهو الذي لم تصف حمرته ل وكلف به هام به عشقا فهو كلف اى عاشق ن وكلف وجهه ظهر فيه الكلف والتكليف الامر بما يشق عليك وتكلفه تجشمه والمكلوف الامر الشاق ● الكنف الجانب والظل والناحية وجناح الطائر ج اكناف وانت في كنف الله اى في حرزه وستره ن ض وكنف المواشي عمل لها حظيرة تقيها وكنف عنه عدل والاربع كنفوت بالضم وبضمة غير مشبعة على الشاء ثوب قصير تلبسه اليهود تحت الثياب لحفظ الطهارة كما يزعمون والكنوف الشاة التي لا تمشي مع الغنم ج كنف والكنيف م ج كنف والكنيف الستر والساتر والترس والحظيرة ج كنف والكنف وعاء اداة الراعي ووعاء امتعة التاجر ن وكنفه صانه وحفظه وحاطه وكنفه واكتنفه وكنفه تكنيفا اعانه وكنف الدار جعل لها كنيفا واكتنفوه احاطوا به وكانفه عاونه ● الكوفان الغناء والعز وآلة من قصب يدور عليها الغزل وظلوا في كوفان اى في سجس وشر ومكروه وامر شديد وليست به كوفة ولا توفة عيب وكاف الاديم يكوفه كف جوانبه وتكوف استدار ● الكهف كالبيت المنقور في الجبل ج كهوف والكهف ايضا الغار في الجبل (الا انه واسع فان صغر فغار) والكهف ايضا الاعانة والملجأ والسرعة والمشي ولا فعل له (الآن لانه فعل ممات) واصحاب الكهف الشهداء السبعة في زمان داكيوس قيصر الوثني لانهم لما كانوا نصارى مؤمنين بالمسيح رام ان يقتلهم وهم خدامه فاختفوا عنه في كهف من بلاد افسوس وناموا فيه فاظهر الله قوته فيهم بهذه الاعجوبة لانه تعالى ارقدهم هناك الى زمان تاوادوسيوس الصغير ملك الروم المؤمن ثم ايقظهم والمدة ثلثمائة واثنتان وسبعون سنة ثم اماتهم بعد ايقاظهم في ذلك الكهف واسماؤهم ● مكسيميانوس ● مليخوس ● مرتينيانوس ● ديونيسيوس ● يوحنا ● انطونينوس ● قسطنطينوس ● وتكهف الجبل

الحليب وانتشف شرب الرغوة والنشاف من يمسح خبزته من فم القدر ويأكل قبل رفقته والنشافة والمنشفة منديل يتمسح به ن ونشف ذهب وملك ونشف الماء تنشيفا أخذه بخرقة واسم تلك الخرقة نشفة وانتشف لونه مجهولا تغير • النصف مثلثة والنصيف أحد شقى الشيء ج أنصاف ن ونصف الشيء بلغ نصفه ونصف النهار وانتصف وانتصف صار نصفه ونصف الشيء نصفا ونصافة أخذ نصفه ونصفهم أخذ نصف ما معهم ونصف الكأس شرب نصفه ن ص ونصفه نصفا ونصافا ونصافة بكسرهما وفتحهما وانتصفه خدمه والنصف والنصفة الخدمة والمنصف بالكسر والفتح الخادم ج مناصف والناصف مجرى الماء (ج نواصف) والنصيف الخمار والعمامة والبرد الملون والمنصفة منديل يغطي به الكاهن رأسه وقت لبسه ثياب التقديس عند الافونج ثم يلقيها عن رأسه على أكتافه ويقال فيها نصنشة فتكون سريانية معربة والناصف الخادم ج نصف والانصاف العدل والاسم النصف والنصفة وأنصف النهار بلغ نصفه وانصفه أخذ نصفه وأنصف أسرع ونصفها تنصيفا خمرها ونصفه ايضا جعله نصفين وانتصف منه استوفى حقه منه كاملا وانتصفت الجارية وتنصفت اختمرت بالنصيف ومنتصف كل شيء وسطه وناصفه قاسمه على النصف (وتنصف خدم وتنصف فلانا استخدمه عبد) • ن نضف نضفا خدم ونضف ضرط فهو ناضف ومنضف اى ضراط (والنضف) والنضيف النجس ج نضفون والنضافة النجاسة • النطفة الماء الصافي والنطفة ايضا والنطافة الماء القليل في الاناء (ج نطاف ونطف) والنطفة ايضا البحر وماء الرجل ج نطف والنطفة (والنطفة) القرط واللؤلؤة ج نطف بالفتح وتنطفت الجارية تقرطت فهي منطفة ل ونطف نطفا ونطافة ونطوفة ونطف مجهولا اتهم بريبة وتلطخ بعيب وفسد وبشم من الاكل ن ض ونطف الماء نطفا ونطافا ونطفانا ونطافة سال ونطفه قذفه بفجور وعيب ونطف الماء صبه والنطف النجس ج نطفون (وتنطف منه تقذر) والنطف العيب والشر والفساد ودير الناطف في ماردين • النظافة النقاوة وفعله ر نظف فهو نظيف ونظفه تنظيفا نقاه فتنظف والنظيف الصابون وفلان نظيف السراويل عفيف الفرج واستنظف الوالي الخراج استوفاه • النعف ما ارتفع من (منحدر الوادي وما انحدر من حزونة) الجبل (ج نعاف) ومناعف الجبال شماريخها واذن ناعفة ومنتعفة ونعوف مسترخية (والمناعفة المسابقة في طريقين يريد احدهما سبق الآخر) • النغف المخاط اليابس ويا نغفة شتم اى يا حقير • ن نغف الارض بذرها (ونغفت السويق سففته) والنغفة شرة مدورة من

تحيّر ويالهفي ويالهف ويالهفاه ويالهفتاه (ويالهفتا) كلمة يتحسّر بها على فائتٍ والملهوف واللهيف واللهفان واللاهف المظلوم المستغيث والمتحسّر وامرأة لاهف ولاهفة ولهفى متحرّقة حزناء وثكلاء (ونسوة لهافى ولهاف) وفلان لهيف القلب ولاهفه وملهوفه محترقه والالهاف الشراهة والبخل والتلهّف التلهّب * اللِّيف قشر شجر النخل ورجل ليّان كبير اللحية *

ن

(ل نتف من الطعام اكل وفي الشرب ارتوى وفلانا كرهه ع ناف جدّ فهو منتاف) * ض نتف شعره نتفا ونتّفه تنتيفا اقتلعه باصبعه فانتتف وتنتّف والنتافة والنُتاف ما سقط من النتف والنتفة الشعر المنتوف (وما تنتفه باصبعك من النبات وغيره) ج نتف والمنتاف المنتاش (والنتفة من ينتف من العلم شيئا ولا يستقصيه) * النجف (والنجفة) التلّ ومكان لا يركبه الماء ج نجاف والنجف ايضا البلّور المُعدِّقيّ ض ونجفت الريح الصخر نخرته من هبوبها واسم المنخور منها نجف والنجاف المدرعة واسكفة الباب ن ونجف الشاة حلبها جيّدا ونجف الشجرة استأصلها والمنجوف الجبان والمنقطع عن الزواج وليس براهب والاناء الواسع الجوف وانتجفه استخرجه * ل ر نحف نحافة هزل فهو منحوف ونحيف ج نحاف * النخيف صوت خفيّ كالانف وفعله ع نخف والنخاف الخفّ ج انخفة * ض ندف القطن ضربه بالمندف والمندفة وهو قوس يرقّ به القطن فهو قطن مندوف ونديف وندفت الدابّة اسرعت وندف الطعام اكله وندف بآلة الطرب ضرب بها وندفت السماء رمت الثلج وندف الدابّة ساقها عنيفا واندف مال الى سماع صوت الآلات * ض نزف ماء البئر نزحه كلّه ونزفت البئر نزح ماؤها لازم متعدٍّ وانزفت البئر نزفت فهي بئر نزوف والاسم النزف وفلان نزف مجهولا ذهب عقله او سكر او سال منه دم كثير فهو منزوف ونزيف ونزف دمعه سال جدّا والنزفة القليل من الماء ونحوه (ج نزف) والنزيف المحموم والسكران والعطشان جدّا ونزف سكر وجفّ ماؤه وفني خمره * ض نسف البناء استأصله ونسف الله الجبال دكّها وذراها والمنسف شيء ينفض فيه الحبّ وفم الحمار والنسافة ما يسقط من المنسف ورغوة الحليب ن ونسف نسفا ونسوفا عضّ والنسيف السرّ والخفيّ من الكلام واثر عضّ الحمار واثر حوافر الخيل والنسفة (وتثلث ويحرّك) والنسيفة حجارة سود نخرة تحكّ بها الرجل ج نسف ونساف (ونسف) وانتسف لونه مجهولا تغيّر * ل ن نشف الثوب العرق شربه ونشف الماء غاض في الارض والاسم النشف والنشفة بالضم والكسر الماء القليل في الوعاء والنشافة والنشفة رغوة

بن يعقوب إسرائيل قبل مصر ويوسف بن داود خطيب سيدتنا مريم العذراء * ص
وصفه وصفا وصفة نعته فاتصف والوصيف الخادم والخادمة ج (وصفاء والوصيفة الخادمة
ج) وصائف ر ووصف بلغ حد الخدمة والاسم الوصافة * الوطف كثرة شعر
الحاجبين والعينين فهو أوطف وهي وطفاء وسحابة وطفاء كثيرة انهمار المطر والفعل ن
وطف (وظلام أوطف حالك وعيش أوطف رخي) * الوظيف ساق الدابة ج
(أوظفة ووظف والوظيفة ما يتعين لك كل يوم من طعام او رزق والعهد والشرط ج)
وظائف ووظف والتوظيف تعيين الوظيفة ووظفه وافقه ووازره ولازمه (واستوظفه استوعبه)
* الوغف مستنقع الماء ج وغاف ن ووغف (بصره) وغوفا ضعف * ن وغف بصره
وغفا ووغوفا ضعف ض ووغف أسرع وعدا وأوغف الكلب لهث (وأوغف الخطمي أوخفه)
* الوقف السوار من عاج ض ووقف وقوفا انتصب قائما ووقفته وقفا ووقفته توقيفا
وأوقفته أقمته واقفا ووقف النصراني الكنيسة خدمها ووقفه على ذنبه أطلعه عليه ووقف
الملك والعقار وأوقفه نذره لله والموقف محل الوقوف والوقاف المتمهل المتأني وأوقف
سكت وأوقف وتوقف أمسك عنه وأوقف أقلع ووقفت المرأة يدها بالحناء توقيفا حنتها
والموقف المجرب المحنك وتوقيف الحديث تبيينه والتوقيف ايضا النص في الشرع
والتوقف على الشيء (وفي الشيء) التثبت والوقاف والمواقفة أن تقف مع خصمك
في المخاصمة * ض وكف البيت وكفا ووكيفا وتوكافا وأوكف قطر ل ووكف وكفا
مال وجار وعاب والوكف سفح الجبل والعرق الجاري والفساد والعيب والثقل والشدة
والفعل وكف والوكف ايضا الرفراف فوق باب البيت ج أوكاف والوكاف بالكسر والضم
بردعة الحمار (ووكفه توكيفا وأكفه إيكافا وأكفه تأكيفا وضع عليه الوكاف) وأوكفه أوقعه في
الاثم واستوكفه استقطره وأوكفه واجهه وعارضه وتواكفوا انحرفوا * الوليف والولوف
البرق المتتابع اللمعان وفعله ض ولف ولفا وولافا (وإلافا ووليفا) والولاف ايضا والموالفة
المآلفة والايصال * ض وهف النبات وهفا ووهيفا أورق واهتز ووهف دنا والواهف
قندلفت البيعة وقيمها وعمله الوهافة بالكسر والفتح (والوهفية والهفية) وفعله وهف
وهفا ووهافة *

هتفت الحمامة صاحت ن وهتف به هتافا صاح وهتفه مدحه * ل هجف جاع والهجفان
العطشان * الهدف البناء المرتفع والرجل الثقيل النوام الوخم الذي لا خير فيه والهدف

غوص والنفنف الهواء والنفنف والنفناف كل مهوى بين جبلين والنفنف الطريق في الجبل ومابين السماء والارض والنفنف ايضا المشارة ونفانف البلاد نواحيها * النقف كسر الهامة او ضربها أشد الضرب وثقب البيضة والفعل ن نقف فهو منقوف ونقيف والنقف الفرخ حين يخرج من البيضة والنقاف الحسن التدبير والشحاذ الصحوح واللص والمنقاف منقار الطائر وعظم السمك يصقل به الورق ونقفت العود الارضة اكلته فهو منقوف ونقيف والمنقوف الرجل الضعيف الضامر المصفر الوجه ونقف الشراب مزجه وانتقف المخ استخرجه * ل ن نكف منه أنف منه وامتنع (فهو ناكف) ل ونكف منه تبرأ (وغيث لا ينكف لا ينقطع وبحر او جيش لا ينكف اى لا يبلغ آخره. ولا يقطع ولا يحصى) ن ونكف الدمع نحاه عن خده ونكف منه مدل والنكف شحمة الاذن وانتكف خرج من ارض الى ارض وتناكفا الكلام تراجعا فيه واستنكف استكبر * ناف نوفا صوت وناف الثدى مصه والنيف (وقد تخفف) الزيادة على العقد في الحساب يقال عشرة ونيف وعشرون ونيف ونحوه وكل مازاد على العقد فنيف الى أن يبلغ العقد الثاني والنيف ايضا الفضل والاحسان وناف على الشئ وأناف اشرف عليه وأناف عليه ونيف زاد * (النهف التحير) *

و ف

ض وثف الثدر وأوثفها (ووثفها) جعل لها اثافي * ض وجف وجفا ووجيفا ووجوفا اضطرب واستوجف الحب فؤاده ذهب به * الوحف الشعر الاسود والنبات الريان ر ل ووحف النبات والشعر وحافة كثر واشتدت أصوله والوحفاء ارض ذات حجارة سود ج وحافي والوحفة الصخرة السوداء ج وحاف ض ووحف منا دنا ووحف الينا قصدنا ووحف وأوحف اسرع * ض وخفه ذكره بقبيح وأوخف اسرع (ووخف الخطمى وأوخفه ضربه حتى تلزج فوخف لازم متعد) والموخف الاحمق والوخفة الخريطة * ض ودف الشحم ذاب وسال وودف الاناء رشح وودف له العطاء قلله والودفة والوديفة الروضة الخضراء واستودف الخبر بحث عنه واستودف النبت طال * (ض وذف الشحم وغيره سال والوذفة بظرة المرأة والوذاف الذكر) * ض ورف الظل ورفا ووريفا ووروفا وأورف (وورف) اتسع وطال وامتد والرفة التبن * ض وزف وزيفا وأوزف (ووزف) اسرع ووزفه وزفا استعجله لازم متعد * نوسف (وقد يهمز ويثلث سينهما)

والأراقُ داء اليرقان وأرّقهُ تأريقًا سهّرهُ * ل أزِقَ صدرُهُ أزقًا بالفتح والتحريك ضاقَ ص وأزِقَ في الحرب تضايقَ والمأزِقُ المضيقُ * الأُفقُ بالضمّ وبضمّتين الناحيةُ ج آفاقٌ ل وأبِقَ بلغ النهايةَ في الكرم والعلم والفصاحة والفضيلة فهو أفِقٌ وأفيقٌ ص وأفَقَ ذهبَ في الآفاق تائهًا وأفَقَ كذبَ وغلبَ وأفقُ الطريق سَنَنُهُ ووجهُهُ ج آفاقٌ والأفقةُ القلفةُ وافقةُ ختنهُ والأفقةُ والآفقةُ الخاصرةُ * الإلاقُ البرقُ الكاذبُ الذى لا مطر فيه وتألّقَ البرقُ (ل وألِقَ وائتلقَ لمعَ وتألّقت المرأةُ تزيّنتْ واستعدّتْ للشرّ وتألّقت العينُ تحرّكتْ مأقُها والإلقُ الذئبُ والإلقةُ أنثى القرد والمرأةُ الجريئةُ والأولقُ المجنونُ وفعلهُ أُلِقَ مجهولاً ألقًا فهو مألوقٌ * ل أنِقَ أنقًا فرحَ وسُرَّ وأنِقَهُ أحبّهُ وأنِقَ بهِ أعجبَ والأنوقُ العقابُ والرخمةُ والنسرُ والأنيقُ الحسَنُ المعجبُ وتأنّقَ فيه وتنوّقَ عملهُ بالاتقان * الأَرَقُ الثِقَلُ والشؤمُ وفعلهُ ل أوِقَ وأوِقَ علينا أشرفَ ومالَ والأوقةُ البالوعةُ تذهبُ في الارض والأواقُ قصبُ الحائك تكونُ فيها لُحمةُ الثوب وأوّقهُ تأويقًا حمّلهُ على المشقّة وأوّقهُ ايضًا عوّقهُ وذلّلهُ وتأوّقَ تعوّقَ *

ب

(باقتهم الداهيةُ بوقًا أصابتهم وانباقَ عليهم الدهرُ هجمَ عليهم بالداهية) * ن بثقَ النهرَ بثقًا كسرَ شطّهُ لينحدرَ الماءُ من مكسرهِ وانبثقَ النهرُ جرى ماؤهُ من شطّهِ وانبثقَ الفجرُ أقبلَ ممتدًّا في المشرق وانبثقَ السيلُ عليهم جاءهم فجأةً وانبثقَ عليهم بالكلام اندرأ وانبثاقُ الروح القدس عند علماء اللاهوت هو صدورُ المحبّة الاقنوميّة متردّدةً بين الآب والابن بفعل ارادتهما الواحدة وبثقت العينُ أسرعَ دمعُها * ع بخقَ عينَهُ وأبخقها فقأها ل فبخقت بخقًا فهي بخقاء وباخقةٌ وبخيقةٌ وهو بخيقٌ وأبخقُ * البخنقُ خرقةٌ تتقنّعُ بها الجاريةُ وتشدُّ طرفيها تحت حنكها والبخنقُ ايضًا البرقعُ الصغيرُ * بذرقَ مالهُ أسرفَ فيهِ وأنفقهُ في غير طاعةِ اللهِ كلمةٌ مولّدةٌ * البذقُ والبيذقُ الدليلُ في السفر (ج بذوقٌ) والبياذقةُ العساكرُ الرجّالة * البرقُ م ج بروقٌ ن وبرقت السماءُ بروقًا وبرقانًا لمعتْ وبرقتْ أتتْ بالبرق وبرقَ الشيءُ (برقًا وبروقًا و) بريقًا لمعَ وبرقَ الرجلُ وأبرقَ تهدّدَ وتوعّدَ وبرقَ النجمُ طلعَ وبرقت المرأةُ برقًا (وبرّقتْ) تحسّنتْ وتزيّنتْ وبرقَ بصرُهُ تلألأَ ل ن وبرقَ برقًا وبروقًا تحيّرَ ودهشَ والبرقةُ الدهشةُ وباراقُ من قضاة بني اسرائيل خلّصهم من أسر الكنعانيّين والبارقُ سحابٌ ذو برقٍ والبارقةُ السيوفُ والابريقُ إناءٌ م (معرّبُ آب ريز) ج أباريقُ والابريقُ ايضًا السيفُ (البرّاقُ) والأبرقُ ارضٌ ذاتُ رملٍ وحجارةٍ غليظةٍ مختلطةٍ بطينٍ ج أبارقُ

ايضا الغرض ص وهذف كسل وضعف والهذف الجسم واهذف عليه اشرف واهذف اليه لجأ واهذف الشيء عرضه واهذف منا دنا واشهذف انتصب وارتفع * (الهذروف السريع ج هذاريف والهذرفة السرعة) * ص هرف افرط فى المدح اعجابا وهرف مدح بلا خبرة واهرف ماله نما وهرفوا الى الصلوة عجلوا * (الهرشفة العجوز وصوفة الدواة اذا يبست وقد هرشفت واهرنشت وتهرشف تمشى قليلا قليلا * هزنف ضحك فى ضعف والمهزنفة الضعيفة فى صوتها وبكائها) * ص هطفت السماء مطرت (والهطوف المطر الغزير) * ص هفت الريح هفا وهفيفا سمع صوت هبوبها وسحابة هف لا ماء فيها (وشهدة هف لا عسل فيها) والهف الزرع الذى تتناثر حبه لتاخر حصاده والسمك الصغار والهف ايضا الانسان الخفيف وكل خفيف خاوى الجوف والهفاف الظل البارد والهفاف ايضا والهفهاف القميص الرقيق الشفاف وريح هفافة طيبة والهفيف سرعة السير والهفهاف الضامر البطن والعطشان واليهفوف الجبان والاحمق والارض المقفرة وجارية (مهفهفة و) مهفهفة ضامرة البطن دقيقة الخصر وهفهف بدنه دق ومشق فهو مهفهف واهتف السراب برق * (الهقف قلة شهوة الطعام * الهكف السرعة فى العدو * الهلوف الثقيل الجافى او العظيم البطين لا غناء عنده والكذوب والهلوف اليوم الذى يستر غمامه شمسه) * اهنفت المرأة ضحكت فى فتور كضحك المستهزئ والمهنفة اللاعبة * الهوف ونحم الريح الحارة والباردة ضد والهوف بالضم الرجل الذى لا خير عنده (والاحمق والجبان) * الهيف شدة العطش وريح حارة تيبس النبات وتنشف المياه وتعطش الحيوان والهيف ضمر البطن ودقة الخصر وفعله ل هيف هيفا بالفتح والتحريك فهو اهيف وهى هيفاء ج هيف وهاف العبد يهاف ابق والمهياف السريع العطش ص وهاف عطش فهو هائف وهيوف وهيفان ومهتاف *

حرف القاف

ا

(ع) ل ص ابق العبد ابقا ويحرك واباقا ذهب هاربا فهو آبق وابوق ج اباق (وابق) وتأبق استتر وتأبقه انكره * الارق والائتراق سهر الليل وفعله ل ارق فهو ارق (وآرق) والارقان الحناء والزعفران ودم الاخوين والارقان (والإرقان والإرقان والأرقان والارقان) والارق

الى الدينونةِ العامّةِ والبُوقُ الرجلُ الذى لا يكتمُ السرَّ والبُوقُ ايضًا الباطلُ والزورُ والأبواقُ السبعةُ التى رآها يوحنّا الحبيبُ فى جليانهِ تدلُّ على سبعِ ضَرَباتٍ تردُ قبلَ مجيءِ الدَجّالِ لعنهُ اللهُ • البوقُ الأوّلُ • ضربةُ البَرَدِ والنارِ والدمِ • الثانى سقوطُ جبلٍ من نارٍ فى البحرِ • الثالثُ انقضاضُ نجمٍ يمرّرُ المياهَ • الرابعُ الكُسوفُ والخُسوفُ • الخامسُ جرادٌ كالعقاربِ • السادسُ عسكرٌ من الشياطينِ • السابعُ انهدامُ الكونِ • والبائقةُ الداهيةُ ج بَوائقُ وباقتهمْ البائقةُ وانباقتْ عليهم أصابتهم وباقَ جاءَ بالشرِّ والخصومةِ والباقةُ الحزمةُ من البقلِ وباقَ بهِ غدرَ بهِ وقتلهُ ظلمًا وباقَ فلانٌ اعتدَى وباقَ المالُ فسدَ وبارَ ومتاعٌ بائقٌ لا ثمنَ لهُ وباقَ القومَ سرقهم • البَهَقُ داءٌ م وهو بياضٌ فى ظاهرِ البشرةِ لسوءِ مزاجٍ •

ت

ل تَئِقَ الإناءُ امتلأ وأتأقتهُ ملأتهُ وتَئِقَ فلانٌ امتلأ غضبًا او حزنًا فهو تَئِقٌ والتَئِقُ ايضًا (والمِتْآقُ) السريعُ الى الشرِّ • التِرْياقُ دواءٌ م والتَرْقُوَةُ العظمُ عندَ جوزةِ الكتفِ ج التَراقى والترائقُ وترقيتهُ ترقاةً أصبتُ ترقوتهُ • تاقَ اليهِ تَوقًا وتُؤُوقًا وتياقةً وتَوَقانًا اشتاقَ وتاقَ الى الشيءِ همّ بفعلهِ وتاقَ بنفسهِ تَوْقًا وتَوَقانًا جادَ بها عندَ الموتِ وتاقتِ الدُمُوعُ خرجتْ •

ث

(عن ثَبَقَتِ العينُ أسرعَ دمعُها وثَبَقَ النهرُ ثَبْقًا وتَثْباقًا أسرعَ جريُهُ وكثرَ ماؤهُ) • ن ثَدَقَ المطرُ انسكبَ شديدًا فهو ثادقٌ وثَدَقَ الوادى سالَ وسحابٌ ثادقٌ سَيّالٌ • (الثُفْروقُ قمعُ التمرةِ ج ثَفاريقُ وما لهُ ثُفْرُوقٌ شيءٌ • ثَقْثَقَ تكلّمَ بكلامِ الحماقةِ) •

ج

الجاثَليقُ الكاثوليكُ وهى مرتبةٌ بيعيّةٌ بينَ البطريركِ والمطرانِ لهُ الحكمُ على معاملةٍ تخصّهُ مثلُ رئيسِ أساقفةِ قبرسَ • الجَرْدَقَةُ والجَرْدَقُ الرغيفُ (معرّبُ كَرْدَهْ) • الجَرامِقَةُ قومٌ من العَجَمِ ملكوا الموصلَ فى أوائلِ الاسلامِ الواحدُ جَرْمَقانىٌّ والجُرْمُوقُ الذى يُلبسُ فوقَ الخُفِّ من جلدٍ • الجَوْزَقُ القطنُ • الجَوْسَقُ القَصْرُ • ن جَقَّ الطائرُ ذرقَ • الجُوالِقُ بكسرِ الجيمِ واللامِ وبضمِّ الجيمِ وكسرِ اللامِ (وفتحِها) وعاءٌ منسوجٌ من صوفٍ ج جَوالِقُ وجواليقُ وجُوالِقاتٌ وجَلَقَ (وجِلِّقُ) لقبُ دمشقَ ن وجَلَقَ رأسَهُ حلقهُ وجَلَّقَتِ المرأةُ كشفتْ ما يسترُها والمَنْجَليقُ المَنْجَنيقُ ن وجَلَقَهم بالمنجليقِ رماهم بهِ

وتسمّى البَرْقاء ايضا ج بَرْقاوات والأبْرَق والبَرْقاء ايضا كلّ شيء اجتمع فيه سوادٌ وبياضٌ يقال تيسٌ أبْرَق وعنزٌ بَرْقاء والبَرَق الفزع والدهش والحيرة والبَريق التلألؤ واللمعان والإستبرق (معرّب) ديباجٌ يُعمَل بالذهب وثيابٌ شفّافة من حريرٍ أحمر وأبرقوا وأرعدوا أصابهم بَرْقٌ ورعدٌ وأبرق عن الامر تركه وبَرّق منزلَه تبريقًا زيّنه وزوّقه وبَرّق فى المعاصى ايضا انغمس فيها جهدَه والبَيْرَق الراية مُعرّبة • (البَرازيق الجماعات من الناس الواحد بِرْزيق فارسىّ مُعرّب • بَرْشَق اللحم قطّعه وبَرْشَق فلانا السوطَ ضربه به وابْرَنْشق فرح وسُرّ والشجرُ ازهر والنَوْرُ تفتّق) • البُزاق البصاق وفعله ن بَزَق (وبَزَق بَسَق) وبزقت الشمس وأبزقت بزغت • البُساق البصاق وفعله ن بَسَق. بَسَق النخلُ بُسوقًا طال والباسقة السحابة البيضاء والداهية • الباشَق من جوارح الطير (مُعرّب باشه) ل ض وبَشِق فلانٌ حدّد نظرَه وبَشَق ملّ وعجز وتأخّر (وضرب) • البُصاق التفل وفعله ن بَصَق (والبُصاق والبُساق والبُزاق ماء الفم اذا خرج منه وما دام فيه فريق) • البِطْريق قائدُ جيشِ الرومِ ج بَطارِقة والبِطْريق ايضا الرجل المختال • البِطاقة مكتوبُ الرسالةِ ورقعةٌ تُخاط فى الثوبِ ويُرقَم فيها ثمنُ الثوبِ والبِطاقة ايضا الحدقة • بَعْزَق الشيءَ فرّقه وبدّده • البُعاق شِدّة الصوتِ والمطرُ الوابلُ والسيلُ والفعلُ ن بعق وانْبَعَق الماءُ انفجر عليك بغتةً (وانْبَعَق المُزْنُ انبعج بالمطرِ والتَبعيق التشقيق) • البَقّة البعوضة والمرأة الكثيرة الأولادِ ن وبَقّت المرأةُ كثرت أولادُها وبَقّ أولادَه ومالَه فرّقهم وبَقّ النبتُ طلع وبَقّ الرجلُ وأبَقّ كثر كلامُه وبَقّت السماءُ مطرت شديدًا والبَقْبَقة صوتُ الكوزِ فى الماءِ والبَقْباق الفم وبَقْبَق أكثر من كلامه • البَلَق والبُلْقة سوادٌ وبياضٌ وفعلُه ل ر بلق بَلَقًا فهو أبلق وهى بَلْقاء والبَلَق ايضا البابُ والرخامُ وحجرٌ شفّافٌ كالزجاجِ تسمّيه العامّة الطلق تُعمَل منه الفوانيس الافرنجيّة والأبْلَق الفردُ حصنٌ للسموألِ بن عاديا اليهوديّ والبَلوقة بالفتحِ والعشمِ المفازةُ والارض المستوية اللّيّنة ج بَلاليق وبالق من ملوكِ مَدْيَن قتله الاسرائيليّون وكان دعا ببلعام العرّاف حتّى يلعنهم لعلّه يظفر بهم فساء ظنّهما ن وبَلَق السيلُ الاحجارَ جرفها وبَلَق البابَ وأبْلَقه فتحه وغلقه ضِدٌّ وانْبَلَق وبَلَق الجاريةَ اقتضّها وبَلَق بُلوقًا أسرع • البُنْدُق الذى يرمى به الواحدة بُنْدُقة ج بَنادق وبَنْدَق الشيءَ جعله بُنْدُقًا وبَنْدَق نظره حدّده والبُنْدُقيّة مدينة على ساحل البحرِ فى ايطاليا عاصيةٌ جدًّا أهلُها أحذق الناس فى الصنائع واليها ينسب الذهبُ البُنْدُقيّ وهو غايةٌ فى الجودة والبُنْدُقيّ ثوبُ كتّانٍ رفيع • البَنيقة لِبنة القميصِ وبَنّق بالمكانِ تبنيقًا أقام وبَنّق كلامَه وكذبه ايضا صنعه وزوّقه وبَنّق الشيءَ قلّله وعرّض أملاه وضيّق أسفله ومنه الحائط المُبَنّق • البُوق (مُعرّب) آلةٌ ينفخ فيها وبُوق القيامةِ صوتُ الملائكة الاخير لتقوم الاموات

وإناءٌ مَحزوقُ العنقِ ضيّقهُ والحِزقُ والحِزقةُ والحازِقةُ والحَزيقُ والحَزاقةُ الجماعةُ والحَزيقةُ
الحديقةُ (والقطعةُ من كلّ شيءٍ) ج حَزائقُ (وحَزيقٌ وحُزقٌ) والحُزقُ الضيّقُ والذي
تتحرّكُ أليتاهُ عندَ المشيِ وحَزقيّا من ملوكِ يهودا أطالَ اللهُ في عمرهِ خمسَ عشرةَ سنةً
وأحزقَهُ منعهُ • (الحَزَوْلَقُ القصيرُ المجتمعُ الخَلقِ • الحَفلَقُ والحَنفلقُ الضعيفُ
الاحمقُ) • الحَقُّ من أسماءِ اللهِ وكلامُ اللهِ والحَقُّ ايضًا ضدُّ الباطلِ ومن حكمُ اللهُ
بهِ على آدمَ أمّا خالقهُ والموتُ والحزمُ (والامرُ المقضيُّ والعدلُ والمالُ والمِلكُ والواجبُ
والموجودُ الثابتُ والصدقُ وحقيقةُ الامرِ) وحُقُّ الرأسِ وحاقّهُ وسطهُ ورجلٌ حقٌّ (الرجالِ)
كاملٌ والحاقّةُ البليّةُ النازلةُ والقيامةُ ن وحَقَّ الشيءَ وأحقَّهُ وحقّقهُ أوجبهُ وحُقُّ الكتفِ
الجوزةُ التي في رأسهِ ض ن وحَقَّ الامرُ حقّةً وجبَ ووقعَ بلا شكٍّ فيهِ فهو حقٌّ ج حُقوقٌ
وحقيقةُ الامرِ واجبهُ وصدقهُ وتحقّقتُ الامرَ تيقّنتهُ وحُقَّ لكَ أنْ تفعلَ كذا اي وجبَ
وهو حَقيقٌ به وحَقٌّ بهِ جديرٌ بهِ والحقيقةُ ضدُّ المجازِ والحُقّةُ وعاءٌ من خشبٍ ج حُقٌّ
وحُقوقٌ وحُقَقٌ وأحقاقٌ وحِقاقٌ والحُقّةُ الداهيةُ والحُقُّ بيتُ العنكبوتِ ورأسُ الوركِ
ورأسُ العضدِ والارضُ المستديرةُ (والحِقُّ من الإبلِ الداخلُ في الرابعةِ) والحِقّةُ الحقُّ
الواجبُ وحقّقهُ صدّقهُ وتحقّقهُ والكلامُ المحقّقُ الرصينُ واستحقّهُ استوجبهُ وتحقّقَ الخبرُ
صحَّ وحاقّهُ خاصمهُ واحتقّا اختصما وأنا أحقُّ بهِ أولى بهِ (والمُحِقُّ ضدُّ المُبطِلِ • الحَنفلقُ
الدارابزينُ) • الحَلقةُ م وفتحُ لامِها لحنٌ ج حَلَقٌ وحلقاتٌ ض وحَلَقَ رأسَهُ
ولحيتَهُ (حلقًا وتحلاقًا وحلّقها واحتلقها أزالَ شعرَها) فهي لحيةٌ حليقٌ محلوقةٌ ن وحلّقَ
الحوضَ وأحلقهُ ملأهُ وحلقُ الشيءِ قدرهُ (وحروفُ الحلقِ الهمزةُ والهاءُ والعينُ والحاءُ والغينُ
والخاءُ) وحلقيّا من أحبارِ إسرائيلَ في عهدِ يوشيّا ملكِ يهودا والحالِقُ الجبلُ المرتفعُ
والحَلْقُ (الشؤمُ و) الحُلقومُ والحُلقُ بالضمّ الشكلُ والحِلقُ بالكسرِ خاتمُ الملكِ والخاتمُ
من فضّةٍ لا فصَّ لهُ والمواشي الكثيرةُ والمِحلقُ موسى الحلاقةِ والثوبُ الخشنُ والحَلاقُ
(وحلاقِ) المنيّةُ والحُلاقةُ ما حُلقَ من الشعرِ و(الحُلاقُ) وجعُ الحلقِ وحلّقَ الطائرُ تحليقًا
ارتفعَ في طيرانهِ وحلّقَ القمرُ وتحلّقَ صارتْ حولهُ دارةٌ وحلّقَ النجمُ ارتفعَ وحلّقَ
اليهِ بالشيءِ رمى بهِ اليهِ وتحلّقوا جلسوا حلقةً والحالِقُ الطائرُ المرتفعُ في طيرانهِ والمكانُ
الرفيعُ ج حَلَقةٌ لمحرّكةٌ • رل حمقَ حُمقًا بالضمّ وبضمّتين وحماقةً وانحمقَ واستحمقَ
قلَّ عقلهُ فهو أحمقُ وهي حمقاءُ ج حُمقٌ وحِماقٌ وحَمقى وحُماقى والحُمقُ الخفيفُ اللحيةِ
والحُمقُ الخمرُ والحُموقةُ (والأحموقةُ والحميكةُ) الأحمقُ البالغُ وأحمقهُ وجدهُ أحمقَ

ص وجلق فمه عند الضحك بالغ في فتحه وقد أنجلق • المنجنيق بالفتح ويكسر والمنجنوق آلة ترمى بها الحجارة ج منجنيقات ومجانق ومجانيق ص وجنق وجنق تجنيقا رمى بالمنجنيق • الجوقة الجماعة من الناس وجوقهم تجويقا جمعهم فتجوقوا ل وجوق وجهه مال وتعوج فهو أجوق وهي جوقاء ج جوق والأجوق الغليظ الرقبة •

تنبيهٌ

كل كلمة اجتمع فيها جيمٌ وقافٌ ليست بعربيّة بل معرّبةٌ •

ح

الحبق ضرب من الرياحين يشبه الثمام والحبق الضراط وفعله ص حبق حبقا (وحبقا وحباقا ضرط والحبقة الضرطة ويا حباق شتم للأمة والحبقة الجاهل (والحبق القليل العقل وهي بهاء والحبق الضرب بالسوط وغيره) وأحبق أذعن وحبق متاعه تحبيقا جمعه وحبق أمره أيضا أحكمه وحبقوق من أنبياء إسرائيل • (الحدبق القصير) • الحدقة والحندوقة والحنديقة سواد العين ج حدق وأحداق وحداق ص وحدقوا به واحدقوا واحدودقوا أطافوا به محيطين له وحدق الشيء نظر اليه وحدقه أصاب حدقته والحدق الباذنجان والحديقة الروضة ذات الشجر والبستان ج حدائق والتحديق شدة النظر • (الحذلق القصير) • ص ل حذق الصبي الصناعة حذقا وحذاقا وحذاقة تعلمها ومهر فيها ص وحذق الشيء حذاقة وحذقا قطعه بالسكين فهو حذيق ومحذوق ن وحذق الخل حذوقا وحذقا اشتد حمضه وحذق الخل لسانه حرقه (والحذاقي الجحش والرجل الفصيح والسكين المحدد) • حذلق وتحذلق أظهر الحذق وادعى أكثر مما عنده • (الحزرقة التضييق والحبس) • ص حرقه بالنار وأحرقه وحرقه تحريقا فاحترق وتحرق ومكان الاحتراق من مراحل بني إسرائيل وكان اليهود دمدموا فيه على الله فألقى في مضاربهم نارا فحرقتها ن ص وحرقه حك بعضه ببعض وحرقه برده و(حرق نابه) سحقه (حتى سمع له صريف) والحارقة النار والشهوة والمرأة الشبقة المحترقة بالشهوة والتي تسبت جاراتها لشرها والحرق النار ولهيبها وأثر حريقها (والحروق والحروق والحروقاء) والحراق والحراقة ما يقع النار فيه عند القدح والحراق الماء الشديد الملوحة وفي جوفه حرقة ويضم وحريقة حرارة والمحراقات مواضع الحمامين والحرقة والحريق اسم من الاحتراق • ص حزق ضبط وحزق الرباط جذبه شديدا وحزق الشيء عصره وضغطه وشده

• ص خرقه طعنه فانخزق والخازق سنان الرمح وخزق الطائر ذرق وياخزاق شتم (من
الخزق التى بمعنى الذرق) وخزق السهم اصاب • ص خسق السهم اصاب والخساق
الكذاب • ن خفق النعل صوت ن ص وخفق البيرق خفقا وخفقانا اضطرب وتحرك
وخفق واختفق اضطرب ايضا وخفق النجم خفوقا غاب وخفق رأسه اخفقه حركه وخفق
الليل خفوقا ذهب اكثره وخفق الطائر طار والخافقان الغرب والشرق والخفاقة الدبر والخفقان
اضطراب القلب فهو مخفوق القلب والاسم الخفقة والمخفوق ايضا المجنون واخفق الرجل
خاب من سعيه ومطلوبه واخفق الطائر ضرب بجناحيه واخفق الرجل لمع بثوبه لينجد (وغزا
ولم يغنم واخفق الصائد رجع ولم يصد وطلب حاجة فاخفق لم يدركها) واخفقت النجوم
مالت للمغيب (والخيفق الفلاة الواسعة والداهية والمخفق السيف العريض والخيفقان لقب
شاعر الذى يضرب به المثل بالظلم وجزاء الاحسان بالسيئة يقال ظلم ولا كظلم الخيفقان •
لاخفيق والاخقوق الشق فى الارض ج اخاقيق والخق ج اخقاق وخقوق وقيل جمع
اخاقيق وخق القدر غلا وصوت) • الخالق من صفات الله اى المبدع الكائنات من
العدم الى الوجود وفعله ن خلق خلقا وخلق واختلق وتخلق افترى بالكذب وخلق الشيء
لينه وملسه وخلق الكلام صنعه وخلق الاديم خلقا وخلقة حرزه وقدره قبل ان يقطعه ل ر
وخلقت الصخرة تملست فهى خلقاء و(حجر) اخلق ر وخلق صار خليقا اى جديرا وخلقت
المرأة (خلاقة) حسن خلقها وقصيدة مخلوقة منحولة والخليقة الطبيعة والخليقة والخلق الناس
والخليقة البهائم ج خلائق ر ن ل وخلق الثوب خلوقة وخلقا بلى والخلق البالى (للمذكر
والمؤنث) ج خلقان وثوب اخلاق بال كله (والمخلق الخريطة او الكيس والخلاق النصيب الوافر
من الخير) والخلوق الطيب والخلق بالضم وبضمتين السجية والطبع والمروءة والدين والاخلق
الاملس والفقير والخلاقة الملاسة والخلقة بالكسر والضم الفطرة واخلقه كساه ثوبا خلقا وخلقه
تخليقا طيبه بالخلوق فتخلق وتخلق تظاهر بغير خلقه وخالقهم عاشرهم بخلق حسن
(الخنبق البخيل الضيق) • الخندق حفير حول اسوار المدينة (معرب كنده) • ن خنقه
خنقا اخذه برقبته حتى مات فالمختنق فهو (خنق و) خنيق ومخنوق والخانق الزقاق واخذه
بخناقه بالكسر والضم ومخنقه اى مسكه بعنقه والمخنقة القلادة (والخناق الحبل يخنق به والخناق
داء يمتنع معه نفوذ النفس الى الرئة) • الخوق حلقة القرط والشنف والخوق بالضم غلاف
ذكر الدابة ل وخوق الشيء واخوق اتسع ومفازة خوقاء واسعة وخوقه تخويقا وسعه فتخوق والخوقاء
الحمقاء ج خوق والاخوق الاعور وتخوق تباعد •

والحماقُ بالضمّ والفتحِ الجُدَرِيُّ (او شِبهُهُ) والمُحمِقاتُ ليالي البدرِ وفيها غيمٌ فتظنُّ أنّكَ أصبحتَ واستحمقَ فعلَ فعلَ الأحمقِ وانحمقَ ذلَّ وتواضعَ وانحمقَ الثوبُ أخلقَ وانحمقَ السوقُ كسدتْ وحمّقهُ تحميقًا نسبهُ الى الحُمقِ * حِمْلاقُ العينِ بالكسرِ والضمِّ وحُمْلوقُها باطنُ أجفانِها الذى تغطّيهِ (الأجفانُ) ج حماليقُ وحملقَ فتحَ عينيهِ ونظرَ شديدًا * (الحَندَقوقُ بقلةٌ م والرجلُ الطويلُ المضطربُ والاحمقُ) * الحَنَقُ شِدّةُ الغيظِ ج حِناقٌ وفعلهُ ل حَنِقَ حَنَقًا فهو حَنِقٌ وحَنيقٌ وأحنقَ غضبَ وحقدَ حِقدًا لا ينحلُّ * الحَوقُ الكنسُ والدلكُ والتمليسُ والاحاطةُ (والشئُ محيقٌ ومَحوقٌ) والفعلُ حاقَ يحوقُ ودَيرُ حَوقَا فى لبنانَ وحوّقَ عليهِ تحويقًا عوّجَ عليهِ الكلامَ وحرّفهُ ليغلّطهُ والحُواقةُ الكُناسةُ والمِحوَقةُ المكنسةُ * حاقَ بهِ يحيقُ حَيقًا وحُيوقًا وحَيَقانًا وأحاقَ أحاطَ بهِ وحاقَ بهم الامرُ وجبَ عليهم ونزلَ بهم وأحاقَ اللهُ بهم مكرَهم أنزلهُ بهم (والحَيقُ ما يشتملُ على الانسانِ من مكروهِ فعلهِ)*

خ

(الخَبَراقُ الضُّراطُ وخَبرَقَ الشئَ شقّهُ * الخَدَرْنَقُ الذكرُ والعنكبوتُ) * ن ض خذقَ الطائرُ ذرقَ وخذقَ الدابّةَ نخسها لتجدّ فى سيرها * خَرْبَقهُ شقّهُ وقطعهُ وخربقَ العملَ أفسدهُ واخرنبقَ لصقَ بالارضِ (والاخرنباقُ انتماعُ المريبِ وفى المثلِ مُخرنبِقٌ لينباعَ اى ساكتٌ لداهيةٍ يريدُها والخَربَقةُ سرعةُ المشيِ) * ن ض خرقَ كذبَ وخرقَ المفازةَ قطعها وخرقَ الثوبَ شقّهُ وخرقَ فى البيتِ خُروقًا أقامَ ر وخرِقَ بالشئِ جهلهُ والخَرقُ القفرُ والخَرْقُ ايضًا والخَرقاءُ الارضُ الواسعةُ ج خُروقٌ والخِرقُ (والخِرّيقُ) الرجلُ السخيُّ والفتى الحسنُ الخليقةِ الكريمُ ج أخراقٌ وخِراقٌ وخُروقٌ والمَخرَقُ الثلاثةُ (والمُخروقُ المحرومُ لا يقعُ فى يدهِ غِنًى) والخِرقةُ القطعةُ من الثوبِ البالى ج خِرَقٌ والمِخراقُ الرجلُ الحسنُ الجسمِ والسيّدُ والسخيُّ والمنديلُ يُلَفُّ ليُضرَبَ بهِ والخَريقُ والخَروقُ الريحُ الباردةُ الشديدةُ الهبوبِ والريحُ الليّنةُ ضدٌّ ج خرائقُ وخُروقٌ والخَريقُ ايضًا مجرى الماءِ ومُنقطَعُ الوادى والخَرَقُ الدهشُ من خوفٍ او من حياءٍ ل وخرِقَ الطائرُ عجزَ عن الطيرانِ فهو خَرِقٌ والخُرقُ (بالضمِّ وبالتحريكِ) ضدُّ الرِّفقِ وفعلهُ ن خرُقَ وخرِقَ الرجلُ لم يحسنِ التصرّفَ ل ر وخرِقَ حمقَ فهو أخرقُ وهى خرقاءُ ج خُرقٌ والخَرقاءُ ايضًا الريحُ الشديدةُ وأخرقهُ أدهشهُ وخرّقهُ تخريقًا مزّقهُ تمزيقًا فتخرّقَ وانخرقَ واخترقَ ومُخترَقُ الرياحِ مهبُّها واخترقتِ الرياحُ هبّتْ * الخِرْنِقُ ولدُ الارنبِ (للذكرِ والأنثى ومَصنعةُ الماءِ) والخَوَرنَقُ قصرٌ للنعمانِ مشهورُ البناءِ (معرَّبُ خُورنكاه اى موضعُ الاكلِ * الخَدَرنَقُ العنكبوتُ)

لئلا يلزق باليد • ادونيبازاق من ملوك ارض الميعاد أسرة بنوا اسرائيل وقطعوا أصابع يديه ورجليه فقال عند ذلك انني أسرت سبعين ملكا وقطعت أصابعهم فعاملني الله بما صنعت • ادونصداق ملك اورشليم قتله الاسرائيليون وحازوا ملكه • الذنبق من يأكل وحده خفية لئلا يراه الضيف والدانق للاحمق والسارق والمهزول (الساقط) والشعل ن دنق وذنقت عينه غارت ودنقت الشمس مالت للغروب والدانق بكسر النون وتفتح (والداناق) سدس الدرهم ض ودنق ذنوقا أسف (لدقائق الامور) والدنقة بالختم والتحريك الزوان والشيلم والتذنيق الاستقصاء (وادامة النظر الى الشيء) • داق دوقا ودواقة (ودوقا ودوقة) حمق فهو دائق وداق الطعام ذاقه ومتاع دائق كاسد لا ثمن له وانداق بطنه انتفخ واداقوا به أحاطوا به • دقدقه كسره وقطعه • ع دمق الكأس ملأها ودمق الماء وادمقه افرغه صبه ودمق الشيء غمزه باصبعه ودمقه ضربه وكأس دماق ممتلئة وماء دماق كثير وادمقه اعجله • دملق النعلس ونحوه جذبه من ثقب ليمتد ويطول • دمنق (الشيء كسره وقطعه والكلام جوده وحبره و) الوتر لينه ودمنق الطعام طيبه او لم يطيبه جدا • داق الوتد يديقه ديقا حركه لينتزعه •

ذ

ن ض ذرق الطائر واذرق زرق • ع ذعقه صاح به وافزعه وماء ذعاق زعاق وداء ذعاق قاتل • (الذقذاق الحديد اللسان الذي فيه عجلة) • ن ذلق السكين واذلقه حدده وذلقه الصوم أضعفه وذلق الطائر ذرق ن ل ر وذلق لسانه فصح فصار بليغا حديدا فهو ذلق واذلق ل وذلق السراج أضاء وذلق فلان أشرف من عطشه على الموت وواعظ ذلق وذليق فصيح واذلقه اقلقه وأضعفه واذلق السراج أسرجه • ذاقه ذوقا وذواقا ومذاقا ومذاقة اختبر طعمه وتذوقه ذاقه مرة بعد مرة •

ر

الربقة بالكسر والفتح العروة ج ربق وارباق ورباق ض (ن) وربقه جعل رأسه في الربقة وربقه في الامر أوقعه فيه فارتبق والربيقة الدابة المربوطة في الربقة وحل ربقته فرج عنه كربته وتربيق الكلام تلفيقه • الرتق ضد الفتق وفعله ن رتق والرتقاء امرأة لا يمكن زواجها لانها لا رحم لها وفعله رتقت رتقة والرتاق الثوبان المخيطان معا بحواشيهما وارتتق التأم والرتوق العز والشرف • الرحيق والرحاق خالص الخمر

د

الدِّبْقُ والدابوقُ والدِّبُوقاء ضربٌ من الغِراء يُصادُ به الطيرُ ل ودَبِقَ فلانٌ بفلانٍ لم يفارِقْهُ
والدَّبُوقَةُ الشَّعَرُ المضفورُ * ع دَحَقَهُ طرَدَهُ ودَحَقَهُ وأدحقَهُ أبعدَهُ فهو دَحيقٌ وأدحقتْهُ أُمُّهُ ولدَتْهُ
ودَحَقَتْ يلغُ عنهُ قصرتْ والداحِقُ الغضبانُ والاحمقُ ج داحِقونَ * الدِّرَاقُ والدِّرياقُ
والدِّرياقةُ التِّرياقُ والخمرُ والدَّرَقَةُ التُّرسُ ج دَرَقٌ وأدراقٌ ودِراقٌ والدَّرْقُ الصُّلْبُ جدًّا ودَرَّقَهُ
تَدْريقًا لَيَّنَهُ والدَّرُوقُ جِرَّةُ الماء والدَّرْقاء السحابُ * (الدَّرْنَقُ الدقيقُ المحوَّرُ) *
الدَّيْسَقُ خوانٌ من فضةٍ وكلُّ حَلْيٍ من فضةٍ والحُسْنُ والبياضُ والنورُ والشيخُ والطريقُ المستطيلُ
والحوضُ الملآنُ وأدسقَهُ ملأهُ * (الدَّشْنَقُ كسرُ الزجاجِ وغيرِهِ) * دَعْشَقَ أقبلَ وأدبرَ
متردِّدًا * (الدَّعْشَقَةُ الحُمْقُ) * ع دَعَقَ الفرسَ وأدعقَهُ ركضَهُ وأهاجَهُ ونثرَهُ والدَّعْقَةُ
الدُّفعةُ من المطرِ (ودَعَقَ الطريقَ وطِئَهُ شديدًا فهو طريقٌ دَعْقٌ ومَدْعُوقٌ موطوءٌ) * دَعْلَقَ
الشيءَ تتبَّعَهُ والدَّعْلَقَةُ الدناءةُ * دَغْفَقَ الماءَ صبَّهُ صبًّا كثيرًا ودَغْفَقَ المطرُ اشتدَّ (وعيشٌ
دَغْفَقٌ واسعٌ وعامٌ دَغْفَقٌ ومُدَغْفِقٌ مخصِبٌ) * ن ص دَفَقَ الماءَ صبَّهُ فهو ماءٌ دافِقٌ اي
مدفوقٌ ودَفَقَ اللهُ روحَهُ أماتَهُ ودَفَقَ الإناءَ وأدفقَهُ بدَّدَ ما فيهِ من الماء بدفعةٍ ن ودَفَقَ الماءُ
دَفْقًا ودُفُوقًا انصبَّ بمرةٍ لازمٌ متعدٍّ وسيلٌ دُفاقٌ شديدُ الاندفاقِ والأدفقُ الأعوجُ والرجلُ
المنحني كِبَرًا وجاءوا دُفْقَةً واحدةً اي بمرّةٍ واندفقَ انصبَّ وتدفَّقَ تصبَّبَ وفرسٌ دَفُوقٌ ودِفاقٌ
يتدفّقُ في مشيهِ * ن دَقَّهُ كسرَهُ وهشمَهُ فاندقَّ ودقَّ الشيءَ أظهرَهُ والدَّقيقُ الطحينُ وبائعُهُ
دَقّاقٌ والدَّقيقُ ايضًا ضدُّ الغليظِ وفعلُهُ ض دَقَّ دِقّةً والدَّقيقُ ايضًا الامرُ الغامضُ
والدَّقيقةُ من الساعةِ جزءٌ من ستّينَ ودُقاقُ العيدانِ بالكسرِ والضمِّ كُسارُها والدُّقاقُ بالضمِّ
الفُتاتُ من كلِّ شيءٍ والدُّقَّةُ التوابلُ من الأبزارِ والملحُ المدقوقُ وأدقَّهُ جعلَهُ دقيقًا واستدقَّ
صارَ دقيقًا والدَّقْدَقَةُ الجلبةُ وصوتُ حوافرِ الدوابِّ (والمِدَقَّةُ والمِدَقُّ والمُدُقُّ ما يُدَقُّ بهِ
ج مَداقُّ والدِّقَّةُ هيئةُ الدقِّ والخساسةُ وحدُّ العظمِ والدِّقُّ مرضٌ م) * ن دَلَقَ السيفَ
من غِمدِهِ أخرجَهُ وسيفٌ دَلِقٌ ودَلُوقٌ سهلُ الخروجِ من غمدِهِ واندلقَ السيلُ اندفقَ واندلقَ
السيفُ انسلَّ بلا سلٍّ واندلقَ الرجلُ من مكانِهِ خرجَ منهُ * دِمَشْقُ (وقد تُكسَرُ ميمُهُ)
اسمُ بلدةٍ في الشامِ ورجلٌ دَمَشْقُ اليدينِ سريعُ العملِ * ن دَمَقَ دُمُوقًا واندمقَ دخلَ
بغيرِ إذنٍ ودَمَقَ فاهُ كسرَ أسنانَهُ ض ودَمَقَ الشيءَ بالشيءِ وأدمقَهُ أدخلَهُ فهو دَميقٌ ومَدْموقٌ
ويومٌ دامِقٌ حارٌّ جدًّا والدامِقُ والدَّموقُ مَنْ لا خيرَ فيهِ ودمَّقَ العجينَ تدميقًا لتَّهُ بالطحينِ

ل ن رَنِقَ الماءُ رَنْقًا ورَنَقًا ورُنوقًا وتَرَنَّقَ كَدِرَ فهو رَنِقٌ بالفتح وبفتح فكسر (وبالتحريك) والتَّرْنوقُ بالفتح ويُضَمّ الطينُ فى الانهار اذا نَضَبَ الماءُ عنهُ ورَوْنَقُ السيفِ ماؤُهُ ورَوْنَقُ الضحى حسنُهُ والرَّنْقاءُ الطائرُ القاعدُ على بيضهِ والارضُ التى لا تنبتُ ج رَنْقاوات وارْنَقَ اللواءُ تحرّكَ وارْنَقَهُ حرّكهُ وأرْنَقَ الماءَ ورَنَّقَهُ ترنيقًا كدّرهُ وصفّاهُ ضدٌّ ورَنَّقوا بالمكانِ ترنيقًا اقاموا بهِ والتَّرْنيقُ الضعفُ فى الرأىِ وإدامةُ النظرِ * الرَّوْقُ قرنُ الوعلِ والجزءُ من الليلِ ورَوْقُ الشبابِ والعمرِ أوّلهُ والرِّواقُ بالكسرِ والضمّ مُقدَّمُ البيتِ والسقفُ فى مُقدَّمِ البيتِ ج أَرْوِقَةٌ ورُوقٌ والرِّواقُ ايضًا حاجبُ العينِ وأوّلُ الليلِ والرَّوْقُ ايضًا الشجاعُ والماءُ الصافى والإعجابُ بالشئِ. والفعلُ راقَ والرَّوْقُ ايضًا الحَبُّ الخالصُ والجُنّةُ والراوُوقُ المِصفاةُ والباطيةُ ورَوْقُ الشرابِ والكأسُ ورَيِّقُ الشبابِ (ورَيِّقُهُ) أوّلهُ وغلامٌ رائقٌ وجاريةٌ رائقةٌ حسنةٌ ج رُوَّقَةٌ والجمالُ الرائقُ البديعُ وأراقهُ صبَّهُ والتَّرويقُ التصفيةُ ورَوَّقَ السكرانُ بالَ فى ثيابهِ والرواقيّونَ شيعةٌ منذ اليهودِ يعتقدونَ بالتقديرِ والتناسخِ * الرَّهَقُ السَّفَهُ والحُمْقُ والخِفّةُ وركوبُ الشرِّ والظلمُ وغِشيانُ المحارمِ والكذبُ والعجلةُ والفعلُ ل رَهِقَ وأرْهَقَهُ حمّلهُ فوقَ استطاعتهِ وأرْهَقَ الصلوةَ اخّرها جدًّا وأرْهَقَهُ ساقهُ الى الطغيانِ والمحارمِ ورَهِقَهُ غشيهُ ولحقهُ وراهقَ الغلامُ قاربَ الحلمَ * الرِّيقُ ماءُ الفمِ ج أرياقٌ والرِّيقُ ايضًا القوّةُ والرَّوْقُ والرائقُ الخالصُ وفلانٌ على الرِّيقِ لم يأكلْ شيئًا واسمُ الذى يأكلهُ ويشربهُ على الريقِ رِيقٌ ايضًا وأراقهُ صبّهُ وراقَ بنفسهِ رُيوقًا جادَ بها عند الموتِ وراقَ الماءُ نضبَ وجفَّ وراقَ السرابُ ترقرقَ وراقَ الماءُ رَيْقًا تردّدَ على وجهِ الارضِ *

ز

الزِّئْبَقُ والزِّئْبِقُ (مُعرَّبٌ) معدِنٌ مائىٌّ يفرُّ من النارِ ويعشقُ الذهبَ وأصلهُ بخارٌ يتكاثفُ فيصيرُ ماءً يجرى الى قرارِ كهوفٍ وأوديةٍ فتجتمعُ اجزاؤُهُ فى مقرّها فتطبخها الارضُ طبخًا ليّنًا فتصيرُ جسدًا محلولًا يُسمّى زئبقًا ويشترقُ كالماء وهو بمنزلةِ الأبِ فى طبخِ المعادنِ المطرَّقةِ * الزِّبْرِقانُ القمرُ (والخفيفُ اللحيةِ) وزَبْرَقَ ثوبَهُ صبغهُ بحمرةٍ او بصفرةٍ * ن ض زَبَقَ لحيتَهُ نتفَها فهى زَبيقةٌ ومَزْبوقةٌ والزابوقةُ شبهُ زاويةٍ مُعوجّةٍ فى البيتِ وانزبقَ فى البيتِ دخلَ * الزُّحْلوقةُ الدحرجةُ وتزحلقَ تدحرجَ (والزُّحلوقةُ القبرُ والأرجوحةُ) * الزُّرْقةُ لونٌ م والزَّرَقُ العمى وفعلهُ ل زَرِقَ وعينٌ زرقاءُ عمياءُ والزُّرَّقمُ الشديدُ الزرقةِ (للمذكّرِ والمؤنّثِ) وزرقاءُ اليمامةِ امرأةٌ كانت تبصرُ مسيرةَ ثلثةِ ايّامٍ والمَزارِقُ

والمنبهة وافضلها واصفاها • الرزداق الرستاق (معرب رستا) • الرزق ما ينتفع
به والمطر ج ارزاق ن ورزقه اعطاه رزقا • الرستاق البلاد المشتملة على قرى
ومعاملات ورستق الشيء صفه ورتبه • ن رشق النبل ونحوه رشقا رمى به والرشق الوجه
من الرمي يقال رمينا رشقا اى وجها من الرمي ورجل رشيق حسن القد لطيفه ج رشق وفعله
(ر) رشق وما ارشقه ما اخفه واسرعه وارشق رمى رشقا وارشق نظره حدده • رفساقا
بالكسر والقصر قائد جيش سنحاريب ملك اثور • الرفق اللطف وفعله ن ض ل ر
رفق به ورفق عليه رفقا ومرفقا ومرفقا ومرفقا والمرفق والمرفق ما بين الذراع والعضد
ومرافق الدار اماكن مصب مائها والمرفقة المخدة والرفقة مثلثة والرفاقة الجماعة تصاحبهم
في الطريق ج رفاق وارفاق ورفق والرفيق والمرافق المصاحب ج رفقاء والصدر الرفاقة
ورفقا بالكسر والشم والقصر زوجة اسحق بن ابراهيم ابوها من نسل ناحور وامها من
نسل هاران اخوى ابراهيم ن ورفقه وارفقه نفعه ورفقه ضرب مرفقه وارفق مرفقه زاغ
عن موضعه والرفق اللطف وحسن الصنع وارتفق اتكى على مرفقه او على المخدة
والمرتفق الثابت الدائم ورافقه صار رفيقه فترافقا • الرق (ويكسر) جلد رقيق
يكتب فيه والرق والرقيق ضد الغليظ والرق ايضا الصحيفة البيضاء ج رقوق والرقة كل
ارض الى جنب واد ينبسط الماء عليها ج رقاق والرقة الاستحياء والرحمة وفعله ض رق
ورق العجين بسطه بالمرقاق فصار رقيقا ويوم رقاق حار والرقاق الخبز الرقيق الواحدة رقاقة ج
رقاق والرقيق المملوك ج رقاق وهو في رقه اى في ملكه وارق المملوك واسترقه
ملكه (والرقيقان الخضيان) والرقق الضعف والرقاق كالارض الواسعة المستوية اللينة
والرقراق الماء الرقيق في البحر والنهر والسيف الكثير الجوهر وترقرق السراب
اضطرب وترقرق الدمع دار في العين وترقرق الشيء لمع ورقرق الماء ونحوه صبه
رقيقا ورققه وارقه جعله رقيقا وارق فلان ساءت حاله واسترق الماء نضب وجف الا قليلا
واسترقه وجده رقيقا وترقق له رق له قلبه ورحمه ومراق البطن ما رق منه • الرمق
بقية الحيوة ج ارماق ن ورمقه لحظه لحظا خفيفا ورجل يرموق ضعيف البصر والرامق
ناثر الصياد الذى يمسك عليه الطيور والرمق والرمقة والرماق بالكسر والفتح البلغة من
العيش تمسك الرمق والرمق الفقراء (والحسدة) الواحد رامق ورموق والترميق العمل
الذى لا يقيم بالاود وترمق اللبن شربه قليلا قليلا وفلان مرمق العيش (ومرمقه) ضيقه او
خسيسه وترميق الكلام تلفيقه وارمق الشيء ضعف والرماق النفاق وضيق العيش •

الزمق القصير المجتمع والزمقة رائحة صنان او نتن الجسد) • زيق القميص ما احاط بالعنق وتزيق تزين •

س

(السأق لغة فى الساق ج سؤق) • ـ ن ض سبقه تقدمه والسبق والسبقة خطر يوضع عند اهل سباق الخيل يتراهنون عليه ج اسباق وله سابقة فى هذا الامر اى سبق الناس اليه لفضله وفلان سباق (بن) غايات اى حائز قصبات السبق واستبقا تسابقا • ع سحقه خته او دقه فانسحق وسحقت الريح الارض عفت آثارها وسحق الثوب ابلاه وسحق الشىء الشديد لينه وسحق القملة قتلها وسحق رأسه حلقه وسحقت العين دمعها انشفته والسحق الثوب البالى وفعله ر سحق سحوقة وانسحق ودمع منسحق مندفق (ج مساحيق نادر) والسحق بالضم وبضمتين البعد وفعله سحق ل وسحق سحقا ر وسحقت النخلة طالت فهى سحوق ج سحق واسحقه ابعده وانسحق اتسع واسحق الذبيح ابن ابراهيم ابو الاسباط وصاحب المواعيد جاء المسيح من نسله والسحق (والتساحق) موافقة النساء بعضهن بعضا (اى الالطاف) فهى امرأة سحاقة • السرادق كالخيمة يمد فوق صحن البيت ج سرادقات والسرادق ايضا خيمة من نسيج القطن والغبار الساطع والدخان المرتفع • ض سرق سرقا (وسرقا وسرقا وسرقة) وسرقة واسترق جاء مستترا واخذ ما لغيره بغير علمه واذنه والاسم السرقة بالفتح وبفتح فكسر ل وسرق خفى والسرق الحرير والمسترق (الناقص الضعيف الخلق و) المستمع خفية ويسارق النظر يطلب غفلة لينظر اليه وانسرق منهم خنس ليذهب خفية وانسرق فتر وضعف وتسرق سرق شيئا فشيئا (والتسريق النسبة الى السرقة) • ميسق بالكسر من ملوك مصر نهب اورشليم ن سفق الباب واسفقه رده وسفق وجهه لطمه وثوب سفيق صفيق وفعله ر سفق وفلان سفيق الوجه وقح وباعه فى سفقة واحدة اى بيعة واحدة • (السفلق المخابون للناس وسق الطائر وسقسق ذرق) • ن سلقه بالكلام آذاه وسلقه طعنه وسلق البرد النبات احرقه وسلقه واسلقه صرعه على قفاه وسلق عدا وصاح وسلق الشىء بالماء الحار انضجه (وسلق اللحم عن العظم انتحاه) وسلق المرأة بسطها فجامعها وسلق فلانا بالسوط نزع جلده) والسلق (بقلة م و) مسيل الماء ج سلقان والسلق ايضا والسلقة الذئب والذئبة ج سلقان ايضا والمرأة السالقة المصوتة اللاطمة وجهها لمصيبة والسلقة المرأة الفاحشة

رمح قصير ن وزرقه رماه بالمزراق ص وزرق الطائر ذرق وزرقت عينه نحوى وازرقت انقلبت وظهر بياضها وازرقّ الثوب صار ازرق اللون (والعدوّ الازرق الخالص العداوة والشديدها) والزورق السفينة الصغيرة وتزورق رمى ما فى باطنه وانزرق السهم نفذ ومرق • (الزرمانقة جبّة من صوف معرّب • الزرنوق النهر الصغير والزرنيق الزرنيخ معرّب وتزرنق تغيّر واستقى على الزرنوق بالاجرة وتزرنق فى الثياب لبسها واستتر فيها وزرنقته انا والزرنقة الزيادة والحسن التام والسقى بالزرنوق وانزرق فى الجحر دخله وكمن • زعبق بعزق • الزعفوق السيء الخلق) • الزعاق ماء البحر الملح ر وزعق الماء صار زعاقا وطعام مزعوق كثر ملحه ع وزعقه وازعقه ذعره فهو زعيق ومزعوق مذعور وزعق الطعام وازعقه ملّحه وزعقت الريح التراب اثارته وزعقته العقرب لدغته وزعق صاح ل وزعق وانزعق (وزعق) خاف بالليل وانزعقت الدواب اسرعت • ن زقّ الطائر فرخه زقا اطعمه والزقّ الخمر (ج زققة) والزقّ وعاء الخمر من جلد ج ازقاق وزقاق وزقان والزقاقى من يشرب الماء والطعام فى فمه والزقاق السكة (ويؤنث) ج زقان وازقة والزقزقة صوت الطائر عند الصبح والضحك الخفيف والخفة وترقيص الصبي • ل ن زلق زلقا محركة وبالضم (وبفتح فكسر) زلّ والزلاقة والمزلق والمزلقة مكان الزلق والزلقة بالضم الصخرة الملساء والمرآة لانها مزلقة للرجل ض وزلقه عن مكانه ابعده عنه وزلّقه وازلقه ازلّه والزليق الولد السقط وزلّق رأسه وزلّقه تزليقا حلقه وتزلّق تزيّن وتنعّم وبيت مزلّق مزيّن والزلق السريع الغضب • ن ص زمق لحيته نتفها فهي زميقة ومزموقة (وزمق القفل فتحه وما اغنى عنّى زمقة شيأ) • الزنبق زهر م وام زنبق الخمر) • الزنديق من يبطن الكفر ويظهر الايمان (معرّب) ج زنادقة وزناديق وفعله تزندق والاسم الزندقة والزنادقة شيعة عند اليهود ينتسبون الى مجدع اسمه زادوق ورجل زندق (وزندقي) شديد البخل • ض زنق على عياله وازنق (وزنّق) ضيّق وبخل والزناق سير من جلد يربط تحت حنك الفرس والزناق مخنقة من الحلي تشدّها المرأة تحت حنكها • الزاووق الزئبق وزوّق الشيء تزويقا نقشه وزيّنه • ع زهق الباطل زهوقا اضمحلّ وازهقه الله ابطله وزهق السهم جاوز الهدف (ل) وزهقت نفسه خرجت وزهق هلك فهو زاهق وزهوق ن وزهق فلان زهقا وزهوقا وانزهق سبق والزاهق السمين (والشديد الهزال ضدّ) والمنهزم ج زهق بضم وبضمتين • (الزهلوق السمين والزهليق السريع الخفيف م والريح الشديدة والزهلقة التبييض وتزهلق ابيضّ وضفا وسمن •

القعود في الشمس بالشتاء وتشرّق قعد في المشرقة يتشمّس والشارق والشرقة حين تشرق الشمس والجانب الشرقيّ وشرق الشاة شرقًا شقّ أذنها طولًا فهي شرقاء ل وشرق بريقه غصّ وشرقت الشمس ضعف ضوؤها ومالت للغروب وشرقت عينه احمرّت والشريق الغلام الحسن ج شرق وأشرق دخل في شروق الشمس (وأشرقت الشمس أضاءت) والتشريق الاخذ في ناحية الشرق (وتقديد اللحم) • الشرنقة ما يمجّه دود القز من الحرير ج شرانق وسلخ الحيّة • الشفق الحمرة في الأفق من الغروب الى العشاء (والرديء من الاشياء) والشفق ايضا الخوف والشفقة الناحية ج أشفاق والشفقة ايضا اجتهاد الناصح على اصلاح المنصوح منه فهو مشفق وشفيق وفعله ن شفق وأشفق حاذر وقلق (والاشفاق إن عدي بمن فمعناه الخوف وإن عدي بعلى فمعناه العناية) • ن شقّه صدعه وشقّ العصا فارق الجماعة وشقّ الامر عليه شقّا ومشقّة صعب والشقّ الخلال بين شيئين ج شقوق والشقّ ايضا المشقوق والصبح والشقّ بضمّ فتح وبكسر فتح والشقّ والشقيق الاخ (وكلّ ما انشقّ نصفين فكلّ منهما شقيق) والشقيقة الفرجة بين جبلين (ج شقائق) والبرق المنتشر ووجع يأخذ نصف الرأس (وشقائق النعمان نبات م للواحد والجمع سمّيت لحمرتها تشبيها بشقيقة البرق أضيفت الى النعمان بن المنذر لانه أوّل من حماها او لحمرتها أضيفت الى النعمان اي الدم) والشقشقة لحمة تخرج من فم البعير اذا هاج وشقّق الحطب شقّه فتشقّق والاشتقاق أخذ شقّ الشيء وأخذ الكلمة من الكلمة والمشاقّة والشقاق الخلاف والعداوة والمنشقّ النصرانيّ الذي يخالف أمر بيعة الله الجامعة ويعصي أمر رأسها الاكبر الذي هو خليفة بطرس الرسول وشقشق الجمل هدر • السلقة المرأة الراقصة والسلقاء السكّين (والسلق الضرب والجماع • الشلمق والشملق العجوز الكبيرة • الشمشليق العجوز المسترخية والسريعة المشي) • ن شمق تنشّط وعاز • ن ص شنق البعير وأشنقه كفّه بزمامه وشنق رأس الفرس شدّه الى شجرة والشنيق عود يرفع عليه قرص العسل في الخليّة والشناق الطويل والوتر وزمام الدابّة وخيط يربط به فم القربة ل ص وشنق تعلّق قلبه بشيء يهواه وقلب شنق مشتاق ميّال الى كلّ شيء والشنق دية الجرح وأشنق أخذها وأعطاها ضدّ (والشنيق الشابّ المعجب بنفسه والشنيقة المرأة المغازلة وشنشاق رئيس للجنّ والداهية) • الشوق م (وهو نزاع النفس وحركة الهوى) ج أشواق وشاقه شوقه وشوّقه تشويقا أهاجه هواه واشتاق اليه وتشوّق مال اليه بالحبّ والهوى والشيّق المشتاق (واشتاقه واليه بمعنى وتشوّق الطهوة تكلّفا وشاق الطنب الى الوتد شدّه وأوثقه به وشاق الشيء

ج سلقان ايضا والسليقة الطبيعة و(قوة في الانسان بها يختار الفصيح من طرق التراكيب بغير تكلف وتتبع قاعدة موضوعة لذلك وهو يتكلم بالسليقة اي من طبعه لا عن تعلم والسليقة ايضا) البقل المسلوق ونحوه والكلاب السلوقية ينسبون الى سلوق بلد في ارمينية والسلاق بالضم داء في اصل اللسان وفي الاجفان والاسنان والسلاق بالضم والتشديد والتخفيف عيد صعود سيدنا المسيح الى السماء وهي سريانية معربة وسلقته سلقا القيته على ظهره فاستلقى واستلقى نام على ظهره وتسلق الجدار تسوره وتسلق على فراشه اقلق (غما او وجعا) • السمحاق قشرة رقيقة فوق عظم الراس وشجة في الراس • ن سمق سموقا علا وطال والسميقان عودان في النير يركبان عنق الثور الواحد سميق والسماق الخالص • السملق القاع الصفصف • (السندوق الصندوق) • الساق (مؤنثة) ما بين الكعب والركبة ج سوق وسيقان واسوق يهمز الواو (لتحمل الضمة) والساق ايضا شدة الامر وهوله (يقال يوم يكشف عن ساق اي عن شدة وهول) وساق الشجر النابت منه الاغصان وساق حر ذكر الحمام وساقة الجيش مؤخرة وساق الماشية سوقا وسياقا ومساقا واستاقها فهو سائق وسواق وساق المريض سوقا وسياقا شرع في نزع الروح وسقته اصاب ساقه وساق الى المراة مهرها واساقه ارسله والسياق المهر والاسوق الطويل الساقين وهي سوقاء (والاسم السوق) والسيقة ما يساق من الدواب ج سيائق والسوق م مؤنث (ويذكر) ج اسواق وسوق الحرب ايضا حومة القتال والسوقة الرعية (للواحد والجمع والمذكر والمؤنث وقد يجمع على سوق) والسويق المرق وسوق الشجر تسويقا صار ذا ساق وسيق سابا دير بنواحي الاردن •

ش

شبرق البازي الصيد نهشه ومزقه وثوب شبرق (شبارق) وشبارق وشباريق وشبراق مقطع كله • ل شبق اشتدت شهوته فتغلبت عليه وشبق من اللحم بشم والشوبق خشبة الخباز يرق بها العجين معربة عن شوبك • الشدق ويفتح باطن الفم ونواحيه ج اشداق (والشدق سعة الشدق وخطيب اشدق بليغ وامراة شدقاء ج شدق وتشدق لوى شدقه للتفصح) • الشوذق الصقر • الشرق الشمس (ويحرك) واشراقها والشرق ايضا والمشرق حيث تشرق الشمس والشرق ايضا ضوء يدخل من شق الباب ن وشرقت الشمس شرقا وشروقا واشرقت طلعت والشرقة بالفتح (والمشرقة مثلثة الراء والمشريق) والمشراق مكان

(ج صلائق) ن وصلقته الشمس أصابته بحرّها (وصلق وأصلق صات صوتًا شديدًا وفلانًا بالعصا ضربه وجاريته بسطها فجامعها) والصلق القاع الصفصف ج أصلاق و(جج) أصالق • الصندوق م (وقد يفتح ج صناديق) ويقال فيه سندوق وزندوق • الصنق نتن الابط فهو صانق وصنق (والصنق والصانق المتين الصلب الشديد • الصوق السوق وصاق الدابة يصوقها والصوق السوق والصاق الساق والصويق السويق • الصهصليق العجوز الصخابة ومن الاصوات الشديد) • الصيق الغبار المرتفع والصوت والعصفور ج صيقان •

ض

ض ضاق ضيقًا (ويفتح وتضيق) وتضايق ضد اتسع فهو ضيق وضيّق وضائق وأضاقه وضيّقه ضد وسّعه والضيق (ويكسر) ما ضاق عنه صدرك والشك والضيق ما ضاق فيك من مكان وثوب والمضيق ما ضاق من الاماكن والامور والضيقة الفقر وسوء الحال ج ضيق وضاق يضيق بخل وأضاق وانضاق ذهب ماله وضايقه عاسره •

ط

الطبق وجه الارض والذى يؤكل عليه وبضع من الزمان والحال والجماعة من الناس وغطاء كل شىء ج أطباق وأطبقة (وطبّقه غطاه فانطبق وأطبقه فتطبّق) والطباق السموات وطبّق الشىء تطبيقًا عمّ وطبّق السحاب الجوّ غشاه وطبّق الماء الارض ايضًا غطاها والطابق (والطابق) الآجرّ الكبير (والعضو وظرف يطبخ فيه معرّب تابه) ج طوابق (وطوابيق) والطبقة الفخ ج طبق والطبقة ايضًا الساعة من النهار والطبيق الساعة من الليل ج أطباق وهذا طبقه وطباقه وطبيقه مطابقه اى موافقه وما اطبقه ما احذقه وأطبقه غطاه وأطبق القوم على الامر اجمعوا ن وطبق الشىء وأطبقه وطبّقه تطبيقًا غطاه فانطبق وتطبّق وطابقه (مطابقة وطباقًا) ساواه (وبنات طبق الدواهى والسلاحف والحيّات وطبقة امرأة عاقلة تزوّج بها رجل عاقل ومنه وافق شنّ طبقة او هم قوم كان لهم وعاء أدم فتشنّن فجعلوا له طبقًا فوافقه او قبيلة من إياد كانت لا تطاق فأوقعت بها شنّ فانتصفت منها) • الطرق الضرب بالمطرقة وهى م والمطرق (والمطرقة) قضيب يضرب به الصوف لينتفش والطروق (الضراب و)الاتيان بالليل والطرق ايضًا نغمة آلات الطرب (يقال هذا المغنى يضرب لك كذا طرقًا) وضعف العقل وفعل السحر والفعل ن طرق والطرق ايضًا والطرقة المرّة

نَصَبَهُ مُسْنَدًا الى الحائطِ فهو مَشُوقٌ) * ع ل ص شَهَقَ شَهِيقًا وشُهاقًا (وتَشَهَّاقًا) تردَّدَ البُكاءُ في صدرهِ وشَهَقَتْ عينُ الناظرِ اليهِ أصابَتْهُ والشاهقُ الرفيعُ من الجبالِ والابنيةِ (وغيرها) وشَهَقَ الحمارُ (شَهِيقًا وتَشْهاقًا) نهقَ * الشِّيقُ أعْلَى الجبلِ وأصعبُهُ والجانبُ *

ص

الصِّدْقُ بالكسرِ والفتحِ ضِدُّ الكذبِ وفعلُهُ ن صَدَقَ فهو رَجُلٌ صِدْقٌ ورجلٌ صَدِيقٌ مصافٍ (والصِّدْقُ بالكسرِ الشِّدَّةُ) والصَّدِيقُ الحبيبُ والخليلُ (للواحدِ والجمعِ والمؤنثِ والمذكرِ وهي بهاءٍ ايضًا) ج أَصْدِقاءُ وصُدَقاءُ وصُدْقانٌ و(جج) أصادقُ والصَّداقةُ المحبَّةُ والمخالَّةُ والصِّيدَقُ الأمينُ والصِّدِّيقُ الكثيرُ الصِّدقِ والحَبْرِ ولقبُ أيُّوبَ المبتلى وصادوقُ من أحبارِ إسرائيلَ وصِدْقِيَّا من ملوكِ إسرائيلَ بعدَ سبيِ بابلَ والصِّدْقُ الكاملُ من كلِّ شيءٍ ومِصْداقُ الشيءِ ما يُصَدِّقُهُ والصَّدَقةُ ما أعطيتَهُ في ذاتِ اللهِ والمُصَدِّقُ آخِذُ الصدقةِ والمتصدِّقُ مُعطيها والمصادقةُ والصِّداقُ والتصادقُ المخالَّةُ والصَّداقُ بالكسرِ والفتحِ والصُّدْقةُ بالضمِّ والفتحِ (وبضمَّتينِ وبفتحتينِ وبفتحٍ فضمٍّ) مَهْرُ المرأةِ ج صُدُقاتٌ (وصَدُقاتٌ وصَدَقاتٌ) وصَدَّقَهُ تَصْدِيقًا ضِدُّ كذَّبَهُ * الصَّرِيقةُ الرُّقاقةُ من الخبزِ ج صَرِيقٌ (وصُرُقٌ) وصَرائِقُ * الصَّعْفُوقُ اللئيمُ والصَّعافِقةُ (والصَّعافِيقُ) المتاجرونَ بغيرِ رأسِ المالِ الواحدُ صَعْفَقٌ وصَعْفُوقٌ * الصاعقةُ نارٌ تسقطُ من السماءِ تعقبُ الرعدَ متكوِّنةٌ من احتراقِ بخارٍ في الجوِّ تتلاشى كلَّما تصادفُهُ والصاعقةُ ايضًا الموتُ والعذابُ ع وصَعَقَتْهُمُ السماءُ ضربتهم بالصاعقةِ ل وصَعِقَ صَعْقًا بالفتحِ ويُحرَّكُ وصَعْقةً (وتَصْعاقًا) غُشِيَ عليهِ فهو صَعِقٌ والصَّعِقُ ايضًا الشديدُ الصوتِ * الصَّفْقُ ويُضَمُّ (ويُحرَّكُ الضربُ يُسْمَعُ لهُ صوتٌ والصَّرْفُ والرَّدُّ و) الناحيةُ وصَفْقَتا العنقِ جانباهُ والصَّفْقُ مصراعُ البابِ ن وصَفَقَ لهُ البيعَ بصَفْقةٍ يدِهِ بالبيعةِ صَفْقًا وصَفْقَةً ضربَ يَدَهُ على يدِهِ لوجوبِ البيعِ والاسمُ الصَّفْقُ وصَفَقَ الطائرُ بجناحيهِ ضربهما ض وصَفَقَ البابَ صَفْقًا وأصْفَقَهُ رَدَّهُ وفتحهُ ضِدٌّ وصَفَقَ عينَهُ فتَّحها (والعُودَ حرَّكَ أوتارَهُ) وصَفَقَ الرجلُ ذهبَ وصَفَقَتِ الريحُ الشجرَ حرَّكتْهُ وصَفَقَهُ وأصْفَقَهُ ملأهُ وصَفْقةٌ رابحةٌ او خاسرةٌ اي بيعةٌ وثوبٌ صَفِيقٌ ضِدُّ سَخِيفٍ ووجهٌ صَفِيقٌ وَقِحٌ والاسمُ الصَّفاقةُ وفعلُهُ ر صَفُقَ والصِّفاقُ جلدُ البطنِ والمراقُّ والصَّوافِقُ (والصَّفائِقُ) الحوادثُ وصَفَّقَ الشرابَ تَصْفِيقًا حوَّلَهُ من إناءٍ الى إناءٍ آخَرَ ليصفوَ ن وصَفَقَهُ ضربهُ بباطنِ كفِّهِ وصَفَّقَ تَصْفِيقًا ضربَ بباطنِ الراحةِ على باطنِ الأخرى وانْصَفَقَ انصرفَ واصْطَفَقَتِ الاشجارُ اهتزَّتْ وتَصَفَّقَ تردَّدَ * ن صَقَّ المسمارَ اندقَّ كدَّها * الصَّلِيقةُ اللحمُ المشويُّ

ع

ن عبق به الطيب عبقا وعباقة (وعباقية) لزق به وعبق بالمكان اقام وعبق به أولع به ورجل عبق وامرأة عبقة فيهما آثار الطيب وعبق الطيب تعبيقا انتشرت رائحته (والعباقية الرجل المكار الداهية) • ض عتق العبد عتقا بالفتح والكسر وعتاقا وعتاقة خرج من رق العبودية فهو عتيق وعاتق ج عتقاء واعتقه حرره من عبوديته فهو معتق وعتيق (وامة عتيق وعتيقة) ج عتائق والبيت العتيق هيكل سليمن وشريعة موسى وتابوت العهد والماء والخمر والخيار من كل شيء والعتاق جوارح الطير ونجائب الخيل والعتيق ضد الحديث وفعله ل ر عتق وتعتق وعتق ن وعتق الشيء قدم وعتقت الخمر حسنت وقدمت فهي عاتق وعتق وعتاق والعاتق المنكب والزق ض وعتقت الجارية لم تتزوج او اول ما ادركت او فاتت الادراك ولم تتزوج فهي عاتق ج عواتق ن وعتقه (بفيه) عضه وعتق المال واعتقه اصلحه والعتق الحرية والشرف والنجابة (والكرم) والجمال والعتق الحرية وجمع عتيق • (العنق من الطريق جادته وارض عنقة مخصبة واعنقت اخصبت) • ض عذقه جمعه وظنّ به وعذق يده ادخلها داخل الحوض يجيلها في نواحيه طالبا شيأ والعوذقة حديدة ذات شعب يستخرج بها الدلو اذا رميت في البئر ج عذق والعوذقة ايضا حديدة تنصب وفيها لحم يصاد بها الوحش • العذق النخلة بحملها ج أعذق وعذق والعذق عنقود العنب ج أعذاق وعذوق ض وعذقه رماه بشر وقبيح ونسبه اليه • العرق ما يرشح من الجسد واللبن وما يستقطر من الزبيب ودبس التمر والتراب وندى الحائط والنفع وكل مصطف والزبيل والشوط والمجهود والمشقة وما يرشح من القربة ونحوها ل وعرق كسل ن وعرق العظم عرقا ومعرقا وتعرقه اكل ما عليه من اللحم فهو عظم معروق والعرق العظم بلحمه والعراق عظم اكل لحمه (ج عراق والعراق) والعراقة قطرة الماء والمطرة الغزيرة ورجل معروق العظم قليل اللحم وفعله عرق مجهولا عرقا وعرق الشجر والبدن م ج عروق واعراق (وعراق) والعرق ايضا اصل كل شيء والارض السباخ والجسد والمكان المرتفع والجبل الطويل ج عروق والعراق شاطئ البحر والزاوية وما احاط بالظفر وحرف كالاذن المستدير بها مكفوفا وفناء الدار وحاشية النهر وما فوق سرة البطن ج أعرقة وعرق والعراق ايضا بلاد مشهورة في الجزائر نحو الموصل وبغداد وما يليها طولا وعرضا وعرقوة الدلو علاقتها ج العراقي والعراقية قبع يلبس في الرأس ل وعرق سال عرقه فهو عرقان والعرقة

يقال أتيت طرقين وطرقتين (وبضمان) اى مرتين والطارق كوكب الصبح والمرأة بلغت الزواج والطارقة عشيرة الرجل والطرق القوة (والشحم) والسمن والطرقة الظلمة (والطمع) والاحمق والعادة والطريق م مذكر وقل تأنيثه ج طرق وأطرق (وأطرقة) وأطرقاء و(جج) طرقات والطريقة الى الشىء والضريق والطرق الحالة ولادمان اليه ج طرق والطريقة الخط فى الشىء (ونوع من المذهب ج طرائق) والمطاريق القوم المشاة ل وطرق شرب الماء الكدر وأطرق سكت اونظر بعينيه الى الارض (والطريق الكثير الاطراق وأم طريق الضبع وطارق بين ثوبين طابق وثوب طرائق خلق) واستطرق الشىء اعتاده ومنه الاستطراق * (الطرموق الخفاش * الطسق مكيال) * ل ص طفق يفعل كذا طفقا وطفوقا شرع (وطفق بمراده ظفر وأطفقه الله به) ل وطفق الموضع لزمه * الطقطقة صوت وقع الحجارة وفعله ن طق والطق صوت الضفادع * الطلق الظبى وكلب الصيد ج أطلاق وفلان طلق الوجه مثلثة (وطلق) وطليق الوجه ضاحكه مشرقه وفلان طلق اليدين بالفتح (وبضمتين) سخيهما وفلان طلق اللسان بالفتح والكسر وطليق اللسان فصيحه ولسان طلق وطليق وطلق (وطلق) ذليق ذو حدة والفعل فى الكل ر طلق طلاقة ويوم طلق لا حر ولا برد (وليلة طلق) وفعله ر طلق طلوقة وطلاقة وطلقت المرأة مجهولا أصابها وجع الولادة ن ر وطلقت المرأة من زوجها طلاقا انفصلت منه فهى طالق ج طلق وطالقة ج طوالق وأطلقها وطلقها تطليقا فصلها منه فهو مطلاق ومطليق (ومطلقة ومطليق كثير التطليق) ن وطلق يده وأطلقها فتحها للعطاء بالخير وطلقه الشىء أعطاه إياه ل وطلق تباعد والطليق الاسير المطلق وفعله أطلق والطلق الحلال وأنت طلق حر برىء والطلق ايضا المعى ج أطلاق والطلق والطلق النصيب والشوط وقد عدا طلقا او طلقين اى شوطا او شوطين والطلق حجر براق كالزجاج يدق صفائح يؤتى به من الاندلس وذكر فى ب ل ق والطالق والطالقة الدابة تترك أن ترعى حيث شاءت (وأطلقه خلاه) وأطلقه سقاه سما وطلق المسموم تطليقا نجا من الموت وسكن وجعه وانطلق ذهب وانطلق وجهه تهلل واستطلق البطن انفجر * الطوق حلى للعنق وكل ما استدار بشىء ج أطواق وتطوقه لبسه والطوق ايضا والطاقة الوسع والطاق فى الحائط م ج طاقات وطيقان والطاق الطيلسان وطاقة الريحان حزمة منه وطاق نعل قطعة منه (والاطاقة القدرة على الشىء وقد طاقه طوقا وأطاقه وأطاق عليه والاسم الطاقة * ع طهق أسرع فى المشى) *

شيء والعَوْلَق (الغُول و) الكلبة والذئب والجوع ن وعَلَقَه شتمه وعابه ولي فيه عَلَقَة (وعَلَق وعُلُوق وتَعَلُّق) وعَلاقة شيء أتعلَّق به والعَلاقة الصداقة والخصومة جد والعَلاقة ايضًا شيء يتعلَّق به الرجل من صناعة ونحوها والبُلْغة من العيش ج عَلائق (والعَلاقة بالفتح المحبة والخصومة ونحوهما وبالكسر للقوس والسوط ونحوهما) والعِلْق النفيس من كل شيء ج أعلاق (وعُلُوق) والعِلْق ايضًا الخمر والثوب والسيف (وعِلْق عِلْم اى يحبّه ويتبعه وعِلْق شرّ كذلك) والعَلُوق (الغُول والداهية والمنيّة و) المرأة لا تحبّ غير زوجها والمرأة المرضعة ولد غيرها والعِلاقة اللقب ج عَلائق وعلَّق الشيء تعليقًا وتَعِلَّة جعله معلَّقًا وعلَّق الباب ايضًا علّقه وعلّقه وتعلّقه احبّه وتعلّق به بمعنى اعتلق به وعِلاقة الفرس م وعُلَيْقها ايضًا (والعُلَّيْق والعُلَّيْقى نبت م) ورجل مِعْلاق يتعلّق بكلّها اصابه ويتعلّق بكل محجّة وفلان عِلْق محبوب متبوع • العُمْق بالفتح والضم (وبضمتين) قعر البئر ونحوها وفعله ر عَمُق فهي بئر عَمِيقة ج عُمُق (وعِمَق) وعَمائق وعِماق وفجّ عميق بعيد وفعله ر ل عمق عَمَقة وعُمْقًا وأعمق البئر وعمّقها واعتمقها جعلها عميقة وعمّق النظر في الامور وتعمّق بالغ فيها (والعَمَق ما بَعُد من اطراف المفازة ج أعماق) • العَمالِيق والعَمالِقة قوم من نسل يسو وتملّق في الكلام تعمّق وعَمْلَق بالَ وسلح • العَنْفَقة الشعر الذي تحت الشفة السفلى • العُنْق بالضم وبضمتين (والعُنُق والعَنَق) الجيد (ويؤنث) ج أعناق والعُنُق ايضًا (الجماعة من الناس د) الرئيس في الجماعة والأعنق الطويل العنق والعنقاء الداهية وطائر معروف الاسم مجهول الجسم والمرأة الطويلة العنق وأعنق أسرع وأعنق الزرع طال والثريّا غابت والريح اذرت التراب والمُعَنَّقة القلادة والأعنق فرس مشهور من جياد الخيل تنتسب اليه الخيل المعانيق والعَناق انثى المعز ج أعنُق وعُنوق (وفي المثل العُنوق بعد النوق يضرب في الضيق بعد السعة) والعَناق ايضًا الداهية والامر الشديد والخيبة والمِعْناق الفرس الجيّد العنق ج معانيق وعنّق تعنيقًا مشى (على المُعْنِق وهو ما صلب وارتفع من الارض وحواليه سهل) وعنّقه ايضًا خيّبه وعانقه واعتنقه ضمّه اليه حبًّا والاسم العِناق (وكان ذلك على عُنُق الدهر اى قديم الدهر وهم عُنُق اليك مائلون اليك منتظروك) • عاقه عَوْقًا وعَوَقة واعتاقه حبسه من الشيء وأخّره والعَوْق والعَوَقة من يعوق الناس عن الخير وعاقني عائق منعني مانع فتأخّرت وعوائق الدهر حوادثه المشغلة ورجل عُوَق وعَيِّق وعَيْق (وعُوق وعِيَق وعُوَقة) يعوق ويتعوّق والجبان

الاصلُ والعَرِيقُ الاصيلُ وأعرَقَ الشجرُ اشتدّتْ أصولُهُ وعُروقُهُ وأعرَقَ أتى العِراقَ وأعرَقَ الخمرَ جعلَ فيه عِرقًا من الماء اى قليلاً فهو مُعرَقٌ • ص عَزَقَ الارضَ شقّها (والمِعزَقُ والمِعزَقةُ آلةٌ يُعزَقُ بها الارضُ والمِذراةُ (ل وعَزِقَ به لصِقَ ن وعَزَقَ أسرعَ فى العدوِ وعَزَقَ الخبزَ مِنى خَبَنهُ وعَزقَهُ صرمًا الخَشَبَةَ والعَزيقُ المُطمئنّ من الارضِ والعَزاقةُ الاستُ والعَزِقُ والمتعزِّقُ السيّء الخُلُقِ) • ل عَسِقَ ألحَّ عليه فيما يطلُبُهُ وعَسِقَ ساء خُلُقُهُ والمتعَسِّقُ المتشدِّدُ على غريمهِ والعَسَقُ الالتواء (وعُسْرُ الخُلُقِ وضيقُهُ وعَسِقَ بهِ لصِقَ وأولِعَ • العَسلَقُ والعِسلِقُ والعَسالِقُ السرابُ والذئبُ والاسدُ وكلُّ سَبُعٍ جريء على الصيدِ) • العِشقُ (والمَعشَقُ) الهوى وإفراطُ الحُبِّ نحوَ المحبوبِ بعفافٍ او بذعارةٍ ووسواسٌ فى النفسِ يحرّكُهُ استحسانُ الجمالِ والفعلُ ل عَشِقَ عِشقًا بالكسرِ (وبالتحريكِ) فهو عاشِقٌ وهى عاشِقٌ وعاشِقَةٌ وتعشّقَهُ عَشِقَهُ (وتكلّفَهُ والعِشّيقُ الكثيرُ العشقِ وعَشِقَ به لصِقَ) • ص عَفَقَ غابَ (وضرطَ وبالسوطِ ضربَ) ونامَ قليلاً ثم استيقظَ وعَفَقَ العملَ لم يحكمْهُ وعَفَقَ الشيءَ جمعَهُ وعَفَقَهُ عنهُ منعَهُ والعافِقُ الكثيرُ التردّدِ والزيارةِ وأعفَقَ أكثرَ التردّدَ فى غيرِ حاجةٍ وانعفَقَ انعطفَ وانصرفَ وعافَقَهُ عالجَهُ وخادعَهُ • (العَفلَقُ والعَفَلَّقُ الفرجُ الواسعُ الرِخوُ والمرأةُ الخرقاءُ والعَفَلوقُ الاحمقُ) • العَقيقُ خرزٌ أحمرُ كدرٌ ذو خطوطٍ بيضٍ الواحدةُ عَقيقةٌ ج عَقائقُ والعَقيقُ ايضًا الوادى ج أعِقّةٌ والعَقيقُ ايضًا مسيلُ ماءِ السيلِ والعَقيقُ ايضًا والعِقّةُ شعرُ كلِّ مولودٍ ج عِقَقٌ والعَقيقةُ غرلةُ الصبيِّ (والشاةُ التى تذبحُ عندَ حلقِ شعرِ المولودِ) والمَزادةُ والنهرُ ن وعَقَّ شقَّ وعَقَّ والدَهُ عُقوقًا (ومَعَقّةً) جفّ بِرّ ابيهِ وعصى وتمنّعَ فهو عَقٌّ وعاقٌّ وعَقَقٌ ج عَقَقَةٌ وعُقّاقٌ والاسمُ العُقوقُ وماءٌ عُقٌّ وعُقاقٌ مُرٌّ وفرسٌ عَقوقٌ حاملٌ وحائضٌ ضدٌّ ج عُقُقٌ و(جج) عِقاقٌ وفعلُهُ ص عَقَّ عَقاقًا وعُقُقًا (وعُقوقًا) وأعقّتْ والعَقَقُ الانشقاقُ والعَقّةُ الحفرةُ العميقةُ وانعقَّ الغبارُ سطعَ وانعقّتِ العقدةُ انحلّتْ والانعقاقُ الانشقاقُ • العَلَقُ الدمُ الشديدُ الحُمرةِ الجامدُ الغليظُ القطعةُ منهُ عَلَقةٌ والعَلَقُ ايضًا الطينُ الذى يَعلَقُ باليدِ والمحبّةُ والخصومةُ الملازمتانِ والعَلَقةُ دودةٌ تمصُّ الدمَ والعَلاقُ والعَلاقةُ (والمَعلَقُ الطريقُ و)البَكرةُ وما تتعلّقُ به ورشاؤها ودلوها والعَلاقُ ايضًا الهوى والحبُّ وفعلُهُ ل عَلِقَهُ وعَلِقَ به عُلوقًا (وعَلَقًا وعَلَقًا وعَلاقةً) وعَلِقَ يفعلُ كذا طَفِقَ وعَلِقَ أمرَهُ عَلِمَهُ وعَلِقَتِ المرأةُ حَبِلَتْ وعَلِقَتِ الدابّةُ شرِبَتْ ماءً فعلِقَتْ بها العَلَقةُ والعُلقةُ البُلغةُ من العيشِ واللُّمجةُ ومالَهُ عندَهُ عُلاقةٌ ايضًا شيءٌ والمَعلوقُ مَن وقعَتِ العَلَقةُ فى حَلقِهِ وفعلُهُ عُلِقَ مجهولاً والعَلَقُ الجمعُ الكثيرُ والمِعلاقُ اللسانُ وكلُّ ما عُلِقَ به

وقودُ الحربِ والصبحِ والفعلُ فَتَقَ والفَتَقُ ايضًا داءٌ م فهو أفتقُ وهي فتقاء (والفتقُ الخصبُ ولعلّهُ ل فَتِقَ العامُ اخصبَ) ورجلٌ فتيقُ اللسانِ حديدُهُ والصبحُ الفتيقُ المشرقُ والفيتقُ النجّارُ والحدّادُ (والملكُ) والبوّابُ والفتاقُ خميرةُ العجينِ وفتّقَ العجينَ جعلَ فيهِ الخميرةَ وانفتقَ الغيمُ عن الشمسِ تمزّقَ عنها وافتتقتِ الشمسُ اشرقتْ من خلالِ الغيمِ • الفرزدقُ الرغيفُ الساقطُ في التنّورِ وفتاتُ الخبزِ الواحدةُ فرزدقةٌ (ج فرازقُ والقياسُ فرازدُ) • ن فرقَ بينهما فرقًا وفرقانًا فصلَ (وفلقَ) ص وفرقَ احكمَ وقضى وميّزَ والفرقُ الطريقُ في شعرِ الرأسِ والكتّانُ (ومكيالٌ يسعُ ثلاثةَ آصعٍ ج فرقانٌ) والفاروقُ المخلّصُ سريانيةٌ معرّبةٌ وهي من صفاتِ السيّدِ المسيحِ مخلّصِ العالمِ والترياقُ الفاروقُ الجيّدُ الخالصُ الذي يفرقُ بينَ المرضِ والصحّةِ ل وفرقَ فزعَ ورجلٌ فاروقةٌ فرِقٌ وفروقٌ وفروقةٌ وفاروقٌ (وفرقٌ وفروقٌ وفرّوقةٌ) شديدُ الفزعِ والفروقُ الفزيعُ طبعًا (والفَرِقُ من يفزعُ من الشيء) ومفرقُ الرأسِ (ومفرقُهُ) وسطُهُ والمفرقُ ايضًا المكانُ الذي تتشعّبُ فيهِ الطرقُ ج مفارقُ والفرقُ الصبحُ والفجرُ وديكٌ افرقُ عرفُهُ مفروقٌ ورجلٌ افرقُ لحيتُهُ مفروقةٌ وفروقُ لقبُ قسطنطينيةَ لأنّ فيها افترقتِ القياصرةُ غربًا وشرقًا والفِرقُ القطيعُ من الغنمِ ومن الظباءِ والفرقةُ الطائفةُ من الناسِ ج فِرَقٌ (وجمعُ في الشعرِ على افرقةٍ) جج افراقٌ وججج افاريقُ والفريقُ اكثرُ منها ج افرقاءُ وافرقةٌ وفُرُقٌ وفروقٌ) والفرقُ والفرقانُ (القرآنُ و) كلُّ ما فُرِقَ بهِ بينَ الحقِّ والباطلِ والفرقانُ ايضًا النصرُ والبرهانُ والصبحُ والتوراةُ والفِراقُ بالفتحِ والكسرِ (الفرقةُ) والافتراقُ وافريقيّةُ بلادٌ واسعةٌ قبالةَ الأندلسِ وافرقَ من مرضهِ افاقَ وبرئ (ولا يكونُ الافراقُ الّا فيما لا يصيبُكَ غيرَ مرّةٍ كالجدريِّ) وفرّقهُ تفريقًا وتفرقةً بدّدهُ وتفرّقَ وافترقَ ضدُّ اجتمعَ وانفرقَ انفصلَ (والمتفرّقُ يكونُ موضعًا ومصدرًا) والتفرقةُ التبدّدُ ج تفاريقُ • الفسقُ الترك لامرِ اللهِ والعصيانُ والخروجُ عن حقِّ أمرِ اللهِ والفجورُ ايضًا والفسوقُ الفجورُ والفعلُ ن ص ر فسقَ فسقًا (وفسوقًا والفسقُ) والفسّيقُ الدائمُ الفسقِ ويا فساقِ اي يا فاسقةُ ويا فسقُ اي يا فاسقُ والانفساقاتُ ايّامٌ معيّنةٌ عندَ اليهودِ يمتنعونَ فيها من شربِ الماءِ خوفًا من داءِ الاستسقاءِ كما يزعمونَ • ن فشقَ كسرَ (والفشقُ ضربٌ من الاكلِ) في شدّةٍ وفشِقَ فشقًا نشطَ وحرصَ وعدا وهربَ وتفشّقَ توسّعَ بشربٍ ص وفشقهُ كسرهُ (وفاشقهُ باغتهُ) • فقفقَ التعزَ فقرًا شديدًا وفقفقَ الكلبُ نبحَ فرقًا والفقفوقُ العقلُ والذهنُ والفقفقةُ الحمقُ ورجلٌ فقاقٌ (وفقاقةٌ) وفقفاقٌ وفقفاقةٌ احمقُ •

ايضًا والعائقُ الشيء الذي يَعُوقُ وأعاقهُ عَوَّقهُ والعَيُّوقُ اسمُ نجمٍ وتَعَوَّقَ وانعاقَ تحبَّسَ وتأخَّر •

غ

الغَبوقُ شربُ الشرابِ عشيَّةً وفعلُهُ ن غَبَقهُ فاغتبقَ • الغَدَقُ الماء الكثيرُ ل وغَدِقَتِ العينُ غزرتْ وشابٌّ غَيْدَقٌ وغَيْدَقانٌ وغَيْداقٌ ناعمٌ والغَيْداقُ ايضًا الكريمُ وأغدقَ المطرُ كثر • ل غَرِقَ فهو غَرِقٌ وغارقٌ وغَريقٌ ج غَرْقى وغَرِقَ استغنى (وغَرِقَ شربَ الغُرْقَةَ وهي مِثلُ الشَّرْبَةِ من اللبنِ ونحوهِ ج غُرَقٌ وإنَّهُ لَغَرِقُ الصوتِ منقطعهُ والتغريقُ القتلُ) وأغرقهُ في الماء غرَّقهُ تغريقًا وأغرقَ في القوسِ بالغ في نزعِها واستغرقَ استوعبَ واستغرقَ في الضحكِ افرطَ واغْرَوْرَقَتْ عيناهُ دَمَعَتا • الغَرامَاطيقي يونانيَّةٌ مُعرَّبةٌ اي علمُ النحوِ والصرفِ • الغُرْنوقُ (والغِرْنَوقُ والغُرْنَيْقُ) والغِرْنِيقُ والغِرْناقُ والغُرانِقُ الشابُّ الجميلُ ج غَرانيقُ (وغَرانِقُ) وغَرانِقةٌ وشبابٌ غَرانِقُ تامٌّ وامرأةٌ غُرانِقٌ وغُرانِقةٌ شابَّةٌ ممتلئةٌ والغُرْنوقُ خصلةُ الشعرِ المُفتلَّةُ • الغَسَقُ ظلمةُ أوَّلِ الليلِ ض ل وغَسَقَتْ عينهُ غَسوقًا وغَسَقانًا أظلمتْ او دمعتْ (وغَسَقَ الجرحُ سالَ منهُ ماءٌ أصفرُ) ض وغَسَقَ الليلُ غَسْقًا وغَسَقانًا وأغسقَ اشتدَّتْ ظلمتهُ (وغَسَقَتِ السماءُ رشَّتْ والغَسَقانُ الانصبابُ) والغاسقُ القمرُ والليلُ اذا دخلَ والغُسوقُ والإغساقُ الاظلامُ وأغسقَ دخلَ في الظلامِ • (ض غَفَقَ خرجتْ منهُ ريحٌ وغَفَقَهُ بالسوطِ ضربهُ كثيرًا وغَفَقَ القومُ غَفْقَةً ناموا نومةً والغَفَقُ المطرُ ليسَ بالشديدِ والهجومُ على الشيءِ والايابُ من الغيبةِ فجاءةً والتغفيقُ النومُ وأنتَ تسمعُ حديثَ القومِ والمُغَفَّقُ المَرْجِعُ وتغفَّقَ الشرابَ شربهُ يومَهُ أجمعَ • غَقَّ القِدْرُ غَقًّا وغَقِيقًا وغَقْغَقَ غَلَى والماءُ والصقرُ والغُرابُ صوَّتَ • العَلْفَقُ الطُّحلُبُ او نبتٌ في الماءِ والمرأةُ الخرقاءُ وغَلْفَقَ أسرعَ وغَلْفَقَ الكلامَ أساءهُ) • ض غَلَقَ البابَ وأغلقهُ ردَّهُ (وغَلَقَ لغةٌ رديئةٌ في أغلقَ) وغَلِقَ في الارضِ أمعنَ فيها سَفَرًا وبابٌ غَلَقٌ مُغلَقٌ والغَلَقُ (والمِغْلاقُ والمِغْلوقُ) ما يُغلَقُ بهِ البابُ (والمِغْلَقُ سهمٌ في المَيْسِرِ ج مَغاليقُ او المَغالِقُ من نعوتِ القِداحِ التي يكونُ لها الفَوْزُ في لعبِ المَيْسِرِ) ل وغَلِقَ الرهنُ استحقَّهُ المرتهنُ واستغلقَ عليهِ الكلامُ ارتُتِجَ وتعقَّدَ وكلامٌ غَلِقٌ مُشكِلٌ وأغلقهُ أكرهَهُ وعالَقَهُ راهنهُ •

ف

ن فَتَقَهُ وفَتَّقَهُ تفتيقًا شقَّهُ ونقضَ تخييطَهُ فتفتَّقَ (وانفتقَ) والفَتْقُ المخالفةُ

الصلعة والمُقوّق العظيم الصلعة والقاق الاحمق الطائش وقاقت الدجاجة صوّتت ٭ القيق الاحمق الطائش والقائق المركب الصغير ٭

ل

ل ر لبق لبقًا ولباقة حذق بما عمل فهو لبق ولبيق ولبق به لاق به فهو لبق ايضًا ولبيق والنبيقة واللبقة الحسنة ج (اللبق) الدلال والظرف ٭ ل لحق به ولحقه لحقًا ولحاقًا والحقه ادركه (وهذا لازم متعدٍّ) ولحق لحوقًا ضمر والملحق الدعيّ واستلحقه ادّعاه وتلاحقوا لحق بعضهم بعضًا ٭ (اللاذقية بلد من عمل حلب) ٭ ل لزق به لزوقًا والتزق به لصق واللزاق ما يلزق به (والجماع) وهو لزقي ولزيقي بجنبي ٭ ل لسق به لسوقًا والتسق به لزق به والسلقة ٭ ا لصق كلزق ولسق ٭ ل لعقه لعقة لحسه ولعق اصبعه مات والملعقة اسم آلة م والاعقة ما تأخذه بالاصبعة واللعوق ما تلعقه والتعق لونه مجهولًا تغيّر ٭ ص لفق الثوب ضم شقة الى اخرى فخاطهما ولفق الامر طلبه فلم يدركه واللفقة ما تلفقة من الملاءة وتلفق به لحقه وتلافقوا التأمت امورهم ل ولفق طلق ولفق الحديث تلفيقًا زخرفه ٭ (اللق الصدع في الارض ولق عينه ضربها بيده واللقلق واللقلاق اللسان ج لقالق واللقلقة صوته) ٭ ن لمق لمقًا كتب ومحا ضد ولمق عينه ضربها بكفه ولمق لمح وما ذاق لماقًا شيئًا ولمق الطريق لقمه ٭ لوقا البشير من الاثنين والسبعين مبشرًا على الاصح يوناني الاصل من انطاكية عالم بالطب والتصوير كتب الانجيل والابركسيس واللوقة الساعة وما ذاق لواقًا شيئًا (واللوق الحمق) والالوق الاحمق ولاق عينه ضربها ٭ ل ع لهق الثوب وتلهق ابيض شديدًا وتلهوق في العمل لم يحكمه واللهق الابيض ٭ ليقة الدواة م ولاق الدواة ليقة وليقًا والاقها جعل لها ليقة واصلح مدادها فلاقت والليقة ايضًا الطينة اللزجة تلصق بالحائط ولاق به التجأ اليه ولاق به الثوب لبق ولا يليق بك لا يحسن ولا يصلح (ولا يعلق) والتاق به صافاه والتاق استغنى والليباق شعلة النار ٭

م

ماق العين ومؤقها ومؤقيها وماقيها (وماقها ومؤقها ومؤقها وأمقها ومقيها) طرفها مما يلي الانف حيث مجرى الدمع ج آماق (وأمآق) بالمد ومواق ومآقي ل ومئق تردد البكاء في صدره وامتأق غضبه اشتد ٭ ع محقه (ومحقه) ابطله ومحاه فتمحق وامتحق (وامحق) ومحق الله الشيء ٭

ن فلقه (وفلّقه) شقّه فانفلق وتفلّق وفلوق الرجل شقوقها وفالق الحبّ خالقه او شاقّه وكلّمني من فلق فيه من شقّ فيه والفلق الشقّ والفلق الصبح والفجر والخلق كلّه وجهنّم واسفل موضع فيها (والمطمئنّ من الارض بين ربوتين) ج فلقان والفالقة والفالق جهنّم ايضا والفلق ايضا مقطرة السجّان والفلق ايضا والفالق الشقّ في الجبل وافلق الشاعر وافتلق أتى في شعره بشيء عجيب فهو شاعر مفلق وواعظ مفلق (والفليق الامر العجب) والفيلق الجيش العظيم ج فيالق والفلقان الكذب الصراح (ورجل مفلاق دنيء رذل * الفندق خان السبيل) * الفندق الخان السبيل وقيّمه فندقاني والفنداق صحيفة الحساب * الفنيق الفحل المكرم لاصيل ج فنق و(جج) افناق وتفنّق تنعّم وافنق تنعّم بعد شدّة (والتفنيق التنعيم وعيش مفانق ناعم) وجارية مفناق منعّمة * فوق نقيض تحت وفاق اصحابه فوقا وفواقا (وفوقانا) علاهم بالشرف وفاق فواقا تردّد الريح في صدره مرّة بعد مرّة والاسم الفواق وفاق بنفسه فووقا وفواقا جاد بها او دنا من الموت والفائق الخيار من كلّ شيء والفوقة الادباء والخطباء والفاق المائدة فيها الطعام والطعام بالزيت والصحراء والفاقة الفقر والحاجة ورميناه فوقا رشقا والفوق ايضا طرف اللسان وموضع الوتر من السهم (وفرج المرأة والطريق الاوّل والفنّ من الكلام) ج افواق (وفوق) ل وفاق السهم فاقا انكسر فوقه فهو سهم افوق والفواق شخير المريض عند موته والفيقة اسم اللبن المجتمع في الضرع ج فيق (وفيق) وفيقات وافواق و(جج) افاويق وافقت السهم وأوفقته وافوقته وفوّقته وضعت الوتر في فوقه والمفيقة الشاة المجمع حليبها في ضرعها ج مفاويق وافاق من مرضه رجعت الصحّة اليه واستفاق رجع الى الصحّة وافاق الزمان اخصب بعد جدب وافاق استراح وفوّق السهم جعل له فوقا ورجل مستفيق كثير النوم وافتاق افتقر * ل فهق فهقا امتلأ والفيهق الواسع من كلّ شيء وافهق الاناء ملأه وافهق الدابّة كواها وتفيهق في كلامه توسّع فيه مثل فهه * فاق بنفسه يفيق جاد بها عند الموت وافيق الشاعر افلق *

ق

القوق صوت الدجاجة وفعله ن قوق وقاع قرق قريق سهل ل وقرق سار فيه والقرق العادة ولاصل الردي * القنداق كتاب التقديس وقطعة من الصلوة منظومة يونانيّة معرّبة * القلق الانزعاج وفعله ن قلق فهو قلق * القوق والقاق الرجل الفاحش والقوقة

زعزعه ونفضه ونتقت المرأة كثر ولدها فهي ناتق ومنتاق ونتق سمن جدًّا والناتق الفاتق
والرافع والباسط والزناد الواري • ل ن ض نزق الفرس نزقًا ونزوقًا وثب ل ض ونزق
فلان طاش وخفّ عند الغضب ونزق الاناء امتلأ ونازقا وتنازقا تشاتما ومكان نزق قريب
ونازقه قاربه وأنزق سفه بعد حلم • ن نسق الكلام عطف بعضه على بعض ومنه عطف
النسق عند النحاة والنسق ترتيب الكلام على نظم واحد وأنسق تكلم سجعًا والتنسيق التنظيم
وناسق بينهما تابع وتناسقت الاشياء وانتسقت وتنسقت انتظمت • النشوق ما كان
له حرارة واخذ فى الأنف وفعله ل نشق والمنشق الانف ونشق الظبي علق فى الحبالة
واستنشق الماء ادخله فى انفه (والنشق من اذا دخل فى امر نشب فيه) • ض نطق
نطقًا ومنطقًا ونطوقًا تكلم بكلام له حروف ومعنى وانطقه الله واستنطقه جعله ناطقًا وماله ناطق
ولا صامت اى لا حيوان ولا درهم (وقد يطلق النطق على التصويت نحو نطقت الحمامة
ومنه الناطق والصامت اى الحيوان والجماد) والناطقة الخاصرة والنطاق (والمنطق) والمنطقة
شقة تلبسها المرأة (وتشد وسطها فترسل الاعلى على الاسفل ليس لها حجزة ولا ساقان) وانتطقت
لبستها والمنطقة ما يشد الرجل فى وسطه وانتطق شدها والمنطيق البليغ ونطقه تنطيقًا ألبسه
النطاق او المنطقة والمتطق العزيز وانتطق فرسه اجتذبه ولم يركبه (والمنطق علم م) • ع ض نعق
بغنمه نعقًا ونعيقًا ونعاقًا ونعقانًا صاح بها وزجرها ونعق الغراب صاح فى الشر • (النعبق
الاحمق) • ض نغق الغراب نغيقًا صاح فى الخير (ونعب فى الشر) • ن نفق
البيع نفاقًا راج ونفق تجارته تنفيقًا وانفقها روجها وانفقوا نفقت سوقهم والنفقة ما تصرفه من
الدراهم ج نفاق فهو منفاق كثير النفقة والنفق سرب فى الارض ينتهى الى مكان وانتفقه دخله
والنافقة نافجة المسك والنافقاء جحر الضب يدخل من القاصعاء ويخرج من النافقاء وذكر فى
ق ص ع وانفق افتقر وانفق ماله واستنفقه انفدة ونافق فى الدين ستر كفره واظهر ايمانه والاسم
النفاق • ض نق الضفدع والعقرب والدجاجة والهر نقيقًا صاح والنقاقة الضفدعة والنقنقة
صوتها ونقنقت عينه هارت والنقانق طعام من مصارين محشوة • النمرق والنمرقة مثلثين
الوسادة الصغيرة والطنفسة • ن نمق الكتاب ونمقه تنميقًا كتبه وحسنه وزينه بالكتابة ونمق
الطريق لقمه • الناقة انثى الجمل ج ناق ونوق وانوق وأنؤق وأونق وأينق ونياق
وناقات وانواق و(جج) اياتق ونياقات والنواق رائض الامور ومصلحها والنوقة الحذاقة فى
كل شئ والفعل ناق ينوق (وتنيق وتنوق فى مطعمه وملبسه تجود وبالغ والاسم النيقة ورجل
نيق والنيق ارفع موضع فى الجبل ج نياق وانياق ونيوق وانشدنى ابياتًا ونيقا المتنبى)

وأمحقه ذهب ببركته ومحق الحرّ الشيء وامتحقه حرقه وليالي المُحاق (مثلثة) ثلاث من آخر الشهر القمري ويومٌ ماحقٌ الحرّ شديدٌ وماحقُ الصيف شدّته وحرّه وأمحق هلك • ن مذق اللبن خلطه بالماء فامذق وامتذق فهو لبنٌ مذيقٌ ممذوقٌ ومذق الودّ لم يخلصه فهو مذاقٌ ومماذقٌ غيرُ مخلص • المَرق والمرقة م والمَرق الإهاب المنتن والمِرق الصوف المنتن ن ومرق القِدر (مرقا) وأمرقها أكثر مرقتها ومرق الصوف مرقا نتفه عن الجلد ومرق السهم مروقا خرج من الجانب الآخر والمارق الخارجيّ ج مارقة ل ومرقت البيضة فسدت وأمرق أبدى عورته وأمرق الجلد حان نتف صوفه • ص مزقه مزقا ومزّقه ومزّقه تمزيقا خرّقه فتمزّق ن ص ومزق الطائر ذرق ومزّق عِرْضَ أخيه طعنه وثلبه والمِزقة قطعة من الثوب ومازقة سابقة في العدو (الموسيقى علم الألحان معرّب) • ص مشقه ضربه ومشق في الكتابة مشقا مدّ حروفها ومشقه مشطه ومشق الشيء جذبه ليمتدّ ومشق الثوب مزّقه ومشقت الجارية طالت ورقّت ومشق النحاس ونحوه جذبه من ثقب ليمتدّ ويطول والمُشاقة ما سقط من الشعر والكتّان عند المشط وانتشقه اختلسه واقتطعه ورجل (مِشقّ و) مشيقٌ وممشوقٌ خفيف اللحم ومشقت المواشي الكلأ أكلت أطايبه والمِشق بالكسر (والمشق) المغرة والممشّق المصبوغ بالمغرة وجارية ممشوقة حسنة القوام وقضيب ممشوق طويل دقيق وتمشّق الليل ولّى وتمشّق الغصن تقشّر وتمشّق ثوبه تمزّق والمماشقة المجاذبة والمسابّة والمصاحبة والمِشقة الثوب الخلق • المَطِقة الحلاوة والتمطّق التذوّق والتصويت باللسان • ع معق شرب شديدا ومعق بعد ومعقت معدته فسدت فهو ممعوق ونهر معيق عميق وفعله ر معق وتمعّق تعمّق وساء خلقه والأمعاق الإعماق جج أماعق وأماعيق • ن مقّ الثدي ومقمقه وامتقّه امتصّه وتمقمق شرب ما فيه شيئا فشيئا • ن ملق الثوب غسله وملق أمه رضعها (وملقه محاه وملق جاريته جامعها) وتملّقه (وتملّق له) تملاقا تودّد له وتلطّف له والملَق الودّ واللطف والملق ايضا الاعطاء باللسان لا بالفعل وفعله ل ملِق والمالق مالَج الطيّان وملّق الجدار تمليقا طيّنه بالمالق وانملق (وامّلق) انملس وانملق مني أفلت والملقة الصخرة الملساء وأملق افتقر وامتلقه أخرجه وغسله • ملكيزداق او ملشيصاداق كاهن الله اخذ العشور من ابراهيم اب الآباء وقيل انه سام بن نوح • المُوق الغبار والخُفّ ومؤق العين ج أمواق والمائق الاحمق ج موقى وفعله ماق يموق مواقة وموقا وماق البيع موقا رخص وماق فلان موقا وموقا ومواقة هلك •

ن

النَّبق الكتابة (والنبق والنبْق والنبِق حمل شجر السدر) وانتبق الكلام استخرجه • ن نتقه

وَلِقَ • س وَمِقَهُ وَمْقًا ومِقَةً أحبَّهُ فهو وامِقٌ وذاك مَوْمُوقٌ • الوَمَقُ حبلٌ فيه أنشوطةٌ يُرْمَى فيُؤْخَذُ به الانسانُ ج أَوْماقٌ ص وَمَقَهُ حبسَهُ ومنعهُ وتَوَمَّقَتْهُ أعيتْهُ فى الكلامِ وحيّرتْهُ •

ه

الهَرْطَقَةُ البدعةُ فى الدِينِ يونانيّةٌ مُعرَّبةٌ وفعلُهُ هَرْطَقَ وأَرْطَقَ فهو هرطوقيٌّ ج هَراطِقَةٌ وأَراطِقَةٌ وهَرْطَقَهُ نسبهُ الى الهَرْطَقَةِ او جعلهُ هرطوقيًّا فتَهَرْطَقَ • هَراقَ الماءَ اراقهُ مضارعه يهريق بفتح الهاء وسكون الراء مثل يدحرج فهو مهريق بفتح الهاء وسكون الراء ايضًا مثل مدحرج والماء مهراق بفتح الهاء وسكون الراء وفتح الهمزة واصل هراق اراق قلبت الهمزة هاء لقرب مخرجهما كما قالوا فى اهل آل واهرق الماء اهراقًا اراقه ايضًا (وصاحبُ القاموسِ لم يذكرْ شيئًا مِمّا تقدّمَ وعبارتُهُ هذه هَراقَ الماءَ يُهَرِيقُهُ هِراقَةً وأَهْرَقَهُ يُهْرِيقُهُ إهْرِياقًا فهو مُهْرِيقٌ وذاك مَهْراقٌ ومُهْراقٌ صَبَّهُ وأصلُهُ أراقَهُ يُرِيقُهُ إراقَةً وأصلُ أراقَ أَرْيَقَ وأصلُ يُرِيقُ يُرْيِقُ وأصلُ يُرْيِقُ يُأَرْيِقُ وقالوا أُهْرِيقُهُ ولم يقولوا أُأَرِيقُهُ لاستثقالِ الهمزتينِ وزِنَةُ يُهَرِيقُ يُهَفْعِلُ ومُهَراقٍ بالتحريكِ مُهَفْعَلٌ وأمّا يُهْرِيقُ ومُهْراقٌ بتسكينِ هائِهِما فلا يُمكِنُ أنْ يُنطَقَ بهِ لأنّ الهاءَ والفاءَ جميعًا ساكنانِ والمُهْرَقُ الصحيفةُ مُعرَّبٌ ج مَهارِقُ والصحراءُ المَلْساءُ ومطرٌ مُهْرَوْرِقٌ صَيِّبٌ ويُقالُ هَرِقٌ على خَمْرِكَ اى تثبّتْ والمُهْرَقانُ والمَهْرَقانُ) والمَهْرَقانُ البحرُ والهِرْقُ الثوبُ الخَلَقُ • هَزِقَ نشطَ والاسمُ الهَزَقَةُ وأهْزَقَ فى الضحكِ أكثرَ منهُ • (الهَزْرَقَةُ من أنواعِ الضحكِ • الهَطَقُ سرعةُ المشيِ • الهَفْتَقُ الأُسْبُوعُ مُعرَّبُ هَفْتَهْ • الهَقْهَقَةُ السيرُ الشديدُ) • ص هَلَقَ (وتَهَلَّقَ) أسرعَ • الأَهْيَقُ الطويلُ العنقِ •

ي

ل يَقِقَ يَيْقَقُ يَقُوقَةً ابيضَّ فهو أبيضُ يَقَقٌ (ويَقِيقٌ) وبيضٌ يَقائقُ واليَقَقُ الشديدُ البياضِ واليَقَقُ القُطنُ • اليَلَقُ الابيضُ من كلِّ شيءٍ • اليَلْمَقُ القَباءُ (فارسيٌّ مُعرَّبُ يَلْمَهْ) ج يَلامِقُ •

وبيقية مدينة من اعمال القسطنطينية التأم فيها الجمع الاول التيئبلي على آريوس الملحد *
ص ل نهق الحمار نهيقا ونهاقا صوت *

باب الواو

ص ل س وبق وبوقا وموبقا هلك والموبق المهلك وكلما حال بين شيئين واوبقه اهلكه * س وثق به ثقة وموثقا ائتمنه والوثيق المحكم ج وثاق وفعله ر وثق فهو وثيق والميثاق والموثق العهد ج مواثيق ومياثق ومياثيق واستوثقه اخذ منه الوثيقة وهي صك الامان والوثاق بالفتح والكسر ما يشد به واوثقه شده بالوثاق ووثق البنيان توثيقا احكمه * الودق المطر ص وودق المطر قطر واودقت السماء امطرت ن وودق اليه ودقا دنا منه مستأنسا وودق بطنه استطلق والوديقة شدة الحر والوديقة الحديقة * الورق مثلثة وبفتح فكسر وبالتحريك الدراهم المضروبة ج اوراق ووراق والرقة الفضة ج رقون والوراق الكثير الدراهم وصانع الورق وحرفته الوراقة والوراق خضرة الارض والورق من الكتاب والشجر م الواحدة ورقة والورق ايضا الخبط والمال من الناطق والصامت وبهجة الدنيا والورقة الخسيس والكريم ضد (ورجل ورق وامرأة ورقة خسيسان) وشجرة وريقة كثيرة الورق وفعله ص ورق واورق (وورّق) والوراق وقت خروج ورق الشجر والوارقة الشجرة الخضراء الورق وعام اورق لا مطر فيه والورقاء الذئبة والحمامة ج وراق ووراق واورق كثر ماله واورق فلان خاب من مطلوبه (وايراق العنب يوراق لون فهو موراق ومازلت منك موارقا قريبا مدانيا والتجارة مورقة للمال اي مكثرة) *
ص وسقه جمعه وحمله وطرده واوسق الدابة حملها ووسقها ساقها واتسق انتظم وواسقه صار مثله * ص وشق اللحم واتشقه قدده ووشقه طعنه ووشق فلان اسرع والواشق الباشق والتوشيق التقطيع والتفريق والمواشيق اسنان المفتاح والوشيقة القديد *
(الوعق والوعق الشرس السيء الخلق وبه وعقة شراسة س ووعق عجل وما اوعقه ما اعجله والتوعيق التعويق) * ن وفقه الله توفيقا سهله وارشده واعده وتوافقا ضد اختلفا واتفقا تقاربا ووافقته صادفته واتفق له سنح له والشيء الوافق الموافق ص ووفقت امرك وجدته موافقا والوفيق الرفيق والوفق الاتفاق (وحلوبته وفق عياله اي لبنها قدر كفايتهم) * وقوق اكثر من الكلام والوقواق الجبان والوقوقة نباح الكلب * ص ولق اسرع وولق في السير وفي الكذب استمر والولق الجنون فهو مالوق ومؤولق مجنون وفعله ن

ورجلٌ مُتَبَرِّكٌ معتمدٌ على شيءٍ مُلِحٌّ والبِرْكَةُ الحوضُ ج بِرَكٌ والبُرْكَةُ بالضمّ الضفادعُ والأحمالُ والذين يحملونها وكِرَى الطحّانِ على الطحنِ وابْتَرَكوا أسرعوا مجتهدين وابْتَرَكَتِ السحابةُ أمطرتْ كثيرًا وابْتَرَكَتِ السماءُ دامَ مطرُها والبَرُوكُ الخبيصُ وبَرَكَ بُروكًا اجتهدَ والبُرْكانُ الكِساءُ الأسودُ ج بَرانِكُ والبارُوكُ الجبانُ والكابوسُ وبارَكَ على الشيءِ واظبَهُ وتَبَرَّكَ بهِ تيمّنَ بهِ • بَرْتَكَهُ مزّقهُ وخرّقهُ وقطّعهُ • ن بَشَكَ ساءَ عملُهُ وبَشَكَ خيّطَ خياطةً رديئةً وبَشَكَ وابْتَشَكَ كذبَ وبشكَ العقالَ حلّهُ وبشكَ قطعَ وأسرعَ والبُشْكانيُّ الأحمقُ لا يعرفُ العربيّةَ • البَطْرِيَرْكُ والبَطْرَكُ (والبِطْرِكُ) هو أبُ الآباءِ ورأسُ الرؤساءِ في بيعةِ اللهِ يستولي على قطرٍ من الدنيا في رعايةِ المسيحيّينَ وهم أربعةٌ • الروماني وهو أكبرُهم لأنّهُ خليفةُ بطرسَ الرسولِ الذي كانَ أكبرَ تلاميذِ ربّنا ولهذا يُسمّى البابا اي الجدَّ ولهُ التقدّمُ على الباقي قدرًا ورتبةً كتقدّمِ الأبِ على بنيهِ • ثمّ القسطنطيني • ثمّ الاسكندريّ • ثمّ الانطاكيّ • وأمّا الأورشليميّ فباللحوقِ لشرفِ المكانِ • (ابْعَكُوكَةُ الناسِ مجتمعُهم والبَعَكُ الغِلَظُ والكزازةُ في الجسمِ والباعِكُ الاحمقُ) • ن بَكَّها جامعها وبَكَّهُ خرقهُ وفرّقهُ وفسخهُ وزاحمهُ ورحمهُ (ضدّ) ووضعهُ ودقّ عنقهُ وبَكَّ الرجلُ افتقرَ وخشنَ بدنُهُ والبَكْبَكَةُ طرحُ الشيءِ بعضهُ فوقَ بعضٍ والازدحامُ وفرزُ الشيءِ وأحمقُ باكٌ تاكٌ لا يدري صوابَهُ من خطائهِ • (البَلْعَكُ الرجلُ البليدُ اللئيمُ الحقيرُ وبَلْعَكَهُ بالسيفِ قطعهُ) • البَنْكُ أصلُ الشيءِ او خالصهُ والساعةُ من الليلِ وتَبَنَّكَ في عزِّهِ تمكّنَ و) البَنْبَكُ والبِنْبِكُ سمكٌ في البحرِ يتطعُ الرجلَ نصفينِ فيبلعهُ • ن باكَ سَمِنَ فهو بائكٌ ج بُوَّكٌ (وهي بائكةٌ ج بوائكُ وباكَ المرأةَ جامعها) وباكَ البندقةَ دوّرها بينَ راحتيهِ وباكَ المتاعَ باعهُ واشتراهُ ضدٌّ •

ت

ن تَرَكَهُ تَرْكًا وتَرْكانًا (واتّركهُ خلّاهُ) وتَرِكةُ الرجلِ ميراثهُ والتريكةُ المرأةُ المتروكةُ من الزواجِ لم يتركها تزوّجها (والتُرْكُ جيلٌ من الناسِ ج أتراكٌ • التَرْبُوكُ الحقيرُ المهزولُ) • التِكَّةُ رباطُ السراويلِ ج تِكَكٌ والتاكُّ الهالكُ والمهزولُ والاحمقُ ج تاكّون وتُكّاكٌ بالفتحِ (وتَكَكَةٌ وتُكَّكٌ) والفعلُ من تَكَّ تُكوكًا •

ح

الحَبْكُ (الشدُّ والاحكامُ و) تحسينُ الصنعةِ في الثوبِ وفعلُهُ ن ض حَبَكَهُ واحتبكهُ فهو ثوبٌ

حرف الكاف

ا

ابيمالك ملك جرارا من ارض اليمن اختطف سارة زوجة ابرهيم ثم ردها ولم يدنسها لان الله تهدده من اجلها • ابيمالك بن جدعون قاضي اسرائيل قتل اخوته من ابيه وكانوا سبعين وصار قاضيًا في اسرائيل • اخيمالك الكاهن قتله شاول ملك اسرائيل لانه اعطى داود سيفا وخبزا حين كان هاربا • الاراك شجر يستاك به ج أُرُك وأرائك ل وأرك بالمكان اقام والاريكة السرير والفراش وكل ما يتكأ عليه ج أرِيك وأرائك • ض ل أفك إفكًا بالكسر والفتح والتحريك وأفوكًا كذب فهو أفّاك وأفيك وأفوك ض وأفكه عنه أفكًا صرفه عنه وقلبه او قلب رأيه وأفكه حرمه مرادَه والمؤتفكات بالضم خمس المدن التي احرقها الله في ارض سادوم والمؤتفكات ايضا الرياح التي تقلب الارض والأفيك العاجز والأفيكة الكذب ج أفائك والمأفوك المخدوع برأيه والأفكة السنة المجدبة • الأكة والأكاكة الشدة من شدائد الدهر وشدة الحر والأكة ايضا سوء الخلق والحقد والموت والغضب والزحمة وسكون الريح والشعل ن أكّ ويوم أكّ (وأكيك) حار وأكه ردّه وزاحمه وأكّ فلان ضاق صدره • الألوكة والألوك والمألكة (والمألُك بضم اللام ولا مَفعُل غيره) الرسالة والألوك الرسول واستألك الألوكة حمل الرسالة • الآنك الرصاص والتصدير ن وأنك عظم وغلظ وتوجع وطمع • الأيك الشجر الملتف والأراك والغيضة وكل مجتمع الشجر الواحدة أيكة •

ب

ض ن بتكه (وبتّكه) قطعه فانبتك وتبتّك (والبتكة القطعة ج بتك) وسيف باتك قاطع • البركة النماء والزيادة والسعادة وباركه الكاهن قدّسه فصار مباركًا اي مقدسًا وبارك الشيء طهره وبارك الله عليك (وفيك) اي اسأله ان تكون مشرفًا مكرمًا لديه وباركك الله قدسك وطهرك وغفر لك وتبارك الله تقدس ومبارك اسم قديس اقام رهبنة تختص بالوعظ والانذار بايمان المسيح وتبارك بالشيء تفاءل به ن وبرك بروكًا (وتبراكًا وبركًا) اناخ وابركته انخته وبرك ثبت واقام والبارك الجمل ج بروك

د

الدَرَكُ اللحاقُ وأدركهُ لحقهُ فهو دَرّاكٌ ومُدرِكٌ وتداركوا لحقَ آخرُهم أوّلَهم واستدركَ الشيء بالشيء حاوَلَ ادراكهُ بهِ (والاستدراكُ هو رفعُ توهّمٍ يتولّدُ من الكلامِ المتقدّمِ وطلبُ ما فاتَ حِسًّا او حكمًا) وأدركَ الشيءُ بلغَ وقتهُ وأدركَ انتهى وفَنِيَ والدَرَكُ (ويُسكن و) أقصى قعرِ الشيءِ ج أدراكٌ ودَرَاكِ اسمُ فعلِ أمرٍ بمعنى أدرِكْ ودَرَكاتُ جَهنّمَ أسافلُها • الدَرْمَكُ دقيقُ الحُوّارَى والترابُ الناعمُ والدَرْمُوكُ الطِنفِسةُ ودَرْمَكَ عدا ودَرمَكَ البناءَ ملّسهُ • الدِرْنِكُ والدُرْنُوكُ والدِرْنِيكُ البِساطُ والطِنفِسةُ ج درانِكُ ودَرانيكُ • (الدَوْسَكُ الاسَدُ) • ع دَعَكَ الثوبَ ليَّنهُ باللبسِ ودَعَكَ خصمَهُ ليّنهُ ودَعَكهُ في الترابِ مرّغهُ ودعكَ الاديمَ دَلَكهُ وخَصمٌ مُداعِكٌ شديدٌ وتداعكوا تخاصموا وتمرّسوا في الحربِ والدَعَكُ (الحُمقُ و) الرعونةُ وفعلهُ ل دَعِكَ فهو داعِكٌ وهي داعِكةٌ • الدَكُّ الدقُّ (والهَدْمُ) والتَلُّ والدَكُّ الجبلُ والدليلُ والدَكّةُ بالفتحِ والدُكّانُ بالضمِ المِصطبةُ ن دَكّهُ دقّهُ ودَكَّ البنيانَ هدمهُ ودَكَّ المكانَ سوّاهُ ودَكَّ الارضَ مهّدها ودَكَّ الترابَ كنسهُ ودكَّ البئرَ طمّها ومنهُ دَكُّ المَدافعِ والبندقِ واندَكَّ المكانُ تمهّدَ والدَكْدَكُ والدَكْداكُ ما استوى وغلظَ من الارضِ ج دَكادِكُ ودَكاديكُ ودَكّهُ المرضُ أنهكهُ والمِدَكُّ القويُّ على العملِ • ن دَلَكهُ مرسهُ ودعكهُ ودَلَكهُ الدهرُ أدّبهُ وحنّكهُ ودَلَكتِ الشمسُ دُلوكًا غربتْ ومالتْ واصفرّتْ وزالتْ عن كبدِ السماءِ فهي دالكٌ والدَليكُ الرجلُ المجرّبُ ج دُلُكٌ والدَلُوكُ ما يُدلَكُ بهِ ودالكهُ ماطلهُ • ن دَمَكَ الشيءُ دُموكًا صارَ أملسَ ودَمَكهُ دَمْكًا طحنهُ ودَمَكتِ الشمسُ ارتفعتْ والدامِكةُ الداهيةُ والدَميكُ الثلجُ والمِدْماكُ السافُ من البناءِ • داكهُ دَوْكًا ومَداكًا سحقهُ (وداكَ المرأةَ جامعها) والدَوْكةُ الخصومةُ وتداوكوا تضايقوا • ع دَهَكهُ طحنهُ وكسرهُ • الديكُ م ج ديوكٌ وأدياكٌ ودِيَكةٌ ويُطلقُ الديكُ على الدجاجةِ والديكُ ايضًا الرسيعُ والاثافيُّ •

ر

ن رَبَكهُ خلطهُ ورَبَكَ فلانًا ألقاهُ في وحلٍ فارتبكَ فيهِ اى توحّلَ والرَبيكُ الرجلُ المتوحّلُ في أمرهِ وارتبكَ ل ورَبِكَ اختلطَ في أمرهِ وارتبكَ في كلامهِ تتعتعَ وارتبكَ الصيدُ اضطربَ في الشَرَكِ والرَبيكةُ الوحلةُ • ض رَكَّ رَكاكةً ضعفَ ورقَّ وضعفَ في عقلهِ ورأيهِ فهو رَكيكٌ (ورُكاكٌ) ورَكاكةٌ ج رِكاكٌ والرَكيكُ ايضًا من لا يهابهُ أهلهُ ن وركّهُ طرحَ بعضهُ فوقَ

حبيكٌ ومحبوكٌ واحتبك بإزاره احتبى به وتحبّك بثيابه تلبّب بها وتحبّكت المرأة
بنطاقها تنطّقت ن وحبك الحبل على الحمل شدّه به والاسم الحباك والحُبُك الشعر
الجعد والماء المتكسّر وطرائق النجوم في السماء والخصلة من الشعر (والحبيكة واحدها)
ج حبائك وحبك الثوب أجاد نسجه • ص حتك حتكًا وحتكانًا قارب خطوه وهو
يمشي مسرعًا وحتك الشيء نحته • ر حرك حركًا وحركة ضدّ سكن وحرّكه تحريكًا
فتحرّك وما به حراك اي حركة والمحرّك أصل العنق والحارك أعلى الكاهل والحُرْكوك
الكاهل ج حراكك وحراكيك والحريك العنّين اي العاجز عن الجماع وفعله ل حرك
• الحسك محرّكة نبات ذو شوك والحسك ايضًا والحسيكة والحساكة والحسكة الحقد
والعداوة ل وحسك غضب والحسكك القنفذ (والحساكك الصغار من كلّ شيء
والحسيك القصير) • حشك الشاة ترك حلبها حتّى يجتمع (لبنها) في ضرعها ن
وحشكت الشاة حشكًا وحشوكًا جمعت حليبها وحشكت السحابة كثر ماؤها وحشك
القوم تجمّعوا • الحكّ م (وهو إمرار جرم على جرم) وفعله ن حكّ والاسم الحكّة
والحكاك واحتكّ به حكّ نفسه به والحكّة الجرب والحكاكة ما حُكّ بين حجرين
والذي يسقط عند الحكّ والحكّاكات الوساوس وما حكّ في صدري كذا لم ينشرح له
صدري وما أنت من أحكاكه من رجاله والحاكّة السنّ ولأحكّنّ من لا سنّ له (والحكيك)
والمحكوك الكعب والحافر وحكّ في صدري وأحكّ واحتكّ خالج • الحُلكة
والحلك شدّة السواد وفعله ل حلك فهو حالك ومحلولك ومسحنلك • الحنك
م ج أحناك ص (ن) وحنك الفرس واحتنكه جعل الرسن في حنكه وحنك الشيء
فهمه وأحكمه وحنكت الرجل التجارب حنكًا وحنّكته تحنيكًا وأحنكته واحتنكته أحكمته
وهذّبته فهو محنّك ومحنك ومحتنك (وحنيك) وحنك والاسم الحُنكة والحُنك
وامرأة حنكة ورجل حنك ايضًا لبيب وحنّكه تحنيكًا دلك حنكه واحتنكه استولى
عليه واحتنك الجراد الأرض أكل ما عليها واحتنكه أخذ ماله وسواد حانك حالك
واحتنكه ردّه والحنيك الرجل المجرّب وحانوكا اسم عيد عند اليهود • حاك الثوب حوكًا
وحياكة وحياكًا نسجه فهو حائك ج حاكة وحوكة ونسوة حوائك والمحاكة موضع الحياكة
وحاك الشيء في صدري رسخ • حاك يحيك حيكًا وحيكانًا كحاك يحوك
فهو حائك وحيّاك وهي حيّاكة ايضًا وحيكانة بالفتح والكسر (وحيكانة وحيكى وحاك
الرجل في مشيه حرّك منكبيه وفحّج بين ركبتيه) واحتاك بالثوب احتبى به •

فيه وسلكه يلك في جيبه واسلكها ادخلها فيه والسلكة الخيط يخاط به ج سلك و(جج) اسلاك وسلوك والسليك ابن السلكة من سودان العرب (شاعر لص فتاك عدّاء) كان يسبق جياد الخيل والغزلان في احضاره ● السمك م الواحدة سمكة ن وسمكه سمكاً رفعه فسمك سموكاً فارتفع لازم متعد والسماك ما سمك به الشيء ج سمك والسماك ايضاً والسمك السقف وسمك الشيء ايضاً قامته والمسماك عود الخيمة والجنبة والمسمكات السموات والمسموك الطويل ● السنبك طرف حافر الفرس ورباط البرقع ج سنابك ● ساك الشيء يسوكه دلكه وساك وسوك تسويكاً واستاك وتسوك دلك اسنانه بالسواك والمسواك وهو عود الاراك (ج سوك) ● السهك ريح العرق المنتن ل وسهك عرق عرقاً منتناً فهو سهك والسهك ايضاً قبح رائحة اللحم وريح السمك والسهكة صداء الحديد ن وسهكت الريح التراب عن الارض اطارته وسهك الشيء سحقه وريح سهكة وسهوك وسيهك وسيهوك ومسهكة عاصفة شديدة (والسهاك والمسهك البليغ والمسهك ايضاً الفرس الجواد) ●

ش

ض شبك الشيء فاشتبك وشبكه تشبيكاً فتشبك داخل بعضه في بعض ومنه شبكة الصياد اي شركه ج شبك وشباك وتشبكت الامور واشتبكت وتشابكت اختلطت والتبست وطريق شابك متداخل ملتبس والشباك م ج شبابيك والشبك اسنان المشط ● الشرك بالله الكفر اعاذنا الله منه وفعله اشرك فهو مشرك ومشركي والشرك حبائل الصيد ج اشراك وشرك (نادر) والشرك ايضاً ما لا يخفى من الطريق وشاركه فاشتركا وتشاركا والشرك والشريك المشارك ج اشراك وشركاء وهي شريكة ج شرائك ل وشركه في البيع والميراث شركة شاركه والشراك سير النعل ج شرك (واشرك) ل وشركت النعل انقطع شراكها واشركها جعل لها شراكاً والتشريك بيع (بعض) ما اشترى بما اشتراه به ● الشك خلاف اليقين (واعتدال النقيضين عند الانسان وتساويهما وضرب من الجهل ومبدأ الريب ويطلق على التردد وعلى ما لا يترجح احد طرفيه) ج شكوك وفعله ن شك وتشكك وشككه جعله يشك وشكه بالرمح انتظمه فيه وشك في السلاح تقلده فهو شاك والشكة السلاح والشكة الشقة والشكاك البيوت المصطفة وشكها صفها وشكشك اليه ركن ● الشوك (م) الواحدة شوكة وارض شاكة كثيرة الشوك وشجرة شاكة وشائكة ذات شوك والفعل ر شوك واشوك ن وشاكته الشوكة دخلت فيه وشاكه واشاكه ادخل الشوكة فيه ل وشاك يشاك شاكة وشيكة وقع في

بعض وركّ الذنبَ في عنقهِ ألزمهُ إياهُ والمرتكُّ من تراهُ بليغًا واذا خاصمَ عَيِيَ وفعلهُ ارتكّ
والرِّكُّ والرَّكيكةُ المطرُ القليلُ ج أركاكٌ وركاكٌ وأركّت السماء وركّكت أمطرت الرِّكَّ ورجلٌ
رَكيكُ العلمِ قليلهُ وارتكّ في أمرهِ ارتجّ • الرَّمَكةُ الرجلُ الضعيفُ الرازحُ وفعلهُ ن رَمكَ
رُموكًا • ع رَمَكَهُ سحقهُ شديدًا فهو مرموكٌ ورميكٌ ورَمَكَ بالمكانِ أقامَ بهِ والرَّموكةُ
والارتهاكُ استرخاء المفاصلِ في المشيِ وترهوكَ تموّجَ في مشيتهِ والرَّهَكةُ الرجلُ لا خيرَ فيهِ والرَّهكُ
العملُ الصالحُ والشبابُ الغضُّ •

ز

ع زَحَكَ أعيى وزَحَكَ بالمكانِ اقامَ بهِ وزَحَكَ دنا منهُ وتباعدَ عنهُ ضِدٌّ وزاحكهُ باعدهُ عن
نفسهِ وتزاحكوا تدانوا وتباعدوا • ل زَرُكَ ساء خُلُقُهُ • الزَّرْنوكُ يدُ الرَّحَى •
زوزكت الشاةُ حرّكت أليتَها وزوزكت المرأةُ حرّكت جنبيها في المشيِ • ض زكَّ زكًّا
(وزَكَكًا) وزَكيكًا وزكزكَ مشى مَشْيًا متقاربَ الخطوِ ضعفًا والزُّكازكُ الدميمُ والزُّكُّ المهزولُ والزُّكُّ
السلاحُ والزُّكُّ الغيظُ والغمُّ ن وزكَ عدا وسلحَ وأزكَّ على الشيءِ أصرَّ واستولى وأزكَّ ببولهِ
حقنهُ وازدكّ الزرعُ ارتوى • الزِّمِكّى ذنبُ الطائرِ ن وزَمَكَ عليهِ عبسَ حتى اشتدّ
غضبهُ والزَّمَكُ الغضبُ ورجلٌ زَمِكةٌ غضوبٌ او أحمقُ • الزَّانكيُّ الشاطرُ • الزَّوَكُ
التبختُرُ وتحريكُ المنكبينِ (في المشيِ • ع زَهَكَهُ سحقهُ • الزَّيكانُ التبختُرُ) •

س

ض سَبَكَهُ أذابهُ فافرغهُ والسبيكةُ القطعةُ المذوّبةُ • السَّحْكوكُ والمُسْحَنْكِكُ الشديدُ السوادِ
واسحنككَ الليلُ أظلمَ • ل سَدِكَ بهِ سَدَكًا (وسَدَكانًا) لزمهُ والسَّدِكُ المُولَعُ بالشيءِ
والخفيفُ اليدينِ بالعملِ واللازمُ • ل سَرِكَ بدنهُ ضعفَ بعدَ قوّةٍ • ض سَفَكَ
الدمَ صبّهُ وأراقهُ فانسفكَ فهو مسفوكٌ وسفيكٌ وذاك سفّاكٌ والسَّفوكُ النفسُ والكذّابُ
وسفكَ الكلامَ نثرهُ وأكثرَ منهُ فهو مِسفاكٌ • السِّكّةُ ما تضربُ بها الدراهمُ وصفٌّ الشجرِ وحديدةُ
الفدّانِ للحراثِ والطريقُ المستوي ج سِكَكٌ والسَّكَكُ الصممُ وصغرُ الأذنِ وضيقُ ثقبها فهو
أسكُّ وهي سكّاء وفعلهُ ن سكَّ والسكُّ والسكّةُ المسمارُ ج سِكاكٌ وسُكوكٌ والسكُّ ايضًا البناء
المستقيمُ وشدُّ الشيءِ والسلحُ وفعلهُ سكَّ والسُّكُّ جحرُ العقربِ او العنكبوتِ والطريقُ المنسدُّ
وضربٌ من الطيبِ واستكّت المسامعُ صُمّت وضاقت ولا سكَّ الاصمُّ وتسكّكَ تضرّعَ •
ن سَلَكَ المكانَ سلكًا وسلوكًا وسلكهُ وسلكَ فيهِ دخلهُ وجازهُ وأسلكهُ فيهِ وأسلكهُ عليهِ أدخلهُ

الكريمُ الخالصُ من الالوانِ واللجوجُ والراجعُ من حالٍ الى حالٍ والنبيذُ الصافي والعَكَكُ الدهرُ ويومٌ عَبِيكٌ حَرُّهُ شديدٌ • ن عَرَكَهُ دلكهُ وحكّهُ وعَرَكَهُ الدهرُ حنّكهُ وعَرَكَتِ المرأةُ عَرْكًا وعِراكًا وعُرُوكًا واَعْرَكَتْ حاضت فهي عارِكٌ واعْتَرَكوا وتعاركوا تحاربوا والعِراكُ (والمعاركةُ) الحربُ والمَعْرَكَةُ بفتح الراء وضمها (والمَعْرَكُ) والمُعْتَرَكُ موضعُ العِراكِ والمُعارِكُ المُعالِجُ في الحربِ وفعلهُ ل عَرِكَ ورجلٌ لَيِّنُ العَرِيكةِ سهلٌ سلسُ الخُلُقِ وأرضٌ مَعْرُوكةٌ عرَكَتْها الماشيةُ وأوردَ ماشيتَهُ العِراكَ اي أوردها جميعَها الماءَ وفي لامهِ كلامٌ تذكُرهُ النحاةُ (والعَرَكيُّ) صيّادُ السمكِ ج عَرَكٌ وعُرُوكٌ • ل عَبِكَ لَزِمَ ولَصِقَ • ل عَفِكَ عَفْكًا وعَفَكًا حمقَ فهو اَعْفَكُ وعَفِكٌ وعَفِيكٌ والاَعْفَكُ الاعسرُ) • العَكَّةُ مثلثةً (والعَكَكُ والعِكاكُ) شدّةُ الحرِّ ويومٌ عَكٌّ وعَكِيكٌ شديدُ الحرِّ مع احتباسِ الريحِ وفعلهُ ض عَكَّ عكًّا والعُكَّةُ ظرفُ السمنِ ج عُكَكٌ وعِكاكٌ وعَكَّ الحديثَ استعادهُ منهُ وعَكَّهُ ماطلهُ بحقهِ وعكّهُ عن حاجتهِ كفّهُ عنها حتى اتعبهُ وعُكُّ الكلامِ فسّرهُ وعكّاءُ اسمُ بلدةٍ في ارضِ اليهوديةِ عندَ الكرملِ • ن ض عَلَكَهُ مضغهُ وطعامٌ عالِكٌ (وعَلِيكٌ) قويُّ المضغِ والعِلْكُ صمغُ الشجرِ ج عُلُوكٌ وبائعهُ عَلّاكٌ وعَلَّكَ الجلدَ تعليكًا اجادَ دبغهُ وعَلَّكَ يديهِ على مالهِ ايضًا بخلَ • ن عَنَكَتِ المرأةُ عصت وعَنَكَ فلانٌ ذهبَ مسافرًا وعَنَكَ البابَ واَعْنَكَهُ اغلقهُ والعانِكُ اللازمُ والمرأةُ السمينةُ والعِنْكُ الاصلُ والسدفةُ من الليلِ والبابِ • (العَنْفَكُ الاحمقُ والحمقاءُ والثقيلُ الوخمُ • العَنْبَكَةُ والعَوْمَكَةُ القتالُ والعَنْهَكَةُ الصراعُ والصياحُ) • عاكَ عليهِ عطفَ واقبلَ وعاكَ بهِ عَوْكًا لاذَ بهِ ملتجئًا والمَعاكُ الملاذُ والاحتمالُ والاعتياكُ الازدحامُ وتعاوكوا اقتتلوا والعَوِيكَةُ القتالُ • عاكَ يعيكُ عَيَكانًا مشى وحرّكَ منكبيهِ •

ف

ض فَتَكَ فَتْكًا (مثلثةً) وفُتُوكًا وافْتَكَ تجرّأ متشجعًا على كلِّ امورهِ تدعو النفسُ اليهِ وفتكَ بهِ قتلهُ فهو فاتِكٌ وفتّاكٌ وفَتَكَ في الامرِ لجَّ فيهِ وفَتَكَتِ الجاريةُ مجنت وفَتَكَ في الخبثِ فُتُوكًا بالغَ وفاتَكَهُ واقعهُ وساومهُ الثمنَ ولم يعطهِ شيئًا والتفتيكُ تنفيشُ القطنِ ونحوهِ • ن فَرَكَ الثوبَ دلكهُ ودعكهُ فانفركَ والفِرْكُ البغضةُ بينَ الزوجينِ خاصةً ل فَرِكَها بغضها وفَرِكَتْهُ بغضتهُ فِرْكًا بالفتحِ والكسرِ وفُرُوكًا فهي فارِكٌ وفَرُوكٌ وهو كذلكَ وفارَكَهُ تاركهُ ل وفَرِكَتْ اذنهُ فَرَكًا استرخت اصولها فهي فَرْكاءُ وفَرِكَةٌ وانفرَكَ المنكبُ زالَ عن مكانهِ وتفرّكَ في كلامهِ ومشيهِ تكسّرَ والفَرَكُ

الشوكِ وماشاكَهُ شوكةٌ ولاشاكَهُ ماأصابَهُ شوكةٌ وشاكتني الشوكةُ أصابتني وشوَّكَ الحائطَ تشويكًا جعلَ عليهِ شوكًا وشوَّكَ الرأسُ ايضًا نبتَ شعرُهُ بعدَ حلقهِ وحُلَّةٌ شوكاءُ خشنةٌ لجدَّتها والشوكةُ السلاحُ وإبرةُ العقربِ او الزنبورِ ونحوهِ ورجلٌ شاكُ السلاحِ وشائكهُ وشاكيهِ بالقلبِ الكاملُ حديدةٌ •

ص

صعلكهُ افقرهُ وتصعلكَ افتقرَ والصُعلوكُ الفقيرُ • ن صكَّهُ ضربهُ شديدًا وصكَّ البابَ أغلقهُ ورجلٌ أصكُّ مضروبُ الركبتينِ والمِصَكُّ والأصكُّ الرجلُ (وغيرهُ) القويُّ والصكيكُ والصكُّ الكتابُ ج (أصُكٌّ و) صُكوكٌ وصِكاكٌ والصكَّةُ شدَّةُ الهاجرةِ (وتضافُ الى عُمَيٍّ رجلٍ من العمالقةِ أغارَ على قومٍ في ظهيرةٍ فاجتاحهم يقالُ لقيتهُ صكَّةَ عُمَيٍّ او عُمَيٌّ اسمٌ للحرِّ والصكَّةُ شدَّتهُ) • صمِكَ بهِ الزعفرانُ صموكًا لزقَ بهِ والصموكُ نطفةُ الرجلِ • صاكَ بهِ الطيبُ صَيكًا لزقَ بهِ •

ض

(رجلٌ مضنوكٌ مزكومٌ وقد ضُنِكَ • الضُباركُ الأسدُ والثقيلُ الكثيرُ اللحمِ) •

ن ل ضحكَ ضحكًا بالفتحِ وبالكسرِ وبكسرتينِ وبفتحٍ وبكسرٍ وتضحّكَ وتضاحكَ فهو ضاحكٌ وضحّاكٌ وضحوكٌ وبضحكٌ (وضُحَكةٌ وضُحْكةٌ) كثيرُ الضحكِ والضُحْكةُ ما يُضحَكُ منهُ واضحكتهُ جعلتهُ يضحكُ والضاحكُ السنُّ التي تبدو عندَ الضحكِ والأضحوكةُ ما يُضحَكُ منهُ وضحكتِ المرأةُ حاضتْ وضحِكَ الرجلُ فزعَ وضحكَ السحابُ برقَ والضحْكُ الثلجُ والعسلُ والعجبُ والنورُ • الضريكُ النسرُ الذكرُ (والاحمقُ والزمِنُ والضريرُ) والفقيرُ ج ضرائكُ وضركاءُ وفعلهُ ر ضرُكَ وضرِكَ حمُقَ وزمِنَ فهو ضريكٌ ايضًا • ن ضكَّ الامرُ ضاقَ عليهِ وضكَّ الشيءَ ضغطهُ لازمٌ متعدٍ والضكضكةُ سرعةُ المشيِ • ر ضنُكَ ضنكًا وضناكةً وضنوكةً ضاقَ والضنكُ الضيقُ في كلِّ شيءٍ ن وضنُكَ فلانٌ ضناكةً ضعفَ في رأيهِ وفي جسمهِ ونفسهِ وعقلهِ فهو ضنيكٌ والضُناكُ الزكامُ وفعلهُ ضُنِكَ مجهولاً والضنيكُ الاجيرُ الذي يخدمُ بكلهِ فقط بغيرِ أجرةٍ •

ع

(عبكَ الشيءَ بالشيءِ لبكهُ والعبكةُ الحبكةُ والكسرةُ من الشيءِ والشيءُ الهيِّنُ • رجلٌ عبنكٌ صلبٌ شديدٌ) • ن عتكتِ المرأةُ عصتْ زوجها فهي عاتكٌ والعاتكُ

تختم به المكاتيب. وألتك الشيء وتلكك صبغ بالُلك او ختم به واللكيك القطران

• لامك بن ماتوشيل قاتل قاين بن آدم ولمك بالفتح والتحريك ولامك ايضا ابن ماتوشلح أبو نوح واليلملك الشاب القوي واللميك المكحول العينين • لاك الشيء يلوكه مضغه وعلكه •

م

المتك بالفتح (وبالضم وبضمتين) عرق المني ووتر الذكر والمتكاء المرأة التي لا تمسك بولها ن ومتكه متكا قطعه • ع محك لج فهو محك ومماحك ومتمحك • المسك جلد السخل ج مسوك وهم في مسوك الثعالب اي مذعورون والمسك الذبل والاسورة والخلاخيل من القرون والعاج الواحد مسكة والمسك (ويؤنث) طيب م القطعة منه مسكة ج مسك ومسك الشيء تمسيكا طيبه بالمسك ن ومسكه وأمسكه قبض عليه ومسك به وأمسك به وتماسك وتمسك واستمسك اعتصم به ومسك الشيء واستمسك وتماسك احتبس والمسكة ما يتمسك به وما يتبلغ به الانسان من الاكل والشرب والمسكة ايضا والمسيك العقل ج مسك والمسيك (والمسيك والمسكة والمسك) البخيل والمسكة والامساك والمساك والمساكة بفتحها وكسرها البخل والامساك عند الرهبان التقتير في العيش من المواكيل يمتنعون منها اختيارا وهو من جملة فضائلهم وامسكه حبسه وسكته عن الكلام والمسك والمساك والمسيك الموضع يمسك الماء • (المصطكاء والمصطكا علك رومي) • ع معكه في التراب دلكه ومعكه في الخصومة لواه ولينه والمماعك والمعك الخصم الالد ر ومعك حمق فهو معك ايضا وتمعك تمرغ • ن مكه وامتكه وتمككه (ومكمكه) مصه فهو ممكوك ومكه اهلكه ومك سلح والمكوك اطاس يشرب به ومكيال م ج مكاكيك ومكاكي ومكوك العاتك م • ض ملكه ملكا مثلثة وملكة ومملكة احتواه قادرا على التصرف به وما له ملك مثلثة (ويحرك) وبعشين شيء يملكه واملكه الشيء وملكه اياه تمليكا ولي في المكان ملك مثلثة (ويحرك) اي مأكل ومشرب ومال وهذا ملك يميني مثلثة وملكة يميني اي لي ولي تصرفي وعبد طال ملكه مثلثة وطالت ملكته اي طال رقه واقر بالملكة وبالملوكة اي اقر بالرق والملك بالضم الاستيلاء وما تملكه ج ممالك والملك بالفتح وبفتح فكسر والمليك والمالك ذو الملك ج ملوك واملاك وملاك (وملك وملكاء) وملكوه تمليكا واملكوه صيروه ملكا (والملكة الكيفية الراسخة في الانسان) والملكوت سماء القديسين وهو مذكر لا يجوز تأنيثه وهي سريانية معربة والملكوت ايضا والملكوة العز والسلطان والمملكة

الحبُّ حانَ فَركُهُ واستفركَ سَمِنَ واشتدَّ فى سنبلهِ والفريكُ الحبُّ المفروكُ * فرتكهُ قطّعهُ صغيرًا جدًّا وفرتكَ عملهُ أفسدهُ * ن فكّهُ فصلهُ وفكَّ الرهنَ فكًّا وفكوكًا وافتكّهُ خلّصهُ وفكَّ الرجلُ هرمَ وفكَّ فلانٌ الاسيرَ فكًّا وفكاكًا خلّصهُ وفكَّ الرقبةَ أعتقها وفكّ يدهُ فتحها عمّا فيها وفكاكُ الرهنِ بالفتحِ ويُكسَرُ الشيءُ الذى يُفتكُّ بهِ وانفكّت قدمهُ زالت عن مكانها والفكُّ فى اليدِ دونَ الكسرِ والفكُّ الحنكُ والأفكُّ المنفكّ المنكبِ (والفاكُّ الهرمُ والاحمقُ ج فككةٌ وفكاكٌ) * الفلَكُ مدارُ النجوم ج أفلاكٌ وفُلكٌ وفلكُ كلّ شيءٍ دائرتهُ وفلكُ البحرِ موجهُ ومعظمهُ ن وفلكت الجاريةُ استدار ثديُها فهى فالكٌ ومفلّكٌ وفلكةُ المغزلِ كرتهُ والفُلكُ السفينةُ يذكّرُ ويؤنّثُ لا جمعَ لهُ وفلّكَ تفليكًا لجّ وفلّكت الكلبةُ ايضًا حاضت وفلكةُ الرقبةِ أصلُها * ن فنكَ فنوكًا وافنكَ واظبَ وكذبَ ولجَّ وشرهَ ومجنَ والفنكُ البابُ * (الفهّكَ المرأةُ الحمقاءُ) *

ك

الكاثوليكُ يونانيّةٌ معرّبةُ الجاثليقِ وذكرلى ج ت ل ن والايمانُ الكاثوليكيُّ المستقيمُ الجامعُ * الكركيُّ طائرٌ (ج كراكيُّ) والكركيُّ ايضًا المخنّثُ وديرُ كركي عندَ لبنانَ * الكشكُ ماءُ الشعيرِ وطعامٌ من جوارشِ قمحٍ منشّفٍ حامضٍ * الكعكُ خبزٌ م (فارسيٌّ معرّبٌ) الواحدةُ كعكةٌ ج كعكاتٌ وكعّكَ العجينَ تكعيكًا جعلهُ كعكًا * (الكيكةُ البيضةُ اصلُها كيكيّةٌ ج كيكي) *

ل

ج لأنهُ راسلهُ والملأكُ والمألكةُ الرسالةُ ومنهُ الملَأكُ بقلبِ الهمزةِ ألفًا اى المبلّغُ عن اللهِ بالرسالةِ ثمّ حذفت الالفُ منهُ فصارَ الملَكَ وهى أفصحُ من الملأكِ وأكثرُ استعمالًا ج ملائكةٌ وملائكُ * ن لبكَ الشيءَ ولبّكهُ تلبيكًا خلطهُ واللبكةُ الشيءُ المخلوطُ والتبكَ الامرُ اختلطَ وتلبّكَ الشيءُ التبسَ فهو شيءٌ لبِكٌ اى ملتبسٌ * ع لحكَ الشيءَ لاحكهُ شدَّ التيامهُ فتلاحكَ والملاحكُ المضائقُ ل ولحكَ العسلَ لعقهُ * (ل لذكَ بهِ لذكًا ولذكًا لزقَ) * الألكُ الاعسرُ والاحمقُ * ن لكّهُ ضربهُ فى قفاهُ ودفعهُ واللكاكُ الزحامُ والتكّ الوردُ ازدحمَ والتكَّ العسكرُ انضمَّ وتداخلَ والتكّ فى كلامهِ اخطأَ واللكُّ عصارةُ نباتٍ يُصبغُ بهِ واللكُّ ايضًا ضربٌ من الشمعِ مركّبٌ

* (نـاكها جامَعها وتـنـايكوا فَلَبهمْ النعـلسَ وتَنـايكتِ الاجفانُ انـطبَق بـعضهـا على بعضٍ) *

و

الوَدَكُ الدَسَمُ ن وودَكَ الطعامَ جعلَ فيهِ الـدسمَ والـوادِكُ الرجلُ السمينُ ودجاجـةٌ وَدِيكةٌ وودُوكٌ سمينـةٌ والوَدِيكةُ الحريرةُ بالدسمِ * الوَرِكُ بالفتحِ والكسرِ (والـوَرْكُ ما هو فوقَ الفخذِ مؤنثـةٌ ج أوراكٌ والأوركُ العظيمُ الوركِ وهي وَرْكاء ص وَرَكَ وَرْكاً وتَوَرّكَ وتواركَ اعتمدَ على وركهِ في القعودِ وتَورّكَ الدابّةَ ثَنَى رِجلَهُ عليها وهو راكبُهـا ليستريحَ او لينزلَ عنها ووَرَكَ في سلاحهِ تلطّخ بهِ والمِيْرَكةُ المخدّةُ يتخذها الراكبُ تحتَ وَرِكِهِ ن ووَرَكَ بالمكانِ وتورّكَ أقامَ بهِ ووَرَكَ على الامرِ وُرُوكاً قدرَ ووَرّكَ الحِملَ على الدابةِ وضعهُ عليها ووَرّكَ الذنبَ عليهِ توريكاً حمّلهُ عليهِ وإنّهُ لمُوَرِّكٌ في هذا الامرِ ليسَ لهُ فيهِ ذنبٌ ص ووَرَكَ وُرُوكاً اضطجعَ والتوريكُ في اليمينِ هو أنْ ينويَ الحالفُ نيّةً غيرَ نيّةِ المستحلِفِ * ر وَشُكَ الامرُ ووَشّكَ توشيكاً أسرعَ وأوشكَ السيرَ وواشكَ أسـرعَ وامرأةٌ وَشِيكٌ سريعةٌ ووَشْكُ الفراقِ ووَشْكانهُ ويُضمّانِ سرعتهُ والوِشـاكُ السرعةُ * الوَعْكةُ ألمُ الحُمّى ووجعُها في البدنِ (وألمٌ من شدّةِ التعبِ) وفعلهُ ن وَعَكَ وتَوَعّكَ فهو وَعِكٌ وموعوكٌ ص ووَعَكهُ دَكّهُ ووَعّكهُ في الترابِ وأوْعكـهُ معكهُ والوَعْكةُ ايضـاً المعركةُ والوقعةُ الشديدةُ * (الوَكْوَكةُ في المشيِ التدحرجُ وقد تـوكوكَ فهو وكواكٌ والـوَكواكُ الجبانُ * الوَمْكةُ الفسحةُ) *

ه

(الهَبَكَّةُ الاحمقُ * الهَبْرَكةُ الجاريةُ الناعمةُ وشبابٌ هُبْرُكٌ تامٌّ وشابٌّ هُبْرُكٌ وهُبارِكٌ * الهُبَنّكُ الاحمقُ الضعيفُ والماشي بالنميمةِ وهي بهاء والهَبَنّكةُ الكسلانُ) * ص هَتَكَ السترَ وغيرَهُ كشفهُ ومزّقـهُ فبانَ ما وراءهُ فانهتكَ ورجلٌ مُنهتِـكٌ ومُتهتِّـكٌ ومُستهتِكٌ لا يبالي أنْ يُهتَكَ سترُهُ والاسمُ الهُتْكةُ والهُتْكةُ ايضاً ظلمةُ نصفِ الليلِ * (الهَترَكُ الأسدُ) * ص هَدَكَ هدمَ * (الهَيْدَكُ الحمقاءُ والمسترخي في المشيِ والكثيرُ الخطأ) * هَكَ فسا وهَكّ الشيءَ سحقهُ فهو مَهكوكٌ وهَكِيكٌ وهَكّهُ النبيذُ بالغَ منهُ وهَكّهُ نهكهُ (وهَكّ المرأةَ جامعها شديداً) والهَكُّ الفاسدُ العقلِ ج هَكَكةٌ والهَكيكُ المخنثُ والهَكُوكُ المكانُ الغليظُ الصلبُ والسهلُ ضدٌّ * ص ل هَلَكَ هَلْكاً وهُلوكاً (وتَهلوكاً

عزّ المُلْكِ وسلطانهُ وعبيدهُ وتمالكَ عنهُ ملكَ نفسَهُ دونهُ للرقِّ او للمِلْكِ ومِلاكُ الامرِ قوامُهُ الذى يُملَكُ بهِ والمِلاكُ الطينُ وشهِدْنا إمْلاكَهُ ومِلاكَهُ تزوّجَهُ او مِلْكُهُ وأملكَهُ الجاريةَ زوّجهُ إيّاها ن فملكها وتملّكها وأملكتِ المرأةُ أمرَها طُلِّقتْ من زوجها ص ومَلَكَ العجينَ وأملكَهُ (وملّكهُ) أنعمَ عجنَهُ ومَلْكُ الطريقِ مثلّثةً وسطُهُ او حدُّهُ ومُلُكُ الدابّةِ بالضمّ (وبضمّتين) قوائمها الواحدةُ مِلاكٌ والمَلَكُ واحدُ الملائكةِ وذُكِرَ فى ل ا ك والمالِكُ الإمامُ وأبو مالكٍ كنيةُ الجوعِ او كنيةُ الكِبَرِ • ع مَهكهُ (ومَهّكهُ) بالغَ فى سحقهِ ومَهكهُ ملّسهُ ومَهكَ فى المشيِ أسرعَ ومُهكةُ الشبابِ بالضمّ وبفتحٍ امتلاؤهُ فهو شابٌّ مُمتهِكٌ وتَمهّكَ فى عملهِ تحسّنَ والمَمْهوكُ الكثيرُ الخطأ فى الكلامِ وتماهكوا تماحكوا •

ن

النَبَكةُ (وتُسكَّنُ) الاكمةُ والتلُّ الصغيرُ ج نَبَكٌ (ونَبْكٌ) ونِباكٌ ونُبوكٌ وانتبكَ ارتفعَ ومكانٌ نابِكٌ مرتفعٌ وتنبوكُ الشيءِ عنفوانُهُ • ص نَتَكَ الشعرَ نتفَهُ ونَتَكَ ذكرَهُ نفضَهُ بعدَ البولِ • ن نَزَكَهُ طعنَهُ بالنيزكِ وهو الرمحُ القصيرُ ونزكهُ أساءَ القولَ فى حقّهِ طلبًا • النُسُكُ مثلّثةً (وبضمّتين) العبادةُ والتقشّفُ فى المعاشِ واللباسِ وهو خاصٌّ بالرهبانِ وبسائرِ التقوى رزقنا اللهُ ذلكَ بشفاعةِ أوليائهِ ونُسّاكهِ وفعلهُ ن ر نسكَ نُسكًا مثلّثةً (وبضمّتين) ونَسكةً ومَنسكًا ونَساكةً وتنسّكَ فهو ناسِكٌ ج نُسّاكٌ والمَنسِكُ والمَنسَكُ مكانُ النُسكِ وديرُ الرهبانِ ج مناسِكُ والمناسِكُ أماكنُ المتوحّدينَ فى البراريّ من أولياءِ اللهِ وعُبّادهِ والنَسيكةُ الذبيحةُ المتقدّمةُ للهِ فى شريعةِ موسى ن ونَسَكَ الثوبَ غسلَهُ ونَسَكَ فلانٌ دامَ استعمالَ الفضائلِ وارضٌ ناسِكةٌ خضراء والنَسيكُ الذهبُ والفضّةُ والنَسيكةُ القطعةُ منهما • أنطاكيةُ بالفتحِ والكسرِ وتخفيفِ الياءِ اسمُ مدينةٍ فى الشامِ من العواصمِ أسقفُها معدودٌ من البطاركةِ الاربعةِ وهو رابعهُم فى الرتبةِ • نَكْنَكَ على غريمهِ شدّدَ عليهِ • النُوكُ بالضمّ والفتحِ الحُمقُ وفعلهُ ل نَوِكَ نَواكةً ونَوَكًا واستنوكَ فهو أنوكُ ومُستنوكٌ ج نَوكى ونُوكٌ وهي نَوكاءُ ج نُوكٌ ايضًا • ع نَهَكَ الثوبَ لبسَهُ حتى رثَّ ونهكَهُ بالغَ فى شتمِ عرضهِ ع ل ونهكتهُ الحُمّى نَهكًا ونَهَكةً ونَهاكةً (ونَهكًا وانتهكتهُ) أضعفتهُ وأتعبتهُ ل ونَهِكَهُ السلطانُ نَهكًا ونهكةً بالغَ فى عقوبتهِ ونُهِكَ مجهولًا دَنِفَ وضَنيَ فهو منهوكٌ ونَهِكَ الشرابَ أفناهُ شربًا ع ونهكَهُ الشرابَ أفناهُ والنَهيكُ والناهِكُ المبالغُ فى جميعِ الاشياءِ والنَهيكُ والنَهوكُ الشجاعُ وفعلهُ ر نَهُكَ

والتأجيل تحديد الأجل ل وأجل تأخر فهو آجل وأجيل واستأجلته فأجلني الى مدة والآجلة
الآخرة وتأجل استأجل وتأجلوا تجمعوا وفعلته من أجلك وفعلته أجلك (وفعلته من أجلاك
ويكسر في الكل اى من جللك) ولا يقال لأجلك ص وأجله (وأجله وآجله) حبسه ومنعه
وأجل الشر عليهم أثاره وهيجه (وأجل لاهله كسب وجمع وجلب واحتال) وأجل حرف
ايجاب ويأتى بيانه فى مكانه * اخيطوفال الجيلونى من خدمة ابيشالوم كان يفتن
بينه وبين داود أبيه ثم خنق نفسه حزنا لما لم يبلغ مراده من داود * الأزل
الضيق والشدة والازل الكذب والفعل ن أزل والأزل قدم البارى تعالى فهو أزلى (ويعرف
الأزل بانه هو اسم لما يضيق القلب عن تقدير بدايته من الأزل اى الضيق والأبد اسم
لما ينفر القلب عن تقدير نهايته من الأبود اى النفور) ص وأزله حبسه وأزل فلان صار
فى ضيق وجدب وتأزل صدره ضاق * الأسل الرماح والنبل وشوك النخل وعيدان
تنبت بلا ورق يعمل منها الحصر والأسلة طرف اللسان وقضيب البعير والأسيل الاملس
ومنه الخد الأسيل وفعله ر أسل (وتأسل أباه أشبهه) * الأصل (والياصول) أسفل كل
شئ (ويطلق الأصل على الراجح بالنسبة الى المرجوح وعلى الدليل بالنسبة الى المدلول
وعلى القانون والقاعدة وعلى ما ينبنى عليه غيره وعلى المتفرع منه وعلى الحالة القديمة
وعلى السبب) ج أصول (وآصل) ر وأصل صار ذا أصل وأصل ثبت وأصل وتأصل رسخ
وأصل رأيه جاد (واستأصله قطعه من أصله) والأصيل الهلاك والموت وذو الأصل والعاقل الثابت
الرأى والفعل أصل والأصيل ايضا العشى ج أصل (وأصائل) وآصال وأصلان وتصغيره أصيلان
و(ربما قيل) أصيلال (وآصل دخل فيه واخذه بأصيلته وأصلته اى كله بأصله) ل وأصل
الماء أسن وأصل اللحم تغير والأصلة حية تقتل بنفخها (ج أصل وأصلته وثبت عليه) *
الاصطبل موقف الدواب * ض ن ل أفل أفولا غاب ل وأفل نشط وأفلت المرضع
ن وأفلت ذهب لبنها وتأفل تكبر (وأفله تأفيلا وفره) * ن أكل أكلا ومأكلا فهو آكل
وأكيل ج أكلة (والأكلة المرة) والأكلة اللقمة والقرصة والطعمة ج أكل والإكلة العيبة (وهيئة
الأكل والأكلة والأكيل) والأكول الكثير الأكل (وآكله) وأكله الشئ تأكيلا أطعمه اياه ودعاه
الى الأكل وواكله (مواكلة وإكالا) أكل معه واستأكله الشئ طلبه منه ليأكله واستأكل مال الضعفاء
أخذه والأكل بالضم (وبضمتين الثمر و)الرزق والحظ من الدنيا والرأى والعقل والرصانة
والأكيل والأكيلة ما أكله السبع من الماشية والمأكلة بفتح الكاف وتضم الميرة والشئ المأكول وآكلة
اللحم السكين والنار والميكلة القصعة الصغيرة والجرن من حجر يكون صغيرا وكل ما أكل فيه

وهلاكا وتهلكة) ومهلكة بتثليث اللام (فيهما) مات واهلكه واستهلكه ض وهلكه اماته لازم متعدٍ فهو هالك ج هلكى وهلك وهلاك وهوالك (شاذ) والهلكة والهلكاء الهلاك واستهلك المال انفقه وانفده واهلكه باعه والمهلكة المفازة والهلك والهلكات السنون الجدبة الواحدة هلكة والهلكة ايضا الجيفة وما بين اعلى الجبل واسفله والشيء المهوى المتساقط والهلوك المرأة الفاجرة والعيشة ضد والتهلكة كل ما عاقبته الهلاك والمهتلكون الضالون عن الطريق والهالكي الحداد والصيقل وتهالك تساقط والهالكة النفس لا شيمة وهلكت سقطت في جهنم والهالكون سكان جهنم لانه لا خلاص منها حتى الابد اعاذنا الله منها امين • (همكه في الامر فانهمك وتهمك لجّجه فلج وانهماك امتلأ غضبا • الهوك والهوك الاحمق والاسم الهوك وفعله ل هوك والتهوك التحير والتهور في الشيء والهوكة الحفرة وهوك حفر) •

حرف اللام

ا

ابيغال الكرملية زوجة داود الملك • الابل (وتسكن الباء) الجمال ويطلق على الجمع ج ابال (وابل تأبيلا اتخذ ابلا واقتناها) والابل ايضا سحاب يحمل المطر وابل عن زوجه امتنع عنها وابل نسك ن وابل العشب طال والابيل (والايبلي والايبلي والهيبلي والابلي والايبل والايبل) الراهب الناسك ج ابل (وآبال والابلة والوبيلة) والايبالة والابالة الحزمة من الحشيش والحزمة الكبيرة من الحطب والابالة السياسة والابلة الطلبة والحاجة والابلة العداوة والابلة العاهة والابلة بالتحريك الثقل والوخامة والاثم وجاء في ابالته (وابلته) في اصحابه وقبيلته وضغث على ابالة (ويخفف) اي حصب على خصب او بلية على بلية جد • ض اتل اتلا واتلانا غضب وامتلأ طعاما والاوتل الشبعان ج اتل (ووتل) • ن ض اثل اثولا عظم وشرف واثل ماله تأثيلا زكاه واثل اهله وملكه ايضا عظمه واثل اهله ايضا كساهم افضل كسوة واحسن اليهم وتأثل عظم وتأثل ماله كثر والاثلة الميرة ومتاع البيت والاثل شجر واحدته اثلة ج اثلات واثول والاثال بالفتح والضم المجد والشرف والاثلة ايضا الاهبة والاصل ج اثال (ونحت اثلته اي انحابه وقدح في عرضه) • الاجل غاية وقت الموت ومدة الشيء وحين وفاء الدين ج آجال

تألُّفُ المنزلِ وتأنّسُ الناسِ والحروبُ الأهليّةُ أن تحاربَ الأمّةُ او الطائفةُ بعضُها بعضًا وأهلًا ومرحبًا بكَ اى صادفتَ كالأقاربِ لا كالأجانبِ وأهّلَ به تأهيلًا قال له أهلًا ل وأهِلَ أنِسَ وهو أهْلٌ لكذا اى مستوجبٌ له ولائقٌ به للواحدِ والجميعِ واستأهلَهُ استوجبَهُ وأهّلَهُ لذلكَ تأهيلًا (وآهَلَهُ) رآهُ أهلًا له والإهالةُ الزيتُ وكلُّ آدام * إيل من أسماءِ اللهِ تعالى عبرانيّةٌ معرّبةٌ وإيلياء بالمدِّ والقصرِ (ويُشدَّدُ فيهما) لقبُ مدينةِ القدسِ لأنّها مدينةُ اللهِ لكونهِ تعالى ظهرَ فيها متجسّدًا وبيتُ إيلَ اسمُ المكانِ الذى رأى يعقوبُ فيهِ السُّلَّمَ لمّا كانَ هاربًا من أخيهِ عيسو ورأى اللهَ قائمًا فى رأسهِ والملائكةُ صاعدةٌ منحدرةٌ عليهِ وإيلونُ من قضاةِ إسرائيلَ (وأيلولُ شهرٌ بالروميّةِ قبلَ تشرينَ) *

ب

(البَتِيلُ الصغيرُ الضعيفُ وفعلُهُ ر بَتُلَ بتالةً وبتولةً) * بابلُ اسمُ مدينةٍ فى أرضِ سنعارَ اى بلادِ العراقِ هُدمتْ وقامَ موضعَها مدينةُ بغدادَ كانَ بناها الجبابرةُ من بنى نوحٍ ليعصوا اللهَ فيها فبلبلَ اللهُ لغاتِهم اى فرّقها فلهذا دُعيتْ بابلَ (والعربُ تنسبُ اليها السحرَ والخمرَ) وبابلُ الزانيةُ لقبُ مدينةٍ روميةَ فى أيامِ الدجّالِ لعنةُ اللهِ لأنّها فى ذلكَ الزمانِ تكفرُ باللهِ وتنعكفُ على عبادةِ الاصنامِ * البَتولُ لقبُ سيّدتنا مريمَ العذراءِ والدةِ الالهِ عليها أفضلُ السلامِ لأنّها ثبتتْ عذراءَ قبلًا وبعدًا والبَتولُ ايضًا والبَتيلُ المرأةُ المنقطعةُ عن الزواجِ والبَتولُ ايضًا الراهبةُ المتعبّدةُ للهِ والبَتولُ ايضًا والبَتيلُ والبَتيلةُ المرأةُ المنقطعةُ عن أمّها المستغنيةُ بنفسها وقد ابتُلَتْ من أمّها وتبتّلَتْ واستبتلَتْ انقطعتْ عنها ن وبَتَلَ الى اللهِ وتبتّلَ اليه انقطعَ اليهِ وأخلصَ له وتركَ الزواجَ وزهدَ فى الدنيا واشتغلَ فيما للآخرةِ ن ض وبتَلَ الشئَ وبتّلَهُ تبتيلًا قطعهُ فانبتلَ وتبتّلَ وبتَلَ الشئَ ايضًا ميّزهُ من غيرهِ (والمُبتّلةُ الجميلةُ) والبتيلُ المسيلُ فى أسفلِ الوادى ج بتالٌ * (البَتلةُ الشهرةُ) * بجّلَهُ تبجيلًا عظّمهُ والبجالُ والبَجيلُ السيّدُ العظيمُ النبيلُ وفعلُهُ ر بَجُلَ بجالةً وبجولًا والباجلُ الحسنُ الحالِ والفرحانُ وفعلُهُ ل ن بجلَ بَجَلًا وبجولًا والأبجلُ عِرقٌ غليظٌ فى الرجلِ بإزاءِ الاكحلِ والبُجلُ البهتانُ وبَجَلْ كنَعَمْ وأجلْ وأبجلَهُ الشئُ كفاهُ * (البَخْدَلُ الغليظُ الكثيرُ اللحمِ وتبخدلَ لحمُهُ غلظَ وكثرَ) * البُخلُ بالضمِّ وبالتحريكِ وبالضمّتينِ والبُخولُ ضدُّ الكرمِ وفعلُهُ ل ر بخِلَ (عنهُ وعليهِ) بخلًا بالضمِّ والتحريكِ فهو باخلٌ (ج بُخّلٌ) وبخيلٌ ج بُخلاءُ (ورجلٌ بَخِلٌ وبخّالٌ ومُبخَّلٌ والمَبخلةُ ما يدعوكَ الى البخلِ) وأبخلَهُ وجدهُ بخيلًا وبخّلهُ تبخيلًا صيّرهُ بخيلًا * بَذَلَ الشئَ محرّكةً وبالكسرِ والبَذيلُ الخَلَقُ

وائتكل الشيء (وتآكل) اكل بعضه بعضاً والاسم الاكال بالضم والكسر والاكلة داء في العضو يأكله وتآكل وائتكل غضب وهاج وتآكل البرق والسيف والفضة اشتد بريقه والاكيل الملك المأكول الرغيبة والمكال المنعلة ن آكلني رأسي أكلة (وأكالاً وأكالاً) حكّني وائتكل غضبا تحرّك وتوهّج • ن ض ألّ في مشيه أسرع واهتزّ واضطرب وألّ اللون برق وصفا وألّه طعنه وطرده وألّ الثوب خاطه تضريبا ض وألّ الحزين (والمريض) ألّاً وأليلاً (وألّلاً أنّ وحنّ و) رفع صوته بالدعاء وصرخ عند المصيبة والإلّ العهد والحلف والجار والقرابة والاصل الجيد والمعدن والحقد والعداوة والربوبية والإلّ ايضا من اسماء الله والوحي والامان والجزع عند المصيبة والألّ الصراخ بالدعاء والألّ الاول والالّة الاتّة والسلاح وصوت الماء الجاري والالّة هيئة الانين والالال الباطل (والضلال ابن الالال إتباع) وإلّا حرف استثناء وألّا بالتخفيف حرف تحضيض ويأتي بيانها ل وأَلِلَت أسنانه فسدت وألّل الحدّاد الحديد تأليلاً حدّده والالّة القرابة ج إلَل وأَلِيلُوبا وهاليلويا اسم فعل في كل اللغات اي سبّحوا الله • (ألو بمعنى ذَوُو لا يفرد له واحد ولا يكون الا مضافا كأن واحده آل الا ترى أنه في الرفع واو وفي النصب والجر ياء) • الأمل محرّكة وبالفتح وبالكسر الرجاء ج آمال ن وأمله أملاً وأمّله تأميلاً رجاه وتأمّل في الامر أمعن النظر فيه (واستعمل الفكر) والأميل الجبل الرفيع والأملة أعوان الرجل • ن آل اليه أولاً ومآلاً والمآل المرجع وآل عنه ارتدّ وآل الدهن (وغيره) خثر وآلة خثّره لازم متعدٍ وآل الملك رعيّته إيالاً ساسهم وآل على القوم أولاً وإيالاً وإيالة ولي وتملّك وإلا بالمدّ والقصر من ملوك بني اسرائيل وآل المال (وائتاله) ساسه وأصلحه والأيل محرّكة وبالكسر وفتح المشدّد وبالفتح وكسر المشدّد الوعل وأوّل الكلام تأويلاً وتأوّله دبّره وقدّره وفسّره والتأويل يختص بتفسير كلام الله لانه عبارة من تعبير الرؤيا وكشفها ومن هنا كان التفسير خاصا بكلام الله دون الشرح والآل (ويؤنث) السراب والخشب والشخص والآل ايضا والآلة عمد الخيمة ج آلات وآل الرجل ايضا اهله واتباعه ولا يستعمل الا في اولي الشرف والمنزلة والفضل يقال آل الامير وآل النبي ولا يقال آل الحائك وآل التاجر بل اهله والآلة الحالة والشدة وسرير الميت وأداة الصانع مفردة كجمعه ج الآت وآلة والإيالات الاودية (آل وأول سبق والأول في و ا ل) • أهل الرجل عشيرته ج أهلون وأهال وأهلات (ويحرّك) ن ض وأهل أهولاً وأتهل اتخذ له أهلاً وأهل الامر ولاته وأهل البيت سكانه وأهل الرجل (وأهلته) زوجته وأهل المذهب من هم على دينه وتأهّل الرجل تزوّج ومكان آهل ومأهول فيه أهله وفعله أهل مجهولاً والأهليّ (والأهل) كل دابة

والبعال والتباعل والمباعلة الجماع وباعلت المرأة اتخذت لها بعلاً وباعله جالسه • البغل م ج بغال وبغل تبغيلاً بلد واعيا • ن بقل طهر وبقلت الارض انبتت وبقل العشب وابقل اخضر فهو باقل وبقل وجه الغلام وابقل وبقل تبقيلاً خرج شعره وابقل جمع البقل والبقل العشب (الذى ينبت) فى بزره (لا فى ارومة ثابتة) الواحدة بقلة وتبقلت المواشى رعت البقل والباقلى والباقلاء الفول ونبات حبه اصغر من الفول والبوقال كوز بلا عروة وباقل اسم رجل مشهور بالعى والبقال بياع الاطعمة • البكلة والبكيلة الطبيعة والبكلة ايضا الهيئة والزى والحال ن وبكل وبكل تبكيلاً خلط والتبكل معارضة شىء بشىء • بليعال بكسرتين عبرانية معربة المنافق الذى لا اله له ولا شريعة • البلل والبلة والبلال والبلالة الندوة وفعله ن بله بلاً وبلة (وبللة) فابتل وتبلل والبلة الخير والرزق وفصاحة اللسان وسلاسته والبلل النداوة والعافية والوليمة والغنى بعد الفقر والبليل الريح مع الندى وفعله ض بلت بلولاً والبل الشفاء والمباح وبل بلولاً نجا وبل بلاً وبللاً وبلولاً واستبل وابتل وتبلل حسنت حالة بعد هزال وشبى من مرضه وطواه على بلته وبلوله وبلالته وبلولته (وبللته وبلالته وبللاته وبلالته) احتمله على ما فيه من العيب او داراه ل وبللت به ظفرت ن وبل به بللاً وبلالة وبلولاً علق به وابل المريض برأ وابل العود جرى فيه الماء وابل اعيا فسادا وخبثا وابل عليه غلبه والابل من لا يستحى والممتنع الشديد اللوم والحلاف والظلوم والبلاء المرأة الفاجرة ج بل وخصم ابل ومبل والبلبل طائر م والبلبل ايضا الخفيف فى السفر المعوان وبلبلة الكوز انبوبته التى تصب منها الماء والبلبلة اختلاط الالسن وتفريق الآراء وشدة الهم والبلبلة ايضا والبلبال بالفتح والكسر والبلابل الوساوس (والبلبال بالكسر المصدر وبالفتح الاسم) والبلبالة والبلبال التحرق فى الصدر من الحزن والبلان الحمام الحار ج بلانات (والبلبال الذنب والبلل البذر وبلوا الارض بذروها والبليل الصواب) وتبلبلت [illegible]سن اختلطت ومنه سميت بابل المدينة لاختلاط ألسن بانيها وكيف بلوتك حالك وبل حرف اضراب وعطف يأتى بيانه فى مكانه • البندالة طائفة من الاريوسية كانوا وثنيين ولحقوا بشيعة آريوس • البول م ج ابوال وفعله بال يبول (والاسم البيلة والمبولة كوزة وبال [illegible]) والبول ايضا الولد (والعدد الكثير) والبولة البنت والبال الحال والخاطر والحوت العظيم ورخاء العيش والبالة القارورة والجراب ووعاء الطيب • البهذلة الخفة والاسراع فى الشىء وبهذله استخف به • ع بهله وابهله تركه مع رأيه واهمله (وناقة باهل وباهلة بينة البهل لا صرار عليها او لا خطام ج بهل وبهل) وابهل الوالى الرعية اهملها والباهل المتردد بلا عمل والراعى بلا عصى وابهله الله لعنه والبهلة (ويضم) اللعنة وباهل بعضهم بعضا

منهُ ج أبدالٌ وتبدَّلهُ وتبدَّل بهِ واستبدلهُ واستبدل بهِ وأبدلهُ (وبدَّلهُ) منهُ ن وبدلهُ اتخذهُ منهُ بدلًا وبادلهُ أعطاهُ مثل ما أخذ منهُ وبدَّلهُ تبديلًا حرَّفهُ وتبدَّل تغيَّر ورجل بدلٌ شريفٌ كريمٌ ج أبدالٌ والبدلُ وجعُ المفاصلِ وفعلهُ ل بدِلَ فهو بدِلٌ والبدَّالُ بيَّاعُ المأكولاتِ • البذلُ العطاء والجودُ وفعلهُ ن ض بذلَ والابتذالُ ضدُّ الصيانةِ والمبذلةُ والمبذلُ الثوبُ الخلقُ والمتبذِّلُ لابسهُ • البرطيلُ الرشوةُ ج براطيلُ وبرطلهُ رشاهُ فتبرطلَ والبرطلُّ القلنسوةُ • البرغلُ والبرغلُ ما جُرِشَ من الحنطةِ تركيَّةٌ معرَّبةٌ (والبراغيلُ القرى والاراضي القريبةُ من الماء او التي بين الريفِ والبرِّ الواحدةُ برغيلٌ) • برقلَ كذبَ • ن بزلهُ (وبزَّلهُ وابتزلهُ شقَّهُ وبزلَ الخمرَ وابتزلها وتبزَّلها ثقبَ اناءها واسمُ الموضعِ بزالٌ وبزلَ الشرابَ صفَّاهُ وبزلَ الامرَ أمضاهُ وبزلَ نابُ الجملِ بزلًا وبزولًا طلعَ فهو بازلٌ وبزولٌ ج بزَّلٌ وبُزْلٌ وبوازلُ والبازلُ الرجلُ الكاملُ والمبزلةُ المصفاةُ والبزلاءُ الداهيةُ العظيمةُ والشدائدُ والبزالُ حديدةٌ يفتحُ بها مبزلُ الدنِّ • البسلُ الحرامُ والحلالُ ضدٌّ (للواحدِ والجمعِ والمذكرِ والمؤنثِ) والبسلُ ايضًا اللومُ والاعجالُ والشدَّةُ والنخلُ بالمنخلِ والحبسُ وأخذُ الشيء قليلًا قليلًا والفعلُ ن بسلَ والبسلُ ايضًا عصارةُ العصفرِ والحنَّاء والبسيلُ الرجلُ الكريهُ المنظرِ وبسلايلُ اسمُ رجلٍ من سبطِ يهوذا ملأهُ اللهُ حكمةً وفهمًا ليعملَ تابوتَ العهدِ وبسلْ بمعنى نعمْ واجلْ ن وبسلَ بسولًا وتبسَّلَ عبسَ غضبًا وشجاعةً فهو باسلٌ وبسيلٌ والباسلُ الاسدُ والشجاعُ ج بسلاءُ وفعلهُ ر بسلَ بسالةً وبسالًا وبسلَ القولُ اشتدَّ وكرهَ وأبسلهُ اكرههُ والبسلةُ أجرةُ الساحرِ والراقي وأبسلهُ أسلمهُ للهلكةِ وأبسلَ واستبسلَ أعدَّ نفسهُ للموتِ • بسملَ قالَ البسملةَ وهي بسمِ اللهِ • البطراشيلُ شيءٌ مستطيلٌ يضعهُ الكاهنُ في عنقهِ متدلِّيًا على صدرهِ عندَ خدمتهِ في البيعةِ يونانيَّةٌ معرَّبةٌ ويقالُ فيهِ بطرشينُ ايضًا (البصلُ م واحدتهُ بهاء وتبصَّلوهُ أكثروا سؤالهُ حتَّى نشدَ ما عندهُ) • ن بطلَ بطلًا وبطولًا وبطلانًا ذهبَ ضياعًا وخسرًا وأبطلهُ أضاعهُ وبطلَ في حديثهِ بطالةً وأبطلَ هزلَ وبطلَ الاجيرُ تعطَّلَ والباطلُ ضدُّ الحقِّ (ومن الكلامِ ما لا فائدةَ فيهِ) ج أباطيلُ والباطلُ ايضًا إبليسُ والصنمُ وأبطلَ جاء بالباطلِ فهو بطَّالٌ والاسمُ البطولُ ورجلٌ بطلٌ شجاعٌ والاسمُ البطالةُ والبطولةُ ج أبطالٌ وفعلهُ ر بطلَ وتبطَّلَ (والابطولةُ والابطالةُ الباطلُ والبطلةُ السحرةُ) • البعلُ الارضُ المرتفعةُ التي لا يصيبها الَّا ماءُ السحابةِ والبعلُ ايضًا الشجرُ والزرعُ الذي لا يسقى وباعلُ وبعلُ ايضًا اسمُ صنمٍ كانَ تعبدهُ شرذمةٌ من اليهودِ وبعلُ الشيء صاحبهُ ومالكهُ وبعلُ المرأةِ زوجها وهي بعلٌ وبعلةٌ ج بعالٌ وبعولةٌ وبعولٌ ع وبعلَ بعولةً صارَ بعلًا وتبعَّلت المرأةُ أطاعت بعلها وتبعَّلت ايضًا تزيَّنت

أثعل وهي ثعلاء وأثعل الاجر عظم وأثعل القوم تخالفوا وأثعل الامر لم يتوجه له توفيق ونظام وثعالة وثعال انثى الثعالب وبنوا ثعل قبيلة من العرب يوصفون بجودة رمي السهام والثعل اللئيم وأثعل المورد ازدحم • الثفل والثافل الكدر الراسب تحت الماء ونحوه والمثافل من يأكله ويشربه فهو ثفل والثافل الرجيع والثفال الابريق وجلد يبسط تحت رحى اليد عند الطحن وحجر الرحى الاسفل • الثقل ضد الخفة وفعله ر ثقل ثقلا وثقالة فهو ثقيل وثقال بالفتح والضم ج ثقال وثقل والثقل متاع المسافر وحشمه وكل شيء ثمين نفيس والثقلان الانس والجن والاثقال الذنوب والاحمال (الثقيلة وكنوز الارض) والاموات الواحد ثقل وأثقله حمله الثقيل وأثقلت المرأة وثقلت استبان حملها ومثقال الشيء ميزانه الذي يوازنه والمثقال ايضا وزن م ج مثاقيل ن وثقل الشيء بيده ثقلا رازه وتثاقل عنه تباطأ ل وثقل نومه ومرضه اشتد فهو ثقيل وثاقل وقد أثقله النوم والمرض فهو مستثقل وثقال الناس وثقلاؤهم من تكره صحبته وأصبح ثاقلا اى أثقله المرض • الثكل (ويحرك) الموت والهلاك وفقد الحبيب وموت الابن الوحيد ل (ثكل فهو ثاكل وثكلان) وثكلت المرأة وأثكلت مات حبيبها فهي ثاكل (وثكلانة قليلة وثكول وثكلى) وثكل ج مثاكيل وأثكلها الله ولدها أماته • الثلة قطيع الغنم ج ثلل وثلال وأثل فلان كثرت ثلته اى قطعان غنمه (فهو مثل والثلة ايضا ما أخرج من تراب البئر ج ثلل وقد ثل البئر) والثلة ايضا ما يستظل به في الصحراء والثلة (الجماعة منا والكثير من الدراهم ويفتح و) بالكسر الهلكة ج ثلل ن وثله ثلا وثللا اهلكه وثل التراب هاله وحركه وثل الدار هدمها فتثللت وثل الله عرشه أماته او أذهب ملكه وعزه والثلل الهلاك وسقوط الاسنان والثليل صوت الماء وأثللت البناء أصلحت ما انهدم منه • الثملة بالضم والثمة الماء القليل يبقى في أسفل الاناء والثمالة والثميلة بقية الطعام والشراب في البطن وبه ثملة وثمل شيء من العقل والحزم والثمل السكر وفعله ل ثمل فهو ثمل والثمل ايضا الظل والاقامة (والثمل) والثمول المكث والثملة خرقة الحيض ج ثمول والثمال الرجل الذي يغيث القوم ويقوم بأودهم وفعله ض (ن) ثمل والثمال (والمثمل) السم القاتل والثمالة الرغوة ج ثمال والمثمل الملجأ والثامل السيف الصقيل القديم (العهد بالصقال) وثمل أكل والثميل اللبن الحامض والمثملة الخريطة وثمله تثميلا بقاه • الثول جماعة النحل وذكر النحل وتثول عليه افترى عليه بالشتم والقهر وانثال انصب والاثول المجنون والاحمق البطيء الخير والعمل ج ثول وثال يثول حمق او بدأ فيه الجنون • الثهلان

وتباهلوا تلاعنوا والابتهال اخلاص التوسل والدعاء والتضرع والبهلول الضحاك والسيد الجامع لكل خير (والبهل المال القليل والشيء اليسير) • بيل اسم صنم كان يعبده اهل بابل •

ت

تاوفيلا من امراء اليونانيين راسله لوقا البشير • التبل العداوة ج تبول وتبابيل (نادر والتبل ايضا الذحل والاسقام) وفعله ض تبل ن وتبله ذهب بعقله وتبلهم الدهر ابلاهم وافناهم وتبلت المرأة فؤاد الرجل اصابته (بتبل) فهو متبول وتبيل والتابل بكسر الباء وفتحها والتوبل ابازير الطعام ج توابل وتبل القدر وتوبلها وتابلها وتبلها تتبيلا جعل فيها التابل وتوبال النحاس والحديد ما يتساقط منه عند الطرق والتبيل اسم للدنيا سريانية معربة والمجمع التيبلي ما اجتمع من ائمة الشرق والغرب • ن ض تفل تفلا بصق والتفل والتفال البصاق ل وتفل الشيء تغيرت رائحته فهو تفل والتفلين عند اليهود شيء من جلد مكتوب فيه وصايا الله العشر يعلقونه في جباههم ومعاصمهم • (ل تكل لغة في اتكل) • ن تله صرعه والقاه على عنقه وخده فهو متلول وتليل ج تلى وتله رماه بامر قبيح وتله في يده دفعه اليه والقاه ن ض وتل تصرع وسقط وصب وتل الحبل ارخاه في البئر وتل جبينه رشح بالعرق والتل من التراب م ج تلال والتل ايضا الوسادة ج اتلال (نادر) والتليل العنق ج اتلة وتلل وتلاتل والتلتلة التحريك والزعزعة والزلزلة والسير الشديد والشدة والتلى الشاة المذبوحة والتلة البلل والحالة والكسل والتلول العسر لا نقياد واتله ارتبطه واقتاده (واتل المائع اقطره) • التانول ضرب من اليقطين طعم ورقه كالقرنفل يمضغونه بقليل من الكلس في بلاد الهند وهو لهم بمنزلة الخمر واسمه في الهندية تانبول هكذا اخبرني عنه بعض من اكله لما كنت في بلاد اسبانيا • التنبل والتنبال والتنبول والتنبالة القصير • (التنتل والتنتالة القصير) •

ث

الثؤلول حلمة الثدي وضرب من البثر صغير صلب مستدير ج ثآليل وثؤلل جسده وتثألل خرج فيه الثؤلول • (الثبل والثبل البقية في اسفل الاناء وغيره) • الثيتل الوعل المسن ومن لا خير فيه • (ل ثجل عظم بطنه واسترخى فهو اثجل وهي ثجلاء • الثرمل انثى الثعالب • ثرمل سلح وثرمل الطعام لم ينضجه ولم يحسن اكله فانتثر على لحيته وثرمل عمله لم يتقنه) • الثعل بالضم والتحريك السن الزائدة في الفم فهو

(وجُنُولةً) والجِذْلُ ايضًا رأسُ الجبلِ وما برزَ منهُ ج أَجذالٌ والجِذْلُ ايضًا الوتدُ (الذى
يُنصَبُ لكى) تحتكَّ بهِ المواشى ن وجَذَلَ جُذولًا انتصبَ (وثبتَ) ل وجَذِلَ فرحَ فهو
جَذِلٌ وجَذْلانُ ج جُذْلانٌ واجذلَهُ فرَّحَهُ فاجتذلَ والتجاذُلُ المعاداةُ • الجَرْوَلُ الارضُ
المحجرةُ والحجارةُ (واسم سَبُعٍ والجَرْوَلُ الحجارةُ او المكانُ الصلبُ الغليظُ ج أَجراوِلُ وفعلهُ ل جَرِلَ
المكانُ فهو جَرِلٌ وجَرْوَلٌ لقبُ الحُطيئةِ العبسىِّ شاعرٌ مشهورٌ) والجِرْيالُ صبغٌ أحمرُ وحمرةُ الذهبِ
وعصيرُ العصفرِ والخمرُ • (جَرْدَلَ أشرفَ على السُّقوطِ • الجَرْعَبيلُ الغليظُ) •
الجَزْلُ الحطبُ اليابسُ والجَزْلُ ايضًا والجَزِيلُ الكثيرُ من كلِّ شىءٍ (ج جِزالٌ) والجَزْلُ
ايضًا الكريمُ الجوادُ والعاقلُ الاصيلُ الرأىِ وهى جَزْلَةٌ وجَزْلاءُ والجَزْلُ ايضًا خلافُ
الركيكِ من الالفاظِ وصوتُ الحمامِ والجِزْلةُ القطعةُ من الرغيفِ ض وجزَلهُ بالسيفِ قطعهُ
قطعتين ر وجَزُلَ فلانٌ عظُمَ وحسنَ رأيهُ والجَوْزَلُ (الشابُّ و) فرخُ الحمامِ والسمُّ •
ع جَعَلَهُ جَعْلًا (ويُضَمّ) وجِعالةً (ويُكسَر) واجتعلَهُ صنعهُ وجعلَ الشىءَ جَعْلًا ألقى بعضَهُ فوقَ
بعضٍ وجعلَ القبيحَ حسنًا صيَّرهُ وجعلَ لهُ كذا (على كذا) شارطهُ بهِ (عليهِ) وجعلَهُ عليهِ
وضعهُ وجعلَ يفعلُ كذا (أقبلَ و) شرعَ فيهِ (وجعلتُ زيدًا أخاكَ نسبتهُ اليكَ وتكونُ
بمعنى سمّى نحو جعلوا الملائكةَ إناثًا وبمعنى الخلقِ نحو جعلَ الظلماتِ والنورَ وبمعنى
التبديلِ نحو وجعلنا عاليَها سافلَها وقد تكونُ لازمةً وهى الداخلةُ فى افعالِ المقاربةِ نحو

• وقد جعلتُ اذا ما قمتُ يُثقلُنى • ثوبى فأنهضُ نهضَ الشاربِ الثملِ •)

والجُعْلةُ مثلثةً (والجِعالُ والجُعْلُ والجَعيلةُ) أجرةُ العملِ والجَعالةُ الرشوةُ والجِعالةُ والجِعالُ
خرقةٌ تُنزَلُ بها القِدرُ عن النارِ وأجعلَ القدرَ أنزلَها بالجِعالِ وأجعلتِ الكلبةُ ونحوُها طلبتِ
الذكرَ والجُعَلُ ضربٌ من الخنافسِ حياتُها فى الزبلِ يميتُها فى رائحةِ الوردِ ج جِعلانٌ
والجُعَلُ ايضًا الرجلُ الأسودُ الدميمُ واللَّجوجُ والرقيبُ والشعلُ ل جَعِلَ وأجعلَ وجاعلهُ
برطلهُ • (الجَعْبَلةُ السرعةُ • الجَعْدَلُ الصُّلبُ الشديدُ • الجُعْلُبِلُ القتيلُ
المتشحِّطُ وطعنهُ فجعفلهُ قلبهُ عن السرجِ فصرعهُ) • ض جَفَلَ اللحمَ عن العظمِ (وجفَّلهُ)
قشرهُ وجفلَ الطينَ (وجفَّلهُ) جرفهُ وجفلَ البحرُ السمكَ قذفهُ الى الساحلِ وجفلتِ
الريحُ السحابَ كشفتهُ وضربتهُ وجفلهُ صرعهُ وجفلَ النعامُ جفولًا وأجفلَ أسرعَ وذهبَ وأجفلتهُ
أذعرتهُ (وجفلَ الفيلُ راثَ وروثهُ الجَفْلُ ج أجفالٌ وأجفلَ الظلُّ ذهبَ) والاجفيلُ الجبانُ والنافرُ
وانجفلَ القومُ واجفلوا مضوا نافرينَ والجُفالةُ (الجماعةُ و) ما أخذتهُ من رأسِ القدرِ بالمغرفةِ
ودعاهم الجَفَلَى اى دعاهم كلَّهم والجَفْلُ السحابُ هراقَ ماءهُ والجَفُولُ المرأةُ النافرةُ طبعًا

الباطلَ وانثهلَ الشيءُ انبسطَ على الارضِ • الثيلُ بالكسر والفتح وعاءُ قضيبِ البعيرِ (وغيرِهِ) والقضيبُ نفسُهُ •

ج

الجَيألَةُ والجَيألَةُ والجَيْألُ الضبعُ ع وجَألَ ذهبَ وجاءَ (وجألَ الصوفَ جمَعَهُ وجألَ الصوفُ اجتمعَ لازمٌ متعدٍ لَ وجَئِلَ جألانًا عرجَ والاجئلالُ والجَألالُ الفزعُ) • الجَبَلُ م ج أجْبُلٌ وجبالٌ وأجبالٌ والجَبَلُ ايضا سيّدُ القومِ وعالِمُهم وأجبَلَه وجدَهُ بخيلاً وتجبّلوا صعدوا في الجبلِ وابنةُ الجبلِ الحيّةُ والجِبْلُ جماعةُ الناسِ والجَبِلُ الغليظُ الجافي والجَبْلَةُ (والجِبْلَةُ) بَشَرَةُ الوجهِ والعيبُ والقوّةُ وصلابةُ الارضِ والجُبْلَةُ بالضمّ (والكسر والجِبِلّةُ) الأمّةُ من الناسِ والجماعةُ والجَبَلّةُ (والجِبِلّةُ) الكثرةُ من كلِّ شيءٍ والجِبِلّةُ (والجِبْلَةُ مثلثةً وبالتحريكِ) الخِلْقَةُ والطبيعةُ والجِبالُ الجسدُ والجَبْدَنُ ن ص وجبَلَهمُ اللهُ خلقَهمُ وجبَلَهُ على الشيءِ وأجبَلَهُ طبَعَهُ والجَبْلَةُ السنةُ المجدبةُ ورجلٌ جَبيلُ الوجهِ قبيحُهُ • جَبْرَئيلُ بالفتحِ زعيمُ الملائكةِ وفيهِ لغاتٌ وذُكِرَ في ج ب ر • الجَثْلُ والجَثيلُ ما كثُرَ والتفَّ من الشعرِ والشجرِ وفعلُهُ لَ رَ جَثُلَ جثالَةً وجثولَةً والجَثْلَةُ النملةُ الكبيرةُ ج جَثْلٌ واجثألَّ النبتُ طالَ والتفَّ واجثألَّ الطائرُ انتفشَ واجثألَّ الرجلُ غضبَ والجَثْلُ الأمُّ والزوجةُ والجُثالَةُ ما تناثرَ من ورقِ الشجرِ • الجُعَلُ الجُعَلُ ج جِعلانٌ وجُعَلانٌ (ع وجعَلَهُ وجعْلَهُ صرعَهُ والجعالُ السمُّ) • جَعْذَلَ صارَ مُكاريًا وجَعْذَلَ استغنى بعدَ فقرٍ وجعذلَهُ صرعَهُ وربطَهُ وملأهُ وجمعَهُ وجعذلَ دابّتَهُ أكراها • الجَحْفَلُ الجيشُ الكبيرُ والسيّدُ الكريمُ وجحفلةُ الحِمارِ (ونحوِهِ) شفتُهُ العُليا وتجحفلوا تجمّعوا وجحفلَهُ صرعَهُ وبكّتَهُ • ن ص جَدَلَ الحبلَ أحكمَ فتلَهُ فهو جَديلٌ ومَجدولٌ والجَديلُ الوشاحُ ج جُدُلٌ والجَدْلُ (الذكَرُ الشديدُ ر) قصبُ اليدينِ والرجلينِ ج أجدالٌ وجُدولٌ ورجلٌ مجدولٌ لطيفُ قصبِ اليدينِ والرجلينِ وساعدٌ مجدولٌ وساقٌ جدلاءُ حسنةُ الطيِّ ودرعٌ مجدولةٌ محكمةُ الجَدْلِ ج جُدْلٌ ولأجدلُ والأجدليُّ الصقرُ ج أجادلُ والمِجدلُ القصرُ ج مجادلُ ن وجدَلَهُ فانجدلَ وتجدّلَ صرعَهُ على الجَدالةِ وهي الارضُ وجَدَلَ جُدولاً صلبَ فهو جَدِلٌ (وجَدِلَ والجَدَلُ الخصومةُ وفعلُهُ جادلَ (فهو جَدِلٌ ومِجْدَلٌ ومِجدالٌ) والجَديلةُ القبيلةُ والشاكلةُ والناحيةُ والطريقةُ وشيءٌ مضفورٌ من جلدٍ يتمنطقُ بهِ الصبيانُ والجَدْوَلُ (والجِدْوِلُ) النهرُ الصغيرُ والجَدْلُ القبرُ • الجِذْلُ أصلُ الشجرِ (وغيرِهِ) بعدَ ذهابِ الفرعِ ج أجذالٌ وجِذالٌ وجُذولٌ

ذهبَ وارتفع وجالَ الشيءَ اختارهُ والمِجْوَلُ الترسُ والخَلْخالُ والدرهمُ الصحيحُ والعُوذةُ والحِمارُ الوحشيُّ والفِضّةُ والهلالُ من فضةٍ وَسْطَ القلادةِ وأجالَهُ (وأجالَ بهِ وجالَ بهِ) أدارهُ ويومٌ أجوَلُ وجَوْلانيٌّ (وجَيْلانيٌّ وجَوْلانٌ وجَيْلانٌ) كثيرُ الغبارِ واجتالهُم حوَّلهُم عن قصدِهم واجتالَ منهمْ اختارَ والجُولُ العقلُ والعزمُ و(ناحيةُ) القبرِ والبئرِ والبحرِ والجبلِ ج أجوالٌ وجِوالٌ وجوالةٌ والجُولُ ايضًا الصخرةُ في اسفلِ الماء والجَوْلُ الكثرةُ من الغنمِ والخيلِ والعبارُ (والجَبَلُ وجَوالةُ الشيءِ. نَقاوتُهُ وخِيارُهُ ورجلٌ جَوْلانيٌّ عامُّ المنفعةِ وجَوْلانُ الهمومِ أوَّلُها والأجوليُّ الفرسُ السريعُ) * ل جَهِلَهُ جَهْلًا وجَهالةً ضِدُّ علمهُ وجَهِلَ عليهِ (وتجاهلَ) أظهرَ الجَهْلَ فهو جاهلٌ وجَهُولٌ ج جُهَّلٌ بالضمِّ (وبضمَّتينِ وجَهَلةٌ) وجُهَّلٌ وجُهّالٌ وجُهَلاءُ وارضٌ مَجْهَلٌ لا يُهتدى فيها (لا يُثنّى ولا يُجمَعُ والمَجْهَلةُ ما يَحمِلُكَ على الجَهلِ وجَهَّلهُ نسبهُ اليهِ) واستجهلهُ استخفّهُ واستجهلتِ الريحُ الغصنَ حرّكتهُ فاضطربَ والمِجْهَلُ والجَيْهَلُ (والمِجْهَلةُ والجَيْهَلةُ) خشبةٌ يُحرَّكُ بها الجمرُ والجاهليّةُ الجَهْلاءُ (توكيدٌ) * الجِيلُ الصِنفُ من الناسِ وعُمْرُ الإنسانِ والمِائةُ سنةٍ من الزمانِ *

ح

الحَبْلُ م ج أَحبُلٌ وحِبالٌ وأحبالٌ وحُبولٌ وحَبائلُ ن وحَبَلهُ شدَّهُ بالحَبْلِ والحَبْلُ ايضًا الرَسَنُ ج حُبولٌ والحَبْلُ ايضا العهدُ (والذِّمّةُ) والامانُ والثِقلُ والمُداهنةُ والوِصالُ وما بينَ العنقِ ورأسِ الكتفِ وعِرْقٌ في الذراعِ وفي الظهرِ والحابُولُ حبلٌ يُصعَدُ بهِ على الشجرِ والحِبالةُ والأُحبولُ والأُحبولةُ شَرَكُ الصائدِ وحَبَلَ الصيدَ واحتبلهُ أخذهُ بالأُحبولةِ فهو مَحْبولٌ والمُحتبِلُ الواقعُ في الأُحبولةِ وحَبائلُ الموتِ أسبابُهُ والحِبْلُ (والحَبُولُ الداهيةُ ج حُبولٌ والحِبْلُ ايضًا) العالِمُ الفَطِنُ العاقلُ والحابلُ السَّداءُ (والنابلُ اللُّحمةُ) وحوّلَ حابلَهُ على نابلِهِ جعلَ أعلاهُ أسفلَهُ والحَبَلةُ شجرُ الكرمِ ج حَبَلٌ (وحُبَلٌ) ل وحَبِلَ من الشرابِ امتلأَ فهو حَبْلانُ وهي حَبْلى وحَبِلَ من الغضبِ امتلأ فهو حَبْلانُ وهي حَبْلانةٌ وبهِ حَبَلٌ غضبٌ وحزنٌ وحَبِلتِ الأنثى حَمَلَتْ فهي حابلةٌ (ج حَبَلةٌ). وحُبْلى ويُقالُ حَبْلانةٌ قليلًا ج حُبْلياتٌ وحَبالى والنسبةُ حُبْليٌّ وحُبْلَوِيٌّ وحُبْلاوِيٌّ وحَبالةُ الشيءِ. بالفتحِ زمانهُ وحينهُ والحِبالةُ ايضًا الثِقلُ (وكلُّ فَعالةٍ مُشدَّدةٌ جائزٌ تخفيفُها إلّا الحِبالةَ فإنها لا تُخفَّفُ) والحابلُ الساحرُ * (الحَباجِلُ القصيرُ المجتمعُ الخَلْقِ *
الحَبَرْجَلُ الغليظُ الشفةِ * الحَبَوْكَلُ كحَبَوْكَرٍ لفظًا ومعنًى والحَبَنْكَلُ والحُبْكُلُ القصيرُ) *
الحَتْلُ المِثْلُ والشِبهُ (والرديءُ من كلِّ شيءٍ) * الحُثالةُ الزُوانُ والرديءُ من كلِّ شيءٍ *

والجَدْلُ رغوةُ اللبنِ والجَعْلُ ايضًا السفينةُ ج جُعُولٌ • ص جَلَّ يَجِلُّ جلالةً وجَلالًا عَظُمَ فهو جَليلٌ وجِلٌّ بالكسرِ والفتحِ وجُلالٌ ج جِلّةٌ وأجِلّةٌ وأجَلَّهُ عَظَّمَهُ وجُلُّ الشيء. وجَلالُهُ مُعظَمُهُ وتَجَلَّهُ علاهُ بالتعظيمِ وتَجالَّ عنهُ تعاظَمَ والجُلَّى الامرُ العظيمُ ج جُلَلٌ وقومٌ جِلّةٌ عُظَماء والجُلّةُ القُفّةُ الكبيرةُ والجَلَلُ العظيمُ والصغيرُ ضِدٌّ والجُلُّ بالضمِّ والفتحِ ما تلبسهُ الدابّةُ ج جِلالٌ وأجلالٌ وفعلهُ ن جَلَّ وجَلَّلَ تجليلًا والجِلُّ البساطُ والكساء وقصبُ الزرعِ (وضِدٌّ الدِقّ) والجِلُّ شراعُ السفينةِ ج جُلُولٌ والجُلُّ ايضًا الجَليلُ والحقيرُ ضِدٌّ والجُلُّ الياسمينُ والوردُ الواحدةُ جُلّةٌ والجُلّةُ ايضًا وعاء من خوصٍ ج جِلالٌ (وجُلَلٌ) والجِلّةُ مُثلّثةً البعرُ وجَلَّ البعرَ جَلًّا وجَلّةً (واجتلّهُ) جمعهُ بيدهِ وفعلتهُ من جَلَلِكَ ومن جَلالِكَ ومن (جَلَلِكَ ومن تَجِلّتِكَ ومن) إجلالِكَ اى من أجلِكَ (وجَلَلْتَ هذا على نفسكَ جنيتَهُ) ص وجَلَوا عن منازلِهم جُلولًا بعدوا فهم جالّةٌ والتَجَلْجُل التضعضُعُ (والتحرُّكُ والسُوُوخُ فى الارضِ) والجَلْجَلةُ التحريكُ وشدّةُ الصوتِ وصوتُ الرعدِ والجُلْجُلةُ اسمُ المكانِ الذى صُلِبَ فيهِ السيّدُ المسيحُ والجِلْجال الموضعُ الذى اختتنَ فيهِ اليهودُ بعدَ مجازِهم الأرْدُنَّ والجُلْجُل الجرسُ الصغيرُ وجَلْجَلةٌ عَلّقَ عليهِ الجُلْجُلَ والجَلَلُ الامرُ العظيمُ والحقيرُ ضِدٌّ والجَليلُ الثُمامُ والعظيمُ ج جَلائلُ والجَليلُ موضعانِ فى بلادِ اليهوديّةِ جَليلُ الامم وهو فى سبطِ نفتاليمَ وآشيرَ وزابلونَ ويسمّى الجليلَ الاعلى وجَليلُ هيرودُسَ وفيهِ الناصرةُ ويسمّى الجليلَ الاسفلَ (ورَجُلٌ مُجَلْجَلٌ طريفٌ جدًّا لا عيبَ فيهِ والمُجَلْجِلُ السيّدُ القويُّ والبعيدُ الصوتِ الجَرِىء الدَفّاعُ والمِنْطيقُ والمَجَلّةُ الصحيفةُ فيها الحكمةُ وكلُّ كتابٍ) وأجَلَّ قَوِيَ وضَعُفَ ضِدٌّ • الجَمَلُ مُحرَّكةً (وتُسكَّنُ ميمُهُ) م ج أجمالٌ (وجامِلٌ) وجُمْلٌ وجِمالٌ وجِمالةٌ وجِمالاتٌ مُثلّثتينِ وجَمائلُ وأجامِلُ والجَمّالُ صاحبُ الجَمَلِ ج جَمّالةٌ والجِمالةُ الخيلُ ج جِمالٌ (نادِرٌ) والجَميلُ الشحمُ الذائبُ والجَمالُ الحُسنُ خَلْقًا وخُلُقًا وفعلهُ ر جَمُلَ فهو جَميلٌ وجُمالٌ (وجُمّالٌ والجَمْلاء الجميلةُ والتامّةُ الجسمِ من كلِّ حيوانٍ) وتَجمّلَ تزيّنَ وجَمّلَهُ تجميلًا زيّنهُ وجامَلَهُ أحسنَ عشرتَهُ ولم يُصْفِ لهُ الإخاء ن وجَمَلَهُ جمعَهُ ومنهُ الجُملةُ (اى جماعةُ الشيء.) وجَمَلَ الحسابَ جعلَهُ جُملةً والجُمَّلُ والجُمْلُ والجُمَلُ والجُمُلُ والجُمَّلُ حَبْلُ السفينةِ والجُمَّلُ حسابُ الحروفِ • (الجَمْخَلُ لحمٌ يكونُ فى جوفِ الصَدَفِ • الجَنْفَليلُ مَنْ يجمعُ كلَّ شيء. ويهاء الضَبُعُ والناقةُ الهَرِمةُ • الجَنْبَلُ قَدَحٌ غليظٌ من خشبٍ) • الجَنْدَلُ الحجارةُ ج جَنادِلُ (والجُنادِلُ القويُّ العظيمُ) • جالَ يَجولُ جَوْلًا وجُؤولًا وجَوَلانًا وجِيلانًا (وجُؤولُ تَجوالًا) واجتالَ وانجالَ طافَ وجالَ الترابُ وانجالَ

جمعة وحفلت السماء اشتدّ مطرها وحفلت العين كثر دمعها وحفل القوم واحتفلوا اجتمعوا وتحفّل تزيّن وتحفّل المجلس كثر اهله فهو مجلس حافل والمحفل بكسر الفاء (وفتحها) والمحتفل المجتمع والاحتفال والحفيل الوضوح والمبالغة واحتفل الطريق بان وظهر والاحتفال حسن القيام بالامور ورجل حفيل مبالغ والحفالة الحثالة وما حفل به وما احتفل به ما بالى به (والتحفيل التزيين والحفال الجمع العظيم) * الحقل والحقلة ارض طيبة يزرع فيها والحقل ايضا الزرع اذا ظهر وكثر وفعله أحقل والمحاقل المزارع والمحاقلة بيع الزرع فى سنبله بالحنطة او بيعه قبل بيان صلاحه والمحاقلة ايضا المزارعة بالثلث او بالربع او اقلّ او اكثر والمحاقلة ايضا اكتراء الارض بالحنطة والحقل الهودج والحوقلة القارورة الطويلة العنق والحوقلة ايضا قول لا حول ولا قوّة الّا بالله وحوقل (أسرع فى المشى وقارب الخطو و)أعيا وضعف ونام وأدبر وعجز عن الجماع والحوقل الذكر * الحكلة العجمة فى اللسان وهو كلام العرب فى فم أبناء الترك والروم ونحوهم وفعله احتكل واحتكل كلّ واحتكل العربىّ تعلّم اللغة العجمية وتحكّل لجّ بالجهل * ن ض حلّ (المكانَ و)بالمكان حلًّا وحلولًا (وحَلَلًا نادر واحتلّه واحتلّ به) نزل به فهو حالّ ج حلول وحلّال وحلّل واحلّه (المكانَ و)بالمكان وحلّله به انزله به وحليلتك امرأتك وأنت حليلها والحلّة القشّة من القصب وحلّة الشىء بالفتح والكسر جهته وقصده والحلّة القوم النزول (وهيئة الحلول) وما اجتمع من البيوت والمجلس ج حلال وحلل والحلّة الثوب المبطّن والازار ج حلل وحلال ايضا والمحلّة المنزل (والمحلّان القِدْر والرحى والمحلّات هما والدلو والقربة والجفنة والسكين والفأس والزند) ض وحلّ حلًّا واحلّ انحلّ من إحرامه (فهو حلال لا حالّ) والحِلّ ما ليس بمحرم والحلال بالفتح ويكسر والحِلّ والحليل ضدّ الحرام وفعله حلّ حِلًّا وحلّه الله واحلّه وحلّله اباحه واستحلّه اتّخذه حلالًا او سأله أن يحلّه له وحلّل اليمين تحليلًا وتحلّة (وتحلًّا شاذّة) كفّرها والاسم الحِلّ ن وحلّ عدا وحلّ العقدة فكّها فانحلّت وحلّل الجامد اذابه ض وحلّ امر الله (او غضبه) عليه حلولًا وجب واحلّه الله عليه أوجبه وحلّ حقّى عليه (محلًّا) وجب وحلّ الدَّين صار حالًّا وتحلّل السفر بالمسافر احتلّ بعد قدومه والاحليل والتحليل مخرج البول من الذكر والحَلَل استرخاء فى العصب وفعله ل حلّ حللًا فهو احلّ وهى حلّاء وفيه حلّة بالفتح والكسر ضعف وفتور والحلّ الشيرج والحلّان الجدى ودمه حلّان ايضا باطل وحلحله ازاله عن موضعه والحلاحل السيّد الشجاع ج حلاحل * الحمدلة حكاية قولك الحمد

• الحَجَلُ طائرٌ م والحَجَلَةُ (أنثاهُ و) موضعٌ يُزيَّنُ للعروسِ ج حَجَلٌ وحِجالٌ وحَجَّلَ العروسَ تحجيلاً أدخلها الحَجَلَةَ وحَجَّلَتِ المرأةُ بناتها ايضًا لوّنتها بالخضابِ ن ص وحَجَلَ المُقيَّدُ حَجْلاً وحَجَلاناً رفعَ إحدى رجليهِ ومشى على الأخرى والحَجْلُ بالفتح الكسر (والحِجْلُ والحِجِلُ) الخلخالُ ج أحجالٌ وحُجُولٌ والحِجْلُ بالكسر القيدُ والتحجيلُ بياضٌ في قوائمِ الفرسِ فهو فرسٌ مُحَجَّلٌ ومَحْجولٌ ص وحَجَلَتْ عينهُ حُجُولاً (وحَجَّلَتْ) غارتْ والحَوْجَلَةُ القارورةُ ج حَواجِلُ وحَواجيلُ • ص حَدَلَ عليهِ حَدْلاً وحُدُولاً جارَ وحادَلَهُ راوغهُ والحَدَلُ وجعُ العنقِ والأحدلُ المائلُ العنقِ ج حُدْلٌ • الحَذَلُ الميلُ نحو الشيء. (يُقالُ حَذَلُكَ مَعَ فلانٍ اي مَيلُكَ) والحَذَلُ حُمْرَةٌ في العينِ وسَيَلانُ الدمعِ وقِلَّةُ شعرِ العينينِ وفعلهُ ل حَذِلَتْ عينهُ فهي حاذِلَةٌ وأحْذَلَ العينَ البكاءُ صيَّرها حاذِلَةً والحِذالُ النملُ والحُذُلُ بالضمّ والكسرِ (والحُذْلُ) الاصلُ وتحذَّلَ عليهِ أشفقَ • الحَراجِلُ الطويلُ والسريعُ (والحَرْجَلُ الطويلُ ايضًا وحَرْجَلَ طالَ والحَرْجَلَةُ العَرَجُ • الحَرْمَلُ حَبُّ نباتٍ م والحَرْمَلَةُ نباتٌ آخرُ من أجودِ الزِنادِ بعدَ المَرْخِ والعَفارِ • إحزَألَ الجَبَلُ احزئلالاً ارتفعَ والشيءُ اجتمعَ وفؤادهُ انضمَّ خوفًا والحَزَوَّلُ القصيرُ • الحَزَنْبَلُ المرأةُ الحمقاءُ والقصيرُ المُوثقُ الخَلْقِ) • حِزْقيلُ وحِزْقِيائيلُ من الأنبياء هو ابنُ بوذى الكاهنِ تنبّأ في ارضِ الكلدانيينَ (والحِزْقِلُ الضيِّقُ الخُلُقِ) • الحَزَوْكَلُ القصيرُ • الحِزْمِلُ المرأةُ الخسيسةُ • الحَسْبَلَةُ حكايةُ قولكَ حسبيَ اللهُ) • الحُسالةُ الثِفْلُ وسُحالتُها (وما يُكسَرُ من قشرِ الشعيرِ وغيرِهِ) والحَسَلُ السَوْقُ الشديدُ والحِسْلُ ولدُ الضبِّ ج أحسالٌ وحُسُولٌ وحِسْلانٌ وحِسَلَةٌ وأبو حِسْلٍ وأبو حُسَيْلٍ الضبُّ ولا آتيكَ سِنَّ الحِسْلِ اي أبدًا لانَّ سِنَّها لا تسقطُ) والمَحْسُولُ الخسيسُ والمرذولُ ن وحَسَلَهُ رذلَهُ • (الحِسْقِيلُ الصغيرُ من ولدِ كلِّ شيءٍ) • الحُسْكُلُ الرديءُ من كلِّ شيءٍ. والحُسَيْكِلُ (الحِسْقِيلُ و) ما تطايرَ من الحديدِ المُحمى عندَ الطرقِ والحُسْكُلانِ الخُصيانِ • ن حَشَلَهُ رذلَهُ والحَشيلَةُ العيالُ • الحاصِلُ الباقي من الشيءِ. الذاهبِ وفعلهُ ن حَصَلَ حُصُولاً ومَحْصُولاً وتحصَّلَ تجمَّعَ وثبتَ (وحَصَلَ على الشيءِ. وحَصَّلَهُ أحرزَهُ ومَلَكَهُ) والحاصِلُ والحُصالَةُ ما يبقى من الحِنطةِ في البيدرِ اذا عُزِلَ منها الرديءُ. والحَوْصَلُ والحَوْصَلاءُ والحَوْصَلَةُ (وتُشدَّدُ لامُها) من الطيرِ كالمعدةِ للانسانِ والحاصِلُ ايضًا مُستنقَعُ الماءِ. (والحَيْصَلُ الباذنجانُ) • الحَطِلُ الذئبُ ج أحطالٌ) • ن ص حَظَلَ عليهِ حَظْلاً وحِظْلاناً بالكسرِ والتحريكِ منعهُ من التصرُّفِ والحركةِ والمشيِ ورجلٌ حَظِلٌ (وحَظّالٌ) وحَظُولٌ شحيحٌ يحاسبُ أهلَهُ بنفقتهِ • ص حَفَلَ الماءُ واللبنُ حَفْلاً وحُفُولاً وحَفيلاً اجتمعَ وتحفَّلَ واحتفلَ اجتمعَ ن وحَفَلَهُ (وحَفَّلَهُ)

وأحول أقام به حولا وحال الشيء تحرك وحال الغريم عليه أسلمه الى غريم آخر والاسم الحوالة وحال عليه استضعفه وحال الماء عليه أفرغه وحال الليل أقبل وحال في ظهر دابته وثب واستوى وأحول الصبي أتى عليه حول فهو محول (والحولي ما أتى عليه حول من ذي حافر وغيره وهي بهاء ج حوليات) والارض المستحيلة (والمستحالة) التي تركت حولا (او أحوالا) وحال واستحال تغير (والتحويل هو عبارة عن تبديل ذات الى ذات أخرى والحول والحيل والحول والحويلة والمحال والتحول) والحيلة والحولة والاحتيال والمحالة والتحيل الحذق وجودة النظر والقدرة على التصرف (وجمع الحيلة حول وحيل وحيلات ورجل حول وحولة وحولة وحول وحوالي وحولول وحولي شديد الاحتيال وهو أحول منك وأحيل) وما أحوله وما أحيله ولا محالة لابد والمحال والمستحيل الغير الممكن (وما أحيل من جهة الصواب الى غيره وما اقتضى الفساد من كل وجه كاجتماع الحركة والسكون في شيء واحد وكخلو الجسم منهما) وحوله تحويلا أزاله وجعله محالا (وحول الشيء تحول لازم متعد) وتحول الشيء تغير وهو حوله وحواليه وحواليه وحواله (وأحواله) محدق به واحتولوه احتاشوا عليه وحاوله رامه وحال بينهما حجز والحيال (والحول والحيل) الحاجز وحوال الدهر صرفه ونوائبه وهذا من حولة الدهر وحولانه (وحوله) من عجائبه وتحول عنه زال الى غيره والاسم الحول والحائل المتغير اللون وحال الانسان وحالته (كيفيته د) ما هو عليه والحال الوقت الذي أنت فيه مؤنث (ويذكر) ج أحوال وأحولة وحالات الدهر وأحواله صروفه والحال ايضا الطين الاسود والتراب اللين والزوجة واللبن والحمأة والعجلة يدب عليها الصبي والرماد الحار والحول والحولة القوة والحائل الدابة التي مضت عليها السنة ولم تحمل وأحول وأحال صارت دابته حائلا ج حيال وحول (وحول وحولل) وفعله حالت حؤولا وحيالا وحيالة وأحالت وحولت فهي محول وحولى ج حوليات والمحالة المنحنون والبكرة العظيمة ج محال ومحاول والمحالة ايضا فقار الظهر ووسطه والحول ميل في سواد العين وانصراف نظرها وفعله ل حولت وحالت تحال واحولت احولالا فهو أحول وحول وعين حولاء وأحال عينه وحولها صيرها حولاء وأحولت الارض اخضرت واستوى نباتها والحيال قبالة الشيء وقعد حياله وبحياله بازائه والحويل الشاهد والكفيل والاسم الحوالة والمستحيل المنحني • (الحيعلة حكاية قولك حي على الصلوة حي على الفلاح

• حيهل وحيهل وحيهلن وحيهلا وحيهلا كلمات يستحث بها وله حكم آخر يأتي ان شاء الله تعالى في ح ي ي • الحيلة جماعة المعزى او القطيع من الغنم والجمع من

لله • ض حَمَلَهُ حَمْلًا وحُمْلانًا واحتملهُ فهو محمولٌ وحَميلٌ والحِمْلُ م ج أحمالٌ (وحُمولٌ)
والحُملانُ ما يُحمَلُ عليهِ من الذوابِ وحَمَلَهُ على الامرِ فانحمَلَ أغراهُ بهِ والحَمْلَةُ في الحربِ
الكَرَّةُ والحُمْلَةُ بالكسر والضمِّ الاحتمالُ من دارٍ الى دارٍ (وحَمَّلَهُ الامرَ تحميلًا وحِمّالًا فتحمَّلَهُ
تحمُّلًا وتِحِمّالًا) واحتمَلَ الامرَ تقلَّدَهُ (والاحتمالُ يُستعمَلُ بمعنى الوَهْمِ والجوازِ) وتحامَلَ
في الامرِ وتحامَلَ بهِ تكلَّفَهُ وتحمَّلَ عليهِ كلَّفَهُ ما لا يُطيقُ واستحمَلَهُ (نفسَهُ) حمَّلَهُ أموزهُ
وحوائجَهُ والحَمولُ الحليمُ وفعلُهُ ن حَمُلَ (عنهُ حَلُمَ) والحَمْلُ الحَبَلُ بالولدِ ج حِمالٌ وأحمالٌ
ض وحَمَلَتِ المرأةُ حَبِلَتْ فهي حامِلٌ وحامِلَةٌ (ج حَوامِلُ والحَمْلُ ايضًا ثمرُ الشجرِ ج أحمالٌ
وحُمولٌ وحِمالٌ وهي شجرةٌ حامِلَةٌ والحَمّالُ حامِلُ الأحمالِ وحِرْفَتُهُ الحِمالَةُ والحَميلُ الدَّعِيُّ
والغريبُ والكفيلُ والولدُ في بطنِ أمّهِ اذا عَلِقَتْ بهِ من الكفّارِ الذين سَبَوْها (والمَحْمِلُ
شِقّانِ على البعيرِ يُحمَلُ فيهما العَديلانِ ج مَحامِلُ) والمِحْمَلُ والمَحْمِلَةُ والمِحْمالَةُ عِلاقةُ السيفِ
(وعِرْقُ الشجرِ ج حَمائِلُ) والحَمولَةُ دوابُّ السفرِ والحَمولَةُ ايضًا الأحمالُ والحُمولُ بالضمِّ
الهوادجُ ودوابُّها الواحدُ حِمْلٌ بالكسرِ (ويُفتَحُ) وأحمَلَهُ الحِمْلَ أعانَهُ على حَمْلِهِ والحَمالَةُ والحِمالُ
الدِّيَةُ يَحمِلُها قومٌ عن قومٍ ج حُمُلٌ بضمّتينِ والحوامِلُ الأرجُلُ وأعصابُ القَدَمِ والذراعِ
الواحدةُ حامِلَةٌ وحمائِلُ الذَّكَرِ عُروقُهُ ض وحَمَلَ بهِ حَمالَةً بالفتحِ كَفَلَ وحَمَلَ أظهَرَ غضبَهُ
واحتَمَلَ لونُهُ مجهولًا غَضِبَ وامتُقِعَ والمُحْمِلُ بالضمِّ المرأةُ ينزِلُ لبنُها من غيرِ حَبَلٍ وفعلُهُ
أحمَلَتْ والحَمَلُ مُحرَّكَةً الخروفُ ج حُمْلانٌ وأحمالٌ والحَمَلُ ايضًا لقبُ السيّدِ المسيحِ لأنّهُ
نُحِرَ من أجلِ خلاصِ العالَمِ هكذا سمّاهُ يوحنّا المعمدانُ والحَمَلُ ايضًا السحابُ الكثيرُ الماءِ
(وبُرْجٌ في السماءِ) والحَوْمَلُ السيلُ الصافي وأوّلُ كلِّ شيءٍ والسحابُ الاسودُ وحَوْمَلُ الماءِ
حملَ (وحَوْمَلُ امرأةٌ كانت لها كلبةٌ تُجيعُها بالنهارِ وهي تحرسُها بالليلِ حتّى أكلتْ ذنبَها
جوعًا فقيلَ أجوَعُ من كلبةِ حَوْمَلٍ) • الحَنْبَلُ القصيرُ والخُفُّ والفروُ الخَلَقُ والحِنْبَلُ
والحِنْبالَةُ البحرُ والحِنْبَلُ الضخمُ البطنِ (وثمرُ اللوبياءِ) وتحنبَلَ تطأطأَ وحَنْبَلَ لبسَ الفروَ
(الخَلَقَ والخُفَّ الخَلَقَ او أكلَ اللوبياءِ • الحَنْشَلُ بالحاءِ والخاءِ الضعيفُ •
الحِنْجِلُ المرأةُ الضخمةُ الصخّابةُ والحُناجِلُ القصيرُ المجتمعُ الخَلْقِ • الحَنْدَلُ القصيرُ •
الحِنْصالُ والحِنْصالَةُ العظيمُ البطنِ وقد يُهمَزانِ • الحَنْظَلَةُ الماءُ في الصخرةِ والنُّقرةُ فيها
و)الحَنْصَلُ الغديرُ الصغيرُ • الحَنْظَلُ نبتٌ مُرٌّ م • (الحَنْكَلُ والحُناكِلُ اللئيمُ والقصيرُ
والغليظُ والحَنْكَلَةُ الدميمةُ السوداءُ) • الحَوْلُ السنةُ ج أحوالٌ وحُوولٌ (وحُوُولٌ) وحالَ
الحَولُ تمَّ وحالَ عليهِ الحَولُ حَوْلًا (وحُؤُولًا) أتتْ عليهِ السنةُ وحالَ بالمكانِ حَوْلًا (وحُ...)

وخَبِلَ الثوبُ بَلِيَ وتَخَشْلَ تطامَنَ وذَلَّ • الخَصْلَةُ الخَلَّةُ والفَضيلةُ والرذيلةُ قليلًا ج خِصالٌ والخَصْلَةُ ايضًا (وتُضَمّ) العُنقودُ والخُصْلَةُ بالضمّ جُزْءٌ من الشَّعْرِ ن وخَصَلَهُ خَصْلًا وخِصالًا فَصَلَهُ وخَصَلَ الشيءَ قطعهُ والخَصيلُ المَقْمورُ والذَّنَبُ والخَصيلةُ القطعةُ من اللحم ج خَصائلُ (وخَصيلٌ والمِخْصَلُ السيفُ وخَصَّلَهُ جعلهُ قِطَعًا) • الخَضْلَةُ النِّعْمَةُ والرفاهيةُ والزوجةُ وقَوسٌ قَذَحٌ والخَضِيلَةُ الروضةُ ويومٌ خَضْلَةٌ ايضًا يومُ تَرَفُّهٍ وعَيْشٌ مُخْضِلٌ (ومُخْضَلٌ) ناعمٌ والأَخْضَلُ والخَضِلُ والخاضِلُ كلُّ شيءٍ نَدٍ والخَضَلَةُ بَلَّةٌ فالخَضِلُ (وخَضِلَ) واخْضَوْضَلَ والخَضَلُ اللؤلؤُ والدُّرُّ الواحدةُ خَضَلَةٌ واخْضَلَّ الليلُ أظلمَ واخْضالَّ الشجرُ (واخْضالَّ) كثرتْ أغصانُها وأوراقُها • الخَطَلُ الخِفَّةُ والسرعةُ والكلامُ الفاسدُ وفعلهُ ل خَطِلَ فهو أَخْطَلُ والخَطَلُ ايضًا الاضطرابُ فى الانسانِ وفى الرمحِ وفُحْشُ المرأةِ وريبتُها فهى خَطّالةٌ والخَطَلُ ايضًا التلوّى والتبختُرُ وفعلهُ ض خَطَلَ (وتَخَطَّلَ فى مِشْيَتِهِ والخَطِلُ الاحمقُ والسريعُ الطعنِ) والخَطْلاءُ الاذنُ المسترخيةُ والمرأةُ الطويلةُ الثديينِ • الخَلُّ ما حَمُضَ من عصيرِ العنبِ ونحوِهِ والثوبُ البالى والمهزولُ والسمينُ ضِدٌّ والشقُّ فى الثوبِ والخَمرُ الفاسدةُ الطعمِ بلا حموضةٍ والمرأةُ الخبيثةُ وخَلَّلَتِ الخمرُ تخليلًا حَمُضَتْ وفسدتْ واختلَّ العصيرُ صارَ خَلًّا وخَلَّ الخمرَ جعلَها خَلًّا لازمٌ متعدٍ وما لهُ خَلٌّ ولا خمرٌ اى لاشرَّ ولاخيرَ واختَلَّ اتَّخذَ خَلًّا والخَلّالُ بائعهُ والخَلَلُ الفرجةُ بينَ الشيئينِ وهو خَلَلَهم وخِلالَهم بينهم وخِلالُ الدارِ ما حوالى جُدرانِها وبيوتِها وتَخَلَّلَهم دخلَ بينهم وتَخَلَّلَ الشيءَ نفذَ ن وخَلَّ الشيءَ تثرَّجَ فهو مَخلولٌ وخَليلٌ وتَخَلَّلَهُ ثَقَبَهُ ونفذهُ والخِلالُ ما تُثقبُ بهِ ج أَخِلَّةٌ وخَلَّ اسنانَهُ أدخلَ بينها الخِلالَ والمُتَخَلِّلُ الغيرُ المنعمِ والخَلَلُ الضعفُ فى الشيءِ والانتشارُ والتفرّقُ فى الرأىِ وأمرٌ مُختَلٌّ ضعيفٌ وأَخَلَّ بالشيءِ أجحفَ وأَخَلَّ بالمكانِ غابَ عنهُ وتركهُ وأَخَلَّ بالرجلِ لم يفِ لهُ بوعدِهِ والخَلَّةُ الحاجةُ والفقرُ (وفى المثلِ الخَلَّةُ تدعو الى السَّلَّةِ اى الى السرقةِ) وخَلَّ وأُخِلَّ مجهولًا احتاجَ فهو مَخْلٌ ومُختَلٌّ وخَليلٌ (وأَخَلُّ) واختَلَّ اليهِ احتاجَ والخَلَّةُ ايضًا الخَصْلَةُ ج خِلالٌ والخُلَّةُ (الخُلِيلةُ و) الصداقةُ الصادقةُ ج خِلالٌ والاسمُ الخُلولةُ والخَلالةُ مثلثةٌ وفعلهُ خالَّهُ يُخالُّهُ مُخالَّةً وخِلالًا (وانهُ لكريمُ الخِلِّ والخِلَّةِ اى المصادقةِ والاخاءِ والخُلَّةُ ايضًا الصديقُ للذكرِ والانثى والواحدِ والجميعِ) والخِلُّ بالكسرِ والضمّ الصديقُ المختصُّ (او لا يُضمُّ الّا معَ وُدٍّ يقالُ كانَ لى وُدًّا وخُلًّا) ج أَخلالٌ والخَليلُ الخِلُّ ايضًا ج أَخِلّاءُ وخُلّانٌ والخَليلُ لقبُ ابرهيمَ ابِ الآباءِ لانهُ كانَ وحدهُ فى الدنيا يعرفُ اللهَ ويحبّهُ (وخَليلُكَ فَلْبُكَ او أَنفُكَ وخَلَّ خَصَّ ضِدُّ عَمَّ) ن ض وخَلَّ لحمهُ خَلًّا وخُلولًا واختَلَّ نقصَ وهُزِلَ والخِلالُ (والخِلَلُ) والخُلالةُ بقيةُ الطعامِ بينَ الاسنانِ الواحدةُ خِلَّةٌ وخَلَّلَهُ اخرجهُ بالخِلالِ والمُختَلُّ الشديدُ

الاختيال والخيل والخول القوة والماء المستنقع فى بطن وادٍ ج أخيال وخيول و) الجيلان النورج له بكرات من حديد يداس به كدس الزرع المحصود وحال يحيل حيولا تغيّر •

خ

الخبل (ويحرّك) فساد الاعضاء والفالج ج خبول والخبل ايضا الحبس والمنع والقرض والاستعارة والخبل والخابل الشيطان والجنّ والمفسد والخبال النقصان والهلاك والعناء والتعب والعيال والسمّ القاتل وصديد جهنّم ن وخبله الحزن وخبّله تخبيلا واختبله أضرّ به وأفسد عقله او عضوه (وخبله عنه منعه) وخبل عن فعل أبيه قصر ل وخبل خبالا جنّ فهو أخبل وخبلت يده شلّت (ودهر خبل ملتوٍ على أهله والمخبل اسم للدهر ووقع فى خبلى فى نفسى وخلدى بمعنى سقط فى يدى) • ن ض ختله ختلا وختلانا خدعه وذئب خاتل وختول مكمن للصيد (والختوتل الظريف) والختل الكنّ وخاتله خادعه (واختتل تسمّع لسرّ القوم) • ل خجل استحى ودهش وخجل النبت طال والتفّ والخجل التباس الامر والكسل والتوانى عن طلب الرزق والفساد والخجل الثوب الخلق والثوب الواسع الطويل • (الخدل الممتلئ والضخم وساق خدلة بيّنة) الخدل والخدالة والخدولة (وهى) الساق الممتلئة وفعله ل خدل والخدلة المرأة الممتلئة الغليظة الساق ج خدال • (الخذافل المعاوز بلا واحد وخذفل لبس قميصا خلقا) • ن خذله (وخذل عنه) خذلا وخذلانا ترك نصرته فهو خاذل وخذلت الظبية واخذلت أقامت على ولدها فهى خاذل ومخذل (وتخاذلت رجلاه ضعفتا والخاذل المنهزم) • الخذعل المرأة الحمقاء • الخذبيل الحمقاء او العجوز المتهدّمة ج خذابل • خرذل الطعام أكل خيارة وخرذل اللحم قطعه والمخرذل المصروع والخردل حبّ شجر م • الخزمل الحمقاء او الرعناء او العجوز المتهدّمة والكثير من الناس والخزامل الخذافل وتخزمل الثوب تمزّق) • ن خزل وتخزّل واختزل مشى متثاقلا وهى الخيزل والخيزلى والخوزلى والاخزل من كان فى ظهره كسرة وفعله ل خزل فهو مخزول والاختزال الانفراد وانخزل فى كلامه انقطع ن خزله عن حاجته عوّقه وخزل الشئ قطعه (وانخزل عن جوابى لم يعبأ به) • الخزعبل (والخزعبيل) الباطل والخزعبيلة الاضحوكة (والخزعبلة العجب والخزعبل الاحاديث المستطرفة) • ن خسله رذله ونفاه فهو مخسول (ومخسّل والخسل) والخسال الارذال (والخسيل الرذل ج خسائل وخسال) • ن خشله خسله والمخشول المخشل ل

لتظنّهُ البهائمُ والطيرُ إنسانًا وأخيلَ وضعَ هذا الخيالَ واختالَ الفارسُ (واخْيَلُ أعلمُ من فرسانها
يُضرَبُ لمن تظنّ بهِ ظنًّا فتجدهُ على ما ظننتَ) *

د

ع دَأَلَ مشى متثاقلاً او متناشطًا ضدٌّ ن ودألَ لهُ دألاً ودألانًا خدعهُ (والدُئِلُ ولا نظير لها وقد تضمّ
الهمزة) والدألان ابن آوى و(الدَأْل) الذئب (ودُوَيْبةٌ كابن عِرسٍ والدُؤلول الداهية والاختلال
والمداءلة المخاتلة) * ن ص دَبَلَهُ جمعهُ ودَبَلَ اللقمة كبّرها ودَبَلهُ بالعصا تابعَ عليهِ الضربَ
بها ودَبَلَ الارضَ دَبْلاً ودُبولاً أصلحها بالسِرقين ونحوهِ والدَبْلُ الطاعون والنهرُ الصغيرُ (ج
دُبُولٌ والدِبْلُ الثكلُ والداهيةُ والدِبْلُ الحمارُ الصغيرُ ودَبَلَتْهُ الدبول دهتهُ الدواهي) والدُبْلة
بالضمّ والفتح داءٌ في الجوف والدُبالُ الزِبلُ والدَوْبَلُ الخنزيرُ (وولدُ الحمارِ والذئبُ العرمُ
والثعلبُ) والدُبْلةُ اللقمةُ الكبيرةُ ج دُبَلٌ (ودُبَلٌ) الدَبولُ (الداهيةُ و) المرأةُ الثكلى (ودُبَيْلٌ ويقال
لهُ) الدُبَيْلان (على التثنية) قَصَبةٌ (اى مدينة) ببلادِ السِنْدِ * الدجّالُ مثلّثةً المسيحُ الكذّابُ
سريانيةٌ معرّبةٌ قال القدّيسُ ايبوليطس إنّهُ يأتي من سبطِ دانَ ولا بدّ من ظهورهِ قبلَ القيمةِ
العامّةِ على هذا النسقِ أوّلاً يُولَدُ في قريةِ كورزينَ من الارضِ اليهوديّةِ من امرأةٍ زانيةٍ ٢ يتربّى
في قريةِ بيتَ صيدا ٣ يملكُ في كفرناحومَ ٤ يجلسُ في هيكلِ سليمنَ ٥ يكونُ مقتدرًا يخضعُ
العالمُ كلّهُ لهُ ٦ يكونُ قاسيًا متكبّرًا محتالاً فاسقًا ٧ يهبهُ الشيطانُ سلطانهُ وقوّتهُ كلّها بسماحٍ
من اللهِ ٨ يظاهرُ بعجائبَ خارقةٍ يُزيّنها الشيطانُ على فعلها ٩ يدّعي الالوهيّةَ ويفتري على اللهِ
وكنيستهِ ١٠ يملكُ الدنيا كلّها بثلثِ سنينَ ونصفٍ ١١ يضطهدُ القدّيسينَ ١٢ يصنعُ تمثالهُ في
الدنيا كلّها ليسجدَ لهُ الناسُ ١٣ يَسِمُ بِسِمَتهِ في جبهةِ من يؤمنُ بهِ او في يمينهِ ١٤ يكونُ مجموعُ
حروفِ اسمهِ ستمائةٍ وستّةٍ وستّينَ ١٥ يهبطُ اللهُ بهِ الى جهنّمَ حيًّا ١٦ يحرقُ اللهُ جنودهُ بالنارِ
١٧ تصيرُ القيمةُ بعدَ هلاكهِ بخمسةٍ وأربعينَ يومًا كقولِ القدّيسِ ايرونيموس والدجّيلُ القطرانُ
ن ودَجَلَ كذبَ وأحرقَ وجامعَ (وقطعَ نواحيَ الارضِ سيرًا) ودجّلَ تدجيلاً طلى ودجّلَ الشيءَ
ايضًا طلاهُ بالذهبِ والدجّالُ الذهبُ والزبلُ ضدٌّ وفرندُ السيفِ والدِجلةُ بالكسرِ والفتحِ أحدُ
الانهرِ الاربعةِ الخارجةِ من الفردوسِ * الدَحْلُ (النفقُ او نحوهُ و) مصنعُ الماءِ ج أدْحُلٌ
وأدحالٌ ودِحالٌ ودُحولٌ ودُحلانٌ والدَحْلةُ البئرُ والدَحِلُ الخدّاعُ والمماكسُ في البيعِ والفعلُ ل دَحِلَ
وداحلهُ راوغهُ وخادعهُ وماكسهُ (وكتمَ ما علمهُ وأخبرَ بغيرهِ ع ودحلَ منّي تباعدَ وفرّ واستترَ وهلكَ) *
دَحَلَ بهِ دحرجهُ * ن دَخَلَ دُخولاً ومَدخلاً وتدخّلَ وانْدَخَلَ (وادّخلَ) نقيضُ خرجَ

العطش والخلال قراب السيف ج خلل وخلال و(جج) اخلة والخلخل والخلخال حلىّ تلبسه المرأة فى ساقيها والمخلخل موضع لبسه وتخلخلت لبسته وثوب خلخل وخلخال رقيق • ن خمل ذكره وصوته خمولاً خفى واخمله الله اسقط نباهته وشرفه فهو خامل (ج خمل) والخميلة الطنفسة والمخمل ضرب من الثياب (او كل ثوب) ذى وبر والخميلة ايضا الشجر الكثير الملتف والموضع الكثير الشجر وريش النعام والخميل السحاب الكثيف • (الخنثل بتثليث الثاء الضعيف والمرأة الضخمة البطن • الخنجل الجسيمة الضخابة والحمقاء وخنجل تزوج بخنجل • خنشل اضطرب من الكبر والهرم) • الخال اخو الام ج اخوال واخولة وخؤول وخؤولة وهى خالة والخال ايضا لواء الجيش والخير (وبرد م والفحل الاسود من الابل وانا خال هذا الفرس صاحبها وهو خال مال وخائله ازاؤه قائم عليه) واخال فيه توسم فيه خيرا وتخيل تفرس وتخوله اتخذه له خالا وتخوله تعهده والاخول من له اخوال فهو اخول ورجل معم مخول كريم الاعمام والاخوال ولا تستعمل الا مع معم والخول (ما اعطاك الله من) النعم والعبيد والخدم والاماء وغيرهم من الحاشية (للواحد والجمع والذكر والانثى واستخولهم اتخذهم خولا واستخول فيهم واستخال اتخذهم اخوالا) وخوله (الله) المال اعطاه اياه (متفضلا) والخولى الراعى الحسن القيام على المال ج خول وخال خولا وخيالا صار خوليا • خال الشئ يخاله خيلولة ظنه وخال خيلا وخيلة وخالا وخيلانا ومخيلة وخيل عليه تخييلا وتخيلا وجه التهمة اليه وخال الخير فيه وتخيله تفرسه فيه وخيلت السماء وتخيلت تهيأت للمطر والخال السحاب المطر والذى لا مطر فيه ضد والخال البرق (والكبر) والثوب الناعم والشامة فى البدن ج خيلان وهو اخيل ومخيل ومخيول وهى خيلاء والخيل اللواء والثوب يستر به الميت والرجل السمح والخلافة والمعجب بنفسه والموضع لا انيس فيه والظن والتوقف والعزب من الرجال والخالى من العشق والحسن (القيام على المال) والاكمة الصغيرة والبرئ من التهمة والخيل ايضا جماعة الافراس الواحد خائل ج اخيال وخيول والخيل ايضا الفرسان والخيلان وحش فى البحر نصفه انسان والباقى سمك يسمى فى اليونانى سيرنس والمخيلة مرآة العقل وخالت الدابة تخال خالا عرجت والخيلاء (والاخيل والمخيلة) والخيل والخيلة الكبر ورجل خال (وخال مقلوبا واخائل) وخائل ومختال متكبر وفعله خال يخيل واختال وتخايل والاخيل طائر مشؤوم ج خيل وتخيل له الشئ تشبه له والخيال والخيالة ما تشبه لك فى اليقظة والحلم من صورة ج اخيلة والخيال ايضا شخص الرجل وطلعته وشئ يوضع على عود

احتالت على تسليمه بيد أعدائهِ الفلسطينين ن ودَلَّ عليهِ دَلالةً مثلثة ودَلُولةً أهدى اليهِ عرينهُ فاندلَّ اليهِ والدليل والدالُّ الهادي والدلّال المتوسّط بين البائع والشاري وحرفتهُ الدَلالة بالفتح (والكسر) وأجرتهُ (وأجرة الدليل) الدِلالة بالكسر وتدلّل وتدلّى تحرّك والدَلدَلة تحريك الرأس والاعضاء في المشي (والدَلّى المَحَجّة الواضحة) * الدَمال الزِبْل ن ودَمَل بينهم دَمْلًا ودَمَلًا نا ودَوْمَل أصلح وتداملوا تصالحوا والدُمّل (والدُمَّل) الخُراج ج دَماميل ل ودَمِل واندمل بَرَأ منهُ والدَمْل الرِفق ودامَلهُ داراه * (دَمْحَلهُ دَحرجهُ) * دانال ودانيال من الانبياء من سبط يهوذا ألقاه داريوس ملك بابل في جبّ الأسود فلم تؤذه * الدَوْلة انقلاب الزمان والثروة العاقبة خَلَفًا عن سَلَف ج دُوَل (مثلثة) وتداولوا الامر تعاقبوهُ ودالت الايام دارت وتعاقبت وداول الله الايام عاقبها بين الناس والدَوْل انقلاب الدهر من حال الى حال واندال ما في بطنهِ خرج (والدَوْلة الحَوْصَلة والقانصة ومن البطن جانبهُ والدالة الشُهرة ج دالٌ ودال يَدُول دَوْلة ودالة صار شُهرة والدَوْلة الداهية والدوالي عنب طائفي * الدَهَل الساعة والشيء اليسير والداهل المتحيّر * دَهْبَل كبّر اللُقَم ليسابق في الاكل * الدَهْكَل الداهية والشديدة من شدائد الدهر وبهاء وطء الارض بالأرجل) *

ذ

(ع ذَأَل ذَأْلًا وذَأَلانًا أسرع او مشى في خِفّة ومَيْس والذُؤْلان ويضمّ ابن آوى والذئب ج ذَآلِيل نادر وذُؤالة الذئب معرفة ج ذِئْلان وذُؤْلان وتذاءل تصاغر) * ن ر ذَبَل النبات ذُبولًا ذَوِيَ وذَبَل الفرس ضمر والذُبْلة البعرة والذُبالة (والذُبّالة) الفتيلة ج ذُبال ن وذَبَل ثُكل (والذَبْل الثُكل وذَبْلٌ ذَبِيل ثُكْل ثاكل) والذَبْل عظم ظهر السُلحفاة تُصاغ منهُ الاسورة والامشاط ل وذَبِلت الشفة يبست وتذبّلت المرأة مشت مِشية الرجال او تبختَرت ولَبّى وفتاة ذابل دقيقة رقيقة ورمحٌ ذابل دقيق يتلوّى ج ذُبَّل (وذُبُل) واذبُلة أذواه ويَذبُل اسم جبل * ن ذَجَل ظلم وجار فهو ذاجل * ن ذَحَل ذَحْلًا طلب ثارة وبادى الشرّ بالشرّ والذَحْل العداوة والحِقد ج أذحال وذُحول * (ذَحْمَلهُ وذَحْمَلهُ دحرجهُ) * الذُرْل بالكسر والفتح القطران الرقيق) * ض ذَلّ ذُلًّا وذِلّة وذَلالة ومَذَلّة (وذَلالة) فهو ذليل (وذُلّان) ج ذِلال وأذلّة وأذِلّاء وأذلّه واستذلّه ذلّله وأذلّه وجدهُ ذليلًا والذِلّ بالضمّ ويُكسر ضدّ الصعوبة وفعلهُ ض ذَلّ ذِلًّا فهو ذَلُول ج ذُلُل وأذِلّة وذِلّ الطريق مَحَجّته والذِلّ

ودخلت به اذخلته وداخلة الارض غامضها ج دواخل وذخلة الرجل مثلثة ودخالة ودخلة بالفتح
(والكسر ودخيلته ودخيلة ودخللة بضم اللام وفتحها ودخيلاؤه وداخلته وذخلة ودخيلاة)
نية ومذهبه وباطنه (والدخلل والدخلل والمداخل المباطن وداخل الحب ودخللة صفاء
داخله) والدخل فساد العقل وفعله ل دخل دخلا بالفتح (ودخلا) ودخل مجهولا والدخل
ايضا المكر والغدر والخديعة والعيب فى الحسب والمنتسب الى غير قومه وداء دخيل
اى داخل ودخل بطنه فسد والدخيل الداخل فى غير قومه وفعله ن دخل والدخيل كل
كلمة معربة من لغة اخرى والمدخل اللئيم والدعى والدخل الداء والعيب والريبة (ويحرك
وما دخل عليك من ضيعتك) والدخال ذوائب الفرس والدخلة تخليط لون فى لون
ليؤخذ منهما لون آخر كوجود الاخضر من الاصفر والازرق وفلان حسن الدخلة والمدخل
حسن المذهب فى اموره والدوخلة السفيفة من الخوص والدخيلى (الظبى) الربيب
والدخول المهزول ومن فى عقله نقص وفعله دخل مجهولا • (الدربلة ضرب من
المشى وضرب الطبل • الدرخبيل الداهية) • درقل اطاع واذعن ورقص وتبختر
(ومر سريعا • الدركلة ضرب من الرقص • الدوشلة الكمرة • الدغل الختل
والداغل الهارب والمداغلة المخاتلة • الدغبل بيض الضفدع والدغبل والدغبلة
السارق) • الدغل المكر والخديعة والفساد والشجر الملتف الكثير واشتباك النبات
ومكان يخاف فيه (الاغتيال) ج ادغال ودغال (ومكان دغل ومدغل ذو دغل) وادغل ادخل
الدغل وادغل به اغتاله وخانه ووشى به وادغل فى الامر ادخل فيه ما يفسده والداغلة
الحقد المكتوم (ع ودغل فيه دخل دخول المريب والدغاول الدواهى بلا واحد) والمداغل
بطون الاودية • الدغفل ولد الفيل والعيش الواسع المخصب • الدفل القطران
والزفت (والدفل ايضا والدفلى نبت م) • الدقل الخصاب والدقل بالفتح والكسر النخل
سريانية معربة وضعف الجسم والدقول الدخول ن ودقلة منعه وضرب انفه وفمه وقفاه
ودوقله اخذه واكله (ودوقل المرأة جامعها والدوقل الذكر وبهاء الكمرة الضخمة) • ن ض دكل
الطين جمعه بيده ليطين به ودكله وطئه والدكلة الحماة والطين والمترفعون على السلطان
بعزتهم وتدكل (عليه تدلل وتباطأ و) ترفع واعتز وانبسط • ض دلت المرأة دلا
ودلالا وتدللت كأنها تخالف زوجها وما بها خلاف والدل السكينة والوقار وحسن المنظر
والفعل ادل وتدلل والدالة بين المحبين الانبساط فى المحبة وهى مكروهة عند العقلاء لانها
تخالف الرصانة وتعيب الطهارة ودليلا بالقصر معشوقة شمشون قاضى بنى اسرائيل

مشى على رجلهِ فهو راجلٌ ورَجْلٌ (ورَجُلٌ ورَجِلٌ) ورَجيلٌ ورَجْلانُ ج رِجالٌ ورَجّالَةٌ ورُجّالٌ ورَجّالَى (ورُجالَى ورَجالَى ورَجْلَة) ورُجْلاتٌ ورِجْلَةٌ وأَرْجِلَةٌ وأَراجِلُ وأَراجيلُ والرُجْلَةُ شِدّةُ المشي والرُجْلَةُ القوّةُ على المشيِ وتَرَجَّلَ نزلَ عن مركوبهِ ماشيًا وتَرَجَّلَ النهارُ ارتفعَ ورَجُلٌ راجِلٌ (ورَجيلٌ) شديدُ المَشيِ ج رَجْلَى ورَجالَى والرَجيلُ الرَجُلُ الصلبُ وارْتَجَلَ تكلّمَ ونظمَ بغيرِ تهيّؤٍ وارْتَجَلَ برأيهِ انفردَ فيهِ وشعرٌ رَجَلٌ ورَجِلٌ (ورَجْلٌ) جعدٌ وفعلهُ ل رَجِلَ (ورَجَّلْتُهُ ترجيلاً ورَجَّلَ رَجَلَ الشعرِ ورَجِلَهُ ورَجْلَهُ ج أَرْجالٌ ورَجالَى وكلامٌ رَجيلٌ مُرْتَجَلٌ والرِجْلُ الطائفةُ من الشيءِ وكانَ ذلكَ على رِجْلِ فلانٍ في حيوتهِ وعلى عهدهِ والأَراجيلُ الصيّادونَ) والمِرْجَلُ (المِشْطُ و) القِدْرُ من نحاسٍ مُذَكَّرٌ وارْتَجَلَ طبخَ في المِرْجَلِ وأَرْجَلَهُ أمهلَهُ وأَرْجَلَهُ جعلَهُ راجلاً • الرَحْلُ للدابّةِ م ج أَرْحُلٌ ورِحالٌ والرَحْلُ (ايضًا مَسْكَنُكَ وما يستصحبُهُ من) الأَثاثِ ع ورَحَلَ الدابّةَ وارْتَحَلَها وضعَ عليها الرَحْلَ فهي مَرْحولةٌ ورَحيلٌ والرَحّالُ صانعُ الرَحْلِ والرَحولُ والراحِلةُ الدابّةُ ذاتُ الرَحْلِ (والمُرَحَّلَةُ دوابُّ عليها رحالُها والتي وُضِعَتْ عنها بعدُ) وأَرْحَلَها راضَها لكي تَرْحَلَ وارْتَحَلَ الدابّةَ ركبَها مَرْحولَةً وارْتَحَلَتِ الدابّةُ سارتْ وارْتَحَلَ القومُ عن المكانِ وتَرَحَّلوا انتقلوا والاسمُ الرُحْلَةُ بالضمِّ والكسرِ (او بالكسرِ الارتحالُ وبالضمِّ الوجهُ الذي تقصدُهُ) والرَحيلُ والرُحْلَةُ ايضًا السفرةُ الواحدةُ وراحيلُ ابنةُ لابانَ زوجةُ يعقوبَ إسرائيلَ وأَرْحَلَهُ أعطاهُ راحلةً يركبُها ع ورَحَلَ انتقلَ ورَحَّلْتُهُ ترحيلاً نقلتُهُ فهو راحِلٌ ج رُحَّلٌ والمَرْحَلَةُ في السفرِ م ج مَراحِلُ وراحَلَهُ عاونَهُ على الرَحيلِ (واسْتَرْحَلَهُ سألَهُ ان يَرْحَلَ لهُ) • الرَخِلُ والرَخِلَةُ أنثى الضأنِ ج أَرْخُلٌ ورِخالٌ ويُضَمُّ ورِخْلانٌ ورَخِلَةٌ (ورِخْلَةٌ) • الإِرْدَخْلُ بالفتحِ والضمِّ البنّاءُ الماهرُ سريانيّةٌ معرّبةٌ • (الرَدْغَلُ صغارُ الاولادِ) • الرَذْلُ والرُذالُ والرَذيلُ والأَرْذَلُ الدونُ الخسيسُ والرديءُ من كلِّ شيءٍ ج أَرْذالٌ ورُذولٌ ورُذالٌ ورُذَلاءُ (ورُذالاءُ ورُذّالٌ) وأَرْذَلونَ وفعلُهُ ر ل رَذُلَ رَذالَةً ورُذولةً ن ورَذَلَهُ وأَرْذَلَهُ جعلَهُ رَذْلاً والرُذالُ والرُذالَةُ الشيءُ الذي أُخِذَ جيّدُهُ والرَذيلَةُ ضدُّ الفضيلةِ واسْتَرْذَلَهُ ضدُّ استجادَهُ (وأَرْذَلَ صارَ أصحابُهُ رُذَلاءَ) • الرَسَلُ القطيعُ من كلِّ شيءٍ ج أَرْسالٌ والرِسْلُ والتَرَسُّلُ الرفقُ واللينُ والاتّئادُ والرَسْلُ السيرُ والدابّةُ السهلةُ السيرِ والفعلُ ل رَسِلَ رَسَلاً ورَسالةً (والمُرْسَلُ) والمُسْتَرْسِلُ من الشعرِ الطويلُ (السَبِطُ) وفعلُهُ رَسِلَ رَسَلاً والرَسْلَةُ الكسلُ ودابّةٌ مِرْسالٌ سهلةُ السيرِ (ج مَراسيلُ) وأَرْسَلَهُ سلّطَهُ وأطلقَهُ وأهملَهُ ووجّهَهُ والاسمُ الرِسالةُ بالكسرِ والفتحِ (ج رَسائلُ جمع رَسالاتٌ) ومنهُ الرَسولُ المُرْسَلُ الى قومٍ ج رُسُلٌ بضمٍّ وبضمّتينِ ورُسَلاءُ والرسولُ لقبُ بولسَ عليهِ السلامُ وهامةُ الرسلِ لقبُ بطرسَ رئيسِ

ايضًا الرفق والرحمة وأمورُ اللهِ على أذلالِها اى مجاريها الواحد ذِلٌّ وذعْهُ على أذلالِهِ على حالهِ (بلا واحدٍ) وجاء على أذلالهِ على وجههِ والذلاذِل والذلذل مثلثة الذالين (والذلذلة والذِلذِلة) أسافل القميص الطويل وأذلالُ الناسِ وذلاذلهم وذُلذلاتهم أواخرهم وتذلذل اضطرب واسترخى واذلولى أسرع • الذَّمِيلُ السيرُ اللّيّنُ وفعلهُ ن ض ذَمَل ذَمْلًا وذُمولًا وذَمِيلًا وذَمَلانًا • (الذَّوِيلُ اليبيسُ من النباتِ وغيرِهِ) • ع ذَهَلَهُ وذَهَل عنه ذَهْلًا وذُهولًا تركَهُ (على عَمْدٍ او) نسيَهُ وذَهَلَتِ النفسُ عن إلْفِها طابَ لها فراقهُ (وذَهْلٌ من الليلِ ويضمّ ساعةٌ والذُّهْلولُ الفرسُ الجوادُ) • الذَّيْلُ آخِرُ الإزارِ والثوبِ (وكلِّ شيءٍ) وآثارُ الريحِ فى الرملِ عند مَهَبِّها وذَيْلُ الفرسِ ونحوِهِ ذَنَبُهُ وغُرْمولُهُ ج أذيالٌ وذُيولٌ وأذْيُلٌ وذالَ وأذْيَلَ صارَ لهُ الذَّيْلُ وذالَ فلانٌ تبختر وذالَ الشيءُ دانَ وذالتْ حالُهُ تواضعتْ وأذالَهُ أهانَهُ والذَّيّالُ الطويلُ الذَّيْلِ والمتبختر فى مشيهِ وتذيَّلَ تبختر وأذْيالُ الناسِ أواخرُهم ورداءٌ مُذَيَّلٌ طويلُ الذيلِ •

ر ل

الرَّألُ ولدُ النعامِ وهي رَألةٌ ج (أرْؤُلٌ و) رِئلانٌ ورِئالٌ ورِئالةٌ والرَّيّالُ زبدُ الفرسِ ولعابُهُ والغرابُ • (الرَّابَلَةُ أن يمشيَ متكفّئًا فى جانبهِ كأنّهُ يتوجّى وفعلَ ذلك من رَأْبَلَتِهِ اى دهائهِ وخبثهِ والرِّئبالُ الاسدُ والذئبُ ومَنْ تلدهُ أمّهُ وحدهُ رُباعيٌّ وقد لا يُهمز ج رآبِلُ ورآبيلُ وترابلوا تلصّصوا او غزوا على أرجلهم وحدَهم بلا والٍ عليهم • الرَّبَلَةُ ويحرّكُ كلُّ لحمةٍ غليظةٍ او هى باطنُ الفخذِ او ما حولَ الضرعِ والحياءِ وامرأةٌ رَبِلةٌ ورَبْلاءُ عظيمةُ الرَّبَلاتِ والرَّبالةُ كثرةُ اللحمِ وهى رَبِلةٌ ومُترَبِّلةٌ ن) ض رَبَلوا كثرتْ أولادُهم والرَّبيلُ اللصُّ والرِّئبالُ الاسدُ والذئبُ والنباتُ الملتفُّ الطويلُ والشيخُ الضعيفُ وارتبلَ مالُهُ كثر • (الرَّتْبَلُ القصيرُ) • الرَّتَلُ الحسنُ من الكلامِ والطيّبُ من كلِّ شيءٍ والشيءُ المتسقُ وبياضُ الأسنانِ والشديدُ البياضِ والثغرُ الكثيرُ الماءِ ورتّلَ الكلامَ ترتيلًا أحسنَ تأليفَهُ (وترتّلَ فيهِ ترسّلَ) والرُّتَيلاءُ ويقصرُ ضربٌ من الهوامِّ كالعنكبوتِ الكبيرةِ • الرَّجُلُ (بضمّ الجيمِ وسكونهِ) كلُّ ذكرٍ بالغٍ من ابنِ آدمَ ج رِجالٌ ورِجالاتٌ ورِجْلةٌ (ورَجْلةٌ) ومَرْجَلٌ وأراجلُ وهى رَجُلةٌ (والراجلُ الكاملُ) وترجّلتِ المرأةُ صارت كالرجلِ وترجّلَ الغلامُ صارَ رَجُلًا والاسمُ الرُّجُوليّةُ والرُّجُولةُ والرُّجْلةُ والرُّجْليّةُ وفلانٌ أرجلُ الرجالِ أشدُّهم والرِّجْلُ القدمُ (او من أصلِ الفخذِ الى القدمِ مؤنثةٌ) ج أرجُلٌ ورَجِلَ أرجلُ عظيمُ الرِّجلِ ل ورجيلٌ

والمرول الرجل الكثير اللعاب والرائل القاطر * الرجبلة ضرب من المشي وقد ترجبل
والرجبل كلام لا يفهم فهو مرجبل ومرجبل * الرخدل الضعيف والاحمق) * ل رجل
لحمه اضطرب واسترخى وانتفخ من غير داء (واصبح مرهلاً اذا تهبج) * الريال اللعاب
وريّل الصبي يريل سال لعابه *

ز ل

الزبل والزبيل م والمزبلة بفتح الباء وتضم موضع الزبل (ج مزابل) ص وزبل زرعه وضع له
الزبل والزبالي لقب قسطنطين محارب الايقونات لانه وقت اعتماده القى زبله في المعمودية
وازبال الصيدانية زوجة آخاب ملك اسرئيل طلبت قتل إيليا النبي وازبال الساحرة رآها
يوحنا في الرؤيا تضل اهل تياديرا بسحرها وزناها واوثانها وزابلون بن يعقوب اسرائيل
وما اصاب زبالاً ويضم شيئاً والزبيل والزبيل والزنبيل (وقد يفتح) القفة (والجراب او الوعاء)
ج زبل وزبلان وزنابيل والزبلة اللقمة والزبال ما تحمله النملة بفيها * (الزبجل التصير) *
الزجلة ويفتح صوت الناس والحالة والقطعة من الشيء والجماعة ن وزجله (وزجل به) رماه
ودفعه وزجله بالرمح زجه به وزجل الحمام ارسلها فهي زاجل والزاجل (والزاجل) قائد العسكر
والزجل اللعب والتطريب ورفع الصوت والفعل ل زجل فهو زجل وزاجل والزجنجل المرآة
تنظر بها وجهك * ع زحل عن مقامه وتزحول زال وزحل اعيا ن وزحل عن مكانه زحولاً
وتزحل تنحى (فهو زحل وزحيل) وعقبة زحول بعيدة وازحله اليه الجاه وازحله وزحله تزحيلاً
ابعده (وزحل كوكب م والزحليل والزحلول المكان الضيق الزلق من الصفا والسريع) *
زربابل ابن شلتايل الكاهن * (زرقل في بحتي اعطانيه وزرقل الشعر نتفه) * ل زعل
نشط وازعله من مكانه ازعجه والزغلول الخفيف والزعل المتضور جوعا * الزعبل كالافعى
والحرباء وشجر القطن (والام او الحمقاء ومن لم ينجع فيه الاكل وزعبل اعطى عطية سنية
* الزغجلة سوء الخلق) * ن زغله صبه ومجه وزغل الام رضعها والزغلة ما تمجه من فيك
والاست والدفعة من البول ومن الماء وازغل الطائر فرخه زقه والزغلول الخفيف والطفل *
زغشل كذب * (الازفل الغضب والجدة وبهاء الجماعة * الزفقلة السرعة * الزقل
والزواقيل اللصوص والزقيلة السكة الضيقة * الزونكل القصير * ل) ض زل زلا وزليلا
ومزلة وزلولا وزلالا زلق في طين او في منطق وازله واستزله جعله يزل والمزلة بفتح الزاي وكسرها
موضعه والاسم الزلة ومقام زل (وزلل) يزل فيه ن وزل عمره ذهب وزل فلان زليلا وزلولا مر

الحوارتيين والرسيل الرسول ايضا (والواسع والشيء اللطيف وام رسالة الرخمة) والمراسل المرأة (الكثيرة الشعر في ساقيها الطويلة او التي تراسل الخطاب او التي فارقها زوجها واسنت اومات زوجها او) التي تراسل غير زوجها لتصل اليه والرسل الجارية الصغيرة التي ما حان لها لبس النقاب والترسيل في القراءة الترتيل والمرسلة القلادة على الصدر واسترسل في كلامه انبسط واسترسل استأنس والمرسلات الرياح والخيل * الرطل ويكسر اثنتا عشرة اوقية والرجل الاحمق والرخو وهي رطلة والترطيل تليين الشعر بالدهن وأرطل استرخت أذناه ن ورطل الشيء رازه (ليعرف وزنه) ورغل عدا * الرغل أنف الجبل (ومن الرجل ثيابه) والارغل الاحمق وفعله ل رعل رعالة ورعوايل من سبط نفتاليم زوج طوبيا البار ابنته سارة التي كان الشيطان يقتل أزواجها ع ورعله وأرعله طعنه طعنا شديدا والرعلة النعامة والعيال (والرعلة والرعيل القطعة القليلة من الخيل او مقدمتها ج رعال وأرعال وأراعيل وقد تكون من البقر والمسترعل قائد الرعل والرعلة اكليل من ريحان وآس وابو رعلة الذئب والرعال ما سال من الانف) * الرغلة القلفة والارغل الاقلف وعيش أرغل واسع ناعم وأرغل اليه مال وأرغل الشيء وضعه في غير موضعه ع ورغل الصبي أمه رضعها وأرغلته أرضعته * ن رفل رفلا ورفلانا وأرفل جر ذيله وتبختر او خطر بيديه عند مشيه فهو رافل وهي رفلة (تجر ذيلها جرا حسنا) ورفلاء (لاتحسن المشي) وأرفل رفله جر ذيله وأرسله والمرفال الكثير الرفلان ورافائيل من عظماء الملائكة قد رافق طوبيا البار في سفره وخلصه من خطر وقع فيه وشعر رفال طويل ورفله ترفيلا عظمه وذلله ضد وترفل (ترفلة) تبختر كبرا * الراقول حبل يطلع به الى الشجر وأرقل أسرع وأرقل المفازة قطعها * ن ركل الفرس ضربها برجله ليعدو والركلة الحزمة من البقل والمركل الطريق وحيث تصيبه رجلك من الدابة * الرمل م الواحدة رملة ج أرمال ورمال وأرمل ن ورمل الشيء جعل فيه الرمل ورمل الثوب لطخه بالدم (ورمل النسج وأرمله ورمله رققه) ورمل السرير زينه بالجواهر ورمل رملا ورملانا (ومرملا) هرول والرمل القليل من المطر والزيادة في الشيء وأرملوا نفد زادهم والارمل الرجل العزب وهي أرملة (ولا يقال للعزبة الموسرة أرملة) وامرأة أرملة محتاجة مسكينة ج أرامل وأراملة وفعله أرملت ورملت وهو أرمل وسنة أرملة قليلة المطر والرملة الخط الاسود والرمل الشيء الصغير * (ارمعل الصبي ارمعلالا سال لعابه والثوب ابتل والدمع تتابع والشواء سال دسمه والرجل أسرع وشهق والاديم ترطب * ارمغل ارمعل) * الروال والراوول لعاب الدواب وروّل الفرس أدلى ليبول (والرجل أنزل قبل الوصول الى المرأة

س

ع سَأَلَ (هُ كذا او عن كذا او بكذا بمعنى سَأَلَهُ وسَأَلَ و) سُؤَالاً ومَسْأَلَةً وتَسْآلاً ويجوز سَالَ يَسَالُ
بلا همزٍ والسُّولُ (والسُّولَةُ وتُتْرَكُ همزتهما) ما سَأَلْتَهُ وأَسْأَلَهُ سُؤْلَهُ ومَسْأَلَتَهُ قضى حاجتَهُ والمَسْأَلَةُ
الحاجةُ (وتَساءَلُوا سَأَلَ بعضُهم بعضًا والامرُ سَلْ واسْئَلْ واَسَلْ) ✱ السَّبِيلُ مُذَكَّرٌ ويُؤَنَّثُ
الطريقُ ج سُبُلٌ وسَبِيلُ اللهِ استعمالُ ما أَمَرَ اللهُ بهِ كالجهادِ وابنُ السبيلِ الغريبُ والسابِلَةُ
السِّكَّةُ المسلوكةُ والسابِلَةُ ايضًا القومُ المتواردون فى السابِلَةِ وأَسْبَلَ السترَ أَرخاهُ وأَسْبَلَ الدمعَ أَجراهُ
وأَسْبَلَتِ السماءُ أَمطرتْ والسَّبَلُ المطرُ (والأَنْفُ) والسَّبُّ والشتمُ وفعلُهُ ن سَبَلَ والسَّبَلُ ايضًا
سنبلُ الزرعِ الواحدةُ سَبَلَةٌ والسَّبَلَةُ ايضًا شَعَرُ الشاربِ ج سِبَالٌ فهو أَسْبَلُ ومُسْبِلٌ وسَبَلَانِيٌّ (ومُسَبَّلٌ
ومُسَبِّلٌ ومُسْبَلٌ طويلُ السَّبَلَةِ) وعينٌ سَبْلاءُ طويلةُ الهدبِ وسَبَّلَهُ تَسْبِيلاً جعلَهُ مباحًا فى سبيلِ اللهِ
(والمُسْبِلُ الذَّكَرُ والضَّبُّ والمُسْبِلُ الشيخُ السَّمِجُ وأَسْبَلَ عليهِ أَكثرَ كلامَهُ وأَسْبَلَ الدمعُ والمطرُ
هطلا وأَسْبَلَتِ السماءُ أَمطرتْ وأَسْبَلَ إِزارَهُ أَرخاهُ وأَسْبَلَ الزرعُ خرجتْ سَبُولَتُهُ) ✱ سَبْحَلَ قالَ
سبحانَ اللهِ ✱ ن سَتَلَ القومُ واسْتَتَلُوا وتَساتَلُوا خرجوا متتابعينَ واحدًا بعدَ واحدٍ
وسَتَلَ الماءُ والدمعُ قطرَ واسْتَتَلَ اللؤلؤُ انتظمَ والسَّتَلُ التَّبَعُ والعُقابُ ج سُتْلانٌ بالضمِّ (والكسرِ
وساتَلَ تابعَ والسُّتالَةُ الرُّذالَةُ والمُسْتَلُ الطريقُ الضيقُ) ✱ السَّجْلُ الدلوُ العظيمةُ مملوءةً
وهو مُذَكَّرٌ والسَّجْلُ ايضًا الرجلُ الجوادُ (والضَّرْعُ العظيمةُ) ج سِجالٌ وسُجُولٌ وأَسْجَلَهُ أَعطاهُ
(سَجْلاً او سَجْلَيْنِ) ودلوٌ سَجِيلٌ ضخمةٌ (وضَرْعٌ سَجِيلٌ وأَسْجَلَ تَدَلَّى وهما يَتَساجَلانِ يتباريانِ)
وساجَلَهُ باراهُ وفاخرهُ وأَسْجَلَ كثرَ خيرُهُ وأَسْجَلَهُ تركهُ وأَطلقهُ والسِّجِلُّ (والسِّجْلُ) كتابُ
العهدِ ج سِجِلَّاتٌ (والمُسْجَلُ المبذولُ المباحُ لكلِّ أَحدٍ وسَجَلَ سَجْلاً) وسَجَّلَ تَسْجِيلاً كتبَ
السِّجِلَّ وسَجَّلَ ايضًا أَنعظَ (وسَجَلَ بهِ وسَجَّلَ رَمَى بهِ من فوقٍ) والسِّجِلُّ ايضًا كاتبُ
السِّجِلِّ والسِّجِّيلُ كتابُ الرذلِ ولا انتخابِ (وحجارةٌ كالمَدَرِ مُعَرَّبٌ والسِّجِّيلُ النصيبُ
والصُّلْبُ الشديدُ) والسَّجَنْجَلُ المِرْآةُ تبصرُ فيها وجهكَ (رُومِيٌّ والذهبُ وسبائكُ الفضّةِ
والزعفرانُ والسَّجَنْجَلُ الماءُ وسَجَلَ الماءَ صَبَّهُ فانْسَجَلَ وعينٌ سَجُولٌ وسَجْلاءُ غزيرةٌ) ✱ السَّحْلُ
(والسَّحِيلُ) الثوبُ المنسوجُ من غيرِ غزلٍ مبرومٍ والثوبُ الابيضُ والثوبُ من قطنٍ ج أَسْحالٌ
وسُحُولٌ (وسُحُلٌ) ع وسَحَلَهُ قشرَهُ ونحتَهُ فانْسَحَلَ والساحِلُ ريفُ البحرِ وساحَلُوا أَتَوا
الساحِلَ وسَحَلَ الدراهمَ نقدَها وسَحَلَتِ العينُ سَحْلاً وسُحُولاً بكتْ وسَحَلَهُ ضربَهُ مائةَ
سوطٍ ض وسَحَلَ سَحِيلاً وسُحالاً نهقَ وسَحَلَ فلانٌ شتمَ ولامَ والسُّحالَةُ بُرادَةُ المعادنِ وقشرُ

سريع وزالت الدراهم زلولا نقصت وزنا فهو درهم زال وازل اليه نعمة اعطاه والزلة (وتضم) الصنيعة والخطيئة والسقطة وما تحمله من مائدة صديقك والزلة الحجارة الملس والزلة ضيق النفس وفي ميزانه زلل نقص وماء زلال وزليل وزلول (وزلازل) بارد عذب صاف سلس المجرى والازل السريع وفعله زل زللا وزلزله (زلزلة و) زلزالا مثلثة حركه والزلازل البلايا والزلزل كالاثاث والمتاع والزلزل الطبال والحاذق (والمزلل الكثير المعروف) والزلية البساط ج زلالي • ن ص زمل الاعرج زملا عدا (معتمدا في احد شقيه رافعا جنبه الآخر) والزامل من يتبع غيره والزاملة الدابة تحمل عليها اداة السفر والزملة الرفقة والجماعة (والزمل) والزميل الرديف ن وزمله اردفه وعادله والزاملان المترافقان في العمل (والتزميل الاخفاء واللف) وتزمل في ثوبه (وازمل) التف والزمال (والزمل والزمل والزمل والزميل والزميل والزميل والزميلة والزميلة والزمالة الضعيف) الجبان والازميل آلة من حديد للنجار ونحوه والمطرقة والرجل القوي والضعيف ضد وازدمله حمله وهو ابن زوملتها اي عالم بها والمزملة وعاء يبرد فيه الماء والزمل الجمل • (الزمجيل النمر • ازمهل المطر ازمهلالا وقع والثلج سال بعد ذوبانه والمزمهل المنتصب والصافي من المياه) • الزنجبيل الخمر (وعرق يسري في الارض نباته كالقصب) • الزنديل الفيل (العظيم معرب) • زنقل في مشيه اسرع كانه متثقل فهو زنقل وام زنقل الداهية • الزوال الذهاب والاستحالة وفعله زال يزول (ويزال قليلة) زوالا وزؤولا وزويلا وزولا وزولانا والازوال الزوال ل وزلته وازلته وزولته اذهبته وحولته ر وزلت عن مكاني زوالا وزوولا تحولت وازال الله زواله اهلكه (والزوائل الصيد والنساء والنجوم) ن وزال النهار ارتفع وزالت الشمس زوالا وزوولا وزيالا وزولانا مالت للغروب وزاوله (مزاولة وزوالا) عالجه وحاوله وطالبه وتزوله وزوله اجاده والزول (العجب و) الصقر وفرج الرجل والشجاع والجواد والشخص والبلاء والخفيف الظريف الفطن وهي زولة ج ازوال وزاله وانزال عنه فارقه والزائلة كل ذي روح (والازديل الازالة وتزاولوا تعالجوا واهذه الزويل والعويل اي الحركة والبكاء • الزهلول الاملس والزهل التباعد من الشر والزهل انملاس وبياض ل زهل والزاهل المطمئن القلب • زهمل المتاع نضد بعضه على بعض) • ص زاله يزيله زيلا وازاله ازالة حوله وتزيلوا وتزايلوا تفرقوا وزيله فرقه وزايله (مزايلة وزيالا) فارقه والتزايل التباين والاحتشام والازيل البعيد ما بين الفخذين ولا ازال افعله ولا ازيل لا ابرح (والمزيل والمزيال الرجل الكيس اللطيف وزلت افعل بمعنى مازلت افعل قليل) •

والشرابُ الخالصُ ومجرى الماء في الوادي والشجاعُ (والسَلّة) والسِلّ بالكسر والضمّ والسُلال داء م وفعلهُ سُلَّ مجهولاً فهو مسلول وأسَلَّهُ اللهُ أوقعهُ في داء السِلّ والسَلّة والسَلُّ الجُؤنة ج سِلال (والسَلّة والإسلال السرقة الخفيّة) وأسَلّهُ برطلهُ من وسَلّ ذهبت أسنانهُ فهو سَلّ وهي سَلّة والمِسَلّة إبرةٌ ضخمة • السَلسَل والسَلسال (والسُلاسِل) الماء العذبُ البارد والخمرُ اللينة وتسلسلَ الماء جرى متحدّرًا وثوبٌ مُسلسَل رديء النسج والسَلسَلة اتصال الشيء بالشيء والسِلسِلة حلقاتٌ من حديد يتصل بعضها ببعضٍ وانتشارُ البرقِ واتصال السحابِ وسلاسِلُ الكتابِ سطورهُ وتسلسلَ الثوبُ لبسهُ حتى رقّ • السَلسبيل اسم النهر الذي رآهُ يوحنا في الرؤيا جاريًا في مدينة القدّيسين والخمرُ • السَمَلة الحمأةُ وبقيّة الماء في الحوض ج سَمَل وسِمال وتسمّلها شربها ن وسَمَلَ بينهم وأسمَلَ اصلحَ وسَمَلَ عينَهُ واستملها فقأها وسَمَلَ الثوبُ سُمولاً وسُمولةً وأسمَلَ ر وسَمُلَ أخلقَ ورثّ فهو ثوبٌ أسمالٌ (وسَمَلَة) والسَمَلُ والسَمِلُ والسَميلُ والسَمولُ الثوبُ الخلَقُ وسمّلَ لهُ القولَ تسميلاً رفقهُ لهُ وسَمَلانُ النبيذِ بقاياهُ (والسَمالُ الدودُ في الماء والسَمّولُ الارضُ الواسعةُ والسهلةُ التراب) والسَمَوأَلُ بنُ عادياء اليهوديّ يُضرَبُ بهِ المثَلُ في الوفاء عبرانيّةٌ معرّبةٌ من صَمويلَ او شمويلَ والسَمَوأَلُ ايضًا ذبابُ النحلِ وسَمْألُ النحلُ علاهُ السَمَوأَلُ • إسماعيلُ بنُ ابراهيمَ من هاجر سُرّيّتهِ وهو جدُّ العربِ معدودٌ من جملة الآباء عليهِ السلامُ • السَمَندَلُ اسمُ طائرٍ في الهندِ لا يحترقُ بالنارِ • سُنبلةُ الزرعِ م (وبرجٌ في السماء) ج سَنابِلُ وفعلهُ سَنبَلَ والسُنبُلُ نباتٌ طيّبُ الرائحةِ وقميصٌ سُنبُلانيّ واسعٌ طويلٌ • (السَنطَلة الطولُ والسَنطليلُ الطويلُ والمُسَنطِلُ الضعيفُ المشيِ المتمائلُ لا يملكُ نفسَهُ) • السَهلُ بالفتحِ وبفتحٍ فكسرٍ كلّ شيءٍ هانَ ولانَ وفعلهُ ر سَهُلَ سَهالةً وسُهولةً والنسبةُ اليهِ سُهليّ بالضمّ والسَهلُ ايضًا الغرابُ والارضُ المستويةُ ج سُهول وسُهُولات كالارضِ سُهولةٌ ودابّةٌ سُهليّةٌ تربّت في السهلِ وأسهَلوا مشَوا في السهلِ وسَهّلهُ تسهيلاً جعلهُ سهلاً اوليّنًا (والسِهلةُ ترابٌ كالرملِ يجيء بهِ الماء) وارضٌ سَهِلةٌ ذاتُ سِهلةٍ وأسهَلَ الرجلُ لانَ بطنهُ وأسهلهُ الدواءُ ألانهُ وساهلهُ ياسرهُ واستسهلهُ عدّهُ سهلاً والتساهلُ التسامحُ (وسُهَيلٌ نجمٌ م وسُهيلةُ كذّابٌ يُضرَبُ بهِ المثلُ • السَهبَلُ الجريء) • سوّلَت لهُ نفسهُ كذا حسّنتهُ لهُ وسوّلَ لهُ الشيطانُ أغواهُ والسُولةُ المسألةُ (لغةٌ في المهموزةِ وسُلتُ أسالُ سُؤالاً بالضمّ والكسرِ لغةٌ في سألتُ والسُولةُ الكثيرُ السؤالِ) والسَولاء الدلوُ الضخمةُ • سالَ يسيلُ سَيلاً وسَيَلانًا جرى وأسالهُ

الحنطةِ والشعيرِ والمِسْحَلُ آلةُ النحتِ والمِبْرَدُ واللسانُ والخطيبُ البليغُ وجانبُ اللحيةِ
والجِلْدُ والسخيُّ والمُنْخُلُ والثوبُ النقيُّ وحجرُ الشحذِ والشجاعُ والميزابُ والعزمُ الصارمُ
والحبلُ والمطرُ (وانسحلَ بالكلامِ جرى به ورجلٌ إسحلانيُّ اللحيةِ طويلُها والإسحلانيّةُ المرأةُ
الرائعةُ الطويلةُ الجميلةُ وشابٌّ مُسْحَلانٌ وإسحلانيٌّ ومُسْحَلانيٌّ طويلٌ او سَبِطُ الشعرِ والمسحولُ
الضعيفُ الحقيرُ والأسحلُ مسائلُ الماء • السَّحْبَلُ الضخمُ من كلِّ شيءٍ • السَّحْجَلَةُ
دلكُ الشيءِ وصقلُهُ • السَّخْدَلُ الذَّكَرُ) • السَّخْلَةُ ولدُ الشاةِ ج سَخْلٌ وسِخالٌ
وسُخْلانٌ (وسِخَلَةٌ نادرةٌ) والسَّخْلُ الرجلُ الضعيفُ الرذلُ ج سُخَّلٌ وسُخّالٌ وفعلُهُ ن سَخَلَ
فهو مَسْخولٌ (وسَخَلَهم عابَهم والمَسْخولُ المرذولُ والمجهولُ وأسخلَهُ أخّرَهُ) • ن ض سَدَلَ
الشعرَ أرخاهُ وأرسلَهُ فهو مَسْدولٌ والسِّدْلُ بالضمِّ والكسرِ السترُ ج أسدالٌ وسُدولٌ (وأسْدَلَ)
والسِّدْلُ القلادةُ على الصدرِ والسَّدَلُ المَيْلُ ض وسَدَلَ ثوبَهُ شقّهُ وسَدَلَ في البلادِ ذهبَ
والسَّوْدَلُ الشاربُ (وسَوْدَلَ طالَ سَوْدَلُهُ) • السِّرْبالُ الدرعُ وكلُّ ما لُبِسَ وسَرْبَلَهُ
فتسربلَ • إسرافيلُ واحدُ الشاروبيمِ • السِّرْوالُ والسِّرْوالةُ والسِّرْويلُ (وليس في
الكلامِ فِعْويلٌ غيرُهُ) م ج سَراويلُ وسِرْوالاتٌ (او انّ السَّراويلَ مفردٌ ج سَراويلاتٌ وهي
فارسيّةٌ معرّبةٌ وقد تُذكّر) وسَرْوَلَهُ ألبسَهُ السِّروالَ فتسرولَ وحمامةٌ مُسَرْوَلةٌ في رجليها ريشٌ
• السَّطْلُ والسَّيْطَلُ م ج سُطولٌ والسَّيْطَلُ الطستُ والرجلُ الطويلُ والساطلُ الغبارُ
المرتفعُ • سَطَنائيلُ اسمُ رئيسِ الشياطينِ • ن سَعَلَ سُعالاً وسَعْلَةً (وهي حركةٌ
تدفعُ بها الطبيعةُ أذىً عن الرئةِ والأعضاءِ التي تتّصلُ بها) والساعلُ والمَسْعَلُ الحلقُ
والسِّعْلاةُ والسِّعْلاءُ الغولُ او الساحرةُ ج السَّعالي واستسعلتِ المرأةُ صارت سِعلاةً • (سَعْبَلَ
كثرتْ به الجراحاتُ وشيءٌ مُسَعْبَلٌ سهلٌ وتسعبلَ الدرعَ لبسَها • والسَّغِلُ الصغيرُ الجثّةِ
الدقيقُ القوائمِ او المضطربُ الأعضاءِ او السيّءُ الخَلْقِ والغذاءِ والمُتَسَغِّدُ المهزولُ والفعلُ في الكلِّ
لَ سَغِلَ • السَّفَرْجَلُ ثمرٌ م الواحدةُ بهاءٍ ج سفارجُ) • السُّفْلُ والسُّفولُ والسَّفالةُ
والسِّفالُ والسِّفْلَةُ والسَّفْلُ نقيضُ العُلْوِ (والعُلُوِّ والعَلاوةِ والعِلْوِ والعِلْوَةِ والعَلاءِ) والأسفلُ نقيضُ
الأعلى وأسفلُ السافلينَ آخرُ العالّينَ والكافرينَ والفعلُ ر ل ن سَفَلَ سِفالاً وسُفولاً وسَفُلَ
فلانٌ سَفالاً ونعمَ نزلَ من علوٍ الى أسفلَ وتَسَفَّلَ صارَ سَفِلاً وسِفْلَةُ الناسِ (وسَفِلَتُهم) أراذلُهم
وسافلةُ كلِّ شيءٍ أسفلُهُ والسَّفالةُ النذالةُ والسِّفْلَةُ النذلُ وفعلُهُ ر سَفُلَ • (السَّقْلُ الصقلُ
والسيقالُ الصيقلُ) • ن سَلَّ الشيءَ سَلّاً واسْتَلَّهُ انتزعَهُ وأخرجَهُ برفقٍ فهو سليلٌ
ومسلولٌ وانسلَّ وتسلّلَ انطلقَ في استخفاءٍ والسُّلالةُ والسَّليلُ الولدُ والسَّليلُ ايضاً مُهْرُ الفرسِ

واشكلة اى شبهة وهذا اشكل به اى اشبه • ن شلّه شلًّا وشلالًا طردهُ فانشل والشلل ايضًا (أن يُصيبَ الثوبَ سوادٌ لا يذهبُ بغسلهِ و) يبسٌ فى اليدِ وفعلهُ ل شللتْ يدهُ شلًّا وشللًا وأشلّتْ وشُلّتْ مجهولتين فانشلّتْ وهو اشلّ وهى شلّاء والشليل الدرع ومسح من صوفٍ او شعرٍ يُجعَل على عجز الدابةِ ج شِلّة والشليل ايضًا النخاع ورجل شلولٌ وشلشل بالضمّ والشلشل والفتح (فى الشينين ومشل وشُلُل وشلل) خفيفٌ فى الحاجةِ حسنُ المعاشرةِ والشلشلة قطرُ الماء وماء (ودم شلشل متشلشل متتابع القطر وشلشل السيفُ بالدم صبّه وشلشل بولَه (شلشلة وشلشالًا) أرسلهُ منتشرًا والاسم الشلشال ن وشلّت العينُ دمعها أرسلته والشلّة النيّة وطلبُ الامرِ البعيدِ (وانشلّ المطرُ انحدرَ • الشمال و) الشِمال والشِملال ضدُّ اليمين ج أشمُل وشمائل (وشُمُل وشِمال بلفظِ الواحدِ) والشِمال الطبعُ ج شمائل والشَمال مؤنثة وتكسر والشامَل) والشَيمل والشَمأل والشَمَل والشَوْمل والشَمول والشَميل الريحُ الهابّةُ بها استقبلكَ من يمينك ج شمالاتٌ بالفتحِ والكسرِ ل وشُملوا وأشملوا أصابتهم ريحُ الشمالِ ن وشَمَل الخمرَ برّدها فى الشمالِ والشِمال بالكسر ما يقبضهُ الحاصدُ من الزرعِ وكيسٌ يغطى به ضرعُ الشاةِ وشَمَلها وأشمَلها جعل لها الشِمالَ ل ن وشَمِلهم الامرُ شَمْلًا (وشَمَلًا) وشمولًا عمّهم ل وشَمِلهم الامرُ خيرًا او شرًّا وأشملهم أصابهم واشتمل (الثوبَ و) بالثوبِ تلفّفَ به واشتمل عليهِ الامرُ أحاط به والشَمْلة والمِشمَل والمِشمَلة كساء يُشتمَل به وأشمَلهُ أعطاهُ الشملةَ ل وشَمِلَه شَمْلًا وشمولًا غطّاهُ بالشملةِ وقد تشمّل بها وأشمل صار ذا شملةٍ والمِشمال الملحفة والشَمول والشَمولة الخمرُ (او) الباردة (والشمل التفرّقُ والاجتماعُ ضدٌّ) وذهبوا شماليلَ متفرّقين وأشمل شمّر وأسرع وناقةٌ شِمِلّةٌ وشِمال وشِملال وشِمليل سريعةٌ (وأمّ شملة الدنيا والخمرُ) • الشمرذل بالدالِ مهملةً ومعجمةً الفتيّ السريعُ الحسنُ الخَلقِ • (الشمرطل والشمرطول الطويلُ المضطربُ منّا • الشمطالة البضعةُ من اللحمِ فيها شحمٌ • الشِمسل الفيلُ) • اشمعلّ تفرّقَ والمشمعِلّ والشمعَل والشمعلة الناقةُ السريعةُ والرجلُ الخفيفُ الظريفُ وشمعلةُ اليهودِ قراءتهم • شنبله قبّله فى خدّهِ والشنبل مكيالٌ م عند أهلِ الشامِ والشنبول ولدُ الجاموسِ • ـ شالت الناقةُ بذنبها شَولًا وشَولانًا وأشالتهُ رفعتهُ وشال الذنبُ لازمٌ متعدٍّ فهى شائلٌ ج شُوَّل وشيّل وشُيَّل وشوّال والشائلة الناقةُ المهزولةُ وشَوّل اللبنُ والماءُ قلّ وشَوْلةُ علمٌ للعقربِ (والشَولة الحمقاء وكوكبانِ نيّرانِ) وأشال الحجرَ وشال به وشاولهُ رفعهُ فانشال والشَول الخفيفُ والماءُ القليلُ ج أشوالٌ وشالت نعامتهُ هلكَ ثم سكنَ (وشالت نعامةُ القومِ خفّت منازلهم وتفرّقت كلمتهم وذهب عزّهم ومنه يُقالُ شالت نعامةُ الرجلِ

أجراهُ (وماءٌ سَيْلٌ سائلٌ وضعوا المصدرَ موضعَ الاسم) والسَّيْلُ الماء الكثيرُ السائلُ ج سُيُولٌ ومَسِيلُ الماء (ومَسَالُهُ) موضعُ سَيْلِهِ ج مَسَائلُ (ومُسُلٌ) وأَمْسِلَةٌ ومُسْلانٌ *

ش

الشِّبْلُ ولدُ الأَسَدِ ج أَشْبالٌ وأَشْبُلٌ وشُبُولٌ وشِبالٌ ن وشَبَلَ شُبولاً شَبَّ وأَشْبَلَ عليهِ عطفَ عليهِ وأعانَهُ وأَشْبَلَتِ المرأةُ على ولدِها أقامتْ عليهِ بعدَ زوجِها ولم تتزوَّجْ والشابِلُ (الأَسَدُ الذي اشْتبكتْ أَنيابُهُ و) الشابُّ الممتلئُ نعمةً * (ر ل شَثِلَتْ أصابعُهُ غلظتْ فهو شَثْلُ الاصابعِ وشَثْنُها * الشَّحْتَلَةُ من الشيء التَّفَهُ منهُ * الشَّحْوَلُ الطويلُ الرجلين) * ع شَخَلَ (الشرابَ صَفَّاهُ و) الشاةَ حَلَبَها والشَّخْلُ الصديقُ والغُلامُ الحَدَثُ وشاخِلَةٌ صافاهُ (والمِشْخَلُ والمِشْخَلَةُ المِصْفاةُ) * الشِّرْوالُ لغةٌ في السِّرْوالِ * الشَّعَلُ والشُّعْلَةُ البياضُ في الناصيةِ والقَذالِ وفعلُهُ لَ شَعِلَ (واشْعالَّ) فهو أَشْعَلُ وشَعِيلٌ وشاعِلٌ وهي شَعْلاءُ ع وشَعَلَ فيهِ أمعنَ فيهِ وشَعَلَ النارَ وشَعَّلَها تشعيلاً وأَشْعَلَها أَلْهَبَها فاشْتَعَلَتْ وتَشَعَّلَتْ والشُّعْلَةُ الحطبُ المُشْتَعِلُ والشُّعْلَةُ ايضًا والشُّعُولُ لهيبُ النارِ (ج شُعَلٌ وشُعُولٌ) والشَّعِيلَةُ الفتيلةُ فيها نارٌ ج شَعِيلٌ والمِشْعَلُ القِنْديلُ والمِشْعَلُ المِصفاةُ واشْتَعَلَتِ العينُ كثُرَ دمعُها وذهبوا شَعالِيلَ متفرّقين * الشُّغْلُ بضمٍّ وبضمَّتَيْنِ وبفتحٍ وبفتحتين ضِدُّ الفَراغِ ج أَشْغالٌ وشُغُولٌ وفعلُهُ ع شَغَلَهُ شَغْلاً ويُضَمُّ وأَشْغَلَهُ وشُغِلَ به مجهولاً (ويُقالُ منهُ ما أَشْغَلَهُ وهو نادِرٌ لأنَّهُ لا يُتَعَجَّبُ من المجهولِ وهو شَغِلٌ ومُشْتَغِلٌ) والمَشْغَلَةُ ما يَشْغَلُكَ والشَّغْلَةُ البيدرُ وكدسُ الزرعِ ج شَغَلٌ * الشِّغِلَّةُ الكَرِشُ ج مَشاغِلُ * ن شَقَلَ الدينارَ وَزَنَهُ (وشَقَلَها جامَعَها) وشَوْقَلَ توزَّنَ وحلمَ * الشَّكْلُ الشِبهُ والمِثْلُ وماكانَ موافقًا (لكَ تقولُ هذا من هوايَ ومن شَكْلي) وصورةُ الشيء المحسوسةُ (والمُتَوَهَّمَةُ) ج أَشْكالٌ وشُكُولٌ والشاكِلَةُ الشَّكْلُ والناحيةُ والنِيَّةُ والطريقةُ والمذهبُ وعرضُ الخاصرةِ والأَشْكالُ للأمورِ المختلفةُ الواحدُ شَكْلٌ فهي أُمورٌ مُشْكِلَةٌ وتَشَكَّلَ تصوَّرَ وشَكَّلَهُ تشكيلاً صوَّرَهُ وأَشْكَلَ الامرُ (ل وشَكِلَ وشَكُلَ) ٱلْتَبَسَ والشَّكْلاءُ الحاجةُ والأَشْكَلُ ما فيهِ حُمْرةٌ وبياضٌ مختلطٌ والكُدرةُ والاسمُ الشُّكْلَةُ والعينُ الشَّكْلاءُ الشَّهْلاءُ ج شُكْلَةٌ وفعلُهُ أَشْكَلَتْ ن وشَكَلَ العنبُ وتَشَكَّلَ أخذَ في النضجِ وشَكَلَ الكتابَ وأَشْكَلَهُ أَعْجَمَهُ وضبطَهُ وشَكَلَ الدابَّةَ وشَكَّلَها تشكيلاً شَدَّ قوائمَها بالشِّكالِ اي بالحبلِ ج شُكُلٌ والشِّكالُ ايضًا التحجيلُ في الخيلِ والشَّواكِلُ الطرقُ المتشعّبةُ (عن الطريقِ الاكبرِ) والشِّكْلُ بالكسرِ (والفتحِ) غَنَجُ المرأةِ ودَلُّها وغَزَلُها وفعلُهُ ل شَكِلَتْ فهي شَكِلَةٌ والشَّكْلُ حَلْيُ النساءِ ج أَشْكالٌ والمُشاكَلَةُ والتَشاكُلُ الموافقةُ وفيهِ شُكْلَةٌ من أبيهِ وشاكِلَةٌ

جلدهُ جوعًا وضرًّا) وصمويلُ بالفتح آخِرُ قضاةِ بني اسرائيل • صَنْدَلُ الحمارُ ضخم رأسُهُ فهو صَنْدَلٌ ايضًا وتَصَنْدَلَ تَغَزَّلَ مَعَ النساء (والصَّنْدَلُ خشبٌ م • الصَّنطِلُ الذي يُطَأْطِئُ رأسَهُ) • صالَ على قِرنِهِ صَوْلاً وصِيالاً وصُؤُولاً وصَوَلاناً (وصالاً وصَالةً) سطا واستطالَ والمِصْوَلُ وعاءٌ يُنْقَعُ فيهِ الشيءُ والمِصْوَلَةُ المِكْنَسةُ والصِّيلةُ عقدةُ العمامةِ وصَوَّلَ الشيءَ تَصويلاً أخرجَ ما فيهِ بالماء وصَوَّلَ كنسَ نواحيَ البيدرِ وصاوَلَهُ (مُصاوَلةً وصِيالاً وصِيالةً) واثبهُ ص ع صَهَلَ الفرسُ (صَهِيلاً) صَوَّتَ فهو صَهّالٌ والصَّهيلُ والصُّهالُ صَوتُهُ • (الصَّيْطَلةُ رَخاوةُ الشيءِ) • صالَ يَصيلُ لغةٌ في صالَ يَصُولُ •

ض ل

الضَّئيلُ الصغيرُ الدقيقُ الحقيرُ والضَّئيلُ والمُضْطَئِلُ النحيفُ ج (ضُؤَلاء و) ضِئالٌ وفعلُهُ ر ضَؤُلَ وتَضاءَلَ وضَئِلَ شخصُهُ أخفاهُ وتَضاءَلَ تصاغرَ والضَّئيلةُ الحيّةُ الدقيقةُ والضُّؤْلةُ الضعيفُ • الضَّحْلُ الماءُ القليلُ على الارضِ لا عمقَ لهُ ج أضحالٌ وضُحُولٌ وضِحالٌ ع وضَحَلَ الماءُ رَقَّ وقَلَّ • (الضِّرْزِلُ الشحيحُ • الضَّكَلُ الماءُ القليلُ والضَّيكَلُ العظيمُ الضخمُ والفقيرُ ج ضَياكِلُ وضَياكِلةٌ) • الضَّلالُ والضَّلالةُ والضُّلُّ ويُضَمُّ (والضُّلَضِلةُ والأُضْلُولةُ) والضِّلّةُ والضَّلَلُ ضدُّ الهُدى وفعلُهُ ض س ضَلَّ فهو ضالٌّ وضَلولٌ س وضَلَّ الطريقَ لم يهتدِ اليهِ ض ل وضَلَّ ضَلالاً ضاعَ وماتَ وخَفِيَ وغابَ وضَلَّهُ أنسِيَهُ وضَلَّني ذهبَ عنّي والضِّلّةُ الحِذْقُ بالدلالةِ والضِّلّةُ الحَيْرةُ والغيابُ والضالّةُ الدابّةُ السائبةُ بلا صاحبٍ (للذكرِ والأنثى) وضَلَّلَهُ تضليلاً (وتَضلالاً) ساقَهُ الى الضلالِ وأرضٌ مَضِلّةٌ (ومَضَلّةٌ ومَضْلَضِلةٌ) يُضَلُّ فيها والضِّلِّيلُ الكثيرُ الضلالِ والمُضَلَّلُ الذي لا يوفَّقُ بخيرٍ وفلانٌ ضِلُّ بنُ ضِلٍّ بكسرهما (وضمّهما) منهمكٌ في الضلالِ او الذي لا يُعرَفُ أبوهُ او الذي لا خيرَ فيهِ وذهبَ دَمُهُ ضِلّةً بلا ثأرٍ وأضلَّهُ دفنهُ وغيّبهُ والضُّلاضِلُ الدليلُ الحاذقُ • اِضمَحَلَّ (وامْضَحَلَّ) واضْمَحَنَّ ذهبَ وانحلَّ واضمحلَّ السحابُ تقشّعَ • (الضَّميلةُ المرأةُ الزَّمِنةُ او العرجاءُ • ع ضَهَلَ اللبنُ اجتمعَ او كلُّ ما اجتمعَ شيءٌ بعدَ شيءٍ فقد ضَهَلَ ضَهْلاً وضُهُولاً وضَهَلَ الشرابُ قَلَّ ورَقَّ وضَهَلَ اليهِ رجعَ وضَهَلَ فلاناً حقّهُ نَقَصَهُ إيّاهُ وأبطلَهُ عليهِ • الضالّةُ السلاحُ أجمعُ او السهامُ) •

اذا مات او لانّ النعامة باطن القدم وشالت ارتفعت ومن هلك ارتفعت رجلاه وانتكس رأسه فظهرت نعامة قدمه وشوّال شهر الفطر ج شواويل وشوّالات وامرأة شوّالة نمّامة واشتال له تعرّض له وثبه والمِشوَل منجل صغير ورجل شول خفيف في العمل والخدمة سريع وشوّلة أمة رعناء كانت تنصح لمواليها فتعود نصيحتها وبالًا عليهم لحمقها فضرب بها المثل للنصيح الاحمق) وشاول أوّل ملك من بني إسرائيل من سبط بني بنيامين رذله الله لعصيانه وشاول اسم بولس الرسول قبل ايمانه * الشَّهَل والشُّهلة قلّة سواد الحدقة وبياضها مشرب بحمرة مستحسنة وفعله ل شهل (واشهلّ اشهلالًا) فهو أشهل وهي شهلاء وشاهلة شاتمة وشارّة والشهلاء الحاجة (والتشهيل التجهيز والتهيئة) *

ص

ل صحل صوته بحّ فهو أصحل (وصحيل) * الصيدلة بيع العطر والاشربة والادوية والنسبة صيدلاني وصندلاني (وصندناني) ج صيادلة * (الصاصل البسّ) * ن صقله جلاه فهو مصقول وصقيل والاسم الصقال وهو صاقل ج صقلة والصيقل شحّاذ السيوف ج صياقل وصياقلة والصقال البطن والخاصرة وصقلّية اسم جزيرة قرب مالطة فيها جبل يقذف رأسه نارًا ودخانًا * ض صلّ صليلًا وصلصل (صلصلة وصلصالًا) صوّت وصلّت السيوف سُمع لها طنين عند الكفاح وصلّ المسمار أكرهه بالضرب ليدخل ن وصلّ اللحم صلولًا وأصلّ أنتن وصلّ الماء أجن فهو صلّال والصّلّة الجلد اليابس قبل الدباغ والنعل والارض اليابسة ج صلال والصلّة ايضا والصلّ المطرة الواسعة والقليلة ضدّ والصلّة ايضا التراب النديّ والجلد المنتن قبل الدباغ والصلّة الريح المنتنة والصلالة بطانة الخفّ وساقها ج أصلّة وحمار صلصال (وصلصل وصلاصل) بالعتم ومصلصل مصوّت والصلصال طين يخلط برمل وصلصل اوعد وتهدّد وقتل سيّد العسكر وصلصل الرعد صفا صوته والصلّ الحيّة الصفراء الدقيقة والداهية والمِثل والعجوز والسيف القاطع ج أصلال ن وصلّ الشراب صلًّا صفا والمِلّة المصفاة والصلّ ما تغيّر من اللحم وغيره (والمصلّل) والمصلصل السيّد الكريم الحسيب (وصلّنا الحبّ المختلط بالتراب صببنا فيه الماء فعزلنا كلًّا على حياله يقال هذه صلالته وصلّتهم الصالّة أصابتهم الداهية) وتصلصل الحلي صوّت والصلاصل الصنج سريانية معرّبة * ن صمل الشيء صملًا وصمولًا صلب واشتدّ وصمل عن الطعام كفّ والصامل والصميل اليابس (والصمليل الرجل الضعيف البنية واصمألّ اصمئلالًا اشتدّ والمصمئلّة الداهية وصمّل جفّ

الدائم) • الطَمَل الخلق تَمَهم والطِمْل الرجل الفاحش فهو طامِل وطَمُول ج طُمُول والاسم الطُمُولة وفعله ن طَمَل والطِمْل ايضاً الماء الكَدِر والثوب الاسود والأسود (مُطْلَقا) والقلادة واللئيم والاحمق واللص الفاسق والذئب الخبيث والثوب الخَلَق والطِمْلال والطِمْليل والطُمْلُول الفقير السيء الخُلُق والحال القبيح والطَميل الخفيّ الشان (والجدْيُ) والحصير وماء الحمأة وجلدة تخرج مع الولد والقلادة ملطخة بالطيب والطُمْلُول العاري من الثياب والطملة بالفتح والضم (والتحريك) الحمأة وطَمَل الخبز وَسَّخه وطَمَل الشيء لطخه فهو مَطْمُول والطمل مشارك اللصوص (وانطمل شاركهم • طَمْسَل عن المرأة عجز والطُمْسُل اللص ج طَمَاسِلَة) • الطِنْبِل الاحمق وطنبل تحامق • طال طُولاً واستطال امتد فهو طويل وطُوال (وهي بهاء) ج طِوال وطِيال والطُوَّال المفرط الطُول وطاولني ر فَطُلْتُه كنت أطول منه واطاله واطوله (وطوّله) تطويلاً صيّرة طويلاً وتطاول واستطال امتد وارتفع وتفضّل وطوّل للدابة تطويلاً ارخى (طِوَلَتها اى) حبلها في المرعى وطوّل له ايضاً أمهله والطَوْل والطائل (والطائلة) الفضل والقدرة والغنى والسعة وتطوّل عليهم وطال عليهم تفضّل عليهم وما فاز منه بطائل بامر ما وطاوله ماطله والطُولى تأنيث الأطول والحالة الرفيعة (ج طُوَل والطائلة للاثان والطِوَل الذكر والرسن ج مَطاول وطِيَلة الريح نيّحتها وبينهم طائلة عداوة والطَوَال مدى الدهر وطال طِوَالك وطِيَلك وطُوَلك وطُولك وطِيلك وطولك وطوالك وطيالك اى مكثك او عمرك او غيبتك • الطِهْبِلة الذهاب في الارض • طَهْبَل اكل خبز الذُرة وداوم عليه • ل ع طَهِل الماء وتطهّل فهو طَهِل وطاهِل أجن والطَهِيلة الاحمق لا خير فيه • الطِهْمِل الذي لا يوجد له حجم اذا مس والمرأة الدقيقة والجسيم القبيح الخلقة جداً وهي بهاء والطِهْمِلي الاسود القصير وتطهمل مشى ولا شيء معه وتطهمل له احتال أن يأخذ منه شيئاً) •

ظ

الظِلّ نقيض الضحّ والفيء ج ظِلال وظُلول وأظلال والظل ايضاً الجنّة والعز والمنعة والليل وشخص الشيء وأول الشباب وشدة الحر وسواد السحاب وهو في ظله في كنفه واستظل قعد في الظل ل وظلّ نهاره يفعل كذا ظلاً وظلولا وظَلِلت وظِلْت (وظَلْت) والظَلّة للاقامة والصيحة والظلة الغاشية (وشيء كالصفة يستتر به من الحر والبرد ج ظُلَل وظِلال ومكان ظليل ذو ظِل وظِل ظليل مبالغة وأظلني الشيء غشيني او دنا مني حتى ألقى عليّ ظله) وعذاب يوم الظلة ايضاً احتراق سادوم وعامورة (والظُلّة) والمَظَلّة بالفتح والكسر الخباء الكبير ج مظال وعيد المظلة

ط

الطَبْلُ الذي يُضْرَبُ بهِ (م يكونُ ذا وجهٍ وذا وجهين) ج أَطْبالٌ وطُبولٌ وصاحبهُ طَبَّالٌ وحرفتهُ
الطِبالَةُ وفعلهُ ن طَبَلَ وطَبَّلَ تطبيلاً والطُوبالَةُ النعجةُ (ج طُوبالاتٌ) والطُبَيْبَةُ الخراجُ *
ل طَحِلَ كَبِرَ طِحالُهُ (وهو لحمةٌ م ج طُحُلٌ) وطُحِلَ مجهولاً شكا طِحالَهُ لَ وطَحِلَ الماءُ فسدَ وأنتنَ
وشرابٌ طاحِلٌ كدرٌ وفعلهُ طَحِلَ والطَحْلَةُ الكدرةُ والطَحِلُ الغضبانُ والملآنُ ولأسودُ وإناءٌ مَطْحُولٌ
مملوءٌ وفعلهُ ع طَحَلَ (وطَحَلَهُ أصابَ طِحالَهُ * الطِخْمِيلُ الديكُ) * الطِرْبالُ كلُّ
بناءٍ عالٍ شامخٍ جدًّا والطِرْبِيلُ الخورنقُ والطِرْبالُ ايضًا الصومعةُ * (الطَسَلُ الماءُ الجاري
على وجهِ الارضِ وضوءُ السرابِ واضطرابهُ والطَيْسَلُ السرابُ والريحُ الشديدةُ والغبارُ والمظلمُ
من الليالي والكثيرُ من كلِّ شيءٍ * ع طَعَلَ في فلانٍ طَعَنَ والطاجِلُ السهمُ المقوَّمُ) *
الطِفْلُ (الصغيرُ من كلِّ شيءٍ و) المولودُ ج أطفالٌ والاسمُ الطُفُلُ والطَفالَةُ والطُفُولَةُ والطُفُولِيَّةُ وأطفالُ
بيتِ لحمٍ قتلهم هيرودسُ الاسقلاني طمعًا في أن يقتلَ المسيحَ بينهم وهو طِفْلٌ وعددهم أربعةَ
عشرَ ألفًا على الأصحِّ والطِفْلُ ايضًا الحاجةُ والليلُ وسقطُ الزنادِ والمُطْفِلُ ذاتُ الطِفْلِ من إنسٍ
ووحشٍ ج مَطافِلُ ومَطافِيلُ ن وطَفَلَتِ الشمسُ وطَفَّلَتْ تطفيلاً دنتْ للغروبِ فهي طَفِلٌ
(وطَفَّلَ الكلامَ تَدَبَّرَهُ وطَفَّلَ الليلُ وطَفِلَ النبتُ دنا ل وطَفِلَ تطفيلاً أصابهُ التراب والطُفَيْلُ
الماءُ الكدرُ يبقى في الحوضِ واحدتهُ بهاءٍ والطَفَلُ الظلمةُ) والطَفَلُ احمرارُ الشمسِ عند طلوعها
وغروبها ضدٌّ وفعلهُ المثلث وطَفَّلَ تطفيلاً وتَطَفَّلَ أتى الوليمةَ من غيرِ أن يُدْعَى فهو طُفَيْلِيٌّ مُصَغَّرًا
منسوبًا الى طُفَيْلِ بنِ دلالٍ الكوفيِّ واضعِ هذهِ الطريقةِ عند العربِ حتى صارتْ لهم لأنَّ عادةً
والطَفْلُ الرخصُ الناعمُ من كلِّ شيءٍ ج طِفالٌ وطُفولٌ (وهي بهاءٍ) وفعلهُ ر طَفُلَ (طَفالَةً وطُفولَةً)
* الطَلُّ المطرُ الضعيفُ او النَدَى ج طِلالٌ وطُلُلٌ والطَلُّ ايضًا الحسنُ والرجلُ المسنُّ والحيَّةُ
(والمعجبُ من شعرٍ وليلٍ وماءٍ وغيرِ ذلكَ والطَلُّ وسَوْقُ الابلِ عنيفًا وهدرُ الدمِ او أن لا يثارَ
بهِ) ن وطَلَّ الدمَ طَلًّا سفكهُ فهو دمٌ مطلولٌ وطليلٌ وطَلَّهُ حقَّهُ نقصهُ وأبطلهُ وطَلَّ غريمهُ مطلهُ
وطُلَّتِ الارضُ نزلَ عليها الطَلُّ والطَلَّةُ (والطلاءُ) الروضةُ بلَّها الطَلُّ والخمرةُ (اللذيذةُ والزوجةُ)
والحسنةُ والعجوزُ والمرأةُ الوقحةُ والترفةُ والطُلَّةُ العنقُ (ج طُلَلٌ) والطَلَلُ (الشاخصُ من) آثارِ
الدارِ ج أطلالٌ وطُلولٌ وطَلَلُ الدارِ ايضًا مصطبتها وطَلَلُ الماءِ ظهرهُ وأطلَّ عليهِ واستطلَّ أشرفَ
والطليلُ (الحنوُ و) الحصيرُ ج أطِلَّةٌ وطُلَّةٌ (وطُلُلٌ) والطُلاطِلُ الموتُ والداءُ العضالُ والطلالةُ آثارُ
الدارِ والفرحُ والبهجةُ والحالةُ الحسنةُ والهيئةُ الجميلةُ (وطَلْطَلَهُ حرَّكهُ والطُلُّ اللبنُ والدمُ والطَلْطَلُ المرضُ

الواحدُ عَدَلَهُ وعَدَّلَهُ وعادَلَهُ وازنَهُ والعِدْلُ بالفتح والكسرِ والعَديلُ المِثْلُ والنظيرُ ج أعدالٌ وعُدَلاء والعِدْلُ ايضًا الكيلُ والجزاء والفريضةُ والاستقامةُ والعِدْلُ نصفُ الحِمْل ج أعدالٌ وعُدولٌ وعَديلُكَ ومُعادِلُكَ مماثِلُكَ والاعتدالُ التوسّطُ بين حالَين واعتدلَ الشيء تناسبَ (وكُلُّ ما أقمتَهُ فقد عَدَلْتَهُ وعَدَّلْتَهُ وعَدَلَ فلانًا بفلانٍ سَوّى بينهما والمُعَدَّلاتُ زوايا البيتِ) وعَدَلَ عنهُ عَدْلًا وعُدولًا حادَ وعدلَ اليهِ مالَ ورجعَ وعَدَلَ الطريقُ مالَ ومالَهُ مَعْدِلٌ ولا مَعْدولٌ ما لهُ مَصْرِفٌ وانعدلَ عنهُ وعادَلَ عنهُ تنحّى واعوجَّ (وعَدَّلٌ رَجُلٌ وَلِيَ شُرْطَةَ تُبّعٍ فكانَ اذا أُريدَ قتلُ رَجُلٍ دُفِعَ اليهِ فقيلَ لكلِّ ما يُئِسَ منهُ وُضِعَ على يَدَيْ عَدْلٍ • عَنْدَلَ البلبلُ صَوَّتَ والعَنادِلانِ الخُصْيانِ) • العَذْلُ الملامةُ وفعلُهُ ن عَذَلَ والاسمُ العَذَلُ وعَذَّلَهُ لامَهُ فهو عاذِلٌ (وعَذَلَةٌ وعَذّالٌ) ج عَواذِلُ وعُذّالٌ وعَذَلَةٌ (وعُذَّلٌ) واعتذلَ وتَعَذَّلَ قبلَ الملامةَ والعاذِلُ عِرْقٌ يخرجُ منهُ دمُ الحيضِ واعْتَذَلَ اعتزمَ (والعَذالةُ الاستُ والمِعْذَلُ مَن يُعْذَلُ لافراطِ جودِهِ • العَرْجَلَةُ القطعةُ من الخيلِ وجماعةُ الشاةِ والمِعْزِ والعِرْجَوْلُ الجماعةُ) • العِرْزالُ بيتُ الأسَدِ وموضعٌ مؤلَّفٌ من أغصانِ الشجرِ يتخذهُ الناطورُ والعِرْزالُ ايضًا جُحْرُ الحيّةِ وغصنُ الشجرِ (والمتاعُ القليلُ والحانوتُ والفرقةُ من الناسِ والثقيلُ والذليلُ الحقيرُ) والحانوتُ وقومٌ عَرازيلُ مجتمعونَ في لصوصيّةٍ • (العَرْطَلُ والعَرْطَليلُ الضخمُ والفاحشُ الطولِ والعَرْطَبيلُ الحسنُ الشبابِ والقدِّ) • عَراقيلُ الامورِ صِعابُها وعَرْقَلَ جارَ عن القصدِ وعَرْقَلَ كلامَهُ عوّجَهُ والعِرْقالُ مَن لا يستقيمُ على رشدِهِ • (العَرْكَلُ الذنَبُ والطَبْلُ) • ض عَزَلَهُ (وعَزَّلَهُ) فاعتزلَ وانعزلَ وتعزّلَ نَحّاهُ جانبًا واعتزلَ عن زوجتِهِ هجرَها والاسمُ العُزْلةُ والأعزلُ مَن لا سلاحَ معهُ ج عُزْلٌ وأعزالٌ وعُزْلانٌ وعُزَّلٌ ومَعازيلُ والاسمُ العَزَلُ والعُزْلُ والعِزالُ بالكسرِ الضعيفُ والعَزْلاء الاستُ ج عَزالى بفتحِ اللامِ وكسرِها والمُعْتَزِلةُ عند اليهودِ بمنزلةِ القضاةِ • العَسَلُ لُعابُ النحلِ وحُبابُ الماء والمَنُّ يقعُ على ورقِ الشجرِ (يذكّرُ ويؤنّثُ) ج أعسالٌ وعُسُلٌ (وعُسْلٌ) وعُسولٌ وعُسْلانٌ والعَسّالُ جانيهِ والعَسّالةُ النحلةُ (والفعلُ عَسَّلَ النحلُ تعسيلًا) ن ض وعَسَلَ الطعامَ وعَسَّلَهُ تعسيلًا خلطَ بهِ العَسَلَ وعَسَلْتُهُم ايضًا زوّدتُهم العَسَلَ واستعسلوا طلبوا العَسَلَ والعَسَليُّ لقبُ القدّيسِ امبروسيوسَ لعذوبةِ كلامِهِ او لأنّهُ معنى اسمِهِ ن وعَسَلَ فلانًا أثنى عليهِ وعَسَلَ اللهُ فلانًا حَبَّبَهُ الى الناسِ ض (وعَسَلَ المرأةَ نكحَها) وعَسَلَ الرمحُ عَسَلًا وعُسولًا اضطربَ فهو رمحٌ عَسّالٌ (وعاسِلٌ وعَسُولٌ) وعَسَلَ الذئبُ عَسَلًا وعَسَلانًا اضطربَ في عدوِهِ وعَسَلَتِ الريحُ الماءَ حرّكتهُ وعَسَلَ الدليلُ بالمفازةِ أسرعَ (وما أعرفُ لهُ مَضْرِبَ عَسَلَةٍ اي أعراقَهُ والعَسيلُ

عند اليهود يعملونه تذكاراً خروجهم من مصر وهو في الخامس عشر من تشرين الأول ينصبون فيه مظالاً من ورق الشجر ويستظلون بها سبعة أيام والظلالة السحابة اذا كانت وحدها وظلها على الارض (والظلالة الشخص) والظلال الجنة وموج البحر والظليلة مستنقع الماء لا تصيبه الشمس (والروضة ج ظلائل) •

ع م

(العباقيل بقايا المرض والحب) • العبل الضخم من كل شيء وهي عبلة ج عبال وفعله ر (ن ل) عبل فهو عبل واعبل غلظ وابيض والعبلاء الصخرة ص وعبل الشيء ردّه وحبسه وقطعه وعبل به ذهب والعبول المنية ولا عبل الجبل لا بيض والعنبلي الزنجي (والعبيلة العليظة • العباهلة الاقيال المقرون على ملكهم فلم يزالوا عنه والعبهلة والعيبهال المعاتبة) • العتلة عصا ضخمة من حديد رأسها مفلطح يهدم بها الحائط وتقلع بها الحجارة من الجبل ج عتل (والعتل الاكول المنيع الغليظ والرمح الغليظ والعتيل الاجير والخادم ج عتلاء وداء عتيل شديد والعتل والعتل البطر) ص وعتله فانعتل جرّه شديدا فحمله ل وعتل الى الشر اسرع ولا انعتل معك لا افارق مكاني من اجلك وعتليا بنت عمري زوجة يورام ملك اسرائيل قتلت ذرية داود ولم ينج منها الا يوآش من نسل داود وملكت على شعب اسرائيل كله ثم قتلها يوياداع الكاهن وملك يوآش بن داود عوضها • ل عثل الشيء عثلا كثر وغلظ وفخم والعثول الاحمق (ج عثل) وعاثانيل اخو كالب بن يوفنا قاضي بني اسرائيل خلصهم من اسر ملك السريان (وام عثيل الضبع والعثيل الذكر من الضباع ومن لا يدهن ولا يتزين) • ل عجل عجلا وعجلة وعجّل تعجيلا اسرع فهو عجل (وعجل) وعجلان وعاجل وعجيل ج عجالى (وعجالى) وعجال واستعجله حثّه وعجّله والعاجل نقيض الآجل والعجلة واستعجله سبقه والعجالة بالكسر والضم والاعجال والعجل والعجلة ما تعجلته من الشيء والعجل الطين والحمأة والعجل والعجول ولد البقرة ج عجاجيل والعجلة الدولاب يستقى به ج (عجل وعجال و) عجال والعجلة الة ذات بكر يجرها الثور ج عجل واعجال وعجال (والعجول المنية والمرأة الواله والثكلى ج عجل وعجائل) • العدل ضد الجور والعدل ايضا والعدالة والعدولة والمعدلة (والمعدلة) الاستقامة في النفس والفعل ص عدل فهو عادل وعدل وامرأة عدل وعدلة وعادلة وعدّل الحكم تعديلا اقامه وعدّله ايضا برّره وزكّاه وعدل الميزان سوّاه والعدلة المزكون للشهود

أثقل وهي عُقلاء والمَعْقُلَة الدية (والغُرْم يقال دَمُهُ مَعْقُلَة على قومه غُرْمٌ عليهم) واعتقل رمحه
جعلهُ بين ركابهِ وساقهِ والعِقال زكوةُ عام والعَقيلة الكريمةُ المخدَّرة وعَقيلة كلِّ شيء أكرمهُ
والعاقول البحر ومَعْطِف الوادي والنهر والامرُ الملتبس والارض الواسعة وعاقِلَة الرَّجُل عَصَبَتُهُ
(وعقَّلَهُ جَعَلَهُ عاقلاً وعَقَّل الكَرْمُ أخرجَ العُقَيْلَى وهو الحِصْرِم) وأعقَلَهُ وجدهُ عاقِلاً واعتُقِلَ
لِسانُهُ مجهولاً لم يقدرْ على الكلامِ والعاقِلَةُ ما يملكهُ العبدُ من مالٍ ورزقٍ وغيرِ ذلكَ
وفعلهُ ض عَقَلَ وعاقَلَهُ سَيِّدهُ ورث عاقِلَتَهُ فهو عاقِلُهُ اي وارِثُهُ والعَقَنْقَلُ الوادي العظيمُ
المُتَّسِعُ والكثيبُ المتراكمُ • (العَقَابِيلُ بقايا العِلَّةِ والعداوةِ والعشقِ وما يخرجُ على
الشفةِ غِبَّ الحُمَّى والشدائدُ واحدةُ الكُلِّ عُقْبُولَةٌ وعُقْبُولٌ وتَعَقْبَلَهُ تَعَقَّبَهُ وهو ذو مَقابيلَ اي
شِرِّيرٌ • العَقَرْطَلُ أنثى الفيلِ) • ن ض عَكَلَهُ جمعهُ وعَكَلَ الدابَّةَ بالعِكالِ عَقَلَها
بالعِقالِ وعُكِلَ عليهِ الامرُ التَبَسَ وعَكَلَهُ حبسهُ او صرعهُ وعَكَلَ المتاعَ نضدَ بعضَهُ فوقَ بعضٍ
وعَكَلَ فلانٌ ماتَ وعَكَلَ في الامرِ جدَّ والعِكْلُ بالكسرِ والضمِّ اللئيمُ ج أعكالٌ والعاكِلُ البخيلُ
المشؤومُ (ج عُكَّل) واعتَكَلَ اعتزلَ واعتَكَلَ الثورانِ تناطحا • (العَكازِيلُ براثنُ الأسدِ)
• العَلُّ والعَلَلُ الشربُ بعدَ الشربِ تبعًا وفعلهُ (ض) ن عَلَّ وعَلَّهُ عَلًّا وعَلَلًا وأعَلَّهُ سقاهُ
العَلَلَ وتعلَّلَ بالامرِ تشاغلَ بهِ وتَعَلَّلَتِ المرأةُ خرجت من نفاسها وعَلَّلَهُ بطعامٍ وغيرهِ شغلهُ
بهِ والتَعِلَّةُ (والعِلَّة) والعُلالَةُ ما يُتَعَلَّلُ بهِ والعُلالَةُ الحَلْبَةُ الثانيةُ من اللبنِ (والعَلُّ مَنْ يزورُ
النساءَ كثيرًا او التيسُ الضخمُ والقُرادُ الضخمُ او الصغيرُ الجسمِ ضدٌّ والمُسِنُّ النحيفُ والعَلْعَلُ
والعُلْعُلُ الذكرُ والعَلْعُولُ الشرُّ الدائمُ والاضطرابُ والقتالُ والعَلِيلَةُ المرأةُ المُطَيَّبَةُ طِيبًا بعدَ
طِيبٍ) والعَلَّةُ الضَرَّةُ وأبناءُ عَلَّاتٍ من أمهاتٍ شتى والأبُ واحدٌ والعِلَّةُ المرضُ وفعلهُ ض عَلَّ
واعتَلَّ وأعَلَّهُ اللهُ فهو مُعَلٌّ وعليلٌ واعتلَّ اعتذرَ والعِلَّةُ ايضًا السببُ فهو مَعْلُولُ العِلَّةِ
اي مُسَبَّبٌ منها (والتعليلُ إيرادُ المُسَبَّبِ) وعلى عِلَّاتِهِ اي على كُلِّ حالٍ والمُعَلِّلُ جابي
الخراجِ وعَلْ حرفٌ (لمَعٍ و) إشفاقٍ ونصبٍ والعِلِّيَّةُ وتُضَمُّ الغُرْفَةُ ج العَلالِيُّ وعِلِّيُّونَ أعالي
الجَنَّةِ الواحدُ عِلِّيٌّ او عِلِّيَّةٌ (او عُلِّيَّةٌ) وتَعَلْعَلَ استرخى واضطربَ وامرأةٌ عَلَّانَةٌ جاهلةٌ وهو
عَلَّانٌ اي جاهلٌ واعتَلَّهُ اعتاقهُ وتجنَّى عليهِ • العَمَلُ المهنةُ والفعلُ ج أعمالٌ وفعلهُ ل
عَمِلَ وأعمَلَهُ جعلهُ يَعْمَلُ واستعمَلَهُ جعلهُ عَمَلَهُ وعَمِلَ بهِ واعتَمَلَ عَمِلَ بنفسهِ وأعمَلَ آلتَهُ
استعملها ورجلٌ (عَمِلٌ) عَمُولٌ مواظبٌ على العَمَلِ والعِمْلَةُ بالكسرِ والضمِّ والعَمالَةُ مثلثةً
أجرةُ العَمَلِ وعَمَّلَهُ تعميلًا أعطاهُ أجرةَ عَمَلِهِ (والعَمَلَةُ العاملونَ بايديهم وبنوا العَمَلِ المُعاةُ)
وعامَلَهُ سامَهُ بعَمَلٍ وعَمِلَ بهِ العِمِلِّينَ او العَمَلِينَ اي بالغَ في أذاهُ وأعمالُ البلدِ جمعُ عَمَلٍ

الرجل الشديد الضرب والمِعْسَلة العظار وأبو عِسْلة الذئب) والمَعْسَلة خليّة النحل والعُسَيْلة نطفة الرجل والعاسِل والعَسول المصلّي بين القوم ج عُسَّل وعَسَلا لكَ اى تعسًا لك والعاسِل الذئب ج عُسَّل والعاسِل ايضًا الرجل الصالح • العَسْقَل الكمأة ج عساقيل • العَصَل المِعى ج أعصال والمِعْصال صولجان يتناول به اطراف الشجر ن وعَصَل بال وعَصَل العود عوّجه والأعصل المعوج الساق ج عُصْل (والعِصال الاعوج والتعصيل الابطاء) • العَضَلة والعضيلة كل عصبة معها لحم غليظ ل وعَضِل غلظت عضلة ساقه ن وعَضَل عليه ضيّق وعَضَل به الامر وأعضل اشتدّ فأعضله الامر ض ن ل وعَضَل المرأة عَضْلا (وعِضَلا) وعِضلانا منعها عن الزواج ظلمًا وعَضَّل المكان تعضيلا ضاق وأعضلت المرأة عسر ولادها فهي مُعْضِل (ومُعَضِّل) ض وعَضَل الداء الاطباء وأعضلهم أعجزهم فهو داء عُضال ومُعضِل والعِضْل الرجل الداهية والشديد والمُعضِلات الشدائد • ل عَطِلت المرأة عَطَلا وعُطولا وتعطّلت اذا لم يكن عليها حَلْي فهي عاطِل وعُطُل ومِعطال ج عواطِل وعُطَّل وأعطال والمَعاطِل مواضع الحلي والعُطْل الرجل لا سلاح معه والدابّة لا رسن لها ولا علامة ج أعطال والعَطَل الشخص ج أعطال والتعطيل الاخلاء وترك الشيء ضياعًا والعَطَل العنق والعَيْطَل المرأة الحسنة الطويلة العنق وتعطّل بقي بلا عمل والاسم العُطْلة ل وعَطِل من المال ومن الادب خلا فهو عُطْل (وعُطُل) • العُطْبُل والعُطْبول والعُطبولة (والعَيْطَبول) المرأة الفتيّة الجميلة الطويلة العنق ج عَطابِل وعَطابيل • ن ل عَظَل الكلاب ركب بعضهم بعضًا للسفاد والعاظِل المأبون ج عُظَّل • العِفَّل من يلبس الثياب القصار فوق الطوال (والعَفَل والعَفَلة شيء يحدث للنساء كالأدرة من الرجال ل عفِلت فهي عفلاء) ويا عفال شتم للمرأة • العَفَنْقَل والعَفَنْشَل الرجل الثقيل الوخم (والعَفَنْشَليل هو والعجوز المسترخية اللحم والضبع) • العَفْطَلة حلطك الشيء بالشيء • العَفَنْقَل الرجل العظيم الوجه • العَقَنْكَل الاحمق) • العَقْل العلم (بصفات الاشياء من حسنها وقبحها وكمالها ونقصانها وخيرها وشرها) ونور روحاني تدرك به النفس العلوم الضرورية والنظرية ج عقول وفعله ض عقل عقلا ومعقولا (وعقّل) فهو عاقل ج عقلاء وعقّال ن ض وعقّل الدواء بطنه أمسكه وعقل الشيء فهمه فهو عقول ض وعقل الدابّة (وعقّلها) واعتقلها ربط رجلها بذراعها وعقل القتيل أدّى جنايته وعقل له عن دم فلان ترك له وعقل الظل قام قائم الظهيرة وعقل اليه عقلا وعقولا لجأ والعاقول حبل تعقل به الدابّة والعقل دية القتيل والقلب والعقل ايضًا المعقل الحصن والملجأ ل وعقلت رجله عقلا التوى عرقها فهو

غ

(الغَيْذَلُ من العيشِ الواسعُ الرغدُ) • الغَذْفَلُ العيشُ الواسعُ والثوبُ البالي ج غدافِلُ (ورِحمةٌ) ومُلاءةٌ غِذفلةٌ واسعةٌ • الغَزْلَةُ القَلفةُ والاغزلُ الاقلفُ وعامٌ اغزلُ مخصبٌ وعيشٌ اغزلُ واسعٌ والغِرْيَلُ الطينُ يحملهُ السيلُ فيبقى على وجهِ الارضِ متشققًا ومنهُ ترابُ البيلونَ الذي يستعملونهُ في الحمّاماتِ في حلبَ • غَرْبَلَهُ نخلهُ وقطعهُ وغربلَ القومَ قتلهم والمُغَرْبَلُ الدونُ الخسيسُ (والمقتولُ المنتفخُ والمُلْكُ الذاهبُ) والغِرْبالُ المُنخلُ والرجلُ النمّامُ • (الغِرْزَحْلَةُ العصا • غَرْقَلَ الماء صبّهُ بمرّةٍ وغرقلَ البطيخُ والبيضةُ فسدَ ما في جوفهما) • الغُرْمُولُ الذكرُ الضخمُ • ض غزلتِ المرأةُ القطنَ واغتزلتهُ فهو غزلٌ ومغزولٌ وهي غازلةٌ ج غُزّلٌ وغوازلُ والمِغزلُ مثلثةً ما يُغزلُ بهِ ومغازلةُ النساءِ محادثتهنَّ والاسمُ الغزلُ (والمِغزلُ) ل وغزِلَ وتغزّلَ بهنَّ فهو غزِلٌ ومتغزّلٌ والغزالُ م ج غِزلةٌ وغِزلانٌ وظبيةٌ مُغزِلٌ ذاتُ غزالٍ والغزالةُ الشمسُ او قرصُها (او الشمسُ عندَ طلوعها يُقالُ طلعتِ الغزالةُ ولا يُقالُ غربتْ) والمغازلُ عُمَدُ الهودجِ • ض غسلهُ غسلاً فهو غسيلٌ ومغسولٌ ج غسلى وغسلاء وهي غسيلٌ وغسيلةٌ ج غسالى والمغسلُ بالفتحِ وفتحِ السينِ وكسرها والمغتسلُ موضعُ غسلِ الميتِ والاسمُ الغسلُ والغُسلُ ايضًا ويُكسرُ والغِسلةُ والغسولُ (والغسولُ) الماء يُغتسلُ بهِ وقد اغتسلَ بالماء والغُسالةُ ما يخرجُ من الغسلِ والغِسلينُ النتانةُ والصديدُ الموجودُ في الهالكينَ في جهنمَ والحرُّ الشديدُ (وغسالةُ الثوبِ والجرحِ) والمِغسلُ آلةُ الغسلِ والمِغسلةُ ما يُغسلُ بهِ كالصابونِ ونحوهِ وغسلهُ ضربهُ فاوجعهُ (وغسلَ المرأةَ وغسّلها جامعها كثيرًا فهو غِسْلٌ وغُسَلٌ وغِسّيلٌ وغُسَلةٌ ومِغسلٌ وغِسّيلٌ وابو غِسْلةَ الذئبُ) واغتسلَ من ذنوبهِ اعترفَ بها فتنقّى • (الغَشْفَلُ الثعلبُ) • ن غطلتِ السماء وانغطلتِ امتدَّ ظلامُها ل وغطِلَ الليلُ انتشرتْ ظلمتهُ والغيطولُ والغيطلةُ الظلمةُ المتراكمةُ واختلاطُ الاصواتِ والغيطلُ وقتُ الظهرِ والغيطلةُ الاكلُ والشربُ واللهوُ والنعاسُ ونعيمُ الدنيا (والشجرُ الكثيرُ الملتفُّ) • ن غفلَ عنهُ غفولاً تركهُ وغفلَ عنهُ واغفلهُ سها عنهُ ونسيهُ فهو غافلٌ وغفّلَ صارَ غافلاً والاسمُ الغفلةُ والغفلُ والغفلانُ وتغفّلَ وتغافلَ تعمّدَ الغفلةَ والمُغفّلُ مَنْ لا فطنةَ لهُ والغُفْلُ مَنْ لا يُرجى خيرهُ ولا يُخشى شرّهُ (وما لا علامةَ لهُ من الطرقِ وغيرها وما لا عمارةَ فيها من الارضينَ ومَنْ لا حسبَ لهُ) والشِعرُ المجهولُ قائلهُ والشاعرُ المجهولُ وغفّلهُ تغفيلاً سترهُ (والمَغْفَلَةُ العنفقةُ) • الغُلُّ والغُلّةُ والغَلَلُ والغليلُ العطشُ وشدّتهُ وحرارةُ الجوفِ وفعلهُ غُلَّ مجهولاً ل وغلَّ واغتلَّ فهو غليلٌ ومغلولٌ ومغتلٌّ وغلّانُ والغِلُّ والغليلُ الحقدُ والضغنُ وفعلهُ

ما يكون تحت حكم البلد ويضاف اليها يقال بعلبك من أعمال الشام) واليعمل بالفتح الجمل النجيب والناقة يعملة والعوامل أدوات الاعراب الواحد عامل وفعله ل عمل اى أحدث فى الكلمة اعرابا مقوما للمعنى والعوامل ايضا الارجل وبقر الحرث والرياسة والعامل الرئيس والوالى وعامل الرمح سنانه ج عوامل والعملة السرقة والخيانة والمعمول ما كان حلوا من أكل وشرب وتعمل من أجله تعنى وعامانويل من أسماء السيد المسيح اى الهنا معنا • العمثل (من كل شىء البطئ لعظمه وترهله والجلد النشيط ضد • العنبلة والعنبل البظر والعنبلى الزنجى الغليظ و) الاسد والسيد الكريم • عنتل الشىء خرقه وقطعه • (العنجل الشيخ الهرم) • عندل البلبل ترنم والعنادل جمع عندليب اى الهزار •

تنبيه

كل اسم جاوز الاربعة أحرف ولم يكن آخره حرف مد ولين يرد الى الرباعى ويبنى منه الجمع مثل سفارج جمع سفرجل وقرافل جمع قرنفل • عال عن الحق جار ومال وعال الميزان نقص او زاد وعال أمرهم اشتد (وعالت الفريضة فى الحساب زادت وارتفعت وعلتها انا وأعلتها) وعاله الامر غلبه وثقل عليه وأهمه وعال فلان عولا وعيالة وأعول (وأعيل) كثر عياله وعيال الرجل (وعيله) أهله وبنوه ومن يتكفل بهم (ج عالة ونسوة عيائل) وأعيل عياله وعالهم عولا وعوولا (وعيالة وعيلهم قاتهم و) كفاهم وأعول (وعول) رفع صوته بالبكاء والصياح والاسم العول والعولة والعويل (وأعول وأعيل وأعال حرص) وعيل صبرى وعال غلب فهو معول (والعول كل ما عالك والمستعان به وقوت العيال) وعول عليه معولا اتكل واعتمد والمعول شىء كالفأس تنقب به الارض والعالة الظلة وعول تعويلا صنع له عالة وعول عليه ايضا استعان به واعتول بكى وأعال افتقر (وعول كلمة مثل ويب يقال عولك وعول زيد) • العيهل الناقة السريعة والجمل والرجل لا ينتشر نزقا والريح الشديدة والمرأة الطويلة والعيهلة العجوز والعاجل المتكف الاعظم كالخليفة والمرأة لا زوج لها) • عال عيلا وعيولا وعيلة ومعيلا افتقر فهو عائل ج عالة (وعيل وعيلى) والاسم (العيلة والمعيل الاسد والنمر والذئب لانه يعيل صيدا اى يلتمس) وعالنى الشىء عيلا ومعيلا أعوزنى وعال فى مشيه (وتعيل) تمايل واختال وتبختر وعال فى الارض عيلا وعيولا دار (وامرأة عيالة متبخترة ميالة والعيلان الذكر من الضباع والعيائل جمع عيل جج عيائل وعيالة البرزون ومعالته علفه وطال عيلتى اياك اى طال ما علتك) •

وفحولة والاسم الفحولة والفحالة والفحلة ورجل فحيل بيّن الفحولة ع وفحل فحلاً وافتحل
اختار له من المواشي فحلاً كريماً وافحله اعارة فحلاً (والفحل سهيل) والفحّال ذكر النخل ج
فحاحيل وفحل النخل أعصانه واستفحل الامر تفاقم وتفحّل تشبّه بالفحل وفحول الشعراء
فصحاؤهم الغالبون (بالهجاء من هاجاهم وامرأة فحلة سليطة • تفحّل أظهر الوقار والحلم
وتهيّأ ولبس أحسن ثيابه • الفداكل عظام الامور) • الفرزل القيد وبقراض الحدّاد
يقطع به الحديد وفرزله قيّده وقطعه (ورجل فرزل ضخم) • الفرعل ولد الضبع وهي بهاء
ج فراعل وفراعلة والفرعلان الذكر منه) • الفسل قضبان الكرم للغرس والفسل والمفسول
الرجل الرذل الذي لا مروءة له ج افسل وفسول وفسال (وفسل وفسولة وفسلاء) وفعله ن فسل
فسلاً وفسولة ر ل وفسل فسالة وفسولة وفسالة الحديد ما تناثر منه عند الطرق والفسل الاحمق
والمفسلة المرأة التي تمنع زوجها من غشيانها بحجّة ما ن وفسل الصبيّ فطمه وافسل (عليه) متاعه
ارذله وافسل دراهمه زيّفها • فشكله منعه (واخّره وفشكل هو تأخّر لازم متعدّ ورجل فشكول
وفشكول متأخّر تابع وفشكل رذل) • ل فشل كسل وضعف وتراخى وجبن فهو فشل
(وفشيل) ج افشال والفشل ستر الهودج (ج فشول) وتفشّل الماء سال (والرجل تزوّج) والفيشلة
رأس الذكر ج فياشيل • الفصل الحاجز بين الشيئين (ومن السنة م ج فصول) والفصل
والمفصل كلّ ملتقى عظمين من الجسد والفصل ايضاً الحقّ من القول والفصل والفيصل القضاء
بين الحقّ والباطل ض وفصل المولود وافتصله فطمه والاسم الفصال والفاصلة الخرزة تفصل
بين الخرزتين وفعله ن فصل والفواصل قوافي الكلم المسجوعة الواحدة فاصلة وحكم فاصل وفيصل
ماض والفصيل حائط قصير دون السور وولد الناقة (اذا فصل عن امّه) ج فصلان بالضم والكسر
وفصال وهي فصيلة والفصيلة عشيرة الرجل الاقربون وفصل من البلد (فصولاً) خرج ومفاصل
الاعضاء الواحد مفصل والمفصل اللسان والفيصل والفيصليّ الحاكم (والفصّال مدّاح الناس
ليصلوه) وفصل الخطاب كلمة أمّا بعد والبيّنة على المدّعي (عليه او هو أن يفصل بين الحقّ
والباطل وفاصل شريكه باينه) والتفصيل التبيين • الفضل ضدّ النقص ج فضول وفعله
ن ل فضل والفضّال والمفضّل والمفضل والمفضال الكثير الفضل والفضيلة المزيّة (والدرجة
الرفيعة في الفضل) ج فضائل والاسم الفاضلة والفضائل الالهيّة ثلاث • الامانة • والرجاء
والمحبّة • والفضائل المتلازمة أربع • الفطنة • والنسك • والعدل • والشهامة • والفضائل
الملازمة للسياسة سبع • القوّة • والجودة • والعدل • والحكمة • والصبر • والوعيد • والعقاب •
(وفضّله مزّاه والتفاضل التمازي وفاضلني ففضلته كنت أفضل منه) وتفضّل عليه تقدّمه

ص غلّ صدرُه والغليل ايضا الحزن واغلّ ماشيتَه لم يسقها لتروى وقد ن غلّت وغلّ غلولا واغلّ خان واغلّ بصرَه حدّده وغلّه فى الشىء غلّا وغلغله أدخله والغلالة شِعارٌ تحت الثوب وتغلّلها لبسها والغُلّ الطوق من حديد ج أغلال وغلّه وغلّلَه وضعه فى عنقه والغلّة ما يدخل من كرا دار واجرة غلام وفائدة ارض واغلّت الصنعة والضيعة أعطت غلّتها وتغلغل الماء بين الاشجار جرى والغلغلة السرعة وتغلغل أسرع والغلائل الدروع الواحد غليلة واغتلّ الشراب شربه واغتلّ الثوب لبسه (تحت الثياب) واغتلّ اليه اشتاق والمستغلّات الاشياء التى أخذت (او تؤخذ) غلّتها • ن غمله غطّاه ليعرق وغمل الشىء أصلحه وغمل الاثمار غمّها لتدرك وانغمل الجرح فسد من الرباط (وتغمّل توسّع ورجل مغمول خامل) وغمالائيل معلّم التوراة من اليهود كفّ اليهود عن أذى الحواريين • غاله واغتاله أخذه من حيث لا يدرى والغَول الصداع والسكر والمشقّة وبُعد الارض والغُول الهلكة والداهية والمرأة الساحرة ج أغوال وغيلان والغول ايضا الحيّة ج أغوال والغول ايضا المنيّة ووحش كان رآه مارى انطونيوس الكبير فى برارى مصر نصفه انسان وباقيه وحش والغول ايضا من يتلوّن بسحره الى أشكال مختلفة والغول ايضا كل شىء يذهب بالعقل مرّاه وكل ذلك مؤنث وغالته الغول أهلكته والغائلة الداهية ج غوائل (والتغوّل التلوّن وعيش أغول وغوّل ناعم) • الغَيل اللبن ترضعه المرأة ولدها وهى حامل واغالته واغيلته سقته لبن الغيل فهى مُغيل (ومُغْيِل) والولد مُغال (ومُغيَل) والاسم الغيلة والغيل ايضا الغلام السمين والماء الجارى والوادى فيه عيون وما تراه قريبا وهو بعيد والثوب الواسع (والساعد الريّان والخطّ تخطّه على شىء) والغِيل الشجر الكثير الملتفّ والأجمة والوادى فيه ماء ج أغيال وغيول والمغيل والمتغيّل الداخل فى الغيل واغيلت الشجرة التفّت أغصانها وتظلّلت فهى مغيال والغيلة الخديعة والغائلة والمغالة الحقد الباطن (والشرّ والغيال الاسد) •

ف ل

الفأل والتفاؤل (ضدّ الطيرة او يستعمل فى الخير والشرّ) ج فؤول وأفؤل وفعله تفاءل وافتأل وتفأّل • ص فتله (وفتّله) لواه فهو فتيل ومفتول وقد انفتل وتفتّل وفتل وجهه عنه صرفه والفتيلة م والفتيل والفتيلة الحبل الدقيق وما أغنى عنك فتيلا شيئا وفتل حوله دار ليخدعه (والفتّال البلبل والفتل صياحه وفتل ذوائبه أزاله عن رأيه • الفتكلين الداهية) • فحّله تفحيلا مرّضه والأفحل المتباعد ما بين القدمين (وافتحل أمرا اختلقه والفحل بالضم وبضمّتين أرزّة م واحدتها بهاء) • الفحل الذكر من كل حيوان ج فحول وأفحل وفحال (وفحالة)

المقبلة اى الآتية وفعله ن قبلت واقبلت اتت والقابلة والقبول والقبيل المرأة التى تأخذ
الولد عند الولادة ج قوابل وقبائل وفعله ل قبلت قبالة وقبله قبولا (وقد يضمّ) وتقبّله اخذه (مع
الرضى) والقبول (مؤنثة) ريح الصبا ن وقبلت قبلا وقبولا بالضم والفتح هبّت والقبل
ضرب من الحول أحسن منه وهى إقبال إحدى الحدقتين على الاخرى ن ل وقد
قبلت عينه واقبلت (اقبالا واقبالّت اقبيلالا) فهو اقبل وهى قبلاء ورأيته قبلا محركة
وبضمتين (وقبلا وقبلا) وقبليّا وقبيلا اى عيانا ومقابلة ولى قبله اى عنده وما لى به قبل
طاقة والقبيل الكفيل والعريف والضامن والفعل (ن ض ل) قبل والقبالة تكفّل العامل
بالعمل وفعله ل قبل وتقبّل (وقبّلت العامل العمل تقبيلا نادر) والقبيل الزوج والجماعة
من أقوام شتى ج قبل وما يعرف قبيله من دبيره (او قبيلا من دبير او قبالا من دبار)
اى لا يعرف من يقبل عليه ممن يدبر عنه وقبائل العرب شعوبهم المتفرقة واحدهم
قبيلة واقبل نقيض أدبر واقبل عقل بعد حماقة ن وقبل على الشىء واقبل لزمه
واخذ فيه واقبلته الشىء وجهته اليه وقابله واجهه وقابل الكتاب عارضه ورجل مقابل
كريم النسب من ابويه واقتبل أمره استأنفه واقتبل الخطبة ارتجلها والقبول ويضم الحسن
والاشارة • ن قتله قتلا وتقتالا وقتّله تقتيلا اماته (وقتل الشىء خبرا علمه) وقتل
الشراب مزجه وقاتله (قتالا وقيتالا ومقاتلة) حاربه والقتل والمقاتل العدوّ ج اقتال
والقتل ايضا الصديق ضد والقتل ايضا النظير والمثل وابن العم والشجاع والقرن والقتول
الكثير القتل (رجل وامرأة قتول) ج قتل بضم وبضمتين والمقتل المجرب الخبير والقلب الذى
اذلّه العشق والقتيل المقتول (رجل وامرأة قتيل) ج قتلى (وقتلاء) واستقتل عرض نفسه للقتل
مروءة وتقاتلوا واقتتلوا تحاربوا وقتل الانسان مجهولا لعن وقاتلهم الله لعنهم (والقتال النفس
وبقية الجسم والقوة وتقتّل لحاجته تأتّى وتقتّلت المرأة فى مشيتها تثنّت) • ع قحل
قحولا ل وقحل قحلا ويحرك وقحل قحولا مجهولا وتقحّل يبس جلده على عظمه فهو
قحل وانقحل والمتقحّل السىء الحال وقاحله لازمه واقحله اهزله • (قحزله اسقطه
وضربه والقحزلة العصا) • القذال مؤخر الرأس (ج قذل واقذلة) واقذل ن وقذل مال
وجار واقذله تبعه وعابه والقذل العيب • (القذعل والقذعل اللئيم الخسيس واقذعلّ
عثر والمقذعل السريع • القنزعل الاحمق • القذعملة المرأة القصيرة الخسيسة وما
عنده قذعملة شىء والقذعمل الشيخ الكبير • القذامل الواسع • القرتل الزرى
القصير وهى بهاء • القرزحلة المرأة القصيرة) • القرزل اللئيم والقيد و: ملب

بالفضل وتفضّل ادّعى الفضل على اقرانه والفواضل العطايا الجسيمة وفواضل المال غلّته والفضلة والفضل والفضالة البقيّة وفعله ن س فضل والفضالة ايضا الثياب التى تبتذل والخمر ج فضلات وفضال والفضوليّ المشتغل بما لا يعنيه والخيّاط والمفضال ذو الفضل وافضلت منه الشىء استفضلته • الفطحل السيل العرمرم • الفعل حركة الانسان للعمل ج فعال وفعله ع فعل فعلا والفعل فرج كل انثى والفعال اسم لكل فعل (حسن او يكون فى الخير والشرّ) بارز من واحد والفعال اسم لكل فعل بارز من كثيرين والفعال ايضا نصاب الفأس ونحوه ج فعل والفعلة الصنّاع وغلب على صنّاع البنيان (والكفر ونحوه الفعلة العادة وفعال اى افعل) وافتعل عليه كذبا اختلقه • (فقحل اسرع الغضب فهو مقحل) • افتكل فى فعله احتفل والافكل الرعدة فهو مفكول • ن فلّه وفلّله ثلمه فتفلّل وانفلّ وافتلّ وفلّ القوم هزمهم فانفلّوا وتفلّلوا وقوم فلّ منهزمون ج فلول وافلال وسيف فليل ومفلول وافلّ ومنفلّ منثلم (وفلوله ثلمه واحدها فلّ) والفليل والفلّ الجماعة والفلّ ايضا برادة المعدن وشرار النار والارض الجدبة او التى تمطر ولا تنبت او الارض القفرة ج فلّ ايضا وافلال وافلّ ذهب ماله ص وفلّ عقله ذهب ثم عاد والفلفل (والفلفل حبّ هندىّ) م و(الفلفل) الخادم الحسن وشراب مفلفل يلذع لذع الفلفل وشعر مفلفل شديد الجعودة • (الفنتل المرأة القصيرة ورقبة الفيل • الفول حبّ م الواحدة فولة) • الفيل م ج افيال وفيول وفيلة (وهى بهاء وصاحبها فيّال والمفيولاء اولاده) والفيل ايضا الثقيل الخسيس وتفيّل فلان سمن وفال رأيه يفيل فيلولة وفيلة وفيّل وتفيّل اخطأ ورجل فيل الرأى (بالفتح والكسر وفيّله) وفاله وفائله (وفال من غير اضافة) ضعيفه ج افيال وفى رواية فيالة وفيولة •

ق

قبل نقيض بعد والقبل بضم وبضمّتين نقيض الدبر وقبل الجبل سفحه وقبل الزمان اوّله ومنه قوله تعالى من لم يولد من ذى قبل لن يقدر على ان يعاين ملكوت الله اى منذ اوّل الزمان ولا اكلمك الى عشر من ذى قبل (وقبل) اى فيما تستأنف من الزمان (او معنى المحرّكة الى عشر يستقبلها ومعنى المكسورة القاف الى عشر بها يشاهده من الايام) وانا اقبل قبلك اقصد قصدك والقبلة اللثمة والكفالة وقبّله تقبيلا لثمه والقبلة بالكسر الجهة وكلّما يستقبلك وقبالته تجاهه وقوابل الامر اوائله والقابلة الليلة

والشحّ. وأقلّه وقلّله جعله قليلًا ووجده قليلًا وأقلّ وقلّل أتى بالقليل. والقُلّ أيضًا القليل (ومن الشيء أقلّه) والقليل القصير النحيف (وهي بهاء) ج قليلون وأقلّاء (وقُلُل وقُلّون) والإقلال الفقر والمُقِلّ والأقلّ الفقير وفلان قُلّ بن قُلّ غير معروف هو وأبوه وقُلّما يوجد بالضمّ وأقلّما أي لا يوجد ورجل قُلّ فرد لا أحد له والقِلّة الرعدة والقُلّة النهضة من مرض أو من فقر والقُلّة أعلى كلّ شيء والجَرّة العظيمة والكوز الصغير ضدّ ج قُلَل وقِلال (والقُلَل من الناس المتفرّقون فإذا اجتمعوا جمعًا فهم قُلَل) ن وقلّه وأقلّه واستقلّه حمله ورفعه واستقلّ الطائر ارتفع واستقلّ القوم ذهبوا وارتحلوا واستقلّه (وتقالّه) وجده قليلًا (واستقلّ به استبدّ) واستقلّ غضب وأقلّته الرعدة واستقلّته أخذته (وأخذه بقليلته وقِلّيلاه وإقليلاه بجملته وارتحلوا بقِلّيّتهم بجماعتهم والقُلْقُل الخفيف) وقلقل الشيء حرّكه فهو متقلقل متحرّك والقِلّيّة والقِلّاية مسكن الراهب ودار البطركيّة ضدّ والقلّ الحائط القصير • القَمْل م الواحدة قَمْلة ل وقَمِل رأسه كثر قمله وقَمِل القوم كثروا وقَمِل الرجل سمن بعد هزال والقَمَلِيّ البدويّ إذا صار مدنيًّا والحقير الشأن والقُمَّل الخنافس والقراد الواحدة قُمّلة (والمُقْمِل من استغنى بعد فقر • القَمَيْثَل القبيح المشية • القِمْعال سيّد القوم ورئيس الرعاء وقد قَمْعَل • القَنْبَل و) القَنْبَلة الجماعة من الناس ومن الخيل ج قنابل والقُنابِل الرجل الغليظ والقَنْبَل الرجل الخفيف الروح • (القَنْجَل العبد • القَنْحَل العبد أو هو شرّ العبيد) • القِنْديل م ج قناديل وقندله ضوّاه وقندل الرجل عظم رأسه فهو قِنْدَوِيل (وقُنْدَل • القِنْذَعْل والقِنْذَعْل الأحمق • القُنْصُل القصير • القَعْذَل الأحمق) • القَوْل الكلام الملفوظ (تامًّا أو ناقصًا) ج أقوال و(جج) أقاويل وفعله قال قولًا (وقيلًا وقَوْلة) ومقالة ومقالًا فهو قائل وقَؤُول بالهمز وعدمه ج قُوَّل (وقُيَّل وقُوُل بالهمز وبالواو) وقالة ورجل قَوّال وقَوّالة ومِقْوَل ومِقْوال وتِقْوالة (وتِقْوَلة وتُوَلة) فصيح حسن القول وهي مِقْوَل ومِقْوال والاسم القالة والقِيل والقال وهو ابن أقوال وابن قَوّال فصيح العبارة جيّد الكلام (وأقوله ما لم يقل قوّله وأقاله ادّعاه عليه وقوّل مَقُوْل ومَقْوُول) وتقوّل عليه ابتدع عليه كذبًا والمِقْوَل اللسان والمَلِك والقَيْل والمِقْوَل ما كان دون الملك الأعلى كيوسف في مصر ج أقوال وأقيال ومقاول ومقاولة (واقتال عليهم احتكم واقتال الشيء اختاره) وقال به غلب به (وحكم به واعتقد به واعترف به وقال القوم به قتلوه وقال عنه روى وقال له خاطبه وقال عليه افترى وقال فيه اجتهد وقال بيده أهوى بها وقال برأسه أشار وقال برجله مشى وقال بثوبه رفعه وقد يستعمل القول في غير ذي النطق تجوّزًا

والطيب • القرنفل (والقرنفول من الافاويه م ج قرافل وقرفل الطعام وقرنفه طيّبه بالقرنفل • القرقل ثوب لا كمّي له ج قراقل القرمل شيء تشدّه المرأة في شعرها ج قرامل • القزل اقبح العرج وفعله ل قزل قزلا فهو اقزل ص وقزل قزلانا وثب ومشى مشية الاعرج (والاقزل حيّة والذئب • القزحلة القوس • المقزعل الذي على شوفز غير مطمئن والسريع من كل شيء • القزمل القصير الدميم والقزميلة الذكر) • القسطل والقسطال والقسطلان والقسطول الغبار وامّ قسطل الداهية والقسطلانية قوس قزح وحمرة الشفق • (القشبل ولد الاسد) • ن قصله داسه ص وقصّله واقتصله قطعه فانقصل واقتصل لازم متعدّ والقصيل الزرع الاخضر اذا قصلته وسيف قاصل (ومقصل) وقصّال قطّاع (ولسان مقصل ماض والقصل محركة وبالتحريك والكسر والقصالة ما عُزل من البر اذا نقّي والقصل الشلل الضعيف والاحمق لا خير فيه وهي بهاء والقصيل الجماعة والقصال الاسد واقصال به قبض عليه واقصال بالمكان اقام • قضبل الطعام اكله اجمع • القضعل اللئيم والعقرب وولد الذئب واقضعلت الشمس تكبّدت السماء • قضمل كقضبل) • قضمل الطعام التقمه شديدا وقضمله عضه واكله (وقضمله صرعه والشيء قطعه والمتضمل الاسد والقِضمل والقضمل الرجل الشديد) • ن ص قطله (وقطّله) قطعه فهو مقطول وقطيل والقطيلة الخرقة ينشف بها الماء (والمقطّل المطبوخ • القعال نور العنب وشبهه والوبر الناسل من البعير والقاعلة الجبل الطويل والقعل القصير البخيل المشؤوم والقعيل الارنب الذكر والقيعلة المرأة الجافية • القعبل والقعبل الفطر وضرب من الكمأة • مرّ يتقعثل كانه يتقلّع من وحل • قعطله صرعه وقعطل على غريمه ضيّق) • ن ص قفل قفولا رجع فهو قافل ج قفّال والقافلة الرفقة في السفر والقفل اسم للقافلة وقفل الفحل قفولا اهتاج وقفل الطعام احتكره (والشيء حزره) ن ل وقفل الجلد قفولا (وقفل) يبس فهو قافل وقفيل والقافل اليابس اليد والقفل للباب م ج اقفال واقفل وقفول واقفل الباب ن وقفله فانقفل والمقفل البخيل والقفلة بالفتح الاعطاء و(القفلة) من يحفظ كل ما يسمعه واقفلهم على الامر جمعهم والقيفال عرق في اليد يفصد (معرّب) واستقفل بخل • (القفشلة جرف الشيء بسرعة • القفشليل المغرفة معرّب كفجليز • القفضل الاسد • قفطله من بين يديه اختطفه • اقفعلت يده اقفعلالا تشنّجت وتقبّضت) • القوقل ذكر الحجل وذكر القطا (والقاقلة ثمر نبات هندي من العطر) • القلّ والقلّة ضد الكثرة وفعله ض قلّ فهو قليل وقلال بالضم

لأنَّ الشيء لا يُضاف الى نفسه والمُكحلة ما فيه الكُحل واكتحل وقع في شدة • المَكذَل المَكذَر
• الكِرْبال مِندَف القطن • الكَرْمَل جبل على حدود ارض القدس اختفى فيه ايليا النبي
خوفاً من ازبال الملكة لمّا ارادت قتله واليه تُنسب الرهبان الكَرمليّون المقتدون بايليا النبي •
الكَسَل التوانى عن الشيء والفتور فيه وفعله ل كَسِلَ فهو كَسِلٌ وكَسلان ج كَسالى مثلثة وبفتح
اللام وكسرها وكَسْلى وهي كَسِلَة وكَسلانة وكَسُول ومِكسال والمِكسَل مِندف القطن (وكَسِلَ في
الجماع واكسل خالطها ولم يُنزل او عزَل ولم يُرد ولدا والكَوسالة والكوسلة الحشفة •
الكَعْثَل الدفع • الكَعْل الوجيع من كل شيء) • الكَفَل العَجُز والرِدْف ج أكفال
والكِفْل الضعف والنصيب وخرقة على عنق الثور تحت النير والذى لا يثبت على ظهر الفرس
والرجل المتأخر في الحرب والكِفل ايضا والكَفيل المِثل والكافل العائل والكافل والكفيل الضامن
ج كُفّل وكُفلاء (وكَفيل ايضا) وفعله ض ن ر ل كفل كَفلاً وكُفولاً وكَفالة وتكفّل والمُكافِل المحالِف
والمعاهِد والمعاقِد • الكُلّ اسم لجميع الاجزاء (للذكر والانثى او يقال كُلّ رجل وكُلّة امرأة
وكُلّهن منطلق ومنطلقة وقد جاء بمعنى بعض ضدٌّ ويقال كُلّ وبعض معرفتان ولم يجئ عن العرب
بالالف واللام وهو جائز وهو العالِم كُلّ العالِم المُراد التناهى وانّه بلغ الغاية فيما يصفه به) والكَلّ
بالفتح (قفا السِكّين والسيف و) الوكيل والعيِّم والمصيبة واليتيم والثقيل لا خير فيه والعيل والعيال
والثِقل ج كُلول والكَلّ ايضا والكلال والكلالة الاعياء وفعله ض كَلّ وكَلّ السيفُ كَلّا وكِلّة وكَلالة
وكُلولة وكُلولا (وكَلّل) لم يقطع فهو كليل وكَلّ لسانه وبصره عجز والكَلالة الرجل لا والِدَ له ولا
ولد والكلالة ايضا الاخوة للام او بنوا العم الاباعد وكَلّل ذهب وترك اهله منقطعين وكَلّل عن
الامر أحجم او (جدّ في الامر) لم يحجم ضدٌّ والكلّة الشفرة الكالّة اى لا تقطع والكُلّة التأخير
والكِلّة الحالة والستر الرقيق يُتوقى به من البعوض والإكليل التاج وشبه عصابة تزيّن بالجواهر
ج أكاليل وكلّله ألبسه الإكليل والإكليل ايضا عقد النكاح عند النصارى وما احاط بالظفر من
اللحم وتكلّل بالشيء احاط به وروضة مُكلّلة محفوفة بالزهور وانكلّ السحاب تبسّم بالبرق وانكلّ
البرق لمع خفيفا واكلّه أعياه وأتعبه وكَلّا حرف ردع يأتي بيانه والكَلْكَل والكَلكال الصدر
والكَلَل الحال والكِلَل جمع كِلّة الستر الرقيق يُخاط كالبيت للمخدرات • الكمال التمام
وفعله ن ر ل كَمَلَ كمالاً وكُمولاً فهو كامل وكميل وتكامل وتكمّل وأكمله واستكمله وكمّله
تكميلا أتمّه وأجمله وأعطاه مالاً كَمَلاً اى كاملا (والمُكمَّل الرجل الكامل الخير والشر • الكُمْتُل
والكُماتِل الصلب الشديد • الكُمَيشَل القصير) • كَنْهَل جمع أمتعته وحزمها للسفر
(وكنهل الحديث أخفاه وغمّا • الكُنْبُل والكُنابِل الصلب الشديد • الكِنْتَل

كقولهِ وقالتْ لهُ العينانِ سمعًا وطاعةً وقالَ الحائطُ سقطَ ويجيء بمعنى تكلَّمَ وضربَ وغلبَ ومات ومالَ واستراحَ واقبلَ ويُعبَّرُ بهِ عن التهيُّؤِ للافعالِ والاستعدادِ لها يُقالُ قالَ فأكلَ وقالَ فضربَ وقالَ فتكلَّمَ ونحوهُ وقد يُطلَقُ القولُ على الآراء نحو هذا قولُ سيبويهِ والخليلِ والقولُ قد يكونُ ذمًّا وابعادًا بدليلِ ما جاء في القرآنِ من قولِ اللهِ تعالى لابليسَ قالَ اخرجْ منها مذمومًا مدحورًا فلا يُقالُ كلَّمَ اللهُ ابليسَ كما يقالُ كلَّمَ اللهُ موسى لانَّ التكلُّمَ لا يكونُ إلّا ثناء وفضيلةً) ويُقوَلُ في الاستفهامِ كيفَ (في العملِ) وقيلَ مجهولًا قالَ ٭ (القَهْبَلةُ أتانُ الوحشِ الغليظةُ وضربٌ من المشيِ والقَهْبَلُ الوجهُ يقالُ حيّا اللهُ قَهْبَلَكَ وقهبلهُ قالَ لهُ ذلكَ او حيّاهُ بتحيَّةٍ حسنةٍ) ٭ ع ن قَهِلَ جلدهُ قَهَلًا وقُهولًا وتقهَّلَ يبسَ من شدَّةِ النسكِ والامساكِ ع وقَهَلَ نكرَ الجميلَ والاحسانَ وقهلهُ ذمَّهُ وثلبهُ ٭ القائلةُ نصفُ النهارِ وقالَ يَقيلُ قَيْلًا وقائلةً وقَيْلولةً ومقالًا ومَقيلًا وتقيَّلَ نامَ وقتَ القائلةِ فهو قائلٌ ج (قَيْلٌ د) قُيّالٌ والقَيْلُ شربُ نصفِ النهارِ والقَيْلُ ايضًا القائلُ وتقيَّلَ شربَ في القائلةِ واقالَ البيعَ ل وقالهُ فسخهُ واستقالهُ طلبَ اليهِ أن يُقيلهُ البيعَ واقالَ اللهُ عثرتَكَ اجارَكَ وتقيَّلَ اباهُ اشبههُ وتقيَّلَ الماء اجتمعَ في مكانٍ والقيلةُ داء م ج قِيَلٌ والاقتيالُ الاستبدالُ والمُقايَلةُ المعاوضةُ ٭

ك

(الكالُ والكالةُ والكُولةُ أن تشتريَ او تبيعَ دَيْنًا لكَ على رجلٍ بدَيْنٍ لهُ على آخرَ وفعلهُ ع كالَ) ٭ الكَبْلُ القيدُ العظيمُ ج كُبولٌ والكَبْلُ ايضًا الفروُ الكثيرُ الصوفِ ض وكَبَلهُ وكبَّلهُ تكبيلًا حبسهُ في سجنٍ (وقيَّدهُ) والمُكابلةُ الشفعةُ في بيعِ العقارِ والكُبولاء العصيدةُ ٭ الكُتْلةُ ما جُمعَ من طينٍ وغيرهِ والقطعةُ من اللحمِ والمُكتَّلُ المدوَّرُ المُجتمِعُ والرجلُ القصيرُ الغليظُ الجسمِ والكَتالُ المؤونةُ وكلُّ ما أُصْلِحَ من طعامٍ وكسوةٍ والنفسُ والحاجةُ تقضيها والاكتلُ الشديدُ والبليّةُ ل وكَتِلَ تلزَّجَ وانكتلَ مضى (واكتلَ ايضًا) ٭ الكَوْثَلُ مؤخرُ السفينةِ ٭ الكُحْلُ والكِحالُ الاثمدُ وكلُّ ما يُوضعُ في العينِ يشتفى وفعلهُ ع ن كَحَلَ عينهُ فهي مكحولةٌ (وكَحيلٌ) وكَحيلٌ وكحيلةٌ واعينٌ كُحْلى (وكَحائلُ والكُحْلُ) أن يعلوَ منابتَ هُدْبِها سوادٌ خِلقةً وقد ل كَحِلَتْ عينهُ والاسمُ الكَحَلُ فهو اكحلُ والعينُ الكحلاء الشديدُ سوادُها كأنّها مكحولةٌ ولم تُكحَلْ وكحَّلها تكحيلًا جعلَ فيها كُحْلًا ع وكَحَلتِ السنةُ اجدبتْ والكُحْلُ بالفتحِ والاكحالُ شدَّةُ الجدبِ والمحلِ واكتحلتِ الارضُ بالنباتِ وتكحَّلتْ اوَّلَ خروجِ نباتها والاكحلُ عرقٌ في اليدِ (ولا تقلْ عِرقُ الاكحلِ

والطريقة المثلى الاشبه بالحق وأمثلهم طريقة أعدلهم وأشبههم بأهل الحق وأعلمهم بما يقول والمثيل الفاضل والتمثال التمثيل والتمثال الصورة والصنم ومثله له تمثيلا صوّره له حتى كأنه ينظر اليه وامتثله تصوّره وامتثل طريقته تبعها ن ر ومثل مثولا قام منتصبا ولطىء بالارض ضدّ ومثل زال من موضعه ن ومثل فلانا بفلان شبّهه به ومثله صار مثله ومثل بفلان مثلا ومثلة (ومثّل تمثيلا) نكّل به وهي المثلة والمثلة ج مثولات ومثلات وأمثله قتله بقصاص والماثلة منارة المسرجة • ن ل مجلت يده مجلا بالفتح (والتحريك) ومجولا وأمجلت مرنت على العمل ومجل الحافر صلب (والمجل أن يكون بين الجلد واللحم ماء) والمجلة قشرة رقيقة يجتمع فيها ماء من أثر العمل ج مجل ومجال • المحل المكر والكيد والغبار والشدة والجدب وانقطاع المطر ع ر ومحل الزمان والارض أجدب وارض محل ومحلة ومحيل ومحلة ومحال (ومحول) وأمحل البلد أجدب فهو ماحل ومحيل والمتماحل الطويل المضطرب من الناس وتمحل احتال فهو محال والمحال ايضا من أسماء الشيطان والمحال الكيد وطلب الشيء بالحيلة والتدبير والمكر والقدرة والجدال والعذاب والعداوة والقوة والشدة والهلاك والفعل ن محل ر ل ص ع ن ومحل به محلا ومحالا كاده بسعاية الى السلطان وماحله (مماحلة ومحالا) صارعه والمحالة والمحال البكرة العظيمة ج محال (وجج) محل والمحالة خشبة يركبها الطيانون وأموركت متماحلة عسرة يطول شرخها (ورأيته متماحلا وماحلا اى متغير البدن) • الماحل الهارب وميخائيل زعيم الملائكة وميخال ابنة شاول ملك اسرائيل تزوجها داود الملك ودعى عليها فعقمت • ن مذل مذلا مزل جدا والمذل بالكسر الرجل (الخفي الشخص القليل اللحم وبالفتح) الخسيس • ل مذل ضجر وقلق فهو مذل ن ل ر ومذل بسره مذلا ومذالا أفشاه فهو مذل ومذيل ومذلت نفسي بالشيء سمحت به ومذلت رجله وأمذلت خدرت والمذيل المريض والممذل الفؤاد على زوجته • مرطل عرض فلان وقع فيه ومرطلة المطر بلّه) • المسل مسيل الماء ج أمسلة (ومسل ومسلان) ومسائل وامتسل السيف استله • ن مشل محنه مشولا قل (وامتشل السيف ومشله سله) • المصل الماء القاطر من اللبن اذا وضع في فخار ونحوه وفعله ن مصل مصلا ومصولا فهو لبن ماصل ومصل الجرح سال منه شيء ومصل مواشيه وأمصلها أفسدها • المطل والامتطال والمماطلة التسويف في الوعد (وهو مطول ومطال) ن ومطل الحبل مده ومطل الحديد سبكه وطرقه وصاغه والمطال صانعه وحرفته المطالة والحديد المطول المطرق طولا • المغالة الخيانة والغش والمغل (ويحرك) اللبن

الكَهْلُ مَن وخطه الشيبُ ومَن جاوزَ الثلاثين الى الخمسين من عمرهِ ج كُهُولٌ (وكُهْلُونَ) وكِهالٌ وكُهْلانٌ وكُهَّلٌ وهي كَهْلَةٌ (ج كَهْلاتٌ ويُحرَّكُ) واكتهلَ صارَ كَهْلاً واكتهلتِ الروضةُ عَمَّها زَهرُها والكاهلُ رأسُ الكتفِ وما بينَ الكَتِفَينِ واعلى الظهرِ (ج كَواهِلُ) والشديدُ الكاملُ المنيعُ الجانبِ والكَهُولُ العنكبوتُ * الكَنَهْدَلُ الضخمُ الغليظُ والصلبُ الشديدُ (الكَهْبَلُ القصيرُ * الكَهْدَلُ الشابَّةُ السمينةُ والعجوزُ ضِدٌّ والعنكبوتُ * الكَهْمَلُ الثقيلُ الوخِمُ * الكَوَالِلُ القصيرُ وتَكَوْلَوا تجمّعوا وتَكَوَّلُوا عليهِ وانثالوا أقبلوا بالشتم والضربِ) * كالَهُ كَيْلاً ومَكالاً ومَكيلاً واكتالهُ والاسمُ الكِيلَةُ والكَيْلُ (والمَكِيلُ) والمِكْيالُ والمِكْيَلَةُ ما كِيلَ بهِ وكالَ الدراهمَ وزنَها وكالَ الثوبَ قاسهُ (وكالَ الزَندُ كَبا والكَيْلُ ما يَتناثرُ من الزَندِ) وكايلَهُ قالَ لهُ مثلَ مقالِهِ اوفعلَ مثلَ فعلهِ فهما يتكايلانِ *

ل

لعلَّ (ولَعَلْ كلمةُ طمعٍ واشفاقٍ كعلَّ وعَنَّ وعَنْ وأَنَّ ولأَنَّ ولَوَ انَّ ورَعَلَّ ولَعَنَّ ورَعَنَّ ولَغَنَّ ورَغَنَّ ويُقالُ عَلِّي أفعلُ وعَلَّني ولَعَلِّي ولَعَلَّني ولَعَنِّي ولَعَنَّني ولَغَنِّي ولَغَنَّني ولَوَ انِّي ولَوَ انَّني ولأَنِّي ولأَنَّني وأَنِّي وأَنَّني ورَغِنِّي ورَغَنَّني وهي) من نواصبِ الاسمِ ويأتي بيانُها في مكانهِ * اللَّيلُ (ويُؤنثُ واللَّيلاتُ) واللَّيلةُ من مغربِ الشمسِ الى طلوعِ الفجرِ ج لَيالٍ ولَيايِلُ ولُيَيْلَةٌ لُيَيْلاءُ وتُصغَّرُ ولَيْلٌ أَلْيَلُ ولائِلٌ ومُلَيَّلٌ طويلٌ شديدُ الظلامِ (وأَلالوا) وأَلْيَلُوا دخلوا في اللَّيلِ (والليلُ وَلَدُ الحُبارَى) وأُمُّ لَيْلَى الخمرُ السوداءُ (وعامَلَهُ مُلايَلَةً كمياوَمَةٍ) *

م

(المَأْلُ والمَئِلُ الرجلُ السمينُ الضخمُ وهي بهاءٍ وفعلُهُ ع ل مَأَلَ مُؤُولةً ومَآلةً وجاءَ أمرٌ ما مَأَلَ لهُ مَأْلاً وما مَأَلَ مَأْلَةً لم يستعدَّ لهُ ولم يشعُرْ بهِ والمَأْلَةُ الروضةُ والرَّحى ج مِئَلٌ * مَتَلَهُ زَعْزَعَهُ وحرَّكَهُ) * المِثْلُ بالكسرِ والتحريكِ والمَثِيلُ الشِبْهُ ج أمثالٌ (وقد يُطلَقُ المِثْلُ ويُرادُ بهِ الذاتُ كقولكَ ومِثْلُكَ لا يفعلُ هذا اي أنتَ لا تفعلهُ وتقولُ العربُ مِثْلي لا يُقالُ لهُ هذا اي أنا لا يُقالُ لي هذا) والمَثَلُ مُحرَّكَةً الحُجَّةُ والحديثُ السائرُ وفعلُهُ مَثَلَ بهِ تمثيلاً وامتثلَهُ وتَمَثَّلَهُ وتَمَثَّلَ بهِ والمَثَلُ ايضاً الصفةُ وتَمَثَّلَ أنشدَ بيتاً ثم آخرَ وهي الأُمْثُولَةُ وتَمَثَّلَ بالشيءِ ضربهُ مَثَلاً والمِثالُ المِقدارُ والقِصاصُ وصفةُ الشيءِ والفِراشُ ج أَمْثِلَةٌ ومُثُلٌ وتَماثَلَ العليلُ قاربَ البُرءَ والأَمْثَلُ الأفضلُ ج أَماثِلُ والمَثالَةُ الفضلُ وفعلُهُ ك مَثُلَ

ن

(ع نَأَلَ نَأْلاً ونَأَلاً ونَأَلاناً ونَئِيلاً مشى ونهض برأسه يحرّكه الى فوق كمن يعدو وعليه حملٌ ينهض به ونَأَلَ الفرسُ اهتزَّ في مشيهِ فهو نَؤُولٌ ونَأَلَ أَنْ تفعلَ اى ينبغي • النَّئِدَلُ الداهيةُ • النَّئْطَلُ الداهيةُ الشنعاء والرجلُ الداهي • النَّأْمَلةُ مشيُ المقيَّدِ وقد نَأْمَلَ) • النُّبْلُ الذكاء والنجابةُ وفعلُهُ ر نَبُلَ نَبالةً وتَنَبَّلَ فهو نبيلٌ ونَبْلٌ وهي نَبْلَةٌ ج نِبالٌ ونُبْلٌ ونَبَلَةٌ ورجلٌ نبيلٌ فائقٌ في المحاسنِ والاحسانِ وهي نَبِيلَةٌ وما انتَبَلَ نَبْلَهُ ونَبالَهُ (ونَبالَتَهُ ونُبْلَهُ ونُبْلَتَهُ) اى لم يَتَنَبَّهْ لهُ وما شعرَ بهِ ولا تهيَّأَ لهُ والنَّبَلُ عظامُ الحجارةِ وصغارُها ضدٌّ وتَنَبَّلَ بالحجرِ استنجى واستَنْبَلَ الشيءَ أخذَ خيارَهُ والتِّنْبالُ والتِّنْبالَةُ القصيرُ والنَّبْلُ السهامُ (بلا واحدٍ او نَبْلَةٌ) ج أنبالٌ ونبالٌ ونُبْلانٌ والنَّبّالُ والنابلُ صاحبُهُ وصانعُهُ وحرفتُهُ النِّبالةُ والمُتَنَبِّلُ حاملُ النَّبْلِ ن ونَبَلَهُ وأَنْبَلَهُ رماهُ بهِ ونابالُ رجلٌ أرمنُ من لئامِ بني إسرائيلَ أرادَ الملكُ داودُ قتلَهُ لبخلهِ فماتَ فرقاً ونَبَلَ بهِ رفقَ بهِ والنابلُ والنبيلُ الحاذقُ برمي النِّبالِ وتَنَبَّلَ ماتَ والنَّبِيلَةُ المَيْتَةُ والنُّبْلَةُ الثوابُ والجزاءُ واللقمةُ وانتَبَلَ ماتَ وقُتِلَ (ضدٌّ) ونابلٌ وابنُ نابلٍ حاذقٌ وابنُ حاذقٍ • (النَّبْتَلُ الصلبُ الشديدُ) • النَّتِيلَةُ الوسيلةُ ض ونَتَلَ من بينهم نَتْلاً ونُتُولاً (ونَتَلاناً) واستَنْتَلَ خرجَ وناتانائيلُ اسمُ برتولماوسَ الرسولِ • ض نَثَلَ الرَّكِيَّةَ استخرجَ ترابَها ونَثَلَ الكنانةَ استخرجَ نَبْلَها ونَثَلَ اللحمَ في القدرِ وضعهُ فيها مقطَّعاً والنَّثِيلَةُ البقيَّةُ والنَّثْلَةُ (النَّثْرَةُ) بينَ الشاربينِ • النَّجْلُ الولدُ والوالدُ ضدٌّ والجمعُ الكثيرُ والمحجّةُ (والنَّزُّ يخرجُ من الارضِ ومن الوادي واستَنْجَلَتِ الارضُ كثرَ نَجْلُها) ن ونَجَلَ بالشيءِ نَجْلاً رمى بهِ ونَجَلَ الصبيُّ لوحَهُ محاهُ ونَجَلَ طعنَ وشقَّ وعملَ وسارَ ونَجَلَ الماءُ سارَ والنَّجَلُ سعةُ العينِ وفعلُهُ ل نَجِلَ فهو أنجلُ وهي نَجْلاءُ (ج نُجْلٌ ونِجالٌ) والأنجلُ الواسعُ العريضُ الطويلُ ن ونَجَلَهُ أبوهُ ولدَهُ ونَجَلَ الجلدَ شقَّهُ ثم سلخَهُ ونَجَلَتِ الارضُ اخضرَّتْ ونَجَلَ الشيءَ أظهرَهُ والناجلُ الكريمُ النسلِ والمِنْجَلُ شفرةٌ تُقْطَعُ بها الاغصانُ والرَّجُلُ الكثيرُ الولدِ والخرقةُ يمحو بها الصبيُّ لوحَهُ والإنجيلُ ويُفتحُ ويُؤنّثُ كتابُ بشارةِ سيّدِنا يسوعَ المسيحِ كتبَهُ متّى باللغةِ العبرانيّةِ في السنةِ الحاديةِ والاربعينَ للمسيحِ في مدينةِ أورشليمَ وكتبَهُ مرقسُ البشيرُ نقلاً عن بطرسَ رئيسِ الحواريّينَ باللغةِ اللاتينيّةِ في روميةَ في السنةِ الخامسةِ والاربعينَ وكتبَهُ لوقا البشيرُ باللغةِ اليونانيّةِ في بلادِ أخائيا في السنةِ الثامنةِ والخمسينَ وكتبَهُ يوحنّا الحبيبُ باللغةِ اليونانيّةِ ايضاً في جزيرةِ بطمسَ حيثُ منفاهُ في السنةِ

الذي ترضعه المرأة ولدها وهي حامل وفعله ل مغلت به وأمغلته فهي مُمغِل وأمغلت المرأة
حملت قبل الفطام ع ومغل به مغلاً ومغالة وشى به عند السلطان ل ومغِل فسدت عينه
• ن مقل مقلاً وتمقّل نظر ومقل انغمس ومقل في الماء غاص والمقلة شحمة العين التي
تجمع السواد والبياض ج مُقَل • (المكلة وتضم حمأة البئر اول ما يستقى من جمتها
والقليل يبقى في الاناء جـ ل مكلت الركية فهي مكول ج مُكُل والمكل الغدير القليل
الماء واستمكل بها تزوج والمكولي اللئيم) • ميكائيل وميكال وميكائين ميخائيل زعيم
الملائكة • ل مللته ومللت منه مللاً وملة وملالة وملالاً واستمللته سئمته وأملني أبرمني فهو
ملول وملولة (ومألولة وملالة وذو ملة وهي ملول وملولة والملال) والملة بالفتح الرماد الحار
والجمر وعرق الحمى والملة بالضم الخياطة الأولى (وبالكسر الشريعة والدين وتململ وامتل
دخل فيها) ن ومل الشيء في الجمر أدخله ومل (في المشي) وامتل أسرع ومل الثوب
خاطه والملال الخبز في الملة فهو مليل ومملول والملال والمليلة سخونة الدق ووجع الظهر
وعرق الحمى والتقلب مرضاً والفعل ل مللت وتمللت وتململ تقلب ومللته قلبته وتململ
أسرع وتقلب والمملول (الكحال د) قلم من حديد يكتب به في ألواح دفتر مخصص
• المال ما ملكته من كل شيء ج أموال ومال (يمال ويمول) وتمول واستمول كثر
ماله (ورجل مال ومِيل ومُول كثيره وهم مالة ومالون وهي مالة ج مالة ايضا ومالات)
وموله تمويلا أغناه والمولة العنكبوت • المهل ويحرك والمهلة السكينة والرفق وأمهله
رفق به ومهله تمهيلا أجله وتمهل تأنى ومهلاً يا رجل أمهل والمهل اسم للمعادن والقطران
ومذاب النحاس والحديد وعكر الزيت وقيح الميت وصديده (والسم وما يتحات من
الخبز من الرماد) والمهل التقدم في الخير وأسلاف الرجل والمهلة العدة (وأخذ على فلان
المهلة اذا تقدمه في سن او أدب وأمهل بالغ وأعذر والماهل السريع والمتقدم) واستمهله
استنظره • مال اليه ميلاً ومالاً (وميلاً) وتميالاً وميلانا وميلولة عدل اليه فهو مائل ج
مالة وميّل ومالة وأماله (وميّله) واستماله فاستمال اي مال ومالت الشمس ميولاً عدلت
الى الغروب وانحرفت عن كبد السماء والميل اعوجاج في الانسان خلقة وفي البناء
حدوثا وفعله ل ميل فهو أميل والأميل من يميل على السرج ومن لا ترس له ولا سلاح
له والجبان والميل م ومقدار مد البصر من المسافة وفيه اختلاف لا يلزمنا بيانه
ج أميال •

الاخضر) • ن نشل الشيء أسرع نزعه (ونشل المرأة جامعها) ن ض ونشل اللحم وانتشله أخرجه من القدر بيده والنشيل اللحم المطبوخ بغير تابل والمنشال والمنشل حديدة ينشل بها اللحم من القدر والنشال من يمس خبزه في القدر دون أصحابه • النصل حديدة السهم والرمح والسيف بلا مقبض ج أنصل ونصال ونصول وأنصل السهم ن ونصله (ونصّله) جعل له نصلا او ازال نصله ضد ونصل السهم ثبت نصله او خرج ضد وانتصلت السهم اخرجت نصله ن ع ونصلت اللحية نصولا خرجت من الخضاب فهي ناصل ونصلت اللسعة والحمة خرج سمّها والمنصيل (والمنصل) الحنك والجنطة النقية وما بين العنق والراس واعلا الراس والمنصل والمنصل السيف وتنصّل من الجناية تبرّأ منها وتنصّله أخرجه وتخيّره وأخذ كل شيء معه • ل نغلت الدابة هزلت وأعيت وأنغلتها أتعبتها وناضله في الرمي والجدال (مناضلة ونضالا وتنضالا) باراه وناضل عنه دافع وتنضّله وانتضله أخرجه وتناضلوا تفاخروا (والنيضل الداهية) • ن نطل رأس العليل صبّ عليه الماء المدبّر قليلا قليلا والاسم النطول ونطل الخمر اعتصرها والنطل خثارة الشراب والنطلة الجرعة والنيطل الدلو والداهية • النعل ما يلبسه الرجل في الرجل مؤنثة ج نعال (وتنعّل وانتعل لبسها) والنعل ايضا الرجل الذليل والزوجة وحديدة يوقّى بها حافر الدابة ع ونعله وهبه نعلا ونعل الدابة وأنعلها (ونعّلها) جعل لها نعلا ورجل ناعل ومنعل (ذو نعل وحافر ناعل) صلب وانتعل الارض سافر راجلا والناعل حمار الوحش • النغثل (الذكر من الضباع و) الشيخ الاحمق والنغثلة مشيته (والجمع والحمق) • ل نغل الجرح فسد ونغلت نيّته ساءت ونغل قلبه انطوى على الحقد ر ونغل المولود نغولة فسد والنغل (والنغل) والنغيل ولد الزنية وهي نغلة ونغيلة • النفل الغنيمة والهبة وسلب القتلى ج أنفال ونفال ن ونفله وأنفله أعطاه النفل والنافلة ما زاد على الشريعة والغنيمة والعطيّة والنافلة ايضا ولد الولد ونفل حلف والنوفل البحر والعطيّة والشدّة والرجل الجواد والشاب الجميل والضبع وولد الاسد وابن آوى (الخوفلة المثلثة) وانتفل طلب وانتفل منه تبرّأ وانتفى وتنفّل أعطى النافلة (وصلّى النوافل وتنفّل على أصحابه أخذ من الغنيمة اكثر مما أخذوا والنفل البرذ) • نقله حوّله فانتقل والنقلة والانتقال التحويل والنقلة النميمة (وبالكسر المرأة تترك ولا تخطب لكبرها) والنواقل المنتقلون من قوم الى قوم والمنقلة المكنسة والمنقل الطريق في الجبل والخف الخلق ج أنقال ونقال والنقيلة رقعة النعل ج نقائل ونقيل ونقل النعل رقّعها وانقلها اصلحها

التاسعة والتسعين فالحكمة الالهيّة رسمت بأن يُكتب الانجيل المقدّس من أسفار بلغات
مختلفة فى أمكنة وأزمنة مختلفة حتى لا يصحّ قول من يقول انه تغيّر بعد تنزيله والانجيليّ الخامس
لقب اشعيا النبيّ لوضوح نبوّته فى السيّد المسيح (وتناجلوا تنازعوا) وانتجل الامرُ استبان
ومضى • النَّحْل ذباب العسل (للذكر والانثى) الواحدة نَحْلة ع ن ونَحَلَه نُحْلة
أعطاه والاسم النِّحْلة والنُّحْلى العطيّة وانتحله وتنحّله ادّعاه لنفسه وهو لغيره ع ونَحَل
القول نسبه اليه ع ل ن ر ونَحَل جسمه نُحُولاً رقّ من مرض او سفر فهو ناحل ونَحِيل
ج نَحْلى وهى ناحلة وانحله الهمّ أضعفه والنِّحْلة الدعوى • ن نَخَله وتنخّله وانتخله
صفّاه ونقّاه والنُّخالة (ما نُخِل من الدقيق وما بقى فى المنخل من) سُقاطة النَّخْل
والمُنْخُل والمِنْخَل آلة النَّخْل وشجر النَّخْل والنَّخِيل م (ويُذكَّر) الواحدة نَخْلة ج نَخِيل
والنَّخيلة الطبيعة والنصيحة وذو النَّخْلة لقب السيّد المسيح • النَّدْل الوسخ وفعله ل ندل
(والنِّدْل المختلس والذكر الصلب) والمَنْدَل الخفّ والمَنْدَل ايضا والمَنْدَليّ أجود العُود
والنَّدْل خدّام الدعوات والنِّيدلان بالكسر وتثليث الدال (وبالفتح وضمّ الدال والنَّيْدُلان
والنَّيْدَل والنَّيْدُل) الكابوس والمِنْديل بالكسر والفتح والمِنْدَل ما يُتمسّح به وتندّل وتمندل
تمسّح بالمنديل (والنَّوْدَل الثدى والنِّيدل الامر الجسيم) • النَّذْل والنَّذيل الخسيس من
الناس المحتقر ج أنذال ونُذول ونُذلاء ونِذال وفعله ر نَذُل نذالة ونُذولة • النارجيل
جوز الهند (واحدته بهاء) • النُّزول الحلول ض نَزَل بهم (ونزلهم) ونزل عليهم نُزولاً
ومَنْزِلاً حلّ ونزّله تنزيلاً وأنزله (إنزالاً ومُنْزَلاً) واستنزله أحلّه وتنزّل نزل فى مُهْلة والنُّزُل
المنزل وما يُهيّأ للضيف ج أنزال والنُّزُل ايضا الفضل والعطاء والبركة (والقوم النازلون)
والفعل ل نَزِل ونَزِل الزرع راع ونما وزكا ومكان نَزِل يُنزَل فيه والنِّزال أن يتنازل
الخصمان بالحرب (اى أن ينزل الفريقان عن خيلهما فيتضاربوا) ونَزالِ بمعنى انزل
(للواحد والجمع والمؤنّث) والمنزلة موضع النُّزول والدرجة والمرتبة (ولا يُجمع) والنُّزالة النطفة
والنِّزالة السَّفَر (وما زلتُ أنزل اى أسافر) والنازلة البليّة الشديدة والنَّزْل المطر والنَّزْلة الزكام
وفعله ل نُزِل والنَّزيل الضيف والنِّزْل بالكسر (المجتمع وبالضمّ) المَنى والمَنْزِل والمَنْزِلة الدار
والتنزيل ما أوحى الله به الى أنبيائه • النَّسْل الخلق والنَّسْل والنَّسيلة الولد ج
أنسال وفعله ن نَسَل وأنسل ونَسَل الصوف نُسُولاً وأنسل سقط والساقط منه نَسيل ونُسال
الواحدة نَسيلة (ونُسالة) وقد نَسَلته وأنسلته ن ض ونَسَل الماشى نَسْلاً بالفتح (وبالتحريك)
ونَسَلاناً أسرع والنَّسيلة الفتيلة والنَّسيلة والنَّسيل العسل (والنَّسَل اللبن يخرج من التين

مُوائَلةً طلبَ النجاةَ وواءَلَ الى المكان بادرَ اليهِ والأوَّلُ ضدُّ الآخِرِ ج أوائِلُ وأوالِي (وأوَّلُونَ) وهي الأُولَى ج أُوَلُ وأُولَياتٌ . . . اسمُ الأوَّليَّةُ • الوَبْلُ والوابِلُ المطرُ الشديدُ الكبيرُ القطرِ ض وَبَلَتِ السماءُ أمطرتْ ووَبَلَ الصيدَ طردَهُ (ووَبَلَهُ بالعصا ضربَهُ) والوَبِيلُ الشديدُ والعصا الغليظةُ والوَبِيلَةُ مِدَقَّةٌ من خشبٍ يضربُ بها النَّسُ الناقوسَ لتجتمعَ الناسُ الى البيعةِ ومِدَقَّةُ القصّارِ والإبالةُ والوَبِيلةُ ايضًا حزمةُ الحطبِ وارضٌ وَبِيلَةٌ وَخِمَةٌ ج وُبُلٌ وفعلُهُ ر وَبُلَ وَبالَةً ووَبالاً ووُبُولاً واسْتَوْبَلَ الارضَ رآها لا توافقهُ والوَبْلَةُ والوابِلَةُ التخمةُ من الطعامِ والوَبَلُ الشِدَّةُ والثِقَلُ والوابِلَةُ طرفُ رأسِ العضدِ وطرفُ الكتفِ (والمُوابَلَةُ المواظبةُ وأبِيلَ على وَبِيلٍ شيخٌ على عصًا) • الوَثِيلُ الليفُ وحبلُ البئرِ والقِنَّبِ والضعيفُ • الوَجَلُ الخوفُ وفعلُهُ ل وَجِلَ يَاجَلُ ويَيْجَلُ ويُوجَلُ (ويِيجَلُ) وَجَلاً ومَوْجَلاً فهو (أوْجَلُ و) وَجِلٌ ج وِجالٌ ووَجِلُونَ وهي وَجِلَةٌ ر وَوَجُلَ كبرَ في سنِّهِ • الوَحَلُ الطينُ تخوضُهُ الدوابُّ ج أوحالٌ ووُحُولٌ وفعلُهُ ل وَحِلَتِ الدابّةُ مَوْحَلاً والمَوْحِلُ مكانُهُ ووَحِلَ وقعَ في الوحلِ وأوْحَلْتُهُ أوقعتُهُ فيهِ • الوَذِيلَةُ القطعةُ من الفضّةِ ج وَذِيلٌ ووَذائِلُ والوَذِيلَةُ ايضًا المرآةُ والأمةُ النشيطةُ الرشيقةُ • الوَرَنْتَلُ الداهيةُ والامرُ العظيمُ • الوَسِيلَةُ والواسِلَةُ المنزلةُ عندَ الملكِ والدرجةُ وتوسَّلَ الى اللهِ عملَ عملاً يتقرّبُهُ اليهِ تعالى ن ووَسَلَ الى اللهِ رغبَ اليهِ وطلبَ منهُ فهو واسِلٌ والتوسُّلُ السرقةُ وتوسَّلَ سرقَ • الوَشَلُ الماءُ القليلُ والماءُ الكثيرُ ضدٌّ والوَشَلُ ايضًا القليلُ من الدمعِ والكثيرُ منهُ ضدٌّ والوَشَلُ ايضًا الهيبةُ والخوفُ ض ووَشَلَ الماءُ والدمعُ وَشْلاً ووَشَلاناً سالَ وقطرَ ووَشَلَ الرجلُ ضعفَ واحتاجَ وافتقرَ ووَشَلَ اليهِ ضرعَ وجبلٌ واشِلٌ يقطرُ ماءً والوَشُولُ قِلّةُ الغناءِ • ض وَصَلَ الشيءَ بالشيءِ وَصْلاً وصِلَةً بالكسرِ (والضمِّ) ووُصْلَةً لأمَهُ وأتمَّهُ ن ووَصَلَ (الشيءُ و) الى الشيءِ وُصُولاً ووُصْلَةً وصِلَةً بلغَهُ وانتهى اليهِ وأوْصَلْتُهُ اليهِ (والصِلَةُ المنحةُ والعطيّةُ وصِلَةُ الرحِمِ الاحسانُ والبرُّ بالأهلِ وذوي القرابةِ) والوَصْلُ ما بينَ المحبّينَ والمواصَلَةُ والوِصالُ الاقترابُ إمّا بعفّةٍ وإمّا بدعارةٍ وفعلُهُ ض وَصَلَهُ وَصْلاً وواصَلَهُ والوُصْلَةُ (الاتّصالُ و) كلُّما اتّصَلَ بشيءٍ ج وُصَلٌ والمَوْصِلُ معقدُ الحبلِ بالحبلِ والوَصِيلَةُ صحيّةُ الوثنِ والعمارةُ والخصبُ والرفقةُ والسيفُ وكُبّةُ الغزلِ (واتّصَلَ لم ينقطعْ والأوْصالُ المفاصلُ ومُجتمَعُ العظامِ وجمعُ وِصْلٍ بالكسرِ والضمِّ لكلِّ عظمٍ لايُكسَرُ ولا يُخلَطُ بغيرِهِ) والارضُ الواسعةُ وليلةُ الوَصْلِ آخرُ ليالي الشهرِ • الوَعْلُ (والوَعِلُ والوُعِلُ وهذا نادرٌ) تيسُ الجبلِ ج أوْعالٌ ووُعُولٌ ووُعْلٌ (ومَوْعِلَةٌ وعِلَةٌ) والوَعْلُ ايضًا الشريفُ ج أوعالٌ ووُعُولٌ والوَعْلُ ايضًا الملجأُ واسْتَوْعَلَ اليهِ لجأَ واسْتَوْعَلَ الوَعْلُ ذهبَ في الجبلِ وما لكَ عنهُ وَعْلٌ بُدٌّ والوَعْلَةُ جيبُ القميصِ وما اتّسعَ من الجبلِ وعروةُ الابريقِ يُعلّقُ منها وتوعّلَ الجبلَ علاهُ • الوَغْلُ الضعيفُ النذلُ الساقطُ

ونَقَلَ الثوبَ رقعَهُ والنَقِيلُ الغريبُ والسيلُ الذى يأتى من أرضٍ مطورةٍ الى غيرها والنَقْلُ ما يُتنقل بهِ على الشرابِ من المأكل والنَقْلُ مراجعةُ الكلام مع صراخٍ وشرٍ والمناقلةُ المحادثةُ ونَقْلُ الاقداحِ فى مجلسِ الشربِ وقومٌ نَواقِلُ ضِدُّ قومٍ قاطنين الواحدُ نَاقِلَةٌ ونَواقِلُ الدهرِ حالاتهُ المُتنقلةُ ونَقُولا الدخيلُ الانطاكيُّ كان من سبعةِ شمامسةِ الرسلِ ثم صارَ مبتدعًا وأباحَ الزنا * (النَقْنَقَةُ مِشْيَةُ الشيخِ يُثيرُ التُرابَ فى مَشيِهِ) *

ض ن ل نَكَلَهُ عنهُ نُكُولًا نحّاهُ ونَكَّلَ بهِ قذفهُ وعذَّبهُ ولامهُ والاسمُ النَكالُ (ونَكَلَ عنهُ نُكُولا نَكَصَ وجبُنَ) والنُكْلَةُ والنِكْلُ القيدُ الشديدُ ج أَنكالٌ والنَكَلُ الرجلُ القويُّ المُجرَّبُ وأنكلهُ دفعهُ والناكِلُ الضعيفُ الجبانُ * الانملةُ بتثليثِ الهمزةِ والميمِ للاصبعِ ج أناملُ وأنْمُلاتٌ والنَمْلُ م الواحدةُ نَمْلَةٌ ج نِمالٌ وارضٌ نَمِلَةٌ كثيرةُ النَملِ وطعامٌ مَنْمُولٌ وقع فيهِ النَملُ والنَمْلَةُ مُثلثةٌ والنَمِيلَةُ النميمةُ وفعلهُ ن ل نَمَلَ وأنْمَلَ فهو نَمِلٌ ونامِلٌ ونَمّالٌ ومِنْمِلٌ (ومِنْمَلٌ نمّامٌ) وفيهِ نَمْلَةٌ اى كذبٌ وامرأةٌ نَمِلى (ومِنْمَلَةٌ) لا تستقرُّ فى مكانٍ وتَنَمَّلَ تحرَّكَ ل ونَمِلَتْ يدهُ خدِرتْ ن ل ونَمِلَ فى الشجرِ صعدَ (والنَمْلَةُ بثرٌ يخرجُ فى الجسدِ بالتهابٍ واحتراقٍ وبالضمِّ بقيّةُ الماءِ فى الحوضِ) والنامِلَةُ السابعةُ * النَوالُ والنائلُ العطاءُ ونَلْتُهُ وأنلْتهُ ونَوَّلْتهُ (ونَوَّلْتُ لهُ وعليهِ) أعطيتهُ ورجلٌ نالٌ جوادٌ ل ونالَ ينالُ (نائلًا و) نَيْلًا صارَ جوادًا والنالُ النوالُ (والنَوْلَةُ القُبْلَةُ وناوَلْتُهُ) فتناولَهُ أخذهُ والنَوْلُ والمِنْوَلُ والمِنْوالُ خشبةُ الحائكِ ج أنوالٌ وهم على مِنْوالٍ واحدٍ اى على أسلوبٍ واحدٍ (والمِنْوالُ الحائكُ نفسُهُ وأنزلَ باللهِ حلفَ) * النَهَلُ أولُ الشُربِ وفعلهُ ل ن نَهِلَ فهو ناهِلٌ ج نَواهِلُ ونِهالٌ ونُهُولٌ ونَهَلٌ وأنهلهُ أسقاهُ والمَنْهَلُ (المَشْرَبُ و) الشربُ ومكانهُ وزمانهُ وأنهلهُ أغضبهُ فهو مِنْهالٌ كثيرُ الاغضابِ والمِنْهالُ ايضًا تلُّ الرملِ المتراخى والقبرُ والسخاءُ والنَهْلانُ الشاربُ والنَهْلانُ ايضًا والناهِلُ الريّانُ والعطشانُ ضِدٌّ * (نَهْبَلَ أسنَّ شيخٌ نَهْبَلٌ وعجوزٌ نَهْبَلَةٌ) * النَهْشَلُ الذئبُ والصقرُ (والمُسِنُّ المضطربُ كِبَرًا ونَهْشَلَ كَبِرَ وعضَّ وأكلَ أكلَ الجائعِ * النَبْخَلُ المُسِنُّ) * ض ل نالهُ ينيلهُ وينالهُ نَيْلًا ونالةً أصابهُ وأنالهُ إيّاهُ وأنالهُ لهُ أعطاهُ إيّاهُ والنَيْلُ والنائلُ ما أعطيتهُ والنَيْلَةُ والنَوْلَةُ العطيّةُ والاصابةُ ونالةُ الدارِ قاعتها والنِيلُ بالكسرِ نهرُ مصرَ ونالَ من عِوضٍ سُبَّةٌ *

و

ض وَألَ اليهِ يئلُ وَألًا ووءُولًا (ووئيلًا ووائلَ مُوالَةً ووِئالًا) لجأ وخلصَ والمَوْئِلُ الملجأُ والمنجا ووائلُ

والتلُّ الصغيرُ ومسيلُ الماء وكلافةُ والمطرُ يُرى من بعيدٍ ❊ (الهَذْمَلَةُ مِشْيَةٌ فيها قَرْمَطَةٌ ❊ الهَرْجَلَةُ الاختلاطُ في المشيِ والهَرْجَلُ البعيدُ الخطوِ والهَراجيلُ الطوالُ منّا ❊ الهِرْطالُ الطويلُ ❊ الهَراعِلَةُ اللئامُ ❊ هِرَقْلُ وهِرَقِلُ ملكُ الرومِ أوّلُ مَن ضربَ الدنانيرَ والهِرْقِلُ المنخلُ) ❊ الهَرْكَلَةُ والهِرْكَوْلَةُ (والهُرْكُلَةُ والهِرْكِلَةُ والهِرْكِيلُ) المرأةُ الحسنةُ الجسمِ والخلقِ ❊ هَرْمَلَ الشعرَ نتفَهُ (وهَرْمَلَهُ نَتَفَ شَعَرَهُ او ريشَهُ) وهَرْمَلَ عَمَلَهُ أفسدَهُ ❊ الهَرْوَلَةُ بينَ العدوِ والمشيِ ❊ الهَزْلُ نقيضُ الجِدِّ وفعلُهُ ض ل هَزَلَ وهازَلَ ورجلٌ هَزِلٌ كثيرُ الهَزْلِ والهُزالةُ الفكاهةُ والهُزالُ نقيضُ السِمَنِ وفعلُهُ هُزِلَ مجهولاً هُزالاً ن وهَزَلَ هَزْلاً بالشتمِ ويُضَمُّ ض وهَزَلَهُ وأهْزَلَهُ (وهَزَّلَهُ) وأهْزَلوا هُزِلَتْ مواشيهم وهَزَلَ افتقرَ وماتتْ ماشيتُهُ ❊ هَزْبَلَ افتقرَ جدًّا ❊ الهَشِيلَةُ كلُّ ما ركبتَهُ من الدوابِّ من غيرِ إذنِ صاحبِهِ وفعلُهُ اهْتَشَلَ (ويُطلَقُ على كلِّ ما اغتُصِبَ ❊ الهَيْضَلَةُ والهَيْضَلُ الجماعةُ المُتَسَلِّحَةُ وأصواتُ الناسِ والهَضَلاءُ الطويلةُ الثديينِ) ❊ الهَطْلُ والهَطَلانُ والتَهْطالُ المطرُ الضعيفُ الدائمُ (وتتابعُ المطرِ المتفرّقِ العظيمِ القطرِ) وفعلُهُ ض هَطَلَ وديمةٌ هَطْلَى وهُطْلٌ خاصٌّ بالديمةِ فقط وسحابٌ هَطّالٌ (وهَطِلٌ) وسحائبُ هُطَّلٌ وتَهَطَّلَ من المرضِ بَرَأَ (والهَطَّالُ الذئبُ واللصُّ والاحمقُ والهَيْطَلُ الثعلبُ ❊ الهِقْلُ الفتيُّ من النعامِ والطويلُ الاخرقُ والهَقِلُ الجائعُ والهاقِلُ ذكرُ الفأرِ والهَيْقَلُ الضبُّ) ❊ الهَيْكَلُ الضخمُ من كلِّ شيءٍ والبناءُ المشرفُ (والفرسُ الطويلُ والبيعةُ) والهيكلُ في البيعةِ المائدةُ التي يتقدّمُ عليها القربانُ المقدّسُ ❊ الهِلالُ بالكسرِ غُرّةُ القمرِ والماءُ القليلُ والسِنانُ والحيّةُ (او الذكرُ منها وسلخُها والجملُ المهزولُ وذؤابةُ النعلِ وحيٌّ من هوازنَ وطرفُ الرحى اذا انكسرَ والحجارةُ المرصوفةُ) والغبارُ والغلامُ الجميلُ وبياضٌ يظهرُ في أصلِ الظفرِ والدفعةُ من المطرِ ج أهِلّةٌ وأهاليلُ والهَلالُ بالفتحِ أوّلُ المطرِ (ويُكسَرُ) ن وهَلَّ المطرُ وانْهَلَّ واستهلَّ اشتدَّ انصبابُهُ وهَلَّ الهلالُ (وأهَلَّ وأُهِلَّ واستُهِلَّ) ظهرَ وهَلَّ الشهرُ واستُهِلَّ ظهرَ هلالُهُ وهَلَّ الرجلُ واستهلَّ فرحَ وصاحَ وتهلّلَ وجهُهُ بَشَّ وتَهَلَّلَ السحابُ واهتلَّ تلألأَ وهلَّتِ العينُ وانهلّتْ سالتْ بالدمعِ واستهلَّ الصبيُّ وأهَلَّ رفعَ صوتَهُ بالبكاءِ وهَلَّلَ نكصَ وجبنَ وفرَّ وهَلَّلَ قالَ لا إلهَ إلّا اللهُ والهَلَلُ نسجُ العنكبوتِ وكالامطارُ الواحدُ هَلّةٌ وأهَلَّ نظرَ الى الهلالِ وأهَلَّ الشهرُ ظهرَ هلالُهُ وأهَلَّ الرجلُ رفعَ صوتَهُ بالتلبيةِ والهُلْهُلُ الثلجُ وبالفتحِ سمٌّ والهَلْهَلُ ايضاً الثوبُ الرقيقُ نسجُهُ وهَلْهَلَهُ النسّاجُ نسجَهُ رقيقاً فهو ثوبٌ هَلٌّ وهِلْهالٌ وهَلاهِلُ ومُهَلْهَلٌ وهَلْهَلَ صوتَهُ رجّعَهُ وهَلْهَلَ انتظرَ وتأنّى (وهَلْهَلَ يدركُهُ كادَ والأهاليلُ الأمطارُ بلا واحدٍ) والهُلاهِلُ الماءُ الكثيرُ الصافي وأتيتُهُ في هِلّةِ الشهرِ (وهِلِّهِ وإهلالِهِ) اي في استهلالِهِ واهتلَّ افترَّ عن أسنانِهِ واستهلَّ السيفُ استلَّهُ

المُقصِّرُ في الاشياء. والوَغْلُ ايضا المتنسبُ كذبًا والمَلجأُ والسيءُ الغذاء ص وَغَلَ في الشيء وُغلًا ووُغولًا دخلَ وتوارى وبَعُدَ وذهبَ . أَوْغَلَ في البلدِ وفي العلمِ ذهبَ وأوغلَ وتوَغّلَ أبعدَ * ص وَفَلَهُ وَفْلًا قشرَهُ وصبَّ وافِلَ بالِغٌ (او وافرٌ ووَفَّلْتَهُ وَفَرْتَهُ والوَفْلُ الشيءُ القليلُ) * ص وَقَلَ في الجبلِ وتَوَقَّلَ صَعِدَ ووَقَلَ رفعَ رِجْلًا وأثبتَ أُخرى والوَقْلُ الحجارةُ * ص وَكَلَ باللهِ وتوكّلَ عليهِ واوكلَ واتّكلَ فوّضَ أمرَهُ اليهِ ن ووَكَلَ لامرَ اليهِ وَكْلًا ووُكولًا سلّمَهُ وتركَهُ اليهِ ورَجُلٌ وَكَلٌ ووُكَلَةٌ وتُكَلَةٌ (ومُواكِلٌ) عاجزٌ وواكلَت الدابّةُ وِكالًا وتَكَلَتْ أساءت السيرَ وفترت (وتواكلوا مُواكلةً ووِكالًا اتّكلَ بعضُهم على بعضٍ) والوَكيلُ م (وقد يكونُ للجمعِ والأنثى) ج وُكَلاءُ وفعلُهُ وكّلَهُ توكيلًا والاسمُ الوَكالةُ بالفتحِ ويُكسَرُ والتوكُّلُ إظهارُ العجزِ والاعتمادُ على الغيرِ والاسمُ التُّكلانُ بالفتحِ * الوَلْوالُ البَلْبالُ والدعاءُ بالويلِ ووَلْوَلَت المرأةُ أعولت وصوّتت * ل وَجِلَ ضعفَ وفزعَ فهو وَجِلٌ ومُستَوْجِلٌ ووَجِلَ عنهُ غلطَ فيهِ ونسيَهُ (ووَجّلَهُ توجيلًا فزّعَهُ ص) ع ووَهَلَ الى الشيءِ وَهْلًا ذهبَ وَهْمُهُ اليهِ (والوَهِلُ والمُستَوْهِلُ الفزِعُ ولقيتُهُ أوّلَ وَهْلةٍ ويُحرَّكُ وواهِلةٍ أوّلَ شيءٍ) * الوَيْلُ حلولُ الشرِّ والوَيْلةُ الفضيحةُ وتويّلَ دعا بالويلِ وقالَ وَيْلَهُ وَوَيْلَكَ ووَيْلي ووَيْلٌ كلمةُ تفجّعٍ وعذابٍ واسمٌ لجهنّمَ *

ه

ل هَبِلَتْهُ أُمُّهُ ثكلتْهُ ويا مَهْبَلُ اى يا مَنْ ثكلتْهُ أُمُّهُ (والمُهَبَّلُ الخفيفُ) والمَهْبِلُ الرَّحِمُ والاِهتبالُ واحتبالُ (كَذِبٌ كثيرًا واحتبلَ وهَبَلَ وتَهَبَّلَ) اكتسبَ لاهلهِ والهَبّالُ الكاسبُ المحتالُ والصيّادُ والفعلُ ن هَبَلَ وتهبّلَ وأهبلَ أسرعَ (واهتبلْ هَبْلَكَ عليكَ بشانِكَ) وهابيلُ بنُ آدمَ قتلَهُ قابينُ أخوهُ ظلمًا وهو أوّلُ الميّتينَ من نسلِ آدمَ * (الهَبْرَكَلُ الشابُّ الحسنُ الجسمِ) * ص هَتَلَت السماءُ هَتْلًا وهُتولًا وتَهْتالًا (وهَتَلانًا) هطلت بالمطرِ وسحائبُ هُتَّلٌ هُطَّلٌ * (الهَتْمَلةُ الكلامُ الخفيُّ والمُهَتْمِلُ النمّامُ . * الهَثْمَلةُ الفسادُ والاختلاطُ) * الهَوْجَلُ المفازةُ البعيدةُ والناقةُ السريعةُ والدليلُ والبطيءُ الثقيلُ والاحمقُ والمرأةُ الفاجرةُ والليلُ الطويلُ والهاجِلُ النائمُ والكثيرُ السفرِ وهَوْجَلَ نامَ وأهجلَ المواشيَ أهملَها وأضاعَها ن وهَجَلَت المرأةُ الرجلَ غمزتْهُ بعينِها (وهَجَّلَ عينَهُ وقعَ فيهِ ودموعٌ هُجُولٌ سائلةٌ) * الهَدِيلُ صوتُ الحمامِ وفعلُهُ ض هَدَلَتْ وهَدَلَهُ هَدْلًا أرسلَهُ الى أسفلَ وأرخاهُ وشفةٌ هَدْلاءُ مسترخيةٌ منقلبةٌ وتَهَدَّلَ جلدُ الخصيةِ استرخى * الهِذَمْلُ الثقيلُ والتلُّ العالي والدهرُ القديمُ (والهِذْمِلُ الثوبُ الخَلَقُ و) هَذْمَلَ ثيابَهُ خرّقَها * الهاذِلُ وسطُ الليلِ (والهُذَاذِلُ الرجلُ الخفيفُ والذئبُ)

حرف الميم

ا

أبيام بن راجعام بن سليمان ملك يهودا • ن أتم أتما قطع وأتم بالمكان أقام والأتم الابطاء وبرية آتام أول مرحلة من مراحل بني إسرائيل عند خروجهم من ارض مصر قبل ان يقطعوا البحر الاحمر والمأتم مجتمع النساء في الحزن • الإثم الذنب (والخمر والقمار) وأن تعمل ما لا يحل عمله وفعله ل أثم إثما ومأثما فهو آثم وأثيم وأثام وأثوم ن وأثمه الله في كذا عدّه عليه إثما فهو مأثوم وآثمه أوقعه في الإثم وأثمه تأثيما قال له أثمت وتأثم تاب والأثام العقوبة وجهنم والأثيم والأثوم الكذاب والأثيمة كثرة ركوب الإثم • ض أجم الطعام وغيرة كرهه وأجم الماء تغيّر وأجم فلانا مله وتأجم عليه غضب وتأجمت النار اضطرمت وأجيم النار أجيجها وتأجم النهار اشتد حره والأجم الحصن ج آجام والأجمة الشجر الكثير الملتف ج أجم بالضم (وبضمتين) وبالتحريك وآجام (وإجام) وأجمات • آدم (وشذ أدم محركة) ابو البشر خلقه الله من تراب في اليوم السادس من البشة وهو يوم الجمعة وفيه خالف الله وأخرج من الفردوس ج أوادم والأدمي الانسان وأدوم لقب عيسو بن إسحق والأدوميون من نسله منعوا بني إسرائيل من العبور في أرضهم والأدمة الوسيلة والقرابة والموافقة ض وأدم بينهم وفق ولائم والأدم ما يخلط مع الخبز عند الاكل وأدم الخبز (وآدمه) خلطه بالأدم وائتدم به جعله إدامه عند أكله (والإدام كل موافق وما يؤتدم ج أدمة وآدام) والأديم الطعام المأدوم والجلد (او أحمره او مدبوغه) ج أدمة وآدام (وأدم) والأدمة باطن الجلد وظاهره ضد وأديم النهار بياضه وأول الضحى وأديم السماء والارض ما ظهر منهما والأدمة سواد مائل الى بياض في الدواب والأدمة في البشر لون السمرة وفعله ل ر أدم فهو آدم ج أدم وأدمان وهي أدماء (وشذ أدمانة) ج أدم • ن أرم (ما على المائدة أكله فلم يدع شيئا وأرمت السنة القوم قطعتهم فهي أرمة وأرم) الشيء شده وأرم الحبل فتله وأرم عليه عض والأرم الاضراس وأطراف الاصابع والآرام الجبال الشامخة الواحدة إرم بكسر ففتح وبفتح فكسر وإرم ذات العماد دمشق او الاسكندرية والأرومة وتضم الاصل ج أروم وما به أرم وأريم (وأرمي وأيرمي) ما به أحد والأرم الحسن والاعتدال وجارية مأرومة حسنة معتدلة الخلق وإرميا ابن حلقيا من الانبياء تنبأ في أيام يوشيا ملك

(وأهلول وتهلّل اسمٌ للباطل وهالهُ مُهالةً وهِلالاً استاجرهُ كلَّ شهرٍ بشيءٍ . والهلّة المَسرَجة وما أصابَ هلّةً شيئاً) • هَلْ حرفُ استفهامٍ يأتي بيانُهُ في مكانه وهيّ هلا (الطعامَ اي هلمّ وهيّ هلا الصلوةَ اي آئتوها وهيَ هلكَ) اي هَلُمّ وهلّا حرفُ تحضيضٍ يأتي ايضاً بيانُهُ إنْ شاء الله تعالى • الهَمَلُ المتروكُ سُدى ليلاً ونهاراً وفعلهُ أهملتْ الدابّةُ فهي هامِلٌ ج هَوامِلُ وهُمُولةٌ وهامِلةٌ وهَمَلٌ وهُمَّلٌ وهمالٌ وهَمَلى ن ض وهَمَلتْ عينُهُ هَمْلاً وهَمَلاناً وهُمُولاً وانهملتْ فاضتْ بالدمعِ وهَمَلتِ السماء دامَ مطرُها في سكونٍ والهِمْلُ بيتُ الأعرابِ من شَعَرٍ خَلَقٍ والثوبُ المرقّعُ (والهَمَلُ الماء السائلُ لا مانعَ لهُ وأهملَهُ خلّى بينَهُ وبينَ نفسهِ او تركَهُ ولم يستعمِلْهُ) • الهَمَرْجَلُ الجوادُ السريعُ وكلُّ خفيفٍ عجلٍ • (هَنبَلَ ظلعَ ومشى مِشيةَ السِباعِ • الهَنْجَلُ الثقيلُ) • هالَهُ هَولاً وهَوّلَهُ أفزعَهُ فاهتالَ والهَوْلُ والهَيْلَةُ المخافةُ من أمرٍ يأتي بغتةً ج أهوالٌ وهُؤُولٌ وهَوْلٌ هائلٌ ومَهُولٌ مخيفٌ والتهاويلُ الألوانُ المختلفةُ وزينةُ التصاويرِ والنقشِ والحُليّ الواحدُ تَهويلٌ والتهويلُ ايضاً تشنيعُ الامرِ والهَوْلَةُ العَجَبُ وهالتِ المرأةُ بحسنِها أدهشتْ والهالةُ دارةُ القمرِ • هالَ التُرابَ عليهِ يَهيلُ هَيلاً وأهالَهُ صبّهُ فانهالَ وهيّلَهُ فتهيّلَ فانصبَّ والهَيْلُ والهَيالُ والهَيلانُ ما انصبَّ من الرملِ ورملٌ هالٌ وأهيَلُ ومُنهالٌ منصبٌّ وانهالوا عليهِ تراموا عليهِ بالضربِ والشتمِ والهَيُولُ الهباءُ المنبثُّ وحبالُ الشمسِ الداخلةُ من كُوّةِ البيتِ (مُعرّبة) والهالةُ دارةُ القمرِ ج هالاتٌ والهَيُولى ويجوزُ كسرُ اللامِ مع تشديدِ الياء (القطنُ وشِبهُ الأوائلُ طينةَ العالمِ بهِ او هو) ما تركّبَ العالمُ منهُ والنسبةُ اليهِ هَيُوليٌّ وهَيُولانيٌّ (وهَيْلةُ عنزٌ لامرأةٍ كانَ مَن أسا اليها ذرّتْ لهُ ومَن أحسنَ اليها نطحتْهُ ومنهُ المَثَلُ هَيْلُ خيرَ حالبيكِ تنطحينَ) •

ي

يُوئيلُ بنُ فنوايلَ من الانبياء تَنبّأ على الدينونةِ العامّةِ أنّها تكونُ في وادي يوشافاطَ في مدينةِ القدسِ • (اليَلَلُ والأَلَلُ قِصَرُ الأسنانِ العُليا وانعطافُها الى داخلِ الفمِ واختلافُ نِبتتِها وهو أَيَلُ وهي يَلّاء) •

وإمَّا حرفٌ يأتي بيانُهُ وامَّهُ تقدَّمَهُ والاسمُ الإمامةُ والإمامُ ايضًا خيطُ البناء والطريقُ وقيِّمُ الامرِ المصلحُ له والخليفةُ والقائدُ والدليلُ والحادي أمْ حرفُ عطفٍ يأتي بيانُهُ * الانامُ والآنامُ والأنيمُ كلُّها على وجهِ الارضِ من الخلقِ * أورشليمُ ويَروشليمُ وروشليمُ اسمُ مدينةِ القدسِ كانَ اسمُها قديمًا يابوسَ وشاليم فتحها بنوا يهودا وقتلوا ملكها ادونيازاقَ سمّوها أورشليمَ اى رؤيا السلامِ وهي قاعدةُ البلادِ اليهوديّةِ وفيها ملكُ يهودا واختارها اللهُ مسكنًا له لمّا تجسّدَ وفيها أتمَّ أسرارَ تجسّدِهِ واورشليمُ الجديدةُ مدينةُ القدّيسينَ في السماء وقد نعتَها يوحنّا في كتابِ جليانهِ * الأُوامُ العطشُ وحرُّهُ والدخانُ ودُوارُ الرأسِ والفعلُ ن آمَ يأومُ أوْمًا والإيامُ الدخانُ ج أُيُمٌ وآمَ أوْمًا وإيامًا دخّنَ وأوَّمَهُ تأويمًا عظّمَهُ والآمةُ الخصبُ والعيبُ وما تعلّقَ بسرّةِ الصبيّ حينَ يولَدُ * الأيّمُ المرأةُ لا زوجَ لها (بكرًا او ثيّبًا) والرجلُ لا زوجةَ له ج أيائمُ وأيامى والفعلُ آمَ يئيمُ أيمًا وأيوما وأيمةً وأيّمَ المرأةَ تزوّجها أيّمًا اى لا رجلَ لها وتأيّمَ الرجلُ مكثَ زمانًا لم يتزوّجْ وأيّمهُ اللهُ تأييمًا أماتَ زوجتَهُ وكذلكَ المرأةُ والأيمُ ايضًا والإيمُ (الحرمةُ والقرابةُ نحوَ البنتِ والاختِ والخالةِ و) الحيّةُ ج أيُومٌ والآمةُ العيبُ والنقصُ والعضاضةُ (وايمُ اللهِ في ى م ن) *

ب

ض بَجمَ بَجمًا وبُجومًا سكتَ من عيّ او فزعٍ او هيبةٍ وبجّمَ وتبجّمَ أبطأ وانقبضَ * (البجاريمُ الدواهي) * البَذَمُ الرأيُ والحزمُ والنفسُ والكثافةُ والجلدُ والقوّةُ والبذيمُ القويُّ والفمُ البذيمُ المتغيّرُ الرائحةِ والبُذيمُ ايضًا العاقلُ عندَ الغضبِ وفعلُهُ ر بَذُمَ * البَرَمُ السآمةُ والضجرُ والفعلُ ل بَرِمَ وأبرمَهُ أملّهُ فبرِمَ وتبرّمَ اى ملَّ وأبرمَ الحبلَ ن وبرمَهُ برمًا فتلهُ وأبرمَ الامرَ أحكمَهُ والمبارمُ المغازلُ والبريمُ الصبحُ وكلُّما فيهِ لونانِ من الخيطانِ ونحوِها والدمعُ المختلطُ بالإثمدِ والجيشُ والمتّهمُ والقطيعُ من المواشي (ضأنٍ ومعزى) والبُرْمةُ قِدرٌ من حجارةٍ ج بُرَمٌ (وبُرَمٌ وبرامٌ) والمُبْرِمُ (صانعُها ومَنْ يقتلعُ حجارتَها من الجبالِ و) الثقيلُ من الندماءِ (لأنّهُ يقتطعُ من جلسائهِ شيئًا والغثُّ الحديثِ) والبَيْرَمُ البرطيلُ والبُرامُ القرادُ ج أبرمةٌ وابيرومُ بضمِّ الرا من بني إسرائيلَ أهبطَهُ اللهُ الى جهنّمَ حيًّا لأنّهُ أرادَ أنْ يختلسَ الكهنوتَ من هرونَ * برتولماوسُ من رسلِ المسيحِ ويقالُ إنّهُ نثنائيلُ * البُرجمةُ المفصلُ الظاهرُ او الباطنُ من الاصابعِ والاصبعُ الوسطى من كلِّ طائرٍ ج براجمُ والبرجمةُ غلظُ الكلامِ * البِرسامُ علّةٌ كالجنونِ فهو مُبَرْسَمٌ

يهودا وطرحه اليهود فى الحماة طلمًا • ص أزم أزمًا وأزومًا عضّ شديدًا فهو أزِم وأزوم
وأزم العام اشتدّ قحطه وأزمه استأصله وأزم به لزمه وأزم الحبل أحكم فتله وأزم عليه واطبق وأزم
الباب أغلقه ض ل وأزِم الشىء انقبض وانضمّ والأزم القطع بالناب وبالسكين والامساك
عن الاكل والصمت وسنة أزمة بالفتح وبضمّ فكسر وأزومة شديدة القحط والأزمة الاكلة الواحدة
والشدّة ج أزم بالفتح وبكسر ففتح والأزمة الناب ج أوازم و(الآزِم الناب ايضًا ج) أُزم
(والأزوم ايضًا ج أُزم) والأزوم والأزام الملازم للشىء والمتأزّم مَن أصابته الشدّة • أسامة
علم للأسد • الاضم الحقد والحسد والغضب ج أضمات ل وأضم عليه غضب •
الأطم القصر والحصن والبيت المربّع البناء ج آطام وأُطوم ل وأطِم غضب والأطيمة موقدة
النار والأطوم السلحفاة البحرية والقنفذ والبقرة وتأطّم غضب وتأطّم السيل ارتفع وتلاطم
وتأطّم الليل اشتدّ سواده وتأطّم فلان سكت على ما فى نفسه ض وأطم الخباء أرخى ستورة
وأطم بابه أغلقه • الأكمة التلّ من الحجارة ودون الجبل ج أكم محرّكة وبضمّتين
(وإكام) وآكام وإكام واستأكم الموضع صار تلًّا • إلياقيم من أحبار إسرائيل كان فى حصار
اليشانا قائد بختنصّر حين حاصر بيت فالو • الألم الوجع ج آلام وفعله ل ألِم وتألّم
فهو ألِم ومتألّم وآلمه أوجعه فهو مألوم (والأليم المؤلم ومن العذاب الذى يبلغ إيجاعه
غاية البلوغ والألومة اللوم والخسّة والأيلمة الحركة والصوت) وآليم من مراحل بنى إسرائيل
بين بحر القلزم وطور سيناء • ن أمّه وائتمّه وأمّه وتأمّمه ونهمه وتيمّمه قصده والتيمّم
التوضّؤ بالتراب (إبدال أصله التأمّم) والأمّة الحالة (والشريعة) والدين والنعمة والهيئة
والشأن وسعة العيش والسنّة والطريقة والاقتداء بالإمام والإمام بالكسر الذى يقتدى به
من رئيس ونحوه ج إمام ايضًا وأئمّة (شاذّ) وأمّ وائتمّ اقتدى بالإمام والأمّة بالضمّ الرجل
الجامع للخير والإمام وجماعة أُرسل اليهم رسول والجيل من كل حىّ والمتّبع على دين
الحقّ والحين والقامة والوجه والنشاط والطاعة والعالم العلّامة والطريق الواضح وعشيرة الرجل
(وخلق الله) والأُمّ بالضمّ (وقد تكسر) الوالدة والزوجة المسنّة والمسكن وخادم القوم والأمّة
الأمّ للغير الناطق ج أُمّات والأمّهة الأمّ للناطق ج أُمّهات وأمّ كل شىء أصله وعماده (وأمّ
القوم رئيسهم وأمّ الكتاب الفاتحة وأمّ القرى مكّة) وأمّ الرأس دماغه والجلدة الرقيقة فوق
الدماغ والأمّ ايضًا الشىء الذى تنضمّ اليه الاشياء وأمّت المرأة أمومة صارت أمًّا (ربّتمّها)
واستأمّها اتّخذها له أمًّا وأمّه أمًّا أصاب أمّ رأسه فهو أميم ومأموم والأميمة تصغير الأمّ ومطرقة
الحدّاد والأمّىّ والأمّان مَن لم يتعلّم القراءة والعيىّ القليل الكلام والأمام نقيض الوراء

الصدرِ والحلقومُ وما اضطربَ من حلقومِ الفرسِ والبليدُ الثقيلُ وبلدمَ خافَ • بَلْذَمَ سكتَ
من فزعٍ وبَلْسَمَ وتَبَلْسَمَ قَطَّبَ وجهَهُ كرهًا (والبَلَنْسَمُ القَطِرانُ) • البُلْعُومُ (والبُلْعُمُ) مَجرَى
الطعامِ في الحلقِ وبياضٌ في جحفلةِ الحمارِ والبَلْعَمُ الأكولُ وبَلْعامُ رجلٌ عَرَّافٌ وثنيٌّ أُعطيَ
يدَ النبوّةِ على المسيحِ وباركَ شعبَ اسرائيلَ بغيرِ اختيارهِ لمّا دعاهُ بالاقُ ملكُ مُؤَابَ
ليلعنَهم ثمّ قتلهُ الاسرائيليّونَ • البَلْغَمُ خلطٌ من أخلاطِ البدنِ • البَمُّ الوترُ الغليظُ من
أوتارِ المزهرِ والبَمُّ البومُ • البَنامُ البنانُ وهذا ابنَمُ اي ابنٌ • البُومُ والبُومةُ طائرٌ م
(كلاهما للذكرِ والانثى) • البَهِيمةُ كلُّ ذاتِ أربعِ قوائمَ برًّا وبحرًا ج بهائمُ والبَهْمةُ أولادُ
الضأنِ والمعزِ (والبقرِ) ج بَهْمٌ وبَهَمٌ وبِهامٌ (جج) بِهاماتٌ (والبَهِيمُ الاسودُ والخالصُ الذي
لم يَشُبْهُ غيرُهُ والليلُ البهيمُ الذي لاضوءَ فيهِ الى الصباحِ) والأبهمُ الأعجمُ واستبهمَ عليهِ استعجمَ
والبُهْمةُ (الخطّةُ الشديدةُ و) الشجاعُ والصخرةُ والجيشُ ج بُهَمٌ ن وبَهَمُوا بالمكانِ أقاموا وأبهمَ
الامرُ واستبهمَ اشتبهَ وأبهمَهُ عن الامرِ نحّاهُ (وأبهمَ البابَ أغلقَهُ) وبابٌ مُبهَمٌ مُغلَقٌ والمُبهَمُ ايضًا
المحرَّمُ (كتحريمِ الأمِّ والأختِ ج بُهْمٌ وبُهُمٌ) والبَهَمُوتُ من أسماءِ الشيطانِ والإبهامُ أكبرُ أصابعِ
اليدِ والرِّجلِ وقد يُذكَّرُ ج اباهيمُ وأباهمُ • البَهْرَمُ الحِنّاءُ وبَهْرَمَ لحيتَهُ حنّاها البَهْرَمانُ
العصفرُ والبَهْرَمةُ عبادةُ المجوسِ وتَبَهْرَمَ رأسُهُ احمرَّ • (البَهْضَمُ الصُّلبُ الشديدُ) •

ت

التَّوْأَمُ (من جميعِ الحيوانِ) المولودُ معَ غيرِهِ في بطنٍ من الاثنينِ فصاعدًا (ذكرًا او أنثى او
ذكرًا وأنثى ويقالُ ص المذكرِ توءمٌ) والمؤنثِ توأمةٌ ج توائمُ وتُؤامٌ و(هما) توأمانِ وأتأمتِ
الأمُّ أتتْ بالتوأمِ فهي (مُتْئِمٌ ومِتْآمٌ ومُعتادتُهُ) مِتآمٌ وتاءمَ أخاهُ وُلِدَ معَهُ فهو تِئمُهُ وتوأمُهُ (وتِيمُهُ)
• ن تخمَ الثوبَ وشّاهُ وزيّنهُ فهو ثوبٌ أتحميٌّ (والتاحِمُ الحائكُ والتحمةُ البُرودُ
المخطّطةُ) والتُّخمةُ شدّةُ السوادِ والأتحمُ الاسودُ • التَّخْمُ والتُّخُومُ (والتُّخَمُ والتُّخُومةُ)
الفصلُ والحدُّ بينَ الارضينِ (مؤنّثةٌ) ج تُخُومٌ ايضًا (وتُخُمٌ) وأرضُنا تُتاخِمُ أرضَكم اي
تقاربُها • التَّرِيمُ المتواضعُ والمُذنِبُ بالمعائبِ والذي في دينِهِ ريبةٌ (ولاتَرِمَ لاسيَّما)
• التَّرجمانُ (والتُّرجمانُ والتَّرجُمانُ) المفسِّرُ للِّسانِ وفعلُهُ ترجمَ (عنهُ وترجمَهُ • أتخمَهُ
أتخمَهُ وطعامٌ مَتخَمةٌ مُتخِمةٌ) • التِّلْمُ ما يشقّهُ الحرّاثُ في الارضِ ج أتلامٌ والتِّلْمُ
الغلامُ والفلّاحُ والصائغُ (ومشفَرُهُ الطويلُ) ج تِلامٌ (والتِّلامُ التلاميذُ حُذِفَ ذالُها) وتَلْمَا من
ملوكِ مصرَ حاربَهُ انطيوخوسُ وكسرَهُ • ض تمَّ الشيءُ تَمًّا وتمامًا مثلّثتينِ وتمامةً

والإبريسَم بفتح السين وضمّها الحرير • بَرْغَمَ تغنّظ وحزن وبَرْشَمَ أدامَ النظر والبَراشِمُ الحديدُ النظرِ والبُرْشُمُ البرقع • (البَرْصُومُ مِصاصُ القارورةِ ونحوها و) بَرْصُومُ راهبٌ مبتدعٌ قبطيٌّ حرمَهُ المجمعُ الرابعُ الخلقيدونيّ لأنَّهُ كانَ معاضدًا للقائلينَ بالطبيعةِ الواحدةِ في المسيحِ والتحق بديسقورس وشيعته • البِرْطامُ الضخمُ الشفةِ والبَرْطَمُ الغبيُّ اللسانِ وبَرْطَمَ انتفخَ غضبًا وبَرْطَمَهُ غاظهُ (لازمٌ متعدٍ) وبَرْطَمَ الليلُ اسودَّ • البُرْعُمُ والبُرْعُومُ والبُرْعُمةُ والبُرْعُومَةُ كُمُّ ثمرِ الشجرِ وزهرةٍ قبلَ تفتّحهِ وبَرْعَمَتِ الشجرةُ أظهرتْ بَرَاعِمَها (وبَرَاعِيمُ الجبالِ شَمارِيخُها) • بَرْغَمَةُ الشجرِ (وبَغْثَمٌ) بُرْعُمَتُهُ وبَرْهَمَ أدامَ النظرَ وابراهيمُ (وابْراهامُ وابْراهُومُ وابْرَهَمُ) مثلثةَ (الهاءِ ايضًا) ابو اسحقَ الذبيحِ جدُّ الأسباطِ جاءَ المسيحُ من نسلهِ أصلُهُ سُرْيانيٌّ ابنُ تارحَ من نسلِ سامَ وأرفخشادَ ابنا نوحٍ وتصغيرهُ بُرَيْهٌ (وأُبَيْرَةٌ) وبُرَيْهِيمٌ وجمعُهُ أبارِهُ وأبارِيهُ وأبارِهَةٌ وبَراهِمُ وبَراهِيمُ وبَراهِمَةٌ (وبَرَاوِهٌ) والبَراهِمَةُ الناكرونَ لمجيءِ الأنبياءِ والمرسلينَ • ن ض بَزَمَ عليهِ عضَّ بمقدَّمِ أسنانهِ وبَزَمَهُ ثوبَهُ سلبَهُ إيّاهُ والبَزْمُ العزيمةُ بالامرِ والغليظُ من القولِ (والكسرُ) والإبْزامُ والإبْزِيمُ حلقةٌ (ذاتُ لسانٍ) يدخلُ فيها طرفُ المنطقةِ والسيرِ • ض بَسَمَ بَسْمًا وابْتَسَمَ وتَبَسَّمَ ضحكَ ضحكًا رقيقًا حسنًا فهو باسمٌ ومِبْسامٌ وبَسّامٌ (والمَبْسِمُ الثغرُ) والمَبْسَمُ التَبَسُّمُ • البَشَمُ التخمةُ والسآمةُ والفعلُ لَ بَشِمَ والبَشامُ شجرٌ عَطِرُ الرائحةِ • أبيشالومُ بنُ داودَ الملكِ قُتِلَ بأمرِ أبيهِ لأنّهُ عصاهُ • (البَصْمُ ما بينَ طرفِ الخنصرِ الى طرفِ البنصرِ • البُعْمُ النَفَسُ والسنبلةُ وبَعَمَ الزرعُ غلظَ حبُّهُ • البُطْمُ الحبّةُ الخضراءُ او شجرُها • البَطْرَمُ الخاتمُ) • بَعْلِيمُ اسمُ صنمٍ وكانَ يعبدُهُ بنوا إسرائيلَ • البُعْيُمُ التمثالُ من خشبٍ والدُمْيَةُ من الصِبْغِ (والمُفْحَمُ الذى لا يقولُ الشعرَ) • ع ن ض بَغَمَتِ الظبيةُ بُغامًا وبُغومًا صاحتْ الى ولدِها بصوتٍ رخيمٍ فهي بَغُومٌ وباغمةٌ حادثةٌ بصوتٍ رخيمٍ • (البَقَمُ خشبُ شجرةٍ عظامٌ و) البُقامةُ ما تناثرَ من الصوفِ عندَ الندفِ فلا يمكنُ غزلُهُ والقليلُ العقلِ الضعيفُ الرأيِ • البَكَمُ والبَكامةُ الخرسُ والعيُّ والولودُ أخرسَ المرشِ أعمى وفعلهُ لَ بَكِمَ فهو أبكمُ وبكيمٌ ج بُكْمانٌ وبُكْمٌ رَ وبَكُمَ امتنعَ عن الكلامِ تعمّدًا وتَبَكَّمَ الكلامُ عليهِ أُرتِجَ • البَلَمُ صغارُ السمكِ وورمُ الشفةِ والأبْلَمُ الغليظُ الشفةِ واقتسموا المالَ بينهما شقَّ الأبلمةِ مثلثةَ الهمزةِ واللامِ اي نصفينِ (والأبلمةُ بقلةٌ تخرجُ لها قرونٌ فاذا شققتَها طولاً انشقّتْ نصفينِ سواءً من أوّلِها الى آخرِها يُضرَبُ بها المثلُ في المساواةِ والمشاركةِ في الامرِ يقالُ اقتسماهُ شقَّ الأبلمةِ اوهما كشقّي الأبلمةِ) والبَيْلَمُ جوزُ القطنِ وقطنُ القصبِ والتَبْليمُ والإبْلامُ التقبيحُ وأبْلَمَ سكتَ والبَلْماءُ ليلةُ البدرِ • (البَلْتَمُ العييُّ الثقيلُ اللسانِ والخلقِ والناسِ) • البَلْدَمُ مُقدَّمُ

ج

جثم ن ض جثما وجثوما ربض فى مكانه او وقع على صدره فهو جاثم وجثوم وجثم الليل جثوما انتصف وجثم الزرع طال وجثم الطين والتراب جمعه والجثام والجاثوم الكابوس والجثامة (والجاثوم) والجثمة البليد والسيد الحليم والنوام والجثمان الجسم والشخص (والجثمة الاكمة) • الجحيم (مؤنثة) النار الشديدة وجهنم والمطهر ومكان كانت الاولياء تسجن فيه بعد الموت قبل مجيء سيدنا يسوع المسيح والقبر والجحيم ايضا والجاحم المكان الشديد الحر جحم ع وجحم النار اوقدها ر وجحمت النار جحوما ل وجحمت جحما بالشيء والعم وجحوما اضطرمت جدا والجاحم الجمر الشديد الاضطرام وشدة الحرب والجحام البخيل وعين جاحمة شاخصة وجحمت ن وجحمت عينه اتسعت مع حمرة فهو اجحم وهى جحماء ج جحم وجحمى وتجاحم تحرق بخلا وتضايق واجحم عنه احجم وكف • (الجحدمة السرعة فى العدو) • الجحرمة الضيق وسوء الخلق ورجل جحرم وجحارم • الجحظم العظيم العينين • جحلمه صرعه • الجخدمة السرعة فى العمل والعدو • الجدمة القصير ج جدم) • الجذم الاصل ج اجذام وجذوم ن ض وجذمه (وجذمه) قطعه فانجذم وتجذم والجذمة القطعة من الشيء (يقطع طرفه ويبقى اصله والسوط) ورجل مجذام ومجذامة قاطع للامور والاجذم المقطوع اليد والانامل وقد ل جذمت يده (وجذمت) واجذمت قطعت واجذم عن الشيء اقلع عنه (واجذم عليه عزم) والجذام داء م وفعله جذم مجهولا فهو مجذوم ومجذم واجذم والمجذامة الذى يقطع المودة سريعا (والجذمان الذكر واصله) • جرم ض جرمه قطعه وجرم واجرم واجترم اذنب فهو مجرم وجريم وجرم لاهله واجترم كسب وجرم اليهم (وعليهم) جريمة واجرم جنى جناية وجرم الشاة جزها والجرم والجريمة (والجرمة) الذنب ج اجرام وجروم والمجرمون الكافرون (وتجرم عليه ادعى عليه الجرم ولم يجرم) وتجرم الليل ذهب والجرم والجرمان الجسد ج اجرام وجروم وجرم والجرم ايضا الحلق والصوت واللون والجريم والمجروم العظيم الجسد ج جرام (وحول مجرم تام) ولا جرم ولا ذا جرم ولا ان ذا جرم (ولا من ذا جرم ولا جرم) ولا جرم ولا جرم اى لا بد او حقا ولا محالة والجرم خلية النحل ج جروم واجرم عظم واجرم لونه وصوته صفا والجريمة آخر ولد الرجل • جرثومة الشيء اصله والتراب المجتمع فى اصول الشجر ورأس حلقوم الانسان واجرنثم وتجرثم سقط من علو الى سفل واجرنثم اجتمع ولزم موضعه (وتجرثم الشيء اخذ معظمه)

بالفتح ويكسر كهل وأتمّه وتمّمه واستتمّه وتمّ به وتمّ عليه جعله تامًّا وتمام الشيء (وتمامته وتتمّته ما يتمّ به و) كماله وتمّ القمر امتلأ فهو تمّ وتمام (واستتمّ النعمة سأل إتمامها وتمّم الشيء أهلكه وبلّغه أجله والمتمّم كل ما زدت عليه بعد اعتدال والتمتام السمّاق) والتجميم التامّ الخلق والتميمة خرزة تعلّق على المولود ج تمائم وتمّمه علّق عليه التميمة والمتمّ منقطع عرق السرّة والتمتمة تردّد الكلام بحروف التاء او بحروف الميم فهو تمتام وهي تمتامة والتمّ الغلس والمسحاة والتمامة البقيّة • التومة اللؤلؤة ج (تُوَم و) تُؤَم بالضمّ والفتح وأمّ تومة صدفتها والتومة ايضًا بيضة النعام والخرزة الكبيرة في القرط وتوما أحد الحواريّين ل تهم اللحم تغيّر ريحه فهو تهم وتهم فلان ظهر عجزه وتهم تحيّر والتهمة الارض المتصوّبة الى البحر (وتهامة مكّة وأتهم وتأمّم) وتتهّم أتاها والتهمة بالفتح البلدة (وبالضمّ) الظنّ بريبة وتذكر في و ه م • التيم العبد وتيّمه العشق (او المرأة وتأمه تيمًا) عبّده وذلّله فهو متيّم وارض تيماء قفرة مضلّة مهلكة واسعة والتيماء الفلاة •

ث

ن ثجمت السماء دام مطرها (والثجم سرعة الصرف عن الشيء وبالتحريك سرعة الانصراف) • الثذم العيّ بالكلام (والغليظ والاحمق وهي ثذمة والثدام المصفاة) • ل ثرمت سنّه انكسرت من أصلها فهو أثرم وهي ثرماء ص وثرمه وأثرمه كسر سنّه فانثرم والاثرمان الليل والنهار • (الثرتم ما فضل من الطعام او الادام في القصعة • الثرطمة الاطراق من غير غضب ولا تكبّر والثرطم المتناهي السمن من الدوابّ وقد تثرطم الكبش • الثرعامة الزوجة او المرأة • تثطعم على أصحابه علاهم بكلام والاسم الثطعمة • ع ثغمه نزعه وتثغمتني ارض كذا أعجبتني و) الثغامة المرأة الفاجرة • الثغامة بياض الرأس شيبًا وفعله أثغم وأثغمه أغضبه او فرّحه جدًّا ولون ثاغم أبيض (ص ثكم آثارهم اقتصّها ص ل وثكم الامر لزمه وبالمكان أقام) • ص ل ثلم الشيء (وثلّمه) كسر حرفه فانثلم وتثلّم والثلمة فرجة المكسور والمهدوم • ن ثمّه أصلحه وجمعه وثمّ الحشيش جمعه والثمّة القبضة من الحشيش وانثمّ جسده ذاب وثمّ حرف عطف يأتي بيانه في مكانه وثمّ بالفتح (اسم يشار به للمكان البعيد) بمعنى هناك والثمام نبت طيّب الريح والثمثم كلب الصيد وثمثم الاناء غطّاه وثمثم احتبس وفي عمله أجاد (ضدّ) والثمّة الشيخ وانثمّ شاخ (وابو ثمامة كنية مسيلمة الكذّاب • الثوم م واحدته ثومة) •

وجوم والجامات التي رآها يوحنا في جليانه هي ضربات يضرب الله بها الناس ايام الدجال * الجهم الغليظ السمج وفعله ر جهم جهامة وجهومة ع ل وجهمه وتجهمه استقبله بوجه كريه والجهام السحاب لا ماء فيه والجهم والجهوم العاجز الضعيف والاسد ضد * (الجهضم الضخم الهامة المستدير الوجه والرحب الجبين الواسع الصدر والاسد وتجهضم تغطرس وتعظم) * جهنم (مؤنثة) مغارة مظلمة في قلب الارض مملوءة نارا وكبريتا تسكنها الشياطين والكفار والخطاة طولها مئتا ميل وكذلك عرضها وعلوها بينها وبين وجه الارض سماكة ثلاثة آلاف ميل والداخل اليها لا يخرج منها الى الابد وخلاف ذلك بدعة وجهنم ايضا كل واد عميق *

ح

الحتم الخالص (قلب المحت) والقضاء الواجب واحكام الامر ج حتوم وفعله ض حتم والحاتم القاضي ج حتم والحاتم ايضا الغراب (وغراب البين) والحتمة السواد والحتامة فضالة الموائد وفتاتها وتحتم اكل الحتامة (وتحتم لكذا افسد وهو ذو تحتم خشش) والحترمة الخموصة والاحتم الاسود * (الحثمة الاكمة الصغيرة وارنبة الانف والمهر الصغير ج حثام * الحثرمة غلظ الشفة وبالكسر الارنبة والدائرة تحت الانف والحرائم الغليظها) * حجم الشيء مقداره تحت يدك ج حجوم ن وحجم حجما منع وحجم الثدي نهد ن ض وحجمه مصه ومنه الحجام والمحجم والمحجمة ما يحجم به وحرفته الحجامة واحتجم الحجامة (طلبها) واحجم عنه كف ونكص هيبة واحجم الثدي نهد والمحجام الكثير النكوص والحوجم الورد الاحمر الواحدة حوجمة (وحجم تحجيما نظر شديدا والحجوم فرج المرأة) * الحاخام حكيم اليهود وعالمهم * الحذمة النار وصوتها واحذمت النار والحر اتقد واحتدم عليه غيظا وتحدم تحرق واحتدمت النار التهبت واحتدم الدم اشتدت حمرته * ض حذمه قطعه والحذم والحذيم القاطع والحذم طيران المقصوص والحذم اللصوص الحذاق والحذمان للاسراع والابطاء ضد * (الحذرمة كثرة الكلام والحذارمة المكثار * حذلم فرسه اصلحه والعود براه واحده والسقاء ملأه وتحذلم اسرع وتأدب) * الحرم الحرام ضد الحلال ج حرم وفعله ر حرم عليه حرما وحراما وحرمه الله تحريما (واحرمه) جعله حراما والمحارم ما حرمه الله والمحارم ايضا مخاوف الليل والحرم ايضا عند النصارى نوعان صغير وهو ان يمنع المذنب من قبول الاسرار المقدسة وكبير وهو ان يمنع من شركة المؤمنين فلا يخاطبهم

• جَرْجَمَهُ شربَهُ واكلَهُ وهدمَهُ وتَجَرْجَمَ سقط وانحدر في بئرٍ وتقوّض وانهدم وأَكثرَ من الاكل
والشرب • جَرْذَمَ أكثر من الكلام وأسرعَ (والخبزَ أكلَهُ كُلَّهُ • جَرْشَمَ أحدَّ النظر
و) الجِرْسامُ السمُّ الذعافُ • (جَرْشَمَ اندمَلَ بعد المرض وجَرْشَمَ كرِهَ وجهَهُ • الجُرْضُمُ
والجُراضِمُ والجِرْضَمُّ الأكولُ والخِرْضَمُ الشيخُ الساقطُ هُزالاً) • الجُرامِزُ والجِرْهامُ كالاسد
ورجلٌ جَرِمٌ ومُجْرَنْمِمٌ حاذقٌ في عملِهِ • ض جَزَمَهُ قطعَهُ وجَزَمَ القَسَمَ حلف بهِ وجزم
الحديثَ سكّنَهُ وجزمَ عليهِ (وجُزِّمَ) سكتَ وجَزَمَ عنهُ (وجَزَّمَ) جبنَ وعجزَ وجزمَ السِقاءَ (وجزّمَهُ)
ملأَهُ فهو سقاءٌ جازِمٌ وجَزَمَ أكلَ في كلِّ يومٍ وليلةٍ أكلةً وانجزمَ العظمُ انكسر والجَزْمُ الخطُّ
المستوي المؤلّفُ من حروفِ المعجمِ والجُزْمُ النصيبُ • الجِسْمُ والجُسْمانُ البدنُ وكلُّ
نوعٍ عظيمِ الخلقةِ ج أجسامٌ وجُسُومٌ ر وجَسُمَ عظُمَ فهو جَسيمٌ وجُسامٌ وتَجَسَّمَ صار ذا جِسْمٍ
والجَسْمانِيَّةُ موضعٌ في سفحِ جبلِ الزيتونِ في القدسِ فيهِ دُفِنَتْ سيّدتُنا مريمُ العذراء
• ل جَشِمَ الامرَ جَشْماً وجَشامَةً وتجشّمَهُ تكلّفهُ على مشقّةٍ والجُشَمُ الثقلُ والجَشِيمُ الغليظ
والجُشَمُ الجوفُ والصدرُ • (الجُضَمُّ الكثيرُ الاكلِ والتجضّمُ الاخذُ بالفمِ) • الجَعَمُ (والتجعّمُ
قلّةُ الكلام و) الطمعُ ل وجَعِمَ الى اللحمِ اشتهاهُ وكرِهَهُ ضدٌّ فهو مَجْعُومٌ والجَيْعَمُ الجائعُ
واجتعمَ استأصلَ • (الجُعْشُمُ الوسطُ والجُعْشُمُ والجُعْشَمُ القصيرُ الغليظُ الشديدُ والطويلُ
الجسيمُ ضدٌّ) • ض جَلَمَهُ قطعَهُ وجَلَمَ الصوفَ جزَّهُ والجُلامَةُ الجُزَّةُ والجَلَمُ الشعرُ
والجَلَمُ القمرُ والهلالُ (وغنمٌ طوالُ الارجلِ لا شعرَ على قوائمها وتيسُ الغنمِ والظباءِ ج جِلامٌ
• جَلْخَمَ الحبلَ فتلَهُ واجْلَخَمُّوا اجتمعوا • اِجْلَعْمَّوا استكثروا واجتمعوا) •
الجُلَنْبَلَمَةُ الشِدَّةُ والامرُ العظيمُ والجَلَنْهَمُ الغارةُ العظيمةُ • الجَمُّ والجَميمُ الكثيرُ ج جِمامٌ
(وجُمومٌ) وجِمامُ الكيلِ مثلّثةً امتلاءُ المكيالِ الى رأسهِ والجِمامُ الشيطانُ ن ض وجَمَّ الماءُ
جُمومًا واستجمَّ كثُرَ واجتمعَ وأجمَّ الماءَ تركَهُ يجتمعُ وأجمَّ الامرُ دنا وجُمَّةُ السفينةِ الموضعُ
الذي يجتمعُ فيهِ رشحُها والجُمَّةُ مجتمعُ شعرِ الرأسِ فهو جُمّانيٌّ والجُمامُ راحةُ اليدِ والجَموُمُ
البئرُ الكثيرةُ الماءِ وجمّمَ النبتُ تجميمًا وجَمَّ كثُرَ وطالَ فهو جَميمٌ واستجمّتِ الارضُ
خرجَ نبتُها والمَجَمُّ الصدرُ والأجمُّ الكبشُ بلا قرونٍ والفارسُ بلا رمحٍ والأجمُّ ايضًا فرجُ المرأةِ
وجاءوا جَمًّا غفيرًا والجَمّاءُ الغفيراءُ بأجمعهم والجَمّاءُ الملساءُ والجَمْجَمَةُ والتجمجُمُ عدمُ بيانِ الكلامِ
والاهلاكُ والجُمْجُمَةُ قحفُ الدماغِ ج جَماجِمُ والجُمْجُمَةُ ايضًا اسمُ موضعٍ في اورشليمَ تقتلُ فيهِ
الاشرارُ وفيهِ صُلِبَ المسيحُ والجَماجمُ الساداتُ والقبائلُ • (الجَنْمَةُ جماعةُ الشيءِ
واخذَهُ بجَنْمَتِهِ كلِّهِ ويُحرّكُ) • الجامُ اناءٌ من فضةٍ ج أجْؤُمٌ بالهمزِ وأجوامٌ وجاماتٌ

حضرموت) * حطم اليابس حطمًا وحطّمه تحطيمًا كسره فانحطم وتحطّم والحطمة والحطامة ما تكسّر من الشيء. وقشر البيض والحطيم ما بقي من نبات عام أول (والحطمة والحاطوم السنة الشديدة الصعبة وتحطّم غيظًا تلهّب (والحطوم والحطام والمحطم الاسد والحطمة الراعي الظلوم للماشية وشرّ الرعاء الحطمة حديث) * أحنعام زوجة داود الملك الازراعيلية

* ن حكم (بينهم وله و) عليه حكمًا وحكومة قضى والحكم القضاء ج أحكام فهو حاكم وحكم ج حكّام وحاكمه دعاه الى الحاكم وحاكمه خاصمه وحكّمه فيه تحكيمًا ولّاه فاحتكم وتحكّم والاسم الاحكومة والحكومة والحكمة العدل والعلم والحلم والنبوة والانجيل المقدس (ووضع الشيء في موضعه وصواب الامر وسداده) وسفر الحكمة كتاب سليمان بن داود وحكمة الله لقب سيدنا يسوع المسيح وأحكمه أتقنه (ومنه الحكيم اى المتقن وصاحب الحكمة) وأحكمه وحكّمه تحكيمًا ن وحكمه منعه عن الفساد وأحكمه عن الامر رجعه ومنعه مما يريد والحكمة حديدة تحوط بحنكي الفرس من لجامه وأحكم الفرس وحكمه حكمًا جعل للجامه حكمة والحكمة ايضًا مقدّم وجه الانسان والمنزلة وشيء محكم غير منسوخ والمحكمات قصص الانبياء وأخبار التورية والانجيل والمحكّم الشيخ المجرّب والمحكم (والمحكّم) المنصف من نفسه والثابت على دينه وقت الشهادة فلم يكفر * الحلم بالضم وبضمتين الرؤيا ج أحلام وفعله ن حلم في نومه واحتلم وانحلم وتحلّم . وتحلّم الحلم استعمله وحلم به وحلم عنه رأى له رؤيا اوراه في نومه والحلم والاحتلام الجماع في النوم والاسم الحلم وفعله حلم واحتلم والحلم الاناة والعقل ج أحلام وحلوم فهو حليم ج حلماء وأحلام وفعله ر حلم حلمًا وتحلّم (تكلّفه) وحلّمه تحليمًا (وجلّانا) جعله ذا حلم وحلمة الثدي م والحلمة ايضًا دودة تأكل الجلد ج حلم ل وحلم الجلد وقع فيه الحلم والحلام الجدي والخروف (ودم حلام هدر) والحالوم لبن غليظ كالجبن الطري والحليم الشحم * الحلقوم الحلق وحلقمه قطع حلقومه * (الحلكم والحلكم الاسود من كل شيء. وفيه حلكمة سواد) * حمّ الامر حمًّا مجهولًا قضي وحمّ له ذلك قدّر له ن وحمّ حمّه قصد قصده وحمّ التنور اضرمه وحمّ الشحم أذابه وحمّ الماء وأحمّه وحمّمه سخّنه وحمّ الله له كذا قضاه له والحمام قضاء الموت والحمام السيّد الشريف والحمام طائر م (ويقع واحدته على المذكر المؤنث كالحيّة) ج حمائم (ولا تقل للذكر حمام وحمامة قاربة) وأحمّ دنا وحضر وأحمّه الامر أهمّه وأحمّ نفسه غسلها بالماء البارد والحميم والمحمّ القريب ج أحمّاء والحميم ايضًا والحميمة الماء الحار (ج حمائم) واستحمّ اغتسل به والماء البارد ايضًا ضدّ والحميم ايضًا القيظ والمطر بعد الحرّ والعرق واحتمّ اهتمّ فلم ينم من الهمّ واحتمّت

مطلقا والحريم ما حرّم عليك مسّه ولمسه ومنه حريم الرجل اى نساؤه والحريم ايضا الشريك وحريم الدار ما اضيف اليها من حقوقها ومرافقها وحريمك (وحرمتك) ما تحميه وتقاتل عنه ج أحرام وحرم ص (ل) وحرمه الشيء (حريما و) حرمانا وحرما وحرمة (وحرما وحرمة وحريمة) منعه إياه واحرمه منعه (لغية) فهو محروم والمحروم (الممنوع من الخير و) من لا ينمى له مال ولا كسب وحريمة الرب الذى صار نذرا لله ل وحرمت الكلبة (والذئبة وذات الظلف حراما) واستحرمت ارادت الفحل فهى حرمى ج حرام وحرامى والحرمة بالضم (وبضمتين والحرمة) ما لا يحل والمهابة والنصيب والقيام بما يجب لله (واحترم فلانا رعى حرمته) وحرمتك نساؤك ج محارم الواحدة محرمة (ويثنى راؤها ورجم محرم محرم تزويجها) والمحرم المسالم والمستأمن والحرامية اللصوص لغة رديئة (والحيرم البقر واحدته حيرمة والحوزم المال الكثير من الصامت والناطق وحرام الله لا افعل كقولهم يمين الله لا افعل) وحيرام ملك صور صديق سليمن بن داود باشر فى قطع ارز لبنان لبناء الهيكل فى اورشليم • حرجم القوم رد بعضهم على بعض واحرنجموا اى اجتمعوا او ازدحموا • (الحرذمة اللجاج فى الامر) • حرذمه الله لعنه • الحرشم (والجرشم) السم والموت • الحزم احكام الامر وتوثيقه وفعله ر حزم حزامة وحزومة فهو حازم وحزيم ج حزمة وحزماء ص وحزمه شده بالحزام فتحزم واحتزم والحزيم والحيزوم الصدر ج حزم (واحزمة والمحزم والمحزمة والحزام والحزامة ما حزم به ج حزم) والحيزوم ايضا ما حول الظهر والبطن وحول الحلقوم والاحزم العظيم الحيزوم واحزوزم اجتمع واكتنز واحزوزم الرجل غلظ بطنه ل وحزم غص فى صدره • ص حسم الداء قطعه بالدواء (وهذا محسمة للداء اى يقطعه وحسم الشيء قطعه) وحسمه الشيء منعه إياه والحسام السيف القاطع والمحسوم الصبى المفطوم • الحشمة الحياء والانقباض وفعله احتشم منه وعنه ن وحشمه واحشمه اخجله واسمعه ما يكره ل وحشم غضب وحشمه (واحشمه وحشمه) اغضبه وحشمة الرجل وحشمه واحشامه (للواحد والجمع) خاصته من اهله وعبيده وجيرته وعياله وقرابته ن وحشم حشوما أعيا وانقبض وطلب والحشمة المرأة والقرابة والذمام • (ص حصم ضرط او خاص بالفرس والحصوم الضروط والحصيم الحصى الصغار والحصاء الاتان والحصم العود انكسر والمحصمة مدقة الحديد) • الحصرم التمر قبل ان ينضج (واول العنب ما دام اخضر) والبخيل وحصرم بدنه دلكه بالحمام (بسحيق محقق الحصرم) وحصرم قوسه وترها وحصرم القلم براه وحصرم الحبل فتله شديدا • (الحضلم التراب • الحضجم والحضاجم الجافى الغليظ اللحم • حضرم لحن فى كلامه وانتزع لحاء الشجر وشد توتير القوس والحضرمة الخلط والحضرمية اللكنة والحضرميون نسبة الى

تابعة من الجن والخذمة الساعة من ليل او نهار) والخذم الخشم * ص خذمه
(وخذمه) قطعه ل وخذم وتخذم انقطع وسيف (خذم وخذوم و) مخذم قاطع وخذم
اسرع وسكر فهو خذيم والخذامة القطعة والخذمة الساعة والخذم السمح الكريم ج خذمون
واخذم ذل وسكن واخذم الشراب اسكر * ص خرم الابرة (والخرزة وخرمها قصمها
و) اقصى ثقبها فتخرمت وخرم انفه شق ما بين منخريه فهو اخرم والخرماء الاذن
المنشقة عرضا والاخرم ايضا لقب يستنيانوس من ملوك الروم كان خلع من الملك
وقطع انفه والخورمة مقدم الانف وما بين المنخرين واخترمته المنية اخذته واخترمت
القوم استأصلتهم والخارم البارد والتارك والمفسد والريح الباردة والخريم الماجن وفعله ر خرم
والخرمان الكذب وتخرم في المعاصي انغمس وتخرم اقتدى بدين اهل التناسخ *
الخرشوم انف الجبل والارض الغليظة والمخرنشم المتكبر والمتغير اللون * الخرطوم
الانف وموضع الحنك والخمر المسكرة وماء العنب وخرطمه ضرب خرطومه او لمسه واخرنطم
رفع انفه مستكبرا وغضب * ن خزم البعير جعل في انفه خزاما وخزامة اي حلقة
فهو مخزوم والمخزومة صفة للطير كلها (لان وترات انوفها مثقوبة) وخزمه شكه فتخزم وريح
خازم باردة والخزم زيادة على وزن الشعر لا يعتد بها والاخزم الحية الذكر * ل خشم
اللحم واخشم وتخشم تغيرت رائحته والخيشوم داخل قصبة الانف وخشم خشما وخشوما
اتسع خيشومه وخشم الانف تغيرت رائحته فهو اخشم والاخشم من ذهبت منه حاسة الشم
ض وخشمه كسر خيشومه وخشمه الشراب تخشيما اسكره فهو مخشم ومخشوم ومتخشم (والخشام
الاسد) * الخشرم جماعة النحل والزنابير الواحدة خشرمة * الخصومة الجدل وفعله
خاصم وتخاصم واختصم فهو خصم ج (خصوم وقد يكون للاثنين والجميع والمؤنث والخصيم
المخاصم ج) خصماء وخصمان والاسم الخصام ورجل خصم مجادل (ج خصمون) وخاصمه
ض فخصمه غلبه والخصم الجانب والزاوية (والناحية ج اخصام وخصوم والخصوم الاصول)
واخصام العين ما ضمت عليه اجفانها * الخضم الاكل باقصى الاضراس واكل الشيء
الرطب مثل القثاء والخيار ونحوهما وفعله ض خضم والخضيمة النبت الاخضر الرطب
والارض الناعمة وخضمه واختضمه قطعه وخضم له من ماله اعطاه والخضم السيد السخي
ج خضمون والخضم ايضا البحر والجمع الكثير والسيف القاطع وحجر المسن واختضم الطريق
قطعه * الخضرم البحر العظيم والخضرم ايضا والخضارم السيد الجواد ج خضارم

العينُ سهرتْ وحَمّ (الشيءُ. مُعْظَمُهُ ومن) الظهيرةِ شدّةُ حرِّها والحَمّامُ المغتسلُ مُذكّرٌ ج حمّامات والحَمّةُ العينُ التي ماؤها حارٌّ والحِمّةُ المنيّةُ والحُمّةُ الحُمّى وحُمّ مجهولاً أصابتْهُ الحُمّى وأحَمّهُ اللهُ فهو مَحْمومٌ والاسمُ الحُمّى والأحَمّ واليَحْمومُ للاسودِ والأحَمُّ الابيضُ ضِدٌّ والحَمّاء للاستِ (ج حُمّ) واليَحْمومُ الدخانُ وحَمْحَمَ الغلامُ نبتتْ لحيتُهُ وحَمْحَمَ الرأسُ نبتَ شعرُهُ بعدَ ما حلقَ والحَمامةُ المرأةُ الجميلةُ وساحةُ القصرِ وبكرةُ الدلوِ (وحلقةُ البابِ) وحَمْحَمَ الفرسُ صَوّتَ عندَ العليقِ وحامّتُهُ طائفتُهُ * (الحَنَمَةُ النَّوْمَةُ * الحَنْتَمُ الجرّةُ الخضراء * الحِنْذِمانُ الطائفةُ او الجماعةُ) * حَوْمَةُ البحرِ وحَوْمَةُ القتالِ مُعْظَمُهُ وحامَ الطيرُ حَوْمًا وحَوَمانًا دارَ وحامَ فلانٌ على الامرِ حَوْمًا وحِيامًا وحُوُومًا وحَوَمانًا رامهُ فهو حائمٌ ج حُوَّمٌ والحائمُ العطشانُ والحَوْمانةُ المكانُ ج حَوْمانٌ وحَوامينُ وحامُ بنُ نوحٍ سخرَ بأبيهِ فلعنَ كنعانَ ابنَهُ والحَوْمةُ البلّورُ *

خ

ص خَتَمَهُ خَتْمًا وخِتامًا طبعَهُ وخَتَمَ على قلبهِ جعلَهُ لا يفهمُ ن وخَتَمَ الشيءَ خَتْمًا بلغَ آخرَهُ وخَتَمَ الزرعَ سقاهُ أوّلَ سقيةٍ والخِتامُ الطينُ تَخْتِمُ بهِ على الشيءِ والخاتَمُ (ما يوضعُ على الطينِ والخاتِمُ) بكسرِ التاءِ وفتحِها والخاتامُ والخِتامُ والخَتْمُ والخاتيامُ ما يُوضَعُ في الاصبعِ للزينةِ ج خَواتِمُ وخَواتيمُ وقد تَخَتَّمَ بهِ وخاتِمُ كلِّ شيءٍ وخاتِمَتُهُ عاقبتُهُ وآخرتُهُ والخاتَمُ ايضًا نقرةُ القفا وتَخاتَمَ عنهُ تغافلَ وسكتَ والخَتْمُ العسلُ وأفواهُ خلايا النحلِ وشيءٌ رقيقٌ يطلى بهِ النحلُ قرصَ العسلِ والمَخْتومُ الصاعُ والمختومُ السبعةُ التي رآها يوحنّا في جليانهِ رمزٌ على سبعةِ أسرارِ حيوةِ المسيحِ وهي * ميلادُهُ * وصلبُهُ * وقيامتُهُ * وصعودُهُ * وحلولُ الروحِ القدسِ * ودعوةُ الأممِ * والدينونةُ العامّةُ * (خَتْرَمَ خَتْرَمَةً سكتَ من عِيٍّ او فزعٍ * خَتَلَمَ الشيءَ أخذَهُ في خفيةٍ) * الخَثَمُ عرضُ الانفِ وعرضُ رأسِ الاذنِ وفعلُهُ ل خَثِمَ فهو أخْثَمُ (وخَثِمٌ والأخْثَمُ الاسدُ والسيفُ * الخَثارِمُ الرجلُ المتطيّرُ والغليظُ الشفةِ والخِثْرِمَةُ بالكسرِ الخَثْرَمَةُ وبالفتحِ الخُرْقُ في العملِ * الخَثْعَمُ الاسدُ * الخَثْلَمَةُ الاختلاطُ وأخذُ الشيءِ في خفيةٍ) * ن ض خَدَمَ خِدْمَةً فهو خادمٌ ج خُدّامٌ وخَدَمٌ وهي خادمٌ وخادمةٌ واخْتَدَمَ خَدَمَ نفسَهُ واستخدمَهُ واخْتَدَمَهُ طلبَ منهُ خادمًا فأخْدَمَهُ اي أعطاهُ والخَدَمَةُ الخلخالُ والساقُ ج خِدَمٌ وخِدامٌ والمُخَدَّمُ موضعُ الخلخالِ ورباطُ سراويلِ المرأةِ عندَ قدميها والأخْدَمُ الفرسُ المحجّلُ والمَخْدومُ الذي وهبَ الشيطانَ نفسَهُ ليعملَ هواهُ (وهو مَنْ لهُ

البذيّ • الدِرْزِمُ الساقطُ واسمٌ للدجّالِ) • الدِرْهَمُ بالكسرِ وفتحِ الراءِ وكسرِها
والدِرْهامُ م ج دَراهِمُ (ودَراهيمُ) ورجلٌ مُدَرْهَمٌ كثيرُ الدراهمِ وادْرَهَمَّ الرجلُ اظلمَ بصرُهُ وكَبِرَ
سِنُّهُ والدِرْهَمُ الحديقةُ • الدَسَمُ طعمُ السَمْنِ والشحمِ والدَسَمُ ايضًا الدنسُ وفعلُهُ ل
دَسِمَ ن ودَسَمَ القارورةَ سدَّها (والمرأةَ جامَعَها) ودَسَمَ الاثرَ أخفاهُ ودَسَمَ البابَ أغلقَهُ والدِسامُ
السِدادةُ والادْسَمُ ما فيهِ غُبرةٌ تميلُ الى السوادِ وهي دَسْماءُ وفعلُهُ ل دَسِمَ والدَيْسَمُ الظلمةُ
والسوادُ و(وَلَدُ) الثعلبِ (من الكلبةِ او ولدُ الذئبِ منها) والدُسْمةُ الذُرَةُ • (الدُسْمةُ
الذي لا خيرَ فيهِ) • الدِعْمةُ والدِعامةُ والدِعامُ عِمادُ البيتِ وخشبُ التعريشِ ج
دُعَمٌ ودَعائمُ ع ودَعَمَ البيتَ نصبَ لهُ دِعامةً (ودَعَمَ المرأةَ جامَعَها) والدِعامةُ ايضًا السيّدُ
وادَّعَمَ اتَّكأ على الدِعامةِ والدُعْمِيُّ النجّارُ ومُعظَمُ الطريقِ والقويُّ الدِعامةِ والدِعامةُ ايضًا
الشَرَطُ • (الدِعْرِمُ الدميمُ القصيرُ الرديءُ والدَعْرَمةُ قِصَرُ الخطوِ في عَجَلةٍ) • ع ل دَغَمَهُ
الحَرُّ والبَرْدُ وادْغَمَهُ غشيَهُ ع ودَغَمَ أنفَهُ كسرَهُ ودَغَمَ الاناءَ غطّاهُ والادْغَمُ الفرسُ المبقّعُ بالسوادِ
والاسمُ الدُغْمةُ والادْغَمُ ايضًا مَنْ يتكلّمُ من صوتِ أنفِهِ وادْغَمَهُ اللهُ سوّدَ وجهَهُ وادْغَمَ الفرسَ
أدخلَ اللجامَ في فيهِ ومنهُ إدغامُ الحرفِ في الحرفِ عند التصريفيّين وادْغَمَ الاكلَ أكلَهُ
بلا مضغٍ لئلّا يفوتَهُ والدُغْمانُ الاسودُ (والدُغْمُ البيضُ كأنّهُ ضدٌّ) • الذَقْمُ الغمُّ الشديدُ
وفعلُهُ ن ذَقَمَ ودَقَمَهُ كسرَ أسنانَهُ ودَقَمَهُ دفعَهُ وطعنَهُ (مُفاجأةً) • ن دَكَمَهُ في صدرِهِ
دفعَهُ ودَكَمَ الشيءَ دقَّ بعضَهُ على بعضٍ او أدخلَ بعضَهُ في بعضٍ • ل دَلِمَ اشتدَّ
سوادُهُ فهو أدْلَمُ (والادْلَمُ الاسدُ) والدَلامُ السوادُ والدَلْماءُ ليلةُ الثلثين من القمرِ والدَيْلَمُ
طائفةٌ من العجمِ والداهيةُ والاعداءُ والجماعةُ (والنمْلُ الكثيرُ وذَكَرُ الدجاجِ) وادْلَمَّ الليلُ ادْلَهَمَّ
والدُلَّمُ الجبلُ وطائرٌ ودَلَمَتْ شَفَتُهُ تهدّلَتْ (وابو دُلامةَ هو زندُ بنُ الجونِ كوفيٌّ أسودُ لهُ بغلةٌ يُضرَبُ
بها المَثَلُ بكثرةِ العيوبِ فإنّها كانت عوراءَ عرجاءَ شموسًا تضربُ برجليها ويديها وتعضّ
الناسَ ولا يُمكِنُ لاحدٍ أنْ يُلجِمَها ولا ينعلَها واذا بالت أخذَتْ ذنبَها بين رجليها
فتبولُ عليهِ فترشُّ البولَ على الناسِ • الدِلْقِمُ العجوزُ والناقةُ المسنّةُ المنكسرةُ
الاسنانِ) • الدَلْهَمُ المظلمُ والذئبُ (والدِلْهامُ الاسدُ والرجلُ الماضي) وأسودُ مُدْلَهِمٌّ
شديدُ السوادِ وفعلُهُ ادْلَهَمَّ وادْلَهَمَّ الظلامُ تكاثفَ • ن دَمَّ البيتَ جصّصَهُ ودَمَّ السفينةَ
قيّرَها ودَمَّهُ عذّبَهُ شديدًا وشدخَ رأسَهُ وضربَهُ والدِمامُ ما يُطلَى بهِ وسحابٌ لا ماءَ فيهِ
والمَدْمومُ السمينُ والدِمّةُ (القملةُ والنملةُ والرجلُ القصيرُ الحائرُ و) الهِرّةُ والبقرةُ ومربضُ
الغنمِ وبالضمِّ الطريقةُ والمِدَمّةُ مِجرَفةٌ من عودٍ ذاتُ أسنانٍ تُساوَى بها الارضُ وتُمهَّدُها

وخضارِمَةٌ (وخضرِمُون) والمخضرَمُ مَنْ قضى نصف عمرهِ فى الكفر (بل هو الماضى نصف عمرهِ فى الجاهليّةِ ونصفهُ فى الاسلامِ او مَنْ أدركهما) والمخضرَمُ ايضا مَنْ كانت أُمّهُ سوداء وأبوهُ أبيض وبالعكس والناقصُ الحسبِ والدعىّ لاصلٍ ومَنْ لا يُعرَفُ أبوهُ او ولدُ السرارى وهو مُخضرَمٌ فى الجميع • الخطْمُ (الخطبُ الجليلُ و) منقارُ الطيرِ ومُقدَّمُ أنفِ الدابّةِ وفمها والخِطامُ ما وُضِعَ فى أنفِ البعيرِ ليُقتادَ به وفعلهُ ض خطَمَ وخطَمَ الاديمَ خاطَ حواشيَهُ والأخطَمُ الطويلُ الانفِ (والأسوَدُ) والخِطامُ ايضا وَترُ القوسِ ج خُطُمٌ (والخِطمىّ ويُفتحُ نباتٌ م) • الخَوْعَمُ الاحمقُ والخَيْعامَةُ نعتُ سوءٍ للرجلِ السُّوءِ والمأبونِ) • الخِلْمُ الصديقُ وكِناسُ الظبى وشحمُ الشاةِ ج أخلامٌ والمخالمةُ اختارَهُ (وخالَمَهُ صادَقهُ) • الخُلاخِمُ والخَلْخَمُ الجسيمُ العظيمُ او الطويلُ المنجذبُ الخلقِ • ن خمَّ البيتَ والحتهُ كنسَهُ وخمَّ النعجةَ حلَبها ن ض وخمَّ اللحمُ خمًّا أنتنَ فهو خمٌّ وخمَّ اللبنُ تغيّرت رائحتهُ والمِخمّةُ المِكنسةُ والخُمامةُ الكُناسةُ ورجلٌ مخموم نقىّ القلبِ من الغِلِّ والحسدِ والخُمُّ قفصُ الدجاجِ والشذاء والبكاء الشديدُ والخِمُّ البستانُ والخَمّانُ الرمحُ الضعيفُ والخُمّانُ بالضمّ والكسرِ رُذالُ الناسِ ورديء المتاعِ وخمخمَ فى كلامهِ لم يبيّنهُ وتخمخمَ ما على الموائدِ أكلَ بقاياها من كُسارٍ ونحوها • الخَيْمَةُ البيتُ من شعرٍ ونحوهِ على أعوادٍ او من أغصانِ شجرٍ ج خِيامٌ وخِيَمٌ وخَيْمٌ وخيماتٌ وأخامَ الخيمةَ (وأخيمها) نصبها وتخيّمها دخلَ فيها وخيّمَ بالمكانِ أقامَ فيهِ وخامَ عنهُ يخيمُ خَيْمًا وخَيَمانًا وخُيومًا وخِياما جبنَ ونكصَ وخامَ رجلهُ رفعها والخامُ الجلدُ قبلَ أنْ يُدبَغَ ومنهُ ثوبُ الخامِ وتخيَّمَ هنا صوبُ خيمتهُ والخِيمُ السجيّةُ والطبيعةُ وفِرِندُ السيفِ (بلا واحدٍ) •

د

(ع دأمَ الحائطُ دفعهُ وتداءمهُ الامرُ تراكمَ عليهِ) • الدأيمةُ الغارةُ) • ل دَجِمَ حزنَ ن ودجمَ الليلُ أظلمَ (والدجمُ من الشىء الضربُ منهُ والدُّجمُ الاصحابُ والعاداتُ الواحدُ دُجمةٌ) • ع دحمهُ دفعهُ دفعًا شديدًا والدُّحمُ الاصلُ) • (ع الدحلمةُ الدحْورةُ) • ع دخمهُ دفعهُ بازعاجٍ (ودخمَ المرأةَ جامعها) • ل درِمَ الساقُ استوى ودرِمتِ الاسنانُ انحتّت والأدرمُ مَنْ لا أسنانَ لهُ وأدرمَ الصبىُّ تحرّكت أسنانهُ ليستخلفَ غيرها والدرّامُ القنفذُ والدَّرُومُ الطارقُ ليلًا والدرماء والدرّامةُ الارنبُ والدرّيمُ الغلامُ الناعمُ (الدُّرَخمينُ الداهيةُ) • الدِّرْدِمُ المرأةُ تجىءُ وتذهبُ بالليلِ • الدِّرعمُ الردىءُ •

ورائمٌ ورأمَهُ على الشيء أكرههُ ورأمَ الحبلَ فتلَهُ شديدًا والرَأْمُ البوُّ والرِئمُ الظبيُ ج آرامٌ (وأرآمٌ) والرُءامُ اللُعابُ وترأمتهُ ترحّمتْ عليهِ) والرأمةُ المحبّةُ •

ص رَتمَهُ كسرهُ ودقّهُ والرَتْمةُ خيطٌ يُعقدُ في الاصبعِ للتذكرِ ج (رَتْمٌ والرَتيمةُ ايضًا ج) رتائمُ ورِتامٌ وأرتمَ الخيطَ عقدَهُ في إصبعهِ فارتتمَ وترتّمَ والرَتَمُ المحجّةُ والكلامُ الخفيُّ والحياء (وما رَتَمَ بكلمةٍ ما تكلّمَ وما زالَ راتمًا مقيمًا •

ص رَثَمَ أنفَهُ او فاهُ كسرهُ حتى تقطّرَ منهُ الدمُ فهو وكلُّ ما لُطِخَ بدمٍ وكُسِرَ رَثيمٌ ومرثومٌ والمِرثمُ والمَرْثِمُ الانفُ ورثمتِ المرأةُ أنفَها بالطيبِ لطخته •

الرَجْمُ القتلُ والقذفُ والعيبُ والظنُّ واللعنُ والشتمُ والهجرانُ والرميُ بالحجارةِ ج رُجومٌ وفعلُ الكلِّ ن رَجَمَ والرَجْمُ ايضًا الخليلُ والنديمُ والرَجَمُ البئرُ والتنّورُ والجفرةُ (بالجيم) والقبرُ والرُجُمُ النجومُ المنقضّةُ و(الرِجْمُ والرِجمةُ) حجارةٌ تُوضعُ على القبرِ ج رِجَمٌ ورِجامٌ ورَجَمَ القبرَ علّمَهُ ووضعَ عليهِ الرِجامَ والرُجْمةُ بيتُ الضبعِ والمِراجمُ قبيحُ الكلامِ وراجَمَ ناضلَ وبالغَ في الكلامِ وراجمَ في العَدْوِ والحربِ بالغَ (وارتجمَ الشيءُ ركبَ بعضُهُ بعضًا) •

الرَحْمةُ الرِقّةُ والمغفرةُ والرُحْمةُ والرُحْمُ (بضمٍّ وبضمّتينِ والمَرحمةُ) التعطّفُ والفعلُ ل رَحِمَ وترحّمَ عليهِ ورحّمَ عليهِ ترحيمًا (قالَ لهُ رحمكَ اللهُ ورَهَبوتٌ خيرٌ لكَ من رَحَموتٍ لا يُستعملُ الّا مزدوجًا وقد مرَّ في ر ه ب) والرحِمُ بالكسرِ وبفتحٍ فكسرٍ (يُذكّرُ ويؤنّثُ) موضعُ تخليقِ الجنينِ ووعاؤهُ والقرابةُ (او أصلُها وأسبابُها) ج أرحامٌ والرَحومُ والرَحماءُ التي تشتكي رَحِمَها بعدَ الولادةِ وفعلُهُ ر ل رَحُمتْ رَحامةً (ورَحِمَتْ) •

راحبعامُ بنُ سُليمن نفذَ من يدهِ مُلكُ بني إسرائيلَ فلم يبقَ معَهُ سوى سبطِ يهودا جدّهِ وسبطِ بنيامينَ •

ن رَخَمتِ الدجاجةُ على بيضِها رَخْمًا (ورَخَمًا) ورخّمتهُ وأرخمتْ حضنتهُ فهي راخمٌ ومُرخِمٌ ورَخَمتِ المرأةُ ولدَها لاعبتهُ ر ورَخُمَ الكلامُ لانَ وسهلَ (فهو رخيمٌ) ورَخُمتِ الجاريةُ صارتْ سهلةَ المنطقِ فهي رَخيمةٌ ورَخيمٌ وترخيمُ الاسماءِ حذفُ أواخرِها عندَ النداءِ والرَخَمةُ (واحدةُ الرَخَمِ) طائرٌ والرُخامُ حجرٌ أبيضُ بَرّاقٌ والرُخامى الريحُ اللينةُ •

الرَدْمُ البابُ وما سقطَ من الجدارِ المتهدّمِ ج رُدومٌ والرُدْمُ ايضًا والمِرْدامُ مَنْ لا خيرَ فيهِ وثوبٌ مُرَدَّمٌ مرقّعٌ والرَديمُ الثوبُ الخَلَقُ ج رُدُمٌ وتردّمَ الثوبُ ترقّعَ وأخلقَ فهو مُتَرَدِّمٌ وتردّمتِ الخصومةُ طالتْ وأردمتِ الحمّى دامتْ وأردمتِ الشجرةُ اخضرّتْ بعدَ يبسِها والأرْدَمُ الملّاحُ الحاذقُ (ج أردمونَ) ورَدَمتْ على ولدِها وتردّمتْ تعطّفتْ ن ورَدَمَ الشيءُ سالَ •

الرَذومُ السائلُ من كلِّ شيءٍ والقصعةُ الممتلئةُ والعظمُ الذي لهُ مُخٌّ ج رُذُمٌ والفعلُ ل رَذِمَ وأرذمَ •

ن رَزَمَ الرعدُ اشتدَّ صوتُهُ ورَزَمتِ الناقةُ حنّتْ على ولدِها ورزمتِ

وتنظفها والدأماء جحر اليربوع ج دوام والدميم الحقير ج (دمام وهى دميمة ج دمام ايضا و) دمائم وفعله ل دم والديموم والديمومة الفلاة الواسعة والدمدمة الغضب (ودمدم عليه كلمه مغضبا) والدم بالتشديد لغة فى الذم بالتخفيف * دام يدوم ويدام دوما ودوامة وديمومة (وادامه واستدامه) وداومه تأنى فيه او طلب دوامه والديوم (والدوم) الدائم والديمة مطر يدوم فى سكون بلا رعد وبرق ج ديم وديوم ودامت السماء تديم ديما طال مطرها والمدام المطر الدائم والمدام والمدامة الخمر والدأماء البحر ودومت الشمس دارت ودومت عينه دارت حدقتها ودوم الشئ بله ودوم الزعفران دافه ودوم القدر سكن غليانها بالماء البارد ودوم الطائر واستدام حلق فى الهواء والدوامة التى يلعب بها الصبيان (ج دوام) ودومها ادارها والدوماء حومان الطائر (وتدومه انتظره) وما دام من اخوات كان الناقصة * الدهمة السواد والادهم الاسود (والجديد من الآثار والقديم الدارس ضد) والقيد ج اداهم والداهية الدهماء القديمة ل ع ودهمك غشيك (ودهمهم) وام الدهيم الداهية وادهمه ساءه فهو مداهم (وابراهيم بن ادهم يضرب به المثل فى الزهد * الدهثم الرجل السهل الخلق والدهثم والدهثمة الارض السهلة) * دهدمه هدمه اسا على اس * (دهسم الشئ اخفاه * الدهكم الشيخ البالى وتدهكم اقتحم فى امر شديد) *

ذ

ع ذأمه حقره وذمه وطرده وخزاه * ذحمه ذأمه * ذخلمه دغوره * ن ذمه ذما ومذمة ضد مدحه فهو مذموم وذميم (وذم بالشتم ويكسر ومذم وتذاموا ذم بعضهم بعضا واستذم اليه فعل ما يذمه على فعله والذموم العيوب واذم فلان اتى بما يذم عليه) واذمه وجده ذميما واذم به تهاون واذمه اجاره والذمام والمذمة الحق والحرمة والجيرة ج اذمة والذمة والذمامة العهد والموثق (والكفالة واذم له عليه اخذ له الذمة والذم المفرط الهزال والهالك وذمذم قلل عطيته) واهل الذمة القوم المعاهدون والذمامة البقية وتذمم استنكف (وبئر ذمة وذميم قليلة الماء وغزيرة ضد ج ذمام) * الذيم والذام العيب والمذمة وفعله ذام يذيم ذيما (وذاما فهو مذيم ومذيوم) *

ر

(ل) ع رأمه احبه ورأم الجرح داواه ورأمت الناقة ولدها عطفت عليه ولزمته فهى رؤوم

رَوْمًا ومَرامًا طلبَهُ والرَوْمُ شحمةُ الاذنِ وأَنْ تميلَ بحركةِ الحرفِ عند التلفُّظِ بهِ وهذا يعرفهُ أَهلُ التجويدِ والرامةُ قريةٌ في القدسِ من سبطِ بنيامين منها يوسفُ الرامي الذي دفن جسدَ يسوعَ في قبرهِ والرَوْمُ جيلٌ م ج رُوْمٌ ايضًا وأَرْوامٌ والنسبةُ رُومِيٌّ (ورَوَّمَ لبثَ وتَرَوَّمَ ده تهزَّأَ والمَرامُ المَطلَبُ) ورُوْمِيَّةُ تحتَ مُلكِ القياصرةِ سابقًا والآنَ فيها كرسيُّ كنيسةِ المسيحِ وهو رأسُ الكراسيِّ والجالسُ على هذا الكرسيِّ متقدِّمٌ على جميعِ رؤساءِ الكنيسةِ غربًا وشرقًا وطاعتُهُ من أُمورِ الدينِ ومَنْ يعصهُ يُعَدُّ مبتدعًا لكونهِ خليفةَ مارى بطرسَ ونائبَ المسيحِ ولهذا يُسمَّى البابا اى الجَدُّ وإِيمانُهُ هو الايمانُ المستقيمُ لا يُمكنهُ الغلطُ في الايمانِ أَصلًا ولا يُسمَّى مؤمنًا إِلَّا مَن انتسبَ الى إِيمانهِ فهو الجالسُ على صخرةِ الايمانِ وبيدهِ مفاتيحُ الايمانِ لأَنَّ المسيحَ صاحبَ الايمانِ أَجلسَهُ وأَعطاهُ وسلَّمَهُ رعايةَ المؤمنين والنسبةُ اليهِ روماني وانا مقرٌّ بامانتهِ ومعترفٌ بطاعتهِ * الرِّهْمَةُ المطرُ الضعيفُ الدائمُ ج رِهَمٌ ورِهامٌ وأَرْهَمَتِ السماءُ أَمطرتهُ والرُّهامُ من الطيرِ خلافُ الجوارحِ * الرِّيمُ الرغوةُ التي تعلو القِدْرَ عند غليانها (ولم يذكر ذلك صاحبُ القاموسِ بل قال الرَّيْمُ الفضلُ والعلاوةُ بين الفرسَيْنِ والجبالُ الصغارُ والقبرُ والتباعدُ والظبيُ الخالصُ البياضِ وآخِرُ النهارِ والمَيْلُ في حِضْلِ البعيرِ والساعةُ الطويلةُ والدرجةُ والزيادةُ والبَراحُ ما رِمْتُ أَفعلُ وما رِمْتَ المكانَ ما برحتَ والمَرْيَمُ التي تُحِبُّ حديثَ الرجالِ ولا تفجرُ ورَيَّمَ عليهِ زادَ) ومريمُ أُختُ موسى ضربها اللهُ بالبرصِ لأَنها عيَّرتْ موسى أَخاها ومريمُ بنتُ يُوَاكِيمَ وحَنَّةَ من سبطِ يهودا ومن نسلِ داودَ طهَّرها اللهُ منذ الازلِ فهي أَشرفُ ما خلقَهُ اللهُ في السماءِ والارضِ لأَنها ولدتْ كلمةَ اللهِ متجسِّدًا بفعلِ الروحِ القدسِ فهي عذراءُ قبلًا وبعدًا وفي الولادةِ فكانتْ سلطانةَ السمواتِ والارضِ فهي الاجدرُ بما قلتُ فيها *

* سَمَوْتِ يا بَتُولَةُ في العَذارَى * عَلَى كُلِّ الأَنامِ عُلًى وَفُقْتِ *
* خُلِقْتِ دُرَّةً لا عيبَ فيها * كأَنَّكِ مِثْلَما شِئْتِ خُلِقْتِ *

ز

ع زَأَمَ ماتَ بغتةً وزَأَمَهُ ذعرهُ فازدأَمَ وأَزأَمَهُ على الامرِ أَكرههُ وأَزأَمَ الجرحَ عالجهُ (والزَأْمُ والزَأْمَةُ الصوتُ الشديدُ والحاجةُ وشدَّةُ الاكلِ والشربِ والريحِ ومن الطعامِ ما يكفي والكلمةُ. * الزُّبْهُمَةُ العجلةُ) * ن زَحَمَهُ زَحْمًا وزِحامًا ضايقهُ وازدحمَ القومُ وتزاحموا وزاحمَ الخمسين قاربها وابو مُزاحمٍ الشبلُ * ع زَخَمَهُ دفعهُ شديدًا ل وزَخِمَ اللحمُ خبثَ ونتنَ فهو زَخِمٌ

الريحُ صوّتت في شيءٍ أجوف والرِزمةُ الحزمةُ من الثياب ورزّم الثيابَ ترزيمًا شدّها ورازَم بينهما جمعَ ورازَمَ الدارَ أقامَ بها طويلًا ن ورَزَمَ ماتَ ورَزَمَ بالشيء أخذَ به ورزمته أمّه ولدته ورَزَمَ الشيءَ جمعَه في ثوبٍ واحدٍ ورزمُ الشتاء بردٌ وأمّ مِرزَمٍ الشمالُ والريحُ والرِزامُ الرجلُ الشديدُ العصبِ • الرَشَمُ كالاثرج أرشَمَ ورَشُومَ وتوشّمَ الرَشَمَ نظرَ اليه ن ورَشَمَ المطرُ الديارَ عفاها ورَشَمَ له كذا أمرَه به ورَشَمَ كالاسقفُ الكاهنَ أعطاهُ سلطانَ الكهنوتِ فارتسمَ ورَشَمَ عليه كتبَ والرَشْمُ ايضًا والراشومُ العلامةُ والراشِمُ الماءُ الجارى والرَسيمُ الناقةُ الحَسَنةُ المشيِ والشعلُ ص رَشَمَ وثوبٌ مُرَشّمٌ مخطّطٌ فهو ثوبٌ أرشمُ والرَوشَمُ والراشومُ طابعٌ تُختَمُ به البيادرُ • ص رَضَمَ الشيخُ ثقلَ عَدْوُهُ والرِضامُ صخورٌ عظامٌ توضَعُ في الاسسِ ورَضَمَها وضعَ بعضَها فوقَ بعضٍ فهو بناءٌ رَضيمٌ ومُرَضَّمٌ • ن رَطَمَهُ أدخلَهُ في أمرٍ لا يخرجُ منه فارتطمَ والرِطامُ والراطِمُ اللازمُ للشيءِ وارتطمَ الشيءُ ازدحمَ وتراكمَ وارطَمَ سكتَ وارتطمَ احتبسَ • الرُعامُ حِدّةُ النظرِ والرُعامُ مُخاطُ الدوابِ (او أعمّ ج أراعِمَةٌ) وأرعمتِ الشاةُ ر ورَعَمَتْ سالَ رُعامُها ن ورَعَمَها مسحَ رُعامَها (والرُعومُ النَفَسُ والشديدُ الهُزالِ وأمُّ رِعمٍ الضَبُعُ) • الرَغمُ مثلّثةً والرَغامُ والمَرغَمةُ الكُرهُ والقَسْرُ والذلُّ وفعلُهُ ل ع رَغِمَ وأرغمَهُ اللهُ أسخطَهُ (ورغمتُهُ فعلتُ شيئًا على رَغمِهِ والمِرغِمُ والمَرغَمُ الانفُ) والرَغامُ الترابُ اللَيّنُ والمُراغَمةُ المُغاضبةُ لبعلِها والمراغمةُ الهجرانُ (والمغاضبةُ) وراغمَهُ هجرَهُ وعاداهُ وترغّمَ تغضّبَ والمُراغَمُ المَذهَبُ والمَهرَبُ • ن رَقَمَ كتبَ ورَقَمَ الكتابَ أعجمَهُ وبيّنَهُ ورَقَمَ الثوبَ خطّطَهُ والمِرقَمُ القلمُ والرَقمةُ الروضةُ وجانبُ الوادى والرَقْمُ البُردُ المخطّطُ الموشّى والأرقمُ أخبثُ الحيّاتِ (او ما فيه سوادٌ وبياضٌ او ذكرُ الحيّاتِ والانثى رَقشاءُ) ج أراقِمُ والرَقيمُ اللوحُ الذى يُكتَبُ فيه أسماءُ الشهداءِ ونسبُهم ويوضَعُ في مدافنِهم ليُعرَفوا بعدَ كرورِ الزمانِ فيُوقَّروا والترقيمُ علامةٌ يضعُها أهلُ ديوانِ الخراجِ في رقاعِهم للبيانِ • الرَكمُ جمعُ شيءٍ فوقَ شيءٍ فهو متراكِمٌ والرُكمُ والرُكامُ السحابُ المتراكِمُ وارتكمَ الشيءُ وتراكمَ اجتمعَ • ن ص رَمّهُ رَمًّا ومَرَمّةً أصلحَهُ فارتمّ ورَمّ الشيءَ أكلَهُ ص ورَمَّ العظمُ (رِمّةً و) رَمًّا ورَميمًا وأرَمَّ بَلِيَ (فهو رَميمٌ) والرُمّةُ القطعةُ من الحبلِ البالى و(دفعَ رجلٌ الى آخرَ بعيرًا بحبلٍ في عنقِهِ فقيلَ لكلِّ مَن دفعَ شيئًا بجملتِهِ) أعطاهُ الشيءَ برُمّتِهِ اى بجملتِهِ البالى والرِمّةُ بالكسرِ العظامُ الباليةُ والنملةُ المجنّحةُ وحبلٌ أرمامٌ ورِمامٌ بالٍ والرِمُّ ما يحملُهُ الماءُ من القَشِّ ونحوِهِ وأرمّ سكتَ وأرمّ الى اللهوِ مالَ (والرُمّانةُ البَلعةُ والمُرِمّاتُ الدواجنُ والرُمُمُ الجوارى الكيّساتُ) • الرَنَمُ الصوتُ ورَنّمَ ترنيمًا وترنّمَ غنّى غناءً حسنًا وترنّمتِ القوسُ صوّتت عندَ الرمى • رامَ الشيءَ

مسخَّمٌ وسَخَّمَ وجهَهُ تسخيمًا سوَّدَهُ وسَخُمَ الماءُ ايضًا سخُنَهُ وسَخَّمَ اللحمُ ايضًا انتنَ والسُّخامُ الخمرُ السلسةُ وسوادُ القِدْرِ والسُّخاميَّةُ الثيابُ الليّنةُ كالقطنِ ونحوهِ والريشُ الليّنُ • السَّدَمُ الهَمُّ مَعَ نَدَمٍ والغيظُ مَعَ حُزنٍ وفعلُهُ ل سَدِمَ فهو سادِمٌ وسَدْمانُ ن وسَدِمَ بالشيءِ لَهِجَ بهِ وسادُومُ وسَدُومُ مدينةٌ عند القدسِ أحرقها اللهُ باهلها لزنائهم اللوطيِّ والسَّديمُ الضبابُ الرقيقُ وعينٌ سَدِمٌ متدفّقةٌ وسَدَمَ الباب ردمَهُ وعاشقٌ سَدِمٌ شديدُ العشقِ • السَّرمانُ زنبورٌ يلسعُ البقرَ فتهيجُ منهُ وتسرّمَ الشيءُ تقطّعَ • (السَّرجَمُ الطويلُ) • السَّاسَمُ شجرُ الآبنوسِ • (السَّرطَمُ والسِّرطِمُ الطوالُ ...... القولِ في كلامهِ والواسعُ الحلقِ السريعُ البلعِ) • السِّطامُ والإسطامُ حديدةٌ معكوفة ...... فيها النارُ وحدُّ السيفِ ن وسَطَمَ البابَ ردمَهُ • السُّقْمُ والسَّقَمُ والسِّقَمُ المرضُ وفعله ل سَقِمَ فهو سَقيمٌ ومِسقامٌ ج سِقامٌ وسُقمانُ • (السَّيقَطِمُ القارةُ) • ن سَكَمَ مشى مشيًا ضعيفًا والاسكيمُ ...... والكسرِ الزيُّ والشكلُ وهو خاصٌّ بزيِّ الرهبانِ سريانيَّةٌ معرَّبةٌ • السُّلَّمُ ذاتُ السَّقائينَ ج اَسْلُمٌ وسَلالمُ والسِّلْمُ الصلحُ (ويؤنّثُ والسَّلامُ والإسلامُ) والسَّلَمُ السَّلَفُ و(السَّلَمُ) اسمُ شجرٍ يُدبغُ بهِ وكأنّهُ العفصُ والسَّلَمُ ايضًا كالاسرِ والاسيرُ والسَّلِمةُ الحجارةُ ج سِلامٌ والسَّلامُ من أسماءِ اللهِ تعالى والتحيّةُ ورسولُ السَّلامِ لقبُ جبرائيلَ المَلَكِ والسَّلامةُ البراءةُ من العيوبِ والصحّةُ ن وسَلَمَ الجلدَ دبغَهُ ل وسَلِمَ من الآفةِ سَلامةً نجا منها فسلّمَهُ اللهُ منها تسليمًا وسلّمَ عليهِ ايضًا حيّاهُ بالسَّلامِ وسلّمتُهُ الشيءَ ايضًا أعطيتُهُ إيّاهُ فتسلّمَهُ (وسلّمَ رضيَ) (وأسلمَ واستسلمَ انقادَ وخضعَ وأسلمَ العدوَّ خذلهُ وأسلمَ أمرَهُ الى اللهِ سلّمَهُ وتسالما تصالحا وسالَما صالحا ودارُ السَّلامِ الجنّةُ ونهرُ السَّلامِ دجلةُ ومدينةُ السَّلامِ بغدادُ تفاؤلًا لانّ اسمها بابلُ والسُّلاميَاتُ عِظامُ الاصابعِ الواحدُ سُلامَى والسَّليمُ والمَسلومُ اللديغُ والمجروحُ الذي أشفى على الهلاكِ ج سَلْماءُ والسَّليمُ ايضًا السالمُ من الآفةِ وسُليمانُ بنُ داودَ من زوجتهِ بتشبعَ التي كانت لاوريّا مَلَكَ بعدَ أبيهِ وحازَ من اللهِ حكمةً إلهيّةً والسُّلَّمُ المِرقاةُ مؤنّثٌ ويُذكَّرُ قليلًا ج سَلالمُ وسَلاليمُ وسُلَّمُ يعقوبَ هو الذي أبصرَهُ في الحلمِ في بيتِ إيلَ حينَ كانَ منطلقًا الى لابانَ خالهِ ما بينَ النهرينِ ورأى اللهَ قائمًا في رأسهِ والملائكةَ صاعدةً منحدرةً عليهِ وسالُومُ او سالُومِي أمُّ ابنَي زبدي وسَلْمُونُ زوجُ راحابَ الزانيةِ • (السِّلْتِمُ الداهيةُ والغُولُ والسَّنةُ الصعبةُ وما أصابَ سِلْتِمًا شيئًا) • المُسْلَخِمُّ المتكبّرُ • السَّلْقَمُ والسَّلاقِمُ الاسدُ والسِّلقامةُ الذئبةُ • السَّلْهَمُ الضامرُ والطويلُ والناقهُ من المرضِ واسلهمَّ لونُهُ تغيّرَ) • السَّمُّ بالفتحِ (والتثليثِ) الثقبُ والسَّمُّ القاتلُ بالتثليثِ ج سُمُومٌ وسِمامٌ ن وسَمَّهُ سقاهُ السمَّ وسَمَّ الطعامَ جعلهُ فيهِ وأصابَ سَمَّ حاجتهِ مقصدَهُ وسُمومُ الانسانِ وسَمّامُهُ فمُهُ ومنخراهُ وأُذُناهُ

والزخماء المنتنة الرائحة وازدخم الحمل احتمله * ل زرم دمعه وكلامه (وبوله) انقطع ص
وزرمه وازرمه (وزرّمه) قطعه ن وزرمت به أمه ولدته والزريم من لا يثبت في مكان (والازرم
السنور) وازدرمه ابتلعه * زردمه خنقه او عصر حلقه وابتلعه والزردمة الحلقوم والمبلع *
الزعم مثلثة القول الحق والباطل والكذب والمشكوك به ضد والزعمي الكذاب والصادق ضد
والزعيم الكفيل وفعله ن زعم زعما وزعامة والزعيم ايضا سيد القوم ورئيسهم والمتكلم عنهم ج زعماء
والزعامة الشرف والرياسة والسلاح والدرع والبقرة وخيار المال الموروث ل وزعم طمع وازعم
أطاع وازعم الامر امكن والزعوم العيي اللسان (والمزعامة الحية وامر مزعم لا يوثق فيه) *
الزغوم والزغموم العيي اللسان * الزغلمة الوهم والشك والضغينة والحسكة) * ن زقم
زقما التقم وازدقمه ابتلعه والزقوم كلمة شتم (وهو طعام اهل النار والزقمة الطاعون) * الزكام
والزكمة رطوبة تسد المنخرين وفعله زكم مجهولا فهو مزكوم والزكمة آخر ولد للابوين * الزلقوم
الحلقوم * ن زلم اخطأ وزلم انفه وازدلمه قطعه وازدلم رأسه قطعه وازدلم ترجل والزلم
(والزلم الظلف و) سهام يتقارعون عليها ج ازلام (وزلمه سواه ولينه وزلم اخطأ وزلم الاناء
ملأه وزلم انفه وازدلمه قطعه) * ن زمه شده فانزم والزمام رسن الدابة والرباط ج
ازمة وزم بانفه شمخ وزم الدابة جعل لها الزمام والزمزمة صوت لا يفهم
له معنى وصوت الرعد وصوت للاسد وماء زمزم (وزمازم) كثير وتزمزم الجمل هدر *
زنمة الاذن لحمة في طرفها تلي شحمتها والزنيم الدخيل في قوم والدعي والزنام الداهية *
الزهومة والزهمة رائحة اللحم السمين والزهم الريح المنتنة والشحم وطيب الزباد ل وزهمت
يده زهما دسمت والمزاهمة العداوة والمحاكة والمدارقة والمقاربة ضد ن وزهمه عن كذا زجره
عنه ل وزهم اتخم فهو زهمان * (زام من النهار اى ربعه وزامان نصفه والزام الربع من
كل شيء) *

س

ل سئم الشيء سأما (وسأما وسآما) وسآمة كرهه * ن سجم الدمع والسحاب والماء
سجوما وسجاما وسجما (وسجمانا) وانسجم واسجم قطر وسال فهو ساجم وسجوم وتسجم تسجما
وتسجاما انسجم وسجم عن الامر ابطأ * السحم والسحمة والسحام السواد والاسحم الاسود
والسحاب وحلمة الثدي (وزق الخمر والسحماء الدبر) والسحم مطارق الحداد واسحمت
السماء أمطرت * السخم السواد والاسود والسخيمة والسخمة الحقد وتسخم عليه حقد فهو

شتما ومشتمة (ومشتمة) فهو مشتوم وشتيم والاسم الشتيمة (وشاتما وتشاتما تسابا والشتيم الكريه الوجه وفعله ر شتم والشتيم والمشتم الاسد) • الشجم الهلاك (والشجم الطوال الخشب، • الشجعم الاسد والطويل) • الشخم م والطائر وشخمة الاذن م والشخم ايضا الرمان الرقيق القشر الاصفر اللون والشحيم السمين وفعله ر شحم والشحيم ايضا كتاب فرض الكاهن سريانية معربة ع وشحمة المعصه الشحم • رع س شخم الطعام فسد وشخمه تشخيما افسده واشخم اللبن تغيرت رائحته وشعر اشخم ابيض وروض اشخم لانبات فيه وشخيم بن حمور فسق في دينا بنت يعقوب إسرائيل فقتله اخوتها • الشدقم (والشداقم) الاسد والواسع الشدق وابرة العقرب والزيتون • الشرم البحر والخليج ض وشرم الشيء شرما شقه وشرم انفه شق ارنبته فهو اشرم والانف مشروم وتشرم تشقق وتمزق (والشريم الفرج) • الشرذمة القليل من الناس (والقطعة من الشيء) ج شراذم وشراذيم وثياب شراذم متقطعة • الشيظم الطويل الجسم الفتي من الخيل ومن الناس (ج شياظمة) والاسد والمنتذ • (الشعم الاصلاح بين الناس والشغموم الطويل • الشغموم والشغميم الطويل المليح وامرأة شغموم وشغمومة) • الشكم الجزاء او العطاء والفعل ن شكم شكما واشكم والشكيمة الانفة والانتصار من الظالم وحديدة اللجام التي تدخل في فم الفرس ج شكائم (وشكم وشكيم) وفلان شديد الشكيمة لاينقاد (والشكم الاسد) وشكمه وشكمه تشكيما عضه وشكم الوالي رشاه • الشالم والشولم والشيلم الزوان واورشليم القدس وابشالوم بن داود الملك عصى اباه فقتل وشالوم بن يابيس من ملوك إسرائيل • الشم والشمم حسن الانف وارتفاع قصبته والشمم ايضا القرب والبعد ضد ن وشمه واشتمه تنشقه واشمه اياه والمشم الانف والشمامات الروائح الطيبة (واشم الحرف اذاقها الضمة او الكسرة بحيث لا يسمع ولا يعتد بها ولا يكسر وزنا) واشم عدل عن الشيء والمشموم المسك والشميم المرتفع ج شم والاشم السيد ذو الانفة والمنكب المرتفع وشم تكبر • (الشنم الخدش • الشنعم السمين • الشيغم الطويل • الشنلم القليل) • الشهم الذكي الفؤاد المتوقد العقل ج شهام والشهم ايضا السيد النافذ الحكم ج شهوم والفعل ن شهم ع ن وشهمه افزعه وزجره والشيهمة العجوز والشيهم الدلو وذكر القنافذ • الشيمة الطبيعة ج شيم وتشيم اباه اشبهه والشامة اثر اسود في البدن (وكل علامة تخالف البدن الذي هي فيه) ج شام وشامات (وهو مشيم ومشوم ومشيوم واشيم اي به شامات والمشيمة محل الولد ج مشيم ومشائم) والشام بلاد الشام وشام

ودُبرهُ ومسامّ الجسد ثقبهُ وسَمّ الشيء أصلحهُ وسَمّ القارورة سدّها (وسَمّ الامر سَبَرهُ ونظر غَوْرهُ والسامّة الخاصّة والموت) والمَسَمّة الخاصّة وللاقارب والسَمُوم (مؤنثة) الريح الحارّة نهارًا ج سَمائم وسُمّ يومُنا مجهولًا هبّت فيه السَموم فهو مسموم وسامّ ومُسِمّ وذو سَمُوم والسَمابِم الثعلب والسِمّام الذئب والسِمْسِم بالضمّ والكسر حَبّ م والنمل للاحمر والرَجُل الخفيف والسَمْسام والسمام والسمابم والسَمْسمان والسَمْسمانيّ الخفيف اللطيف السريع من كل شيء والسَمامة شخص الرَجُل وآثار الديار الخراب واللواء والسَمّة القرابة والسِمّة بالفتح والكسر كالاست وفلان سُمّ الانف ضيّق المنخرين • السَنام حدبة في ظهر الجمل ج أسنمة ل وسَنِم البعير عظُم سنامهُ فهو سَنِم والسَنَم البقرة وسَنَمة النبات زهرتهُ فهو نبت سَنِم وسَنّم الشيء تسنيمًا وتسنّمهُ علاهُ وأسنم الدخان ارتفع وأسنمت النار عظُم لهيبها وتسنّم الشيء عبدُ تسطّح (والتسنيم ماء في الجنّة) • السَوْم والسُوام المبايعة وفعلهُ سام وساوم وأسامهُ السلعة واستامهُ سأله سَوْمها وسامت الريح مرّت وسامهُ الامر (وسوّمهُ) كلّفهُ إيّاهُ وولّاهُ إيّاهُ (وأكثر ما يستعمل في العذاب والشرّ) وسام الطائر على الشيء حام عليه والسَوام والسائمة الماشية الرعية وأسامها أرعاها والسُومة (والسِيمة والسِيما والسِيماء) والسِيمياء العلامة وسَوّم الشيء جعل له علامة وسوّمهُ حكّمهُ في مالهِ وسام بن نوح جاء المسيح من نسلهِ (والسامّ الذهب والفضّة أو عروقهما في الحجر ج سامّ) والسلم والسامة الخيزران وأسام اليه بيصره رماهُ بهِ والمسامة خشبة غليظة في أسفل الباب • السَهْم الحظّ والنصيب ج سُهمان وسُهمة والسَهْم ايضًا النبلة ج سِهام والسُهُم شعاع الشمس والعُقلاء والحكماء والسُهمة القرابة والنصيب والسَهام ريح السموم ووهج الصيف وسُهِم فلان مجهولًا أصابهُ السهام والسُهام الضمر والتغيّر وفعلهُ ع ر سَهَم سُهومًا فهو مسهوم وساهم والسَهْوم (العنبوس و) طائر العقاب وبُرد مُسهّم مخطّط وأسهم في كلامهِ أسهب •

ش

الشام اسم بلاد والنسبة اليه شآميّ بالهمز وعدمهِ وأشأم أتى الشام وتشأم انتسب اليها والشؤم ضدّ اليمن والبركة وفعلهُ ع شأم فهو شائم (ورجل مشؤم) ومشؤوم وتشاءموا تطيّروا ر وشؤم عليهم صار شؤمًا عليهم واليد الشؤمى ضدّ اليمنى والشامة والمشأمة ضدّ اليمنة والميمنة والشِئمة الطبيعة والخلق ج شِئم • الشَبَم البرد وفعلهُ ل شَبِم فهو شَبِم اى بردان والشَبَم ايضًا الموت وخيط يُربط به البرقع ج شُبُم ن وشبم البرقع ربطهُ (والجدي وضع في فمهِ الشبام وهو عود يمنعهُ من الرضاع) • الشَبْرُم القصير (والبخيل والشَبْرمة) ما انتفش من الغزل • ن ص شتمهُ

والصِّمْصامَةُ السيفُ لا ينثني والصَّمْصَمُ البخيلُ جدًّا واشتملَ الصَّمّاءَ تردّى بالكساءِ من قِبَلِ يمينهِ وردَّهُ على عاتقهِ الايسرِ • الصَّنَمُ محرَّكةً (خبثُ الرائحةِ و) الوَثَنُ ج أَصْنامٌ والصَّنَمةُ قصبةُ الريشِ • (الصِّهْمِيمُ السيّدُ الشريفُ ومَنْ لا ينثني من مُرادهِ والخالصُ في الخيرِ والشرّ) • صامَ صَوْمًا وصِيامًا أمسكَ عن القوتِ والكلامِ فهو صائمٌ وصَوْمانُ وصَوْمٌ ج صُوّامٌ وصُيّامٌ وصُوَّمٌ (وصُيَّمٌ وصِيَّمٌ وصِيامٌ) وصَيامَى وصامَ النعامُ صَوْمًا رمى بذرقهِ وصامَ النهارُ توسّطَ في الظهيرةِ (وصامَ مُنيتَهُ ذاقها والصائمُ للواحدِ والجمعِ) والصَّوْمُ الصمتُ وسكونُ الريحِ والبيعةُ •

ض

(الضَّبْثَمُ والضُّباثِمُ الأسدُ • الضُّبارِمُ الاسدُ • الضَّيْثَمُ الأسدُ) • الضَّجَمُ عوجٌ في الفمِ والشِّدقِ والذَّقنِ والعنقِ وفعلُهُ ل ضَجِمَ فهو أضجَمُ • الضَّخْمُ بالفتحِ وبالتحريكِ والأضخَمُ والضُّخامُ العظيمُ من كلِّ شيءٍ وفعلُهُ ر ضَخُمَ ضِخَمًا وضَخامةً والضَّخْمُ ايضًا الواسعُ من الطريقِ • ل ضَرِمَ اشتدَّ جوعُهُ او حرُّهُ وضَرِمَ عليهِ وتضرّمَ احتدَّ عليهِ غضبًا وضَرِمَتِ النارُ اشتعلتْ وأضرمَها (وضرّمَها واستضرمَها) أوقدَها فاضطرمتْ وتضرّمتْ والضِّرامُ دقاقُ الحطبِ وما اشتعلَ منهُ واضطرمَ الشيبُ انتشرَ والضَّرِمُ الجائعُ والضَّرَمةُ عودٌ في طرفهِ نارٌ والجمرةُ والنارُ • (الضِّرْزِمُ الاسدُ) • الضِّرْغِمُ والضِّرغامُ (والضِّرغامةُ) الاسدُ والرجلُ الشجاعُ والشديدُ القويُّ وتضرغمَ فعلَ فِعلَ الأسدِ • الضَّيْغَمُ الأسدُ ع وضَغمَهُ عضَّهُ • ن ضَمَّهُ جمعَهُ اليهِ فانضمَّ وضمَّ الشيءَ الى شيءٍ ألفهُ واضطمَّهُ جمعَهُ والضَّمْضَمُ الغضبانُ (والأسدُ الغضبانُ) والجريءُ والجسيمُ وضَمْضَمَ شجعَ قلبُهُ واضطمَّ السيءَ اشتملَ • (الضِّهْزِمُ اللئيمُ) • الضَّيْمُ الظلمُ ج ضُيُومٌ (مصدرٌ جُمِعَ) وضامَهُ حقَّهُ واستضامَهُ نقصَهُ فهو مستضامٌ •

ط

(طَخْمةُ الليلِ والسيلِ مثلّثةً دفعتُهُ ومن الناسِ جماعتُهم والطُّخْرُومُ الدفوعُ) • ع ر طَخِمَ تكبّرَ • الطِّرْمُ بالكسرِ والفتحِ شهدُ العسلِ ن وطَرَمَ العسلُ سالَ من خليّتهِ والطَّرَمُ فمُهُ تغيّرَ ريحُهُ والطِّرْيَمُ العسلُ والسحابُ الكثيفُ • طَرْثَمَ أطرقَ من غضبٍ او تكبّرٍ • طَرْحَمَ الماءُ أنتنَ • طَرْخَمَ غضبَ وتكبّرَ • (طَرْسَمَ أطرقَ ونكصَ) • طَرْشَمَ الليلُ أظلمَ • (اطْرَخَمَّ تكبّرَ) • ض طَسَمَ الشيءُ طُسُومًا انطمسَ وطسمَهُ طمسَهُ لازمٌ متعدٍّ ل وطَسِمَ اتّخمَ • الطَّعامُ الحنطةُ وكلُّ ما يؤكلُ ج أطعمةٌ (جج أطعماتٌ) ل

البرقَ يَشيمُهُ نظرَ اليهِ وشامَهُ واشامَهُ أدخلَهُ في الشيء وخبأهُ والشَيامُ الارضُ السهلةُ والشيامُ التُرابُ والغُبارُ وتَشيَّمَهُ الشيبُ علاهُ وتَشيَّمَهُ أشبهَهُ والشامُ الرجلُ المنظورُ اليهِ •

ص

ل صَتِمَ عطشَ فهو صاتمٌ • (الصَتَمُ الغليظُ الشديدُ والرجلُ البالغُ أقصى الكهولةِ) • الصَحَمَةُ سوادٌ يميلُ الى صفرةٍ فهو أصحَمُ وهي صَحماء وفعلهُ ن صَحِمَ وصَحِمَت الارضُ تغيّرَ نبتُها وبدأ يبسُهُ واصطَحَمَ انتصبَ قائمًا • الصَدمُ ضربُ صلبٍ بمثلهِ وفعلهُ ض صَدَمَ وصادَمَ فاصطَدَمَ وتصادَما تزاحما وصَدُومُ وصادُومُ لغةٌ في سَدُومَ وسادُومَ المدينةُ المحترقةُ ويجوزُ إعجامُ دالِها في الموضعينِ (بل هو الاصحُّ) • ن صَرَمَهُ قطعَهُ وصَرَمَ الشجرَ حانَ أنْ يَصْرَمَ والصَريمةُ العزيمةُ وقطعُ الامرِ والارضُ المحصودُ زرعُها والصارمُ والصَرُومُ السيفُ القاطعُ والصارمُ الرجلُ الماضي الشجاعُ وفعلهُ ر صَرُمَ والصارمُ الاسدُ والصبحُ والليلُ ضدٌّ والارضُ السوداءُ لا تُنبتُ وتَصَرَّمَ تجلَّدَ وتقطَّعَ والصَرْمُ الجلدُ (مُعرَّبٌ) والصِرمُ بالكسرِ الجماعةُ ج أصرامٌ وأصارمُ وأصاريمُ (وصِرمانٌ) والاصرمانِ الليلُ والنهارُ (والذئبُ والغرابُ) والصَرماءُ المفازةُ لا ماءَ فيها (ج صُرمٌ والصَيرَمُ المحكَمُ الرأيِ والداهيةُ والمِصرمُ) والاصرمُ الفقيرُ الكثيرُ العيالِ وأصرَمَ افتقرَ والصُرامُ الحربُ والداهيةُ • (الاصطَمَّةُ مُعظَمُ الشيءِ ومُجتمَعُهُ او وسطُهُ • الاصطَخمةُ خبزةُ المَلَّةِ • الصَيقَمُ المُنتِنُ الرائحةِ) • الصَكمَةُ الصدمةُ الشديدةُ ن وصَكَمَهُ ضربَهُ ودفعَهُ والصَواكمُ النوائبُ • ن صَلَمَ أذنَهُ صَلمًا قطعَها من أصلِها والأصلَمُ مقطوعُ الاذنينِ خلقةً واصطَلَمَهُ استأصلَهُ (والصَلامةُ مُثلَّثةً الفِرقةُ من الناسِ) والصَيلَمُ الامرُ الشديدُ والداهيةُ والسيفُ والاصلَمُ البرغوثُ • الصِلدِمُ (الاسدُ و) الصلبُ والشديدُ الحافرِ • (الصِلهامُ الاسدُ والجريءُ واصلَهَمَّ صَلُبَ) • الصَمَمُ انسدادُ الأذنِ وثقلُ السمعِ وفعلهُ ل صَمَّ صَمًّا (وصَمِمَ صَمَمًا) وأصمَّهُ اللهُ فهو أصمُّ (ج صُمٌّ) وصَمّانُ وهي صَمّاء وتصامَّ عن الحديثِ تظاهرَ بالصَمَمِ وصِمامُ القارورةِ سِدادُها ن وصَمَّها وأصَمَّها جعلَ لها صِمامًا وحجرٌ أصمُّ وصخرةٌ صَمّاء صلبةٌ والصَمّاءُ الارضُ الغليظةُ ج صُمٌّ والصَمّاءُ ايضًا الداهيةُ وصَمَّهُ بحجرٍ ضربَهُ بهِ والأصمُّ رجلٌ غيرُ مطموعٍ فيهِ (ولا يُردُّ عن هواهُ) والحيّةُ التي لا تقبلُ الرُقى والصَمّامةُ كلُّ ارضٍ صلبةٍ ذاتِ حجارةٍ والصِمَّةُ الشجاعُ والصِمَّةُ ايضًا والصِمُّ الاسدُ وذكرُ الحيّاتِ وأنثى القنافذِ والصَميمُ خالصُ كلِّ شيءٍ (وشِدّتُهُ ومن الحرِّ والبردِ أشدُّهُ) وصَمَّمَ في الامرِ تصميمًا وصَمصَمَ مضى اليهِ متوجّهًا والصَمصامُ

ع

(العَبامُ الغَبِيُّ والعَباماء الاحمقُ وفعلُهُ ر عَبَمَ وماء عُبامٌ كثيرٌ) • ض عَتَمَ وعَتَّمَ تَعْتِيمًا واَعْتَمَ كَفَّ واحتبسَ من فعلِ شيءٍ يريدُهُ وعَتَمَ الليلُ واَعْتَمَ دخلَ منهُ قطعةٌ وعَتَمَ الشَّعَرَ نتفَهُ والعَتَمَةُ ثُلُثُ الليلِ الاوّلُ واَعْتَمَ وعَتَّمَ سارَ فى العَتَمَةِ وعَتَّمَ الطائرُ تَعْتِيمًا رفرفَ على رأسِ الانسانِ وما عَتَّمَ اَنْ فَعَلَ ما لَبِثَ والعُتْمُ بالضم (وبضمّتينِ) شجرُ الزيتونِ البَرّيِّ • ن عَثَمَ العظمُ المكسورُ انجبرَ على غيرِ استواء وعَثَمْتُهُ جَبَرْتُهُ لازمٌ متعدٍّ والعَيْثُومُ الضبعُ والفيلُ (للذكرِ والانثى والعَثَمْثَمُ الاسدُ والجملُ الشديدُ والعَيْثَمِيُّ حمارُ الوحشِ) واعْتَثَمَ بهِ استغاثَ وانتشعَ والعُثْمانُ فرخُ الثعبانِ وفرخُ الحيّةِ • العَجَمُ بالتحريكِ والعجمِ خلافُ العربِ فهو عَجَمِيٌّ (ورَجُلٌ وقومٌ أَعْجَمُ والأعْجَمُ والأعْجَمِيُّ مَنْ لا يُفصِحُ والاخرسُ) وأعْجَمَ الكتابَ ن وعَجَمَهُ نَقَطَهُ واسْتَعْجَمَ سكتَ (واسْتَعْجَمَتْ عليهِ المسألةُ خَفِيَتْ) والعُجْمُ أصلُ الذنبِ (وصغارُ الإبلِ للذكرِ والانثى ج عُجُومٌ) والعَجَمُ مُحرَّكةً والعَجامُ نوى كلِّ ثمرةٍ وعَجَمَهُ عَجْمًا وعُجُومًا عضَّهُ للخبرةِ رعَجَمَ السيفَ هزّهُ للخبرةِ وبابٌ مُعْجَمٌ مقفلٌ والعَجْماء (البهيمةُ و) الفلاةُ لا شجرَ فيها والعَواجِمُ الاسنانُ وحروفُ المُعْجَمِ حروفُ الهجاء (التى من شأنها أنْ تُعْجَمَ والعُجّامُ الخفّاشُ والوَطْواطُ) والعَجْمَةُ الصخرةُ الصلبةُ ج عَجَماتٌ وجعلتْ عينى تَعْجُمُهُ اى كأنّها تعرفُهُ • العُجْرُمُ القضيبُ الكثيرُ العُقَدِ وسنامُ البعيرِ والرجلُ الشديدُ • العُدْمُ بالضمِّ (وبضمّتينِ وبالتحريكِ الفِقْدانُ وغَلَبَ على) فِقْدانِ المالِ (وفعلُهُ ل عَدِمَ عُدْمًا وعَدَمًا) وأعْدَمَهُ اللهُ وأعْدَمَ الرجلُ افتقرَ وأعْدَمَهُ منعَهُ والعَدِمُ الفقيرُ ج عُدَماء (والعَدَمُ الفَقْدُ وضِدُّ الوُجُودِ) والعَديمُ الاحمقُ وفعلُهُ ر عَدُمَ والعَديمُ ايضًا المجنونُ والفقيرُ • ض عَذَمَ عن نفسِهِ دفعَ والعُذامُ البرغوثُ ج عُذُمٌ • ن ض ر (ل) عَرَمَ الصبيُّ مرحَ وبطرَ وفسدَ وعَرَمَ الرجلُ آذى وعصبَ (واشتدَّ وعَرَمَ العظمَ نزعَ ما عليهِ من لحمٍ) ن وعَرَمَ الصبيُّ رضعَ أُمَّهُ والعَرَمُ والعُرْمَةُ سوادٌ منقّطٌ ببياضٍ وبالعكسِ فهو أعْرَمُ وهى عَرْماء والأعْرَمُ الابرشُ (والقطيعُ من غنمٍ ومِعْزى) والاقلفُ ج عُرْمانٌ و(جج) عَرامينُ وسيلُ العَرِمِ الطُّوفانُ والعَرَمُ الأكَرَةُ ج عُرْمانٌ (والعُرْمةُ رائحةُ الطبيخِ والكُدْسُ ومُجْتَمَعُ الرملِ والعَرِيمُ الداهيةُ) والتَّعْرِيمُ الخلطُ والعَرَمْرَمُ الشديدُ والجيشُ الكثيرُ • (العَرْتَمَةُ مُقدَّمُ الانفِ ووَسَطُ الشَّفَةِ العُلْيا وفعلَهُ على عَرْتَمَتِهِ اى رغمِ أنفِهِ • العُرْذُمانُ الشديدُ الجافى او الغليظُ الرقبةِ والعُرْدُمَةُ الصلابةُ والشِّدّةُ •

وطعم (طعمًا وطعامًا) أكل وذاق والمطعمة فهو طاعم وطعم (والمطعم الشديد الأكل وهي بهاء والمطعم المرزوق) والمطعام الكثير الأضياف والطعمة المأكلة والدعوة الى الطعام (ج طعم) وطعم الشيء مذاقته ج طعوم وتطعمه ذاقه والطعم بالضم الطعام وأطعم الغصن وطعّمه تطعيمًا وصل به غصنًا من غير شجرة (فطعم اى قبل الوصل وأطعم النخل أدرك ثمرها وتطعّم تطعّم اى ذق حتى تشتهي فتأكل وأنا طاعم عن طعامكم مستغن وهو لا يطعم لا يتأدب ولا ينجع فيه ما يصلحه ولبن مطعم أخذ في السقاء طعمًا) والطعومة الشاة تحبس لتسمن فتوكل • الطغام أراذل الناس والطغامة الأحمق والطغومة الحمق والطغم البحر والماء الكثير وتطغم تجاهل • (الطلسم نوع من السحر) • الطلمة الخبزة والطلم وسخ الاسنان والطلم خوان الطعام ن وطلم الخبزة سواها • ن طمّ الماء طمًّا وطموما فاض (وطمّ الشيء كثر حتى علا وغلب وطمّ الركية دفنها) وطمّ الاناء ملأه وطمّ شعره جزه او ظفره وطمّ الطائر الشجرة علاها ن ض وطمّ الرجل والفرس خف وعدا والطمّ الماء الكثير والبحر والعدد الكثير والشرس الجواد واطمّ شعره حان أن يجزه ورجل طمطم (وطمطمي) وطمطماني الكن والطمطام وسط البحر وطمطم سبح فيه • الطهمة الضخمة والمطهم البعر والسمين والنحيف ضد والتام من كل شيء والبارع الجمال المدور الوجه (وتطهم الطعام كرهه • طامه الله على الخير جبله وطام فلان حسن فعله) •

ظ

(الظأم الكلام والجلبة وظامه تزوج كل منهما أختا وظأمها جامعها) • الظلم الجور ووضع الشيء في غير موضعه (والمصدر الحقيقي بالفتح) ض ظلم ظلمًا جار فهو ظالم وظلوم وتظلم اشتكى الظلم (وأحال الظلم على نفسه واظّلم) وانظلم احتمل الظلم وظلّمه تظليمًا نسبه الى الظلم والظلامة والمظلمة ما تظلمه الرجل وظلم النعجة ذبحها من غير داء وظلم الوادي فات الماء حده فيه (والظلم والظلم) والظلمة والظلماء والظلام ذهاب النور وليلة ظلمة (وظلماء) شديدة الظلام (وليل ظلماء شاذ) وقد أظلم الليل ل وظلم ويوم مظلم كثير شره وأمر مظلم مشكل وشعر مظلم حالك ونبت مظلم يميل الى السواد من خضرته وأظلموا دخلوا في الظلام (وأظلم الشعر تلألأ) والظلم الشخص (والجبل) ج ظلوم والظليم ذكر النعام ج ظلمان بالكسر (والعتم) والظلم الثلج وماء الاسنان (وبريقها وهو كالسواد داخل عظم السن من شدة البياض) وما ظلمك أن تفعل ما منعك •

من قبول النطفة وفعله ل ن ر عقمت الرحم عقمًا مثلثة وعُقمت مجهولًا ص وعقمها الله
واعقمها ورحم عقيم وعقيمة ومعقومة وامرأة عقيم ج عقائم وعقم ورجل عقيم وعقام لا يولد له
ج عقماء وعقام وعقمى وملك عقيم لا يقبل الشفاعة (وعبارة القاموس تخالف هذه وهي
والملك عقيم اي لا ينفع فيه نسب لانه يقتل في طلبه الاب والاخ والعم والولد) وحرب
عقم وعقام بالضم والفتح شديدة ويوم عقام شديد ورجل عقام (بالضم والفتح) ايضًا سيء
الخلق وداء عقام بالضم لا يبرأ والعقمة كل ثوب احمر والعقمة الوشي والعقمي الرجل
الشريف (والقديم الشرف الكريم) والغامض من الكلام وعقمت مفاصله مجهولًا يبست
ل وعقم سكت وعقمه تعقيمًا اسكته وعاقمه خاصمه • ص عكم المتاع شده واعكمه اعانه
(على العكم) والعكم والعكام ما تشد به (ج عكم) والعكم ايضًا العدل ج اعكام والعكم ايضًا
الكارة ج عكوم والعكم ايضًا وعاء للمرأة وعكم عنه مجهولًا انحرف ن وعكم انتظر ل وعكم
من شتمه تأخر واعتكم الشيء ارتكم • العكرمة الانثى من الحمام وعكرم الليل سواده
• ل علم الشيء علمًا عرفه فهو عالم وعليم ج علماء وعلام وعلمه العلم تعليمًا (وعلامًا)
واعلمه اياه فتعلمه والعلامة والعلام (العلام والتعلامة) والنعلامة العالم جدًا وعلم به شعر وعلم
الامر وتعلمه تيقنه والعلمة (والعلمة والعلم) شق في الشفة العليا وفعله علم فهو اعلم ن ض
وعلم شفته شقها وعلمه وعلمه تعليمًا وسمه بالعلامة والاعلومة السمة ج علام وعلامة المسيح
يوم الدين الصليب والعلامة ايضًا الفصل بين الارضين والذي ينصب في
الطريق ليهتدى به والعلم (الجبل الطويل و) الراية وسيد القوم ج اعلام وثوب معلم
مرقوم بالطراز (ومعلم الشيء وملامه مظنته وما يستدل به) والعالم الخلق كله ج عالمون
والعلام الصقر والعيلم البحر والضفدع والبئر الكبيرة والماء الملح والضبع واعتلمه علمه واعتلم
الماء سال • العلجوم (البستان الكثير النخل والضفدع الذكر والظبي الآدم و) الماء
الغمر وظلمة الليل وموج البحر والقراد وفرخ النعام والثور المسن والكبش والوعل (ج علاجيم)
• العلقم الحنظل وكل شيء مر • العم اخو الاب ج اعمام وعمومة (واعمة واعم جج
اعمون) واخت الاب عمة والاسم العمومة ن وعم صار عمًا والمعم من له اعمام كثيرة ام
كرام وتعممه دعاه عمًا (واستعمه اتخذه عمًا) والعم ايضًا والاعم الجماعة الكثيرة والعمامة
مايلف على الرأس ج عمائم وعمام واعم وتعمم واعتم شد العمامة برأسه وارخى عمامته اي
امن (وهو حسن العمة بالكسر اي الاعتمام) والعميم المجتمع الكثير (ج عمم) والعام
والعامة خلاف الخاص والخاصة وعم الشيء عمومًا شمل الجماعة (ورجل عمي اي عام وقصري

العَزْزَمُ الشديدُ المُجتمِعُ والعَزْزَمُ والعَرازِمُ والعِرْزامُ والعِرْزَمُ الأسَدُ و) العِرْزِمُ الحيّةُ القديمةُ
واعْرَنْزَمَ تجمّعَ وانقبضَ • (عَرْضَمٌ الأكولُ والنشيطُ والعِرْضَمُّ والعِرْصامُ الأسَدُ
والعَراصِمُ والعُرْصُمُومُ البخيلُ • العَرْقُومُ القَطْرُ والتارُّ الناعمُ من كلِّ شيءٍ اوهي
للمؤنثِ دونَ المذكرِ والعَرْهُومُ والعَرْهَمُ والعِرْهَمُّ الأسَدُ) • ض عَزَمَ على الامرِ عَزْمًا ومَعْزَمًا
(ومَعْزِمًا) وعُزْمانًا وعَزِيمًا وعَزِيمةً وعَزْمَةً واعْتَزَمَهُ واعْتَزَمَ عليهِ وتَعَزَّمَ عليهِ أرادَ فعلَهُ او جَدَّ على فعلهِ
(وعَزَمَ الامرُ نفسُهُ عُزِمَ عليهِ) وعَزَمَ على الرَّجُلِ أقسمَ عليهِ وعَزَمَ الراقِي قرأَ العَزائمَ اي
الرُّقَى فهو مُعَزِّمٌ وأُولُوا العَزْمِ الانبياءُ والرسلُ الذينَ عَزَمُوا على إتمامِ ما أمرَهُمُ اللهُ بهِ (والعَزُومُ
والعَزُومُ العجوزُ والعَزّامُ والمُعْتَزِمُ الأسَدُ والعَزِيمُ العَدُوُّ والشديدُ وعِزْمَةٌ وأُمُّ عِزْمَةَ الاستُ)
والعَزْمَةُ أُسرةُ الرجلِ وقبيلتُهُ وعَزَماتُ اللهِ حقوقُهُ (واحدُها عَزْمَةٌ) وعَزائمُهُ فرائضُهُ • العَسَمُ
يُبْسٌ في مَفْصِلِ اليدِ أمِ الرِّجْلِ تَعْوَجُّ منهُ (اليدُ والقَدَمُ) وفعلُهُ ل عَسِمَ فهو أعْسَمُ وهي
عَسْماءُ وأعْسَمَ يَدَهُ أيبسَها ض وعَسَمَ طمعَ (وأمْرٌ لا يُعْسَمُ فيهِ لا يُطْمَعُ في مُغالبتِهِ وقهرِهِ) ن
وعَسَمَ عَسْمًا (وعُسُومًا) كسبَ وعَسَمَتْ عينُهُ وأعْسَمَتْ غمضتْ وعَسَمَ في الامرِ اقتحمَهُ غيرَ مكترثٍ
والعَسُومُ والعاسِمُ الكادُّ على عيالِهِ ج عُسُمٌ والعَسُومُ كِسَرُ الخبزِ اليابسِ • (العَسْجَمَةُ الخِفّةُ والسرعةُ)
• العَشَمُ (والعَشَمَةُ) الطمعُ ل وعَشِمَ عَشَمًا وعُشُومًا وتَعَشَّمَ يَبِسَ والعَشَمُ ايضًا (والعَشَمَةُ) اليابسُ
والعَشْماءُ كلُّ شجرةٍ يابسُها أكثرُ من أخضرِها • (العَشْزَمُ الخَشِنُ الشديدُ والعَشْزَمُ
الشَّهْمُ الماضي والأسَدُ) • ض عَصَمَ اكتسبَ (ومَنَعَ ووَقَى وعَصَمَ اليهِ اعْتَصَمَ بهِ) والعَصِيمُ
العَرَقُ السائلُ وعِصامُ القِرْبةِ مُعَلَّقُها ورباطُها ج أعْصِمَةٌ (وعُصُمٌ) وعِصامٌ ايضًا واعْتَصَمَ بهِ
تَمَسَّكَ والعِصْمَةُ المنعُ (وعَدَمُ قدرةِ المعصيةِ والقِلادةُ) ج عِصَمٌ (جج أعْصُمٌ وعِصَمَةٌ جججَ
أعْصامٌ) واعْتَصَمَ باللهِ امتنعَ بلطفِهِ من المعصيةِ فهو مَعْصُومٌ والمِعْصَمُ اليدُ او موضعُ السوارِ
والعاصِمَةُ قاعدةُ البلادِ مثلُ أنطاكيةَ وإسكندريّةَ ونحوِهما ج عَواصِمُ • العُصْمُ مَقْبِضُ
القوسِ ج عِصامٌ والعُصْمُ ايضًا مِذْراةُ الحِنطةِ ج أعْصِمَةٌ وعُصْمٌ • العُطْمُ الصوفُ المنفوشُ
والعَطِيمُ (والعاطِمُ) الهالكُ ج عُطُمٌ • العِظَمُ خلافُ الصِّغَرِ ر وعَظُمَ عِظَمًا وعَظامَةً فهو
عَظِيمٌ وعُظامٌ وعُظّامٌ وعَظَّمَهُ تعظيمًا والاسمُ العُظْمُ وتعاظَمَهُ عَظُمَ عليهِ والعَظَمَةُ (والعَظّامةُ والعَظَمُوتُ
النَّخْوةُ و) الكِبْرُ والزَّهْوُ والعظيمُ من أسماءِ اللهِ (تعالى ونقيضُ الحقيرِ وهو فوقَ الكبيرِ)
والعَظِيمَةُ البليّةُ الشديدةُ النازلةُ (ومُعْظَمُ الشيءِ أكثرُهُ) والعَظْمُ معلومٌ م ج أعْظُمٌ وعِظامٌ
وعَظْمُ الطريقِ مَنْهَجُهُ وعَظَمَةُ اللسانِ ما غلظَ منهُ (وعَظَماتُ القومِ ساداتُهم • العِظْرِمُ
خَرْءُ الأسدِ) • العَظْلَمُ الليلُ المظلمُ وتَعَظْلَمَ الليلُ أظلمَ جدًّا • العَقْمُ إمساكُ الرحمِ

الواحدةُ شاةٌ (لا واحدَ لها من لفظِها وهو اسمٌ مؤنّثٌ للجنسِ يقعُ على الذكورِ والإناثِ) ج أغنامٌ وغُنومٌ وأغانِمُ والغَنَمُ (والمَغْنَمُ) والغَنيمُ والغَنيمةُ الفوزُ بالشيءِ بلا مشقّةٍ وفعلُهُ ل غَنِمَ غُنْمًا بالضمّ وبالفتحِ وبالتحريكِ وغَنيمةً وغُنْمانًا وغَناماكِ قصاراكِ واغتَنَمَ وتَغَنَّمَ فازَ بالغنيمةِ واغْتَنَمَهُ وتَغَنَّمَهُ عدّهُ غنيمةً • (الغَيْهَمُ الظلمةُ) • الغَيْمُ السحابُ والغيظُ والعطشُ وغامَ عطِشَ فهو غَيْمانُ (وهي غَيْماءُ) وغامَتِ السماءُ وأغامَتْ وغَيَّمَتْ وتَغَيَّمَتْ أتَتْ بالغيمِ وغَيَّمَ الليلُ أقبلَ •

ف

ع فَأَمَ من الماءِ رَوِيَ والفِئامُ الجماعةُ من الناسِ (لا واحدَ لهُ من لفظِهِ) ج فُؤُومٌ • الأَفْجَمُ الذي في شدقِهِ غِلَظٌ) • الفَحْمُ م وفَحْمُ الليلِ أوّلُ سوادِهِ ج فِحامٌ وفُحومٌ ع وفَحَّمَ مشى في فَحْمةِ الليلِ وفَحْمةُ السَّحَرِ حينهُ (وفَحْمةُ بنُ حُمَيْرٍ نصفُ الليلِ) والفاحِمُ والفَحِيمُ الأسودُ ر وفَحُمَ الشيءُ اسودَّ والمُفْحَمُ مَن لا يقدرُ أن يقولَ شعرًا وأفْحَمَهُ الهمُّ منعَهُ قولَ الشعرِ ل وفَحِمَ الصبيُّ فَحْمًا وفُحامًا وفُحومًا وفُحِمَ وأُفْحِمَ مجهولين بكى حتى انقطعَ نَفَسُهُ وفَحَمَ الكبشُ صاحَ فهو فاحِمٌ والفاحِمُ الماءُ الساكنُ ع وفَحَمَ الرجلُ فُحومًا عجزَ عن الجوابِ (وفَحْمةٌ سُودةٌ) • ر فَخُمَ ضَخُمَ والفَخْمُ العظيمُ القدرِ والمنطقُ الجزلُ والتفخيمُ التعظيمُ (وتركُ الإمالةِ بالنطقِ) والفَيْخَمانُ المعظّمُ يَصْدُرُ عن رأيِهِ ولا يَقْطَعُ أمرٌ دونَهُ • الفَدْمُ العَيِيُّ عن الكلامِ والغليظُ الأحمقُ الجافي ج أفْدامٌ وفعلُهُ ر فَدُمَ فَدامةً وفُدُومةً والفِدامُ العِمامةُ • (الفَدْغَمُ الرجلُ الحسنُ العظيمُ والوجهُ الممتلئُ) • الفَرْمُ الحوضُ الممتلئُ وأفْرَمَتْ أسنانُهُ تحرّكَتْ لتتبدّلَ والفرامُ بنُ يوسفَ الحسنُ تقدّمَ في البركةِ على أُحَيْمِنِشا البكرِ • (فَرْصَمَ كَسَرَ وقَطَعَ • الفَرْقَمُ الحشفةُ والمُفَرْقَمُ البطيءُ الشيبِ والسيّئُ الغذاءِ • الفَشْحَمُ الواسعُ الصدرِ والكَمَرةِ) • ض فَصَمَهُ كسرَهُ فانْفَصَمَ وتَفَصَّمَ وانْفَصَمَ انقطعَ وأفْصَمَتِ الحُمّى أقلعَتْ وفُصِمَ البيتُ مجهولًا انهدمَ • ض فَطَمَهُ قطعَهُ وفَطَمَ الصبيَّ فصلَهُ عن الرضاعِ فهو مفطومٌ وفطيمٌ ج فُطُمٌ والاسمُ الفِطامُ وأفْطَمَ حانَ فِطامُهُ فهو فاطِمٌ وانْفَطَمَ عنهُ انتهى • ر فَعُمَ (الساعدُ و) الإناءُ فَعامةً وفُعُومةً امتلأَ فهو فَعْمٌ (وفَعْمَلٌ) وأفْعَمَ الإناءَ ملأهُ والمُفْعَمُ المملوءُ وأفْعَمَهُ أغضبَهُ وافْعَوْعَمَ امتلأَ وفاضَ وأفْعَمَ المسكُ البيتَ طيّبَهُ • ع فَغَمَهُ (الطيبُ) فَغْمًا وفُغُومًا سدَّ خياشيمَهُ (وفَغَمَتِ الرائحةُ الشديدةُ خَشَمَتْها جدُّ وفَغَمَ المرأةَ وفاغَمَها قبّلَها) وفَغِمَ النَّهْدُ رضعَ ل وفَغِمَ بهِ لَهِجَ وفَغِمَ بالمكانِ أقامَ وأفْغَمَ مكانَهُ ملأهُ بريحِهِ وأفْغَمَ الإناءَ ملأهُ وانْفَغَمَ الزكامُ انفرجَ والفُغْمُ بالضمّ

اى حماضٌ • العَنْدَمُ دَمُ الاخَوَيْنِ او البَقَّمُ) • العَنَمُ ثمرةُ شجرةٍ يشبهُ البنانَ المخضوبَ والعَنَمِيُّ الوجهُ الحسنُ الاحمرُ • العَوْمُ السباحةُ (وسَيْرُ الإبلِ) والسفينةِ والعامُ السَّنَةُ ج أعوامٌ (وعاوَمَ فلانًا عاملَهُ بالعامِ • العَيْهَمُ الشديدُ والفيلُ الذكرُ والعَيْهَمَةُ السرعةُ) • العَيْمَةُ شهوةُ المشربِ والعطشانُ وفعلُهُ عامَ يَعِيمُ ويَعامُ عَيْمًا وعَيْمَةً فهو عَيْمانُ وهي عَيْمَى والعَيامُ النهارُ •

غ

الغَتْمُ شِدَّةُ الحرِّ والغُتْمَةُ العُجمةُ والأغتمُ مَنْ لا يُفصِحُ فى كلامِهِ ج غُتْمٌ واغتَتَمَ اتْخَمَ • (الأغثمُ الشَّعْرُ غلبَ بياضُهُ سوادَهُ وغَثَمَ لهُ غَثْمًا دفعَ لهُ دفعةً من المالِ والغَيْثَمَةُ القتالُ والاضطرابُ • غَذَمَ لهُ من مالِهِ غَذْمَ ل ن وغَذَمَهُ واغتذمَهُ أكلَهُ بنهمةٍ والمتغذِّمُ الأكولُ • الغَذْرَمَةُ اختلاطُ الكلامِ والغُذارِمُ الماءُ الكثيرُ وكيلٌ غُذارِمٌ جُزافٌ وتغذرمَ يمينًا حلفَ بها ولم يتتعتعْ) • الغَرِيمُ المديونُ والدائنُ ضِدٌّ والغَرامةُ والغُرْمُ والمَغْرَمُ ما يلزمُ أداؤُهُ وأغرمتُهُ إيّاهُ (وغرّمتُهُ) ن وغرِمتُهُ ل فغرِمَهُ والغرامُ الولوعُ بالشيءِ والشرُّ الدائمُ والهلاكُ والعذابُ والفعلُ ن غَرِمَ (والمُغْرَمُ أسيرُ الحبِّ والدَّيْنِ والمُولَعُ بالشيءِ • الغُرْلُمانيُّ الفتى الحسنُ الوجهِ • الغُرْقُمُ الحَشَفَةُ • الغَسَمُ السوادُ واختلاطُ الظلمةِ وغَسَمَ الليلُ وأغسمَ أظلمَ) • الغَشْمُ الظلمُ وفعلُهُ ن (وغَشَمَ الحاطبُ احتطبَ ليلًا فقطعَ كلَّ ما قدرَ عليهِ بلا نظرٍ وفكرٍ) والغَشَمْشَمُ مَنْ يركبُ رأسَهُ فلا يثنيهِ شيءٌ عن مرادِهِ • الغَطِيمُ والغَطَمْطَمُ البحرُ العظيمُ والرجلُ الواسعُ الأخلاقِ (والجمعُ الكثيرُ) • ل غَلِمَ غَلَمًا وغُلْمَةً واغتلمَ هاجتْ بهِ شهوةُ النكاحِ فهو غَلِمٌ وغِلِّيمٌ (ومِغْلِيمٌ) وهي غَلِمَةٌ وغِلِّيمٌ (وغِلِّيمَةٌ ومِغْلِيمَةٌ ومُغْتَلِمَةٌ) والغلامُ اليافعُ والكهلُ ضِدٌّ (او من حينَ يُولَدُ الى أن يشبَّ) ج أغلِمَةٌ وغِلْمَةٌ وغِلْمانٌ وهي غلامةٌ والاسمُ الغُلُومَةُ والغُلُومِيَّةُ والغُلامِيَّةُ والغَيْلَمُ منبعُ الماءِ فى البئرِ والجاريةُ المُغتلِمَةُ والضفدعُ والسلحفاةُ وما بالدارِ غَيْلَمٌ أحدٌ • الغَلْصَمَةُ رأسُ الحلقومِ وجوزةُ الحلقِ وأصلُ اللسانِ (والسادةُ والجماعةُ) • الغَمُّ والغَمّاءُ والغُمَّةُ الكربُ ج غُمُومٌ وفعلُهُ اغتمَّ وانغمَّ فهو مغمومٌ وأغمَّهُ أحزنَهُ وأغمَّ الشيءُ ن وغمَّهُ غطّاهُ فانغمَّ وغمَّ يومُنا وأغمَّ اشتدَّ حرُّهُ فهو يومٌ غمٌّ وغامٌّ ومُغِمٌّ وغُمَّ عليهِ الخبرُ مجهولًا استعجمَ والمُغَمُّ المبهمُ والغَمامةُ السحابةُ البيضاءُ ج غَمامٌ وغمائمُ وغُمَمٌ (وبحرٌ) مُغِمٌّ كثيرُ الماءِ والغُمامُ الزُّكامُ والمغمومُ المزكومُ والغَمّاءُ (والغُمّى) الداهيةُ وأغمَّ النبتُ طالَ وكثرَ ورجلٌ أغمُّ الوجهِ سالَ شعرُهُ على جبهتِهِ وقفاهُ والغَمْغَمَةُ والتغمغمُ الكلامُ الذى لا يَبِينُ والغُمُومُ النجومُ الصغارُ الخفيّةُ • الغَنَمُ الضأنُ

اتى فهو قادم ج قدم (وقدّام والقدوم آلة النجر مؤنثة ج قدائم وقدم) وقيدوم الجبل انفه وقدّام وقيدام وقيدوم ضد وراء مؤنثة وتذكر والقدّام بالشدّ والضم والفتح (والتقديم) السيّد وتقدّم اليه في كذا امره واوصاه به (وقدّمت يمينا حلفت والاقدم الاسد • القذم السريع الشديد والسيّد المعطاء) • القرم شدّة شهوة اللحم والشوق الى الحبيب والقرم السيّد (ج قروم) ن وقرمه قشره واطعمه وحبسه (وشبه من وقرم البعير قرما وقروما ومقرما وقرمانا تناول الحشيش وقرم البعير قطع جلدة من فوق خطمه فذلك الموضع يسمّى قرمة وقرام والقرمة والقرمة والقرامة تلك الجليدة المقطوعة والتقريم تعليم الاكل) والقرام ستر احمر وثوب من صوف ملوّن والمقرمة منديل منقوش فيه رقوم والقرمية بالكسر اصل النبات • القرذم العييّ • القرزوم (خشبة مدورة يحذو عليها الحذاء والقرزام) الشاعر الدون والمقرزم الكثير اللئيم • (القرشوم والقرشام القراد العظيم والقرشم الصلب الشديد والضبّ المسنّ والقرشامة الباشق • قرضمه كسره وقطعه • قرضمه قطعه وهو يقرضم كلّ شيء اى يأخذه) • القرطيم والقرطم حبّ العصفر وقرطمه قطعه • (القرقم حشفة الذكر والمقرقم الذى لا يشبّ) • القزم الدناءة والقماءة (وصغر الجسم في المواشي وصغر الاخلاق في الناس ورذال الناس للواحد والجمع والذكر والانثى وقد يثنّى ويجمع ويؤنث يقال رجل قزم ورجلان قزمان وامرأة قزمة ورجال اقزام وقزامى وقزم) وفعله ل قزم فهو قزم بفتح فكسر وبضمتين وبالتحريك (وهى بهاء) والقزام اللئام والقزام الذى لا يغلبه احد والموت الفجاءة والقزم الصغير الجثة واللئيم ج قزم واقزام ورجل (وامرأة) قزمة قصير ن وقزمه عابه والقزمان (بن الحارث العبسي) الرجل الفاجر • ض قسمه وقسّمه تقسيما جزّاه والاسم القسمة والقسم والمقسم بالكسر والفتح (والاقسومة) النصيب ج اقسام (جج اقسماء ججج اقاسيم وهذا ينقسم قسمين بالفتح اذا اريد المصدر وبالكسر اذا اريد النصيب او الجزء من الشيء. المقسوم والقسيم المقاسم ج اقسماء وقسماء) وقسيم الشيء جزؤه والقسم مصدر قسم وقاسمه الشيء اخذ (كلّ) قسمه والقسامة الصدقة وما يعزله القسّام لنفسه والقسم (العطاء ولا يجمع و) الرأى والشكّ والغيث والماء والقدر والخلق والعادة والحقيقة بعد الظنّ (والمقسّم المهموم والقسيم الجميل وهى بهاء وفعله ر قسم) والقسم اليمين بالله وقد اقسم وتقاسما تحالفا والقسامة الهدنة بين المتحاربين ج قسامات والقسام الوجه والحسن والقسامي الشيء الذى يكون بين شيئين والقسام شدّة الحرّ ووقت طلوع الشمس • القشم (الاكل او كثرته ومسيل الماء ج

(وبضمتين) الثَمَ والفَمَ بالفتح ما تخرجه من خلال اسنانك بلسانك (وهو مُفْغَمٌ به مُغْرًى) • الشَقَمَ (الامتلاء و) تقدُّمُ الثنايا العُلْيا فلا تقعُ على السُفْلَى وفعلهُ ل فَقِمَ فَقَمًا (وفُقُمًا) فهو أفقمُ وفَقِمَ بطِرَ (وبَشِمَ) وفَقِمَ مالُهُ نفدَ او كثر ضدٌّ وتَفاقَمَ الامرُ ر وفَقُمَ عظُمَ (ن وفقَمَ المرأةَ جامعها والفُقْمُ الفمُ وأمرٌ افقمُ أعوجُ) • الفَيْلَمُ الرجلُ العظيمُ والجبانُ والمُشطُ والنطعُ والعسكرُ الكثيرُ وتفيلمَ الغلامُ سمنَ • (الفَلْقَمُ الواسعُ • الفَلْهَمُ فرجُ المرأةِ والبئرُ الواسعةُ) • الفَمُ مُثلثةٌ م ويجوز تشديدُ الميم (أصلهُ فَوَهٌ وسيأتي بيانُ ذلك في ف و ه وفُمْ حرفُ عطفٍ لغةٌ في ثُمَّ) • الفُومُ (الثُومُ والحنطةُ والحِمّصُ والخُبزُ و) سائرُ الحبوبِ التي تُخبزُ وبائعهُ فامِيٌّ (مُغيَّرٌ عن فُومِيٍّ) والفُومةُ السُنبُلةُ • ل فَهِمَهُ فَهْمًا بالفتح (والتحريكِ) وفَهامةً (ويُكسَر) وفَهامِيَةً علمهُ وعرفهُ بالقلبِ والفَهِمُ السريعُ الفَهْمِ (واستفهمني فأفهمتهُ وفهّمتهُ وافتهمَ لحنَ وتفهّمهُ فهمهُ شيئًا بعد شيءٍ) •

ق

القَتَمُ الغُبارُ والقُتْمةُ اللونُ كالاغبرِ والقَتَمةُ الرائحةُ الكريهةُ والأقتمُ والقاتِمُ الاسودُ (واقتمَّ اقتمامًا اسودَّ وأورده حِياضَ قَتيمٍ اي الموتَ) ن وقَتَمَ الغُبارُ ارتفعَ • ض قَثَمهُ واقتثمهُ استأصلهُ واخترقهُ والقُثمةُ الغُبرةُ وفعلهُ ر قَثُمَ قُثمًا وقَثامةً (اغبرَّ) • ن قَحَمَ في الامرِ قُحومًا رمى بنفسهِ فيهِ فجاءةً (وقحّمتهُ) وأقحمتهُ فانقحمَ واقتحمَ والقُحمةُ المهلكةُ والسنةُ الشديدةُ والقحطُ وقحّمَ الفرسُ تقحيمًا رماهُ على وجههِ فتقحّمَ بهِ (والإقتحامُ هو أن تزدري العينُ الشيءَ حقيرًا كريهًا) واقتحمهُ احتقرهُ واقتحمَ النجمُ غابَ والقَحْمُ الكبيرُ السنِّ جدًّا وهي قَحمةٌ والاسمُ القَحامةُ والقُحومةُ ع وقحَمَ اليهِ دنا وأسودُ قاحِمٌ فاحمٌ وأقحمَ فرسهُ (النهرَ) أدخلهُ واقتحمَ هجمَ فهو مقتحمٌ • القَدَمُ مؤنثةٌ رِجْلُ الانسانِ ج أقدامٌ والقَدَمُ ايضًا الرجلُ لهُ مرتبةٌ في الخيرِ وهي قَدَمةٌ ر وقَدُمَ قَدامةً وقِدَمًا تقادمَ عهدهُ فهو قديمٌ وقُدامٌ ج قُدماء وقُدامى وقُدائمُ ن وقَدَمَهُ (قَدْمًا و) قُدومًا وتقدّمهُ واستقدمهُ تقدّمَ عليهِ والقِدَمُ ضدُّ الحدوثِ والقُدُمُ المُضيُّ أمامَ وفعلهُ ن ل قَدِمَ وأقدمَ وتقدّمَ واستقدمَ والاسمُ القُدْمةُ وأقدمَ على الامرِ شجعَ وأقدمتهُ شجّعتهُ لازمٌ متعدٍّ ومُقدِّمةُ الجيشِ (ويُفتحُ الدالُ وقادمتهُ وقُدامتهُ) متقدّموهُ والمُقدِّمةُ ايضًا الناصيةُ والجبهةُ (ومن كلِّ شيءٍ أولهُ) ومُقدِمُ العينِ ما يلي الانفَ (ومن الوجهِ ما استقبلتَ منهُ) ج مقاديمُ (وقادِمُكَ رأسُكَ ج قوادمُ) والقوادمُ والقُدامى ريشاتٌ في مقدّمِ جناحِ الطائرِ الواحدةُ قادِمةٌ ل وقَدِمَ من سفرهِ قُدومًا وقِدْمانًا

خبث ريح الزيت وريح الدهن ن قنمت يدهُ من رائحته والأقنوم بالضمّ الاصل (ج اقانيم رومية) والاقنوم بالفتح عند اللاهوتيين تعمّد الجوهر على قيامه بذاته لابغيره سريانية معرّبة * القوم الجماعة من الناس (ويؤنث ج اقوام (جج أقاويم) وأقاوم وأقائم وقام قوماً (وقومة) وقامة وقياماً انتصب فهو قائم (ج قوّم وقيّم) وقيام وقوّام وقاومه قام معه (وقاومه ايضاً صادّه) والمقام وضع القدمين (وقامت المرأة تنوح طفقت وقامت الدابة وقفت) وقام الامر واستقام اعتدل وقام الماء جمد وقامت السوق نفقت وقام السلعة وقوّمها ثمّنها (وقام بالامر تكفّل به فهو قائم وقيّم ج قومة) وأقام بالمكان (إقامة وقامة) دام وأقامه أدامه وأقامه ضدّ أجلسه وأقام الشيء وقوّمه أزال عوجه (والمقامة المجلس والمقام والمقام الاقامة ويكونان للموضع) وقامة الانسان (وقيمته وقومته) وقومته وقوامه طوله ج قامات وقيم فهو قويم وقوام حسن القامة ج قيام والقيمة المقدار ج قيم واستقام اعتدل وقوّمه عدّله فهو قويم ومستقيم والقوام كالاعتدال وقوام الحيوة ما يعاش به (والقوام) والقيام نظام الامر وعماده وقائمة الدابة إحدى قوائمها الاربع والقائمة الورقة من الكتاب وقائم السيف وقائمته مقبضه والقيّوم (والقيّام) من أسماء الله تعالى اى الذى لا ندّ له والعين القائمة التى ذهب بصرها وهى صحيحة ويوم القيامة يوم النشور * ل قهم قلّت شهوته الطعام وأقهم عنه كرهه وأقهم عن الطعام لم يشته وأقهم اليه اشتهاه وأقهمت السماء انقشع الغيم عنها * (القهرمان لفظة أعجمية استعملتها العرب بمعنى الوكيل او امين الدخل والخرج * القهطم اللئيم ذو الصخب * القهقم الذى يتبع كل شيء)*

ك

ن كتم السرّ كتماً وكتماناً (وكتّمه واكتتمه) أخفاه فهو كاتم وكتوم وسرّ (كاتم) مكتوم والاسم الكتمة والأكتم العظيم البطن * ن كتم الأثر اقتصّه وكتم الشيء جمعه (وكتمه عن الامر صرفه) وتكتّم توقّف وتحيّر وتشنّى وتوارى وكاتمه خالطه وقاربه * (الكثعم النجز والفهد * الكخمة العين يمانية) * ع كخمه دفعه عن موضعه وملك كخيم عظيم * ن ض كدمه عضّه باطراف أسنانه والكدمة الوسم والأثرة والكدم الحركة والكدام الرجل الشيخ والكدامة بقية الشيء الماكول وكدم الصيد طرده * الكرم ضدّ الخساسة وفعله ركرم كرامة وكرماً وكرمة فهو كريم (وكريمة وكرمة) ومكرم وكرام وكرّام وكرّامة ج كرماء وكرام وكرائم وأكرام

قشوم و) الجسم والهيئة واللحم الناضج والشحم ولاصل (القشام الفرق من الصوف
والقشام والقشامة ما بقي على المائدة ونحوها ج قشومة والقشيم يبيس البقل ج قشم) •
القشعم المسنّ من الرجال ومن النسور والضخم والاسد وامّ قشعم الحرب والمنيّة والداهية
والضبع والعنكبوت (وقرية النمل والقشعمة الشيخ) • ص قصمه كسره فابانه فانقصم وتقصّم
وقصم رجع من حيث جاء والقصمة بالشق المرقاة (و بالتثليث الكسرة من الشيء والقصم
السريع الانكسار والقصم من يحطم ما لقي والقصيمة جماعة الغضا المتقارب ج قصيم جج
قصم وقصائم والقيصوم نبت والقصيم عتيق القطن او عتيق شجره) والقصم بيض الجراد
(القصلام الغضوض الذي يقطع كل شيء ويكسره من الفحول ونحوها) • ص قضم
اكل بأطراف اسنانه (والقضيم الجلد الابيض يكتب فيه ج قضم والقضم ايضا السيف
وانصداع في السن او تكسّر اطرافه وتنثّله واسوداده وفعله ل قضم فهو اقضم وقضيم وهي
قضماء) والقضيم السيف المنكسر الحدّ والصحيفة البيضاء والنطع (وشعير الدابة) والقضمة
واقضموا امتاروا شيئا قليلا ايام القحط • (القضعم الشيخ المسنّ) • ن ص قطمه
عضّه وقطمه تناوله بأطراف اسنانه فذاقه وقطم الشيء قطعه ل وقطم اشتهى اللحم والنكاح
فهو قطم والقطامي اللحم والنبيذ الشديد • (القيعم السنّور والقعم صياحه واقعمت
الشمس ارتفعت والحيّة لسعت فقتلت • القعضم والقعضم الضعيف او المسنّ الذاهب
الاسنان) • القلم م ج اقلام وقلام ص وقلم ظفره (وغيره وقلّمه) قطعه والقلامة ما سقط
من القطع ومقالم الرمح كعوبه والمقلمة وعاء الاقلام والاقليم (معرب) جزء من الدنيا ج
اقاليم ودير القلمون في بلاد مصر (والقالم الغرب ج قلمة • القلحوم العظيم الخلق
والقلحم المنعظم في نفسه والمسنّ والحم حوم) • قلزم وتقلزم ابتلع ولام وصخب
و(قلزم بلد بين مصر ومكة قرب جبل الطور واليه يضاف) بحر القلزم الذي فلقه
موسى بعصاه عند هرب الاسرائيليين من فرعون والمصريين وتقلزم مات بخلا •
(القلعم الشيخ المسنّ والقلعم العجوز • القلهمة السرعة • القلهذم الخفيف
والبحر العظيم • القلهزم الرجل المربوع او الضخم الراس) • القمّة اعلى الراس
واعلى كل شيء (وبالضم ما يأخذه الاسد بفيه والقمّة والقمامة جماعة الناس وقمّ البيت
كنسه) والقمامة الكناسة والمقمّة المكنسة واقمّ الرجل ما على الخوان اكله ن وقمّت الشاة
اكلت والقمقام ونحم السيّد والامر العظيم والبحر والعدد الكثير والقمقم اناء م (معرب
نكم) والحلقوم وقمّ الشيء وتقمقمه تتبّعه وتقمقم تبرّم • ل قنم الجوز فسد والقنمة

ومشيئتين وفعلين كاملين بأقنوم واحدٍ إلهيّ فهو إلهٌ تامٌّ بطبيعته الالهيّة وانسانٌ تامٌّ بطبيعته البشريّة متحدتين اتحادًا جوهريًّا بأقنوم واحدٍ إلهيّ ورجلٌ تِكلامٌ وتِكلامةٌ وكُلّمانيٌّ (ويحرّك: وكِلّمانيٌّ وكِلِبّانيٌّ ولا نظير لهما) جيّد الكلام فصيح (ا) و الكِلِّمانيُّ الكثير الكلام والكليم لقبُ موسى النبيّ لانهُ كلّمَ اللهَ والكَلْمُ الجرحُ ج كُلومٌ وكِلامٌ ض وكَلَمَهُ وكلّمهُ تكليمًا جرحهُ فهو مَكلومٌ وكليمٌ • الكَلْثُومُ الكثير لحم الخدّين فهو مُكلثَمٌ والفيلُ • (الكِلْتَجم التراب • الكَلْدَمُ الصلبُ والكُلْدُومُ القصير • كَلْسَمَ تمادى كسلاً عن قضاء الحقوق وذهب في سرعةٍ وكلسمَ اليهِ قصدَ • الكَلْشَمَةُ العجوز • كَلْصَمَ فرّ هاربًا) • الكُمُّ مدخل اليد من الثوب ج أكمامٌ (وكِمَمَةٌ والكِمامةُ) والكِمُّ بالكسر وعاء (الطَّلْعِ و) الزهر ج أكِمَّةٌ (وأكمامٌ) وكِمامٌ ن وكَمَّ ثوبهُ جعل لهُ كُمًّا وكَمَّتِ الشجرةُ اخرجت كِمامَها والكِمامُ والكِمامةُ شيءٌ يوضعُ على فم الثور لئلاّ يأكل وكَمَّمَهُ وضع لهُ الكِمامَ والكُمَّةُ بالضمّ شيءٌ مدوّرٌ عليهِ يلبس في الرأس تشدّ عليهِ العِمامةُ وتَكَمْكَمَهُ لبسهُ وتكمكم في ثيابهِ تغطّى والمِكَمَّةُ مخلاةُ الدابّة وكم اسمٌ مبهمٌ يأتي بيانهُ في مكانهِ والنسبةُ اليهِ كمّيّةٌ بتشديد الميم وتخفيفها • (الكُمْنَةُ الجراحة) • الايكونوموس وظيفة أوّل قسوس الكنيسة يونانيّة معرّبة • كَوَّمَ التراب تكويمًا جمع بعضهُ فوق بعضٍ والكُومةُ التراب المجموع والكَوماء الناقةُ العظيمة السنام والكَومُ الفرج (وكامَ المرأةَ جامعها فهي مُكامَةٌ) والكيمياء (معرّبة) كالاكسير او صناعةٌ ووجودها حقيقيٌّ عند المسترشد ووهميٌّ عند المدّعي • ن كَهَمَتْهُ الشدائد ردّتهُ عن الاقدام واكهمَ بصرهُ كلّ ورقّ • وسيفٌ كَهامٌ كليلٌ ولسانٌ كهامٌ عييٌّ وفرسٌ كهامٌ بطيءٌ ورجلٌ كهامٌ مسنٌّ فقيرٌ • (الكَهْنَم الباذنجان والمسنّ الكبير) •

ل

اللؤمُ ضدّ الكرم وفعلهُ ر لؤمَ لؤمًا فهو لئيمٌ ج لِئامٌ ولؤماءُ ولؤمانُ ع ولأمَهُ نسبهُ الى اللؤم ن ولأمهُ لأمًا ولاءمهُ والتأمَ أصلحهُ واللأمةُ الدرعُ ج لأمٌ ولُؤَمٌ واستلأمَ لبس اللأمةَ ولاءمهُ ملاءمةً وافقهُ وهو لئيمهُ ولئامهُ اى مثلهُ وشبههُ ج ألآمٌ (ولِئامٌ) واللِّئمُ الصلحُ والاتفاق والعسل والفعل لأمَ واللأمُ الشخصُ واللوامُ الحاجة واداة الشذّان • ن لَتَمَهُ لَتْمًا طعنهُ في منحرهِ ولتمَ رمى • اللِثامُ كالنقاب ن ولثمَ وتلثّمَ شدّ اللثامَ ل ض ولثمَ فاهُ قبّلهُ • اللِّجامُ للدابّة (فارسيّ معرّب ج لُجُمٌ) وخرقة الحائض وتلجّمت شدّتها وألجمَ الدابّةَ ألبسها اللجامَ والمُلجَمُ (ما يتطيّر منهُ واللُّجَمُ دابّة او سامّ أبرص واللُّجامُ ايضًا واللُّجمُ بالضمّ وبالتحريك الضفادع

وكرامون (ورجل كرم كريم للواحد والجمع) والكريم الرجل الواسع الخلق والصفوح (وقد يطلق الكريم على ما يرضى ويحمد من كل شيء على احسنه يقال وجه كريم اى مرضي فى حسنه وجماله وكتاب كريم اى مرضي فى معانيه والفاظه) واكرمه وكرمه تكريما اعزه والكرامة العزازة (ج كرامات والكرامات عرفا بمعنى المعجزات ورجل مكرام مكرم للناس) واستكرم الشيء وجده كريما وفعلته كرامة لك وكرما لك وكرمة لك وكرمانا لك اى اكراما لك وتكرم عن ذكره تنزه عنه وتكارم تنزه والمكرم والمكرمة والاكرومة فعل الكرم وارض مكرمة طيبة والكرم شجر العنب والقلادة ج كروم والكريمتان العينان (وكريمتك انفك وكل جارحة شريفة كالاذن واليد والكريمتان العينان) والتكرمة والتكريم الوسادة والتعزيز واكرم اتى باولاد كرام ورزق كريم كثير وقول كريم سهل • الكردم والكردوم القصير والكردم ايضا الشجاع وكردم القوم جمعهم وتكردم عدا نزقا • الكرزم والكرزيم القصير الانف والكرزم الفلس والكرزمة اكل نصف النهار • كرسم اطرق • الكرشوم القبيح الوجه • (كرضم واجه القتال وحمل على العدو) • الكركم الزعفران والعلك والعصفر (والقطعة بهاء والكركمان الرزق) • ن كزم الشيء ونحوها كسرها بمقدم اسنانه واستخرج ما فيها بفيه ليأكله والكزم (البخل و) قصر فى الانف وفى الاصابع الغليظة فهو انف اكزم ويد كزماء واكزم انقبض وتكزم الفاكهة اكلها بقشرها (وهو اكزم البنان بخيل) • ن كسم على عياله كسما كسب لهم وكسم الشيء فتته بيده وروضة كيسوم (وكيسوم واكسوم) ندية متراكمة النبت ج اكاسم (والكسوم الماضي فى الامور) • الكشم نقصان فى الخلقة وفى الحسب وفعله ن كشم فهو اكشم • ن كصم كصوما ولى وادبر ورجع من حيث جاء وكصمه دفعه بشدة • ض كظم غيظه رده وحبسه وكظم الباب اغلقه (والنهر والخوخة سدهما) ورجل كظيم ومكظوم مكروب والكظم مخرج النفس وكظم مجهولا سكت فهم كظم اى ساكتون والكظامة مخرج البول من المرأة والكظام السدادة • ع كعم البعير شد فاه لئلا يعض او يأكل والكعام ما شد به (وكعوم الطريق افواهها وكعم المرأة قبلها والمكاعمة المضاجعة فى ثوب واحد) • الكعسم الحمار الوحشي والكعسوم الحمار الاهلي ج كعاسم وكعابيس وكعسم ادبر هاربا) • الكلام القول والكلام بالضم الارض الغليظة والكلمة اللفظة والقصيدة ج كلم (والكلمة ج كلم والكلمة ج بالتاء وكلمه تكليما وكلاما حدثه) وتكلم تحدث وتكالما تحادثا بعد بغض وهجر وكلمة الله مذكرا سيدنا يسوع المسيح وهو الاقنوم الثاني من الاقانيم الثلثة الالهية تجسد بالروح القدس فى بطن سيدتنا مريم العذراء وجاء منها انسانا تاما بطبيعتين

وتلفمت شدت نقابها وتلفم بعمامته تلثم ص ولغمته حزمته) • اللقم محركة (واللقم) معظم الطريق ل ولقمه لقما اكله سريعا والتقمه ابتلعه واللقمة (وتضم) ما هيأه ليلقمه (واللقيم ما يلقم ولقم الطريق وغيره سد فمه) والملقمان الحنطة • ن لكمه ضربه باليد مجموعة والملكمة القرصة المضروبة باليد وملكوم صنم بنى ضمون عبدة سنيمن • ن لمه جمعه وغلام ملم قارب البلوغ واللمم الجنون وصغار الذنوب والملموم المجنون واللامة المصيبة واللمة الشدة واللمة بالضم الاصحاب فى السفر والموانسون واللمة بالكسر شعر الرأس ج لمم ولمام وهو يزورنا لماما احيانا وغبا والململم والململوم المجتمع المدور ولم والم ولما والما من حروف الجزم يأتى بيانها فى مكانها وكذلك لما الحينية واللم الشديد من كل شىء والم به ولم به والتم به نزل به والم الغلام قارب البلوغ (والم يفعل كاد والم ملم ولم يستفهم به واصله ما وصلت بلام ولك ان تدخل الهاء فتقول لمه والتم زار) • اللوم واللوماء واللومى واللائمة العذل وفعله لامه لوما وملاما وملامة فهو مليم وملوم (والامه ولومه للمبالغة فالتام هو وقوم لوام ولوم ولييم ولاومته لمته ولامنى وتلاومنا كذلك والام اتى ما يلام عليه او صار ذا لائمة) واللومة محركة كثرة العذل واستلام اليهم اتاهم بما يلومونه ورجل لومة (ملوم ولومة) ولوام كثير اللوم وتلوم فى الامر تمكث وانتظر واللومة الشهد واللام واللامة واللوم الهول واللام الشخص الانسانى والقرب ولوم كتب اللام وحرف اللام له معانى تاتى فى مكانها

• ل ص لهمه لهما ابتلعه بمرة ورجل لهم (ولهم ولهوم وملهم) اكول والملهم (جواد عظيم الكفاية رغيب) الراى ج لهمون وام اللهيم الداهية والحمى والمنية واللهموم السحابة الغزيرة المطر والعدد الكثير والجيش العظيم (والجرح الواسع وجهاز المرأة) واللهام الكثير الخير والهمه الله خيرا لقنه اياه (والتهم لونه تغير واللهيم القدر الواسعة • اللهجم الضخم والطريق الواسع) • اللهذم القاطع من الاسنة ولهذمه قطعه (وتلهذمه اكله) • اللهزمة لحمة ناتئة تحت الاذن وهما لهزمتان ج لهازم • الليم الصلح وليم الرجل شبهه وشكله وقده وخلقه ولاده شايبه (والليمون ثمر م وقد تسقط نونه) •

ن

(ص ع نأم نأما أن والنئيم صوت القوس والاسد والظبى واسكن الله نأمته اى اماته • انتتم بقول سوء انفجر بالقول القبيح كانه افتعل من نتم) • ص نثم تكلم بالقبيح • النجم الكوكب ج انجم (وانجام) ونجم ونجوم والنجم ايضا النبات الذى

و) بلعتم الهواء ن ولجم الثوب خاطه ولجمة الماء بلغ فاه • اللَّحْمَ ويُحرَّكُ م ج أَلْحُمٌ ولُحُومٌ ولُحْمانٌ (ولِحامٌ واللَّحْمَةُ القطعةُ منهُ ولَحْمُ كلِّ شيءٍ لُبُّهُ) واللُّحْمَةُ بالضمِّ القرابةُ والمَلْحَمَةُ الوقعةُ العظيمةُ في الحربِ والمَجْزَرَةُ واللَّحِمُ الاسدُ والكثيرُ لَحْمِ الجسدِ وأَكُولُ اللَّحْمِ والفعلُ ر ل لَحُمَ ولَحِمَ الكمالِ في عهدِ موسى الذبيحةُ المتقدِّمةُ من أَجلِ إقامةِ كاهنٍ للهِ وبيتُ لَحْمٍ قريتانِ الواحدةُ في سبطِ يهوذا وُلِدَ المسيحُ فيها والأُخرى في سبطِ زابلونَ واللَّحّامُ بائعُ اللَّحْمِ ووحشٌ لاحِمٌ يأكلُ اللَّحْمَ ج لَواحِمُ واللَّحِيمُ ذو اللَّحْمِ وشِدَّةٌ مُتلاحِمَةٌ ضيِّقةٌ وأَلْحَمَ الثوبَ نَسَجَهُ (وأَلْحَمَ الشاعرُ الكلامَ نَظَمَهُ) واللُّحْمَةُ بالضمِّ خِلافُ السُّدَى ن ولَحَمَ الامرَ أحكمَهُ ولَحَمَ العظمَ قشرَ لَحْمَهُ ولَحَمَ الصائغُ الفِضَّةَ أصلحَها ع ولَحَمَ أَطْعَمَ اللَّحْمَ وهذا لَحِيمُ هذا وَفْقُهُ وشَكْلُهُ والْتَحَمَ الجرحُ الْتَأَمَ (والْحَمْ ما أَسْدَيْتَ تَمِّمْ ما بَدَأْتَ) • ن لَخَمَهُ لَخْمًا قطعَهُ ولطمَهُ واللُّخْمَةُ الشَّتْرَةُ ر ل ولَخِمَ كثرَ لَحْمُ وجهِهِ وغلظَ • ض لَدَمَ لَدْمًا لطمَ وضربَ بشيءٍ ثقيلٍ ولَدَمَ الثوبَ ولَدَّمَهُ تلديمًا رقعَهُ فهو لادِمٌ ج لُدَّمٌ ولَدَمَتِ المرأةُ ضربتْ صدرَها في المناحةِ وتَلَدَّمَ الثوبُ أخلقَ وتَلَدَّمَهُ رقعَهُ (لازمٌ متعدٍ) واللَّدِيمُ الثوبُ الخَلَقُ واللَّدَمُ الحُرْمَةُ في القراباتِ (وإنّما سُمّيتِ الحُرْمَةُ لَدَمًا لأنّها تَلْدِمُ القرابةَ اي تُصلِحُ وتَصِلُ يقولونَ اللَّدَمَ اللَّدَمَ اذا أرادوا توكيدَ المحالفةِ اي حُرْمَتُنا حُرْمَتُكم وبيتُنا بيتُكم والمِلْدَمُ الاحمقُ الثقيلُ وأَلْدَمَتْ عليهِ الحُمَّى دامتْ) وأُمُّ مِلْدَمٍ الحُمَّى • ن لَذِمَهُ أعجبَهُ وأَلْذَمَهُ ل ولَذِمَهُ لزمَهُ (وأُلْذِمَ بهِ أُولِعَ فهو مُلْذَمٌ) • ل لَزِمَهُ لُزْمًا ولُزُومًا ولِزامًا (ولِزامًا ولُزْمَةً) ولُزْمانًا بعضُهما ولازَمَهُ والْتَزَمَهُ لا يفارقُهُ وأَلْزَمَهُ بهِ واللِّزامُ عواقبُ الانسانِ الاربعُ ذُكِرَتْ في ع ق ب وضربةُ لازِمٍ اي أمرٌ لازِمٌ والمُلازِمُ واللَّزِمُ الخصيبُ العصدُ والمِلْزَمُ خشبتانِ يُشَدُّ بينهما المتاعُ • ن لَسَمَ سكتَ عِيًّا وأَلْسَمَ الشيءَ طلبَهُ • (اللَّطْمَ العَنَفُ والإلحاحُ والفعلُ ض لَعَمَهُ) • اللَّطْمُ ضربُ الخدِّ بالكفِّ مفتوحةً وفعلُهُ ض لَطَمَ (ومنهُ المَثَلُ لو ذاتُ سوارٍ لَطَمَتْني قالتْهُ امرأةٌ لَطَمَتْها امرأةٌ غيرُ كُفْئِها والمِلْطَمانِ الخدّانِ) واللَّطِيمُ واللَّطِيمَةُ الطيبُ الزكيُّ الرائحةِ ووعاءُ المسكِ ولَطَمَ الكتابَ تلطيمًا ختمَهُ والمِلْطَمُ اللئيمُ والْتَطَمَ الموجُ ضربَ بعضُهُ بعضًا • لَعْثَمَ (فيهِ لَعْثَمَةٌ وتَلَعْثَمَ تمكّثَ وتوقّفَ وتأنّى او نكصَ عنهُ وتبصّرَهُ ولم يزدْ صاحبُ القاموسِ على ذلكَ شيئًا في شرحِ معاني هذا الفعلِ فتدبّرْ) وتَلَعْثَمَ امتنعَ عن الكلامِ من بكائهِ • (اللَّعَمُ اللُّعابُ • اللَّعْذَمَةُ اللَّعْثَمَةُ واللَّعْذَمِيُّ الحريصُ • تَلَعْلَمَ في أمرهِ تَلَعْثَمَ) • اللُّغامُ زَبَدُ الجملِ ع ولَغَمَ رمى بزبدِهِ والمَلاغِمُ الزبدُ حولَ فمِ الانسانِ • (اللِّغْذَمِيُّ والمُتَلَغْذِمُ الشديدُ الأكلِ • اللِّفامُ ما على طرفِ الأنفِ من النقابِ ل لَفَمَتْ والْتَفَمَتْ

لا ساق له والثريا والاصل وتنجم رعى النجوم توقيتا فهو متنجم (ومتنجم ونجام) ومنجام ن ونجم النجم وانجم طلع (ونجم السن والقرن والنبات والزهر وغيرهم ظهر وطلع) ونجم المال اداه ونجمة الصبح الزهرة ولقب مريم العذراء والنجم ايضا شيء كالقبة يوضع فوق آنية المتقدمة عند الروم ونجم المجوس كوكب ذو ذنب كان يدل ملوك الفرس على مغارة بيت لحم حيث ولد المسيح والمنجم الطريق الواضح (والمعدن وذو النجمة الحمار) وانجم المطر وانتجم اقلع والنجمان عظمان عظيمان من ناحيتي القدم • ص نحم نحما ونحيما ونحمانا تنحنح فهو نحام (والنحام البخيل والاسد ونحم لغة في نعم) ونحميا بن حلقيا عذرا الكاهن مؤرخ رجوع اليهود من سبي بابل ومؤرخ تجديد بناء اورشليم والهيكل وكتب التوراة ثانية وقد كانت دثرت وكان يقرأها على اليهود ومناحيم بن جادي من ملوك اسرائيل وناحوم الالقشي من انبياء اسرائيل والانحجام الاحتزام • ل نخم النخم الذي مادة من صدره او من انفه والنخمة والنخامة النخاعة ن ونخم تعب وعيي والنخمة محركة الاعياء • ل ندم عليه ندما وندامة وتندم اسف فهو نادم وندمان ج ندامى وندام (وندمى وندام ومؤنثه ندمى) ونادمه جالسه على الشراب فهو نديم ومنادم ج ندماء وهو) ندمان (ج ندام) وندمى (ومؤنثه ندمانة وقد يكون الندمان جمعا وندمانى جذيمة يضرب بهما المثل بطول التواخي والتصاحب) • النسم والنسمة نفس الروح والريح الرقيق والنسيم (مؤنثه والنيسم) الريح اللطيف ج انسام ص ونسم الريح نسما ونسيما ونسمانا وتنسم هب وتنسم تنفس وتنسم المكان بالطيب تعطر والنسمة الانسان ج نسم ونسمات والنسمة ايضا المملوك والامة او الربيب والاناسم الناس والناسم المريض اشفى على الموت والمنسم خف الجمل والعلامة والطريق والمذهب والوجه والنسيم الروح والعرق والنيسم الطريق الدارس والوشم ونسم في الامر تنسيما ابتدأ ونشم النسمة ايضا اخذها واحتقها • نشم اللحم تنشيما تغير ونشم في الامر وتنشم ابتدأ ونشم في الشيء اخذ ونشم الله ذكره رفعه وعطر منشم عطر يطيبون به القتلى وتنشم الاخبار تجسسها (النصمة الصورة تعبد • النضم الحنطة السمينة واحدتها بهاء) • النظم التاليف وضم شيء الى آخر والثريا والدبران (والنظام كل خيط ينظم به لؤلؤة ونحوها) ج نظم ونظم الشيء ونظامه ترتيبه ج انظمة واناظيم (ونظم) والسيرة والعادة ن ونظم الشيء ضمه والفه ورتبه • النعيم والنعمى الخفض والدعة والنعيم والنعمة المال والتنعيم الترفه وفعله ل ن ص نعم وتنعم وللاسم النعمة بالكسر ونعمه تنعيما رفهه وعيشة ناعمة

غير متمكّن وقع معرفة ولم يدخل عليه أل للتعريف لأنه ليس له ما يشركه وربما فتحوا اللام وحذفوا الهمزتين كقوله

* وقد كنت تخبي حبّ سمراء حقبة * فبح لان منها بالذى انت بائح *

وآن اينك ويكسر وآنك حان حينك وأين سؤال عن مكان وأيان ويكسر معناه اىّ حين)*

ب

(البثنة الارض السهلة والزبدة والمرأة الحسناء البضة والنعمة فى النعمة والبثن الرياض * البحونة المرأة القصيرة والقربة الواسعة « لمن والبحنانة شرارة عظيمة من شرار الدار * بحشن فى الامر بحشنة تراخى فيه * البحن الطويل جدًّا والبحان والبحان مثت وابحن نام وانتصب جدًّا * البخندن الجارية الناعمة) * البدن الجسم (سوى الراس والرجل المسنّ) والدرع القصيرة ج أبدان وبدان وبُدن والبدن ايضا الوعل الحسن والحسيب السيب والبادن والبدين (والمبدّن) الجسيم وهى بادنة وبادن وبدين ج بُدن وبدّن وفعله ر ن بدن (بدنًا ويضم و) بدانًا وبدانة وبدّن تبديدًا أسنّ وضعف وبدّنه ايضا البسه درعًا * (الباذنجان نبت وثمرتم واحدته باذنجانة) * البرنية اناء من خزف كالاجانة والديك الصغير ج برانىّ والبرينة حديدة يثقب بها * البرثن الكف مع الاصابع ومخلب الاسد (او هو للسبع كالاصبع للانسان) ج براثن * البرذون دابّة كالفرس ج براذين وبرذن اعيا من الجواب ومشى مشى البرذون * البرشان مثلثة خبز رقيق من فطير لتقدمة القداس عند الافرنج وتابعيهم سريانية معربة الواحدة برشانة * (البرطنة ضرب من اللهو) * البرهان الحجة وبرهن عليه أقام البرهان * الابزن مثلثة ما يغتسل فيه من نحاس (وغيره معرّب آب زن) ويسمى البازان ايضا (عند اهل مكة وهو لحن والبزيون والبزيون السندس وبازن بالحق جاء به والابزين الابزيم ج ابازين * بسن اتباع لحسن وأبسن الرجل حسنت سجيته والباسنة سكة الحراث وآلات الصناع والجوالق الغليظ ج باسن) * البستان م (معرّب بوستان) ج بساتين (وبساتون) * إبصان من قضاة بنى إسرائيل * البطن خلاف الظهر مذكر ج أبطن وبطون وبطنان والبطن ايضا أصغر من القبيلة وجوف كل شىء والبطين والمبطان الشره الرغيب فى الاكل والربع ورجل بطين عظيم البطن والفعل ر بطن والمبطن الضامر البطن (والمبطون من يشتكيه) ن وبطن خفى فهو باطن ج بواطن واستبطن *

ت

(تتاءن و) تتاون خدع * تبن الحنطة ونحوها م والتبن ايضا السيد السمح والشريف والذئب ص وتبن الدابة اطعمها التبن ل وتبن تبنا وتبانة فطن فهو تبن والتبان سراويل صغير (يستر العورة واتبن لبسه والتبان بائع التبن والتبن من يعبث بيده بكل شيء * التفن الوسخ) * التقن الطبيعة والرجل الحاذق واتقن الامر احكمه والاسم التقانة * التين والتنين المثل والتنين حية عظيمة وسمة الدجال لعنه الله ولقبه ومن اسماء الشيطان ايضا (واتن بعد والتينان الذئب ومثال الشيء وتان بينهما قايس وتتنن ترك اصدقاءه وصاحب غيرهم * التتاون التتامن وهو يتتاون للصيد اذا جاء مرة عن يمينه ومرة عن شماله) * ل تهن نام (فهو تهن * التين م والتينة الدبر) *

ث

(التثاءن والتثاون والتتاون بمعنى) * ص ثبن الثوب ثبنا وثبانا ثنى طرفه وخاطه وثبن الشيء حمله بين يديه في وعاء * ل ثتن اللحم انتن * (الثجن ويحرك طريق في غلظ وحزونة) * ر ثخن ثخونة وثخانة (وثخنا) غلظ وصلب فهو ثخين واثخن في العدو بالغ (في الجراحة فيهم) واثخنه جراحا بالغ في جراحه واثخنه اوهنه والثخين الحكيم * ل ثدن اللحم تغيرت رائحته وثدن فلان كثر لحمه وثقل فهو ثدن (ومثدن وهي بهاء * ل ثرن آذى صديقه وجاره) * الثفنة الركبة ومجتمع الساق والفخذ وجماعة الناس ص وثفنه دفعه وتبعه واتاه من خلفه ل وثفنت يده غلظت واثفنها العمل اغلظها وثافنه جالسه ولازمه (فهو مثافن ومثفن * الثكنة المقلادة والراية والقبر وبئر الدار وحفرة قدر ما توارى الشيء والسرب من الحمام والنية من ايمان اوكفر ومركز الاجناد ومجتمعهم على لواء صاحبهم ج ثكن) * الثمن بالضم وبضمتين والثمين جزء من ثمانية ج اثمان ن وثمنهم اخذ ثمن مالهم ض وثمنهم كان ثامنهم وثمان عدد بعد السبعة فان اضفتها او ركبتها اثبت الياء نحو ثماني مائة وثماني عشرة وان افردتها حذفت الياء رفعا وجرا واعربتها اعراب الناقص واثبتها نصبا نحو هذه ثمان ومررت بثمان ورايت ثمانيا هذا على الاصح ويجوز اثبات الياء وحذفها بلا تمييز والمثمن ذو الثمانية الاركان (والمسموم والمحموم) وثمن الشيء ما استحق به ذلك

أثوه وقف على جليته وبطانة الثوب خلاف ظهارته وبطّن الثوب تبطينا وأبطنه جعل له البطانة (والبطانة ايضا السريرة والصاحب وعريض البطان رخي البال) والباطن داخل كل شيء وباطن الارض غامضها ج أبطنة وبطنان والبطنة البطر والتخمة والهيضة والبطين البعيد والبطان الحزام • (المبكونة المرأة الذليلة) • البلان الحمّام • بلهنية العيش سعته ورفاهيته والبلهنية ايضا أول الشباب • بنيامين اخر أولاد يعقوب إسرائيل ولد له في بيت لحم • ص بن وأبن أقام والبنان الاصابع او اطرافها الواحدة بنانة والبدانة بالضم الروضة المعشبة والبن بالضم حب شجر في اليمن يشرب سويقه حارًّا وقد أكثر الناس استعماله جدًّا يسمونه القهوة كأنه يغنيهم عن القهوة اي الخمر والبن بالكسر الموضع المنتن الرائحة والبنة بالفتح الرائحة الطيبة والمنتنة ضد ج بنان • البون بالضم ويفتح مسافة ما بين الشيئين (والفضل والمزية) والبوان بالضم والكسر عمود الخيمة ج أبونة وبون (وبون) والبونة البنت الصغيرة (وبانه يبونه كبيّنه) • البهنانة الطيبة النفس والريح او اللينة في عملها ومنطقها والضحاكة الخفيفة الروح • البهكن الشاب وهي بهاء وشاب بهكن غض • البين يكون فرقة ووصلا واسما وظرفا متمكنا والبعد والبين بالكسر الناحية والفصل بين الارضين وقدر مد البصر و) بان يبين بينا وبينونة فارق وبان الشيء يبين بينا وبيونا وبينونة انقطع وأبانه قطعه وبان عنه يبين انفصل فهو وهي بائن وباين الرجل زوجته طلقها وبانت عنه طلقته وبان يبان بيانا اتضح فهو بيّن ج أبيناء وبيّنه وبينه تبيينا وتبينه وأبانه واستبانه أوضحه وعرفه فبان وبيّن وتبيّن وأبان واستبان (كلها) لازمة متعدية والتبيان بالكسر ويفتح (مصدر شاذ وضربه فأبان رأسه فهو مبين ومبين) والبيان الظهور وباينه هاجره وتباينا تهاجرا وغراب البين أبقع أحمر المنقار والرجلين وهذا بين بين اي بين الجيد والرديء وبين وبينا وبينما ظرف مكان للتوسط (وبينا نحن كذا هي بين أشبعت فتحتها فحدثت الف وبينا وبينما من حروف الابتداء والاصمعي يخفض بعد بينا اذا صلح موضعه بين كقوله

• بينا تعنقه الكماة وروغه • يوما أتيح له جريء سلفع •

وغيره يرفع ما بعدهما على الابتداء والخبر والبيان الإفصاح مع ذكاء) والبين البعد والبين الفصيح ج أبيناء وأبيان (وبيناء) وأبان بنته (وبينها) زوجها وبين قرن النعجة نبت •

والجُنّة بالضمّ المَوقى وغطاء المرأة والجِنّة والجِنّ بكسرهما الشياطين ج (بل اسم الجمع) جنون وجانّ وجُنّ (جَنًّا وجُنونًا) واستُجِنّ مجهولًا دخلهُ الجنّ فهو مجنون وتجنّن وتجانّ تظاهر بالجنون وأجنّهُ اللهُ وجنّنهُ صيّرهُ مجنونًا (وأجنّك كذا اى من أجلِ أنّك والجناجن عظام الصدر الواحد جنجن وجنجنة وجِنّ الناس وجنانهم معظمهم والجِنّة من الشباب وغيره أوّلهُ وحدثانهُ ومن النبات زهرهُ ونورهُ) وجُنّت الارضُ جُنونًا وتجنّنت ازهرت والجَنّة بالفتح مشتبكُ الشجر والبستان ج جِنانٌ والمَنجنون والمَنجنين الدولاب مؤنّث • الجَون بالفتح اللون أحمرَ كانَ او أبيضَ او أسودَ والنهارُ ج جُونٌ بالضمّ والجَون بالفتح الفرسُ الاسودُ والجَونة الشمسُ والفحمة والجُونة بالضمّ سفطٌ مغشّى بجلدٍ ج جُوَن وجَون الباب بيّضهُ اذا كانَ باب عروسٍ وسوّدهُ اذا كانَ باب ميتٍ والجَوناء الشمسُ والقِدرُ والفرسُ السوداء وجان وجهه اسودّ (والجَوانة الاست) • الجُهنة سوادُ أوّلِ الليلِ والجُهن أرضٌ داخلةٌ في البحر كاللسان (غيرُ متّصلة في البرّ فاذا اتّصلت اليهِ فذلك شعب وجارية جهانةٌ شابّةٌ وجُهينة قبيلةٌ والمثلُ في ج ف ن) ن وجَهن جُهونًا قرب ودنا •

ل حَبِنَ عليهِ امتلأ غضبًا والحَبناء الضخمةُ البطنِ والحِبنُ القِردُ (وخراجٌ كالدُّمّل) • الحَتنُ المِثلُ (ويُكسر) وهما حَتنانِ متساويانِ ل وحَتِنَ الحرّ اشتدّ فهو يومٌ حاتنٌ وأحتنَ الرامي وقعت سهامهُ في موضعٍ واحدٍ (وتحاتنوا تساووا) • ض حَجَنَ العودَ (وحجّنهُ) عطفَ رأسهُ والمِحجن (والمِحجنة) العودُ المعطوفُ الرأسِ وحجنهُ صدّهُ وصرفهُ وحجّنهُ واحتجنهُ جذبهُ بالمِحجنِ والحُجنُ والحُجنة (والتحجّن) الاعوجاجُ واحتجنَ المالَ ضمّهُ اليهِ واحتواهُ وشعرٌ أحجنُ متسلسلٌ (ل وحَجِنَ عليهِ وبهِ ضنّ وبالدارِ أقامَ والحَوجَن الوردُ الاحمرُ) والحُجنة صنّارةُ المِغزلِ والحَجون الكسلانُ • (الحَذَنُ الحَجَرة والحَذنتان الإِسكتانِ والخُصيتانِ والأُذنانِ) • ن رحَرَنَت الدابّةُ حِرانًا بالضمّ والكسرِ وقفت عند جريها فهي حَرونٌ وحَرَن في البيعِ لم يزدْ ولم ينقصْ (والمحارينُ الشهادُ اى الأعسالُ والمِحران العسلُ) وحَرَن القطنَ ندفهُ بالمِحرنِ اى المِندفِ وحرّانُ بلدٌ بالشامِ النسبةُ اليهِ حرنانيٌّ لاحرّانيٌّ • (الحِرذَون لغة في • الحِرذَون لذكرِ الضبِّ • الحَراسين السنونَ المُمحلة) • الحُزنُ بالضمّ ويُحرّك الهمّ ج أحزانٌ وفعلهُ ل حزِنَ وتحزّنَ وتحازنَ واحتزنَ فهو حزنانٌ ومِحزانٌ وحزينٌ ن وحزنهُ الامرُ حزنًا وأحزنهُ جعلهُ حزينًا والمحزونُ (والمُحزَن والحزين والحَزِن

الشئ ج أثمان وأثمن (وأثمنة) وثمن الشئ تثميناً قدّر له ثمناً وأثمن له سلعته أعطاه ثمنها
• (التثاون الاحتيال والخديعة كالتثاون) •

ج

الجبن بالضم وبضمتين والجبنّ م وقد تجبّن اللبن صار جبناً والجبان مخففة ومشددة والجبين الذي يهاب الاشياء جزعاً ج جبناء وهي جبان وجبانة (وجبين) والفعل ر جبن جبانة وجبناً بضم وبضمتين وأجبنه واجتبنه عدّه جباناً وجبين للانسان م ج أجبن وأجبنة وجبن والجبّان والجبّانة المقبرة والصحراء • ع جحن وأجحن ضيّق على عياله فقراً او بخلاً وجيحون اسم أحد لانهر الاربعة الخارجة من الفردوس • الجحدن حسن الصوت (وأجذن استغنى بعد فقر) • ن جرن على الامر جروناً تعوّده ومرن عليه وجرن الثوب بلي ولان وجرن الحب طحنه والجارن فرخ الحيّة والطريق الدارس والجرن (والجرين والجرين) البيدر وحجر منقور للماء ج جرن وجران والجيرون السراج • جاسان أرض في مصر سكنها بنوا إسرائيل عند دخولهم مصر في عهد يوسف الحسن • الجوشن الصدر والدرع ووسط الليل • (تجعشن تقبض وتجمع) • الجفن بالفتح غطاء العين الاعلى والاسفل ج أجفن وأجفان وجفون والجفن بالفتح ويكسر غمد السيف وأصل الكرم وقضبانه الواحدة جفنة ن وجفن جفناً توقى المحارم والمدانس والجفنة بالفتح الرجل الكريم والقصعة ج جفان وجفنات (وجفن تجفيناً وأجفن جامع كثيراً وعند جهينة الخبر اليقين هو اسم خمّار ولا تقل جهينة او قد يقال لانّ الاخنس الجهني خرج مع رجل من بني كلاب اسمه حصين فقتله في الطريق وأخذ ما له وكانت أخته تبكيه في المواسم فقال الاخنس
• تسائل عن حصين كلّ ركب • وعند جهينة الخبر اليقين •

الجلحن والجلحان الضيق البخيل) • الجمان اللؤلؤ الواحدة جمانة والجمان أيضاً سفيفة من أدم ينسج فيها اللؤلؤ والخرز تتخذه النساء زينة • ن جنّه الليل وعيره (وجنّ عليه) جنّاً وأجنّه ستره وجنّ الليل جنّاً وجنوناً وجنانه أظلم (وجنّه وجنونه وجنانه ظلمته) والجنن القبر والميت والكفن وأجنّ الميت دفنه وكفنه والجنان الثوب والليل والقلب والروح ج أجنان وأجنّ عنه واستجنّ استتر والجنين الولد في البطن ج أجنّة (وأجنن) والجنين أيضاً الشئ المستور والفعل من جنّ والمجنّ والمجنّة والجنان والجنانة الترس وقلب مجنّه تواقح وفعل كلّ ما يهوى (وقلب له ظهر المجنّ اى تغيّر عليه وساء رأيه فيه يضرب لمن حال عن عهد المودّة)

وحقن المريض أعطاه الدواء من دبره والحقنة ذلك الدواء والمحقنة والمحقن قمع يحقن به واحتقن المريض احتبس بوله والهلال الحاقن الذي ارتفع طرفاه * الحلزون صدف بحري مستطيل مبروم * حنون بن داود زنى باخته تامر وقتله اخوه ابيشالوم من اجلها والحومانة المكان الغليظ (ج حوامين) * الحنين الشوق وشدة البكاء والطرب والفعل من حن حنينا (واستحن) وتحان فهو حان والحنان الرحمة والرزق والبركة والهيبة والوقار ورقة القلب (والشر الطويل) وحنان الله معاذ الله وحنانيا من المبشرين اشفى عيني بولس الرسول من العمى وحانان من قضاة اليهود حكم على السيد المسيح بالصلب ظلما واعتباطا والحنان (من يحن الى الشيء و) من أسماء الله تعالى اي الرحيم والطريق الواضح والحنة الجنة من الابالس والمحنون المجنون وتحنن ترحم وحنانيك اي تحنن على مرة بعد مرة وحنة ام مريم العذراء وأم صموئيل النبي وزوجة طوبيا كانت تعيره بالهه لانه أعماه والحاء في كلها للتانيث ويوحنا بن زكريا صابغ المسيح وسابقه ويوحنا البشير حبيب المسيح والحنة ايضا زوجة الرجل والحنون المرأة لارملة تزوجت رقة على ولدها ليقوم الزوج بتربيته والحنون الريح لها صوت وأحن أخطأ وحنت القوس صوتت فهي حنانة (والحنان الحناء وحنه صده وصرفه والحنون نور الشجر وحننت الشجرة تحنينا نورت ورجع بخفي حنين في خ ف) * حوتيا كاهن في مهد المقابيين قتل غدرا وتحون ذل وهلك * الحين الدهر والوقت المبهم ويوم القيامة والمدة ج أحيان و(جج) أحايين وحينه تحيينا جعل له حينا وتحين الشيء جعل له وقتا ولاسم الحينة (ولات حين اي ليس حين واذا باعدوا بين الوقتين باعدوا باذ فقالوا حينئذ) وحان الحين قرب الوقت وآن وحان السنبل يبس وأحين أقام وأحينوا حان ما يريدونه والحين بالفتح الهلاك والمحنة وحان هلك وأحانه الله أهلكه وحينه فتحين فهلك والحائن الاحمق والحائنة النازلة المهلكة ج حوائن والحائنة الخمر والحانة الخمارة والحانوت ايضا *

خ

ن خبن الثوب خبنا ثناه وخاطه ليقصر وخبن الغلة خباها لوقت الضيقة والخبنة ما تحمله في حضنك * ن ختن الولد قطع غرلته فهو ختين ومختون والاسم الختان والختانة والختن القطع والختن الصهر وأقارب المرأة ج اختان وهي ختنة والختونة

والحزن) من فيه حزن ج حزان (وحزناء) وحزانى والحزان امام اليهود فى الصلوة والحزن بالفتح الارض الغليظة واحزن مشى فى الحزن وتحزن عليه توجع • الحسن الجمال ج محاسن (على غير قياس) وفعله ر ن حسن فهو حاسن وحسن وحسين وحسان (وحسّان) ج حسان وحسانون وهى حسنة وحسناء (وحسّانة) ج حسان وحسّانات واحاسن القوم حسانهم والحسنى ضد السوءى والحسنى ايضا العاقبة الحسنة والنظر الى الله والظفر والشهادة ج حسنيات والمحسن الموضع الحسن من الجسد وحسّنه الله تحسينا جعله حسنا والاحسان ضد الاساءة فهو محسن ومحسان والحسنة ضد السيئة ج حسنات واحسن جلس (على الحسن وهو الكثيب العالى وحسيناه ان يفعل كذا ويمد اى قصاراه وهو يحسن الشىء احسانا اى يعلمه واستحسنه عده حسنا • الحشن الوسخ والفعل ل حشن والتحشن الاكتساب والمحشن الغضبان و) الحشنة الحقد وحاشنه شاتمه • (ع) ر حصن الشىء منع فهو حصين واحصنه وحصّنه جعله مانعا والحصن الموضع الحصين الممتنع ج حصون واحصان (وحصنة) والحصن ايضا السلاح ودرع حصين محكمة مانعة وامراة حصان عفيفة او متزوجة ج حصن وحصانات ر حصنت حصنا مثلثة وتحصنت فهى حاصن وحاصنة وحصناء ج حواصن وحاصنات واحصنها بعلها وحصّنها تحصينا حجبها واحصنت عفت او تزوجت فهى محصنة ومحصنة واحصنت حملت والحواصن الحبالى ورجل محصن متزوج وقد احصنه الزواج واحصن تزوج والحصان بالفتح الدرة والحصان بالكسر الفرس الذكر والفرس الكريم ج حصن وتحصن الفرس صار حصانا والمحصن القفل والزبيل (وابو الحصين كنية الثعلب) • الحضن ما بين العضدين (وما دون الابط الى الكشح) او الصدر وجانب الشىء وناحيته ج احضان ن وحضنه واحتضنه ضمه الى حضنه والمحضن العاج وحضن الصبى حضنا وحضانة جعله فى حضنه وحضّنه واحتضنه رباه وحضن الطائر البيض حضنا وحضانا وحضانة وحضونا جلس فوقه للتفريخ وحضنه حضنا كفه وصرفه وحضنه عنه نحاه عنه وضمه اليه (واستبد به دونه وحضنه عن حاجته واحتضنه حبسه ومنعه والحاضنة داية الصبى المربية (واحضنه واحضن به ازرى به واحضن بحقى ذهب به) • الحفن اخذك الشىء براحتيك والاصابع مضمومة والاخذ بكلتى الراحتين والحفنة ويثلث ملء الكف وفعله ن حفن والحفنة ايضا الحفرة ج حفن واحتفن الشىء اخذه لنفسه • ن ض حقنه واحتقنه حبسه فهو محقون وحقين وحقن دمه ضد اهدره

أَقامَ وَدَجَنَ الحَمامُ ونحوُهُ أَنِسَ فهو داجِنٌ • (ل دَجِنَ عَظْمٌ بعضُهُ في قِصَرٍ فهو دَجِنٌ والدَجِنُ الخَبُّ الخبيثُ) • ع ن دَخَنَتِ النارُ دَخْنًا ودُخُونًا (وأَدْخَنَتْ ودَخَّنَتْ وادَّخَنَتْ) ارتفعَ دُخانُها والدُّخانُ بالضمّ وتخفيفِ الخاء وتُشدَّدُ قليلاً (والدَخَنُ) م ج أَدْخِنَةٌ ودَواخِنُ ودَواخِينُ والمِدْخَنَةُ المِجْمَرَةُ ل ودَخِنَ الطعامُ أصابَهُ الدُّخانُ ودَخِنَ خُلُقُهُ ساءَ وخَبُثَ والدُخْنَةُ اسمٌ من الدُخانِ وكُدرةٌ في سوادٍ وفعلُهُ ل دَخِنَ دُخْنَةً ل ودَخِنَ فهو أَدْخَنُ اللونِ وهي دَخْناء والدَخَنُ الحِقْدُ وسُوءُ الخُلُقِ وفِرِنْدُ السيفِ وتَغَيُّرُ العقلِ والدِينِ (والدُخْنُ حَبٌّ م • الدَدَنُ والدَدُ والدَدا والدَيْدُ والدَيْدانُ اللَعِبُ واللَهْوُ والدَدانُ مَنْ لا غَناءَ عندَهُ والسيفُ الكَهامُ والقَطّاعُ ضِدٌّ والدَيْدَنُ والدَيْدانُ والدَيْدَدانُ العادةُ) • الدَرَنُ الوَسَخُ ل ودَرِنَ الثوبُ (وأَدْرَنَ وأَدْرَنْتُهُ) اتَّسَخَ فهو دَرِنٌ (ومِدْرانٌ للذَكَرِ والانثى) والدَرِينُ والدَرانَةُ يبيسُ العشبِ والشجرِ والإِدْرَوْنُ المَعْلَفُ والوطنُ والاصلُ (والدَرْدَنُ الثَعْلَبُ) وأُمّ دَرَنٍ الدنيا وأُمّ دَرِيسٍ الارضُ المُجدِبةُ ودارِينُ موضعٌ بالبحرينِ يُنسَبُ اليهِ المِسكُ الدارِيُّ والدَرِنُ والدَرِينُ الثوبُ الخَلَقُ ودَرِنَتْ يَدُهُ بالشيء تلطَّخَتْ بهِ فهو دَرِنُ اليدينِ ذو خيرٍ او متلطِّخةٌ • الدَرْبانُ (فارسيٌّ مُعرَّبٌ) البَوّابُ ج دَرابِنَةٌ • الدَراقِنُ ويُشدَّدُ ثَمَرٌ م • الداشِنُ الثوبُ الجديدُ لم يُلبَسْ والدارُ الجديدةُ لم تُسكَنْ ن ودَشَنَ أعطى وتَدَشَّنَ أَخَذَ • ن دَعَنَ مَجَنَ والدَعانَةُ المُجُونُ فهو دَعِنٌ اي ماجِنٌ ج دِعَنَةٌ • الدَعْكَنُ البِرْذَوْنُ • ن دَغَنَ يومُنا دَجَنَ والدُغْنَةُ الدُجْنَةُ زِنَةً ومعنًى • ض دَفَنَهُ (وادَّفَنَهُ) سترَهُ وواراهُ فانْدَفَنَ وتَدَفَّنَ فهو دَفِينٌ ومَدْفُونٌ ج أَدْفانٌ ودُفَناء وركيّةٌ دِفانٌ مُنْدَفِنَةٌ والدَفِينَةُ ما تَدْفِنُهُ والكنزُ ج دَفائِنُ والمِدْفانُ والمَدْفُونُ الذاهبُ على وجهِهِ لا لحاجةٍ وفعلُهُ ن دَفَنَ وأَدْفَنَ العبدُ أَبِقَ وداء دَفِينٌ (ودِفْنٌ) ظَهَرَ بعدَ خفاء وتَدافَنُوا تكاتَموا ورجلٌ دَفِنٌ خامِلٌ • الدُكْنَةُ لونٌ يميلُ الى السوادِ وفعلُهُ ل دَكِنَ فهو أَدْكَنُ وهي دَكْناء ن ودَكَنَ المتاعَ رَكَّبَ بعضَهُ فوقَ بعضٍ والدُكّانُ الحانوتُ ج دَكاكِينُ (مُعرَّبٌ) والدِياكُنُ رئيسُ الشمامسةِ يونانيّةٌ مُعرَّبةٌ والدِياكُونِيكُنُ اسمُ المكانِ الذي فيهِ آلاتُ خدمةِ الكنيسةِ يونانيّةٌ مُعرَّبةٌ • الدِمْنُ الزِبلُ المتلبِّدُ والبعرُ ودَمَنَتِ الماشيةُ المكانَ تَدْمِينًا زَبَّلَتْهُ فهو مكانٌ مُتَدَمِّنٌ والدِمْنَةُ آثارُ الدارِ والمكانُ المُزَبَّلُ والحِقدُ القديمُ والموضعُ القريبُ من الدارِ ج دِمَنٌ ودِمْنٌ والدَمانُ الرَمادُ والزِبلُ وعفنُ النخلِ وسوادُهُ (والقبيحُ) ل ودَمِنَ الحِقدُ أَصَرَّ عليهِ وأَدْمَنَ الشيءَ أدامَهُ ودَمِنَ دَمِلَ • الدَنُّ جَرَّةٌ كبيرةٌ لا كعبَ لها (فلا يَقعُدُ الّا أَنْ يُحفَرَ لهُ) ج دِنانٌ والدَنْدَنَةُ صوتُ الذبابِ

والختون المصاهرة وخاتنه تزوج بنته والختنة أم الزوجة والخاتون المرأة الشريفة معربة
من قاضون تركية * الخدن والخدين الصاحب المقارب في العمر وخادنه صادقه
(والخدنة من يخادن الناس كثيرا) * ن خزن المال واختزنه احرزه ن ل ر وخزن
اللحم خزنا وخزونا تغير فهو خزين والخزانة والمخزن مكان الخزن والخزانة ايضا
القلب والخزان والخازن اللسان واختزن الطريق اخذ اقربه واخزن استغنى بعد فقر
(اخشن الرجل ذل بعد عزة) * ر خشن خشنا (وخشانة) ومخشنة وخشونة وخشنة ضد
لان واخشوشن وتخشن اشتدت خشونته او لبس خشنا او تكلم خشنا او عاش خشنا
وخاشنه ضد لاينه وهو خشن الجانب وذو خشنة وخشونة صعب لا يطاق والاخشن الفقير
الحال (واستخشنه وجده خشنا والاخشن الاحرش من كل شيء ج خشان وهي خشنة
وخشناء) * خاقان اسم كل ملك ملك على الترك ن وخقنوة (وخقنوة) ملكوه
عليهم * ن خمن الشيء وخمنه تخمينا عده من باب الوهم والحدس والخمن
الشن * الخنة الغنة اي صوت من الانف وفعله ض خن فهو اخن ج خن
والخنين البكاء والضحك من الانف والخنان الرفاهية والخنان بالكسر الختان والخنان
داء الزكام وخنخن في كلامه لم يبينه والخن السفينة الفارغة واخنه الله اجنه فهو مخنون
اي مجنون * الخون والخيانة غش من تأمنه وخان العهد والامانة خونا وخيانة
وخانة ومخانة واختانها نكث ولم ينصح فهو خائن (وخائنة) وخون وخوان ج خانة
وخونة وخوان والخائنة المكرة برجليها وخونه تخوينا عده خائنا وخانه نظره خونا ضعف
وفتر وفلان خائن العين يسارق النظر الى ما لا يحل والخوان بالضم والكسر
والاخوان ما يؤكل عليه الطعام ج اخونة وخون والخان الحانوت وخان التجار
منزلهم للتجارة *

د

(الدبنة اللقمة الكبيرة د) الدبن حظيرة الغنم * داثان من بنى اسرائيل هبط به الله
الى جهنم حيا لانه اراد ان يختلس الكهنوت من هارون * الدجنة (والدجنة)
والدجن الظلمة والغيم المطبق لا مطر فيه ج دجن والدجنة اقبح السواد فهو ادجن وهي
دجناء والداجنة المطرة الغزيرة والدجن المطر الكثير ج ادجان (ودجان) ودجن والدجن
ايضا الغيم الكثيف المعتم وادجن يومنا صار فيه الدجن فهو يوم دجن ن ودجن بالمكان

كالانقياد * الذَقَنُ مُذَكَّرٌ ج أذقانٌ والذاقِنةُ تحتَ الذقنِ ورأسُ الحُلقومِ وتحتَ الثُّغرةِ ونُقرةُ النحرِ ن وذَقَنَهُ فقَدَهُ وضربَ ذَقَنَهُ وذَقَنَ اتَّكَى بيدِهِ على العصا (او وضعَ ذَقَنَهُ على يدِهِ او على العصا) والأذقنُ الطويلُ الذقنِ وذاقَنَهُ صايَقَهُ (ومَثَلُ استعانَ بذَقَنِهِ يُضرَبُ لمن استعانَ بأذَلَّ منهُ وأصلُهُ البعيرُ يُحمَلُ عليهِ ثِقَلٌ فلا يقدرُ ينهضُ فيعتمدُ بذقنِهِ على الارضِ والذَقناءُ المرأةُ الطويلةُ الذقنِ وهو أذقنُ * الذَنينُ والذُنانُ المُخاطُ وفعلُهُ ل ذَنِنَ وذَنَّ يَذِنُّ ذَنِينًا وذَنَنًا وذَنَّنَ تَذنِينًا والأذَنُّ مَن يسيلُ مَنخِراهُ والذَنَّاءُ للأنثى والتي لا ينقطعُ حيضُها والذُنانةُ الحاجةُ وبقيَّةُ الشيءِ الضعيفِ * الذانُ العيبُ والتَذَوُّنُ الغِنَى والنِعمَةُ) * الذِهنُ الفَهمُ والعقلُ وحفظُ القلبِ والفطنةُ والقوَّةُ والشحمُ ج أذهانٌ (وأذهَنَني واستذهَنَني أنساني وألهاني) * الذِينُ العَيبُ *

ر

الرُبّانُ رئيسُ الملّاحينَ وذُكِرَ في ر ب ب والرَبُونُ (والأربانُ) والأُربُونُ العُربُونُ وأربَنَهُ أعطاهُ أُربُونًا ورُوبِينُ او رُوبِيلُ بِكرُ يعقوبَ اسرائيلَ * ن رَتَنَ الخبزَ رَتْنًا خلطَهُ بالشحمِ والمُرتَّنةُ قرصةٌ مشحَّمةٌ * ن رَجَنَ بالمكانِ رُجونًا أقامَ ورجَنَ الدابَّةَ حبَسَها وقَلَّلَ علفَها فهي رُجُونٌ ورجَنَهُ استحى منهُ وارتجَنَ أمرُهُم اختلطَ وأقامَ والرَجينُ السمُّ القاتلُ (والرَجينةُ الجماعةُ) والمَرجونةُ القُفّةُ * الرُدنُ أصلُ الكُمِّ ج أردانٌ وأردُنٌ (الثوبَ ورَدَّنَهُ) ن وردَنَهُ جعلَ لهُ رُدنًا (والمُرَدَّنُ المُظلِمُ) والمِردَنُ المِغزَلُ ل ورَدِنَ تقبَّضَ وتشنَّجَ والرَدنُ صوتُ السلاحِ وتنضيدُ المتاعِ (والرَدَنُ) الغزلُ والخزُّ والفعلُ ن رَدَنَ والرادِنُ الزعفرانُ (والأردَنُ ضربٌ من الخزِّ والمَردونُ الموصولُ) والأُردُنُّ نهرٌ في القدسِ اعتمَدَ المسيحُ فيهِ من يوحنّا والأُردُنُّ ايضًا النعاسُ وَرَوْدَنَ أعيا والرُدَينيُّ مصغَّرًا الرمحُ منسوبٌ الى رُدَينةَ عاملةِ الرماحِ * ر رَزُنَ وَقُرَ فهو رَزِينٌ وهي رَزانٌ ن ورزَنَهُ رازَهُ بيديهِ لينظرَ ثِقَلَهُ ورزَنَ بالمكانِ أقامَ والرَزينُ الثقيلُ والرَوزَنةُ الكُوَّةُ وترزَّنَ فيهِ توقَّرَ والرِزنُ بالكسرِ الداهيةُ * الرَسَنُ زمامُ الدابَّةِ ج أرسانٌ وأرسُنٌ ن ض ورسَنَ الدابَّةَ وأرسَنَها جعلَ لها رَسَنًا او شدَّها بالرَسَنِ والمَرسِنُ بالفتحِ وكسرِ السينِ وفتحِها الانفُ (والأرسانُ من الارضِ الحَزْنةُ) * الراشِنُ (المُقيمُ و) الطُفَيليُّ ر ورَشَنَ تطفَّلَ والرَوْشَنُ (معرَّبةٌ) الكُوَّةُ والمِظَلَّةُ * ن رَصَنَهُ (أكمَلَهُ وبلسانِهِ) شتمَهُ وأرصَنَهُ أحكمَهُ والرَصينُ المُحكَمُ الثابتُ الكُفْوُ بحاجةِ صاحبِهِ ر ورَصُنَ الشيءُ استحكمَ والمِرصَنُ مِكواةُ الدوابِّ * (المَرصونُ المَنضودُ) * الرَطانةُ بالفتحِ ويُكسَرُ التكلُّمُ باللغةِ الاعجميةِ

والزنابير وفعلهُ ن دنّ ودنّس ودندن ودنّ فلانٌ نغم ودندن لم يُفهم كلامهُ * ذُون ظرفٌ بمعنى أمامَ ووراء وفوقَ وبمعنى غير (وبمعنى سِوى) والدُّون ايضًا الشريف والخسيس ضدٌ ودان يَدون دَونًا (وأدين إدانة) صار خسيسًا (والتدوين جمعُ الصحف والكتب) والدِّيوان مُجتمعُ الصحف ودفترٌ فيهِ اسماء الجنود واسماء اهل العطيّة ج دواوين (ودياوين) ودوّنهُ كتبَ اسمهُ في دِيوان الجنديّة وهذا دُونهُ اقربُ منهُ (ودُون النهر جماعة اي قبلَ ان تصلَ اليه ويُقال هذا رَجلٌ من دُونٍ ولا يُقال رَجلٌ دُونٌ ولا ما أدونهُ) ودُونكهُ خذهُ * الدُّهن م ج أدهانٌ ودِهانٌ ن ودهنهُ بالدُّهن فادّهن بهِ والمُدهن وعاء الدُّهن (شاذّ) ورأسٌ داهنٌ ودهينٌ مدهونٌ بالدُّهن ودهنَ المطرُ الارضَ بلَّ وجهها وداهنهُ غشّهُ ودَهنهُ وداهنهُ نافقهُ والدَّهناء الفلاةُ والدِّهان الاديمُ الاحمرُ والمكانُ الزلقُ وفلانٌ طيّبُ الدُّهنة الرائحة * (الدُّهدُنّ الباطل والدُّهدُن الدلس والخلق) * الدِّهقان بالكسر والضم القويُّ على التصرّف والتاجر ورئيس الفلّاحين ورئيس الإقليم (مُعرّب) ج دهاقنة ودهاقين (وهي دِهقانة) والاسم الدَّهقنة ودهقنوهُ جعلوهُ دِهقانًا فتدهقن * الدَّين (والدِّينة) القَرض المؤجّل واذا كان بلا أجلٍ يسمّى قرضًا والدَّين ايضًا الموت ج أدينٌ وديون (ودِينة) ودانهُ وأدانهُ ودَيّنهُ اقرضهُ ودان منهُ اخذ منهُ الدَّين ورجلٌ دائنٌ ومديونٌ ومدينٌ (ومُدانٌ) عليهِ دَينٌ وأدان (وادان) واستدان وتدَيّن اخذ الدَّين ورجلٌ مِديانٌ يُقرض ويستقرض (كثيرًا) ضدٌ ج مَداين وداينتهُ اقرضتهُ واقرضني والدِّين بالكسر (والدِّيانة) حقّ اللهِ الذي أمر بالاقتداء بهِ وكلّما يُتعبّد اللهُ بهِ والدِّين ايضًا العادةُ والعبادةُ والطاعةُ والذلّ والحساب والقهر والغلبة والاستعلاء والسلطان والمُلك والحُكم والسيرةُ والتدبير والتوحيد والمِلّة والورعُ والمعصية والاكراه والداء والحال والقضاء والجزاء ودانهُ خدمهُ واحسن اليهِ ودانهُ ملكهُ والمدينة م ج مَدائن والدَّيّان من اسماء اللهِ معناهُ القهّار والقاضي والحاكم والسائس والمحاسب والمجازي العدل والدَّيّان ايضًا مفتي اليهود والمدين العبد والمدينة الامة ودان يدين عزّ وذلّ ضدٌ ودان امتنع وعصى ضدٌ ودان اعتاد خيرًا وشرًّا ضدٌ ودان أصابهُ الداء ودانهُ اكرههُ وأذلّهُ وحمّلهُ ما يكرههُ ودان من اولاد يعقوب إسرائيل قيل ان الدجّال لعنهُ اللهُ يأتي من نسلهِ ولهذا اسقطهُ يوحنّا في رؤياه من عدد أسباط إسرائيل وادان اشترى بالدَّين او باع بالدَّين ضدٌ *

ذ

ل ذعِنَ وأذعنَ انقاد وأذعنَ لهُ خضعَ وذلّ وأقرّ وأسرعَ في الطاعة والمِذعان السهل

(او واحدها زِبْنِيٌّ) وزبانيا العقرب قرناها والزَّبُّونُ (الغبيّ ‌ و) المشترى الحريف والمزابنة
(بيع الرطب فى رؤوس النخل بالتمر وبيع كل جزاف لا يعلم كيله ولا عدده ولا وزنه
بيع بمسمى من مكيل وموزون ومعدود او بيع معلوم بمجهول من جنسه او) بيع مجهول
بمجهول * ع زَحَنَ (وتزحّن) أبطأ ن وزحنه من مكانه ازاله عنه والزحنة الحرّ الشديد
والقاتلة (والزحينة المتباطئ عند حاجة تطلب اليه) * الزَّرَجُونُ الخمر والكرم (وقضبانه)
وصبغ أحمر والزرجنة الخديعة * الزُّرْفِينُ (بالضم وبالكسر) حلقة الباب * ض زفن
رقص والزفنة حيمة من خوص والزافنة (الناقة) العرجاء (والمرأة تكفي زوجها مؤنة الجماع)
* ل زكنه وأزكنه علمه وفهمه وظنه وتفرسه وأزكنه أعلمه وأفهمه والاسم الزكانة (والزكانية
والتزكين التشبيه والتلبيس والظنون التى تقع فى النفوس) * الزَّمَنُ والزَّمَانُ
الوقت والعصر والسنة ج أزمان وأزمنة وأزمن والزمانة العاهة وفعله ل زمن زمنا وزمنة
وزمانة فهو زمن وزمين ج زمنون وزمنى وأزمن أتى عليه الزمان * ن زنّ عصبه
يبس وزنّه به ظنه وأزنه اتهمه والزنّ ا ‌ ‌ ‌ وأبو زنة القرد * الزَّوْنُ الصنم (وما
يتخذ ويعبد والزوان مثلثة الزؤان والزونة الزينة والمرأة العاقلة) * الزِّينَةُ والزِّيَانُ
ما يتزين به وزينه حسنه وشاه فتزين وازدان ويوم الزينة العيد والزين ضد الشين ج
أزيان وزانه وأزانه وازدانه (وأزينه) زينه *

س

سُبُنٌ قرية ببغداد منها الثياب السبنية وهى ثياب للنساء سود او بيض من كتان ج
سباني وأسبنه كفنه بالسباني * ن سجنه حبسه والسِّجْنُ المحبس والسجان صاحبه
والسجين المسجون ج سجناء وسجنى وهى سجين وسجينة ومسجونة ج سجنى وسجائن
والسجين أسفل حبس فى جهنم والسجين ايضا الدائم والشديد وسجنه تسجينا شققه
* السحنة والسحناء البشرة والهيئة واللون والمساحنة حسن المعاشرة ع وسحن الخشبة
دلكها حتى تلين وسحن الحجر كسره ناعما * السُّخْنُ الحار وفعله ر ع س سخن
سخونة وسخنة وسخنا وسخانة وسخنا (وأسخنه وسخنه) وماء سخين ومسخن (وسخين
وسخاخين ولا فعاليل غيره) حار ويوم ساخن وسخنان بالفتح والضم وسخن (والليلة بالهاء
ونجد سخنة مثلثة ويحرك وسخنا وسخونة اى حرا او) حمى وعين سخينة ضد قريرة
وفعله ل سخنت سخنا وسخونا وأسخن الله عينه أبكاه والسخينة طعام من حليب

وراطنة كلمة بها فتراطنوا * الرعشن الجبان * الرعن أنف الجبل والجبل الطويل ج رعون ورعان والأرعن الاهوج في منطقه والاحمق وفعله س ر ع رعن رعونة ورعنا فهى رعناء والرعون الشديد الكثير الحركة وظلمة الليل ورعن بمعنى لعل * الرغن الاصغاء والتوقف والفعل ع رغن وأرغن وأرغنه أطعمه وأرغن الامر سهله وهونه ورغن بمعنى لعل والأرغن من آلات الطرب تلعب به الافرنج في كنائسهم * ن رفن تبختر (والرفهنية حضارة العيش والرفن البيض * الرفهنية سعة العيش ورفاهيته) * الرقون والرقان والإرقان الحناء والزعفران وترقنت تخضبت وأرقن لحيته (ورقنها) ن ورقنها خضبها والمرقون والرقين المرقوم والرقيم ورقن السطور قارب في الخط بينهما ورقن الخط أعجمه ليتبين ورقن الكتاب حسنه وزينه ورقن الحسابات سودها والرقين الدرهم والراقنة الحسنة اللون والمختضبة وارتقن وأرقن تخضب * ن ل (ع) ركن اليه ركونا مال وسكن والركن الجانب الاقوى والامر العظيم والعز والمنعة والأركون الدهقان العظيم (والركن والركين الجرذ والفار وتركن اشتد وتوقر * الرمان م واحدته رمانة) * الرنة الصوت ض ورن رنينا صاح ورن اليه وأرن أصغى ورنت القوس صوتت (والرني الخلق كلهم والمرنة) والمرنان القوس وارنون من مراحل بنى اسرائيل بين الموابيين والاموريين * (الرون الشدة ج رون والرونة معظم الشيء وهو مرون به مغلوب مقهور) * الرهن ما وضع عندك ليتوب مناب ما أخذ منك ج رهان ورهون ورهن (ورهين ع ورهنه الشيء ورهن عنده الشيء وأرهنه جعله رهنا وارتهن منه أخذه رهنا ورهنته لساني وعدته والرهينة ما حبسته عندك رهنا (وكل ما احتبس به شيء فرهينه ومرتهنه) والمراهنة والرهان المخاطرة والمسابقة على الخيل ن ورهن ثبت ورهن وأرهن دام ع ورهن رهونا هزل فهو راهن والراهنة السرة وأرهنه أضعفه وأسلفه وأرهن الميت القبر ضمنه (إياه) وأرهنه ثوبا دفعه اليه ليرهنه وجارية أرهون حائض * الرهدون الجبان والاحمق والكذاب ورهدن أبطأ واحتبى * الرين الطبع والدنس وران هواه على قلبه رينا وريونا غلب (وكل ما غلبك رانك وبك وعليك) ورانت النفس جبثت وغثت والرينة الخمرة ج رينات *

ز

الزوان مثلثة المثيلم في الحنطة * ض زبنه دفعه وزبن الثمر باعه على شجره والزبن الحاجة والزبن الناحية والزبنية الشيطان المتمرد والشديد من الناس والشرطي ج زبانية

بالرشوة واليه تنسب السيمونية وهي الرشوة على الكهنوت قاتل الله من اعطاها واخذها لانها خطيئة تضادّ الروح القدس واهب الكهنوت مجانًا والسُّمّن بالضم الدواء الذي يسمّن (والسُّمانى طائر للواحد والجمع او الواحدة سُماناة) * السِّنّ في الفم والسنّ العمر مؤنثة (في الكلّ) ج أسنان وأسنّة وأسنن والسنّ ايضًا الثور ورأس القلم والقرن وقطعة من رأس الثوم و(شعبة) المنجل وأسنّ واستنّ كبر في العمر وأسنّ نبت سِنّه وأسنّ الله سنّه أنبته لازم متعدٍّ وهو أسنّ منه أكبر سنًّا ن وسنّ السكين ونحوه وسنّنه أحدّه فهو مسنون وسنين والمِسَنّ ما يُسَنّ عليه (او به) وسنان الرمح حربته (ج أسنّة) وسنن السنان اليه تسنينًا توّره نحوه وسنّن المنطق حسّنه وسنّ الرمح ركّب سنانه وسنّ الامر بيّنه (والشيء صوّره والماء صبّه والافراس سوّكها والابل ساقها سريعًا) وسنّ الطين عمله فخارًا وسنّ فلانًا طعنه بالسنان او عضّه بالاسنان او كسر أسنانه وسنّ الطريقة واستنّها واستسنّها سارها وسنّ الفرس قمص وسنّ السراب اضطرب والسَّنّة (بالفتح الدُّبّة والنهدة وبالكسر الفأس لها خلفان ر) بالضم الوجه والصورة والجبهة والجبين والسيرة والطبيعة وسنّة الله ايضًا حكمه وأمره ونهيه وشريعته وسَنَن الطريق مثلثة (وبضمتين) محجّته والحمأ المسنون الطين المنتن والارض المسنونة التي أكل نباتها وقد سُنّت وسِنْسِنة الظهر حرف فقاره والمستسنّ (والمسنسن) الطريق المسلوك والسَّنينة الريح (ج سنائن والمُسْتَنّ الاسد وسنّى هذا الشيء شهّا الى الطعام * السَّنُّون استرخاء البطن) * السينين طرّة الرأس وطورسيناء جبل بمصر ناجى الله موسى فيه وأعطاه الشريعة *

ش ن

الشأن الخطب والشيء والامر والحال ج شؤون (وشئان) والشأن ايضًا مجرى الدمع الى العين ج أشؤن وشؤون والشأن ايضًا عرق في الجبل ينبع ماء ج شؤون ع وشأن شأنه قصد قصده وما شأنك ما حالك وما شأن به ما اكترث له (وما شأنه ما شعر به) * الشابن الغلام الناعم اللطيف وفعله ن شبن شبانة والشباني (والاشباني) الاحمر الوجه والاشبين والشبين الذي يقبل الولد في المعمودية سريانية معرّبة * الشتن النسج والحياكة وفعله ن شتن فهو شاتن وشتون والشتون الثياب اللينة * ل ر شثنت كفّه شثنًا وشثونة خشنت وغلظت فهو شثن الاصابع غليظها * الشجن الهمّ والحزن (والغصن المشتبك والشعبة من كل شيء والحاجة حيث كانت) ج أشجان وشجون ن وشجنه الامر

ودقيق * السدين الشحم والدم والصوف والبشر ن وسدن سدنا وسدانة خدم
(الكعبة او) هيكل الاصنام فهو سادن ج سدنة (ن ص) وسدن ثوبه ارسله والسادن حاجب
الملك * السرجين (والسرقين معربا سركين) الزبل * سوسنة اسم امرأة عفيفة
اسرائيلية اتهمها اثنان من شيوخ اليهود بالزنا لانها لم توافقهما فبرأها منهما دانيال النبي
وقتل الشيخين (والسوسن م زهرة جيد الرائحة) * الساطن الخبيث والاسطوانة السارية (معرب
استون) والدعامة والمسطن الموطد * السعنة المباركة الميمونة او المشومة ضد والسعنة
بالضم المظلة واسعن اتخذ مظلة والسعانين عيد الشعانين عند النصارى * (الاسفان
الاغذية الرديئة) * ص سفنة قشرة والسفينة في البحر م ج سفائن وسفن وسفين
والسفان صانعها وحرفته السفانة وسفينة نوح صنعها في مدة مائة سنة قبل الطوفان
وبعد فيها مع اولاده ونسائهم والسفن والمسفن جلد خشن يدلك به العود ليلين وكلما
ينحت به ن ل وسفنت الريح خبث على وجه الارض فهي ريح سفون وسافنة ج
سوافن والسفانة اللؤلؤة (والاسفين حديدة غليظة تقتلع بها الحجارة) * ن سكن سكونا
قر وسكن الدار (واسكنها غيره) والاسم (السكن و) السكنى وسكنه تسكينا ضد حركه والمسكن
(بفتح الكاف قياسا ويستعمل) بكسر الكاف المنزل والسكن اهل الدار والسكن محركة
الدار والمسكين بالكسر ويفتح من لا شيء له او من له ما لا يكفيه او من اسكنه الفقر
اي قلل حركته) والذليل والفقير والضعيف ج مساكين ومسكينون وسكن وتسكن وتمسكن
صار مسكينا وهي مسكين ومسكينة ج مسكينات والسكين والسكينة م تذكر وتؤنث (ج
سكاكين) وصانعها (سكان و) سكاكيني والسكينة والسكينة الطمانينة (وما كان مسكينا
واسم ر ن سكن واسكن) واسكنه الله جعله مسكينا واستكان خضع وذل وسكن العود تسكينا قومه
بالمدر (والسكين الحمار الخفيف السريع والتسكين مداومة ركوبه والسكينة الاتان والاسكان
الاقوات الواحد سكن) وسكان السفينة شراعها الصغير * (سلغن عدا عدوا شديدا)
* السمن ما يستخرج من الزبد ج اسمن وسمون وسمنان ن وسمن الطعام وسمنه
تسمينا واسمنه طبخه بالسمن وسمن القوم اطعمهم السمن واسمنوا كثر سمنهم فهم سامنون
واسمن اشترى السمن والسمين م ل وسمن سمانة وسمنا خلاف هزل فهو سامن وسمين
ج سمان والمسمن السمين خلقة والمسمن السمين بالتدبير واستسمنه وجده سمينا وعده
سمينا واستسمن طلب السمين وسيمون الساحر او سيمن في عهد الرسل طلب الكهنوت

ص

ص ضَبَنَ الهديَّةَ عنا منعها والصابُونَ م (واضطَبَنَ) وأضبنَ انصرف * (الصَّوبَنُ ويُنتَح تاؤُهُ ولانظيرَ لهُ في الكلام البخيلُ) * ع صَحَنَ بينهم أصلحَ (وصَحَنَهُ ضربهُ) والصَّحنُ القصعةُ الصغيرةُ ج صُحُونٌ وأَصحُنٌ وتصحَّنَ سألَ وصَحنُ الدارِ وسطها وصَحنُ الأُذنِ داخلها * (الصيدَنُ الضبعُ والمَلِكُ والثعلبُ * أَصعَنَ صَغُرَ رأسهُ ونقصَ عقلهُ واصعَنَّ اصعِنانًا دَقَّ ولطُفَ) * الصَّفنُ وعاءُ الخصيةِ والصَّفنُ الابريقُ وجرابُ الراعي والصَّفنُ غلافُ السنبلةِ والصافِنُ من أسماءِ الخيلِ ج صَوافِنُ وصافِناتٌ (وتصافنوا الماءَ اقتسموهُ بالحِصَصِ ض وصَفَنَ بهِ الارضَ ضربهُ وصَفَنَ الرجلُ صَفَّ قدميهِ وثبتَ واقفًا) وصَفَنيَا ابنُ كوشي من انبياءِ إسرائيلَ تنبَّأَ في أيامِ يوسيَّا ملكِ يهوذا * الصِّنُّ أوَّلُ أيامِ العجوزِ السبعةِ والصُّنانُ (والصِّنَّةُ) ريحُ البولِ (وذَفَرُ الإبطِ) وأصَنَّ صارَ لهُ صُنانٌ وأصَنَّ شمخَ بأنفهِ كِبرًا او غضبًا وأصَنَّ الماءُ تغيَّرَ وأصنَّ على الامرِ أصرَّ عليهِ والأصَنُّ المتغافِلُ * صانَهُ صَونًا وصِيانًا وصِيانةً واصطانَهُ حفظهُ فهو مَصُونٌ ومَصْوُونٌ (وصِوانُ الثوبِ وصِيانُهُ مثلَّثتينِ ما يُصانُ فيهِ) والصَّوّانةُ (الذبرُ و) حَجَرُ الزنادِ ج صَوّانٌ والصِّينيُّ إناءٌ من فخّارٍ يُنسَبُ الى بلادِ الصينِ في نواحي الهندِ الشرقيِّ وبرّيّةُ صِينَ من مراحلِ بني إسرائيلَ وفيها كانَ ماءُ الخصامِ *

ض

الضَّأنُ (ويُحرَّكُ والضَّئينُ جمعُ الضائنِ) خلافُ الماعزِ (وهي ضائنةٌ) ج ضَوائنُ ن وضَأَنَ كثُرَ ضأنهُ * الضِّبنُ ما بينَ الابطِ والكشحِ والضِّبنةُ مثلَّثةً (والضُّبنةُ) العيالُ والخدَمُ وأضبنَ الشيءَ واضطبنهُ جعلهُ في ضِبنهِ وأضبنَ ضيَّقَ عليهِ * (الضَّيزَنُ الحافظُ الثقةُ وولدُ الرجلِ وعيالهُ وشركاؤهُ) * الضِّغنُ الناحيةُ والشوقُ والابطُ والضِّغنُ ايضًا والضغينةُ الحقدُ وفعلهُ ل ضَغِنَ وضغِنَ الى الدنيا مالَ اليها واضطغنهُ أخذهُ تحتَ ابطهِ * ص ضَفَنَ اليهم اتاهم يجالسهم وضَفَنَ ضرعَ الشاةِ ضمَّهُ للحلبِ (وضفنَ المرأةَ جامعها وتضافنوا عليهِ تعاونوا * ل ضَمِنَ الشيءَ ضَمانًا وضَمْنًا كفلهُ فهو ضامِنٌ وضَمِينٌ وضمَّنتهُ الشيءَ تضمينًا كفّلتهُ بهِ فتضمّنهُ (وما جعلتهُ في وعاءٍ فقد ضمَّنتهُ إيّاهُ وتضمّنهُ اشتملَ عليهِ) والشِّعرُ المُضمَّنُ ما لا يتمُّ معناهُ إلّا بالذي يليهِ وما أدخلتهُ في شعركَ من شعرِ غيركَ ولهُ شروطٌ ذكرتها في كتابي بلوغِ الاربِ والضَّمَنةُ المرضُ والضَّمِنُ العاشقُ والزَّمِنُ والفعلُ ضَمِنَ والاسمُ الضَّمَنةُ ايضًا والضِّمنُ والضَّمانُ والضَّمانةُ * الضَّنِينُ البخيلُ وفعلهُ ص ول ضَنَّ ضِنانًا وضنانةً (واضطنَّ)

شجنًا وشجونًا واشجنهُ احزنهُ ل (ر) فشجن حزن واشجن الكرم ادرك وتشجّن تذكّر وتشجّن الشجر التفّ وفلانٌ ذو شجونٍ فنونٍ (والشجن الطريق فى الوادى او فى اعلاهُ ج شجونٌ والشاجنة الطريق فى الوادى ايضًا ج شواجنُ) • ع شحن السفينة ملأها وشحن طرد وابعد والشحنة علف الدابة يكفيها يومًا وليلة والشحنة ايضًا ضابط المدينة من قبل السلطان والشحنة ايضًا والشحناء العداوة وشاحنهُ عاداهُ واشحن تهيّأ للبكاء واشحن السيف اغمدهُ وسلّهُ ضدٌّ والمشاحن المبتدع فى الدين ل وشحن عليه حقد • ن شدن الظبي وولد كلّ ذى ظلفٍ (وخفٍّ وحافرٍ) شدونًا قوى واستغنى عن امّهِ فهو شادنٌ والمشدن من شدن ولدها ج مشادن (ومشاديسُ) • ل شزن الصخر شزنًا انشق • الشزن شدّة الاعياء من الحفا وفعلهُ ن شزن شزونة والشزن ايضًا ضيق العيش والناحية والجانب والبعد والشزن بالفتح (وبضمّتين) الكعب يلعب بهِ وتشزّن اشتدّ وانتصب فى الخصومة (وغيرها وشزنهُ صرعهُ والشزنة البخيلة) ل وشزن نشط • الشطن الحبل الطويل ج اشطان ن وشطنهُ شدّهُ بالحبل وشطن صاحبهُ خالفهُ تعمّدًا وبئرٌ شطونٌ عميقة والشاطن الخبيث والشيطان اعداء الله م ج شياطين والشيطان ايضًا كلّ عاتٍ متمرّدٍ من انسٍ وجنٍّ ودابّةٍ (والحيّة وشيطن) وتشيطن فعل فعل الشيطان (وشياطين الفلا العطش • الشعن ما تناثر من اوراق العشب بعد يبسهِ وشعرٌ مشعونٌ مشعثٌ واشعانّ شعرهُ اشعيدانًا فهو مشعانّ الرأس ثائرهُ اشعثهُ و) الشعانين عيدٌ للنصارى م • (الشعنة الكارة والغصن الرطب ج شعن) • ض ل شفنهُ شفونًا نظر اليهِ بموخّر عينهِ او نظر اليه معترضًا او متعجّبًا او كارهًا فهو شافنٌ وشفونٌ (والشفن الشديد النظر والشفن والشفن الكيس العاقل • شفتن جامع • اشفن قلّ مالهُ واشفن العطيّة قلّلها ر فشفنت قلّت وشيءٌ شفنٌ وشفنٌ وشفين قليلٌ) • شموني العبرانيّة فى عهد المكابيّين قتلها انطيوخس مع سبعة بنيها لانّها لم تخالف شريعة موسى • ن شنّ الغارة عليهم واشنّها انزلها عليهم ذاهبًا كاسبًا والشنّ والشنّة القربة الصغيرة البالية ج شنان (والشنين قطران الماء وكلّ لبنٍ يصبّ عليه الماء) والشنان بالفتح الماء البارد والشنون السمين والمهزول ضدٌّ والشنون ايضًا الجائع والفعل تشنّن واستشنّ احترج وشاخ وهزل والشنشنة (المضغة والقطعة من اللحم و) الطبيعة والعادة • الشونة (بمصر المرأة الحمقاء و) مخزن الغلّة ومركب الحرب والقتال ج شوانٍ (والشونيز حبّة العقل) • الشاهين الصقر ولسان الميزان • شانهُ يشينهُ ضدّ زانهُ يزينهُ والشين ضدّ الزين والمشائن المعائب •

التهمة والظنون الضعيف والقليل الحيلة (ومن الدَّين ما لا يُدرى أيقضيه آخذه ام لا والتظنّي إعمال الظن واصله التظنّن)*

ع

العبن الغلظ في الجسم والخشونة والفعل ن عبن * العتون والعاتن (الشديد القوي) ج عتن ن ض وعتنه الى السجن دفعه اليه بشدّة وعنف واعتن على غريمه تشدّد * العثن الصوف والعثن محرّكة الصنم الصغير ج أعثان والعثن ايضا والعثان الدخان (ج عواثن والعثن من الطعام والمعثّن الفاسد لدخان خالطه) ن وعثنت الدار عثنا وعثانا وعثونا دخنت ل وعثن الثوب وتعثّن تبخّر والعثان الغبار والعثنون اللحية وأوّل الريح وأوّل المطر ج عثانين * ن ض عجن الدقيق عركه بالماء فهو معجون وعجين وعجن فلان نهض معتمدا على الارض والعجين والعجينة المخنث ج عجن والعجينة والعجّان الاحمق وأمّ عجينة الرخمة والعجان العنق والاست وتحت الذقن (والقضيب الممدود من الخصية الى الدبر * العجاهن الطفيلي والذي ليس بصريح النسب والرسول بين العروس وأهله في الاعراس وهي عجاهنة ج عجاهنة والعجاهنة الماشطة) * ن ض عدن بالبلد عدنا وعدونا أقام ومنه جنّات عدن (وعدن جزيرة في بلاد اليمن وقرية بقربها) ض وعدن الارض (وعدّنها) زبّلها وعدن الشجرة افسدها بالفأس وعدن الحجر قلعه والمعدن منبت الجواهر من ذهب وفضّة ونحوها والمعدن الشاقوف الكبير والعدان ساحل البحر وحافّة النهر وحصّة من الزمان (والعدانة الجماعة) ج عدانات * (العذانة الاست) * العرين مأوى الاسد (والضبع والذئب) والعرين والعرينة مكان الحيّة ج عرن والعرين ايضا الشجر وفناء الدار والبلد والشوك والفريسة (واللحم والعز وجحر الضب) ن وعرنت الدار بعدت فهي عران وعارنة والعرنين الانف وأوّل كلّ شيء والسيّد الشريف والعرانية قاموس البحر والعرن القمر ورائحة الطبيخ والدخان والعران عود البكرة والبعد والقتال ومأوى الضبع والقرن والمسمار والمارن كالاسد * العربون (والعربون والعربان) ما عقد به البيع وعربنه اعطاه العربون * العرجون (العذق او) العود المعوج كأنه نصف دائرة ج عراجين وعرجنه خضبه بالدم ام بالخضاب * (العرجون الفطر من الكمأة ج عراجين * اعزن فلانا قاسمه في النصيب فأخذ كلّ نصيبه) * العشن بالكسر (وبالضم السمن و) المثل والنظير وتعشّن اباه اشبهه وتعشّن الشيء طلب أثره وما هو من عشانه من

وضنائن الله خواصّ خلقه (وهو ضنّى اى خاصّ بى وهذا عِلق مَضنّة اى نفيس يُضنّ به
* الضَّونة الطبيئة الصغيرة والتضوّن كثرة الولد والضَّيْوَن السنّور والذكر ج ضياوِن) *

ط

الطبن (الجمع الكثير و) الجيئة يصاد عليها النسور والوحوش و(بالضمّ) الطنبور والعود والطبنة الفطنة ج طِبَن ل وطبن له طبنًا وطبانة (وطبانيّة) وطبونة فطن له فهو طَبِن وطابن ض وطبن النار دفنها لئلّا تطفأ والطابون مدفنها واطمأنّ الطمأن زنة ومعنى وطابنه وافقه والطوبان والطوبانيّ السعيد والمغتبط سريانيّة معرّبة * ن طجن اللحم قلاه فهو مطجّن والطاجن (والطيجن القدر يقلى به) * ع طحن الحنطة ونحوها (وطحّنه) جعله دقيقًا والطِّحن والطحين الدقيق والطاحونة الرحى (وصانعه طحّان) والطِّحانة حرفته والطواحن الاضراس * (الطرن الخزّ وطرينوا اختلطوا من السكر والطِّرين الطين الرقيق واتى بالطِّرين والغرين اى عَصب) * ع ن طعنه بالرمح طعنًا شكّه به فهو مطعون وطعين ج طُعن وطعن فيه طعنًا وطعنانًا ثلبه (وطعن فى المفازة ذهب وطعن الليل سار فيه كلّه وطعن فى السنّ كبر وفى الرابعة او فى الخمسين او غيرها دخل) والمِطعان والمِطعن الكثير الطعن ج مطاعين ومطاعن والطاعون الوباء ج طواعين وطعن مجهولًا اصابه الطاعون * الطّشن الموت والحبس (والطشانين الكذب وما لا خير فيه من الكلام والمِطشان المطمأنّ وخلقه حسن) * الطمن (والمطمئنّ) الساكن (ج طُمون) واطمأنّ اليه اطمينانًا وطمأنينة سكن وآمن اليه فهو مطمئنّ وذاك مطمأنّ اليه وطامن (وطمأن) ظهره احناه * الطنين صوت الذباب وصوت النحاس وفعله ن طنّ (وطنّن) وطنطن واطنّ الجرس نقره فطنّ والطنطنة صوت الطنبور (وشبهه والطنّ بدن الانسان وغيره ج اطنان وطنان) * الطين م والطين ايضًا الخلقة والجبلّة وطيّن الحائط تطيينًا دهنه بالطين وطان الكتاب يطينه ختمه بالطين وتطيّن تلطّخ بالطين *

ظ

ع ظعن سار والظعينة الهودج فيه امرأة (ام لا) ج ظُعن (وظُعُن) وظعائن واظعنة مسيرة * الظنّ خلاف الاعتقاد (وهو التردّد الراجح بين طرفى الاعتقاد الغير الجازم) ج ظنون واظانين وفعله ن ظنّ والظنّة التهمة ج ظِنن (والظنين المتّهم) واظنّه اتّهمه والمظنّة موضع

صارت عوانا والعانة (الاتان و) القطيع من حمر الوحش ج عون والعانة ايضا شعر الفرج وابو عون الملح * العهن الصوف او المصبوغ منه الوانا ج عهون والعهنة القطعة منه والعاهن الفقير والمال التالد والعاهن ايضا المقيم الثابت والكسلان والعواهن جوارح الانسان الواحد عاهن (ورمى الكلام على عواهنه اى لم يبال اصاب ام اخطا) ن وعهن اقام وخرج ضد وعهن جدّ فى العمل وعهن له مرادة عجّلها له * العين الباصرة (مؤنثة) ج اعيان واعين وعيون (ونكسر جج أعينات) والعين ايضا اهل البلد واهل الدار والانسان والجاسوس والجماعة والحاضر من كل شيء وخيار الشيء والسيد والشمس وشعاعها والعذب وكبير القوم (والذهب والدينار والديذبان والربا وحقيقة القبلة والعتيد من المال والنظر ونضب ماء القناة) والمال والمطر الدائم ومنظر الرجل والميل فى الميزان والناحية ونفس الشيء ونقرة الركبة وينبوع الماء ج اعين وعيون واعيان البلاد ساداتها الواحد عين واعيان الرجل اخوته وبنوه الواحد عين وفلان صديق عين اى صديقك ما دمت تراه ورجل معيان وعيون شديد الاصابة بالعين ج عين (وعين) والعين الاصابة بالعين وصنعه على عين اى بتعمد وجد ويعين وعين الشيء اوله (وذاته وحقيقته) ولقيته عيانا اى معاينة (والعيان بالكسر مصدر عاين الشيء اذا رآه بعينيه وبالفتح مصدر عان الماء والدمع اذا سالا) ل وعين عينا وعينة عظم سواد عينه باتساع فهو اعين والعين بقر الوحش والاعين ثور الوحش وماء معيون ومعين (ظاهر) جار على الارض والعينة السلف وخيار المال وعين له العينة قدر له السلف وعين اللؤلؤة ايضا ثقبها وعين الحرب ايضا اثارها والمعان المنزل وتعين الرجل تانى ليصيب شيئا بعينه وتعينه رآه يقينا وتعين عليه الشيء لزمه (وتعيين الشيء تخصيصه) *

غ

ل غبن الشيء وغبن فيه غبنا (وغبنا) نسيه او غلط فيه او اغفله وغبن رأيه غبانة وغبنا ضعف فهو غبين ومغبون ض وغبنه فى البيع غبنا خدعه وقد غبن مجهولا فهو مغبون والاسم الغبينة والغبن الضعف والنسيان (والتغابن ان يغبن بعضهم بعضا) ويوم التغابن يوم القيمة (لان اهل الجنة تغبن فيه اهل النار) والمغبن الابط والرفغ ج مغابن واغتبنه اختباه فيه ن وغبن الثوب ثناه ثم خاطه ليقصر * الغدن البقمة و(الغدن والغذنة والغذنة) اللين والنوم والنعاس والاسترخاء والفترة والعمل ن غدن وتغدن تمايل وتعطف والغدان قضيب تعلق عليه الثياب

رجاله والأعسان الآثار * ن عشن وغشن واغتشن خمن وزعم * (العشوزن
العسِر الملتوي من كل شيء. والصلب وهي بهاء ج عشازن وعشاوز والعشزنة الخلاف
أعضن الامر اعوجّ وعسر) * العطن وطن الابل ومبركها ومبرك الغنم حول الماء ج
أعطان (والمعطِن العطن ج معاطِن) وفعله ن ض عطنت عطونًا وعطّنت تعطينًا فهى
عاطنة (ج عواطن) وعطون وأعطنها حبسها عند الماء والاسم العطنة وفلان
رحب العطن كثير المال رحب الذراع ل وعطِن الجلد وانعطن فسد عند الدباغ وأنتن
ن ض وعطن الجلد دفنه ليسترخي شعره فينتتف فهو معطون وعطين ورجل عطين
منتن * ل عفِن المتاع عفنًا وعفونة وتعفّن فسد حتى تفتّت عند مسّه فهو عفِن
* العكنة ما انطوى وتثنّى من لحم البطن كالسيور سمنًا ج عُكن وقد تعكّن بطنه فهو
أعكن وهي عكناء والعكان العنق * ن ض ر ل علن الامر علنًا وعلانية واعتلن ظهر وأعلنته
وأعلنت به ن وعلّنته اظهرته والعلان والمعالنة والإعلان المجاهرة وعالنه المعلنة على الامر
والعلنة من لا يكتم سرًّا ورجل علانية أمره ظاهر ج علانين و(رجل) علاني (ج علانيّين)
وعلوان الكتاب عنوانه * ض ل عمن بالمكان اقام والعمينة لارض السهلة واعمن اليه ن
وعمّن اليه توجّه او دخل عليه وعمّان بن لوط من بنته الصغرى وهو ابو العمّونيّين *
ن ض عنّ (الشيء) عنًّا وعنينًا وعنونًا واعتنّ ظهر واعترض امامك (والاسم العنن) والمعنّ
من يدخل معترضًا فيما لا يعنيه والمعنون المجنون وعنانيك قصاراك والعنين من لا يقدر
على حبس ريح بطنه والعِنّين العاجز عن الجماع والذى لا يريد النساء والاسم (العنانة
والعنينة وتشدد والتعنينة) والتعنين وفعله عُنّن تعنينًا (والعُنّة) والعنان رسن الدابة ج اعنّة
(وعُنُن) والعنان ايضًا المعارضة وأن يختص الشريك بشيء خارج من الشركة والعنّة
الحظيرة من خشب ج (عنن و) عنان والعنان بالفتح السحاب فيه ماء الواحدة عنانة
وأعنان السماء نواحيها (ومن الدار جوانبها) الواحدة عنان بالكسر والعنوان والعنيان
(ويكسران) ما يدلك ظاهره على باطنه وعنوان الكتاب (وعناه وعنّه) وعننه كتب عنوانه
وحديث معنعن منقول من فلان عن فلان حتى محدثه (واعتنّ ما عندهم أعلم بخبرهم) وعن المخففة
لها معانٍ تأتي في مكانها * العون (للواحد والجمع والمؤنث) المساعد والجندي ج
أعوان واستعانه واستعان به طلب عونه فأعانه والاسم العون والمعانة والمعونة (والمعونة
وتعاونوا واعتونوا أعان بعضهم بعضًا وعاونه معاونة وعوانًا أعانه) والمعوان الحسن المعونة
والحرب العوان الصادرة مرة فى مرة والمرأة العوان ايضًا التى كان لها زوج وعانت المرأة

إسرائيل قُرْبَ سيناء * (فَرْتَن تشقّق كلامه واختلس فيه وتقارب مشيه والفَرْتَنى ولد الضبع ويلا لام المرأة الزانية والأمة) * الفِرْجَوْن محسّة الدابّة وفرجنها حسّها به * (الفِرزان الشطرنجي معرّب فرزين ج فرازنة) * الفِرْسِن خفّ الجمل ج فراسن والمُفرْسَن الوجه الكثير اللحم (فيه والفراسن الاسد) * الفِرْعَوْن التمساح وفِرْعَوْن (وفُرْعُون) لقب كلّ من ملك مصر ولقب كلّ عاتٍ متمرّد وتفرعن (تخلّق بخلق الفراعنة و) تمرّد والفَرْعَنة الدهاء والمكر * (الإفشين الدعاء والابتهال يونانية معرّبة) * الفِطْنة الحذق وفعله ل ن ر فطِن به وفطِن اليه وفطِن له فطنًا مثلّثة ومحرّكة (وبضمّتين) وفطونة وفطانة وفطانية فهو فاطن وفطين وفطون (وفطْن) وفطِن ج فُطْن (وهي فطنة) وفاطنه في الكلام راجعه والتفطين التفهيم * ن فكن تندّم وتفكّن تعجّب وتشكّر وتندّم وتأسّف وتلهّف على فائت بعد الظنّ بالظفر به * فلان وفلانة كناية عن اسم الانسان (وبأل كناية عن غيره وقد يقال للواحد يا فل وللاثنين يا فلان وللجمع يا فلون وفي المؤنث يا فلة ويا فلتان ويا فلات ومنع سيبويه أن يقال يافل ويراد يافلان إلا في الشعر وقد يقال للواحدة يا فلات ويا فل يراد يا فلة) * الفنّ (والأفنون) الحال والضرب من الشيء. ج أفنان وفنون ن وفنّ فنًّا طرد وغبن ومطل وعنّى وزيّن وافتنّ أخذ في فنون القول (والأفنون بالضمّ الحيّة والعجوز والغصن الملتفّ والداهية ومن الشباب والسحاب أوّلهما) والفَنَن الغصن ج أفنان و(جج) أفانين وشجرة فنّاء كثيرة الأفنان وشعر فينان له أفنان وامرأة فينانة كثيرة الشعر والفنّة الساعة والطرف من الدهر (ورجل مِفنّ يأتي بالعجائب وهي مِفنّة والمفنّة العجوز السيّئة الخلق) * الفيلكون البرديّ والقار او الزفت * التفوّن البركة وحسن النماء * فان يفين جاء والفينة الساعة والحين والأفيون لبن الخشخاش المصريّ الاسود مخدّر منوّم) *

ق

ض قبن قبونًا ذهب في الارض واقبن انهزم وأسرع في العدو والقبّان الميزان العدل والامين * القتان بالفتح والعتم الغبار وأسود قاتن حالك واقتتن جسمه نحل * (قحزنه فتقحزن ضربه حتى وقع والقحزنة العصا او الهراوة ج قحازن) * القذن الكفاية والحسب * أقذن أتى بعيوب كثيرة) * قرن الحيوان م مؤنث والقرن ايضًا الجانب الاعلى من رأس الانسان ج قرون والقرون العشر التي رآها يوحنّا في جليانه رمز الى عشرة ملوك

(والغذوذفي السريع) * الغرين (والغِرْيَن الحمق والزبد و) الطِرْين والطين يأتي به السيل * الغَزن السرطان (وطائر كالغراب ج أغزان والغرن الضعيف) * ن غَسَن غسنًا مضغ وغَسَن غَسْنًا بالعتم ضعف والغَسْنة (والغُسْنانة) خصلة الشعر ج غَسَن (والغسان أقصى الشَب والغيسان) والغُسّان جدة الشباب وما أنت من غُسانه وغَيْسانه من رجاله * (الغَشْن الضرب بالعصا وبالسيف) * الغُصْن من الشجر م (والصغيرة غُصْنة) ج غُصُون وأغصان (وغَصَنَة) ض وغَصَن الشيء أخذه او قطعه وغَصَنه عن حاجته ثناه وكفه وأغصن العنقود كبر حبه * ن ض غَضَنه حبسه وعاقه والغضن (ويحرك) التثني في كل شيء ج غُضون وغضون لأذن منابتها ولأغضن الكاسر عينه خلقة او كبرًا والغضن العناء والتعب * ن غَلَن الشباب علا ونما وغلوان الشباب أوله * ن غَمَنه دثره بالثياب ليعرق والغَمْنة لاسيذاج والغُمْرة تطلى بها المرأة وجهها * ل غنّ أجرى صوته في الغناء فهو أغنّ وظبي أغنّ يخرج صوته من خياشيمه والغنّاء القرية العامرة بأهلها وبنيانها والغنّاء أيضا الروضة الكثيرة العشب تمر فيها الريح غير صافية (الصوت) لكثافة أشجارها وأغن الذباب صوت (والاسم الغُنان) * التغوّن الإصرار على المعاصي والإقدام في الحرب) * الغَيْن العطش وفعله غان يغين والغَيْن أيضا الغيم والاشجار الملتفة بلا ماء والغِين بالكسر الصديد السائل من الميت والغيناء ما اخضر من الشجر وغين عليه غينًا تغشته الشهوة او غُشي عليه (وغُيّن عليه الدَّيْن) وأُغين أحاط به والأغين الطويل) *

ف

الفِتْنة والمفتون الخبرة والفتنة أيضا لإعجاب بالشيء وقد ض فتَنه فتنًا وفتونًا وأفتنه أعجبه وأدهشه والفتنة أيضا الضلال ولإثم والكفر والفضيحة والعذاب وإذابة الذهب والفضة (والإضلال والقتل والصد والمرض والإحراق) والجنون والمحنة والمال والولاد واختلاف الناس في الآراء وفتنه وافتتنه أوقعه في الفتنة فهو مفتن ومفتون وفتن وقع في الفتنة لازم متعد فافتتن ن وفتن الى النساء فتونًا وفتين بهن أراد الفجور بهن والفتان والفاتن اللص والشيطان والفتّان أيضا الصائغ والفتانان الدرهم والدينار والفَيْتن النجار والفتنان الغزوة والعشي) والمفتون المجنون * (الفيجن السذاب وأفجن داوم على أكله * (الفَدَن مبنى أحمر والقصر المشيد والفَدان و) والفَدّان الثور او الثوران يقرنان للحرث ج فدادين الفُرْن مكان خبز الخبز والفرني الخبز والفرانة الخبازة وبرتية فاران من مراحل بني

تتبّع الاخبار والقنّ بالضمّ الجبل الصغير وقلّة الجبل ومأوى الدجاج ج قُنن وقنان وقنون والقِنّ بالكسر العبد الخالص العبودية (للواحد والجمع او يجمع اقنانا واقنّة) والقِنانة والقُنونة العبوديّة واقتنّ انتصب وسكت (واتخذ قِنًّا) والقُنان الصُنان وكمّ القميص والقانون مقياس كل شيء ج قوانين واستقنّ بالامر استقلّ به والقِنّينة اناء الشراب ج قنانيّ * القُونة قطعة من حديد او نحاس مصوّرة والتَقَوّن التعنّي والمدح التامّ * القَين العبد ج قيان والقَين ايضا الحدّاد ج اقيان وقيون وقان القين الحديد يقينه سوّاه وقان الشيء اصلحه وقانه الله على كذا خلقه عليه وقاين بكر آدم قتل هابيل اخاه حسدا وكان اوّل الهالكين وذاك اوّل الداجين والقَينة الامة المغنية كانها من بدات قاين اللاى اخترعن الرقص والغناء وآلات الطرب ج قيان وقينات والقَينة ايضا الماشطة وقينان بن انوش بن شيث بن آدم وقينة زينة وقانا قريتان كبرى وهي اقرب صيداء وصغرى وهي في الجليل حيث احال المسيح فيها الماء خمرا والنسبة اليهما قانويّ *

ك

(ع كانت اشتدّت) * ن ض كبن الثوب ثناه ثم خاطه او كفّ هدبته وكبن عن الشيء عجز وعدل عنه وكبن الظبي لطأ بالارض (واكبانّ تقبّض واكبن لسانه عنه كفّه والكبون السكون) * الكتّان م (والطحلب وغثاء الماء او زبده والمكتنّ ضدّ المطمئنّ واكتن الصَق) والكتونة القميص سريانية معرّبة والكتن الوسخ ل وكتن اتّسخ * الكِدنة السنام (والشحم واللحم والقوم وهو كدِن وهي بهاء والكدانة الهجنة والكودن) والكودني الفيل والبغل والبرذون (والفرس الهجين والكَدن التنطّق بالثوب والشدّ به) ن وكدن الثور شدّه ليحرث * الكذّان مرّ في ك ذ * (الكركدّن والعامّة تشدّد النون دويبّة تحمل الفيل على قرنها) * كنعان بن حام بن نوح لعنه نوح بذنب ابيه * الكفن للميت ض كفن الميت وكفّنه تكفينا البسه الكفن وكفن الخبزة دفنها في الملّة وكفن الصوف غزله والمكفّن خبز محشوّ بلوز وسكّر وطعام كفن لا ملح له وهم مكفنون لا ملح ولا ادام لهم * ن ل كمن له كمونا واكمن استخفى والكمين القوم المكمنون والخدعة في الحرب لا يفطن لها (والكمّون حبّ م) * الكِنّ (والكِنّة والكنان البيت و) المسكن ووعاء كل شيء (ج اكنان واكنّة) واستكنّ واكتنّ استتر والكُنّة ظلّة في الحائط او جناح يخرج منه (او مخدع او رفّ في البيت) ج كنان والكَنّة امرأة الابن او الاخ

تطيعُ الدجّالَ لعنهُ الله والقَرْنُ ايضًا الذُؤابةُ والخُصلةُ من الشَعَرِ وأعلى الجبلِ ج قِرانٌ والقَرْنُ
ايضًا أوّلُ الفلاةِ وناحيةُ الشمسِ وأعلاها وأوّلُ شعاعِها وقَرْنُ القومِ سيّدُهم (والقَرْنُ الدُفْعةُ
من الماءِ ولِدَةُ الرَجُلِ) وفلانٌ على قَرْني وفلانٌ قَرِيبي على سِنّي وعُمْري والقَرْنُ ايضًا كلُّ
مائةِ سنةٍ وكلُّ أمّةٍ هلكت وانقرضت والوقتُ من الزمانِ (والحَبْلُ المفتولُ من لِحاءِ الشجرةِ
والجُبَيْلُ الصغيرُ او قطعةٌ تنفردُ من الجَبَلِ ج قُرونٌ وقِرانٌ والقَرْنُ ايضًا مِيلٌ واحدٌ من
الكُحْلِ والمَرّةُ الواحدةُ والحَجَرُ الاملسُ والنَقِيُّ وكوكبانِ حِيالَ الجَدْيِ) وحدُّ السيفِ وأهلُ
زمانٍ واحدٍ ن وقَرَنَ الشيءَ الى الشيءِ قَرْنًا وصلَهُ وقَرْنُ الشيطانِ توابعُهُ المقتدونَ بشرّهِ
وقوّتُهُ وانتشارُهُ وتسلّطُهُ ولقبُ الدجّالِ لعنهُ الله لانّهُ خزاهُ الله يعطيهِ قوّتَهُ كلّها في اضطهادِ
المسيحيّينَ وذو القَرْنَيْنِ لقبُ اسكندرَ بن فيلبّوسَ المكدونيّ لانّهُ ملكَ العالمَ غربًا وشرقًا
والقِرْنُ بالكسرِ النظيرُ في الشجاعةِ وغيرِها (والقَرَنُ بالتحريكِ الجَعْبةُ والسيفُ والنَبْلُ) والأقرنُ
المقرونُ الحاجبينِ وفعلهُ ل قَرِنَ والقُرْنةُ الطَرَفُ من كلّ شيءٍ والزاويةُ وقارَنهُ ماثلهُ فهو قرينهُ
ج قُرَناءُ والقرينُ المصاحبُ والشيطانُ الملازمُ للانسانِ يستهويهِ والقرينُ والقَرُونةُ والقَرُونُ
النفسُ والقِرانُ والمُقارَنةُ المصاحبةُ والقرينةُ الزوجةُ والقَرْنانُ المشارَكُ على قرينتِهِ بالزنا
وأقرنَ للامرِ (واستقرنَ قوي عليهِ و) اطاقهُ وأقرنَ منهُ عجزَ ضدٌّ (وأقرنَ عن الطريقِ
عَدَلَ) وقارونُ رجلٌ متموّلٌ قبضَ عليهِ قورشُ ملكُ الفرسِ واخذ غناهُ وأماتهُ بالنارِ
والقيروانُ القافلةُ معرّبٌ (ومعظمُ الكتيبةِ والقُرَيناءُ اللوبياء) والاقرانيونُ اسمُ المكانِ الذي
صُلبَ فيهِ المسيحُ يونانيةٌ معرّبةٌ ● (القِرْطَعْنُ الاحمقُ وما عليهِ قِرْطَعْنةٌ شيءٌ) ●
أقسنَ صلبتْ يدُهُ على العملِ واقسانَّ العودُ قسانينةً اشتدَّ وعسا والرجلُ كبرَ وعسا وفي
العملِ مضى والليلُ اشتدَّ ظلامُهُ ● القسطبينةُ الكمرةُ) ● ن قطنَ قطونًا أقامَ
فهو قاطنٌ ج قُطّانٌ وقاطنةٌ وقَطينٌ والقُطْنُ بالضمِّ وبضمّتينِ والقُطُنُّ م واليقطينُ نباتٌ
لا ساقَ لهُ واليقطينةُ القرعةُ الرطبةُ والقُطْنيّةُ بالضمِّ والكسرِ حبوبُ الارضِ غيرُ الحنطةِ والشعيرِ ج
قطاني والقطينُ الاماءُ والحشمُ ج قُطُنٌ والقيطونُ المخدعُ سريانيةٌ معرّبةٌ (والقَطَنُ ما بينَ
الوركينِ وأصلُ ذنبِ الطائرِ والاعضاءِ ومنهُ ظهرٌ أقطنُ والقطانةُ القِدْرُ والقَطِنةُ) والقِطْنةُ (التي
تكونُ معَ الكرشِ وهي ذاتُ الاطباقِ و) العامّةُ (تسمّيها الرمّانةَ) ● ص قفنَ قفونًا
ماتَ والقَفّانُ القبّانُ والامينُ (وقفّانُ كلّ شيءٍ جماعتهُ واستقصاءُ علمهِ والقَفَنُ وتشدّدُ نونهُ
القفا والقِيفنُ الجَفْنُ الجافي) ● القَمينُ أتونُ الحمّامِ والقَمينُ والقَمِنُ بفتحٍ فكسرٍ
وبفتحتينِ الخليقُ الجديرُ (والمَقْمَنةُ لا تثنّى ولا تجمعُ وراحةٌ قَمِنةٌ منتنةٌ) ● اللَّقِنُ

وشاة لبون (ولبنة) ولبينة وملبن وملبنة ذات لبن وجمع لبن لبان ولبائن وأبّنه نلبينا سقاه اللبن فهو ملبون والبنوا كثر لبنهم فهم لابنون ولابان أخو رفقا وخال يعقوب إسرائيل وأبو راحيل والملبن كل شيء من آلات اللبن واللوابن ضروع الغنم والالتبان الارتضاع واللبان الرضاعة واللبان بخور الكندر واللبان بالفتح الصدر وما بين الثديين ولبن القميص ولبنته (ولبنته ولبينته) بنيقته وابن اللبون ولد الناقة ابن سنتين داخلًا في الثالثة ولبنتا الباب جانباه وجبل لبنان ما بين المرابلس وبعلبك أوله من عكار وآخره الى الكرمل والرهبان اللبنانيون من الملة المارونية مجددوا قانون مارى انطونيوس الكبير يسكنون جبل لبنان والبادى بهم جماعة من حلب وانا واحد من رهبانهم * (اللتن الحلو واللتنة الشنفذ) * اللجين صفرة الخضة (واللجن اللحس واللجن الوسخ وتلجن تلزج ل ولجن به علق) ولاجاون جوق يحمى ستمائة جندى يونانية معربة * اللحن الصوت المصنع ج ألحان ولحون ولحنه تلحينا خطأه في القول ن ولحن لمخاطبه قال له قولًا يفهمه ويخفى على غيره ولحن اليه مال واللحنه القول أفهمه إياه ل ع فلحنه (اى فهمه ع) ولحن في القول غلط (فهو لاحن ولحان ولحانة ولحنة كثيرة واللحنة من يلحن واللحنة من يلحن الناس كثيرا) * اللخن القبيح من كل شيء وهي لخنة ج ألخان ل ولخن أنتن ولخنت الجوزة فسدت والألخن من لم يختتن (وهي لخناء) * ر لدن لدانة ولدونة لان ولدنه تلدينا لينه واللدن الرمح اللين (واللين من كل شيء وهي لدنة ج لدان ولدن) ولدن ظرف كعند يأتى بيانه في مكانه وتلدن تمكث واللدنة الحاجة واللدني الذى علمه من ذاته * ن ل لزن القوم لزنا (ولزنا) ازدحموا وسنة لزنة شديدة * اللسان م (ويؤنث) ج ألسنة وألسن ولسن واللسان ايضا الرسالة والرسول (واللغة) ولسان الميزان عموده واللسن الكلام واللغة (واللسان) واللسن الفصاحة وفعله ل لسن وألسن فهو لسن (وألسن) ولسنه أخذه بلسانه وغلبه في الكلام ولسنت العقرب لدغت (والملسن والملسّن ما جعل طرفه كطرف اللسان والإلسان الابلاغ للرسالة ألسنى فلانا وألسن لى فلانا كذا وكذا اى أبلغ لى وهو لسان القوم المتكلم عنهم) والملسون الكذاب * ع لعنه طرده وأبعده فهو لعين وملعون ج ألاعين وملاعين والاسم اللعان واللعانية واللعنة بالضم من يلعنه الناس واللعنة الكثير اللعن (للناس) ج لعن واللعين الشيطان والممسوخ والمشتوم (وقيل اللعن هو الطرد من رحمة الله والإبعاد من درجة الابرار ومقام الصالحين والتلعين التعذيب وأبيت اللعن اى أبيت

ج كدائن والكِبَنة (والاكتِنان) البياض والكِنانة جعبة السهام (والمستكِنة الحِقد) والكانون (والكانونة) الموقِد (وكانون شهران في قلب الشتاء) والمكنون المستتر في الكِنّ (واكننت الامر ضدّ اعلنته وكننت الشيء صُنته حتى لا تصيبه آفة وان لم يكن مستورًا يقال دُرّ مكنون وجارية مكنونة وكنكن هرب وكسل وقعد في البيت) * الكَون والكينونة الحدث والكائنة الحادثة وفعله كان وكوّنه احدثه وكوّن الله العالم أوجده من العدم وسِفْر التكوين أوّل أسفار موسى الخمسة يبيّن فيه خلق الله العالم والمكان والمكانة الموضع ج أمكنة وأماكن وكان الناقصة يأتي بيانها في مكانها (ومصدرها الكون والكيان والكينونة وكنت الغزل غزلته والكنتيّ) والكُونيّ الكبير العمر وكان عليه كونًا وكيانًا (واكتان) تكفّل به والكيان الكون وكاونه حاربه والاستكانة الخضوع والمكانة المنزلة (والمرتبة والتكوّن التحرّك وكنت الشام كنت بها ومَدارك كان لم يكنها أحد اى لم يكن بها وكان التامة تأتي بمعنى ثبت كان الله ولا شيء معه وبمعنى حدث * اذا كان الشتاء فادفئوني . وبمعنى حضر . وان كان ذو عسرة . وبمعنى وقع . ما شاء الله كان . وبمعنى أقام وبمعنى صار . وكان من الكافرين . وللاستقبال . يخافون يومًا كان شرّه مستطيرًا . وبمعنى المضيّ المنقطع . وكان في المدينة تسعة رهط . وبمعنى الحال كنتم خير أمّة . وبمعنى ينبغي نحو ما كان لكم أن تنبتوا شجرها) * الكَهنوت خدمة أسرار الكنيسة سريانية معرّبة والتاء فيه للمبالغة لا للتأنيث كتاء ملكوت وجبروت ودرجاته ثلث الشمّاس والقسيس والأسقف ومراتبه كثيرة منها القاري والخوري والمطران والبطريرك والبابا وفعله ن كَهن وكهّن تكهينًا فهو كاهن ومكهّن ج كهنة ع ر وكَهَن كهانة وتكهّن قضى بالغيب فهو كاهن ج كهنة وكهّان وحرفته الكِهانة ومنه كهنة الاصنام وموضوع ذلك السحر وخدمة الشياطين (والكاهن من يقوم بامر الرجل ويسعى في حاجته والمكاهنة المناجاة) * كان يكين خضع وأكانه الله اخضعه وأذلّه والكِينة الشدّة المذلّة (والحالة واكتان حزن والمكيان الكثيل وكاين يأتي بيانها في فصل العوامل) *

ل

اللَّبِن ما يعمل مربّعًا من التراب للبناء (ويقال فيه لِبْن ولَبْن) واللبانة الوطر (والحاجة من غير فاقة بل من همّة ج لُبَن واللَّبَن الاكل الكثير والضرب الشديد وابو لُبَيْن الذكر) واللَّبَن الحليب وهو في الضرع او ما راب منه (واللبن محبّة وشاربه ولَبَن كلّ شجرة ماؤها)

ومرن عليه مرونا ومرانا تعوّده والمرن العادة والمارن الانف او ما لان منه * ن مزن وجهه مزونا أضاء ومزنه مدحه (ومزن مزنا ومزونا وتمزن مضى لوجهه وذهب ومزن القربة ملأها) والمزنة السحابة ج مزن * الميسون الغلام الحسن القد والوجه * المطانية السجدة يونانية معرّبة * المعن الطويل والقصير (والقليل والكثير) ضد والهين والجحود للنعم والماعون كلما انتفعت به والقدر ونحوها والانقياد والطاعة والزكوة وأمعن كثر ماله وقل ضد وأمعن بحقه نكره وأقر به ضد وأمعن الماء جرى (وإمعان النظر التروي والتثبت والإمعان في السير والطلب الجد) والمعان المباءة والمنزل * ر مكن الشيء وتمكن اشتد وتوطد فهو مكين ج مكناء والاسم التمكن والمكانة المنزلة عند الملك والمكان الموضع ج أمكنة وأماكن (ومكنته من الشيء وأمكنته منه فتمكن واستمكن) * ن منّ عليه منّا أنعم عليه (واصطنع عنده صنيعة ومنّة أمتن ومنّ الحبل قطعه) ومنه (السير) أضعفه وأعياه وذهب بمنته بقوّته ومنّ الشيء نقص والمنّ (كل طل ينزل من السماء ويحلو ويجف كالصمغ د) ما أنزله الله على بني إسرائيل والمنّ والمنا (كيل) او ميزان او) رطلان ج أمنان وجمع المنا أمناء (والمنّة القوّة وبالفتح من أسمائهن) والمنون الدهر والموت والمنان المعطي ومن أسماء الله تعالى ومانّنه ترددت في قضاء حاجته وامتننته صرت ممنونه وامتن عليه ومننه منة ميرة بعطائه له فهو منّان (والمبين) والمنون (الغبار د) الحبل الضعيف (والرجل الضعيف) والقوي ضد (والمننة والمنونة العنكبوت وأنثى القنافذ) والمنّان الليل والنهار * ومن ومن يأتي بيانهما في مكانه * المون (والتمون) كثرة النفقة على العيال ومانه يمونه قام بكفايته * المهنة بالكسر والفتح (والتحريك والمهنة) الحذق بالخدمة ع ن ومهنه مهنا ومهنة خدمه وضربه وجهده (ومهن الثوب جذبه والمرأة جامعها) وامتهنه استخدمه فامتهن لازم متعد والمهين الحقير والضعيف والقليل والذل ر مهن والماهن العبد والخادم * مان يمين مينا كذب فهو مائن (ومَيُون) ومَيّان ومان الارض شقها للزراعة والميناء جوهر الزجاج والمينا بالقصر مرسى السفن ج موانئ والميناون كتاب تذكار القديسين ومدائحهم يونانية معرّبة *

ن

النتن م وفعله ض ر نتن اللحم نتانة وأنتن فهو منتن (ومِنتن ومُنتن ومِنتين) وناثان من أنبياء إسرائيل ونبيّ داود الملك وناثان بن داود اخو سليمن من ابيه وأمه * (نتن

أن تأتي بما تلعن به وكان هذا تحيّة الملوك في الجاهليّة * اللَّغَن بثرة الشباب ولعنك لعلكن * الغنون الخيشوم ج لغانين) * اللَّقَن واللَّقنة واللقانة (واللقانية) سرعة الفهم وفعله ل لقِنَ فهو لَقِنٌ والقن حفظ وتلقّن تفهّم * اللُّكنة عدم استقامة العربيّة في اللسان الاعجميّ وفعله ل لَكِنَ لَكَنًا ولَكَنة ولُكونة فهو أَلكَنُ وهي لكناء ج لُكن ولَكَّان (واللُّكُن ظرف م) ولكنّ حرف يأتي بيانه في مكانه * اللَّون الهيئة كالسواد ونحوه والنوع والمتلوّن مَن لا يثبت على حال والوَن تلوّن * اللُّهنة ما يهديه المسافر اذا قدم من سفره وفعله الهن * لانَ يلين لَينًا وليانًا استرخى فهو لَيِّنٌ بشدّ الياء وتخفيفها (والمخففة في المدح خاصّة) ج لَيّنون وأَلياء ولَيِّنة وأَلْيِنة) والليان العيش الرخيّ وفلان لَيِّن الجانب سهلٌ واللِّين كالاسترخاء واستلانه وجده ليّنا *

م

المأنة السرّة وما حولها ج مأنات ومُؤُن والمؤونة القوت ع ومأن احتمل ومأن في الامر تفكّر * ن متن بالمكان متونا أقام ومتّن الخيمة تمتينا شدّ اطنابها جدّا (ر ومتُن صلب واشتدّ فهو متين ومتين) ومتن الظهر ما كان حول الصلب (والمتن النكاح والحلف والضرب الشديد والذهاب في الارض والمدّ وخلاف الشرح) والمماتنة المماطلة والمباعدة في الغاية * (المثانة موضع الولد او موضع البول ن ض مثنه اصاب مثانته ل ومثن فهو أمثن لا يستمسك بوله وهي مثناء ورجل مثن ومثمون يشتكي مثانته ومثنه بالامر عشه به) * ن مجن مجونا صلب وغلظ ومجن مجونا ومجانة ومجنا اظهر الخلاعة فهو ماجن واعطيته مجانا بلا عوض (والمجّان ايضا الكثير الكافي) والمجن الترس * المنجنون والمنجنين (مؤنثة) الدولاب يستقى عليها (والدهر) ج مداجين * ع محنه وامتحنه اختبره والاسم المحنة (ومحنه ضربه ومحن جاريته جامعها) ومحن الثوب لبسه حتى أخلق ومحنه متحه ومحن الاديم ليّنه والتمحّن القول نظر فيه ودبّره * (المحض النكاح والنزع من البحر والبكاء والقشر) * المدينة م ج مدائن ومدن (ومُدْن) والمدينة المقدّسة أورشليم وسماء القيصين والمديانيون قوم من العرب من نسل اسمعيل (نسبة الى مدين قرية) ن ومدن أتى المدينة والمدنيّ ساكنها (والمنسوب اليها من الفلس والمدينيّ المنسوب اليها من طائر ونحوه) * ن مرن مرانة ومرونة ومرونا لان في صلابته ومرّنه ليّنه ودمع مارن صلب ليّن فهو مرّان (ج مرّان) ومرن وجهه (ومرّن) على الامر صلب

وتوطين النفس تمهيدها والميطان الغاية • الوَعْنَةُ الارض الصلبة ج وِعانٌ والوَعْنُ المَلجأ • الوَفْنَةُ القِلّةُ والتَوَفُّن التنقص • المَوْقُونَةُ الجارية المُخَدَّرة والوَقْنَةُ موضعُ الطائر وُقُنات وأُقُنات • الوَكْنُ والوُكْنَة (مُثلثة وبضمتين والأُكْنَة) بالضم والمَوْكِن والمَوْكِنَة عُشّ الطائر ج أَوْكُن ووُكُن ووُكُون ص ووَكَنَ الطائر بيضَهُ (وعليه) حضنه وتَوَكَّن تمكَّن • (التَوَأُّن رفعُ الصوت بالصياح عند المصائب • التَوَمُّن كثرة الاولاد) • الوَنُّ (الضَعْف و) من آلات الطرب كالسطير • الوَهْنُ الضعف في العمل وفعلُهُ ص س ر وَهَنَ والوَهْنُ ايضا نصف الليل وأَوْهَنَ دخل فيه ن وَهَنَهُ وأَوْهَنَهُ (ووَهَّنَهُ) أضعفه فهو واهِنٌ ومَوْهُونٌ (وهي بهاء) ج وُهْن والوَهِينُ الرقيب على الاجير ليحثه على العمل • (الوَيْنُ العنب الاسود) •

ه

(الهَبُونُ العنكبوت) • ص هَتَنَتِ السماء هَتْنًا وهُتُونًا وهَتَنانًا (وتَهْتانًا) وتهاتنت انصبّت بالمطر والتَهْتانُ المطرُ الدائم وسحابٌ هاتِنٌ وهُتُونٌ ماطرٌ ج هُتُن وهُتَّن • (الهَثْمَنَة كثرة الكلام) • الهُجْنَةُ ما يعيب الكلام وتضييع العلم والهَجِين اللئيم وابن الأَمَة ج هُجُن وهُجَناء وهُجْدان ومَهاجِين ومَهاجِنَة وهي هَجِينَة وهُجَناء ج هُجُن وهَجائن (وهِجان) وفعلُه ر هَجُنَ هُجْنَةً وهَجانَةً وهُجُونَةً والهَجِين الفرس الغير الاصيل والبِرذَون والهِجانُ الخيار من الابل البيض والرَجُل الخسيس والاسم الهَجانة والهاجِن الجارية تتزوّج قبل بلوغها والتهجين التقبيح • ص هَدَنَ هُدُونًا سكن وأسكن وهَدَنَ الصبيَّ أرضاه وهَدَنَ دفن وقتل والهَدْنَة المطر الضعيف والهُدْنَة بالضم والمُهادَنَة المصالحة في الحرب على شيء وفعلُه ن هَدَنَ وهادَنَ والهُدْنَة ايضا الدَعَة والسكون وتهادَنَ استلم وتهادَنُوا تصالحوا والهِدان النصب وانهَدَنَ من عزمه فتر • هارُونُ أخو موسى النبي وأول كهنة بني اسرائيل وهاران بن ناحور وأخو ابراهيم وابو لوط • (الهِرْشَن الواسع الشدقين • الهَوْزَن الغبار وهَوازِن قبيلة • التَهَكُّن التندّم) • هَلْقانا ابو صامويل النبي • (الهِلْيَوْن نبت م) • هَيْمَنَ قال آمين والمُهَيْمِن ويفتح الميم الثانية من اسماء الله تعالى معناها المؤتمن سريانية معرّبة والهِمْيان التِكّة والمنطقة وكيس النفقة وهامان وزير احشوروش ملك الفرس كان سعى بقتل اليهود فخلّصتهم استير الملكة وسعت بقتله مصلوبا • ص هَنَّ بكى وحَنَّ والهانَّة والهُنانَة شحمة العين (والهَنُ الفرج أصلُهُ هَنٌ عند بعضهم فيصغر هُنَيْنًا وتثنيه هَنَانِ وهُنْدا وهَنا أبعد قليلا او يقال للحبيب هُنا وهُنا اي

ضميرٌ يُعنَى به الاثنان والجميعُ المُخبِرون عن أنفسهم مَبنيٌّ على الضم او جمعُ أنا من غير لفظها وحُرِّك آخرهُ لالتقاء الساكنين وضُمَّ لأنّهُ يدلّ على الجماعة وجماعةُ المُضمَرين تدلّ عليهم الواوُ نحو فعلوا وأنتم والواوُ من جنس الضمّة) * ناردين عطرٌ من شجرٍ اسمهُ ناردين أيضًا * (النَّنّ الشَّعَرُ الضعيفُ) * النُّونُ الحوتُ وذو النُّون لقبُ يونان النبي لأنَّ الحوتَ ابتلعهُ وكان في جوفه ثلثةَ أيّامٍ ثمّ خرجَ منهُ حيًّا والنُّونُ ايضًا الدواةُ والسمكةُ ج نِينانٌ وأنوانٌ والنُّون أيضًا شفرةُ السيفِ وآلةُ الحرثِ ونايين مدينةٌ في الجليلِ قريبةٌ من طورِ تابورَ حيثُ أحيى فيها المسيحُ ابنَ الارملةِ *

و

(الوَأْنُ العريضُ وهي وأْنةٌ * الوَبْنةُ الأذى والجوعةُ وما في الدارِ وابنُ أحدٌ) * ن وَتنَهُ خالفهُ والواتِنُ الثابتُ الدائمُ في مكانهِ والوَتينُ عِرقٌ في القلبِ اذا انقطعَ ماتَ صاحبهُ ج وُتُنٌ (وأوْتِنةٌ) ص وَتَنَ الماءُ لم ينقطعْ * الوَثَنُ الصنمُ ج وُثْنٌ وأوْثانٌ واستوثنَ الشيءُ بَقِيَ (وقَوِيَ) والواثِنُ (الواتِنُ و) الذليلُ * الوَجينُ شطُّ الوادي والوَجْناءُ الناقةُ الشديدةُ والوَجْنةُ (مُثلّثةً والوَجِنةُ) وبالتحريكِ ما ارتفعَ من الخدّينِ والميجنةُ المِدقّةُ ج مَواجِنُ وتَوَجّنَ ذلَّ وخضعَ * الوَحْنةُ الطينُ المُزلِقُ ل وَحِنَ حقدَ وتوحّنَ ذلَّ وهلكَ * الوَخْنةُ الفسادُ ن وخَنَ فسدَ وتوخّنَ قصدَ خيرًا او شرًّا * ص وَدَنهُ وَدْنًا ووِدانًا بلّهُ (ونقعهُ) فهو وَدينٌ ومَوْدونٌ (وودّنهُ واتّدنهُ فاتّدنَ هو انتقعَ لازمٌ متعدٍّ وأوْدنهُ وودّنهُ قصّرهُ وبالعصا ضربهُ) والأوْدَنُ الناعمُ والمَوْدونُ القصيرُ العنقِ والوَدينُ الناقصُ الخِلقةِ * (التَّوَرُّنُ كثرةُ التدهّنِ والتنعيمِ والوَرانيةُ الاستُ) * الوَزنُ رَوزُ الثقلِ والخفّةِ وفعلهُ ص وَزَنَ وَزْنًا وزِنةً (والمِثقالُ) ج أوزانٌ والميزانُ م ج موازينُ والميزانُ العدلُ والمقدارُ ووازنهُ عادلهُ وقابلهُ (وحاذاهُ وفلانًا كافأهُ على فعالهِ وهو وَزْنَهُ وزِنَتَهُ ووِزانَهُ وتِوزانَهُ وتِوزانتَهُ قُبالتَهُ ووزنتُ لهُ الدراهمَ فاتّزنها) ووزنَ الشعرَ فاتّزنَ * الوَسَنُ (والوَسْنةُ والوَسَنةُ) والسِنةُ ثقلةُ النومِ وأوّلهُ وفعلهُ ل وَسِنَ فهو وَسِنٌ ووَسْنانُ ومِيسانُ وهي وَسِنةٌ ووَسْنى بالقصرِ والتثليثِ واستوسنَ كثرَ نعاسهُ وتوسّنت المرأةُ نامت * (الوَصْنةُ الخرقةُ الصغيرةُ) * ص وَضَنَ الشيءَ ثنى بعضهُ على بعضٍ وضاعفهُ فهو مَوضونٌ (ووَضينٌ) والمَوضونةُ الدرعُ المنسوجةُ وتوضّنَ تذلّلَ والمِيضانةُ القفّةُ ج مَواضينُ * الوَطَنُ محرّكةً (ويسكَّنُ والمَوطِنُ) منزلُ الاقامةِ ومَربطُ (البقرِ و) الغنمِ ج أوطانٌ ص وطَنَ وأوطنَ وتوطّنَ أقامَ وأوطنهُ ووطّنهُ واستوطنهُ اتّخذهُ وطنًا

الاَلَهُ الطاعةُ قلبُ الهاءِ) * ن أَلَهَ إِلاهَةً وأُلُوهَةً (وأُلُوهِيَّةً) عَبَدَ عِبادَةً ومنهُ اللهُ المعبودُ من الخلائقِ (واختُلِفَ فيهِ على عشرينَ قولاً وأصحُّها أنّهُ عَلَمٌ غيرُ مُشتَقٍّ او أصلُهُ إلٰهٌ كفِعالٍ بمعنى مألُوهٍ وكلُّ ما اتُّخِذَ معبودًا إلٰهٌ عندَ مُتَّخِذِهِ) وتَأَلَّهَ صارَ إلٰهًا والاسمُ الأُلُوهَةُ (والالاهَةُ) والإلاهةُ والأُلْهانِيَّةُ والآلِهَةُ الاصنامُ (والحَيَّةُ) والأُلَيْهَةُ الهلالُ والشمسُ ل وأَلِهَ تحيَّرَ وأَلِهَ على فلانٍ جزِعَ عليهِ (وأَلِهَ اليهِ لاذَ وأَلَهَهُ أجارَهُ والتأَلُّهُ التنسُّكُ والتعبُّدُ والتأليهُ التعبيدُ) * ل أَمِهَ (نسِيَ و) بالشيءِ اعترفَ بهِ ن وأَمَهَ عهدَ ل وأَمِهَ الرجلُ ذهبَ عقلُهُ فهو مَأْمُوهٌ والأُمَّهَةُ الأُمُّ (او هي لمَن يَعقِلُ والأُمُّ لما لا يَعقِلُ) ج أُمَّهاتٌ وتأَمَّهَ اتَّخذَ لهُ أُمًّا * ن أَنَهَ أَنْهًا وأُنُوهًا أَنَّ (وحَسَدَ) ورجلٌ أَنِهٌ حاسدٌ * أَوْهِ (وأَوَّهْ وأَوْهَ وآهِ وأَوَّهِ وأَوُّ وآوُوهْ وآوِ وآوْ وأَوَّتاهُ وأَوِيّاهُ) وأَوَّهْ ووَاهٍ وآهٍ كلمةٌ تُقالُ عندَ الشكايةِ والتوجُّعِ (آهَ أَوْهًا) وأَوَّهَ تأْوِيهًا وتأَوَّهَ تأَوُّهًا قالها * (إِيهِ وتُنَوَّنُ وإِيهَ كلمةُ استزادةٍ واستنطاقٍ و) إِيهْ بالكسرِ وسكونِ الهاءِ كلمةُ زجرٍ بمعنى اكفُفْ (وإِيهًا بالنصبِ والفتحِ أمرٌ بالسكوتِ) وأَيَّهَ تأْييهًا صاحَ بهِ وناداهُ وأَيَّهَ قالَ يا أيُّها الرجلُ وأَيْهانَ وأَيْهًا وآيهنتَ لغاتٌ في هَيْهاتَ) *

ب

(ع بأَهْتُ بهِ فطنتُ) * ع بَدَهَهُ بأمرٍ استقبلَهُ بهِ والبَدْهَةُ والبُداهَةُ والبَديهةُ أوّلُ كلِّ شيءٍ وفُجاءتُهُ وبادَهَهُ فاجاهُ * البَرْهَةُ الزمانُ (والبَرَهْرَهَةُ المرأةُ البيضاءُ الشابّةُ والناعمةُ والبَرَهَةُ الترارةُ ل وبَرِهَ بَرَهانًا ثابَ جسمُهُ بعدَ علّةٍ وابيضَّ جسمُهُ وهو أَبْرَهُ وهي بَرْهاءُ وأَبْرَهَ) أتى بالبُرْهانِ (او بالعجائبِ وغلبَ الناسَ بها وبُرَيْهٌ مُصغَّرُ إبراهيمَ * البَلَهُ والبَلاهَةُ الحُمقُ والتغفُّلُ وفعلُهُ ل بَلِهَ وتَبَلَّهَ وتَبالَهَ فهو أَبْلَهُ وهي بَلْهاءُ وبَلْها بَرِّيَّةٌ يعقوبُ إسرائيلُ زنَى بها ابنُهُ رُوبِينُ وشبابٌ أَبْلَهُ ناعمٌ والبَلْهاءُ المرأةُ الكريمةُ المَزِيرَةُ (الغَرِيرَةُ المُغفَّلةُ والتَّبَلُّهُ والتَّبالُهُ استعمالُ البَلَهِ) وبَلْهَ بمعنى نَعَمْ او بمعنى كُفَّ والبُلَهْنِيَةُ الرخاءُ وسَعَةُ العيشِ * البُوهَةُ لِيقَةُ الدواةِ قبلَ البَلِّ والريشةُ تلعبُ بها الرياحُ في الجوِّ (والاحمقُ والبُوهَةُ وباهَ للشيءِ يَبُوهُ ويَباهُ بُوهًا وبَيْهًا تنبَّهَ لهُ وما بُهْتُ لهُ بالضمِّ والكسرِ ما فطنتُ) والبُوهُ ذكرُ البُومِ والباهُ الخطفةُ والنكاحُ * بَهْبَهَ قالَ لهُ بَهْ بَهْ بالفتحِ اى بَخْ بَخْ وبَهْ فلانٌ زادَ في جاهِهِ *

ت

التَّرَّهَةُ الباطلُ والداهيةُ والريحُ ج تُرَّهاتٌ * ل تَفِهَ تَفَهًا وتُفُوهًا (قَلَّ وخَسَّ و) حَمُقَ وتَفِهَ الطعامُ ذهبتْ مذاقتُهُ والاطعمةُ التَّفِهَةُ التي لا طعمَ لها * ل تَلِهَ تَلَهًا تَلِفَ وتحيَّرَ وتَلَّهَ

اقترب وللبعيص هاهنا وهنا اى تنح) * هان يهون هونا وهوانا (ومهانة) ذل فهو هين واهون ج اهوناء وهان ايضا سهل (فهو هين وهين واهون ج اهوناء او المشددة من الهوان والمخففة من اللين) والهون السكينة والوقار والحقير (والهون والمهانة الخزى) وهونه الله سهله وحفظه واهانه واستهانه احتقره والاهون اسم يوم الاثنين والهاون (والهاوون) والهاوون الذى يدق فيه ج هاوونات *

ي

ياخين اسم احد العمودين اللذين اقامهما سليمن فى الهيكل * اليرون دماغ الفيل وعرق الدابة ومنى الفحل * اليقين ازاحة الشك (والاعتقاد الجازم والعلم المستقر فى القلب من يقن الماء فى الحوض اذا استقر ودام) وفعله ل يقن (الامر يقنا ويحرك وايقنه وبه وتيقنه واستيقنه وبه علمه وتحققه) والايقونة بالكسر الصورة من صبغ على خشب * اليمن (والميمنة) البركة وفعله ل ع ر يمن فهو ميمون وايمن ويمين ج ايامن وميامين وتيمن به واستيمن تبارك واليمنى واليمين ضد اليسرى واليسار ج ايمن وايمان وايامن (وايامين) واليمين ايضا البركة والقوة ن ص ويمن به (ويامن ويمن) وتيامن ذهب به ذات اليمين والتيمن الموت واخذ يمنة ويمنا اى ناحية يمين وافق التيمن ضد افق الشمال ل ويمنه جاء عن يمينه واليمين القسم مؤنث ج ايمن وايمان وايمن الله بضم الميم وفتحها وايم الله (وايم الله وهيم الله وام الله وام الله) وام الله مثلثة الميم ومن الله مثلثة الميم والنون (ومن الله وم الله مثلثة ولئم الله وليمن الله) اسم وضع للقسم (والتقدير ايمن الله قسمى) وبنيامين اخو يوسف وذكر فى ب ن (والميمون نهر والذكر) * يونان بن متا الجاتى من انبياء اسرائيل ابتلعه الحوت وقذفه حيا وقيل انه ابن الارملة الذى احياه ايليا النبى * يوناتان بن شاول ملك بنى اسرائيل كان يحب داود النبى *

حرف الهاء

ا

ع ل ابه به وابه له انها فطن واتبهه تابيها فطنه ولابهة العظمة والكبر والنخوة وتابه تكبر (والتابه التعظم) * الاده اجتماع امر القوم وازماعه * الاترفوة الكبر والعجب *

ورقته ونعيمه وغلاه ر رفه وترفه فهو رفيه ورافه ورفهان ومترفه ع ورفه الرجل رفها ورفوها لان عيشه وأرفه واسترفه داوم أكل النعمة والراحة والرفهة الرحمة والرأفة * الزهزهة حسن لون البشرة وتزهزه جسمه ابيض من النعمة وتزهزه السراب تتابع لمعانه وجسم زهراه (وزهزوه وزهزه) ناعم أبيض * راه الماء يروه روها وروانا اضطرب على وجه الارض * راه يريه جاء وذهب *

س

ن سبه سبها ذهب عقله من هرم فهو مسبوه (ومسبه وسباه) وسبه سباها وسباهية سكت * السته ويحرك الاست (مؤنثة) ج أستاه والسته ايضا حلقة الدبر والسته عظمها والاسته العظيم الاست ج سته وستهان ع وستهه تبعه وضرب استه * السفه والسفاه والسفاهة خلاف الحلم والجهل والفعل ل سفه فهو سفيه ج سفهاء (وسفاه وهي سفيهة ج سفائه وسفه وسفاه) وسفيهات وسفهه تسفيها جعله سفيها او نسبه الى السفه ن وسفهت الريح الغصون أمالتها وسافهه شاتمه ل ر وسفه رأيه جهل ل وسفه في الشراب أسرف فيه وثوب سفيه خلق * ع سمه سموها جرى ولم يتعب فهو سامه ج سمه وسمه دهش والسمهى (والسمهاء) الهواء والشيطان والكذب والاباطيل * السنة محركة العام ج سنون وسنهات وسنوات والسنة ايضا القحط والارض المجدبة (وسانأه مساناة وسانهه مسانهة وسناها عامله بالسنة * السوهان المبرد) *

ش

الشبه بالكسر وبالتحريك والشبيه المثل ج أشباه (ومشابه) وأشبهه ماثله وتشابها واشتبها أشبه كل منهما الآخر وشبهه تشبيها مثله وماثله وامور مشتبهة ومشبهة مشكلة والشبهة الالتباس (والمثل) والشبه النحاس * ن شدهه رأسه شدخه وشدهه وأشدهه أدهشه والاسم الشده وشده مجهولا دهش وشغل وتحير والاسم الشداه * ل شره أفرط في المال والطعام ونحوه فهو شره وشرهان * ع شغهه شغله وألح عليه في المسألة فهو مشفوه والشفة طباقة الفم وهما شفتان ج شفاه (وشفوات) وشافهه أدنى شفته من شفته والشافه العطشان وبنت الشفة الكلمة والاشفه من لا تنضم شفتاه * شاكهه (مشاكهة وشكاها شابهه و) شاكله وقاربه (وأشكه الامر أشكل) * شاه وجهه يشوه شوها وشوهة ل وشوه قبح فهو أشوه وشاهه أفزعه وأصابه بالعين وشوهه الله قبحه وشوهه صوره والمشوه القبيح (والشوهاء

عنه نبيه وأتتهه المرض أتلفه * ل تمه الطعام تمها وتماهة تغير ريحا وطعما * التهاتة الاباطيل (والتهتهة اللكنة و) تهتهة تردد فى الباطل * تاه يتوه هلك وتوهه أهلكه والتوه الهلاك والذهاب * التيه الصلف والكبرياء وفعله تاه يتيه تيها بالفتح والكسر وتيهانا فهو تائه وتيهان (وتياه) والتيه ايضا المفازة ج أتياه وأتاويه والتيه ايضا الضلال وفعله تاه يتيه تيها وتيهانا فهو تياه وتيهان وتيهه ضيعه وتاه قصره تاف *

ج

الجبهة فوق الحاجبين وسيد القوم والقمر ج جباه والجباة الساعون فى تحصيل الخراج لا واحد له ع وجبهه رده وجبه الماء ورده (وجبه رأسه نكسه) والجابه من يلقاك بوجهك * (المجدوه المشدوه) * ل جله جلهة انحسر شعر مقدم رأسه فهو أجله ن وجلهه رده عن أمر شديد وجله الشئ كشفه وثور أجله لا قرن له * الجاه والجاهة القدر والمنزلة * (جهجه بالسبع صاح ليكفه وجهه رده قبيحا والجهجهة الاسد) *

د

ع دره عليهم هجم وطلع ودره عنهم دفع ودارهات الدهر هواجمه * (الداقه الغريب) * الدله (ويحرك والدلوه) ذهاب الفؤاد من هم ونحوه وفعله ن دله ودلهه العشق تدليها ذهب بلبه والمدله الساهى القلب الذاهب العقل من عشق ونحوه والناسى ما فعل (وفعل به والدالهة) والداله الضعيف النفس ل ودله تحير ع ودله دمه دلها ذهب هدرا * ل دمه فلان (وادموه) غشى عليه * دهدهة الحجر دحرجه فتدهده ودهده الشئ قلب بعضه على بعض (وقولهم الا ده فلا ده اى إن لم يكن هذا الامر الآن فلا يكون بعد الآن اى إن لم تغتنم الفرصة الساعة فلست تصادفها أبدا) * ل دوه دوها (وتدوه) تغير وتلخم *

ذ

(ل ذمه الحر اشتد وذمه فلان غشى عليه) * الذه ذكاء القلب وشدة الفطنة *

ر

(الرجهة التشبث بالانسان والترهرع وأرجه أخر الامر عن وقته) * ع رده البيت كثره ورده القوم سادهم ورده بحجر رماه به * الرفاهة والرفاهية (والرفهنية) رغد العيش وخصبه

ف

ر فَرُهَ فَراهَةً وفَراهِيَةً حَذِقَ فهو فارِهٌ ج فُرَّهٌ (وفُرْهَةٌ وفُرُهَةٌ وفُرُهٌ) والفارِهَةُ الجارِيَةُ الفَتِيَّةُ ل وفَرِهَ بَطِرَ ومَرِحَ • (الفَلْهَةُ سَعَةٌ فى الظَّهْرِ) • الفِقْهُ العِلْمُ بالشئِ والفَهْمُ له وغَلَبَ على عِلْمِ الدِّينِ لشَرَفِهِ وفِعْلُهُ ر ل فَقُهَ فهو فَقِيهٌ (وفَقُهٌ) ج فُقَهاء وفَقاهَةً ل وفَقِهَهُ وتَفَقَّهَهُ وأَفْقَهَهُ (وفَقَّهَهُ) فَهَّمَهُ وعلَّمَهُ • الفاكِهَةُ الثَّمَرُ الرَّطْبُ والحَلْواء (والفاكِهانِيُّ بائعُها والفَكِهَةُ آكِلُها والفاكِهُ صاحبُها) ل وفَكِهَ أكَلَ الفاكِهَةَ وفَكَّهَهُ بمُلَحِ الكلامِ تَفْكِيهًا أطرَفَهُ وأضحَكَهُ والاسمُ الفُكاهَةُ (والفُكَيْهَةُ) ل وفَكِهَ الرَّجُلُ (فَكَهًا ر) وفَكاهَةً وتَفَكَّهَ فهو فَكِهٌ وفاكِهٌ طَيِّبُ النَّفْسِ ضَحُوكٌ لَعُوبٌ وتَفاكَهَ تَمازَحَ وفاكَهَهُ مازَحَهُ وتَفَكَّهَ تَنَدَّمَ (وبه تَمَتَّعَ ومنه تَعَجَّبَ وأكَلَ الفاكِهَةَ وتَجَنَّبَ من الفاكِهَةِ ضِدٌّ) والأُفْكُوهَةُ الأُعْجُوبَةُ • الفاهُ والفُوهُ والفِيهُ (والفَيْهَةُ) الفَمُ ج أفْواهٌ (وأفْماءٌ او لا واحدَ لها لأنَّ فَمًا أصلُهُ فَوْهٌ حُذِفَتِ الهاءُ كما حُذِفَتْ من سَنَةٍ وبَقِيَتِ الواوُ طَرَفًا مُتَحَرِّكَةً فوَجَبَ إبدالُها ألِفًا لانفتاحِ ما قبلَها فبَقِيَ فا ولا يكونُ الاسمُ على حرفينِ أحَدُهما التنوينُ فأُبْدِلَ مكانَها حرفٌ جَلْدٌ مُشاكِلٌ لها وهو الميمُ لأنَّهما شَفَهِيَّتانِ وفى الميمِ هُوِيٌّ فى الفمِ يُضارِعُ امتدادَ الواوِ ويُقالُ فى تثنيتِهِ فَمانِ وفَمَوانِ وفَمَيانِ والأخيرانِ نادِرانِ) والفَوَهُ سَعَةُ الفمِ فهو أفْوَهُ وهى فَوْهاء وفاهَ يَفُوهُ وتَفَوَّهَ نَطَقَ (ومُفَوَّهٌ وفِيهٌ مِنْطِيقٌ او نَهِمٌ شديدُ الأكلِ واستَفاهَ استِفاهَةً واستِفاهًا اشتدَّ أكلُهُ او شُرْبُهُ بعدَ قِلَّةٍ او سَكَنَ عطشُهُ بالشُّرْبِ) والأفْواهُ التَّوابِلُ (ونَوافِجُ الطِّيبِ وألوانُ النَّوْرِ وضُرُوبُهُ) وأصنافُ الشئِ وأنواعُهُ الواحدةُ فُوهٌ و(جج) أفاويهُ وفُوهَةٌ (وفُوَّهَةُ الشئِ أوَّلُهُ و) الطريقِ والبحرِ مَجازُهُ ومَدخَلُهُ ج فُوَّهاتٌ وفَواوِهُ وتَفَوَّهَهُ دخلَ فيه (ولا فُضَّ فُوهُ اى ثَغْرُهُ ولو وَجَدْتُ اليه فا كَرِشٍ اى أدنى طريقٍ وفاها لِفيكَ اى جعلَ اللهُ فَمَ الداهيةِ لِفيكَ والفُوهُ عروقٌ حُمْرٌ يُصْبَغُ بها • الفَهَّةُ والفَهاهَةُ والفَهْفَهَةُ العِيُّ ل فَهَّ عَيِيَ والشئَ نَسِيَهُ وأفَهَّهُ اللهُ وفَهْفَهَهُ فهو فَهٌّ وفَهِيهٌ وفَهْفَهٌ) •

ق

(القَرَهُ فى الجَسَدِ كالقَلَحِ فى الأسنانِ والفعلُ ل قَرِهَ والنعتُ أقْرَهُ وقَرْهاء ومُتَقَرِّهٌ والقَرَهُ تَقَوُّبٌ فى الجِلْدِ من القُوباءِ واسْوِدادُ البَدَنِ • القَلَهُ القَرَهُ فى معانيها) • القَمَهُ قِلَّةُ شهوةِ الطعامِ وفعلُهُ ن قَمَهَ (وخَرَجَ يَتَقَمَّهُ اى لا يَدْرِى أينَ يتوجَّهُ) • القَناةُ الطاعةُ والجاهُ ورخاءُ العيشِ وفعلُهُ قَناهُ يَقْنَهُهُ والقانِهُ الرَّجُلُ

العابسة والجميلة والمشوّهة) والشَوَه طول العنق وقصرها ضدّ ورجل شائه البصر وشاه البصر حادّ النظر والشاة الواحدة من الغنم ومن المعز ومن الظباء ومن البقر ومن النعام ومن حمر الوحش ومن النساء ج شاء (أصله شاه) وشياه وشواه وشيه (وأشاوه وشوى وشية) ورجل شاوىٌّ وشاهيٌّ صاحب شاء وتشوّه اصطاد والشوهة البعد والشاه سلطان العجم والأشوه المحذل وتشوّه له تنكّر • شاهه يشيهه عابه والشيّوه الغيوب من أشيه الناس •

ص

(ع صَتَهَهُ وصتّهه ذلّله) • صَهْ بسكون الهاء وتنوينها (بالكسر) كلمة زجر بمعنى اسكت (وصهصه بهم أسكتهم فقال لهم صه صه •

ط

(ع طَلَهَ في البلاد ذهب وطلهة من المال بقيّة منه والطّلَه الطّلع • الطّلمة الطويل • الطهطاه الفرس الفتيّ المطهّم) •

ع

عَتِهَ مجهولا دُهِشَ بالعلم والفتح (وعُتاهًا) نقص عقله فهو معتوه وعتيه ج عُتهاء والعتاهة (والعَتَه) التجاهل (والتعاقل والتنطّف والتجنّن والرعونة والمبالغة في الملبس والمأكل) والمُعتَه المجنون (المضطرب الخلق والعاقل المعتدله ضدّ) والعتاهية والعتاهة ضلال الناس • عَجَهَ بينهما تعجيها فرق بينهما وتعجّه تجاهل وتعجّه الامر التوى (والعنجهيّ المتكبّر وبهاء الجهل والحمق العنجهانيّة العظمة • العيذه والعيذهة سوء الخلق وهو عيذاه) • العزهاة والعِزهاة والعِزه والعِزهيّ) والعزة والعزهي والعنزهانيّ الذي لا يحبّ اللهو ولا النساء واللئيم ج عزاة وعزهون • العضيهة الكذب والبهتان وفعله ل عضه وأعضه والعاضه الحيّة تقتل من ساعتها والكذّاب والساحر • ل علِهَ جاع وانهمك وتحيّر ودهش وجاء وذهب فزعا ووقع في ملامة وخبث فهو علهان وهي علهى ج علاه وعلاهى والعلهة الطياشة • العَمَهُ التردّد في الضلال وفعله ع ل عمه عمها وعموها وعمهة وعمهانا فهو (عمه و) عامه ج عمهون وعُمّه • العاهة الآفة في الجسد وعاه الرجل يعيه أصابته العاهة (والتعويه نزول آخر الليل والاحتباس في مكان • النّغه القليل الحياء المكابر) •

وأموَهَ بلغ الماء ومَوَّهَ الموضع تمويهًا صار ذا ماء (ومَوَّهَ القِدْرَ أكثر ماءها) ومَوَّهَ عليه الخبرَ أخبره بخلاف ما سأله عنه ومَوَّهَ الشيء طلاه بفضة او ذهب وتَمَوَّهت السماء سالت ماء كثيرًا ورجل ماء الفؤاد بليد والماهة الجدري والمُوَهة الحسن ورونق ماء الجمال • (المَيهة طلاء السيف وغيره بماء الذهب) •

ن

نَبَّهَهُ تنبيهًا وأنبهه أفطنه وأيقظه فتنبَّهَ وانتبهَ (ل ونبِهَ فطِن وقيل التنبيه هو إعلام المخاطَب بما في ضمير المتكلِّم) والاسم النُبْهُ والمُنَبِّهُ جرس يُقرَع للتنبيه والإشعار بالشيء والنَبَهُ حركة عن غفلة ع رس ونَبُهَ شَرُفَ فهو نابِهٌ ونَبيهٌ ج نُبَهٌ ن ونَبَهَ باسمه نَوَّهَ به وأمر نابِهٌ عظيم • ع نَجَهَ الرَجُلَ نَجْهًا استقبله بما يكره وردَّه عن حاجته أقبحَ الردِّ ونَجَهَ على القوم دخل عليهم فكرهوه • ن نَدَهَهُ زجره وطرده وصاح به فأجفلَ • نَزَّهَ نفسه عن القبيح تنزيهًا نحّاها وتنزَّهَ عن الشيء تباعد والاسم النُزهة ومكان نَزِهٌ وأرض نَزِهَةٌ بعيدة عن الريف والماء (وذِبّان القرى وفساد الهواء والمَنازِه محلّات الانبساط المنفردة كأنّ بها يتنزّه الانسان عن أشغاله) وفعله ر نَزُهَ نزاهةً ونزاهيةً ورجل نَزِهُ الخُلُق (وتكثر الزاي) لا يخالط الناس ج نُزَهاء ونَزِهون ونزاة والاسم النزاهة (والنزه) • ع نَفَهَ نُفوهًا ضعف وجبن وذلّ بعد صعوبة فهو نافِهٌ ومنفوه واستنفهه استراح • ل ع نَقِهَ من مرضه نَقَهًا ونُقوهًا صحّ وأفاق وفيه ضعف فهو ناقِهٌ ج نُقَّهٌ ونَقِهَ الحديث فهمه فهو نَقِهٌ وناقِهٌ • ل ع نَكِهَهُ واستنكهه شمّ رائحته والنَكْهة الرائحة • نَهْنَهَهُ عن الامر كفّه وزجره فتنهنه والنَهْنَهُ الثوب الرقيق النسج • ناهَ يَنوهُ ارتفع ونَوَّهَهُ ونَوَّهَ به تنويهًا دعاه ورفعه وتنوّهت نفسه عن الشيء وتداهت انتهت وأبت وتركت وفُوِّتت والنُوهُ (ويُضَمّ) الانتهاء عن الشيء • ناهَ يَنِيهُ (وينيه) نَيْهًا ارتفع وأعجب •

و

ل ع وَبِهَ له ووَبَهَ به فطن وهو لا يُوبَهُ به لا يُبالَى به • الوَجْهُ مُستقبَل كلّ شيء ج أَوْجُهٌ ووُجوهٌ وأُجوهٌ والوَجْهُ نفس الشيء وأوّل الدهر (والمرضاة نحو نفعل هذا لوجه الله اى لمرضاته) والنجم الدالّ ووَجْهُ الكلام سبيله المقصود والوِجْهُ والوَجيهُ سيّد القوم ج وُجوهٌ (ووُجَهاء وقد ر وَجُهَ) والوَجْهُ ايضا الجاه والجِهَةُ مثلّثة والوِجْهَةُ بالكسر والضم الجانب والناحية (ج جِهاتٌ وتُجاه ت اليكَ

المنصب * قهقه تردّد فى الضحك واشتدّ ضحكه والقهقهة فى السير الهقهقة *

ك

الكرْه بالضم ويضمّ التقذّر والمشقة (والإباء) وفعله ل كره كرهًا وكراهية ومكرهة وشىء كره (وكُرْه) وكريه مكروه (ر وكره الشىء صار كريهًا) وكرّهه اليه تكريهًا صيّره كريهًا لديه وأكرهه نفسه عليه ألزمها به والكريهة المصيبة الواقعة * (الكافه رئيس العسكر) * ل كمه كمهًا عمى وأظلم بصره وكمه النهار اعترضت شمسه غيمة وكمه فلان تغيّر لونه وزال عقله والأكمه المولود أعمى * كنه الشىء جوهره وغايته وقدره ووقته ووجهه * ض كهّ كهوهًا هرم وكهّ السكران تنفّس فى وجهك والكهكهة الحوارة * ل كوه تحيّر وتكوّهت عليه أموره تفرّقت واتّسعت *

ل

ن لهّ الشعر حسّنه وأهله الثوب أخلقه فتلهله واللهله الارض الواسعة ج لهاله * لاه السراب يلوه لوهًا ولوهانًا وتلوّه تلوّهًا برق ولمع واضطرب ولاه الله الخلق خلقهم واللاهة الحيّة واللاهوت الطبيعة الالهية * لاه يليه تستّر (وعلا وارتفع وجوّز سيبويه اشتقاق الجلالة منها) *

م

(ع متهه الدلو نزعها من البئر والتماته التباعد والتمته التمدّح وطلب الثناء بما ليس فيك والتحسّن والتبختر والمبالغة فى الشىء والغواية * المده المدح وتمدّه تمدّح وهو مادّة ج مدّه) * ل مرهت عينه فسدت من (ترك) الكحل فهى مرهاء (وهو أمره) ورجل مره الفؤاد سقيمه * (مازهه مازحه والمزه المزح) * مطه فى الارض ذهب فيها * المقه بياض فى زرقة مذموم والنعت أمقه ومقهاء * المليه المليح ومتبله العقل ذاهبه) * مه كلمة زجر بمعنى اكفف وتمهمه كفّ وارتدع والمهمه والمهمهة المفازة البعيدة والبلد القفر ج مهامه والمهاة طراوة الحسن (ر ومهه لان) * الماه (والماءة) الماء ج أمواه ومياه (وهمزة الماء منقلبة من هاء وسمع استقى ما بالقصر وعدى موبه وموبهة) والماوية المرآة ج ماوى وماهت السفينة تموه وتميه موهًا وميهًا وموهًا وماهة وميهة دخلتها المياه وحفر فأماه

حرف الواو

ا

تنبيه

قد تنقلب الواو والياء ألفاً غالباً في آخر الكلمة وقد تحذف وتنقلب همزة

الأبُ الوالد أصله أَبَوٌ ج آباء وأُبُوَّ (وأَبَوْتُ وأَبَيْتُ صرتُ أباً) ن وأَبَوْتُهُ (إباوةً) صرتُ له أباً وتأبّاه اتخذه أباً والاسم الأُبُوَّة (وأَبَّيْتُهُ قلتُ له يا أَبِي والأَبُو الأُبُوَّة) وقالوا في النداء. يا أَبَتِ بكسر التاء وفتحها ويا أَبَهْ بالهاء ويا أَبَتاهُ ويا أَباهُ ولَأَبَ لكَ ولا أَبَكَ) ولا أَبا لكَ ولا أَباكَ ولاأبَ لكَ (كلّ ذلك دعاء في المعنى لا مُحالةَ وفي اللفظ خبرٌ يُقالُ لمَنْ له أبٌ ولمَنْ لا أبَ له وهو) شتمٌ (لكِنَّ العربَ يستعملونَهُ بمعنى دُعاء على المخاطَبِ لا يُرادُ وقوعُهُ بل يُقالُ عند شِدَّةِ العجبِ ولله أَبُوكَ لفظٌ يُقالُ عند التعجُّبِ من فعلٍ حَسَنٍ يعني لله القُدْرَةُ على خَلْقِ مَنْ يصدرُ منه هذا الفعلُ العجيبُ) وأَبُو المرأةِ زوجُها • ابيهو بنُ فرعونَ الكاهنِ • الأَتْوُ السُّرعةُ والطريقةُ والموتُ والبَلاءُ والمرضُ الشديدُ (والشخصُ العظيمُ) والعطاءُ والفعلُ ن أَتْواً وأَتَوْتُهُ إتاوةً رَشَوْتُهُ والإتاوةُ الخَراجُ والرِّشْوَةُ (ج أَتاوِيُّ وأُتِيٌّ نادرٌ) وأَتَتِ الشجرةُ أَتْواً وإِتاءً طلعَ ثمرُها او كثرَ حملُها والأَتاوِيُّ والأَتِيُّ ويُثلَّثانِ جَدْوَلٌ يُؤَتّيهِ الى أرضِكَ او السيلُ الغريبُ والرجلُ الغريبُ وأَتَّوْتُهُ أَتَيْتُهُ) • أَثَوْتُ بهِ عند السلطانِ وأَثَيْتُهُ يأثيهِ أَثْواً وإثاوةً وَشَيْتُ بهِ • الأَخُ (والأَخُّ والأَخْوُ والأَخا والأَخْوُ) الشقيقُ والصديقُ والصاحبُ ج أَخُونَ وأَخاءٌ وأُخوانٌ بالضمّ والكسرِ وأُخْوَةٌ بالكسرِ والفتحِ (وأُخُوَّةٌ وأُخْوٌ وقيلَ الإخوةُ جمعُ الأخِ من النَسَبِ والإخوانُ جمعُ الأخِ من الصداقةِ) وهي أُخْتٌ (والتاء ليستْ للتأنيثِ) ج أَخَواتٌ والأخُ عند اليهودِ الحسيبُ نسيبُ الرحمِ وأخوتُهُ وتأخّيتُهُ (وأخيتُهُ وآخيتُهُ مُواخاةً و) إخاءً وإخاوةً ووِخاءً (ووِخاوةً) صرتُ أخاهُ والاسمُ الأُخُوَّةُ وتأخّيتُ الشيءَ تقصّدتُهُ (وتركتُهُ بأخِ الخيرِ بشرّ) • الإداوةُ المِطْهَرةُ ج أداوَى والأداةُ الآلةُ ج أدواتٌ (وتأدّى أهبَ للدهرِ أداتَهُ وأدَتِ الثمرةُ تأدو أُدُوّاً أينعتْ ونضجتْ وأدَوتُ له آدو أَدْواً ختلتُهُ) • الأَدِيُّ الموجُ • أزا الظلُّ يأزو قَلَصَ مالَ • أَسا الجرحَ يأسوهُ أَسْواً (وأَساً داواهُ و) أصلحَهُ (والأَسْوُ والإساءُ الدواءُ ج آسيةٌ) والآسي الطبيبُ ج أُساةٌ وإساءٌ وأَسا الحزينَ عزّاهُ فتأسّى وكالأُسْوةِ التَّسْوِيَةُ وائتسى بهِ جعلَهُ أُسوتَهُ وآسواهُ جعلَهُ له أُسوةً وآسيتُهُ بمالي مُواساةً

اتجه ووجهت اليك توجيهًا توجهت) ووجهه توجيهًا ارسله ووجهه ابضا واوجهه شرفه ووجاهك وتجاهك متلتين بتلقاء وجهك ولقيته وجاهًا ومو قابل وجهه بوجهه وتواجها تقابلا والموجه (ذو الجاه و) الثوب (ذو) الوجهين ومن له حديثان ظاهرًا وباطنًا وتوجه اقبل وانهدم وولى وكبر والوجيه ذو الجاه وفعله ر وجه • ص وذهه من الامر صدّه (ل وَدِهَ انصد والوذهاء المرأة الحسنة اللون في بياض) • ل وره حمق فهو اوره وهي ورهاء وسحائب وريهة كثيرة المطر ودار وارهة واسعة • (الوافه قيّم البيعة ووظيفته الوفاهة وفعله ع وفه) • ن وقه وقهًا طاع وسمع (واتقه انتهى والواقه كالوافه) • الوله الحزن وذهاب العقل حزنًا والحيرة والخوف والفعل س ل ض وله فهو ولهان ووالِه (وآله) وهي ولهى ووالهة (ووالِه وميلاه شديدة الحزن) والمولة العنكبوت والميلة الفلاة (والموله والموله المرسل في الصحراء) • ل ومه النهار اشتد حره • واهًا له ونترك تنوينه كلمة تعجب (من طيب شيء) وتلهف • وقوهت المرأة صاحت في الحزن (والوه الحزن ووه من هذا وه كأف أف) • ويه وتكسر الهاء وويهًا كلمة حث واغراء •

ه

الهوهة الجبان وفعله ض هه يهه وهه (يهه بفتح الهاء) احتبس لسانه وانقطع • فيهات الامر وأيهات وفيهان وأيهان وهايهات (وهايهان وآيهات وآيهان) مثلثات الآخر (مبنيات ومنونات وفيهاء ساكنة الآخر وأيها وأيات لتحدى وخمسون لغة معناها) بعد (ويقال لشيء يطرد فيه فيه وهي كلمة استزادة ايضا) •

ي

يهوه من اسماء الله باللغة العبرانية كان عظيم احبار اليهود ينقشه على صفيحة من ذهب ويعلقه فوق تاجه ومتى مر هذا الاسم في التوراة لا تتلفظ به اليهود بل يقرأون عوضه كلمة آدوناي او غيرها مما يقرب منه احترامًا له وقد تستعملها العرب بقولهم يا هو اي يا الله •

هي صيغةٌ على حِدَةٍ وألحقوا آبنًا الهاء فقالوا) آبنَةٌ • وآبنُمٌ لغةٌ في آبنٍ والميمُ زائدةٌ (ويا بُنَيِّ بكسر الياء وفتحها لغتانِ ويقالُ لكلِّ ما يحصلُ من جهةِ شيءٍ • او تربيتِهِ او إقامتِهِ عليه هو ابنُهُ كما يُقالُ أبناءُ العلمِ وأبناءُ السبيلِ وأبناءُ الدنيا وأبناءُ الحاجةِ وآبنُ الارضِ للغريبِ السائلِ الذي لا يُدرى من أينَ هو ولا يُطلَقُ الابنُ إلّا على الذكرِ بخلافِ الولدِ) • البَوُّ ولدُ الناقةِ وجلدٌ يُحشى تِبنًا (فيُقرَّبُ من أمِّ الفصيلِ فتعطفُ عليه وتدِرُّ) والرمادُ والاحمقُ وهي بَوَّةٌ (ص وبَوَى بَيًّا حاكى غيرَهُ في فعلهِ) والبَوْباةُ المفازةُ • البَهْوُ رواقٌ أمامَ البيتِ (ج أبهاءٌ وبُهُوٌّ وبُهِيٌّ) والواسعُ من الارضِ والصدرُ والنحرُ وما بينَ الوركينِ ج أبهاءٌ وأبْهٍ (وبُهِيٌّ وبُهِيٌّ) بالضمِّ والباهي البيتُ الخالي وأبهى البيتَ أخلاهُ ل فبهي خلِيَ والبهاءُ الحُسنُ وفعلُهُ ر ل بَهُوَ وبَهِيَ وباهيتُهُ بالحُسنِ غلبتُهُ بهِ وأبهى وجهَهُ حسَّنَهُ وتباهَوا تفاخروا •

ت

تبا يتبُو غزا وغنِمَ • (تاساهُ آذاهُ واستخفَّ بهِ • ن تَغَتِ الجاريةُ الضحكَ إذا أرادتْ أن تُخفيَهُ ويغالبُها والتَغِيُّ الضحكُ العالي) • تلاهُ يتلوهُ (ويتليهِ) تُلُوًّا (وتَلّاهُ تتليةً) تبعَهُ وتركَهُ ضدٌّ وتلاهُ خذلَهُ وتلا كتابَ اللهِ (وغيرَهُ) قرأهُ والتِلاوةُ القراءةُ وتتالتِ الامورُ تلا بعضُها بعضًا (وأتليتُهُ إيّاهُ أتبعتُهُ) واستتلاهُ طلبَهُ ليتبعَهُ والتَلُوُّ التابعُ دائمًا والتِلْوُ الذي يتلُو الشيءَ • وولدُ الناقةِ (يُفطَمُ فيتلوها) وولدُ الحمارِ ج أتلاءٌ (والتِلْوُ ايضًا الكثيرُ الأيمانِ والكثيرُ المالِ والتَلِيَّةُ والتُلاوةُ بقيّةُ الدَينِ وغيرِهِ والتُلاءُ الذِمّةُ والجوارُ وأتلاهُ أعطاهُ التُلاءَ) وأتليتُ حقّي عندَهُ أبقيتُ منهُ بقيّةً وتتلّاهُ تتبّعَهُ والتَوالي الأعجازُ والأذنابُ والاواخرُ والتوابعُ وأتلَيتُهُ حقَّهُ أعطيتُهُ إيّاهُ • (التِيداوةُ تركُ المذاكرةِ وهجرانُ المدارسةِ) • تها يتهو غفلَ ومضى تِهواءٌ من الليلِ جزءٌ منهُ • التَوُّ الفردُ ج أتواءٌ والتَوُّ ايضًا البناءُ المنصوبُ والتَوّةُ الساعةُ وجاء التَوَّ اي الساعةَ وجاء تَوًّا اي قاصدًا غيرَ منعاقٍ في طريقهِ •

ث

(الثأوُ الضعفُ والركاكةُ والثأوةُ النعجةُ الهرمةُ والشاةُ المهزولةُ والبقيّةُ القليلةُ من كثيرٍ) • الثُبَةُ الجماعةُ والعُصبةُ من الفرسانِ (ووسطُ الحوضِ) ج ثُباتٌ وثُبُونٌ • ثجا يثجو ثجوًا سكتَ (وأثجاهُ أسكتَهُ) والثَجي متاعُهُ فرقَهُ • الثَروةُ كثرةُ الناسِ وكثرةُ

أعطيتهُ (وتآسَوا آسى بعضهم بعضًا والأسَى الحزنُ والأسوانُ الحزينُ) والأساوةُ الطبُّ وآسا ملكُ يهوذا كانَ بارًّا ٠ دًا ٭ أصا النبتُ يأصُو كثرَ ٭ الأضاةُ مُستنقعُ الماء ج أضواتٌ وأضياتٌ وأضًا وإضاء والإضاء ايضًا الأجمةُ ٭ ألوتُ الشيءَ آلوا (وأُلُوًّا) تركتهُ وما ألوتهُ ما استطعتهُ ولا يألُو (ألْوًا وأُلُوًّا وأليًا وأُلِيًّا) وائتلى قصّرَ وأبطأَ وتكبّرَ (والأ حظيّةٌ فلا أليّةَ اى إن لم أحظَ فلا أزالُ أطلبُ ذلكَ وأجهدُ نفسي فيهِ والألوةُ مثلثةً والأليّا) والأليّةُ اليمينُ وآلى وائتلى وتألّى أقسمَ والأُلُوُّ العطيّةُ ٭ الأمةُ المملوكةُ أصلُها أموةٌ (او أمَوَةٌ) ج أمَواتٌ وإماء (وآمٍ وأُموانٌ مثلثةً واستأمى) وتأمّى اتخذَ أمةً وأمّاها جعلها أمةً ل وأميتْ (ر) وأموتْ أموّةً صارتْ أمةً وأما السِّنَّورُ يأمُو (أُماء) صاحَ ٭ الأوّةُ الداهيةُ (ج أُوَوٌ) ٭

ب

ص ل ع بأَى يبأى ويبأَى بأوًا وبأواء فخرَ بنفسهِ وإنّهُ بائيةٌ (بأوتُ وبأيتُ) ٭ ن بجا بالمكانِ يبجُو قامَ بهِ ٭ ص بثا عرقَ والبِثا بالكسر الرمادُ (ج بِثَةٌ) والبَثا بالفتحِ الكثيرُ المدحِ للناسِ ٭ البخوُ الرخوُ (وبخا غضبهُ سكنَ) ٭ بدا يبدُو بدوًا (وبُدُوًّا وبداء وبدوءا وبداءةً) ظهرَ وبادِيَ الرأيِ ظاهرهُ وبدا لهُ في الامرِ (بدوًا وبداء وبداءةً) نشأَ لهُ فيهِ رأيٌ فهو ذو بدواتٍ والبدوُ والباديةُ والباداةُ والبداوةُ خلافُ الحضرِ اى البرّيّةُ وتبدّى أقامَ بالباديةِ وتبادَى تشبّهَ بأهلِها والنسبةُ بدويٌّ (نادرٌ وبداويٌّ) وبداويٌّ ن وبدا القومُ (بداء) خرجوا الى الباديةِ (والبدا مقصورًا السلحُ وبدا وأبدا أنجا فظهرَ نجوهُ من دبرِهِ وبدا الانسانِ مفصلهُ ج أبداء) وبادى بالعداوةِ جاهرَ بها والبذاةُ الكفاةُ زنةً ومعنًى ٭ براهُ اللهُ يبروهُ بروًا خلقهُ والبريّةُ الخليقةُ وبرا القلمَ يبروهُ نحتهُ والبُرةُ بالضمِّ الخلخالُ وحلقةٌ في أنفِ البعيرِ ليذلَّ ج براتٌ وبُرينَ وبِرينَ ٭ بزا يبزُو تطاولَ وتأنّسَ وبزاهُ وأبزى بهِ قهرهُ (وبطشَ بهِ) والبزا ضربٌ من الحدبِ فهو أبزى وهي بزواء وتبازى تفاخرَ بما ليسَ عندهُ وأبزاهُ أرضعهُ والبازيُّ الصقرُ ج بوازٍ وبزاةٌ وأبؤزٌ وبؤوزٌ وبيزانٌ ٭ بشا يبشُو حسنَ خلقهُ ٭ بصا يبصُو استقصى على غريمهِ وبصوةُ النارِ شرارتُها او جمرتُها ٭ (البغوُ الجداية والجرمُ وفعلهُ بغا يبغو ويبغي ويبغى) ٭ بغا الشيءَ يبغوهُ بغوًا نظرَ اليهِ كيفَ هو والبغوُ الثمرةُ قبلَ إنضاجِها ٭ بقاهُ بعينهِ بقاوةً نظرَ اليهِ وبقوتهُ انتظرتهُ (وابقهْ بقوتَكَ مالَكَ وبقاوتَكَ مالَكَ اى احفظهُ حفظَكَ مالَكَ) ٭ الابنُ ولدُ الرجلِ أصلهُ (بنيٌ او بنوٌ ج أبناء والاسمُ البنوّةُ والنسبةُ بنويٌّ وتبنّاهُ اتخذهُ ابنًا وهي بنتٌ (ليسَ على ابنٍ وإنما

أزلتهُ عن مكانهِ (وجفا عليهِ كذا ثقلَ) والجفاء نقيضُ (الصِلَة و) لازمٌ وفعلهُ جفاهُ جفوًا وجفاء وفيهِ جفوةٌ اى جفاء ورجلٌ جافٍ غليظ واجفى الماشيةَ اتعبها ولم يدعها تأكل وجفا السرجَ عن ظهرِ الفرسِ واجفاهُ رفعهُ * ن جلا القومُ عن الموضع (ومنهُ) جلوًا وجلاء اخرجهم منهُ قهرًا فاجلوا اى تفرقوا واجتنوا وجلا السيفَ جلوًا وجلاء صقلهُ وجلا الهمَّ عنهُ اذهبهُ وجلا الشيء وجلا عنهُ واجتلاهُ كشفهُ فانجلى وتجلى (والتجلّي الظهور) وعيد التجلّي يومًا اظهر فيهِ المسيح لاهوتهُ على طورِ تابور امامَ تلاميذهِ وجلا العروسَ على بعلها جلوةً بالتثليث وجلاء عرضها عليهِ (مجلوَّةً) وجلاها زوجها واجتلاها تزوجها وجلا العروسَ اعطاها جلوتها اى هديّةً تخصها والجلاء الامرُ الجليّ الواضح والجلاء الكحلُ الجلى انحسارُ شعرِ مقدَّم الرأسِ وفعلهُ ل جلي (جلا) فهو اجلى وهي جلواء والاجلى البارع الجمال وابن جلا وابن اجلى الواضح الامر واجلى بعُدَ واسرع والجليّ الواضح والجالية اهل الذمّة والجزية ج جوالٍ واجلولى خرج من بلدٍ الى بلدٍ * (الجماء والجماءة الشخص من الشيء وجمّة والجما ويضمّ مقدارُ الشيء وظهر كل شيء) * الجوُّ الهواء والجوّ والجوّة ما انخفض من الارض ج جواء والجوا والجوانية داخل البيت والجوّة لونٌ كالسمرة * ل جهي البيتُ خربَ فهو جاءٍ واجهت السماء اصحت واجها علينا بخِلَ واجها الطريق وضح (والجهوة والجهواء ويقصَر الاست المكشوفة والاكمة) والاجهى الاصلع واتيتهُ جاهيًا علانيةً والمجاهاة المفاخرة *

ح

ن حبا حبوًا دنا وحبا الصبيُّ مشى على يديهِ وبطنهِ او على استهِ وحبت السفينةُ جرت وحبا ما حولهُ (وحباه) حماهُ وحبا الشيء لهُ اعترض وحباهُ اعطاهُ مجانًا (ومنهُ صِدٌ) والاسم الحِباء (والحبوة مثلثة) واحتبى (بالثوب اشتمل او) جمع بين ظهرهِ وساقيهِ بحبلٍ يسمّى الحبوة ويضمّ والحُبية ج حباء بالكسر والضمّ وحاباهُ مال اليهِ واختصهُ * الحَتْوُ العَدْوُ الشديد * ن ص حثا الترابَ عليهِ حثوًا وحثيًا (واوي يائي) اهالهُ عليهِ والحثى التراب المحثوّ والتبن * الحجى العقل والفطنة والمقدار ج احجاء والحجا بالفتح الناحية ج احجاء ايضًا والحجا ايضًا نفاخات الماء من المطر ج (اى هي جمع) حجاة وكلمة محجيّة يخالف معناها لفظها والاسم الاحجيّة والاحجوّة وفعلهُ حاجى وحاجيتهُ (فحجوتهُ) فالمدّة (فعلتهُ) والاسم (الحجوى و) الحجيا ن وحجا بالمكان حجوًا وتحجّى اقام وحجت السفينة السريع

المال ج ثروات وثرا القوم يثرون كثروا وثرا المال ل وثرى كثر وأثرى فلان كثر ماله ومال ثرى كثير ورجل (ثرى وأثرى كثيرة ورجل وامرأة) ثروى غنى والثريا مصغرة (الثروى ونجم كثير الكواكب) م * الثغاء صوت الغنم ونحوها وفعله ن ثغت ثغاء والثاغية الغنم * الأثفية بالضم والكسر الحجر توضع عليه القدر ج أثافي (وأثاف) ورماه الله بثالثة الأثافي اى بالجبل والمراد به الداهية (وذلك أنهم اذا لم يجدوا ثالثة الأثافي أسندوا القدر الى الجبل) وأثفى القدر (وأثفها وأثفها) وضعها على الأثافي (فهى مؤثفاة والإثفية الجماعة منا) ض ن وثفاه تبعه والمثفى الرجل الذى تزوج بثلث نسوة والمثفاة المرأة التى دفنت ثلثة أزواج (والثفوة السكرجة ج ثفوات) *

ج

الجووة غبرة فى حمرة فهو أجوى وهى جأواء ع وجأى الثوب جأوا خاطه وأصلحه وجأا كتم وستر وحبس ومسح ورقع والجئاوة وعاء القدر * ض ع جبى القوم جباية وجباوة جمعهم وجبى الماء أجراه الى حوضه والجابية الحوض الضخم والجبايا الركايا واجتباه اختاره وجبى الخراج جبوة وجباوة وجباية حصله وجمعه والاسم الجبوة والجباة والجبا فهو الجابى (والفعل واوى يائى) * ن ض جثا جثوا وجثيا جلس على ركبتيه (او قام على أطراف أصابعه وأجثاه غيره) فهو جاث ج جثى بالضم والكسر والجثاء الشخص والجزاء (والقدر والزهاء والجثوة مثلثة الحجارة المجموعة والجسد والجذوة) * ن جحاه (جحوا) واجتحاه استأصله وجحا أقام ومشى ضده والجحوة الخطوة وفعله جحا والجحوة ايضا الوجه * (الجخو سعة الجلد واسترخاؤه وقلة لحم الفخذين والنعت أجخى وجخواء وجخى الليل مال والشيخ انحنى والكوز انكب وقد جخوته) * الجدا والجدوى (المطر العام و) العطية ن وجدا عليه وأجدى عليه أعطاه ما يرضيه والجادى والمجتدى طالب الجدوى وجداه جدوا واجتداه (واستجداه) سأله حاجة (وما يجدى عنك هذا أى ما يغنى) والجدوة صوت الغناء * ن جذا جذوا (وجذوا) ثبت قائما وجثى ضد والجذوة مثلثة القبسة من النار والجمرة ج جذى بالضم والكسر وجذاء * الجرو مثلثة الصغير من كل شىء حسك ونام (حتى الحنظل والبطيخ ونحوه) ج أجر وجراء) وغلب على ولد الكلب وولد الاسد ج أجر وجراء بالكسر وأجرية وأجراء وكلبة مجر ومجرية ذات جراء * جسا يجسو (جسوا) صلب وجاساه عاداه * ن جفى (جفاء) وتجافى لم يلزم مكانه واجتفيته

* الحقو الكشح والحقو والحقوة والحقاء معقد الازار ج أحقاء وحقاء (واحق وحقى) بالضم وحقاه أصاب حقوة فهو (حق وحقى فهى محقو و) محقى * ن ض حكوت الحديث وحكيته نقلته والاسم الحكاية وحكيت فلانا وحاكيته (شابهته و) فعلت مثل فعله واحكى العقدة شدها واحتكى أمره استحكم وامرأة حكى نمامة * الحلو ضد المر وفعله ل ن حلى وحلا (ر وحلو) حلاوة وحلوا وحلوانا (واحلولى) ل وحليه واستحلاه رآه حلوا (وحلا يحلو فى الفم) وحلى (يحلى) بعينى وقلبى حلاوة وحلوانا راق والحلواء والحلوى الطعام الحلو والفاكهة الحلوة (وحلا الشىء وحلاه جعله حلوا وهمزه غير قياسى) والحلوان أجرة الدلال ومهر المرأة والرشوة وفائدة الرباء (وحلاوة القفا ويضم وحلاته وحلواؤه وحلاواؤه وحلاواه وسطه ج حلاوى وحاليته طايبته واحليته وجدته او جعلته حلوا) * حمو المرأة وحموها وحماها وحمها (وحمؤها) ابو زوجها وأهله وهى حماة وحمو الرجل ابو زوجته او أخوها او عمها (او الاحماء من قبلها) وحمو الشمس حرها * ن حناه (حنوا وحناء) عطفه فانحنى وحنية الكنيسة نصف دائرة فى صدرها تحتها المائدة و(الحنية) القوس ج حنى وحنايا والحنو الرافة وأحنت على ولدها تعطفت عليه ومحنية الوادى ومحنوته (ومحناته) منعطفه (والحنو بالكسر والفتح كل ما فيه اعوجاج من البدن من ضلع وغيره وكل عود معوج فى القتب والرحل والسرج والجانب ج أحناء وحنى وحنى) والحنوان خشبات منعطفات ينقل عليها الزرع الى البيدر والحانية (والحاناة و) الحانوت (الدكان والحانية الخمر والخمارون) * الحوة سواد فى خضرة او حمرة فى سواد وفعله ل حوى (حوى واحواوى واحووى واحووى) فهو أحوى وهى حواء ومنه حواء بالمد وتقصر قليلا زوجة آدم وأم البشر والاحوى الاسود والنبات الضارب الى السواد لشدة خضرته وفلان لا يعرف الحو من اللواى البين من الخفى *

خ

ن خبت النار (والحرب والحدة خبوا و) خبوا سكنت وطفئت (واخبيتها أطفأتها) * ن خثا (واختثى) حزن او فزع او مرض فتخشع وخثاه عن الامر كفه (وخثا الثوب فتل هدبه * ن خذا خذوا استرخى وخذا لحمه اكتنز وأذن خذواء وخذاوية بينة الخذاء خفيفة السمع وأتان خذواء مسترخية الاذن) * ن خزاه خزوا ساسه وقهره وملكه وكفه عن هواه وعاداه * الخسا الفرد ج أخاسى (على غير قياس * الخصا تفتت الشىء الرطب وانفضاخه) * ن خطا خطوا واختطى (واختاط مقلوبة) مشى والخطوة بالضم ويفتح ما بين القدمين ج خطى

ستره وحجا السرّ حفظه وحجا وقف ومنع وظنّ ل وحجى به أولع به ولزمه وهو حجىّ (به وحجٍ وحجى) جدير وما أحجاه ما أخلقه به • ن حدا الإبل (وحدا بها) حدوًا وحداء (وحداء) ساقها بالغناء (فهو حادٍ وحدّاء) وحدا الليلُ النهارَ واحتداه تبعه (والحوادي الأرجل لأنها تتلو الأيدي) • ن حذا النعل حذوًا وحذاء قدّرها وقطعها وحذا الشئ بالشئ قدّره عليه وحذا الرجلَ ألبسها الحذاء اى النعل وحذا حذوه فعل فعله وحذا التراب فى وجهه حثاه وحذاه أعطاه والحِذوة العطيّة وحاذاه آزاه وفلان حِذاءك (وحِذْوتك وحِذْيتك) ومحاذاك امامك وإزاءك واحتذى مثاله اقتدى به • الحَزوة حرقة فى الحلق وفى الصدر والرأس من غيظ ووجع والحراوة حرافة الخردل (والرائحة الكريهة مع حِدّة) • ن حزا حزوًا وتحزّى (تحزّوًا) حزر وتكهّن • ن حسا الطائر الماء حسوًا شربه وحسا زيدٌ المرق وتحسّاه واحتساه شربه شيئًا فشيئًا والحسو (والحسوّ) والحسيّة والحسا ويمدّ اسم ما يتحسّى ج أحسية و(أحسوة جمع) أحاسٍ وأحسيته شربته • الحشو ما يملأ الوسادة ونحوها ونفس الانسان وكلام معترض بين كلامين كأنه الحاشية والحشا ما فى البطن ج أحشاء وحشاه (أصاب حشاه) والمحشى موضع الطعام فى البطن ن وحشى الشئ جعل له حشوًا • الحصى صغار الحجارة الواحدة حصاة ج حصيات وحصىّ وارض محصاة كثيرة الحصى وأحصاه عدّه (او حفظه او عقله) والحصاة عسر البول (واشتداده فى المثانة حتى يصير كالحصاة) وفعله حصى مجهولًا والحصاة العقل والرأى فهو حصىّ عاقل حزوم والحصو المغص فى البطن وتحصّى توقّى وحصّاه تحصية وقاه • ن حضا النار حضوًا حرّك جمرها بعد ما خمد (والمحضى العود) • ن حظا الشئ حظوًا حرّكه والحظا العظام من القمل • الحظوة بالضم والكسر والحظة المنزلة (والمكانة) والحظ من الرزق ج حظًا وحظاء ل وحظيت المرأة عند زوجها صار لها عنده منزلة (وحظى كل واحد من الزوجين عند صاحبه واحتظى فهو حظيّة) والحظوة كل قضيب نابت فى أصل شجرة لم يشتدّ بعد ج حظاء وحظوات ن وحظا مشى رويدًا والاسم الحظيّا مصغّرة • الحفا رقّة القدم والحافر وفعله ل حفى (حفًا) فهو (حفٍ و) حافٍ والاسم الحفوة بالضم والكسر والحفية والحفاية والحفا ايضا المشى بغير نعل واحتفى مشى حافيًا ل وحفى به حفاوة وحفاية وتحفّى به واحتفى به أظهر له البشاشة والفرح فهو حافٍ وحفىّ وحفى الله به حفوًا أكرمه وأحفا زيدًا أعطاه ومنعه ضدّ وحفا شاربه بالغ فى قصّه وأحفى فى السؤال ردّده وألحّ عليه وحافاه نازعه والحفىّ العالم والمُلحّ فى الدرس والسؤال ج حفواء وتحفّى اجتهد والحفوة الالحاح (واستحفى استخبر والحافى القاضى وتحافينا الى السلطان ترافعنا)

ودَلْو برجٌ في السماء والداهيةُ) والدَلاةُ دلوٌ صغيرةٌ ن ودَلَوْتُ الدلْوَ ودَلَيْتُها أرسلتُها في البئرِ ثمّ جذبتُها لاخرجها والدالِيَةُ المَنْجَنُونُ (والناعورةُ) وشجرُ الكرمِ ج دَوالِي وأَدْلَتِ الدابّةُ أخرجتْ غُرمولَها لتبولَ (او لتضرِبَ) وأَدْلَى فيه قال فيه القبيحَ (وأَدْلَى بحُجّتِهِ أحضرها وأَدْلَى اليهِ بمالهِ دفعَهُ) وتَدَلَّى من الشيْءِ تعلّقَ ودالَيْتُهُ رفقتُ بهِ • ن دَنا دُنُوًّا ودَناوَةً وأَدْنَى قرُبَ (ودَنّاهُ تَدْنِيَةً) وأَدْناهُ قرّبَهُ (واسْتَدْناهُ طلبَ منهُ الدُنُوَّ) والدَناوَةُ القرابةُ والقُرْبُ والدُنْيا نقيضُ الآخِرَةِ ج دُنًى وهو ابنُ عَمّي (او خالي او أُختي ونحوهم) دِنْيَةً ودِنْيًا (ودُنْيا نسبًا) والاقاربُ الأَدْنَوْنَ الاختُ والعمّ وابنُهُ والخالُ وابنُهُ والعمّةُ والخالةُ وابنُ الاخِ والدَنِيُّ الساقطُ الضعيفُ ج أَدْنِياءُ (وما كانَ دَنِيًّا ولقد دَنا دُنُوًّا ودِنايَةً ولقيتُهُ أَدْنَى دَنِيٍّ وأَدْنَى دَنِيٍّ أوّلَ شيْءٍ وتدنّى دَنا قليلًا) وأَدْنَى عاشَ عَيْشًا ضَيّقًا • الدَوُّ (والدَوِّيَّةُ والدارِيَّةُ وبخفّفُ) الفلاةُ ودَوّى تَدْوِيَةً سارَ في الدَوِّ • (داهِيَةٌ دَهْواءُ ودَهْوِيَّةٌ شديدةٌ) •

ذ

ن ل ذَحا الإبلَ ساقَها او طَرَدَها (وذَحا المرأةَ جامَعَها) • ن ذَرَتِ الريحُ الشيْءَ ذَرْوًا وذَرايَةً (وأَذْرَتْهُ وذَرَّتْهُ) أطارَتْهُ وأذهبتْهُ فتَذَرّى (والمِذْراةُ الخشبةُ التي يُذَرّى بها البُرُّ) وذَرا الشيْءَ كسرَهُ وذُرْوَةُ الشيْءِ بالضمّ والكسرِ أعلاهُ وتَذَرَّيْتُها علَوْتُها وذَرَّيْتُهُ تَذْرِيَةً مدحتُهُ والمِذْرَوانِ أطرافُ الأَلْيَةِ وناحيتا الرأسِ الواحدُ مِذْرَى (والذُرَةُ حَبٌّ م أصلُها ذُرَوٌ) • ن ذَكَتِ النارُ ذُكُوًّا وذَكاءً (وذَكًا) واسْتَذْكَتِ اشتدّ لهيبُها فهي ذَكِيّةٌ والذَكْوَةُ والذُكْيَةُ ما يُذْكيها بهِ (والجمرةُ الملتهبةُ والذكاءُ الفطنةُ وفعلُهُ ل ر (ع ذكا و) ذَكِيَ وذَكُوَ فهو ذَكِيٌّ والذُكاءُ (مؤنثةٌ غيرُ مصروفةٍ) الشمسُ وابنُ ذُكاءَ الصبحُ والتَذْكِيَةُ والذَكاءُ (والذَكاةُ) ذبحُ القرابينِ في عهدِ موسى والذَكِيُّ الذبيحُ وذَكّى تَذْكِيَةً ذبحَ وأَسَنَّ وسَمِنَ والمَذاكي الخيلُ المُسِنّةُ ومِسْكٌ ذَكِيٌّ وذاكٍ ساطعُ الرائحةِ • (الذاتُ هو ما يَصْلُحُ أنْ يُعْلَمَ ويُخْبَرَ عنهُ منقولٌ من مؤنثِ ذُو بمعنى صاحبٍ وقد يُطْلَقُ الذاتُ ويُرادُ بهِ الحقيقةُ ويُسْتَعْمَلُ بمعنى النفسِ والشيْءِ ويجوزُ تذكيرُهُ وتأنيثُهُ وقد يُطْلَقُ ويُرادُ بهِ الرِضى تقولُ فعلتُ ذلكَ في ذاتِ اللهِ اي في طلبِ مرضاةِ اللهِ وذاتُ يدِ الرجلِ ما يملكُهُ من المالِ وجاءَ من ذاتِ نفسِهِ اي طبعًا وعرفَهُ من ذاتِ نفسِهِ اي من سريرتِهِ المُضْمَرَةِ وكلّمتُهُ فما ردَّ عليَّ ذاتَ شفةٍ اي كلمةً وعليمٌ بذاتِ الصدورِ اي ببواطنِها وخفاياها واصلحوا ذاتَ بينِكم اي حقيقةَ وصلِكم او الحالةَ التي

وخَطَوات والخطوة ايضًا في المساحة ست أقدام والخَطوة بالفتح المرّة الواحدة ج خَطَوات وتخطّى
الدلس (واختطاهم) جاوزهم * (خظا لحمُهُ خظوًا اكتنز) * ن خفا البرق خفوًا وخفوًا لمع
وخفا الشيء ظهر * ن خلا المكان خُلوًّا وخلاء واخلى واستخلى المكان فرغ ومكان خلاء ما فيه
أحدٌ واخلاهُ جعلهُ خاليًا (او وجدهُ خاليًا) وخلّى واخلى حصل في مكانٍ خالٍ واستخلى به وخلا به
(ومعهُ واليه خلوًّا و) خلاء وخلوة اجتمع به في خلوة والخليّ الفارغ ج خليّون واخلياء والخليّ ايضًا
من لا زوجة له والخِلو الخليّ وهي خِلوة (وخلوٌ) ج أخلاء والخالي العزب والعزبة ج أخلاء وخلّى
الامرَ تخلية وتخلّى منهُ اوعنهُ وخالاهُ تركهُ والخليّة مكان (تعسيل) النحل وخلّا المطلقة أطلق سبيلها
(وخلا مكانهُ مات ومضى وخلا عن الامر ومنهُ تبرّأ وخلا من الشيء أرسلهُ وخلا به سخر
منهُ وجاوزني خلو زيدٍ اي خلوتم منهُ اي خالين منهُ) وخلا حرف استثناء والخلاء
الكنيف ومكان لاشيء فيه * الخنوة العذرة (وخنا خنوًا أفحش) * الخوّ الجوع
(والوادي الواسع) والخوّة الارض الخالية *

د

(ع ذأى الذئب يذأى ذأوًا وهو شبه الختل والمراوغة) * ن دجا الليل دجوًا ودُجُوًّا
وادّجى وتدجّى وادجوجى أظلم وليلة داجية مظلمة (ودياجي الليل حنادسه كأنّه جمع ديجاة
ودجا فلان جامع ونعمة داجية سابغة والدُّجة زرّ القميص ج دُجاة ودُجى) والمداجاة المداراة
والمواطأة ومابين الشدّة والرخاء * ن دحا الله الارض يدحوها ويدحاها دحوًا بسطها
(ودحا الرجل جامع وادحوى انبسط والأدحيّ ويكسر والأدحيّة والأدحوّة مبيض النعام في
الرمل) * الدخا الظلمة وهي ليلة دخياء) * الددا اللهو واللعب (كالدد والددن *
الدروان ولد الضبعان من الذئبة) * ن دسا دسوة ضدّ زكا وداسى استخفى * (ن دشا
غاص في الحرب) * الدعاء الرغبة الى الله وفعلهُ ن دعا دعاء (والاسم الدعوة ودعوت الله
لهُ وعليه) وتداعوا تجمّعوا ودعاهُ ساقهُ ودعوتهُ بيوسف او دعوتهُ يوسف سمّيتهُ يوسف (ودعوت
فلانًا واستدعيتهُ صحت به) وادّعى (كذا زعم لهُ حقًّا او باطلًا وادّعى) عليه حاكمهُ عند القاضي
والاسم الدعوة (والدعاوة ويكسران والدعوى ايضًا ج دعاوى والدعوة بالفتح وتضمّ الدعاء الى
الطعام والدعيّ المتّهم في نسبه وادّعى الى غير أبيه انتسب (والاسم الدعوى) وتداعى العدوّ
أقبل وتداعى البناء تقوّض وداعيته مداعاة وذواعي الدهر صروفه (وانذعى أجاب *
والدغوة الخلق الرديء ج دغوات) * الدلو مؤنثة م (وقد يذكّر) ج أدلٍ ودلاء (ودليّ

من أثقلهُ المرض والضعيف من كل شيء وهي بهاء ج رذايا ورذاة والفعل ل رذي
رذاوة وأرذيتهُ) • ن رسا رسوًا (ورسوًّا) وأرسى ثبت ورست السفينة وقفت على
البحر والمرساة ما يوقف السفينة والمرسى مكان وقوفها ورسا الصوم نواهُ ورسا من الحديث
رسوًا ذكر طرفًا منهُ والرواسي الجبال والرسيّ الثابت في الخير والشر • الرشوة مثلثة
البرطيل ج رشى بالضم والكسر (ورشوات ورشوات) ن ورشاهُ برطلهُ فارتشى واسترشى
طلب البرطيل وراشاهُ حاباهُ والرشاء (والترشاء) حبل البئر ج رشى وأرشية وأرشى الدلو
جعل لها الرشاء (وانك لمسترش لفلان مطيع لهُ تابع لمسرتهِ) • ن رصاهُ أحكمهُ
وأتقنهُ وأرصى بالمكان لزمهُ • ل رضي عنهُ ورضي عليهِ رضى ورضوانًا ورضوان
ومرضاة ضدّ سخط فهو راضٍ ج رضاة (وهو رضيّ ج أرضياء ورضاة وهو رضٍ ج رضين)
وأرضاهُ (أعطاهُ ما يرضيهِ ورضيتهُ ورضيت بهِ فهو مرضوّ ومرضيّ وارتضاهُ لصحبتهِ وخدمتهِ
وتراضياهُ ووقع بهِ التراضي وما فعلتهُ الا عن رضوتهِ اي رضاهُ واسترضاهُ) وترضاهُ طلب
رضاهُ والرضاء بالمدّ المراضاة والرضا بالقصر (المرضاة) ذاك متعدٍ وهذا لازم (ويثنى رضيان
ورضوان) وعيشة راضية اي مرضية والرضا (المرضيّ و) الضامن والمحب • (ن رطا
المرأة رطوًا جامعها) • الرغو والرغوة مثلثتين والرغوى (ويضم والارغواء) والرغيا حسن
الرجوع عن الجهل وفعلهُ ارعوى • ن رغا البعير (والضبع والنعام رغاء) صوت
وضج (والراغية الابل) ورغا الصبيّ بكى أشدّ البكاء ورغوة اللبن مثلثة ورغاوتهُ ورغايتهُ
زبدهُ وارتغى الرغوة تناولها ورغا اللبن وأرغى ورغّى صار لهُ رغوة والرغوة بالفتح الصخرة
• ن رفا الثوب أصلحهُ ورفا فلانًا سكّنهُ من رعب والرفاء الالتحام والاتفاق •
الترقوة مقدّم الحلق في أعلا الصدر حيثما يترقى فيهِ النفس ورقا الفارغ والخالي عبرانية
معربة • الركية البئر ج ركايا (وركيّ والركوة مثلثة زورق صغير ج ركاء وركوات ن
وركا (حفر وأصلح وركا عليهِ) أثنى عليهِ قبيحًا وأركى اليهِ لجأ والارتكاء الاعتماد والتعويل
• ن رنا اليهِ رنوًا أدام النظر اليهِ بسكون الطرف ورنا اليهِ قوي ومال والرناء ذو الحسن
الذي يرنا اليهِ والرناء بالضم صوت الطرب وأرناهُ الحسن مال بهِ وترنا طرب ورناهُ
داراهُ (وترنى مقصورة الزانية) • الرهو السير السهل والمكان المرتفع والمنخفض ضدّ
والرهاء المكان الواسع والراهية النحلة وتراهيا توادعا وراهاهُ قاربهُ وحامقهُ (وفرس مرهاء
بغة ج مراهي وأرهِ على نفسك أرفق وعيش راهٍ رافه وارتهوا اختلطوا) •

بينكم وذاتَ اليمينِ وذاتَ الشمالِ اى جهةً ويقال لقيتُهُ ذاتَ يومٍ وذاتَ ليلةٍ وذاتَ غداةٍ وذاتَ العشاء وذاتَ مرّةٍ وذاتَ الزُّمَيْنِ وذاتَ العُوَيمِ بالتصغيرِ للتبعيدِ وذا صباحٍ وذا مساء وذا صَبُوحٍ وذا غَبُوقٍ بغيرِ تاء في هذهِ الاربعةِ ولم يقولوا ذاتَ سَنَةٍ ولا ذاتَ شهرٍ وذُو يأتى بيانُها في مكانها) * ن ذها ذهوًا تكبّرَ *

ر

ن رَبا رَبْوًا ورَباء زادَ ونما وأَرْبَيْتُهُ أَنْمَيْتُهُ ورَبا الفرسُ رَبْوًا انتفخَ والرَّبْوُ الانتفاخُ والرَّبْوُ ايضًا والرَّبْوَةُ والرَّباوَةُ مُثَلَّثَتَيْنِ والرابِيَةُ والرِباءةُ ما ارتفعَ من الارضِ ورابِيَةُ الشاهدِ اسمُ المكانِ الذى تحالفَ فيهِ يعقوبُ ولابانُ خالُهُ وربَوتُ في حِجْرِهِ رَبْوًا (ورُبُوًّا) ورَبَيْتُ رَباء بالمدِّ ورُبِيًّا نشأتُ وربّيتُهُ تربيةً وترَبّيتُهُ غذوتُهُ ورَبَّيْتُ عن عُهاقِهِ تُلْتُ والمَرْبَى (والمُرَبَّبُ) المعمولُ بِرُبِّ السُّكّرِ والعسلِ والأَرْبِيَةُ (أَصلُ الفخذِ و) أهلُ بيتِ الرجلِ وبنوا عمِّهِ والرِّبْوَةُ عشرةُ آلافٍ والرَّبْوُ الجماعةُ ج أَرْباء والرِّباء ما حرّمهُ اللهُ من الفوائدِ ورابَى استعملَ الرِباء * ن رَتاهُ شَدَّهُ وأرخاهُ ضدٌّ ورَتا القلبَ قوّاهُ ورَتا برأسِهِ رَتْوًا (ورُتُوًّا) أشارَ ورَتا خطا والرَّتْوَةُ الخطوةُ والدعوةُ والفِطْرَةُ والراتِي العالِمُ الرَّبّانِيُّ المتبحّرُ في علمِ اللاهوتِ * ن رَثَوْتُ الميتَ يُذكَرُ في ر ث ى * الرَّجا والرَّجْوُ والرَّجاةُ والمَرْجاةُ (والرَّجاءةُ والرَّجاوَةُ) والتَّرَجّي والإرْتِجاء والتَّرْجِيَةُ ضدُّ اليأسِ (والرَّجا ايضًا الناحيةُ او ناحيةُ البئرِ ويُمَدُّ وهما رَجَوانِ) ج أَرْجاء وفعلُهُ ن رَجَى وترَجَّى وارْتَجَى والأُرْجُوانُ الاحمرُ (مُعَرَّب) وثيابٌ حمرٌ وصبغٌ أحمرُ والحُمْرَةُ وأحمرُ أُرْجُوانيٌّ قانٍ والإرجاء التأخيرُ والمُرْجِئةُ (من ر ج أ) بدعةُ قومٍ يزعمونَ أنَّ العملَ وحدَهُ يكفي للخلاصِ الواحدُ مُرْجِئٌ (ومُرْجٍ ومُرْجِيٌّ ومُرْجائيٌّ) ل ورَجِيَ انقطعَ من الكلامِ (ورَجِيَ عليهِ أُرْتِجَ عليهِ والأُرْجِيَّةُ ما أُرْجِيَ من شيءٍ) وارْتَجاهُ خافَهُ * الرَّحا تُذكَرُ في ر ح ى * الرِّخْوُ مُثَلَّثةً الهَشُّ من كلِّ شيءٍ (وهى بهاء) ر ل ورَخُوَ ورَخِيَ رَخًا ورَخاوَةً ورِخْوَةً واسترخى صارَ رِخْوًا وأرخاهُ وراخاهُ جعلَهُ رِخْوًا وفيهِ رِخْوَةٌ بالكسرِ والضمّ استرخاء وأرخى عمامتَهُ أمنَ واطمأنَّ وأرخى للفرسِ طوَّلَ لهُ ليرعى وأرخى السترَ أسدلَهُ والرُّخاء الريحُ اللينةُ والرَّخاء بالفتحِ حسنُ العيشِ وفعلُهُ ر ن ع ل رَخُوَ ورَخِيَ ورَخا (ورَخِيَ) فهو راخٍ ورَخِيٌّ وراخَتِ المرأةُ حانَ ولادُها وتراخى في الامرِ توانى فيهِ وراخاهُ باعدَهُ (والأُرْخِيَّةُ ما أُرْخِيَ من شيءٍ) * ن رَداهُ بحجرٍ رماهُ بهِ * (الرِّدْيُ

وانسرى الهمّ عنّي وسُرّي انكشف وانجلى * (ساساة حيرة وربخة) * ن سَطا عليه (وبه) سَطْوًا وسَطْوَةً صال واستطال بالبطش وسَطا الماء كثر (وسَطا الطعامَ ذاقه) والساطي الفرس (البعيد الخَطْوِ و) الذي يرفع ذَنَبَه في الركض * ساكاه ضيّق عليه في المطالبة * ل) ن سَلاه (وسَلا) عنه سَلْوًا وسُلُوًّا وسُلْوانًا وسُلِيًّا (نسيه) وأسلاه أنساه إيّاه فتسلّى والاسم السَلْوة والسُلْوان (ما يُشرب ليُسلّي او دواء يُسقاه الحزين فيفرح) والسُلوان ايضا والسَلْوَى العسل والسَلْوى ايضا الطائر الذي قذفه الله الى بني إسرائيل في البرّيّة الواحدة سَلْواة والسَلْوى ايضا كلّ شيء يُسلّيك * ن سَما سُمُوًّا ارتفع وسَما به وأسماه أعلاه والسماء م مؤنّثة وتُذكّر والسماء ايضا السقف ورواق البيت وظهر الفرس والسحاب والمطر الجَيّد ج أسمية وسَماوات (وسُمِيّ وسَمًا) واسمُ الشيء بالكسر والضمّ وسِمه وسُماه (مثلّثين علامته و) ما يُميّزه من نظائره ج أسماء (وأسماوات جج أسام) وأساميّ وسَمِيّك مَن اسمه اسمك (وسَمّاه فلانًا وسمّاه به وأسماه إيّاه وبه وسمّاه إيّاه وبه) وتسمّى به انتسب اليه وساماه فاخره وباراه وسَماوة كلّ شيء شخصه * السَنة العام ج سِنُون وسَنَوات وسَنَهات والسَنة ايضا الجدب والقحط وأسْنَتوا أجدبوا والسَنة ايضا الارض المجدبة ج سِنُون (وساناه مساناة وسناء استأجره للسنة) وسَنة سَنْواء شديدة * السَواء مثلّثة وبالمدّ والسُوى مثلّثة وبالقصر العَدْل والوسط والغير والسَواء بالفتح والمدّ المستوي ونصف النهار والمِثْل ج أسواء وسَواسية وسَواس (وسَواسوة) واستويا وتساويا تماثلا وسوّيته تسوية وساويته واستويته عدلته فاستوى وهما سَوَاآن وسِيّان مثلان ولاسيّما يأتي بيانها في مكانها (ولا سِيّما زيدٍ مِثلُ لا مِثْلَ زيدٍ وما لغو ولا سِيّ لِما فلانٌ ولا سِيّك ما فلانٌ ولا سِيّة فلانٌ ولا سِيّك اذا فعلتَ ولا سِيّ لمن فعل ذاك وليست المرأة لك بسِيّ وما هنّ لك بأسواء) ومررت برجلٍ سَواء (ويُكسر) وسِوًى وسُوًى (والعَدَم) اي سَواء وجوده وعدمه وهو لا يُساوي شيئا ولا يَسْوَى (قليلة) شيئا كأنه في العدم واستوى (اعتدل و) الرجل بلغ أشدّه واستوى الى السماء صعد والسَويّ (والسِيّ) المُتساوي وسَوّاه تسوية وأسواه جعله سَويًّا واستوت به الارض ماتت فيها (وليلة السَواء ليلة أربعَ عشرةَ او ثلاثَ عشرةَ وهم على سَويّة على استواء والسِيّ الفلاة وقصدتُ سَواءه قصدتُ قَصْدَه) * ن سَها في الامر سَهْوًا (وسُهُوًّا) نسيه وغفل عنه وسَها ذهب قلبه الى غيره فهو ساهٍ وسَهوان والسَهْو السكون والامرُ السهل والماء الزلال والسَهوة القوس والصخرة والمخدع والطاق وبيت صغير كالخزانة والروشن والكُوّة والعجلة ج سِهاء وذُبُر السَهوة في بلاد حَوران والأسهاء كالألوان لا واحد لها والسُهى كوكب خفيّ *

ز

ن زجاهُ وازجاهُ (وزجّاهُ) ساقهُ ودفعهُ وزجا الامرُ زجوًا (وزُجُوًّا) وزجاء تيسَّر واستقام وزجا
فلانٌ انسخع سخنهُ والزجاء النفاذُ (فى الامر وهو ازجى منهُ اشدُّ نفاذًا) وبضاعةٌ مُزجاةٌ
قليلةٌ (او لم يتمَّ صلاحها) * ن زعا عدلَ واقسطَ * ن زعا الصبىُّ بكى والزعى
الحبَّةُ الخبيثُ * ن زكا زكاء وزكوًّا وتزكّى نما وزادَ (وازكاهُ اللهُ وزكّاهُ) وزكا عطشَ
وزكّى نفسهُ تزكيةً مدحها (وتزكّى تطهّر وتصدّق وهذا الامرُ لا يزكو بفلانٍ لا يليقُ) والزكوةُ
العُشورُ وزكّاء من المبشّرين كان عشّارًا اعترضَ المسيحَ فى طريقهِ واضافهُ وآمنَ بهِ *
ن زنا زنوًّا ضاقَ وزنّى عليهِ تزنيةً ضيّقَ وعامٌ زنيٌّ ووعاء زنيٌّ ضيّقٌ * ن زواهُ زيًّا
وزُويًّا نحّاهُ فانزوى وزوا سرّهُ عنهُ طواهُ وزوا الشيء جمعهُ وقبضهُ وزاويةُ البيتِ ركنهُ
ج زوايا (وتزوّى وزوّى) وانزوى فيها اقام بها وزوزى نصبَ ظهرهُ وزوزى بفلانٍ طردهُ
(والزوّ التوءمانِ وكلُّ زوجٍ والواحد توٌ) وازوى جاء ومعهُ آخرُ * الزهوُ المنظرُ الحسنُ
والنباتُ الغضُّ وزهرةٌ واشراقهُ والباطلُ والكذبُ والزهوُ والازدهاء الاستخفافُ والزهوُ ايضًا
والازدهاء فخرُ الربيعِ النباتَ بعدَ الندى والزهاء والزهوُ الكِبرُ والتيهُ وفعلهُ زُهيَ مجهولًا ن وزهاهُ
وازهى وزهاهُ الكِبرُ رفعهُ وزها الغلامُ شبَّ وزها السراجَ اضاءهُ وزهى بالسيفِ لمعَ بهِ
وزهى الدنيا زينتُها *

س

السأوُ الوطنُ والنيّةُ (والطيّةُ وبعدُ الهمّ) وساءاهُ ساءهُ وسأى عدا والثوبَ مدّهُ فانشقَّ وبينهم
افسدَ) * السَّتا (والأستيّ) السَّدى (والمعروفُ) واستى الثوبَ اسداهُ ن وستا اسرعَ *
ن سجا سجوًا سكنَ ودامَ وسجا الليلُ اظلمَ والطرفُ الساجي الكحيلُ خلقةً وهي ساجيةُ
(الطرفِ وسجواء الطرفِ) وسجّى الميتَ تسجيةً وضعهُ فوقَ فراشٍ وغطّاهُ (والسجيّةُ الخُلقُ
ج سجايا) * ض ن سحا الطينَ سحيًا قشرهُ وجرفهُ والمسحاةُ آلتهُ والسحّاء صانعهُ
والسحايةُ بالفتحِ والضمِّ جرفتهُ (وكلُّ ما قشرَ من شيءٍ) والساحيةُ السيلُ والمطرةُ الشديدةُ (الوقعِ)
وسحا الكتابَ شدّهُ وسحا الشعرَ حلقهُ والساحةُ الناحيةُ وساحةُ الدارِ صحنها والسحايةُ امّ
الرأسِ * السَّروُ شجرٌ م ر ن ل سَرُوَ سَروًا وسراوةً وسرى وسراء صارَ شريفًا فهو سريٌّ ج سراةٌ
واسرياء وسرواء (وسرى) وهي سريّةٌ ج سريّاتٌ وسرايا وتسرّى تسريةً (تكلّفهُ او) تزوّجَ
امرأةً سريّةً اى شريفةً والسراةُ الظهرُ ج سرواتٌ (ومن النهارِ ارتفاعهُ ومن الطريقِ متنهُ)

عالجه وغالبه فى الشقاء (فشقاه غلبه والشاقى من الجبال الحيد الطالع الطويل ج شواقى) * ن شكا امره الى الله شكوى (وينون) وشكاة وشكاوة وشكية وشكاية (وتشكى واشتكى) ضرع اليه فى شانه وتشكى تشكيا اظهر الشكوى (وتشاكوا شكا بعضهم الى بعض) والشكو والشكوى والشكاة والشكاء المرض (وقد شكاه) فهو الشاكى واشكاه وجده شاكيا واشكاه من فلان اخذ له حقه منه واشكاه زاد شكايته وازال شكايته ضد والشكوة وعاء للماء من الجلد اى المطرة ج شكوات (وشكاء) والمشكاة كل كوة غير نافذة وشاكى السلاح المتسلح وشكا (شاكيه) تشكية كف عنه وطيب نفسه * الشلو العضو والجسد وكل مسلوخ اكل منه شىء وبقيت منه بقيه ج اشلاء واشلا دابته اراها المخلاة لتاتيه واشلا الدار حركها لتشعل واستشلى غصب وحرك غيره لينجيه واشتلاه نجاه ن وشلا العسل ونحوه اشتاره وحركه بالمشلى وهى كالمغرفة * ن شما امره ارتفع وعلا (والشما الشمع) * ص شوى اللحم شيا فاشتوى وانشوى فهو (شواء وشواء د) مشوى والشوى المشوى واشوى القمح افرك واشوى الامر هان فهو شوى هين والشوى (ايضا) اطراف البدن (وقحف الراس وما كان غير مقتل) واشواه اصاب شواه (لا مقتله) والشواية مثلثة والشوية البقية ج شوايا واشوى ابقى من عشائه بقية والشيان الرجل البعيد النظر * ن شهاه (ل وشهيه) واشتهاه وتشهاه احبه ورغب فيه فهو شهى وشهوان وشهوانى وهى شهوى ج شهاوى ورجل الشهوات لقب دانيال النبى لرغبته فى اورشليم واشهاه اعطاه مشتهاه وتشهى تشهيا اقترح شهوة بعد شهوة (وشها يشهى فهو مشه اى مجلب للشهوة وشاهاه اشبهه) ورجل شاهى البصر حديد النظر *

ص

الصبوة جهالة الفتوة وفعله ن صبا صبوا وصبوا (وصبا) وصباء والاسم الصبى فهو صبى وهى صبية والصبى دون الفتى (ومن لم يفطم بعد) وناظر العين وحد السيف (او غيره الداتى فى وسطه وطرف اللحيين) وراس القوم ج اصبية (واصب) وصبوة وصبية وصبوان بفتحهن وصبيان بالكسر (وتضم الثلثة الاخيرة) ل وصبى فعل فعل الصبى ن وصبا اليها (صبوة وصبوة وصبوا) حن ومال واصبته المراة فتنته وشاقته وتصباها وتصاباها خدعها وفتنها والصبا (مونثة) النسيم الرقيق (وتثنى صبيان وصبوان) ج صبوات واصباء وصبت (صبا د) صبوا هبت وصبا (الكلام من) وجهه اماله وصبا السيف احده مقلوبا

ش

الشأو السبق والغاية والأمد وزمام الدابة وتشاوى القوم تباعدوا وتفرقوا وشآه (سابقه او سبقه) • ن شبا علا وشبا وجهه اضاء بعد تغير وشبا النار أوقدها والشباة العقرب الصفراء وإبرة العقرب وشبا السيف ونحوه حده ج شبى وشبوات وأشبى أعطا واشباه القاه فى مكروه وأكرمه وأعزه جدا وأشبى الشجر طال والشبا الطحلب • الشتاء (والشتاءة) أحد الازمنة الاربعة ج شتى وأشتية والمشتاة (والمشتا) موضعه والنسبة شتوى (ويحرك والشتى) والشتوى محركة مطر الشتاء وشتا فى المكان تشتية (وشتا به وتشتى) أقام به شتاء وشتى القوم ايضا اجدبوا وأشتوا دخلوا فى الشتاء (ويوم شات وغداة شاتية والشتا الموضع الخشن) • ن شجاه وأشجاه أحزنه وأطربه ضد وأشجاه قهره والشجو الحاجة والشجا ما اعترض فى الحلق من عظم ونحوه ل وشجى به شجا شغل به والشجى بتخفيف الياء وتشدد فى الشعر المشغول وشجى عن غريمه ذهب (وتشاجت تمنعت وتحازنت ومفازة شجواء صعبة) • ن شحا فاه وأشحاه فتحه فانشحى انفتح والشحا الواسع (من كل شىء والشحواء البئر الواسعة والشحوة الخطوة) • ن شدا الشعر غنى به او ترنم او أنشد وشدا شدوا نحا نحوه فهو شاد والشدا بالقصر بقية القوة وحد كل شىء والحر والحرب • الشذو المسك او ريحه او لونه والشذا بالقصر قوة ذكاء الرائحة وذباب الكلب (او عام والجرب والملح) والأذى والشذاة بقية القوة والسىء الخلق وأشذاه عنه نحاه وأقصاه • ن شزا ارتفع • ن شصا بصره ارتفع وأشصاه رفعه وأشصى السحاب ارتفع ل وشصى الميت ارتفعت يديه انتفاخا • (الشطو الجانب والناحية) • الشظية القطعة من العود او القصب وعظم الركبة وعظم الساق وكل ما تكسر من الشىء ج شظايا (وشظى وشظى) وتشظى العود تطاير شظاياه ل وشظيه كسر شظيته والشظاء الشظية • أشغى به احتم وأشغى القوم الغارة أشعلوها وغارة شعواء متفرقة وشجرة شعواء منتشرة الاغصان (والشاعى البعيد والشائع من الأصباء) والشعوانة جمة الرأس وشعيا وإشعيا من انبياء اسرائيل • الشغى اعوجاج نظم الاسنان او عدم تساويها طولا وقصرا ن وشغت سنه شغوا اختلفت فهى شغياء وشغواء وتشغى بوله تقطر • ن شفت الشمس قاربت الغروب وشفا الهلال طلع وشفا الشخص ظهر • الشقا بالقصر ويمد الشدة وفعله ل نقى شقاوة بالفتح ويكسر وشقا (وشقاء) وشقوة ن وشقاه الله وأشقاه أوقعه فى شدة وشقاه

كَرَبَ انتصافُ النهارِ) والضَّحْوَى الشمسُ وأضحى صارَ في الضَّحْوَةِ وأضحى الشيءَ أظهرَهُ وأضحى (يفعلُ كذا صارَ فاعلَهُ بالضحى وهو) من أخواتِ كانَ الناقصةِ والتضحّي أكلٌ في الضحى وضحّى بالشاةِ تضحيةً ذبحها قربانًا وقتَ الضحى والضَّحِيَّةُ ذبيحةُ الضحى ج ضحايا والأضحيّةُ والضحيّةُ شاةُ الضحيّةِ ج أضاحيّ وضحايا ن وضحا ضَحْوًا (وضُحُوًّا) وضُحِيًّا ظهرَ وقتَ الشمسِ ع ل ضَحِيَ ضَحْوًا وضُحِيًّا أصابتْهُ الشمسُ وضواحي السمواتِ نواحيها وليلةٌ ضحياءُ (وإضحيانةٌ وإضحيةٌ) مضيئةٌ وفعلَهُ ضاحيةً علانيةً ن وضحا الطريقُ ضَحْوًا ظهرَ (وضحا ظلُّهُ ماتَ ل وضَحِيَ عَرِقَ وما لكلامِهِ ضحى بيانٌ) • ل ضَرِيَ ضَرًى وضَراوةً وضَرْيًا وضراءةً لهجَ بهِ (وعِرْقٌ ضَرِيٌّ لا يكادُ ينقطعُ دمُهُ وقد ضرا ضُرُوًّا فهو ضارٍ بدا منهُ الدمُ وسقاءٌ ضارٍ باللبنِ يعتقُ فيهِ ويجودُ طعمُهُ) والضاري الكلبُ الكاسرُ في الصيدِ وفعلُهُ ضَرِيَ ضِراءً بالمدِّ (والفتحِ والكسرِ وضرًى بالقصرِ) والضاري أيضًا الحبّةُ الخضراءُ ض وضرى سالَ • ن ضعا اختبى واستترَ • ن ضغا السنّورُ (ونحوُهُ ضَغْوًا وضُغاءً) صاحَ • ن ضفا الثوبُ ضَفْوًا طالَ وسبغَ فهو ثوبٌ ضافٍ وضفا الماءُ كثرَ وفاضَ (والضَّفا الجانبُ وضُمَّا ضَفْواءُ وضفوةُ العيشِ بُلَهْنِيَتُهُ) • الضَّهْوَةُ بركةُ الماءِ ج أضهاءٌ •

ط

(ن طتا ذهبَ) ع طحا بسطَ وانبسطَ واضطجعَ وطحا بهِ قلبُهُ ذهبَ بهِ في كلِّ شيءٍ ن وطحا بَعُدَ وهلكَ وطحاهُ ألقاهُ على وجهِهِ • (الطَّخْوَةُ السحابةُ الرقيقةُ • الطارِيَةُ الثابتةُ الشديدةُ يقالُ عادةٌ طارِيَةٌ) • ن طرا طُرُوًّا أتى من مكانٍ بعيدٍ والطاري الغريبُ الجنسِ والطَّرِيُّ الغضُّ وفعلُهُ ر طَرُوَ ل وطَرِيَ طَراوةً وطَراءً (وطَراءةً وطَرَاءةً) تطريةً جعلَهُ طريًّا والطُّرْوانُ الشبابِ أوّلُهُ وغلوتُهُ) والإطرا كثرةُ الضيوفِ (من الخلقِ) والإطراءُ أحسنُ الثناءِ عليهِ وبالغَ في مدحِهِ • ن طغا الماءُ طُغْوًى وطُغْوانًا طَغِيَ وفاضَ والطاغوتُ الوثنُ والساحرُ والشيطانُ وكلُّ رأسِ بدعةٍ كآريوسَ ونسطورَ ونحوِهِ ج طواغيتُ وطواغٍ ل وطغِيَ ضلَّ وانخدعَ وأطغاهُ والاسمُ الطغيانُ والطغاةُ أضلّهُ • ن طفا فوقَ الماءِ طَفْوًا (وطُفُوًّا) علا وطفا الظبيُ اشتدَّ عَدْوُهُ وطفا فلانٌ ماتَ والطُّفاوةُ دارةُ القمرِ والشمسِ (وما طفا من زبدِ القِدْرِ • الطَّفْوُ سرعةُ المشيِ) • الطَّلاوةُ مثلّثةُ الحسنِ والبهجةِ والقبولِ (والسحرُ وجلدةٌ رقيقةٌ فوقَ اللبنِ او الدمِ) ن وطلا طَلْوًا انتظرَ وأبطأَ والطَّلا بالفتحِ

(والمصابية الداهية) وامرأة مَضبية (ومَضب) ذات صَبِيّ والصباوُوت من أسماء الله باللغة العبرانية اى ربّ الجنود • صَتا صَتوًا مشى مَشيًا فيه وثب • الصَّحْوُ ذهاب الغيم وذهاب السكر وترك الصِبَى وترك الباطل وفعله ل صَحِيَ ن وصَحا (وأصحا ن صَرا نظر) • ص ن صَغا يصغو ويَصغي صَغوًا ل وصَغِيَ يَصغَى صَغًا (وصُغِيًّا) مال فهو أصغى ص وصَغَت الشمس مالت الى الغروب فهي صَغواء وصَغوة وصِغوة (وصَغاة مُغكَث اى مَيلُه) والصاغية الذين يميلون مع الرجل لقضاء أغراضهم وأصغى اليه مال اليه بسمعه وأصغى الشيء نقصه • الصَّفوُ والصَّفاء (والصُّفُوّ) ضد الكدر وصفوة الشيء مثلثة (وصَفوته) ما صفا منه ن وصَفا الجوّ صَحى ويوم صافٍ وصَفوان لا غيم ولا كدر فيه (واستصفاه) واصطفاه اختاره (وعَلَّه صَفِيًّا) والإناء المصطفى لقب بولس الرسول وصَفاة وأصفاة مَحضة الصداقة والإخاء والصَفِيّ الحبيب المصافي وخالص كل شيء ج صَفايا وأصفياء والصَفاة الحجر الصلد ج صَفَوات (وصَفاء جج أصفاء وصُفِيّ وصِفِيّ والصَفواء الصَفوانة الصفاة ج صَفوان ويحرّك وأصفى من المال والأدب خلا والمِصفاة الراووق) والصَّفا والصَفاة لقب بطرس هامة الرسل لأن المسيح كَنّاه بصخرة الايمان الجامع • (ن صَكاه لزمه) • الصَّلا وسط ظهر الانسان (وكل ذي أربع وهما صَلوان) ج صَلوات وأصلاء والصَّلوة الدعاء والاستغفار ومخاطبة الباري تعالى والصلوة من الله الرحمة وحسن الثناء على أوليائه وفعله صلّى صَلوة وهي سريانية معرّبة ج صَلوات • الصِّنو بالكسر الأخ الشقيق والابن والعمّ والقرين في العمر والخَلق والخُلق ج أصناء وصِنوان وهي صِنوة وكل غصنين في شجرة متماثلين الواحد صنو الآخر (وهما صِنوان وصِنيان مثلثين) والصاني اللازم للخدمة • الصُّوَّة (جماعة السباع و) حجر يكون علامة في الطريق ج صُوًى و(جج) أصواء والصَّوّ الفارغ • الصَّهوة مقعد الفارس من الفرس ج صَهوات (والصهوة ايضا البرج في أعلى الرابية ج صُهًى والصهوة ايضا مطمئن من الارض تأوي اليه ضوالّ الإبل وكالغار في الجبل فيه ماء ج صِهاء) ع وصَهِيَ كثر ماله وصَهِيَ أصابه جرح فندي وصِهيَون اسم مدينة القدس •

ض

ن ضَبا اليه لجأ وضبته الملز غيّرته وشوته والضابي الرماد واضبى أمسك • الضَّحو والضحوة والضحيّة ارتفاع النهار (والضحى فوقه وتذكر وتصغر ضُحيًّا والضَّحاء بالمد اذا

مقبض الكوز ج عُرًى بالضم ويُكسر (وعُرْوات) والعُرْوة ايضا الجماعة من العِضاه والاسد والشجر الملتف والنفيس من المال وحوالى البلد والعُرْو الناحية وغير المتهم بالشيء ج أعراء ن وعَراه عَرْوًا واعتراه قصده طالبا جودَه (واعرَوا صاحبهم تركوه والعُرَواء قِرّة الحُمّى ومسّها في أوّل رِعدتها وعُرِيَ أصابته وريحٌ عَرِيّة وعَرِيّ باردة والعَرْوان كل نبت لا يسقط ورقه في الشتاء) • ن عزا اليه واعتزى وتعزّى انتسب اليه (وعزاه اليه نسبه والعِزَة العُصبة من الناس ج عِزُون) • ن عسا الشيخ عَسْوًا (وعُساء وعُسُوًّا) وعَسِيًّا ل وعَسِيَ (عَسًى) كبر ن وعسى النبات ل وعَسِيَ عَسًا وعُسُوًّا غلظ ويبس ن وعسا الليل اشتدت ظلمته (والعَسْو الشمع) • العَشَى والعَشاوة سوء البصر بالليل والنهار وفعله ل ن عَشِيَ وعشا عَشًا فهو عَشٍ وأعشى وهي عَشْواء والعَشْواء الناقة لا تُبصر أمامها ن وعشا الى النار وعشاها عَشْوًا (وعُشُوًّا واعتشى بها) واعتشاها رآها ليلا من بعيد فقصدها والعُشْوة بالضم (والكسر) النار التي يُعشى اليها (وركوب الامر على غير بيان والعُشْوة والعَشْواء الظلمة او ما بين أوّل الليل الى ربعه) والعِشاء أوّل الظلام (والعَشِيّ) والعَشِيّة آخر النهار ج عَشايا وعَشِيّات والعِشى والعَشاء طعام العَشِيّ ج أعشية ض وعشي يعشي (وتعشّى) أكل العَشاء فهو عَشيان ومتعشٍّ ن وعشاه عَشْوًا وعَشْيًا وعشّاه تعشية (وأعشاه) أطعمه العَشاء والعِشاءان المغرب والعتمة واستعشى (نارًا) اهتدى (بها وتعاشى) تجاهل ل وعَشِيَ عليه ظَلَمه وعشّى عنه تعشية رفق به) • العصا العود (أنثى) ج أعصٍ وأعصاء وعِصِيّ (وعُصِيّ) ل وعَصِيَ أخذ العصا وأخذ السيف ن وعصاه ضربه بالعصا وألقى عصاه بلغ موضعه وأقام وثبت وسكن وفلان ليّن العصا رفيق حسن السياسة والعصا ايضا اللسان وعظم الساق وشقّ العصا المخالفة والعاصي العِرق الذي لا يرقأ (ونهر حماة واسمه الميماس ولُقّب به لعصيانه فانه لا يسقي الّا بالنواعير) وعبيد العصا المظلومون (الذين يُضربون بها) • العُضْو بالضم والكسر كلّ عظم بلحمه ج أعضاء (والتعضية التجزئة والتفريق) والعِضَة (الفرقة والقطعة و) الكذب ج عِضُون والعَضَوْن بالفتح الشجر (جمع عِضة ورجل عاضٍ اى كاسٍ طعيمٌ مكفيّ) • ن عطا عَطْوًا تناول وتطاول وانقاد والعطا ويُمدّ العطية ج أعطية وعطايا (جج أعطيات ورجل وامرأة مِعطاء كثير العطاء ج معاطٍ ومعاطيّ) وأعطاه ناوله واستعطاه سأله العطاء وتعاطى الشيء مارسه ونازعه (والتعاطي في الرفعة والتعطّي في القبيح) • ن عظاه ساءه (واغتاله وصرفه عن الخير واغتابه) • ن عفا الله عنه ذنبه عفوًا وعفا له ذنبه وعفا عن ذنبه صفح له والعَفْو المحو والامحاء وخيار الشيء والفضل والمعروف والعَفْو مثلّثة ولد الحمار ج عِفَوة وعِفاء وأعفاء

والتصر ولد الظبي ساعة يولد والصغير من كل شيء ج أطلاء (وطِلاء وطُليان ويكسر والطِلوة الصغير من الوحش والطِلو القابض اللطيف الجسم والذئب) والطلوة بياض الصبح *

(ن طما طموًا مثل طمى طميًا) * ن طها اللحم يطهوه ويطهاه طهوًا (وطهوًا) وطهيًا وطهاية طبخه او شواه والطاهي الطبّاخ والشوّاء والخبّاز ج طهاة وطهي والطهى الطبيخ (والذنب وطها ذهب في الارض وما ادري أيّ الطهياء هو أي أيّ الناس) والمطهي حذق في صناعته *

ظ

الظُبَة حدّ السيف (والسنان ونحوهما) ج ظُباة وظُبون (بالضم والكسر واظب) وظُبي *

ع

ن عبا وجهه اضاء والعابية الحسناء (وعبو المتاع تعبيته) * ن عتا عتوًا (وعتيًا وعِتيًا تمرّد و) استكبر وجاوز الحدّ فهو عاتٍ وعتيّ ج عُتيّ بالضم وعتا الشيخ عتيًا كبر *

(ن عثا عثوًا و ض ع) ل عثي عثيًا (وعثيًا) وعثيانًا افسد فهو عاثٍ ج عُثيّ (والاعثى الاحمق والعثواء الضبع) * ل عجيت الأم عجوة وعاجت اخرت الرضاع من طفلها فهي عجية والطفل عجيّ ج عجايا بالضم والفتح والعجي (بالفتح) الفاقد أمه ن وعجا وجهه زواه وأماله والعجاوة والعجوة التمر المحشيّ في وعائه * ن عدا عدوًا (وعدوًا وتعداء وعدى) وعدوانًا احضر وعدا عليه عدوًا (وعدوًا وعداء وعدوى) وعداية وعدوانًا بالضم والكسر وتعدّى عليه واعتدى وأعدى ظلمه فهو معدوّ عليه او معديّ والعدوى الفساد وعدا عليه وثب وعداه عن الامر وتعدّاه وعدّاه تعدية اجازه (وصرفه والعداء) والعادية والعدواء البعد والشغل الشاغل من غيره والعِدى والأعداء المتباعدون (والغرباء) وأعداه عليه اعانه وقوّاه واستعداه استعانه والعِدى الناحية ج أعداء (والعدوة المكان المرتفع ج عداء وعديات) والعدوّ ضد الصديق (للواحد والجمع والذكر والانثى وقد يثنّى ويجمع ويؤنث) ج أعداء و(جج) أعادٍ والاسم (اي اسم الجمع) العدى بالضم والكسر والعادي العدوّ ج عداة والاسم العداوة وعاداه بضد وتعادوا تباغضوا (والعدوى ما يعدي من جرب او غيره وهو مجاوزته من صاحبه الى غيره والعادي الاسد) وعدا كلمة استثناء (يستثنى به مع ما وبدونه) * ن عذا البلد طاب هواه وأرض عذية وعذاة طيبة الهواء غير وخمة ج عذوات * العروة التي يدخل فيها الزر

البُكْرَةُ ج غُدُواتٌ وغُدَياتٌ وغَدايا (وغُدُوٌّ ولا يُقالُ غَدايا إِلّا مَعَ عَشايا) ن وغَدا عليهِ
غُدُوًّا وغُدْوَةً واغْتَدَى بَكَرَ وغاداهُ باكَرَهُ والغَدُ يومُ المُقبِلُ والغادِيَةُ السحابةُ المُنتشِرةُ غُدْوَةً والغَداءُ
طعامُ الغُدْوَةِ ج أَغْدِيَةٌ وتَغَدَّى (لَ وغَدِيَ) أَكَلَ غُدْوَةً فهو غَدْيانُ والغادِي الأَسَدُ والمُغْدَى
والغُدُوُّ التبكيرُ • الغِذاءُ ما بهِ نَمُوُّ الجسدِ وقِوامُهُ ن وغَذا جسدَهُ غَذْوًا (وغَذَّاهُ) أقاتَهُ
فاغْتَذَى وتَغَذَّى والتَغْذِيَةُ التَربِيَةُ • الغَرا بالفتحِ والقصرِ (والغِراءُ بالكسرِ) والمدِّ ما
يُطْلَى بهِ للالزاقِ ن وغَرِيَ الشيءَ لزِقَهُ ل وغَرِيَ بهِ (وأُغْرِيَ وغُرِّيَ) أُولِعَ وأَغْراهُ أَوْلَعَهُ بهِ
(وحَرَّضَهُ) وأَغْرَى بينَهُمُ العداوةَ أَلقاها والغِرْيُ (والغِراةُ) كُلُّ مولودٍ وكُلُّ مهزولٍ ج أَغْراءٌ ولا غَرْوَ
ولا غَرْوَى لا عَجَبَ وغَرَّاهُ تَغْرِيَةً طلاهُ بالغِراءِ والغَرِيُّ (الحَسَنُ الجميلُ والغِراءُ) الحُسْنُ
والجمالُ • ن غَزاهُ غَزْوًا واغْتَزاهُ أَرادَهُ وقصدَهُ وغَزا القومَ غَزْوًا وغَزَوانًا (وغَزاوَةً) سارَ
اليهم قاتلًا وناهبًا فهو غازٍ وغَزِيٌّ ج غُزاةٌ وغَزِيٌّ (وغُزًّى) وأَغْزاهُ أَمهلَهُ وأَغْزاهُ اسْتَوْفَى دَيْنَهُ
منهُ (مُتأَخِّرًا) ومَغْزاهُ مَقْصِدُهُ واغْتَزَى بهِ اخْتَصَّهُ (من بينِ أَصحابِهِ) • ن غَسا الليلُ
غَسْوًا وأَغْسَى أَظلَمَ • (ن غَطا الليلُ غَطْوًا وغُطُوًّا أَظلَمَ وغَطا الماءُ ارتفعَ وغَطا الشيءَ
واراهُ وسَتَرَهُ و) الغِطاءُ ما يُتَغَطَّى بهِ والغِطايَةُ ما تَتَغَطَّى بهِ المرأَةُ • ن غَفا غَفْوًا
(وغُفُوًّا) وأَغْفَى نامَ او نَعَسَ وغَفا طَفا على الماءِ • ن غَلا السعرُ غَلاءً فهو غالٍ وغَلِيٌّ
ضِدُّ رَخُصَ وبِعْتُهُ بالغالي اى بالغَلاءِ وهو ضِدُّ الرخصِ ن وغَلا (في الامرِ وغَلا) الشيءُ
غُلُوًّا تجاوزَ حَدَّهُ بعيدًا وغَلا السهمُ تجاوزَ مداهُ والغَلْوَةُ مَدَى رميةِ السهمِ ومَدَى مِائَةِ خَطْوَةٍ
ج غَلَواتٌ (وغِلاءٌ) والغُلَواءُ (بالتحريكِ وتُفتَحُ) الغُلُوُّ وغُلَواءُ الشبابِ (ايضًا) وغُلَوانُهُ أَوَّلُهُ
وتَغالَى النبتُ ارتفعَ (واغْتَلَى أَسرعَ) • الغَنْوَةُ البُدُّ (والغِنَى) ما لَهُ عنهُ غَنْوَةٌ بُدٌّ
• ض غَوَى يَغْوِي غَيًّا ل وغَوِيَ غَوايَةً ضَلَّ فهو غاوٍ وغَوِيٌّ وغَيّانُ ض وغَواهُ وأَغْواهُ (وغَوَّاهُ)
أَضلَّهُ والغاوُونَ الشياطينُ والغاوِي الضالُّ والمُضِلُّ والمَغْواةُ (والمُغْواةُ) المَهْلَكَةُ ج مَغَوِياتٌ
والغاوِي الجرادُ والغَوْغاءُ الجرادُ الكثيرُ والغَوْغاءُ ايضًا والغاغَةُ الأَخلاطُ من الناسِ والغاوِيَةُ
الراوِيَةُ للماءِ ل وغَوِيَ مالَ وانْغَوَى انْهَوَى (ومالَ) والغايَةُ المَدَى وغايَةُ الشيءِ
آخِرُهُ (والرايَةُ ج غاياتٌ والغايَةُ ايضًا الغَرَضُ والقَصْدُ وغَيٌّ وادٍ في جَهَنَّمَ وهو واحِدُ
غَيَّةٍ زِنْيَةٍ) •

ف

الفِئَةُ الجماعةُ ج فِئاتٌ وفِئُونَ • الفَجْوَةُ والفَجْواءُ ما اتَّسَعَ من الارضِ والفُجْوَةُ ايضًا

عن الامر بَرَاءٌ منه وعَفا أَثرهُ خَلَكَ (وعَفا عليه في العِلْم زادَ) والعافي الزائدُ والوارِدُ والضيفُ والعافي والمُعْتَفِي كلُّ طالبِ فضلٍ او رزقٍ ج عُفاةٌ بالضمّ والعَفاء التُرابُ ودُرُوسُ آثارِ الدارِ وفعلهُ ن عَفَتِ الدارُ عَفْوًا (وعُفُوًّا) وتعفَّتْ والعِفاء الشعَرُ الطويلُ وأَبُو العَفا الحِمارُ والعَفْوَةُ الدابَّةُ واسْتَعْفاهُ طلبَ أنْ يُعْفِيَهُ منهُ اي يُبْرِيَهُ والعَفْوُ العَطاء بغيرِ طلبٍ (وعَفْوةُ القِدْرِ وعُفاوَتُهُ مُثَلَّثَين زَبَدُها والعَفْوَةُ الدِيَةُ ورَجُلٌ عَفُوٌّ عن الذنبِ عافٍ) والعافِيَةُ البَراءَةُ من العِلَّةِ والبَلِيَّةِ وفعلُهُ عَفاهُ وأعفاهُ وعافاهُ ✱ العَقْوَةُ (والعَقاةُ) ما حَوْلَ الدارِ والمَحَلَّةِ ج عِقاء ولاذَ بِعَقْوَتِهِ التَجأَ بِحِما دارِهِ ن ض وعَقا كالامرِ كَرِهَهُ ✱ العَكْوَةُ بالضمّ (ويُفتَح الحُزنةُ والوَسَطُ وغِلَظُ كلِّ شيءٍ و) أصلُ اللِسانِ وأصلُ الذَنَبِ ج عُكًا بالضمّ (وعِكاء بالكسرِ) والمَدَرُ ن وعَكا الذَنَبَ عَطَفَهُ وعَقَدَهُ وعَكا الدُخانُ تَصَعَّدَ وعَكاهُ في الحديدِ قيَّدَهُ ✱ ض ن عَلا الشيءُ عُلُوًّا وعَلاء (وتَعَلَّى ل) وعَلِيَ ارتفعَ فهو عالٍ وعَلِيٌّ وعُلْوُ الشيءِ (مُثَلَّثَة) وعِلاوَتُهُ بالضمّ (وعالِيَتُهُ) أرفَعُهُ والعَلاء الرِفعةُ ن وعَلا النهارُ واعتَلا واستَعلى ارتفعَ وعَلا الدابَّةَ رَكِبَها وأعلى عنها نزلَ ل وعَلِيَ في المَكارِمِ عَلاء وعَلا عُلُوًّا شَرُفَ ن وعَلا بهِ وأعلاهُ (وعَلّاهُ) جعلهُ عاليًا والعالِيَةُ رأسُ الرمحِ ج العَوالي والعِلاوَةُ أعلى الرأسِ (والعَلْياء السَماء ورأسُ الجبلِ والمكانُ العالي وكلُّ ما عَلا من شيءٍ. وعَلّا الكتابَ) وعَلْوَنَ الكتابَ عَنْوَنَهُ فهو عُلْوانٌ والعَلِيُّ الشديدُ القَوِيُّ والعَلاةُ السِنْدانُ وعِلِّيُّونَ (جمعُ عِلِّيٍّ) سَماء السَبْعِينَ والتَعالي الارتفاعُ وتَعالَ (بصيغةِ الامرِ للمُذكَّرِ وتَعالَيْ للمُؤنَّثِ) بمعنى هَلُمَّ وتعالى اللهُ جلَّ وارتفعَ (وتَعَلَّى عَلا في مُهْلَةٍ والمُعَلَّى الاسَدُ) والعِلِّيَّةُ الغُرْفَةُ ج العَلالي وعالي الكاهنُ من قضاةِ إسرائيلَ أماتهُ اللهُ وبنيهِ في يومٍ واحدٍ لأنهُ لم يَرْدَعْهُم ✱ العَمْوُ الضَلالُ والذُلُّ (والعُمْوُعُ ج أعماء) ✱ ن عَنا يَعْنُو (عُنُوًّا وعَناء صارَ أسيرًا و) خضعَ وأعنَيْتُهُ أخضعتُهُ وأعنَيْتُ الشيءَ أبديتُهُ وأعنَيْتُ بهِ أخرجتُهُ والاسمُ العَنْوَةُ (والعَنْوَةُ ايضًا القَهْرُ والمَوَدَّةُ ضِدٌّ) والعَواني النساءُ وعَنّاهُ تَعْنِيَةً حبسَهُ وأتعبَهُ ن وعَنا الامرُ شقَّ وصَعُبَ (وعَنَتْ بهِ أمورٌ نَزَلَتْ) والعاني الاسيرُ والدمُ السائلُ وعَنْوَنَ الكتابَ جعلَ لهُ علامةً تُبيِّنُهُ والاسمُ العُنْوانُ ✱

غ

غَبِيَ الشيءَ وغَبِيَ عنهُ غَبًا وغَباوَةً لم يَفْطَنْ لهُ فهو غَبِيٌّ وغَبِيَ منه خَفِيَ (وفيهِ غَبْوَةٌ وغُبْوَةٌ وغَبِيٌّ غَفْلَةٌ والغَباء الخَفاءُ من الارضِ ✱ الغاتِيَةُ المرأةُ البَلْهاءُ ✱ الغُثاء والغُثّاء الزَبَدُ والهالكُ والبالي من ورقِ الشجرِ المخالطُ زَبَدَ السَيلِ) ✱ الغَدْوَةُ والغَداةُ والغُدْيَةُ

استخفى والمباينة المفازة) • القتو والقتا مثلثتين حسن خدمة الملوك وفعله ن قتا والقتوة النميمة (والمقتوون والمقاتوة والمقاتية الخدام الواحد مقتوي ومقتى ومقتوين ويثنى الواو غير مصروفين وهي للواحد والجمع والمؤنث سواء) واقتواه استخدمه (شاذ لان افعل لازم) • القثو والاقتثاء الجمع للشيء والقثوى الاجتماع) • الاقحوان والقحوان البابونج ج اقاحي واقاح • القدوة مثلثة (والقدة) التسنن بالشيء واقتديت به تسننت به والقدوى الاستقامة • القرو والاقتراء والاستقراء القصد والتتبع والقرو ايضا الاجانة للشرب واناء لشرب الكلب ج اقراء (واقرٍ واقروة وقريٌّ) والقرى والقروان الظهر والقيروان القافلة (معرب واقرى اشتكى قراه وطلب القرى ولزم القرى واقرى الجل على الفرس الزمه والقرواء العادة والذنب والمقاري رؤس الآكام) وقروة الراس طرفه • القزو التقزز واقزى تلطخ بعيب (والقزة الحية او حية بتراء عوجاء ج قزاة) • ن قسا قلبه قسوا (وقسوة) وقساوة وقساء صلب وغلظ وقسا الدرهم زاف فهو قسي ج قسيان وقاساه كابده • ن قشا العود قشره وخرطه (والوجه مسحه وقدس مقشي ومقشو) وقشاه عن حاجته تقشية رده عنها والقشوة قفة من خوص تجمع المرأة فيها اداتها ج قشوات وقشاء واقشى افتقر بعد غنى والقاشي الفلس الرديء والقشوان الضعيف (الدقيق وهي قشوانة) • ن قصا عنه قصوا (وقصوا وقصى) ل وقصي قصاء بعد فهو قصي وقاص ج اقصاء والقصوى والقصيا بالقصر الغاية البعيدة واقصاه ابعده وقاصاني باعدني والقصا (ويمد) ساحة الدار والنسب البعيد والقصا ايضا والقاصية الناحية وقصى اظفاره تقصية قصها (وحظيي القصا تباعد عني واستقصى في المسألة وتقصى بلغ الغاية) • ن قطا في مشيه تثاقل فهو قطوان والقطاة (العجز وما بين الوركين او مقعد الردف من الدابة و) طائر م ج قطا (وقطوات وتقطى لاصحابه ختلهم وتقطى بوجهه صدف وتقطى الفرس ركب قطاتها وطائر القطا يضرب به المثل بالصدق وبالهداية) • القعو البكرة والحديدتان تجري بينهما البكرة او حديدة تدور فيها البكرة ج قعي واقعى في جلوسه استند الى ما وراءه واقعى الكلب جلس على استه • القفا (ويذكر وقد يمد) والقافية وراء العنق ج اقفية واقفاء (واقفٍ وقفيٌّ وقفيٌّ وقفين) ن وقفوته قفوا (وقفوا) وتقفيته واقتفيته تبعته وقفوته ضربت قفاه وقفوته قذفته بالفجور وبالامر القبيح والاسم القفوة (والقفي) وقفا الله اثره عفاه (وتقفاه) واستقفاه بالعصا ضرب قفاه (ولا افعله قفا الدهر اي طوله وقفيته زيدا او به تقفية اتبعته اياه ورد قفا او على قفاه حرم) والقافية آخر كلمة في بيت

ساحةُ الدارِ (وما بين حَوامي الحَوافرِ ج فَجواتٌ وفِجاء وَفَجاً وفَجا بابَهُ فَتَحَهُ فانْفَجى)
والفَجا تباعُدُ ما بَيْنَ الفخذين او الرُكبتين وفعلُهُ ل فَجِيَ فهو أفْجَى وهي فَجْوَى *
فَحْوَى الكلامِ وفُحَواؤُهُ معناهُ ومذهبُهُ (وفَحَى بكلامهِ الى كذا ذهبَ) * الفَرْوَةُ لُبسٌ م
وجلدةُ الرأسِ والارضُ البيضاء لا نباتَ فيها والثَرْوَةُ وجرابُ السائلِ (وذُو الفَرْوَةِ السائلُ)
* ن فَسا يَفْسُو فَسْوًا وفُساء (اخرج ريحًا من مَفْساةٍ بلا صوت) فهو فَسّاء (وفَسُوٌّ) والاسمُ
الفِساء والشابيَةُ والغابياء الخُنْفُساء * ن فَشا خَبَرُهُ وعُرْفُهُ وفَضْلُهُ فَشْوًا وفُشُوًّا وفُشِيًّا
انتشرَ وأفْشى سِرَّهُ أذاعَهُ والفَواشي المَواشي (وتَفَشّاهُمُ المرضُ وتَفَشّا بهم كثرَ فيهم وتَفَشَّت القَرْحةُ
اتَّسعتْ) * ن فَصا الشيءَ من الشيءِ يَفْصيهِ فَصَلَهُ منهُ (وأفْصَى وتَفَصَّى من خيرٍ او
شرٍ تخلَّصَ) وفَصا مِنّا الشتاء والحَرُّ ذهبَ وفَصا المطرُ أقلعَ وانْفَصَى انفصلَ والفَصا
بالقصرِ حَبُّ الزبيبِ الواحدةُ فَصاةٌ * ن فَضا المكانُ يَفْضُو فَضاء وفُضُوًّا اتّسعَ والفَضاء
الساحةُ وما اتَّسَعَ من الارضِ (وبالكسرِ الماء يجري على الارضِ) وأفْضَى اليهِ انتهى
وأفْضَى البكرَ افتضَّها فهي مُفْضاةٌ * (أفْطَى ساء خُلُقُهُ والفَطا الزَحِمُ) * الأفْعَى
والأفْعُوانُ الحَيَّةُ الخبيثةُ ج أفاعٍ وتَفَعَّى تَفَعّيًا صارَ كالأفْعَى خبثًا (والفاعي الغضبانُ
والأفْغا الروائحُ الطَيِّبةُ) * ن فَغا الشيءُ فَشا وأفْغَى افتقرَ بعدَ غِنى وقَبُحَ بعدَ
حُسنٍ وعَصَى بعدَ طاعةٍ * فَغَوْتُ إثْرَهُ تَفَوَّتُهُ * ن فَلا الصبيَّ (والمُهْرَ) فَلْوًا
وفِلاءً وأفْلاهُ وافْتَلاهُ فَطَمَهُ وفَلاهُ بالسيفِ ضربَهُ بهِ وفَلا سافرَ وفَلا عَقَلَ بعدَ جهلٍ والفَلُوُّ
بالفتحِ والضمِّ (والتشديدِ والفِلْوُ) الجحشُ والمُهْرُ (فُطِما او بلغا السنةَ) ج أفْلاء وفَلاوَى
والفَلاةُ القفرُ والمَفازةُ لا ماء فيها والصحراء الواسعةُ ج فَلًا وفَلَوات و(فُلِوٌّ وفُلِيٌّ وفِلِيٌّ جج) أفْلاء
وأفْلى صارَ في الفَلاةِ ودخلَها وبيتُ فالُو مدينةٌ في الارضِ اليهوديةِ حاصرَها إليفانا قائدُ
جيشِ بُختَنَصَّرَ * الفَناةُ البقرةُ ج فَنَواتٌ وشَعَرٌ أفْنَى كثيرٌ أثيثٌ والفَيْنانُ الغُصْنُ
المُلْتَفُّ ورقًا وظِلُّهُ واسعٌ (وشجرةٌ فَنْواء والقياسُ فَنّاء) * الفُوَّةُ عروقٌ يُصْبَغُ بها) *
ن فَهَوْتُ عنهُ سَهَوْتُ (وأفْهَى قالَ رأيُهُ) *

ق

(ع قانَى الخصمُ أقرَّ بالحقِ) * القَباء الثوبُ ج أقْبِيَةٌ والقَبْوُ سقفٌ كالقُبَّةِ إلّا أنّهُ
طويلٌ ج أقْبِيَةٌ وقَبّاهُ تَقْبِيَةً واقتباهُ عَمِلَهُ وقَبا عليهِ عَدا عليهِ (في أمرِهِ) وتَقَبّى القَباء لَبِسَهُ
وتَقَبّى السقفُ صارَ قَبْوًا (والقابِياء اللئيمُ وبنوا قابياء المجتمعونَ لشربِ الخمرِ وأنْعَى

(وأكهاها) كتمها وكمى على الامر عزم عليه وتكمّى عليه تعهّد وتستّر * الكوّة وبضم والكوّ الطاقة فى الحائط ج كوى وكواء وتكوّى تقبّض ليدخل فى الكوّة *

ل

اللبوة (وتكسر واللبوة واللباة واللبة واللب) أنثى الاسد * ن لسا أكل أكلا شديدا * ن لشا خسّ بعد رفعة * (ن لصاة ولصا اليه انضمّ اليه لريبة * ن لطا التجأ الى صخرة او غار) * اللغو الشيء الخلق (والعسل والشرة الحريص) وهى لغوة ج لعاء واللغو ايضا الليل واللغوة السواد حول حلمة الثدى واللاعى الذى يفزعه كل شيء وأدنى شيء وتلغى العسل تعقّد * اللغة أصوات يعبّر بها كل قوم عن أغراضهم ج لغات (ولغون ولغى) ن ولغا لغوا قال قولا باطلا (وألغاه خيّبه وألغيت العدد أسقطته) واللغو واللغوى (واللغى السقط و) ما لا يعتدّ به من الكلام وغيره ل ع ن ولغا فى قوله لغوا (ولغا ولاغية) وملغاة أخطأ ل ولغى به (لغا) لهج به * اللفاء التراب (وكل يسير حقير) وألفاه وجده وتلافاه تداركه * اللقوة داء فى الوجه وفعله لقى فهو ملقوّ * (ن لما لموا أكل الشيء بأجمعه واللمة الجماعة من الثلاثة الى العشرة وترب الرجل وشكله والاسوة) * ض لواه يلويه ليّا ولويّا فتله وثناه فالتوى وتلوّى ولوى الغلام بلغ العشرين من سنه ولواه عن الامر والتواه ثناه ولوى أمره عنّى ليّا وليّانا طواه ولوى عليه عطف ولوى برأسه أماله ولوت الدابة بذنبها وألوت به حرّكته (ولوى فلانا على فلان آثره) ل ولوى الشيء لوى والتوى اعوجّ (فهو لو) واللوى ما التوى من الرمل (ج ألواء وألوية ولاوت) وتلوّت الحية اعوجّت وتلوّى البرق لمع مضطربا (وقرن ألوى معوجّ ج لىّ بالضم والقياس الكسر) ولواه بدينه (ليّا و) ليّا وليّانا مطله وألوى بصدقه جحده إياه وألوى به ذهب وألوى به الطائر طار به وألوى بهم الدهر خذلهم (وأهلكهم) وألوى كلامه عوّجه ولوى العشب (لوى) وألوى ذبل والألوى الشديد الخصومة وهى لياء وليّا بالكسر بنت لابان زوجة يعقوب وأخت راحيل جاء المسيح من نسلها لأنها أمّ يهودا ولاوى بن يعقوب جدّ أحبار اليهود وكهنتهم ليس له ميراث فى أسباط إسرائيل لأن الله ميراثه ولاوى اسم متّى الرسول (واللويّة ما خبأته وأخفيته ج لوايا) ولويت مغدته وجعته فهو لو واللواء (واللواى) العلم والراية ج ألوية و(جج) ألويات وألواه رفعه (واللوى بمعنى اللائى جمع التى وبالضم الاباطيل واللاون بمعنى الذين واللوة الشوهة واللواء منحنى الوادى والناحية من البلاد (ج ألواء

الشعرِ أو هي الحروفُ الذي تُبنَى عليهِ القصيدةُ والقِفْوةُ الذنبُ والجريرةُ وأقفاهُ عليهِ فضَّلهُ وأقفاهُ بهِ خصَّهُ بهِ والقَفِيَّةُ المزِيَّةُ (تكونُ لكَ) على الغيرِ وأنا قَفِيٌّ بهِ جديرٌ بهِ وحَفِيٌّ بهِ والقَفِيُّ ايضًا الضيفُ المُكرَّمُ واقتفى بهِ اختصَّ بهِ واقتفى الشيءَ اختارهُ والتقافي التَّبهَّتُ ☼ القِلْوُ (الخفيفُ من كلِّ شيءٍ. و) الحمارُ الفتيُّ ن وقلا اللحمَ طبخهُ في المِقلَى وأقلاهُ أبغضهُ ☼ (المقاماةُ الموافقةُ ما يُقامِي الشيءَ ما يُوافِقِي) ☼ القِنْوةُ بالكسرِ والضمِّ الكِسبَةُ ن وقنوتُهُ قنْوًا وقنَوانًا وقنُوًّا واقتنيتُهُ كسبتُهُ (والعنزَ اتخذتُها للحلَبِ) ل وقنِيَ الانفُ ارتفعَ أعلاهُ او ارتفعتْ قصبتُهُ وضاقَ منخراهُ فهو أقنى الانفِ وهي قنواء (وقنى الانفِ ارتفاعُ أعلاهُ) والقناةُ الرمحُ ج قنًى (وقُنِيٌّ وقَنَياتٌ) وقَنَواتٌ والقنا ايضًا مجرى الماء في الارضِ (ج قُنِيٌّ) وتقنَّى اكتفى بنفقتهِ (فَعَمِلتْ فَعلةً فَتُخرجها) ن وقناهُ اللهُ خلقهُ والقُنُوُّ السوادُ ☼ القوَّةُ ضدُّ الضعفِ ج قُوًى بالضمِّ والكسرِ وفعلهُ ل قوِيَ يقوَى واقتوى (وتقوَّى) وفلانٌ قويٌّ ذو قوَّةٍ في نفسهِ والقَوَى الحصنُ وأقوى استغنى وافتقرَ ضدٌّ والإقواءُ اللحنُ في القوافي (برفعِ بيتٍ وجرِّ آخرَ) وأقوتِ الدارُ وقوِيَتْ خلتْ وقوِيَ جاعَ شديدًا (وباتَ القَوَى اي جائعًا وقاواهُ أعطاهُ والقاوي الآخذُ) والقَوِيَّةُ البيضةُ والقُوَيُّ الفرخُ واقْوَاهُ اختصَّهُ لنفسهِ وقوقى قوقاةً وقيقاءً صاحَ ☼ القهوةُ الخمرُ (والشُّبعةُ المُحكَمةُ) وشرابُ البُنِّ ☼

ك

ن كبا كبْوًا (وكبُوًّا) انكبَّ على وجههِ وكبا الزندُ (وأكبى) لم يُورِ والاسمُ الكَبْوةُ وكبا البيتُ ذبلَ وكبا الغبارُ علا والكِبَى المتاعُ ج كِبُونَ والكِباءُ البخورُ ج كُبًى ☼ (ن كتا كتْوًا قاربَ الخطوَ وأكتى علا على عدوِّهِ ☼ الكَثْوُ (الترابُ المجتمعُ) ☼ كَذا كنايةٌ عن الشيءِ. ويأتي بيانُهُ في مكانهِ والكاذِي الاحمرُ ☼ الكِسْوةُ الثوبُ (ويُكسَرُ ج كُسًى وكِساءٌ) وفعلهُ ن كسا كساءً (ألبسَ) ورجلٌ كاسٍ ذو كِسوةٍ (ل وكَسِيَ لبسَها) والكِساءُ بالكسرِ الثوبُ الظاهرُ ج أكسِيةٌ والكَساءُ بالفتحِ المجدُ والشرفُ والرفعةُ وكاساهُ فاخرهُ ☼ ن كشوتُهُ عضضتُهُ (وانتزعتُهُ ☼ ن كظا لحمُهُ اشتدَّ) ☼ ن كعا جبُنَ والكاعي المنهزمُ (والأكعاءُ الجبناءُ) ☼ الكِفْوُ (والكِفَى الكُفُوُّ و) الكفايةُ ☼ كِلا بالكسرِ موضوعةٌ للدلالةِ على الاثنينِ والمؤنثةُ كِلتا ويأتي بيانُها ☼ الكَمِيُّ الشجاعُ والكميُّ ايضًا والمُكتمي لابسُ السلاحِ ج كُماةٌ (وأكماءٌ والكيمياءُ م والكَمْوَى الليلةُ القمراءُ المُضيئةُ) ض وكمى الشهادةَ

المهو اللؤلؤ وحصى ابيض والسيف الرقيق (والبرد) وامهى الحديدة احدها وسقاها الماء وامهى الشراب اكثر ماءه (ر ومهو موهو رق) فهو مهو والمهاة الشمس والبلورة والبقرة الوحشية ج مهى ومهوات (ومهيات والمهاة بالضم ماء الفحل ج مهى) •

ن

(ن ناوت لغة في نايت) • ن نبا البصر والسيف نبوا ونبيا ونبوة كل وقصر ونبت صورته قبحت ونبا جنبه لم يطمئن على فراشه (ونبا منزله به لم يوافقه) والنبي الطريق (والنباوة) والنبوة ما ارتفع من الارض ونابو جبل مطل على ارض القدس مات فيه موسى النبي • ن نتا عضوه ينتو نتوا ورم فهو ناتٍ (والنوتاة القصير ج النواتي وانتا تأخر) • ن نثا الحديث اشاعه ونثا الشيء اذاعه وفرقه (وتنانوه تذاكروه) • ن نجا نجوا ونجاء (ونجاة) ونجاية ل ونجي خلص وانجاه الله ونجاه تنجية والنجا والنجوة ما ارتفع من الارض وانجى الرجل عرق وانجى الشيء كشفه والنجو السحاب بلا ماء والروث وفعله ن نجا واستنجى اغتسل بالماء من الروث او تمسح ونجاه نجوا ونجوى ساره والنجوى السر وناجاه ساره وانتجاه خصه بمناجاته والنجي من تساره ج انجية (والنجاة العرض والحسد) • النحو الطريق والجهة (والنوع) ج انحاء (ونحو) والنحو (ايضا المقدار والمثل و) القصد ومنه نحو العربية وجمعه نحو (ونحية) ن ونحاه ينحوه وينحاه وانتحاه قصده (ورجل ناحٍ اي نحوي ج نحاة) ونحا مال وانحنى وتنحى له وانتحى اعتمد ونحاه صرفه ونحا بصره اليه ينحاه وينحوه رده وانحاه عنه عدله • ن نخا ينخو نخوة وانتخى افتخر وتعظم وانخى زادت نخوته (ونخا فلانا مدحه) • ن ندا القوم ندوا وانتدوا وتنادوا اجتمعوا وندا القوم حضروا والندوة الجماعة وناداه جالسه وفاخره ونادى بسره اظهره والندي والنادي (والندوة) والمنتدى مجلس القوم (وتندي وانـدى تسخى وافضل) وفلان ندي الكف سمح والندى الثرى والشحم والمطر والعطاء ج انداء واندية والنداء بالكسر والضم الصوت وناداه صوت به والنوادي الحوادث (وندي ابتل فهو ندٍ والاسم الندوة وناديات الشيء اوائله) • ن نزا نزوا ونزاء بالضم (ونزوا) ونزوانا وثب والنزوان (التقلب و) حدة الشيء وسورته والنزاء بالفتح والكسر السفاد وتنزى تنزيا توثب • النسوة بالكسر والضم والنساء والنسوان (والنسون) جمع امرأة (من غير لفظها) والنسبة نسوي (والنسوة بالفتح الترك للعمل والنسا عرق من الورك الى الكعب ولا تقل عرق النسا لان الشيء لا يضاف الى نفسه

وتلاوَوْا عليهِ اجتمعوا واللاتَ صَنَمٌ) * ن لَهَا لَهْوًا وَٱلْتَهَا لعبَ وأَلْهاهُ اللعبُ وتلاهى بهِ تشاغلَ بهِ (والتلهّي صَرْفُ الهمّ بما لا يَحْسُنُ أنْ يُصْرَفَ بهِ) والمَلاهي آلاتُ اللَّهْوِ والاسمُ (الأُلْهُوَّة و) الأُلْهِيَّةُ والتَلْهِيَةُ ولَهِيَتِ المرأةُ الى حديثهِ لَهْوًا (ولُهُوًّا) أَنِسَتْ بهِ وأعجبَها واللَّهْوَة واللَّهْوُ المرأةُ (المَلْهُوُّ بها واللَّهْيَةُ بالضمّ) واللُّهْوَةُ ايضًا العطيّةُ (او افضلُ العطايا وأجزلُها والحَفْنَةُ من المالِ او الالفُ من الدنانيرِ) ل ولَهِيَ بهِ أحبَّهُ ولَهِيَ عنهُ سَلا وغفلَ واللَّهاةُ لحمةٌ في الحلقِ عندَ أصلِ اللسانِ ج لَهَوَاتٌ ولَهَيَاتٌ ولُهِيٌّ (ولِهِيٌّ ولَهًا ولِهاءٌ) ولاهاهُ قارَبَهُ (ونازَعَهُ وداناهُ) وٱلْتَهَى اشتغلَ بسماعِ الغناءِ *

م

(ن مَأَى الشرُّ بينهم فشا ومَأَى السِنّورُ يَمْأَى مُؤَاءً بالضمّ صاحَ والمَأْوُ الشِدّةُ) * ن مَتَوْتُ (في الارضِ مَطَوْتُ و) الحبلَ مَدَدْتُهُ وتَمَتَّى في الشيءِ تَمَتّيًا اشتدَّ نزعُهُ فيهِ * ن مَحَاهُ يَمْحُوهُ ويَمْحَاهُ أذهبَ أثرَهُ فانْمَحَى (قليلةٌ) وامْتَحَى والمَحْوُ السوادُ في القمرِ (والمَحْوَةُ العارُ والساعةُ) * المَرْوُ حجارةٌ بيضٌ بَرّاقةٌ تُورِي النارَ * المَرْيَةُ الفصيلةُ * المساءُ والإمساءُ ضدّ الصباحِ والإصباحِ ومَسّاهُ تَمْسِيَةً قالَ لهُ مَسّاكَ اللهُ بالخيرِ وامْتَسَى ما عندَهُ أخذَهُ كلَّهُ (ومَسَا الحِمارُ حَرَنَ) وماسِيًا لقبُ المسيحِ * (المَشْوُ والمَشُوُّ والمَشِيُّ والمَشاءُ الدواءُ المسهلُ واسْتَمْشَى وأَمْشاهُ الدواءُ) * المَضْواءُ الذنبُ * ن مَطَا جَدَّ في السيرِ وأسرعَ (ومَطَا المرأةَ جامعَها والمَطْوَةُ الساعةُ والمَطْوُ النظيرُ والصاحبُ) وتَمَطَّى امتدَّ وطالَ والمَطا الظهرُ ج أمطاءٌ والمَطِيّةُ الدابّةُ (ج مَطَايا ومَطِيٌّ وأمطاءٌ) وأمطاها وامتطاها رَكِبَها * (ن مَعَا السِنّورُ مُعاءً صَوَّتَ وتَمَعَّى تَمَدَّدَ والسِرُّ فشا * ن مَغَا السِنّورُ صاحَ) * ن مَقَا الفصيلُ أمَّهُ رضعَها شديدًا ومَقَا السيفَ والسِنَّ جلاهُ (وامْقَهْ مَقْوَكَ ومَقْوَتَكَ ومَقاوَتَكَ مالَكَ اي صُنْهُ صِيانَتَكَ مالَكَ) * ن مَكَا مَكْوًا ومُكاءً صَفَرَ بفيهِ او بأصابعهِ والمَكْوَةُ الاستُ (والمَكا والمَكْوُ جُحْرُ الثعلبِ والارنبِ) ومِيكائيلُ ميخائيلُ زعيمُ الملائكةِ (ويقالُ فيهِ مِيكالُ ومِيكائينُ) * ن مَلا يَمْلُو مَلْوًا عَدا وتَمَلّى بهِ اسْتَمْتَعَ بهِ وأَمْلاهُ اللهُ من الدهرِ مَتَّعَهُ ومَلاوَةً من الدهرِ (ومُلْوَةً مُثَلَّثَتَين) بُرْهَةً منهُ وأمْلَى الكتابَ كَتَبَهُ والإملاءُ الكتابةُ (والمَلا الصحراءُ والمَلَوانِ الليلُ والنهارُ وأُثْنِيَتْ لهُ في غيرِ اللَّفْتِ) والمَلاةُ الفلاةُ (ذاتُ حَرٍّ وسرابٍ) ج مَلًا * المَنا والمَناةُ كيلٌ او ميزانٌ مثناهُ مَنَوانِ ومَنَيانِ ج أمناءٌ وأمنٍ ومُنِيٌّ ومِنِيٌّ ن ومَناهُ يَمْنُوهُ ابتلاهُ واختبرَهُ (والمُنْوَةُ الأُمْنِيَّةُ) وداري مَنا دارِهِ حِذاؤُها * المُوماءُ والمُوماةُ الفلاةُ ج المَوامي *

وفعله هجّى (الحروف وتهجّاها) تهجية وهذا على هجاء هذا على شكله ر وهجو يومنا اشتدّ حرّه (والهجاة الضفدع) * الهراوة بالكسر العصا ج هراوى وهرىّ (وهرىّ) ن وهراه (هروا) وتهرّاه ضربه بالهراوة * (ن هزا هزوا سار * الأهشاء المتحيّرون من الناس وهاشاه مازحه * ن هصا هصوا أسنّ وكبر والأهصاء الأشدّاء وهاصاه كسر صلبه) * هاصاه استحمقه واستخفّ به (الأهضاء الجماعات من الناس والهضاة الذؤابة والأتان) * ن هطا هطوا رمى (والهطا الضرب الشديد) * ن هفا هفوا وهفوة وهفوانا أسرع وهفا الطائر بجناحيه خفق وهفا الرجل زلّ وجاع وهفا الفؤاد ذهب في أثر الشيء (وطرب) وهفت به الريح حرّكته (والأهفاء الحمقى من الناس * الأهكاء المتحيّرون وهاكاه استصغر عقله) * الهنو الوقت والهن الشيء هذا هنك اي شيئك ومن المرأة فرجها (وهما هنان وهنتان ويقال للرجل يا هن أقبل ولها يا هنة أقبلي) والهنات الداهية ج هنوات والهنيّة والهنيهة الشيء اليسير * الهوّة والهوّاة الوهدة في الارض والهوّ الجانب (والكوّة) والهواء (والمهواة والهوّة والهاوية والأهويّة) الجوّ والجبان (وكلّ فارغ) والهوى بالقصر العشق وإرادة النفس هو وهوت العقاب هويّا انقضّت وهوى الشيء وأهوى وانهوى سقط وهوت يدي له وأهوت امتدّت وهوت الريح هبّت وهوى فلان مات وهوى الشيء هويّا بالفتح والضمّ وهويانا وانهوى سقط من علو الى سفل وهوى الرجل هويّا بالفتح وهوّة صعد وارتفع وهوى هويّا بالضمّ انحدر ل وهويه هوى (فهو هوٍ) أحبّه واستهوته الشياطين ذهبت بهواه وعقله او حيّرته وأدهشته او زيّنت له هواه والهاوي الجراد وحرف الالف الساكن الذي لا يقبل الحركة ويأتي بيانه في مكانه والهاوية جهنّم والهوهاة بالفتح وبضمّ الاحمق س وهوت أذنه هويّا دوّت دويّا وهاواه داراه (وهويّ من الليل وتهواء ساعة وهيّ بن بيّ وهيّان بن بيّان كناية عمّن لا يعرف ولا يعرف أبوه *

ي

ياهو من أنبياء بني إسرائيل وياهو أيضا من ملوك إسرائيل استأصل قبيلة آحاب ملك إسرائيل *

• ن نشا نشوة مثلثة واستنشى وانتشى وانتشى استنشق وتنشى الخبر علمه ونشا نشوا ونشوة وانتشى وتنشى سكر ونشى وانتشى نما والنشاة الشجرة الناشئة ج نشا والنشوة (والنشية) الرائحة الطيبة ورجل نشوان ونشيان سكران (بين النشوة) والنشيان من يتخبر الاخبار مفتشا عليها والنشا وقد يمد لباب الحنطة • الناصية (والناصاة) شعر الراس ن نصا الثوب كشفه ونواصي الناس اشرافهم • ن نضاه من ثوبه جرده ونضا السيف وانتضاه سله ونضا الخضاب نضوا (ونضوا) ذهب لونه (ونضا الماء نشف) والنضو والنضي المطية المهزولة ج انضاء والنضو ايضا الثوب الخلق وانضاه هزله واعطاه (نضوا) وانضى الثوب وانتضاه ابلاه • النطو المد والبعد والسكوت وتسدية الغزل ج انطاء وانطى اعطى وتناطى (تسابق و) الكلام تعاطاه والمناطاة المنازعة والمطاولة • النغو الدائرة تحت الانف (والنغاء صوت السنور) • ن نغوت نغيت) • ل نقي نقاوة (ونقاوة ونقاء) ونقاءة ونقاية خلص فهو نقي خالص ج نقاء (ونقواء نادرة) وانقياء ونقاه تنقية وتنقاه وانتقاه وانقاه اختاره ونقاوة الشيء (ونقوته) ونقاته ونقايته ونقاوته خلاصته ج (اى جمع النقاوة) نقا ونقاء (وجمع النقاية نقاء) ونقايا ونقاة الطعام ونقايته (بعضهما و) بضمهما رديئه (وما القي منه) والنقا القطعة من الرمل (وهما نقوان ونقيان) ج انقاء ونقي والنقو والنقا كل عظم ذي مخ ج انقاء (والنقي المخ والنقاوة نبات يغسل به الثياب ج نقاوى) • ن نما ينمو نموا زاد •

و

ض وحى وتوحى اسرع وموت (وشيء) وحي عجل مسرع واستوحاه حركه ودعاه ليرسله واستوحاه استفهمه ووحاه توحية عجله والوحا الوحا (بالقصر ويكون) بالمد السرعة السرعة • ض وزى اجتمع واوزى ظهره اسنده واوزى داره جعل حول حيطانها الطين (والوزى الحمار المصك الشديد والمستوزي المنتصب والمستبد برأيه) •

ه

الهبوة الغبرة والهباء شبه الدخان يبان في حبال الشمس والهباء ايضا القليل العقل ج اهباء ن وهبا هبوا فر ومات والهباء ايضا والهابي تراب القبر وهباية الشجر قشرها (والهبي الصبي الصغير وهي هبية) • هتوته كسرته وطيا برجلي وهاتي اعطي) • ن هجاه هجوا وهجاء شتمه بالشعر وهاجيته هجوته وتهاجى والهجاء تقطيع اللفظة بحروفها كما تتعلم الصبيان

وأسايونَ وأَنَيَّاتٌ والآسِيَةُ الدِعامَةُ والسارِيَةُ • ص أَشى الكلامَ أَشْيًا اختلقهُ ل وأَشى اليهِ أَشْيًا اضطرَّ • (الآصِيَةُ الداهيةُ اللازمةُ وأَصَى تأصيةً تعشَّرَ • أَفِى كُرِهَ الطعامَ والشرابَ لِعِلَّةٍ والإفاءُ الوقاءُ • ص أَكَى استوثقَ من غريمهِ بالشهودِ والإكاءُ الوِكاءُ) • الأَلْيَةُ م ج أَلَياتٌ (والايا) ل وأَلِيَ (الكَبْشُ) عَظُمَتْ أَلْيَتُهُ فهو آلْيانٌ (ويُحرَّكُ وأَلِيٌّ وآلٍ وآلَى) وهي أَلْيانةٌ وأَلْياءُ (وكذا الرَجُلُ ج أُلْيٌ والمرأةُ ج أُلْيٌ وأَلْيانَاتٌ والايا والاه والألَى والألْوُ والأَلُّ والإلَى) والإِلَى النعمةُ ج آلاءٌ والأَلِيَّةُ اليمينُ وفعلُهُ آلَى يُؤلي والأَلِيُّ الكثيرُ الأيمانِ وإلِيَّا او إِلِيَّا من أنبياء اسرائيلَ منعَ السماءَ بصلاتهِ عن أنْ تمطرَ ثلثَ سنينَ ونصفَ وهو الآنَ حيٌّ في السماءِ بجسمهِ وسوفَ يأتي أمامَ الدجّالِ مُكَذِّبًا لهُ ويُقتلُ منهُ في شوارعِ أورشليمَ ويقومُ حيًّا بعدَ ثلثةِ أيامٍ وبقيامتهِ تقومُ الساعةُ • ص أَنَى الشيءُ أَنْيًا وأَنًا (وإِنًا) حانَ وأدركَ فهو أَنِيٌّ والاسمُ الأَناءُ والإِناءُ بالكسرِ الوعاءُ ج آنيةٌ وأَوانٍ وبلغَ أَناهُ غايتَهُ ونُضجَهُ وإدراكَهُ والأَناةُ الحِلْمُ والوَقارُ وفعلُهُ ل أَنِيَ وتأنَّى فهو آنٍ واستأنَى تثبّتَ وأَنَى أَنْيًا تأخَّرَ وأبطأَ والأَنَى الوَهْنُ • ص أَوَيْتُ منزلي وأَوَيْتُ الى منزلي أُوِيًّا نزلتُهُ وتأوّيتُهُ وأوّيتُهُ (وائتويتُهُ واتّويتُهُ نزلتُهُ ايضًا بنفسي وسكنتُهُ وآويتُهُ وأوَيتُهُ وأوّيتُهُ) أنزلتُهُ في منزلي والمَأْوَى (والمَأْوِي والمَأْواةُ) المكانُ (وتأوّتِ الطيرُ وتآوتْ تجمّعتْ وطيرٌ أُوِيٌّ متأوّياتٌ) ل وأَوَى لهُ أَوْيَةً وأَيَّةً ومأويةً ومأواةً رقَّ وابنُ آوَى دُوَيْبَةٌ ج بناتُ آوَى) • ص أَهَا قهقهَ في ضحكهِ وآهِيا أشراهيا من أسماءِ اللهِ تعالى بالعبرانيةِ اي الأزليُّ • الآيَةُ العلامةُ والشخصُ والجملةُ من كتابِ اللهِ خاصّةً وفعلُ المعجزِ ج آياتٌ وآيٌ (وآياءٌ جج آياءٌ) والآيةُ ايضًا العِبْرَةُ (ج آيٌ وتآيَيْتُهُ وتأيّيتُهُ قصدتُ شخصَهُ وتعمّدتُهُ وتأيّا بالمكانِ تلبّثَ عليهِ)

ب

(الإبضاءُ الانقطاعُ وقد أَبْضَتْ عليَّ دابّتي • ص ل بَدِيتُ بالشيءِ وبَدَيْتُ بهِ ابتدأتُ بهِ) • البَذِيُّ الرجلُ الفاحشُ وهي بَذِيَّةٌ وفعلُهُ ص بَذا بَذاءةً وبَذاءً والبَذاءُ الكلامُ القبيحُ • ص بَرَى القلمَ والسهمَ بَرْيًا وابتراهُ نحتَهُ فهو بَرِيٌّ ومَبْرِيٌّ والمِبْراةُ السكينُ يُبْرَى بها (والبَراءُ) والبُرايَةُ النُحاتةُ والبَرَى التُرابُ وانبرَى لهُ اعترضَ وباراهُ عارضَهُ وبارَى زوجتَهُ سمحَ بطلاقِها على رضاها وتباريا تعارضا • الباطِيَةُ إناءٌ م • ص بَغاهُ بُغاءً (وبُغًا) وبُغْيَةً بالضمِّ والكسرِ وابتغاهُ وتبغّاهُ واستبغاهُ طلبَهُ (والبِغْيَةُ) والبُغْيَةُ

حرف اليا

ا

ع ص أبى الشيء يأباه ويأبيه (اباء ر) اباءة كرهه والاسم الإباء والأبيّ العائف المتكرّه والاسد الذى لا يرضى الدناءة كبرًا ج أبيّون (ورجل آب ج آبون وأباة وأبيّ وإباء وأخذني أباء من الطعام اى كراهة والأبيّة الكبر والعظمة وبحر لا يؤبى لا ينقطع) ل وأبيت الطعام انتهيت عنه من غير شبع فهو أبيان ج إبيان • أتيته وأتوته أتيًا وأتيانا وإتيانة ومأتاة (وإتيا ويكسر) جئته ومأتى الامر (ومأتاته) جهته وآتاه اليه ساقه اليه واعطاه اياه وآتاه جازاه (وآتاه على الامر طاوعه ووافقه) وأتى الامر فعله وأتى عليه (الدهر) أهلكه وتأتّى له ترفق به وتأتّى الامر تهيّأ (ولا يفلح الساحر حيث أتى اى كان وأتى البناء محكمًا اى صار وأتى المكان حضره وأتى المرأة جامعها وأتى على الشيء أنفذه وبلغ آخره او مرّ به ورجل ميتاء معطاء مجاز) • أثيث (به أثيا وأثاية ذكر فى ا ث و (والمواثى المخاصم والمائية والمأثاة السعاية) • احيا السيلونى من أنبياء إسرائيل تنبأ على تمزيق ملك سليمان لانه عبد الاوثان • أداه تأدية أوصله وقضاه (والاسم الاداء وهو آدى للامانة من غيره وأديت له ختلته وآداه على فلان أعداه وأعانه) واستأدى عليه استعدى • أدوناى من أسماء الله تعالى بالعبرانية •

(ل أذى به أذا وأذاة تأذى والاسم الأذية والأذاة وهى المكروه واليسير والأذيّ ويخفف الشديد التأذّى والشديد الايذاء جدّ والأذيّ الموج وآذى فعل الأذى وآذى صاحبه أذى وأذاة وأذية ولا تقل ايذاء) • الإرة النار (او شدتها) ص وأرت النحل (وتأرّت وأتترت) عملت العسل والأريّ (ما لزق بأسفل القدر و) العسل والسحاب الذى تسوقه الريح والندى يقع على الشجر وتأرّى عنه تخلف وتأرّى الشيء أثبته ومكّنه وتأرّى النار عظمها • ص أزى اليه أزيا انضم (وضم) وأزى الظل (أزيا) قلص (وأزى له أزيا أتاه من وجه مأمنه ليختله) وأزاه أتعبه فهو مأزوّ (ومؤزى) ومأزى وأزى ماله نقص وازاء الشيء أمامه (والإزاء ايضا سبب العيش او ما سبب من رغده وفضله وسائس الماشية ومصب الماء فى الحوض وهم إزاؤهم أقرانهم وآزى من فلان دابه وآزى الشيء حاذاه وجاراه • ل أسيت عليه أسى حزنت ورجل آس وأسيان حزين وهى آسية وأسيانة ج أسيانون وأسيانات وأسايا

ث

(الثأى الافساد والجراح والقتل ونحوه والفعل ع ص ثأى وأثأى فيهم قتل وجرح • التثبنة الجمع والدوام على الامر والثناء على الحيّ واصلاح الشيء والزيادة والإتمام والتعظيم وأن تسير بسيرة أبيك والشكاية من حالك وحاجتك والاستعداء وجمع الشر والخير ضدّ) • ثدى المرأة م (ويكسر) ويؤنث ج أثدٍ (وثديّ والثدى الثديّ) وامرأة ثدياء عظيمة الثدي ل وثدي الشيء ابتلّ بالماء ن وثداه بالماء بلّه به • الثرى الندى والتراب الندىّ فهو تراب (رطب لم يصر طينا وهما) ثروان او ثريان (ج أثراء) وأثرت الارض (ل وثريت) كثر ثراها ص وثرى المكان رشّه • (الثاي القاذف والثقبة الجوع وانفطار الحيّ ع) ص ثنى الشيء ردّ بعضه على بعض فانثنى وتثنّى وأثناء الشيء ومثانيه طيّاته (وقواه وطاقاته) الواحد ثِنْيٌ ومثناة والاثنان م للمذكر وللمؤنث ثنتان واثنتان ج أثناء وثناه تثنية جعله اثنين وجاءوا مثنى وثناء اثنين اثنين او ثنتين ثنتين ويوم الاثنين (والثني) م ج أثناء وأثانين (والمثاني القرآن او ما ثُنّي منه مرّة بعد مرّة) والمثنى الثاني من أوتار العود ج مثاني والثنيّ ولد النعجة ابن سنتين او ثاني ولد ولدته (والثنيّ البعير الطاعن في السادسة والفرس الداخلة في الرابعة والشاة والبقرة في الثالثة) وكتاب التثنية والاستثناء او الثناية او الثناء الخامس من أسفار موسى لأنّ الشريعة تثنّى فيه ايضا والثنيان من لا رأى له ولا عقل (والفاسد من الرأي وثنى من الليل ساعة) والثنية العقبة والجبل والطريق فيه والثنية ايضا الشهداء وأربع أسنان في مقدّم الفم ثنتان من فوق وثنتان من أسفل ج ثنايا والمثنّى اسم للاثنين وأثنى عليه وصفه بمدح واستثنى الشيء طلب اعادته (والاستثناء الرفع والمنع واخراج الثاني من حكم الاول والثناء الغناء) • ص ل ثوى (المكان و) بالمكان ثواء وثويّا وأثوى به أطال الاقامة به او نزل به والمثوى المكان (والمنزل) ج مثاوي (وأبو المثوى ربّ المنزل والضيف) والثويّ البيت المهيّأ للاضياف والضيف والاسير والثويّة المرأة القعيدة للزنا ومأوى المواشي (وثوى تثوية مات وثوى قبر والثوة قماش البيت ج ثوى والثية مأوى الغنم) •

ج

الجذى ولد المعز (أجد و) جداء وجذيان وأجدية والجذى ايضا الدم السائل وأجذى

وبالضمّ والكسرِ الشيء المطلوبُ والحالةُ المَبغيَّةُ والباغِي الطالبُ ج بُغاةٌ وبُغيانٌ وانبغى الشيء تيسّر وتسهّل وبغت المرأةُ تبغي بغيًا وباغت (مباغاةً وبغاء) فجرت وزنت والبغيّ المرأة الفاجرة ن وبغا عليه بغيًا ظلم وجار واستطال وكذب واختال متكبّرًا وأسرع وبغاه رقبه وانتظره وما ينبغي (لك أن تفعل وما انبغى وما ابتغى وما ينبغي) لا يسوغ (ولا يصح ولا يسهل ولا يتيسّر ولا يجوز ولا يحسن وقيل كلمة ينبغي تقتضي رجحان أحد الطرفين وجواز الآخر) ● ل بَقِيَ بقاء (وبقى) وبقيًا ضد فَنِيَ وأبقاه وبقّاه وتبقّاه واستبقاه والاسم البقوى ويضمّ والبقيا والبقيّة والباقية والباقيات الصالحات واستبقاه استحياه ● ص بكى بكاء وبكى فهو باكٍ ج بكاة (وبكيّ والتبكاء ويكسر البكاء او كثرته وبكّاء) وبكاه بكى عليه ورثاه وأبكاه (فعل به ما يوجب بكاءه وبكّاه تبكية) هيّجه للبكاء (وإن مددت البكاء فهو النحيب مع صوت وإن قصرته فهو إخراج الدموع فقط) ● ل بَلِيَ الثوب (وغيره) بلاء وبلى (رثّ ودثر) والبلوى والبليّة المحنة والتجربة ن وبلوته وابتليته اختبرته وامتحنته والاسم البلوى والبلوة وأبلى اعترف (واشتغل وأبلاه أحلفه وحلف له لازم متعدٍّ وابتليت الرجل فأبلاني استخبرته فخبرني والبلاء الغمّ) وما بالى به ما اكترث له وبلى حرف جواب يأتي بيانه ● البنيّ نقيض الهدم وفعله ض بنى بنيًا وبناء وبنيانًا وبنية وبناية وابتنى والبناء المبنيّ ج أبنية و(جج) أبنيات والبُنية (بالضمّ و) بالكسر ما تبنيه ج بُنى (بالضمّ و) بالكسر والكلمة المبنيّة خلاف المعربة (والبناء لزوم آخر الكلمة ضربًا واحدًا من سكون او حركة لا لعامل) وبنى الرجل على زوجته (وبها) وابتنى تزوّجها وبنايا بن يوياداع قائد جيش سليمان ● النبيّ (وابن بيان وابن نبيّ) الرجل الخسيس (وبيّنت الشيء تبيينًا بيّنته وأوضحته وتبيّنت الشيء تعمّدته) ●

ت

(ع تأى يتأى سبق ● التتّى قشر التمرة وسويق المقل ● التاجيّ خادم البستان ● تادي اسم يهوذا الرسول) ● ص ترى يترى تراخى وأترى فتر بين كلّ عملين والانجيل التترى التابع بعضه بعضًا من غير تقديم وتأخير خلاف المفصّل (● ص تطا ظلم وجار ● ع تعا عدا) ● ل توي توى هلك وأتواه الله أهلكه فهو تو (والتويّ) بالشدّ (المقيم) ●

بهِ • الحَشَى (ويُكسَر والجِشَى) السهلُ من الارض ج أحْشاء وحِشاء واحْتشاهُ احتفرهُ واحْتشى
ما في نفسهِ ل وحَبِيَهُ اختبرهُ • الحَشَى ما في البطن (من كبدٍ وطِحالٍ وكَرِشٍ وما تبعهُ)
ج أحْشاء والحاشِيَةُ جانبُ الثوبِ وطرفُ الكتابِ (وغيرهِ) وأهْلُ الرجلِ وخاصّتُهُ وناحيتُهُ
وظِلُّهُ (وحاشا منهم فلانًا وتَحَشّاهُ استثناهُ منهم وحاشا تَجُرُّ كحتّى وحاشاكَ وأَلكَ بمعنى
وحاشَ للهِ) وحاشَى للهِ مَعاذَ اللهِ وحاشاهُ وتَحَشّاهُ قالَ حاشا فلانٌ (وتَحَشّى من فلانٍ تذمّم)
• ص حَكَى ذُكِرَ في ح ك و • الحَلْيُ ما يُتَزَيَّنُ بهِ من فِضّةٍ وذهبٍ وجواهرَ ج حُلِيّ
و جمعُ الواحدُ حَلْيَةٌ) والحِلْيَةُ والحَلْيُ ايضًا ج حُلًى وحِلًى وفعلهُ ل حَلِيَتِ المرأةُ حَلْيًا
مث) فهي حالٍ وحالِيَةٌ (وحَلّاها ألبسها حَلْيًا او اتّخذهُ لها او وَصَفَها) والحِلْيَةُ بالكسر
الخِلْقَةُ والصورةُ والصفةُ • ص حَمَى الشيءَ حَمْيًا وحِمايَةً ومَحْمِيَةً مَنَعَهُ وحَصَّنَهُ (وكَلَأٌ
حِمًى مَحْمِيٌّ وقد حَماهُ حَمْيًا وحِمْيَةً وحِمايَةً وحَمْوَةً) وحَمَى المريضَ منعهُ عمّا يَضُرُّهُ والحَمِيُّ
(المريضُ الممنوعُ مِمّا يَضُرُّهُ و) مَنْ لا يحتملُ الضيمَ والحِمَى ويُمَدُّ والحِمْيَةُ الشيءُ المَحْمِيُّ
والمكانُ لا يدنو منهُ أحدٌ (والحامِيَةُ الرجلُ يَحْمِي أصحابهُ والجماعةُ ايضًا حامِيَةٌ وأَحْمَى
المكانَ جَعَلَهُ حِمًى لا يُقْرَبُ او وَجَدَهُ حِمًى) ل وحَمِيَ من الشيءِ (حَمِيَّةً ومَحْمِيَةً) أَنِفَ منهُ
وحَمِيَتِ الشمسُ والنارُ حَمْيًا (وحُمِيًّا) وحُمُوًّا اشتدّ حَرُّهُما وأحماها أَحَرَّهُما جدًّا (وحَمِيَ
المِسمارُ حَمْيًا وحُمُوًّا سَخُنَ وأَحْمَيْتُهُ أَسْخَنْتُهُ) والحُمَةُ إِبْرَةُ الزُّنبورِ وسُمُّ الحَيّةِ ج حُماتٌ وحُمًى
والحُمَةُ ايضًا شِدّةُ البَرْدِ والحُمَيّا مُصَغَّرةً شِدّةُ الغضبِ وسَوْرَةُ الخمرِ (وإِسْكارُها وأَخْذُها بالرأسِ)
وأوّلُ الشبابِ ونشاطُهُ (واحْمَوْمَى الشيءُ اسْوَدَّ كالليلِ) والحَمِيُّ المُحامِي وحامَيْتُ عنهُ مانَعْتُ
وتَحاماهُ الناسُ اجتنبوهُ والحامِي من أسماءِ اللهِ تعالى والاسدِ • ص حَنَى يَدَهُ حِنايَةً
لَواها وحَنَى العودَ عَطَفَهُ وقَشَرَهُ • ص حَواهُ حَيًّا وحِوايَةً واحْتَواهُ واحْتَوَى عليهِ جَمَعَهُ وأَحْرَزَهُ
والحَوِيَّةُ والتَّحَوِّي استدارةُ كلِّ شيءٍ • والحاوِيَةُ ايضًا والحاوِيَةُ والحاوِياءُ الأمعاءُ ج حَوايا (والتَّحَوِيَةُ
والتَّحَوِّي القَبْضُ والانقباضُ والحَواةُ والحَواءُ الصوتُ) • الحَيُّ والحَيَوةُ (والحَيَوانُ
والحَيَوةُ) نقيضُ الموتِ وفعلهُ ل حَيِيَ حَياءً (وحَيَّ يَحَيُّ ويَحْيَى) والحَيُّ ضدُّ المَيّتِ ج
أحياء والحَيُّ ايضًا فَرْجُ المرأةِ وأحياهُ جَعَلَهُ حَيًّا واسْتَحْياهُ استبقاهُ (وأبو يَحْيَى كُنْيَةُ الموتِ)
وطريقٌ حَيٌّ بَيِّنٌ واضحٌ وحَيِيَ الشيءُ استبانَ وارضٌ حَيّةٌ مُخصِبةٌ حَيّةُ النباتِ والحَيَوانُ
جنسُ الحَيِّ (أصلهُ حَيَيانٌ) والحَيُّ ايضًا القبيلةُ ج أحياء والحَيا وتُمَدُّ الخِصْبُ والمطرُ
والتُّرابُ (وبالمَدِّ التوبةُ) والاحتشامُ وفعلهُ حَيِيَ منهُ حَياءً واسْتَحْيَى منهُ (واسْتَحَى منهُ) واسْتَحْياهُ
فهو حَيِيٌّ (والحَياءُ وقد يُقْصَرُ الفَرْجُ من ذواتِ الخُفِّ والظِّلْفِ والسباعِ ج أحْيِيَة

الجرح سال والجادي الزعفران والخمر والجَدْيَةُ الناحية ولونُ الوجه (والجَداء مَبلَغ حساب الضرب في ثلاثة جَداؤهُ تِسعَة) * ص جَذَيتهُ عنهُ واجذَيتهُ منعتهُ وجذي الشيء أَصلَهُ * ص جَرَى الماء ونحوهُ جَريًا وجَريانًا وجِريَةً سال (وجَرَى الامرُ وَقَعَ وحَدَثَ) وجَرَى الفرسُ جَرْيًا وجِراء عدا وجاراهُ (مُجاراةً وجِراء وأَجراهُ) جَرَى مَعَهُ والجارِيَةُ الشمس والسفينةُ ونِعمَةُ الله والبنتُ الفتيَّةُ ج جَوارٍ والجَرِيُّ (للواحد والجمع والمؤنث) الوكيل والرسولُ والاجيرُ والضامنُ والجِرايَةُ وتُكسَرُ الوكالة وأجرَى (وجَرَّى) أقامَ وكيلًا ومن جَرّاكَ وتُمَدُّ (وجَرائكَ) من أجلِكَ * ص جَزاهُ (بهِ وعليهِ) جَزاء وجازاهُ (مُجازاةً وجِزاء) كافاهُ على الشيء. واجتَزاهُ طلبَ منهُ الجزاء وجَزَى الشيء. كَفَى وجَزَى عنهُ قَضَى وأجزَى هذا عن هذا اقامَ مَقامَهُ وأجزَى عنهُ أغنَى عنهُ والجِزْيَةُ (خَراجُ الارضِ و) ما يُؤخَذ من الذِّمّي ج جِزًى (وجِزًى وجِزاء) * جَنيتُهُ أجنيهِ صَرَعتُهُ والجفاية السفينة الفارِغَةُ * ص جَلَيتُ الفِضَّةَ جَلَوتُها وجَلَى الشيءَ نظرَ اليهِ والجَلَيانُ مُحَرَّكَةً الرؤيا (والجِلَى الكَوَّةُ من السطح لا غيرُ) * ص جَنَى الذنبَ جِنايَةً اقترفهُ وجَنَى الثمرةَ واجتَناها اقتطفها فهو ثمرٌ جَنِيٌّ وهو جانٍ ج جُناةٌ وجُنّاء وأجناء (نادِرٌ) والجَناء الذهبُ والوَدَعُ والعسلُ ج أجناء وأجنَى الشجرُ ادركَ ثمرهُ وجَنَى عليهِ ذنبًا (وتجنَّى عليهِ) اتَّهمَهُ بهِ والجَوانِي الجوانبُ * الجَوَى مرضٌ في الجوفِ (وجَوٍ باطنٌ والحزنُ والماء المنتنُ والحُرقةُ وشدَّةُ الوجدِ والسِلُّ وتطاوُلُ المرضِ) وفعلُهُ ل جَوِيَ جَوًى فهو جَوٍ وجَوًى (وصفٌ بالمصدرِ وجَوِيَةٌ) واجتَواهُ كَرِهَهُ وجَوِيتُ نفسهُ منهُ او جُوِيَت عنهُ كَرِهَةً والجِواء بطنُ الارضِ والواسعُ من الاودية وجرابُ الراعي (والجَوِيُّ الضيِّقُ الصدرِ لا يُبَيِّنُ عنهُ لِسانُهُ) والجَوِيُّ الماء المنتن والجِيَةُ الماء المتغيِّرُ (او الركيَّةُ المنتنةُ) *

ح

ل حَذِيَ بالمكانِ حَذاء لزِمَهُ واحذَى الشيء. وتحذّاهُ تعمَّلهُ (والحَذِيّا المنازعَةُ والمباراةُ وقد تحذّى وانا حَذيّاكَ أبرزُ لي وحدَكَ ولا افعلهُ حَذَى الدهرِ أبدًا * ص حَذاهُ بلسانهِ وَقَعَ فيهِ وهو حَذيّاكَ بإزائكَ * الحَراةُ الناحيةُ ج أحراء والحَرَى والحَرِيُّ والأحرَى الخليقُ (وانهُ لَحَرًى وحَرٍ وحَرِيٌّ بكذا جديرٌ) وتحرّاهُ تعمَّلهُ وتحرَّى بالمكانِ تمكَّثَ ص وحَرَى نقصَ (والحارِيَةُ الأفعَى التي كَبُرَت ونقصَ جسمُها ولم يبقَ إلّا رأسُها ونفسُها وسمُّها) * ص حَزَى الشيءَ حَزْيًا قدَّرهُ واحزَى ارتفعَ واشرفَ واحزَى بالشيء. علِمَ

خِصْيَةٌ وخِصْيانٌ والخَصِيُّ المُشْتَكي خُصاهُ (والخَصِيُّ بالشِّدِّ شِعْرٌ لم يَتَغَزَّلْ فيهِ والخَصْيَةُ القُرْطُ في الأُذُنِ وأَخْصَى تَعَلَّمَ عِلْمًا واحدًا ٭ ل خَظِيَ لحمُهُ خَظًا اكتنزَ وأَخْظَى سَمِنَ وسَمَّنَ) ٭ خَفاهُ خَفْيًا وخُفِيًّا واختفاهُ أَظْهَرَهُ واستخرجَهُ ل وخَفِيَ الشيءُ خَفاءً لم يَظْهَرْ فهو خافٍ وخَفِيٌّ وأَخفاهُ (وخَفّاهُ سَتَرَهُ د) كَتَمَهُ ولم يُظْهِرْهُ والخافِيَةُ ضِدُّ العَلانِيَةِ (وخَفِيتُ لهُ خِفْيَةً بالكسرِ والضمِّ اختفيتُ ويأكُلُهُ خِفْوَةً يَسْرِقُهُ) واختَفَى وأَخفَى واستَخفَى استترَ وتَوارَى (والخافِي والخافِياءُ والخافِيَةُ الشياطينُ ج خَوافٍ والخَوافِي رِيشاتٌ تحتَ جَناحَيِ الطائرِ والخِفاءُ الكِساءُ زِنَةً ومَعْنًى ج أَخْفِيَةٌ (وبَرِحَ الخَفاءُ وَضَحَ الأمرُ) ٭ الخَلَى النبتُ الرطْبُ الواحدةُ خَلاةٌ ج أَخْلاءٌ والمِخْلاةُ عِلاقةُ الدابَّةِ واختلى الخَلَى (وخَلاهُ خَلْيًا) جَزَّهُ وخالاهُ خادَعَهُ (وصارَعَهُ والمُخْتَلِي الأَسَدُ) ٭ خَنا الدهرُ آفاتُهُ وأَخْنَى عليهِ الدهرُ طالَ (ل وخَنِيَ) وأَخْنَى عليهِ أَهلكَهُ ٭ ص خَوَتِ الدارُ تَهَدَّمَتْ ل وخَوِيَتْ خَيًّا (وخُوِيًّا) وخَواءً وخَوايَةً خَلَتْ من أهلِها فهي دارٌ خاوِيَةٌ والخَوَى بالقصرِ ويُمَدُّ خُلُوُّ الجوفِ من الطعامِ والخَواءُ بالمدِّ الفَضاءُ والخَوُّ العسلُ (ص وخَوَى خَوًى وخَواءً تتابعَ عليهِ الجوعُ وخَوِيَ) وأَخْوَى الزَّنْدُ لم يُورِ (وخَوَتِ النجومُ خَيًّا وأَخْوَتْ وخَوَّتْ أَمْحَلَتْ فلم تُمْطِرْ وخَوَى الشيءَ ٭ خَوًى وخَوايَةً اختطفَهُ والخَيُّ القَصْدُ) وأَخْوَى جاعَ واختَوَى ذهبَ عقلُهُ فهو أَخْوَى رمى خَيًّا وخُوِيًّا ٭

د

الدَّأْيُ (والدَّأْيُ والدِّئِيُّ) عِظامُ الكاهلِ وعِظامُ الظهرِ (ع ودَأَيْتُ للشيءِ خَتَلْتُهُ) وابنُ دايَةَ الغُرابُ والدايَةُ القابِلَةُ ٭ الدِّبا المشيُ الرُّوَيْدُ وفعلُهُ ص دَبَى والدَّبا أيضًا صِغارُ الجرادِ والنملِ ونحوِهِ (والتَّدْبِيَةُ الصَّنْعَةُ) ٭ الدُّجْيَةُ (قُتْرَةُ الصائدِ و) الظُّلْمَةُ ج دُجًى وليلٌ دَجِيٌّ ودَاجٍ مُظْلِمٌ (وداجَى ساتَرَ بالعداوةِ) ٭ ع دَحَى الشيءَ يَدْحاهُ دَحْيًا بَسَطَهُ والدِّحْيَةُ رئيسُ الجُنْدِ (وبالفتحِ القِرْدَةُ الأُنثَى) ٭ الدَّهْما الظلمةُ وليلةٌ دَهْياءُ مظلمةٌ ٭ ص دَراهُ ودَرَى بهِ دَرْيًا ودَرْيَةً ويُكْسَرانِ ودِرْيانًا (ويُحَرَّكُ) ودِرايَةً عَلِمَهُ ودَرَى الصيدَ دَرْيًا وتَدَرَّاهُ وادَّراهُ خَتَلَهُ وأَدْرَى رأسَهُ وتَدَرَّاهُ سَرَّحَهُ بالمِدْراةِ (او المِدْرِيَةِ او المِدْرَى) وهو المُشْطُ (ج مَدارٍ ومَدارَى) وذَرَّى الحنطةَ ونحوَها نَسَفَها بالمِذْراةِ ٭ ل دَسِيَ الشيءُ خَبُثَ ودَسَّاهُ تَدْسِيَةً أَغواهُ وأَفسدَهُ (ع ودَسَى ضِدُّ زَكا) ٭ ص دَعَيْتُ لغةٌ في دَعَوْتُ ٭ ص دَفَى الجريحَ وأَدْفاهُ (ودافاهُ أَجْهَزَ و) كَمَّلَ عليهِ ورَجُلٌ أَدْفَى مُنْحَنٍ (وعُقابٌ دَفْواءُ مُعْوَجَّةُ المِنْقارِ والتَّدافِي التَّدارُكُ والتَّداوُلُ) ٭ ل دَلِيَ تَحَيَّرَ فهو دالٍ وتَدَلَّى (قَرُبَ و) تواضعَ ودَلاهُ داراهُ ٭

وأحيية وحيّ ويكسر) والتحيّة السلام وفعله حيّا تحيّة والتحيّة ايضا البقاء والملك وحيّاك الله أبقاك (او ملّكك وحيّ الخمسين دنا منه) والحُيَيّا مصغرة مقصورة الوجه كلّه والحيّة م ج حيّات وحيوات و(ذكرها) حيّوت (ورجل حوّاء وحاوٍ يجمع الحيّات) وحيّة النحاس صنعها موسى النبيّ لينظر اليها بنو إسرائيل فينجوا من لدغ الحيّات في أرض أدوم ثم جعلوها إلههم وأحيى القوم حسنت حالهم وأخصبوا وفلان حيّة الوادي (او الارض او الحماط) اى خبيث داهية وحيّ هلا وحيهل بالشدّ والتخفيف فيهما أعجل وهلمّ (وصاحب القاموس قال هكذا • حيّ على الصلوة اى هلمّ وأقبل وحيّ هلا وحيّ هلا على كذا او الى كذا او حيّ هل وحيّ هل وحيّهل حيّ اى أعجل وهلا اى صِلْه وحيّ اى هلمّ وهلا اى حثيثا او أسرع او هلا اى اسكن ومعناه أسرع عند ذكره واسكن حتى ينقضي وحيّ هل بفلان اى عليك به وادعه واذا قلت حيّ هلا منوّنة فكأنك قلت حثّا جعلوا التنوين علما على النكرة وتركه علما للمعرفة وكذا في جميع ما هذا حاله من المبنيّات ولاحيّ عنه لا منع) ولا يعرف الحيّ من اللّيّ اى الحقّ من الباطل (وحيّة الوادي الأسد) •

خ

الخِباء البيت من صوف او من شعر وغشاء الحنطة في السنبلة ج أخبية • (الخابية القلاب والخابى تغيّر لونه من مخافة سلطان ونحوها • ض خثى البقر والفيل خثيا رمى بذا بطنه والاسم الخِثْى ج أخثاء وخُثِيّ وخِثِيّ وأخثا أوقدها) • ل خجى اشتهى وأخجى جامع كثيرا (والخجاة القذر واللؤم ج خجى • خدى البعير والفرس خديا وخديانا أسرع وأخدى مشى قليلا قليلا • ل خذيت أذنه خذا استرخت من أصلها وانكسرت مقبلة على الوجه يكون في الناس والخيل والحمر خلقة او حدثا ومن ألقاب الحمار خذى) • ل خزي خزيا (وخزا) وقع في بلية وشهرة فذلّ وأخزاه الله فضحه والخزية بالفتح وتكسر البليّة وخزي ايضا خزاية وخزي استحى فهو خزيان (وهي خزيى) ج خزايا • (الخسيّ نحو الكساء او الخباء من الصوف والتخاسي الترامي بالحصا) • ل خشيه خشا (ويكسر) وخشية وخشاة ومخشاة (ومخشية) وخشيانا وتخشّاه خافه فهو خاشٍ (وخش) وخشيّ وهي خشياء ج خشايا وخشّاه تخشية خوّفه (وهو أشدّ منّي خشية وهذا المكان أخشى اى أخوف نادر) • الخصى والخصية بضمهما وكسرهما من أعضاء التناسل وهما خصيان وخصيتان ج خصى ض وخصاه خصاء سلّ خصيته فهو خصيّ ومخصيّ ج

موضعُ النَفَسِ من الحَيَوانِ ج رِئاتٌ ورِئونَ ورَأَهُ أصاب رِئتَهُ ورَأى (وأرأى الرايةَ رَكَزَها
و) الزَنْدَ قدحهُ فَرَأى هُوَ واسْتَرْأَيْتُهُ اسْتَشَرْتُهُ وَرَآيْتُهُ شاوَرْتُهُ وأرأى فُلانٌ صارَ ذا عقلٍ اوحُمْقٍ
جِدًّا (ولاتَرَما ولم تَرَما وأوْتَرَما بمعنى لاسِيَّما) • الرَثْيَةُ (والرَثْيَةُ) وجعُ المفاصلِ والضَعْفُ
والحُمْقُ والفعلُ ل رَثِيَ ص ورَثَى المَيْتَ رَثْيًا ورِثاءً ورِثايَةً ومَرْثاةً ومَرْثِيَةً (ورَثّاهُ تَرْثِيَةً وتَرَثّاهُ)
بَكاهُ وعَدَّدَ محاسنَهُ (ونظمَ فيهِ شِعرًا) ورَثَى لهُ رَحِمَهُ ورَقَّ لهُ • الرَحَى الطاحونُ مُؤنثةٌ
وهما رَحَيانِ ورَحَوانِ ج أَرْحاءٌ (وأَرْحٍ وأَرْحِيٌّ ورُحِيٌّ) ورُحِيٌّ بالفتحِ وأَرْحِيَةٌ (نادرةٌ والمُرَحِّي
صانِعُها) والرَحَى ايضًا الصدرُ وحومةُ الحربِ وسيّدُ القومِ والعيالُ والضرسُ وخُفُّ البعيرِ ج
أَرْحاءٌ • ص رَدَى فلانًا صدَمَهُ وَرَدَاهُ بالحجرِ رَماهُ بهِ (ورَدَى الشيءَ كَسَرَهُ) ورَدَى
فُلانٌ ذَهَبَ ورَدَى في البئرِ سقطَ (وأَرْداهُ غيرُهُ ورَدّاهُ) ل ورَدِيَ رَدًى هلكَ وأَرْداهُ أهلكَهُ
والرِداءُ المِلْحَفَةُ والسَيْفُ والقوسُ والدَيْنُ والعقلُ (والجهلُ وما زانَ وما شانَ ضِدٌّ) والوشاحُ
وتَرَدَّى وارْتَدَى توشّحَ الرداءَ وفُلانٌ غَمْرُ الرِداءِ جوادٌ وخَميصُ الرِداءِ قليلُ العيالِ وقليلُ
الدَيْنِ (ورجلٌ رَدٍ هالكٌ وهي رَدِيَةٌ والرادِي الأسدُ والمِرْدَى لأَزِرٍ وقوائمُ الإبلِ) والمُرْدِيُّ
مجدافُ السفينةِ ج مَرادِيُّ والرَداةُ الصخرةُ ج رَدًى • رُوِيسْتاوُسُ اسمُ مبتدعٍ عندَ اليهودِ
كانَ يتجاوزُ الحدَّ في حفظِ السبتِ ويمنعُ شيعتَهُ من أكلِ الحيوانِ • ص رَزَى فلانًا
قَبِلَ بِرَّهُ وأَرْزَى اليهِ استندَ والتجأ) • ع رَعَى البعيرُ الكلأَ رَعْيًا وارْتَعاهُ (وتَرَعّاهُ) أكلَهُ (والرِعْيُ
الكلأُ ج أَرْعاءٌ وأَرْعاةٌ) ورَعاهُ رِعايَةً فهو راعٍ (والراعي ايضًا كلُّ مَنْ وَلِيَ أمرَ قومٍ) ج رُعاةٌ ورُعْيانٌ
ورِعاءٌ والرَعِيَّةُ القومُ المنقادونَ بالطاعةِ ج رَعايا ورَعاهُ حَفِظَهُ وراعاهُ لاحظَهُ (مُحْسِنًا اليهِ) وراعَى
الأمرَ نظرَ فيهِ (إلامَ يصيرُ) ورَعَى النجومَ وراعاها راقَبَها والاسمُ الرَعْيَى والرَعْوَى والمَرْعِيَةُ
الرَعِيَّةُ سريانيّةٌ وأَرْعِنِي سمعَكَ وراعِني سمعَكَ استمعْ لمقالي (والأُرْعُوَّةُ نِيرُ الفَدّانِ) •
ل رَقِيَ اليهِ رُقِيًّا وارْتَقَى وتَرَقَّى صعدَ اليهِ والمِرْقاةُ بالكسرِ السُلَّمُ والرُقْيَةُ ما يتكلّمُ بهِ الراقي ج
رُقًى (ورُقْياتٌ ورُقَياتٌ) وفعلُهُ ض رَقَى رَقْيًا (ورُقِيًّا) ورُقْيَةً فهو رَقّاءٌ • الرَكِيُّ الضعيفُ
وهذا أَرْكَى منهُ أضعفُ وأَوْهَنُ منهُ • ض رَمَى الشيءَ (ورَمَى بهِ) وأَرْماهُ ألقاهُ فارْتَمَى
(ورَمَى على الخمسينَ زادَ ورَمَى اللّهُ لهُ نَصَرَهُ ورَمَى فُلانًا بكذا عابَهُ وقذفَهُ واتّهمَهُ) وتَرامَى
الأمرُ تراخَى وأَرْمَتْ بهِ البلادُ وترامَتْ بهِ أخرجتْهُ وارميا بالكسرِ من أنبياءِ إسرائيلَ ذُكِرَ
في ا ر م • ل رَوِيَ من الماءِ رِيًّا (ورَيًّا ورِوًى) وتَرَوَّى وارْتَوَى سكنَ عطشُهُ بهِ والاسمُ الرِيُّ
فهو رَيّانُ وهي رَيّا ج رِواءٌ (وماءٌ رَوِيٌّ ورِوًى ورَواءٌ كثيرٌ مُرْوٍ) والراوِيَةُ المطهرةُ للماءِ والدابّةُ
يُسْتَقَى عليها ض ورَوَى الحديثَ رِوايَةً (وتَرَوّاهُ) نقلَهُ فهو راوِيَةٌ (للمبالغةِ) ورَوَى الحبلَ

الدم م اصله دمى مثناه دمان ودميان ج دماء ودمى وفعله ل دمى وادماه ودماه تدمية أخوى دمه (ودم الاخوين م) والدمية الصورة (المنقشة) والصنم ج دمى والمتدمى المستوفي دينه بوفق والداميه الخير والبركة (ودميت له تدمية سهلت له سبيلا وطرقته وقربت له وطهرت) • الدواء مثلثة علاج المرض والدوى بالقصر المرض وفعله ل دوى دوى فهو دو (ودوى) والدوى ايضا الاحمق ودواة الكتابة م ج دوى بالضم والكسر و(دوى) بالقصر وما بها دوى بالفتح والضم (ودووى) ما بها احد وداويته عالجته وادويته امرضته ودوى الريح حفيفها وكذلك دوى الطير • الدها بالفتح (والدهى) المنكر وجودة الرأى وفعله ل دهى دهيا ودهاء ودهاءة فهو داهية وداه (وده) ج دهاة ودواهى (ودهون) وتدهى فعل فعل الدهاة ع ودهاه دهيا (ودهاه) نسبه الى الدهاء ودهاه عابه وتنقصه واصابه بداهية (والدهى العاقل ج ادهية ودهواء والداهى الاسد) •

ذ

(ص ذخى اسرع وذختهم الريح اصابتهم والمذخاة الارض التى لا شجر بها • اذلولى انطلق فى استخفاء وذل وانقاد وفلان انكسر قلبه ورجل ذلولى مذلولى وتذلى تواضع) • الذماء الحركة وفعله ل ذمى والذماء ايضا بقية النفس او قوة القلب وفعله ض ذمى واذماه تركه برمته والذمى الرائحة (المنكرة وذمى ذميانا اسرع) • ض ل ذوى الغصن ذويا ذبل والذواة قشرة الحنظلة وقشرة العنب (والبطيخ وذاتك الرمل اى ذلك) •

ر

الرؤية النظر بالعين وبالقلب وفعله ع رأى رؤية ورأيا وراءة (وراية ورؤيانا) وارتاه واسترآه (والحمد لله على ريتك اى رؤيتك والرآء الكثير الرؤية والروى والرواء) والمرآة بالفتح المنظر وبهجة الحسن والمرآة بالكسر كآلة تتراءى فيها (والترئية البهاء وحسن المنظر واسترآه استدعى رؤيته وأريته اياه اراءة واراء ورائيته مراآة ورياء ورأيته ترئية ارئته على خلاف ما انا عليه وترائيت) وترائيت تبايلت والرؤيا ما رأيته فى منامك ج رؤى (والرائى ويكسر الجنى والحية العظيمة والثوب ينشر ليباع وترأوا) رأى بعضهم بعضا وترأى لى وتراأى تصدى لاراءة وهو مبنى مرأى ومسمع وبنصب اى بحيث اراه واسمعه وجاء حين جن رؤى ورؤيا مضمومتين ومفتوحتين اى حين اختلط الظلام وهو مرآة بكذا اى مخلقة وانا ارأى الخلق) وارتأى فى الامر تأنى فيه والرأى كالاعتقاد ج آراء (وآراء وارى ورى ورئى) والرئة

وأسرى واسترى والسارية (السحاب يسري ليلاً و) الأسطوانة ج سوارٍ ومنه سواري السفينة والساري الأسد وسرى عِرق الشجر دبّ تحت الارض والسراة أعلى كل شيء ٭ ع سعى سعياً قصد ومشى وعدا ونمّ وسعى سعاية باشر وسعت الأمة فسقت وأسعاه جعله يسعى واستسعى العبد أعتق نفسه بكدّه وكدحه والسِعاية بالكسر النميمة وسعيا النبيّ لغة في إشعيا النبي والسِعوة والسِعواء الساعة والساعي الوالي وحبر اليهود وأسقف النصارى (السابية الشربة اللذيذة) ٭ ض سفت الريح التراب وأسفته ذرّته (فهو سافٍ وسفيّ) والسافياء الغبار والريح التي تحمل التراب ج سافيات وسوافٍ والسفا التراب (والهزال) وكل شجر له شوك وأسفى اليه أساء ل وسفيت يده تشققت وسفي اليه أساء ٭ ض سقاه وأسقاه وسقّاه تسقية دلّه على الماء فهو ساقٍ وسقّاء ج سقاة (وسقيّ للأولى وسقّائين للثانية) وهي سقّاءة وسقّاية والسِقي بالكسر الزرع الذي يسقى فهو مسقيّ ومسقويّ والاستسقاء داء يستكثر من الماء والسِقاء قربة الماء ج أسقية وأسقيات وأساقٍ وسقاك الله روّاك وأخصبك والساقية النهر الصغير واستقى سمن ٭ السلا جلدة يكون المولود فيها (من الناس والمواشي) ج أسلاء ٭ السنا ضوء البرق (وضرب من الحرير) والسناء بالمدّ الرفعة والشرف وأسناه رفعه وسنّاه سهّله وفتحه وساناه راعاه وداناه وأحسن معاشرته وتسنّى تغيّر وتسهّل وتسنّاه ترضّاه ل وسني (صار ذا سناء و) البرق أضاء والسانية الدلو الكبيرة وسني شرف وتسنّى استقى والسنة العام (وأسنى القوم لبثوا سنة وأسنتوا أصابتهم الجدوبة) ض ن وسنى الباب فتحه ورجل سنايا شريف ٭

ش

ض شراه واشتراه ملكه بالبيع وباعه ضدّ وشرى فلاناً سخر به وشراه أرغمه وشرى (بنفسه من) القوم تكلّم مع السلطان منهم واشترى الشيء تركه وتمسّك بغيره وشاراه (مشاراة وشراء) بايعه (وشراه الله بلاه بعلّة الشرى) والشروى المثل والشِبه ل وشري الشرّ بينهم اشتدّ وشري البرق وأشرى لمع وشري غضب واستشرى لجّ واجتهد والشرى بثور تخرج في الجسد وفعله ل شري فهو (شرٍ وشري الفرس في سيره بالغ فهو) شريّ بشدّ الياء والشرى أيضاً الحنظل واسم مكان بنجد كثير الأسد والشرى أيضاً الناحية (وأشراه ملأه وأماله) وأشرى بينهم أغرى والشَريان بالفتح ويكسر العِرق النابض ج شرايين والشريّة الطريقة والطبيعة

فتله فارتوى وروّى فى الامر ترويةً نظر وفكر والاسم الرويّة والرويّ حرف القافية فى الشعر والراوى سائس الخيل والريّا الريح الطيّبة الرواء حبلٌ يُشدّ به على الدابة ج أروية (والمروى الرواء ج مراوىّ والروا الخصب) * الرىّ المنظر الحسن والراية العلَم ج رايات (وراى) والراية ايضا القلادة *

ز

(ع زأى تكبّر) * ص زباه وازدباه (وزناه) تحمّله وساقه والأزبىّ السرعة (والنشاط والامر والشرّ العظيم ج أزابىّ (والزبية الرابية لا يعلوها ماء وحفرة للأسد والتزابى التكبر ومشية فى بطء) * ص زرى عليه زريًا وزراية (ومزرية) ومزراة وزريانا وأزرى عليه وتزرّى وازدرى به عابه وزرى بالامر تهاون (والمزدرى والمستزرى المحتقر والاسد) * ص زفت الريح السحاب زفيًا وزفيانا طردته وأزفاه نقله من مكان الى آخر * (ص زقى صاح والزقية الصيحة وبالضم الكومة) * ل زكى وتزكّى نما وزاد وعطش) * الزلابية بالكسر طعام من عجين ج زلابى * ص زنى زنا وزناء (وزانى زناء) ومزاناة فسق وهو ابن زنية بالفتح وقد يكسر ابن زنا * الزىّ الهيئة ج أزياء وتزيّا الرجل ظهر ذا هيئة *

س

ص سباه العدوّ سبيًا وسباء واستباه أسره فهو وهى سبىّ ج سبايا وسبا الخمر اشتراها او نقلها فهى سبيّة وسباه الله غرّبه وأبعده وسبت المرأة القلب ملكته فهى سبىّ (والسبى ما يسبى) ج سبىّ (والسبى ايضا النساء لانهن يسبين القلوب او يسبين فيملكن ولا يقال ذلك للرجال) والسابياء مشيمة الولد والمواشى والسبية درّة الغوّاص وذهبوا أيدى سبا وأيادى سبا متفرقين * ص ن ل سخى يسخى ويسخو ويسخا ذكر فى س خ و * ع ن ر ل سخى سخاء وسخا وسخوة وسخوا جاد فهو سخىّ ج أسخياء وسخواء وهى سخيّة ج سخيّات وسخايا (وتسخّى تكلّفه والسخاوية والسخواء الارض الليّنة والواسعة جمع الاولى سخاوىّ وجمع الثانية سخاوى وسخاوى) ن ع وسخى فلان سكن فى حركته * سدا الثوب وأسديُّ الثوب (وسداته) خلاف لحمته وفعله ص سدى الثوب (وأسداه وسدّاه) وتسدّاه والسدا ايضا ندى الليل والسدى (المهمل من الابل) وأسداه اهمله وأسدى اليه أحسن (وأسدى بينهما أصلح) وتسدّاه ركبه وعلاه وتبعه والسادى لغة فى السادس * السرى مشى الليل (يذكر ويؤنث) وفعله ص سرى سريا ومسرى وسرية بالفتح ويضم

ض

(ض ضاى دق جسمه) • الضاحية الداهية • ل ضدى غضب والضوادى الكلام القبيح والامانى (وضاداه ضاده) • ض ضلى هلك (وتضلى لزم الضلال) • ض ضنى ظلم • ل ضنى ضنى مرض فهو ضنى (وضن) واضناه المرض اهزله (والمضاناة المعاناة ض وضنت ضناء وضنى وضنيت كثر ولدها والضنو ويكسر الولد • ل) ض ضوى جسمه واضوى دق وهزل فهو ضاوى وهى ضاوية واضوت المرأة ولدت ولدا ضاويا واضواه حقه نقصه اياه واضوى الامر لم يحكمه ض وضوى ضيا وضويا انضم ولجأ واتى ليلا والضاوى الطارق والضواة والضوضاة الجلبة (والضواضية والضويضية الداهية •

ط

ض طباه عنه صرفه وطباه (واطباه) دعاه وقاده (والطبى بالكسر والضم حلمات الضرع التى من خف وظلف وحافر وسبع ج اطباء وجاوز الحزام الطبيين اشتد الامر وتفاقم) • الطخاء السحاب المرتفع و(الطخياء) الليلة المظلمة والكلام الغامض وظلام طاخ شديد (والطخية الاحمق ج طخيون والطخى الديك) • ل طرى اقبل (او مر • الطاغية العليلة الكبد) • ل طغى طغيا وطغيا بالضم والكسر جاوز القدر وبالغ فى الكفر واسرف فى المعاصى والظلم وطغى الماء ارتفع وطغا الدم فار والطاغية الاحمق المتكبر وكل ملك كافر • ض طلاه بالدهن لطخه به فاطلى وتطلى به والطلاء ما يطلى به والخمر (والطلاء الدم والطلى الشخص و(المطلى بالقطران والرجل الشديد المرض ج اطلاء وهما طليان والطلى ايضا) الهوى وقضى طلاه اى هواه والطلى اللذة والطلية (والطلاة) العنق ج طلى والمطلى المريض الدنف والمحبوس لا يرجى خلاصه وطلاه ربطه وحبسه (والطلى الصغير من اولاد الغنم ج طليان) واطلى مالت عنقه للموت وتطلى لزم اللهو والطرب وليل طال مظلم • ض طمى الماء (طميا) علا وطمى النبت طال وطمى البحر امتلأ • ل طنى بالمرأة فجر بها والطناة الزناة واطنيته بعته واشتريته ضد ض وطناه اتهمه وعالجه والطنى الرماد والمرض والتهمة والطنو البساط • ض طوى الصحيفة ادرجها فانطوت وانطوت والطوى الحديث كتمه وطوى كشحه عنى اعرض هجرا (وطوى كشحه على امر اخفاه) وطوى البلاد قطعها ومطاوى الحية والامعاء والشحم والبطن والثوب واحدها مطوى والطوى الساعة من

وتشرّى تعرّق واستشرت الامورُ تفاقمت وعظمت (والمشتري طائرٌ ونجمٌ م وهو يشاريه اى يجادله أصله يشاررهُ والشرو العسل ويكسر) • الشفاء الدواء ج أشفية (جج أشافٍ ص وشفاه) وشفاه تشفية واشفاه براه من دائه ص وشفت الشمس (ل وشفيت) شفا غربت واشفى على الشيء اشرف واشتفى وتشفّى من غيظه سكن واشفى فلان زال شفاوه والشفا حرف الشيء وجرفه والاشفا بالقصر مخرز الاسكاف والمثقب • ص شكى امرهُ ذكر في ش ك و (والشكية البقيّة) •

ص

(الصَّيُّ مثلثة صوت الفرخ وفعله ع صأى صَئيًّا صاح واصأيته) • الصدى (الرجل اللطيف الجسد والجسد من الآدميّ بعد موته وحشو الرأس والدماغ و) ذكر البوم وما يردّه الجبل على المصوّت والعطش وفعله ل صدي صدًى فهو صادٍ وصديان ج صَوادي وهي صَديا بالقصر وصادية واصمّ الله صداه اهلكه والتصدية والصدوى التصفيق واصدى (مات و) الجبل جاوب وصاداه داجاه وداراه وعارضه وتصدّى له تعرّض له • (ص) صراه يصريه قطعه ودفعه ومنعه وحفظه وكذاه ووقاه وصرى فيه حبسه من النكاح وصرى ايضا تقدّم وتأخّر وغلا وسال ضدّ وصرى ايضا عطف ونجّى آخر من هلكة وصرى بينهم فصل ولبن صرًا متغيّر (الطعم) والصرى البقيّة والصاري الملّاح وخشبة عليظة تسوق السفينة ج (صُرّاء و) صوارٍ وصواريّون والصريّ الشاجر بامرأة ابيه (والصارية الركيّة البعيدة العهد بالماء الآجنة والصرى الماء يطول مكثه) • ل صغي اليه صغيا (وصغيا) مال اليه بسمعه فاصغى واصغيت الاناء ملأته • ص صلى اللحم صليا وصلاه تصلية شواه واصلاه احرقه واصطلى استدفى (ل) وصلي النار وبها صليا وصليا وصلاء ويكسر وتصلاها قاسى حرّها) واصلاه النار (وصلاه اياها وفيها وعليها) ادخله فيها والصلاء والصلى الشواء والنار واصلاه داراه وخاتله وخدعه وصلى الفخّ نصبه • الصميان (التقلّب و) الوثب والسرعة والنعل ص صما واصمى واصمى (الصيد رماه فقتله وصمى) الصيد مات مكانه وما صماك عليه ما حملك وانصمى عليه انصبّ واصمى السهم قتل مكانه • ص صوت الشجرة صويا ل وصويت واصوت يبست من العطش فهي صاوية وصوية والصاوي ما يبس منها وصوي قويّ •

حرف جرّ ياتي بيانهُ وعليك زيدًا الزمهُ • ل غبي عمي (واغماى يغماى اغيباء) وتغمّى ذهب بصرهُ فهو أعمى وعمٍ وهي عمياء وعمية (ج عُمي وعميان) وعمّاهُ تعمية صيّرهُ أعمى وعمّى المعنى أخفاهُ ومنهُ المعمّى وهو ضربٌ من اللغزِ وقد استوفيتُ معناهُ في كتابي بلوغ الارب والعمى ذهاب بصرِ القلب وذهابُ العقلِ والجهل فهو أعمى وعمٍ والعمياء والعماية والعمية الغواية والضلالة والمجلج والأعمى الفلاةُ لا يُهتَدى فيها ج معامي والعماء السحابُ ص وعمى السحابُ سالَ (والعمية الكبرُ او الضلالُ وقتيلُ عميًا لم يُدرَ من قتلهُ والاعماء الجهالُ جمعُ أعمى وأغفالُ الارضِ التي لا عمارة بها وضكة عمى ترث في ص ك وتركتهم عمّى اذا اشرفوا على الموتِ واعتماه اختارهُ وعما والله كأما والمعتمي الاسد) • ص ن عناهُ الامرُ عنايةً (وعناية) أهمّهُ واعتنى بهِ اهتمّ لهُ ص وعنى الامرُ نزل وحدث ص ل وعنى بالقولِ أراد بهِ كذا ومعنى الكلامِ ومعنيّهُ (ومعناتهُ ومعنيتهُ) المرادُ منهُ ن وعنا يعنو عناء وتعنّى تعبَ فهو عانٍ وتعنّى الامرَ تجشّمهُ وعاناهُ وتعنّاهُ قاساهُ • ص عوى الكلبُ عيًّا وعوّةً وعويةً وعواء نبحَ وعوى الشيء واعتواهُ عطفهُ والعوّاء ويقصرُ الكلبُ (والعوّاء ايضًا) والعوّةُ بالضمّ (والفتحِ) الاستُ واستعواهُ استعانَ بهِ وتعاووا عليهِ اجتمعوا • ص عيا الامرُ ل وعيي بهِ وتعاياهُ واستعياهُ وتعيّاهُ عجز منهُ ولم يمكنهُ عجزًا فهو عيّانُ (وعياياء) وعيٌّ وعييٌّ وهي عيًّا بالقصرِ ج أعياء (وأعيياء) وعيي في المنطق عيًّا بالكسرِ حصِرَ وداء عياء لا شفاء لهُ واعياهُ الداء اعجزهُ (والسيرُ اكلّهُ واعيا الماشي كلّ) والمعاياةُ الكلامُ الذي لا اهتداء فيهِ ولا نظامَ •

غ

ص غثى الكلامَ يغثيهِ وتغثاهُ غثيًا وغثوًا خلطهُ وغثت النفسُ غثيًا وغثيانًا خبثت وتهوّعت ل وغثيت الارضُ كثر نباتها (والاغثى الاسدُ) • ص غذيتهُ كغذوتهُ • ل غسى الظلم واغساهُ الليلُ ألبسهُ ظلامهُ) • غشي عليهِ غشيًا (وغشيانًا) أغمي عليهِ فهو مغشيٌّ عليهِ والاسمُ الغشيةُ والغشاء الغطاء وعلى بصرهِ وقلبهِ غشوةٌ وغشاوةٌ مثلّثتين وغاشيةٌ وغشيةٌ وغشايةٌ (وغشاية) غطاء وغشّى اللهُ على بصرهِ تغشيةً وأغشى غطّى عليهِ ل وغشيهُ غشيانًا وتغشّاهُ واغشاهُ أتاهُ والغاشيةُ القيامةُ والنارُ وقميصُ القلبِ وغلافُ السيفِ وداء في الجوفِ (والسؤالُ) والزوّارُ والاصدقاء والغاشيةُ ايضًا شيء يُحمَلُ أمامَ الملوكِ كأنهُ الخيمةُ من أدمٍ وغشاء القلبِ والسيفِ (وغيرهِ) غاشيتهُ وغشيهُ بالسوطِ ضربهُ بهِ وغشي المرأةَ جامعها واستغشى بثوبهِ تغطّى

الليلِ والطويَّةُ والطِّيَّةُ الضميرُ والبِيَّةُ والطايَةُ السطحُ) وفلانٌ طاوى الحشا رقيقُ الخصر ل وطوِىَ جاعَ ص وطَوَى وأطوى صامَ فهو طاوٍ (وطوٍ) وطيّانُ وهى طيّاء وطاوِيَةٌ •

ظ

الظَّبْىُ حيوانٌ كالغزالِ وهى ظَبْيَةٌ ج ظَبيات وظِباء (وظُبِىٌّ وأظْبٍ والظَّبْيَةُ ايضًا الشاةُ والبَقَرَةُ وفرجُ المرأةِ والجرابُ الصغيرُ ومُنعرِجُ الوادِى • الظارِى العاضُّ ص وظرى جَرَى وظَرى بطنُهُ لم يتماسَكْ لينًا ل وظرِىَ كاسَ والظَّرَوْرَى الكيّسُ • الظائفة الداية والحاضنة • تظلّى لزمَ الظلالَ والدَّعةَ • الظَّمْياء من النوقِ السوداء ومن الشفاهِ الذابلةُ فى سُمْرةٍ ومن العيونِ الرقيقةُ الجفنِ ومن السُّوقِ القليلةُ اللحمِ ومن اللِّثاتِ القليلةُ الدمِ • تظنّى ظنّ) • أظْوَى حَمُقَ • (الظَّيَّةُ الجيفةُ والظَّيّانُ والظَّىّ العسلُ) •

ع

العَبايَةُ والعَباءةُ ضربٌ من الأكسيةِ والعَباةُ بالقصرِ الرَّجلُ الجافى الثقيلُ ص وعَبا الجيشَ هيّأهُ ورتّبَهُ • (عَنَيتُ وتَعَنّيتُ خَنِثْتُ) • العِذْىُ بالكسرِ ويُفتحُ الزرعُ لا يسقيهِ الّا المطرُ والبلدُ الموافقُ الهواء واستَعْذى المكانَ وافَقَهُ • العُرْىُ خلافُ اللبسِ وفعلُهُ ل عَرِىَ عُرْيًا وعُرْيَةً وتَعَرّى وأعراهُ الثوبَ وعَرّاهُ منهُ تعريةً نزعَهُ عنهُ فهو عارٍ وعُرْيانٌ ج عُراةٌ (وعُرْيانُونَ) وهى عُرْيانَةٌ وعارِيَةٌ (وفرسٌ عُرْىٌ بلا سَرْجٍ) واعْرَوْرَى الفرسَ رَكِبَهُ عُرْيانًا والعَراء الفضاء (لا يَسْتَتِرُ فيهِ شىءٌ) ج أعراء وأعرى أقامَ فى العَراء (وسارَ فيهِ) والعَرِىُّ المجرّدُ • العَزاء (والتَّعْزُوَةُ) الصبرُ والتسليةُ وفعلُهُ ل عَزِىَ عَزاء وتَعَزّى وعَزّاهُ تعزيةً ص ن وعَزاهُ ادّعاهُ واعْتَزى اليهِ انتسبَ • عَسَى فعلُ ترجٍّ (فى المحبوبِ واشفاقٍ فى المكروهِ وقد تُشبَّهُ بكادَ و) يأتى بيانُهُ وعَسِىٌّ بهِ خليقٌ بهِ وبالعَسِىّ أنْ يفعلَ اى بالحرىّ وأعْسِ بهِ أخْلِقْ بهِ (وهو عَسِىٌّ بهِ وعَسٍ خليقٌ والمِعْساء الجاريةُ المراهقةُ) • العِصْيانُ خلافُ الطاعةِ وفعلُهُ ض عَصاهُ عَصْيًا ومَعْصِيَةً وعاصاهُ فهو عاصٍ وعَصِىٌّ ج عُصاةٌ وتَعَصّى الامرُ اعتاصَ واسْتَعْصَى صارَ عاصِيًا • العِقْيانُ الذهبُ الخالصُ وأعْقَى الشىءُ صارَ مُرًّا واشتدّتْ مرارتُهُ ض وعَقَى الطائرُ ارتفعَ فى طيرانِهِ • ص عَكَى زيدٌ (وعَكى) وأعكى ماتَ والعاكِى الميتُ وأعكاهُ أوثقَهُ • ص عَلى السطحَ يَعْلِيهِ عَلْيًا بالفتحِ والكسرِ صَعِدَهُ وعَلِى

قالَ لهُ جُعِلتُ فِداكَ (والفداء حَجْمُ الشيء. وتفاداهُ تحاماهُ) • ص فَراهُ (وفَرْاهُ) وأفراهُ شقّهُ (وفرّى) وافترى كذبًا اختلقهُ (وفرى الارضَ سارها وقطعها) ل وفَرِيَ تحيّرَ ودهشَ وأفراهُ أصلحهُ و(أفرى فلانًا) لامهُ والفِرْيَةُ بالكسر الكذبُ والفَرِيُّ والفَرِيَّةُ الامرُ المصنوعُ بالكذبِ (وتفرّى انشقّ وهو يَفري الفَرِيَّ يأتي بالعجب في عملهِ) • فَلا رأسهُ (وفَلّاهُ) تَفلِيَةً بحثهُ عن القملِ والاسمُ الفِلايَةُ (وفَلاهُ بالسيف يَفليهِ كيقتلهُ) ل وفَلِيَ انقطعَ • ل فَنِيَ فَناءً عُدِمَ (وأفناهُ غيرُهُ) وفَنِيَ فلانٌ هَرِمَ والفاني الشيخُ الكبيرُ وفِناءُ الدارِ ساحتُها ج أفنيَةٌ (وفُنِيّ. وفاناهُ داراهُ وتفانَوا أفنى بعضُهم بعضًا) •

ق

ص قَباهُ جمعهُ باصابعهِ وقَباهُ رفعهُ • (القَتْيُ القَتْوُ) • قَحّى تَقحِيَةً تَسَنّعَ تَسَنُّعًا قبيحًا • ص قَذى الفرسُ أسرعَ والقَذِيَّةُ الهَدِيَّةُ ولا يُقاذيهِ أحدٌ لا يُباريهِ (والمُقتذي الأسدُ والمتبختر) • القَذى ما يقعُ في العين وفي الشرابِ فيعكّرهُ ج أقذاءٌ وقُذِيٌّ وفعلهُ ل قَذِيَتْ عينُهُ قَذًى وقَذَيانًا فهي قَذِيَةٌ بالشدّ (وقَذِيٌّ) ومَقذِيَّةٌ وتقذّى وقعَ القذى في عينهِ وقذّى عينهُ تَقذِيَةً وأقذاها ألقى فيها القذى وأخرجَ منها القذى ضدٌّ وفلانٌ يُغضي على القذى اي يسكتُ على الذلِّ والضيمِ • القَرْيَةُ بالفتح ويُكسرُ م ج قُرًى والقاري ساكنُها والنسبةُ قَرَوِيٌّ (وقَرْيِيٌّ) ج قَرَوِيّ (والقَرْيَةُ ايضًا بيتُ النملِ ومُجتمعُ ترابهِ) والقارِيَةُ الحاضرةُ ص وقَرى الماءَ (قَرْيًا وقِرًى) جمعهُ في الحوضِ وقَرى الضيفَ (قِرًى وقَراءً) واقتراهُ أضافهُ واستقرى واقترى وأقرى طلبَ الضيافةَ وهو مِقْرًى للضيفِ (ومِقْراءٌ) وهي مِقْراةٌ (ومِقْراءٌ) والمِقْراةُ ايضًا القصعةُ (يُقرى فيها) والقِدْرُ ج مَقارٍ والقارِيَةُ حدُّ السيفِ والرمحِ والقِرى أعلا سنانِ الرمحِ (والمَقْرى والمَقْراةُ كلُّ ما اجتمعَ فيهِ الماءُ) وقَرِيُّ الماءِ مَسيلُهُ من التلاعِ او مَوقِعُهُ من الرَبْوِ الى الروضةِ ج أقرِيَةٌ وأقراءٌ والقَرِيَّةُ العصا وقَرْيَةُ النملِ وقَرَيْتُ الصحيفةَ فهي مَقْرِيَّةٌ لغةٌ في قرأتُها) • القضاءُ ويُقصرُ الحكمُ ص وقضى عليهِ قَضْيًا وقضاءً (وقَضِيَّةً) حكمَ والاسمُ القَضِيَّةُ ايضًا (وقاضاهُ حاكمهُ) والقاضِيَةُ (والقَضِيُّ) الموتُ وقضى ماتَ وقضى عليهِ قتلهُ وقضى وطرهُ وقضّاهُ تقضيَةً أتمّهُ وبلغهُ (وقضاءُ الحاجةِ كنايةٌ من التغوّطِ) وقضى عليهِ عهدًا أوصاهُ وقضى اليهِ أنهاهُ وقضى غريمهُ دَيْنَهُ أدّاهُ وتقاضاهُ الدَّيْنَ قبضهُ منهُ واستقضاهُ واقتضاهُ طالبهُ بالوفاءِ (ورجلٌ قَضِيٌّ سريعُ القضاءِ يكونُ في الدَّينِ والحكومةِ) وتقضّى وانقضى فَنِيَ وانصرمَ (واقتضى الامرُ لزمَ والاقتضاءُ أضعفُ من الايجابِ) وسمٌّ قاضٍ قاتلٌ وقضّاهُ السلطانُ تقضيَةً صيّرهُ قاضيًا فاستقضى

به • الغضا بالقصر اسمُ شجرٍ واحدتُهُ غضاةٌ والغضا ايضاً مُعظَمُ الدارِ واسمُ مكانٍ والغاضيةُ المُظلِمَةُ والمُنيرةُ ضِدٌّ وتغاضى عنهُ تغافلَ واغضى جفونَهُ ضمَّها واغضى على الشيء سكتَ واغضى الليلُ اظلمَ واغضى عنهُ طَرْفَهُ شدَّهُ او ضمَّهُ • ص غطى الشيءَ (غطْيًا وغطيًا) واغطاهُ وغطّاهُ وغطّى عليهِ سَتَرَهُ وغطى الليلُ اظلمَ وغطّاهُ الليلُ تغطيةً شمَلَهُ • ل غفيَ غفيةً نعسَ ص وغفى الحِنطةَ (واغفاها) نقّاها من الغفا وهو الزُّوانُ ونحوُهُ • ص غلت القِدرُ غليًا وغليانًا وغلّاها واغلاها (وغلّاها) والغاليةُ الطيبُ وتغلّى تطيّبَ بالغاليةِ والتغالي بالشيء تجاوزُ الحدِّ بهِ (والغلانيةُ التغالي والتغليةُ أن تُسلِّمَ من بعيدٍ وتُشيرَ) • غُمِيَ على المريضِ وأُغميَ عليهِ مجهولتينِ غُشيَ عليهِ فهو غمًى ومُغمًى عليهِ (وغمًى تكونُ للواحدِ والجمعِ او هُما غميانِ و) ج أغماء والغمى والغِماء سقفُ البيتِ وما فوقَهُ من الترابِ (ويُثنّى غميانِ وغموانِ) ج أغميةٌ وأغماء بالفتحِ ص وغمى البيتَ (وغمّاهُ) سقَّفَهُ وأُغميَ عليهِ الخبرُ مجهولًا خفيَ • الغِنى بالكسرِ (والغَناء التزويجُ و) ضِدُّ الفقرِ والاسمُ الغُنيةُ (بالضمِّ والكسرِ) والغُنوةُ والغُنيانُ والغنيُّ المتموِّلُ وفعلُهُ ل غنيَ غِنًى وما لهُ عنهُ غنًى ولا مَغنًى ولا غُنيةٌ ولا غُنيانٌ ما لهُ منهُ بُدٌّ والغانيةُ المرأةُ التي يُغنيها حسنُها عن زينتِها (والتي تُطلَبُ ولا تَطلُبُ و) الغنيّةُ العفيفةُ ج غوانٍ وفعلُهُ ل غنيتْ وغنيَ عنهُ واستغنى عنهُ اعتاضَ عنهُ (واغنى عنهُ غَناءَ فلانٍ ومَغناهُ ومَغناتَهُ ومَغنّاهُ نابَ عنهُ واجزأ مُجزأهُ) وغنيَ بالمكانِ اقامَ وغنيَ عاشَ ولقيَ والمَغنى المنزلُ والغِناء بالكسرِ مَدُّ الصوتِ (والتطريبُ بهِ) وغنّى الشِّعرَ تغنيةً وتغنّى بهِ ترنَّمَ وتغنّى بالمرأةِ تغزّلَ بها وتغنّى بزيدٍ مدحَهُ او هجاهُ ضِدٌّ وغنّى الحمامُ صوَّتَ • الغايةُ المَدى (والرايةُ وضوء شعاعِ الشمسِ وكلُّ ما أظلَّ الانسانَ من فوقِ رأسِهِ) وغايةُ الشيء نهايتُهُ وذُكِرَ في غ ي ي •

ف

الفتى السخيُّ الكريمُ وهما فتيانِ وفتوانِ ج فتيةٌ وفتيانٌ وهي فتاةٌ ج فتياتٌ (والفَتاء بالفتحِ الشبابُ) والفتيُّ الجديدُ الشابُّ (من كلِّ شيء) وهي فتيّةٌ ج فِتاء والفتيانِ الليلُ والنهارُ وافتى بالامرِ ابانَهُ فهو المُفتي والاسمُ الفُتيا والفتوى بتضمُّهما وضمِّهما يُفتحانِ والفتوّةُ المروّةُ والكرمُ وفعلُهُ تفتّى وتفاتى (والفِتنةُ الجرأةُ ج فِتونٌ • افتى افتاءً أمضى) • ص فداهُ فِداءً وفِدًى وفاداهُ وفدّاهُ تفديةً وافتداهُ اعطى شيئًا عوضَهُ والفِداء والفَدى بالفتحِ والكسرِ (والفِديةُ) ذلكَ الشيء المُعطى عوضًا وتفدّاهُ تملَّقَهُ وفدّاهُ تفديةً

الكَيُّ والكَوّاء الخبيثُ الشَّتّامُ) وكاواهُ شاتَمَهُ • كاهاهُ فاخَرَهُ (والأكهاء نُبلاءُ الرجالِ والكَهِي من الطعامِ امتنَعَ) والأكهى الأكلَفُ الوجهِ والأبخَرُ (والجبانُ الضعيفُ) وفعلُهُ ل كَهِيَ كَهًى •

ل

اللأيُ الإبطاء (والاحتباسُ) والشِدّةُ وفعلُهُ ع لأى لأيًا والتأى يلتأى أفلَسَ (واللأى واللأواء الشِدّةُ والتأى وقعَ فيها) • ل لَبِيَ من الطعامِ أكثرَ منهُ ولابى اسمٌ يهوديّ الرسولِ • التي (واللاتِ واللتِ واللتْ) تأنيثُ الذى (على غيرِ صيغتهِ) ج اللأى اللائى (واللوا واللائى) واللاتِ واللواتي واللواتِ واللا واللاتَ (وتثنيتها اللتانِ واللتانِّ واللتا) وتصغيرُها اللُتَيّا (واللُتَيّا ومن أسماء الداهيةِ اللُتيّا والتي) • اللِثَة بالكسرِ والتخفيفِ ما حولَ الاسنانِ ج لِثاتٌ ل ولَثِيَ الشيءُ لَثِيَ لَحَسَهُ واللثاةُ اللهاتُ • لَتَجَى الى غيرِ قومهِ انتسبَ اليهم • اللِحيَةُ شَعَرُ الخدَّينِ والذَقَنِ ج لِحًى بالكسرِ (والضمِّ والنسبةُ لِحَوِيٌّ ورَجُلٌ ألحى ولِحيانيٌّ طويلُها او عظيمُها واللَحى مَنبتُها) واللَحيانِ جانبا اللِحيَةِ (واللِحيانِ الوَشَلُ وهذُهُ هذها السَّيلُ) واللِحاء قِشرُ الشجرِ ن ولَحا الشجرَ قشرَ لِحاها ولَحاهُ قبَّحَهُ ولعنَهُ وشتمَهُ ولامَهُ فهو لاحٍ ولاحاهُ نازَعَهُ (والتحى أتى بما يُلحى عليهِ) • ص لَخِيَ لَخًى تكلَّمَ كلامًا باطلاً فهو ألخى وهي لَخواءُ (واللَخى ويُمدُّ المُسعُطُ ولَخِيَتُهُ والخَيتُهُ أطيتُهُ مالي وسَعَطتُهُ ولاخا مُلاخاةً ولِخاء صادقَ وهالفَ وصانعَ وحَرَّشَ ولاخا بهِ وَشى صدُّ) • لَدَى بمعنى لَدُنْ ويأتي بيانُهُ (واللِدَةُ التِربُ ج لِداتٌ) • الذي مذكرُ التي واللذْ بكسرِ الذالِ وسكونِها والذيّ بتشديدِ الياءِ وضمِّها وكسرِها ولذِي مُخففةَ الياءِ (محذوفةَ اللامِ اسمٌ موصولٌ صِيغَ ليُتوصَّلَ بهِ الى وصفِ المعارفِ بالجُمَلِ وتثنيتُهُ اللذانِ واللذا بلامينِ في التثنيةِ فقط) ج الذينَ والذُونَ والذِي (كالواحدِ ل ولَذِيَ بهِ سدِكَ ص ل لَغا ولَغِيَ اليهِ انعمَ اليهِ لريبةٍ) • ص لَطِيَ بالارضِ لزقَ بها وتلطّى لهُ كَمَنَ لهُ (ل ولَطِيبى اسقلبى) • اللظى (مؤنثةٌ) النارُ او لهبُها ولظى معرفةٌ من أسماء جهنمَ ل ولَظِيَ والتظى وتلظّى تلهّبَ • ل لَقِيَهُ لِقاء ولِقاءةً ولُقِيًا ولِقيانًا (ولِقيانةً ولِقايةً ولَقاةً ولُقِيًّا ولُقيانةً) ولُقيًا ولُقيانًا ولُقيةً ولُقًى وتلقّاهُ والتقاهُ رآهُ ووجدَهُ والاسمُ التِلقاء (بالكسرِ ولا نظيرَ لهُ غيرَ التِبيانِ وتوجّهَ تلقاءَ فلانٍ وتلاقَينا والتقَينا ولاقاهُ ملاقاةً ولِقاء والألاقي الشدائدُ) ويومُ التلاقي القيمةُ واللَقِيُّ المُلتَقى وألقى اليهِ الشيءَ رمى بهِ اليهِ

والقضيّة الامر المقضى به ج قضايا • (القِرَى اللقب والتّقرينة الصرع والقتل) • ص ل قلاه وقليه قِلًى وقَلاء ومَقلية ابغضه وكرهه جدًّا (فتركه او قلاه فى الهجر وقليه فى البغض) وقلاه طبخه فى المِقلى والقلّاء صانعه (والقِلى والقِلْو شئ يتّخذ من حريق الحمض) والقُلى بالضم رؤس الجبال وهامات الرجال • القِنية بالكسر والضم ما اكتسبته ج قِنى (وقُنيات) ص وقنى المال قنيًا وقِنيانًا بالكسر والضم اكتسبه واحمر قانٍ شديد الحمرة (وصوابه بالهمز والقِنى الرضى قناه الله واقناه ارضاه) • ل قهِى الرجل من الطعام واقهى احتواه وخزنه فهو القاهى •

ك

(ع كأى اوجع بالكلام واكأى عنه كرهه • ص كحى افسد) • الكِذية والكاذية بقيّة الدهر والكذية ايضا الارض الغليظة والشئ الصلب ككدس الحنطة ونحوها واكدى بخل عند السؤال ص (وكداه حبسه وشغله) وكدى وجهه خدشه وكدّى تكدية سأل (ل وكدِى بالعظم غصّ) • ل كرِى كرًى نعس فهو كرٍ وكريان (وكرىٌّ) وهى كرِية مخففة والكرى اول النوم واكرى زاد ونقص ضدّ واكرى سهر فى طاعة الله واكرى الحديث اطاله واكرى الدار والدابّة اعارها بثمن والاسم الكِراء والكِرْوة (والكَرِىّ) والمُكارى صاحب الدابّة ج اكرياء ومكارون والكَرَوان طائر الحجل ج كراوين وكِروان (والكُرة ما اديرت من شئ ج كُرين وكِرين وكُرىٌّ وكُرى وكُرات وكرى بها يكرو ويكرى لعب وكرى الارض يكروها حفرها وكرى الامر اعاده مرارًا وتكرّى نام والمكرى كرا يضرب لمن يخدع بكلام يتلطّف له ويراد به الغائلة • الكِسى مؤخر العجز وكل شئ ج اكساء وركب اكساءه سقط على قفاه • كصى اذا غصّ بعد رفعة) • ص كفاه مؤنته كِفاية لم يحوجه اليه واكتفى به واستكفى به واستكفاه فهو كافٍ وكفىٌّ وكافيك من رجل (وكفيك من رجل مثلثة) حسبك والكُفية القوت ج كُفًى وتكفّى النبات طال وتكفّى اكتفى • الكُليتان بالضم لحمتان لازقتان فى الصلب الواحدة كُلية او كُلوة ج كُليات وكُلى • ص كمى شهادته ذكرت فى حرف الواو • ص كنى به عن كذا يكنى ويكنو كِناية تكلم بما يستدل به عليه والكِنية بالكسر والضم ابو فلان وفعله كنى واكنى (وكنى زيدًا ابا عمرو وبأبى عمرو سمّاه) وتكنّى به تسمّى به • ص كواه كيًّا احرقه بالمكواة والكيّة موضع الكىّ (واكتوى استعمل الكىّ فى بدنه وتمدّح بما ليس فيه واستكوى طلب

ومَضَى في الامر مُضاءً ومَضَوْا جَدَّ (ونفذ) والماضي السيفُ (والاسدُ ومَضَى السيفُ مُضاءً قطعَ ومَضَى سَبيلَهُ ماتَ والمَضَواءُ التقدُّمُ وابو المَضَواءِ الفرسُ) القاطعُ وأمضاهُ أنفذَهُ وامضيتهُ أجزْتُهُ وامضى النجمَةَ أثبتها وأجراها • المَغَى والمِغَى المصرانُ (وقد يؤنث) ج أمعاءٌ • ص مَغَى السِنَّوْرُ صوَّتَ وتَمغَّى الاديمُ ارتخى • ص مَناهُ اللهُ قدَّرَهُ ومَناهُ ابتلاهُ واختبرَهُ والمَنا والمَنِيَّةُ الموتُ ج مَنايا ومُنِيَ بكذا مجهولاً ابتُليَ به والمَنِيُّ والمِنا والمَنِيَّةُ نطفةُ الرجلِ والمرأةِ ج مُنْيٌ ومَنَى الرجلُ وأمنى (ومَنَّى) أنزلَ مَنِيَّهُ واستمنى استخرجَ مَنِيَّهُ بالحركةِ (ومِنًى قريةٌ بمكّةَ وتُصرَفُ وموضعٌ بنجد) وأمنى وامتنى اتى مِنًى او نزلها) وتمنَّاهُ أرادَهُ ومَناهُ بهِ حَرَّكَ اليهِ إرادتَهُ والمُنْيَةُ بالضمّ والكسر والأُمْنِيَّةُ بالضمّ الشيءُ المُرادُ وتمنّى كذبَ وتمنّى (الكتابَ قرأهُ و) الحديثَ اخترقَهُ ومانَاهُ جازاهُ وأجَّرَهُ وماطلَهُ وداراهُ ومانِي اسمُ مبتدعٍ يعتقدُ بالهيئنِ خيرٍ وشرٍ ولهُ خرافاتٌ أخرُ ضربًا من الجنونِ والنسبةُ اليهِ مانَوِيٌّ • (ص مَهَى الشفرةَ مَهْيًا وأمهاها وامتهاها رَقَّقَها) •

ن

ع نأى نأيًا بَعُدَ وأنأيتُهُ أبعدتُهُ فانتأى وتناءى والمُنتأى الموضعُ البعيدُ • النواتيُّ الملاحونَ الواحدُ نُوتيٌّ • النِحْيُ بالكسر (والفتح) والنَّحْيُ زِقُّ السمنِ وجرَّةُ اللبنِ (ج أنحاءٌ ونُحِيٌّ ونِحاءٌ) ص ونَحَى الشيءَ ونَحّاهُ تنحيةً أزالَهُ فتنحّى ونحى بصرَهُ اليهِ حوّلَهُ اليهِ والناحيةُ والناحاةُ الجانبُ وانتحى جدَّ واعتمدَ • ل نَسِيَهُ نِسْيًا ونِسيانًا ونِساوةً ونَسْوةً بالفتح خلافُ حفظَهُ (والنِسْيُ ما نُسِيَ) والنَسِيُّ الرجلُ المُهمَلُ من القومِ والكثيرُ النِسيانِ والمِنسأةُ العصا (والأَنسى عِرْقٌ في الساقِ السفلى) • النَصِيَّةُ خِيارُ القومِ ج نَصِيٌّ و(جج) أنصاءٌ وانتصاهُ اختارَهُ ويُنتصى اتّصلَ • ص نضَيْتُ السيفَ نضوتُهُ ونضى الثوبَ (وأنضاهُ) وانتضاهُ أبلاهُ • ص نعاهُ لهُ نَعْيًا ونَعِيًّا ونُعيانًا أخبرَهُ بموتهِ ونَعى ذنوبَهُ أشهرَها (والنَعِيُّ الداعي والمَنْعِيُّ) • والمَنْعَى والمَنعاةُ خبرُ الموتِ ونعاءِ فلانًا مبنيَّةً أي أنعَهُ واظهرْ خبرَ وفاتهِ) • ص نَغَى وأنغَى تكلَّمَ كلامًا مفهومًا وناغاهُ داناهُ وباراهُ وناغى المرأةَ هازلَها • ص نَفاهُ يَنفيهِ وينفوهُ نحّاهُ (فنَفَى هو وانتفى تنحّى) ونفى الشيءَ جحدَهُ ونفتِ الريحُ الترابَ نَفْيًا ونَفَيانًا أطارتْهُ ونفى الدراهمَ نقدَها (والنَفِيُّ ما جفأتْ بهِ القِدْرُ عندَ الغَلَيانِ وما نفتْهُ الحوافرُ من حصًى وغيرِها) ونَفايةُ الشيءِ بالفتح ويُضمّ ونُفاوتُهُ بالضمّ (ونُفاتُهُ ونَفْوتُهُ ونَفِيَّهُ) ونَفاوةٌ بالفتح رديئُهُ وانتفيتُ الشيءَ تنفيةً أخرجتُ نفاوتَهُ

واللقى الشيء المرميّ به ج ألقاء والشلقى نام على قفاه وتلقاك جذاك • (ع لكى
به لكًا أولع به او لزمه واللاكى اللائك) • اللمى مثلثة سُمرة او سواد في الشفة
فهو ألمى وهي لمياء وفعله ل لمِيَ لمًى ص ولمتْ شفته (لمياً) اسودّت وظلّ وشجر ألمى
كثيف الظل والألمى ايضا البارد الريق • (اللياء شيء كالحمص شديد البياض
توصف به المرأة والليّاء الارض البعيدة عن الماء) •

م

ع مأى فيه بالغ ومأى بينهم أفسد والمِئة عدد م ج مئات ومئون ومِأى والنسبة مئويّ
(وشارطته مُماءاة اي على مائة • ص متيتة فتوته) • ص محاه يمحيه ويمحاه
لغة في محاه يمحوه • (تمخيت منه تبرأت وتحرجت وتمخيت اليه وامتخيت
اعتذرت وتمخيته عن الامر تمخية أقصيته عنه) • المَدى الغاية ومدى البصر منتهاه والمُدية
مثلثة السكين ج مُدى (ومُدًى ومِدى والمَديّ ما سال من ماء الحوض فخبث والمُدْى
مكيال للشام ومصر وهو غير المُدّ ج أمداء وأمذى أسنّ وميداء دار مجاورة) • المَذي والمَذيّ
(والمذِي) ما يخرج من الرجل عند اللمس والتقبيل وفعله ص مذى وأمذى (والمذية والمذية
المرأة ج مذيات ومِذاء وامذى قاد على اهله وأمذى شرابه زاد في مزجه والمذاء والمماذاة الدياثة)
والماذيّ العسل والسلاح والماذية الخمر اللذيذة والماذيانة مسيل الماء وكلما ينبت على حافتي
السواقي • ص مرى الناقة مسح ضرعها ليحلبها فأمرت اي درّت ومرى الشيء
وامتراه استخرجه ومراه حقه جحده والمِرية بالكسر والضم الشك والجدل وماراه (مماراة ومراء)
جادله وامترى فيه وتمارى فيه شكّ (والمارية المرأة البيضاء البراقة والماري ولد البقرة
الاملس الابيض وهي بهاء ومارية بنت أرقم او ظالم كان لها قرطيها درتان كبيضتي
حمامة لم يُرَ مثلهما فأهدتهما الى الكعبة فقيل خذه ولو بقرطي مارية اي على كل حال)
وماريا اسم مريم في اللغة الرومية • ص مزى تكبر والمزِيّ الظريف (والتمزية المدح)
وقعد مُتبي مازيا ومتمازيا بعيدا بجرد • ص مَسى الشيء بيلا مسحه ورجل ماسٍ
لا يلتفت الى موعظة أحد (وامتسى تطيش والتماسي الدواهي بلا واحد) وتمسّى الشيء
وتماسى تقطّع واشترى • ص مشى مرّ والاسم المِشية والماشية الغنم والبقر ونحوها من
الدواب ج المواشي وامرأة ماشية كثيرة الاولاد ومشى الشيء مشاء نما ومشى به وشى به
(والمشاة الوشاة والمشّاء النمّام والنبشاء المشي) • ص مضى مضيا ومضوا ومضيا ذهب

توجيةً أسرعَ وشيء وَحِيٌّ عَجِلٌ مُسرِعٌ ووحّاه عَجّلَه) • ع وَحَى وَحْيًا قصدَ واعتمدَ
فهو وَحِيٌّ ج وُحِيٌّ (ووُحِيٌّ) ووحّاه توجيةً وَجَّهَه وتوحّاه طَلَبَه • الدِيَةُ حقّ القتيلِ
ج دِياتٌ ض ووَدَى القتيلَ أعطى دِيَتَه والوادِي ما بينَ كلّ جبلينِ ج أوْداء وأودِيَة
(وأَوْداةٌ وأَوْدايَةٌ) ووُدْيانٌ وأَوْدَى هلكَ وأَوْدَى بهِ الموتُ ذهبَ بهِ واستَوْدَى بحقّي أقرّ بهِ
واستَوْدَى بإثمهِ اعترفَ بهِ سُريانيّةٌ معرّبةٌ والوَدَى الهلاكُ والوَدِيّ ما يخرجُ من الانسانِ بعدَ
البولِ شبهُ المَذْي وفعلُهُ ل ض وَدَى (والمُودِي الأسدُ • الوَذَى الخدشُ والوَذِيَّةُ الوجعُ
والمرضُ والماءُ القليلُ والعيبُ والوَذاةُ ما يُتأذّى بهِ) • ض وَرَى (فلانٌ فلانًا أصابَ
رئتَهُ ووَرِتَ) الدارُ وَرْيًا ورِيَةً اتّقدَتْ ووَرِيَ سَمِنَ والوارِي السمينُ ض ل ووَرَى الزندُ
وَرْيًا (ووُرِيًّا) ورِيَةً خرجتْ نارُهُ فهو وارٍ ووَرِيٌّ وأوْرَيْتُهُ واستَوْرَيْتُهُ أخرجتُ نارَهُ والتَوْرِيَةُ
والتَوْراةُ كتابُ موسى سُريانيّةٌ معرّبةٌ ووَرّاه تَوْرِيَةً ووارَاه أخفاه ووَرًا عنهُ بصرَهُ رفعَهُ والوَرَى
الخلقُ والوَراء (مَعرِفةٌ ووَرَاء) مُثلّثةٌ (الآخِرِ مَبْنِيّةٌ) يكونُ خلفَ وقُدّامَ ضدٌّ (وهو اسمٌ لِما
توارَى عنكَ اي استترَ فالخلفُ والقُدّامُ متوارٍ عنكَ • عَسَى الكربُ الذي أمسيتَ فيهِ •
يكونُ وَراءَهُ فرجٌ قريبُ • قال الازهريّ وراء يصلحُ لِما قبلَهُ ولِما بعدَهُ لا لأنّهُ وُضِعَ لكلٍّ منهما
على حِدةٍ بل لأنّ معناهُ ما توارَى عنكَ وهو موجودٌ فيهما وهو مختارُ صاحبِ الكشّافِ
وكانَ وراءَهم ملكٌ يأخذُ كلّ سفينةٍ غصبًا اي أمامَهم • والموتُ وراءَ كلّ أحدٍ اي أمامَهُ • وليسَ
وَراءَ اللهِ للمرءِ مطلبُ • اي بعدَهُ قالهُ الانباريّ وفي أنوارِ التنزيلِ وَراء في الاصلِ مصدرٌ
جُعِلَ ظرفًا ويُضافُ الى الفاعلِ فيُرادُ بهِ ما يَتَوارَى بهِ وهو خلفَهُ والى المفعولِ فيُرادُ بهِ ما
يواريهِ وهو قُدّامَهُ) والوَراء ايضًا ولدُ الولدِ وتَوارَى عنهُ استترَ ووَرّاه عنهُ تَوْرِيَةً أخفاهُ وأظهرَ
غيرَهُ • أوْساهُ حلقَهُ وقطعَهُ والمُوسَى ما يُحلَقُ بهِ ومُوسَى النبيُّ ذُكِرَ في م و س وواساهُ
(لغةٌ رديئةٌ في آساهُ اي) رعاهُ وأعطاهُ • الوَشْيُ نقشُ الثوبِ وفِرِنْدُ السيفِ ض
ووَشَى الثوبَ وَشْيًا وشِيَةً بالكسرِ ووشّاه توشيةً حسّنَهُ ونقّشَهُ ووشَى كلامَهُ كذبَ فيهِ ووشَى بهِ
الى السلطانِ وَشْيًا ووِشايةً نمَّ وسعَى بهِ وتَوَشّى فيهِ الشيبُ ظهرَ فيهِ وتوشّى الليلُ طالَ
(وأوشتِ الارضُ خرجَ أوّلُ نبتِها وأوشَى الرجلُ كثرَ مالُهُ والاسمُ الوَشاء وأوشَى الكلامَ
استخرجَ معناهُ وأوشَى الدواءُ المريضَ أبرأهُ) والواشِي (الكثيرُ الولدِ ومن بهاء و) الحائكُ
• ض وَصَى خسَّ بعدَ رفعةٍ (واتّزنَ بعدَ خِفّةٍ) ووَصَى اتّصلَ ووصلَ وأوصاهُ ووصّاهُ
توصيةً عهدَ اليهِ والاسمُ الوَصاةُ والوِصايةُ والوَصِيّةُ ج أوصِيَةٌ ووصايا اللهِ عشرٌ ووصايا
الكنيسةِ ستٌّ م والوَصِيُّ والمُوصَى وكيلُ الورثةِ ج أوصِياء (او لا يُثنّى ولا يُجمعُ والوَصِيّ

• النقية الكلمة والمنقى الطريق ل ونقيته لقيته • ص نكى العدو (ونكى فيه) نكاية اثر فيه وقهرة (وقتل وجرح ولاتنكى اى لا نكيت ولا جعلت منكيا) ونكى القرحة نكتها • ص نمى الشئ نميا (ونميا) ونميّة ونماء وانمى (ونمى) زاد ونمى النار اضرمها شديدا ونما الرجل سمن ونمى الماء طمى وفاض ونمى الحديث انتشر وانماه اذاعه (على وجه النميمة) وانتمى اليه انتسب والنامية الخليقة من النبات والحيوان والنماة النملة الصغيرة ج نمى • ص نوى الشئ نية بالشدّ ويخفف وانتواه (وتنوّاه) قصده ونواه الله حفظه والنية والنوى المذهب والبعد والنوى الدار ونوى نوى بالقصر تحول من مكان الى آخر (والناى احد آلات الطرب) ونواة التمر ج نوى (جج نوى ونوى) وانواء وانوى تباعد وانوى حاجته قضاها (والنيّة الوجه الذى تذهب فيه وانبعاث القلب نحو ما تراه موافقا والنى الشحم ونوت الماشية نيا ونواية سمنت فهى ناوية ونواو ج نواء وقد انواها السمن والاسم النى) ونينوى مدينة عظيمة بين النهرين تاب اهلها بانذار يونان النبى وقيل انها الموصل • ع نهاه نهيا ضد امره فانتهى وتناهى (وهو نهو عن المنكر امور بالمعروف) والاسم النهية ونهاية الشئ ونهيته ايضا (ونهاوة) غايته وانتهى الشئ وتناهى (ونهّى تنهية) بلغ نهايته فهو نهى والنهى بالكسر والفتح الغدير والساقية والجدول ج انه وانهاء ونهى ونهاء والنهية والنهى العقل ج نهى (والنهى تكون مفردا وجمع نهية) ورجل منهاة عاقل وفعله ر نهو (فهو نهى ج انهياء وهو نه ج نهين ونه بالكسر اى متناهى العقل ونهيك من رجل) وناهيك من رجل ونهاك من رجل بمعنى حسبك من رجل (والنهاء الزجاج او القوارير ج نهاة) •

و

ص وأى وعد وضمن والوأى الوهم والظن (والعدد من الملس والوئية الذرة والقدر والقصعة الواسعتان والجوالق الضخم والمرأة الحافظة بيتها والتوانى الاجتماع • الوثى الاوجاع واوثى الرجل انكسر به مركبه من حيوان او سفينة) • الوجا الحفا (واشد منه) وفعله ل وجى وجا فهو وج حاف ووجى وهى وجياء واوجى اعطى و(علّى) بخل ضد (ووجيته خصيته) • الوحى الاشارة والكتابة والمكتوب والرسالة والالهام الالهى والكلام الخفى واوحى اليه الله القى اليه كلاما خفيا (والوحى والوحى والوحاة الصوت يكون فى الناس وغيرهم ج وحى والوحى السيد الكبير والنار والملك والعجلة والاسراع ويمد ووحى

ه

هاتِ يارجلُ اى أعطِ (وللمرأة هاتِي) وما أهاتيك ما أعاطيكَ • الهُدَى الرشادُ والدلالةُ (ويُذكَّرُ) والنهارُ ض وهداهُ هُدًى (وهُدًى) وهِدايةً وهِدْيةً أرشدَهُ فاهتَدَى (وتَهَدَّى) وهداهُ اللهُ الطريقَ وللطريقِ والى الطريقِ أرشدَهُ اليهِ ورجلٌ هَدُوٌ مُرشِدٌ (وهو على مُهَيْدِيَتِهِ بالتصغيرِ ولا مُكبَّرَ لها اى على حالهِ ولكَ هُدَيّاها مِثْلُها) وهُدْيَةُ الامرِ مُثلَّثةً جِهَتُهُ والهَدْيُ والهِدْيَةُ الطريقةُ والسيرةُ والهادِي المتقدِّمُ (والعُنُقُ ج هَوادٍ) وهَوادِي الليلِ أوائلُهُ والهَدِيَّةُ التحفةُ ج هَدايا وهَداوَى بفتحِ الواوِ ويُكسَرُ (وهَداوٍ) وأهدَى لهُ هَدِيَّةً (وهَداها) بعثَ بها اليهِ والمِهْدَى الإناءُ يُهْدَى فيهِ والهِداءُ أنْ يأتيَ هذا بطعامٍ وهذا بطعامٍ ويأكلانِ مَعًا فى مكانٍ واحدٍ (والهَدِيُّ والهَدِيَّةُ العروسُ) والهِداءُ بالكسرِ الضعيفُ البليدُ (والهادِي النصلُ والأسَدُ والهَداةُ الأداةُ) والهادِيةُ العصا والصخرةُ الناتئةُ فى الماءِ والتَّهْدِيَةُ التشريقُ • ض هَذَى هَذْيًا وهَذَيانًا تكلَّمَ بغيرِ معقولٍ لمرضٍ او غيرِهِ والاسمُ الهُذاءُ • الهُرْيُ بيتٌ كبيرٌ يُجمَعُ فيهِ حنطةُ السلطانِ ج أهراءٌ (ض وهَراهُ هَرْيًا كهراهُ هَرْوًا • الهاغِيَةُ المرأةُ الرَّعْناءُ) • هَلا بالتخفيفِ كلمةُ زجرٍ وهَلّا بالتشديدِ يأتي بيانُها • ض هَمَى الدمعُ والماءُ هَمْيًا (وهُمِيًّا) وهَمَيانًا قطرَ وهَمَتِ العينُ انصبَّ دمعُها وهَمَى الشيءُ سقطَ والهِمْيانُ تِكّةُ السراويلِ ووعاءٌ للدراهمِ وهَما واللهِ اى أما واللهِ • (هَنَيْتُ كنايةٌ عن فعلتُ • هَيًا اسمُ فعلٍ بمعنى أسرِعْ) •

ي

اليَدُ (مؤنثةٌ) من طرفِ الاصابعِ الى الكتفِ والكفُّ ايضًا أصلُها يَدْيٌ ج أيْدٍ (ويَدِيٌّ جج) أيادٍ واليدُ ايضًا الجاهُ والوقارُ ومنعُ الظلمِ والقوّةُ والقدرةُ والسلطانُ (والمِلْكُ والصِلَةُ والبركةُ والنصرُ والتَّجْرُ على مَنْ يَنتحيهُ والطريقُ والجماعةُ والأكلُ والندمُ) والغياثُ والذلُّ والنعمةُ والإحسانُ (ج يَدِيٌّ مثلثةً وأيْدٍ جج أيادِي ويَدَ الدهرِ بمعنى أبدًا وقيلَ مُعناهُ مُدّةَ نِعمةِ الدهرِ وهي الحياةُ من اليدِ بمعنى النعمةِ وتفرقوا أيادِيَ سَبا يعني تفرقوا تفرقًا لا اجتماعَ بعدها وهو مَثَلٌ يُضرَبُ فى تشتيتِ الشملِ والأيادِي جمعُ أيْدٍ وأيْدٍ جمعُ يَدٍ وهي النعمةُ هنا وأصلُ المَثَلِ أنّ أهلَ سَبأٍ كانوا فى نِعَمٍ جسيمةٍ ولمّا كفروا سُلِّطَ عليهم سيلُ العرمِ فزالت نِعَمُهم وتبدَّدوا فى البلادِ وسكّنوا ياءَ الايادِي للخفّةِ والقياسُ نصبُها وسبا بتخفيفِ الهمزةِ وأصلُهُ الهمزُ) ويَدُ اللهِ رحمتُهُ ونبوّتُهُ وفيضُهُ على أنبيائهِ و(ياداهُ) جازاهُ

ايضًا المُوصى) والوصيّة الغرض من الله (وما يُوصى به) • ض وَعاهُ وأَوعاهُ حفظهُ وجمعهُ (والوَعْيُ والوَعَى القيحُ والمِدَّةُ والجُلبَةُ) وما لي عنهُ وَعْيٌ بُدٌّ والوِعاء بالكسر ويُضمّ (والإعاء) الظرفُ ج أَوْعيَة (وأَوعاة) وأَوعى الرجلُ الشيءَ أضمرهُ (وقيل الوَعْيُ هو أن تحفظ الشيءَ في نفسك والإيعاء أن تحفظهُ في غيرك وفرسٌ وَعِيٌّ شديدٌ) وأَوعاهُ واستوعاهُ خدعهُ • الوَغَى (والوَغْي) الحربُ والجلبَة • ض وَفى بالعهدِ وفاء وأَوفى به ضدّ غدرَ ووَفى الشيءُ (وَفِيًّا) تمّ وكثر فهو وَفِيٌّ ووافٍ وأَوفى عليه أشرف وأَوفاهُ حقّهُ أعطاهُ إيّاهُ فاستوفاهُ منهُ والوَفاةُ الموتُ وتوفّاهُ اللهُ أماتهُ (فهو مُتوفّى) • ض وَقاهُ وَقيًا ووِقايَةً (ووَاقِيَةً) ووَقّاهُ توقيَةً صانهُ والوِقايَةُ مثلّثةً ما وَقَيتَ به والتوقيَةُ الحراسةُ والحِفظ واتّقى الشيءَ وتَقاهُ حذِرهُ والاسمُ التقوى والمُتّقي المتحرِزُ والخائفُ من اللهِ في عملِهِ ج أتقياء والأُوقيّةُ والوَقيّةُ سبتون درهمًا ج أواقٍ وأواقٍ ووَقايا • الوِكاء رباطُ القربةِ (وغيرها) ض وَكاها (وأَوكاها) رَبطها بالوِكاء ووَكا الوِعاء شدّ رأسهُ • الوَليُّ المطرُ بعد المطرِ والمحبُّ والصديقُ والنصيرُ وذو الفضلِ ج أَولياء (والوَلْيُ القربُ والدنوُّ) ل ووَلِيَ الشيءَ ووَلِيَ عليهِ وَلايةً ووِلايةً او هي بالفتحِ المصدرُ والوِلايةُ بالكسرِ الخِطّةُ والامارةُ والسلطانُ (وأَولَيتهُ الامرَ ووَلّيتهُ إيّاهُ سلّطتهُ عليهِ) والوَلاءُ المُلكُ والمَولى السيّدُ والعبدُ ضدّ والمَولى ايضًا الصاحبُ والقريبُ (كابنِ العمِّ ونحوِهِ) والجارُ والحليفُ والشريكُ والربُّ والناصرُ والمُنعِمُ (والمُنعَمُ عليهِ والمُعتِقُ والمُعتَقُ والابنُ والعمُّ وابنُ الاختِ والصِهرُ والنزيلُ) والمحبُّ والتابعُ والمسبّةُ مَوْلَويٌّ ووَلّاهُ توليَةً سلّطهُ فهو الوالي وتولّاهُ اتّخذهُ وليًّا وقلّدهُ الولايةَ (وهو يتمولى يتشبّهُ بالسادةِ ووالى بين الامرينِ موالاةً ووِلاءً تابعَ) وتوالى الشيءُ تتابعَ ووَلّى توليةً (وتولّى) أدبرَ هاربًا (وولّى الشيءَ) وولّى عنهُ أعرضَ عنهُ او بَعُدَ منهُ والوَليّةُ البَرذَعةُ والأَوْلى بفتحِ اللامِ وكسرها جمعُ الذي والأُولى تانيثُ الأوّلِ ووالى بينهما قرنَ وتواليا تقارنا وهو أَولى بهِ أحرى بهِ (وهم الأَولَى والأَوالي والأَولَونَ وفي المؤنثِ الوُليا والوُليَيانِ والوُلَى والوُليَياتُ) • الوَنْيَةُ الضعفُ والفتورُ وفعلهُ ض وَنى يَني وَنيًا ووَنًا ويُمدُّ ونُونِيَةً (ووِنيَةً ووُنيًّا وأَونى وتوانى ووَنّى توْنيَةً) فهو وانٍ وهي وانِيَةٌ (ووَناةٌ وأَناةٌ) والمِينا مرفأ السفنِ (وتُمدّ) ج موانٍ والمِينا ايضًا جوهرُ الزجاجِ والوُنيَةُ والوَناةُ اللؤلؤةُ والعقدُ من الدُرِّ (والجوالقُ) • الوَهْيُ الضعفُ (والشقّ في الشيء ج وُهِيٌّ وأَوهِيَةٌ) وفعلهُ ض ل وَهَى فهو واهٍ وهي واهِيَةٌ ووَهَى السحابُ انشقّ ووَهَى الرجلُ حمُقَ وسقطَ ووَهَى الحائطُ تهدّمَ • وَيْ (كلمةُ تعجّبٍ) يأتي بيانها في مكانها •

هذا فصلٌ معقودٌ في عوملِ الإعراب

اِعْلَمْ أنّ الألِفَ قِسمانِ لَيِّنَةٌ و(مُتَحَرِّكَةٌ فاللَّيِّنةُ تُسَمَّى أَلِفًا والمُتَحَرِّكَةُ تُسَمَّى) همزةً (قالَ بعضُهم الألِفُ اذا تحرّكتْ صارتْ همزةً والهمزةُ اذا سكنتْ ومُدّتْ صارتْ أَلِفًا) فاللَّيِّنةُ هي التي لا يُبْتَدَأُ بها لأنّها لا تقبلُ الحركةَ أصْلًا وتُسَمَّى الحرفَ الهاوِيَ ولها معانى تاتى في آخِرِ الفصلِ وأمّا الهمزةُ فهي التي تقبلُ الحركةَ وتكونُ نوعينِ • أوّلًا همزةُ وصلٍ وتُوجَدُ في الاسمِ وفي الفعلِ والحروفِ فوجودُها في الاسمِ مُقْتَصَرٌ على عَشَرةِ أسماءٍ فقط وهي همزةُ ٱبنٍ وٱبنةٍ وٱسمٍ وٱثنينِ وٱثنتينِ وٱمرِءٍ وٱمرأةٍ وٱبنمٍ وٱستٍ وٱيمنٍ (وٱيمِ) في القَسَمِ ووجودُها في الفعلِ يكونُ في الخماسيّ والسُّداسيّ وفي أمرِ الثلاثيّ نحو ٱجتَمَعَ وٱستخرجَ وٱعْلَمْ وٱضرِبْ وٱنصُرْ ووجودُها في الحروفِ مُقْتَصَرٌ على ألِ التعريفِ حَسْبُ نحو قامَ المسيحُ • الثاني همزةُ قطعٍ وتكونُ في غيرِ الاماكنِ المذكورةِ مثلُ همزةِ أميرٍ وأنبياءَ وأخَذَ وأكْرَمَ وسألَ وقرأَ وإلى وما أشبهَ ذلكَ (والهمزةُ في الصدرِ تُكْتَبُ على صورةِ الألِفِ في كلِّ حالٍ وفي الوَسَطِ اذا كانت ساكنةً تُكْتَبُ على وفقِ حركةِ ما قبلَها كرأسٍ ولُؤْمٍ وذِئْبٍ واذا كانت مُتَحَرِّكَةً وسكنَ ما قبلَها تُكْتَبُ على وفقِ حركةِ نفسِها نحو يَسْأَلُ ويَلْؤُمُ ويَسْئِمُ وفي الأوّلِ المُتّصِلِ بهِ غيرُهُ لا يكونُ كالوَسَطِ فتُكْتَبُ بالألِفِ نحو بأحَدٍ ولِأحَدٍ بخلافِ لِئَلّا ولَئِنْ لكثرةِ الاستعمالِ وفي الآخِرِ تُكْتَبُ بحرفِ حركةِ ما قبلَها كَقَرَأَ وقُرِئَ ورَدُؤَ فإنْ سكنَ ما قبلَها حُذِفَتْ كخَبْءٍ ومِلْءٍ)

أ

الهمزةُ المفردةُ لها ثلثةُ معانٍ

١ أنْ تكونَ حرفًا يُنادَى بهِ القريبُ نحو أَيُوسُفُ ٱجْلِسْ

٢ أنْ تكونَ حرفَ استفهامٍ نحو أَمُوسَى هَبَطَ من الطُّورِ أَمْ ضَرَبَ فِرْعَوْنَ. (وحرفَ إنكارٍ نحو أَتَدْعُونَ)

٣ أنْ تكونَ للتسويةِ وهي أنْ يصحَّ وقوعُ لفظةِ سواءٍ موقِعَها نحو لا أُبالِي أَقُمْتَ أمْ قعدتَ أي سواءٌ عليَّ قيامُكَ وقعودُكَ (وتُزادُ الهمزةُ على الفعلِ نحو أكْرَمَ وتأتى للصفةِ نحو أحْمَرَ وأصْفَرَ وللتفضيلِ والتصغيرِ نحو هو أكْرَمُ منكَ وأجْهَلُ منهُ)

آ

بالمدِّ حرفٌ لنداءِ البعيدِ نحو آيُوسُفُ أَقْبِلْ

يدًا بيدٍ (وأعطاهُ مياداةً) اى أعطاهُ من يدهِ الى يدهِ وأعطاهُ عن ظهرِ يدٍ اى مجانًا وسُقِطَ
في يديهِ اى ذلَّ (وندِمَ) وهذا في يدي اى في مِلكي وتصرُّفي والنِسْبَةُ يَدِيٌّ ويَدَوِيٌّ
ورَجُلٌ يَدِيٌّ جيِّدُ الصناعةِ وهي يَدِيَّةٌ ويَدُ الرَحى ويَدُ الفأسِ هِراوتُها ويدُ الطائرِ
جناحاهُ ولا يَدانِ لكَ بهذا اى لا قُوَّةَ لكَ (ورَجُلٌ مَيْدِيٌّ مقطوعُ
اليَدِ وذاتُ اليَدِ ما يملكهُ الانسانُ من المالِ)

• انـــــتهى •

ليست موضع إذا فكانت بمعنى إن على التمام لأنّ إذا بالنظر الى كونها شرطاً تدخل على المشكوك وبالنظر الى كونها ظرفاً تدخل على المتيقن كسائر الظروف)

إذما

حرف شرط جازم يجزم فعلين بمعنى إن الشرطية نحو إذما تقمْ أقمْ اى إنْ تقمْ أقمْ (وهو مسلوب الدلالة على معناه الاصلى منقول الى الدلالة على الشرط في المستقبل)

إذنْ

حرف جواب وجزاء ونصب (تأويلها إن كان الامر كما ذكرت) تنصب المضارع المستقبل الصرف بنفسها كقولك أنا مؤمن فيقال في الجواب إذن تدخل الجنة بنصب تدخل (ولا تنصب إلّا بشروط ثلاث. أحدها أن يكون الفعل مستقبلا. الثاني أن تكون صدر الكلام. الثالث أن لا يفصل بينها وبين منصوبها نحو أن يقال أحبّك فتقول إذن أظنك صادقاً فيجب رفع أظنّ وكذلك يجب رفع الفعل بعدها إن لم تتصدّر نحو زيد إذن يكرمك فإن كان المتقدم عليها حرف عطف جاز في الفعل الرفع والنصب نحو وإذن أكرمك وكذلك يجب رفع الفعل بعدها إن فصل بينها وبينه نحو إذن زيد يكرمك فإن فصلت بالقسم نصبت نحو إذن والله أكرمك وجاز الرفع ويحذفون الهمزة فيقولون ذن) وتُبدل نونها عند الوقف ألفاً ساكنة ومن ينوّنها يغلط وذهب الفراء الى أنها إن عملت تكتب بألف ساكنة وإلّا فتكتب بالنون

ألْ

ذات ثلثة معانٍ

١ أن تكون اسماً موصولاً مثل الذى إذا دخلت على اسم الفاعل واسم المفعول وعلى الصفة نحو جاء الضارب والمضروب والحَسَن الوجه اى جاء الذى ضرب والذى ضُرب والذى حَسُن وجهه

٢ أن تكون حرف تعريف وهي نوعان عهدية وجنسية فالعهدية (إما أن يكون مصحوبها معهوداً ذكرياً) نحو قد رأينا المسيح اى المعهود به من الانبياء (او حضورياً نحو اليوم أنجزت الامر او ذهنياً نحو إذ هما في الغار) ومثلها يا أيها الرجل والجنسية نوعان ايضاً استغراقية اى أن تكون لشمول الافراد ويخلفها كل حقيقة او مجازاً نحو الانسان حيوان ناطق اى كل إنسان ومثله ذلك الرجل اى الكامل في الرجولية وأن تكون لتعريف الماهية (والحقيقة والجنس) فلا تخلفها كل نحو خلق الله آدم من التراب اى من ماهية التراب

أجل

حرفُ جوابٍ بمعنى نَعَمْ (إلّا أنّه أحسن منهُ في التصديق ونَعَمْ أحسن منهُ في الاستفهام. فإذا قيلَ لكَ أتذهبُ تقولُ نَعَمْ وإذا قيلَ أنت سوفَ تذهبُ تقولُ أجَلْ ومنهُ قولُ الشيخِ عُمَرَ الفارضِ

• يقولونَ لي صِفْها فأنتَ بوصفِها • خبيرٌ أجَلْ عندي بأوصافِها عِلْمُ) •

تقعُ بعدَ الخبرِ والاستفهامِ نحو قامَ زيدٌ وأقامَ زيدٌ يُقالُ في الجوابِ أجَلْ اي نَعَمْ قامَ

إذْ

وهو اسمٌ وحرفٌ فإنْ كانتِ اسمًا فلها أربعةُ معانٍ

١ أنْ تكونَ ظرفًا للزمانِ الماضي نحو جئتُ إذْ جاء زيدٌ اي حينَ جاء زيدٌ

٢ أنْ يُضافَ اليها اسمُ الزمانِ نحو حينَئذٍ ويومَئذٍ

٣ أنْ تكونَ ظرفًا مستقبلًا كقولهِ تعالى وحينَئذٍ تَرَوْنَ علامةَ ابنِ البشرِ يعني يومَ القيمةِ

٤ أنْ تكونَ للمفاجأةِ (وهي التي تكونُ بعدَ بينا وبينما) نحو وبينما انا جالسٌ إذْ جاء زيدٌ انتبهي ولا تُضافُ إذْ إلّا الى الجملةِ مُطلقًا فقط • وأمّا إنْ كانت حرفًا فهي حرفُ تعليلٍ بمعنى اللامِ نحو ضربتُ ابني إذْ أساء اي لأنّهُ أساء

إذا

ذاتُ معنيينِ

١ أنْ تكونَ للمفاجأةِ فتختصُّ بالجملةِ الاسميّةِ (ولا تحتاجُ الى الجوابِ ولا تقعُ في الابتداءِ ومعناها الحالُ) نحو خرجتُ فإذا او وإذا الاسدُ بالبابِ قائمٌ بالرفعِ على الخبريّةِ للاسدِ او قائمًا بالنصبِ على الحاليّةِ لهُ وهي حينَئذٍ حرفٌ عندَ الأخفشِ وابنِ مالكٍ وعندَ المبرّدِ وابنِ عصفورٍ ظرفُ مكانٍ وعندَ الزجّاجِ والزمخشريِّ ظرفُ زمانٍ

٢ أنْ تكونَ ظرفًا للمستقبلِ متضمّنةً معنى الشرطِ وتختصُّ بالدخولِ على الجملةِ الفعليّةِ مطلقًا كقولِ الشاعرِ

• والنفسُ راغبةٌ إذا رغّبتَها • وإذا تُرَدُّ الى قليلٍ تقنعِ •

(وكقولِ الآخرِ

• وإذا تكونُ كريهةٌ ادعى لها • وإذا يُحاسُ الحَيْسُ يُدعى جندبُ) •

ولا تجزمُ إلّا في الشعرِ كقولِ الشاعرِ (في نصحِ ابنهِ)

• واستغنِ ما أغناكَ ربُّكَ بالغنى • وإذا تُصِبْكَ خصاصةٌ فتجمّلِ •

(ووجهُ كونِها بهذا البيتِ جازمةً لا ظرفًا أنّ إصابةَ الخصاصةِ من الامورِ المتردّدةِ وهي

• باعاذلي في الهوى العذريّ معذرةً • مني اليك فلو أنصفتَ لم تَلُمِ •
والَيكَ كذا اي خُذهُ واذهبْ إليكَ اي اشتغِلْ بنفسكَ)

أَلَا

بالفتحِ والتخفيفِ وهي حرفُ استفتاحٍ ذاتُ خمسةِ معانٍ

١ أَنْ تكونَ للتنبيهِ نحو أَلَا إنَّ زيدًا قائمٌ وتفيدُ التحقيقَ لأنَّ الهمزةَ اذا دخلتْ أداةَ النفيِ أفادتْ ذلكَ مثلَ أَلَمْ وأَلَيسَ وأما وهذه أصلُها لا النافيةُ دخلتْ عليها الهمزةُ

٢ أَنْ تكونَ للتوبيخِ (والانكارِ كقولِ الشاعرِ

• أَلَا ارْعِواءَ لِمَنْ وَلَّتْ شبيبتُهُ • وآذنتْ بمشيبٍ بعدهُ هَرَمُ •

و) نحو أَلَا توبةَ قبلَ الموتِ وعَمَلُها في هذينِ الموضعينِ عَمَلُ لا النافيةِ للجنسِ

٣ أَنْ تكونَ للتمني (والاستفهامِ عن النفيِ نحو

• أَلَا اصطبارَ لسَلمى أمْ لَها جَلَدٌ • اذا أُلاقي الذي لاقاهُ أمثالي •

و) نحو أَلَا إقلاعَ عن الاثمِ وعَمَلُها هُنا ايضًا عَمَلُ لا لكن لا تحتاجُ الى خبرٍ ولا تُلغَى اذا كُرِّرتْ وتختصُّ في هذه المواضعِ الثلثةِ بالجملةِ الاسميةِ

٤ أَنْ تكونَ للعرضِ وهو طلبُ الشيءِ بلينٍ ورفقٍ نحو أَلَا تنزلُ بنا

٥ أَنْ تكونَ للتحضيضِ وهو طلبُ الشيءِ بحثٍ وعنفٍ نحو أَلَا تتوبُ وتصطلحُ وتختصُّ في هذينِ الموضعينِ بالفعلِ واذا دخلتِ الاسمَ في هذينِ الموضعينِ يُنصَبُ بفعلٍ محذوفٍ نحو أَلَا رجلًا يخافُ اللهَ والتقديرُ أَلَا ترى رجلًا يخافُ اللهَ

أَلَّا

بالفتحِ والشدِّ حرفُ تحضيضٍ مختصٌّ بالجملةِ الفعليةِ الخبريةِ نحو أَلَّا تضربُ زيدًا وحكمُها حكمُ أَلَا المخففةِ في التحضيضِ

إِلَّا

بالكسرِ والشدِّ ذاتُ ثلثةِ معانٍ

١ أَنْ تكونَ حرفَ استثناءٍ نحو قامَ القومُ إلَّا زيدًا وما قامَ إلَّا زيدٌ

٢ أَنْ تكونَ بمعنى غيرٍ فتتبعُ حينئذٍ ما قبلها ومدخولُها صفةً لجمعٍ مُنكَّرٍ او لمفردٍ مُنكَّرٍ كما ذهبَ اليهِ سيبويهِ نحو لي رجالٌ إلَّا رجالُكَ اي غيرُ رجالِكَ وعندي رجلٌ إلَّا زيدٌ اي غيرُهُ

(• أُنيختْ فألقتْ بلدةً فوقَ بلدةٍ • قليلٌ بها الأصواتُ إلَّا بُغامُها •)

٣ أنْ تكونَ زائدةً وهي نوعان لازمةٌ وغيرُ لازمةٍ فاللازمةُ ما كانت في الاسمِ الموصولِ مثلُ الذي والتي واللاءِي وما أشبهَ ذلكَ وايضًا في بعضِ الظروفِ مثلُ الآنَ ظرفُ زمانٍ وفي مثلِ النجمِ والثُرَيّا والعَيُّوقِ والاثنينِ والثلاثاء والاربعاء وباقي البقيّةِ فألْ فيها لازمةٌ إلّا عندَ النداء فإنّها تُحذَفُ نحوَ يا نجمُ ويا ثُرَيّا ومن اللازمةِ ايضًا ما كانت في الأعلامِ المنقولةِ عن المصدرِ كالفضلِ والفخرِ والنعمانِ وأمّا غيرُ اللازمةِ فما كانت داخلةً على صفةٍ منقولةٍ نحو الحارثِ والخازنِ والحاتمِ والضحّاكِ والعبّاسِ والحَسَنِ والحُسَيْنِ وما أشبهَ ذلكَ ممّا يتبعُ السماعَ فألْ ايضًا هنا للَمْحِ الصفةِ! ويجوزُ حذفُها وإثباتُها (وتدخلُ الألفُ واللامُ في العددِ المركّبِ على الأوّلِ نحو الثالثِ عشرَ وفي العددِ المضافِ على الثاني نحو خمسمائةِ الألفِ وعليهما في العددِ المعطوفِ نحو أخذتُ الخمسَ والخمسينَ) وقد تأتي ألْ حرفَ استفهامٍ بمعنى هَلْ نحو ألْ فعلتَ اي هَلْ فعلتَ

أُلُو

(جَمْعٌ لا واحدَ له وقيلَ اسمٌ) جمعٍ (واحِدُهُ) ذو بمعنى صاحبٍ من غيرِ لفظه وأُولاتُ بالضمِّ جمعُ ذاتٍ للمؤنّثِ وتلحقُهُ هاءُ التنبيهِ نحو هؤلاء وكافُ الخطابِ نحو أُولئكَ (وأُولاكَ وأُولالِكَ وأُلّاكَ بالشدِّ لُغَةٌ)

أُولَى

بالضمِّ والقصرِ وأُلاء بالضمِّ والمدِّ (قليلًا) جمعُ الذي والتي مذكّرًا او مؤنّثًا

إلى

بالكسرِ والقصرِ وهي حرفُ جرٍّ لهُ أربعةُ معانٍ

١ أنْ يكونَ لانتهاءِ الغايةِ الزمانيّةِ والمكانيّةِ نحو صوموا الى التاسعةِ وسيروا الى أورشليمَ

٢ أنْ يكونَ بمعنى مَعَ نحو ضُمَّ هذا الى هذا اي مَعَهُ

٣ أنْ يكونَ بمعنى اللامِ نحو الامرُ الى اللهِ اي الامرُ هو للهِ

٤ أنْ يكونَ بمعنى عندَ نحو أحَبُّ إليَّ أنْ تكونَ معي اي أحَبُّ عندي (وكقولِ الشاعرِ

* أمْ لا سبيلَ الى الشبابِ وذِكْرُهُ * أشهى إليَّ من الرحيقِ السَّلْسَلِ *

وتأتي لموافقةِ في نحو ليجمعكم الى يومِ القيمةِ . وللابتداء بها كقولِ الشاعرِ

* تقولُ وقد عالَيْتُ بالكُورِ فوقَها * أيُسْقى فلا يَرْوَى إليَّ ابنُ أحمرا *

اي مِنّي . وللتوكيدِ وهي الزائدةُ نحو وأفئدةَ الاكثرينَ تهوى اليها اي تهواها . وإليكَ عَنّي اي امسكْ عَنّي وكُفَّ قالَ الشيخُ عمرُ الشارِضُ

المتصلة لا يكون إلا استفهامًا . وما قبل المنقطعة يكون استفهامًا وغيره . وما بعد المتصلة يكون مفردًا وجملة . وما بعد المنقطعة لا يكون إلا جملة . والمتصلة قد تحتاج الجواب وقد لا تحتاج . والمنقطعة تحتاج للجواب . والمتصلة اذا احتاجت الى جواب فإن جوابها يكون بالتعيين . والمنقطعة إنما تجاب بنعم او بلا)

٣ أن تكون بمعنى ألْ أداة التعريف وتشترط فيها أن تدخل المبدوّة بالحروف القمرية نحو مَنْ في أمْ بلب ومَنْ أم قائمْ وصعدت على أم جبل والمعنى مَنْ في الباب ومَنْ القائمُ وصعدت على الجبل ويُجمَع فيها بين التنوين وأمْ معًا وأجاز قوم دخولها على الحروف الشمسيّة إلا أنه ضعيف

أمَا

بالفتح والتخفيف ذات ثلثة معانٍ

١ أن تكون حرف استفتاح (للكلام بمنزلة ألا) ويكثر وقوعها قبل القسم كقول الشاعر

• أما والذي أبكى وأضحك والذي • أمات وأحيى والذي أمرُهُ الامرُ •

• وقد تُبدَل همزتها هاء اوعينًا نحو هَما واللهِ أوْ عَما وأبيك وقد تُحذَف منها الالف ثم إبقاء فتحة الميم نحو أمَ اوعَمَ او هَمَ

٢ أن تكون بمعنى حقًا وتلتزم بدخولها على إنْ كقول الشاعر

• أما إنه لولا الخليطُ المودِّعُ • وربعٌ خلا منه مصيفٌ ومَرْبَعُ •

٣ أن تكون حرف عَرضٍ وتختصّ بدخولها على الفعل نحو أما تقومُ أما تقعدُ

أمَّا

بالفتح والشدّ (تقطعُ ما قبلها عن العمل بما بعدها وقد تُبدَل ميمُها الأولى ياء استثقالاً للتضعيف كقول عُمَر بن أبي رَبيعة

• رأت رَجلاً أيْما اذا الشمسُ عارضت • فيضحَى وأيْما بالعشيّ فيَخصَرُ •

وهي) ذات ثلثة معانٍ

١ أن تكون حرف شرطٍ بدليل دخول الفاء في جوابها (وجوابها جملة ولا بُدَّ أن يَفصِل بينها وبين الفاء فاصلٌ مبتدأ او مفعولٌ . اوجارٌ ومجرورٌ . فالمبتدأ) نحو أمّا ما قلته لك فسوف تعلمه . (والمفعول نحو أمّا زيدًا فأكرمتُ وأمّا عمرًا فأهنتُ .والجار والمجرور نحو أمّا في زيد فرغبتُ وأمّا على بكرٍ فنزلتُ وهي على نوعين أمّا للاستيناف من غير أن يتقدّمها إجمالٌ كما في أوائل الكتب نحو أمّا بعدُ وأمّا للتفصيل كما ترى)

وتفترق من غير بأنه لا يجوز حذف موصوفها اي لا يقال جاءني إلا زيد ويقال جاءني غير زيد

٣ أن تكون زائدة نحو رأيت رجلاً إلا عالماً اي رأيت رجلاً عالماً ولا يزال الدهر إلا منقلباً (وكقول الشاعر

* حراجيج لا تنفك إلا مناخة * على الخسف او نرمي بها بلداً قفرا *)

تنبيه

تدخل إن الشرطية على لا النافية فتدغم النون باللام ويبقى عمل الشرط نحو إلا تقم أقم والاصل إن لا تقم أقم

أم

بالفتح حرف له ثلثة معان

١ أن تكون أم متصلة اي أن تكون حرفاً عاطفاً للجملتين او مفردين نحو أغلب المؤمنون أم الكافرون ونحو من أزيد أتى أم عمرو ولا يجوز التخالف فيها وهي نوعان * النوع الأول أن تتقدمها همزة التسوية نحو سواء علي أجئت أم لم تجئ وأجزعت أم صبرت * النوع الثاني أن تتقدمها همزة التعيين والاستفهام نحو أزيد عندك أم عمرو فسميت فيها متصلة لاتصال ما بعدها بما قبلها في المعنى وقد يجوز ايضاً حذف معطوف أم في الاستفهام نحو أتفعل هذا أم لا اي أم لا تفعل وقد يجوز ايضاً حذف أم مع معطوفها نحو أتتوب والتقدير أتتوب أم لا تتوب

٢ أن تكون أم منقطعة وأنواعها ثلثة * الأول أن يتقدمها هل نحو هل يستوي الأعمى والبصير أم هل تستوي الظلمات والنور * الثاني أن تكون بمعنى بل نحو إنها لإبل أم شاء اي بل شاء * الثالث أن تكون بمعنى همزة الاستفهام نحو أم ماذا كنتم تعملون اي ماذا كنتم تعملون وسميت منقطعة لوجود معنى الاضراب فيها لأن قولك أم شاء أعرضت عن أنها إبل (وأم المتصلة لطلب التصور . والمنقطعة لطلب التصديق . والمتصلة تفيد معنى واحداً . والمنقطعة تفيد معنيين غالباً وهما الاضراب والاستفهام . والمتصلة ملازمة لأداة الاستفهام او لازمه وهو التسوية . والمنقطعة قد تنسلخ عنه رأساً لما عرفت أنها تفيد معنيين فاذا تجردت عن أحدهما بقي عليها المعنى الآخر . والمتصلة لا تفيد إلا الاستفهام فلو تجردت عنه صارت مهملة . وما قبل

١ أَنْ تكونَ حرفًا مصدريًّا ينصبُ المضارعَ نحو أَنْ تؤمنوا خيرٌ من أَنْ تكفروا اى إيمانُكم خيرٌ من كفركم وتدخلُ الماضيَ نحو عجبتُ من أَنْ قمتَ وتدخلُ الامرَ نحو قلتُ لـهُ أَنْ قُمْ وأنكرهُ أبو حيّان لأنّها فيهِ لا تُسبَكُ بالمصدرِ (وقد يُجزَمُ بها كقولِ الشاعرِ

* اذا ما غدَوْنا قالَ وِلدانُ أهلِنا * تعالَوْا الى أَنْ يأتِنا الصيدُ نحطِبِ *

٢ أَنْ تكونَ مخفّفةً من الثقيلةِ ولا يبطلُ عملُها ويُشترطُ فيها * أوّلًا أَنْ تقعَ بعدَ فعلِ اليقينِ * ثانيًا أَنْ يكونَ اسمُها ضميرًا محذوفًا * ثالثًا أَنْ يكونَ خبرُها جملةً نحو علمتُ أَنْ ستفوزونَ. فأَنْ هنا واقعةٌ بعدَ علِمَ وهو الشرطُ الأوّلُ واسمُها ضميرٌ محذوفٌ تقديرُهُ أنّهُ وهو الشرطُ الثاني وخبرُها جملةٌ وهو سيفوزونَ وهو الشرطُ الثالثُ

٣ أَنْ تكونَ حرفَ تفسيرٍ بمعنى اى ويُشترطُ فيها * أوّلًا أَنْ تسبقَها جملةٌ ويتأخّرَها ايضا جملةٌ * ثانيًا أَنْ يكونَ في الجملةِ السابقةِ معنى القولِ لا حروفُهُ * ثالثًا أَنْ لا يدخلَ عليها حرفُ جرٍّ فإنْ دخلَ عليها كانت مصدريّةً لا تفسيريّةً مثالُها أشرتُ اليهِ أنِ اكسرِ الصنمَ فأَنْ هنا مسبوقةٌ بجملةٍ وهي أشرتُ ومتأخّرٌ عنها جملةٌ وهي اكسرِ الصنمَ وهو الشرطُ الأوّلُ وفي أشرتُ معنى القولِ لا حروفُهُ كأنّكَ تقولُ قلتُ لهُ وهو الشرطُ الثاني ولم يدخلْ على أَنْ حرفُ جرٍّ وهو الشرطُ الثالثُ وإنْ كانَ مدخولُها مضارعًا جازَ رفعُهُ على أنّها المخفّفةُ ونصبُهُ على أنّها المصدريّةُ نحو أشرتُ اليهِ أَنْ يكسرَ الصنمَ برفعهِ ونصبهِ

٤ أَنْ تكونَ زائدةً وفائدةُ زيادتِها التوكيدُ وقد تزدادُ في ثلثةِ مواضعَ * الأوّلُ تزدادُ بعدَ لمّا الحينيّةِ نحو ولمّا أَنْ وفدَ عليهم أكرمُوهُ * الثاني تزدادُ بعدَ فعلِ القسَمِ وقبلَ لو نحو أقسمُ أَنْ لو كنتَ حاضرًا لأكرمتُكَ ونحو واللهِ أَنْ لو كنتَ مؤمنًا لصدّقتُكَ * الثالثُ تزدادُ بعدَ إذا الظرفيّةِ نحو إذا أَنْ جئتَ أكرمتُكَ (وتقعُ بمعنى الذي كقولِهم زيدٌ أعقلُ مِنْ أَنْ يكذبَ اى مِنَ الذي يكذبُ وقد تكونُ بمعنى إذْ نحو عجبتُ أَنْ رجعَ خاسرًا)

إِنْ

بالكسرِ وسكونِ النونِ ذاتُ ستّةِ معانٍ

١ أَنْ تكونَ شرطيّةً تجزمُ الشرطَ والجزاءَ معًا نحو أَنْ تغفروا يُغفَرْ لكم وقد تدخلُ عليها لا النافيةُ ولَمِ الجازمةُ فيبقى عملُها ويجوزُ إدغامُ نونِها باللامِ نحو إلّا تكفُرْ تدخلِ

٢ أنْ تكونَ حرفَ تفصيلٍ وهذا المشهورُ فيها نحو جاءني زيدٌ وعمروٌ أمّا زيدٌ فاكرمتهُ وأمّا عمروٌ فاهنتهُ ولا تصحّ أنْ تكونَ هنا حرفَ عطفٍ لعطفٍ مثلها عليها وحروفُ العطفِ لا تتعاطفُ

٣ أنْ تكونَ حرفَ توكيدٍ نحو أمّا زيدٌ فمنطلقٌ (اذا أردتَ أنّهُ منطلقٌ لا محالةَ وأنّهُ منهُ عزيمةٌ قالَ سيبويهِ في تقريرِهِ معناها مهما يكنْ من شيءٍ فزيدٌ منطلقٌ اي إنْ يقعْ في الدنيا شيءٌ ، يقعْ ثبوتُ انطلاقِ زيدٍ وما دامتِ الدنيا لا بُدّ من وقوعِ شيءٍ فيدلُّ على انطلاقِ زيدٍ على جميعِ التقاديرِ)

إمّا

بالكسرِ والتشديدِ (في الجزاء مُركّبةٌ من إنْ وما وهي) ذاتُ أربعةِ معانٍ

١ أنْ تكونَ للشكِّ نحو جاء إمّا زيدٌ وإمّا عمروٌ (اذا لم يُعلَمْ الجائي منهما)

٢ أنْ تكونَ للابهامِ (اي أنْ تعرفَ الامرَ بعينهِ وتقصدَ أنْ يُبهَمَ على المخاطَبِ) نحو إمّا يُميتهُ وإمّا يُحييهِ

٣ أنْ تكونَ للتخييرِ نحو إمّا تتزوّجُ وإمّا تترهّبُ

٤ أنْ تكونَ للاباحةِ نحو تعلّمْ إمّا نحوًا وإمّا تصريفًا ولا يصحُّ أنْ تكونَ حرفَ عطفٍ كما مرَّ في أمّا المفتوحةِ كما قالَ صاحبُ القاموسِ وقد تُفتَحُ همزةُ إمّا المكسورةِ وقد تُبدَلُ ميمُها بياءٍ ساكنةٍ كقولِ الشاعرِ

* يا ليتما أُمُّنا شالتْ نعامتُها * أيما الى جنّةٍ إيما الى نارِ *

(وقد تُحذَفُ ما كقولهِ

* سقتْهُ الرواعدُ من صيّفٍ * وإنْ من خريفٍ فلنْ يُعدَما *

اي إمّا من صيّفٍ وإمّا من خريفٍ) وقد يُستغنى عن إمّا الثانيةِ بالّا نحو إمّا إنكَ تتكلّمُ بخيرٍ والّا فاسكتْ وقد تُحذَفُ إمّا الأولى نحو زيدٌ يقومُ وإمّا يقعدُ وتدخلُ إنِ الشرطيّةُ على ما الزائدةِ فتُدغَمُ النونُ بالميمِ ويبقى عملُ الشرطِ نحو إمّا تقمْ أقمْ اي إنْ تقمْ أقمْ

أن

اسمٌ وحرفٌ فالاسمُ ما كانتْ ضميرًا للمخاطبِ والمتكلّمِ نحو أنتَ وفروعها فأنْ هي الضميرُ والتاء حرفُ خطابٍ وأنا أنْ هي الضميرُ وزيدتِ الالفُ للوقفِ ويجوزُ في أنْ هذهِ سكونُ النونِ وفتحُها نحو أنْ فعلتُ اي أنا فعلتُ (والاكثرون على فتحها وصْلًا والإتيانِ بالالفِ وقفًا) وأمّا أنِ الحرفيّةُ فذاتُ أربعةِ معانٍ

المذكور اى لم يكن كذلك وإنْ كانَ كذلك مثل قولك زيدٌ لا يُكرِمُ وإنْ كثُر مالُهُ اى لا يكرمُ إنْ قلّ مالُهُ وإنْ كثُرَ مالُهُ وعندَ صاحبِ الكشّافِ للحالِ)

أنّ

بالفتحِ والتشديدِ ذاتُ معنيينِ

١ أنْ تكونَ حرفَ توكيدٍ تنصبُ المبتدأ وترفعُ الخبرَ ويُشترطُ فيها شرطانِ * الاوّل أنْ يطلبَها عاملٌ * الثانى أنْ تُسبَكَ مَعَ معمولِها بمصدرٍ نحو بلغني أنّ زيدًا قائمٌ اى بلغني قيامُهُ

٢ أنْ تكونَ بمعنى لعلّ كقولِ بعضهِم إئتِ السوقَ أنّكَ تشترِي لنا شيئًا اى لعلّكَ تشترِي لنا شيئًا (وأنّ المفتوحةُ تغيّرُ معنى الجملةِ لأنّها مَعَ ما بعدَها فى حكمِ المفردِ وتعملُ فى موضعِها عواملُ الاسماء وإنّما اختصّتِ المفتوحةُ فى موضعِ المفردِ لأنّها مصدريّةٌ فجرتْ مجرَى أنِ الخفيفةِ وتُفتَحُ همزةُ أنّ فى تسعةِ مواضعَ

١ اذا سُبِكَتْ مَعَ ما بعدَها بمصدرٍ سواء كانَ فاعلًا او مفعولًا او مجرورَ حرفٍ او مضافًا اليهِ نحو يعجبني أنّكَ مؤمنٌ وعرفتُ أنّكَ قائمٌ وعجبتُ من أنّكَ جاحدٌ ومُرّني اشتهارُ أنّكَ فاضلٌ ومتى تعذّرَ المصدرُ قدّرَ لها لفظةُ كَوْنٍ نحو علمتُ أنّ زيدًا أخوكَ اى علمتُ كونَ زيدٍ أخاكَ

٢ اذا كانتْ مَعَ ما بعدَها مبتدأً نحو عندي أنّكَ عالمٌ

٣ اذا وقعتْ بعدَ القولِ الذى بمعنى الظنِّ نحو أتقولُ أنّ العدوّ مؤتمَنٌ

٤ اذا وقعتْ بعدَ لولا الابتدائيّةِ نحو لولا أنّكَ ذاهبٌ لذهبتُ او التحضيضيّةِ نحو لولا أنّ زيدًا قائمٌ اى هلّا

٥ اذا وقعتْ بعدَ حرفِ الجرّ نحو لأنّ اللّهَ راحمٌ

٦ اذا وقعتْ بعدَ لو نحو لو أنّ الانسانَ منصفٌ

٧ اذا وقعتْ بعدَ ما المصدريّةِ التوقيتيّةِ نحو اجلِسْ ما أنّ زيدًا جالسٌ اى مدّةَ ثبوتِ جلوسِ زيدٍ

٨ اذا وقعتْ بعدَ حتّى العاطفةِ للمفردِ نحو عرفتُ أمورَكَ حتّى أنّكَ صالحٌ

٩ اذا وقعتْ بعدَ مُذ ومُنذُ نحو ما رأيتُهُ مُذ أنّكَ غائبٌ)

إنّ

بالكسرِ والتشديدِ ذاتُ معنيينِ

الجنّةَ ونحو إنْ تتوبوا تهلكوا كُلُّكم (وقال أبو البقاء فى كلّيّاتِه اذا دخلت إنْ على لم فالجزمُ بلم واذا دخلتْ على لا فالجزمُ بإنْ لا بلا وذلك أنّ لم عاملٌ يلزمه معمولُهُ ولا يُفصَلُ بينهما بشيءٍ. وإنْ يجوزُ الفصلُ بينها وبين معمولِها بمعمولِه ولا لاتعملُ الجزمَ اذا كانتْ نافيةً فأضيفَ العملُ الى إنْ)

٢ أنْ تكونَ نافيةً وبعدها إلّا المشدّدةُ وتدخلُ حينئذٍ الجملةَ الاسميّةَ نحو إنْ زيدٌ إلّا قائمٌ والجملةَ الفعليّةَ نحو إنْ ينصرونَ إلّا قومَهم والتقديرُ ما زيدٌ إلّا قائمٌ وما ينصرونَ إلّا قومَهم

٣ أنْ تكونَ مخفّفةً من إنّ الثقيلة (فتدخلُ على الجملةِ الاسميّةِ) ويجوزُ حينئذٍ إعمالُها وإلغاؤها نحو إنْ زيدًا قائمٌ وإنْ كلّ إنسانٍ لَنَمٌّ بنصبِ كلٍّ ورفعهِ وتدخلُ الجملةَ الفعليّةَ فيبطلُ حينئذٍ عملُها والتزمَ اللامُ فى خبرِها والاكثرُ أنّها تدخلُ على ماضٍ ناسخٍ نحو إنْ كانَ زيدٌ لأخاكَ وقد تدخلُ المضارعَ نحو إنْ يظُنُّكَ لكاذبًا ونزرَ دخولُها على غيرِ الناسخِ نحو إنْ قتلتَ لَزيدًا فاللامُ هنا للتوكيدِ وزيدًا مفعولٌ بهِ قالَ صاحبُ كتابِ المغنى والفيروزابادىّ فحيثُ وُجدتْ إنْ وبعدها لامٌ مفتوحةٌ فاحكمْ بأنّ أصلَها التشديدُ

٤ أنْ تكونَ زائدةً وتزدادُ بعدَ ثلثةِ أحرفٍ . الاوّلُ بعدَ ما الحجازيّةِ ويبطلُ حينئذٍ عملُ ما نحو ما إنْ زيدٌ قائمٌ وما إنْ تقومونَ صباحًا . الثانى تزدادُ بعدَ ألا الاستفتاحيّةِ نحو ألا إنْ زيدٌ أخوكَ . الثالثُ تزدادُ بعدَ لمّا الحينيّةِ وهذا أنكرَهُ ابنُ هشامٍ نحو لمّا إنْ قمتَ قمنا

٥ أنْ تكونَ بمعنى قد وتلتزمُ بالفعلِ نحو إنْ جاء زيدٌ اى قد جاء زيدٌ

٦ أنْ تكونَ بمعنى اذ نحو إنْ جئتمْ جئنا اى إذْ جئتمْ جئنا ومنهُ قولُهم جئتمْ إنْ شاء اللهُ اى إذْ شاء اللهُ جئتمْ (وإنْ للاستقبالِ سواء دخلتْ على المضارعِ او الماضى وقد يُستعملُ إنْ فى غيرِ الاستقبالِ قياسًا اذا كانَ الشرطُ لفظَ كانَ اذ قد نصّ المبرّدُ والزجّاجُ على أنّ إنْ لا تقلبُ كانَ الى معنى الاستقبالِ ومجيءُ إنْ للشرطِ فى المعنى مطّردٌ مع كانَ نحو إنْ كنتم فى ريبٍ ومعَ الوصلِ نحو زيدٌ بخيلٌ وإنْ كثرَ مالُه ومعَ غيرهما قليلٌ كقولهِ. فيا وطنى إنْ فاتنى بكَ سابقٌ. وقد أجروا كلمةَ إنْ مكانَ لو وعليهِ قولُنا والّا لما فعلتُ والّا لما كانَ كذا وإنِ الوصليّةُ موجبُها ثبوتُ الحكمِ بالطريقِ الاولى عندَ نقيضِ شرطِها والواوُ الداخلُ عليها عندَ البعضِ للعطفِ على مقدّرٍ هو ضدّ

١٧ اذا وقعت بعد حتى الابتدائية نحو أتقول ذلك حتى إنّ زيدًا يقوله

ويجوز فتح همزة إنّ وكسرها في سبعة مواضع

١ اذا وقعت بعد اذا الفجائية نحو خرجت فاذا أنّ زيدًا جالس

٢ اذا وقعت جوابًا للقسم وليس في خبرها اللام سواء كانت الجملة المقسم بها فعلية والفعل فيها ملفوظ به نحو أقسم أنّ الكافر هالك ونحو قول الشاعر

* لتقعدنّ مقعد القصيّ * منّي ذي القاذورة المقليّ *
* او تحلفي بربّك العليّ * أنّي ابو ذيالك الصبيّ *

او غير ملفوظ به نحو والله أنّ زيدًا قائم ام اسمية نحو لعمرك أنّ زيدًا قائم

٣ اذا وقعت بعد فاء الجزاء نحو مَن يصرني فأنّي أنصره

٤ اذا وقعت في موضع التعليل نحو اسمع حتى أنّي أخاطبك

٥ اذا وقعت بعد أمَا نحو أمَا إنّه لولا يسوع لهلكنا

٦ اذا وقعت بعد لاجرم نحو لاجرم أنّ الله راحم

٧ اذا وقعت بعد مبتدأ هو في المعنى قول وخبر أنّ قول والقائل واحد نحو خير القول إنّي أحمد الله او أوّل قولي أنّي أحمد الله وجاز فتح إنّ وكسرها في كل موضع جاز فيه تقدير المفرد والجملة

أنّى

بالفتح وتشديد النون وفتحها ذات ثلثة معانٍ

١ أن تكون ظرف مكان بمعنى أين وتجزم الشرط والجزاء نحو أنّى تجلس أجلس

٢ أن تكون ظرف زمان بمعنى متى نحو أنّى جئت اي متى جئت

٣ أن تكون استفهامية بمعنى كيف نحو أنّى زيد وأنّى جئت اي كيف زيد وكيف جئت

او

حرف عطف ذو عشرة معانٍ

١ أن يكون للشك (وهو تردّد واشتباه المتكلم في ما أخبره) نحو سِرنا ميلاً او فرسخًا

٢ أن يكون للابهام (وهو أن تعرف الحقيقة وتقصد إبهامها على المخاطب لغرض من الاغراض) نحو نحن او أنتم مفقدون

١ أَنْ تكونَ حرفَ توكيدٍ تنصبُ الاسمَ وترفعُ الخبرَ نحو إِنَّ اللهَ إلهٌ واحدٌ واذا خُفِّفتْ تعمَلُ قليلاً وتُهمَلُ كثيرًا

٢ أَنْ تكونَ بمعنى نَعَمْ نحو أقائمٌ زيدٌ فيقالُ فى جوابهِ إِنَّ اى نَعَمْ وكقولِ الشاعرِ

* ويَقُلْنَ شيبٌ قد علا * كَ وقد كبرتَ فقلتُ إِنَّهْ *

وإِنَّ المكسورةُ لا تغيّرُ معنى الجملةِ كالمفتوحةِ بل تؤكّدُها ولهذا وجبَ الكسرُ فى كلِّ موضعٍ تبقى الجملةُ على حالها وهى مَعَ ما فى حيّزها جملةٌ ولا تعملُ فى موضعِها عواملُ الاسماء وقد تنصبُ الاسمَ والخبرَ كما فى حديثِ إِنَّ قعرَ جهنّمَ سبعينَ خريفًا وكقولِ الشاعرِ

* اذا اسودَّ جنحُ الليلِ فلتأتِ ولتكنْ * خطاكَ خِفافًا إِنَّ حُرّاسَنا أُسْدا *

ويجبُ كسرُ إِنَّ فى سبعةَ عشرَ موضعًا

١ اذا وقعتْ ابتداءً نحو إِنَّ اللهَ واحدٌ

٢ اذا وقعتْ بعد القولِ نحو قلتُ إِنَّ زيدًا قائمٌ

٣ اذا وقعتْ بعدَ الاسمِ الموصولِ نحو جاء الذى إِنَّهُ مؤمنٌ فأعطيتُهُ من المالِ ما إِنَّهُ يكفيهِ

٤ اذا وقعتْ جوابًا للقسمِ وفى خبرِها اللامُ نحو واللهِ إِنَّ زيدًا لقائمٌ

٥ اذا اقترنَ خبرُها بلامِ التوكيدِ المفتوحةِ نحو إِنَّ اللهَ لراحمٌ

٦ اذا وقعتْ بعدَ أَلا الاستفتاحيّةِ نحو أَلا إِنَّ اللهَ راحمٌ

٧ اذا وقعتْ بعدَ حروفِ التصديقِ نحو نَعَمْ إِنَّ زيدًا قائمٌ

٨ اذا وقعتْ بعدَ حيثُ نحو اجلسْ حيثُ إِنَّ المسيحَ واعظٌ

٩ اذا وقعتْ بعدَ ثُمَّ نحو ثُمَّ إِنَّ اللهَ غفورٌ

١٠ اذا وقعتْ بعدَ الامرِ والنهى نحو قُمْ إِنَّ العدوَّ مقبلٌ ولا تحزنْ إِنَّ اللهَ معَنا

١١ اذا وقعتْ بعدَ النداءِ نحو يابطرسُ إِنَّكَ تجحدُنى

١٢ اذا وقعتْ بعدَ الدعاءِ نحو ربَّنا إِنَّكَ رحومٌ

١٣ اذا وقعتْ فى جملةٍ فى موضعِ الحالِ نحو زرتُهُ وإِنّى ذو أملٍ وكقولِ الشاعرِ

* ما أعطيانى ولا سألتُهما * إِلّا وإِنّى لحاجزى كرمى *

١٤ اذا وقعتْ فى جملةٍ هى خبرٌ من اسمِ عينٍ نحو زيدٌ إِنَّهُ قائمٌ

١٥ اذا وقعتْ بعدَ كَلّا نحو كَلّا إِنَّهم كاذبونَ

١٦ اذا وقعتْ فى جملةٍ دخلَ على خبرِها لامُ الابتداءِ نحو علمتُ إِنَّ زيدًا لقائمٌ فإِنْ لم يكنْ فى خبرِها اللامُ فتحتْ

٢ أَنْ تكونَ حرفَ تفسيرٍ (وحرفَ تعبيرٍ لأنَّهُ تفسيرٌ لما قبلَهُ وعبارةٌ عنهُ وشرطهُ أنْ يقعَ بينَ جُملتينِ مستقلّتينِ تكونُ الثانيةُ هي الأولى) نحو عندي عسجدٌ اي ذهبٌ فما بعدها عطفُ بيانٍ او بدلٌ (واذا فسّرتَ جملةً فعليّةً مضافةً الى ضميرِ المتكلّمِ بأيْ يجبُ أنْ يُطابِقَها في الاسنادِ الى المتكلّمِ فتقولُ استكتمتهُ سِرّي أيْ سألتُهُ كتمانَهُ)

إيْ

بالكسرِ والسكونِ حرفٌ بمعنى نَعَمْ وقيلَ بمعنى بَلَى ويلزمُها القَسَمُ نحو قامَ زيدٌ وَهَلْ قامَ زيدٌ فتقولُ إيْ واللهِ (ويُقالُ فيها جيْ)

أيّ

بالفتحِ والشدِّ اسمٌ لهُ سِتّةُ معانٍ

١ أنْ يكونَ اسمَ شرطٍ جازمٍ نحو أيًّا تضربْ أضربْ

٢ أنْ يكونَ اسمَ استفهامٍ نحو أيُّهم جاء

٣ أنْ يكونَ اسمًا موصولاً نحو يعجبُني أيُّهُمْ قائمٌ ويجوزُ حينئذٍ تأنيثُها وتثنيتُها وجمعُها نحو أيّانِ وأيُّونَ وأيّةٌ وأيّتانِ وأيّاتٌ وأيّاتُهنّ

٤ أنْ تكونَ دالّةً على معنى الكمالِ فتقعُ حينئذٍ صفةً للنكرةِ (ولا تُستعمَلُ إلّا مُضافةً) نحو زيدٌ رجلٌ أيُّ رَجُلٍ اي كاملٌ في الرجالِ وإنْ وقعتْ بعدَ معرفةٍ تكونُ حالاً نحو زيدٌ أيَّ رَجُلٍ

٥ أنْ تكونَ آلةً في نداءِ ما فيهِ ألْ نحو يا أيُّها الرجلُ (ويا أيّتُها النفسُ)

٦ أنْ تكونَ للحكايةِ نحو جاءني رجلٌ او رجلانِ او رجالٌ فيُقالُ أيٌّ او أيّانِ او أيّونَ وفي النصبِ والجرِّ أيًّا او أيٍّ وأيَّيْنِ وأيّينَ (وتقولُ في التأنيثِ أيّةٌ وفي التثنيةِ أيّتانِ رفعًا وأيّتَيْنِ جرًّا ونصبًا وفي الجمعِ أيّاتٌ رفعًا وأيّاتٍ جرًّا ونصبًا

إيّا

اسمٌ مبهمٌ يتّصلُ بهِ جميعُ المضمراتِ المتّصلةِ التي للنصبِ نحو إيّاكَ نعبدُ وإيّاهُ تدعونَ وإيّايَ فارهبونِ وتُبدَلُ همزتُهُ هاءً وتارةً واوًا تقولُ ويّاكَ قالَ الخليلُ إيّا اسمٌ مضمرٌ مُضافٌ الى الكافِ وقالَ الاخفشُ هي اسمٌ مضمرٌ مفردٌ يتغيّرُ آخرُهُ كما يتغيّرُ أواخرُ المضمراتِ لاختلافِ أعدادِ المُضمَرينِ وقيلَ هي حرفٌ لأنَّهُ لم يوضعْ لمعنًى حتّى يكونَ كلمةً بل هو للفظٌ ذُكِرَ وسيلةً الى التلفّظِ بالضميرِ والجمهورُ على أنّ إيّا ضميرٌ

٣ أن يكونَ للتخييرِ بعدَ طلبٍ نحو تزوَّجْ هندًا او أختها
٤ أن يكونَ للاباحةِ بعدَ الامرِ نحو كُنْ عالمًا او زاهدًا (والفرقُ بينَ الاباحةِ والتخييرِ أنَّ الاباحةَ لا تمنعُ الجمعَ والتخييرُ يمنعُهُ ثمَّ إنَّ التخييرَ والاباحةَ كُلٌّ منهما معنى مجازيٌّ لأوْ وأمّا معناها الحقيقيُّ فالشكُّ) واذا وقعتْ أوْ بعدَ لا الناهيةِ امتنعَ فعلُ الجميعِ نحو لا تقرأْ او تكتبْ
٥ أن يكونَ في العطفِ لمطلقِ الجمعِ كالواوِ نحو جاء زيدٌ او عمرٌو بعدَهُ او قبلَهُ او معَهُ (ونحو لعلَّهُ يذكرُ او يخشى)
٦ أن تكونَ للاضرابِ اي بمعنى بل ولها شرطانِ * الاوّلُ أن يتقدَّمها نفيٌ او نهيٌ * الثاني أن يُعادَ العاملُ نحو ما قامَ زيدٌ او ما قامَ عمرٌو ولا تضربْ زيدًا او لا تضربْ عمرًا اي بلْ عمرًا
٧ أن تكونَ للتقسيمِ نحو الكلمةُ اسمٌ او فعلٌ او حرفٌ
٨ أن تكونَ بمعنى إلّا في الاستثناء. وينتصبُ المضارعُ بعدَها باضمارِ أنِ المصدريَّةِ نحو لأقتلنَّ الكافرَ او يؤمنَ اي إلّا أن يؤمنَ
٩ أن تكونَ بمعنى الى أن وينتصبُ المضارعُ بعدَها باضمارِ أنْ ايضًا نحو لألزمنَّكَ او تقضيَني حقّي اي الى أن تقضيَني حقّي وقد تصحُّ هنا بالاكثرِ بمعنى حتّى الغائيةِ اي حتّى تقضيَني حقّي
١٠ أن تكونَ بمعنى إنِ الشرطيةِ نحو لأضربنَّهُ عاشَ او ماتَ اي إنْ عاشَ بعدَ الضربِ وإنْ ماتَ (وتأتي ايضًا . للتبعيضِ نحو كونوا هودًا او نصارى . وبمعنى ولا نحو ولا تطعْ منهم آثمًا او كفورًا . وللنقلِ نحو افعلْ هذا الى شهرٍ او أسرعَ منهُ . وللتقريبِ وهو الاشتباهُ بتعيينِ الحدوثِ لأحدِ شيئَينِ متقاربينِ نحو لا أدري أسلَّمَ او ودَّعَ وقد تستعملُ بمعنى الواوِ عندَ أمنِ اللبسِ كقولهِ

* جاء الخلافةَ او كانت لهُ قدرًا * كما أتى رَبَّهُ موسى على قدرِ *

اي وكانت لهُ قدرًا)

أيْ

بالفتحِ وسكونِ الياء ذاتُ معنيينِ
١ أن تكونَ حرفَ نداء (للقريبِ قالهُ المبرّدُ وللبعيدِ قالهُ سيبويهِ وللمتوسّطِ قالهُ ابن برهانَ) نحو أيْ يوسفُ

٤ أَنْ تكونَ سببيّةً نحو لقيتُ بزيدٍ الأَهوالَ اى أَنّ لقاء الأَهوالِ مُسَبَّبٌ عن زيدٍ

٥ أَنْ تكونَ للمُصاحبةِ نحو اهبِطْ بسلامٍ اى مَعَ سلامٍ واذهبْ بزيدٍ اى مَعَهُ

٦ أَنْ تكونَ بمعنى فى كقولكَ نِمْتُ بالليلِ اى فى الليلِ

٧ أَنْ تكونَ للمُقابَلةِ والتعويضِ نحو اشتريتُ هذا بهذا (وتأتى للبَدَلِ كقولِ الشاعرِ

* فليتَ لى بهم قومًا اذا رَكِبوا * شَنُّوا الاغارةَ فرسانًا ورُكْبانا) *

٨ أَنْ تكونَ للمُجاوَزةِ بمعنى عن و(قيلَ) تختصُّ بالسُّؤالِ نحو فَاسْأَلْ بهِ خبيرًا اى اسأَلْ عنهُ خبيرًا (او لا تختصُّ بالسُّؤالِ نحو ويومَ تَشَقَّقُ السماءُ بالغمامِ وما غَرَّكَ بربِّكَ الكريمِ)

٩ أَنْ تكونَ للاستعلاءِ بمعنى على كقولِ الشاعرِ

* أَرَبٌّ يبولُ الثُّعْلُبانُ برأسهِ * لقد ذَلَّ مَنْ بالت عليهِ الثعالبُ *

اى يبولُ على رأسهِ

١٠ أَنْ تكونَ للتبعيضِ بمعنى مِنْ كقولِ الشاعرِ

* شَرِبَتْ بماءِ الدُّحْرُضَيْنِ فأصبحتْ * زوراءَ تنفرُ عن حياضِ الدَّيْلَمِ *

اى شَرِبَتْ من ماءِ الدُّحْرُضَيْنِ

١١ أَنْ تكونَ للقَسَمِ نحو باللهِ وبالانجيلِ وبالسيفِ وبالمصحفِ وبحياتِكَ وبِكَ وما أَشْبَهَ

١٢ أَنْ تكونَ للاستعطافِ اى السُّؤالِ بكلامٍ لَيِّنٍ نحو باللهِ ياصاحِ هل قام زيدٌ اى أَسْأَلُكَ باللهِ

١٣ أَنْ تكونَ للغايةِ بمعنى الى نحو قد أَحْسَنَ الرَّجُلُ بى فعلَهُ اى قد أَحْسَنَ إِلَيَّ فعلَهُ (وتأتى للحاليّةِ نحو خرجَ زيدٌ بثيابهِ وللتجريدِ نحو لقيتُ زيدًا بخيرٍ وبمعنى حيثُ نحو ولا تَحْسَبَنَّهُم بمفازةٍ من العذابِ اى بحيثُ يفوزونَ) انتهى

وتُزادُ هذهِ الباءُ للتوكيدِ فى سبعةِ مواضعَ

١ تُزادُ بعدَ أَفْعِلِ التعجُّبِ نحو أَحْسِنْ بزيدٍ

٢ أَنْ تُزادَ فى فاعلِ كَفَى المتعدّيةِ الى مفعولٍ واحدٍ نحو كَفَى باللهِ شهيدًا اى كَفَى اللهُ شهيدًا

٣ تُزادُ بالمفعولِ نحو عرفتُ بزيدٍ اى عرفتُهُ

٤ تُزادُ فى المبتدأ نحو بِحَسْبِكَ درهمٌ اى حَسْبُكَ درهمٌ وهو مُبْتَدأٌ ودرهمٌ خبرُهُ

٥ تُزادُ فى خبرِ ليسَ وفى خبرِ ما الحجازيّةِ نحو ليسَ زيدٌ بقائمٍ وما عمروٌ بدائمٍ وقد تُزادُ فى خبرِ كانَ قليلًا نحو كانَ زيدٌ بجاهلٍ

**

وما بعدَهُ اسمٌ مضافٌ له يفسّرُ ما يُرادُ بهِ او وصلةٌ لضميرٍ وما بعدَهُ حرفٌ يفسّرُ المرادَ أو عمادٌ وما بعدَهُ هو الضميرُ وإيّاكَ والأسدَ منصوبٌ باضمارِ فعلٍ تقديرُهُ اتّقِ او باعِدْ واستغنى من إظهارِ هذا الفعلِ لما تضمّنَ هذا الكلامُ من معنى التحذيرِ)

أيا

حرفٌ لنداء البعيدِ نحو أيا سمعانُ (وتُبْدَلُ همزتُهُ هاء)

أيّانَ

بالفتحِ والشدّ ظرفُ زمانٍ للاستفهامِ نحو أيّانَ جئتَ اي أيَّ وقتٍ جئتَ وتكونُ اسمَ شرطٍ جازمٍ نحو أيّانَ تأتِنا نحدّثْكَ (وتكونُ بمعنى متى نحوَ وما يشعرونَ أيّانَ يُبعثونَ وقالَ أبو البقاء في كلّياتهِ أيّانَ يُسألُ بهِ عن الزمانِ المستقبلِ ولا يُستعمَلُ إلّا فيما يُرادُ تفخيمُ أمرهِ وتعظيمُ شأنهِ نحو أيّانَ يومُ القيامةِ)

أيْمُن

ويجوزُ فيهِ كسرُ الهمزةِ (وأَيْمَن بفتحِ الهمزةِ) وفتحُ الميمِ وقد ذهبَ جماعةٌ الى أنّهُ حرفُ قسمٍ والأصحُّ أنّهُ اسمُ قسمٍ يلازمُ الاضافةَ الى لفظِ الجلالةِ نحو أيمُنُ اللهِ وهو خبرُ مبتدأ محذوفٍ تقديرُهُ قسمي أيمُنُ اللهِ وهمزتُهُ وصلٌ ويجوزُ قطعُها (ومثلُهُ أيمُ اللهِ ويكسرُ وإيمِ اللهِ وهَيْمُ اللهِ وأمُ اللهِ مثلّثةَ الميمِ وإمُ اللهِ بكسرِ الهمزةِ وضمّ الميمِ وفتحِها ومِن اللهِ ومُن اللهِ مثلّثةَ الميمِ والنونِ ومِ اللهِ مثلّثةً ولَيْمُ اللهِ ولَيْمُنُ اللهِ)

أينما

ظرفُ مكانٍ يجزمُ الشرطَ والجزاءَ نحو أينما تكنْ أكنْ (مركّبٌ من أينَ الذي للسؤالِ عن المكانِ ومن ما الموصولةِ التي وُصلتْ بهِ في خطّ المصحفِ وحقّها الفصلُ)

ب

الباءُ المفردةُ حرفُ جرٍّ (وُضِعَ لإفضاءِ معاني الأفعالِ الى الأسماءِ وهي) ذاتُ ثلثةَ عشرَ معنى

١ أنْ تكونَ للالصاقِ حقيقةً ومجازًا نحو أمسكتُ بزيدٍ ومررتُ بعمرٍو

٢ أنْ تكونَ للتعديةِ وتُسمّى باءَ النقلِ لأنّها تنقلُ اللزومَ الى التعديةِ كالهمزةِ نحو ذهبتُ بزيدٍ اي أذهبتُهُ (وقد تردُ التعديةُ بالباءِ في المتعدّي نحو صككتُ الحجرَ بالحجرِ اي جعلتُ أحدَهما يصكّ الآخرَ)

٣ أنْ تكونَ للاستعانةِ وهي الداخلةُ على آلةِ الفعلِ نحو كتبتُ بالقلمِ ومنهُ باءُ البسملةِ

في النفي والنهي أنْ تنتقل معنى ما قبلها الى ما بعدها ويختلف المعنى فيكونُ معنى ما قامَ زيدٌ بَلْ عمرٌو اي ما قامَ عمرٌو سواءٌ قامَ زيدٌ او لم يَقُمْ

٥ أنْ يُزادَ ما قبلَها لا في الايجابِ والنفي نحو قامَ زيدٌ لا بَلْ عمرٌو وما قامَ زيدٌ لا بَلْ عمرٌو (وفائدتُها توكيدُ الاضرابِ بعدَ الايجابِ وتوكيدُ تقريرِ ما قبلَها بعدَ النفي)

بَلْهَ

هو اسمٌ مبنيٌّ ولهُ ثلٰثةُ معانٍ

١ أنْ يكونَ اسمَ فعلٍ بمعنى دَعْ ويأتي الاسمُ بعدَهُ منصوبًا على المفعوليّةِ نحو بَلْهَ زيدًا اي دَعْهُ

٢ أنْ يكونَ مصدرًا بمعنى التركِ ويقعُ الاسمُ بعدَهُ مجرورًا بالاضافةِ نحو بَلْهَ زيدٍ اي تَرْكَهُ

٣ أنْ يكونَ بمعنى كيفَ ويقعُ الاسمُ بعدَهُ مرفوعًا بالابتداءِ نحو بَلْهَ زيدٌ وقد ذهبَ جماعةٌ الى أنّها بمعنى غيرِ (وبمعنى أجَلْ) وعدّوها من أدواتِ الاستثناءِ وقالوا إنّ الاسمَ بعدَها يكونُ مجرورًا أبدًا وهذا الاصحّ

بَلَى

مُحرَّكةً هي حرفُ جوابٍ وتختصُّ بالايجابِ سواءٌ كانَ ما قبلَها مُثبَتًا او مَنفيًّا نحو أقامَ زيدٌ الجوابُ بَلَى اي قامَ وأما قامَ زيدٌ الجوابُ بَلَى اي قامَ ومِنْ ثَمّ اذا قلتَ للمديونِ لكَ أليسَ لي عليكَ دَيْنٌ فإنْ قالَ بَلَى لَزِمَهُ الدَّيْنُ وإنْ قالَ نَعَمْ لم يَلْزَمْهُ الدَّيْنُ لأنّ الجوابَ بنَعَمْ مُثبِتٌ مَعَ المُثبَتِ ومَنفيٌّ مَعَ المَنفيّ كما سيَرِدُ أمّا الجوابُ ببَلَى فإنّهُ مُوجِبٌ سواءٌ كانَ ما قبلَهُ سلبًا او إيجابًا

بَيْدَ

وهو اسمٌ مُلازِمٌ للاضافةِ الى أنّ المفتوحةِ الهمزةِ والمشدّدةِ النونِ وهي التي تَنصِبُ الاسمَ وترفعُ الخبرَ وقد تُبدَلُ باؤها ميمًا فيُقالُ مَيْدَ ولها معنيانِ

١ أنْ تكونَ بمعنى غيرِ (وبمعنى عَلَى) نحو زيدٌ كثيرُ المالِ بَيْدَ أنّهُ بخيلٌ اي غيرَ أنّهُ (او على أنّهُ) بخيلٌ

٢ أنْ تكونَ بمعنى مِن أجْلِ نحو إنّهُ ليَلزمُني الكمالُ بَيْدَ أنّي راهبٌ اي من أجْلِ أنّي راهبٌ ويُفرَّقُ ما بينَ المعنيينِ من القرائنِ

ت

التاء المفردة لها موضعانِ

١ أنْ تكونَ في الاسمِ مُحرَّكةً في أوّلِهِ وآخرِهِ فالمحرَّكةُ في أوّلِ الاسمِ تاءُ القَسَمِ وتختصّ

٦ تزدادُ في الحالِ اذا كانَ عاملُها مَنفيًّا نحو فما رجعتُ بخائبٍ
٧ تزدادُ في التوكيدِ بالنفسِ والعينِ نحو جاءَ زيدٌ بنفسِهِ وبعَينِهِ

بِئْسَ

بالكسرِ (منقولةٌ عن البُؤسِ وهي) من أفعالِ المدحِ والذمِّ (وفاعلُها لا يكونُ أبدًا إلّا مُعرَّفًا بالألفِ واللامِ التي للجنسِ المحيطِ بالعمومِ) نحو بِئسَ الرجلُ زيدٌ فبِئسَ فعلٌ ماضٍ جامدٌ لا يدلُّ على حَدَثٍ وقعَ في زمانٍ والرجُلُ فاعلُهُ وزيدٌ مخصوصٌ بالذمِّ وهو واقعٌ مُبتدأً مؤخرًا والجملةُ التي قبلَهُ فهي خبرُهُ وقد يُضمَرُ الفاعلُ ويُفسَّرُ بنكرةٍ منصوبةٍ على التمييزِ نحو بِئسَ رجلًا زيدٌ

بَجَلْ

مُحرَّكةً حرفُ جوابٍ بمعنى نَعَمْ كقولِكَ مَنْ هذا فيُجابُ بَجَلْ اي نَعَمْ

بَعْدُ

سَتُذكَرُ في ق ب ل وقد تجيءُ بمعنى مَعَ نحو زيدٌ كريمٌ وهو بعدَ هذا أديبٌ)

بَلْ

ذاتُ خمسةِ معانٍ

١ أنْ تكونَ للاضرابِ اذا اعتقبَتها جملةٌ نحو إنَّ أخاكَ قائمٌ بلْ. قامَ زيدٌ ونحو زيدٌ في الدارِ بَلْ رجلٌ قائمٌ اي بَلْ هو رجلٌ قائمٌ فإنَّهُ أضربَ عن الأوَّلِ الى الثاني وهي هنا حرفُ ابتداءٍ لا عاطفةٌ (والاضرابُ اذا اعتقبَها جملةٌ يكونُ معناهُ إمّا الابطالَ وإمّا النقلَ من غرضٍ الى آخرَ)

٢ أنْ تَجُرَّ ما بعدَها بإضمارِ رُبَّ نحو زيدٌ في الدارِ بَلْ رجلٍ في الدارِ اي بَلْ رُبَّ رجلٍ في الدارِ

٣ أنْ تكونَ حرفَ عطفٍ وذلكَ اذا تلاها مفردٌ وتقدَّمَها أمرٌ او إيجابٌ نحو اضربْ زيدًا بَلْ عمرًا وقامَ زيدٌ بَلْ عمرٌو فبهذا تكونُ سكتَّ عن الأوَّلِ وأردتَ الثاني

٤ أنْ تكونَ لتقريرِ ما قبلَها (وجَعْلِ ضِدِّهِ لما بعدَها) وذلكَ اذا تقدَّمَها نفيٌ او نهيٌ او تمنٍّ نحو ما قامَ زيدٌ بَلْ عمرٌو اي ما قامَ زيدٌ بَلْ عمرٌو هو الذي قامَ ولا تضربْ زيدًا بَلْ عمرًا اي أعدِلْ عن زيدٍ واضربْ عمرًا وليتما يقومُ زيدٌ بَلْ عمرٌو فهي هنا لتقريرِ ما قبلَها اي استقرارِهِ على حالتِهِ بغيرِ ضربٍ وصارَ ضِدُّهُ لما بعدَها اي الذي نفيتَهُ عمّا قبلَها أثبتَّ ضِدَّهُ لما بعدَها كما هو ظاهرٌ من الامثلةِ أعلاهُ وقد يجوزُ

ذلكَ قبلَ استوائهِ على العرشِ وبمعنى التدرُّجِ نحو واللهِ ثمّ واللهِ وقد تجيء لمجرَّدِ الترقّي نحو
* إنَّ مَنْ سادَ ثمَّ سادَ أبوهُ * ثمَّ قد سادَ قبلَ ذلكَ جدُّهُ *
وقد تجيء للترتيبِ في الإخبارِ كما يُقالُ بلغني ما صنعتَ اليومَ ثمّ ما صنعتَ أمسِ أعجبُ
وقد تجيء فصيحةً لمجرَّدِ استفتاحِ الكلامِ وقد تجيء زائدةً نحو لا ملجأَ من اللهِ إلّا إليهِ
ثمّ تابَ عليهم)

ج

جَيْرِ

بفتحِ الجيمِ والراء وسكونِ الياء وجَيْرِ بكسرِ الراء (وينوَّنُ) وهي حرفُ جوابٍ بمعنى نَعَمْ (ويمينٌ بمعنى حقًّا) كقولكَ أقامَ زيدٌ فيقالُ جَيْرِ اي نَعَمْ (ويُقالُ جَيْرِ لا أفعلُ اي حقًّا لا أفعلُ)

ح

حَبَّذا

هي من أفعالِ المدحِ نحو حَبَّذا زيدٌ رجلاً قالَ ابنُ هلالٍ الحلبيُّ قد اختُلِفَ في حَبَّذا على خمسةِ مذاهبَ

1 أنَّ حَبَّ فعلٌ ماضٍ وذا فاعلُهُ وزيدٌ المخصوصُ بالمدحِ ورجلاً تمييزٌ
2 أنَّ حَبَّذا فعلٌ وفاعلٌ والجملةُ في محلِّ رفعٍ على أنَّها خبرٌ مقدَّمٌ وزيدٌ مبتدأٌ مؤخَّرٌ
3 أنَّ حَبَّذا فعلٌ وفاعلٌ وزيدٌ خبرُ مبتدأٍ محذوفٍ تقديرُهُ الممدوحُ وهو المخصوصُ بالمدحِ
4 أنَّ حَبَّذا اسمٌ لتركيبهِ مع ذا الاسمِ وهو مبتدأٌ وزيدٌ خبرُهُ
5 أنَّ حَبَّذا فعلٌ وزيدٌ فاعلُهُ وهذا ضعيفٌ (وذا لا تتغيَّرُ من حالِها مع المثنّى والجمعِ والمؤنَّثِ فلا تقولُ حَبَّ ذي هندُ وحَبَّذانِ وحَبَّتانِ وحَبَّ أولئكَ واذا وقعَ بعدَ حَبَّ غيرُ ذا من الاسماء جازَ فيهِ وجهانِ الرفعُ بحَبَّ نحو حَبَّ زيدٌ والجرُّ بباء زائدةٍ نحو حَبَّ بزيدٍ قالَ الشاعرُ

* فقلتُ اقتلوها عنكمْ بمزاجِها * وحَبَّ بها مقتولةً حينَ تُقتَلُ *

وتُزادُ لا على حَبَّذا فتصيرُ للذمِّ كقولِ الشاعرِ

* ألا حَبَّذا أهلُ الملا غيرَ أنَّهُ * اذا ذُكِرَتْ ميٌّ فلا حَبَّذا هيا)

حَتّى

بالفتحِ هي ثلثةُ أقسامٍ

(بالتعجّب و) بلفظ الجلالة كقولك تاللهِ (وربّما قالوا تَرَبّى وتَرَبِّ الكعبةِ وتالرحمٰنِ)
والمحرّكة فى آخر الاسم اثنتان تاء الضمير فى أنتَ وأنتِ وفروعهما وتاء التأنيث فى
آخر الاسم مثل قائمة وقاعدة وناجية وخالصة وذالكة (وقائمات وهندات)
٢ أن تكون فى الفعل محرّكة فى أوّله وآخره وساكنة فى آخره فالتاء المحرّكة فى أوّل الفعل
تاء المضارع وهى احدى الزوائد الاربع نحو تقوم وتدحرج وتتباطأ والمحرّكة فى آخره
تاء الضمير نحو قمتُ وقمتَ وقمتِ والساكنة تاء التأنيث نحو قامتْ مريمُ وقالتْ
(وتدخل الفعل ايضًا للزيادة نحو استكبر وافتخر وربّما وُصِلت بثمّ او ربّ والاكثر
تحريكها معهما بالفتح وفى الاسماء تُكتَب طويلًا فى الجموع وقصيرًا فى المفردات وأمّا
فى الافعال فلا تُكتَب إلّا طويلًا وتكون لتمييز الواحد من الجنس نحو التمرة ومن الجمع
نحو التخمة ولتأكيد الصفة والمبالغة نحو علّامة ولتأكيد الجمع نحو ملائكة

تا

اسم يُشار به الى المؤنّث مثل ذا وتى وتهْ وذهْ وتان للتثنية وأولاء لجمعهما وتصغير تا تَيّا
وتَيّاكَ وتَيّانِكَ وتدخل عليها ها فيقال هاتا فإن خوطب بها جاء الكاف فقيل
تيكَ وتاكَ وتِلكَ بالكسر وتَلكَ بالفتح رديئة وللتثنية تانكَ وتالِكَ
وتشدّد والجمع أولئكَ وأولاكَ وأولالكَ وتدخل الهاء على تيكَ وتاكَ فيقال
هاتيكَ وهاتاكَ)

ث

ثَمّ

بالفتح اسم إشارة بمعنى هناك اى يُشار به الى المكان البعيد وهو ظرف مبنيّ نحو جلست
ثَمّ اى هناك

ثُمّ

بالضمّ حرف عطف للترتيب والتراخى نحو جاء زيدٌ ثمّ عمرو اى بعده بمهلة ورأيت زيدًا
ثمّ عمرًا ومررت بزيد ثمّ بعمرو او ثمّ عمرو بلا باء وقد تبدل الثاء فاء فيقال جاء زيدٌ فمّ عمرو الخ
(وقد تجيء ثمّ لمجرّد الاستبعاد نحو يعرفون نعمة الله ثمّ ينكرونها وقد تجيء بمعنى التعجّب
نحو الحمد لله الذى خلق السموات والارض وجعل الظلمات والنور ثمّ الذين كفروا بربّهم
يعدلون وبمعنى الابتداء نحو ثمّ أورثنا الكتاب الذين اصطفينا من عبادنا وبمعنى قبل
نحو انّ ربّكم الذى خلق السموات والارض فى ستّة ايّام ثمّ استوى على العرش اى فعل

القسم الثانى

فى حتى اذا كانت حرفَ عطفٍ إنّ حتى تكون عاطفة بمنزلة واو العطف والفرق مابين الواو وبين حتى من ثلثة أوجه * الوجه الاول له ثلثة شروط * الشرط الاول أن يكون معطوفها ظاهرًا لا مضمرًا * الشرط الثانى أن يكون معطوفها بعضا من جمع او جزءا من كل وضابطه أنها تدخل حيث يصح دخول الاستثناء المتصل * مثال الاول قدم الحاجّ حتى المشاة ومات الناس حتى الانبياء * ومثال الثانى أكلت السمكة حتى رأسها فالمشاة والرأس داخلان فى حكم ما قبلها الا ترى انه يصح أن تقول قدم الحاج إلّا المشاة وأكلت السمكة إلّا رأسها والوجه فى ذلك أنّ ما بعد حتى من جنس ما قبلها كما أنّ المستثنى كذلك ولهذا قلت المتصل لأنه إن كان منقطعًا فلا يصح فيه العطف بحتى اى لا يقال قدم الحاج حتى الدواب * الشرط الثالث أن يكون ما بعدها غاية لما قبلها فى الشرف والخسة نحو مات الناس حتى الانبياء وتاب الناس حتى الجهلاء * الوجه الثانى اى الفرق الثانى بين حتى والواو أنّ حتى لا تعطف الجمل لأنّ شرط معطوفها أن يكون جزءا والجزء لا يأتى إلّا فى المفردات * الوجه الثالث أنها اذا عطفت على مجرور أعيد الخافض نحو مررت بالقوم حتى بزيد ولا يقال مررت بالقوم حتى زيد بغير تكرار حرف الجر على زيد

القسم الثالث

فى حتى اذا كانت حرف ابتداء فتدخل حينئذ على الجملة الاسمية والفعلية وعلى اذا الظرفية الشرطية وتكون الجملة بعدها مستأنفة * مثال الاول قول الشاعر

* فما زالت القتلى تمج دماءها * بدجلة حتى ماء دجلة أشكل *

فحتى هنا حرف ابتداء وما مبتدأ وأشكل خبره * مثال الثانى أصبحوا حتى يقول الله ونحو لا زال الجيش محاربا حتى تبددت أعداؤه * مثال الثالث نحو اسمعوا أقوالى حتى اذا آمنتم وعرفتم الحق ترجعون من كفركم فحتى هنا حرف ابتداء واذا شرطية فى محل نصب وقد جاء فى مثال أكلت السمكة حتى رأسها بالاوجه الثلثة اى بخفض رأسها على أنّ حتى حرف غاية وجر ونصبه على أنها حرف عطف ورفعه على أنها حرف ابتداء والرأس مبتدأ وخبره محذوف تقديره مأكول وقد جاءت حرف استثناء بمعنى إلّا وهذا قليل وقوعه وذلك حينما يتقدمها فعل منفى وكان مدخولها مضارعا منصوبا بأن مضمرة كقولك لا أكلمك حتى تكلمنى وكقول الشعر

ح

القسم الاول •

أن تكون حرفا جارّا بمعنى الى وتدخل على الاسم والفعل تخفض الاسم لفظا والفعل محلا إلا أنها تدخل على الاسم وتخفضه بشرطين • الشرط الاول أن مخفوضها يكون ظاهرا لا مضمرا فلا يجوز ان يقال حتاك وحتاه وحتاكم والباقي بخفض الضمير ما عدا في ضرورة الشعر • الشرط الثاني أن يكون مخفوضها جزءا مما قبلها وغير داخل في حكمه مثل ذلك أكلت السمكة حتى رأسها بخفض رأسها لوجود الشرطين وهما أن الرأس ظاهر لا مضمر وهو الشرط الاول والرأس جزء من السمكة وهو غير مأكول وهذا هو الشرط الثاني وتنفرد الى عن حتى بشيئين • الاول أن حتى تقتضي أن يكون الفعل قبلها شيأ فشيأ والى للغاية فلهذا يقال كتبت الى زيد وانا الى زيد ولا يقال فيها كتبت حتى زيد وأنا حتى زيد • الثاني أن حتى لا تقتضي ابتداء الغاية لضعفها في عمل الخفض والى تقتضيه فلهذا يقال سرت من القدس إلى لبنان ولا يقال حتى لبنان وتنفرد حتى من إلى بشيئين ايضا • الاول أن حتى تدخل المضارع وتنصبه بتقدير أن المصدرية ويكون مجرورا محلا بحتى نحو سرت حتى أدخلها ولا يقال سرت إلى أدخلها • الثاني أن حتى تدخل المضارع المنصوب ولها فيه معنيان • المعنى الاول أن تكون بمعنى إلى اذا كانت للغاية نحو سرت حتى أدخل اورشليم اى إلى أن أدخلها • المعنى الثاني أن تكون حتى بمعنى اللام اذا كانت تعليلية نحو ترقبت حتى أتوب اى لأتوب وينصب الفعل بعدها اذا كان مستقبلا ويرتفع بعدها اذا كان حالا ويجوز رفعه ونصبه اذا كان يحتمل الحال والاستقبال (وقال بعضهم حتى اذا دخلت الفعل المضارع تنصب وترفع ولي كل واحد وجهان فاحد وجهي النصب الى أن والثاني كي والحاصل أنه ينظر الى الفعل الذي بعد حتى فإن كان متسببا عن الفعل الذي قبلها فهي بمعنى كي نحو جلست ببابك حتى تكرمني فالاكرام متسبب عن الجلوس وإن كان غاية للفعل الذي قبلها فهي بمعنى الى أن نحو جلست حتى تطلع الشمس واحد وجهي الرفع أن يكون الفعل قبلها ماضيا نحو مشيت حتى أدخلها والثاني أن يكون ما بعدها حالا نحو مرض حتى لا يرجونه والتي يرفع بعدها الفعل ليست الجارة ولا العاطفة وإنما هي الداخلة على الجمل والتي تنصب الافعال بمعنى الى أن هي الجارة وهي للغاية والفعل بعدها ماض معنى مستقبل لفظا والتي تنصب بمعنى كي هي العاطفة والفعل بعدها مستقبل لفظا ومعنى نحو تبت لادخل الجنة فالتوبة وجدت والدخول لم يوجد)

وتجزمُ فعلينِ وتكونُ هنا ظرفَ زمانٍ كقولِ الشاعرِ

* حيثُما تستقِمْ يُقدِّرْ لكَ اللّـــهُ نجاحًا في غابرِ الأزمانِ *

خ

خَلا

اداةُ استثناء وفيها قولانِ

١ أنْ تكونَ حرفًا جارًّا للمستثنى بمنزلةِ إلّا لا متعلّقَ لها كأنّها حرفُ جرٍّ زائـــدٌ وقيلَ تتعلّقُ بما قبلَها والأصحُّ الأوّلُ نحو قامَ القومُ خلا زيدٍ

٢ أنْ تكونَ فعلًا متعدّيًا تنصبُ المستثنى على المفعوليّةِ وفاعلُها مقدّرٌ مشتقٌّ من فعلٍ تقدّمَها نحو قامَ القومُ خلا زيدًا التقديرُ خلا القائمونَ زيدًا كأنّها جملةٌ مستأنفةٌ او حاليّةٌ واذا تقدّمَها ما المصدريّةُ تعيّنَ نصبُ المستثنى لتعيينِ خلا فعلًا نحو قامَ القومُ ما خلا زيدًا فتكونُ ما في تأويلِ اسمٍ منصوبٍ على الحالِ نحو قاموا خالينَ من زيدٍ او في تأويلِ مصدرٍ منصوبٍ على الظرفيّةِ نحو قاموا وقتَ خلوّهم من زيدٍ وهذا الحكمُ جارٍ في عدا وذهبَ الكسائيُّ وجماعةٌ الى أنّهُ يجوزُ الجرُّ على تقديرِ زيادةِ ما وقد أنكرهُ ابنُ هشامٍ

د

دامَ

تعملُ عملَ كانَ الناقصةِ بثلثةِ شروطٍ * الأوّلُ أنْ تدخلَ عليها ما المصدريّـــةُ * الثاني أنْ لا يفصلَ بينَها وبينَ صِلَتِها بشيءٍ * الثالثُ لا يجوزُ تقدّمُ خبرِها عليها ولا على ما مثالُ ذلكَ لا أصحبُكَ ما دامَ زيدٌ متردّدًا اليكَ امي مُدّةَ دوامِ تردّدِهِ اليكَ

ذ

ذا

اسمُ اشارةٍ وقد تتقدّمُها هاءُ التنبيهِ نحو هذا وهذهِ وهذانِ وباقي فروعهِ من مثنّى وجمعٍ مذكّرٍ ومؤنّثٍ (وزادوا فيها كافَ الخطابِ فقالوا ذلكَ واذا زادَ بُعدُ المشارِ اليهِ أتوا باللامِ فقالوا ذلِكَ ويزادُ حرفًا فيقالُ ذانِكَ ويصغَّرُ فيقالُ ذيّاكَ وذيّالِكَ وذيّانِكَ وجعلَ ابنُ عصفورٍ للاشارةِ ثلاثَ مراتبَ. دُنيا. ووُسطى. وقُصوى. فللأولى ذا وقي

* ليسَ العطاء من الفُضُولِ سماحةً * حَتَّى تجودَ وما لديكَ قليلُ *

انتهى . ولم يُوجَدْ في العربيَّةِ عاملٌ أشكَلِ معناهُ وعملهُ مثلَ حَتَّى ولهذا يقولُ الفرَّاء أموتُ وفي قلبي شيءٌ من حَتَّى

حَاشَ

بفتحِ الشين ويُقالُ فيها حاشا وحَشَى بالقصرِ ذاتُ ثلثةِ معانٍ

١ أن تكونَ فعلًا متعدّيًا متصرِّفًا نحو حاشَيْتُهُ اي استثنيتُهُ

٢ أن تكونَ اسمًا للتنزُّهِ نحو حاشا اللهِ من النقصِ اي تنزُّهًا عن النقصِ وتعالَى عنهُ علوًّا كبيرًا ويجوزُ فيهِ التنوينُ وتجوزُ فيهِ الاضافةُ نحو حاشا اللهِ وحاشاكَ وحاشا لكَ ولا يُقالُ حاشَ لكَ (وحاشَ للهِ معاذَ اللهِ)

٣ أن تكونَ حرفَ استثناء بمعنى إلّا لكنّها تجرُّ دائمًا نحو قامَ القومُ حاشا زيدٍ ولا يجوزُ تقدُّمُ ما النافيةِ عليها اي لا يُقالُ ما حاشا زيدٍ او ليسَ حاشا زيدٍ ولو تقدَّمها جملةٌ اسميّةٌ او فعليّةٌ نحو كلُّ الأبطالِ في الحربِ ما حاشا زيدٍ او نحو تُوبِتَ الأفراس ما حاشا بكرِ الجعديّ. وقد ذهبَ جماعةٌ الى أنّها فعلٌ جامدٌ وزيدٌ منصوبٌ على المفعوليّةِ والفاعلُ مقدَّرٌ مشتقٌّ من الفعلِ المتقدّمِ تقولُ قامَ القومُ حاشا زيدًا اي حاشا القائمُ زيدًا (وفي الايضاحِ هي كلمةٌ اُستُعمِلَتْ للاستثناء في ما يُنزَّهُ عن المُستثنَى فيهِ كقولكَ ضربتُ القومَ حاشا زيدًا ولذلكَ لم يَحسُنْ أن يُقالَ صلَّى الناسُ حاشا زيدًا لفواتِ معنى التنزيهِ)

حَيْثُ

فيها تسعُ لغاتٍ . حَيْثُ . وحَوْثُ . وحاثُ . وكلٌّ منها مُثلَّثُ الآخِرِ وهي ظرفُ مكانٍ وتأتي ظرفَ زمانٍ ولكن قليلًا وتلزمُها الاضافةُ الى الجملةِ الاسميّةِ والفعليّةِ واضافتُها الى الفعليّةِ أكثرُ * مثالُ الأوّلِ جلستُ حيثُ زيدٌ جالسٌ * مثالُ الثاني اجلسْ حيثُ جلسَ زيدٌ محلُّها النصبُ على الظرفيّةِ ولا يخفضُ محلَّها غيرُ من الجارّةِ وقيلَ لدَى أيضًا واضافتُها الى المفردِ نادرةٌ قالَ أبو الفتحِ ابنُ جني من أضافَ حيثُ الى المفردِ أعربَها وجرَّ المفردَ بها لفظًا على الاضافةِ كقولهم أما ترى حيثُ سهيلٍ طالعًا بنصبِ حَيْثُ على أنّها مفعولٌ أوّلُ لترى وسهيلٍ مجرورٌ باضافتهِ الى حيثُ ومثلهُ قولكَ أمّا من حيثِ نعمةِ اللهِ فأنتم بخيرٍ بخفضِ نعمةٍ وهو ضعيفٌ ونادرٌ والأصحُّ أن يقالَ أمّا من جهةِ نعمةِ اللهِ الخ وقد تدخلُ ما الكافّةُ على حيثُ فتتضمّنُ حينئذٍ معنى الشرطِ

جوابٌ وجوابُها فعلٌ ماضٍ مشتملٌ على ضميرٍ يطابقُ مجرورَها • مثالُ ذلكَ رُبَّ رَجُلٍ كريمٍ لَقِيتُهُ وهي زائدةٌ في الاعرابِ لا في المعنى ولذلكَ لا تتعلّقُ هي ومجرورُها بشيءٍ. ولها خمسُ حالاتٍ.

١ لا بُدَّ لمجرورِها من محلٍّ من الاعرابِ.

٢ تدخلُ رُبَّ على ضميرٍ مُبهَمٍ مميَّزٍ بنكرةٍ منصوبةٍ على التمييزِ نحو رُبَّهُ رجلًا ويكون الضميرُ مفرداً مَعَ الجميعِ.

٣ تلحقُ رُبَّ ما الكافّةُ فيبطلُ عملُها وتدخلُ حِينَئذٍ على الاسمِ والفعلِ الماضي نحو رُبَّما زيدٌ قائمٌ ورُبَّما قامَ زيدٌ ويجوزُ رُبَّتَما ويجوزُ إعمالُها مَعَ ما قليلًا

٤ يدخلُها حرفُ النداءِ نحو يارُبَّ قائلةٍ والتقديرُ يا قومُ رُبَّ قائلةٍ

٥ أنّها تُحذَفُ ويبقى عملُها وحذفُها يكونُ بعدَ الواوِ كثيرًا نحو وليلٍ كموجِ البحرِ تقديرُهُ ورُبَّ ليلٍ وبعدَ الفاءِ أقلَّ نحو فمثلِكَ لا أَرَى أحدًا اي رُبَّ مثلِكَ لا أرَى أحداً ومثلِكَ لم أجِدْ صَدِيقًا اي رُبَّ مثلِكَ لا أو لم أو ليسَ أجدُ صديقًا وتُحذَفُ بعدَ بَلْ أقلَّ ايضًا نحو أزورُ أوُرَشَليمَ بل بيتِ لحمٍ ونحو بل بلدٍ اي بل رُبَّ بلدٍ وقد تُحذَفُ بعدَ لاشيءٍ وهو قليلٌ جدًّا كقولِهم رَسْمِ دارٍ وقفتُ في طللِهِ بجرِّ رسمٍ على تقديرِ رُبَّ رسمٍ.

س

السِّينُ المفردةُ ذاتُ معنيينِ

١ أنْ تكونَ حرفًا يختصُّ بالمضارعِ ويُخلِّصُهُ للاستقبالِ ويبقى مَعَهُ كالجُزْءِ منه ولهذا لا يعملُ فيهِ عاملٌ نحو سيقومُ زيدٌ وفائدتُهُ الوعدُ والوعيدُ (ويُقالُ لها حرفُ تنفيسٍ لأنّها تنقلُ المضارعَ من الزمنِ الضيّقِ وهو الحالُ الى الواسعِ اي للاستقبالِ وهي لاستقبالٍ القريبِ مَعَ التأكيدِ كما أنّ سوفَ للبعيدِ والسينُ في الاثباتِ مقابلةٌ للَنْ في النفي ولهذا قد تتمحّضُ للتأكيدِ من غيرِ قصدٍ الى معنى الاستقبالِ)

٢ أنّها تلحقُ كافَ المؤنّثِ في الخطابِ عندَ الوقفِ نحو أكرمتُكِسْ ومررتُ بِكِسْ وتُسمّى سِينَ الكَسْكَسَةِ وهي لغةُ تميمٍ.

سَوْفَ

ويُقالُ فيها سَفْ وسَوْ وسَيْ بفتحهنّ وهي مثلُ السينِ في إفادةِ الاستقبالِ بل أوسعُ ايضًا

وللثانية ذاكَ وتيكَ. وللثالثة ذلِكَ وتِلْكَ) قالَ ابنُ هشامٍ في الايضاحِ إنّ ذا تأتي موصولةً بشرطينِ * الاوّل أنْ لا تكونَ للإشارةِ * الثاني أنْ يتقدَّمَها استفهامٌ بما او بمَنْ نحو ماذا صنعتَ ومَنْ ذا في الدارِ

ذُو

بالضمّ ذاتُ معنيينِ

١ أنْ تكونَ بمعنى صاحبٍ وتُعرَبُ إعرابَ الاسماء الخمسةِ تقولُ جاءني ذو مالٍ اي صاحبُ مالٍ ورأيتُ ذا مالٍ ومررتُ بذي مالٍ (واشترِطَ فيها أنْ يكونَ المضافُ أشرفَ من المضافِ اليهِ بخلافِ صاحبٍ يُقالُ ذُو العَرْشِ ولا يُقالُ صاحبُ العَرْشِ ويُقالُ صاحبُ الشيءِ. ولا يُقالُ ذُو الشيءِ. وهذا ذو زيدٍ اي هذا صاحبُ هذا الاسمِ وجاء من ذي نفسهِ ومن ذاتِ نفسهِ اي طبعًا وذو عينُهُ واوٌ ولامُهُ ياءٌ. امّا الاوّل فلأنّ مؤنّثهُ ذاتٌ وأصلُها ذواتٌ بدليلِ أنّ مثنّاها ذواتا حُذِفَتْ عينُها لكثرةِ الاستعمالِ. وامّا الثاني فلأنّ بابَ الطيّ أكثرُ من بابِ القوّةِ والحَمْلُ على الاغلبِ أَوْلَى واذا نُظِرَ الى جهةِ معناهُ يقتضي أنْ يكونَ حرفًا لأنّهُ متعلّقٌ بالغيرِ واذا نُظِرَ الى جهةِ اللفظِ يقتضي أنْ يكونَ اسمًا لوجودِ شيءٍ من خواصّ الاسمِ فيهِ)

٢ أنْ تكونَ اسمًا موصولاً بمعنى الذي عندَ طيّ وتلزمُ طريقةً واحدةً في الجميعِ (اي لا تُثنّى ولا تُجمَعُ ولا يظهرُ فيها إعرابٌ) نحو جاءني ذُو قامَ أبوهُ ورأيتُ ذُو قامَ أبوهُ ومررتُ بذُو قامَ أبوهُ اي الذي قامَ أبوهُ (فتُوصَلُ بالفعلِ ولا يجوزُ ذلكَ في ذُو بمعنى صاحبٍ ولا يُوصَفُ بها إلّا المعرفةُ بخلافِ تلكَ فإنّهُ يُوصَفُ بها المعرفةُ والنكرةُ ولا يجوزُ فيها ذي ولا ذا ولا تكونُ إلّا بالواوِ وليسَ كذلكَ ذُو بمعنى صاحبٍ)

ر

رُبَّ

قالَ ابنُ هشامٍ الانصاريّ في المُغني إنّ في رُبَّ ستَّ عشرةَ لُغَةً بضمّ الراءِ وفتحِها وكلاهما مَعَ التشديدِ والتخفيفِ. والاوجهُ الاربعةُ مَعَ تاءِ التأنيثِ ساكنةً ومُحرّكةً فهذهِ ثمانيةَ عشرةَ لفظةً والضمّ والفتحُ مَعَ إسكانِ الباءِ. وضمّ الحرفينِ مَعَ التشديدِ ومَعَ التخفيفِ. نقولُ إنّ رُبَّ حرفُ جرٍّ زائدٌ معناهُ التقليلُ وتأتي للتكثيرِ قليلاً وتُجرّ بثلثةِ شروطٍ * الاول أنْ تكونَ مُصدّرةً * الثاني أنْ يكونَ مجرورُها نكرةً موصوفةً * الثالثُ أنْ يكونَ لها

ش

الشينُ المفردةُ تبدَلُ من كاف خطاب المؤنث تقولُ في اكرمتكِ وعليكِ اكرمتش وعليش بكسر الشين وتسمّى شين الكشكشة وهي لغةُ بني اسدٍ وربيعةَ (وتزادُ هذه الشينُ بعد الكاف المجرورة تقولُ عليكِش ولا تقلْ عليكَش بالنصب وقد حُكي كذاكش بالنصب ونادتْ اعرابيّةٌ جارية تعالَي الى مولاش يناديش)

ظ

ظَنّ

من افعال القلوب وقد عدَّها الازهريُّ سبعةً . ظنّ . وحسِب . وخال . وزعم . وعلِم . ورأى . ووجد . وتدخل على المبتدأ والخبر فتنصبُهما كليهما معًا على انهما مفعولاها نحو ظننتُ زيدًا منطلقًا فان توسّطتْ مفعوليها ترجَّح إعمالُها على الغائها نحو زيدًا ظننتُ منطلقًا ويجوز الرفع لكن قليلاً نحو زيدٌ ظننتُ منطلقٌ وان تأخرتْ عن مفعوليها ترجّح الغاؤها على إعمالها نحو زيدٌ منطلقٌ ظننتُ فان تأخرتْ من مفعوليها تلغا بالاكثر وتنصبُ بالاقلّ وتُعلّق هذه الافعالُ اذا دخلت على استفهام او نفي او لام ابتداء نحو ظننتُ أزيدٌ عندك أم عمرٌو وظننتُ ما زيدٌ عندك وظننتُ لَزيدٌ عندك والتعليقُ هو إبطالُ عملها لفظًا لا محلًّا

ع

عدا

مثلُ خلا في جميع احكامها

عسى

فعلٌ من اخوات كادَ ومعناهُ الترجّي في المحبوب والتوقّع في المكروه وتستعمل على ثمانية اوجهٍ

١ أنْ تستعمل استعمالَ الافعال الناقصة إلّا أنّ خبرها يكون مضارعًا مقترنًا بأنِ المصدرية نحو عسى زيدٌ أنْ يقومَ

٢ أنْ يتقدّمَ خبرُها على اسمها فتكونُ حينئذٍ تامّةً نحو عسى أن يقومَ زيدٌ فأنْ يقومَ فاعلُ عسى وزيدٌ فاعلُ يقوم

٣ أنْ يتقدّمَ اسمُها عليها فيجوزُ فيها حينئذٍ الاضمارُ وعدمُهُ فانْ أضمرتَ ثنّيتَ عسى وجمعتَها وذكّرتَها وأنّثتَها نحو زيدٌ عسى أنْ يقومَ فزيدٌ مبتدأ وما بعدَهُ خبرُهُ والزيدان

(عند البصريين) نحو سوف يقومُ (مرادِفة لها عند غيرهم واذا شئتَ أن تجعلها اسمًا نوّنتها وقال سيبويه سوفَ كلمة تُذكَر للتهديد والوعيد وينوبُ عنها السينُ وقد يزادان في الوعدِ ايضًا) وتنفرد من السين بثنتين * الأوّل يجوز دخول اللام عليها نحو ولسوفَ أعطيكَ دينارًا * الثاني بأنْ تنفصل من مدخولها بفعلٍ مُلغى كقول الشاعر

* وما أدري وسوفَ إخالُ أدري * أقومٌ آلُ حِصْنٍ أمْ نساء *

فإنّ اخالُ فعلٌ أُلغيَ عملُهُ قد فَصَلَ بين سوف وأدري

سَواء

وفيها لغاتٌ . الفتحُ . والضمّ . والكسرُ . مع المدّ والقصرِ وهي ذاتُ أربعةِ معاني

١ أنْ تكونَ صفةً مثلَ غيرٍ تقولُ جاءني سواكَ (ورأيتُ سواكَ ومررتُ بسواكَ) كما تقولُ غيرَكَ وإنْ تقدّمها نفيٌ وذُكِرَ موصوفُها جازَ في سواء النصبُ والرفعُ نحو ما جاءني أحدٌ سواكَ

٢ أنْ تكونَ أداةَ استثناءٍ مثلَ غيرٍ في أحكامِها كلّها نحو قامَ القومُ سِوا زيدٍ وما قامَ سُوَى زيدٍ

٣ أنّها تقعُ صِلةَ الموصولِ نحو جاءني الذي سواكَ وذهبَ جماعةٌ الى أنّها لازمةٌ للنصبِ على الظرفيّةِ وهو الأصحّ

٤ أنْ تكونَ معادلةً للهمزةِ نحو سواء عليَّ أقامَ زيدٌ ام عمرٌو وهي هنا بمعنى الاستواء (وقيلَ متى كانت بمعنى غيرٍ او بمعنى العَدْلِ يكونُ فيها ثلثُ لغاتٍ إنْ ضممتَ السينَ او كسرتَهُ قصرتَ فيهما جميعًا وإنْ فتحتَ مَدَدْتَ ومتى وقعَ بعدها همزة الاستفهامِ فلا بُدّ من أمْ مع الكلمتينِ اسمينِ كانتا او فعلينِ تقولُ سواء عليَّ أزيدٌ أمْ عمرٌو وسواء عليَّ أقمتَ أمْ قعدتَ واذا كانَ بعدها فعلانِ بغيرِ ألِفِ الاستفهامِ عُطِفَ الثاني بأوْ نحو سواء عليَّ قامَ او قعدَ وإنْ كانَ بعدها مصدرانِ كانَ الثاني بالواوِ او بأوْ نحو سواء عليَّ قيامُكَ او قعودُكَ او تقولُ وقعودُكَ)

ساء

من أفعالِ الذمّ وهي مثلُ بئسَ في أحكامِها كلّها

سِيّ

بالكسرِ من لاسيّما ويأتي بيانُها في حرفِ اللام

١ أَنْ تكونَ للاستعلاء حقيقةً نحو زيدٌ على السطحِ . أَوْ مجازًا معنويًا نحو لهُ عليَّ أَلفُ درهمٍ
٢ أَنْ تكونَ للمصاحبةِ مثلَ مَعَ نحو إِنَّ زيدًا رَؤوفٌ على بخلهِ اي مَعَ بخلهِ
٣ أَنْ تكونَ للمجاوزةِ بمعنى عَنْ نحو رضيَ اللهُ عليهِ اي عنه ونحو وأتانا يحكي عليهِ أَخبارًا اي يحكي عنهُ أَخبارًا
٤ أَنْ تكونَ للتعليلِ بمعنى اللامِ نحو يبغض زيدًا على إِحسانهِ ونحو قصدتُ زيدًا على أَنهُ جوادٌ اي لأَنهُ جوادٌ
٥ أَنْ تكونَ للظرفِ بمعنى في نحو فاجأَتهُ على غفلةٍ اي في غفلةٍ
٦ أَنْ تكونَ بمعنى من نحو أَخذوا على الناسِ حقَّهم اي من الناسِ حقَّهم
٧ أَنْ تكونَ بمعنى الباء نحو خذْ هذا الدواء على اسمِ اللهِ اي باسمِ اللهِ
٨ أَنْ تكونَ للاستدراكِ والاضرابِ بمعنى لكنَّ او بَلْ كقولكَ فلانٌ لا يدخلُ الجنةَ لسوء صنيعهِ على أَنَّهُ لا ييأَسُ من رحمةِ اللهِ اي لكنهُ او بل لا ييأَسُ وقد قالَ الشاعرُ في مثلهِ

* أَلا يا صَبا نجدٍ متى هِجتِ من نجدِ * لقد زادَني مسراكِ وجدًا على وجدِ *
* وقد زعموا أَنَّ المحبَّ اذا نأَى * يَملُّ وأَنَّ النأْيَ يَشفي من الوجدِ *
* بكلٍّ تداوينا فلم يُشفَ ما بنا * على أَنَّ قربَ الدارِ خيرٌ من البُعدِ *
* على أَنَّ قربَ الدارِ ليسَ بنافعٍ * اذا كانَ مَنْ تهواهُ ليسَ بذي وُدِّ *

الشرح

فعلى قولهِ على أَنَّ قربَ الدارِ خيرٌ من البعدِ استدراكٌ من قولهِ بكلٍّ تداوينا يريدُ بأَنهُ يُوجَدُ بقربِ الدارِ نوعٌ من الشفاء. ثمَّ أَضربَ من وجودِ هذا الشفاء بقولهِ على أَنَّ قربَ الدارِ ليسَ بنافعٍ الخ

القِسْمُ الثاني

أَنْ تكونَ عَلَى اسمًا بمعنى فوقٍ اذا دخلَتْ عليها مِن الجارَّة كما جاء في الانجيلِ الشريفِ وصعدَ من عَلَى جُمَّيزةٍ اي فوقَ جميزةٍ (وقد تُستَعمَلُ لغيرِ الاستعلاء يُقالُ خربتْ على فُلانٍ الضيعةُ اذا خربتْ وهي في ملكهِ وقد تُستَعمَلُ مجازًا فيما غلبَ على الانسانِ فدخلَ تحتَ حكمهِ كقولكَ صعبَ عَليَّ الامرُ وتجيء بمعنى الشمولِ والاحاطةِ كقولكَ السلامُ عليكم وهو دعاء والغرضُ منهُ أَنْ تشملَهُمُ السلامةُ وتحيطَ بهم من جميعِ جهاتهم ويُتَّسعُ بها فيُقالُ مررتُ عليهِ ورُبَّما المرادُ مررتُ على مكانهِ وتُستَعمَلُ في معنى يُفهَمُ منهُ كونُ ما بعدها شرطًا لما قبلها نحو أُعطيكَ أَلفًا على أَنْ ترجعها لي غدًا وتكونُ زائدةً للتعويضِ كقولهِ

عَسَيا أن يقوما والزيدون عَسَوْا أن يقوموا وهندُ عَسَتْ أن تقومَ الخ وإن كنتَ لا تُضمِر أبقيتَ عَسَى مفردةً نحو زيدٌ عَسَى أن يقومَ والزيدانِ عَسَى أن يقوما والزيدونَ عَسَى أن يقوموا وهندُ عَسَى أن تقومَ الخ

٤ أن يأتيَ المضارعُ بعدَها مُجرَّدًا من أن وهذا وقوعُهُ قليلٌ نحو عَسَى زيدٌ يقومُ وعليهِ قولُ الشاعرِ

* عَسَى الكَرْبُ الذي أمسيتَ فيهِ * يكونُ وراءَهُ فرجٌ قريبُ *

٥ أن يأتيَ المضارعُ بعدَها مقرونًا بحرفِ التنفيسِ نحو عَسَى زيدٌ سيقومُ

٦ أن يأتيَ اسمُها وخبرُها مفردينِ فتكونُ مثلَ كانَ في العملِ نحو عَسَى زيدٌ قائمًا وعليهِ قولُ الشاعرِ

* أكثرتَ في العذلِ مُلِحًّا دائمًا * لا تُكثِرَنْ إنّي عَسَيْتُ صائمًا *

وهذا أقلّ

٧ أن يُضمَرَ في عَسَى ضميرُ الشانِ على أنّهُ اسمُها والجملةُ بعدَها خبرُها نحو عَسَى زيدٌ قائمٌ حكاهُ ثعلبُ

٨ أن يتصلَ بها ضميرُ النصبِ ويكونُ عملُها عملَ لعلّ نحو عساكَ وعساهُ وعساني تقولُ عساكَ قائمٌ كما تقولُ لعلّكَ قائمٌ وعليهِ قولُ الشاعرِ

* فقلتُ عساها نارُ كأسٍ وعلَّها * تشكَّى فآتي نحوَها فأعودُها *

عَلُ

بتخفيفِ اللامِ وهو اسمٌ بمعنى فوقَ فإن أُريدَ بهِ المعرفةُ كانَ مبنيًّا على الضمّ كقولِ بعضهم في وصفِ فرسٍ * أقبَّ من تحتُ عريضٌ من عَلُ * وإذا أُريدَ بهِ النكرةُ كانَ معرَبًا مجرورًا بمن كقولِ الشاعرِ

* مِكَرٍّ مِفَرٍّ مُقبِلٍ مُدبِرٍ معًا * كجُلمودِ صخرٍ حطَّهُ السيلُ من عَلِ *

ولا يُضافُ أصلًا (ومن عَلا ومن عالٍ بمعنى من فوقِ)

عَلّ

بالتشديدِ لغةٌ في لعلّ وعليها قولُ الشاعرِ

* لا تُهينَ الفقيرَ علَّكَ أن * تركعَ يومًا والدهرُ قد رفعَهُ *

ويأتي الكلامُ عنها في حرفِ اللامِ

عَلَى

هي قسمانِ

القِسمُ الأوّلُ

أن تكونَ حرفًا جارًّا ولها ثمانيةُ معانٍ

٢ قال الأخفش أنْ يكونَ مجرورُها وفاعلُ متعلَّقِها ضميرين لمسمّى واحدٍ اي أنْ يكونَ ضميرُ الفعلِ المتعلّقِ بهِ مَنْ والضميرُ المتّصلُ بعَنْ لشخصٍ واحدٍ كقولِ الشاعرِ

* دَعْ عنكَ لومي فإنَّ اللومَ إغْراءُ * وداوِني بالتي كانتْ هيَ الداءُ *

فإنّ فاعلَ دَعْ وكافَ عنكَ يرجعانِ الى شخصٍ واحدٍ وهي هُنا ليستْ باسمٍ لأنّهُ لا يصحُّ حلولُ جانبٍ محلَّها (وتجيءُ زائدةً للتعويضِ من أُخرى محذوفةٍ كقولِ الشاعرِ

* أتَجْزَعُ إنْ نفسٌ أتاها حِمامُها * فهلّا التي عن بينَ جَنْبَيْكَ تَدْفَعُ *

فحُذِفَ عن من قبلِ الموصولِ وزيدتْ بعدَهُ وتكونُ مصدريّةً وذلكَ في عنعنةِ تميمٍ نحو أعجبني عن تفعلَ)

عِنْدَ

بتثليثِ العينِ ظرفُ مكانٍ. حقيقةً نحو جلستُ عندَ زيدٍ. ومجازًا نحو عندَ زيدٍ علمٌ وتأتي ظرفَ زمانٍ نحو جئتُكَ عندَ طلوعِ الشمسِ (ولها معانٍ أُخَرُ مرّتْ في ع ن د) وتكونُ منصوبةً على الظرفيّةِ أبدًا وقد تُجَرُّ أحيانًا لكنْ بمِنْ فقط نحو جئتُ من عِندِهِ وقولُ العامّةِ ذهبتُ الى عندِهِ لحنٌ والصوابُ ذهبتُ اليهِ وتأتي بمعنى لَدَى وتفترقُ عنها من وجهينِ * الأوّلُ أنْ تكونَ ظرفًا للمعاني وغيرِها تقولُ عندي مالٌ وعندي علمٌ ولَدَى لا تقعُ ظرفًا للمعاني لا يُقالُ لَدَيّ علمٌ * الثاني تقولُ عندي زيدٌ ولو كانَ غائبًا ولا يُقالُ لَدَيّ زيدٌ إلّا اذا كانَ حاضرًا

عَوْضَ

بالفتحِ وبتثليثِ حركةِ الضادِ ظرفٌ في المستقبلِ مثلُ أبدًا ويلزمُها النفيُ نحو لا أكلّمُهُ عَوْضُ اي أبدًا (وتكونُ بالماضي أيضًا نحو ما رأيتُ مثلَهُ عَوْضُ ويُقالُ افعلْ ذاكَ من ذي عَوْضٍ كما تقولُ من ذي أُنُفٍ اي في ما يُستأنَفُ) وإنْ أُضيفتْ أُعربتْ نحو لا أكلّمُهُ عَوْضَ العائضينَ اي دهرَ الداهرينَ فعَوْضَ هُنا منصوبةٌ على الظرفيّةِ

غ

غَيْر

تُستعمَلُ مضافةً ومقطوعةً من الإضافةِ فالمضافةُ ذاتُ وجهينِ * الأوّلُ أنْ تكونَ صفةً للنكرةِ وهذا أصلُها نحو جاءني رجلٌ غيرُكَ وهي هُنا مُبهَمةٌ لا تتعرّفُ إلّا اذا وقعتْ بينَ ضدّينِ نحو الأبيضُ غيرُ الأسودِ فهي حينئذٍ معرفةٌ هكذا قالَ ابنُ السرّاجِ * الثاني أنْ تكونَ أداةَ استثناءٍ ولها إعرابُ الاسمِ الواقعِ بعدَ إلّا نحو قامَ القومُ غيرَ زيدٍ

* اِنَّ الكريمَ وأبيكَ يَعْتَمِلْ * اِنْ لم يجدْ يومًا على مَنْ يَتّكِلْ *

اى اِنْ لم يجدْ مَنْ يَتّكِلُ عليهِ وقد تُسْتَعْمَلُ كاسمِ فعلٍ وتتعدّا بنفسِها نحو عليكَ زيدًا اى الزَمْهُ ولا تفارقْهُ واذا استُعْمِلَتْ متعدِّيَةً بالباء يَكونُ المعنى الاستمساكَ نحو عليكَ بالعروةِ الوُثْقَى وعليكَ بتقوى اللهِ لترثَ الجنّةَ وقولكَ على اللهِ توكّلْتُ اى لزمتُ تفويضَ أمْرِي اليهِ وقولكَ رزقِي على اللهِ هي بمعنى الواجبِ وليسَ من بابِ اللزومِ حقيقةً انتهى)

عَنْ

قِسْمانِ

القِسْمُ الأوّلُ

أنْ تكونَ حرفًا جارًّا ولها تسعةُ معانٍ

١ أَنْ تكونَ للمجاوزةِ نحو رحلتُ من داري ورغبتُ عنهُ

٢ أَنْ تكونَ بدلاً نحو خُذْ ولدَهُ عَنْ ولدِكَ اى بدلَ ولدِكَ وأجْزِلْ أجْرِيَ عَنْ خدْمتِكَ وحُبُّوا اللهَ عَنْ موتِهِ منكم اى بدلاً من خِدْمَتِي إيّاكَ وبدلَ موتِهِ منكم

٣ أَنْ تكونَ بمعنى عَلَى نحو إنَّهُ لَيَمْنَعُ عنهُ إحسانَهُ اى يمنعُ عليهِ إحسانَهُ

٤ أَنْ تكونَ للتعليلِ بمعنى اللامِ نحو لا أتركُهُ عَنْ قولِكَ اى لقولِكَ (وما فعلَ ذلكَ إلّا عن اضطرارٍ)

٥ أَنْ تكونَ بمعنى بَعْدَ نحو قطعتُ سَبْسَبًا عَنْ سَبْسَبٍ اى بعدَ سَبْسَبٍ (قالَ الشاعرُ

* ومن قليلٍ فدارُ الظالمينَ تُرَى * بلاقعًا مسكنًا للبومِ والرَّخَمِ) *

٦ أَنْ تكونَ ظرفيّةً بمعنى في نحو لا تكنْ عنهُ وانيًا اى فيهِ

٧ أَنْ تكونَ بمعنى مِنْ نحو إنَّ اللهَ يقبلُ التوبةَ عَنْ عبادِهِ اى مِنْ عبادِهِ

٨ أَنْ تكونَ بمعنى الباء نحو ما ينطقُ عَنِ الهَوَى اى بالهوى

٩ أَنْ تكونَ للاستعانةِ نحو رميتُ السهمَ عن القوسِ اى بالقوسِ

القِسْمُ الثاني

أَنْ تكونَ اسمًا بمعنى جانبٍ وذلكَ في موضعينِ

١ اذا دخلتْ عليها من الجارّةُ كقولِهِ تعالى ويقيمُ الغرافُ مِنْ عَنْ يمينِهِ والهداءُ مِنْ عَنْ يسارِهِ اى مِنْ جانبِ يمينِهِ وجانبِ يسارِهِ وعليهِ قولُ الشاعرِ

* فلقدْ أرانِي للرماحِ دَرِيَّةً * مِنْ عَنْ يمينِي مرّةً وأمامِي *

(وقد تكونُ اسمًا بمعنى جانبٍ بدونِ دخولِ مِنْ عليها كقولِهِ * على عَنْ يميني مرّتِ الطيرُ سُنَّحًا)

تكونَ عاطفةً جملةً كما في المِثالِ المذكورِ (وكثيرًا ما تكونُ الفاء السببيَّةُ بمعنى اللامِ السببيَّةِ وذلكَ إذا كانَ ما بعدَها سببًا لما قبلَها نحو أخرجْ منها فإنَّكَ رجيمٌ)

٢ أنْ ينتصبَ المضارعُ بعدَها بإضمارِ أنِ المصدريَّةِ اذا وَقعتِ الفاء في جوابِ الأمرِ والنهي والنفي المحضِ والتمنّي والترجّي والعرضِ والتحضيضِ والاستفهامِ مِثالُ ذلكَ زُرْني فأكرمَكَ ولا تخاصِمْ زيدًا فيغضبَ ومثلُهُ قولُ الشاعرِ

* لا تَنْهَ عن خُلُقٍ فتأتيَ مثلَهُ * عارٌ عليكَ اذا فعلتَ عظيمُ *

ولا يُقضى على زيدٍ فيموتَ (* ويا ليتَ الشبابَ يعودُ يومًا * فأخبرَهُ بما فَعَلَ المشيبُ * وألا تنزلُ فتصيبَ خيرًا) وهل زيدٌ عندكَ فأزورَهُ (قالَ بعضُهم للأشياء التي تُجابُ بالفاء وتُنْصَبُ لها هي ستَّةٌ . الأمرُ . والنهيُ . والنفيُ . والتمنّي . والعرضُ . والاستفهامُ . ونظمَهُم شعرًا فقالَ

* وأشياء يُجابُ لها بفاء * فينتصبُ بعدَها فعلٌ فستَّةْ *
* ألا زُرْني ولا تطغوا فهل لي * شفيعٌ ليتَ لا يُقضى فبتَّةْ) *

٣ أنْ تكونَ رابطةً للجوابِ وذلكَ في خمسةِ مواضعَ * الأوَّلُ اذا كانَ الجوابُ جملةً اسميَّةً نحو إنْ كانَ زيدًا فأخوكَ (ونحو وإنْ يَمْسَسْكَ بخيرٍ فهو على كلِّ شيءٍ قديرٌ وإنْ تُعذِّبْهُم فإنَّهم عبادُكَ وإنْ تغفرْ لهم فانتَ العزيزُ الحكيمُ) * الثاني أنْ يكونَ الجوابُ فعلًا جامدًا نحو إنْ تَقُمْ فليسَ زيدٌ بقائمٍ (ونحو إنْ ترنِ أنا أقلَّ منكَ مالًا وولدًا فعسى ربّي أنْ يؤتيَني ونحو إنْ تُبْدُوا الصدقاتِ فنِعِمّا هي) * الثالثُ أنْ يكونَ فعلًا إنشائيًّا نحو إنْ كنتم تُحِبُّونني فاحفظوا وصاياي ونحو إنْ أمنتَ فلا تُخطِئْ ونحو إنْ قمتَ فواللهِ لأقومَنَّ ونحو إنْ كفرتَ فيا ويلكَ ونحو إنْ يَجِئْ زيدٌ فهل يَجِيءُ عمرٌو * الرابعُ أنْ يكونَ الجوابُ فعلًا ماضيًا لفظًا ومعنًى سواء كانَ مقترنًا بقدْ او لم يقترنْ نحو إنْ جحدتَ فقد جحدَ بطرسُ قبلَكَ وإنْ تُبْتَ فقد تابتْ مريمُ قبلَكَ وإنْ كانَ الجوابُ ماضيًا لفظًا لا معنًى فلا يجوزُ اقترانُهُ بالفاء نحو إنْ قامَ زيدٌ قامَ عمرٌو فقيامُ عمرٍو هُنا متوقِّفٌ على قيامِ زيدٍ * الخامسُ أنْ يقترنَ الجوابُ بحرفِ استقبالٍ مثلِ السينِ وسوفَ ولَنْ ولا ولَمْ وإنْ وإنَّ نحو قولِهِ تعالى إنْ لم تتوبوا فستهلكونَ ونحو إنْ تزوَّجتَ فلَنْ تأثمَ وإنْ حكمتَ فلا تظلمْ وإنْ ظلمتَ فإنَّ اللهَ عادلٌ ويجوزُ حذفُ هذهِ الفاء من هذهِ المواضعِ عندَ ضرورةِ الشعرِ قالَ الشاعرُ

بنصب غيرٍ وما قامَ القومُ غيرُ زيدٍ برفع غيرٍ ونصبهِ قال ابنُ هشامٍ ويجوزُ بناء غيرٍ على الفتحِ اذا أُضيفَت لمبنيّ نحو لا يدخل الجنّةَ غيرَ الذين آمنوا وعملوا صالحًا بفتحِ غيرٍ لأنَّها أُضيفت الى الذينَ وهو اسمٌ مبنيٌّ ومنهُ قولُ الشاعرِ

* لم يَمنعِ الشُّربَ منها غيرَ أنْ نطقَتْ * حمامةٌ في غصونٍ ذاتِ أوقالِ *

بفتحِ غيرٍ بإضافتها الى أنْ وأمّا المنقطعةُ عن الاضافةِ فهي أنْ تنقطعَ لفظًا وتُنوى معنًى ويُشترطُ أنْ يتقدَّمها ليسَ ولا النافيةُ مثالُ ليسَ ضربتُ زيدًا ليسَ غيرُ فلكَ في غيرَ هنا البناء على الفتحِ إنْ قدَّرتَ المحذوفَ اسمَ ليسَ يكونُ التقديرُ ليسَ المضروبُ غيرَهُ ولكَ البناء على الضمِّ إنْ حذفتَ المضافَ الى غيرٍ اي ليسَ غيرُهُ المضروبُ ومثلهُ قبضتُ عشرةً ليسَ غيرُها بالرفعِ والنصبِ (وليسَ غيرَ بالفتحِ على حذفِ المضافِ وإضمارِ الاسمِ وليسَ غيرُ بالضمِّ ويحتملُ كونهُ ضمّةَ بناءٍ وإعرابٍ وليسَ غيرٌ وليسَ غيرًا) وقِسْ عليهِ لا غيرُ (قالَ الشاعرُ

* جوابًا بهِ تنجو اعتمِدْ فوَرَبِّنا * لَعَنْ عملٍ أسلفتَ لا غيرُ تسألُ) *

قالَ ابنُ هشامٍ وقولُهم لا غيرُ لحنٌ وأجازهُ جماعةٌ ومنهم ابنُ الحاجبِ وابو العبّاسِ المبرِّدُ وصاحبُ القاموسِ وهو صحيحٌ لا إنكارَ فيهِ (وتكونُ بمعنى لا نحو ومَنِ اضطُرَّ غيرَ باغٍ ولا عادٍ وبمعنى ليسَ كقولكَ أنا غيرُ ضاربٍ زيدًا اي لستُ ضاربًا لهُ وفي قولكَ عندي مائةُ درهمٍ غيرُ درهمٍ فإنْ نصبتَ غيرَ على الاستثناءِ لزِمَتكَ تسعةٌ وتسعونَ وإنْ رفعتَ على الصفةِ لزِمَتكَ مائةٌ لأنَّ التقديرَ عندي مائةٌ لا درهمٌ)

ف

الفاء المفردةُ حرفٌ لا عملَ لهُ بذاتهِ ولها أربعةُ معانٍ

١ أنْ تكونَ عاطفةً للترتيبِ والتعقيبِ والسببيّةِ * مثالُ الأوّلِ (وهو نوعانِ. معنويٌّ نحو) جاء زيدٌ فعمرٌو اي بعدَهُ من غيرِ مُهلةٍ (ونحو أماتَهُ فأقبرَهُ. وذِكريٌّ وهو عطفُ مفصَّلٍ على مُجمَلٍ نحو فأزلَّهما الشيطانُ عنها فأخرجَهما ممّا كانا فيهِ) * مثالُ الثاني تزوَّجَ زيدٌ فولدَ لهُ ولدٌ اذا لم يكن بينهما إلّا مُدّةُ الحملِ وتُسمّى هنا فاء التعقيبِ (وتكونُ بمعنى ثُمَّ نحو ثُمَّ خلقْنا النطفةَ عَلَقةً فخلقْنا العلقةَ مُضغةً فخلقْنا المضغةَ عظامًا فكسَوْنا العظامَ لحمًا وبمعنى الواوِ كقولِ امرئِ القيسِ

* قِفا نبكِ من ذِكرى حبيبٍ ومنزلِ * بسقطِ اللِّوى بينَ الدَّخولِ فحَوْملِ) *

مثالُ الثالثِ ضربتُ زيدًا فماتَ فالموتُ هنا مُسبَّبٌ عن الضربِ ويلزمُ الفاء هنا أنْ

٤ أَنْ تكونَ للاستعلاء بمعنى عَلَى نحو صلبوا المسيحَ في عودٍ اي على عودٍ
٥ أَنْ تكونَ بمعنى الباء نحو زيدٌ بصيرٌ في صناعتهِ اي بصناعتهِ
٦ أَنْ تكونَ بمعنى الى نحو رُدَّ يدَكَ في فَمِكَ اي الى فَمِكَ
٧ أَنْ تكونَ للمقايسةِ نحو ما علمُكَ في بحرِهِ إِلَّا قطرةٌ اي بالمقايسةِ الى علمهِ
٨ أَنْ تكونَ زائدةً نحو شُدُّوا في الحبلِ اي شُدُّوا الحبلَ ونحو رَأَيتُهُ يأكلُ في رُمَّانةٍ اي يأكلُ رُمَّانةً (وتجيء بمعنى مِنْ نحو ويومَ نبعثُ في كلِّ أُمَّةٍ شهيدًا وبمعنى دُونَ نحو فهو في الآخِرَةِ أَعْمَى وبمعنى عندَ نحو وَجَدَها تغرُبُ في عينٍ حمِئَةٍ وقد تدخلُ على ما يكونُ جُزْءًا لشيءٍ كقولك هذا ذراعٌ في الثوبِ • وتكونُ اسمًا بمعنى الفمِ في حالةِ الجرِّ وفعلَ أمرٍ من وَفَى يَفِي)

ق

قَبْلُ وبَعْدُ

ولهما وجهانِ • الأَوَّلُ أَنْ يكونا مضافينِ فيُعرَبانِ إعرابَ الظروفِ المضافةِ نحو جئتُكَ بَعْدَ الظهرِ وقَبْلَ العصرِ ومن قَبْلِهِ ومن بَعْدِهِ بالجرِّ • الثاني أَنْ ينقطعا عن الاضافةِ ولهما ثلثُ حالاتٍ • الأُولى أَنْ يُحذَفَ المضافُ اليهِ ويُنوَى لفظُهُ فيبقى الاعرابُ ويُترَكُ التنوينُ نحو لم أُخاطِبْهُ من قَبْلِ ولا من بَعْدِ بجرِّ قبلِ وبعدِ بغيرِ تنوينٍ • الثانيةُ أَنْ يُحذَفَ المضافُ اليهِ ولا يُنوَى شيءٌ فيبقى الاعرابُ والتنوينُ نحو لم أَرَهُ قبلًا ولا بَعْدًا وعليهِ قولُ الشاعرِ

• فساغَ لي الشرابُ وكنتُ قبلًا • أكادُ أَغَصُّ بالماءِ الفُراتِ •

الثالثةُ أَنْ يُحذَفَ المضافُ اليهِ ويُنوَى معناهُ دونَ لفظهِ فيُبْنَيانِ على الضمِّ نحو للهِ الامرُ من قَبْلُ ومن بَعْدُ بضمّهما وقِسْ عليهما في هذهِ الاحكامِ كلّها أَوَّلُ ودونَ والجهاتِ الستِّ

قَدْ

هي نوعانِ اسمٌ وحرفٌ فالاسميَّةُ نوعانِ ايضًا

١ أَنْ تكونَ مرادفةً لحَسْبُ ولها حالتانِ • الأُولى أَنْ تكونَ مبنيَّةً على السكونِ وهو الاشهرُ فيها نحو قَدْ زيدٍ درهمٌ بالاضافةِ فقَدْ هنا مبتدأٌ مضافٌ وزيدٌ مضافٌ اليهِ ودرهمٌ خبرُهُ وقَدْني درهمٌ دخلتِ النونُ لتَبقَى السكونُ • الثانيةُ أَنْ تكونَ مُعرَبَةً

* مَن يفعلِ الحَسَناتِ اللهُ يشكرُها * والشرُّ بالشرِّ عندَ اللهِ مِثْلانِ *

والقياسُ فاللهُ يشكرُها لأنهُ جوابُ مَن وقالَ الآخرُ

* ومَن لا يزَلْ يَنقادُ للغَيِّ والصِّبا * سَيُلْفَى على طولِ السلامةِ نادما *

والقياسُ فَسَيُلْفَى الخ وتدخلُ هذهِ الفاء ايضًا في جوابِ شبهِ الشرطِ وهو قولُك الذي يأتيني فلهُ مِنّي درهمٌ قالَ ابنُ هشامٍ في الايضاحِ يجوزُ حذفُ ما عُلِمَ من شرطٍ إنْ كانت أداةُ الشرطِ إنْ مقرونةً بلا كقولِ الشاعرِ

* فطَلِّقْها فلستَ لها بكُفْءٍ * وإلّا يَعْلُ مَفرِقَكَ الحُسامُ *

اي وإنْ لا تُطَلِّقْها يَعْلُ وقالَ ايضًا يجبُ حذفُ جوابِ الشرطِ إنْ كانَ الدالُّ عليهِ مِمّا تقدَّمَ مِمّا هو جوابٌ في المعنى نحو أنتَ ظالمٌ إنْ فعلتَ كذا

٤ أنْ تكونَ للاستئنافِ اي أنها تقطعُ المعنى السابقَ وتبتدئُ بغيرهِ نحو يقولُ اللهُ للشيء كُنْ فيكونُ برفعِ المضارعِ قالَ الشاعرُ

* الشِعْرُ صعبٌ وطويلٌ سُلَّمُهْ * إذا ارتقى فيهِ الذي لا يَعلَمُهْ *

* زلَّتْ بهِ الى الحضيضِ قدَمُهْ * يُريدُ أنْ يُعرِبَهُ فيُعجِمُهْ *

اي فهو يُعجِمُهُ ولا يصحُّ العطفُ على يُعرِبَهُ فتأمَّلْ والفاء في غيرِ هذهِ المعاني الاربعةِ زائدةٌ كيفما وقعتْ نحو أخوكَ فزيدٌ وزيدٌ فلا تضرِبْهُ ونحو فزيدٌ في الدارِ ولمّا جئتم فجِئْنا وما أشبهَ ذلكَ وأكثرُ مجيئِها زائدةً في الشعرِ وقد تحيَّرَ بها المعربونَ

(فوقَ)

نقيضُ تحتَ يكونُ اسمًا وظرفًا مبنيٌّ فاذا أُضيفَ أُعرِبَ وتُستعمَلُ في المكانِ والزمانِ والجسمِ والعددِ والمنزلةِ)

في

حرفُ جَرٍّ ذاتُ ثمانيةِ معانٍ

١ أنْ تكونَ ظرفَ مكانٍ نحو أدخلتُ القلنسوةَ في رأسي (وغرستُ الشجرةَ في البستانِ) وظرفَ زمانٍ نحو صُلِبَ المسيحُ في عهدِ بيلاطوسَ البنطيِّ اي في زمانِ بيلاطوسَ وقد تأتي ظرفًا مجازيًا نحو إنَّ لكم في إيمانِكم حيوةً

٢ أنْ تكونَ للمصاحبةِ بمعنى مَعَ نحو جئتُ في القومِ اي مَعَ القومِ وايضًا قمتُ في شروقِ الشمسِ اي مَعَ شروقِها

٣ أنْ تكونَ للتعليلِ بمعنى اللامِ نحو قُتِلَ زيدٌ في ذنبهِ اي لذنبهِ

الماضي وتختصّ بالنفي نحو ما فعلتُهُ قطُّ ولا يجوزُ أنْ تقولَ لا أفعلُهُ قطُّ بالمضارعِ وجازَ لم أفعلْهُ قطُّ لأنّهُ بمعنى الماضي

٢ قَطْ بسكونِ الطاء اسمٌ بمعنى حَسْبُ يُقالُ قَطْ زيدٍ درهمٌ بالإضافةِ قَطْ مبتدأٌ مضافٌ وزيدٍ مضافٌ اليهِ ودرهمٌ خبرُهُ ومثلُهُ قَطْني درهمٌ بنونِ الوقايةِ وقَطْكَ كما تقولُ حَسْبُ زيدٍ درهمٌ وحَسْبي درهمٌ وحَسْبُكَ

٣ أنْ تكونَ اسمَ فعلٍ بمعنى كَفَى او يَكْفِي ويأتي الاسمُ بعدَها منصوبًا على المفعوليّةِ نحو قَطْ زيدًا درهمٌ اي كفاهُ درهمٌ وقَطْني ولَكَ فهي في الموضعينِ مثلُ قَدْ (وقَطْني كفاني ومنهم مَنْ يقولُ قَطْ عبدَ اللهِ درهمٌ فينصِبونَ بها وقد تدخلُ النونُ فيها وينصَبُ بها فيقولُ قَطْنَ عبدَ اللهِ درهمٌ وإنْ قلّلتَ بقَطُّ فاجزمْها نحو ما عندَكَ إلّا هذا قَطْ فإنْ لقيتَهُ ألِفُ وصلٍ كسرتَ نحو ما علمتُ إلّا هذا قَطِ اليومَ وقد جاء بعدَ المثبتِ في مواضعَ من البخاريّ وأثبتَهُ ابنُ مالكٍ نحو أعطاهُ ثلاثًا قطُّ)

ك

الكافُ المفردةُ جارّةٌ وغيرُ جارّةٍ * فالجارّةُ حرفٌ لهُ ثلثةُ معانٍ

١ أنْ تكونَ للتشبيهِ نحو زيدٌ كالأسدِ ويجوزُ أنْ تكونَ الكافُ هنا اسمًا وحرفًا فإنْ قدّرتَها اسمًا كانَ زيدٌ مبتدأً والكافُ خبرُهُ بمعنى مثلٍ والأسدُ مضافٌ اليهِ والتقديرُ زيدٌ مثلُ الأسدِ وإنْ قدّرتَها حرفًا كانَ كالأسدِ جارًّا ومجرورًا متعلّقًا بمحذوفٍ خبرِ زيدٍ ومثلُهُ زيدٌ على السطحِ

٢ أنْ تكونَ للاستعلاء بمعنى على كقولِهِ تعالى لتكُنْ مشيئتُكَ كما في السماء اي لتكُنْ على ما هي عليهِ في السماء وقيلَ في إعرابِها ما اسمٌ موصولٌ وفي السماء خبرُ حذفَ مبتدأُهُ تقديرُهُ كما هي في السماء وقيلَ ما زائدةٌ والكافُ كذلكَ وفي السماء متعلّقٌ بمحذوفٍ خبرٌ لتكُنْ اي لتكُنْ مشيئتُكَ حاصلةً في السماء وإنْ قدّرتَ في السماء جملةً تكونُ الكافُ اسمًا واقعًا نعتًا لمصدرٍ او حالاً منهُ فيكونُ تقديرُ الآيةِ الشريفةِ لتكُنْ مشيئتُكَ مشيئةً مثلَما تشاء في السماء او لتكُنْ مشيئتُكَ مماثلةً للذي تشاءهُ في السماء وقِسْ عليهِ كذلكَ على الارضِ وهذا من مشكلاتِ الإعرابِ

٣ أنْ تكونَ زائدةً وفائدتُها التوكيدُ كقولِ صاحبِ الزبورِ وكمثلِ كثرةِ رأفتِكَ ارحمْني فإنْ مثلَ هنا كافيةٌ في التشبيهِ والكافُ زائدةٌ (وتكونُ الكافُ للتعليلِ كما حكاهُ

وهذا قليلٌ نحو قَدْ زيدٍ درهمٌ برفع دالِ قَدْ على أنَّهُ مبتدأ مضافٌ وزيدٌ مضافٌ اليهِ ودرهمٌ خبرهُ وقَدْنِي درهمٌ بغيرِ نونٍ مرفوعٌ بضمّةٍ مقدَّرةٍ واعرابهُ كاعراب غُلامي

٢ أنْ تكونَ قَدِ اسْمَ فعلٍ بمعنى يَكْفِي وقالَ ابنُ الحاجبِ بمعنى كَفَى ويقعُ الاسْمُ بعدَها منصوبًا على المفعوليّةِ نحو قد زيدًا درهمٌ اى يَكْفِي زيدًا وقَدْنِي درهمٌ اي يَكْفِيني

وأمّا قَدِ الحرفيّةُ فإنّها تختصُّ بالفعلِ المُتصرِّفِ (الخَبَرِيّ) المجرّدِ من جازمٍ وناصبٍ ونفيٍ وحرفِ تنفيسٍ وتدخلُ الماضيَ والمضارعَ فدخولُها على الماضي يقتضي أربعةَ معانٍ

١ أنْ تكونَ للتَوقُّعِ نحو قَدْ جاء زيدٌ اذا كنتَ تتوقَّعُ مجيئَهُ

٢ أنْ تكونَ لتقريبِ الماضي من الحالِ فإنَّ قولَكَ قَدْ قامَ زيدٌ أقربُ الى الحالِ من قولِكَ قامَ زيدٌ لأنَّ هذا يَدلُّ على البعيدِ ومنهُ هذهِ بضاعتُنا قد رُدَّتْ الينا اى الآنَ وقَدْ تدخلُها اللامُ في هذا المحلِّ نحو لَقَدْ قامَ زيدٌ

٣ أنْ تكونَ للتحقيقِ اذا كانَ وُقوعُ الفعلِ مُؤكّدًا نحو قَدْ قامَ المسيحُ من الموتِ فإنَّ قيامَهُ محقَّقٌ بدونِ قَدْ

٤ أنْ تكونَ للتهكُّمِ من بابِ التعريضِ نحو قَدْ صَدَقَ الكذوبُ وتريدُ أنَّهُ كذبَ (وتُسمَّى للنفي نحو قَدْ كنتَ في خيرٍ فتَعْرِفَهُ بنصبِ تعرفَ)

وأمّا دخولُها على المضارعِ فيقتضي معنيينِ

١ أنْ تكونَ للتوقُّعِ ايضًا نحو قَدْ يرجعُ المسافرُ وقَدْ يموتُ الظالمُ

٢ أنْ تكونَ للتقليلِ نحو قَدْ يصدقُ الكذوبُ (وتأتي للتكثيرِ نحو « قد أترُكُ القِرْنَ مُصفرًّا أناملُهُ ») وقَدْ يُؤمِنُ المعاندُ ولا يجوزُ الفصلُ بينَ قَدْ والفعلِ إلّا بالقَسَمِ فقط نحو قَدْ واللهِ صدقتَ او تصدقُ وعليهِ قولُ الشاعرِ

« فقَدْ واللهِ بَيَّنَ لي عَناءٌ « بوشكِ فراقِهم صُرَدٌ يَصيحُ «

ويجوزُ حذفُ الفعلِ بعدَها إنْ دخلتْها كأنَّ التشبيهِ ودلَّ عليهِ دليلٌ كقولِ الشعرِ

« أزِفَ الترحُّلُ غيرَ أنَّ ركابَنا « لمّا تزَلْ برحالِنا وكأنْ قَدِ «

اى وكأنْ قَدْ زالَتْ

قطّ

على ثلثةِ أضربٍ

١ قطُّ بضمِّ الطاء المشدَّدِ (وبفتحِ القافِ ويُضمّ) وهي أنْ تكونَ ظرفَ زمانٍ في

٣ أنّ خبرها لا يقعُ مفرداً

٤ أنّ مميّزها يكونَ مجرورًا بمِنْ غالبًا (وزعَم ابنُ عصفورٍ لزومَهُ) ويأتي منصوبًا قليلاً مِثالُها كأيّن من رَجلٍ قد رأيتُ * (وكأيّن من أسى أقيا الأسى * نال لو يعنيه تولى وكائن) * او كأيّن رَجلاً قد رأيتُ فكأيّن مبتدأ ومِنْ رجلٍ تمييزهُ لا يتعلّق بشيءٍ، وقد رأيتُ جملةُ خبرُ كأيّن

٥ (أنّها مُركّبةٌ وكَمْ بسيطةٌ على الصحيحِ)

كذا

اسمٌ مُركّبٌ من كافِ التشبيهِ وذا للاشارةِ لهُ ستّةُ معانٍ

١ أنْ يكونَ دالًا بالاشارةِ نحو رأيتُ زيدًا فاضلاً وعمرًا كذا وتلحقها هنا هاء التنبيهِ نحو هكذا

٢ أنْ تكونَ كنايةً عن العددِ

٣ أنّها تشبهُ كأيّن في أربعةِ أمورٍ * التركيبِ * والابهامِ * والبناءِ * والتمييزِ *

٤ أنْ يكونَ مميّزها مفردًا منصوبًا

٥ ألّا تتبعَ صدرَ الكلامِ

٦ أنّها تستعمَل غالبًا معطوفةً ومكرّرةً قليلاً ومفردةً أقلّ مِثالُها عندي كذا وكذا درهمًا وكذا كذا درهمًا وكذا درهمًا قال ابنُ هلالٍ الحلبيُّ في إعرابها كذا في محلّ رفعٍ على الابتداءِ وعندي خبرهُ ودرهمًا تمييزٌ قال الشاعرُ

* عِدِ النفسَ نُعمًا بعدَ بؤساكَ ذاكرًا * كذا وكذا لُطفًا بهِ نُسِيَ الجَهْدُ *

كلّ

قال ابنُ هشامٍ كلّ اسمٌ وضعَ لاستغراقِ أفرادِ المُنكّرِ نحو كلّ نفسٍ ذائقةُ الموتِ ومن غريبِ معنى كلّ أنّكَ إذا أظهرتَ في مدخولِها لامَ الاضافةِ كانتْ لعمومِ الأفرادِ نحو أكلتُ كلّ رغيفٍ لزيدٍ وإنْ قدّرتَ هذه اللامَ كانت لعمومِ أجزاءِ المفردِ نحو أكلتُ كلّ رغيفِ زيدٍ والتقديرُ أكلتُ كلّ أجزاءِ رغيفِ زيدٍ اي أكلتهُ كلّهُ ولها ثمانيةُ معانٍ

١ أنْ تكونَ نعتًا مضافًا الى اسمٍ يطابقُ منعوتَها لفظًا ومعنًى نحو رأيتُ رجلاً كلّ رجلٍ وعليهِ قولُ الشاعرِ

* وإنّ الذي حانتْ بفلجٍ دماؤهُمْ * هُمُ القومُ كلّ القومِ يا أمّ خالدِ *

٢ أنْ تكونَ توكيدًا مشتملةً على ضميرٍ يطابقُ المُؤكّدَ نحو أكلتُ الرغيفَ كلّهُ وجاءني القومُ كلّهم والقبيلةُ كلّها

سيبويه ومنه كما أَرْسَلْنا فيكم رسولاً اى لاجلِ إرسالهِ واذكروهُ كما هداكُم اى لاجلِ هدايتكم) وأمّا غيرُ الجارّة فثلثٌ * الأولى أنْ تكونَ ضميرًا منصوبًا وهي المتصلةُ بالفعلِ المتعدّي نحو نَصَرَكَ ونَصَرَكِ والمتّصلة بإنّ وأخواتها نحو بلغني أنّكَ عالمٌ ولعلّكَ جاهلٌ * الثانية أنْ تكونَ ضميرًا مجرورًا بالاضافةِ الى اسمٍ ام الى حرفِ جرّ نحو رَبُّكَ قريبٌ منكَ واليكَ وهي في هذين الموضعين اسمٌ لـهُ محلٌّ من الاعرابِ * الثالثة أنْ تكونَ حرفَ خطابٍ لا محلّ لهُ من الاعرابِ وهي اللاحقةُ لاسمِ الاشارةِ نحو ذلِكَ وتِلْكَ وأُولٰئكَ واللاحقةُ الضميرَ المنفصلَ نحو إيّاكَ وإيّاكما إلخ واللاحقةُ لبعضِ أسماء الافعالِ مثلُ رُوَيْدَكَ (ولاحقةُ لأرأيتَ بمعنى أخبِرْني نحو أرأيتَكَ هذا)

كأنّ

حرفُ التشبيهِ يعملُ عملَ إنّ ولهُ ثلثةُ معانٍ

١ أنْ تكونَ حرفَ تشبيهٍ اذا كانَ خبرُها اسمًا جامدًا نحو كأنّ زيدًا أسدٌ

٢ أنْ تكونَ بمعنى الظنِّ والشكِّ اذا كانَ خبرُها مشتقًّا وكانَ ظرفًا او جارًّا ومجرورًا نحو كأنّ زيدًا قائمٌ او يقومُ وكأنّ زيدًا عندكَ او في الدارِ

٣ أنْ تكونَ حرفَ تقريبٍ نحو كأنّكَ بالشتاء مقبلٌ واعرابُهُ الكافُ حرفُ خطابٍ لا محلّ له من الاعرابِ والباءُ زائدةٌ والشتاء اسمُ كأنّ ومقبلٌ خبرُها وقيلَ الكافُ اسمُ كأنّ على تقديرِ حذفِ مضافٍ اى كأنّ زمانَكَ ومقبلٌ خبرُهُ وبالشتاء متعلّـقٌ بمقبلٌ واذا خُفّفتْ كأنّ جازَ عملُها إنْ دخلتْ على الاسمِ نحو كأنْ زيدٌ قائمٌ او كأنْ زيدًا قائمٌ وإنْ دخلتْ الفعلَ وجبَ فصلُها بلمْ وقدْ نحو كأنْ لم يقمْ وكأنْ قد قامَ

كأيِّنْ

بفتحِ الكافِ والهمزةِ وتشديدِ الياء وكسرِها وسكونِ النونِ المنقلبةِ عن التنوينِ ويجوزُ كتبُها باثباتِ التنوينِ (وفيها لغاتٌ أُخرُ كَيْئِنْ وكائِنْ وكَأْيٍ وكاء) وهي اسمٌ مركّبٌ من كافِ التشبيهِ وأيّ وهي بمنزلةِ كم في (خمسةِ أمورٍ) الابهامِ و(الافتقارِ الى) التمييزِ والبناء و(لزومِ) التصديرِ (وافادةِ التكثيرِ تارةً والاستفهامِ أُخرى وهو نادرٌ قالَ أُبيٌّ لابنِ مسعودٍ كأيِّنْ تقرأُ سورةَ الأحزابِ آيةً قال ثلثًا وسبعينَ) ولها (خمسةُ) شروطٍ (تميّزُها عن كمْ)

١ أنّها لا تقعُ استفهاميّةً (عندَ الجمهورِ) بل تكونُ خبريّةً دائمًا

٢ أنّها لا يدخلُ عليها حرفُ جرٍّ (خلافًا لمنْ جوّزَ بكأيّنْ تبيعُ هذا)

لأنّه لازمٌ للاضافة إلّا اذا كانَ عوضًا عن المضافِ اليه نحو الكُلّ تقديرُهُ كُلّهُ او يُرادُ لفظُهُ كما يُقالُ الكُلّ لاحاطةِ الافرادِ وقد يكونُ كُلٌّ للتكثيرِ والمبالغةِ دونَ الاحاطةِ وكمالِ التعميمِ نحو جاءَهُمُ الموجُ من كُلِّ مكانٍ وفلانٌ يعلمُ كُلَّ شيءٍ ٠)

كلّا

بالفتحِ والتشديدِ حرفٌ لهُ ثلثةُ معانٍ

١ أنْ يكونَ حرفَ ردعٍ وزجرٍ اذا وُقِفَ عليهِ نحو أأنتَ المسيءُ الجوابُ كلّا اى ارتدِعْ

٢ أنْ تكونَ بمعنى ألا الاستفتاحيّةِ اذا وقعتْ صدرَ الكلامِ وكانَ بعدَها إنَّ المكسورةُ نحوَ كلّا إنَّ زيدًا قائمٌ اى ألا

٣ أنْ تكونَ حرفَ جوابٍ بمعنى إي ونَعَمْ اذا دخلتْ على القَسَمِ نحو كلّا واللهِ ما فعلتُ هذا اى نَعَمْ واللهِ (وبمعنى حقًّا كقولِ القرآنِ كلّا إنَّ الانسانَ ليطغى)

كِلا

بالكسرِ والقصرِ اسمٌ لمذكّرٍ وهو مفردٌ لفظًا ومُثنّى معنًى مضافٌ أبدًا الى المعرفةِ وأجازَ الكوفيّونَ إضافتَها الى النكرةِ ولها اربعُ حالاتٍ * الأولى إنْ أُضيفتْ الى المضمرِ أُعربتْ إعرابَ المُثنّى نحو جاءنى كِلاهُما ورأيتُ كِلَيهِما ومررتُ بكِلَيهِما وإنْ أُضيفتْ الى المُظهرِ أُعربتْ إعرابَ المقصورِ نحو جاءنى كِلا الرجلينِ ورأيتُ كِلا الرجلينِ ومررتُ بكِلا الرجلين * الثانيةُ إنْ أُضيفتْ الى المتكلّمينَ كانت مشتركةً بينَ اثنينِ فأكثرَ نحو كِلانا قائمانِ وكِلانا قائمونَ * الثالثةُ إذا وقعتْ كِلا توكيدًا للمُثنّى وجبَ تثنيةُ ما بعدَها نحو زيدٌ وعمرٌو كِلاهُما قائمانِ فقائمانِ خبرُ زيدٍ وعمرٍو وكِلا توكيدٌ وإنْ كانتْ مبتدأً جازَ مراعاةُ المعنى وهو التثنيةُ ومراعاةُ اللفظِ وهو الافرادُ نحو زيدٌ وعمرٌو كِلاهُما قائمانِ او قائمٌ فزيدٌ وعمرٌو مبتدأٌ أوّلُ وكِلاهُما مبتدأٌ ثانٍ وقائمٌ خبرُهُ وعليهِ قولُ الشاعرِ

* بينَ فؤادي وخدِّه نَسَبُ * كِلاهُما فى الجحيمِ يلتهِبُ *

ومنهُ قولُكَ كِلاهُما مُحِبٌّ اى كُلٌّ منهُما مُحِبٌّ * الرابعةُ أجازَ ابنُ الانباريِّ إضافةَ كِلا الى المفردِ بشرطِ تكريرِها نحو كِلا أخي وكِلا خليلي مُحسنانِ وكِلايَ وكِلاكَ عالمانِ فكِلا فى هذهِ الأماكنِ كلّها مبتدأٌ وما بعدَها خبرٌ

كِلتا

بالكسرِ للمؤنّثِ وهي مثلُ كِلا فى أحكامِها كُلِّها

٣ أن تكونَ معمولةً للعوامل بنفسها. كُلُّ نفسٍ ذائقةُ الموتِ فكُلُّ مبتدأٌ وذائقةُ خبرُهُ ومنهُ قولُ الشاعر

* كُلُّ ابنِ أُنثى وإنْ طالتْ سلامتُهُ * يومًا على آلةٍ حدباءَ محمولُ *

وقالَ الآخر

* ألا كُلُّ شيءٍ ما خلا اللهَ باطلُ * وكُلُّ نعيمٍ لا محالةَ زائلُ *

ونحو كُلًّا ضربتُ وبكُلٍّ مررتُ ونحو أكرمتُ كُلَّ نبيٍّ

٤ تلزمُ كُلُّ الافرادَ والتذكيرَ في كُلِّ الاحوالِ ويظهرُ الفرقُ في الضميرِ المتصلِ بها كقولِ الشاعرِ

* فلمّا تبيّنّا الهُدى كانَ كُلُّنا * على طاعةِ الرحمنِ والحقِّ والتُّقى *

تقولُ كُلُّ رجلٍ وكُلُّ رجلَيْنِ وكُلُّ رجالٍ وكُلُّ امرأةٍ وكُلُّ نساء (ويُقالُ كُلّةُ امرأةٍ وكُلَّتُهُنَّ منطلقٌ ومنطلقةٌ)

٥ اذا أُضيفتْ كُلُّ الى معرفةٍ جازَ مراعاةُ لفظِها ومراعاةُ معناها نحو كُلُّهم قائمٌ او كُلُّهم قائمون وكُلُّنا لكَ عبدٌ وعبيدٌ قالَ الشاعرُ

* وكُلُّ مصيباتِ الزمانِ وجدتُها * سوى فرقةِ الاحبابِ هيّنةَ الخطبِ *

٦ اذا قُطعتْ كُلُّ عن الاضافةِ وجبَ مراعاةُ المُقدَّرِ فإنْ قُدِّرَ مفردٌ وجبَ مراعاةُ المفردِ نحو كُلٌّ آمنَ اي كُلُّ واحدٍ وكذلكَ في الجمعِ والتأنيثِ نحو كُلٌّ ظالمون اي كُلُّهم وكُلٌّ محصنةٌ اي كُلُّ امرأةٍ وكُلٌّ محصناتٌ اي كُلُّهنَّ

٧ إنْ وقعتْ كُلُّ بعدَ النفي كانَ النفيُ ثابتًا لبعضِ الافرادِ نحو ما جاءَ كُلُّ القومِ ولم آخذْ كُلَّ الدراهمِ فإنّ المجيءَ والأخذَ ثابتانِ للبعضِ ومنفيّانِ عن البعضِ وقسْ عليهِ بابَ الاشتغالِ مثلَ كُلُّ الدراهمِ لم آخذْ لأنّهُ في معنى لم آخذْ كُلَّ الدراهمِ قالَ الشاعرُ

* ما كُلُّ ما يتمنّى المرءُ يُدركُهُ * تجري الرياحُ بما لا تشتهي السفُنُ *

وقالَ الآخرُ

* وما كُلُّ ذي لُبٍّ بمؤتيكَ نصحَهُ * وما كُلُّ مؤتٍ نصحَهُ بلبيبِ *

وإنْ وقعَ النفيُ بعدَها ثبتَ لكُلِّ فردٍ نحو كُلُّهم لم يقوموا وكُلُّهم لم يأخذوا اي ما قامَ ولا أخذَ كُلُّهم

٨ اذا أُضيفتْ كُلُّ الى الظرفِ او الى ما الموصولةِ والظرفيّةِ المصدريّةِ وجبَ نصبُها نحو صُمتُ كُلَّ يومٍ وجُلتُ كُلَّ مكانٍ ونحو كُلَّما عددتُكَ لي وكُلَّما دعوتُكَ أكرمتُكَ اي كُلَّ وقتٍ (وقد جاءَ بمعنى بعضٍ وهو ضدٌّ ولا يجوزُ إدخالُ الألفِ واللامِ عليهِ

جاء ما جاءت حاجَتَكَ) تدخل على المبتدأ والخبرِ ترفع المبتدأ وَيُسَمّى اسمها وتنصبُ الخبرَ وَيُسَمّى خبرَها نحو كانَ زيدٌ قائمًا وهكذا البواقي وَتُسَمّى الناقصةَ لأنّها لا تَتِمّ بالفاعل بل تحتاجُ الى خبرٍ كما مَثَّلنا ولها أحوالٌ تُطْلَبُ من المطوّلاتِ وتختصّ كانَ بأربعةِ أمورٍ

١ تزدادُ ماضيةً بعدَ ما التعجّبِ نحو ما كانَ أكثرَ القومَ وما كانَ أنهى وأحسنَ رؤيةً

٢ يجوزُ حذفُها مع اسمِها اذا وقعتْ بعدَ إنْ ولَوْ الشرطيّتين مِثالُ إنْ سِرْ مُسْرِعًا إنْ ماشيًا وإنْ راكبًا اي إنْ كُنْتَ ماشيًا وإنْ كُنْتَ راكبًا ومِثالُ لَوْ قولُ الشاعرِ

* لا يأمَنِ الدهرَ ذو بغيٍ ولو مَلِكًا * جنودُهُ ضاقَ عنها السهلُ والجبلُ *

اي ولو كانَ الظالمُ ملِكًا

٣ تُحذَفُ بعدَ أنِ المصدريّةِ نحو أمّا أنتَ منطلقًا أصْلُهُ أنْ ما كُنْتَ منطلقًا

٤ يجوزُ حذفُ نونِها بثلثةِ شروطٍ * الأوّل أنْ تكونَ مضارعًا * الثاني أنْ تكونَ مجزومةً * الثالثُ أنْ لا يكونَ بعدَها همزةُ وصلٍ مِثالُها لم يَكُ زيدٌ قائمًا

كادَ

من أفعالِ المقاربةِ تعملُ عملَ كانَ الناقصةِ وتُفْرَقُ عنها بأنّ خبرَها يجبُ أنْ يكونَ جملةً نحو كادَ زيدٌ يَبْلُغُ وهي ثلثةُ أنواعٍ

١ ما وُضِعَ للدلالةِ على قربِ الخبرِ وهي . كادَ . وكَرَبَ . وأوْشَكَ

٢ ما وُضِعَ للدلالةِ على رجاءِ وقوعِ الخبرِ وهو . عَسَى . واخْلَوْلَقَ . وحَرَى

٣ ما وُضِعَ للدلالةِ على الشروعِ في الخبرِ وهو . جَعَلَ . وطَفِقَ . وأخَذَ . وعَلِقَ . وأنشأ وانْبَرَى . وهَلْهَلَ . وأفعالُ الشروعِ كثيرةٌ وكلُّها تعملُ عملَ كادَ وفي اقترانِ خبرِها بأنِ المصدريّةِ ثلثةُ أنواعٍ

١ ما يَمْتَنِعُ اقترانُهُ بأنْ وهو كادَ وكَرَبَ وأوْشَكَ ويجوزُ اقترانُهُ قليلًا

٢ ما يجبُ اقترانُهُ بأنْ وهو . عَسَى . واخْلَوْلَقَ . وحَرَى . ويمتنعُ الاقترانُ قليلًا

٣ ما يجبُ امتناعُ اقترانِ أنْ بالكلّيّةِ وذلكَ في أفعالِ الشروعِ نحو جَعَلَ زيدٌ ينشدُ وطَفِقَ يتكلّمُ إلخ

كَيْ

حرفٌ لهُ ثلثةُ معانٍ

كَمْ

اسمٌ مُبْهَمٌ مبنيٌّ (على السكونِ) يلزمُهُ التمييزُ والتصدُّرُ ولهُ حالتانِ • الخبريّةُ • والاستفهاميّةُ • فكم الخبريّةُ (تستعمَلُ للتكثيرِ و) يلزمُها أربعةُ أمورٍ

١ أنْ يكونَ مُمَيِّزُها مجرورًا بمن مُقدَّرةٍ (ويقعُ بعدَها الواحدُ والجمعُ) تقولُ كَمْ عبدٍ لكَ وكَمْ عَبيدٍ ملكتَ اى كَمْ من عبدٍ ومن عَبيدٍ

٢ اذا فُصِلَ بينها وبينَ مُمَيِّزِها وجبَ نصبُ المُمَيِّزِ نحو كَمْ لى عبدًا

٣ يجوزُ جرُّ مُمَيِّزِها بمِنْ لفظًا نحو كَمْ من أجيرٍ فى بيتِ أبى

٤ يجوزُ حذفُ مُمَيِّزِها وذلكَ اذا دخلتْ على فعلٍ نحو كَمْ جاهدتُ من الايمانِ تقديرُهُ كَمْ جهادٍ جاهدتُ أمّا بنوا تميمٍ فإنّهم يجيزونَ نصبَ تمييزِ كم الخبريّةِ اذا كانَ مفردًا وأمّا كم الاستفهاميّةُ فيلزمُها خمسةُ أمورٍ

١ أنْ تكونَ كنايةً عن العددِ

٢ أنْ يكونَ مُمَيِّزُها منصوبًا مثالُ الأوّلِ والثانى قولُهُ تعالى كَمْ سَلًا اخذتم

٣ اذا دخلَها حرفُ الجرِّ جازَ فى مُمَيِّزِها النصبُ والجرُّ بمن مُقدَّرةٍ نحو بِكَمْ درهمًا اشتريتَهُ او بكَمْ درهمٍ

٤ يجوزُ أنْ يُجَرَّ مُمَيِّزُها بمن لفظًا نحو كَمْ من غلامٍ لكَ

٥ يجوزُ حذفُ مُمَيِّزِها اذا دلَّ عليهِ دليلٌ نحو كَمْ مالُكَ اى كَمْ درهمًا مالُكَ وبكَمْ اشتريتَهُ وقد قُرِئَ بيتُ الفرزدقِ بالأوجهِ الثلثةِ وهو

• كَمْ عَمّةٍ لكَ يا جريرُ وخالةٍ • فَدْعاءَ قد حَلَبَتْ عَلَىَّ عِشارى •

بجرِّ عمّةٍ على أنَّ كَمْ خبريّةٌ وبنصبها ايضًا على أنَّ كَمْ استفهاميّةٌ وبرفعِها على أنَّ كَمْ مبتدأٌ أوّلُ وعمّةٌ مبتدأٌ ثانٍ ولكَ نعتٌ أوّلُ لعمّةٌ وفدعاءُ محذوفةٌ تدلُّ عليها فدعاءُ المذكورةُ نعتٌ ثانٍ وقد حلبَتْ جملةٌ فى محلِّ رفعٍ خبرُ المبتدأ الثانى والمبتدأُ الثانى وخبرُهُ خبرُ كم المبتدأ الأوّلِ والفَدَعُ ارتفاعُ الخمصِ القدمِ فهو أفدَعُ وهى فدعاءُ (وقد تُجعَلُ كَمْ اسمًا تامًّا فتوصَفُ وتُشدَّدُ تقولُ أكثرَ من الكمِّ والكميّةِ)

كانَ

وأخواتُها وقد عدَّها الجرجانىُّ فى جملةِ ثلثةَ عشرَ فعلًا وهى . كانَ . وصارَ . وأمسى . وأصبحَ . وظلَّ . وباتَ . وأضحى . ومادامَ . ومازالَ . ومانفكَّ . ومافتئَ . ومابرحَ . وليسَ . قالَ سِيبَوَيْهِ وقِسْ عليهِ كلَّ فعلٍ لا يستغنى عن الخبرِ (مثلُ آضَ ودنا وغدا وراحَ وقد

يَقعُ كَيْفَ خبرًا قبْلَ ما لا يَستغنى عنهُ كَكَيْفَ أَنْتَ وكَيْفَ كُنتَ وحالاً قبلَ مـــا يستغنى عنهُ كَكَيْفَ جاء زيدٌ ومفعولاً مُطلَقًا كَيْفَ فعلَ رَبُّكَ فكَيْفَ اذا جئنـــا من كلِّ أُمَّةٍ بشهيدٍ ويُستعمَلُ شرطًا فيقتضى فعلين متفِقى اللفظِ والمعنى غيرَ مجزومين كَكَيْفَ تَصنَعُ أَصنَعُ لا كَيْفَ تجلِسُ أَذهَبُ

ل

اللامُ المفردةُ ثلثةُ أقسامٍ

القسمُ الأوّلُ

اللامُ الجارّةُ تكونُ مكسورةً فى المُظهَرِ إلّا فى المستغاثِ فهى مفتوحةٌ وتكونُ مفتوحةً فى المضمرِ مثل لَكَ ولَهُ ولَهما إلخ عدا معَ الياءِ فهى مكسورةٌ مثل لِي وتدخل هذه اللامُ على الاسمِ والفعلِ . فالداخلةُ على الاسمِ لها واحدٌ وعشرونَ معنًى

١ الاستحقاقُ نحو الحمدُ للهِ والمُلكُ لهُ

٢ الاختصاصُ نحو الجنّةُ للمؤمنِ وجهنّمُ للكافرِ

٣ المِلكُ بكسر الميم نحو لِلهِ ما فى السماء وما فى الارضِ

٤ التمليكُ نحو العبدُ لزيدٍ

٥ التعليلُ كقولهِ تعالى وذبحَ لهُ العجلَ المعلوفَ اى لاجلهِ ومنها لامُ المفعولِ لهُ نحو جئتُكَ لإكرامِكَ إيّاىَ

٦ أنْ تكونَ بمعنى إلى نحو أوحَى لهُ اللهُ اى أوحَى إليهِ

٧ أنْ تكونَ بمعنى عَلَى نحو خرَّ للارضِ جاثيًا اى على الارضِ جاثيًا

٨ أنْ تكونَ بمعنى فى نحو مضى لِحالِ سبيلهِ اى فى حالِ سبيلهِ

٩ بمعنى عندَ نحو كتبتُ الكتابَ لِسبعٍ خلونَ من نيسانَ اى عندَ سبعِ ليالٍ من نيسانَ

١٠ بمعنى بعد نحو انتظِرني لغروبِ الشمسِ اى بعدَ غروبِ الشمسِ

١١ بمعنى مِن الجارّةِ نحو سمعتُ لهُ رنّةً اى سمعتُ منهُ رنّةً ومنهُ قولُ الشاعرِ

* لنا الفضلُ فى الدنيا وأنفُكَ راغمٌ * ونحنُ لكُم يومَ القيامةِ أفضلُ *

اى أفضلُ منكُم

١٢ التبليغُ نحو قلتُ لهُ وفسّرتُ لهُ ومنهُ قولُ الشاعرِ

* كضرائرِ الحسناءِ قُلْنَ لِوَجهِها * حسدًا وبغيًا إنّهُ لذميمُ *

١ أنْ يكونَ بمنزلةِ لامِ السؤالِ في لِمَ جئتَ. فتقولُ كَيْمَ فعلتَ بشيءٍ اليمِ وتتصلُ بها الهاءُ عندَ الوقفِ فتقولُ كَيْمَهْ كما تقولُ لِمَهْ

٢ أنْ تكونَ بمنزلةِ أنِ المصدريّةِ بشرطِ أنْ تتقدّمَها لامُ التعليلِ إمّا لفظًا او تقديرًا نحو جئتُكَ لكي تُكرِمَني او كَيْ تُكرِمَني بتقديرِ اللامِ اي لأنْ تُكرِمَني

٣ أنْ تكونَ حرفَ جَرٍّ والجملةُ بعدَها في محلِّ جَرٍّ بها وذلكَ اذا لم تتقدّمها اللامُ لفظًا ولا تقديرًا فتكونُ حينئذٍ بمعنى اللامِ والفعلُ بعدَها منصوبٌ بأنْ مُقدَّرةٍ بعدَ كَيْ كما تُقدَّرُ بعدَ اللامِ نحو جئتُكَ كَيْ تُكرِمَني اي كَيْ أنْ تُكرِمَني وتدخلُها ما ولا النافيتانِ فلا يَكُفّانِها عن العملِ نحو لِكَيْلا تأسَوا وكَيْما تعملوا

كَيْفَ

اسمٌ مبنيٌّ على الفتحِ لهُ معنيانِ

١ أنْ تكونَ اداةَ شرطٍ تجزمُ ولا تجزمُ فان اقترنتْ بما كانت جازمةً نحو كَيْفَما تستقِمْ أستقِمْ وإنْ لم تقترنْ بما كانت غيرَ جازمةٍ نحو كَيْفَ تقومُ أقومُ وكَيْفَ في الموضعينِ هي معمولُ فعلِ الشرطِ لأنّها هُنا ظرفٌ

٢ أنْ تكونَ استفهامًا (إمّا حقيقيًّا) نحو كَيْفَ زيدٌ (او غيرَهُ نحو كَيْفَ تكفرونَ باللهِ فإنّهُ أُخرِجَ مُخرَجَ التعجُّبِ

* وكَيْفَ ترجونَ سِقاطي بعدما * جَلَّلَ الرأسَ مَشيبٌ وصَلَعْ *

فإنّهُ أُخرِجَ مُخرَجَ النفيِ) قالَ البيانيّونَ لا يُسألُ بكَيْفَ إلّا عن الأوصافِ الغريزيّةِ يقالُ كَيْفَ زيدٌ أصحيحٌ ام سقيمٌ ولا يقالُ كَيْفَ زيدٌ أقائمٌ ام قاعدٌ بل يكونُ السؤالُ من مثلِ هذهِ بهلْ نحو هلْ زيدٌ قائمٌ ام قاعدٌ او بالهمزةِ نحو أزيدٌ قائمٌ أمْ قاعدٌ قالَ سيبويهِ إنّ كَيْفَ هنا ظرفٌ محلُّهُ النصبُ أبدًا وما بعدَها خبرٌ فتقديرُ كَيْفَ زيدٌ عندَهُ (اي عند سيبويهِ) في أيِّ حالٍ او على أيِّ حالٍ زيدٌ فجوابُها عندَهُ إنْ كانَ على اللفظِ قيلَ على خيرٍ او على شرٍّ وإنْ كانَ على المعنى قيلَ صحيحٌ أمْ سقيمٌ وقالَ السيرافيُّ إنّها غيرُ ظرفٍ فهي مبنيّةٌ على الفتحِ موضعُها رفعٌ مع المرفوعِ ونصبٌ مع المنصوبِ تقديرُها عندَهُ في كَيْفَ زيدٌ أصحيحٌ زيدٌ وفي نحو كَيْفَ جاء زيدٌ أراكبًا جاء زيدٌ وجوابُها عندَهُ إنْ كانَ على اللفظِ قيلَ صحيحٌ أمْ سقيمٌ وإنْ كانَ على المعنى قيلَ على خيرٍ ام على شرٍّ وهذا عكسُ ما ذهبَ اليهِ سيبويهِ فتكونُ حينئذٍ عندَهُ خبرًا في نحو كَيْفَ زيدٌ وحالًا في كَيْفَ جاء زيدٌ (قالَ صاحبُ القاموسِ

القِسْمُ الثانى

اللّامُ الجازمةُ وهى لامُ الطلبِ ومراتبُ الطلبِ ثلثٌ . أمْرٌ وهو من الأعلى الى الأدنى . ودعاء وهو من الأدنى الى الأعلى . والتماسٌ وهو من المُتساوِيين مرتبةً فكلّها تدخلُ عليها لامُ الطلبِ مكسورةً ويجوزُ فتحها قليلاً وتُسكَّن اذا تقدّمها واوٌ او فاء او ثُمّ ويُشترط بالطلبِ اذا كان باللام أنْ يكونَ للغائبِ وللمتكلِّمِ معلومًا ومجهولاً ولمجهولِ المخاطبِ نحو لِيَحْكُمِ اللّهُ ولْنشكرِ اللّهَ ولْتُضرَبْ وأمّا أمْرُ المخاطَبِ المعلومِ فهو بالصيغةِ مثلُ اضرِبْ واكرِمْ وانصُرْ ودحرِجْ ويجوزُ حذفُ لامِ الطلبِ قليلاً نحو يغفرِ اللّهُ لكَ اى لِيَغفِرْ لكَ ويجوزُ إدخالُ لامِ الطلبِ على أمْرِ المخاطَبِ المعلومِ لكنّهُ مكروهٌ نحو لِتَضرِبْ زيدًا فى اضرِبْ زيدًا

القِسْمُ الثالثُ

فى اللّامِ الغيرِ العاملةِ وهى مفتوحةٌ أبدًا ولها ثلثةُ معانى

١ لامُ التوكيدِ وتُسمّى لامَ الابتداء وفائدتُها توكيدُ مضمونِ الجملةِ وتدخلُ فى ثمانيةِ مواضعَ

١ المُبتدأُ نحو لَزيدٌ قائمٌ وتدخلُ على الخبرِ نحو زيدٌ لقائمٌ

٢ تدخلُ على الخبرِ فيصيرُ مُبتدأً وتجعلُ المُبتدأَ الاصليَّ فاعلاً سَدَّ مَسَدَّ الخبرِ نحو لَقائمٌ زيدٌ

٣ تكونُ للتعليقِ إذا دخلَتْ على معمولِ أفعالِ القلبِ نحو ظننتُ لَزيدٌ منطلقٌ برفعها لفظًا او نصبها وذُكِرَ معنى التعليقِ فى بحثِ ظنَّ هنا

٤ أنْ تكونَ مانعةً للنصبِ فى بابِ الاشتغالِ نحو زيدٌ لَقد أكرمْتُهُ

٥ أنْ تدخلَ على خبرِ إنَّ المكسورةِ كيفما وقعَ وتُسمّى هنا اللّامَ المُزحلَقةَ لأنّها كانت فى الاصلِ داخلةً على إنَّ ثمّ تزحلَقَتْ الى خبرها لِئلّا يجتمعَ مُؤكِّدانِ معًا نحو إنَّ زيدًا لَقائمٌ وإنَّ زيدًا لَيقومُ ولَقَدْ قامَ وإنَّ زيدًا لَعَسى أنْ يقومَ وإنَّ زيدًا لَبِئسَ الرجلُ وإنَّ فى الدارِ لَزيدًا وإنَّ زيدًا لَفى الدارِ وإنَّ زيدًا لَذليلٌ ولَحقيرٌ

٦ أنّها تُقدِّمُ معمولَ الخبرِ على الخبرِ نحو زيدًا طعامَكَ لآكلٌ

٧ أنّها تدخلُ على خبرِ إنْ المخفّفةِ نحو إنْ كُنْتَ لَعالِمًا وإنْ كُلُّ نفسٍ لَناطِقَةٌ وإنْ وجدتُ زيدًا لَفاسِقًا

٨ أنْ تدخلَ الفعلَ نحو لَيقومُ زيدٌ وتدخلُ الماضيَ المقرونَ بقدْ نحو لَقدْ قامَ زيدٌ ولَسوفَ يقومُ زيدٌ وتدخلُ الفعلَ الجامدَ نحو لَنِعْمَ الرجلُ زيدٌ وقد ذهبَ الزمخشريُّ الى أنَّ اللّامَ الداخلةَ على الجملةِ الفعليّةِ مثل لَيقومُ زيدٌ هى زائدةٌ وابنُ مالكٍ والمالَقيُّ على خلافهِ لأنّها اجتُلِبَتْ لتقريبِ الماضى والمضارعِ من الحالِ

وقيل إنّ اللامَ من لوجهها بمعنى مَنْ قال ابنُ الحاجب إنّ اللامَ تأتي بمعنى من

١٣ الصيرورة نحو وُلِدَ الانسانُ لِحَيوةٍ أبديّةٍ ومنهُ قولُ الشاعرِ

* فإنْ يكنِ الموتُ أفناهُمْ * فللموتِ ما تَلِدُ الوالِدَهْ *

١٤ القَسَم نحو للهِ لَأفعلَنَّ هذا اي واللهِ لَأفعلَنَّ

١٥ التعجُّب وتقترنُ بيا نحو يا لَلعَجَبِ ويا لَكَ من جاهلٍ ويا لَكَ من عالمٍ وقد لا تقترن بيا نحو للهِ دَرُّهُ فارسًا وللهِ أنتَ ابنهُ ومنهُ قولُ الشاعر

* شبابٌ وشَيبٌ وافتقارٌ وثَروةٌ * فللهِ هذا الدهرُ كيفَ تَرَدَّدا *

١٦ التعدية نحو ما أشدَّ حُبَّ زيدٍ لِعَمروٍ

١٧ الزائدة وهي التي تُزادُ ما بين الفعلِ المتعدي ومعمولهِ نحو ضربتُ لِزيدٍ وهذه قليلةٌ رديئةٌ

١٨ المُقحَمة وهي الداخلةُ ما بين المضافِ والمضافِ اليهِ نحو هذا غلامُ لكَ اي غلامُكَ

١٩ التقوية وهي التي تُقَوِّي العاملَ اذا ضعفَ عن العملِ إمّا إنّها تتقدّمُ العاملَ ومعمولَهُ نحو لِزيدٍ ضربتُ او تتوسّطهما نحو افعلْ لِما يريدُ وضَرْبي لِزيدٍ حَسَنٌ وأنا ضاربٌ لِعمروٍ قال ابنُ مالكٍ لا تُزادُ هذه اللامُ مع عاملٍ يتعدّى لاثنين سواء تَقدّمَ العاملُ او توسّطَ العاملُ والمعمولُ * الأوّلُ نحو لِزيدٍ ولِعمروٍ ضربتُ * والثاني نحو ضربتُ لِلرجلِ ولِلامرأةِ

٢٠ لامُ التبيين وهي لامان * الأولى أنْ تُبيِّنَ للمفعولِ وضابطُها على ما قال ابنُ هشام في المُغني أنْ تقعَ بعدَ فعلِ تعجّبٍ او اسمِ تفضيلٍ مفهمين حُبًّا او بغضًا نحو ما أَحَبَّني ليعقوبَ وأبغضَني للئيمِ فأنتَ المُحِبُّ ويعقوبُ المحبوبُ وقد بيَّنَهُ اللامُ * الثانية أنْ تُبيِّنَ المفعولَ وحدَهُ نحو سَقيًا لزيدٍ اي سقاهُ اللهُ او تُبيِّنَ الفاعلَ وحدَهُ نحو تبًّا لزيدٍ وخسرانًا لهُ اي إنّ زيدًا خسِرَ وهَلَكَ فهو فاعلٌ

٢١ لامُ الاستغاثة وهي أنْ يَدعُوَ أحَدٌ لاعانةِ غيرهِ فالمُعِينُ يُسمَّى المُستغاثَ بهِ والمُعانُ يُسمَّى المُستغاثَ لهُ وكِلاهُما مخفوضٌ بلامٍ جارّةٍ مفتوحةٍ في المُستغاثِ بهِ ومكسورةٍ في المستغاثِ لهُ نحو يا لَزيدٍ لِعمروٍ ويجوزُ أنْ يُحذَفَ أحدُهما وتُدلُّكَ حركةُ اللامِ على المحذوف.

وانّ اللامَ الجارّةَ الداخلةَ على الفعلِ فإنّ الفعلَ يُنصَبُ بعدَها بأنِ المصدريّةِ مُضمَرةً وتكونُ أنْ وما بعدَها في تأويلِ مصدرٍ مجرورٍ باللامِ وهي لامان * الأولى لامُ التعليلِ وتُسمّى لامَ كَيْ لوقوعِها موقعَ كَيْ نحو جئتُكَ لِتُعَلِّمَني اي لِأنْ تُعلِّمَني والتقديرُ جئتُكَ لِتَعليمِكَ إيّايَ * الثانية لامُ توكيدِ النفيِ وهي المسبوقةُ بكونٍ مَنفيّ ولهذا تُسمّى لامَ الجحودِ لِملازمتها الجحدَ اي النفيَ نحو ما كانَ زيدٌ لِيُكرِمَكَ اي لِأنْ يُكرِمَكَ

٥ فتحُ الأوّلِ ونصبُ الثاني نحو قولك لا حولَ ولا قوّةً إلّا باللهِ العليِّ العظيمِ قال يونسُ إنّ هذا الخامسَ ضعيفٌ جدًّا وإن دخلت لا جمعَ المؤنثِ السالمِ جازَ كسرُهُ وفتحُهُ وهو الارجحُ نحو لا مؤمناتَ في الدارِ ويجوزُ حذفُ خبرِها اذا دلَّ عليهِ دليلٌ نحو لا بأسَ اي لا بأسَ عليكَ

٢ اي المعنى الثاني من لا النافيةِ التي تعملُ عملَ ليسَ ترفعُ الاسمَ وتنصبُ الخبرَ وهي لنفي الواحدِ نحو لا رجلٌ قائمًا قال الشاعرُ

* تعزَّ فلا شيءٌ على الارضِ باقيا * ولا وزرٌ مما قضى اللهُ واقيا *

فرجلٌ اسمُ لا وواقيًا خبرُها وشيءٌ اسمُ لا وباقيًا خبرُها ووزرٌ اسمُ لا وواقيًا خبرُها ولا لا تعملُ إلّا في النكراتِ ومن ثمّ لحنَ المتنبّي عند قولهِ

* اذا الجودُ لم يُرزقْ خلاصًا من الأذى * فلا الحمدُ مكسوبًا ولا المالُ باقيا *

فانّهُ أعملَ لا بالمعرفةِ في الموضعينِ أعني الحمدَ والمالَ وهذا ضدُّ قانونها الواجبِ أن يكونَ نكرةً والفرقُ بينَ لا هذهِ وبينَ لا النافيةِ للجنسِ أنّكَ إن قلتَ لا رجلَ في الدارِ لا يصحُّ أن تقولَ بل رجلانِ او رجالٌ لأنّها تنفي وجودَ كلِّ جنسِ الرجالِ من الدارِ مطلقًا واذا قلتَ لا رجلٌ في الدارِ بالرفعِ جازَ أن تقولَ بل رجلانِ او رجالٌ لأنّها تنفي الواحدَ وتثبتُ ما عداهُ فليهذا فليتحرّزْ جدًّا من يقولُ لمريمَ العذراءِ مادحًا افرحي يا عروسًا لا عريسَ لها من رفعِ عريسٍ ويجوزُ أن تكونَ نافيةً للجنسِ ويصحُّ أن تقولَ لا رجلَ في الدارِ بل امرأةٌ بالرفعِ لأنّ الامرأةَ غيرُ الرجلِ

٣ اي المعنى الثالثُ من لا النافيةِ لا العاطفةُ ولها شرطانِ * الأوّلُ أن يتقدّمَها إثباتٌ (أو أمرٌ) * الثاني أن لا تقترنَ بعاطفٍ آخرَ مثالُهُ جاءَ زيدٌ لا عمرٌو واضربْ زيدًا لا عمرًا لأنّهُ اذا قيلَ جاءَ زيدٌ لا بل عمرٌو او جاءَ زيدٌ ولا عمرٌو كانَ العاطفُ بل والواوَ ولا زائدةً (ويجبُ ايضًا أن يتغايرَ متعاطفاها فلا يجوزُ جاءني رجلٌ لا زيدٌ لأنّهُ يصدقُ على زيدٍ اسمُ الرجلِ) ثمّ إلّا هذهِ أمرانِ آخرانِ * الأوّلُ يجبُ تكرارُها اذا دخلت على مفردٍ خبرًا كانَ ذلكَ المفردُ او صفةً او حالًا مثالُ الأوّلِ زيدٌ لا شاعرٌ ولا كاتبٌ مثالُ الصفةِ جاءَ رجلٌ لا راكبٌ ولا ضاحكٌ مثالُ الحالِ جاءَ زيدٌ لا راكبًا ولا ضاحكًا * الثاني قد ذهبَ الكوفيّونَ الى أنّ لا اذا اعترضت بينَ الجارِّ والمجرورِ كانت اسمًا بمعنى غيرٍ نحو جئتُ بلا زادٍ اي بغيرِ زادٍ وغضبتُ من

وذهب الكوفيّون الى أنّ هذه اللّام تزاد ايضا في خبر لكنّ نحو قام القوم لكنّ زيدا لقائمٌ والأصحّ خلافه

٢ اي المعنى الثاني من اللام الغير العاملة لامُ الجواب وأنواعها أربعة

١ لامُ جواب لَوْ نحو لَوْ عُدْتُمْ لَعُدْنا

٢ لامُ جواب لَوْلا نحو لَوْلا المسيحُ لَهَلَكْنا

٣ لامُ جواب القَسَم نحو واللهِ لَبطرسُ رأسُ الكنيسةِ وإمامُ الأئمّةِ

٤ اللامُ المُوطِّئةُ للقَسَم اي المُعِدَّةُ والمُمَهِّدَةُ له وتدخل على إنِ الشرطيّة وغيرها لأنّها بدخولها تُعِدُّ الجوابَ اي القَسَمَ لأنّ القَسَمَ داخلٌ على أداة الشرط نحو لَإِنْ جِئْتَني لَأُكرِمَنَّكَ اي واللهِ لَأُكرِمَنَّكَ ونحو لَأَلزَمَنَّكَ اي واللهِ لَأَلزَمَنَّكَ

٣ اي المعنى الثالث من اللام الزائدةِ الغيرِ العاملةِ هي اللامُ اللاحقةُ لأسماء الاشارةِ للدلالةِ على البعدِ نحو ذلكَ وتِلكَ وأُولٰئكَ في ذاكَ وتِيكَ وأُولٰئكَ

لا

ثلثةُ أقسامٍ

القِسمُ الأوّل

أنْ تكونَ نافيةً ولها أربعةُ معانٍ

١ أنْ تكونَ نافيةً للجنس تعملُ عملَ إنَّ المكسورةِ المشدَّدةِ ويُبنى اسمها معَها على الفتحِ وهو في محلِّ نصبٍ على أنّه اسمُ لا وتكونُ لا واسمها في محلِّ رفعٍ على الابتداء فهذه ثلثُ حالاتٍ للا واسمها مثالها لا رَجُلَ في الدارِ وإنْ كانَ اسمها مضافًا او مشبّهًا بالمضافِ كانَ منصوبًا لفظًا مثالُ المضافِ لا غلامَ سَفَرٍ حاضرٌ ومثالُ المشبَّهِ بالمضافِ لا طالعًا جَبَلًا عندنا ولا مارًّا بزيدٍ لنا ويُشترطُ في عملِ لا شرطانِ * الأوّل أنْ يكونَ اسمها وخبرُها نكرتينِ * الثاني أنْ لا يتقدّمَ خبرُ لا على اسمها فإنْ تقدّمَ بطلَ عملُها ووجبَ تكرارُها نحو لا في الدارِ رجلٌ ولا امرأةٌ وإنْ تكرّرتْ لا جازَ فيها خمسةُ أوجهٍ

١ فتحُ الأوّلِ والثاني نحو لا رَجُلَ في الدارِ ولا امرأةَ

٢ رفعُ الأوّلِ والثاني نحو لا رَجُلٌ في الدارِ ولا امرأةٌ

٣ فتحُ الأوّلِ ورفعُ الثاني نحو لا رَجُلَ في الدارِ ولا امرأةٌ

٤ رفعُ الأوّلِ وفتحُ الثاني نحو لا رجلٌ في الدارِ ولا امرأةَ

محذوفٌ تقديرهُ كائنٌ * الثالثُ ذهبَ الجمهورُ وهو الاصحُّ الى أنْ لاتَ تعملُ عملَ ليسَ ويُشتَرَطُ في عملها شرطانِ * الاوّل أنْ يكونَ اسمُها وخبرُها ظرفَي زمانٍ * الثاني أنْ يكونَ اسمُها محذوفًا وجوبًا فتقديرُ لاتَ حينَ مناصٍ لاتَ الحينُ حينَ مناصٍ فحينُ الأوّل اسمُها والثاني خبرُها (ويجوزُ حذفُ الخبرِ وابقاءُ الاسمِ ولكنِ استعمالُهُ قليلٌ وسيبويهِ خصَّصَ عملَها في الحينِ واختلفَ الناسُ في ذلكَ والاكثرونَ على أنّها تعملُ في الحينِ وفيما رادفَهُ من أسماءِ الزمانِ وعليهِ قولُ الشاعرِ

* ندمَ البُغاةُ ولاتَ ساعةَ مَندَمِ * والبغيُ مَرتَعُ مبتغيهِ وخيمُ)*

لاسيّما

كلمةٌ مُركّبَةٌ من لا وسِيّ وما. وسِيٌّ بالتشديدِ أصلُهُ سِوْيٌ من المساواةِ قُلِبَتِ الواوُ ياءً وادُغِمَت كما قُلِبَتْ في مَيْوِتٍ وقيلَ مَيّت وفيها أمرانِ

١ في استعمالِها قالَ ثَعْلَبُ يُقالُ فيها ولاسيّما بزيادةِ الواوِ وقد يجوزُ تخفيفُ الياءِ فيها مَعَ بقاءِ فتحِها هكذا لاسِيَما

٢ في عملِها فإنْ دخلَتْ على المعرفةِ جازَ فيما بعدَها الجرُّ وهو الأرجحُ نحوَ قامَ القومُ لاسيّما زيدٍ واعرابُهُ لا نافيةٌ للجنسِ وسِيّ منصوبٌ لأنّهُ مضافٌ وما زائدةٌ وزيدٍ مضافٌ اليهِ سِيّ وقد يجوزُ الرفعُ قليلاً واعرابُهُ كما تقدّمَ غيرَ أنْ ما اسمٌ موصولٌ مضافٌ الى سِيّ وزيدٌ مرفوعٌ على أنّهُ خبرُ مبتدأ محذوفٍ تقديرُهُ هو * وإنْ دخلَتْ لاسيّما على نكرةٍ موصوفةٍ بجملةٍ او غيرِ موصوفةٍ جازَ في مدخولِها الجرُّ والرفعُ والنصبُ مثالُهُ لا تَركَنْ الى كُلِّ أحدٍ لاسيّما رجلٌ لا يخافُ اللّهَ بتثليثِ رجلٍ فاعرابُهُ الجرِّ والرفعِ كما تقدّمَ وأمّا اعرابُ النصبِ فلا نافيةٌ للجنسِ وسِيّ مبنيٌّ معَها على الفتحِ لأنّهُ منصوبٌ لكونِ سِيّ هنا غيرَ مضافةٍ وما كافّةٌ من الاضافةِ ورجلاً منصوبٌ على التمييزِ وجملةُ لا يخافُ اللّهَ نعتُهُ وعليهِ قولُ الشاعرِ

* ألا رُبَّ يومٍ صالحٍ لكَ منهما * ولاسيّما يومًا بدارةِ جُلجُلِ *

بتثليثِ يومٍ وجُلجُلُ بضمِّ الجيمَينِ اسمُ مكانٍ وقد أجازَ بعضُهم نصبَ المعرفةِ وقالَ قامَ القومُ لاسيّما زيدًا على أنْ لاسيّما حرفُ استثناءٍ بمعنى إلّا وزيدًا منصوبٌ على الاستثناءِ وقد أنكرهُ ابنُ الدهانِ قالَ ابنُ مالكٍ في شرحِ التسهيلِ ومن النحويّينَ مَنْ يجعلُ لاسيّما من أدواتِ الاستثناءِ وعندي غيرُ صحيحٍ لأنَّ أصلَ أدواتِ

لا شيءَ اي من غيرِ شيءٍ وحينئذٍ لها إعرابُ غيرٍ ويجيءُ ما بعدها مجرورًا بالاضافةِ والاصحُّ أنّها حرفُ نفيٍ.

٤ اى المعنى الرابعُ من لا النافيةِ أنْ تكونَ جوابًا مُناقضًا لنَعَمْ وهذه تُحذَفُ بعدها الجملةُ كثيرًا نحو أقامَ زيدٌ فتقولُ لا اى ما قامَ

القِسْمُ الثانى

أنْ تكونَ لا للطلبِ وتختصُّ بالدخولِ على المضارعِ فتجزمُهُ كقولهِ تعالى يا يُوسُفُ لا تَخَفْ أنْ تَأخُذَ مريمَ وتُسمّى لا الناهيةَ ويُعتَبرُ فيها مراتبُ الطلبِ التى اعتبرْتُها فى الامرِ ولكَ فى لا تأكُلِ السمكَ وتشربُ اللبنَ ثلثةُ أوجهٍ

١ جزمُ تشربْ لأنّهُ معطوفٌ على تأكُلِ المجزومِ بلا الناهيةِ

٢ نصبُ تشربَ لأنّهُ مقترنٌ بالواوِ فى جوابِ النهى منصوبًا بأنْ مضمرةٍ بعدَ الواوِ

٣ رفعُ تشربُ على الاستئنافِ اى لا تأكُلِ السمكَ وأنتَ تشربُ اللبنَ

القِسْمُ الثالثُ

أنْ تكونَ لا زائدةً وزيادتُها على نوعينِ . الأوّلُ أنْ تكونَ لتقويةِ المعنى ولا تخلُّ بالمعنى اذا حُذِفَتْ وهي الداخلةُ بعدَ أنِ المصدريّةِ نحو ما مَنَعَكَ أنْ لا تقومَ فلا زائدةٌ والمعنى ما مَنَعَكَ أنْ تقومَ . الثانى المعترضةُ بينَ الجارِّ والمجرورِ قد مَرَّ ذِكْرُها والواقعةُ بعدَ لامِ التعليلِ وبعدَ إنِ الشرطيّةِ مِثالُ ذلكَ . الأوّلُ جئتُ بلا زادٍ مِثالُ الثانى لِئَلّا يكونَ والاصلُ لِأنْ لا ومثالُ الثالثِ إنْ لا تفعلْ أفعلْ فهذه حذفُها مُخِلٌّ بالمعنى

لاتَ

بفتحِ التاءِ والزمخشريُّ أجازَ كسرَها وفيها وجهانِ

١ وفيه قولانِ . الأوّلُ ذهبَ أبو الذرِّ الى أنّها كلمةٌ بسيطةٌ وهي فعلٌ ماضٍ بمعنى نقصَ مضارعُهُ يَلِيتُ ثمّ استُعمِلَتْ للنفي . الثانى ذهبَ الجمهورُ الى أنّها مركّبةٌ من لا النافيةِ وتاءِ التأنيثِ فهي عندهم حرفُ نفيٍ وهو الاصحُّ مثالُها لاتَ حينَ مناصٍ

٢ اى الوجهُ الثانى فى عملها وفيه ثلثةُ مذاهبَ . الأوّلُ ذهبَ الأخفشُ الى أنّها لا تعملُ شيئًا فإنْ وَلِيَها مرفوعٌ كانَ مبتدأً حُذِفَ خبرُهُ وإنْ وَلِيَها منصوبٌ كانَ مفعولًا حُذِفَ فعلُهُ وتقديرُ المثالِ المذكورِ عندهُ لا أرى حينَ مناصٍ إنْ نصبتَ حينَ . وإنْ رفعتَهُ كانَ تقديرُهُ لا حينُ مناصٍ كائنٌ لهُ . الثانى ذهبَ الأخفشُ الى أنّ لاتَ تعملُ عملَ إنَّ فحينَ من المثالِ المذكورِ اسمُها منصوبٌ بها والخبرُ

لَعَلَّ زيدٍ قادمٌ بجرّ زيدٍ وهي في محلّ رفع بالابتداء وقادمٌ خبرُهُ على مِثالِ بحسْبِكَ درهمٌ قالَ الشاعرُ

• وداعٍ دَعا يا من يجيبُ الى الندا . فلم يُجِبْهُ عندَ ذاكَ مُجيبُ •
• فقلتُ ادعُ أُخرى وارفعِ الصوتَ جهرةً • لَعَلَّ أبي المغوارِ منكَ قريبُ •

٤ تتصِلُ بها ما الحرفيّةُ فتكفُّها من العملِ وتدخلُ حينئذٍ على الاسمِ والفعلِ نحو لَعَلَّما زيدٌ قائمٌ برفعها وأجازَ بعضُهم إعمالَها وهو ضعيفٌ بخلافِ ليتَ ولَعَلَّما يقومُ زيدٌ ولَعَلَّما قامَ زيدٌ ومعاني لَعَلَّ ثلثةٌ

١ الترَجّي في المحبوبِ (والمرغوبِ الممكنِ الذي لا وُثوقَ بحصولِهِ ومن ثَمَّ لا يُقالُ لَعَلَّ الشمسَ تطلعُ ولَعَلَّ الشمسَ تغربُ) والتوقّعُ والاشفاقُ (والخوفُ والحذرُ) في المكروهِ (والمرهوبِ المُمكنِ المشكوكِ بوقوعِهِ) مِثالُ الأولِ لَعَلَّ اللهَ (لنا) راحمٌ مِثالُ الثاني (لَعَلَّ العدوَّ يقدمُ ولَعَلَّ الحبيبَ يلبسُ النعالَ ويقطعُ الوصالَ) ولَعَلَّ الظالمَ هالكٌ

٢ قالَ الكِسائيُّ والأخفشُ إنّها تكونُ للتعليلِ نحو لَعَلَّهُ يتذكّرُ فيخشى اللهَ

٣ الاستفهامُ نحو لا تدري لَعَلَّ اللهَ يُحدِثُ خيرًا قالَ الحريريُّ يمتنعُ كونُ خبرِها فعلاً ماضيًا والصحيحُ خلافُهُ كقولِ الشاعرِ

• وبدلتُ قرحًا داميًا بعدَ صحّةٍ • لَعَلَّ منايانا تحوّلْنَ أبؤسا •

تحوّلْنَ فعلٌ ماضٍ خبرُ لَعَلَّ وقالَ الآخرُ

• أعِدْ نظرًا يا عبدَ قيسٍ لَعَلَّما • أضاءتْ لكَ النارُ الحِمارَ المُقيَّدا •

أضاءتْ فعلٌ ماضٍ خبرُ لَعَلَّما

لكِنَّ

بتشديدِ النونِ حرفٌ من أخواتِ إنَّ ينصبُ الاسمَ ويرفعُ الخبرَ وهو قِسمانِ

القِسمُ الأوّلُ

أنْ يكونَ للاستدراكِ قالَ صاحبُ البسيطِ في تعريفِهِ هو تعقيبُ الكلامِ برفعِ ما يُتوهَّمُ ثبوتُهُ او نفيُهُ نحو قامَ القومُ لكِنَّ زيدًا جالسٌ ونحو ما زيدٌ شجاعًا لكِنَّهُ كريمٌ لأنَّ الشجاعةَ والكرمَ متلازمانِ قالَ ابنُ هشامٍ الانصاريُّ في تعريفِهِ ايضًا أنْ تنسُبَ الى ما بعدَ لكِنَّ حكمًا مخالفًا لما قبلَها ولذلكَ لا بُدَّ من أنْ يتقدَّمَها كلامٌ مناقضٌ لما بعدَها نحو ما هذا ساكنًا لكِنَّهُ متحرّكٌ او أنْ يكونَ ضِدًّا لهُ نحو ما هذا أبيضُ

للاستثناء إلّا والذى يقع موقعها فهو من أدواتها وما لا يقع فهو ليس من أدواتها فلاسيّما لا تقع موقع إلّا الاستثنائيّة بل هى مضادّة لها فلا تعدّ من أدواتها لان الواقع بعد إلّا وأدواتها لا يكون فى حكم ما قبلها نحو قام القومُ إلّا زيدًا فزيدٌ خارجٌ من حكم قيام القوم وأمّا قولك قام القومُ لاسيّما زيدًا يتّضح أنّ زيدًا من جملة القائمين فامتنع فيها حينئذٍ حكم الاستثناء وثبت فيها أنّها تعمل عمل لا النافية للجنس ويكون الاسم الواقع بعدها منصوبًا على التمييز ولو كان معرفةً وهو الاصحّ وقد اختاره الفارسىّ والشلوبينىّ

لَدَى

بالفتح والقصر ويجوز فيه لد بفتح اللام وضمّها وسكون الدال وضمّها ظرفُ مكانٍ ملازمٌ للاضافة وهى مثل عند فى احكامها كلّها غير أنّ عند أمكن منها فى الظرفيّة تقول جلست لَدَيْه ولا يجوز أن تدخلها من الجارّة فلا يقال جلست من لَدَيْه

لَدُنْ

فيها أربع لغات * الأوّل لَدُنْ * الثانى لَدَنْ * الثالث لَدْنٍ * الرابع لُدْن (ويقال فيها ايضا لَدُنْ ولَدِنْ) ظرفُ مكانٍ مثل لَدَى وتتميّز من لَدَى بخمسة أمور

١ أنّ لَدُنْ تحلّ محلّ ابتداء غاية نحو جئت من لَدُنه وهذا لا يصحّ فى لَدَى

٢ أنّ لَدُنْ لا يصحّ وقوعها عمدةً فى الكلام مثل أن تكون خبرًا للمبتدأ وما شاكل ذلك بخلاف لَدَى فإنّه يصحّ فيها ذلك نحو لَدَيْنا زيدٌ

٣ أنّ لَدُنْ تُجرّ بمِنْ وهذا فيها كثيرٌ نحو جئت من لَدُنه ولَدَى يمتنع جرّها كما مرّ

٤ أنّ لَدُنْ تضاف الى الجملة نحو لَدُنْ شبّت سنّة وهذا ممتنع فى لَدَى

٥ إنْ وقعت لَدُنْ قبل ظرف زمانٍ جاز جرّ الظرف وجاز نصبه على التمييز نحو لَدُنْ غُدْوة بجرّ غدوة ونصبها ولَدَى ليس فيها إلّا الاضافة فقط

لَعَلّ

ويقال فيها عَلّ بحذف لامها وأنواع عملها أربعة

١ أنّها حرفٌ ينصب الاسم ويرفع الخبرَ من أخوات إنّ مثالها لَعَلّ زيدًا قائمٌ

٢ ذهب الفرّاء مع أصحابه الى أنّها تنصب المبتدأ والخبر معًا مثالها لَعَلّ زيدًا قائمًا

٣ قال السيرافىّ فى شرح الكتاب إنّ لَعَلّ تكون حرفَ جرٍّ زائد عند بنى عقيل نحو

لَمْ

حرفُ نفيٍ وجزمٍ ينفي الفعلَ المضارعَ ويقلبُهُ ماضياً نحو لم يَقُمْ في مواليدِ النساء اي ما قامَ وقد جاء الفعلُ بعدَها مرفوعًا كقولِ الشاعرِ

* لولا فوارسُ من قومٍ وأسْرَتِهم * يومَ الصليفاء لم يوفونَ بالجارِ *

ها قد أثبتَ نونَ الرفعِ في يوفونَ مَعَ دخولِ لم وقد تُنفصَلُ من مجزومِها عند الضرورةِ بالظرفِ كقولِ الشاعرِ

* فذاكَ فلمْ اذا نحنُ امترَيْنا * تكُنْ في الناسِ يُدرِكُكَ المِراءُ *

فإنَّهُ فصَلَ بينَ لَمْ وتكُنْ باذا ومُتعلِّقِها وقالَ آخَر

* فأضحَتْ مغانيها قِفارًا رسومُها * كأنْ لَمْ سِوَى أهْلٍ من الوحشِ تُؤهِلِ *

فإنَّهُ فصلَ بينَ لم وتُؤهِلِ بسوى وقد جازَ حذفُ الفعلِ مَعَ لَمْ عند ضرورةِ الشعرِ اذا دلَّ عليهِ دليلٌ كقولِ الشاعرِ

* واحفظْ وديعتَكَ التي استُودِعتَها * يومَ الإعارةِ إنْ وُصِلْتَ وإنْ لَمِ *

اي وإنْ لَمْ تُوصَلْ وتدخلُ على لَمْ همزةُ الاستفهامِ فيصيرُ النفيُ مَعَها إيجابًا ويدخلُهُ معنى التقريرِ والتوبيخِ مَعَ بقاء عملِ الجزمِ نحو ألَمْ نشرحْ اي قد تقرَّرَ التحقيقُ عندكَ وقد يُفصَلُ بينَ الهمزةِ ولَمْ بالفاء او بالواوِ نحو أفلَمْ أقُلْ لكَ ونحو أوَلَمْ أؤدِّبْكَ

لَمَّا

بالتشديدِ قسمانِ

القِسْمُ الأوَّلُ

أنْ تكونَ حرفَ نفيٍ وجزمٍ تدخلُ للمضارعِ وتنقلُهُ الى الماضي فهي كلَمْ نحو لمّا يقُمْ اي ما قامَ وتتميَّزُ من لَمْ بستّةِ أمورٍ

١ أنْ لا تقترنَ بأداةِ الشرطِ وأمّا لَمْ فتقترنُ

٢ أنْ منفيَّ لمّا مُستمِرُّ النفيِ في الحالِ وأمّا منفيُّ لَمْ يحتمِلُ الاستمرارَ والانقطاعَ

٣ أنْ لمّا لا يدخلُها فاء التعقيبِ ولَمْ تدخلُها الفاء لأنَّكَ تقولُ إنّني قمتُ فلَمْ تَقُمْ اي بعدَ قيامي في الماضي ولم يَجُزْ فلمّا تقُمْ لأنَّ نفيَها مُستمِرٌّ الى الآنَ

٤ أنْ مَنفيَّ لمّا لا يقعُ إخبارًا عنهُ في الماضي اي لا يُقالُ لمّا يَقُمْ زيدٌ في العامِ الماضي ويصحُّ في لَمْ

٥ أنْ منفيَّ لمّا مُتوقَّعٌ ثبوتُهُ فقولُكَ لمّا يَقُمْ الى الآنَ مُمكِنٌ أنْ يقومَ فيما بعد ومنفيّ لَمْ لا يُتوقَّعُ الثبوتُ

لكنّه أسودُ او أنْ يكونَ خلافَهُ نحو ما هذا قائمًا لكنّهُ شاربٌ فالتعريفُ الأوّلُ أشهرُ والثاني أعمُّ بانقسامهِ ويجوزُ حذفُ اسمِ لكنّ نحو ما قامَ زيدٌ لكنّ جالسٌ اى لكنّهُ جالسٌ وعليهِ قولُ الشاعرِ

* وما كنتُ مِمّن يدخلُ العشقُ قلبَهُ * ولكنّ مَنْ يُبصِرْ جفونَكِ يَعشقِ *

اى لكنّهُ مَنْ وقالَ الآخرُ

* ولكنّ مَنْ لا يَلْقَى أمرًا يَنُوبُهُ * بعدّتهِ يَنزِلْ بهِ وهو أعزَلُ *

اى لكنّهُ مَنْ (وقالَ الآخرُ

* فلو كُنتَ ضَبّيًّا عرفتَ قرابتي * ولكنّ زَنجيٌّ عظيمُ المَشافِرِ *

اى ولكنّكَ) ولا يجوزُ إدخالُ اللامِ على خبرها وأجازَهُ الكوفيّونَ

القِسْمُ الثاني

أنْ تكونَ لكنّ للتوكيدِ نحو لو جاءني زيدٌ لأكرمْتُهُ لكنّهُ لم يجئْ فإنّكَ أكّدْتَ بلكنّ ما أفادَتْهُ لَوْ من الامتناعِ

لَكِنْ

بسكونِ النونِ قِسمانِ

القِسْمُ الأوّلُ

أنْ تكونَ مخفّفةً من الثقيلةِ فيبطلُ عملُها وتصيرُ حرفَ ابتداءٍ يدخلُ على الجملتينِ وأجازَ بعضُهُم اقترانَها بالواوِ نحو قامَ عمرٌو ولكنْ زيدٌ جالسٌ

القِسْمُ الثاني

أنْ تكونَ خفيفةً من أصلِ وضعِها فهي حينئذٍ حرفُ عطفٍ وهي نوعانِ

١ قالَ سيبويهِ وابنُ أبي الربيعِ إنْ كانت عاطفةً جملةً على جملةٍ يلزمُ اقترانُها بالواوِ نحو قامَ زيدٌ ولكنْ عمرٌو لم يقمْ قالَ يُونُسُ وابنُ مالكٍ هُنا إنّ الواوَ عاطفةٌ ولكنْ حرفُ ابتداءٍ وقالَ ابنُ عصفورٍ وابنُ كَيسانَ إنّ الواوَ زائدةٌ ولكنْ عاطفةٌ (والظاهرُ رجحانُ القولِ الأخيرِ لأنّها أتتْ هنا لعطفِ الجملةِ ومعلومٌ أنّ اجتماعَ حرفينِ من حروفِ العطفِ ممتنعٌ ومتى رأيتَ منها حرفًا مَعَ الواوِ فهو العاطفُ دونَ الواوِ)

٢ إنْ وَلِيَها مفردٌ فهي عاطفةٌ بشرطينِ * الأوّلُ أنْ يتقدّمَها نفيٌ او نهيٌ * الثاني أنْ لا تقترنَ بالواوِ مثالُ النفيِ ما قامَ زيدٌ لكنْ عمرٌو ومثالُ النهيِ لا تضربْ زيدًا لكنْ عمرًا

• واللهِ لَن يصلوا اليكَ بجَمْعِهِم • حتّى أُوسَّدَ في التراب دفينا •

وقد يُجزَمُ بها كقوله . فلَن يَحُلَ للعينين بعدكَ منظرُ)

لَوْ

بالفتح على ستَّةِ أنواع

١ أنها حرفٌ لامتناع الشرط في الماضي فهي عكسُ إنِ الشرطيّةِ لأنّها في المستقبل ومثالُها لَوْ كانتِ الشمسُ طالعةً لكانَ النهارُ موجوداً فالشرطُ الذي هو طلوعُ الشمسِ لوجودِ النهارِ ممنوعٌ بلَوْ ومنهُ قول الشاعر

• فلَوْ كانَ حمدٌ يُخلِدُ الناسَ لَم يَمُتْ • ولكِنَّ حمدَ الناسِ ليسَ بمُخلِدِ •

(فبعضُهُم قالَ هي حرفُ امتناعٍ لامتناعٍ وهذا المشهورُ بها نحو لَوْ جئتني لأكرمتُكَ فامتنعَ حصولُ الاكرامِ لامتناعِ المجيءِ . وسيبويهِ قالَ هي حرفٌ لما كانَ سيقعُ لوقوعِ غيرهِ والمنطقيّونَ جعلوها من أدواتِ الاتّصالِ لزومًا نحو لَوْ كانَ زيدٌ حجرًا كان جماداً وقد تستعملُها أهلُ اللغةِ في هذا المعنى نحو لَوْ كانَ زيدٌ بالبلدِ لرأى كلّ أحدٍ وفي الحديثِ في حقّ الخضرِ قولُهُ لَوْ كانَ حيًّا لزارني) وهذا المعنى يقتضي بحثًا دقيقًا عدلنا عنهُ لأنّهُ لا يأتي بطائلٍ

• خُذْ ما تراهُ ودَعْ شيئاً سمعتَ بهِ • في طلعةِ البدرِ ما يُغنيكَ من زُحَلِ •

٢ أنْ تكونَ لَوْ حرفَ شرطٍ في المستقبلِ غيرَ جازمٍ نحو لَوْ جئتني لأكرمتُكَ ولَوْ تأتيني لما رَدَدْتُكَ ومنهُ قولُ الشاعرِ

• ولَوْ تلتقي أصداؤُنا بعدَ موتِنا • ومِنْ دونِ رَمْسَينا من الارضِ سَبْسَبُ •

• لظَلَّ صَدا صوتي وإنْ كنتُ رِمَّةً • لصوتِ صَدا لَيلى يَهِشُّ ويطربُ •

(وقولُ الآخرِ

• ولو إنَّ ليلى الاخيليّةَ سلَّمتْ • عَلَيَّ ودوني جَندَلٌ وصفائحُ •

• لَسَلَّمتُ تسليمَ البشاشةِ او زَقا • اليها صَدًى من جانبِ القبرِ صائحُ •)

والفرقُ بينَ هذا القسمِ والذي قبلَهُ أنَّ الشرطَ متى كانَ مستقبلًا كانت لَوْ بمعنى إنْ ومتى كانَ الشرطُ ماضيًا كانت لَوْ حرفَ امتناعٍ (ومتى وقعَ بعدها مضارعٌ فإنّها تقلبُ معناهُ الى المضيّ كقولهِ

• رهبانُ مَدْيَنَ والذينَ عهدتُهم • يبكونَ من حذرِ العذابِ قعودا •

• لَوْ يسمعونَ كما سمعتُ كلامَها • خرّوا لعزّةَ رُكَّعًا وسجودا •

اي لو سمعوا)

٦ انّ منفيّ لمّا جائزُ الحذفِ نحو قمتُ ولمّا اى لمّا تقمْ ومنه قولُ الشاعرِ

* فجئتُ قبورَهم بَدْأً ولمّا * فناديتُ القبورَ فلمْ تُجبْنِي *

اى ولمّا اكنْ بَدْأً اى سيّدًا ومنفيّ لَمْ لا يجوزُ حذفُهُ لا يُقالُ وصلتُ الى الدارِ ولَمْ اى ولم ادخلْها وما جاء من ذلكَ فهو شاذٌّ

القسمُ الثاني

أنّ لمّا تختصّ بالماضي قالَ ابنُ مالكٍ إنّها ظرفٌ بمعنى اذ المختصّةِ بالماضي فتقتضي جملتينِ توجدُ الواحدةُ لوجودِ الأُخرى ولهذا تُسمّى حرفَ وجودٍ لوجودٍ نحو لمّا جاءني اكرمتُهُ فلمّا ظرفٌ منصوبُ المحلِّ بجوابِها وهي مضافٌ وفعلُ الشرطِ مضافٌ اليهِ ويكونُ جوابُها إمّا فعلاً ماضيًا كما مثّلنا وهو الغالبُ وإمّا جملةً اسميّةً مقترنةً باذا الفجائيّةِ او بالفاء مثالُ الاسميّةِ لمّا جاءكم زيدٌ اذا أنتم راحلونَ او فأنتم راحلونَ والجملةُ الفعليّةُ ذُكرَ مثالُها أمامَكَ (ويكونُ لمّا بمعنى إلّا يُقالُ سألتُكَ لمّا فعلتَ اى إلّا فعلتَ ومنهُ إنْ كلُّ نفسٍ لمّا عليها حافظٌ وإنْ كلٌّ لمّا جميعٌ لدَينا محضَرونَ ولا يُستثنَى بها كإلّا واخواتِها ولا تدخلُ بمعنى لم إلّا على المستقبلِ كقولِ القرآنِ بل لمّا يذوقوا عذاب وهي آكدُ من لَمْ بتأكيدِ النفيِ قالَ الزجّاجُ اذا قيلَ قد فعلَ فلانٌ فجوابُهُ لمّا يفعلْ واذا قيلَ فعلَ فلانٌ فجوابُهُ لَمْ يفعلْ قالَ سيبويهِ العجبُ الكلماتِ كلمةُ لمّا إنْ دخلَ على الماضي يكونُ ظرفًا وإنْ دخلَ على المضارعِ يكونُ حرفًا وإنْ دخلَ لا على الماضي ولا على المضارعِ يكونُ بمعنى إلّا)

لماذا

سيأتي الكلامُ عنها في بحثِ ما

لَنْ

تختصّ بالفعلِ المضارعِ فتنصبُهُ بنفسِها قالَ الزمخشريُّ في كشّافِهِ إنّها تفيدُ توكيدَ النفيِ قالَ ايضًا في نموذجِهِ إنّها للتأبيدِ والاصحُّ أنّها حرفُ نفيٍ في المستقبلِ نحو لَنْ يقومَ زيدٌ (وليستْ لتوكيدِ النفيِ ولا لتأبيدِهِ وكلامُ الزمخشريّ دعوى بلا دليلٍ ولو كانتْ للتأبيدِ لم يُقيَّدْ منفيُّها باليومِ في قولِ القرآنِ فلنْ أُكلّمَ اليومَ إنسيًّا ولكانَ ذِكرُ الأبدِ في. ولنْ يتمنّوهُ أبدًا. تكرارًا والأصلُ عدمُهُ ولَلزِمَ التناقضُ بمقارنةِ حتّى في قولِهِ ولَنْ أبرحَ الارضَ حتّى يأذنَ لي أبي وتأتي للدعاء كقولِهِ

* لَنْ تزالوا كذلكمْ ثمّ لا زلتُ لكم خالدًا خلودَ الجبالِ *

قيلَ ومنهُ قالَ ربِّ بما أنعمتَ عليّ فلنْ أكونَ ظهيرًا للمجرمينَ ويُلقَى القسمُ بها كقولِ أبي طالبٍ

اقترانهُ باللام نحو لَوْ يقومُ زيدٌ لم يَقُمْ عمرٌو • الثاني إنْ كانَ جوابُها ماضيًا مُثبتًا وجبَ اقترانهُ باللامِ وخلافهُ شاذٌّ نحو لَوْ قامَ زيدٌ لقامَ عمرٌو • الثالث إنْ كانَ جوابُها ماضيًا منفيًّا بما جازَ اقترانهُ باللامِ نحو لَوْ قامَ زيدٌ لما قامَ عمرٌو او ما قامَ عمرٌو • الرابعُ إنْ كانَ جوابُها اسمًا جازَ اقترانهُ باللامِ او بالفاء مِثالُ الأوّلِ لو جاء زيدٌ لمحبوبٌ عندنا ومِثالُ الثاني قولُ الشاعرِ

• قالت سَلامَةُ لم تكنْ لكَ عادةٌ • أنْ تَتْرُكَ الاعداءَ حتّى تَعذَرا •

• لَوْ كانَ قتلٌ يا سَلامُ فراحةٌ • لكنْ فَرَرْتُ مَخافةَ أنْ أوسَرا •

فراحةٌ اسمٌ جوابُ لَوْ مقترنٌ بالفاء (وقاعدةُ لَوْ أنّها اذا دخلتْ على ثبوتَين كانا منفيَّين تقولُ لَوْ جاءني لأكرمتهُ فما جاءني ولا أكرمتهُ وعلى نفيَين كانا ثبوتَين تقولُ لو لم يستدلَّ لم يُطالَبْ فلقد استدلَّ وطُولِبَ وعلى نفيٍ وثبوتٍ كانَ النفيُ ثبوتًا والثبوتُ نفيًا تقولُ لو لم يؤمِنْ أُريقَ دَمُهُ فالتقديرُ أنهُ آمَنَ ولم يُرَقْ دَمُهُ والعكسُ لو آمَنَ لم يُقتَلْ اي إنّهُ ما آمَنَ وقُتِلَ وقالَ بعضُهم لَوْ اذا جاء لي ما يُفوِّقُ اليهِ لو يُخوِّفُ منهُ قلّما يُوصَلُ بجوابٍ ليذهبَ القلبُ منهُ كلَّ مذهبٍ)

لَوْلا

ذاتُ اربعةِ معانٍ

١ أنْ تكونَ حرفَ امتناعٍ بينَ جُملتَينِ اسميّةٍ فعليّةٍ تمتنعُ الثانيةُ لوجودِ الأولى نحو لَوْلا زيدٌ لأكرمتُكَ فزيدٌ مبتدأٌ خبرُهُ محذوفٌ تقديرُهُ موجودٌ عندكَ وأكرمتُكَ جوابُ لَوْلا قالَ الرُّمّانيُّ والشَّلَوْبِينيُّ وابنُ الشَّجَريِّ إنّهُ يجبُ حذفُ خبرِ الجملةِ الاسميّةِ ويُقدَّرُ بالكونِ المطلقِ وهو الحصولُ والوجودُ وإنِ التزمَ ذِكرُهُ فليكنْ بالكونِ المُقيَّدِ وهو باقي الافعالِ كقولِ المَعَرّي

• يُذيبُ الرُّعبُ منهُ كلَّ عَضْبٍ • فلَوْلا الغِمدُ يُمسكُهُ لسالا •

تقديرُهُ لَوْلا يُمسكُهُ الغمدُ ودَلَّنا عليهِ يُمسكُهُ المُفسِّرةُ

٢ أنْ تكونَ للتحضيضِ وللعَرْضِ وتختصُّ بالمضارعِ نحو لَوْلا تضربُ زيدًا ولَوْلا تأتينا

٣ أنْ تكونَ للتوبيخِ وللتنديمِ وتختصُّ بالماضي نحو لَوْلا ضربتَ ولَوْلا ماتَ زيدٌ

٤ أنْ تكونَ لَوْلا حرفَ جرٍّ قالَ سيبويهِ إنّ لَوْلا تختصُّ بجرِّ الضميرِ فقط ولا تتعلّقُ بشيءٍ وموضعُ المجرورِ بها رفعٌ بالابتداءِ والخبرُ محذوفٌ نحو لَوْلاكَ ولَوْلاهُ ولَوْلاكِ ولَوْلايَ الخ والخبرُ كونٌ مُطلقٌ وهو حاصلٌ او موجودٌ فان عطفتَ على مجرورِها رفعتَ نحو لَوْلاكَ وزيدٌ بالرفعِ

٣ قالَ الفرّاء وابنُ مالكٍ وأبو عليٍّ وأبو البقاء والتبريزيّ إنّ لَوْ تأتي حرفًا مصدريًّا بمنزلةِ أنِ المصدريّةِ لكنّها لا تنصبُ وذلكَ اذا وقعتْ بعدَ فعلِ وَدَّ يَوَدُّ نحو يَوَدُّ الانسانُ لَوْ يحيَى اى يَوَدُّ الحيوةَ وقد وقعتْ فى أشعارِهم بدونِ فعلِ وَدَّ كقولِ الشاعرِ

* ما كانَ ضرَّكَ لَوْ مَنَنْتَ وربّما * مَنَّ الفتى وهو المَغيظُ المُحنَقُ *

وقالَ الآخرُ

* وربّما فاتَ قومًا جُلُّ أمرِهِم * مَعَ التأنّي وكانَ الحزمُ لَوْ عَجِلوا *

اى بالعَجَلِ

٤ أنْ تكونَ للتمنّي ويأتي جوابُها بالفاء منصوبًا نحو لَوْ تأتيني فتُحدِّثَني بنصبِ تُحدِّثَ كما تقولُ ليتَكَ تأتينا فتحدِّثَنا

٥ أنْ تكونَ للعَرْضِ بمعنى ألا المخفّفةِ ويأتي ايضًا جوابُها بالفاء منصوبًا نحو لَوْ تنزلُ عندَنا فتصيبَ خيرًا كما تقولُ ألا تنزلُ عندَنا فتصيبَ خيرًا

٦ قالَ ابنُ هشامٍ اللخميّ إنّ لَوْ تأتي للتقليلِ نحو (حديث) تصدّقوا ولَوْ بظِلْفٍ مُحرَقٍ فهنا أحكامٌ لِلَوْ يلزمُنا ذِكرُها

١ أنّ لَوْ تختصُّ بالفعلِ فإنْ دخلتِ الاسمَ كانَ الفعلُ بعدَها مقدَّرًا بشرطِ أنّهُ يمكنُ تسليطُهُ على الاسمِ الظاهرِ الواقعِ بعدَ لَوْ نحو التمِسْ ولَوْ خاتمًا من حديدٍ اى ولَوْ كانَ ما تلتمسُهُ خاتمًا من حديدٍ ونحو ولَوْ أنتم قائمينَ اى ولَوْ كنتم قائمينَ ونحو ولَوْ زيدًا رأيتَهُ ونحو ولَوْ غيرُكَ قالَها اى ولَوْ قالَها غيرُكَ وأمّا قولُ المتنبّي

* ولَوْ قلمٌ أُلقيتُ فى شقِّ رأسِهِ * من السُّقمِ ما غيَّرتُ فى خطِّ كاتبِ *

فلحنٌ لأنّهُ لا يمكنُ تقديرُ عاملٍ ما يتسلّطُ على قلمٍ

٢ إنْ دخلتْ لَوْ الجارَّ والمجرورَ والظرفَ كانَ المقدَّرُ كانَ الناقصةَ نحو لَوْ فيهِ حياتي اى لَوْ كانَ فيهِ حياتي ونحو لَوْ عندَكَ زيدٌ لَزُرْتُكَ اى لَوْ كانَ عندَكَ زيدٌ

٣ تقعُ أنّ المشدّدةُ المفتوحةُ بعدَ لَوْ كثيرًا قالَ سيبويهِ تكونُ أنّ وما بعدَها فى محلِّ رفعٍ بالابتداء ولا تحتاجُ الى خبرٍ لاشتمالِ صلتِها على المُسنَدِ والمُسنَدِ اليهِ مثالُها قولُ الشاعرِ

* ما أطيبَ العيشَ لَوْ أنَّ الفتى حَجَرٌ * تنبو الحوادثُ عنهُ وهو ملمومُ *

وقالَ الآخرُ

* ولَوْ أنّ ما أسعى لأدنى معيشةٍ * كفاني ولم أطلبْ قليلٌ من المالِ *

٤ لا بُدَّ للَوْ من جوابٍ وأنواعُهُ أربعةٌ * الأوّلُ إنْ كانَ جوابُ لَوْ مضارعًا منفيًّا بلم امتنع

٤ اذا وقعت إلّا او الجارّ والمجرور بعدها أُضمِرَ فيها ضميرُ الشان وكانت الجملةُ بعدَ إلّا في محلِّ نصبِ خبرِها نحو لَيسَ إلّا المسكُ الطيِّبُ ولَيسَ إلّا زيدٌ قائمٌ ومنهُ قولُ الشاعر

* ألا لَيسَ إلّا ما قضى اللهُ كائنٌ * وما يَستطيعُ المَرْءُ نفعًا ولا ضرًّا *

وقالَ الآخر

* هي الشفاءُ لداءِي لو ظفرتُ بها * ولَيسَ منها شفاءُ الداءِ مبذولُ *

٥ أنها تدخلُ الجملةَ الفعليَّةَ نحو لَيسَ يقومُ زيدٌ ولَيسَ قامَ زيدٌ فاسمُ لَيسَ ضميرُ الشانِ والجملةُ خبرُها ويجوزُ ايضًا أن تدخلَ لَيسَ على الجملةِ الاسميَّةِ ويُضمَرُ فيها ضميرُ الشانِ نحو لَيسَ زيدٌ قائمٌ فجملةُ زيدٌ قائمٌ خبرُ لَيسَ

٦ يجوزُ حذفُ خبرِها كقولهِ تعالى قالَ الجاهلُ في قلبهِ لَيسَ اللهُ اي لَيسَ اللهُ في الوجودِ

م

الميمُ المفردةُ مُثلَّثةٌ حرفُ قسمٍ خاصٌّ بلفظِ الجلالةِ نحو مُاللهِ لأفعلَنَّ ذكرهُ أبو حيّان

ما

نوعانِ اسميَّةٌ وحرفيَّةٌ فالاسميَّةُ ثلثةُ أقسامٍ

القِسمُ الأوّلُ

أنْ تكونَ معرفةً وهي نوعانِ

١ أنْ تكونَ اسمًا موصولًا ناقصًا اي لا عائدَ لها نحو ما عندَ اللهِ باقٍ وما عندَ العبدِ فانٍ فما في الجملتينِ مبتدأٌ وباقٍ وفانٍ في الموضعينِ خبراهما ومنهُ قولُ الشاعرِ

* لِما نافعٍ يسعى اللبيبُ فلا تكنْ * لشيءٍ بعيدٍ نفعُهُ الدهرَ ساعيًا *

اي لشيءٍ نافعٍ

٢ أنْ تكونَ ما تامَّةً قالَ ابن خروفٍ إنَّ ما التامَّةَ هي الواقعةُ فاعلَ نِعْمَ نحو غسلتهُ غسلًا نِعِمّا ودققتهُ دقًّا نِعِمّا بكسرِ النونِ والعينِ فيهما وتشديدِ نِعْمَ اي نِعْمَ الغسلُ ونِعْمَ الدقُّ (وهذهِ التامَّةُ نوعانِ عامَّةٌ وخاصَّةٌ فالعامَّةُ مُقدَّرةٌ بقولكَ الشيءَ وهي التي لا يتقدَّمها اسمٌ نحو إنْ تُبدوا الصَدَقاتِ فنِعِمّا هي اي فنِعْمَ الشيءُ هي والخاصَّةُ التي لم يتقدَّمها ذلكَ وتُقدَّرُ من لفظِ ذلكَ الاسمِ نحو غسلتهُ غسلًا نِعِمّا اي نِعْمَ الغسلُ كما تقدَّمَ)

القِسمُ الثاني

أنْ تكونَ ما نكرةً وهي نوعانِ

لوما

مثل لولا في أحكامها كلها

ليتَ

بالفتح حرف تمنٍ يتعلّق إمّا بالمستحيل نحو

* فيا ليتَ الشبابَ يعودُ يومًا * فأخبِرَهُ بما فعلَ المشيبُ *

وإمّا بغير الوجود نحو ليتَ العليلَ صحيحٌ وعملُها أنّها تنصبُ الاسمَ وترفعُ الخبرَ نحو ليتَ زيدًا عاقلٌ وقالَ الفرّاء وأصحابُهُ إنّها تنصبُهما معًا نحو ليتَ زيدًا راجعًا ومنهُ قولُ ابنِ المعتز

* مرّتْ بنا سحَرًا طيرٌ فقلتُ لها * طوباكِ ياليتني إيّاكِ طوباكِ *

فليتَ هنا نصبتِ الضميرين الياء المتّصِلَ في ليتَ والضميرَ المنفصلَ بعدَ إيّا وهو كافُ إيّا وإذا اقترنتْ بها ما الحرفيّةُ جازَ إعمالُها وإهمالُها وجازَ دخولُها على الاسمِ والفعلِ نحو ليتَما قامَ زيدٌ (وتتعلّقُ بالمستحيلِ غالبًا وبالممكنِ قليلاً وقد تنزلُ منزلةَ وجدتُ فيُقالُ ليتَ زيدًا شاخصًا ويُقالُ ليتي وليتني)

ليسَ

فعلٌ ماضٍ ناقصٌ من أخواتِ كانَ الناقصةِ يرفعُ الاسمَ وينصبُ الخبرَ يدلُّ على نفي الحالِ بنفسهِ نحو ليسَ زيدٌ حاضرًا اي الآنَ ومنهُ قولُ الشاعرِ

* لهُ نائلاتٌ ما يغِبُّ نوالُها * وليسَ عطاء اليومِ مانعَهُ غدا *

ويجوزُ دخولُ الباء في خبرهِ وهو الأكثرُ نحو ليسَ زيدٌ بقائمٍ ويجوزُ في لامِ ليسَ الفتحُ والضمُّ قليلاً وذهبَ ابنُ السرّاجِ وأبو عليٍّ وابنُ شُقيرٍ الى أنّها حرفُ نفيٍ بمنزلةِ ما والصوابُ أنّها فعلٌ لقبولِها الضميرَ كالفعلِ نحو لستَ ولستُما ولستُمْ ولستُنَّ الخ ولها ستّةُ معانٍ

١ أنْ تكونَ فعلاً لنفي الحالِ كما مثّلنا

٢ أنْ تكونَ حرفَ استثناء ينصبُ المستثنى بمنزلةِ إلّا نحو جاء القومُ ليسَ زيدًا قالَ ابنُ هشامٍ في المغني إنّ هذهِ المسئلةَ كانت سببَ قراءةِ سيبويهِ النحوَ على الخليلِ ولها حكايةٌ أثبتُها هناك

٣ أنْ ينتقضَ خبرُها بإلّا نحو ليسَ الطيبُ إلّا المسكُ فالتميميّونَ يرفعونَهُ على أنّ عملَها قد بطلَ والحجازيّونَ ينصبونَهُ على أنّها عاملةٌ ومنهُ قولُهُ تعالى ليسَ الصالحُ إلّا اللهَ

٣ أنْ تكونَ ماذا كلُّها استفهاميَّةً في محلّ جرٍّ باللام نحو لِماذا جئتَ فالجارُّ والمجرورُ متعلّقٌ بجئتَ

٤ أنْ تكونَ ماذا كلُّها اسمَ جنسٍ بمعنى شيءٍ معمولاً للعامل او أنّها اسمٌ موصولٌ نحو قُلْ ماذا صنعتَ فماذا هنا مفعولٌ قُلْ تقديرُهُ قُلْ شيئاً صنعتَهُ اي الذي صنعتَهُ ومنهُ قولُ الشاعرِ

* دَعِي ماذا عَلِمْتُ سَأتّقيهِ * ولكنْ بالمُغيَّبِ نَبِّئيني *

اي دَعِي شيئاً علِمْتُهُ او الذي عَلِمْتُهُ

٥ أنْ تكونَ ما زائدةً وذا للاشارةِ نحو أَسْرِعْ ماذا يا زيدُ اي أَسْرِعْ هذا

٦ أنْ تكونَ ما استفهاميّةً وذا زائدةً نحو ماذا صنعتَ اي ما صنعتَ

النوعُ الثاني من القِسْمِ الثالثِ أنْ تكونَ ما متضمّنةً معنى الشرطِ وهي نوعانِ

١ أنْ تكونَ ما ظرفيّةً زمانيّةً نحو ما تستقِمْ أَستقِمْ اي إنّني أَستقيمُ مُدّةً تستقيمُ فيها

٢ أنْ تكونَ غيرَ زمانيّةٍ نحو ما تَرْكَبْ أَرْكَبْ وما تفعلْ أفعلْ وتُستعمَلُ غالبًا فيما لا يَعْقِلُ * وأمّا ما الحرفيّةُ فثلثةُ أقسامٍ

القِسْمُ الأوّلُ

أنْ تكونَ ما نافيةً تدخلُ على الجملةِ الاسميّةِ فالحجازيّونَ (والتِّهاميّونَ والنَّجْدِيّونَ) يعملونَها عملَ ليسَ نحو ما زيدٌ قائمًا (وذلكَ لشبهِها بها في أنّها لنفي الحالِ عندَ الاطلاقِ لكنْ لا تعملُ عندَهم إلّا بشروطٍ ستّةٍ الطلبُها في شرحِ ألفيّةِ ابنِ مالكٍ وغيرِهِ من كتبِ النحوِ) والتميميّونَ يهملونَ عملَها (لأنّها حرفٌ لا يختصُّ لكونِهِ يدخلُ على الاسمِ نحو ما زيدٌ قائمٌ وعلى الفعلِ نحو ما يقومُ زيدٌ وما لا يختصُّ فحقُّهُ أنْ لا يَعْمَلَ) وإنْ دخلتِ الفعلَ كانت لنفي الحالِ ولا تعملُ شيئاً نحو ما قامَ وما يقومُ زيدٌ اي الآنَ ويجوزُ أنْ تدخلَ بعدَها إنِ المكسورةُ في الماضي نحو ما إنْ رأيتُ وعليهِ قولُ الشاعرِ

* وَرَجِّ الفتى للخيرِ ما إنْ رأيتَهُ * على السِّنِّ خيرًا لا يزالُ يزيدُ *

القِسْمُ الثاني

أنْ تكونَ ما مصدريّةً وهي نوعانِ

١ أنْ تكونَ ما زمانيّةً نحو لا أَصحبُكَ ما دمتَ حيًّا اي مُدّةَ دوامي حيًّا

٢ أنْ تكونَ ما مصدريّةً غيرَ ظرفيّةٍ نحو ضاقتِ الأرضُ عليهم بما رَحُبَتْ اي برحبِها

١ ناقصةً وتامّةً فالناقصةُ إمّا تكونُ صفةً للنكرةِ نحو مررتُ برجلٍ ما اى برجلٍ هو شىءٌ من الاشياء (واعطنى كتابًا ما اىْ اىّ كتابٍ كانَ وتُسمّى ما الابهاميّة) وإمّا تكونُ موصوفةً بنكرةٍ نحو مررتُ بما مُعجبٍ لكَ اى بشىءٍ مُعجبٍ لكَ

٢ ما النكرةُ التامّةُ أنْ تكونَ للتعجّبِ نحو ما أحسنَ مساكنَ يعقوبَ وما أبهى جمالَ إستيرَ المعنى شىءٌ صيّرَ مساكنَ يعقوبَ وجمالَ إستيرَ حسنًا وبهيًّا ✽ إعلمْ أنّهُ يجوزُ فى مسئلةِ ما أحسنَ مساكنَ يعقوبَ ونحوهِ ثلثةُ أوجهٍ . الأوّلُ نصبُ مساكنَ كما تقدّمَ . الثانى رفعُ مساكنَ على أنّ ما نافيةٌ وأحسنَ فعلٌ ماضٍ ومساكنُ فاعلُ أحسنَ . الثالثُ جرُّ مساكنَ على أنّ ما اسمُ استفهامٍ فى محلِّ رفعٍ بالابتداء وأحسنُ اسمٌ مرفوعٌ خبرهُ وهو مضافٌ ومساكنِ مضافٌ اليهِ

القسمُ الثالثُ

أنْ تكونَ نكرةً متضمّنةً معنى الحرفِ وهى نوعانِ

النوعُ الأوّلُ أنْ تكونَ متضمّنةً معنى حرفِ الاستفهامِ فيكونُ معناها أىُّ شىءٍ . نحو ما هو لونهُ وما تلكَ وما ذاكَ أعنى أىُّ شىءٍ لونهُ وأىُّ شىءٍ ذاكَ وتلكَ فهذه اذا دخلها حرفُ الجرِّ وجبَ حذفُ ألفِها نحو لِمَ وبِمَ وفيمَ وإلامَ وعلامَ وحتّامَ وعمَّ بفتحِ الميمِ فى كلّها قالَ الشاعرُ

✽ فتلكَ وُلاةُ السوءِ قد طالَ مكثُهم ✽ فحتّامَ حتّامَ العناءُ المطوّلُ ✽

العناءُ هنا مبتدأٌ مؤخّرٌ وحتّامَ خبرٌ مقدّمٌ إلّا فى لِمْ فإنّهُ يجوزُ إسكانُها كقولِ الشاعرِ

✽ يا أبا الأسودِ لِمْ خلّفتنى ✽ لهمومٍ طارقاتٍ وذِكَرْ ✽

ويجوزُ إثباتُ الألفِ عندَ الضرورةِ كقولِ الشاعرِ

✽ على ما قامَ يشتمنى لئيمٌ ✽ كخنزيرٍ تمرّغَ فى رَمادِ ✽

وأمّا اذا رُكّبتْ ما هذه معَ ذا لا يجوزُ حذفُ ألفِها نحو ماذا ولو دخلتها اللامُ مثل لِماذا ولها ستّةُ معانٍ

١ أنْ تكونَ ما استفهاميّةً وذا إشاريّةً نحو ماذا الوقوفُ ماذا مبتدأٌ الوقوفُ خبرهُ

٢ أنْ تكونَ ما استفهامًا وذا اسمًا موصولًا نحو ماذا تفعلُ ما مبتدأٌ وتفعلُ صلةُ ذا وذا خبرهُ قالَ الشاعرُ

✽ ألا تسألانِ المرءَ ماذا يحاولُ ✽ أنحبٌ فيُقضى أمْ ضلالٌ وباطلُ ✽

فاذا دخلَ بعدما على الاسمِ جازَ فيهِ الجرّ وعدمُهُ نحو جئتُ بعدما زيدٍ وأمّا بينما فلا تنكفّ عن الجرّ إلّا اذا دخلتِ الضميرَ نحو بينَما نحن جلوسٌ

٢ أنْ تكونَ غيرَ كافّةٍ وهي نوعانِ * النوعُ الأوّلُ أنْ تُزادَ عِوضًا من حذفِ شيءٍ نحو أمّا أنتَ منطلقًا انطلقتُ والاصلُ انطلقتُ لِأنْ كنتَ منطلقًا فاللامُ هي لِأنْ لامُ المفعولِ لهُ وأنْ مصدريّةٌ فتقدّمتْ لِأنْ على انطلقتُ ثمّ حُذفتْ لامُ المفعولِ لهُ فتقدّمتْ عوضًا عنها ما فصارتْ أنْ ما ثمّ حُذفتْ كانَ فانفصلَ الضميرُ وتقدّمَ فصارَ أنْ ما أنتَ منطلقًا بنصبِ منطلقًا على أنّهُ خبرُ كانَ المحذوفةِ وأُدغِمَ النونُ بالميمِ فصارَ أمّا بفتحِ الهمزةِ * النوعُ الثاني أنْ تُزادَ بغيرِ عوضٍ وذلكَ في ثلثِ مواضعَ * الأوّلُ بعدَ حرفِ الجرّ وهو الباء وعن والكافُ وربَّ ايضًا مثالُ ذلكَ فبما رحمةٍ من اللّٰهِ وعمّا قليلٍ وكما زيدٍ وربّما ليلةٍ بجرّ الجميعِ * الثاني بعدَ غيرٍ ومثلٍ وبينَ وبعدَ وأيٍّ المشدّدةِ مثالُ ذلكَ من غيرِ ما تعبٍ وصنعتُ مثلما زيدٍ وجلستُ بينما زيدٍ وعمرٍو وجئتُ بعدَ ما زيدٍ وزيدٌ أيّما رجلٍ بجرّ الجميعِ قالَ الشاعرُ

* نامَ الخليُّ فما أحِسُّ رُقادي * والهمُّ محتضرٌ لديَّ وِسادي *
* ومن غيرِ ما سَقَمٍ ولكنْ شَفَّني * همٌّ أراهُ قد أصابَ فؤادي *

الثالثُ بعدَ أدواتِ الشرطِ ولا تكفّها من عملِها وهي إنْ وإذْ وحيثُ وأيٌّ وأينَ مثالُ ذلكَ إمّا تَقُمْ أقُمْ والاصلُ إنْ ما تقمْ أقمْ أدغمتِ النونَ بالميمِ واذما تفعلْ أفعلْ وحيثما تكنْ أكنْ وأيًّا ما تفعلْ أفعلْ وأينما تَنَمْ أنَمْ

مَتَى

اسميّةٌ وحرفيّةٌ فالاسميّةُ نوعانِ

١ أنْ تكونَ اسمَ استفهامٍ (من الزمانِ) نحو متى رأيتَ زيدًا فمتى مبتدأٌ والجملةُ بعدَهُ خبرُهُ

٢ أنْ تكونَ اسمَ شرطٍ جازمٍ كقولِ الشاعرِ

* أنا ابنُ جلا وطلّاعُ الثنايا * متى أضعِ العمامةَ تعرفوني *

فمتى هنا ظرفُ زمانٍ عاملٌ فيهِ أضعْ وأضعْ فعلُ الشرطِ وتعرفوني جوابُهُ وأمّا الحرفيّةُ في لغةِ بني هذيلٍ يستعملونَها بمعنى مِنْ وفي كقولِهم أخرجَها متى كُمِّهِ اي أخرجَها مِن كُمِّهِ ووضعَها متى كُمِّهِ اي وضعَها في كُمِّهِ

وما فى هذين الموضعين تسمّى موصولاً حرفيًا والموصول الحرفى ستة . أنْ . وأنّ . وما . وكى . ولو . والذى . اذا لم يكن لها عائد مثال ذلك بلغنى أنّ زيدًا قائمٌ اى بلغنى قيامُهُ وحسبى أنْ تقومَ اى قيامُكَ وعجبتُ بما قاموا اى من قيامهم ولكيلا يقوموا اى لعدم قيامهم ويودُّ أحدُكم لو يقومُ اى القيامَ وقمتم كالذى قاموا اى كقيامهم وهكذا حكمُ ما ايضا اذا دخلتها الكافُ ووقعت بين جملتين نحو آمِنْ كما آمَنَ بطرسُ اى كايمانِ بطرسَ

القسم الثالث

أنْ تكونَ ما زائدةً وهى نوعان

ا أنْ تكونَ ما كافّةً وهى ثلثة شروطٍ . الشرطُ الأوّل أنْ تكفّ عملَ الرفعِ وتختص بفعلِ قلّ وكثُر وطالَ وتختصُّ حينئذٍ بالجملةِ الفعليّةِ مثالُها قلّما يبرحُ زيدٌ وكثُر ما جاء زيدٌ وطالما يبكى زيدٌ ومنهُ قولُ الشاعرِ

قلّما يبرحُ اللبيبُ الى ما . يورثُ المجدَ داعيًا ومجيبا

الشرطُ الثانى أنْ تكونَ كافّةً من عملِ النصبِ والرفعِ وتختصُّ بإنّ وأخواتِها نحو إنّما اللهُ إلهٌ واحدٌ وكأنّما زيدٌ أسدٌ الخ الّا ليتما فانّهُ يجوزُ إعمالُها وإلغاؤها نحو ليتما زيدٌ قائمٌ وليتما الزيدانِ قائمانِ وليتما زيدًا قائمٌ وليتما الزيدينِ قائمانِ ومتى دخلت هنا ما الكافّةُ جازَ دخولُ هذهِ الأحرفِ على الجملةِ الفعليّةِ نحو إنّما قامَ زيدٌ وإنّما يقومُ زيدٌ . الشرطُ الثالثُ أنْ تكونَ كافّةً من عملِ الجرِّ وهى نوعانِ . النوعُ الأوّلُ أنْ تتّصلَ بحروفِ الجرِّ وتختصُّ . بربَّ . والكافِ . (والباء . ومِنْ .) ويجوزُ دخولُها حينئذٍ على الفعلِ نحو رُبّما قامَ زيدٌ ورُبّما زيدٌ قائمٌ ونحو رُبّما أنتَ قائمٌ ونحو أنتَ كما زيدٌ وكنْ كما كانَ زيدٌ ومنهُ قولُ الشاعرِ

رُبّما أوفيتُ فى علمٍ . ترفعنْ ثوبى شمالاتُ

(وقالَ الآخرُ بالباء

فلئن صرتَ لا تحيرُ جوابًا . لبما قد تُرى وأنتَ خطيبُ

وقالَ الآخرُ بمِنْ وإنّا لَمِمّا يضربُ الكبشَ ضربةً) . النوعُ الثانى أنْ تتّصلَ بالظرفِ وتختصُّ ببعدَ وبينَ ويجوزُ حينئذٍ دخولُها على الفعلِ نحو جئتُ بعدَ ما جاء زيدٌ وقمتُ بينما قامَ زيدٌ ويجوزُ بينا قامَ زيدٌ بلا ميمٍ ومنهُ قولُ الشاعرِ

وبينا نسوسُ الناسَ والأمرُ أمرُنا . اذا نحنُ فيهم سوقةٌ نتنصّفُ

الدهرِ وامّا لزمانٍ نحو جئتُ مَعَ طلوعِ الشمسِ ومِينها منصوبةٌ على الظرفيّةِ أَبَدًا اى فتحتها فتحةُ إعرابٍ لابناء وبنوا ربيعة تُسكِّنُها وتُستعمَلُ منوّنةً للاثنين وللجماعةِ نحو جاء زيدٌ وعمرٌو معًا وجاءتِ الرجالُ مَعًا ونصبُها هنا على الحاليّةِ وقد تقعُ خبرًا نحو مَن مَعَكَ

مَنْ

بفتحِ الميمِ ذاتُ خمسةِ معانٍ

١ أَنْ تكونَ شرطيّةً جازمةً نحو مَنْ يُكْرِمْنِي أُكْرِمْهُ

٢ أَنْ تكونَ استفهاميّةً نحو مَنْ جاء ومَنْ يُمْكِنُهُ أَنْ يغفرَ الخطايا إلّا اللهُ وحدَهُ وفيها هُنا رائحةُ النفي ونحو مَنْ زيدٌ

٣ أَنْ تكونَ اسمًا موصولًا نحو هذا يسوعُ من تسجدُ لهُ كلُّ ركبةٍ

٤ أَنْ تكونَ نكرةً موصوفةً نحو مررتُ بمَنْ مُعجِبٍ لكَ اى بانسانٍ معجبٍ لكَ ونحو سُدْنا على مَنْ غيرِنا فغيرِنا نعتٌ الى مَن النكرةِ المجرورةِ بعَلَى

٥ أَنْ تكونَ للحكايةِ يُقالُ جاء رجلٌ تقولُ مَنُو ونحو رأيتُ رجلًا يُسألُ مَنا ونحو مررتُ برجلٍ يُسألُ مَنِي فإنَّ آخِرَهُ يختلفُ كاختلافِ الاسماء الخمسةِ وليسَ اختلافُهُ إعرابًا بل هو اتّباعٌ لإعرابِ ما قبلَهُ ولهذا وَهِمَ الجوهريُّ حيثُ إنّهُ عدَّها مَعَ الأسماء التي تُعرَبُ بالحروفِ مثلَ أبيكَ وأخيكَ وتُؤنَّثُ ايضًا (وتُثنّى وتُجمَعُ) فتقولُ مَنَهْ مَنتانِ مَناتُ (مَنانِ مَنونَ) وإنْ كانَ المسئولُ عنهُ عَلَمًا فلا يتغيّرُ تقولُ مَنْ في الأحوالِ الثلثِ ومَنْ في هذهِ المواضعِ الخمسةِ تُستعمَلُ غالبًا لِمَنْ يَعقِلُ

إعلَمْ أنَّ قولَكَ مَنْ يُكْرِمْنِي أُكْرِمْهُ يحتملُ المعانيَ الاربعةَ لأنّكَ إنْ قدّرتَ مَنْ شرطيّةً جزمتَ الفعلينِ وكانَ خبرُها إحدى الجملتينِ وهذا المعنى الأوّلُ وإنْ قدّرتَها استفهاميّةً رفعتَ ما بعدَها وجزمتَ الثانيَ لأنّهُ جوابٌ واقعٌ في الاستفهامِ غيرُ مقترنٍ بالفاء وخبرُها الجملةُ الأولى وهذا المعنى الثاني وإنْ قدّرتَها اسمًا موصولًا رفعتَ الفعلينِ وصِلتُها الجملةُ الثانيةُ والجملةُ الأولى خبرُ مَنْ وهذا المعنى الثالثُ وإنْ قدّرتَها نكرةً رفعتَ الفعلينِ ايضًا والجملةُ الأولى نعتُها والجملةُ الثانيةُ خبرُها وهذا المعنى الرابعُ واذا كانَ الشرطُ والجزاءُ ماضيينِ فلا يحسُنُ في مَنِ الاستفهامُ ويحسُنُ ما عداهُ

مِنْ

حرفُ جرٍّ لهُ أحدَ عشرَ معنًى

١ أَنْ تكونَ لابتداء الغايةِ في الزمانِ والمكانِ نحو سرتُ من البيتِ وصمتُ من يومِ الجمعةِ

مِثْلُ

تُلازِمُ الاضافةَ دائمًا ويجوزُ بناؤُها على الفتحِ فى ثلثةِ مواضعَ

١ اذا أُضيفتْ الى ما المصدريّةِ نحو قيامي مِثلَما يقومُ زيدٌ اى مِثلَ قيامِ زيدٍ .

٢ اذا أُضيفتْ الى أنّ نحو قيامي مِثلَ أنّكَ تقومُ اى مِثلَ قيامِكَ

٣ اذا أُضيفتْ الى أنِ المصدريّةِ نحو قيامي مِثلَ أنْ يقومَ زيدٌ اى مِثلَ قيامِ زيدٍ فقيامي فى الأوجهِ الثلثةِ مبتدأٌ ومِثلَ وما أُضيفتْ اليهِ فى محلِّ رفعٍ على الخبريّةِ للمبتدأ ويجوزُ إعرابُ مثلُ هُنا فتكونُ مرفوعةً لفظًا ومحلًّا خبرَ قيامي وهكذا حكمُ غير فى إضافتِها الى هذهِ الثلثِ

مُذْ

ذاتُ ثلثِ حالاتٍ * الأولى أنْ تكونَ حرفَ جرٍّ فانْ كانَ الزمانُ ماضيًا كانت بمعنى مِنْ نحو ما رأيتُهُ مُذْ يومِ الاحدِ وانْ كانَ المعنى حاضرًا كانت بمعنى فى نحو ما رأيتُهُ مُذْ يومِنا اى فى يومِنا وانْ كانَ المعنى معدودًا كانت بمعنى مِنْ والى نحو ما رأيتُهُ مُذْ ثلثةِ أيّامٍ فأكثرَ اى مِنْ ثلثةِ أيّامٍ او الى ثلثةٍ * الثانية أنْ يقعَ الاسمُ بعدَها مرفوعًا نحو ما رأيتُهُ مُذْ يومانِ قالَ ابنُ المُبرّدِ وابنُ السرّاجِ والفارسيُّ مُذْ مبتدأٌ وما بعدَها خبرٌ والجملةُ ظرفٌ معمولُ رأيتُ قالَ ابنُ السُهَيليّ وابنُ مالكٍ إنّ مُذْ ظرفٌ مضافٌ الى فعلٍ محذوفٍ تقديرُهُ ما رأيتُهُ مُذْ كانَ يومٌ او يومانِ * الثالثة أنْ تليَها جملةٌ فعليّةٌ او اسميّةٌ نحو ما زالَ مُذْ جاءَ زيدٌ يمدحُني وما زالَ مُذْ زيدٌ حاضرٌ يمدحُني فهي هُنا ظرفٌ مضافٌ الى الجملةِ بعدَها قالَ الشاعرُ

* ما زالَ مُذْ عَقَدَتْ يداهُ إزارَهُ * فسَما فأدرَكَ خمسةَ الأشبارِ *

(وما زِلْتُ أبغي المالَ مُذْ أنا يافعٌ)

مُنْذُ

مثلُ مُذْ فى حالاتِها الثلثِ ولهذا أردفتُها بالذكرِ غيرَ أنّ مُذْ يجبُ جرُّ ما بعدَها إن كانَ للحاضرِ وفى مُنذُ يجوزُ الجرُّ والرفعُ ومُذْ يجوزُ جرُّ ما بعدَها ورفعُهُ اذا كانَ للماضي وفى مُنذُ يترجّحُ الرفعُ على الجرِّ قالَ ابنُ هشامٍ أصلُ مُذْ مُنذُ مخفّفتْ (ويدلُّ على ذلكَ رجوعُهم الى ضمِّ ذالِ مُذْ عند مُلاقاتِ الساكنينِ كمُذُ اليومِ ولولا أنّ الأصلَ الضمّ لكسروا ويدلُّ ايضًا تصغيرُهم إيّاهُ مُنَيذًا) وقالَ ابنُ ملكونٍ هما أصلانِ وقالَ المالَقيُّ إنْ كانتْ مُذْ اسمًا كانَ أصلُها مُنذُ وإنْ كانتْ حرفًا فهي أصلٌ

مَعَ

اسمٌ وهي ظرفٌ مضافٌ أبدًا إمّا لمكانٍ كقولهِ تعالى ما أنا معكم كُلَّ الأيّامِ والى انقضاء

فانّ مهما هنا لا محلّ لها من الاعراب مثل اِنْ وردَ بأنّها خبرٌ يَنْ وخليقةٌ اسمها ومن زائدةٌ او انّها اسمُ يكنْ وخبرها هذ (وجعلوا لمهما ثلثةَ معانٍ . الاوّل مالا يعقلُ غيرَ الزمانِ مع تضمّنِ معنى الشرطِ نحو مهما تاتنا به من آيةٍ . الثاني الزمانُ والشرطُ فتكونُ ظرفًا لفعلِ الشرطِ كقولهِ

* وانّكَ مهما تُعْطِ بطنَكَ سُؤْلَهُ * وفرجَكَ نالا منتهى الذمِّ أجمعَ *

الثالثُ الاستفهامُ كقولهِ

* مَهْما لِيَ الليلةَ مهما لِيَهْ * أَوْدى بنعليَّ وسِرْباليَهْ *)

ن

النونُ المفردةُ تأتي على اربعةِ اقسامٍ

القسمُ الاوّلُ

نونُ التوكيدِ وهي اثنتانِ . ثقيلةٌ مفتوحةٌ . وخفيفةٌ ساكنةٌ . تدخلانِ المضارعَ المستقبلَ الصرفَ في تسعةِ مواضعَ

١ في الامرِ نحو اضربَنْ

٢ في النهيِ نحو لا تضربَنْ

٣ في الاستفهامِ نحو هل تضربَنْ

٤ في التمنّي نحو ليتكَ تضربَنْ

٥ في الترجّي نحو لعلّكَ تضربَنْ

٦ في النفيِ المحضِ نحو لا يقومَنْ

٧ في التحضيضِ نحو هلّا تضربَنْ

٨ في العَرْضِ نحو الا تضربَنْ

٩ في جوابِ القَسَمِ نحو واللهِ لأضربَنْ ولا تدخلُ نونُ التوكيدِ الخفيفةُ المثنّى ولا الجمعَ المؤنّثَ مطلقًا فرارًا من التقاءِ الساكنينِ على غيرِ حدِّهِ المطلبُ حذّهُ من التصريفيين ويجوز قلبُ نونِ التوكيدِ الخفيفةِ الفًا عند الوقفِ نحو اضربا في اضربَنْ قال الشاعر

* أَقْصِرْ ولستَ بمُقْصِرٍ جُزْتَ المدا * وبلغتَ حيثُ النجمُ تحتكَ فأرْبَعا *

اي ارْبَعَنْ أعني اثبتْ

القسمُ الثاني

نونُ الاناثِ وهي اثنتانِ * الاُولى خفيفةٌ مفتوحةٌ تدخلُ على الفعلِ فإنْ تقدّمها

م

٢ أنْ تكونَ للتبعيضِ اى بمعنى بعضٍ نحو أخذتُ مِنَ الدراهمِ اى بعضها

٣ أنْ تكونَ لبيانِ الجنسِ نحو رأيتُ فيها مِنْ إنسٍ ومِنْ جنٍ اى مِنْ جنسهما

٤ أنْ تكونَ للتعليلِ بمعنى اللام نحو الله معروفٌ مِنْ خلقهِ اى لخلقه قالَ الشاعرُ

* يُغضِى حَياءً ويُغضَى مِنْ مهابتهِ * فما يُكلَّمُ إلّا حينَ يبتسمُ *

اى لمهابته

٥ أنْ تكونَ للبدلِ نحو رضيتُ الدنيا مِنَ الآخرةِ اى بدلها

٦ أنْ تكونَ بمعنى عَنْ نحو يا غافلاً من اللهِ اى عن اللهِ قالَ ابنُ مالكٍ ومنهُ زيدٌ أفضلُ من عمروٍ اى إنّهُ تجاوزهُ بالفضلِ (ومِنْ تستعملُ فيما يستقلُّ مثل أخذتُ منهُ الدراهمَ وعَنْ تستعملُ فيما لا يستقلُّ مثل أخذتُ عنهُ العلمَ)

٧ أنْ تكونَ بمعنى الباء نحو ينظرُ من طرفٍ خفيّ اى بطرفٍ خفيّ

٨ أنْ تكونَ بمعنى على نحو نصرتُ المظلومَ مِنَ الظالمِ اى على الظالمِ

٩ أنْ تكونَ للفصلِ وهي الواقعةُ بينَ متضادّينِ نحو هل تعرفُ الجيّدَ مِنَ الرديءِ. وتقعُ بينَ متماثلينِ نحو هل تعرفُ زيدًا مِنْ عمروٍ

١٠ أنْ تكونَ للغايةِ نحو رأيتهُ من ذلكَ الموضعِ اى غايةَ رؤيتي لهُ

١١ أنْ تكونَ زائدةً ويُشترطُ في زيادتها ثلثةُ أمورٍ * الأوّلُ أنْ يتقدّمها نفيٌ او نهيٌ او استفهامٌ بهلْ * الثاني أنْ يكونَ مجرورُها نكرةً * الثالثُ أنْ يكونَ مجرورُها فاعلاً او مفعولاً بهِ او مبتدأً مِثالُ ذلكَ ما جاءني مِنْ أحدٍ وما ضربتُ مِنْ أحدٍ وما معي من أحدٍ وقيسْ عليهِ هلْ وفائدةُ زيادتها توكيدُ العمومِ لأنّكَ اذا قلتَ ماجاءني رجلٌ يحتملُ نفيَ الجنسِ ونفيَ الوحدةِ لأنّهُ يُمكنكَ أنْ تقولَ بَلْ رجلانِ ولكنْ بعدَ دخولِ مِنْ يمتنعُ ذلكَ

مُن

بضمّ الميمِ والنونِ وفتحهما معًا وكسرهما معًا ذكرها أبو حيّانَ في لمحتهِ وشرحها ابنُ هشامٍ بأنّها حرفُ قسمٍ وتختصُّ بالربِّ فتجرّهُ نحو مُنْ ربِّ لأفعلنَّ

مَهما

اسمُ شرطٍ جازمٍ لما لا يَعقِلُ نحو مَهما تفعلْ أفعلْ فمهما مبتدأٌ وشرطها نعتٌ وجوابها خبرُها قالَ السُهيليُّ وابنُ يسعونَ وتاتي مَهما حرفًا جازمًا بمنزلةِ إنْ واستشهدَ بقولِ زهيرٍ

* مَهما يكنْ عندَ امرءٍ من خليقةٍ * وإنْ خالها تخفى على الناسِ تُعلَمِ *

ولا يُعَوَّض عنها لأنّه اسمٌ غيرُ منصرفٍ لا يدخلُهُ التنوينُ فلا عِلّةَ فى حذفِ الياء ويدخلُ هذا التنوينُ ايضًا فى كُلِّ اسمِ فاعلٍ من الناقصِ فى حالَتَي الرفعِ والجرِّ نحو جاء قاضٍ ورام ومُشترٍ ومُستقصٍ وكذالكَ الجرُّ وتثبتُ الياء فى النصبِ نحو رأيتُ قاضيًا ومستقصيًا

• الثانى أنْ يكونَ عِوَضًا عن لفظةٍ واحدةٍ وذلكَ فى كُلٍّ وبعضٍ وفى قبلٍ وبعدٍ وفى الجهاتِ الستِّ اذا قُطِعَتْ عن الاضافةِ نحو قد جاء كُلٌّ وبَعضٌ اى كُلُّ احدٍ وبعضُ الناسِ ونحو لِلّهِ الامرُ من قبلٍ ومن بَعدٍ اى قبلَ كلِّ شئٍ • وجلستُ فوقًا وتحتًا اى فوقَ المِنبرِ وتحتَهُ • الثالثُ أنْ يكونَ عِوَضًا من جملةٍ وهو اللاحقُ لإذْ فى ظرفِ الزمانِ نحو حينئذٍ ويومئذٍ وما ماثلَهما اى حينَ إذْ كانَ كذا

٥ تنوينُ التَرنُّمِ وهو اللاحقُ لقوافي الشعرِ عِوَضًا عن ألِفِ الفتحةِ وواوِ الضمّةِ وياء الكسرةِ قالَ الشاعرُ

• أقِلِّي اللَّومَ عاذِلَ والعِتابَنْ • وقُولِي إنْ أصَبْتُ لقد أصابَنْ •

والأصلُ العتابا وأصابا وهذا التنوينُ يدخلُ الاسمَ والفعلَ ويجتمعُ مَعَ ألِ التعريفِ كما فى البيتِ وقالَ الآخرُ

• أزِفَ التَرحُّلُ غيرَ أنْ ركابَنا • لمّا تَزلْ برحالِنا وكأنْ قدِنْ •

وقد كانَ الأصلُ قدِ

٦ التنوينُ الغالِي وهذا زادهُ الأخفشُ وهو اللاحقُ للقوافى المُقيَّدةِ بزيادةٍ عليها كقولِ الشاعرِ

• قالتْ بناتُ العَمِّ يا سَلمَى وإنْ • كانَ فقيرًا مُعدَمًا قالتْ وإنْ •

أصلُهُ وإنْ فزِيدَ التنوينُ وقُلِبَ نونًا للوقفِ والقافيةُ المُقيَّدةُ هى التى آخِرُها حرفٌ صحيحٌ مثلُ إنْ

٧ تنوينُ الضرورةِ وهو اللاحقُ لِما لا ينصرفُ نحو بنيتُ هياكلًا وأسرجتُ قناديلًا قالَ الشاعرُ

• إنَّ الفجيعةَ بالرياضِ نواضرًا • لأشدُّ منها بالرياضِ ذوابلا •

فقد صرفَ نواضرَ وذوابلَ وهو ممنوعٌ لأنّهُ صيغةُ مُنتهَى الجموعِ واللاحقُ للمنادَى المضمومِ كقولِ الشاعرِ

• سلامُ اللّهِ يا مَطَرٌ عليها • وليسَ عليكَ يا مطرُ السلامُ •

فقد نَوَّنَ مطرَ الأوّلَ وهو مضمومٌ لأنّهُ نكرةٌ مقصودةٌ بالنداء • وأمّا الحركاتُ العربيّةُ فلها ثلثةُ أمورٍ

١ فى كميّتِها وهو ستٌّ فثلثٌ منها تُسمّى الشكَلاتِ وهى هذهِ َ ُ ِ وثلثٌ حروفٌ وهى الواوُ والياء والألِفُ اللّيِّنةُ فالشكلاتُ تُلفَظُ بغيرِ إشباعٍ فى اللفظِ نحو ضَرَبَ معلومًا وضُرِبَ

الفاعلَ كانت اسمًا لأنّها حينئذٍ ضميرٌ نحو نسوةٌ يذهبنَ وإنْ تقدّمتِ الفاعلَ كانت حرفًا لأنّها حينئذٍ علامة التانيثِ والفاعلُ ظاهرٌ نحو يذهبنَ النسوةُ • والثانية ثقيلةٌ مفتوحةٌ تدخلُ الاسمَ والحرفَ نحو اخذتُ غلامَكنّ منهنّ

القسم الثالث

نونَ الوقايةِ وتدخلُ في ثلثة مواضع

١ في الفعلِ ماضيًا كانَ او مضارعًا او أمرًا متصرّفًا كانَ او جامدًا نحو ضَرَبَني ويضربُني واضربْني وعَسانِي وليْسني وحاشاني وما عداني وما خلاني

٢ أنْ تدخلَ اسمَ الفعلِ نحو دَراكِني وتَراكِني وعليكَني بمعنى أدرِكْني واتركْني والزمْني

٣ أنْ تدخلَ الحروفَ نحو مِنّي وعنّي وجازَ إثباتُها وحذفُها في الافعالِ الخمسةِ وفي إنّ وكأنّ ولكنّ نحو يضربانني ويَضربانِي ويضربونني ويَضربُونِي وإنّني وإنّي ولكنّني ولكنّي وكثُر حذفُها في لعلّ وقلّ في ليْتَ نحو لعلّي وليتني

القسم الرابع

النونَ الزائدةُ وهي اثنتانِ • الأولى تلحقُ الفعلَ المضارعَ المثنّى وجمعَ المذكّرِ والمخاطَبةَ وتُسمّى الافعالَ الخمسةَ وهي يَفعلانِ وتَفعلانِ ويَفعلونَ وتَفعلونَ وتَفعلينَ مكسورةٌ في المثنّى مفتوحةٌ في الباقي ثبوتُها رفعٌ وحذفُها نصبٌ وجزمٌ • الثانية تلحقُ الاسمَ المثنّى وجمعَ المذكّرِ السالمِ نحو الزيدانِ والزيدونَ مكسورةٌ في المثنّى مفتوحةٌ في الجمعِ وتُحذفُ عندَ الاضافةِ نحو زيدا هندٍ وزَيدُوا دَعْدٍ

التنوين

وتلحقُ بهِ الحركاتُ العربيّةُ لولا التنوينَ وهو نونٌ زائدةٌ ساكنةٌ تلحقُ الآخِرَ لغيرِ توكيدٍ لفظًا لا خطًّا وانواعهُ سبعةٌ

١ تنوينُ التمكينِ وهو اللاحقُ للاسمِ المُعربِ المنصرفِ نحو ضربَ زيدٌ عمرًا

٢ تنوينُ التنكيرِ وهو اللاحقُ لبعضِ الأسماءِ المبنيّةِ مثل صَهٍ ومَهٍ وإيهٍ فإنّ تنوينَها يجعلُها نكرةً ويلحقُ ايضًا كلَّ اسمٍ خُتِمَ بلفظِ وَيْهِ نحو سيبويهٍ فإنّ تنوينَهُ يصيّرهُ نكرةً

٣ تنوينُ المقابلةِ وهو اللاحقُ لجمعِ المؤنّثِ السالمِ نحو مؤمناتٌ فإنّهُ يقابلُ النونَ في جمعِ المذكّرِ السالمِ مثل مؤمنينَ

٤ تنوينُ العوضِ وانواعهُ ثلثةٌ • الأوّلُ أنْ يكونَ عوضًا عن حرفٍ في مثلِ جوارٍ وغواشٍ أصلُهما جواريُ وغواشيُ حُذفتِ الياءُ وعُوّضَ التنوينُ عنها وقد لا تُحذفُ الياءُ

٣ اذا وقعتْ بعدَ الاستفهامِ كانت حرفَ إعْلامٍ نحو أقامَ زيدٌ جوابُهُ نَعَمْ اى أعْلِمُكَ بقيامهِ

٤ اذا وقعتْ صدرَ الكلامِ كانت للتوكيدِ نحو نَعَمْ إنَّ زيدًا قائمٌ ونَعَمْ هذه أطلالُهم وتتميّزُ نَعَمْ في الايجابِ عن لا وعن بَلَى بأنَّ نَعَمْ يجوزُ وقوعُها بعدَ النفي والايجابِ ولا يجوزُ وقوعُ لا إلّا بعدَ الايجابِ ولا يجوزُ وقوعُ بَلَى إلّا بعدَ النفيِ ويتميّزُ نَعَمْ من بَلَى ايضًا بأنَّ نَعَمْ اذا كانَ ما قبلَها منفيًّا كانت نَعَمْ حرفَ جوابِ النفيِ فاذا قيلَ ما قامَ زيدٌ وأجَبْتَ نَعَمْ اى ما قامَ وإنْ كانَ ما قبلَها مُوجَبًا كانت نَعَمْ جوابَ إيجابٍ فإنْ قيلَ قامَ زيدٌ وأجَبْتَ نَعَمْ اى قامَ وأمّا بَلَى فإنْ كانَ ما قبلَها مُوجَبًا او منفيًّا كانت بَلَى جوابَ إيجابٍ فإنْ قيلَ قامَ زيدٌ او ما قامَ زيدٌ وأجَبْتَ بَلَى اى قامَ زيدٌ

ه

الهاءُ المفردةُ ذاتُ خمسةِ معانٍ

١ أنْ تكونَ ضميرَ نصبٍ عندَ اتّصالِها بالفعلِ المتعدّي نحو ضربَهُ ويضربُهُ واضْرِبْهُ او بالحرفِ الناصبِ مثل إنّهُ وكأنّهُ

٢ أنْ تكونَ ضميرَ جرٍّ عندَ اتّصالِها بالاسمِ وحرفِ الجرّ نحو أخذتُ منهُ كتابَهُ وهي في هذينِ الموضعينِ اسمٌ

٣ هاءُ السَّكْتِ وهي التي يُوقَفُ عليها (ولا تثبتُ في الوصلِ) * أوّلًا في النداءِ نحو يا أبتاهْ * ثانيًا في الإضافةِ للمتكلّمِ يا غُلاميَهْ * ثالثًا في الامرِ على حرفٍ واحدٍ نحو قِهْ وعِهْ ورَهْ * رابعًا في الضميرِ نحو هِيَهْ وهُوَهْ وهاهُناهْ

٤ هاءُ التأنيثِ في الاسمِ نحو رحمةٍ قائمةٍ

٥ أنْ تكونَ حرفَ غيبةٍ وهي الهاءُ في إيّاهُ الخ فإيّا هي الضميرُ والهاءُ للغيبةِ (ولها معنًى سادسٌ وهي المُبْدَلةُ من همزةِ الاستفهامِ

* وأتى صَواحِبُها فقُلْنَ هَذا الذي * مَنَحَ المَوَدّةَ غيرَنا وجَفانا *)

ها

ذاتُ معنيينِ

١ أنْ تكونَ اسمَ فعلٍ بمعنى خُذْ نحو ها زيدًا اى خُذْهُ ويجوزُ فيها مَدُّ الألفِ وقصرُها وتدخلُها كافُ الخطابِ نحو هاكَ وأجازَ قومٌ تصريفَها مَعَ المدِّ نحو هاءَ بالفتحِ للمذكّرِ هاؤما للمثنّى هاؤمْ لجمعِ المذكّرِ هاءِ بالكسرِ للمؤنثِ هاؤما للمثنّاة وهاؤنّ لجمعِ المؤنّثِ

٢ أنْ تكونَ للتنبيهِ ودخولُها في أربعةِ مواضعَ * الأوّلُ في اسمِ الإشارةِ نحو هذا وهذهِ

مجهولاً والحروفُ تلفظ بالاشباع مَعَ الشكلاتِ التي تُجانِسها نحو قالَ وقِيلَ وقُولًا

٢ في ألقابِ الشكلاتِ وهي نوعانِ ٭ الأوّلُ ألقابُ شكلاتِ الإعرابِ وهي ٠ رَفْعٌ ٠ وَنَصْبٌ ٠ وخَفْضٌ ٭ الثاني ألقابُ شكلاتِ غيرِ الإعرابِ وهي ضَمٌّ ٠ وَفَتْحٌ ٠ وكَسْرٌ ٠ فالضمّ يُجانِسُ الواوَ لأنّ الواوَ ينشو عنهُ نحو قُولُوا ٭ والكسرُ يجانسُ الياءَ لأنّها تنشو عنهُ نحو قِيلَ ٭ والفتحُ يجانسُ الألِفَ لأنّها تنشو عنهُ نحو قالا ٭ فكلٌّ من الواوِ والياءِ والالفِ حركةٌ مشبعةٌ مَعَ مُجانِسِها ألا تَراها تأتي علامةً للإعرابِ كالشكلاتِ. وتُسمّى الشروعَ عندَ النُحاةِ فهذهِ إذًا ستُّ حركاتٍ للعربيّةِ لا إنكارَ فيها

٣ في البرهانِ على تخصيصِ هذهِ الألقابِ وهو نوعانِ ٭ الأوّلُ في برهانِ ألقابِ الإعرابِ لمّا كانَ الإعرابُ انتقالاً من حالٍ الى حالٍ ناسبَ أنْ تُلقَّبَ حركاتُهُ بما يَدُلُّ على معنى الانتقالِ ومن المعلومِ أنّ الرفعَ اذا انتقلَ عن حالهِ كانَ إمّا في حالِ النصبِ وإمّا في حالِ الخفضِ بوجهِ الحصرِ والنصبُ والخفضُ كذلكَ متى تناقلوا تغيّرتْ ألقابُهم بحسبِ الحالِ المنتقلينَ اليها ٭ الثاني في برهانِ ألقابِ البناءِ لمّا كانَ وضعُ البناءِ رسوخًا وثباتًا غيرَ منتقلٍ عن مكانهِ المبنيِ فيهِ وعليهِ ناسبَ أنْ تُلقَّبَ حركاتُهُ بما يَدُلُّ على اثباتهِ فإنّ الضمّ لا يزالُ ضمًّا والفتحَ فتحًا والكسرَ كسرًا ولو تواردتْ عليهِ العواملُ كحَيْثُ مضمومًا وكَيْفَ مفتوحًا وأمسِ مكسورًا فان قُلْتَ قد يعرضُ الانتقالُ في البناءِ كما يعرضُ في الاعرابِ مثلُ ضَرَبَ معلومًا فإنّهُ ينتقلُ الى ضُرِبَ مجهولاً فقد انتقلَ الفتحُ الى ضمٍّ وكسرٍ وهذا هو حالُ الاعرابِ أجبْتُكَ أنّ هذا ليسَ انتقالاً بل تغييرُ صيغةٍ لأنّ صيغةَ ضَرَبَ المعلومِ غيرُ صيغةِ ضُرِبَ المجهولِ فقد صحّ أنّ بناءَ المعلومِ ثابتٌ أبدًا كما أنّ بناءَ المجهولِ كذلكَ خلافًا للإعرابِ فإنّ صيغةَ زيدٍ مَثَلاً لا تزالُ واحدةً وهي منتقلةٌ من رفعٍ لنصبٍ لخفضٍ نحو جاءَ زيدٌ ورأيتُ زيدًا ومررتُ بزيدٍ ولا يُرَدُّ بمثلِ ضربوا فإنّ الواوَ فاعلٌ مثلُ زيدٌ مِنْ ضَرَبَ زيدٌ وضمّ الباءِ جاءَ للمجانسةِ لا للاعرابِ

نَعَمْ

فيها لغاتٌ فتحُ النونِ والعينِ وفتحُ النونِ وكسرُ العينِ وهي لغةُ كِنانَةَ وكسرُ النونِ والعينِ (ونِعامْ عن المُعافَى بنِ زكريّا) حرفُ جوابٍ لها أربعةُ معانٍ

١ اذا وقعتْ بعدَ الخبرِ كانتْ حرفَ تصديقٍ نحو قامَ زيدٌ جوابُهُ نَعَمْ

٢ اذا وقعتْ بعدَ الامرِ والنهيِ كانتْ حرفَ وعدٍ نحو اضربْ زيدًا ولا تضربْ زيدًا جوابُهُ نَعَمْ اي أعِدُكَ بضربهِ

هُوَ

بالضمّ وفتحِ الواوِ وفرُوعهُ همَا هُم الخ نوعان

١ ضميرُ رفعٍ منفصلٍ نحو هُوَ قائمٌ وهِيَ قائمَةٌ الخ فهُوَ مبتدأٌ وقائمٌ خبرهُ

٢ أن يكونَ حرفَ فصلٍ معترضٍ بينَ المبتدأ والخبرِ اذا كانا معرفتين كقولِ البشيرِ اللهُ هو الكلمةُ فاللهُ مبتدأٌ والكلمةُ خبرُهُ وهُوَ حرفَ فصلٍ لا محلّ لهُ من الاعرابِ وانّما جيءَ بهِ لتوكيدِ العبارةِ (واذا دَخلَتْ كُلّ واحدةٍ من هُوَ وهِيَ واوُ العطفِ لو فاؤهُ كنتَ مُخيّرًا إن شِئتَ اَسْكَنْتَ الهاءَ وإنْ شِئتَ اَبْقَيْتَ الحركةَ فتَقُولُ فَهِيَ بكَتِفٍ وفَهُوَ بعضُدٍ فكما يُقالُ في كَتِفٍ وعَضُدٍ كَتْفٌ وعَضْدٌ كذلكَ قالوا فَهْيَ فَهِيَ وفي فَهُوَ فَهْوَ)

هَيَا

حرفٌ يُنادَى بهِ البعيدُ نحو هَيَا زيدُ وهَيَا رَجُلاً

و

الواوُ المفردةُ ذاتُ (اثنين وعشرين معنًى)

١ أنْ تكونَ عاطفةً لمُطلَقِ الجمعِ اى أنّها تفيدُ في عطفِها القَبْلِيّةَ والبَعْدِيّةَ والمَعِيّةَ نحو جاء زيدٌ وعمرو إمّا قبلَهُ او بعدَهُ او مَعَهُ

٢ أنْ تكونَ للاستيناف فيرتفعُ ما بعدَها نحو لا تأكُلِ السمكَ وتشربُ اللبنَ برفعِ تشربُ على الاستيناف اى وأنتَ تشربُ اللبنَ

٣ واوُ الحالِ وهِيَ الداخلةُ على الجملةِ الاسميّةِ والفعليّةِ وتُسمّى واو الابتداء ايضًا نحو جاء زيدٌ والشمسُ طالعةٌ وجاء زيدٌ وقد ندمَ

٤ واوُ المعيّةِ فينتصبُ الاسمُ والفعلُ بعدَها مثالُ الاسمِ سرتُ والنيلَ اى مَعَ النيلِ ومثالُ الفعلِ هو المضارعُ المقرونُ بالواوِ الواقعُ في جوابِ الاشياءِ الثمانيةِ وهي . الأمرُ . النهيُ . والاستفهامُ . والتمنّي . والترجّي . والنفيُ . والعرضُ . والتحضيضُ . نحو آتيني وأكلّمَكَ ولا تُخاصِمْ زيدًا وتَغضَبَهُ وهل يأتي زيدٌ وأُصحِبَهُ الخ بنصبِ الفعلِ بعدَ الواوِ على تقديرِ أنِ المصدريّةِ مُضمَرَةً بعدَ الواوِ

٥ الواوُ التي يُعطَفُ بها المضارعُ على الاسمِ فإنّ المضارعَ يَنتَصِبُ بها على تقديرِ إضمارِ أنِ المصدريّةِ ايضًا كقولِ الشاعرِ

* لَلُبسُ عَباءةٍ وتَقَرّ عيني * أحبّ إليّ من لُبسِ الشفوفِ *

فانّهُ عطفَ تقرّ على لُبسِ فانتصبَ الفعلُ بعدَها بإضمارِ أنِ المصدريّةِ

وفروعهما • الثاني في ضمير الرفع المنفصل نحو ها هو وها انتم وها اولئك وها اولاء ويجوز استعمالها هنا بغير الالف نحو هؤلئك وهؤلاء • الثالث ان تكون نعتًا في النداء نحو يا ايها الرجل ويا ايتها المرأة • الرابع ان تدخل على القسم بالله نحو ها الله بقطع الهمزة ووصلها (وكلاهما مع اثبات الفها وحذفها)

هَلْ

حرف استفهام وضع لطلب التصديق الايجابي (اي الحكم بالثبوت او الانتفاء يقال في جواب هل قام زيد نعم او لا) وتلازم الفعل ابدًا اما لفظًا نحو هل ضربت زيدًا او تقديرًا نحو هل زيدًا ضربته التقدير هل ضربت زيدًا ويجوز دخولها على الاسم اذا لم يكن في خبره فعل نحو هل زيد اخوك وتختص هل عن همزة الاستفهام من سبعة اوجه

١ ان هل تختص بالايجاب فلا يقال هل لم يقم بخلاف الهمزة

٢ ان تختص هل بتصديق الايجاب لا بتصوره والهمزة عامة في الجميع

٣ ان هل تصير المضارع مستقبلًا والهمزة تصيره حالًا

٤ لا تدخل هل على الشرط لا يقال هل متى قام زيد قام عمرو ويقال في الهمزة أمتى قام زيد قام عمرو

٥ لا تدخل هل على إنّ المكسورة المشددة لا يقال هل إنّ زيدًا قائم والهمزة تدخل على ذلك

٦ ان هل تقع بعد العاطف لا قبله نحو فهل يقوم زيد ام وهل يقوم عمرو والهمزة لا تقع نحو فأيقوم زيد ام وأيقوم عمرو فمثل هذا لا يصح

٧ انه يراد بالاستفهام بها النفي نحو هل يقوم زيد اي انه لا يقوم (وتأتي بمعنى قد. نحو هل اتى على الانسان حين من الدهر. وبمعنى بل نحو هل في الدار اخيار. وبمعنى ما النافية نحو هل جزاء الاحسان الا الاحسان. وبمعنى الامر نحو هل انتم منتهون)

هُنا

بالضم والتخفيف وبالفتح والتشديد اسم اشارة للمكان القريب نحو اجلس هنا وتلحقها هاء التنبيه نحو ههنا والكاف نحو هناك (للمتوسط) والكاف واللام نحو هنالك (للبعيد من المكان او الوقت اذ يستعار كثمة وحيث للزمان وقال صاحب القاموس هنا وههنا اذا اردت القرب وهنّا وهاهنا وهناك وهاهناك اذا اردت البعد وجاء من هنّي اي من هنا ويقال للحبيب هاهنا وهنا اي تقرّب وادنُ وللبغيض هاهنّا وهنّا اي تنحّ بعيدًا)

٢٢ تُزادُ بعدَ إلّا لتأكيدِ الحكمِ المطلوبِ إثباتُهُ اذا كانَ في محلِّ الرّدِّ والانكارِ كقولهِ ما من أحدٍ إلّا ولهُ طمعٌ او حَسَدٌ

وتتميّزُ واوُ العطفِ من باقي الحروفِ العاطفةِ باثنَي عشرَ شيئاً

١ أنّ معطوفها يحتملُ المعاني الثلثةَ المقدّمَ ذكرُها أوّلاً

٢ أنّها تقترنُ بإمّا نحو قامَ إمّا زيدٌ وإمّا عمرٌو

٣ أنّها تقترنُ بلا النافيةِ نحو لا تضربْ زيداً ولا عمرًا

٤ أنّها تقترنُ بلكِنْ نحو قامَ زيدٌ ولكِنْ عمرٌو جالسٌ

٥ أنّها تعطفُ العقدَ على النيّفِ في العددِ نحو عندي واحدٌ وعشرونَ واثنانِ وعشرونَ رجلاً الخ

٦ أنّها تعطفُ صفاتٍ متفرّقةً على موصوفاتِها كقولِ الشاعرِ

* بَكَيْتُ وما بَكا رَجُلٌ حزينٌ * على ربعينِ مسلوبٍ وبالي *

٧ أنّها تعطفُ ما كانَ حقُّهُ أنْ يُثنّى ويُجمَعَ كقولِ الشاعرِ

* ولو كانَ همٌّ واحدٌ لاتّقيتُهُ * ولكنّهُ همٌّ وثانٍ وثالثُ *

لأنّهُ كانَ يُمكنُهُ يقولُ همّانِ او هُمومٌ ومثلُهُ قولُ الآخرِ

* أقمنا بها يومًا ويومًا وثالثًا * ويومًا لهُ يومُ الترحّلِ خامسُ *

اي ثمانيةَ أيّامٍ

٨ تعطفُ ما لا يُستغنَى عنهُ نحو اشتركَ زيدٌ وعمرٌو

٩ أنّها تعطفُ العامَّ على الخاصِّ نحو جاءَ الضاحكُ والإنسانُ

١٠ أنّها تعطفُ عاملاً محذوفًا على عاملٍ ملفوظٍ متقاربينِ في المعنى كقولِ الشاعرِ

* ورأيتُ زوجَكِ في الوغى * متقلّدًا سيفًا ورُمحًا *

اي ومُعتقِلًا رُمحًا

١١ أنْ تعطفَ اسمًا على مُرادفهِ نحو كأنّ زيدًا أسدٌ وليثٌ فإنّ الليثَ هو الأسدُ

١٢ أنْ تعطفَ المُقدَّمَ على متبوعهِ للضرورةِ كقولِ الشاعرِ

* ألا يا نخلةً من ذاتِ عِرقٍ * عليكِ ورحمةُ اللهِ السلامُ *

والأصلُ عليكِ السلامُ ورحمةُ اللهِ وتأتي الواوُ بمعنى أوْ في ثلثةِ مواضعَ

١ في التقسيمِ كقولِكَ الكلمةُ اسمٌ وفعلٌ وحرفٌ

٢ في الإباحةِ نحو تعلّمْ نحوًا وصرفًا

٣ في التخييرِ نحو تزوّجْ هندًا وأختَها (ونحو قالوا نأَتْ فاختَرْ لها الصبرَ والبُكا) وهذانِ من النوادرِ

٦ واوُ القَسَمِ تدخلُ على المُقسَمِ بهِ اذا كانَ مُظهَرًا فيَجرّ بها (وتنوبُ منابَ فعلهِ فلا يُذكَرُ معَها الفعلُ أبدًا ولا تتعلّقُ إلّا بمحذوفٍ) نحو واللهِ فإنْ تلَتْها واوٌ أخرى كانت عاطفةً على قسَمٍ آخرَ لانّها حرفُ قسَمٍ نحو واللهِ والانجيلِ

٧ واوُ رُبَّ فانّها تجرّ ايضًا (ولا تدخلُ إلّا على مُنكَّرٍ) نحو ونديمٍ وجدتُهُ اي ورُبَّ نديمٍ وجدتُهُ

٨ الواوُ الزائدةُ وهي الواقعةُ بعدَ اذا الفُجائيّةِ نحو خرجتُ فاذا وزيدٌ بالبابِ ومنهُ قولُ الشاعرِ

* ولقد رَمَقتُكَ في المجالسِ كُلِّها * فاذا وأنتَ تُعينُ مَنْ يَبْغيني

(ونحو حتّى اذا ما جاءوها وفُتِحَتْ أبوابُها)

٩ واوُ جمعِ الذكورِ فإنْ تقدّمَها الفاعلُ كانت ضميرًا نحو الرجالُ قاموا ويقومونَ وإنْ تقدّمتِ الفاعلَ كانت حرفًا دالًّا على الجمعِ نحو قاموا ويقومونَ الرجالُ

١٠ (واوُ الانكارِ نحو الرَّجُلُوهْ بعدَ قولِ القائلِ قامَ الرَّجُلُ

١١ واوُ الإشباعِ كالبُرقوعِ

١٢ الواوُ المحوَّلةُ طُوبَى أصلُها طُيْبَى

١٣ واواتُ الأبنيةِ كالجَوْرَبِ والتَّوْرَبِ

١٤ واوُ الوقتِ وتقرُبُ من واوِ الحالِ نحو اعْمَلْ وأنتَ صحيحٌ

١٥ واوُ النسبةِ كأَخَوِيّ في النسبةِ الى أخٍ

١٦ واوُ الفصلِ في عَمْرٍو ليُفرَقَ بينَهُ وبينَ عُمَرَ

١٧ الواوُ الفارقةُ كواوِ أولئكَ وأولي لئلّا تشتبهَ بإليكَ وإلى

١٨ واوُ الهمزةِ في الخطِّ كهذهِ أصدقاؤكَ وشاؤكَ وفي اللفظِ نحو حَمْراوانِ وسَوْداوانِ

١٩ واوُ الصرفِ وهو أنْ تكونَ الواوُ معطوفةً على كلامٍ في أوّلهِ حادثةٌ لا تستقيمُ إعادتُها على ما عُطِفَ عليها كقولهِ

* لا تَنْهَ عن خُلُقٍ وتأتيَ مثلَهُ * عارٌ عليكَ اذا فعلتَ عظيمُ *

فانهُ لا يجوزُ إعادةُ لا على وتأتي مثلَهُ فيُسمّى صَرْفًا اذا كانَ معطوفًا ولم يستقِمْ أنْ يُعادَ فيهِ الحادثُ الذي في ما قبلَهُ

٢٠ أنْ تكونَ بمعنى باء الجرِّ نحو أنتَ أعلَمُ ومالكَ وبعتُ الشاءَ شاةً ودرهمًا

٢١ أنْ تكونَ بمعنى لامِ التعليلِ نحو يا لَيْتَنا نُرَدُّ ولا نُكذِّبُ

٧ الألفُ المقصورةُ الواقعةُ في تأنيث الأسماء. نحو حُبلَى وطُوبَى وسَكْرَى

٨ ألِفُ العِوَض اي المُبْدَلة من التنوين عند الوقف نحو رأيتُ زيدا بلا تنوين

٩ ألِفُ التوكيد وهي المُبْدَلةُ من نون التوكيد الخفيفة نحو اضرِبا في اضرِبَنْ وهَلْ تضرِبا في هل تضرِبَنْ (وفي القرآن لَنَسْفَعًا بالناصية)

١٠ ألِفُ الجمع وهي الواقعةُ في الجمع المُكَسَّر نحو مساجد ورجال وغِلمان (وألِفُ جمع الاناث السالم نحو هندات ومؤمِنات)

١١ ألِفُ المُنادَى نحو يا رَجُلًا ويا زيدا بلا تنوين

١٢ (ألِفُ النُدْبَة نحو وا زَيْداه

١٣ ألِفُ الاعراب نحو رأيتُ أخاكَ وأكرمتُ أباكَ

١٤ ألِفُ التأنيث كَمَدَّة حمراء وصحراء

١٥ ألِفاتُ المَدّات كَكَلْكال وخاتام وداناق في الكَلْكَل والخاتم والدانَق

١٦ ألِفُ التعايي بأن يقول إنَّ عُمَرَ ثم يُرْتَجَ عليه فيَقِفُ قائلا إنَّ عُمَرَا يمدُّها مستمِدًّا لما يفتح من الكلام)

ى

الياء المفردةُ تكونُ ضميرًا للمؤنّثة في تَفْعَلِينَ وقُومِي وتكونُ حرفًا للمضارعة في يَقومُ (وللاضافة نحو غُلامِي وللنسبة نحو كوفِيٌّ وتميميٌّ وللتثنية نحو رأيتُ الرَجُلَيْن وللجمع نحو إنّي من المؤمنين وللبدل من الواو مثل سَيِّدٌ ومَيِّتٌ والياء المُحَوَّلة كما في الميزان وياء حُبْلَى وعَطْشَى وذِكْرَى والياء المُبْدَلة من لام الفعل كالخامِي والسادِي في الخامس والسادس وياء الثعالي والثعالب وياء الهمزة نحو من أصدقائك وفي إنائك وياء التصغير وياء التعايي وياء الصِلَة في القوافي)

يا

حرفُ نداء للبعيد وغيره فهي أمُّ حروف النداء. ولهذا لا يُقَدَّرُ عند حذف حرف النداء سواها فتقديرُ أبانا الذي في السماوات يا أبانا الذي الخ قال صاحبُ المُتَوَسِّط والجامي يجوز حذف حرف النداء من ثلثة القلم والمضاف ومن أيّها وتختصّ يا بنداء لفظ الجلالة وبالاسم المستغاث وبأيُّها وبأيَّتُها وحروف النداء تختصّ بالاسم المفرد إلّا يا فإنّها تدخل الجملة الاسميّة نحو يا لَعْنَةُ اللهِ عليه والجملة الفعليّة نحو ألا يا أسْقِياني وألا يا اسْجُدوا وتدخل

وَا

حرف نداء خاصّ بالنُدْبة نحو وا زيداهُ وا سيّداهُ

وَاهًا

مثل وا في المعنى وتأتي بمعنى أَعجَبُ تقولُ وَاهًا بزيدٍ اي أَعجَبُ بهِ (وقيل هي للتعجُّب من طيب شيءٍ. قال الشاعر

* واهًا لِرَيَّا ثمّ واهًا واها * يا ليتَ عيناها لنا وفاها *)

ويجوز أن يقال وا بزيدٍ

وَيْكَ

بمعنى وَيْلَكَ

لا

والمرادُ بهِ الحرفُ الهاويُّ الممتنعُ الابتداء بهِ لكونهِ لا يقبلُ الحركةَ قال ابنُ جنّي انّ هذا الحرفَ علامةٌ للألفِ اللّيّنةِ ولمّا لم يُمكِنِ التلفُّظ بهِ بنفسهِ لانّهُ لا يقبلُ الحركةَ للفظوا معهُ باللام ليمكنهمُ التلفُّظ بهِ فاذا لفظتهُ فقلْ فيهِ لا وقولُ العامّةِ لامْ ألِفٍ غلطٌ تستعملهُ مشائخ الكُتّابِ لتمرينِ الاطفالِ في تعليمِ الحروفِ الهجائيّةِ ولها (بيَّنةً صَغَرَ) معانٍ

١ أن تكونَ للاثنينِ فإنْ تقدّمها الفاعلُ كانت ضميرًا نحو الرجلانِ قاما وإن تقدّمت الفاعلَ كانت حرفًا يدلُّ على الاثنينِ نحو قاما الرجلانِ

٢ الألفُ الفاصلةُ وهي ثلثٌ * الأولى الفاصلةُ بينَ الهمزتينِ في نحو آ أنتَ زيدٌ بالمدّ * الثانيةُ الفاصلةُ ما بينَ نونِ جمعِ المؤنّثِ وبينَ نونِ التوكيدِ نحو اضربنانِّ * الثالثةُ الواقعةُ بعدَ واوِ الجمعِ في مثل قاموا ولن يقوموا

٣ الألفُ الاصليّةُ اي انّها غيرُ زائدةٍ ولا منقلبةٌ وهي ألِفُ ما ولا فقط

٤ الألفُ المحوَّلةُ وهي المنقلبةُ عن واوٍ او عن ياءٍ او همزةٍ مثل قالَ (وباع) ورَمَى وآمَنَ بالمدّ

٥ الألفُ الزائدةُ وهي ألِفُ فاعَلَ وتفاعَلَ وألِفُ اسمِ الفاعلِ في مثل ضاربٍ وقاتلٍ وألِفُ كتابٍ ومفتاحٍ

٦ ألِفُ الاشباعِ لأنّ الفتحةَ اذا أُشبعت تولَّدَ منها ألِفٌ كما مرّ (وتُسمّى ألِفَ الصلةِ تُوصَلُ بها فتحةُ القافيةِ والفرقُ بينها وبينَ ألِفِ الوصلِ انّ ألِفَها اجتُلبت في اواخرِ الاسماءِ وألِفُ الوصلِ في أوائلِ الاسماءِ والافعالِ) كقولِ الشاعرِ

* أخوكَ أخو مكاشرةٍ وضحكٍ * وحيّاكَ الالهُ فكيفَ أنتا *

والاصل أنتَ بفتحِ التاءِ

تصحيح الغلط

وجه	سطر	خطا	صواب
٠٠٢	٢	ذُوارِس	ذَوارِس
»	١١	تُـنْبَى	تُـنْبِي
»	١٢	مَعَائِس	مَعَايِس
٠٠٤	٢١	مُنْبَأً	مُبْنِيًّا
٠٠٥	٠٧	مُشْتَّل	مُشْتَوِل
»	١٦	بُرُوًا بفتحهما	بُرُوًا بالضم
»	١٧	بُرُوًا بفتحهما	بُرُوًا بالضم
»	١٩	بفتحما	بفتحهما
»	٢٠	بَطُوَ بَطًا	بَطُوَ بِطَاءً
٠٠٦	٠٩	إجزاء	أجزاء
»	١٥	والمَجْنَاةُ	والمُجْنَاةُ
»	١٩	الحَبَأُ مَحْرَكَة	الحَبَأُ مُحَرَّكَة
»	٢٠	ل وَجَأً	ل وَجِيءَ
٧	٠٥	مِن	من
»	١٨	مُحَرَّكَة	مُحَرَّكَة
»	٢٣	آدَم	آدَمَ
»	٢٤	أَخْطَأْتَ	أَخْطَأْتَ
٠٠٨	٠١	دَأْدَأَ	دَأْدَأَ
»	٠٢	دَآدِئ	دَآدِئ
»	٢٦	المَزِيُّون	المَزْؤُون
»	»	المَصِيبَة	المُصِيبَة
٠٠٩	٠٣	اصلج	اصلخ
»	٠٥	اصلخ	اصلخ
»	٢٢	قبح	قبخ
»	٢٦	شطوء	شطوء
١٠	٠١	وشَوَاطِي	وشَوَاطِئ

وجه	سطر	خطا	صواب
٠١٠	٠١	قَهَزَةٌ	قَهَزَةٌ
»	»	شَقًا نابَهُ شَقًّا	شَقًا نابَهُ شَقًّا
»	٠٩	والدَّرَنُ	والدَّرَنُ
٠١١	٠١	كسلاً	كسلاً
»	٠٥	ظَمْآن	ظَمْآن
»	٠٩	والعَبُ	والعَبْء
»	»	الثِقْلُ	الثِقَل
»	١٠	والأَعْبَأَ	والأعباء
٠١٢	١٧	محركَةُ	محركَة
»	١٨	كرثاً	كرثاً
»	٢٠	خَتَّى	خُتَى
١٣	١١	ولَبُوء	ولُبُوء
»	»	واللَّبَأَة	واللُّبَاة
٠١٤	٠٩	احبرة	اخبرة
٠١٥	٠٤	ينعجه	ينعجه
٠١٦	٠٢	بطنَة	بطنة
»	١٤	طلبة	طلبة
٠١٧	٠٨	أَرِبًا	إِرَبًا
»	١٠	الاحكامُ	الاحكام
»	٢٠	الايبة	الايبة
»	٢٥	الغُدَّة	الغُدَّة
٠١٨	١٠	لانهُ	لانهُ
	٠٣	البَوابة بالفتح	البِوابة بالكسر
»	١٨	التبُ	النبْ
٠١٩	٠٤	نَبَأً	نَبًا
»	٠٧	صِاحِب	صاحِب

الحرف ايضاً نحو يا ليت قومي يعلمون ويا ربّ مؤمنٍ هالكٍ لقيتهُ فهي في هذهِ الاماكن كلّها إمّا للتنبيه وإمّا أنّها داخلةٌ على منادى مقدَّرٍ والى هنا كان الانتهاء فكان خاتمةً للابتداء. قال مؤلّفهُ جبرائيل الراهب اللبناني وكان ختام هذا التأليف المخلص لوجه الله الكريم اللطيف آخر شهر أيلول من شهور سنة الف وسبعمائة وثماني عشرة مسيحيّة فنسألهُ تعالى المسامحة بما طغى بهِ القلم وزلّت بهِ القدم من نقص مريب ووصمة تعيب لأنّ الكمال للهِ وحدهُ وعندهُ توجد الرحمة غفر اللهُ لقابلهِ وقاريهِ ومقتنيهِ لأنّهُ قديرٌ وبالاجابة جديرٌ والحمدُ للـــهِ وحدهُ

لقد تم بعون الملك الوهّاب طبع هذا الكتاب المستطاب في الخامس والعشرين من شهر نيسان سنة تسع واربعين بعد الثمانمائة والف مسيحيّة بنفقة ومناظرة رشيد وسمعان الدحداح

وجه	سطر	خطا	صواب
٠٣٧	١٠	المشيبب	المشيب
٠٤٠	٢	وطلبّ	وطلبٌ
•	٣	بحقٍ	بحقٍ
•	٢٠	بشرٍ	بشرٍ
•	٢١	شاذٌ	شاذٌ
•	٢٥	والعب	والعب
٠٤١	١	المهتلىّ	المهتلىّ
٠٤٢	١١	ومرقوبٌ	ومرقوبٌ
٠٤٣	٩	والقنطوب	والقنطوب
•	٢٣	لتدبٌ	لتدبٌ
•	٢٦	آلنار	آلنار
٠٤٤	١٩	والقدحَ	والقدحُ
•	٢٥	لقيته	لقيته
•	٢٧	الإثم	الاثم
٠٤٥	٢١	وغيبة	وغيبة
٠٤٦	٢٧	وآكل	وآكل
٠٤٧	٥	بْرا	بَرا
•	١٤	آلدابة	آلدابة
٠٤٨		٣٨	٤٨
•	٥	فصلَ	فصلُ
•	٢٦	صدٌ	صدٌ
٠٥٠	٩	آنهٌ	إنهٌ
٠٥١	١	وكُل	وكُل
٠٥٢	١٧	اللُعب	اللَعب
٠٥٣	١٠	الرثة	الرئة
٠٥٥	١٨	المصيبة	المصيبة
•	٢٥	البسن	البسن
٠٥٦	٤	(ووثانا)	(ووثانا)
٠٥٩	١	أبوتا	أبوتا

وجه	سطر	خطا	صواب
•	٢	الذفِر	الذفِر
•	١٣	الإنبات	الإنبتات
٠٦١	٨	الحلاتة بالفتح	الحلاتة بالضم
•	•	نَتافة	نُتافة
٠٦٣	٥	الماغر	الماعز
•	١٩	بينها	بينهما
٠٦٧	٣٧	المراة	آلمراة
٠٦٨	١٥	شعره	شعرة
٠٦٩	٤	الطعن	الطعن
٠٧١	١٣	بالفتح	بالفتح
٠٧٣	٢٢	بامر	بامر
٠٧٥	١٩	والاخد	والاخذ
٠٧٨	٢١	التاج	التاج
٠٧٩	٢٤	العرج	العرج
•	٢٥	الإثم	الإثم
٠٨٠	١٧	ملتويًا	ملتويًا
•	٢٣	والخرج	والخرج
٠٨٢	١٨	الدلج	الدلج
٠٨٨	٨	بالعم	بالضم
•	٢١	شقى	شقى
٠٨٩	٢٥	والفج	والفج
٠٩٠	١٦	الماء	الماء
٠٩٢	٧	واوجهته	واوجهته
٠٩٣	١٥	مَثلثة	مُثلثة
٠٩٤	٢٥	واتاحه	واتاحه
٠٩٨	١٠	أسوار	أسوار
١٠٢	٨	الاسطلاح	الاصطلاح
١٠٤	٢٣	سقة	سقه
•	٢٦	وفعنيا	وفقعيا

وجه	سطر	خطا	صواب
٠١٩	١٨	الحيَة	الحيّة
«	٢٤	واسَمْ	واسَمّ
٠٢٠	٠١	الجزاء	الجُزاء
«	٠٣	اللِباس	اللباس
«	٠٤	الجسد	الجسدُ
«	٢٠	جذوبة	جذوبةً
٠٢١	٠١	الخارغة	الشاغة
«	٠٤	ياكلة	ياكلهُ
«	٠٨	والجشب	والجشبُ
«	٢٣	الشديذ	الشديذ
«	٢٤	محركة	محركةً
٠٢٢	٠٢	الجنبة	الجنبةُ
«	٠٤	الحناب	الجناب
«	«	السنتر	السترُ
«	٠٦	العظيمة	العظيمةُ
«	١١	شاذ	شاذُ
«	١٣	شاذ حبا	شاذُ حبًّا
«	١٦	وجبّة	وحَبّة
«	٢٤	القطعة	القطعةُ
«	٢٥	حواب	حوابٌ
«	٢٦	محركة	مُحركة
٠٢٣	٠٤	مُجزى	مُجزى
«	٠٦	واحدودب	واحدودبَ
«	١٣	فلتتج	فتتح
«	«	وفو	ومو
«	١٧	والارض	والارض
٠٢٤	٠٦	وسدة	وسدة
«	١٠	الجماعة	الجماعةُ
٠٢٤	١١	وفعلة	وفِعْلة

وجه	سطر	خطا	صواب
٠٢٤	١١	محصوب	محصوبٌ
«	«	والحصب	والحصبُ
«	١٩	الشديذ	الشديذُ
«	«	والشئوم	والمُوم
«	٢٤	الرّحل	الرّحْل
٠٢٥	١٧	والنفسَ	والنفسِ
«	٢١	كُنيجان	غيجان
٠٢٦	٠٤	محركة	مُحركة
«	٠٨	والخرنون	والخرنوب
«	١١	الحديث	الحديثُ
«	١٤	خلطة	خلطةُ
٠٢٧	٠٤	بُعده	بُعده
٠٢٨	١٠	مرنة	مرنةً
«	٢٠	خبث	هبثٌ
٠٣١	٠٧	بَلّة	بَلّةُ
«	١٠	بالضمّ	بالضمّ
«	١٥	وزغب	ورغب
«	١٨	الرجل	الرجلِ
«	٢٠	المشرف	المشرفُ
٠٣٢	٠١	جبهته	جبهتهُ
٠٣٣	٠٦	غليم	عظيم
«	٠٩	ابتلعها	ابتلعها
٠٣٤	١٦	الجواذ	الجواذُ
«	٢٧	الاثوريين	الاثوريِّين
٠٣٦	١٤	الشعب	الشعْب
«	٢٣	الجزاء	الجُزاء
٠٣٦	٢٢	كُل	كُل
«	٢٦	رايحة	رايحة
«	«	اسكندر	اسكندرَ

وجه	سطر	خطا	صواب
١٩٥	٠٣	يدهٔ	يدهٔ
•	١٤	كلٌّ	كلٌّ
•	٢١	شقى	شقى
١٩٩	٢٧	وصفُرت	وصفَرت
٢٠٠	٢٣	جَرَى	جَرَى
٢٠٣	٢٤	بعلبكَ	بعلبكّ
٢٠٥	٠٦	ولقَيته	ولقِيته
•	٠٥	المنفَّرين	المنفَّرين
٢١٠	٠٢	تَنى	نَبى
•	١٠	ولايزال	ولايزال
٢١٢	١٥	(ج هران	ج هران
٢١٣	٠٥	اسماه	اسماه
•	٢٧	ولقَيته	ولقِيه
٢١٦	١٨	وعقلتة	وعشقته
٢٢٠	٠٨	والعده	والشدة
٢٢١	٠٣	ولقَيته	ولقِيته
٢٢٨	١٧	نفارٌ	نفارٌ
٢٣٤	٢١	وازيرًا	وازيرًا
٢٤٠	٢١	الشكز	الشكز
٢٤٢	٠٩	الاتبياء	لانبياء
٢٤٣	٢٢	وفزةٌ	وفزةٌ
٢٤٥	١٢	المصانق	المعانق
٢٤٨	٠٣	حركةٌ	حركةٌ
٢٥٢	٠٦	خَسّ	خَسّ
٢٥٤	٢٦	نفسهٔ	نفسهٔ
٢٥٨	١١	ضَنَهَسَهٔ	ضَهَسَهٔ
٢٥٩	٢٢	الوطه	الوطه
٢٦٢	١٢	زُويّاه	رُوياه
٢٦٣	٠٧	توُخذ	توْخذ
٢٦٥	١٣	وقتهَ	وقتهِ
٢٧٥	١٥	هزلٌ	هزلَ
٢٧٧	٠٨	غفلةٌ	علةٌ
•	١١	العذراه	العذراء
٢٨٠	٢٠	باصابعهٔ	باصابعهِ
٢٨٤	١٥	التلوّه	التاوّه
٢٨٧	٠٨	وارتعصْ	وارتعصَ
٢٨٨	١٣	والمعِياص	والمعفاص
٣٠١	٠٣	ممعوص	مُمعوص
٣٠٤	٢٧	ثقوبٌ	ثقوبَ
٣٠٧	٠١	دَحَلَطَ	دَحْلَطَ
•	١٣	ببياضهٔ	بياضهٔ
٣١١	١٣	عرقهٔ	عرقهٔ
٣١٤	١٦	مجولًا	مجهولًا
٣٢١	٢٤	احدٍ	احدِ
٣٣٠	١٦	الشيخَ	الشيخْ
٣٣٥	٢٠	سيراخ)	سيراخ
٣٣٩	١٨	انقاذ	انقاذ
٣٤٠	١١	تصعير	تصغير
٣٤٠	٢٤	الفقاقبع	الفقاقيع
٣٤١	٠٨	الجرنةٌ	الجرنةْ
٣٤٤	١٩	كسفةٌ	كسفةٌ
٣٥٠	١٤	السكينٌ	السكينَ
٣٥٢	٠٥	يداول	تداول
•	٢١	البوغاء	البوغاء
٣٥٦	•	وانفهٔ وانفهٔ	وأنفهٔ وأنفهٔ
٣٦٠	٠٢	وفعلةٌ	وفعله
٣٦١	٢٢	احقافَ	احقافُ
٣٦٤	٢٠	وذنثت	ودنفت

وجه	سطر	خطا	صواب
١٠٥	٢٥	اقرحة	اقرحةُ
١٠٦	١٠	نوحِ	نوحٍ
١٠٨	١٥	لَنوح	أَنوح
١٠٩	٠٦	ارتفع	ارتفع
»	٢٢	الضوبَ	العربَ
»	٢٣	والمساحه	والمساحة
»	٢٤	نبيّا	نبيّا
١١٠	٠٢	اليُمنى	اليُمنى
»	٠٩	الجِماع	الجِماع
»	٢٢	فية	فيه
١١٢	٠٤	الجلوذ	الجلوذ
»	١٣	وخاصمة	وخاصمه
١١٤	٠٦	وارخة	وارخه
١١٦	٠٥	وَانشاء	وأنشاه
١١٧	١٧	شخًا	شخًا
١٢١	٢٠	واتصحنة	واتصحنهُ
١٢٤	٠٩	ملكة	ملكهُ
١٢٥	٠٧	وخقّي	وحقّي
١٢٧	٠١	المطرَ	المطرِ
١٢٩	١٢	الجهدَ	الجهدُ
١٣٠	٠٤	النخرن	الحزن
١٣١	١١	كانة	كانهُ
١٣٥	١٩	ومسكنِ	ومسكنٍ
١٣٧	٠٥	الحية	الحيّةُ
١٣٨	١٦	دُوَيْبة	دُوَيْبَة
١٤٥	٢٢	وريقِ	ورِيقٍ
١٤٨	١٥	ذواة	ذوات
١٥١	٢٠	عظمة	عظمهُ
١٥٢	١٤	مَلعَ	ملَعْ

وجه	سطر	خطا	صواب
١٥٥	٢٢	عندِ	عندَ
١٦٠	١٤	متروك حرف الزاى من قبل كلمة الزمرّذ	
١٦١	٠٣	أزارة	إزاره
»	٠٦	خير الأشواذِ	خير الاشاوذِ
١٦٥	٢٧	الحكيمَ	الحكيم
»	»	الهنّة	الهنّة
١٦٦	١٢	عيوبه	عيوبه
»	١٨	الفصولى	الفصولى
»	١٩	ولقيته	ولِقيته
١٦٧	٠١	المحمور	المخمور
١٦٧	٢٤	طريّا	طرّبا
١٧١	١٣	بأشيّهِ	بأشيّهِ
١٧٤	٠٦	القط	القطّ
١٧٩	٠٦	الشيء	الشيء
١٨١	١٣	نفسة	نفسه
١٨٢	٠٩	يتوكأ	يتوكّأ
»	٢٦	لقيته	لقيته
١٨٤	٢٦	والإبعاد	والابعاد
١٨٦	١٦	أذنَ	أذِنَ
١٨٧	١٠	مجهولا	مجهولاً
»	١٣	الذهن	الذِهن
١٨٨	٠٦	القلمَ	القلمُ
»	٢٢	البطريق	البِطريق
١٨٩	١٠	يترنم	يترنّمُ
١٩١	١٩	ولبّه	ولبّه
»	٢٤	وسَرّة	وسُرّة
١٩٣	٠٦	الحزّ	الحرّ
١٩٤	٠٧	وسؤور	وسؤور
»	١٢	والأشهوان	والأشهوان

وجه	سطر	خطا	صواب
٤٥٩	١٤	والمشملة	والمشملة
«	٢٣	واشالتة	واشالتة
«	٢٦	واصمال	واصمال
٤٦١	١٠	وضال	وضال
«	٢٢	شي٠	شي٠
٤٦٢	«	اللذيزة	اللذيذة
٤٦٦	«	روحاني	روحاني
٤٦٧	٠٨	الحمي	الحمي
٤٦٨	٢٥	وامراة	ومراة
٤٦٩	٠٨	الضخم	الضخم
«	٢٦	ومعتل	ومعتل
٤٧١	٢٣	والفضال	والفضال
٤٧٥	٢٥	وقال	وقال
٤٧٧	١٢	وكلهن	وكلهن
«	١٧	الالم	للالم
٤٧٨	٠٣	بيانها	بيانها
٤٧٩	٠٣	ومثل	ومثل
«	٠٤	شبهه	شبهه
٤٨٠	٠١	وامعاته	وامغلته
«	١٦	وامهلة	وامهلة
٤٨١	١٧	بالشي٠	بالشي٠
٤٨٣	١٤	الدابة	الدابة
٤٨٤	٠٦	نملة	نملة
«	١٢	والنملة	والنملة
٤٨٥	٢٥	ووعول	ووعول
٤٨٧	٠١	يزى	يرى
«	«	الهوجلة	الهوجلة
٤٨٨	٠٧	والثوب	والثوب
«	١١	والتهويل	والتهويل

وجه	سطر	خطا	صواب
«	١٥	المبث	المبث
«	١٦	الياء	الياء
٤٩٠	١٠	ستورة	ستورة
٤٩١	٠٦	اورشلم	اورشليم
٤٩٢	١٢	والابزام	والابزام
٤٩٣	٠٥	ثم	ثم
٤٩٤	١٤	المصداء	المصداة
٤٩٦	١٥	جزة	جزة
٤٩٧	٢٢	والابطاء	والابطاء
٤٩٨	١٤	حزم	حزم
«	١٨	الشي٠	الشي٠
«	٢٧	لحاء	لحاء
٥٠٠	٠١	الشي٠ مطمه	الشي٠ معظمه
«	٢٣	الشي٠	الشي٠
«	«	خادم	خادم
٥٠٣	١٥	وطعنة	وطعنة
٥٠٧	٠١	تميل	تميل
٥٠٩	٢٦	الثقب	الثقب
٥١٠	١٨	مسهوم	مسهوم
«	١٩	أسهب	أسهب
٥١١	٠٩	الشرج	الفرج
«	١٧	جسن	جس
٥١٢	٢٠	اصم	امن
٥١٤	٠٦	الطعومة	الطعومة
«	٠٣	كثير	كثير
٥٢١	٢١	الشي٠	الشي٠
٥٢٣	٠٤	أنتصب	انتصب
٥٢٤	١٩	جاء	جاء
٥٢٧	٠١	ولغمة	ولغمة

وجه	سطر	خطا	صواب
٣٦٨	٠٦	واسطة	واسعة
«	٠٧	سقا	سقا
«	٠٨	الذننة	الدمنة
٣٦٩	١٨	شرٍ	شرّ
٣٧٠	٠١	كفة	كفه
٣٧٢	«	الصوف	الصوف
«	١٦	العيف	العيف
٣٧٣	٠٤	ولحرف	وطرف
٣٧٤	١٣	وتعجرف	تعجرف
٣٧٥	٠١	البحرْ	البحرِ
«	١٣	عرفتة	مرفته
٣٧٦	٠٨	بتحية	بتحية
٣٦٦	٠٨	وأعكف	واعتكف
٣٦٧	٠٨	والريش	الريش
٣٧٨	٠٢	القذفة	القذفة
٣٨٠	٠٢	كفا	كفا
«	٠٣	اندفع	اندفع
«	١٥	تمشيِ	تمشى
«	١٦	الكنف	الكنف
٣٨١	١٤	المبارة	المبارة
٣٨٢	٢٠	ونزف	ونزف
٣٨٤	٠٧	مزحه	مزجه
٣٦٠	٢١	بردة	بردة
٣٩١	١١	حقيق	حقيق
٣٩٥	٠٨	ودلق	وذلق
٤٠٠	٢٠	وشبارق	وشبارق
«	٢٤	الشوذق	الشوذق
٤٠١	١٣	شقة	شقه
٤٠٨	١٦	المثلثة	المقتتة

وجه	سطر	خطا	صواب
٤٠٨	١٤	طلمثة	طلمته
٤١١	١٣	واللقلقه ماتلقلقه	واللقلقة ماتلقلقه
٤١٢	٢٣	وفسلة	وغسلة
٤١٤	١٧	موراق	موراق
٤٢٢	٠١	شوكة	شوكة
«	٢٤	الحبكة	الحبكة
٤٢٦	١٦	اماكن	اماكن
«	١٩	الياء	الياء
«	٢٤	ونهاكة	ونهاكة
٤٢٨	٠٩	التهوك	التهوك
٤٢٩	١٣	بالنسية	بالنسبة
٤٣٠	٠٨	بالدماء	بالدهاء
«	١٩	وأول	واول
٤٣٦	١٩	ميزة	ميزة
٤٣٤	٢٦	الزائلة	الزايدة
٤٣٩	٢٣	وكل	وكل
«	٢٤	الجبالة	الجبالة
٤٤٣	١٩	دابته	دابته
٤٤٥	٢٢	يخالة	يخاله
٤٥٠	٢٢	الرجل	الرجل
٤٥١	١٨	معربة	معربة
٤٥٢	١٧	وترفل	وترفل
٤٥٣	١٧	والسريع	السريع
٤٥٥	١٠	والمرطر	والمطر
«	١٨	كتب	كتب
«	٢٥	مائة	مائة
٤٥٧	٠٦	الشيء	الشيء
«	٢٠	ودابة	ودابة
٤٥٨	٢٦	اشكال	اشكال

وجه	سطر	خطا	صواب
٦٤٨	٠٥	لنداء	لنداء
«	٢٦	البسلة	البسملة
٦٥٣	١٤	أنْ	أنّ
«	١٥	أنْ	أنّ
٦٥٥	٢٧	الشعر	الشاعر
٦٥٧	١٩	امى	اى
٦٦٠	٢١	الاستعلم	الاستفهام
٦٦١	٢٠	خبرُها	خبرُها
٦٦١	٢٤	فيجور	فيجوز
٦٦٤	٠٣	تفارقة	تفارقه
«	«	الاستمساكْ	الاستمساكَ
٦٦٥	١٠	مخازًا	مجازًا
٦٧٠	٢٢	البعر	الشاعر
٦٧٩	١٣	الملكَ	الملكُ
«	١٤	التمليكَ	التمليكُ
٦٨٠	٠٩	المعدى	المتعدى
٦٩١	١٦	زيدًا	زيدٌ
٦٨٩	١٤	التوبيو	التوبيخ
٦٩٢	٢٠	حيانى	حياتى
٦٩٤	٢٤	ابنَ	ابنُ
٦٩٥	٢١	دقفته	دقـقـتـه
«	٢٥	نعَم	نعمْ
٦٩٦	٠٥	شيء	شيْء
٧٠٠	٢٥	مُذْ	مُذ
٧٠١	٠٩	كُل	كُل
٧٠٢	٠١	سعى	بمعنى
٧٠٣	١٩	تصربَنْ	تضربَنْ
٧٠٤	٢٤	المونث	المونث
٧٠٥	١٦	بزيادة	بزيادة
«	٢٥	قتلد	فقد
٧٠٦	٢٥	تصديق	تصديق
٧٠٧	٢٣	دات	ذات
٧٠٩	٠٥	بو	به
٧١٠	١٤	طوبي	طوبى
٧١١	١٩	روجك	زوجك

وجه	سطر	خطا	صواب
٥٢٨	١٥	جذمَه	جذمة
٥٣٦	»	يقولةُ	يقولهُ
٥٣٩	٠٧	الشي.	الشيء
»	٠٩	يتتاونَ	يتتاونَ
٥٤٠	١٣	غطاء	غطاء
»	٢٢	وجنانَةُ	وجنانُهُ
٥٤١	٠٦	القدبيين	القديسين
»	٠٧	جونُ	جونُ
٥٤٢	٠٢	الجسن	الحسن
٥٤٣	١٨	خينئذٍ	حينئذٍ
٥٤٥	١١	وام دزن	وام درن
٥٤٦	٠٢	طفرف	ظرف
»	٠٧	ودعنبد	ودعند
٥٥٥	١٤	عنن	، عدنٍ
٥٥٦	١٥	عَنًا	غدًا
٥٥٧	٠٧	الشي.	الشيء
٥٦١	١٨	والبرزون	والبرذون
٥٦٢	٠٢	كانون	كانون
٥٦٣	٢٢	لدغبُ	لدغتُ
»	٢٧	الصالحن	الصالحينَ
٥٧٥	١٤	ونزاة	ونزاه
٥٨٠	٢٥	بالكسر	بالكسر
٥٨١	١٣	جواء	جواء
٥٨٢	١١	شربتة	شربتهُ
٥٨٣	٠٢	فهي	فهو
٥٩٢	٠٢	العبرانية	العبرانية
٥٩٣	١٨	طارية	طادية
٥٩٨	٠٧	وتفشت	وتفشت
٦٠١	٠٩	قالَ	قالَ
٦٠١	١٨	معوجٍّ	معوجُّ
٦٠٦	١١	واثاية	واثايةُ
٦٠٨	٠٩	يونجبُ	يُوجبُ
»	١١	والتهرية	والتجربة
»	١٨	ييان	بيان
٦١٠	٠٦	والجرابةُ	والجرابةُ
»	١٨	والنجوىَ	والنجوىٰ
٦١١	٠٤	وطلّه	وظلّه
٦١٣	٢٤	لعة	لغة
٦٢٠	٢٤	العقيانَ	العقيانُ
٦٢٢	٢٤	والغداء	والغذاء
٦٢٥	٠١	نبلاة	نبلاء
٦٢٩	٢١	روشَى	روشَى
٦٣٥	٠٤	امعى	امعى
»	١٠	فتقولُ	فتقولُ
»	٢٢	مصحوبُها	مصحوبُها
»	٢٤	نرعان	نوعان
٦٣٧	٢٧	أنبثغت	أنبثقت
»	»	نغامها	بغامها
٦٣٨	١٤	اجزغت	اجزعت
٦٣٩	١٥	حقًا	حقًا
»	...	صعيفْ	ضعيفٌ
٦٤١	١٨	زائدة	زائدةً
٦٤٢	٠٢	ذهلت	دخلت
»	»	يظنونكث	يظنونكَ
»	٠	ونزر	وندر
٦٤٤	٠٩	ويصب	ويجب
٦٤٧	٠٥	سَألته	سألتهُ
»	١٢	تستعل	تستعمل

Quant au *Bab Elyrab* de Germanos Farhat, il n'était que le précis du *Kamous*. L'auteur voulait offrir par le peu d'étendue de son œuvre le moyen de la propager en rendant sa transcription plus prompte et plus facile. Il y ajouta cependant tous les mots ayant rapport au culte catholique. Il l'a terminé par un recueil alphabétique où il résout toutes les difficultés de la syntaxe, soit par la prononciation, soit par les acceptions dissemblables, soit par les attributs divers qui se rattachent à la syntaxe. Germanos Farhat ajouta à son Lexique un grand nombre de noms de communautés et de personnages bibliques les plus saillants. Après avoir examiné cet Ouvrage, j'ai été porté à croire que la copie du *Kamous*, alors manuscrite, et sur laquelle il composa très sommairement son *Bab Elyrab*, était fautive.

J'ai jugé, par conséquent, devoir combler toutes les lacunes qui se trouvent dans le *Bab Elyrab* et éditer cette œuvre avec toutes les corrections et toute la perfection possibles. Voici comment j'y ai procédé. Je m'en suis d'abord procuré cinq copies manuscrites différentes, afin d'épurer la cinquième sur les quatre autres; puis cette copie a été sévèrement confrontée avec le *Feyrouzabady*, en examinant les uns après les autres, tous les mots et la manière dont il les a définis; j'ai eu recours à plusieurs ouvrages de littérature arabe qui ne m'ont pas peu servi pour enrichir ce travail de toutes les corrections et augmentations dont il était susceptible; et sans cesse renouvelant mes recherches dans les ouvrages que je viens de citer, j'ai fait les additions les plus indispensables réparties en ordre alphabétique dans tout le corps du Vocabulaire, afin qu'une parfaite harmonie pût régner entre mes explications et celles de l'illustre auteur primitif. Tout ce qui a été ajouté par moi se trouve placé entre deux parenthèses; j'ai agi de même pour les explications grammaticales dont j'ai augmenté le chapitre de la syntaxe, je me suis servi des mêmes signes conventionnels que lui, et j'ai adopté, en outre, les lettres جج pour marquer le pluriel des pluriels, qu'il avait tantôt négligé et tantôt confondu avec les pluriels simples.

La plupart de mes explications ont rapport à des racines qui n'existent pas dans son Lexique; et plus d'une fois j'ai dû compléter ces définitions défectueuses ou insuffisantes, au développement des différentes acceptions du verbe qui peut avoir plusieurs infinitifs régissant diverses prépositions. De ces mêmes infinitifs découlent les substantifs dont j'ai démontré l'origine, et les différents genres de pluriels, surtout le pluriel appelé en arabe *gemh eltaksir*, que souvent on ne peut connaître qu'en consultant le dictionnaire lui-même.

A chaque mot dont l'origine est étrangère une remarque a été faite, de même que sur un grand nombre de sentences et de proverbes, sur quelques noms propres d'hommes qui se sont rendus célèbres chez les Arabes, soit par leurs traits de générosité ou de dévouement, soit par leurs actes odieux. Des explications essentielles ont été introduites au sujet des distinctions à établir entre le masculin et le féminin et notamment entre les noms qui sont susceptibles de recevoir les deux genres. On trouve aussi les différents infinitifs qui se rapportent à chaque forme de verbe avec toutes les acceptions qui leur sont propres; enfin, les expressions prépositives et abverbiales applicables à tels et tels verbes qui les régissent. Tout mot irrégulier ou pouvant signifier le pour et le contre a été également noté. J'ai marqué les voyelles pour tous les mots qui, étant sans voyelles, pourraient avoir un double sens.

Quant aux signes conventionnels et aux voyelles dont je me suis servi durant tout le cours de cet ouvrage, je renvoie le lecteur aux détails s'y rattachant dans la préface arabe.

Dans un des chapitres de la préface, à côté de l'indulgence et des excuses auxquelles Germanos Farhat a certainement droit, on trouve vingt-un genres différents de corrections que j'ai faites sur le *Bab Elyrab*; et, dans un autre chapitre, certains passages reproduits du Feyrouzabady, pour prouver une fois encore l'inutilité de ses dissertations, qui ne se rapportent nullement aux propriétés de la Langue.

Pour avoir une idée des améliorations et additions faites à cet Ouvrage, qu'il suffise de remarquer qu'entre autres mots introduits dans tout le corps de ce Lexique et que l'on chercherait en vain dans le Feyrouzabady, plus de deux cents mots figurent dans la préface.

Enfin, après plusieurs années d'efforts opiniâtres, de recherches non interrompues, j'ai terminé cet Ouvrage, aidé, sous le double rapport de la lecture et de la correction, de mon beau-frère, M. Siméon de Dahdah, orientaliste comme moi, et versé dans la littérature française.

Je le présente donc au public avec l'espoir qu'il sera favorablement accueilli, non-seulement des Orientalistes, mais de tout Européen jaloux de posséder la Langue Arabe.

Rochaïd de DAHDAH.

RÉSUMÉ DE LA PRÉFACE ARABE.

Il est universellement reconnu que les principes d'une langue sont les éléments fondamentaux de toute science; la langue peut être comparée à un arbre, à travers les feuilles duquel apparaissent les fruits de la pensée. Les Orientalistes et les Arabes lettrés désiraient un ouvrage qui contînt les richesses de la Langue Arabe et qui fût accompagné des voyelles qui lui servent de simplification, ce qui ne se trouve pas toujours dans un monument littéraire de ce genre; un livre enfin qui servît de point d'appui à la plume de l'écrivain, de lumière aux ombres de la pensée, et de nourriture aux facultés intellectuelles. Aussi, pour mettre à exécution une telle entreprise, j'ai promené longtemps mes regards à travers le riche jardin des livres, afin d'en cueillir les fruits et d'en extraire la substance.

Mon choix s'est arrêté sur deux ouvrages, dont l'un a pour titre : le *Kamous Elmahitt*, composé par le plus célèbre et le plus grand Juge de l'Yémen; et l'autre, *Bab Elyrab*, composé par Germanos Farhat, savant prélat maronite d'Alep.

Le *Kamous du Feyrouzabady* était sans contredit le meilleur des Dictionnaires Arabes; mais le sens profond et quelquefois nuageux de ses expressions ne pouvait être saisi que par les savants, car il renferme toute une collection de noms dispersés çà et là, des citations de Mahomet, d'Ulémas, de Législateurs et de Poëtes; des noms d'Emirs et de Scheiks, d'îles et de pays, de villes et de hameaux, de montagnes, de fleuves et de ruisseaux, de chevaux et de cavaliers, d'armes et de guerriers, de tentes et de tribus, etc. Puis, l'auteur entre dans des dissertations aussi déplacées que fatigantes pour expliquer les propriétés attachées, par exemple, à telle pierre, à telle plante, de sorte qu'au milieu de cet inextricable dédale de détails plus scientifiques que littéraires, on perd de vue les mots sur lesquels devraient uniquement rouler les explications, et cependant bien des mots nécessaires, bien des expressions usitées parmi les écrivains et les savants, ont été souvent négligés, ce qui lui attira, avec raison, le blâme de quelques critiques.

(Zucker, II 22.)

(C.)

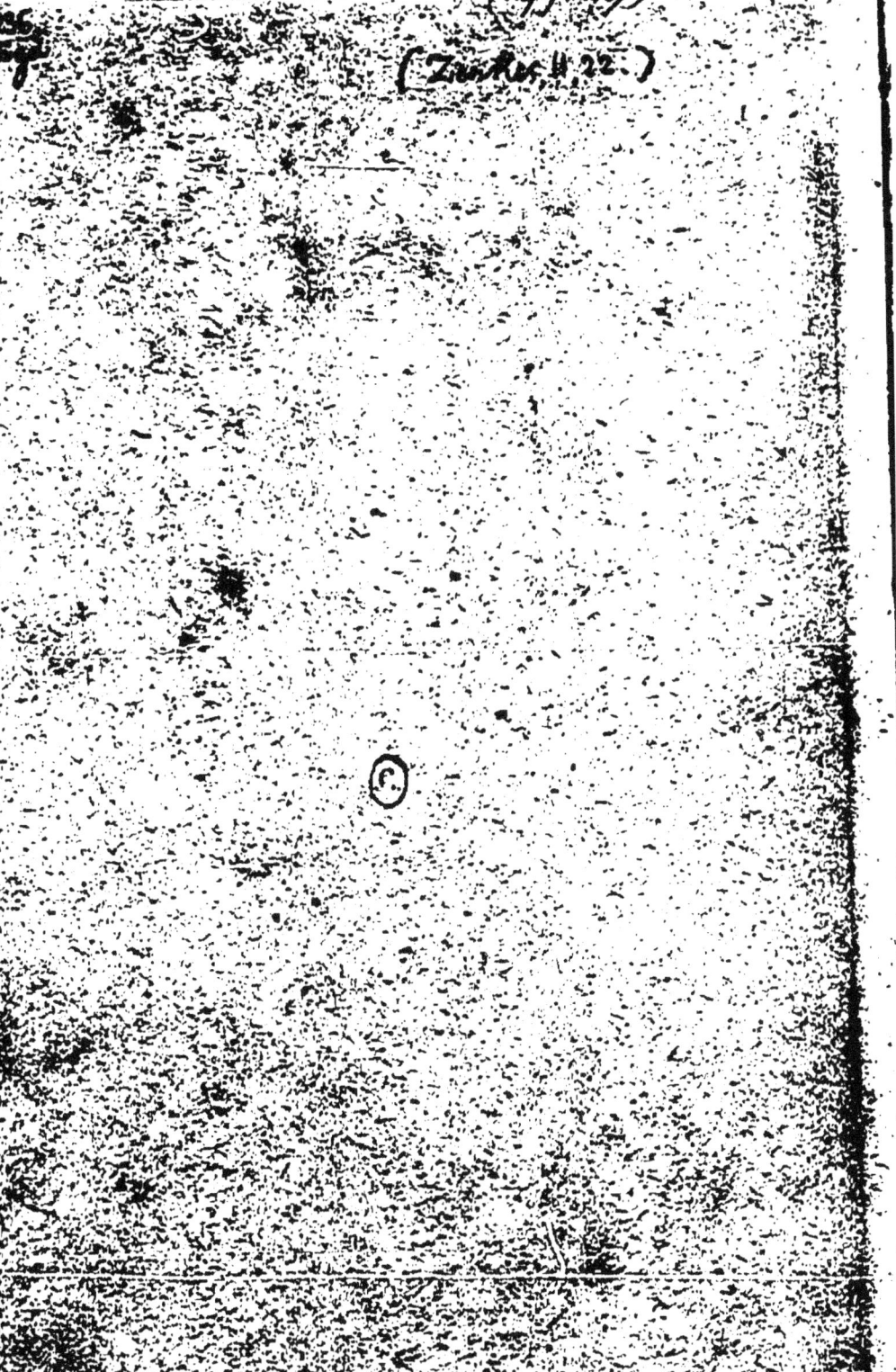

DICTIONNAIRE

ARABE

PAR

GERMANOS FARHAT, MARONITE

ÉVÊQUE D'ALEP.

Revu, corrigé et considérablement augmenté sur le manuscrit de l'Auteur

PAR

ROCHAÏD DE DAHDAH

SCHEICK MARONITE.

MARSEILLE

IMPRIMERIE CARNAUD, DIRIGÉE PAR BARRAS ET SAVOURNIN,

Rue Saint-Ferréol, 57.

1849

www.ingramcontent.com/pod-product-compliance
Lightning Source LLC
Chambersburg PA
CBHW060901300426
44112CB00011B/1295
* 9 7 8 2 0 1 2 6 5 6 2 7 7 *